HISTOIRE
DU
SECOND EMPIRE
(1848-70)

LES AFFAIRES DE BOULOGNE ET DE STRASBOURG.
LA SECONDE RÉPUBLIQUE. — PRÉSIDENCE DE LOUIS-NAPOLÉON.
LE COUP D'ÉTAT DU DEUX DÉCEMBRE.
LE RÈGNE DE NAPOLÉON III. — SES GUERRES. — SA CHUTE.

Par HIPPOLYTE MAGEN

ILLUSTRÉE

Par MM. Blanchard, G. Brion, Chifflart, Crépon, Demarle, Gustave Doré, Férat,
Gilbert, Godefroy-Durand, Janet-Lange, Gustave Janet, M. Lalanne, Lançon, Lix, A. Marie,
Ed. Morin, Pauquet, Philippoteaux, Vierge, etc.

de Portraits, Vues, Scènes, Plans, Cartes et Autographes

PARIS
LIBRAIRIE ILLUSTRÉE
7, RUE DU CROISSANT, 7

Cette première livraison contient, sans augmentation de prix, une grande gravure représentant la mort de Bau

LETTRE DE M. JULES SIMON
sur
L'HISTOIRE DU SECOND EMPIRE

Je l'ai lu, — un peu, je l'avoue, parce que la maladie me donnait du temps, car en temps ordinaire, c'est à dire en temps de travail, je ne fais guère que feuilleter les bons livres. Celui-ci est très bon : bien informé, bien ordonné, d'un bon esprit, très propre à rendre d'utiles services.

Jules Simon

OPINIONS DE LA PRESSE
SUR L'HISTOIRE DU SECOND EMPIRE

Nous venons de parcourir rapidement l'*Histoire du Second Empire* de M. Hippolyte MAGEN, proscrit de Décembre, sur lequel nous reviendrons ; c'est de l'histoire, ce n'est pas un pamphlet ; mais les faits par eux-mêmes sont tristement éloquents.
Le Petit Journal.

Le nouvel ouvrage de M. Hippolyte MAGEN nous paraît destiné à un légitime et durable succès. Ancien proscrit de Décembre, l'auteur appartient à ce groupe d'exilés qui n'acceptèrent pas l'amnistie de 1859 et déclarèrent qu'ils ne rentreraient en France qu'avec la liberté. Hélas ! la liberté n'y rentra qu'avec l'étranger.
Le Siècle.

Toute la période de 1851 à 1870 est retracée dans ce livre avec une grande netteté et une précision saisissante. Les faits politiques sont présentés avec une excellente méthode ; aucun des détails nécessaires à l'intelligence des événements n'a été omis : c'est un véritable travail d'historien et de lettré.
Le Petit Parisien.

OPINIONS DE LA PRESSE

SUR

L'HISTOIRE DU SECOND EMPIRE

Ce livre, remarquable non-seulement par la saisissante simplicité des récits dont il se compose, mais par l'abondance des matériaux qui y sont condensés dans un ordre plein de clarté, est une œuvre excellente et dont la propagation est nécessaire au moment où les partisans d'une nouvelle restauration impériale redoublent d'ardeur dans leur conjuration antipatriotique.

L'*Histoire du second Empire*, écrite patiemment, froidement, par un publiciste qui a d'autant plus de mérite à se montrer juste qu'il fut une des premières victimes du coup d'État de 1851, nous a remis en mémoire bien des choses oubliées, quoique ce soient presque des choses d'hier.

On sera surpris, en lisant ce livre si émouvant et si profondément dramatique, d'y retrouver la trace de souvenirs que quelques années ont suffi à effacer de nos mémoires.

Il est vrai que les catastrophes finales au milieu desquelles l'Empire disparut, ont beaucoup contribué à atténuer le souvenir des hontes antérieures !...

Quoi qu'il en soit, il faut savoir gré à l'auteur de l'*Histoire du second Empire* d'avoir reconstitué de toutes pièces ce triste et douloureux passé si plein d'enseignements, et de l'avoir fait avec une conscience parfaite, sans omettre rien de ce qu'il fallait rappeler et sans chercher à influencer l'esprit du lecteur par ce parti pris qu'on retrouve en général dans les récits d'événements contemporains.

L'Événement.

Jean-Jacques Rousseau a dit dans une heure de bon sens :

« Un des grands vices de l'histoire est qu'elle peint beaucoup plus les hommes par leurs mauvais côtés que par les bons. » (*Emile*, livre IV.)

Cette parole, applicable à tous les temps, l'est plus encore, ce semble, au temps actuel, et particulièrement à la période occupée par le second empire.

C'est cette période, justement, que vient de raconter M. Hippolyte Magen.

Plusieurs fois déjà l'on a écrit cette histoire, et l'on sait, entre autres, le succès obtenu par M. Taxile Delord. Mais on n'avait, pour de tels récits, ni la liberté, ni les documents nécessaires.

M. Hippolyte Magen, le premier, a pu suivre jour par jour et scène par scène, l'incroyable drame qui, s'ouvrant par les folies de Boulogne et de Strasbourg, se continue par le crime de décembre pour se terminer dans les hontes de Sedan.

Si politiquement et moralement l'empire fut un mensonge, il le fut même au point de vue de l'histoire. Il a été plus qu'un mensonge, il a été une calomnie de la France et de la nature humaine. Qui pourrait dire, en effet, que la France fût représentée par cet entourage impérial ?

Donc cette histoire très vraie de l'empire est une histoire très fausse de la France.

La vraie et féconde histoire contemporaine n'est point là.

Pendant que cette vilaine comédie se jouait au-dessus, un travail honnête et sensé s'accomplissait au-dessous. Les sages et les simples, eux aussi, étaient à l'œuvre ; et le monde n'avait pas, durant ces vingt années, rejeté toute vertu. La droiture, la raison, la justice avaient leurs représentants, mais ce n'est pas dans l'entourage impérial qu'il faut les chercher.

Le livre de M. Magen n'en est pas moins des plus curieux, des plus utiles, et nous voudrions, quant à nous, qu'un exemplaire en pût être déposé dans toutes les bibliothèques communales de France.

C'est une œuvre à la fois révélatrice et vengeresse. Les faits, pourtant, y sont exposés en toute simplicité ; mais cette simplicité rend les choses, ce semble, encore plus saisissantes et plus horribles. A peine en lisant ces récits on y peut croire, et pourtant les preuves surabondent.

Nous n'essaierons pas d'analyser ni de résumer une telle œuvre, la plume nous tomberait des mains, comme cent fois elle a dû tomber des mains de M. Magen en écrivant son livre.

Journal de Rouen.

Conditions de publication

DE

L'HISTOIRE

DU

SECOND EMPIRE (1848-70)

PAR

HIPPOLYTE MAGEN

L'ouvrage formera environ **100** livraisons à **10** centimes ou **20** séries à **50** centimes.

Il paraîtra chaque semaine deux livraisons à **10** centimes et une série à **50** centimes tous les vingt jours environ.

Chaque livraison sera illustrée de belles gravures sur bois : Portraits, Scènes, Vues, Cartes, Plans et Autographes.

On peut se procurer l'**Histoire du second empire** chez tous les libraires de Paris et des départements.

HISTOIRE DU SECOND EMPIRE (1848-70)

Par HIPPOLYTE MAGEN

LE PROLOGUE DU SECOND EMPIRE

CHAPITRE PREMIER

Une protestation de Joseph Bonaparte. — Le duc de Reichstadt; sa mort. — Transmission du droit napoléonien. — La filialité de Louis-Napoléon; l'insurgé des Romagnes; sa fuite et son permis de séjour à Paris. — Le citoyen de Thurgovie. — Conseils de la reine Hortense à son fils. — Espérances et caractère de Louis Bonaparte. — M. Fialin, *dit* de Persigny. — Les deux aventuriers s'accordent. — La conspiration de Strasbourg; ses résultats. — Louis Bonaparte est gracié et s'embarque pour New-York. — Acquittement de ses complices. — Son retour en Europe. — Mort de sa mère. — Conflit entre la France et la Suisse. — Départ de Louis Bonaparte pour Londres. — Conspirateur et viveur. — La conspiration de Boulogne. — Les conjurés devant la Cour des pairs; la sentence; réflexions qu'elle inspire. — Louis Bonaparte dans la forteresse de Ham; la comédie qu'il y joue; son évasion; son retour à Londres; mort de son père; il prête serment de constable. — Un seul frère de Napoléon Ier a survécu. — Une cérémonie funèbre à Saint-Leu-Taverny. — Situation de Louis Bonaparte en février 1848.

En écrivant cette histoire, qui se renoue à celle du premier Empire dont j'ai fait le récit, je me suis proposé de mettre à un point de vue qui le montre tout entier l'abîme où descend un peuple soumis à un homme.

Napoléon Ier qui, le 30 octobre 1815, avait débarqué à Sainte-Hélène, mourut prisonnier des Anglais sur ce rocher de l'Océan indien, le 5 mai 1821.

Après la révolution de Juillet, Joseph Bo-

Conditions de publication

DE

L'HISTOIRE

DU

SECOND EMPIRE (1848-70)

PAR

HIPPOLYTE MAGEN

———⁂———

L'ouvrage formera environ **100** livraisons à **10** centimes ou **20** séries à **50** centimes.

Il paraîtra chaque semaine deux livraisons à **10** centimes et une série à **50** centimes tous les vingt jours environ.

Chaque livraison sera illustrée de belles gravures sur bois : Portraits, Scènes, Vues, Cartes, Plans et Autographes.

———

On peut se procurer l'**Histoire du second empire** chez tous les libraires de Paris et des départements.

HISTOIRE DU SECOND EMPIRE (1848-70)

Par HIPPOLYTE MAGEN

LE PROLOGUE DU SECOND EMPIRE

CHAPITRE PREMIER

Une protestation de Joseph Bonaparte. — Le duc de Reichstadt; sa mort. — Transmission du droit napoléonien. — La filialité de Louis-Napoléon; l'insurgé des Romagnes; sa fuite et son permis de séjour à Paris. — Le citoyen de Thurgovie. — Conseils de la reine Hortense à son fils. — Espérances et caractère de Louis Bonaparte. — M. Fialin, *dit* de Persigny. — Les deux aventuriers s'accordent. — La conspiration de Strasbourg; ses résultats. — Louis Bonaparte est gracié et s'embarque pour New-York. — Acquittement de ses complices. — Son retour en Europe. — Mort de sa mère. — Conflit entre la France et la Suisse. — Départ de Louis Bonaparte pour Londres. — Conspirateur et viveur. — La conspiration de Boulogne. — Les conjurés devant la Cour des pairs; la sentence; réflexions qu'elle inspire. — Louis Bonaparte dans la forteresse de Ham; la comédie qu'il y joue; son évasion; son retour à Londres; mort de son père; il prête serment de constable. — Un seul frère de Napoléon Ier a survécu. — Une cérémonie funèbre à Saint-Leu-Taverny. — Situation de Louis Bonaparte en février 1848.

En écrivant cette histoire, qui se renoue à celle du premier Empire dont j'ai fait le récit, je me suis proposé de mettre à un point de vue qui le montre tout entier l'abîme où descend un peuple soumis à un homme.

Napoléon Ier qui, le 30 octobre 1815, avait débarqué à Sainte-Hélène, mourut prisonnier des Anglais sur ce rocher de l'Océan indien, le 5 mai 1821.

Après la révolution de Juillet, Joseph Bonaparte, l'ancien roi de Naples et d'Espagne, contesta, en sa qualité de frère aîné de l'ex-empereur, à la Chambre des députés le droit de disposer d'une couronne « conférée par la Chambre de 1815 à Napoléon II, conformément au pacte constitutionnel ». S'inclinant, d'ailleurs, devant la souveraineté du peuple, il ajoutait : « Si la nation croit devoir faire, dans son intérêt, un autre choix, elle en a le pouvoir et le droit, mais elle seule. »

Celui qui devait être Napoléon II et dont la naissance fut si pompeusement fêtée le 20 mars 1811, portait le nom de duc de Reichstadt que les alliés lui donnèrent en chargeant son grand-père, l'empereur d'Autriche, de veiller sur lui. On imagina un système d'énervation qui eut un plein succès. L'enceinte de certains châteaux impériaux était pour lui les bornes du monde. Dans ses rares promenades aux environs de Vienne, il était tenu sous une surveillance sévère. On restreignait à la chronologie ses études historiques. Les lettres qu'on lui adressait, et qui auraient pu l'initier à ce qu'on voulait lui laisser ignorer, étaient supprimées. On ne lui parlait pas de son père dont il ne reçut jamais la moindre nouvelle. Marie-Louise avait contracté avec le général autrichien comte Neipper une liaison illicite [1], et ne s'occupait pas plus de son mari que de son fils. Dans sa réponse à une demande d'audience adressée par le poëte Barthélemy, le comte de Diétrichstein, gouverneur du prince, disait : « La politique de la France et celle de l'Autriche s'opposent à ce qu'un étranger, surtout un Français, soit présenté au prince ; il ne voit, ne lit et n'entend que ce que nous voulons qu'il voie, qu'il lise et qu'il entende. S'il recevait une lettre qui eût trompé notre surveillance, il nous la remettrait sans l'ouvrir. »

Cet isolement où on le retenait, cette émasculation de son intelligence, lui produisirent l'ennui de la vie ; émacié, atrophié, le duc de Reichstadt mourut à Schœnnbrun, le 22 juillet 1832, d'un cancer à l'estomac, disaient les uns, de phthisie, prétendaient les autres, — des effets d'un poison lent, affirmaient des bonapartistes. Quoi qu'il en soit de ces diverses allégations, « sur l'héritier présomptif de Napoléon s'accomplissait l'arrêt irrévocable que Dieu, depuis un demi-siècle, semblait avoir prononcé contre l'orgueil des dynasties qui se prétendent immortelles. La mort du duc de Reichstadt ne devait pas fermer la série [1]... »

Deux sénatus-consultes [2] avaient réglé la transmission de la dignité impériale ; au cas où l'empereur ne laisserait pas d'héritier légitime ou adoptif, elle aurait lieu collatéralement au profit de Joseph Bonaparte et de ses enfants, et, à leur défaut, de Louis Bonaparte et de sa descendance directe, naturelle et légitime.

Joseph n'avait pas de fils ; Louis en avait reconnu trois, issus de sa femme Hortense. L'aîné était mort à la Haye, le 5 mars 1807, à l'âge de cinq ans ; le deuxième, nommé Napoléon-Louis, naquit en 1805. Le roi de Hollande se refusait, assure-t-on, à endosser le troisième Louis-Napoléon, né à Paris, le 20 mai 1808 ; il se serait laissé imposer par l'empereur cette paternité qu'il reniait. Il ne voulut jamais que le portrait de cet enfant pour lequel sa mère avait une prédilection marquée, figurât parmi ceux de tous les autres membres de la famille dans son salon, à Florence où il s'était retiré. Que la filiation de Louis-Napoléon Bonaparte n'ait rien de napoléonien, comme le lui ont reproché à lui-même, plus d'une fois, quelques-uns de ses parents, — et que le père ait protesté, deux fois et par écrit [3], contre l'illégitimité de cet

---

[1] Après la mort de Napoléon, un mariage secret sanctionna cette union.

[1] Louis Blanc, *Histoire de dix ans*.
[2] Du 28 floréal an XII et du 5 frimaire an XIII.
[3] A l'époque de son abdication, le roi Louis aurait déposé une protestation à ce sujet dans les archives

enfant, l'historien n'a pas à s'en préoccuper : « La filiation se prouvant par l'acte de naissance, » et celui de Louis-Napoléon Bonaparte ayant été dressé et enregistré dûment et légalement, le troisième fils de la reine Hortense est, aux yeux de l'histoire et aux yeux de la loi, rattaché à la souche d'où sortent les Bonaparte par les mêmes liens familiaux que ses deux frères.

La reine Hortense, que Louis XVIII, après la Restauration, avait créée duchesse de Saint-Leu, s'occupait, à Arenemberg, de l'éducation de ses deux fils. En février 1831, les Romagnes s'insurgèrent contre le gouvernement du pape. Les deux frères, affiliés à la société des Carbonari, allèrent prendre part à cette insurrection dont le but était *de soustraire Rome à la domination du pouvoir temporel*. Les Autrichiens battirent les insurgés. Le corps dont faisaient partie Napoléon-Louis et Louis-Napoléon opéra sa retraite sur Forli où une inflammation de poitrine emporta brusquement le premier. L'autre, qui va devenir le héros de cette histoire, trouva un refuge à Ancône. Sa mère y accourut ; elle obtint de l'ambassade anglaise un passe-port sous la protection duquel cette femme intrigante et hardie put conduire à Paris le dernier de ses fils. — Louis Bonaparte sollicita du roi l'autorisation d'y séjourner afin de rétablir sa santé; la duchesse de Saint-Leu appuya de ses supplications maternelles cette demande que Louis-Philippe accueillit favorablement. Le jeune conspirateur ne tarda pas à tramer contre le gouvernement français des menées qui furent découvertes. La

---

de la Haye. — En 1831, après l'affaire de Forli, il aurait écrit au pape Grégoire XVI une lettre dans laquelle, après avoir exprimé la tristesse et l'indignation que lui avait causées la part prise à cette insurrection par Napoléon-Louis et par Louis-Napoléon, il disait de ce dernier : « Quant à l'autre qui usurpe mon nom, vous le savez, Saint-Père, celui-là, grâce à Dieu, ne m'est rien. Ma femme est une..., etc., etc. ». (*Le Dernier des Napoléon.* — Élie Saurin, *la France impériale*, etc.)

mère et le fils reçurent l'ordre de quitter Paris et retournèrent à Arenemberg.

Louis Bonaparte venait d'être naturalisé citoyen de Thurgovie quand il apprit la mort du duc de Reichstadt. Aussitôt, la reine Hortense fit scintiller à ses yeux la couronne impériale dont, par transmission du droit napoléonien, il devenait l'héritier. Dès ce moment, elle ne cesse d'inculquer dans l'esprit de son fils l'idée que son étoile est d'être empereur et l'assurance que s'il marche en foi vers la conquête de l'héritage qui lui échoit, il le sera. Elle maximait ainsi quelques-unes de ses leçons : « Les hommes sont partout et toujours les mêmes; ils révèrent, malgré eux, le sang d'une famille qui a possédé une grande fortune. Un nom connu est le premier à-compte fourni par le destin à l'homme qu'il veut pousser en avant. — Un prince doit savoir se taire ou parler pour ne rien dire. — Votre oncle a pu établir son autorité en donnant à tous les partis l'espérance particulière qui amusait la badauderie royaliste ou républicaine. — *Tous les moyens de régner sont bons* pourvu qu'on maintienne l'ordre matériellement. » Elle lui apprenait qu'*aux yeux des hommes qui sont crédules on est grand en n'avouant aucune faute et en rejetant, comme le faisait Napoléon, ses torts sur autrui*. Elle lui recommandait, « si jamais il était le maître de pourvoir à l'organisation du pays, *de ne pas souffrir qu'on y parle quelque part sans son autorisation expresse ; — que ce soit seulement*, insistait-elle, *sous votre surveillance, car le pouvoir est comme une source dont il ne faut pas remuer le fond.* » Admettant dans ses prévisions, quoique le jugeant improbable, le cas où la nation française ne se livrerait pas à l'héritier de l'empereur « *dont il faut, sans se lasser, affirmer l'infaillibilité, en soutenant qu'il y avait un motif national à tous ses actes,* » la mère disait à son fils : « *Si la France vous échappait définitivement*, l'Italie, l'Allemagne, la Russie, l'Angleterre vous présenteraient encore des

Louis Bonaparte.

sources d'avenir; *partout u se produit* DES CAPRICES D'IMAGINATION *qui peuvent élever aux nues l'héritier d'un homme illustre.* »

Dans ce cours de *morale* où abondent les excitations à la pratique des perfidies et du mensonge, au dédain de toute moralité, au mépris des hommes et des lois, la reine Hortense enseignait à Louis Bonaparte la méthode qu'il faut suivre pour tromper une nation au moyen « *d'un art des princes consistant à faire miroiter des phrases de manière à ce que par un phénomène d'optique elles fassent voir aux peuples tout ce qui leur plaît* », et pour s'emparer du pouvoir en mettant, de guet-apens, l'épée sur la gorge des législateurs et des honnêtes gens; cette méthode, la voici : « *Toujours l'œil aux aguets, surveillez les occasions propices. Étudiez les* MACHINATIONS *des grands actes politiques de votre oncle. C'est amené de loin, mais, étant données les circonstances analogues,* INFAILLIBLE *comme une des manœuvres militaires de sa jeunesse.* »

Des principes aussi immoraux germant dans une âme ambitieuse ne pouvaient qu'y engendrer une corruption profonde. Avec une opiniâtreté qui secondait l'entêtement de son caractère, Louis Bonaparte se mit à poursuivre la réalisation des espérances dont sa mère le berçait. Très-indifférent au choix des moyens, il ne regardait que le but offert à ses convoitises, et il se croyait sûr de l'atteindre. Si on le contredisait sur ce point, il sortait de sa ta-

La reine Hortense.

citurnité et s'emportait jusqu'à l'éclat. Alors, disait madame Cornu [1], sa violence ne connaissait plus de bornes, il devenait un tigre. »

Dans ses *Rêveries politiques* se trouvait un projet de Constitution établissant une *république* avec un empereur. Cette chimère étrange exposa le rêveur au sourire de ceux qui la connurent.

En 1833, Louis-Napoléon écrivait, d'Arenemberg, au roi Joseph :

« Mon cher oncle,

« Tout le monde est persuadé de l'impossibilité du maintien de Louis-Philippe ; notre rôle est donc de tâcher d'attirer sur nous les vœux du plus grand nombre afin d'être en mesure de profiter de sa chute. Il est très-important de ne point rompre les relations entamées précédemment, et de prouver par la voix publique que le sang des héros n'est pas éteint. »

En 1833, un jeune aventurier, ancien boursier du collége de Limoges, ex-maréchal des logis, sans sou ni maille, cherchait partout des moyens d'existence. Il se nommait Fialin. Tandis qu'on sollicitait pour lui un emploi dans les douanes, il écrivait des entrefilets dans le journal *le Temps* et collaborait à une correspondance destinée aux journaux légitimistes des départements. La pensée d'exploiter Louis Bonaparte lui vint. En conséquence il fonda une Revue mensuelle : l'*Occident fran-*

---

[1]. Madame Cornu était la sœur de lait de Louis Bonaparte.

çais. Dans le premier et unique numéro de cette Revue, M. Fialin qui, en 1832, légitimiste ardent, s'était battu au château de la Pénissière-de-la-Cour, à côté des conspirateurs vendéens, disait : « La vrai loi des mondes modernes et tout le symbole des nationalités occidentales résident dans l'idée napoléonienne. Le temps est venu d'annoncer par toute la terre cet évangile impérial et de relever le vieux drapeau de l'empereur. »

M. Fialin lia, par une particule, son nom à celui de Persigny ; puis, reniant tout à fait le nom de son père, il s'appela de Persigny et se créa vicomte. Il alla voir, à Londres, l'ex-roi Joseph qui avait inutilement essayé une alliance entre les bonapartistes et les républicains et qui n'encouragea pas dans son projet le fondateur de l'*Occident français*. De retour à Paris, M. Fialin obtint de M. Belmontet avec lequel Louis Bonaparte s'épanchait [1], une lettre de recommandation pour le fils de la reine Hortense. Les deux aventuriers s'accordèrent. Désormais aux gages de Louis Bonaparte, M. Fialin reprit la route de Paris. Dès son arrivée il visita La Fayette, Armand Carrel et d'autres républicains en renom afin de donner, en divulguant ses entretiens avec eux, un appui moral au plan concerté avec le prince. « Le nom que porte Louis-Napoléon, disait Armand Carrel, est le plus grand des temps modernes et le seul qui puisse exciter les sympathies du peuple français. Si le prince oublie les droits de légitimité impériale pour ne se rappeler que la souveraineté du peuple, il peut être appelé à jouer un grand rôle. »

M. Fialin se hâta de retourner à Arenemberg où, avec les paroles de Carrel, il exalta les espérances de Louis Bonaparte. Un projet de conspiration fut conçu, et on en prépara l'exécution. M. Fialin se mit en rapport avec le colonel Vaudrey « qui, pendant toute sa vie, livré à ses passions, offrait, plus qu'un autre, prise à la séduction [1] ». Ce colonel Vaudrey commandait le 4ᵉ d'artillerie à Strasbourg. M. Fialin l'embaucha, aidé par une dame Éléonore Grault, veuve Gordon, qui pérégrinait en donnant des concerts publics. Louis Bonaparte avait rencontré en Suisse et converti au bonapartisme cette chanteuse qui était spirituelle et belle. « Active, intrigante, de mœurs équivoques et sans argent, madame Gordon offrait l'assemblage de toutes les conditions qui, d'un être doué de raison, font souvent un instrument docile [2]. » On la dépêcha au colonel Vaudrey qui s'en éprit : « Je ne puis appartenir, lui écrivit-elle, qu'à l'homme qui se dévouerait au succès de l'entreprise. »

Le 15 octobre, Louis-Napoléon disait au colonel Vaudrey, à Bade, où il lui avait donné rendez-vous : « Si le gouvernement a commis assez de fautes pour rendre une révolution désirable au peuple, si la cause napoléonienne a laissé d'assez profonds souvenirs dans les cœurs français, il me suffira de me montrer seul aux soldats et de leur rappeler les griefs récents et la gloire passée, pour qu'on accoure sous mon drapeau. Si je réussis à entraîner un régiment, si des soldats qui ne me connaissent pas s'enflamment à la vue de l'aigle impériale, alors toutes les chances seront pour moi : ma cause sera gagnée quand même des obstacles accidentels viendraient à la faire échouer. »

Le colonel étant gagné à la conspiration, il fut décidé que Strasbourg serait le théâtre où elle se produirait ; le commandant Parquin, le lieutenant Laity et une douzaine d'aventuriers ou de déclassés parmi lesquels figuraient MM. de Quérelles, de Gricourt et de Bruc, s'y associèrent. Le 29 octobre 1836, Louis Bona-

---

1. Le 16 novembre 1834, Louis Bonaparte écrivait au poëte bonapartiste : « Songez aux idées poignantes qui me froissent le cœur lorsque je rêve au grand passé de la France et que je vois le présent si vide d'avenir. Il faut un grand courage pour marcher comme on peut au but que l'on s'est tracé. » Et le 27 août 1835 : « Le sang de Napoléon se révolte dans mes veines. Le soleil de la gloire a rayonné sur mon berceau. La confiance dans le sort, voilà mon seul espoir ; l'épée de Napoléon, voilà mon seul soutien. »

1. Acte d'accusation du procès de Strasbourg.
2. Idem.

parte arriva secrètement à Strasbourg. Le lendemain, à six heures du matin, le prince « vêtu d'un costume pareil à celui de Napoléon Ier, la tête couverte du chapeau historique, » prend, avec son groupe de complices, le chemin de la caserne que le 4e d'artillerie occupe. MM. de Quérelles et de Gricourt marchent en avant et se relayent pour porter l'aigle impériale. On arrive ; le colonel Vaudrey est à la tête de ses soldats que par argent et par promesses de grades il a corrompus. Il fait quelques pas vers Louis Bonaparte et le présente à son régiment : « Soldats du 4e d'artillerie, s'écrie-t-il, une révolution a renversé Louis-Philippe du trône ; voici Napoléon II, empereur des Français ; il vient prendre les rênes du gouvernement. Criez : *Vive l'empereur !* » Ce cri fut poussé par les soldats. Le prince confie au colonel l'aigle que portait M. de Gricourt ; « il promet de l'avancement à tout le monde, » charge M. Fialin d'aller, avec une partie des artilleurs, arrêter le préfet dans son hôtel, se porte, avec le reste du régiment, vers le quartier général et ouvre ses bras au général Voirol qu'il étreint en lui disant : « Reconnaissez en moi Napoléon II. » Le général repousse dédaigneusement le conspirateur et, en termes véhéments, il flétrit cette rébellion insensée. Confiant la garde du général au commandant Parquin et à dix ou douze artilleurs, Louis Bonaparte se dirige vers la caserne de la Finkmatt. Là, il tente, par des promesses, de soulever en sa faveur le 49e de ligne. Officiers et soldats rejettent les offres qui leur sont faites ; ils arrêtent les conjurés pendant que le lieutenant-colonel Taillandier met la main au collet du prince tremblant et le fait écrouer à la citadelle.

M. Fialin s'était réfugié dans un appartement loué par madame Gordon. Elle cherche à relever le fugitif de l'abattement où il est tombé ; elle barricade les portes et brûle les papiers compromettants. Quand le commissaire, suivi de gendarmes, pénètre dans l'appartement, elle se rue sur eux pour laisser à M. Fialin le temps de fuir par une porte donnant sur le rez-de-chaussée.

Dès qu'elle apprit les résultats de cette misérable équipée, la duchesse de Saint-Leu alla se jeter aux pieds de Louis-Philippe en le suppliant de faire grâce à son fils. Le 9 novembre, une chaise de poste amena le prince à Paris. En arrivant à la préfecture, il sut que le roi le graciait. Il écrivit aussitôt une lettre pour détourner des sept conjurés qui devaient être jugés à Strasbourg une responsabilité qu'il assumait tout entière. « Le roi, disait-il, *a ordonné dans sa clémence* que je fusse conduit à Lorient pour passer en Amérique. *Je suis vivement touché de la générosité du roi.* — Nous sommes tous coupables envers le gouvernement d'avoir pris les armes contre lui. *Mais le plus coupable c'est moi qui, méditant depuis longtemps une révolution, suis venu arracher des hommes à une position honorable.* C'EST MOI QUI LES AI SÉDUITS. Pour leur ôter tout scrupule, je leur dis que la nouvelle de la mort presque subite du roi paraissait certaine. *On verra par là combien j'étais coupable. J'étais coupable envers le gouvernement : or le gouvernement a été généreux envers moi.* » Cette lettre fut lue aux jurés qui, ne pouvant condamner des rebelles subalternes quand le chef de la révolte était amnistié, les acquittèrent.

Le 21 novembre, à Lorient, au moment où il montait à bord de l'*Andromède* en partance pour les États-Unis, Louis Bonaparte reçut du sous-préfet seize mille francs en or ; cette somme lui était remise de la part du roi.

Après avoir donné aux jurés du Bas-Rhin lecture de la lettre du prince, l'avocat Parquin, défenseur de son frère le commandant, s'était écrié : « Parmi les défauts de Louis-Napoléon, *il ne faut pas, du moins, compter l'ingratitude.* » La conduite du prince démentit bientôt la parole de l'avocat.

Moins de six mois après son arrivée à New-York où il menait folle vie, Louis Bonaparte reçut une lettre de la reine Hortense

Mort du duc de Reichstadt (22 juillet 1832).

qui, atteinte d'une maladie grave, allait se faire opérer. Il s'embarqua pour l'Europe et demeura auprès de sa mère qui expira entre ses bras le 3 octobre 1837. Elle l'avait vu, avec douleur, se ruiner par ses dissipations que de doux reproches maternels étaient impuissants à réprimer. En 1836, elle écrivait à la duchesse d'Abrantès : « Si Louis devient jamais empereur, il mangera la France. »

Après la mort de sa mère, Louis Bonaparte machina une nouvelle insurrection contre le gouvernement de son bienfaiteur. Dès les premiers mois de 1838, un acquitté de Strasbourg, le lieutenant Laity, publia une brochure dans laquelle on lisait ceci : « Le prince entend proclamer de nouveau ses prétentions au trône de France. » M. Molé, président du conseil des ministres, écrivit à M. de Montebello, notre consul en Suisse : « Louis Bonaparte a assez prouvé assurément qu'il n'était accessible à aucun sentiment de reconnaissance et qu'une plus longue patience du gouvernement

Affaire de Strasbourg (28 octobre 1836).

français ne ferait que le confirmer dans son aveuglement et l'enhardir à de nouvelles trames... Vous déclarerez au *Vorort* que si, con-

2.

tre toute attente, la Suisse, prenant fait et cause pour celui qui compromet si gravement son repos, refusait l'expulsion de Louis Bonaparte vous avez ordre de demander vos passeports. » Le *Vorort* opposa un refus à la demande du gouvernement français, afin de sauvegarder le principe et non par sympathie pour Louis Bonaparte, au sujet duquel l'avoyer Kopp, député de Lucerne, s'exprimait ainsi : « Je refuse d'expulser un citoyen de Thurgovie sur la demande d'un ambassadeur étranger; mais il est hors de doute que Louis Bonaparte a manqué à la France et à la Suisse. Il devait savoir qu'il renonçait à sa qualité de Français en se faisant recevoir citoyen de Thurgovie. Lucerne ne saurait féliciter Thurgovie de l'acquisition d'un citoyen qui comprend si mal les devoirs qu'impose le titre de républicain. » Des troupes françaises se dirigeaient vers la frontière et la Suisse armait son contingent. Devant l'imminence d'un conflit dont il redoutait les conséquences pour sa personne plutôt que pour la nation hospitalière dont il était devenu le citoyen, Louis Bonaparte gagna furtivement l'Angleterre. « Je ne veux, avait-il écrit, ni réclamer ni renier mon droit de citoyen suisse. »

Le roi Louis, parlant de son fils, écrivait de Pise [1] : « J'ai pris le parti de n'y plus songer. Toutes les fois que je reçois des lettres ou quelque écrit relatif à mon malheureux fils, je les brûle sans les lire. C'est ce que je viens de faire pour deux imprimés relatifs à cet objet. C'est sans doute sa malheureuse mère qui fait faire ces brochures. Je voudrais savoir seulement ce qu'il est devenu. Si vous en savez quelque chose, informez-m'en. »

Le roi Joseph répondait en ces termes à une lettre de Louis Bonaparte [2] :

« ... Vous avez rompu les liens qui m'attachaient à vous, en permettant qu'on vous crût capable, de mon vivant et de celui de notre père, de vouloir prendre notre place ! Que serait-ce que le monde si les enfants et les neveux ne voulaient pas attendre la mort de leurs parents pour occuper leur place? Ni l'imagination de Milton, ni le pinceau de Michel-Ange ne seraient capables de représenter l'horrible scène de ce bouleversement, sans cesse renouvelé, car les enfants aussi sont destinés à être pères un jour. Je me suis expliqué avec M. de Persigny; je lui ai écrit. Je ne sortirai pas de ma résolution prise avec maturité : à chacun la responsabilité de ses œuvres...

« Je désire que vous me laissiez en paix dans ma retraite, c'est assez de l'amertume dont vous avez jusqu'ici enivré les jours de votre famille... Adieu, je fais des vœux pour votre bonheur; vous ne le trouverez que dans le repentir, le travail et votre soumission à la volonté de la Providence. »

Louis Bonaparte devait épouser sa cousine Mathilde, fille du roi Jérôme, quand la conspiration de Strasbourg éclata. La rupture de ce mariage fut attribuée à cette échauffourée ; mais, dit M. Taxile Delord, « l'histoire trouverait aisément dans des lettres rendues publiques sur cette rupture des détails capables de piquer la curiosité et de fournir pâture à la malignité publique ; mais elle ne doit lever le voile qui protége l'intérieur des familles que lorsqu'elle espère jeter un jour inattendu sur quelque grand événement ou une leçon à tous. Elle laisse donc à la chronique le soin de réunir et de publier les documents qui renferment les vraies causes de la rupture du mariage entre M. Louis Bonaparte et Mlle Mathilde Bonaparte, sa cousine. »

Quoi qu'il en soit, le roi Louis écrivait au sujet de son fils : « Où mène une ambition désordonnée et si peu en rapport avec ses moyens? il y a là une déception envers tout le monde. Il a refusé de se rendre près de Jérôme, dont il devait épouser la fille. »

Dans une lettre adressée au cardinal Fesch, Jérôme disait [1] : « Louis est ici. Je ne l'ai pas

---

1. Le 20 janvier 1837.
2. Le 10 juillet 1837.

1. Le 24 juillet 1837.

vu. *Il se déclare chef du parti napoléonien. J'ignore ses projets et les désavoue d'avance.* »

L'ex-roi de Westphalie écrivait à son frère Joseph[1] : « Tout ce que tu me dis de l'extravagance de notre neveu Louis est bien juste. Nous ne savons ici que ce que les journaux annoncent, et c'est assez pour gémir sur une pareille entreprise ; tu conçois dans quel état est son malheureux père. Pourquoi Hortense a-t-elle laissé son fils se lier avec tant d'intrigants?... »

. . . .

« La princesse Mathilde est fort triste, nous feront (*sic*) notre possible pour la consoler. »

C'est ainsi que la famille Bonaparte jugeait notre héros, dont l'équipée, à Strasbourg, était qualifiée ainsi par Joseph : « Ce prétendu complot bonapartiste est une tentative téméraire dirigée autant contre nous que contre le gouvernement actuel. »

Cependant Louis Bonaparte avait loué un hôtel à Londres dans *Carlton garden.*

Ses partisans s'y réunissaient ; à ceux qui figurèrent dans l'échauffourée de Strasbourg s'étaient joints le chef d'escadron Mésonan, les colonels Voisin, Laborde et Bouffet-Montauban, M. de Montholon et le docteur Conneau. On cherchait partout des complices et de l'argent, car on voulait donner à l'insurrection projetée un déploiement qui imposât. Madame Gordon était l'âme de tout cela. Pendant que les conjurés s'agitaient dans l'ombre, Louis Bonaparte se livrait aux plaisirs de la vie aristocratique ; le conspirateur perçait à peine sous le viveur ; il se ridiculisait, à Eglington, dans un tournoi où il parut déguisé en chevalier noir ; il entra dans l'arène en criant : « Montjoie et Saint-Denis ! »

Au moment où les journaux raillaient et dardillonnaient le preux d'Eglington, un industriel nommé Rapallo, le comte d'Orsay et une certaine miss Howard que le prince « aimait tendrement [2] », fournirent l'argent

nécessaire à l'entreprise. On nolisa un paquebot, *la Ville d'Édimbourg*, à bord duquel montèrent, le 4 août 1840, Louis Bonaparte, dix-neuf conjurés et trente-huit domestiques ou cuisiniers qu'on revêtit, sur le paquebot, d'uniformes du 40ᵉ de ligne ; ce régiment était caserné près de Boulogne, où les conspirateurs devaient opérer leur débarquement. « Dans la traversée de Londres à Wimereux, ils burent seize douzaines de bouteilles de vin, sans compter l'eau-de-vie et les liqueurs [1] ». « *Ils ont bu énormément*, a dit le capitaine du paquebot dans son interrogatoire, *et de toutes sortes de vins. Je n'ai jamais vu plus boire.* »

Le 6 août, vers cinq heures et demie du matin, cette bande avinée traversa Boulogne, où tenaient garnison deux compagnies du 42ᵉ de ligne, et pénétra dans la caserne. Le lieutenant Aladenize, qui appartenait à ce régiment et au complot, « avait pris le commandement des deux compagnies ; il fit porter les armes et battre au drapeau [2]. » Louis Bonaparte harangue les soldats et nomme officiers tous les sous-officiers du régiment. Des soldats, à l'instigation du lieutenant Aladenize, proclament le prince ; un autre lieutenant du 42ᵉ se présente et les rappelle au devoir. M. Fialin, habillé en sous-officier d'infanterie et armé d'un fusil, s'élança sur lui et, « *au moment où il allait le tuer*, » Aladenize détourna le coup. M. Col-Puygellier, capitaine des grenadiers, est accouru ; il ordonne aux troupes de faire évacuer la caserne. M. Fialin se précipite vers lui, le fusil en avant. « *J'aurais*, a-t-il confessé, *infailliblement tué le capitaine* si M. Aladenize ne s'était de nouveau jeté entre ce militaire et moi et ne m'avait retenu de la manière la

---

1. Le 29 novembre 1837.
2. Cette miss Howard, dont le *prince*, devenu empereur, fera une comtesse, a rappelé cet amour tendre dans une lettre relative à un règlement de comptes dont M. Mocquard était chargé : « Elle avait payé, plusieurs fois, les dettes du prince Louis. » (*Papiers et Correspondance de la famille impériale*, t. I, p. 157.)

1. Rapport du préfet du Pas-de-Calais au ministre.
2. Déposition du sergent Risuk.

plus énergique [1]. « Louis Bonaparte, alors, arma un pistolet et ajusta le capitaine ; le coup partit et la balle de l'assassin alla briser la mâchoire d'un grenadier. Chassés de la caserne, les conjurés vont tenter une attaque sur le Château. Devant la force publique, ils fuient, en débandade, vers la plage et se jettent dans la mer pour regagner le paquebot. Louis Bonaparte est monté sur un canot. M. Fialin le rejoint à la nage et fait chavirer l'embarcation ; un douanier retire le prince de l'eau ; tous les rebelles sont repêchés et conduits au Château. Les trente-neuf comparses, dépouillés de leurs faux uniformes de soldats français, furent renvoyés à leurs antichambres et à leurs fourneaux. L'un de ces soldats postiches dit, dans son interrogatoire : « On nous a distribué à chacun une gratification de cent francs et un costume. On me remit à moi, qui ne sais ni lire ni écrire, une capote et des galons de caporal. »

On trouva dans les poches du prince 500,000 francs en banck-notes et en or, et dans le paquebot un aigle vivant et apprivoisé. C'était, disent les journaux de cette époque, un aigle savant ; on l'avait dressé à voltiger autour du chapeau du prince en l'y attirant par une amorce ; il devait être lâché au moment où la population de Boulogne eût acclamé l'empereur, au-dessus de la tête duquel il fût venu planer. La foule enthousiaste eût regardé cet événement « comme un présage heureux et providentiel ».

Louis Bonaparte comptait sur cet histrionage pour frapper l'imagination « *du gros de la nation française* qui — la reine Hortense le lui avait affirmé — *est court d'idées, facile à émouvoir, aisément enthousiaste et crédule* ».

Dans sa proclamation à l'armée, le prétendant s'exprimait ainsi :

« Soldats, vous êtes l'élite du peuple et on vous traite comme un troupeau. Ils voudraient, ceux qui vous gouvernent, avilir le noble métier de soldat. Vous vous êtes indignés et vous avez cherché ce qu'étaient devenues les aigles d'Arcole, d'Austerlitz, d'Iéna. Ces aigles, les voilà ! je vous les rapporte, reprenez-les : avec elles, vous aurez gloire, honneur, *fortune*... »

Voici sa proclamation AU PEUPLE FRANÇAIS :

« Français, qu'ont-ils fait, ceux qui vous gouvernent, pour avoir des droits à votre amour ? Ils vous ont promis la paix et ils ont amené la guerre civile et la guerre désastreuse d'Afrique ! Ils vous ont promis la diminution des impôts, et tout l'or que vous possédez n'assouvira pas leur cupidité ! Ils vous ont promis une administration intègre, et ils ne règnent que par la corruption. Ils vous ont promis la liberté, et ils ne protégent que priviléges et abus ; ils s'opposent à toute réforme ; ils n'enfantent qu'arbitraire et anarchie ! Ils ont promis la stabilité, et depuis dix ans ils n'ont rien établi ! Enfin ils ont partout vendu notre honneur, abandonné nos droits, trahi nos intérêts ; il est temps que tant d'iniquités aient leur terme ; il est temps d'aller leur demander ce qu'ils ont fait de cette France si grande, si généreuse, si unanime de 1830 !

« Agriculteurs, ils vous ont laissé pendant la paix de plus forts impôts que ceux que Napoléon prélevait pendant la guerre.

« Industriels et commerçants, vos intérêts sont sacrifiés aux exigences étrangères ; on emploie à corrompre l'argent dont l'empereur se servait pour encourager vos efforts et vous enrichir.

« Enfin, vous toutes, classes laborieuses et pauvres, qui êtes en France le refuge de tous les sentiments nobles, souvenez-vous que c'est parmi vous que Napoléon choisissait ses lieutenants, ses maréchaux, ses ministres, ses princes, ses amis. Appuyez-moi de votre concours, et montrons au monde que ni vous ni moi n'avons dégénéré.

« J'espérais comme vous que, sans révolu-

---

[1]. Déclaration de M. Fialin devant M. Petit, président de chambre à la cour de Douai.

La reine Hortense obtient de Louis-Philippe la grâce de son fils.

tion, nous pourrions corriger les mauvaises influences du pouvoir; mais aujourd'hui plus d'espoir : depuis dix ans, on a changé dix fois de ministère; on changerait dix fois encore que les maux et la misère de la patrie seraient toujours les mêmes.

« Il n'y a en France aujourd'hui que violence d'un côté, que licence de l'autre. Je veux rétablir l'ordre et la liberté; je veux, en m'entourant de toutes les sommités du pays et en m'appuyant uniquement sur la volonté et les intérêts des masses, fonder un édifice inébranlable.

« Je veux donner à la France des alliances véritables, une paix solide, et non la jeter dans les hasards d'une guerre générale.

« Français! je vois devant moi l'avenir brillant de la patrie. Je sens derrière moi l'ombre de l'empereur qui me pousse en avant; je ne m'arrêterai que lorsque j'aurai repris l'épée d'Austerlitz, remis les aigles sur nos drapeaux et le peuple dans ses droits.

« Louis-Napoléon. »

La Presse, dont M. Émile de Girardin était le directeur, fit ressortir, dans un article attribué à M. Granier de Cassagnac, alors rédacteur principal de ce journal, *tout ce que cette nouvelle tentative d'insurrection avait de ridicule et d'odieux*. « Louis Bonaparte s'est placé, disait le journaliste, dans une position telle que nul, en France, ne peut honorablement éprouver pour sa personne la moindre sympathie, ni même la moindre pitié. Le ridicule est dans l'avortement si misérable de ses projets, dans cette fuite précipitée, dans cette subite métamorphose de farouches conspirateurs en tritons effrayés et transis. L'odieux est dans l'ingratitude qui oublie qu'une fois déjà la clémence royale a pardonné généreusement un crime qu'on avait le droit de punir des peines les plus sévères et que Napoléon, particulièrement, eût fait expier chèrement à ses auteurs dans les vingt-quatre heures. Mais laissons là ce jeune homme qui ne paraît pas avoir plus d'esprit que de cœur [1]. »

1. N° de *la Presse* du 8 août 1840.

Se ressouvenant, pour la première fois publiquement, de sa paternité légale, l'ex-roi de Hollande adressa aux journaux une lettre [1] où il était dit : « Je ne saurais garder le silence sans m'exposer aux plus amers reproches. Je déclare donc que mon fils Louis-Napoléon, victime d'une infâme intrigue et séduit par de vils flatteurs, de faux amis, est tombé, pour la troisième fois, dans un piége épouvantable, dans un effroyable guet-apens, car il est impossible qu'un homme qui n'est pas dépourvu de moyens et de bon sens se soit jeté dans un pareil précipice. »

Le 28 septembre, Louis Bonaparte et ses dix-neufs coaccusés comparurent devant la Cour des pairs ; le principal d'entre eux était ainsi désigné au procès : Fialin, *dit* de Persigny. Le président lui demanda : « Vous prenez le nom de Persigny, mais ce n'est pas le vôtre. » Il répondit : « C'est le nom de mon grand-père. — Paternel ou maternel ? » Point de réponse.

M. Berryer, dans sa plaidoirie pour Louis Bonaparte, fit ce raisonnement que l'histoire a retenu pour en démontrer la profonde justesse : « Avant de juger, dites-vous, messieurs : La main sur la conscience, devant Dieu et devant mon pays, s'il eût réussi, s'il eût triomphé, j'aurais nié son droit, j'aurais refusé toute participation à son pouvoir, je l'aurais méconnu, je l'aurais repoussé. — Et quiconque, devant Dieu et devant le pays, me dira : *S'il eût réussi, je l'aurais nié, ce droit !* — celui-là, je l'accepte pour juge. »

M. Berryer connaissait bien les dignitaires auxquels il s'adressait ! Beaucoup de ces juges de Louis Bonaparte avaient servi le premier Empire ; et le jour où le conspirateur de Strasbourg et de Boulogne réussira, par le guet-apens et par le meurtre, à s'emparer du pouvoir, loin de refuser toute participation à ce pouvoir usurpé violemment, de méconnaître et de repousser le parjure ensceptré par le crime, ils l'acclameront, l'aduleront fadement et solliciteront de lui, pour eux ou pour leurs fils, un siége au Sénat ou au Conseil d'État, une préfecture ou une clef de chambellan.

Louis-Napoléon, s'adressant aux pairs qui le jugeaient, s'écria :

« Vos formes n'abusent personne. Dans la lutte qui s'ouvre, il n'y a qu'un vainqueur et un vaincu. Si vous êtes les hommes du vainqueur, je n'ai pas de justice à attendre de vous, et je ne veux pas de votre générosité. »

Le 6 octobre, ces mêmes juges, qui, peu de jours auparavant, avaient frappé Armand Barbès d'un arrêt de mort [1] pour une tentative d'insurrection au milieu de laquelle un lieutenant fut tué, crime qualifié « d'assassinat » par la sentence de la Cour des pairs et auquel Barbès affirmait être resté complétement étranger, ne condamnèrent le chef de l'insurrection de Boulogne, le prince qui, en voulant assassiner un capitaine, blessa grièvement un soldat, qu'à l'emprisonnement perpétuel, peine créée tout exprès pour lui et n'emportant avec elle aucune flétrissure.

« Voulant, disait-il, élever une protestation en faveur du principe sacré de l'égalité devant la loi, » M. d'Althon-Shée eut seul le courage de voter « l'application de la peine de mort au principal accusé », peine dont la commutation, d'ailleurs, n'eût pas été douteuse. Le lieutenant Aladenize, défendu par M. Jules Favre, fut condamné à la déportation, et « M. Fialin, *dit* de Persigny, » à vingt ans de détention. On proportionna la peine des autres à leur plus ou moins grande part de culpabilité : quinze, dix et cinq ans de détention.

Louis Bonaparte alla occuper, à Ham, le plus bel appartement de la citadelle. Il avait auprès de lui son valet de chambre Thélin, M. de Montholon et le docteur Conneau ; il recevait qui bon lui semblait. Livres, bro-

---

1. Datée du 24 août 1840.

1. C'est grâce à la duchesse Hélène d'Orléans que cette sentence de mort ne fut point exécutée.

chures, journaux lui arrivaient librement. Dans un manége disposé pour lui, il se livrait aux plaisirs de l'équitation. Il écrivait, dans le *Progrès du Pas-de-Calais* et dans le *Précurseur de l'Ouest*, des articles fort vifs contre le gouvernement de Louis-Philippe et des déclarations empreintes d'un radicalisme ardent. MM. Frédéric Degeorges et Peauger, rédacteurs en chef de ces deux journaux, Louis Blanc et d'autres personnalités marquantes du parti républicain visitaient le prisonnier, qu'entouraient toutes les commodités de la vie. Il correspondait avec George Sand et Béranger. Il publiait des brochures où étaient professées les idées socialistes les plus hardies. Son livre sur l'*Extinction du paupérisme* contient tout un plan de révolution sociale; on y lit des phrases comme celle-ci : « Il est naturel, dans le malheur, de songer à ceux qui souffrent. — *La classe ouvrière ne possède rien : il faut la rendre propriétaire.* » Il écrivait au *Journal du Loiret* : « Je n'ai jamais cru, je ne croirai jamais que la France soit l'apanage d'un homme ou d'une famille. Je n'ai jamais revendiqué d'autres droits que ceux de citoyen français. Je n'ai jamais eu d'autre ambition que celle de réunir autour de mon nom populaire tous les partisans de la souveraineté du peuple, tous ceux qui voulaient la liberté. Quel que soit le sort que me réserve la destinée, on ne pourra jamais dire de moi que, dans l'exil ou dans ma prison, *je n'ai rien oublié ni rien appris.* » Dans sa brochure intitulée le *Clergé et l'État*, il s'exprimait ainsi : « *Les ministres de la religion en France sont, en général, opposés aux doctrines démocratiques; leur permettre d'élever sans contrôle des écoles, c'est leur permettre d'enseigner au peuple la haine de la Révolution et de la liberté.* »

Et le *Journal du Loiret* félicitait le prince de ses sentiments généreux, qu'il exprimait si bien. « Notre sympathie, ajoutait-il, est acquise au prince Louis-Napoléon. Il n'est plus à nos yeux un prétendant, mais un membre de notre parti, un soldat de notre drapeau. » M. Frédéric Degeorges imprimait ceci dans son journal : « Que le prince Louis-Napoléon soit toujours l'homme de la liberté, l'homme du peuple, et sa popularité s'étendra bien au delà des limites de son cachot. La famille Bonaparte étant issue de la Révolution ne peut et ne doit reconnaître qu'un principe; celui de la souveraineté du peuple; elle ne peut revendiquer que les droits de citoyen français; il y aurait injustice et petitesse à ne pas les lui concéder dorénavant.' » George Sand écrivait : « Le règne illustre de Napoléon n'est plus de ce monde et l'héritier de son nom, penché sur les livres, médite, attendri, sur le sort des prolétaires. Parlez-nous souvent de délivrance et d'affranchissement, noble captif! Le peuple est, comme vous, dans les fers. Le Napoléon d'aujourd'hui est celui qui personnifie les douleurs du peuple, comme l'autre personnifiait sa gloire. »

Pendant quatre ans et demi, Louis Bonaparte joua en grand comédien le rôle que lui avait appris sa mère. Sans doute il riait sous cape en voyant combien il est aisé à un prince de duper les hommes. Ainsi se vérifiaient ces paroles de la reine Hortense : « Il ne manque pas, même parmi les libéraux, d'esprits impressionnables qui vous croiront. » Ce premier succès devait enhardir son audace astucieuse et son espoir d'une restauration impériale. Cette préoccupation incessante de son esprit se trahissait dans tous ses actes et dans tous ses écrits, jusque dans *une analyse de la question des sucres*; il y montrait « la fabrication indigène reléguée d'abord dans un coin de la France, ayant presque l'air de se dérober aux regards pour faire oublier son origine, *subissant le sort du drapeau d'Austerlitz qui, comme elle, est obligé de se cacher*, CONSERVANT CEPENDANT TOUT UN AVENIR DE GLOIRE. »

Vers le mois de mars 1849, l'ex-roi de Hollande, malade à Florence, pria Louis-Philippe de rendre la liberté au prisonnier de Ham. De son côté, Louis Bonaparte écrivit au roi qu'il

Affaire de Boulogne (6 août 1840).

s'adressait à Sa Majesté, non sans une vive émotion, pour lui demander, comme une faveur, la permission de quitter la France pour un temps très-court, l'âge et les infirmités de son père réclamant impérieusement ses soins. Il terminait sa lettre ainsi : « Votre Majesté, j'en suis convaincu, comprendra une demande qui, d'avance, *engage ma gratitude.* »

Certes, Louis-Philippe savait la valeur de cette gratitude-là; cependant il inclinait à accorder la grâce demandée. Les ministres y mirent une condition : Louis Bonaparte signerait une demande en grâce; il s'y refusa.

Une partie du fort de Ham était livrée aux maçons qui le réparaient. Louis Bonaparte résolut de mettre à profit cette circonstance favorable à une évasion. Son valet de chambre acheta les vêtements d'un manœuvre qui servait les maçons [1]. Le 25 mai, de très-grand matin, Louis Bonaparte coupa ses moustaches, se coiffa d'une perruque noire et d'une casquette, passa le gros pantalon et la blouse du manœuvre, chaussa des sabots, mit une pipe de terre à sa bouche et une planche sur son épaule. Pendant que son valet de chambre faisait boire du vin aux ouvriers et que le docteur Conneau détournait l'attention des gardiens en causant avec eux, le prince, ainsi affublé et sans être reconnu, parvint à franchir la porte de la citadelle. Une voiture retenue, la veille par le valet de chambre qui rejoignit son maître les attendait sur la route de Saint-Quentin. Deux jours après, Louis Bonaparte arrivait à Londres où, reprenant sa vie de plai-

[1]. Ce manœuvre se nommait Badinguet.

L'abdication du roi Louis-Philippe.

sir, il ne songea plus à son père qui mourut à Florence le 25 juillet, sans avoir, d'ailleurs, exprimé le désir de le voir.

L'évadé de Ham établit sa demeure dans King-Street, Saint-James. Un document dont copie a été prise sur les registres du parvis Saint-James porte ce qui suit : « Le 6 août, le prince Louis-Napoléon a prêté serment comme constable spécial pour deux mois, à la Cour de police de Marlborough-Street, entre les mains de S. P. Birgham, écuyer, et il était en fonctions le 10 août, pendant le meeting chartiste, sous le commandement du comte Gray. »

Jérôme, l'ex-roi de Westphalie, survivait à tous les frères et à toutes les sœurs de Napoléon Ier. Lucien, le complice du 18 Brumaire, était mort à Sinigaglia, en 1840, et Joseph à Londres en 1844. Mais vingt-cinq rejetons de la postérité masculine et de la postérité féminine de ces frères et de ces sœurs deviendront autant de sangsues vivant à nos dépens.

Louis-Philippe croyait le bonapartisme éteint; il n'était que refroidi et le roi, inconsciemment, le réchauffait. Le 14 décembre 1840, ce monarque imprudent avait assisté avec toute sa famille, dans l'église des Invalides, aux cérémonies pompeuses de la translation des cendres de Napoléon Ier ramenées de Sainte-Hélène par le prince de Joinville et dont l'entrée dans Paris fut célébrée avec une magnificence qui donnait à cet événement le caractère d'une fête nationale. Sept ans plus tard, le roi des Français permit que les cercueils du père et du frère de Louis Bonaparte fussent ramenés d'Italie à Saint-Leu-Taverny où, le 27 septembre 1847, la célébration d'un service commémoratif se fit. L'église, au milieu de laquelle un catafalque se dressait, était parée de tentures sur le fond noir desquelles se détachaient les abeilles d'or et les autres emblèmes ou attributs de la monarchie impériale.

Quand la Révolution de Février éclata, Louis Bonaparte était ruiné et endetté; il devait une somme d'argent considérable à miss Howard qui, pour subvenir aux frais qu'exigeront les préparatifs du grand crime de décembre 1851, engagera le reste d'une fortune acquise « au pays de Tendre. » — « Très-bien avec plusieurs membres de l'aristocratie anglaise, quoiqu'elle ne fût pas admise elle-même dans la haute société de Londres, cette jeune et jolie femme rendit des services de tout genre à l'homme qu'elle aimait[1] ». C'est avec l'argent des contribuables français que Louis Bonaparte payera ces services-là.

1. Vicomte de Beaumont-Vassy, *Mémoires secrets du XIXe siècle.*

DOCUMENTS COMPLÉMENTAIRES DU CHAPITRE PREMIER

1

LA REINE HORTENSE

« La reine Hortense était la séduction même.

. . . .

« On chuchotait des choses effrayantes sur les mœurs de la fille adoptive de Napoléon, et les Mémoires secrets du temps sont émaillés de confidences scabreuses sur la vie intime de la belle Corinne et du beau Dunois.

« Les scènes de désespoir, quand il fallut, par ordre, épouser le roi Louis et s'exiler loin de la cour des Tuileries, ont été expliquées par les chroniques de l'époque de la façon la plus révoltante. Ce qui, plus tard, ajouta du poids à ces révélations, ce fut la protestation déposée par le roi Louis aux archives de la Haye, pour motiver sa double fuite loin de son royaume et loin de sa femme. Les confidences du roi Louis expliquaient énergiquement que les exigences du despotisme impérial lui faisaient abandonner la place, mais que les habitudes par trop dégagées, par trop libérales de la reine, avaient largement contribué à son désespoir.

. . . .

« Quand l'édifice colossal de Napoléon Ier s'écroula, et qu'on vit tous ses frères, cette famille de rois improvisés, si petits une fois dépouillés du manteau royal et fuyant éperdus dans toutes les directions, le cardinal C... dit à Pie VII : « C'est étonnant! dans cette nom-
» breuse famille, il n'y avait qu'un homme;
« celui-là en cage, il ne reste plus rien ! »

« Le bon cardinal se trompait, il restait la reine Hortense. Elle galvanisa le parti bonapartiste, et à partir de 1815 elle en fut l'âme et l'inspiratrice.

« Elle est incontestablement la forte tête de la famille; elle devint le centre de tous les complots et de toutes les intrigues du parti.

. . . .

« La reine Hortense avait d'abord essayé de pousser son fils vers le trône de Portugal.

Les intrigues et les négociations échouèrent, et la reine jeta son dévolu sur l'Italie...

« Elle noua rapidement des relations avec les chefs les plus influents du mouvement libéral de la Péninsule. Elle fit venir à Arenemberg le fils du comte Arese, enfant du même âge que Louis-Napoléon, le fit élever fraternellement avec lui, et le traita comme son propre fils.

« Le salon de la reine Hortense était le rendez-vous de tous les conspirateurs et le foyer ardent des projets de rénovation européenne. Louis-Napoléon circulant dans ce milieu contagieux en prit l'empreinte ineffaçable, celle du conspirateur. Il conspirera toute sa vie.

« A peine eut-on organisé l'insurrection des Romagnes, que la reine Hortense y lança ses deux fils à la fois. Ils s'engagèrent avec les carbonari. »

(*Le Dernier des Napoléon.*)

« Après l'insuccès de cette conspiration, la reine Hortense, duchesse de Saint-Leu, obtint, comme je l'ai raconté, l'autorisation de séjourner à Paris avec son fils qui, disait-elle au roi, « était dangereusement malade ».

« Louis-Philippe avait octroyé l'autorisation de son initiative privée.

« Le lendemain, Casimir Périer arrivait au conseil des ministres, vivement irrité de l'imprudence du roi.

« — Mon Dieu! quel mal cela peut-il faire ? dit Louis-Philippe tout étonné.

« — Oui, lequel ? opinèrent tous les ministres.

« — Lequel ? riposta Casimir Périer ; je vais vous le dire. A l'heure où je vous parle, cette mère éplorée, cette mère au fils mourant, visite les casernes et présente aux officiers l'héritier de l'empereur. »

« Le soir même, la reine Hortense fut priée de quitter la France sur l'heure...

« Rentrée dans son château d'Arenemberg, la duchesse de Saint-Leu se tourna vers la Pologne... qui venait de se retourner sur son lit de Procuste et tentait une nouvelle aventure sanglante.

« En prévision d'un succès, la reine Hortense négocia avec le comte Plater le trône de Pologne pour son fils ; mais la prise de Varsovie fit évanouir ce nouveau rêve.

« L'année suivante, un événement imprévu changea radicalement la face des choses et la direction des batteries bonapartistes. Le 22 juillet 1832, le duc de Reichstadt mourait à Schœnbrünn.

« Désormais Louis-Napoléon se destine exclusivement au bonheur et à la gloire des Français. Sa vocation est irrévocablement fixée. Aussitôt tout est dirigé vers ce but suprême, éducation, entourage et relations...

« Les frères et amis accoururent de toutes les parties de l'Europe, ceux-ci de France, les autres de l'exil, pour combiner les moyens de ramener l'aigle impériale aux Tuileries. »

(*Le Dernier des Napoléon.*)

Expulsée de Saint-Leu par Louis XVIII après les Cent Jours, la reine Hortense avait obtenu la permission de séjourner à Rome. Là « son salon, fort recherché, était devenu le centre du bonapartisme, non de celui qui pleurait des larmes de sang sur les malheurs de la cause commune et rêvait la vengeance, mais d'un bonapartisme plus confiant dans l'avenir qu'assombri par les regrets du passé. » (*Mémoires et Correspondance du roi Jérôme et de la reine Catherine*).

« La reine Hortense mêlait aux prétentions de son fils, à ses appels à la destinée, les superstitions de la femme; croyant comme sa mère Joséphine aux présages, aux influences des astres, à la puissance des incantations, elle consultait les tireuses d'horoscopes et les somnambules de village. Le jeune prétendant

L'attaque du Château-d'eau.

dut entendre plus d'une fois, au fond des bosquets d'Arenemberg, des voix qui lui disaient : *Tu régneras.* »

(Taxile Delord, *Hist. du second Empire.*)

II

UNE LETTRE DE JOSÉPHINE A NAPOLÉON

On attribuait à Napoléon Ier la paternité du premier fils de la reine Hortense. N'est-ce pas à cette imputation grave que fait allusion la lettre suivante adressée par Joséphine à Napoléon, le 28 mars 1813?

« Cette pauvre Hortense, épouse sans mari, est encore l'objet des mépris de votre sœur Pauline. Voilà la femme qui influence l'esprit de votre frère Louis au point qu'il donne à son épouse les noms les plus outrageants. *Lorsqu'on m'accuse de la plus criminelle des complaisances*, on ignore cette intrigue *dont je ne devins complice que quand il fallut en cacher les suites*, intrigue qui trompa ma fille et qui, après avoir été combinée pour satisfaire ce désir impétueux, comme tous vos désirs, de transmettre votre couronne à des héritiers *dont vous seriez le père*, n'a eu d'autre résultat que de jeter *le déshonneur* sur mes enfants, de répandre le désespoir dans le cœur de ma fille, *la rage dans le cœur de son époux.* »

Louis-Philippe fuyant.

III

LETTRE DU ROI LOUIS A SA FEMME

Rome, 14 septembre 1816.

A la princesse Hortense.

« Madame,

« Toute la France sait que notre mariage a été contracté malgré nous par des raisons politiques, par la ferme et irrésistible volonté de mon frère, et par le peu d'espérance que votre mère avait d'avoir des enfants.

« Quoique beaucoup de personnes de votre connaissance et de votre société soient mortes, cependant il en existe encore qui peuvent témoigner que le consentement que nous fûmes obligés de donner n'a jamais été libre, soit de mon côté, soit du vôtre, et que nous avons été, tous les deux, également victimes d'une injuste et fausse politique. On sait que j'aimais votre cousine Émilie, depuis Mme de La Valette, bien avant mon départ pour l'Égypte en 1798, et que, par cette raison, dès lors même, je refusai les propositions de votre mère pour votre union avec moi.

« En 1799, j'avais obstinément refusé de nouveau votre main, quand je demandai et obtins, par les soins de feu le maréchal Berthier, la permission d'aller en Prusse; j'espérais que vous épouseriez, pendant ce temps, le général Duroc qui vous recherchait.

« A mon retour, vous n'étiez pas encore mariée ; mais je trouvai moyen de m'absenter encore, ayant réussi à faire comprendre mon régiment dans l'armée du général Leclerc, mon beau-frère, qui marchait en Portugal. Ce deuxième voyage avait, de ma part, le même but et la même espérance. Avant de m'éloigner alors de Paris, je devais prendre congé de mon frère et de votre maman ; je me rendis à la Malmaison où ils se trouvaient alors ; j'y fus retenu, malgré moi, près de quinze jours, quoique mon régiment s'avançât de plus en plus vers l'Espagne. Votre maman, mon frère et même ma sœur Caroline me pressaient pour ce mariage que je refusai obstinément ; finalement, je partis de la Malmaison sans congé, dans la nuit, et rejoignis mon régiment à Bordeaux.

« Quelques mois après, la paix d'Amiens arriva. Mon régiment, de retour d'Espagne, reçut l'ordre de revenir à Paris. Je m'arrêtai à Baréges et de là j'écrivis à ma sœur Élisa pour savoir si je pouvais aller à Paris sans craindre d'être pressé encore pour le mariage projeté. Elle me rassura entièrement en ajoutant que vous étiez promise à l'un des généraux Moreau ou Macdonald, qui vous avaient également demandée.

« Je revins donc à Paris ; rien ne me paraissait plus impossible que notre union. Cependant, peu de mois après, je fus marié avec vous : c'était le 2 janvier 1802 ! ! !

« Le contrat, le mariage civil, le mariage religieux se suivirent immédiatement dans la même soirée. Je me souviens que, pendant la bénédiction, je vous donnai et vous reçûtes la bague d'alliance longuement, avec effort et en tremblant.

« Nous fûmes conduits à la chambre nuptiale par votre mère et mon frère ; le mariage fut consommé pendant le mois que nous demeurâmes ensemble. Cependant, que de larmes, de plaintes, de tristesses signalèrent cette époque ! Et tous les jours que nous fûmes contraints de vivre ensemble depuis ! ! ! Tous ceux qui vous approchèrent, et l'on peut dire même la majeure partie du public de Paris, savent que nous fûmes conduits à cet acte par force. L'impérieuse et irrésistible volonté de mon frère, du chef du gouvernement et de ma famille, me mettait, depuis longues années, dans la pénible situation de devoir obéir à la fin ou bien m'expatrier et me mettre par là en état de guerre avec la France et ma famille, et me ranger ainsi parmi les émigrés, ce que je craignais plus que la mort.

« Depuis lors, plus de quatorze ans se sont écoulés et nous n'avons jamais été une seule fois d'accord ! Dans une période de temps si considérable, nous avons à peine vécu trois mois et demi en époux, et toujours avec des marques irrécusables d'aversion ou du moins d'éloignement ! Les trois mois furent partagés en trois époques, non-seulement fort courtes, mais encore séparées par plusieurs années entières. La première dura à peu près un mois, c'est-à-dire jusqu'à ce que vous ayez eu des signes de grossesse. Je vous quittai pour me rendre à ma petite terre de Baillon, près de Chantilly, et ensuite à Baréges. Je fus rappelé plusieurs mois après à l'époque de la naissance de notre premier enfant. Nous habitâmes tout l'hiver sous le même toit, mais à des étages différents, et constamment séparés de corps.

« La deuxième fois où nous vécûmes conjugalement fut, après deux ans, à Compiègne où nous restâmes environ deux mois ; et, enfin, à Toulouse, en 1807, depuis le 12 du mois d'août que vous vîntes me trouver de *Cautrets* (sic)[1] jusqu'à notre arrivée à Saint-Cloud, vers la fin du dit mois.

« C'est à Saint-Sauveur, aux Pyrénées, que la Providence prépara au monde la venue du futur empereur. La reine Hortense y était venue en 1807 pour y réparer ses fatigues, et l'amiral Verhuel l'accompagna, mais se fixa à Cauterets, de l'autre côté de la montagne, d'où il faisait de fréquentes visites à Saint-Sauveur. Lorsque l'empereur Napoléon III vint

« Pendant ces trois périodes, quoiqu'elles aient donné naissance à trois enfants, cependant tout Paris et on peut dire toute la France ont pu être témoins de notre éloignement réciproque, même en présence de votre maman et de mon frère.

« Jamais nous n'avons vécu conjugalement ensemble en Hollande, parce que nous étions plus libres.

« Voici plus de neuf ans passés depuis notre dernière réunion de quinze jours.

« Nous n'avons cessé, avant comme après cette époque, de réclamer, moi ma liberté entière mais légitime, c'est-à-dire par l'autorité de l'Église, vous la séparation.

« Voilà, madame, les faits sur lesquels j'ai basé ma demande en nullité de mariage. Je vous prie de ne point vous y opposer et d'éviter le grand scandale qui résulterait d'une contestation entre nous.

« Je vous instruis de mes principaux motifs, afin que vous sachiez que je n'allègue rien qui puisse vous blesser. . . . .
. . . .

« Je n'ai point hésité d'avancer que nous avons été contraints par toutes sortes de voies, puisque, quelque tort que cela puisse faire à nos caractères, cette contrainte de la part des parents n'est que trop commune, surtout quand ils sont, comme les nôtres étaient, et souverains et tuteurs. Mais, quant à vous, il n'y a rien dans mes dépositions qui doive vous effrayer.

« J'attends avec impatience votre réponse : je serai moins malheureux, après une si longue souffrance, si je puis cesser d'en voir en vous la cause innocente peut-être, mais permanente, et si je puis espérer que l'époque de ma délivrance pourrait être encore celle d'une grande amélioration dans notre état, dans notre tranquillité et, si j'ose le dire, même dans la réputation de tous deux.

« Nos affaires d'intérêt seront faciles à régler après cela. »

Le roi Louis terminait ainsi une lettre datée de Marienbad, le 15 juillet 1819 : « Au résumé, madame, restez où vous voudrez. Considérez-vous seulement comme séparée ou non séparée légalement. Mais, ou portez mon nom comme je le porte, ou changez-en. »

IV

CARACTÈRE DE LOUIS-NAPOLÉON BONAPARTE

« Louis-Napoléon n'a jamais été jeune. Dès son enfance, grave, taciturne, dévoré d'ambition, il était généralement d'une grande tenue.

« Malheureusement, l'atmosphère contagieuse dans laquelle il se développa, les exemples pernicieux qui pesèrent sur sa jeunesse eurent une influence néfaste sur sa vie entière. De là germa en lui ce double instinct : dédain de toute moralité, mépris profond des hommes. De là cette habitude qui devint, non sa seconde, mais sa vraie et définitive nature : dans le choix des moyens, pas d'autre considération que leur aptitude à mener au but.

« C'est ce qui explique tout d'abord cette prédilection constante pour un entourage de gens gangrenés, que ne gêne en rien le code des lois divines et humaines.

« Son éducation commença au gymnase d'Augsbourg.

« Chose étrange ! ce milieu bavarois, lourd et compassé, déteint sur lui au point qu'il ne s'en dégagera jamais entièrement ; ses manières, son attitude et jusqu'à sa prononciation garderont toujours un certain reflet tudesque.

visiter Saint-Sauveur, le vieux docteur Fabas pria Sa Majesté de venir voir la chambre de la reine Hortense, qu'on avait conservée intacte.

« — Sire, voici la place d'où date Votre Majesté, » lui dit le bon docteur en lui montrant le lit de la reine.

« — Et où demeurait le roi ? demanda l'empereur.

« — A Cauterets, sire, mais il vint passer vingt-quatre heures à Saint-Sauveur. »

« Napoléon sourit gaiement et en bon philosophe. »
(*Le Dernier des Napoléon.*)

Proclamation officielle de la République.

« ... Les voies régulières ne vont pas à son tempérament. »
(*Le Dernier des Napoléon.*)

Nous reviendrons sur ce portrait; ceci n'est qu'un premier coup de pinceau donné par un diplomate.

V

ÉCHAUFFOURÉE DE STRASBOURG

Madame Gordon.

« Louis-Napoléon parut vouloir absorber soit dans l'étude, soit à l'aide des exercices du corps, l'ambitieuse pensée qui le consumait. La galanterie s'en mêla aussi. Il avait été singulièrement précoce : à treize ans, il avait eu sa première aventure, aventure bien subalterne d'ailleurs ; plus tard, brûlant d'une belle passion pour une grande dame de Florence, il s'était introduit chez elle déguisé en fleuriste, ce qui ne lui avait pas réussi, et, grâce au scandale, l'avait même contraint de quitter la ville. Ce fut également en Italie qu'il fit la connaissance de Mme Gordon, actrice d'un certain mérite et qui ne manquait pas de beauté. Louis Bonaparte, à qui cette femme devait être utile dans l'accomplissement ultérieur des projets politiques qu'il méditait dès lors, mit tout en

HISTOIRE DU SECOND EMPIRE (1848-70)

Flocon.

Marie.

Garnier-Pagès.

Dupont (de l'Eure).

4.

œuvre pour réussir auprès d'elle et vaincre les obstacles qu'il rencontra tout d'abord. Il l'enveloppa dans un véritable réseau de séductions et de promesses ; il exploita habilement toutes ses qualités natives, son bon cœur, sa confiance naïve, son esprit aventureux et chevaleresque, et jusqu'à son admiration enthousiaste pour Napoléon Ier. Il lui promit la gloire, la renommée, si elle voulait, en servant son amour, servir aussi ses projets et devenir sa confidente. La confiante actrice y consentit, et pour lui complaire, pour le seconder plus utilement, elle abandonna son art et quitta la scène où elle s'était acquis une certaine réputation et avait gagné quelque fortune.

« C'est une intéressante figure de troisième plan que cette Mme Gordon, inépuisable de sacrifice et de dévouement, qui détruisit sa fortune d'aussi bon cœur qu'elle avait renoncé à son art et donné son amour. Rien ne coûta à cette nature aimante et sympathique ; elle devint un des agents les plus actifs de la conspiration de Strasbourg, et entreprit plusieurs voyages tant à Paris qu'à Fribourg et à Baden-Baden. Elle enrôla parmi les conjurés plusieurs officiers qui lui faisaient la cour, et fut à la fois pour Louis-Napoléon une généreuse amie, une maîtresse aimante, un adroit émissaire et une conspiratrice courageuse.

« Ce qui n'empêchait pas le volage de poursuivre, à la même époque, des fantaisies thurgoviennes, et de proposer très-sérieusement le mariage à une dame d'origine créole qui se trouvait alors à Arenemberg et dont il s'était épris. Cette dame, fort respectable d'ailleurs, et que j'ai eu l'honneur de connaître, était Mme Saunier, qui m'a raconté elle-même cet incident d'une indiscutable réalité, dont, en bonne mère de famille, et quoiqu'elle ne lui eût donné aucune suite, elle profita naturellement pour faire avancer ses fils sous le second Empire. »

(Vicomte de Beaumont-Vassy, *Mémoires secrets du* xixe *siècle*.)

« Une lettre qui a été écrite par Vaudrey à Mme Gordon prouve qu'elle a essayé sur cet homme tous les moyens qui étaient de nature à agir sur sa volonté : qu'à l'homme essentiellement vain elle a prodigué la flatterie ; qu'au vieux soldat et à l'homme qui l'aimait elle a fait entendre tantôt que reculer après une promesse donnée serait lâcheté, tantôt qu'elle ne pouvait appartenir qu'à l'homme qui se dévouerait entièrement au succès de l'entreprise. »

(*Acte d'accusation du procès de Strasbourg.*)

Louis Bonaparte laissa mourir Mme Gordon à l'hôpital Beaujon, à Paris.

VI

LE TALISMAN

« Le 25 octobre 1836, Louis-Napoléon quitta Arenemberg sous le prétexte d'une partie de chasse lointaine et depuis longtemps arrangée. Au moment où il prenait congé de sa mère, la reine Hortense, sans savoir positivement à quel rendez-vous son fils courait ainsi, mais cédant à quelque pressentiment secret, lui passa au doigt l'anneau de mariage de Napoléon et de l'impératrice Joséphine, en lui disant : « Si quelque danger te menace, « tiens, voilà un talisman ! » Le talisman maternel ne donna pas la victoire, mais, du moins, la vie devait être sauve. »

(*Mémoires secrets du* xixe *siècle.*)

VII

DÉPOSITIONS

L'adjudant Gall déposa : « Près de la grille de la caserne, le prince vint me prendre la main en me disant : *Bonjour, mon brave camarade !* Je ne sus que répondre et je suivis le mouvement. »

Le canonnier Martin dit : « Le colonel nous

a parlé d'une révolution, de l'empereur. Alors on a crié : *Vive l'empereur ! Vive Napoléon II!* J'ai crié comme les autres, mais, après ça, j'ai dit à un camarade : « Quel empereur ? quel « Napoléon ? » Un camarade m'a dit que c'était le neveu de l'empereur, un autre que c'était son fils ; un autre, un vieux de la batterie, m'a dit que c'était l'empereur en personne... à quoi j'ai dit que je ne le croyais pas. »

VIII
L'EXPÉDITION DE BOULOGNE

Miss Howard.

Louis-Napoléon rencontra miss Howard à Londres où il s'était établi après avoir été obligé de quitter la Suisse. « Miss Howard fut pour lui une véritable providence ; car il est à remarquer que, dans le cours de son aventureuse carrière, Louis-Napoléon a trouvé plusieurs femmes très-dévouées, mais chez *toutes*, il faut le dire, l'ambition a produit ce dévouement dans une certaine mesure...

« La tentative de Boulogne était tout simplement insensée. Le prince avait rassemblé toutes les ressources pécuniaires dont il pouvait disposer alors ; miss Howard lui avait remis toutes ses économies et offert de vendre ses diamants.

« ... Parmi les joueurs qui fréquentaient un brelan tenu par un certain Jack Young Fitz-Roi se trouvait un nommé Smith, employé à la trésorerie de Londres. Cet homme, pour satisfaire sa déplorable passion de jeu, s'était engagé dans des spéculations équivoques et ne savait plus comment se tirer de la situation périlleuse qu'il s'était faite. Smith, s'entendit avec quelques capitalistes de la Cité et prit l'engagement de réunir les fonds dont le prince avait besoin pour son entreprise, à la seule condition que la date précise de l'expédition lui serait confiée. Son projet était de tenter avec les spéculateurs qui se cotisaient pour rassembler les fonds de l'emprunt une grande opération à la baisse sur toutes les places de l'Europe. Cette attaque dirigée contre le gouvernement de Louis-Philippe lui semblait de nature, en supposant même qu'elle ne fût pas couronnée de succès, à produire une grande sensation dans toutes les capitales du continent ; ces combinaisons devaient être trompées par la façon rapide dont la tentative échoua.

« Le prince fit louer par un tiers, moyennant cent livres sterling par semaine et sous le prétexte d'une promenade en mer, le bateau à vapeur *Edinburg Castle*, sur lequel on transporta, dans la soirée du 4 août 1840, des armes, des uniformes, une voiture, des chevaux, des bagages de toute sorte et le fameux aigle apprivoisé qui a fait sourire toute l'Europe. La dévouée miss Howard accompagna son ami jusque sur le pont du bateau, lui remit un tendre souvenir et lui souhaita le succès dans l'entreprise qui, si elle réussissait, la transformerait peut-être en impératrice. »

(*Mémoires secrets du* XIXe *siècle.*)

IX
APRÈS LE VERDICT

« Berryer, l'illustre défenseur d'une si mauvaise cause, alla porter le résultat du verdict à son client ; dès que le prince l'aperçut :

« — Vous êtes triste, mon cher monsieur Berryer, lui dit-il ; vous avez de mauvaises nouvelles ?

« — Condamné à perpétuité, prince.

« — Et combien cela dure-t-il, en France, la perpétuité ? »

« Louis-Napoléon avait raison... Le conspirateur qui s'insurge contre le gouvernement ou bouleverse la société, s'il réussit, est proclamé roi ou empereur. Il est vrai que s'il

La tribune des journalistes à l'Assemblée.

échoue il va aux galères. Mais quelle autorité a ce verdict? Le criminel sait à quoi s'en tenir, et ses juges savent très-bien que son grand crime est de n'avoir pas réussi. Ils le condamnent aujourd'hui à perpétuité... que demain il brise son carcan et réussisse... et ce général qui l'a arrêté, et ce magistrat qui l'a flétri de tous les stigmates de son éloquence indignée, et ce pair de France qui l'a condamné, viendront se courber jusqu'à terre devant ce repris de justice et l'écœurer de toutes les adulations et de toutes les bassesses. »

(*Le Dernier des Napoléon.*)

Un club en 1848.

CHAPITRE II

(1848-51)

Le gouvernement provisoire et Louis Bonaparte. — Réveil du bonapartisme. — Élection, démission et réélection. — Allocution de Louis Bonaparte à l'Assemblée; sa candidature à la présidence de la République; son serment. — Coalition. — Acte de contrition. — Voyages et déclarations. — Les coalisés se dupaient mutuellement. — Rupture. — Satory, Wiesbaden et Claremont. — « *L'Empire est fait.* » — L'œuvre de l'Assemblée. — Le discours de Dijon. — Le général Changarnier; « *Délibérez en paix!* » — Imprévoyances. — Vote sur la révision de la Constitution. — Un espoir détruit. — Une imprudence de l'Assemblée; Louis Bonaparte en profite. — Les complices. — Le commandant Fleury; sa campagne de subornation. — Un groupe de chefs militaires subornés. — Le général Saint-Arnaud. — Le général Magnan. — Les prétoriens se démasquent. — Un nouveau ministère. — Le dogme de l'obéissance passive.

Le 25 février 1848, à minuit, les membres du Gouvernement provisoire reçurent la lettre suivante :

« Le peuple de Paris ayant détruit par son héroïsme les derniers vestiges de l'invasion étrangère, j'arrive de l'exil pour me ranger sous le drapeau de la République. Sans autre ambition que celle de servir mon pays, je viens annoncer mon arrivée aux membres du Gouvernement provisoire et les assurer de

mon dévouement à la cause qu'ils représentent, comme de ma sympathie pour leurs personnes.
« LOUIS-NAPOLÉON BONAPARTE. »

Le prétendant fut invité à retourner en Angleterre. A quatre heures du matin, il partit pour Boulogne. Le bonapartisme sommeillait encore. Aidé de quelques amis, M. Fialin, qui s'était présenté aux électeurs de la Loire comme *un loyal et franc républicain*, le réveilla après la journée du 15 mai. Il y eut des élections complémentaires. La candidature de Louis-Napoléon fut posée dans plusieurs départements; on créa des journaux pour la soutenir; elle réussit à Paris, dans l'Yonne, la Charente-Inférieure et la Corse. Des débats très-vifs s'engagèrent dans l'Assemblée au sujet de l'admission de Louis Bonaparte qui venait d'adresser au président une lettre dont les termes hautains excitèrent une indignation générale; le mot de République n'y était pas prononcé. Le lendemain, 15 juin, il baissait le ton : « Je désire — écrivait-il — l'ordre et le maintien d'une république grande, sage, intelligente. » En même temps, il donnait sa démission de député. Réélu en septembre, à Paris, dans l'Yonne, la Charente-Inférieure, la Moselle et la Corse, il prit place, le 28, au sein de l'Assemblée. Dans une allocution à ses collègues, il se plaignit des calomnies dont il avait été l'objet, déclara que « la République lui avait fait le bonheur de retrouver sa patrie et tous ses droits de citoyen », puis il s'écria : « *Que la République reçoive mon serment de reconnaissance et de dévouement!* Nul, ici, plus que moi, n'est résolu à se dévouer à la défense de l'ordre et à l'affermissement de la République. » Dans la séance du 26 octobre, il protesta contre « ceux qui l'accusent d'ambition, connaissant peu son cœur ; *jamais*, dit-il, *jamais personne n'a pu douter de ma parole* ».

Louis Bonaparte recherchait la compagnie des socialistes les plus connus. A la veille de l'élection du 10 décembre, il publia un manifeste dans lequel se trouvaient ces déclarations : « *Je ne suis pas un ambitieux qui rêve* l'Empire... Si j'étais nommé président, je me dévouerais tout entier, sans arrière-pensée, à *l'affermissement d'une république* sage par ses lois, honnête par ses intentions, grande et forte par ses actes. *Je mettrais mon honneur à laisser, au bout de quatre ans, à mon successeur le pouvoir affermi, la liberté intacte...* La République doit avoir foi dans son avenir. »

L'appui des monarchistes dont l'ambition espérait dominer la sienne, les promesses d'amnistie et de diminution d'impôts, le prestige des souvenirs d'une époque alors mal connue élevèrent Louis Bonaparte à la présidence de la République française. Le 20 décembre 1848, il jura, « en présence de Dieu et devant le peuple français représenté par l'Assemblée nationale, *de rester fidèle à la République démocratique, une et indivisible* et de remplir tous les devoirs que lui impose la Constitution ». Il lut ensuite une déclaration dans laquelle il était dit : « *Je remplirai en homme d'honneur mon devoir tracé par le serment que je viens de prêter. Je regarderai comme ennemis de la patrie tous ceux qui tenteraient, par des voies illégales, de changer la forme du gouvernement que vous avez établi. Nous avons une grande mission à remplir, c'est de fonder une république dans l'intérêt de tous.* »

Dès le lendemain, les manœuvres qui doivent aboutir à la violation de la foi jurée se découvrent. Avec le concours des royalistes qu'aveugle leur haine pour la République, Louis Bonaparte va briser tous les obstacles qui s'opposeraient à ses desseins. Il déclare à la presse républicaine une guerre à mort ; il révoque les maires patriotes, dissout les municipalités indépendantes, désarme les gardes nationaux dévoués à la démocratie, destitue les instituteurs primaires suspects de républicanisme, suspend les professeurs libéraux, chasse les proscrits étrangers, pactise avec les jésuites, détruit la République romaine, fait insulter la République française et jeter des provocations aux républicains sur un théâtre qui semble s'être réservé le monopole des obscénités antipatriotiques. A toutes les époques de réaction violente, en 1791 comme en 1850 et en 1871, ce théâtre fut le rendez-vous des aristocrates et des réactionnaires, de leurs parasites et de leurs valets qui allaient y applaudir d'écœurantes platitudes contre la démocratie.

En même temps, de la rue de Poitiers [1] sortaient, librement et par milliers, d'ignobles pamphlets dont la France était inondée, tandis qu'on saisissait partout les publications démocratiques.

Le colportage et la vente des journaux indépendants sont interdits, le droit de réunion est supprimé, les administrations se peuplent de créatures serviles, les représentants dont la voix proteste contre la violation des lois sont livrés à de Hautes-Cours; les uns se dérobent, en s'exilant, aux geôliers qui s'emparent des autres. Les prisons regorgent de patriotes. Aux socialistes qu'autrefois il a tant flattés Louis Bonaparte fait jeter par son journal *le Dix Décembre* cette menace atroce : « La faux ne discute pas avec l'ivraie ; on ne discute pas avec les socialistes, on les tue. » En même temps, des calomniateurs gagés évoquaient le « spectre rouge » du socialisme qu'ils nommaient anarchie, et réveillaient tous les égoïsmes. Une brochure publiée par un viveur célèbre [2] allait, sous la double protection du gouvernement et des royalistes qui la propageaient, semant les peurs, annonçant une jacquerie, menaçant le riche de la haine du pauvre, le petit bourgeois de la haine des ouvriers, le petit fermier de la haine des manœuvres, et invoquant la force et le canon, « dût-il arriver de la Russie pour fustiger et châtier les prolétaires aspirant au jour où ils tiendront les petits enfants des riches, des bourgeois et des fermiers et les écraseront sur la pierre ».

Je dois l'avouer, afin que la leçon nous profite, des républicains, cédant à une irritation qu'il eût fallu contenir, opposaient à la violence des actes que le pouvoir commettait une violence de langage ressemblant à des menaces, et dont les royalistes s'emparaient pour jeter l'épouvante au sein des campagnes et de la bourgeoisie naturellement peureuses. Une sagesse qui n'exclut pas l'énergie peut seule poser les fondements d'une république durable.

Louis Bonaparte enleva aux membres du Corps législatif un reste de popularité en favorisant leurs rancunes contre le suffrage universel. L'instrument de haine qu'il mettait entre leurs mains satisfaites deviendra le principal instrument de ses desseins. Afin de donner à ses alliés un gage de confiance, il alla faire amende honorable de son passé au seuil de la prison [1] « où il expia, dit-il, la témérité de ses entreprises ». Et, comme des bruits de coup d'État circulaient : « Qui donc, s'écria M. Dufaure, ministre de l'intérieur, se permettrait d'accuser le président de la République de projets hostiles au Corps législatif au moment même où il vient de se livrer, à Ham, à *un acte de contrition* si honorable pour lui et si rassurant pour l'Assemblée? »

Huit jours après s'être montré, à Ham, bien contrit « de sa témérité contre les lois de sa patrie », Louis Bonaparte alla se plaindre, à Tours [2], d'être calomnié; il s'exprima ainsi : « On a prétendu, on prétend encore que le gouvernement médite quelque chose de semblable au 18 Brumaire. Confiez-vous à l'avenir. Les coups d'État n'ont aucun prétexte. »

---

1. La coalition réactionnaire de l'Assemblée avait formé une association dont le comité central siégeait dans la rue de Poitiers.
2. Romieu. « Un de ses amis, l'ayant vu tomber dans la rue à la suite de trop fortes libations, mit sur son corps un de ces lampions qui servent, la nuit, à désigner les embarras aux voitures. » (Taxile Delord, *Histoire du second Empire*.)

1. Le 22 juillet 1849.
2. Le 30 juillet 1849.

Odilon Barrot.

Quatre mois plus tard, il rassurait encore les esprits inquiets. « Je veux, écrivait-il dans un Message, être digne de la confiance de la nation en maintenant la Constitution que j'ai jurée [1]. » Afin de combattre le doute que, malgré ses protestations réitérées, on gardait touchant sa bonne foi, il fit reproduire ces paroles dans le Moniteur, qui ajoutait : « Partout on accrédite le bruit d'un prétendu coup d'État. Nous sommes autorisé à déclarer qu'il y a là intention perfide, calomnie odieuse, insulte à la loyauté de celui qui ne viola jamais sa parole [1]. »

Quand la loi du 31 mai 1850 eut ravi le droit électoral à plus de trois millions de Français, les journaux bonapartistes, dociles à un mot

[1]. Le 31 octobre 1849.

[1]. Le 9 novembre 1849.

François Arago haranguant les insurgés pendant les journées de Juin.

d'ordre parti de l'Élysée, attaquèrent violemment cette loi que, dans un but inaperçu des royalistes impatients d'assouvir leur haine contre le suffrage universel, Louis Bonaparte leur avait fait présenter.

Cependant le prince faisait, dans les départements, des voyages qui étaient un moyen d'étudier l'esprit des populations. On travaillait, peu à peu, à ne livrer qu'à des hommes sûrs toutes les fonctions publiques. Les déclarations mensongères du président se multipliaient; au maire de Lyon il disait [1] : « Des bruits de coup d'État sont peut-être venus jusqu'à vous, mais vous n'y aurez pas ajouté foi; je vous en remercie. » A Strasbourg, où on l'accueillit froidement, il affirma que « le titre qu'il ambitionne le plus est celui d'honnête homme et qu'il ne connaît rien au-dessus

1. Le 12 août 1850.

du devoir ». A Cherbourg, où l'accueil fut meilleur, il parla de la vie qu'il fallait donner à l'industrie et au commerce; « mais, ajouta-t-il, ces résultats tant désirés ne s'obtiendront que si vous me donnez les moyens de les accomplir ». A Caen, où l'opinion publique se montrait délicate et soupçonneuse, il cacha le bout d'oreille qu'il venait de montrer à Cherbourg. « Quand partout, dit-il, la prospérité semble renaître, il serait bien coupable, celui qui tenterait d'en arrêter l'essor par le changement de ce qui existe aujourd'hui. » Puis, son ambition de l'Empire reprenant le dessus, il ajouta que, « si le peuple *voulait* imposer un nouveau fardeau au chef du gouvernement, ce chef, à son tour, serait bien coupable de déserter cette haute mission[1] ».

Avant de rentrer à Paris, Louis Bonaparte, en costume de général, alla passer en revue les troupes que, pour les corrompre, on gorgeait de viandes et de vin dans les plaines de Satory. La cavalerie cria : *Vive l'empereur!* L'infanterie se tut; le président s'en étonna. Le général Neumayer avait rappelé à des colonels le règlement qui ordonne le silence le plus rigoureux sous les armes. Recommander le respect des lois à des soldats qu'il voulait détourner du devoir, c'était, aux yeux de Louis Bonaparte, une chose intolérable; aussi le général Neumayer fut-il privé de son commandement.

Quand le président rentra à Paris, des coupe-jarrets, enrôlés et connus sous le nom de décembraillards, bâtonnaient, sur la place du Havre, les passants, hommes ou femmes, qui refusaient de crier : *Vive l'empereur!* Tout cela produisit une émotion dont s'alarmèrent les conspirateurs, qui n'étaient pas encore prêts. Louis Bonaparte crut prudent de la calmer. En conséquence, dans un Message présidentiel[2], il renouvela ses protestations de probité : « La règle invariable de ma vie politique sera de *faire mon devoir, rien que mon devoir.* » Et au moment où ses agents et ses complices s'agitaient pour la prolongation de ses pouvoirs, où, à Cherbourg et à Satory, il venait de manifester sa convoitise, il disait : « Il est permis à tout le monde, excepté à moi, de vouloir hâter la révision de notre loi fondamentale... *moi seul, lié par mon serment,* je me renferme dans les strictes limites que la Constitution m'a tracées. Entendons-nous, afin que ce ne soit jamais la passion, *la surprise ou la violence* qui décident du sort d'une grande nation. »

Le président de la République et la majorité royaliste avaient vécu dans une parfaite harmonie tant qu'il s'était agi de détruire les institutions républicaines; mais ils jouaient au plus fin, et chacun des coalisés espérait que l'autre serait sa dupe. Le jour où les royalistes s'aperçurent que, loin de se prêter à leur projet de restauration monarchique, le prince-président travaillait pour son propre compte au renversement de la République, le lien se rompit et les hostilités commencèrent. Ce furent, d'abord, d'ardentes et de mutuelles récriminations : les monarchistes accusaient le président d'avoir enivré les soldats à Satory et provoqué ou tout au moins toléré de leur part des cris inconstitutionnels. A cette accusation, Louis Bonaparte fit riposter par une autre du même genre : les légitimistes étaient allés rendre hommage au comte de Chambord, et les orléanistes aux princes d'Orléans; donc les reproches d'inconstitutionnalité adressés aux revues de Satory sont applicables aussi aux pèlerinages de Wiesbaden et de Claremont. MM. Thiers et Berryer repoussèrent l'analogie que le gouvernement établissait entre leurs voyages et les revues. « Il n'y a que deux pouvoirs, s'écria M. Thiers, le pouvoir législatif et le pouvoir exécutif. Si l'Assemblée cède, il n'y en aura plus qu'un, et quand il n'y aura qu'un pouvoir, la forme de gouvernement sera changée. Et, soyez-en sûrs, les mots viendront plus tard. Quand?

---

1. Le 4 septembre 1850.
2. Le 12 novembre 1850.

Je ne sais; mais qu'importe! le mot viendra quand il pourra : L'EMPIRE EST FAIT. »

Et qui l'a rendu possible, si ce n'est l'Assemblée législative? Elle s'est rendue si impopulaire, elle a jeté dans les esprits libéraux de si légitimes irritations que, si on la chasse, cela sera au peuple de la dernière indifférence.

Cette Assemblée, dont la majorité se composait de royalistes, n'a-t-elle pas applaudi à l'assassinat de la République romaine, livré à de Hautes-Cours ceux de leurs collègues qui protestèrent contre cet attentat, approuvé le saccagement des imprimeries par des bandes de gardes nationaux amis de l'ordre et de la propriété? N'a-t-elle pas voté la loi organique sur l'état de siége présentée et soutenue par M. Dufaure, loi tellement odieuse que M. Grévy la qualifiait, avec raison, de *dictature militaire?* Et cette autre loi qui sacrifiait l'Université à l'Église? Et la loi de déportation à Noukahiva, qui fut rétroactivement appliquée à trois condamnés du complot de Lyon, MM. Ode, Alphonse Gent et un troisième dont je parlerai plus tard? Gent, le patriote vaillant et généreux, avait, au 13 juin 1849, sauvé la vie à M. Lacrosse, ministre de Louis Bonaparte. Cette Assemblée n'a-t-elle pas, sur le rapport de l'astronome Leverrier, supprimé le décret du 19 juillet 1848, établissant la gratuité de l'admission dans les Écoles polytechnique et militaire, décret *abominable* s'il en fut, car il était, suivant l'expression du rapporteur, *un acheminement certain vers la gratuité à tous les degrés?* Or, rendre l'instruction accessible à tous, ne serait-ce pas mettre en péril le cléricalisme et la royauté? Dans l'emportement de sa haine contre les lois de la République, cette Assemblée ne les a-t-elle pas anéanties? N'a-t-elle pas détruit, une à une, toutes les libertés, exécutant ainsi l'entreprise que M. de Montalembert appelait *une expédition de Rome à l'intérieur?*

Aussi, dans son discours de Dijon, le président de la République avait-il pu dire : « On a remarqué que j'ai toujours été secondé par l'Assemblée quand il s'est agi *de combattre le désordre* par la compression. » Nous savons que, dans la bouche des ennemis de la République, ces mots : *combattre le désordre,* signifient : *combattre la liberté!*

Louis Bonaparte ayant sur le cœur le refus opposé par l'Assemblée à un supplément de 1,800,000 francs que ses ministres avaient demandé pour lui, ajoutait : « *Lorsque j'ai voulu faire le bien, améliorer le sort des populations, l'Assemblée m'a refusé son concours.* » Après ce coup de boutoir, le *prince* dévoilait son but hardiment : « *Si la France reconnaît qu'on n'a pas eu le droit de disposer d'elle sans elle, la France n'a qu'à le dire : mon courage et mon énergie ne lui manqueront pas.* » Cette attaque et ce défi qui sentaient le coup d'État mirent l'Assemblée en furie.

Le général Changarnier, à qui Louis Bonaparte venait d'ôter le commandement en chef de l'armée de Paris, était un de ces touche-à-tout vaniteux dont la tapageuse personnalité rappelle que « les tonneaux vides sont ceux qui font le plus de bruit ». Bon militaire, assure-t-on, et assurait-il le premier, mais beaucoup moins célèbre par ses travaux guerriers que par les intrigues politiques auxquelles il se livrait et par les essences dont il se parfumait, il passa sa vie à faire l'homme d'importance. Était-il pour Wiesbaden ou pour Claremont? Nul ne le savait. Les royalistes des deux branches le confirmaient dans son infatuation de lui-même en le surnommant le Monk de la restauration monarchique rêvée par eux. Les deux Bertrand avaient — chacun de son côté — l'espoir de croquer le marron que, à tort, ils le croyaient propre à tirer du feu, et ils flattaient également l'amour-propre de leur Raton qui se rengorgeait. Ce général qui, en 1848, avait mis « *au service de la République sa volonté et son habitude de vaincre,* » — c'est ainsi que s'exprimait sa modestie, — voulut répondre au dis-

Le général Cavaignac.

cours de Dijon et rassurer ses amis. Il se dirigea vers la tribune, dont il gravit les degrés lentement. Puis, avec une emphase qui singeait l'énergie, il scanda ces phrases mémorables : « L'armée, profondément pénétrée de ses devoirs et des sentiments de sa propre dignité, ne désire pas plus que vous de voir les hontes et les misères du gouvernement des Césars, alternativement proclamés ou changés *par des prétoriens en débauche*. Personne n'obligerait nos soldats à marcher contre la loi et à marcher contre l'Assemblée; dans cette voie fatale, on n'entraînerait pas un bataillon, pas une compagnie, pas une escouade, et on trouverait devant soi les chefs que ces soldats sont habitués à suivre sur le chemin du devoir et de l'honneur. MANDATAIRES DE LA FRANCE, DÉLIBÉREZ EN PAIX ! »

Le général, sur le visage duquel se pavanait une satisfaction orgueilleuse, regagna sa

Louis-Napoléon Bonaparte.

place en marchant des épaules et en échangeant des poignées de main avec ses amis qui l'applaudissaient. Hélas! nous verrons des milliers de soldats suivre leurs chefs non pas *sur le chemin de l'honneur et du devoir*, mais sur la route du crime, où ensemble ils fouleront aux pieds le devoir et l'honneur.

Divisés entre eux, chacun ayant son candidat au trône, les deux partis bourboniens oubliaient leurs divisions et s'unissaient pour faire à la Constitution républicaine une guerre acharnée. Le prince-président voyait, avec une satisfaction dissimulée, ces conjurés sans prévoyance saper les fondements de la République et faciliter l'escalade et l'effraction qu'il projetait. D'ailleurs, on ne saurait trop le répéter, supposant à Louis Bonaparte une incapacité absolue, ils l'avaient élevé à la présidence dans la pensée qu'ils auraient là un soliveau dont ils se serviraient comme d'un bélier pour battre et renverser à leur profit le régime démocratique. « Si quelque chose, a dit plus tard le duc d'Aumale, pouvait amnistier Louis-Napoléon de ses méfaits, ce serait que les partis ne l'ont mis à la tête de la République que pour la détruire. »

Le 20 juillet 1851, après une discussion qui avait duré cinq jours et pendant laquelle éclatèrent librement, sous la protection du président Dupin, toutes les haines du royalisme contre la République, le vœu émis par les groupes monarchistes que « la Constitution soit révisée » fut soumis au vote : 446 députés acceptèrent et 278 repoussèrent la proposition des trois partis rivaux, mais provisoirement ligués contre l'institution républicaine. La majorité constitutionnelle pour la révision étant fixée aux trois quarts des votants, il manqua aux ligueurs 97 voix pour l'atteindre. MM. de Rémusat, Thiers, Baze, Creton et Bedeau furent les seuls membres de la Droite qui votèrent contre la révision avec tous les groupes républicains. Louis Bonaparte avait compté sur la révision de l'article 45 qui interdisait sa réélection en 1852. Cet espoir étant détruit par le vote du 20 juillet, il va demander au crime ce que la légalité lui refuse.

Le 9 août, l'Assemblée se proroge imprudemment jusqu'au 3 novembre. Louis Bonaparte se hâte de mettre à profit cette imprudence et de manœuvrer en vue de l'entreprise qu'il veut faire contre le droit et contre la loi. M. de Morny, son frère utérin, fils naturel de la reine Hortense, l'aidera beaucoup dans cette besogne. « Élevé dans les traditions galantes de l'ancienne cour » par Mme de Souza, sa grand'mère du côté paternel, il aimait passionnément le jeu. M. de Morny jouait aussi à la Bourse, où il est facile de gagner quand on connaît les nouvelles politiques ignorées des autres spéculateurs et qui la feront monter ou descendre après les opérations du jour. Protégé par le duc d'Orléans « auquel il succéda dans l'intimité d'une femme riche et jolie », M. de Morny exploita cette liaison que rendit célèbre un certain pavillon nommé « la niche à Fidèle ». Pour entretenir des vices ruineux, on ne fait scrupule de rien. Dévorés par les mêmes besoins et ruinés l'un et l'autre [1], les deux fils utérins de la reine Hortense s'entendirent aisément pour tenter une aventure dont le succès, incertain mais possible s'il était bien préparé, mettrait fin à leur existence aventureuse, car de la France terrifiée ils feraient une Cocagne pour leurs complices et pour eux. Quand le coup aura réussi, nous verrons M. de Morny prendre part à des spéculations éhontées. Sa soif des richesses, insatiable, sera la cause d'une guerre affreuse; gracieux, d'ailleurs, pour tout le monde, séducteur habile et subtil, il attaquera par la corruption les consciences faibles et les fera capituler.

M. Fialin, dit de Persigny, était le plus ardent excitateur de Louis Bonaparte au crime qu'on préparait; il disait gaiement aux complices qui en redoutaient l'insuccès : « Nous n'avons pas, nous autres, des châteaux à perdre et nous pouvons en gagner. »

MM. Baroche et Rouher, avocats dans la gêne et ambitieux d'honneurs, s'étaient associés à la fortune de Louis Bonaparte. Le premier se glorifiait, en 1848, « d'avoir devancé de quelques heures la justice du peuple ». Il disait à ses électeurs : « *Je suis républicain par raison, par sentiment, par conviction.* » Le second s'était, à la même époque, déclaré républicain du lendemain seulement; mais, ajoutait-il, « convaincu que les idées nouvelles peuvent seules faire le bonheur de mon pays, je m'y dévouerai avec énergie ».

Autour de ces deux hommes s'étaient successivement groupés des transfuges de l'orléanisme : MM. Magne, Drouyn de Lhuys, Fould, de Parieu, Fortoul, Schneider, Ferdinand Barrot et quelques autres. Tel était le noyau des futurs dignitaires du coup d'État, mais qui, prudemment, différaient jusqu'après son exécution leur entrée en jeu.

Voici encore deux recrues qui, celles-là,

---

1. Les dettes de Louis Bonaparte s'élevaient alors à plus de deux millions; celles de M. de Morny atteignaient aussi un chiffre considérable.

jouèrent un rôle actif dans la perpétration du crime. C'est d'abord M. de Maupas qui, s'il faut en croire le *Bulletin français*, l'un des organes de l'orléanisme les mieux informés, « a l'esprit à la fois présomptueux et court, est à la fois épais et intrigant ». Préfet à Toulouse, il fit arrêter plusieurs membres du conseil général de la Haute-Garonne ; et comme le chef du parquet ne trouvait pas dans cette affaire l'ombre d'une charge, le préfet aurait tenu un langage tel que M. Léon Faucher, ministre de l'intérieur, s'en serait indigné en l'apprenant. Menacé de révocation, M. de Maupas se serait abrité sous la haute protection du président de la République [1]. Louis Bonaparte venait de trouver un aide qui exécuterait toutes ses volontés.

L'autre est M. Vieyra, homme d'affaires et officier de la garde nationale. Ce fut lui qui, le 13 juin 1849, avec M. de Korsy, aide de camp du général Changarnier, guida vers les imprimeries des sept journaux supprimés, ce jour-là, par décret, les hordes dévastatrices. Au moment où il devenait le coopérateur de Louis Bonaparte, M. Vieyra était condamné, en première instance, comme stellionataire [2].

Le commandant Fleury fut lancé à la piste des chefs militaires les plus accessibles aux tentations ; « il était chargé d'apprécier les courages, d'invoquer les dévouements, DE CERTIFIER LES ESPÉRANCES ». Ainsi s'exprime un ami des conspirateurs élyséens [3] ; il nous apprend que « la mission du commandant Fleury ne fut ni longue ni pénible ». Alléchés par les espérances qu'on leur certifiait, « généraux de division ou de brigade, colonels ou lieutenants-colonels cédèrent à l'entraînante parole » de leur tentateur. On leur donna tout d'abord, dans le cadre de l'armée active, « la place de leurs aînés, » car ces aînés « étaient à craindre ; les uns pouvaient manquer d'audace, et la grande majorité des plus jeunes figurait dans le Parlement ». C'est-à-dire que, redoutant la fidélité des anciens généraux à l'honneur militaire et leur respect pour la loi, il fallait, « suivant un mot de génie négligemment jeté par le président, *faire des généraux* » qui, ceux-là, n'auraient pas des scrupules aussi sots. « *La graine n'en manquait pas,* » avoue éhontément l'historien bonapartiste. « Les cadets, qui devinrent ainsi les aînés » et que nous verrons bientôt à l'œuvre, vinrent former le nouvel état-major de Paris. « Composé comme il l'était auparavant, il n'offrait pas assez de garanties... Maintenant il ne comptait plus que des généraux décidés à passer le Rubicon ou à mourir [1]. »

Le chef de ces défectionnaires était le général Achille Leroy, dit Saint-Arnaud ; dès sa première jeunesse, il tourbillonna dans les plaisirs. Criblé de dettes, il dut quitter plusieurs régiments auxquels il avait été successivement incorporé. Après la Révolution de 1830, il redevint soldat. Le maréchal Bugeaud en fit, à Blaye, le *surveillant* de la duchesse de Berry. A l'époque où M. Saint-Arnaud, ayant le grade de colonel, commandait une troupe qu'on appelait en Afrique *la colonne infernale*, cinq cents Arabes se réfugièrent dans la caverne de Shélas ; il raconte ainsi à son frère une horrible prouesse : « Je fis fermer hermétiquement toutes les ouvertures. Je fis de la caverne *un vaste tombeau*. Personne, si ce n'est moi, ne savait que là-dessous se trouvaient cinq cents brigands qui ne tueront

---

1. Le *Bulletin français*, p. 98, et l'*Histoire des crimes du 2 Décembre*, par V. Schœlcher, p. 224, donnent tous les détails de cette affaire. M. d'Haussonville était le directeur politique et l'un des principaux rédacteurs du *Bulletin français*.
2. Le 10 juin 1852, la cour d'appel, tout en adoptant les motifs des premiers juges, mais considérant que, *quelque mensongère et frauduleuse* que soit la déclaration des époux Vieyra, etc., etc., dit qu'il n'y a lieu de les déclarer stellionataires.
3. P. Mayer, *Histoire du 2 Décembre*, p. 129 et suivantes.

---

1. Tout ce qui est guillemeté dans ce passage relatif à la mission du commandant Fleury a été extrait du livre de P. Mayer.

Attaque de la barricade Saint-Martin pendant les journées de Juin.

plus de Français... Ma conscience ne me reproche rien. »

En mai 1851, le commandant Fleury fit capituler aisément cette conscience-là. M. Saint-Arnaud était alors général de brigade ; Louis-Bonaparte le nomma divisionnaire le 10 juillet suivant, après une expédition faite en Kabylie pour *mettre en relief* les cadets qui devaient succéder aux aînés. Le 27 octobre, il recevra du président de la République le portefeuille de la guerre. Dès ce moment-là, « toute l'armée de terre sera, par l'intermédiaire de M. Saint-Arnaud, à la disposition des conspirateurs »; celle de Paris a été formée des régiments les plus hostiles à la population parisienne, contre laquelle, depuis trois ans, *tous leurs chefs indistinctement, aînés ou cadets*, n'ont cessé de les irriter.

A la tête de ces régiments aigris, on a placé, sous le commandement supérieur du général Magnan, les vingt généraux dont on s'est assuré le concours. En 1840, Louis-Bonaparte fit offrir à M. Magnan 100,000 francs, plus 300,000 dans le cas où il perdrait son commandement, et la promesse du bâton de maréchal ; il s'agissait alors de l'affaire de Boulogne. Devant la Cour des pairs, M. Magnan avoua qu'il n'avait pas fait son devoir en n'envoyant pas la lettre de son suborneur au ministre de la guerre ; en la lui remettant, le commandant Mésonan lui disait : « Vous manquez une belle occasion, une occasion de fortune. » Cette occasion que Louis Bonaparte lui offre de nouveau, il ne veut pas la manquer ; mais il est prévoyant et prudent ; « il est tout disposé à marcher contre Paris et

L'Hôtel de Ville en 1848.

contre l'Assemblée ; il est prêt à aller jusqu'au bout, mais il refuse de se risquer en prenant ouvertement part à la conspiration [1] ». Il veut bien employer à la destruction de la loi et à l'exécution « du carnage requis » les forces placées sous son commandement, mais, en prévision d'un échec, il se prépare une excuse : celle d'avoir refusé sa participation à un complot ; en outre, avant d'agir, cet homme précautionneux exigera du ministère de la guerre un autre moyen de se disculper.

Dès qu'on se fut mis d'accord avec les officiers supérieurs, on s'occupa de ceux qui avaient un grade moins élevé. On multipliait les largesses de vivres et de vin aux soldats ; on leur prodiguait les flatteries et on excitait de plus en plus leur exaspération contre les Parisiens.

Les gendarmeries, dont on a doublé l'effectif, appartiennent aux conspirateurs ; dans un grand nombre de villes, les gardes nationaux ont été désarmés ; les départements qu'on redoute le plus sont mis en état de siége ; les préfectures sont tenues par des administrateurs cupides et endettés comme presque tous les chefs de cette conspiration si bien nommée : *le coup de main des insolvables.*

Des journalistes gagés pour cela faisaient rage contre l'Assemblée et guerre ouverte à la Constitution. De leur côté, les prétoriens découvraient leur pensée hardiment. Le 20 octobre, le général Pellion proclama que « le jour est venu où la Terreur doit changer de côté ». Le 31, à l'occasion d'un punch

1. William Kinglake, *Invasion de la Crimée.*

qu'il offrait aux officiers du 7ᵉ lanciers récemment venus d'Afrique et à ceux de tous les corps de cavalerie de la garnison de Paris, le colonel Rochefort, du 1ᵉʳ lanciers, s'écria : « Buvons à celui qui nous facilite si bien la tâche que nous devons accomplir! » Le colonel Feray répondit : « Le 7ᵉ lanciers, dont je suis l'interprète, se félicite d'avoir à partager avec nous la tâche si patriotique de *sauver l'ordre et la société.* »

Le salut de l'ordre et de la société! tel était le prétexte dont on colorait le crime qui se préméditait.

Un nouveau ministère s'était formé; il se composait de MM. Saint-Arnaud, de Thorigny, Turgot, Daviel, Magne, Fortoul, Giraud et Casabianca. En même temps, M. de Maupas remplaçait M. Carlier à la préfecture de police.

En prenant possession, le nouveau ministre de la guerre adressait à ses complices les généraux de l'armée de Paris une circulaire [1] qui ne laissait aucun doute sur la prochaine violation de la loi et qui promettait l'impunité aux violateurs afin de les enhardir au crime.

« Nous le savons tous, général, disait M. Saint-Arnaud, point de discipline dans une armée où le dogme de l'obéissance passive ferait place au droit d'examen; un ordre discuté amène l'hésitation; l'hésitation, la défaite. Sous les armes, *le règlement militaire* EST L'UNIQUE LOI. *La responsabilité qui fait sa force ne se partage pas; elle s'arrête au chef de qui l'ordre émane; elle couvre, à tous les degrés, l'obéissance et l'exécution.* »

L'ordre donné par un chef militaire serait donc supérieur aux lois qui régissent une nation! Ce chef pourrait ordonner toutes les illégalités, tous les brigandages, et la responsabilité de ces crimes n'atteindrait pas les officiers généraux qui, prêchant d'exemple, auraient obligé leurs soldats à les commettre! Avec une pareille morale, une société ne saurait exister.

DOCUMENTS COMPLÉMENTAIRES DU CHAPITRE II

I

UNE LETTRE DU GÉNÉRAL CHANGARNIER

Le 8 mars 1848, à midi, le ministre de la guerre du Gouvernement provisoire recevait cette lettre :

« Je prie le Gouvernement républicain d'utiliser mon dévouement à la France.

« Je sollicite le commandement de la frontière la plus menacée; l'habitude de manier des troupes, la confiance qu'elles m'accordent, une expérience éclairée par des études sérieuses, l'amour passionné de la gloire, la volonté et l'habitude de vaincre me permettront sans doute de remplir avec succès tous les devoirs qui pourront m'être imposés.

« Dans ce que j'ose dire de moi, ne cherchez pas l'expression d'une vanité puérile, mais le désir ardent de vouer toutes mes forces au salut de la République.

« CHANGARNIER. »

II

PROFESSION DE FOI DE M. FIALIN, DIT DE PERSIGNY

Aux électeurs de la Loire.

« ... Quant à mes opinions passées, je

---

[1]. Cette circulaire porte la date du 31 octobre 1851.

vais vous les exposer avec franchise. Hier, je croyais sincèrement que, entre des habitudes monarchiques et la forme républicaine, but naturel de tous les perfectionnements politiques, il fallait encore une phase intermédiaire, et je pensais que le sang de Napoléon inoculé aux veines de la France pouvait, mieux que tout autre, la préparer au régime des libertés publiques; mais, après les grands événements qui viennent de s'accomplir, je déclare que la République régulièrement constituée pourra compter sur mon dévouement le plus absolu. *Je serai donc loyalement et franchement républicain...*: Je termine par une dernière et solennelle déclaration. Délivré par le Peuple, je dois ma vie au service du Peuple. Tout ce que Dieu voudra m'accorder de courage, d'intelligence et de résolution sera désormais consacré à l'affranchissement de la seule servitude qui pèse encore sur lui, de la servitude de la misère.

« FIALIN-PERSIGNY. »

III

PROFESSION DE FOI DE M. BAROCHE

M. Baroche présidait, en 1848, le club républicain du II° arrondissement et du Comité républicain de Paris; il s'était rallié, sans la moindre hésitation, au socialisme [1]; il adressa à ses électeurs cette profession de foi :

[1]. M. Baroche inscrivait formellement ces principes dans le programme du Comité républicain du barreau de Paris, rédigé par lui :
« ... 1° Ouvrir l'ère de la fraternité en assurant au travailleur par des institutions nouvelles le bien-être auquel il a droit, et la place qui lui est due au foyer de la grande famille; 2° assurer à tous une instruction morale et pratique qui permette à la République de profiter de l'intelligence et du génie de tous ses enfants. »
L'auteur d'une *Biographie des représentants à l'Assemblée nationale* écrivait en 1848 : « M. Baroche s'est franchement rallié au principe républicain, vers lequel inclinaient toutes ses sympathies. » Et un autre : « Homme de la légalité *avant tout*, M. Baroche aime les libertés. »

« Appelé pour la première fois, au mois de novembre 1847, à siéger à la Chambre des députés, je me suis constamment *associé par des votes énergiques aux membres les plus avancés de l'opposition*. J'étais au nombre des quatre-vingt-seize députés qui avaient accepté l'invitation au banquet du XII° arrondissement de Paris, et plus tard des cinquante-quatre membres de la Chambre qui, *devançant de quelques heures la justice du peuple, avaient proposé la mise en accusation d'un ministère* ODIEUX ET COUPABLE.

« Mais à quoi bon parler d'un passé déjà si loin de nous et dont nous sommes séparés aujourd'hui par de si grands événements? Le présent et l'avenir de la France doivent seuls préoccuper aujourd'hui tous les bons citoyens.

« *Je suis républicain par raison, par sentiment, par conviction.* Ce n'est pas comme un pis-aller ou comme un provisoire que j'accepte la République, mais comme *la seule forme de gouvernement qui puisse désormais assurer la grandeur et la prospérité de la France.*

« Après les tristes expériences que nous avons faites depuis cinquante ans, après la chute successive de trois gouvernements d'origines diverses, mais fondés sur le principe monarchique, je suis convaincu que *la royauté a fait son temps en France*, qu'elle n'a plus de racines, plus de bases dans le pays.

« C'est à la République que tous les bons citoyens doivent se rallier sans réserve, sans arrière-pensée et en considérant comme coupable toute tentative de restauration monarchique. La République seule pourra donner aux classes laborieuses des villes et des campagnes le bien-être et la liberté politique auxquels tous les citoyens ont droit, *en assurant à tous l'éducation gratuite, l'équitable rémunération du travail*, en protégeant l'agriculture, *en supprimant les odieux impôts de consommation*, en établissant aux frais de l'État des lieux d'asile pour l'enfance et pour la vieillesse. Elle seule, en un mot, par l'application loyale et sincère du principe de la souveraineté nationale, pourra fonder en France le règne de la liberté, de l'égalité et de la fraternité.

« Voilà pourquoi je veux la République. »

IV

PROFESSION DE FOI DE M. ROUHER

Candidat de M. Guizot en 1847, M. Rouher, avocat à la cour de Riom, avait été battu par M. Combarel de Leyval. Il se rallia, avec une ardeur enthousiaste, à la Révolution de Février. Le 11 avril 1848, il fit sa profession de foi au club d'Issoire; voici le compte rendu de cette séance :

« Le citoyen Rouher monte à la tribune et déclare que sa vie a été toute judiciaire, qu'il n'est qu'un républicain du lendemain ; mais, convaincu que les idées nouvelles peuvent seules faire le bonheur de son pays, il s'y dévouera avec énergie. Il veut la liberté de réunion pleine et entière. Les clubs doivent être les organes de la volonté du peuple ; ils sont chargés de son instruction ; ils sont indispensables. Il veut l'impôt mieux réparti, l'abolition des droits réunis, l'impôt progressif, mais avec des conditions qui n'amènent pas au communisme; que cet impôt atteigne aussi les professions ; *que le travail soit organisé;* que l'agriculture ait des ressources assurées contre les malheurs qu'elle ne peut prévoir ; que l'État soit assureur. Il termine par cette maxime : « Tout pour le peuple, tout « par le peuple. » Sa candidature, après de nombreuses interpellations, est adoptée à l'unanimité moins trois voix.

« Élu à la Constituante, M. Rouher se montra successivement fort empressé auprès de la Commission exécutive, puis du général Cavaignac, dont il appuya chaudement la candidature contre celle de Louis Bonaparte. Mais après le 10 décembre il devint un des familiers de l'Élysée et signala son zèle pour l'ordre en obtenant plusieurs destitutions dans le ressort de la cour d'appel de Riom[1]. »

V

PROFESSIONS DE FOI DE LOUIS BONAPARTE

Le 26 septembre 1848, Louis Bonaparte fit son entrée à l'Assemblée. Il adressa à ses collègues l'allocution suivante :

« Citoyens représentants, il ne m'est pas permis de garder le silence après les calomnies dont j'ai été l'objet. J'ai besoin d'exprimer hautement et dès le premier jour où il m'est permis de siéger dans cette enceinte les vrais sentiments qui m'animent, qui m'ont toujours animé !

« Après trois ans de proscription et d'exil, je retrouve enfin ma patrie et mes droits de citoyen. *La République m'a fait ce bonheur. Qu'elle reçoive mon serment de reconnaissance et de dévouement,* et que les généreux compatriotes qui m'ont envoyé dans cette enceinte soient très-certains qu'ils me verront toujours dévoué à cette noble tâche, qui est la nôtre à tous : assurer l'ordre et la tranquillité, qui est le premier besoin du pays ; développer les institutions démocratiques que le peuple a le droit de réclamer.

« Longtemps, citoyens, je n'ai pu consacrer à mon pays que les méditations de l'exil et de la captivité. Aujourd'hui la carrière où vous marchez m'est ouverte. Recevez-moi dans vos rangs, chers collègues, avec le sentiment d'affectueuse sympathie qui m'anime moi-même. Ma conduite, vous ne devez pas en douter, sera toujours inspirée par un dévouement respectueux à la loi; elle prouvera à tous ceux qui ont tenté de me noircir que nul plus que moi n'est voué à la défense de l'ordre et à l'affermissement de la République. »

[1]. *La Voix du peuple*, n° du 1er novembre 1849.

M. de Persigny.

Le 10 octobre, quand le principe de la présidence fut voté, M. Antony Thouret proposa un amendement ainsi conçu : « Aucun membre des familles qui ont régné sur la France ne pourra être élu président ou vice-président de la République. »

L'attaque à Louis Bonaparte était directe ; il y répondit en ces termes :

« Citoyens, je ne viens pas repousser l'amendement ; certainement j'ai été assez récompensé en recouvrant tout à coup mes droits de citoyen pour n'avoir maintenant aucune ambition.

« Je ne viens pas non plus réclamer pour ma conscience contre les calomnies qu'on se plaît à répandre, contre ce nom de prétendant qu'on s'obstine à me donner. Mais c'est au nom des trois cent mille électeurs qui m'ont donné itérativement leurs suffrages que je viens désavouer ce nom qu'on me jette toujours à la tête. »

La candidature de Louis Bonaparte à la présidence de la République ayant été posée, M. Clément Thomas, en pleine tribune, demanda « sur quels titres réels s'appuyaient les prétentions du prince qui assistait rarement aux séances et s'abstenait de prendre part aux votes, si bien que l'on ne savait d'où il venait, ni où il allait, ni ce qu'il voulait ».

Le 26 octobre, Louis Bonaparte répondit à M. Clément Thomas :

« Je ne parle pas de mes sentiments et de mes opinions, je les ai déjà manifestés, et *jamais personne n'a pu encore douter de ma parole.*

« Quant à ma conduite parlementaire, de même que je ne me permettrai jamais de demander compte à aucun de mes collègues de celle qu'il aura choisie, de même je ne reconnais à personne le droit de m'interpeller : ce compte, je ne le dois qu'à mes commettants.

« De quoi m'accuse-t-on? D'accepter du sentiment populaire une candidature que je n'ai pas recherchée. Eh bien ! oui, je l'accepte, cette candidature qui m'honore. Je l'accepte parce que des élections successives et le décret unanime de l'Assemblée contre la proscription de ma famille m'autorisent à croire *que la France regarde mon nom comme pouvant servir à la consolidation de la société.*

« Ceux qui m'accusent d'ambition connaissent peu mon cœur. Si un devoir impérieux ne me retenait pas ici, si les sympathies de mes concitoyens ne me consolaient de l'animosité de quelques attaques et de l'impétuosité même de quelques défenses, il y a longtemps que j'aurais regretté l'exil.

« On voudrait que j'eusse montré de grands talents et occupé brillamment cette tribune. Mais il n'est donné qu'à peu de personnes d'apporter une parole éloquente au service d'idées justes et saines. N'y a-t-il qu'un seul moyen de servir le pays? Ce qu'il lui faut surtout, c'est un gouvernement stable, intelligent, ferme, sage, qui pense plus à guérir les maux de la société qu'à les venger. Quelquefois on triomphe mieux par une conduite habile et prudente que par les baïonnettes quand elles ne s'appuient pas sur l'expérience et sur la raison.

« Citoyens représentants, on veut, je le sais, semer mon chemin d'écueils et d'embûches. Je n'y tomberai pas, je suivrai la voie que je me suis tracée, sans m'inquiéter, sans m'irriter. Je saurai montrer toujours le calme d'un homme *résolu à faire son devoir. Je ne veux que mériter l'estime de l'Assemblée nationale et de tous les hommes de bien,* la confiance de ce peuple magnifique qu'on a si légèrement traité hier [1].

« Je déclare donc à ceux qui voudraient organiser contre moi un système de provocation que je ne répondrai à aucune interpellation, à aucune espèce d'attaque. Je ne répondrai pas à ceux qui voudraient me faire parler alors que je veux me taire. Je resterai inébranlable contre toutes les attaques, impassible contre toutes les calomnies. »

VI

MANIFESTE ÉLECTORAL DU CANDIDAT
LOUIS-NAPOLÉON BONAPARTE
A SES CONCITOYENS

« Pour me rappeler de l'exil, vous m'avez nommé représentant du peuple. A la veille d'élire le premier magistrat de la République, mon nom se présente à vous comme symbole d'ordre et de sécurité.

« Ces témoignages d'une confiance si honorable s'adressent, je le sais, bien plus à ce nom qu'à moi-même, qui n'ai rien fait encore pour mon pays ; mais plus la mémoire de l'empereur me protége et inspire vos suffrages, plus je me sens obligé de vous faire

[1]. M. Clément Thomas avait dit en parlant de la candidature de Louis Bonaparte :
« Je lui demande s'il n'est pas vrai que partout dans les départements on présente cette candidature à la partie la moins éclairée de la population. »

connaître mes sentiments et mes principes. Il ne faut pas qu'il y ait d'équivoque entre vous et moi.

« *Je ne suis pas un ambitieux qui rêve tantôt l'Empire et la guerre*, tantôt l'application de théories subversives. *Élevé dans les pays libres, à l'école du malheur, je resterai toujours fidèle aux devoirs* que m'imposeront vos suffrages et les volontés de l'Assemblée.

« Si j'étais nommé président, je ne reculerais devant aucun danger, devant aucun sacrifice pour défendre la société si audacieusement attaquée : je me dévouerais tout entier, sans arrière-pensée, à l'affermissement d'une république sage par ses lois, honnête par ses intentions, grande et forte par ses actes.

« *Je mettrais mon honneur à laisser, au bout de quatre ans, à mon successeur le pouvoir affermi, la liberté intacte*, un progrès réel accompli.

« Quel que soit le résultat de l'élection, je m'inclinerai devant la volonté du peuple, et mon concours est acquis d'avance à tout gouvernement juste et ferme qui rétablisse l'ordre dans les esprits comme dans les choses, qui protége efficacement la religion, la famille, la propriété, bases éternelles de tout état social, qui provoque les réformes possibles, calme les haines, réconcilie les partis, et permette ainsi à la patrie inquiète de compter sur un lendemain.

« Rétablir l'ordre, c'est ramener la confiance, pourvoir par le crédit à l'insuffisance passagère des ressources, restaurer les finances.

« Protéger la religion et la famille, c'est assurer la liberté des cultes et *la liberté de l'enseignement.*

« Protéger la propriété, c'est maintenir l'inviolabilité des produits de tous les travaux ; c'est garantir l'indépendance et la sécurité de la possession, fondements indispensables de la liberté civile.

« Quant aux réformes possibles, voici celles qui me paraissent les plus urgentes :

« Admettre toutes les économies qui, sans désorganiser les services publics, permettent la diminution des impôts les plus onéreux au peuple ; encourager les entreprises qui, en développant les richesses de l'agriculture, peuvent en France et en Algérie donner du travail aux bras inoccupés ; pourvoir à la vieillesse des travailleurs par des institutions de prévoyance ; introduire dans nos lois industrielles les améliorations qui tendent, non à ruiner le riche au profit du pauvre, mais à fonder le bien-être de chacun sur la prospérité de tous ;

« *Restreindre dans de justes limites le nombre des emplois qui dépendent du pouvoir, et qui souvent font d'un peuple libre un peuple de solliciteurs ;*

« Éviter cette tendance funeste qui entraîne l'État à exécuter lui-même ce que les particuliers peuvent faire aussi bien et mieux que lui. *La centralisation des intérêts et des entreprises est dans la nature du despotisme.* La nature de la république repousse le monopole.

« Enfin, préserver la liberté de la presse des deux excès qui la compromettent toujours : l'arbitraire et sa propre licence.

« *Avec la guerre, point de soulagement à nos maux.* La paix serait donc le plus cher de mes désirs. La France, lors de sa première Révolution, a été guerrière parce qu'on l'avait forcée de l'être. A l'invasion, elle répondit par la conquête. Aujourd'hui qu'elle n'est pas provoquée, elle peut consacrer ses ressources aux améliorations pacifiques, sans renoncer à une politique loyale et résolue. Une grande nation doit se taire, ou ne jamais parler en vain.

« Songer à la dignité nationale, c'est songer à l'armée, dont le patriotisme si noble et si désintéressé a été souvent méconnu. Il faut, tout en maintenant les lois fondamentales qui font la force de notre organisation militaire, alléger et non aggraver le fardeau de la conscription. Il faut veiller au présent et à l'avenir, non-seulement des officiers, mais aussi des sous-officiers et des soldats, et préparer aux hommes qui ont servi longtemps sous les drapeaux une existence assurée.

« La République doit être généreuse et avoir foi dans son avenir; aussi, moi qui ai connu l'exil et la captivité, j'appelle de tous mes vœux le jour où la patrie pourra, sans danger, faire cesser toutes les proscriptions et effacer les dernières traces de nos discordes civiles.

« Telles sont, mes chers concitoyens, les idées que j'apporterais dans l'exercice du pouvoir, si vous m'appeliez à la présidence de la République.

« La tâche est difficile, la mission immense, je le sais! Mais je ne désespérerais pas de l'accomplir en conviant à l'œuvre, sans distinction de parti, les hommes que recommandent à l'opinion publique leur haute intelligence et leur probité.

« D'ailleurs, quand on a l'honneur d'être à la tête du peuple français, il y a un moyen infaillible de faire le bien : c'est de le vouloir.

« Louis-Napoléon Bonaparte. »

VII

LE SERMENT

Le 20 décembre 1848, Louis-Napoléon Bonaparte monta à la tribune, et, conformément à l'article 48 de la Constitution, il prêta le serment dont la teneur suit : « En présence de Dieu et devant le peuple français représenté par l'Assemblée nationale, je jure de rester fidèle à la République démocratique, une et indivisible, et de remplir tous les devoirs que m'impose la Constitution. »

Après la prestation de ce serment, qui empruntait une exceptionnelle solennité à cette circonstance que la nouvelle Constitution avait aboli tout serment pour les fonctionnaires de la République et ne l'imposait qu'au président seul, Louis Bonaparte lut les déclarations suivantes :

« Citoyens représentants,

« Les suffrages de la nation et le serment que je viens de prêter commandent ma conduite future. *Mon devoir est tracé; je le remplirai en homme d'honneur.*

« Je verrai des ennemis de la patrie dans tous ceux qui tenteraient de changer, par des voies illégales, ce que la France entière a établi.

« Entre vous et moi, citoyens représentants, il ne saurait y avoir de véritables dissentiments. Nos volontés, nos désirs sont les mêmes.

« Je veux, comme vous, rasseoir la société sur ses bases, affermir les institutions démocratiques, et rechercher tous les moyens propres à soulager les maux de ce peuple généreux et intelligent qui vient de me donner un témoignage si éclatant de sa confiance.

« La majorité que j'ai obtenue non-seulement me pénètre de reconnaissance, mais elle donnera au gouvernement nouveau la force morale sans laquelle il n'y a pas d'autorité.

« Avec la paix et l'ordre, notre pays peut se relever, guérir ses plaies, ramener les hommes égarés et calmer les passions.

« Animé de cet esprit de conciliation, j'ai appelé près de moi des hommes honnêtes, capables et dévoués au pays, assuré que, malgré les diversités d'origine politique, ils sont d'accord pour concourir avec vous à l'application de la Constitution, au perfectionnement des lois, à la gloire de la République.

« La nouvelle administration, en entrant aux affaires, doit remercier celle qui la précède des efforts qu'elle a faits pour lui transmettre le pouvoir intact, pour maintenir la tranquillité publique.

« La conduite de l'honorable général Cavaignac a été digne de la loyauté de son ca-

Le général Cavaignac à la tribune.

ractère et de ce sentiment du devoir qui est la première qualité du chef d'un État.

« Nous avons, citoyens représentants, une grande mission à remplir : c'est de fonder une République dans l'intérêt de tous et un gouvernement juste, ferme, qui soit animé d'un sincère amour du progrès, sans être réactionnaire ou utopiste.

« Soyons les hommes du pays, non les hommes d'un parti, et, Dieu aidant, nous ferons du moins le bien, si nous ne pouvons faire de grandes choses. »

VIII

AMENDE HONORABLE A HAM

Le 22 juillet 1849, Louis Bonaparte fit un voyage à Ham ; là il prononça ce discours, qui eut un grand retentissement :

« Aujourd'hui qu'élu par la France entière je suis devenu le chef légitime de cette grande nation, je ne saurais me glorifier d'une captivité qui avait pour cause l'attaque contre un gouvernement régulier. Quand on a vu combien les révolutions les plus justes entraînent de maux après elles, on comprend à peine l'audace d'avoir voulu assumer sur soi la terrible responsabilité d'un changement. Je ne me plains donc pas d'avoir expié ici, par un emprisonnement de six années, ma témérité contre les lois de ma patrie, et c'est avec bonheur que, dans les lieux mêmes où j'ai souffert, *je vous propose un toast en l'honneur des hommes qui sont déterminés, malgré leurs con-*

victions, à respecter les institutions de leur pays. »

IX
DISCOURS DE CAEN.

Ce discours fut l'un des plus significatifs ; Louis Bonaparte le prononça le 3 novembre 1850 :

« Ce qu'on acclame en moi, c'est le représentant de l'ordre et d'un meilleur avenir.

« Quand je traverse vos populations, entouré d'hommes qui méritent votre estime et votre confiance, je suis heureux d'entendre dire : « Les mauvais jours sont passés, nous « en attendons de meilleurs. »

« Aussi, lorsque partout la prospérité semble renaître, il serait bien coupable, celui qui tenterait d'en arrêter l'essor par le changement de ce qui existe aujourd'hui, quelque imparfait que ce puisse être.

« De même, *si des jours orageux devaient reparaître et que le peuple voulût imposer un nouveau fardeau au chef du gouvernement, ce chef, à son tour, serait bien coupable de déserter cette haute mission.*

« Mais n'anticipons pas trop sur l'avenir. Tâchons maintenant de régler les affaires du pays, accomplissons chacun notre devoir : Dieu fera le reste. »

X
LETTRE DU GÉNÉRAL CHANGARNIER

Cette lettre, adressée de Malines, le 10 mai 1852, au ministre de la guerre, prouve une chose d'ailleurs indiscutée depuis longtemps, c'est que toutes les protestations de Louis Bonaparte en faveur de la République, toutes ses affirmations de probité étaient mensongères, et que, dès son avénement à la présidence, il chercha des complices pour l'exécution du crime qu'il méditait :

« Louis Napoléon a tenté bien souvent de me faire dévier de la ligne droite que je m'étais tracée pour me déterminer à servir son ambition ; il m'a souvent, bien souvent offert et fait offrir, non-seulement la dignité de maréchal, que la France m'aurait pu voir porter sans la croire déchue, mais une autre dignité militaire qui, depuis la chute de l'Empire, a cessé de dominer notre hiérarchie. Il voulait y attacher des avantages pécuniaires énormes que, grâce à la simplicité de mes habitudes, je n'ai eu aucun mérite à dédaigner.

« S'apercevant bien tard que l'intérêt personnel n'avait aucune influence sur ma conduite, il a essayé d'agir sur moi en se disant résolu à préparer le triomphe de la cause monarchique, à laquelle il supposait mes prédilections acquises. »

CHAPITRE III

Du 4 novembre au 2 décembre 1851

Le Message du 4 novembre ; Louis Bonaparte propose l'abrogation de la loi du 31 mai ; la droite repousse l'urgence. — Situation des partis. — Les préparatifs du coup d'État se continuent. — Discours aux officiers et aux industriels français. — Mensonges des écrivains bonapartistes. — Discussion du projet de loi sur le rétablissement du suffrage universel. — Les royalistes tombent dans le piége. — Illusion des républicains. — Questions et réponses. — Discussion de la proposition des questeurs. — Aveuglement de la gauche. — La proposition est rejetée. — Conséquences de ce vote. — Fautes reconnues trop tard. — Pourquoi le coup d'État né peut plus être retardé. — Réunion des généraux subornés. — Le général Perrot et M. Vieyra. — La soirée et la nuit du 1er décembre. — Le colonel Espinasse au Corps législatif. — Arrestations. — Trente-deux mille soldats en mouvement. — Une dépêche de M. de Maupas.

L'heure que Louis Bonaparte avait choisie pour porter à l'Assemblée le coup de grâce était venue. Les travaux législatifs furent repris le 4 novembre. M. de Thorigny, ministre de l'intérieur, lut un message dont les points principaux étaient maniés habilement. Après avoir dit qu'« *il se souvient avec orgueil de ses promesses de fidélité à la Constitution* », et rappelé ses paroles du dernier Message, le président ajoutait : « Aujourd'hui, les questions sont les mêmes, *et mon devoir n'a pas changé.* » Abordant le sujet qu'il veut traiter, il se demande s'il est sage de restreindre plus longtemps la base du suffrage universel qui a relevé l'édifice social, il croit utile de demander à l'Assemblée le retrait de la loi du 31 mai sans renier l'approbation qu'il donna au ministère réclamant alors, au nom *des chefs de la majorité dont cette loi était l'œuvre*, l'honneur de la présenter. Le Message se terminait par une évocation *du spectre rouge* qui mécontenta la gauche, et par cette phrase qui fit murmurer la droite. « Rétablir le suffrage universel, c'est enlever à la guerre civile son drapeau. »

Le ministre déposa sur le bureau un projet de loi ayant pour but le rétablissement du suffrage universel, et il demanda l'urgence. Satisfaite de la restitution d'un droit qu'elle revendiquait, et dédaignant les attaques dirigées par le Message contre les républicains, la gauche appuya l'urgence ; les royalistes, qui avaient pris le Message pour un défi, la combattirent ; 355 voix contre 348 la repoussèrent.

La circulaire du ministre de la guerre aux généraux ne laissait aucun doute sur les projets de Louis Bonaparte contre l'Assemblée, dont elle détruisait un droit garanti par l'article 32 de la Constitution, celui de « fixer l'importance des forces militaires établies pour sa sûreté, et d'en disposer ». Le 6 novembre, les questeurs déposèrent une proposition ainsi conçue : « Sera promulguée comme loi, mise à l'ordre du jour de l'armée et affichée dans les casernes, la disposition de l'article 6 du décret du 11 mai 1848 [1] dans les termes suivants : « Le président de l'Assemblée nationale « est chargé de veiller à la sûreté intérieure et « extérieure de l'Assemblée. Et, à cet effet, il a « le droit de requérir la force armée et toutes « les autorités militaires dont il juge le con- « cours nécessaire. Les réquisitions peuvent « être adressées directement à tous les offi- « ciers, commandants et fonctionnaires, qui

---

[1] Le 11 mai 1849, le président de la République avait officiellement reconnu la validité de ce décret non abrogé par la Constitution.

« sont tenus d'y obtempérer immédiatement « sous les peines portées par la loi. »

Le salut de l'Assemblée est dans l'adoption de l'une ou de l'autre des deux propositions qui lui sont soumises ; elle les rejettera toutes les deux. Tandis que les commissions balancent le pour et le contre et qu'une mutuelle méfiance élargit la séparation entre la gauche et la droite, le prince-président continue les préparatifs du coup d'État. Aux officiers des régiments qui viennent d'arriver à Paris et que le général Magnan lui présente, il tient ce langage significatif : « Si la gravité des circonstances m'obligeait de faire appel à votre dévouement, il ne me faillirait pas, j'en suis sûr, parce que je ne vous demanderais rien qui ne soit d'accord avec mon droit et que je ne vous dirais pas : *Marchez, je vous suis; mais je vous dirais : Je marche*, suivez-moi ! » Il voulut distribuer lui-même les récompenses décernées aux industriels français qui s'étaient distingués à l'Exposition de Londres. Dans un discours qu'il leur lut, *les idées démagogiques et les hallucinations monarchiques* étaient également accusées « d'entraver tout progrès, tout travail sérieux, d'empêcher *la grandeur de la République française* en jetant sans cesse le trouble dans les affaires ». MM. Changarnier, de Falloux, Daru, Berryer, Buffet, de Montalembert, — pèlerins de Wiesbaden et pèlerins de Claremont, — étaient tous présentés comme des hallucinés « *se faisant conventionnels* afin de désarmer le pouvoir issu du suffrage populaire », en un mot, comme étant aussi dangereux pour l'organisation sociale que les *énergumènes de la démagogie*.

La discussion sur le projet de loi portant abrogation de *la loi du 31 mai* s'engagea le 14 novembre. Le succès de la politique de Louis Bonaparte dépend du rejet de la proposition qu'il a faite ; aussi est-elle défendue par les ministres Daviel et Thorigny avec une mollesse qui trahit le désir du maître. Les royalistes ont en telle exécration le suffrage universel qu'ils ne voient pas le piége vers lequel on les appelle ; ils s'y précipitent tête baissée. Par 353 voix contre 347, la proposition du président de la République est rejetée. Dans la présentation de ce projet de loi, ces gens à courte vue s'imaginaient apercevoir les premières avances de Louis Bonaparte au parti démocratique pour se réconcilier avec lui. Hélas ! il faut bien le dire, les chefs parlementaires de la démocratie se flattèrent un instant de cette illusion que leur sens politique, s'ils lui eussent fait appel, aurait dissipée et qui les entraînait dans un vote non moins profitable au prétendant que celui dont venaient de se rendre coupables les royalistes de l'Assemblée.

La séance du 17 novembre va s'ouvrir au milieu d'une anxiété que Paris tout entier partage. Nul ne se dissimule les périls de la crise qui se prépare. Quelle que soit l'issue des débats auxquels la proposition des questeurs donnera lieu, le pays ne sera-t-il pas lancé dans un redoutable inconnu ? Si elle est adoptée, le président de la République a dû, admettant cette éventualité, consigner en tenue de campagne les troupes dont disposent les généraux qui se sont associés à lui en se déclarant « pleins d'horreur pour le parlementarisme ». Ne les jettera-t-il pas contre le Parlement avant que le président de l'Assemblée, usant du droit de réquisition dont il viendrait d'être armé, ait pu réunir les forces destinées à sa défense ? Il ne l'oserait probablement pas ; il craindrait que, dans la même prévision, les généraux appartenant à l'Assemblée et les questeurs ne se fussent assurés du concours immédiat de quelques régiments dont les chefs n'avaient encore pris aucun engagement contre l'honneur. Il sait que les régiments français ne s'entre-tuent pas et que tout le monde est sur ses gardes ; or, en le supposant assez fou pour jouer son va-tout dans une partie aussi hasardeuse, ses complices les moins imprudents hésiteraient à y risquer leur tête. Dans le cas possible où les aventuriers de l'Élysée tenteraient ce coup de désespoir, le succès en serait au moins fort incertain, et nul ne peut dire ce qui résulterait d'un choc entre les cohortes prétoriennes et les troupes de service au palais législatif. En voyant les généraux Cavaignac, Bedeau, Lamoricière, Le Flô, Changarnier à la tête des troupes groupées sous le drapeau de la loi, plus d'un bataillon insurgé contre elle mettrait bas les armes, et la garde nationale, dont le commandement appartient encore au général Perrot, prêterait main-forte aux défenseurs de la Constitution.

Mais les royalistes triomphants n'useraient-ils pas de leur pouvoir en ordonnant l'arrestation du président de la République? Ce serait une illégalité, si aucune voie de fait ne trahissait les desseins criminels qu'on lui prête, et au sujet desquels, tout au plus, une enquête serait demandée. Ces royalistes, qui haïssent tant la République, ne se débarrasseraient-ils pas de la minorité républicaine? Pour le moment, non; car cette minorité est indispensable aux adversaires du pouvoir exécutif pour former une majorité contre lui; la proposition ne peut être adoptée que si les républicains votent pour elle. — Qu'adviendrait-il de son rejet? Une chose si simple que, pour la prédire, il ne faut pas être devin : l'Assemblée serait à la merci de Louis Bonaparte qui, pour la chasser, attendrait l'heure propice.

Telles étaient les questions et les réponses qui partout s'échangeaient. Dans plusieurs groupes d'ouvriers, on déplorait la résolution prise par la gauche de repousser le projet sans tenir compte de la déclaration de MM. de Thorigny et Saint-Arnaud au sujet du décret du 11 mai 1848, lequel, d'après eux, « ne pouvait être considéré comme étant encore en vigueur »; en apprenant que le ministre de la guerre en avait fait arracher les copies dans les casernes, on espérait que les députés républicains apprécieraient plus sainement la situation véritable des deux adversaires contre lesquels ils avaient à se mettre en garde.

Cependant, au sein de l'Assemblée, la discussion s'animait. A M. Saint-Arnaud qui, déniant à la Chambre le droit de réquisition, demande, au nom du salut du pays, « le rejet d'une proposition destructive de l'autorité militaire et accusant *une méfiance injuste* envers le pouvoir exécutif », le général Le Flô répond que l'obéissance aux lois fortifie la discipline militaire au lieu de la troubler et de la détruire. « Si vous repoussez notre proposition, dit-il, vous aurez livré l'existence de l'Assemblée aux hasards d'un coup de main. Vous serez désarmés vous-mêmes, et Dieu veuille que vous n'ayez pas à le regretter amèrement! » Le colonel Charras monte à la tribune : il a eu l'intention de voter contre le projet jusqu'au moment où le pouvoir exécutif a nié à l'Assemblée le droit de pourvoir à sa sûreté : « A l'heure présente, dans des salons, — tout le monde devine lesquels, — on parle de fermer les portes de cette Assemblée et de proclamer *on sait quoi*. » — « Le plus dangereux ennemi est là! » s'écrie un membre de la gauche en indiquant la droite. — « Non, réplique le colonel républicain, la majorité, dans les termes où maintenant la question se pose, n'est pas, pour la Constitution et pour la République, un danger aussi immédiat, aussi imminent, que le président qui siège à l'Élysée. »

Comme celle d'un grand nombre de républicains, la clairvoyance de Michel de Bourges était mise en défaut, non-seulement par la pensée que, en demandant l'abrogation de la loi du 31 mai, Louis Bonaparte donnait un gage à la démocratie, mais encore par une double illusion à l'endroit du peuple et de l'armée. « Le péril, — dit Michel qui, obéissant à une conviction bien intentionnée, voulait combattre l'hésitation que les sages paroles de Charras avaient portée dans les rangs de la gauche, — le péril, c'est que la monarchie est menacée, c'est que la République commence à être inaugurée, voilà le péril. Vous avez peur de Napoléon Bonaparte, et vous voulez vous sauver par l'armée. *L'armée est à nous…* Non, il n'y a point de danger, et, s'il y en avait un, *il y a aussi une sentinelle invisible qui nous garde, c'est le peuple* .» Cédant à l'éloquence entraînante du tribun républicain, la gauche couvrit de ses applaudissements ces confiantes affirmations que le peuple et l'armée allaient si cruellement démentir.

Une provocation adressée par M. Vitet à Michel ravive les craintes que Charras avait assoupies. « Le péril est dans votre alliance avec celui que vous protégez, » crie le rapporteur orléaniste de la commission à l'orateur républicain. De tous les bancs de la gauche s'élèvent des clameurs irritées; on entend ces paroles de Schœlcher : « Vous l'avouez donc, la proposition est dirigée contre nous, et vous voulez que nous la votions! ». Debout, Charras s'écrie : « J'ai déclaré que je voterais le projet de loi, mais je me rétracterais s'il devait atteindre une partie des mandataires du peuple. » — « Non, non, jamais! » dit M. Vitet et répètent plusieurs voix de la droite. M. Thiers se précipite vers la tribune et renouvelle cette protestation. « Approuvez-vous, demanda-t-il, que le ministre de la guerre, parlant de l'obéissance, de la discipline, ne parle pas du respect dû aux lois? Tel est le but de la proposition. » — « Je sais, répond M. Saint-Arnaud, respecter les lois et je suis de ceux qui savent les faire respecter par mes actes plus que par mes paroles. Je n'ai pas songé à faire descendre la loi des hauteurs où elle réside dans un ordre du jour pour l'y placer, *dans une hypothèse de violation qui n'est pas acceptable. L'obéissance aux lois, c'est le principe vital de toute société.* Qui donc en doute? » Ayant ainsi exalté la loi qu'il s'apprêtait à mettre sous ses pieds, cet émulateur des impostures de son maître renouvela sa déclaration provocatrice : « L'Assemblée est complétement maîtresse de fixer l'importance des forces qu'elle entend consacrer à sa garde; mais, pour en disposer, elle doit passer par la hiérarchie. » C'est-à-dire que, le jour où elle se verrait menacée, l'Assemblée devrait, pour être défendue, s'adresser à ceux qui se prépareraient pour l'attaquer! — « Est-il vrai, demande le général Bedeau au ministre de la guerre, que le décret du 11 mai 1848, affiché dans les casernes, ait été récemment enlevé par ordre de la présidence? » — « En présence de la proposition des questeurs, répond le ministre, et comme il y avait doute si ce décret devait être exécuté, pour ne pas laisser d'hésitation dans les ordres donnés, je dois le déclarer, j'ai ordonné qu'on le retirât. »

Cet aveu brutal déchaîne une tempête; les colères éclatent; les interpellations se croisent; des députés de la droite se mêlent à ceux de la gauche et les supplient d'écarter par leur vote en faveur de la proposition un péril qui ne saurait être plus évident. M. Saint-Arnaud cherche à dissimuler sous une affectation d'indifférence le trouble de son esprit; il échange un regard avec le général Magnan assis à côté de M. de Maupas dans la tribune de l'état-major, et il quitte la salle en se donnant des airs mystérieux. Le général Magnan s'était levé pour le suivre. En même temps, le ministre de l'intérieur disait aux indécis qui prenaient conseil de lui : « Faites ce que vous voudrez, nous sommes prêts à tout. » En se combinant avec la sortie théâtrale des deux généraux pour laisser entrevoir une détermination à tout oser, ces paroles de jactance visaient à un effet d'intimidation sur les esprits peureux. Le stratagème réussit : « Les interlocuteurs du ministre se regardèrent, et, sûrs de ne pas mettre leur courage au service d'un gouvernement timide, ils allèrent voter résolûment [1]. »

Combattue, dans les groupes républicains,

---

[1]. Granier de Cassagnac, *Histoire de la chute de Louis-Philippe et du rétablissement de l'Empire.*

par MM. Grévy, Charras, Edgar Quinet, et soutenue par MM. Jules Favre et Crémieux, l'erreur de Michel prévalut. Près de cent soixante députés de la gauche votèrent contre la proposition qui, grâce à eux, fut repoussée par une majorité de *cent huit voix* [1]. Le général Cavaignac, les capitaines Millote, Bruckner et Tamisier, le lieutenant Valentin, MM. Marc-Dufraisse, Pascal Duprat et quelques autres députés républicains, partageant l'opinion du colonel Charras, de MM. Quinet et Grévy, s'étaient séparés de leurs amis dans cette votation fatale.

S'il faut en croire des historiens bonapartistes, « *le prince* répondit à ceux qui lui annoncèrent ce *résultat inespéré* : « *Cela vaut peut-* « *être mieux.* » Assurément cela valait mieux pour lui. Dans ses mains qui, déjà, concentrent une armée de cinq cent mille fonctionnaires, on vient de concentrer une armée de cinq cent mille soldats. Désormais, plus de choc à redouter entre des régiments qui auraient obéi au pouvoir législatif armé du droit de les requérir et ceux dont le pouvoir exécutif s'est, depuis longtemps, assuré l'appui. Le décret autorisant le président de l'Assemblée nationale à adresser directement « des réquisitions à la force armée et à toutes les autorités militaires dont il jugerait le concours nécessaire à la sûreté du pouvoir législatif » n'existe plus ; dans les casernes, où on vient de le déchirer, les officiers savent que maintenant, pour être valables, ces décrets doivent passer par la hiérarchie, et conséquemment porter le sceau du ministre de la guerre.

Le pouvoir exécutif se hâta de tirer avantage des ressources *inespérées* que lui avaient fournies successivement les royalistes en refusant l'abrogation de la loi du 31 mai et en lui laissant le mérite de l'avoir proposée, — les républicains en désarmant l'Assemblée ; il y avait là une faute et une imprudence telle-

---

[1]. Le résultat du scrutin fut : *pour*, 300 voix ; *contre*, 408.

---

ment énormes qu'elles ne tardèrent pas à être reconnues par un grand nombre de ceux qui les avaient commises, et qu'on essaya de les réparer. L'opinion publique s'était prononcée ; son blâme et la réflexion dessillaient les yeux. A droite, le projet de rétablir le suffrage universel au moyen d'une proposition nouvelle gagnait du terrain ; le projet de loi concernant la responsabilité du président de la République et des agents du pouvoir exécutif allait fournir à la gauche une occasion pour rendre à l'Assemblée son droit de réquisition directe ; un amendement affirmatif de ce droit et accepté dans les bureaux eût obtenu dans la Chambre la majorité des voix. A la suite de cette mutuelle concession, on se serait mis d'accord *pour réviser la Constitution ;* on aurait ainsi ôté aux conspirateurs de l'Élysée tout prétexte à un coup de force, et, surtout, le moyen qui leur en facilitait l'exécution. Louis Bonaparte préviendra ce triple coup qui compromettrait une partie presque gagnée.

D'ailleurs la pénurie dans laquelle on vit à l'Élysée n'est plus tolérable. Le prince, en outre, s'est chargé, en vue du but qu'il poursuit, de dettes pour le payement desquelles il a fixé des délais ; il doit 340,000 francs au marquis de Pallavicini, 500,000 francs au maréchal Narvaëz, une très-grosse somme à miss Howard. Comment payera-t-il cela si, au plus tôt, il n'a pas une occasion de *faire sa main* pour lui en même temps que pour ses complices qu'il a promis d'enrichir et dont l'existence équivoque atteint les dernières limites de la précarité ? Bout-ci, bout-là, on trouve à peine de quoi vivoter. Mais la patience des fournisseurs s'est épuisée. D'innombrables créanciers, las de se faire leurrer, montrent les dents et refusent le renouvellement des billets à ordre que ces mauvais payeurs ont, suivant leur coutume, laissé protester. La vente de l'hôtel de M. de Morny vient d'être affichée, et « un banquier célèbre a refusé quatre traites de dix mille francs chacune tirées par le président de la République [1] ». Le coup de main sur lequel tous ces viveurs obérés comptent *pour sauver la France*, comme ils disent dans leur argot, ne peut donc être différé. Enfin des susurrations commençaient à révéler une partie des scandales et des rapines dont l'affaire des paquebots de la Méditerranée était grosse ; on savait que des pots-de-vin s'étaient glissés dans les conseils de la présidence et l'avaient emporté sur les intérêts de l'État.

Tout poussait Louis Bonaparte et ses complices à l'exécution immédiate de leur attentat. Aussi la résolution d'agir sans délai fut-elle prise vivement.

Tandis que, se confirmant, d'ailleurs, par les amis du prince, la croyance qu'aucun péril n'était imminent après le rejet de la proposition des questeurs étouffait les bruits de coup d'État, et que l'Assemblée, au milieu d'une sécurité trompeuse, cherchait un remède à ses fautes, le général Magnan réunissait chez lui tous les généraux commandant l'armée de Paris ; il leur dit qu'il allait s'associer « à une détermination de la plus haute importance », et qu'il comptait sur leur obéissance passive à ses ordres ; il ajouta : « *Vous comprenez ce dont il s'agit. Si quelqu'un de vous hésite à me suivre dans cette voie, qu'il le dise... Nous devons sauver la France...* Quoi qu'il arrive, ma responsabilité vous couvrira... En cas d'insuccès, seul responsable, c'est moi qui porterai, s'il y a lieu, ma tête à l'échafaud ou ma poitrine à la plaine de Grenelle. » Cet homme qui, avec tant de bravacherie, faisait de sa tête un enjeu, avait, nous le savons, dans l'espoir de la sauver si le *crime* à la perpétration duquel il allait concourir ne réussissait pas, exigé que le ministre de la guerre le couvrît de sa responsabilité.

Ils étaient là vingt généraux qui entendirent cette proposition sans sourciller ; pas un d'eux ne refusa son concours à la violation des lois que le *prince* dont ils briguaient les faveurs avait juré de défendre. Ces officiers supérieurs de l'armée française promirent la coopération qu'on leur demandait et qui, pour des gens dont l'ambition fait taire la conscience, était pleine d'avantages et n'exposait à aucun risque, d'après l'étrange morale des Magnan et des Saint-Arnaud : En cas d'insuccès, l'impunité ; si le crime triomphe, des richesses et des dignités à belles mains. En sa qualité de doyen d'âge, le général Reybell répondit à M. Magnan qu'ils le suivraient tous. « Une chaleureuse acclamation couvrit les paroles du général Reybell, et toutes les mains se cherchèrent [1] ».

Voici les noms de ces généraux qui, le 26 novembre 1851, entrèrent dans la conjuration contre la loi de leur pays : d'Allonville, de Bourgon, Canrobert, Carrelet, Cornemuse, de Courtigis, de Cotte, Dulac, Forey, Herbillon, Hubert, Korte, Levasseur, Marulaz, Renault, Reybell, Ripert, Sallenave, Sauboul et Tartas. Un louangeur du coup d'État les flétrit, sans le vouloir, en disant qu'ils furent mis « en possession de la succession de leurs *scrupuleux et constitutionnels aînés* ». N'est-ce pas avouer que, pour besogner dans son œuvre criminelle, il fallait à Louis Bonaparte des gens comme eux, contempteurs des scrupules et des devoirs ?

Assurés du concours de l'armée de Paris tout entière, les conjurés n'avaient plus que la garde nationale à craindre. Le général Perrot la commandait ; c'était un honnête homme, lui ; conséquemment, on n'osait pas destituer ce loyal soldat. On songea, pour l'évincer indirectement, à tirer parti de sa haute moralité. Si on lui adjoignait, comme chef d'état-major, un individu mésestimable, il se retirerait assurément. Ce moyen digne de ceux qui l'employaient eut un plein succès. M. Vieyra fut nommé chef d'état-major. Afin

---

[1]. Dans les *Mémoires d'un bourgeois de Paris*, le docteur Véron confirme la précarité de la situation pécuniaire du président de la République.

[1]. P. Mayer.

M. de Montalembert.

d'éviter un pareil contact, le général Perrot se démit de son commandement, qui fut donné au marquis de Lawoestine, vieil officier de l'Empire, et n'ayant pas, en matière de morale et de conscience, toutes les délicatesses de son prédécesseur.

Dans sa quiétude profonde, l'Assemblée ne s'émut pas un seul instant d'un signe aussi caractéristique; suivant l'expression d'un de ses membres, « elle était devenue incapable de défendre ni la liberté des autres ni sa propre existence [1] ». Le lundi 1er décembre, elle s'ajournait tranquillement au lendemain.

Le soir, à l'Opéra-Comique, M. de Morny se montrait dans plusieurs loges. A cette question de Mme Liadières : « On disait, tantôt, que le président de la République va balayer la Chambre; que ferez-vous? » il répondit : « S'il y a un coup de balai, je tâcherai de me mettre du côté du manche. » Cette réponse, qu'il croyait spirituelle, faite au moment même où il allait préparer une série de crimes, n'était qu'une plaisanterie cynique et à laquelle s'applique surtout ce mot de d'Alembert : « Le faux bel-esprit tient de plus près qu'on ne croit à la barbarie. »

A la même heure, dans le grand salon de l'Élysée, où les visiteurs étaient nombreux, Louis Bonaparte, s'adossant à une cheminée, attirait M. Vieyra par un regard : « Colonel, lui demanda-t-il à voix basse, êtes-vous assez fort pour ne rien laisser apercevoir d'une vive

---

[1]. De Tocqueville, *Un Récit par un membre de l'Assemblée nationale.*

émotion sur votre visage ? — Prince, je le crois. — Eh bien! c'est pour cette nuit. Pouvez-vous m'affirmer que, demain, on ne battra pas le rappel? — Oui, si j'ai assez de monde pour porter mes ordres. — Voyez Saint-Arnaud... et, à six heures du matin, soyez à l'état-major; qu'aucun garde national ne sorte en uniforme. » Les narrateurs de cet entretien rapportent que les deux interlocuteurs se séparèrent sans avoir éveillé aucune attention.

Le président de la République s'approcha de M. Ferdinand Favre, maire de Nantes, et, à propos des bruits de coup d'État qui avaient circulé, il lui dit : « Au moins, vous, monsieur Favre, vous ne croyez pas à cela, n'est-ce pas? Vous savez que je suis un honnête homme. » Peu à peu les salons se vident. Quand le dernier visiteur s'est retiré, Louis Bonaparte se dirige vers son cabinet, où MM. de Morny, Saint-Arnaud, de Maupas et Mocquard l'attendent.

M. Mocquard était, vers la fin du premier Empire, un de ces beaux fils qui courent après l'argent et les bonnes fortunes. Des spéculations malheureuses le ruinèrent ; il gagna la Suisse ; l'ex-reine Hortense l'agréa pour secrétaire et l'admit dans sa plus douce familiarité. Après la mort de sa royale amie, M. Mocquard reporta sur le fils une partie de l'affection qu'il avait eue pour la mère, et lui donna tout son dévouement. Louis Bonaparte ne pouvait mettre ses projets en plus sûre confidence. Aussi le dossier cacheté que le prince tira d'un tiroir secret de son secrétaire avait-il été formé par M. Mocquard « de tous les papiers relatifs à l'exécution du coup d'État ». Le docteur Véron nous apprend que « sur ce dossier était écrit le mot RUBICON ».

Le chef de la conjuration ouvre le dossier; « il y prend trois paquets cachetés ; il donne à M. de Morny le premier paquet contenant 500,000 francs et la nomination de ministre de l'intérieur ; le deuxième paquet fut remis à M. de Maupas ; il renfermait la liste des représentants, chefs de parti et journalistes qu'il s'agissait d'arrêter, plus 500,000 francs. Le troisième paquet, un peu plus volumineux que les autres, fut remis au général Saint-Arnaud ; il contenait 2 millions, dont 500,000 francs pour le ministre de la guerre et le reste pour être distribué suivant un état annexé qui englobait tous les grades. Les généraux de division devaient recevoir 10,000 francs, les généraux de brigade 6,000 francs, les colonels 2,000 francs, et ainsi de suite jusqu'aux caporaux et soldats qui devaient toucher 10 francs et 5 francs. Ces sommes n'étaient pas offertes comme gratification, mais comme indemnité en cas de prolongation de la lutte ; elles étaient prises sur les millions que le président avait obligé la Banque de France à lui avancer. Elle y consentit moyennant qu'elle aurait le droit d'augmenter son capital de 600 millions [1]. L'écrivain auquel j'emprunte ces détails les tient, dit-il, *de source certaine*.

M. de Béville est entré dans le cabinet où sont réunis les conspirateurs ; Louis Bonaparte lui remet une liasse de papiers : ce sont les originaux des proclamations et des décrets dont l'affichage doit être fait avant le jour. M. de Béville reçoit l'ordre de les apporter à M. de Saint-Georges, directeur de l'Imprimerie nationale ; il sort et remplit à la hâte sa mission. Les manuscrits sont divisés en fragments afin d'en rendre le sens inintelligible aux compositeurs, que des agents de police surveillent. Des gendarmes mobiles occupent l'Imprimerie nationale, dont toutes les issues sont gardées ; ils ont chargé leurs armes et reçu cette consigne : « Fusiller tout ce qui tenterait de sortir ou de s'approcher d'une fenêtre [2]. »

Vers trois heures et demie, les principaux conjurés se séparaient après avoir envoyé au général Magnan l'ordre qui le concernait et que M. Saint-Arnaud venait de signer. Cha-

1. Vicomte de Beaumont-Vassy, *Mémoires secrets du XIXᵉ siècle*.
2. P. Mayer, *Histoire du 2 Décembre*.

cun d'eux, suivant le rôle qu'il a pris, va disposer ses forces et ses moyens pour une action simultanée. M. de Maupas a regagné la préfecture de police; MM. de Saint-Georges et de Béville lui apportent les proclamations qui viennent d'être imprimées.

Dès son retour de l'Élysée, M. de Maupas avait convoqué à domicile les quarante commissaires de police et les officiers de paix; ils arrivaient successivement à la préfecture de police où la veille, à onze heures du soir, « les huit cents sergents de ville et les brigades de sûreté avaient été consignés sous le prétexte de la présence à Paris des réfugiés de Londres [1] ».

M. de Maupas appelle un à un les commissaires dans son cabinet; il leur apprend ce qui va se faire; il s'agit pour eux « d'opérer l'enlèvement » de soixante-dix-huit personnes dont seize représentants, c'est-à-dire de participer à un double crime : crime de haute trahison en aidant au renversement de la loi fondamentale du pays, et crime de lèse-inviolabilité en arrêtant des représentants du peuple et de la loi. Aucun d'eux ne refusa la complicité qu'on lui demandait. « Ils reçurent du préfet, avec les indications, les INSTRUMENTS [2] et les ordres nécessaires. Ces hommes avaient été appropriés, avec un soin spécial, *au genre d'opération* qui leur était confié; et tous partirent, *pleins de zèle et d'ardeur, résolus d'accomplir leur devoir* A TOUT PRIX [3]. » Les mandats d'arrêt portaient contre les victimes désignées à *l'ardeur et au zèle* de ces magistrats prévaricateurs l'accusation du crime qu'ils allaient commettre eux-mêmes, celle « de complot contre la sûreté de l'État ».

Chargé de veiller à la prise de possession du palais législatif, M. Fialin, dit de Persigny, était arrivé à l'École militaire vers quatre heures et avait remis au général Renault les ordres du ministre de la guerre. Pour exécuter ce coup de main, on avait choisi le colonel Espinasse, du 42° de ligne, l'un des premiers officiers qui, en Afrique, se laissèrent séduire par M. Fleury ; un bataillon de son régiment est, depuis la veille, de service au palais législatif; le capitaine adjudant-major et quelques officiers de ce bataillon étaient gagnés. A cinq heures, Espinasse s'est mis à la tête des deux autres bataillons du 42° ; il donne le signal d'une marche silencieuse. Non loin de la grille du palais, dans la rue de l'Université, on fait halte. Espinasse détache de son avant-garde les sapeurs qui la précèdent, leur ordonne de le suivre, d'entrer avec lui si la porte à laquelle il va frapper s'ouvre, et de la briser si elle ne s'ouvre pas. Au premier coup, l'adjudant-major qui était aux aguets l'a ouverte ; les soldats s'y précipitent. Attiré par le bruit, le commandant Meunier, chef du bataillon de garde, voit Espinasse rangeant ses troupes dans l'allée qui aboutit à l'hôtel de la présidence ; il court à lui. « Colonel, dit-il, que venez-vous faire ici ? — Prendre le commandement et exécuter les ordres du prince, répond Espinasse. — Ah! vous me déshonorez, » s'écrie le loyal commandant en arrachant ses épaulettes et en brisant son épée ; et il les jette aux pieds du colonel qui, d'un pas rapide, se dirige vers les appartements du gouverneur militaire du palais; il ouvre la porte : « Je vous arrête, » crie ce traître en sautant sur l'épée du lieutenant-colonel Niol qui s'habillait : « Vous faites bien de la prendre, dit le brave officier, car je vous l'aurais passée au travers du corps. »

Les grenadiers venus avec Espinasse relevaient tous les postes, le capitaine de l'artillerie de garde livrait ses pièces, et M. de Persigny, qui, protégé par un piquet d'infanterie, avait surveillé cette opération, allait en apprendre le succès à Louis Bonaparte.

Les commissaires de police Primorin et

---

1. Granier de Cassagnac, *Récit complet et authentique des événements de décembre* 1851.
2. Des haches, des leviers et des bâillons.
3. Granier de Cassagnac.

Bertoglio se sont partagé la besogne de l'enlèvement des questeurs. Suivi d'agents de police et de soldats du 42ᵉ, Primorin s'est rué avec une partie de sa meute sur M. Baze qui, réveillé en sursaut, passait une robe de chambre. Le questeur se défend énergiquement contre ses agresseurs. Sans songer qu'elle est à demi vêtue, Mᵐᵉ Baze s'élance vers la fenêtre et l'ouvre en criant au secours. Sous les yeux des officiers et des soldats impassibles, cette courageuse femme résiste de son mieux aux argousins qui veulent l'arracher à la barre d'appui où elle se cramponne et qui déchirent ses vêtements. Les forces de M. Baze s'épuisent, et Primorin le fait traîner, presque nu, jusqu'à la place de Bourgogne où on le jette dans un corps de garde avant de le conduire à Mazas.

Pour arriver aux appartements du général Le Flô, Bertoglio a pris un escalier de service débouchant sur la chambre d'un enfant que le bruit éveille et effraye : c'est le fils du général ; il a huit ans à peine. « Ne vous effrayez pas, mon ami, lui dit Bertoglio en le patelinant ; nous venons faire à votre papa une communication importante et urgente ; il sera heureux de la recevoir ; conduisez-nous vers lui. » Et l'enfant dont la naïve candeur ne peut soupçonner de fausseté un langage aussi affectueux sert de guide aux argousins et leur indique la chambre de son père ; ils fondent, tête baissée, sur le général qui sautait du lit et qui leur oppose une longue résistance ; avec les accents de l'indignation, il proteste contre la violence dont il est l'objet. Les cris de Mᵐᵉ Le Flô malade se mêlent aux sanglots de son fils ; le pauvre enfant supplie tour à tour le commissaire et les soldats de ne faire aucun mal à son père, qu'il s'accuse de leur avoir livré. Le général essaye en vain de faire entendre à ces soldats la voix de l'honneur dont ils ont perdu le sentiment. Le général revêtit son uniforme, et prenant sur ses genoux son enfant qui toujours sanglotait : « Mon fils, lui dit-il, il se peut que M. Bonaparte imite son oncle en toutes choses et me fasse fusiller comme son oncle a fait lâchement fusiller le duc d'Enghien ; quoi qu'il arrive, garde bien dans ton souvenir la manière dont il traite ton père. »

Au bas de son escalier, le général rencontra M. Espinasse. « Vous faites là, lui dit-il, un sale métier ! — Filez, filez, monsieur », lui répondit le colonel abject. Lorsque, au milieu des baïonnettes que les soldats reçurent l'ordre de croiser sur lui, le général monta dans un fiacre où trois agents de police l'attendaient, « il entendit un malheureux portant l'épaulette de lieutenant lui adresser distinctement ce mot : « Canaille ![1] »

Cependant les autres arrestations s'opéraient. Le commissaire Lerat, « assisté du capitaine de la garde républicaine Baudinet, de quinze agents choisis, de trente gardes et d'un piquet de dix hommes à cheval, » s'était chargé d'enlever le général Changarnier ; il pénètre dans la maison, arrache au domestique la clef de la chambre à coucher et ouvre la porte. Le général est debout, à moitié vêtu et un pistolet à la main ; Lerat et ses agents se jettent impétueusement sur lui, le désarment, l'entraînent dans la rue et l'enferment dans une voiture qui, escortée par les gardes républicains à cheval, roule vers Mazas.

Le commissaire Courteille fait voler, à coups de hache, la porte de l'appartement du colonel Charras ; des agents de police armés jusqu'aux dents précèdent leur chef et d'autres le suivent dans la chambre du colonel, tandis que, dans les escaliers et dans la cour, des gendarmes mobiles attendent un signal pour prêter, au besoin, main-forte à Courteille. Charras dont la clairvoyance politique n'avait pu, le 19 novembre, désaveugler ses amis, dit au commissaire qui voulait lui donner lecture du mandat d'arrêt : « C'est bien ; voilà le coup d'État ; mes prévisions ne se sont pas trompées. » Apercevant un pistolet sur la

---

[1]. V. Schœlcher, *Histoire des crimes du 2 décembre*

M. Léon Faucher.

cheminée, Courteille s'en empare vivement. « Oh! n'ayez pas peur, dit le colonel; il n'est pas chargé. » Désignant, avec un geste de dégoût, les argousins qui l'entouraient, Charras continua : « Voyons, commissaire, maintenant que vous voilà rassuré, renvoyez tous ces gredins-là dans l'antichambre. » Courteille garda seulement deux agents avec lui. On descendit bientôt et, à travers une double haie de mouchards et de gendarmes, on arriva près d'une voiture où, avec le colonel, montèrent le commissaire et deux estafiers.

Prenant le commissaire Hubault *jeune* pour M. Valette, secrétaire de la présidence de l'Assemblée, le domestique du général Bedeau lui ouvre la porte et se dirige vers la chambre à coucher de son maître afin de l'annoncer. Sur ses pas, Hubault jeune et plusieurs agents courent jusqu'au lit du général que réveillent ces mots : « Je suis commissaire de police et je viens vous arrêter. — M'arrêter ! s'écrie le général en sursautant; j'en doute, car la loi me couvre, et ce serait un crime. Si vous êtes magistrat, c'est pour faire respecter la loi et non pour la violer. » Le commissaire répondit au général : « Pas de résistance ! Autrement je me verrais forcé d'employer les moyens extrêmes. » Toisant cet homme de la tête aux pieds, le général répliqua : « Si j'avais voulu résister, je sais jouer ma vie et la vôtre ne serait plus à vous; faites sortir ce monde, je vais m'habiller. » Quand il se fut bien lentement vêtu, le général, s'adossant contre la cheminée, dit au commissaire : « Faites entrer votre monde si vous le voulez ; je ne sortirai d'ici que par la violence. » Hubault jeune appelle ses aides et leur ordonne d'*empoigner* le vice-président de l'Assemblée nationale. Après un instant d'hésitation, ces malfaiteurs suivirent l'exemple de leur chef, qui avait pris le général au collet ; ils le traînèrent dans un fiacre entouré de sergents de ville qui avaient mis l'épée à la main.

Le commissaire Blanchet surprend le général Lamoricière dans le sommeil et lui promet d'user de ménagements s'il donne sa parole de ne pas chercher à fuir. Le général répond « qu'on ne donne pas sa parole à pareille engeance ». Le commissaire et trois drôles bien armés montent avec lui dans un fiacre. Un instant, le général se penche vers la portière ; Blanchet aussitôt lui montre un bâillon en disant : « Si vous dites un mot, je vous bâillonne. »

L'appartement du lieutenant Valentin avait une entrée commune avec celui du propriétaire, nommé Scaillette, un bonapartiste. La servante de cet homme guide le commissaire Dourlens jusqu'au lit de M. Valentin. Escorté d'agents porteurs de haches, de pistolets et d'épées, Dourlens prie le lieutenant de s'habiller et de le suivre. M. Valentin exige, avant de sortir du lit, que Dourlens le délivre *des hideuses figures de ses agents;* ils sont renvoyés dans une pièce voisine. Le lieutenant des chasseurs de Vincennes engage le commissaire de police « à ne point exécuter un mandat dont il ne peut méconnaître l'illégalité et l'infamie ». M. Dourlens, dont les sbires s'avançaient, répond que « l'obéissance aux ordres de son chef est une nécessité qui le met à l'abri de toute responsabilité ». Le lieutenant fut mis dans une voiture dont les portières étaient cadenassées.

A la tête de nombreux agents munis de lanternes sourdes et de merlins, M. Gronfier sonne chez M. Greppo, qui ouvre sa porte et qui est renversé par une demi-douzaine d'alguazils dont les griffes l'ont saisi. « Au nom de la loi, je vous arrête ! s'écrie le commissaire ; point de résistance ! Nous sommes en force, vous essayeriez en vain de vous défendre. » Greppo ne put que protester contre la violence dont il était l'objet.

M. Desgranges et ses policiers sont introduits dans la chambre de Nadaud par le concierge, qui en avait la clef. Le commissaire dit au représentant du peuple en le réveillant : « Je ne viens pas vous arrêter ; venez jusque chez moi, et nous rédigerons, à votre gré, le procès-verbal de ma visite. » Nadaud s'habille et monte dans un fiacre que M. Desgranges fait arrêter devant un bec de gaz. Feignant de relire le mandat dont il était porteur, le commissaire s'écrie : « Ah ! mon Dieu ! je m'étais trompé ; j'avais mal lu ; c'est à Mazas que nous devons aller. — Non, monsieur, réplique Nadaud, vous ne vous étiez pas trompé ; vous avez agi honteusement. »

Le général Cavaignac obtint du commissaire COLIN de se rendre à Mazas avec lui seul. Charles Lagrange fut arrêté par M. Baudrot, et M. Thiers par M. Hubault AÎNÉ. J'ignore les noms des commissaires qui arrêtèrent MM. Baune, Miot, Roger (du Nord) et le capitaine Cholat.

« En même temps que les représentants, dit M. Granier de Cassagnac, étaient arrêtés dans leurs lits et sans la moindre difficulté les chefs les plus dangereux des sociétés secrètes et des barricades ; nous ne citerons que ceux qui passent pour les plus célèbres dans le monde de l'émeute ; ce sont : MM. Grignon, Stévenot, Michel, Artaud, Geniller, Philippe, Armand Bréguet, Célestin Delpech, F. Gabriel, F. Schmidt, Baune, frère du représentant, Vasbenter, Houl, Charles Cellier, Louis Jacotier, Alphonse Kuch, Théodore Six, F. Brun, Lemesle, Malapert, Hiblach, Minor Lecomte, Arsène Meunier, A. Buisson, Pierre Mussot, Th. Bonvallet, Choquin, Guiterie, Léon Billotte, Aimé Voinier, Thomas, Curnel, Boireau, Charles Crousse, Baillot, Noguez, Lucas, Isidore Lassère, Cahaigne, Hippolyte Magen et Polino. » M. Granier de Cassagnac ajoute que « les personnes dont la police devait opérer l'enlèvement étaient surveillées et comme gardées à vue, depuis quinze jours, par des agents invisibles [1] ». — « L'objet principal de ces arrestations nocturnes fut de priver l'armée de généraux disposés à obéir à la loi, et l'Assemblée des officiers chargés de la convoquer, et aussi de paralyser les partis politiques par la disparition de leurs chefs [2]. » Les listes d'arrestations avaient été dressées par MM. Carlier, de Maupas, de Morny et Saint-Arnaud.

Pendant que les personnes arrêtées étaient conduites à Mazas, dont un colonel nommé Thirion ou Thiérion, digne ami du général Forey, venait d'accepter le commandement, se faisant ainsi le geôlier des généraux, des représentants et des citoyens honorables que des malfaiteurs lui amenaient, — M. de Morny, escorté par deux cent cinquante chasseurs de Vincennes, prenait possession du ministère de l'intérieur, M. de Lawoestine faisait enjoindre à tous les colonels de la garde nationale de ne laisser sous aucun prétexte battre le rappel, M. Vieyra faisait crever les tambours déposés à l'état-major, des afficheurs placardaient les proclamations et les décrets, et des troupes sous les ordres de quelques-uns des généraux gagnés prenaient leurs positions, que M. Fleury inspectait ; il veillait à ce que l'Élysée fût bien gardé !

Autour de ce palais, aux Champs-Élysées et dans l'avenue Marigny, le général CANRO-

[1]. *Récit complet et authentique des événements de Décembre* 1851.
[2]. W. Kinglake, *Invasion de la Crimée*.

BERT développait sa brigade, dont faisaient partie le 1ᵉʳ et le 2ᵉ lanciers sous le commandement du général REYBELL et une division de grosse cavalerie ayant le général KORTE à sa tête ; la brigade RIPERT occupait le palais de l'Assemblée nationale et ses abords ; le général FOREY déployait la sienne dans toute la longueur du quai d'Orsay ; celle du général DE COTTE se massait sur la place de la Concorde ; enfin le général DULAC concentrait le 19ᵉ et le 51ᵉ de ligne dans le jardin des Tuileries. Le principal objet de ceux qui placèrent ainsi près de trente-deux mille fantassins, cavaliers ou artilleurs était, dit un historien, « d'appuyer les opérations de Maupas et de protéger *les frères de l'Élysée* en les abritant derrière l'égide de l'armée tant qu'ils seraient à Paris, et en couvrant leur fuite si la fuite devenait nécessaire ».

Les brigades Marulaz, Bourgon, Sauboul, Courtigis et celles des neuf autres généraux subornés étaient consignées dans les diverses casernes de Paris.

A sept heures du matin, M. de Maupas adressait à Louis Bonaparte cette dépêche : « NOUS TRIOMPHONS SUR TOUTE LA LIGNE. » En vérité, les *triomphateurs* ont lieu de se glorifier de leur facile victoire ! Une grosse bande de malfaiteurs armés jusqu'aux dents s'introduisant à la faveur des ténèbres, par ruse ou par effraction, dans une maison où tout sommeille, et s'abattant sur un honnête homme endormi, ne triomphe-t-elle pas de lui aisément ? C'est ainsi que Louis Bonaparte fit célébrer, par soixante-dix-huit grosses bandes composées de mouchards et de soldats ayant à leur tête des officiers d'infanterie et des officiers de police, le quarante-neuvième anniversaire de la bataille d'Austerlitz.

DOCUMENTS COMPLÉMENTAIRES DU CHAPITRE III

I

LE SPECTRE ROUGE DE 1852

Pendant les derniers mois de l'année 1851, la brochure « féroce et lugubre » de M. Romieu fut propagée avec un redoublement d'activité. « Elle fut, a dit un écrivain, prise au sérieux par la bourgeoisie épouvantée, et elle doit assurément être imputée à son auteur comme une des plus mauvaises actions que l'on puisse commettre ; toute la philosophie du coup d'État s'y trouve exprimée, et c'est un des plus importants documents de l'histoire de cette époque. »

Voici quelques extraits de cette œuvre immonde :

. . . .

« Ce n'est plus seulement la guerre civile qui nous attend, c'est la Jacquerie... Les démolisseurs ont compris que leur véritable place de guerre était la Constitution, ils se sont retranchés et ont commencé la sape dont il est impossible d'éviter l'effet. Elle a pénétré dans tous les villages, et tandis que Paris, Lille, Strasbourg et Lyon regorgeant de troupes peuvent compter, au jour des combats, sur un facile succès, le reste de la France est sur une traînée de poudre prête à éclater au premier signal. La haine contre le riche, là où il y a des riches ; la haine contre le petit bourgeois, là où il y a des pauvres ; la haine contre le petit fermier, là où il n'y a que des manœuvres ; la haine du bas contre le haut, à tous les degrés, telle est la France qu'on nous a faite, ou, pour mieux parler, que nous avons faite. Et pourtant, en face de cette catastrophe si prochaine, quelle est la voie sérieuse où s'engage la prudence des gouvernements ? On en reste toujours à l'ennuyeuse comédie qui se nomme la politique et qui se joue, en traînant ses guenilles, sur un théâtre ruiné...

« *Super flumina Babylonis...* Ils sont là, ces prolétaires qui chantent ce cantique de haine, aux bords du fleuve parisien, aux bords de tous les ruisseaux de France ; ils aspirent aux jours *où ils tiendront vos petits enfants et les écraseront sur la pierre.*

« L'heure fatale sonnera ; il faudra que le philosophisme assiste au spectacle sanglant dont il a dressé le théâtre qu'il n'est plus temps pour lui de démolir...

« Il n'y a, dans l'organisation de 1789, nul levier pour soutenir la société qui s'abat. Cette société de procureurs et de boutiquiers est à l'agonie, et si elle peut se relever heureuse, c'est qu'un soldat se sera chargé de son salut. *Le canon seul peut régler les questions de notre siècle;* il les réglera, DUT-IL ARRIVER DE LA RUSSIE...

« C'est donc l'armée, et l'armée seule, qui nous sauvera. Et quand je dis *nous*, je ne veux pas dire la société telle qu'elle existe, je veux dire la société telle qu'elle doit être : *la société ne se mêlant de rien, que des affaires de famille, d'intérêt et de plaisir;* la société vivant au beau soleil de Dieu, vivant des sciences et des arts qui font sa gloire, *de la guerre qui fait sa grandeur, de l'amour qui fait son paradis sur la terre;* la société oubliant J.-J. Rousseau et renonçant aux folies risibles ou sanglantes dont le honteux règne de Louis XV lui a laissé le legs empoisonné...

« C'est à l'épée qu'aboutissent tous les débats humains... Le fléau passager de l'IDÉE se

Conférence du général Magnan avec les généraux de l'armée de Paris (26 novembre).

dissipe à l'immortelle apparition de la FORCE. Et, à voir ce qui arrive de nos jours où l'*idée libérale accomplit son dernier ravage*, on a plaisir à se rappeler les paroles de M. de Calonne écrivant à la noblesse française, au moment où commençait cette guerre gigantesque de la Révolution : *Ne vous dissimulez pas qu'il existe une lutte terrible entre l'imprimerie et l'artillerie. Quel en sera le fruit pour le triste genre humain? La Providence qui* plaça *à la même date ces deux inventions dans la marche des temps et des événements a-t-elle voulu proportionner le remède au mal?*

« Il est temps que le remède agisse ! et ce sera justice...

« Je ne regretterai pas d'avoir vécu dans ce triste temps, si je puis voir une bonne fois châtier et fustiger *la foule*, cette foule cruelle et stupide, dont j'ai toujours eu horreur. Si je puis voir enfin balayer cette fange dans laquelle se roule orgueilleusement notre génération, voir tomber d'un seul coup la chaire menteuse de nos philosophes et les tribunes de tout rang qu'ils ont édifiées, je chanterai de grand cœur, et dussé-je en mourir, le cantique de Siméon...

« Ne désespérons pas. Il sera versé du sang et des larmes. La misère étendra son froid réseau sur le peuple abusé ; il sera châtié durement, et par la famine *et par les boulets ;* les bourgeois consternés subiront la crise avec ses phases diverses, sans rien comprendre à ce tumulte colossal qui les décimera ; mais à la fin de ces grands désastres, qui, je le crois, peuvent être courts, un pouvoir fort s'établira pour ouvrir l'ère nouvelle de l'autorité. Elle passera dans beaucoup de mains qui se la disputeront par les armes. Mais enfin les sophismes ne seront plus en jeu avec leurs terribles conséquences ; *il vaut mieux voir le peuple se battre pour César que pour les ateliers nationaux.* »

« Les temps rêvés par Romieu arrivèrent, la tribune fut renversée, et il put chanter, sans en mourir, le cantique de Siméon. Mais les canons russes qu'il avait invoqués furent funestes aux siens... Romieu, qui était devenu directeur des beaux-arts, fonctions qu'il changea plus tard contre celles d'inspecteur général des bibliothèques de la couronne, eut son fils tué au début de la guerre de Crimée. Cette perte lui fut des plus sensibles, et, le 20 novembre 1853, il mourait lui-même brisé par la douleur. »

(*Le Coup d'État du 2 décembre* 1851, par les auteurs du *Dictionnaire de la Révolution française.*)

II

M. LEROY, DIT SAINT-ARNAUD

« M. Leroy, sous-lieutenant dans la garde royale en 1816, quitta l'armée à cette époque pour n'y rentrer qu'en 1820 ; son régiment tenait garnison à Blaye ; le général Bugeaud, qui gardait la duchesse de Berry dans la citadelle de cette ville, trouva dans le sous-lieutenant Leroy un auxiliaire intelligent et complaisant pour l'aider dans ses fonctions de geôlier. Pourquoi M. Leroy quitta-t-il encore l'armée à cette époque ? La lecture de son dossier pourrait seule fournir des renseignements utiles à ce sujet ; l'histoire sera libre de consulter un jour ce document ; ce serait faire la plus grave injure à la mémoire du général ministre de la guerre Saint-Arnaud que de croire à sa disparition. M. Leroy, rentré sous le drapeau, servait en 1836 comme lieutenant dans la légion étrangère ; pendant les huit années qui suivirent le siège de Constantine, il franchit tous les grades qui le séparaient du grade de colonel, et il obtenait en 1846, grâce à son protecteur Bugeaud, le commandement d'un corps surnommé la *colonne infernale,* qui opérait dans le Chétif. Le général Leroy Saint-Arnaud, en attendant qu'il soit possible d'écrire son histoire, a sa légende qui le montre exerçant vingt métiers, commis-voyageur en France, comédien à Paris et à Londres, prévôt d'armes à Brighton, lancé en plein dans les hasards et dans les expédients de la vie nomade, vrai héros de la bohème, homme d'esprit du reste, goguenard, faiseur de bons mots et de calembours, rimeur de couplets, brave devant l'ennemi, peu tendre aux Arabes, grand approbateur et imitateur de l'enfumement des grottes de Dahra. »

(TAXILE DELORD, *Hist. du second Empire.*)

Le docteur Véron, alors directeur du *Constitutionnel,* raconte que, « *au départ du général Saint-Arnaud pour la Kabylie,* le commandant Fleury vint le voir et lui dit *qu'il serait très-agréable au président que l'on mit en belle et grande lumière les rares mérites et les brillants services de M. le général de Saint Arnaud dans la Kabylie.* »

(*Nouveaux Mémoires d'un bourgeois de Paris.*)

— « Afin de donner au général Saint-Arnaud l'autorité nécessaire dans le poste si élevé qu'on lui destinait, on décida la guerre de Kabylie. »

(BÉLOUINO, *Histoire d'un coup d'État.*)

III

M. FLEURY

« Viveur de seconde classe, ruiné, M. Fleury s'était engagé comme simple soldat, et il était revenu d'Afrique avec l'épaulette de chef d'escadron, gagnée par son caractère facile, qui lui avait concilié l'amitié de ses chefs ; un changement de gouvernement dans lequel il jouerait un certain rôle lui ouvrait de nouvelles perspectives d'avancement ; M. Louis Bonaparte, bon cavalier et savant amateur de chevaux, ayant eu l'occasion d'apprécier des qualités semblables chez M. Fleury, l'avait rapproché de sa personne en le nommant son officier d'ordonnance. »

(TAXILE DELORD, *Hist. du second Empire.*)

IV

LE GÉNÉRAL MAGNAN

Devant la Cour des pairs, M. Delacour, avocat du commandant de Mésonan, niait, dans l'intérêt de son client, les offres de corruption que celui-ci avait faites au général de la part du prince Louis Bonaparte. M. Magnan, qui avouait ces offres et soutenait les avoir repoussées, fut mis sur la sellette par M. Delacour.

« Constatons d'abord, dit le défenseur de M. de Mésonan, constatons ce qu'il y a d'invraisemblable dans cette offre toute crue d'argent... Ces offres-là ne se font d'ordinaire qu'à ceux qui ont été amenés à cet état de déconsidération où tout est permis vis-à-vis d'eux. C'était là l'injure la plus cruelle qu'un honnête homme pût recevoir ; quel devait donc être le premier mouvement du général, après une proposition de cette nature ? N'était-ce pas de chasser indignement de chez lui celui qui venait de s'oublier en sa présence jusqu'au point de lui faire un pareil affront ? Le général Magnan l'avait si bien senti qu'il avait déclaré d'abord au juge d'instruction que, l'indignation le gagnant, il avait jeté M. de Mésonan à la porte. Mais il dut modifier ce récit, en présence des témoignages et des preuves qui attestaient que, depuis la date indiquée par le général, M. de Mésonan avait été reçu amicalement chez lui, et invité à dîner par une lettre écrite et signée de sa main. Le général se fait donc certainement illusion ou, alors, il ne reste qu'une version possible, c'est de prétendre qu'après les proposition infâmes que nous lui aurions faites il aurait poussé l'oubli du ressentiment jusqu'à nous admettre amicalement à sa table. Vous jugerez, messieurs les pairs. »

Voici la communication faite, le 26 novembre 1851, aux vingt officiers généraux qu'il avait réunis dans son salon :

« Messieurs, il peut se faire que d'ici à peu de temps votre général en chef juge à propos de s'associer à une détermination de la plus haute importance. Vous obéirez passivement à ses ordres. Toute votre vie, vous avez pratiqué et compris le devoir militaire de cette façon-là. Et, avait-il ajouté, si quelqu'un de vous hésitait à me suivre dans cette voie, qu'il le dise ; nous nous séparerions et ne cesserions pas de nous estimer. Vous comprenez ce dont il s'agit ; les circonstances sont d'une immense gravité. Nous devons sauver la France ; elle compte sur nous. Mais, quoi qu'il arrive, ma responsabilité vous couvrira. Vous ne recevrez pas un ordre qui ne soit écrit et signé de moi. Par conséquent, en cas d'insuccès, quel que soit le gouvernement qui vous demande compte de vos actes, vous n'aurez qu'à montrer, pour vous garantir, ces ordres que vous aurez reçus. Seul responsable, c'est moi, messieurs, qui porterai, s'il y a lieu, ma tête à l'échafaud ou ma poitrine à la plaine de Grenelle. »

Le général Reybell, le doyen de tous, prit la parole :

« Personne ne m'a chargé de parler, général, dit-il ; pourtant je le fais au nom de tous. Vous pouvez compter que nous vous suivrons, et que nous voulons engager notre responsabilité à côté de la vôtre. »

L'obéissance passive, tel était le mot d'ordre de l'armée. Le général Magnan lui-même, par un sentiment que nous n'essayerons pas d'apprécier, ne voulait pas s'engager dans le coup d'État sans que sa responsabilité personnelle fût mise à couvert par le ministre de la guerre. Il ne promit d'agir que sur les ordres exprès de son supérieur.

Était-ce pour donner lui-même l'exemple de la soumission hiérarchique ou pour sauver sa tête en cas d'insuccès ?

Le fait est attesté en ces termes par M. Granier de Cassagnac :

« Il avait expressément demandé de n'être prévenu qu'au moment de prendre les dispositions nécessaires et de monter à cheval. »

(A. VERMOREL, *les Hommes de* 1851.)

V

LES PRÉPARATIFS DU COUP D'ÉTAT

Le 26 novembre, au moment où le général Magnan tenait aux vingt généraux le langage que je viens de rapporter, Louis Bonaparte adressait des paroles significatives aux industriels français récompensés à l'occasion de l'Exposition de Londres. Après avoir parlé des « agitations entretenues dans le pays *par les idées démagogiques et par les hallucinations monarchiques* », il disait : « Avant de nous séparer, permettez-moi de vous encourager à vous livrer à de nouveaux travaux ; entreprenez-les sans crainte. Ne redoutez pas l'avenir ; la *tranquillité sera maintenue quoi qu'il arrive*. Un gouvernement qui s'appuie sur la masse entière de la nation, qui n'a d'autre mobile que le bien public, qu'anime cette foi ardente qui vous guide sûrement même à travers un espace où il n'y a pas de route tracée, ce gouvernement, dis-je, pourra remplir sa mission, car il a en lui et le droit qui vient du peuple et la force qui vient de Dieu. »

Le 11 septembre, à l'occasion de la pose de la première pierre des Halles centrales, le président s'était exprimé ainsi : « En posant la pierre d'un édifice dont la destination est si populaire, je me livre avec confiance à l'espoir qu'avec l'appui des bons citoyens et avec la protection du ciel il nous sera donné de jeter dans le sol de la France quelques fondations sur lesquelles s'élèvera un édifice social assez solide pour offrir un abri contre la violence et la mobilité des pouvoirs humains. »

Enfin, le 9 novembre, il avait adressé aux officiers des régiments nouvellement arrivés à Paris, et qu'il s'était fait présenter par le général Magnan, la harangue suivante :

« Messieurs,

« En recevant les officiers des divers régiments de l'armée qui se succèdent dans la garnison de Paris, je me félicite de les voir animés de cet esprit militaire qui fit notre gloire et qui aujourd'hui fait notre sécurité. Je ne vous parlerai donc ni de vos devoirs ni de la discipline. Vos devoirs, vous les avez toujours remplis avec honneur, soit sur la terre d'Afrique, soit sur le sol de la France ; et la discipline, vous l'avez toujours maintenue intacte à travers les épreuves les plus difficiles. J'espère que ces épreuves ne reviendront pas ; mais si la gravité des circonstances les ramenait et m'obligeait de faire appel à votre dévouement, il ne me faillirait

M. Mocquard.

pas, j'en suis sûr, parce que, vous le savez, je ne vous demanderai rien qui ne soit d'accord avec mon droit *reconnu par la Constitution*, avec l'honneur militaire, avec les intérêts de la patrie ; parce que j'ai mis à votre tête des hommes qui ont toute ma confiance et qui méritent la vôtre ; parce que, si jamais le jour du danger arrivait, je ne ferais pas comme les gouvernements qui m'ont précédé, et je ne vous dirais pas : « Marchez, je « vous suis ; » mais je vous dirais : « Je « marche, suivez-moi ! »

On lisait dans une circulaire adressée par le général Saint-Arnaud aux généraux de Paris :

« Plus que jamais, dans les temps où nous sommes, le véritable esprit militaire peut assurer le salut de la société.

« Mais cette confiance que l'armée inspire, elle la doit à sa discipline ; et nous le savons tous, général, point de discipline dans une armée où le dogme de l'obéissance passive ferait place au droit d'examen.

« Un ordre discuté amène l'hésitation, l'hésitation la défaite.

« Sous les armes, *le règlement militaire est l'unique loi.*

« *La responsabilité*, qui fait sa force, *ne se partage pas* ; *elle s'arrête au chef de qui l'ordre émane ; elle couvre à tous les degrés l'obéissance et l'exécution.* »

« On pouvait, dit avec raison un historien, voir dans cette pièce l'intention d'employer l'armée contre l'Assemblée nationale en faisant appel à l'obéissance absolue, à la soumission aveugle aux ordres d'un chef qui assumait sur sa tête la responsabilité de ses actes, mais qui ne voulait pas qu'on les discutât. De plus, cette circulaire, en mettant en question le droit de réquisition de l'Assemblée, portait atteinte à l'article 32 de la Constitution. »

On lit dans les *Mémoires d'un bourgeois de Paris* :

« Pendant toute la durée de la discussion de la proposition des questeurs, le président de la République resta à l'Élysée, en compagnie de M. Mocquard. Le prince était calme, et attendait avec aussi peu d'impatience que d'anxiété le dénouement de la journée. A l'arrivée du ministre de la guerre, de M. le comte de Morny et de M. Edgar Ney, le prince se montra résolu. Des ordres immédiats allaient être expédiés, lorsque M. Rouher vint apporter à l'Élysée le résultat du vote. Le Président ne montra aucune émotion, et il se contenta dire avec la plus complète indifférence à tous ceux qui l'entouraient : *Cela vaut peut-être mieux.* »

M. Bélouino dit que Saint-Arnaud s'écria : « Nous nous en f......! » Ce général « attendait avec impatience la bataille ».

Le coup d'État fut résolu pour le 2 décembre. « Ce jour-là, dit M. Véron, fut choisi comme anniversaire de la bataille d'Austerlitz.

« Tous les jours, un bataillon d'infanterie montait la garde aux diverses portes de l'Assemblée nationale. Le bataillon qui devait prendre le service à six heures du matin, le 2 décembre, appartenait à un régiment dont M. Espinasse était colonel. On savait ce régiment et ce colonel dévoués au prince Louis-Napoléon. Cette coïncidence concourut peut-être aussi à faire préférer cette date du 2 décembre. »

VI

EXCITATIONS A L'ARMÉE

« On chercha tous les régiments qui s'étaient trouvés, à diverses époques, en collision avec le peuple, et on les rassembla à Paris ; c'est ainsi, par exemple, que le 14ᵉ de ligne, celui dont un bataillon se trouvait à l'affaire du boulevard des Capucines, était maintenu dans la capitale depuis 1849. On comptait entraîner plus facilement ces régiments à toutes les violences qu'on voudrait leur demander.

« Les hommes du passé, y compris M. le général Changarnier, la première victime de la conjuration militaire des généraux, avaient pris soin d'animer l'armée entière contre la population. Ils lui répétaient sans cesse que l'uniforme avait été déshonoré en Février 1848 et qu'un baptême de sang était nécessaire pour lui rendre son premier lustre. Ils lui faisaient croire qu'elle avait été vaincue parce que, très-volontairement, elle n'avait pas voulu soulever une guerre civile en tournant ses baïonnettes contre la population. Le 2 décembre, dans son placard aux soldats, M. Bonaparte ne manqua pas d'exploiter ces éléments de haine... Que l'on juge de l'effet d'aussi perpétuelles excitations sur l'esprit des soldats. »

(V. Schœlcher, *Histoire des crimes du 2 Décembre*.)

VII

LES MANDATS D'ARRÊT

On sait que les mandats d'arrêt, préparés à l'avance, étaient uniformément motivés sur une fausse accusation « de complot contre la sûreté de l'État et de détention d'armes de guerre ».

M. Mayer, historiographe des véritables conspirateurs, s'exprime ainsi au sujet de M. de Maupas, le signataire de ces mandats :

« Il lui fallait surtout cette chaleur de cœur, cet enthousiasme de dévouement dont la jeunesse ne fait qu'exciter les élans. Quelle responsabilité de signer de son nom, sans hésitation aucune, et *en temps de paix, l'ordre d'arrêter des généraux et des représentants que l'on considérait comme les gloires militaires et parlementaires de la France !* »

Comment ne pas approuver hautement ces paroles de M. Schœlcher, en voyant le panégyriste des associés de l'Élysée « faire ressortir, pour en parer son héros, tout ce qui ajoute à l'énormité du crime ? De même que certains individus exceptionnels sont privés de la sensibilité physique, ces gens-là sont privés, eux, du sens moral. On serait presque tenté de les absoudre comme on absout les fous homicides.

« Quant au complot imaginaire, il ne servit pas seulement, si l'on peut dire, de maintien plus ou moins décent aux porteurs des mandats d'arrêt ; on en fit courir le bruit dans les casernes, où l'on disait, le matin du 2 décembre, que le président avait failli être assassiné par le général Changarnier. Quels honnêtes gens que les bonapartistes ! »

VIII

LES ESPIONS

On sait que toutes les personnes qui devaient être arrêtées étaient, depuis huit ou dix jours, surveillées par des mouchards.

Le lundi soir, 1er décembre, le général Bedeau, en rentrant, aperçut l'espion que l'on avait attaché à ses pas. Impatienté, il l'aborda en lui disant : « Vous faites un sale métier et vous le faites bêtement ; je vous revois trop souvent. » L'espion s'excusa avec humilité et s'éloigna.

IX

LES ARRESTATIONS — ÉPISODES

M. Hubault jeune commanda rudement à ses hommes de saisir le général Bedeau ; ils s'arrêtèrent un instant. « Général, s'écrièrent-ils, nous sommes d'anciens soldats, allons-nous donc porter la main sur vous ? — Faites, si vous l'osez ; arrachez-moi d'ici comme un malfaiteur. »

« Le général, dit M. Schœlcher qui tient ce récit de M. Bedeau, auquel je l'ai entendu aussi raconter à Bruxelles, eut là, un moment, l'espoir de voir triompher le droit qu'il défendait si énergiquement. Mais les souvenirs de l'honneur militaire, la conscience de la loi profanée s'évanouirent bientôt. Ces hommes se ruèrent sur le général, à l'imitation de M. Hubault jeune. Ils le prirent par les bras et par le collet, et le traînèrent hors de chez lui malgré la plus vive résistance. Arrivé devant la porte de la maison, rue de l'Université, 50, le général, vice-président de l'Assemblée, apercevant quelques passants, les appela aux armes d'une voix haute et forte, criant à la trahison et disant qui il était. Déjà plusieurs personnes s'assemblaient ; mais une nuée de sergents de ville qui faisaient le guet débouchèrent de la rue du Bac, l'épée à la main. Ils entourèrent le fiacre où l'on jetait de force le général, et la voiture partit au grand galop, chargée de sergents de ville devant, dedans et derrière.

« Arrivé à Mazas, le général apostropha encore un peloton de gardes républicains qui étaient dans la cour : « Voilà de braves soldats qui doivent être bien étonnés de voir un de leurs généraux amené ici comme un voleur. » Mais ils étaient tous sous l'empire de cette doctrine de l'obéissance passive qui transforme les militaires en automates : ils ne semblèrent pas l'entendre. »

M. Courteille, à la tête d'une quarantaine

de mouchards et de soldats, sonna chez le colonel Charras qui refusa de leur ouvrir sa porte. « Allons, messieurs, s'écria le commissaire, à l'œuvre! » Et immédiatement des coups de hache firent sauter une partie de la porte.

« .... L'escalier et la cour étaient remplis d'agents de police et de gendarmes mobiles. Outre cela, il y avait, à l'entrée de la rue de la Concorde, un piquet de cinquante soldats commandés par un officier. (MM. Charras et Changarnier demeuraient à l'entrée du faubourg Saint-Honoré, presque en face l'un de l'autre.) Le colonel, dans une voiture avec le commissaire et deux sergents de ville, put reconnaître, lorsqu'il passa devant cette troupe, que plusieurs soldats étaient déjà chancelants d'ivresse! Il avait bien fallu leur enlever l'usage de la raison, car on les avait mis là pour faire feu si quelque obstacle ou quelque résistance survenait à l'enlèvement du général Changarnier et du colonel Charras, deux hommes particulièrement redoutés des conspirateurs. »

V. Schœlcher. (*Histoire des crimes du 2 Décembre.*)

« Un individu de haute taille, la main droite passée dans l'ouverture de sa redingote boutonnée, n'a pas un seul instant perdu de vue le général Cavaignac : cet individu, sombre, silencieux, toujours à côté du prisonnier, le suit pas à pas jusqu'à la porte, descend avec lui l'escalier, monte dans son fiacre et s'asseoit en face de lui, la main toujours à la même place où elle semble serrer une arme.

« Le général Cavaignac jette un regard calme sur cet homme. « Je devine, lui dit-il, « quelle est votre mission; mais je ne vous « fournirai pas de prétexte pour la remplir. »

« Il ne prononça pas d'autres paroles jusqu'à Mazas. »

Ce récit a été recueilli de la bouche du général Cavaignac par M. Taxile Delord.

« Quoi! dit le général Le Flô en apercevant, au bas de son escalier, le lieutenant-colonel du 42ᵉ de ligne, vous, un vieux soldat, vous consentiriez à vous rendre complice d'une trahison, à porter la main sur vos chefs! — Allez, répliqua l'autre, nous en avons assez des généraux avocats et des avocats généraux. »

« Ce n'était pas tout, dit M. Schœlcher; M. Le Flô devait recevoir le coup de pied de l'âne. Au moment où, captif, entouré de baïonnettes, il montait sur le marchepied de la voiture pour aller on ne savait où encore, entre trois agents de police, il entendit un malheureux, portant les épaulettes de lieutenant, lui adresser directement ce mot : « Canaille! » Quelle démoralisation ne faut-il pas que les corrupteurs de l'Élysée aient introduite dans certains rangs de l'armée, pour que des officiers s'abaissent à un tel langage, surtout envers un général revêtu de son uniforme! ».

(*Histoire des crimes du 2 Décembre.*)

X

A MAZAS

M. Nadaud raconte ceci : Des commis prenaient les noms, prénoms, professions des personnes écrouées. Amené après M. Thiers, il s'aperçut que les écrivains, en interrogeant celui-ci, riaient sous cape et le regardaient d'un air sardonique. Il dit aux insolents : « Un peu de pudeur, messieurs; il s'agit d'une des gloires de la tribune française, d'un homme instruit, d'un de ceux qui ont le plus servi votre cause, à vous autres qui vous appelez les gens de l'ordre. Lâches et vils réactionnaires, vous serez donc toujours des ingrats! » — M. Nadaud, dans son indignation, s'animait; on l'entraîna hors du greffe sans l'inscrire sur le registre d'écrou.

En arrivant au greffe de Mazas, M. Baze

Lecture des proclamations dans la cour de l'Imprimerie nationale.

dit à M. Primorin qui l'avait si brutalement arrêté : « Vous êtes officier public, je vous requiers de joindre au procès-verbal la protestation que je vais écrire. » Et il écrivit :

« Je soussigné, Jean-Didier Baze, représentant du peuple et questeur de l'Assemblée nationale, enlevé violemment de mon domicile au palais de l'Assemblée nationale et conduit dans cette prison par la force armée à laquelle il m'a été impossible de résister, déclare protester, au nom de l'Assemblée nationale et en mon nom, contre l'attentat à la représentation nationale commis sur mes collègues et sur moi.

« Fait à Mazas, le 2 décembre 1851, à 8 heures du matin.

« BAZE. »

CHAPITRE IV

Le 2 Décembre 1851.

La journée du 2 Décembre. — Proclamations et parallèles. — Les bases d'une Constitution. — Louis Bonaparte se dément pour mentir. — Fouché et M. de Maupas. — Suppression des journaux indépendants. — Attitude du peuple et de la bourgeoisie. — Première réunion des députés républicains ; leur première proclamation. — Réunions au palais législatif, chez M. Crémieux et à la mairie du X° arrondissement. — Arrestation de 227 représentants ; leur attitude. — Arrêt de la Haute-Cour ; expulsion des juges. — Protestations. — Louis Bonaparte et sa cavalcade. — Michel de Bourges au boulevard du Temple. — Réunions chez MM. Beslay et Lafon ; le Comité de résistance. — Réunion chez Cournet. — Un rendez-vous patriotique.

Le 18 Brumaire, le général Bonaparte commit, du moins, son crime en plein jour ; il se présenta lui-même dans les deux Assemblées. Laissant à une certaine distance les grenadiers qui le suivaient, il s'exposa aux apostrophes et aux menaces des défenseurs de la Constitution qu'il voulait détruire, et un fer vengeur de la sainteté des lois méprisées aurait pu le frapper, s'il se fût trouvé là un homme capable de mettre en pratique la maxime vieille comme le monde et que Montesquieu a proclamée en ces termes : « Le crime de César qui vivait dans un gouvernement libre n'était-il pas hors d'état d'être puni autrement que par l'assassinat ? Et demander pourquoi on ne l'avait pas poursuivi par force ouverte ou par les lois, n'était-ce pas demander raison de ses crimes[1] ? »

Le 2 Décembre, Louis Bonaparte fait enlever un à un, en pleine nuit et dans leur sommeil, les défenseurs de la Constitution qu'il veut renverser. Pendant que des aventuriers, des policiers et des soldats surveillent ou exécutent l'enlèvement des citoyens dont le peuple eût peut-être écouté la voix, et d'officiers supérieurs dont la probité influente eût pu ramener à l'honneur les régiments qu'on en détournait, lui, le parjure, le traître, cache ses inquiétudes et ses peurs au fond de son palais, protégé par trente-deux mille soldats.

L'homme du 18 Brumaire n'avait du moins, avant son crime, attaché son nom qu'à des exploits glorieux. Sa campagne d'Italie avait été une succession de victoires couronnées par des traités avantageux pour la France ; celle d'Égypte, dont le résultat devait être si désastreux, ne se révélait encore que par le retentissement des batailles gagnées par nos soldats dans ce pays lointain. Tant de succès exclusivement attribués au génie militaire de ce général l'entouraient d'un prestige qui éblouissait le peuple et l'armée. Dédaignant les voluptés au milieu desquelles s'avilissait le chef du Directoire, il avait, depuis près de cinq années, vécu sur les champs de bataille. Et puis, ni le Conseil des anciens ni celui des cinq-cents n'avaient su préserver la fortune publique des dilapidations auxquelles Barras la livrait pour entretenir ses débauches. Tout cela favorisait l'accomplissement de l'attentat et pouvait, aux yeux de certaines gens d'accommodement facile, en atténuer la criminalité.

L'homme du 2 Décembre, au contraire, n'était connu que par ses équipées sca-

---

1. *Grandeur et décadence des Romains.*

breuses et folles avant son élévation au pouvoir et par ses machinations contre la République depuis qu'il en était devenu le gardien. Pendant les deux années qui précédèrent son crime, il ne songea qu'aux plaisirs sensuels, dont il fut toujours l'esclave, et à brigander une dictature qui lui permettrait de s'abandonner à eux plus commodément en lui facilitant les dilapidations et les abus : « Lorsqu'on le croyait occupé des grandes affaires de l'État, il ne songeait en réalité qu'aux refus très-secs de telle actrice en renom, et aux moyens à employer pour prendre avec telle autre une éclatante revanche. Les années 1850 et 1851 ont été celles où les favorites de théâtre ont régné le plus sur le prince-président. Plus tard, les dames du monde allaient avoir leur tour [1]. »

Pour justifier son guet-apens, le Bonaparte du 18 Brumaire accusa l'Assemblée d'avoir trois fois violé la Constitution et *de tramer des complots aux dangers desquels il pouvait seul arracher le pays.* Dans une proclamation aux Français, *il se posait en victime* que d'imaginaires conspirateurs visaient, *et en défenseur de la République* pour le salut de laquelle il avait déchiré la Constitution.

Servile imitateur de cette justification fallacieuse, le Bonaparte du 2 Décembre adresse aux Français une proclamation dans laquelle il accuse l'Assemblée « d'être *devenue un foyer de complots,* d'attenter aux pouvoirs qu'il tient directement du peuple, d'accumuler *sur lui les provocations et les outrages, de ne pas respecter le pacte fondamental* [2]. » Cette proclamation était rédigée avec une habile duplicité. Aux Parisiens dont le républicanisme est aussi ardent que leur aversion pour les royalistes des deux branches bourbonniennes, il présente son acte criminel comme étant exclusivement dirigé contre « *ces hommes qui ont perdu deux monarchies :* ils veulent, ajoute-t-il, me lier les mains afin de renverser la République; mon devoir est de déjouer leurs perfides projets, *de maintenir la République et de sauver le pays en invoquant le jugement solennel du seul souverain que je reconnaisse en France :* LE PEUPLE ».

Afin de donner une apparence de vérité à ces mensonges agréables au peuple dont ils flattaient la haine, Louis Bonaparte les accompagne d'un décret dissolvant l'impopulaire Assemblée, rétablissant le suffrage universel, et convoquant le peuple français dans ses comices à partir du 14 décembre jusqu'au 21 décembre suivant. La frauduleuse proclamation disait : « Je soumets à vos suffrages les bases fondamentales d'une Constitution que les Assemblées développeront plus tard. Ce système créé par le premier consul, au commencement du siècle, a donné à la France le repos et la prospérité; il les lui garantirait encore. »

Dans mon récit de l'*Histoire du Consulat et de l'Empire*, j'ai dit quelle étrange sorte de repos et de prospérité goûta la France avec un pareil système. Quant à cette seconde Assemblée, que la Constitution proposée à la sanction populaire nomme un *pouvoir pondérateur formé de toutes les illustrations du pays,* on sait ce que ce pouvoir fait du pacte fondamental et des libertés publiques dont il est constitué le gardien; on n'a pas oublié la flétrissure que Napoléon Ier imprima sur ces troupeaux de mercenaires tout brodés, rampant dans les fanges où ils trouvent leur pâture, léchant indistinctement les mains qui la leur jettent, donnant toujours l'exemple des ingratitudes et des lâchetés, se hâtant de renier et d'insulter le maître sous les pieds duquel ils mettaient leur tête, dès que l'ad-

---

[1]. *Mémoires secrets du* XIXe *siècle.*
[2]. La Constitution avait, il est vrai, été violée deux fois, — le 8 mai 1849, dans son article 5, par le renversement de la République romaine, — et le 31 mai 1850, dans l'une de ses dispositions fondamentales, par la mutilation du suffrage universel. Mais ces deux violations de la loi furent l'œuvre commune de Louis Bonaparte et de la majorité royaliste de l'Assemblée

versité lui ôte le moyen de les gorger encore de faveurs et d'or.

De même que le Bonaparte du 18 Brumaire irrita l'armée contre les patriotes en les traitant de « factieux et de brigands qu'il fallait mettre à la raison », de même le Bonaparte du 2 Décembre excite par d'hypocrites condoléances les soldats contre la population de Paris. « En 1830 comme en 1848, leur dit-il, on vous a traités en vaincus. » Cet homme faussait tout, morale et vérité, histoire et serment. En 1830 comme en 1848, le peuple ouvrit ses bras à l'armée ; le soldat, l'ouvrier et le bourgeois fraternisèrent. L'homme du 2 Décembre le savait bien ; mais, pour en venir à ses fins, il ne se laisse arrêter par aucune impudence ; il s'inflige des démentis à lui-même ; ainsi fait-il dans sa proclamation à l'armée, proclamation où l'ingratitude va de pair avec l'imposture ; il y présente aux soldats comme outrageantes pour eux la Révolution de Juillet que tous les Bonapartes saluèrent à pleins transports comme la vengeresse de leurs griefs contre les Bourbons, — et la Révolution de Février que son insulteur d'aujourd'hui remerciait, avec effusion et en lui offrant *un serment de reconnaissance*, « de lui avoir fait retrouver la patrie et les droits de citoyen après trente-trois années de proscription et d'exil [1]. »

Mais le voici qui comble la mesure : après avoir suggéré à l'armée de faux sujets de plainte contre les deux révolutions dont sa famille et lui ont retiré tant d'avantages et de contentement, il feint de s'apitoyer sur le sort de ces pauvres soldats et « *il associe leur histoire avec la sienne : il y a*, leur dit-il, *entre nous, dans le passé, communauté de* GLOIRE *et de malheur.* »

Quel était donc son apport dans cette communauté de gloire ? Son équipée de Strasbourg,

pour laquelle il demanda pardon à Louis-Philippe qui le gracia, — son ridicule débarquement, avec le petit chapeau et un aigle apprivoisé, sur la plage de Boulogne où son pistolet, visant un capitaine qui le traitait de conspirateur et de traître brisa la mâchoire d'un soldat, — sa grotesque évasion de Ham, — ses passes histrioniques dans le tournoi d'Eglington, — ses opérations policières contre les ouvriers chartistes de Londres avec un bâton de *constable spécial*, — enfin l'expédition infâme qui, par son ordre, venait de se faire pendant la nuit, avec effraction et violence, contre le Droit, la Justice et la Loi. C'est au partage d'une telle gloire que Louis Bonaparte conviait les soldats !

Je reprends mes comparaisons : Fouché, dont la scélératesse était au service de tous les crimes, fut placé au ministère de la police quelques semaines avant le 18 Brumaire. Après l'exécution de l'attentat, ce malfaiteur trompait les inquiétudes des Parisiens dans une proclamation où il disait que « *la Constitution avait été brisée dans l'intérêt du pays et pour le salut de la République* ».

M. de Maupas, dont Louis Bonaparte avait apprécié les aptitudes, fut mis en possession de la préfecture de police quelques semaines avant le 2 Décembre. Dans une proclamation inoubliable comme l'œuvre qui s'exécutait, ce fonctionnaire donne le change aux habitants de Paris ; il leur dit : « *C'est au nom du peuple, dans son intérêt et pour le maintien de la République* que l'événement s'est accompli. »

On s'était mis en garde contre les journaux qui auraient renversé tout cet échafaudage de mensonges. Dès le matin, la force armée occupait les imprimeries des feuilles républicaines et monarchistes ; deux seulement acquises à Louis Bonaparte furent autorisées à paraître [1].

Aux premières lueurs d'un jour bruineux

---

1. Discours de Louis Bonaparte à l'Assemblée constituante, 26 septembre 1848.

1. Le *Constitutionnel* et la *Patrie*.

Prison Mazas.

et froid, les passants lisaient les proclamations et le décret avec une surprise qui se manifestait diversement. Les ouvriers, — sinon tous, du moins le plus grand nombre, — qui, suivant un mot d'ordre donné aux sergents de ville, n'apprirent d'abord que l'arrestation des généraux auxquels s'attachaient les haines du peuple depuis les événements de Juin 1848, approuvaient le mauvais coup de Louis Bonaparte; ils n'y voyaient que ceci: la dissolution d'une Assemblée impopulaire à l'excès, « l'*empoignement* » de ceux qu'ils regardaient comme des ennemis, la chute d'une majorité qui ne dissimulait pas ses projets de restauration bourbonnienne, le maintien de la République et le rétablissement du suffrage universel. « *C'est bien joué,* » disaient quelques-uns d'entre eux. Que leur importait, après cela, la légalité d'un acte qui leur donnait tant de satisfactions ensemble? Aveuglée par la rancune, leur bonne foi s'était prise au piége tendu à leur crédulité. O la cruelle expiation qui suivra de près ce savourement inopportun de la vengeance, cette indifférence inconsciente pour la légalité qu'on tuait afin de lui substituer la tyrannie!

Revenant de la stupéfaction que leur avaient causée les premières nouvelles de l'attentat, toutes les classes de la bourgeoisie parisienne furent d'accord pour s'en indigner; elles excitèrent une grande agitation dans Paris.

A huit heures du matin, Michel de Bourges, Pierre Lefranc, Versigny, quelques autres représentants et des républicains dévoués se réunissaient chez M. Yvan, l'un des secrétaires de l'Assemblée. On convint de résister au coup d'État par tous les moyens, et on alla rejoindre dans la rue Blanche, chez M. Coppens, Victor Hugo, Charamaule, Bancel,

Rouët, Brives, Joigneaux, Baudin, Guitter, Testelin, etc. Les uns voulaient agir sans délai, les autres temporiser; ceux-ci l'emportèrent. Un appel à quelques légions de la garde nationale fut décidé; Victor Hugo, Charamaule et Forestier firent, pour cela, des démarches qui échouèrent. Revenu chez Coppens, Victor Hugo dicta la proclamation suivante à Baudin : « Louis-Napoléon est un traître! Il a violé la Constitution! Il s'est mis hors la loi! Les représentants républicains rappellent au peuple et à l'armée l'article 68 et l'article 110 ainsi conçus : « L'Assemblée « constituante confie la défense de la présente « Constitution et des droits qu'elle consacre à « la garde et au patriotisme de tous les Fran- « çais. » Le peuple est à jamais en possession du suffrage universel, il n'a besoin d'aucun prince pour le lui rendre, et il châtiera le REBELLE. — Que le peuple fasse son devoir! Les représentants républicains marcheront à sa tête. — Aux armes! Vive la République! »

Victor Hugo, Schœlcher, Charamaule, Testelin, Noël Parfait, Michel, Emmanuel Arago, Versigny, Madier-Montjau, d'Etchégoyen, Rouët, Chauffour, Cassal, Breymand, de Flotte, Brives, Eugène Sue, Baudin, Lamarque, Guitter et quelques autres signèrent cette proclamation.

A l'heure où se tenaient ces conseils dans la rue Blanche, de nombreux représentants siégeaient chez M. Daru. Ils se dirigent vers le palais législatif que les soldats d'Espinasse gardent. Tandis que, sur la place de Bourgogne, ces soldats, croisant la baïonnette, repoussent M. Daru, percent l'habit de M. de Talhouët et blessent à la cuisse M. de Larcy, une porte du palais, mal fermée, livrait passage à quarante représentants. Ils pénètrent dans la salle des séances. M. de Morny en est informé; il envoie aussitôt des ordres à Espinasse qui charge M. Saucerotte, commandant de la gendarmerie mobile, de les faire exécuter. Suivi de ses gendarmes, M. Saucerotte entre dans la salle où les représentants ont repris leurs places de la veille; ils accueillent les gendarmes aux cris de : « Vive la République! vive la Constitution! » S'adressant au commandant Saucerotte, un vieux général s'écrie : « Prenez-y garde! la mission que vous avez acceptée vous compromet et déshonore votre uniforme; retirez-vous! — J'ai un ordre formel de mes chefs, répond le prétorien; je vous somme de sortir. » Et il donne un signal à ses gendarmes qui arrachent les représentants de leurs sièges et les expulsent de l'enceinte des séances. Refoulés vers la salle Casimir Périer, les députés de la nation y rencontrent M. Dupin que deux de leurs collègues étaient allés chercher dans ses appartements. « Mais, messieurs, dit-il aux représentants, vous faites à vous seuls plus de bruit que tous ces braves militaires ensemble. » M. Desmousseaux lui passe une écharpe au cou et l'invite à faire lecture de l'article 68; il s'exécute. Entre ses dents serrées, qui claquent, sa langue balbutie quelques mots sur le respect dû à la Constitution. Ses collègues lui reprochent sa pusillanimité. « Nous avons le droit, c'est évident; mais, ajouta-t-il en montrant les gendarmes, ces messieurs ont la force; filons! » Et il fila.

Les représentants sortirent. Les uns allèrent chez M. Crémieux dont la maison fut immédiatement cernée par des soldats et envahie par des agents de police; tous ceux qui se trouvaient là furent arrêtés [1].

Les autres, ayant appris qu'un grand nombre de leurs collègues se trouvaient réunis à la mairie du X° arrondissement, s'y rendirent. Ils sont là deux cent vingt, constitués en Assemblée, avec le bureau ordinaire, moins M. Dupin; parmi eux on compte à

1. Entre tous les représentants réunis chez M. Crémieux, M. de La Rochejacquelein se distinguait par l'énergie de ses protestations indignées. En pleine rue, dans le faubourg Saint-Germain, il s'écria : « Si le peuple est assez lâche pour accepter cette humiliation, il est digne de la tyrannie. »

peine trente républicains. Sur la proposition de M. Berryer, on décrète, à l'unanimité, la déchéance de Louis-Napoléon Bonaparte, la mise en liberté des représentants qui ont été arrêtés, la réquisition de la 10° légion pour défendre le lieu des séances de l'Assemblée.

Le général Lauriston, représentant du peuple, avait convoqué à la mairie les officiers de la 10° légion dont il était le lieutenant-colonel. Il allait ordonner de battre le rappel, lorsqu'un individu, nommé Albert Courpon, vint signifier, de la part de M. Vieyra, « que tous les gardes nationaux qui descendraient en armes dans la rue seraient fusillés » ; et il fit confisquer les tambours. L'approche des soldats est signalée. « Vous ne vous défendrez que par la révolution, dit M. Pascal Duprat à ses collègues. — Nous nous défendrons par le droit, répond M. Berryer; sauvons-nous légalement; faisons appel à la force organisée. — Oui, oui, crient les royalistes des deux branches, pas de révolution! — Mais, réplique M. Duprat, la force organisée est et marche contre nous. Adressons-nous au peuple qu'il ne faut pas craindre de soulever; vous n'avez pas d'autre moyen de salut. »

Les royalistes, on le verra bientôt, aimaient mieux assurer le triomphe de leur spoliateur que d'être sauvés par le peuple. Leurs propositions se croisent; ils délibèrent au lieu d'agir. Ils investissent du commandement des troupes et de la garde nationale le général Oudinot, qui avait dirigé l'expédition romaine. M. Tamisier consent à lui servir de chef d'état-major.

Un sous-lieutenant du 6° chasseurs de Vincennes, nommé Charles Guédon, arrive avec deux sergents. Le général Oudinot veut leur faire reconnaître son autorité; il parlemente avec eux! Bientôt apparaissent deux commissaires de police, MM. Lemoine-Bacherel et Merlet; ils somment l'Assemblée de se disperser. Un nouvel officier vient et dit : « Je suis militaire, je reçois un ordre, je dois l'exécuter; le voici : « En conséquence des ordres « du ministre de la guerre, faites occuper la « mairie du X° arrondissement et faites arrêter « et conduire à Mazas, s'il est nécessaire, les « représentants qui n'obéiraient pas sur-le-« champ à l'injonction de se retirer. Signé : « *le général en chef*, MAGNAN. » Au nom de Magnan, l'Assemblée éclate en murmures; de toutes parts ces cris s'élèvent : « Tous à Mazas! Oui, oui! Allons à pied! Employez la force! »

Un troisième commissaire de police, des agents et des chasseurs ont envahi la salle. Les membres du bureau et les représentants sont pris par le bras et conduits vers l'escalier que la troupe occupe. Dans la cour où ils descendirent, on vit apparaître le général Forey; il leur infligea l'humiliation d'attendre là qu'il plût à M. Saint-Arnaud d'indiquer la prison où on devait les conduire, car on trouvait celle de Mazas trop éloignée; on craignait que, suivant l'expression d'un historien[1], « Paris ne vît pas sans émotion cette *chaîne* de représentants conduits à la geôle ». Et ils attendirent patiemment! Et à aucun d'eux ne vint une courageuse pensée! Eh quoi! la foule qui, un instant auparavant, avait accueilli par des acclamations une harangue de M. Berryer grossit; la 10° légion est prête à marcher au premier signal; deux de ses chefs de bataillon, MM. Guillot et Balot, étaient venus se mettre à la disposition de l'Assemblée ; « des gardes nationaux qui sont dans cette cour criaient, chaque fois que la porte s'ouvrait pour laisser passer les officiers allant et venant : « Vive la République ! Vive la Con-« stitution[2]; » on sait qu'une grande fermentation règne parmi les jeunes gens des écoles et que plus de douze cents d'entre eux ont tenté de se rapprocher de la mairie : — et pas un de ces représentants qu'on chasse et qu'on humilie, ni le général Oudinot, ni le général Lauriston, ni l'amiral Cécile, ne font appel à tant de dévouements patriotiques! A les en-

---
1. V. Schœlcher.
2. Compte rendu rédigé par les sténographes ordinaires de l'Assemblée.

tendre crier : « Tous à Mazas! » à voir leur piteuse attitude en attendant qu'on les y mène et leur empressement à se ranger entre deux haies de soldats dès que l'ordre du départ est enfin donné, on eût dit, vraiment, qu'ils avaient peur d'un secours d'où pouvait naître un danger pour leur vie, et hâte de trouver un abri derrière les murs d'une prison. Le général Forey, étalant son ignominie à la tête de la colonne, les dirigea vers la caserne du quai d'Orsay.

Quelques membres de la Haute-Cour auraient bien voulu être arrêtés aussi! Grande était leur perplexité. Personnellement ils approuvent, au fond du cœur, *l'acte du prince* dont ils se sont montrés les partisans; — magistrats, ils sont liés par un serment, et ils ont sous les yeux la Constitution qui trace leur devoir; quoi qu'il en soit, ils le remplirent. La Haute-Cour se réunit. Après une courte délibération, visant « les placards imprimés et affichés sur les murs de la capitale, attendu que les faits et l'emploi de la force militaire dont ils sont appuyés réaliseraient le cas prévu par l'article 68 de la Constitution, la Haute-Cour déclare qu'elle se constitue, dit qu'il y a lieu de procéder, nomme pour son procureur général M. Renouard et s'ajourne à demain midi pour la continuation de ses opérations ». Les juges signaient cet arrêt lorsque trois commissaires de police, accompagnés d'officiers de paix et d'un détachement de gardes municipaux commandés par M. de Montour, aide de camp du ministre de la marine, « envahirent la chambre du conseil et sommèrent la Haute-Cour de se séparer, sous peine d'être dissoute par la force et ses membres emprisonnés. La Cour protesta et déclara qu'elle ne cédait qu'à la force. » Les juges se rendirent chez leur président pour constater sur les registres cette violence exercée contre eux « *par ordre de M. de Maupas, préfet de police* ».

Les membres du conseil d'État « ayant trouvé le lieu de leurs séances entouré par la force armée qui leur en a interdit l'accès » protestèrent contre le décret du 2 Décembre et déclarèrent « n'avoir cessé leurs fonctions qu'empêchés par la force ». Les journalistes indépendants essayèrent vainement de publier une protestation qu'ils avaient signée.

Vers midi, des dragons, des carabiniers et des cuirassiers arrivaient de Saint-Germain et de Versailles pour renforcer les troupes, déjà nombreuses, qui entouraient la résidence présidentielle. On décida Louis Bonaparte à se montrer dans quelques rues de Paris. Ayant à sa droite le vieux Jérôme, à sa gauche le comte de Flahaut, il sortit de l'Élysée à cheval. Un nombreux état-major l'entourait. L'attitude dédaigneuse et froide que gardait la foule en le voyant passer abrégea l'exhibition de la brillante cavalcade; il ne s'aventura pas au delà des quais et des rues que les troupes occupaient. Quand il atteignit le pont Royal, des cris de « Vive la République! vive la Constitution! » l'accueillirent, et il reprit le chemin de l'Élysée. Dans l'après-midi, il passa la revue des troupes qui protégeaient son palais où il se confina jusqu'à ce qu'il n'y eût plus une ombre de péril. C'est ainsi que le bravache tint la promesse qu'il avait récemment faite aux officiers en ces termes : « Je ne vous dirai pas : « Marchez, je vous suis; » mais je vous dirai : « *Je marche, suivez-moi!* »

A deux heures et demie, des proclamations démocratiques étaient distribuées et affichées sur le boulevard des Italiens. Des journalistes et des représentants haranguaient les groupes. « Le mouvement allait devenir sérieux quand la brigade du général Korte, débouchant de la Madeleine, balaya la ligne des boulevards, recueillant sur cet immense parcours les huées et les sifflets de la multitude, et répondant par des menaces au défi qui lui était porté de toutes parts ; mais le peuple, désarmé, ne fit aucune résistance sérieuse [1]. »

[1]. *Le Coup d'État du 2 Décembre* 1851, par les auteurs du *Dictionnaire de la Révolution française.*

Matinée du 2 Décembre. — Proclamations.

M. Granier de Cassagnac avoue que, « cette fois, l'armée trouvait devant elle la bourgeoisie des quartiers riches, *la jeunesse dorée*. »

A la même heure, Michel de Bourges, entouré de plusieurs de ses collègues et revêtu de son écharpe, haranguait, de l'une des fenêtres du restaurant Bonvallet, une grande foule. Des nuées de sergents de ville s'abattirent sur la maison; les représentants purent, à travers le jardin, gagner un refuge dans le passage Vendôme. Ils se retrouvèrent, à quatre heures, chez M. Beslay, ancien constituant; la réunion était nombreuse. Un avis que la police arrivait obligea les représentants à chercher un autre gîte. Après de longues recherches, on se retira chez M. Lafon, quai de Jemmapes. Un Comité de résistance fut nommé; il se composait de MM. Victor Hugo, Schœlcher, Madier-Montjau, Jules Favre, Michel, de Flotte et Carnot. Ce Comité devait se réunir dans un lieu qu'il connaîtrait seul et d'où il transmettrait ses résolutions et ses ordres. On apprit que la maison était surveillée et que les soldats de Marulaz, dont la brigade campait non loin de là, pourraient instantanément l'investir.

A travers une nuit obscure, on se dirige vers la rue Popincourt et on la suit à tâtons, cherchant les ateliers de Frédéric Cournet. J'ai dit ailleurs [1] par quel étrange hasard nos amis échappèrent à une mort certaine; je vais abréger ce récit. La boutique d'un épicier était seule ouverte; on s'adresse à lui : « La demeure de M. Cournet ? — C'est la maison vis-à-vis. »

On frappe à la porte indiquée. Au concierge qui a ouvert on adresse la même question qu'à l'épicier, et il répond du fond de sa loge obscure : « M. Cornet ? Au fond de la cour. »

Nos fugitifs ne reconnaissent en aucune façon le lieu qu'on leur avait décrit. Le concierge, que le bruit de tous ces pas étonne, s'est levé et paraît, une lampe à la main. On s'explique et on apprend que la personne chez laquelle on est entré se nomme *Cornet* et non *Cournet*. Ce fut une très-heureuse erreur, car des agents de police avaient suivi de loin nos républicains; puis, ayant vu la porte de cette maison se refermer sur eux, ils s'étaient hâtés d'en aviser leurs chefs; — et, bientôt un bataillon de soldats se dirigeait vers la rue Popincourt et fouillait en tous sens la maison de M. Cornet.

Cependant les républicains, qui ne soupçonnaient pas le péril auquel ils échappaient, avaient trouvé le lieu de leur rendez-vous. Ils emplissent une salle vaste et nue; il y a deux tabourets seulement. Victor Hugo qui va présider la réunion en prend un; l'autre est donné à Baudin qui servira de secrétaire. Victor Hugo dépeignit à grands traits la situation; et, comme la résistance armée était l'unique pensée de tous, il s'écria : « Écoutez, rendez-vous compte de ce que vous faites. D'un côté, 100,000 hommes, 17 batteries attelées, 6,000 bouches à feu dans les forts, des magasins, des arsenaux, des munitions de quoi faire la campagne de Russie ; — de l'autre, 120 représentants, 1,000 ou 1,200 patriotes, 600 fusils, 2 cartouches par homme, pas un tambour pour battre le rappel, pas une cloche pour sonner le tocsin, pas une imprimerie pour imprimer une proclamation; à peine, çà et là, une presse lithographique, une cave où l'on imprimera, en hâte et furtivement, un placard à la brosse; peine de mort contre qui remuera un pavé, peine de mort contre qui s'attroupera, peine de mort contre qui sera trouvé en conciliabule, peine de mort contre qui placardera un appel aux armes. Si vous êtes pris pendant le combat, la mort ; si vous êtes pris après le combat, la déportation ou l'exil. D'un côté, une armée et le crime; — de l'autre, une poignée d'hommes et le droit. Voilà cette lutte : l'acceptez-vous [1] ? »

A cette parole patriotique et puissante, un cri subit, unanime, répondit : « Oui, oui, nous l'acceptons. » Il était plus de minuit quand on décida que, le lendemain matin, à huit heures, les représentants, les journalistes et tous les hommes résolus se réuniraient dans

---

1. *Histoire de la Terreur bonapartiste.*

1. Les paroles de Victor Hugo furent sténographiées par l'un des assistants; c'est ainsi que je pus les donner, dès 1852, dans mon *Histoire de la Terreur bonapartiste*, telles qu'il les prononça.

le faubourg, au sein même du peuple; en se réfugiant dans ses bras, les représentants de sa souveraineté le mettraient en demeure de se défendre lui-même. Sur l'indication de Baudin, on choisit pour lieu de rendez-vous le café Roysin, en face du marché Lenoir.

DOCUMENTS COMPLÉMENTAIRES DU CHAPITRE IV

I

DÉCRET ET PROCLAMATIONS DU PRÉSIDENT DE LA RÉPUBLIQUE

AU NOM DU PEUPLE FRANÇAIS
APPEL AU PEUPLE

« Le président de la République décrète :

« Art. 1er. — L'Assemblée nationale est dissoute.

« Art. 2. — Le suffrage universel est rétabli. La loi du 31 mai est abrogée.

« Art. 3. — Le peuple français est convoqué dans ses comices à partir du 14 décembre jusqu'au 21 décembre suivant.

« Art. 4. — L'état de siége est décrété dans l'étendue de la première division militaire.

« Art. 5. — Le conseil d'État est dissous.

« Art. 6. — Le ministre de l'intérieur est chargé de l'exécution du présent décret.

« Fait au palais de l'Élysée, le 2 décembre 1851.

« LOUIS-NAPOLÉON BONAPARTE.

« *Le ministre de l'intérieur*,

« DE MORNY. »

PROCLAMATIONS
AU PEUPLE

« Français !

« La situation actuelle ne peut durer plus longtemps. Chaque jour qui s'écoule aggrave les dangers du pays. L'Assemblée, qui devait être le plus ferme appui de l'ordre, est devenue un foyer de complots. Le patriotisme de trois cents de ses membres n'a pu arrêter ses fatales tendances. Au lieu de faire des lois dans l'intérêt général, elle forge des armes pour la guerre civile; elle attente au pouvoir que je tiens directement du peuple; elle encourage toutes les mauvaises passions; elle compromet le repos de la France : je l'ai dissoute, et je rends le peuple entier juge entre elle et moi.

« La Constitution, vous le savez, avait été faite dans le but d'affaiblir d'avance le pouvoir que vous alliez me confier. Six millions de suffrages furent une éclatante protestation contre elle, et cependant je l'ai fidèlement observée. Les provocations, les calomnies, les outrages m'ont trouvé impassible. Mais aujourd'hui que le pacte fondamental n'est plus respecté de ceux-là mêmes qui l'invoquent sans cesse, et que les hommes qui ont déjà perdu deux monarchies veulent me lier les mains afin de renverser la République, mon devoir est de déjouer leurs perfides projets, de maintenir la République, et de sauver le pays en invoquant le jugement solennel du seul souverain que je reconnaisse en France, le peuple.

« Je fais donc un appel loyal à la nation tout entière, et je vous dis : Si vous voulez continuer cet état de malaise qui nous dégrade et compromet notre avenir, choisissez un autre à ma place, car je ne veux plus d'un pouvoir qui est impuissant à faire le bien, me rend responsable d'actes que je ne puis empêcher, et m'enchaîne au gouvernail quand je vois le vaisseau courir vers l'abîme.

« Si, au contraire, vous avez encore confiance en moi, donnez-moi les moyens d'accomplir la grande mission que je tiens de vous.

« Cette mission consiste à fermer l'ère des révolutions en satisfaisant les besoins légitimes du peuple, et en le protégeant contre les passions subversives. Elle consiste surtout à créer des institutions qui survivent aux hommes, et qui soient enfin des fondations sur lesquelles on puisse asseoir quelque chose de durable.

« Persuadé que l'instabilité du pouvoir, que la prépondérance d'une seule Assemblée sont des causes permanentes de trouble et de discorde, je soumets à vos suffrages les bases fondamentales suivantes d'une Constitution que les Assemblées développeront plus tard :

« 1° Un chef responsable nommé pour dix ans ;

« 2° Des ministres dépendant du pouvoir exécutif seul ;

« 3° Un Conseil d'État formé des hommes les plus distingués, préparant les lois et en soutenant la discussion devant le Corps législatif ;

« 4° Un Corps législatif discutant et votant les lois, nommé par le suffrage universel, sans scrutin de liste qui fausse l'élection ;

« 5° Une seconde Assemblée formée de toutes les illustrations du pays, pouvoir pondérateur, gardien du pacte fondamental et des libertés publiques.

« Ce système, créé par le premier consul au commencement du siècle, a déjà donné à la France le repos et la prospérité ; il les lui garantirait encore.

« Telle est ma conviction profonde. Si vous la partagez, déclarez-le par vos suffrages ; si, au contraire, vous préférez un gouvernement sans force, monarchique ou républicain, emprunté à je ne sais quel passé ou je ne sais quel avenir chimérique, répondez négativement.

« Ainsi donc, pour la première fois depuis 1804, vous voterez en connaissance de cause, en sachant bien pour qui et pour quoi.

« Si je n'obtiens pas la majorité de vos suffrages, alors je provoquerai la réunion d'une nouvelle Assemblée, et je lui remettrai le mandat que j'ai reçu de vous.

« Mais si vous croyez que la cause dont mon nom est le symbole, c'est-à-dire la France régénérée par la Révolution de 89 et organisée par l'empereur, est toujours la vôtre, proclamez-le en consacrant les pouvoirs que je vous demande.

« Alors la France et l'Europe seront préservées de l'anarchie, les obstacles s'aplaniront, les rivalités auront disparu, car tous respecteront, dans l'arrêt du peuple, le décret de la Providence.

« Fait au palais de l'Élysée, le 2 décembre 1851.

« Louis-Napoléon Bonaparte. »

A L'ARMÉE

« Soldats !

« Soyez fiers de votre mission ! vous sauverez la patrie, car je compte sur vous, non pour violer les lois, mais pour faire respecter la première loi du pays, la souveraineté nationale, dont je suis le légitime représentant.

« Depuis longtemps vous souffriez comme moi des obstacles qui s'opposaient et au bien que je voulais vous faire et aux démonstrations de votre sympathie en ma faveur. Ces obstacles sont brisés. L'Assemblée a essayé d'attenter à l'autorité que je tiens de la nation entière ; elle a cessé d'exister.

« Je fais un loyal appel au peuple et à l'armée, et je lui dis : Ou donnez-moi les moyens d'assurer votre prospérité, ou choisissez un autre à ma place.

« En 1830 comme en 1848, on vous a traités en vaincus. Après avoir flétri votre désintéressement héroïque, on a dédaigné de consulter vos sympathies et vos vœux, et cependant vous êtes l'élite de la nation. Aujourd'hui, en ce moment solennel, je veux que l'armée fasse entendre sa voix.

« Votez donc librement comme citoyens ; mais, comme soldats, n'oubliez pas que l'obéissance passive aux ordres du chef du gouvernement est le devoir rigoureux de l'armée, depuis le général jusqu'au soldat. C'est à moi, responsable de mes actions devant le peuple et devant la postérité, de prendre les mesures qui me semblent indispensables pour le bien public.

« Quant à vous, restez inébranlables dans les règles de la discipline et de l'honneur. Aidez, par votre attitude imposante, le pays à manifester sa volonté dans le calme et la réflexion. Soyez prêts à réprimer toute tentative contre le libre exercice de la souveraineté du peuple

« Soldats, je ne vous parle pas des souvenirs que mon nom rappelle. Ils sont gravés dans vos cœurs. Nous sommes unis par des liens indissolubles. Votre histoire est la mienne ; il y a entre nous, dans le passé, communauté de gloire et de malheurs. Il y aura dans l'avenir communauté de sentiments et de résolutions pour le repos et la grandeur de la France.

« Fait au palais de l'Élysée, le 2 décembre 1851. »
« Louis-Napoléon Bonaparte. »

II

PROCLAMATION DE M. DE MAUPAS

LE PRÉFET DE POLICE
AUX HABITANTS DE PARIS

« Habitants de Paris,

« Le président de la République, par une courageuse initiative, vient de déjouer les machinations des partis et de mettre un terme aux angoisses du pays.

« C'est au nom du peuple, dans son intérêt et *pour le maintien de la République*, que l'événement s'est accompli.

« C'est au jugement du peuple que Louis-Napoléon Bonaparte soumet sa conduite.

« La grandeur de l'acte vous fait assez comprendre avec quel calme imposant et solennel doit se manifester le libre exercice de la souveraineté populaire.

« Aujourd'hui donc, comme hier, que l'ordre soit notre drapeau ; que tous les bons citoyens, animés comme moi de l'amour de la patrie, me prêtent leur concours avec une inébranlable résolution

« Habitants de Paris,

« Ayez confiance dans celui que six millions de suffrages ont élevé à la première magistrature du pays. Lorsqu'il appelle le peuple entier à exprimer sa volonté, des factieux seuls pourraient vouloir y mettre obstacle.

« Toute tentative de désordre sera donc promptement et inflexiblement réprimée.

« Paris, le 2 décembre 1851.
« *Le préfet de police*,
« De Maupas. »

III

PROTESTATION SIGNÉE CHEZ M. ODILON BARROT

« Vu l'article 68 de la Constitution, considérant que, violant ses serments et la Constitution, Louis-Napoléon Bonaparte a dissous l'Assemblée et employé la force publique pour consommer cet attentat ;

« Les membres de l'Assemblée soussignés, après avoir constaté la violence qui est apportée par les ordres du président à la réunion légale de l'Assemblée et l'arrestation de son bureau et de plusieurs de ses membres ;

« Déclarons que l'article 68 de la Constitution trace à chaque citoyen le devoir qu'il a à remplir.

« En conséquence, le président est déclaré déchu de ses fonctions ;

« La Haute-Cour de justice est convoquée.

Défense est faite à tout citoyen d'obéir aux ordres du pouvoir déchu, sous peine de complicité;

« Les Conseils généraux sont convoqués et se réuniront immédiatement; ils nommeront une commission dans leur sein, chargée de pourvoir à l'administration du département et de correspondre avec l'Assemblée dans le lieu qu'elle aura choisi pour se réunir;

« Tout receveur général, ou percepteur, ou détenteur quelconque des deniers publics, qui se dessaisirait des fonds qui sont dans sa caisse sur un autre ordre que celui émané du pouvoir régulier constitué par l'Assemblée, sera responsable sur sa propre fortune, et, au besoin, puni des peines de la complicité.

« Fait et arrêté le 2 décembre 1851.

« *Signé:* Odilon Barrot, Chambolle, de Tocqueville, G. de Beaumont, Dufaure, Étienne, Mispoulet, Oscar Lafayette, Lanjuinais, Hippolyte Passy, Piscatory, de Broglie, Duvergier de Hauranne, de Corcelles, d'Hespel, de Luppé, Desèze, Guillier de La Tousche, Vaudoré, Chaper, Sainte-Beuve, Bocher, Laboulie, Vitet, de Montigny, de Montébello, Thuriot de La Rosière, Mathieu de La Redorte, Victor Lefranc, Benjamin Delessert, etc., etc. »

IV

ARRÊT DE LA HAUTE-COUR

« La Haute-Cour de justice;

« Vu l'article 66 de la Constitution;

« Attendu que des placards imprimés, commençant par ces mots: *Le président de la République...* et portant, à la fin, la signature *Louis-Napoléon Bonaparte* et *de Morny*, ministre de l'intérieur, lesdits placards portant, entre autres mesures, dissolution de l'Assemblée nationale, ont été affichés, aujourd'hui même, sur les murs de Paris; que ce fait de la dissolution de l'Assemblée nationale par le président de la République serait de nature à réaliser le cas prévu par l'article 68 de la Constitution et rend indispensable, aux termes dudit article, la réunion de la Haute-Cour;

« Déclare que la Haute-Cour de justice est constituée, nomme M. Renouard, conseiller à la Cour de cassation, pour remplir près d'elle les fonctions de ministère public; pour remplir les fonctions de greffier, M. Bernard, greffier en chef de la Cour de cassation; et, pour procéder ultérieurement dans les termes dudit article 68 de la Constitution, s'ajourne à demain 3 décembre, heure de midi.

« Fait et délibéré en la chambre du conseil où siégeaient MM. Hardouin, président; Pataille, Moreau, Delapalme et Cauchy, juges, le 2 décembre 1851. »

V

A LA CASERNE DU QUAI D'ORSAY

« A la tête des représentants marchait leur vice-président Vitet, tenu au collet par un agent.

« On arriva à la caserne, autrefois caserne des gardes du corps, et sur le fronton de laquelle on voit un écusson sculpté où se distingue encore la trace des trois fleurs de lis effacées en 1830. On fit halte. La porte s'ouvrit. « Tiens, dit M. de Broglie, c'est ici. »

(Victor Hugo, *Histoire d'un crime.*)

Dans la cour de la caserne, on procéda à l'appel nominal, qui fut fait par MM. Grimault et Antony Thouret. Cet appel constata la présence des deux cent vingt membres dont les noms suivent:

MM. Albert de Luynes, d'Andigné de La Chasse, Antony Thouret, Arène, Audren de Kerdrel (Ille-et-Vilaine), Audren de Kerdrel (Morbihan), de Balzac, Barchou de Penhoen, Barrillon, Odilon Barrot, Barthélemy-Saint-Hilaire, Bauchard, Gustave de Beaumont, Béchard, Béhaguel, de Belvèze, Benoist d'Azy, de Bernardy, Berryer, de Berset, Besse, Beting de Lancastel, Blavoyer, Bocher, Boissié, de Botmiliau, Bouvatier, de Broglie, de La Broise, de Bryas, Buffet, Caillet du Tertre, Callet, Camus de La Guibourgère, Canet, de Castillon, de Cazalès, amiral Cécile, Chambolle, Chamiot, Chanpanhet, Chaper, Chapot, de Charancey, Chassaigne, Chauvin, Chazant, de Chazelles, Chégaray, de Coislin, Colfavru, Colas de La Motte, Coquerel, de Corcelles, Cordier, Corne, Creton, Daguilhon-Pujol, Dahirel, Dambray, de Dampierre, de Brotonne, de Fontaine, de Fontenay, Desèze, Desmars, de La Devansaye, Didier, Dieuleveult, Druet-Desvaux, Abraham Dubois, Dufaure, Dufougerais, Dufour, Dufournel, Marc Dufraisse, Pascal Duprat, Duvergier de Hauranne, Étienne, de Falloux, de Faultrier, Faure (Rhône), Favreau, Ferré des Ferris, de Flavigny, de Foblant, Frichon, Gain, Gasselin, Germonière, de Gicquiau, de Goulard, de Goyon, de Grandville, de Grasset, Grelier-Dufougeroux, Grévy, Grillon, Grimault, Gros, Guillier de La Tousche, Harscouet de Saint-George, d'Havrincourt, Hennecart, Hennequin, d'Hespel, Houel, Hovyn-Tranchère, Huot, Joret, Jouannet, de Kéranfleck, de Kératry, de Kéridec, de Kermasco, de Kersauron-Penendreff, Léo de Laborde, Laboulie, Lacave, Oscar Lafayette, Lafosse, Lagarde, Lagrenée, Lainé, Lanjuinais, Larabit, de Larcy, J. de Lasteyrie, Latrade, Laureau, Laurenceau, général Lauriston, de Laussat, Lefebvre de Grosriez, Legrand, Legros-Desvaux, Lemaire, Émile Leroux, Lespérut, de Lespinois, Lherbette, de Linsaval, de Luppé, Maréchal, Martin de Villers, Maze-Saunay, Mèze, Armand de Melun, Anatole de Melun, Moulin, Murat-Sistrière, Mérentié, Michaut, Mispoulet, Monet, de Montébello, de Montigny, Alfred Nettement, d'Olivier, général Oudinot (duc de Reggio), Paillet, Duparc, Passy, Émile Péan, Pécoul, Casimir Périer, Pidoux, Pigeon, de Piogé, Piscatory, Proa, Prudhomme, Querhoent, Randoing, Raudot, Raulin, de Ravinel, de Rémusat, Renauld, Rézal, de Rességuier, Henri de Riancey, Rigal de La Rochette, Rodat, de Roquefeuil, des Rotours, de Chaulieu, Rouget-Lafosse, Rouillé, Roux-Carbonel, Sainte-Beuve, de Saint-Germain, général de Saint-Priest, Salmon (Meuse), Sauvaire-Barthélemy, de Serré, de Sesmaisons, Simonot, de Staplande, de Surville, de Talhouët, Talon, Tamisier, Thuriot de La Rosière, de Tinguy, de Tocqueville, de La Tourette, de Tréveneuc, Mortimer-Ternaux, de Vatisménil, de Vandœuvre, Vernhette (Hérault), Vernhette (Aveyron), Vésin, Vitet, de Vogué.

« Des cavaliers les apostrophèrent en disant : « Vous voilà donc, canailles qui vou« liez nous supprimer le sou de poche, vous « êtes coffrés, tant mieux ! — Comment ! que « voulez-vous dire ? — Oui, oui, faites les in« nocents ; nous vous connaissons. M. La« mennais a fait une proposition pour sup« primer le sou de poche aux soldats. »

« Tels sont les nobles moyens que les honnêtes gens élyséens employaient pour perdre les représentants auprès des soldats auxquels, d'un autre côté, ils interdisaient soigneusement la lecture des journaux. . . . . .

« Vers huit heures et demie du soir, sept voitures *cellulaires* entrèrent dans la cour pour enlever quelques-uns des représentants. M. de Montébello se contenta de dire au moment du départ, que dirigeait le geôlier en chef, M. le colonel Féray : « Messieurs, c'est « aujourd'hui le jour anniversaire de la ba« taille d'Austerlitz, et voilà le gendre du maré« chal Bugeaud qui fait monter le fils du maré« chal Lannes dans une voiture de galérien... »

« Au moment du départ, le chef d'escadron qui commandait l'escorte de lanciers dit à ses hommes : « Je vous recommande ce tas « de brigands-là. »

« Les représentants, ainsi traités en galériens, furent conduits au fort du Mont-Valérien. Ils furent placés tous ensemble dans une grande salle de casernement ; ils étaient cinquante-deux.

« — Ne vous inquiétez pas, avait répondu aux observations du commandant de place un officier d'état-major qui les avait accompagnés, ne vous inquiétez pas ; mettez-les où vous voudrez ; ce sera toujours assez bon pour eux. »

(V. Schœlcher, *Histoire des crimes du 2 Décembre*.)

« Dans la cour de la caserne, M. Dufaure demanda au général Forey :

« — Général, pourrais-je envoyer chercher des nouvelles de ma femme ?

« — Allez-y vous-même, répondit le général ; seulement, promettez de revenir.

« — Je vais vous faire une promesse écrite.

« — Je m'en rapporte à vous.

« — Il faut que cela soit écrit, pour l'authenticité historique. »

« M. Dufaure ne revint que le lendemain à quatre heures du matin. Le lancier de faction lui dit que les autres représentants étaient partis.

« — Et je n'y étais pas ! reprit M. Dufaure. Que pensera le pays ?

« — Il pensera que, pour ne pas rester dans la rue à quatre heures du matin, dit le soldat qui lui barrait le passage, vous êtes retourné à votre domicile. »

(Bélouino, *Histoire d'un coup d'État*.)

VI

UNE LETTRE DE M. DE TOCQUEVILLE

La lettre suivante repousse les accusations de complot portées contre l'Assemblée nationale par Louis Bonaparte dans sa proclamation du 2 décembre. Cette lettre fut insérée dans le *Times*, le 11 décembre 1851, sons ce titre : *A Narrative, by a member of the national Assembly*.

« Les amis de M. Louis-Napoléon, pour excuser l'acte qu'il vient de commettre, répètent qu'il n'a fait que prendre les devants sur les mesures hostiles que l'Assemblée allait adopter contre lui. Cette manière de se défendre n'est point nouvelle en France. Tous nos révolutionnaires en ont usé pendant ces soixante dernières années. Aujourd'hui l'accusation intentée à l'Assemblée ne peut avoir cours que parmi des étrangers peu au courant de nos affaires.

« L'histoire a sans doute plus d'un reproche à faire à l'Assemblée qui vient d'être violemment dissoute ; les partis qui la composaient n'ayant pu s'entendre, elle est devenue incapable de défendre la liberté des autres et sa propre existence. Mais l'histoire ne ratifiera certainement pas l'accusation portée par M. Louis Bonaparte : le *Moniteur* l'atteste d'avance.

« L'Assemblée, au mois d'août dernier, a voté, à une immense majorité, pour la révision de la Constitution. Pourquoi désirait-elle cette révision ? Uniquement pour légaliser la réélection du président. Est-ce là conspirer contre Louis-Napoléon ?

« L'Assemblée a voté, le 31 mai, la loi électorale, loi impopulaire dont Louis-Napoléon, pour capter la faveur du peuple, demanda le retrait dans un Message injurieux pour l'Assemblée, après l'avoir lui-même proposée. Une majorité, mais de trois voix seulement, repousse la nouvelle loi présentée ; immédiatement, pour se conformer à la politique du président, l'Assemblée insère dans une loi rédigée par elle les réformes demandées par lui. Est-ce là conspirer contre Louis-Napoléon ?

« La proposition des questeurs dans le but de mettre le Parlement en état de défense ne peut être taxée de tendance inconstitutionnelle ; elle se bornait à règlementer le

Matinée du 2 Décembre. — Les représentants devant le palais législatif.

droit de réquisition directe qui appartient à toutes les Assemblées. Cependant, pour éviter tout conflit avec le pouvoir exécutif, le pouvoir législatif n'a pas cru devoir insister sur ce droit incontestable. Est-ce là conspirer contre Louis-Napoléon ?

« Enfin le Conseil d'État était depuis longtemps saisi d'une loi sur la responsabilité du président et des agents du pouvoir exécutif. Cette proposition n'émanait pas de l'Assemblée ; le comité, pour montrer ses sentiments de conciliation, modifie le projet de façon à lui enlever tout ce qui peut déplaire au pouvoir exécutif. Est-ce là conspirer contre Louis-Napoléon ?

« Que dans une Assemblée de 700 membres il ait pu y avoir un certain nombre de conspirateurs, il serait absurde de le nier ; mais la vérité, prouvée par les actes, est que l'Assemblée, loin de conspirer contre Louis Bonaparte et de lui chercher querelle, a poussé la modération et le désir de vivre avec lui en bonne intelligence jusqu'à un degré voisin de la pusillanimité. »

CHAPITRE V

Le 3 Décembre 1851.

La journée du 3 Décembre. — Les transes de M. de Maupas. — Des prisonniers repoussant leurs libérateurs. — Des représentants républicains au faubourg Saint-Antoine. — Désarmement de deux postes. — La barricade. — Conduite héroïque de huit représentants du peuple. — Mort de Baudin et d'un jeune ouvrier. — Ce qui suivit la tentative insurrectionnelle. — Le ministère du coup d'État et la Commission consultative. — Protestations. — M. de Morny aiguillonne ses complices; son système d' « *envahissement par la terreur* ». — Encore la Haute-Cour. — L'agitation grandit. — Arrêté de MM. de Morny et de Maupas. — Monstrueuse proclamation de Saint-Arnaud. — Autres dépêches de M. de Maupas. — Réunions chez MM. Landrin et Marie. — Meurtres préparés et exécutés par le colonel de Rochefort. — Exécutions sommaires dans la rue Beaubourg. — Conseil militaire; combinaison d'un massacre. — Proclamation de Victor Hugo à l'armée. — Transfèrement à Ham de huit prisonniers.

La peur s'était établie dans l'esprit et peut-être dans la conscience de M. de Maupas; elle ne s'évanouit qu'après le succès du crime ; aussi longtemps que le succès fut incertain, elle grossissait tout aux yeux du préfet de police, dont les premières transes se révélèrent dans cette dépêche qu'il adressa au général Magnan :

« 2 décembre au soir.

« Les sections socialistes sont convoquées pour dix heures; à dix heures quarante-cinq minutes, chacun sera à son poste.

« Les munitions sont des bombes portatives à la main. Le 44° serait avec eux; trois cents hommes le suivent en criant : *Vive la République sociale et pas de prétendant !*

« Ils ont l'intention de faire sonner le tocsin : dans plusieurs églises, on fait couper les cordes.

« La nuit sera très-grave et décisive. On a le projet de se porter sur la préfecture de police. Tenez du canon à ma disposition; je vous le demanderai quand il le faudra.

« *P.-S.* — On veut sonner le tocsin; j'ai donné l'ordre de faire occuper les clochers. »

Tout cela n'était qu'imagination pure.

La nuit se passa calmement. Vers six heures du matin, au faubourg Saint-Antoine, des ouvriers se groupaient. Frédéric Cournet secouait leur indifférence en les éclairant sur la portée du coup d'État, lorsqu'on vit des omnibus s'avancer; des lanciers les escortaient. Quelques voix s'écrient : « Ce sont des représentants du peuple. — Délivrons-les ! » ajoutent Cournet et Malardier en s'élançant vers le premier omnibus dont les chevaux saisis par la bride s'arrêtent; des ouvriers accourent pour prêter main-forte ; une portière s'ouvre. Mais, les prisonniers ont peur de la liberté qu'on leur offre : ils supplient leurs libérateurs de les laisser tranquillement aller où on les conduit. Les brides qu'on retenait sont lâchées, les chevaux reprennent leur trot lourd, et les ouvriers stupéfaits s'éloignent en disant à Cournet, avec une indignation qui se mêlait au dégoût : « Vous voyez bien qu'il n'y a rien à faire avec ces gens-là. » Ces représentants étaient de ceux qu'on avait casernés, la veille, au quai d'Orsay et qu'on menait à Vincennes. On avait disséminé les autres dans le fort du Mont-Valérien et dans les cellules de Mazas.

Les représentants républicains qui se rendirent les premiers au café Roysin trouvèrent la population du faubourg écœurée par les lâchetés qui venaient de se donner en spectacle à elle. Aux patriotiques exhortations, les ouvriers répondaient : « Nous ne voulons pas nous battre pour ces lâches qui viennent de préférer la prison à la délivrance ; ne nous rend-on pas le suffrage universel qu'ils nous avaient ravi ? Et puis, avec quoi nous battrions-nous ? Nous n'avons pas un seul fusil ; on nous a désarmés en Juin 1848. Le faubourg ne marchera pas. »

Il y avait eu un malentendu sur le moment fixé pour la prise d'armes ; aussi, à neuf heures, ne se trouva-t-il au rendez-vous que douze ou quinze républicains et une vingtaine de journalistes et d'ouvriers prêts à tenir leur engagement. Ils sortirent du café Roysin. A leur appel, une centaine d'hommes répondirent ; bientôt une barricade informe s'élevait dans la rue du faubourg, aux angles des rues Cotte et Sainte-Marguerite. On se procura quelques fusils en désarmant trois fantassins qui passaient et les postes de la rue de Reuilly et du marché Lenoir.

Après le désarmement de ces deux postes, Madier-Montjau, Jules Bastide et un brave ouvrier, Charles Broquet, s'étaient dirigés, par Ménilmontant, vers Belleville ; on voulait qu'un mouvement stratégique et simultané reliât cette commune au faubourg Saint-Antoine.

Il était près de neuf heures et demie quand les défenseurs de la barricade virent s'avancer un détachement d'infanterie. En dehors des représentants, on comptait à peine vingt-cinq combattants, n'ayant pour s'abriter que deux voitures, une charrette et un omnibus renversés, et, pour se défendre, que vingt-deux fusils. Apercevant des ouvriers qui se retirent, Baudin en appelle, une dernière fois, à leur patriotisme : « Pas si bêtes, dit l'un d'eux, de nous faire tuer pour vous conserver vos vingt-cinq francs. — Mon ami, répond Baudin, dans un instant, si vous êtes encore là, vous verrez comment on meurt pour vingt-cinq francs. »

Huit représentants, MM. Baudin, Schœlcher, Malardier, Bruckner, de Flotte, Brillier, Magne et Dulac, étaient montés sur la barricade, derrière laquelle n'était restée qu'une poignée de républicains : Frédéric Cournet, Ruin, Amable, Lemaître et Maillard étaient du nombre. Les autres constructeurs de la barricade s'étaient éloignés, « jugeant, dit M. Schœlcher avec sa bienveillance qui égale son courage, toute résistance impossible dans l'état où l'on se trouvait. »

Les trois compagnies dont se composait le détachement avançaient lentement : « Amis, dit M. Schœlcher aux vaillants qui se tenaient, l'arme au bras, derrière les voitures, nous, représentants, nous allons à la troupe ; si elle tire, la première décharge sera pour nous ; si elle nous tue, vengez-nous ; mais, jusque-là, pas un coup de fusil ! » Aussitôt il fait signe aux soldats de s'arrêter ; le capitaine Petit, qui les commande, s'y refuse. Sept représentants descendent. Baudin était resté debout sur l'une des voitures. Dominée par l'attitude majestueuse des sept législateurs revêtus de leurs insignes parlementaires, marchant vers elle, sans armes et rangés sur une même ligne, la troupe s'arrête dans un saisissement de respect. Schœlcher s'adressant aux soldats : « Nous sommes représentants ; on vous trompe ; c'est la Constitution que vous attaquez ; sauvez-la ; nous réclamons votre concours pour faire respecter la loi. Venez avec nous, ce sera votre gloire. — Taisez-vous ! s'écria le capitaine ; je ne veux pas vous entendre. J'obéis à mes chefs ; j'ai des ordres à exécuter ; retirez-vous, ou je fais tirer. » Les voix des sept représentants s'unirent pour répondre : « Vous pouvez nous tuer, mais nous ne reculerons pas. »

Sur l'ordre de leur capitaine, les soldats apprêtent les armes et marchent en avant ; ils passent entre les représentants et détournent d'eux les baïonnettes ; une seule déchire involontairement les vêtements de M. Schœlcher. Le croyant blessé, un des défenseurs de la barricade fait feu : un soldat est tué. La troupe riposte. Baudin reçoit à la tête trois balles qui le foudroient. En même temps que lui tomba un jeune ouvrier frappé à mort; on ne put malheureusement pas savoir son nom qui eût partagé l'impérissable gloire attachée à celui de Baudin.

Après avoir répondu par une décharge générale à celle de la troupe, les quinze ou vingt républicains s'éloignèrent de la barricade, qui ne pouvait être défendue; ils avaient atteint leur but, qui n'était pas seulement d'engager une lutte partielle, mais de prendre une initiative et de donner au peuple l'exemple d'une résistance ouverte contre un attentat monstrueux.

Les sept représentants que leur collègue Sartin avait pu rejoindre parcoururent la rue de Charonne en exhortant les ouvriers à la défense de la République et des lois. « Il fallut bien, a dit M. Schœlcher, nous avouer que le peuple ne voulait pas remuer; son parti était pris. »

A Belleville, Madier-Montjau avait rédigé la proclamation suivante :

« Aux armes!

« La République, attaquée par l'homme qui lui avait juré fidélité, doit se défendre et châtier le traître. A la voix de ses représentants, le faubourg Saint-Antoine s'est levé et combat; les départements n'attendent qu'un signal, — il est donné. Aux armes! Debout, tous ceux qui veulent vivre ou mourir libres!

« *Pour le comité de résistance de la Montagne,*

« *Le représentant du peuple délégué,*
« Madier-Montjau aîné. »

MM. Bastide et Gindriez firent plusieurs copies de cette proclamation; elles furent affichées à Belleville et dans le haut du faubourg du Temple; là, comme au faubourg Saint-Antoine, les ouvriers battaient froid à ceux qui les excitaient au combat. Après une heure de vaine attente, Madier et ses amis revinrent au faubourg; ils le trouvèrent envahi par de nombreux bataillons. Des soldats étaient lancés à la piste des citoyens qui venaient d'abandonner la barricade. Quand Victor Hugo arriva, elle fumait encore. Du cabriolet où il était monté, il adressait de vives paroles aux soldats qui remplissaient la chaussée. Des argousins se dirigeaient, au pas de course, vers le cabriolet : les chevaux, fouettés par le conducteur, l'emportèrent rapidement.

Cependant Louis Bonaparte constituait ainsi son ministère du coup d'État : Fould, ministre des finances; Turgot, des affaires étrangères; Rouher, de la justice; Ducos, de la marine et des colonies; Fortoul, de l'instruction publique; Magne, des travaux publics; Lefèvre-Duruflé, de l'agriculture et du commerce. On sait que MM. Saint-Arnaud et Morny étaient en possession des ministères de la guerre et de l'intérieur. Louis Bonaparte n'avait dans son entourage et ne pouvait avoir dans ses conseils que des aventuriers trop connus et d'obscurs ambitieux pactisant avec son crime dans l'espoir d'y trouver les moyens d'acquérir une fortune et une notoriété dont ils étaient avides et qui, alors, leur défaillaient. La composition de ce cabinet, dont quelques membres parvinrent plus tard à une triste célébrité, n'était pas de nature à gagner la confiance publique; la bourgeoisie n'était un peu rassurée que par la présence de M. Fould dans ce groupe d'inconnus ayant à leur tête MM. de Morny et Saint-Arnaud; ce banquier, disait-on, a été poussé là par son désir de sauvegarder les grosses sommes qu'il avait imprudemment prêtées à Louis Bonaparte, et la surveillance de ses propres intérêts s'étendra sur ceux de l'État.

C'est naturellement dans les mêmes catégories que furent recrutés les membres d'une commission dite consultative; *le Moniteur* du 3 décembre en publia la liste, ainsi qualifiée par le docteur Véron : « Liste des candidats au pouvoir, aux places, aux honneurs. » Quelques personnes s'indignèrent d'avoir été mises en aussi mauvaise compagnie. M. Joseph Périer, dans une lettre adressée au *Journal officiel*, protesta contre l'abus qu'on avait fait de son nom, et, comme *le Moniteur* se refusait à publier cette protestation, l'honorable régent de la Banque arracha, lui-même, la liste qui était affichée. M. Léon Faucher, dont le nom figurait aussi sur cette liste, écrivit à Louis Bonaparte : « Je ne pensais pas vous avoir donné le droit de me faire une pareille injure. »

Cette légion, formée de faméliques et d'ambitieux dont l'homme du 2 Décembre avait le tarif, flottait, dans une perplexité grotesque, entre la cupidité et la peur : « Quelques-uns, après avoir sollicité, la veille, l'honneur d'être inscrits sur cette liste, écrivaient, le lendemain, au ministre pour que leur nom fût rayé, — puis demandaient qu'il y fût rétabli suivant les nouvelles et les agitations de la journée [1]. » Le ministère de l'intérieur était la scène des écœurantes fluctuations de toutes ces âmes vénales. « M. de Morny et quelques amis résolus qui l'entouraient rassuraient ces trembleurs qui se tenaient volontiers dans le voisinage des portes de sortie [2]. »

C'est M. de Morny qui fit triompher le crime ; il tenait les bras en action ; il ne cessait d'éperonner ses complices ; il leur indiquait les mesures à prendre et les cruautés à commettre ; il écrivait à Magnan : « La police pour épier les projets, la troupe pour agir violemment... Laissez les insurgés s'engager tout à fait et des barricades sérieuses se former pour *écraser l'ennemi et le détruire*. Il n'y a qu'avec une abstention entière, en cernant un quartier et le prenant par la famine ou en L'ENVAHISSANT PAR LA TERREUR, *qu'on fera la guerre de ville.* »

---

1. Docteur Véron, *Mémoires d'un bourgeois de Paris.*
2. *Idem.*

A midi, la Haute-Cour s'était réunie au Palais de Justice ; les registres disent : « M. Renouard, auquel avait été notifié l'arrêt de la veille, fut introduit et déclara qu'il acceptait les fonctions de procureur général. La Cour lui donna acte de sa déclaration, et, attendu que les obstacles matériels à l'exécution de son mandat continuaient, elle s'ajourna [1]. » L'arrêt qu'elle avait rendu la veille et les proclamations de la gauche républicaine circulaient dans beaucoup de quartiers ; sur les boulevards, on les lisait tout haut ; la nouvelle de la mort de Baudin multipliait les rassemblements ; l'agitation grandissait ; les excitations à la résistance étaient mieux accueillies ; on escarmouchait dans les rues Aumaire, Beaubourg, Saint-Denis, Transnonain, Saint-Martin et Rambuteau.

Devant le passage Jouffroy, sur le tronc d'un arbre et dans plusieurs rues du quartier du Temple, on lisait cette proclamation :

AU PEUPLE

« Art. 3. — La Constitution est confiée à la garde et au patriotisme de tous les Français.

« Louis-Napoléon est mis hors la loi.

« Le suffrage universel est rétabli.

« Vive la République !

« Aux armes !

« *Pour la Montagne réunie,*
« *Le délégué,*
« Victor Hugo. »

Une autre proclamation, imprimée sur de petits carrés de papier, fut répandue profusément ; elle était ainsi conçue :

« Habitants de Paris,

« Les gardes *nationales* et le peuple des départements marchent sur Paris pour vous ai-

---

1. J'ai adopté, au sujet des trois réunions de la Haute-Cour, la version de M. Eugène Ténot, qui semble être la vraie, car elle n'est que la reproduction du *Procès-verbal des opérations de la Haute-Cour.*

der à saisir le TRAITRE Louis-Napoléon Bonaparte.

« *Pour les représentants du peuple,*
« VICTOR HUGO, *président.*
« SCHŒLCHER, *secrétaire*[1]. »

Vers trois heures, on affichait cet arrêté, portant les signatures de MM. de Morny et de Maupas : « Tout rassemblement est rigoureusement interdit ; il *sera entièrement dissipé par la force.* Tout cri séditieux, toute lecture en public, tout affichage d'écrits politiques n'émanant pas d'une autorité régulièrement constituée sont également interdits. »

On placardait en même temps la proclamation suivante : « Habitants de Paris, les ennemis de l'ordre et de la société ont engagé la lutte. Ce n'est pas contre le gouvernement, contre l'élu de la nation qu'ils combattent, mais ils veulent le pillage et la destruction. Que les bons citoyens s'unissent au nom de la société et des familles menacées ! Restez calmes ! Pas de curieux inutiles dans les rues ; ils gênent les mouvements des braves soldats qui vous protègent de leurs baïonnettes. Pour moi, vous me trouverez toujours inébranlable dans la volonté de vous défendre et de maintenir l'ordre — Le ministre de la guerre, *vu la loi sur l'état de siége, arrête : Tout individu pris construisant ou défendant une barricade, ou les armes à la main,* SERA FUSILLÉ. »

« *Le général ministre de la guerre,*
« DE SAINT-ARNAUD. »

L'audace du surveillant de Blaye, la férocité du tigre de la caverne de Shélas respirent dans cette proclamation sauvage. Saint-Arnaud impute d'abord aux défenseurs de la loi qu'il viole le crime qu'il commet lui-même, « en aidant à faire de la France une dépouille[1] » ; car on lui a promis une grosse part « dans la répartition du butin », et comme il a « de grands besoins », sa large coopération à l'attentat lui donnera « le droit d'extorquer beaucoup à son complice principal, de retourner souvent, fort souvent, à la charge, de demander et de toujours demander davantage[2] ». Après avoir calomnié les hommes de cœur opposés à ses mauvais desseins, il décrète contre eux des barbaries inconnues aux peuples civilisés. Si quelquefois, dans les guerres civiles, une exaspération engendrée par l'acharnement de la lutte pousse des soldats vainqueurs à fusiller des citoyens désarmés après le combat, jamais encore il n'était venu, que je sache, à l'esprit d'un chef supérieur de l'armée française de décréter, avant la bataille, la mort et l'exécution immédiate de *tout individu pris en construisant ou en défendant une barricade, ou les armes à la main.* Ce soudard devenu ministre de la guerre comprend la monstruosité d'un pareil décret, et, par la plus grossière des impostures, il attribue à la loi sur l'état de siège les abominables prescriptions qu'il a conçues ; « il est à peine besoin de dire, répéterai-je avec un historien[3], que cette loi ne contenait et n'a jamais contenu aucune prescription de cette espèce » :

Cependant la *folle du logis* s'est remise à faire des siennes dans le cerveau de M. de Maupas et dans celui du *délégué du gouvernement à la préfecture de police ;* les deux dépêches suivantes en font foi :

LE PRÉFET DE POLICE AU MINISTRE DE L'INTÉRIEUR

« Voici le mot d'ordre que les délégués envoient à l'instant même à toutes les sec-

---

1. Ces deux proclamations avaient été rédigées par deux citoyens qui adressèrent à Victor Hugo la lettre suivante : « Nous savons que vous avez fait un appel aux armes. Nous n'avons pu nous le procurer. Nous y suppléons par ces affiches que nous signons de votre nom. Vous ne nous désavouerez pas. Quand la France est en danger, votre nom appartient à tous, votre nom est une force publique.
« DARAT, FÉLIX BONNY. »

1. William Kinglake.
2. *Idem.*
3. Eugène Ténot.

tions : « Tout le monde au faubourg Saint-
« Antoine et à celui du Temple pour ce soir !
« Ledru-Rollin, Caussidière, Mazzini seront à
« Paris demain matin, à six heures au plus
« tard. Ne nous faisons pas d'illusions : C'est
« la grande lutte de 1852 que nous avons à
« combattre en décembre 1851. » On m'assure
que le prince de Joinville débarque à Cherbourg, que ses frères chercheront à pénétrer
par d'autres points. Cherbourg est donc essentiel à surveiller. Je vais, pour ma part,
veiller aux abords de Paris.

« Madier de Montjau est tué, Schœlcher
gravement blessé. Nous trouverons chez nos
ennemis, quand ils seront remis de leur premier échec, la résolution du désespoir.

« Des barricades à l'École-de-Médecine. *Le
Moniteur* demande instamment de l'ouvrage.

« Les représentants de la rue des Pyrami-
des cherchent à renouveler aujourd'hui leur
séance d'hier. Je ne les crois pas hostiles;
néanmoins je désirerais avoir votre avis sur
le parti à prendre.

« *Le préfet de police,*
« De Maupas. »

« *P.-S.* — La vérité sur la situation : le
sentiment des masses est l'élément le plus
sûr de sages et bonnes résolutions ; c'est en
même temps pour le préfet de police le devoir le plus impérieux. Je dois donc dire que
*je ne crois pas que les sympathies populaires
soient avec nous. Nous ne trouvons d'enthousiasme nulle part;* ceux qui nous approuvent
sont tièdes ; ceux qui nous combattent sont
d'un acharnement inexprimable. Le bon côté
de la médaille dont je viens de vous donner
le revers, c'est que, sur tous les points, chefs
et soldats, la troupe paraît décidée à agir avec
intrépidité ; elle l'a prouvé ce matin. C'est là
qu'est notre force et notre salut. Pour ma
part, quelque pessimiste que je puisse être,
je crois fermement au succès… »

LE PRÉFET DE POLICE AU MINISTRE
DE L'INTÉRIEUR

« Paris, le 3 décembre 1851, à 4 h. 1/2.

« On commence des barricades dans la rue
Rambuteau, à la hauteur des rues Saint-
Denis et Saint-Martin ; des voitures ont été
arrêtées.

« On affirme que Madier de Montjau n'est
pas tué et qu'il est dans les groupes. Le cri :
Aux armes! est poussé au coin de la rue
Gréneta. Le point de rassemblement général
est en ce moment le quartier Saint-Martin.
Il paraît certain qu'une troupe choisie dans
les hommes d'action est convoquée en armes,
vers cinq heures, au carré Saint-Martin, et
que les meneurs de cette troupe ont annoncé
qu'il serait question de se porter sur la Présidence. On prétend aussi que les patriotes
rouennais arrivent, et que Ledru-Rollin est
dans les faubourgs.

« *Pour le préfet de police, en ce moment au
conseil des ministres,*

« Le commissaire du gouvernement,
délégué. »

Mais revenons à la réalité.

Les représentants que les soldats avaient
traqués, le matin, dans les rues du faubourg
Saint-Antoine, se retrouvèrent, à cinq heures,
chez M. Landrin, où plusieurs de leurs collègues les rejoignirent. Michel de Bourges présida cette réunion, à laquelle M. Émile de
Girardin assistait.

Le rédacteur en chef de *la Presse* émit une
opinion que ses collègues ne partageaient
pas [1].

Napoléon Bonaparte s'introduisit, avec
une certaine violence, dans le salon dont
M{om} Landrin lui refusait l'entrée. Froidement
accueilli et suspect, non sans raison, aux républicains dont il embrassa le proscripteur
un mois plus tard, le fils de Jérôme quitta la

---

[1]. Voir aux documents complémentaires de ce chapitre.

réunion et ne se montra plus qu'à Notre-Dame pour y chanter un *Te Deum*, et à l'Élysée pour y accepter de son cousin triomphant une pension de vingt mille livres, en attendant mieux.

Victor Hugo donna lecture de la déclaration suivante :

« Les représentants du peuple restés libres, vu l'article 8 de la Constitution ainsi conçu :

« Art. 68. — Toute mesure par laquelle le
« président de la République dissout l'As-
« semblée, la proroge ou met obstacle à l'exer-
« cice de son mandat, est un crime de haute
« trahison. Par ce seul fait, le président est
« déchu de ses fonctions ; les citoyens sont
« tenus de lui refuser obéissance ; le pou-
« voir exécutif passe de plein droit à l'Assem-
« blée nationale ; les juges de la Haute-Cour
« de justice se réunissent immédiatement
« sous peine de forfaiture ; ils convoquent les
« jurés dans le lieu qu'ils désignent pour pro-
« céder au jugement du président et de ses
« complices ; »

« Décrètent :

« Art. 1er. — Louis Bonaparte est déchu de ses fonctions de président de la République.

« Art. 2. — Tous citoyens et fonctionnaires publics sont tenus de lui refuser obéissance sous peine de complicité.

« Art. 3. — L'arrêt rendu le 2 décembre par la Haute-Cour de justice, et qui déclare Louis Bonaparte prévenu du crime de haute trahison, sera publié et exécuté. En conséquence, les autorités civiles et militaires sont requises, sous peine de forfaiture, de prêter main-forte à l'exécution dudit arrêt.

« Fait à Paris, en séance de permanence, le 3 décembre 1851.

Cent quatre-vingt-un représentants signèrent cette déclaration ; Émile de Girardin, qui l'avait signée aussi, en emporta une double copie : « N'ayant plus de presses, dit-il, je ne puis faire tirer qu'un placard, et à la brosse ; c'est long, mais ce soir, à huit heures, vous aurez cinq cents exemplaires. »

Un jeune homme fut présenté par M. Leblond au comité qui délibérait encore. Ce jeune homme, nommé King, venait, au nom des associations ouvrières, demander un ordre de combat signé des membres du comité. Jules Favre écrivit : « Les représentants soussignés donnent mandat au citoyen King et à ses amis de défendre avec eux, et les armes à la main, le suffrage universel, la République et les lois. »

Jules Favre signa cet ordre de combat. Victor Hugo, Carnot et Michel de Bourges le signèrent aussi.

Dans la soirée, on se réunit encore chez M. Marie.

La nuit était venue. Tandis que le général Herbillon, à la tête d'une colonne, fouillait les rues voisines du Temple et y détruisait des barricades qu'on abandonnait sans les défendre, le colonel Rochefort parcourait, avec ses lanciers, les boulevards, où se pressait une foule compacte et hostile. « Il lui avait été interdit de repousser par la force d'autres cris que celui de : « Vive la République démocratique et sociale [1]. » La foule, qui suivait les lanciers allant et venant depuis la rue de la Paix jusqu'au boulevard du Temple, criait seulement : « Vive la République ! » Rochefort, déjà célèbre par son toast du 31 octobre et impatient « d'accomplir la tâche que Louis Napoléon facilitait si bien », se lassait d'attendre le cri qui lui permettrait d'assassiner quelques Parisiens. « *Pressentant ce qui allait arriver*, il prescrivit à ses lanciers de rester calmes, impassibles, jusqu'au moment où il ordonnerait la charge, et, une fois l'affaire engagée, *de ne faire grâce à personne* [2]. Il va, aussitôt, dresser à ceux qu'il appelle des *vociférateurs en paletot* et qu'il veut tuer un igno-

---

1. Le capitaine H. Mauduit, *Révolution militaire du 2 Décembre*.
2. *Idem*.

Matinée du 2 Décembre. — Le prince Louis-Napoléon sortant de l'Élysée.

ble guet-apens qualifié, tout simplement, de « ruse de guerre » par l'apologiste de ce forfait. « Afin de laisser croire qu'il était occupé du côté de la Bastille, il masqua ses deux escadrons dans un pli de terrain près du Châ- teau-d'Eau ; mais, faisant brusquement demi-tour, *sans être aperçu*, il se remit en marche, *au pas*, jusqu'au moment où il se trouva à l'endroit le plus épais d'une *foule compacte et incalculable*, avec l'intention de *piquer* tout ce qui s'opposerait à son passage [1]. » Ce coupe-jarret avait calculé « sur l'enhardissement de la foule en présence de cette démonstration pacifique; en effet, *ils se placèrent en avant du colonel*. » L'historien officiel fait le récit des meurtres qu'on a si odieusement préparés : « Les plus audacieux poussèrent les cris *insultants* de : « Vive l'As-« semblée nationale ! A bas les traîtres ! » Reconnaissant à ce cri *une provocation*, le colonel de Rochefort s'élance, comme un lion furieux, au milieu du groupe d'où elle était partie, *en frappant d'estoc, de taille et de lance*. Il resta sur le carreau PLUSIEURS CADAVRES. Dans ces groupes ne se trouvaient que peu d'individus en blouse. »

A l'heure où, sur les boulevards, le colonel de Rochefort s'éclaboussait de sang, le colonel Chapuis, du 6ᵉ de ligne, et le commandant Boulatigny, du 6ᵉ léger, prenaient entre deux feux les défenseurs d'une barricade élevée dans la rue Beaubourg et « *passaient par les armes* [2] » ceux qui n'étaient point morts en combattant.

La situation devenait alarmante pour les conspirateurs élyséens. A minuit, un grand conseil militaire fut tenu. MM. de Morny, Saint-Arnaud, Magnan et plusieurs généraux divisionnaires de l'armée de Paris y assistaient. Louis Bonaparte, dont la frayeur exaltait la férocité, fit prévaloir l'horrible projet dont le germe se trouvait dans ces paroles de M. de Morny au général Magnan : *Envahir un quartier par la terreur*. Il est hors de doute qu' « un massacre sur le boulevard fut concerté comme un moyen de terroriser la population et d'écraser ainsi la résistance [3] ». L'aveu en a été fait par un panégyriste des conjurés dont il était le confident : « Il fallait, dit-il, sous peine de *défaite honteuse* et de guerre civile, ne pas seulement prévenir, mais ÉPOUVANTER. En matière de coup d'État, on ne discute pas, ON FRAPPE; on n'attend pas l'ennemi, ON FOND DESSUS; ON BROIE ou l'on est broyé [1]. »

Au moment où les membres du comité de résistance venaient de se séparer après avoir voté plusieurs décrets [2], un ouvrier se présenta et dit à Victor Hugo, qu'il rencontra seul : « Citoyen Hugo, écrivez-moi quelque chose, ce que vous croirez utile dans l'instant où nous sommes, et demain matin ce sera affiché dans Paris à cinq cents exemplaires. »

Victor Hugo prit la plume et écrivit la proclamation suivante :

A L'ARMÉE

« Soldats,

« Un homme vient de briser la Constitution; il déchire le serment qu'il avait prêté au peuple, supprime la loi, étouffe le droit, ensanglante Paris, garrotte la France, trahit la République !

« Soldats, cet homme vous engage dans le crime.

« Il y a deux choses saintes : le drapeau, qui représente l'honneur militaire, et la loi, qui représente le droit national. Soldats, le plus grand des attentats, c'est le drapeau levé contre la loi ! Ne suivez pas plus longtemps le malheureux qui vous égare. Pour un tel crime, les soldats français doivent être des vengeurs, non des complices.

« Cet homme dit qu'il s'appelle Bonaparte. Il ment, car Bonaparte est un mot qui veut dire gloire. Lui, il est obscur et petit. Livrez à la loi ce misérable ! Soldats, c'est un faux Napoléon; un vrai Napoléon vous ferait recommencer Marengo ; lui, il vous fait recommencer Transnonain !

« Tournez les yeux vers la vraie fonction de l'armée française : protéger la patrie, pro-

---

1. Le capitaine H. Mauduit, *Révolution militaire du 2 Décembre*.
2. Rapport officiel du général Magnan.
3. William Kinglake.

1. P. Mayer.
2. Voir aux documents complémentaires.

pager la révolution, délivrer les peuples, soutenir les nationalités, affranchir le continent, briser les chaînes partout, défendre partout le droit, voilà votre rôle parmi les armées d'Europe. Vous êtes dignes des grands champs de bataille.

« Soldats ! l'armée française est l'avant-garde de l'humanité.

« Rentrez en vous-mêmes, réfléchissez ; reconnaissez-vous, relevez-vous ! Songez à vos généraux arrêtés, pris au collet par des argousins et jetés, menottes aux mains, dans la cellule des voleurs ! Le scélérat qui est à l'Élysée croit que l'armée de la France est une bande du Bas-Empire, qu'on la paye et qu'on l'enivre, et qu'elle obéit ! il vous fait faire une besogne infâme ! il vous fait égorger, en plein xixe siècle et dans Paris même, la liberté, le progrès, la civilisation. Il vous fait détruire, à vous enfants de la France, tout ce que la France a si glorieusement et si péniblement construit en trois siècles de lumière et en soixante ans de révolution ! Soldats, si vous êtes la grande armée, respectez la grande nation.

« Nous, citoyens, nous, représentants du peuple et vos représentants, nous, vos amis, vos frères, nous qui sommes la loi et le droit, nous qui nous dressons devant vous en vous tendant les bras et que vous frappez aveuglément de vos épées, savez-vous ce qui nous désespère ? ce n'est pas de voir notre sang qui coule, c'est de voir votre honneur qui s'en va.

« Soldats ! un pas de plus dans l'attentat, un jour de plus avec Louis Bonaparte, et vous êtes perdus devant la conscience universelle ! Les hommes qui vous commandent sont hors la loi. Ce ne sont pas des généraux, ce sont des malfaiteurs. La casaque des bagnes les attend. Soldats, il en est temps encore, revenez à la patrie ! revenez à la République ! Si vous persistiez, savez-vous ce que l'histoire dirait de vous ? Elle dirait : Ils ont foulé aux pieds de leurs chevaux et écrasé sous les roues de leurs canons toutes les lois de leur pays ; eux, des soldats français, ils ont déshonoré l'anniversaire d'Austerlitz et, par leur faute, par leur crime, il dégoutte aujourd'hui du nom de Napoléon sur la France autant de honte qu'il en a autrefois découlé de gloire !

« Soldats français, cessez de prêter main-forte au crime ! »

« *Pour les représentants du peuple restés libres, le représentant membre du Comité de résistance,*

« VICTOR HUGO. »

Reproduite à l'aide d'un papier bleu qui multipliait les copies, cette proclamation, où éclatent si magnifiquement les puissances du patriotisme et du génie, fut affichée, le lendemain, dans les rues Charlot, Rambuteau, de l'Homme-Armé, sur le boulevard du Temple et à la Chapelle-Saint-Denis.

Pendant la nuit, on retira de Mazas, pour les transférer à Ham, les généraux Cavaignac, Le Flô, Lamoricière, Changarnier et Bedeau, le colonel Charras, MM. Baze et Roger (du Nord).

DOCUMENTS COMPLÉMENTAIRES DU CHAPITRE V

I

LA COMMISSION CONSULTATIVE

Le préambule du décret publié le 3 décembre disait :

« Le président de la République a voulu, jusqu'à la réunion du Sénat et du Corps législatif, s'entourer d'hommes qui jouissent, à juste titre, de l'estime et de la confiance du pays. »

Cette Commission était composée de :

MM. Abbatucci, d'Argout (gouverneur de la Banque), le général Achard, le général de Bar, le général Baraguey-d'Hilliers, Barharoux, Baroche, Barthe, Ferdinand Barrot, de Beaumont, Benoît-Champy, Bérard, Bineau, Boinvilliers, Boulay (de la Meurthe), de Cambacérès, de Casabianca, l'amiral Cécile, Chadenet, Chassaigne-Goyon, de Chasseloup-Laubat, Charlemagne, Collas, Dariste, Denjoy, Desjobert, Drouyn de Lhuys, Th. Ducos, Dumas (de l'Institut), Maurice Duval, le maréchal Excelmans, le général d'Hautpoul, Léon Faucher, le général de Flahaut, Achille Fould, H. Fortoul, Frémy, de Gaslonde, de Greslan, de Lagrange, de Lagrenée, Granier, Augustin Giraud, Charles Giraud (de l'Institut), Godelle, de Goulard, de Heeckeren, Lacaze, Lacrosse, de Ladoucette, de Lariboissière, Lebeuf, Lefebvre-Duruflé, Lemarrois, Leverrier, Magne, Maynard (président de chambre à la Cour de cassation), de Mérode, de Montalembert, de Morny, de Mortemart, de Mouchy, de Moustier, Lucien Murat, le général d'Ornano, Pepin-Lehalleur, Joseph Périer (régent de la Banque), de Persigny, le général Randon, Rouher, le général Saint-Arnaud, Ségur-d'Aguesseau, Seydoux, Suchet d'Albuféra, de Turgot, de Thorigny, Troplong (premier président de la cour d'appel), Vieillard, Vuillefroy, de Wagram.

J'ai dit avec quelle indignation M. Joseph Périer protesta contre l'abus qui avait été fait de son nom en le mettant sur cette liste.

Voici la lettre que M. Léon Faucher adressa, le 3 décembre, à Louis-Napoléon, dont il avait été le ministre :

« Monsieur le président,

« C'est avec un étonnement douloureux que je vois mon nom figurer parmi ceux des membres d'une commission consultative que vous venez d'instituer. Je ne pensais pas vous avoir donné le droit de me faire cette injure : les services que je vous ai rendus en croyant les rendre au pays m'autorisaient peut-être à attendre de vous une autre reconnaissance. Mon caractère, en tout cas, méritait plus de respect. Vous savez que, dans une carrière déjà longue, je n'ai pas plus démenti mes principes de liberté que mon dévouement à l'ordre. Je n'ai jamais participé ni directement ni indirectement à la violation des lois, et pour décliner le mandat que vous me conférez sans mon aveu je n'ai qu'à me rappeler celui que j'ai reçu du peuple, et que je conserve. »

« Léon Faucher. »

Le docteur Véron s'exprime ainsi, dans les *Mémoires d'un bourgeois de Paris*, au sujet des membres de la Commission consultative :

« Le nombre de ces dévoués et de ces courageux du lendemain grossit de jour en jour, en raison des certitudes croissantes d'une complète victoire du prince Louis-Napoléon. Quelques-uns, après avoir sollicité, la veille, l'honneur d'être inscrits sur cette liste, écrivaient, le lendemain, au ministre pour que leur nom en fût rayé, puis demandaient qu'il y fût rétabli, suivant les nouvelles et les agitations de la journée. »

MM. Rouher et Fould durent, comme beaucoup d'autres, se reconnaître dans cette esquisse.

La lettre suivante était soigneusement conservée par M. Conti dans un carton particulier avec cette étiquette : *l'Empereur.* Elle montre que deux des plus zélés serviteurs du régime impérial ne se risquaient que fort prudemment dans l'Empire au 2 décembre 1851. Ils attendaient le succès.

A M. le directeur de l'Imprimerie nationale.

« Monsieur le directeur,

« J'apprends par voie indirecte que des documents portant ma signature en imprimé vous sont envoyés pour être transmis en province; je suis entièrement étranger à ces actes et vous prie de ne pas y maintenir ma signature.

« Votre dévoué,

« Rouher. »

« Je fais la même déclaration et la même prière.

« A. Fould. »

A gauche, à l'angle de la lettre, cette note écrite à l'encre : *Reçu le 2 décembre 1851 à 6 heures du soir. Le secrétaire de la direction.* (Signature illisible.) Et, au bas de la note, le timbre de l'Imprimerie nationale en noir : *Imprimerie nationale. Direction.*

L'enveloppe qui contenait cette lettre porte : 2 *décembre* 1851. *Lettre de MM. Rouher et Fould.* On a écrit au crayon, à droite, ce mot inexplicable : *Complot.* (*Papiers et correspondances de la famille impériale.*)

Un décret du 4 décembre adjoignit les membres suivants à la commission consultative :

MM. Arrighi de Padoue, Bonjean, de Caulaincourt, de Chazelles, Dabeaux, Eschassériaux, Paulin Gillon, Ernest de Girardin, Goulhot de Saint-Germain, le général Husson, Hély-d'Oissel, Hermann, de Lawœstine, le général Lebreton, Lestiboudois, le général Magnan, Maillard, Marchand, Maigne, de Maupas, Mimerel, de La Moskowa, Paravey, de Parieu, P. Pascal, Pérignon, de Rancé, général Wast-Vimeux, Vaïsse.

La Commission consultative fut constituée définitivement par un décret du 13 décembre confirmant la plupart des nominations antérieures, et adjoignant à cette commission MM. Bidault, Chaix-d'Est-Ange, Delangle, Vuitry, le maréchal Vaillant, de Cuverville, Hallez-Claparède, Lélut, Mathieu-Bodet, Renouard de Bussières et Tourangin.

II

LES COMPLICES TREMBLEURS.

« Je me rendais, matin et soir, — dit le docteur Véron, — au ministère de l'intérieur, et j'y fus témoin de plus d'une scène dont le récit serait une indiscrétion. Plus d'une physionomie pâlissait, s'allongeait à la moindre alerte. Plus d'un personnage murmurait entre ses dents : « Partout s'élèvent des « barricades... c'est toujours comme ça que ça « commence. Vous verrez que ça finira comme « au 24 Février! » D'autres interrogeaient avec une fébrile anxiété les allants et venants : « Le peuple est-il pour nous? Que disent les « faubourgs? Peut-on compter sur l'armée? » M. de Morny, je dois le dire ici pour rendre hommage à la vérité, M. de Morny et quelques amis résolus qui l'entouraient rassuraient tous ces trembleurs, qui se tenaient assez volontiers dans le voisinage des portes de sortie [1]. »

1. *Mémoires d'un bourgeois de Paris*, 6ᵉ volume.

III

OPINION ÉMISE PAR M. ÉMILE DE GIRARDIN DANS LA RÉUNION TENUE CHEZ M. LANDRIN.

« Émile de Girardin nous déclara... que, selon lui, ce n'était pas par les armes qu'il fallait combattre Louis Bonaparte, mais par le vide. Par les armes, il sera vainqueur; par le vide, il sera vaincu; il nous conjura de l'aider à isoler « le déchu du 2 Décembre ».

« — Faisons le vide autour de lui, s'écriait Émile de Girardin. Proclamons la grève universelle! Que le marchand cesse de vendre, que le consommateur cesse d'acheter, que l'ouvrier cesse de travailler, que le boucher cesse de tuer, que le boulanger cesse de cuire, que tout chôme, jusqu'à l'Imprimerie nationale, que Louis Bonaparte ne trouve pas un compositeur pour composer *le Moniteur*, pas un pressier pour le tirer, pas un colleur pour l'afficher! L'isolement, la solitude, le vide autour de cet homme! Que la nation se retire de lui! Tout pouvoir dont la nation se retire tombe comme un arbre dont la racine se retirerait. Louis Bonaparte abandonné de tous dans son crime s'évanouira. Rien qu'en croisant les bras autour de lui, on le fera tomber. Au contraire, tirez-lui des coups de fusil, vous le consolidez. L'armée est ivre, le peuple est ahuri et ne se mêle de rien, la bourgeoisie a peur du président, du peuple, de vous, de tous! Pas de victoire possible. Vous allez devant vous, en braves gens, vous risquez vos têtes, c'est bien; vous entraînez avec vous deux ou trois mille hommes intrépides dont le sang, mêlé au vôtre, coule déjà. C'est héroïque, soit; ce n'est pas politique. Quant à moi, je n'imprimerai pas d'appel aux armes et je me refuse au combat. Organisons la grève universelle! »

« Ce point de vue était hautain et superbe; mais malheureusement je le sentais irréalisable. Deux aspects du vrai saisissent Girardin, le côté logique et le côté pratique. Ici, selon moi, le côté pratique faisait défaut. »

(VICTOR HUGO, *Histoire d'un crime*.)

IV

UN ÉPISODE DE LA RÉUNION TENUE CHEZ M. LANDRIN.

M. Napoléon Bonaparte protestait énergiquement contre le crime de son cousin.

Michel de Bourges lui dit : « Eh bien! nous voici à l'application de ma thèse du châtiment de la tyrannie par un fer vengeur; quand un homme se fait tyran, on s'en débarrasse. »

Sur un mouvement du fils de l'ancien roi de Westphalie, Michel ajouta : « Mon Dieu! cette maxime sur les tyrans est vieille comme le monde. Ouvrez Montesquieu, vous y lirez que les amis de la liberté romaine tuèrent César, parce que César les avait mis dans l'impossibilité de le juger. »

Et son regard profond, sa voix métallique semblaient évoquer les grandes ombres de Brutus et d'Aristogiton.

A cet appel, à cette sommation de l'homme qui avait, deux fois en deux jours, mis Louis Bonaparte hors la loi, et engagé les citoyens à lui courir sus, Napoléon Bonaparte répondit en balbutiant : « Mes sentiments religieux me défendent de m'arroger le droit de vie et de mort sur un homme. »

— Monsieur, répliqua Michel, la religion, c'est la vérité, c'est la justice, c'est la loi. Où est-elle, la loi, depuis hier?

— Que pensez-vous de cela? dit alors Napoléon Bonaparte à M. Versigny; que feriez-vous?

— Je ne sais, répondit M. Versigny, si j'aurais la force de frapper froidement cet *homme* dans son cabinet; mais, si je le rencontrais sur le boulevard, en sortant d'ici, je lui enverrais une balle, et je croirais remplir mon devoir.

(H. MAGEN. *Hist. de la Terreur bonapartiste*.)

V

UN BON MOUVEMENT DE NAPOLÉON BONAPARTE

Avant de quitter la réunion, Napoléon Bonaparte s'approcha de Victor Hugo qui raconte ainsi un dialogue plein d'intérêt :

« J'étais debout, adossé à la cheminée. Napoléon vint à moi, et, s'approchant de mon oreille :

« — Vous livrez, me dit-il tout bas, une bataille perdue d'avance.

« Je lui répondis : — Je ne regarde pas le succès, je regarde le devoir.

« Il répliqua : — Vous êtes un homme politique, et par conséquent vous devez vous préoccuper du succès. Je vous répète, avant que vous alliez plus loin, que c'est une bataille d'avance perdue.

« Je repris : — Si nous engageons la lutte, la bataille est perdue ; vous le dites, je le crois ; mais si nous ne l'engageons pas, c'est l'honneur qui est perdu ; j'aime mieux perdre la bataille que l'honneur.

« Il resta un moment silencieux, puis il me prit la main.

« — Soit, reprit-il, mais écoutez. Vous courez, vous personnellement, de grands dangers. De tous les hommes de l'Assemblée, vous êtes celui que le président hait le plus. Vous l'avez, du haut de la tribune, surnommé Napoléon le Petit ; vous comprenez, c'est inoubliable, cela. En outre, c'est vous qui avez dicté l'appel aux armes, et on le sait. Si vous êtes pris, vous êtes perdu. Vous serez fusillé sur place, ou tout au moins déporté. Avez-vous un lieu sûr où coucher cette nuit ?

« Je n'y avais pas encore songé. — Ma foi non ! lui dis-je.

« Il reprit : — Eh bien ! venez chez moi ; il n'y a, peut-être, qu'une maison dans Paris où vous soyez en sûreté, c'est la mienne. On ne viendra pas vous chercher là. Venez-y le jour, la nuit, à quelque heure qui vous plaira ; je vous attendrai, et c'est moi qui ouvrirai. Je demeure rue d'Alger, n° 8.

« Je le remerciai ; l'offre était noble et cordiale, j'en fus touché. Je n'en ai point usé, mais je ne l'ai pas oubliée. »

(*Histoire d'un crime.*)

VI

PROCLAMATIONS.

La proclamation suivante fut affichée dans plusieurs quartiers :

A L'ARMÉE

« Soldats, qu'allez-vous faire ? On vous égare et on vous trompe. Vos plus illustres chefs sont jetés dans les fers ; la souveraineté nationale est brisée ; la représentation nationale outragée, violée. Et vous allez suivre sur le chemin de l'opprobre et de la trahison un tas d'hommes perdus, un Louis Napoléon qui souille son grand nom par le plus odieux des crimes !

« Soldats, tournerez-vous contre la patrie ces armes qu'elle vous a confiées pour la défendre ? Soldats, la désobéissance est aujourd'hui le plus sacré des devoirs ! Soldats, unissez-vous au peuple pour sauver la patrie et la République.

« A bas l'usurpateur !

« *Vos magistrats, vos représentants, vos concitoyens, vos frères, vos mères et vos sœurs, qui vous demanderont compte du sang versé.* »

Dans plusieurs rues et à Belleville on lisait cette affiche :

« Peuple !

« Depuis deux jours, les valets de la Russie règnent dans la capitale. Les armes te manquent ; ta presse est tuée. Prends les armes de tes ennemis. Va briser les presses napoléoniennes, afin que nos frères des provinces ne soient point arrêtés dans leur élan patriotique par de fausses nouvelles.

« Les patriotes victorieux de plusieurs départements s'avancent; Paris sera victorieux aussi.

« *Pour le comité des proscrits,*
« J. Clédat.

« *Pour le comité central de résistance,*
« L.-M. Guérin. »

VII

MM. Jules Leroux, représentant du peuple, Gustave Naquet, un proscrit qui arrivait de Londres, Desmoulins, typographe, Bocquet, délégué des corporations ouvrières, publièrent cette proclamation :

AUX TRAVAILLEURS

« Citoyens et compagnons,

« Le pacte social est brisé. »

« Une majorité royaliste, de concert avec Louis-Napoléon, a violé la Constitution, le 31 mai 1850.

« Malgré la grandeur de cet outrage, nous attendions, pour en obtenir l'éclatante réparation, l'élection générale de 1852.

« Mais, hier, celui qui fut le président de la République a effacé cette date solennelle.

« Sous prétexte de restituer au peuple un droit que nul ne peut lui ravir, il veut, en réalité, le placer sous une dictature militaire.

« Citoyens, nous ne serons pas dupes de cette ruse grossière.

« Comment pourrions-nous croire à la sincérité et au désintéressement de Louis-Napoléon?

« Il parle de maintenir la République, et il jette en prison les républicains.

« Il promet le rétablissement du suffrage universel, et il vient de former un conseil consultatif des hommes qui l'ont mutilé.

« Il parle de son respect pour l'indépendance des opinions, et il suspend les journaux, il envahit les imprimeries, il disperse les réunions populaires.

« Il appelle le peuple à une élection, et il le place sous l'état de siége : il rêve on ne sait quel escamotage perfide qui mettrait l'électeur sous la surveillance d'une police stipendiée par lui.

« Il fait plus, il exerce une pression sur nos frères de l'armée, et viole la conscience humaine en les forçant de voter pour lui, sous l'œil de leurs officiers, en quarante-huit heures.

« Il est prêt, dit-il, à se démettre du pouvoir, et il contracte un emprunt de vingt-cinq millions, engageant l'avenir sous le rapport des impôts, qui atteignent indirectement la subsistance du pauvre.

« Mensonge, hypocrisie, parjure, telle est la politique de cet usurpateur.

« Citoyens et compagnons, Louis-Napoléon s'est mis hors la loi. La majorité de l'Assemblée, cette majorité qui a porté la main sur le suffrage universel, est dissoute.

« Seule, la minorité garde une autorité légitime. Rallions-nous autour de cette minorité. Volons à la délivrance des républicains prisonniers; réunissons au milieu de nous les représentants fidèles au suffrage universel; faisons-leur un rempart de nos poitrines; que nos délégués viennent grossir leurs rangs et forment avec eux le noyau de la nouvelle Assemblée nationale!

« Alors, réunis au nom de la Constitution, sous l'inspiration de notre dogme fondamental : Liberté, Fraternité, Égalité, à l'ombre du drapeau populaire, nous aurons facilement raison du nouveau César et de ses prétoriens!

« *Le Comité central des corporations.*

« Les républicains proscrits reviennent dans nos murs seconder l'effort populaire. »

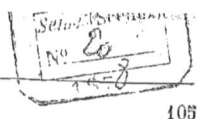

M. Berryer à la fenêtre de la mairie du Xe arrondissement (2 décembre 1851).

VIII

LE SOIR DU 3 DÉCEMBRE

« Les écrivains les plus enthousiastes du coup d'État n'ont pas dissimulé que, le 3 au soir, les rassemblements qui se formaient et se reformaient sur les boulevards, depuis la Chaussée-d'Antin jusqu'au faubourg du Temple, et surtout dans les rues adjacentes, malgré les patrouilles et les charges de cavalerie, présentaient l'aspect sombre, menaçant, des foules parisiennes à la veille des grandes journées révolutionnaires. Les bruits de nouvelles fâcheuses pour Louis-Napoléon — fausses nouvelles la plupart du temps — étaient accueillis avec avidité. Les rares personnes qui osaient, au milieu des groupes, exprimer des opinions favorables au président étaient menacées, maltraitées même.

« Les excitations des républicains qui parcouraient les rassemblements soulevaient, au contraire, des applaudissements et des acclamations. »

(EUGÈNE TÉNOT, *Paris en décembre* 1851.)

IX

SANG-FROID IMPITOYABLE DE M. DE MORNY

Les associés élyséens voyant leurs affaires en désarroi perdaient la tête. Mais M. de Morny veillait, et il donnait ses instructions avec un sang-froid impitoyable.

Dans la nuit du 2 au 3 décembre, il avait envoyé la dépêche suivante au général Magnan :

« Les patrouilles de la nuit ne sont pas bonnes. Elles sont peu nombreuses, facilement entourées. Il vaudrait mieux ne pas voir de troupes du tout ou en voir davantage. Cela les fatigue inutilement.

« Je maintiens avec entêtement mon système : la police seule pour épier les projets ; la troupe pour agir violemment si ces projets s'exécutent. Mais de grosses patrouilles n'empêchent jamais rien ; elles rendent seulement l'usage des troupes moins efficace le lendemain.

« Signé : Morny. »

LE MINISTRE DE L'INTÉRIEUR AU GÉNÉRAL MAGNAN

Voici deux autres dépêches de ce « malfaiteur » :

« Paris, le 3 décembre 1851.

« De la préfecture, on me mande que quelques troupes trop faibles sont cernées. Comment fait-on cette faute, au lieu de laisser les insurgés s'engager tout à fait et des barricades sérieuses se former, pour ensuite écraser l'ennemi et le détruire ? Prenez garde d'user la troupe à des escarmouches et de ne l'avoir plus à l'heure décisive !

« Signé : Morny. »

LE MINISTRE DE L'INTÉRIEUR AU GÉNÉRAL MAGNAN

« Paris, le 3 décembre 1851.

« Je vous répète que le plan des émeutiers est de fatiguer les troupes pour en avoir bon marché le troisième jour. C'est ainsi qu'on a eu 27, 28, 29 juillet, 22, 23, 24 février. N'ayons pas 2, 3 et 4 décembre avec la même fin. Il faut ne pas exposer les troupes, les faire entrer et loger dans les maisons. Avec peu de troupes, à chaque angle de rue, aux fenêtres, on tient tout un quartier en respect. J'ai rencontré bien des petites patrouilles inutiles. La troupe sera sur les dents. En la faisant coucher chez des particuliers, elle se repose et elle intimide tout le quartier. On me paraît suivre les vieux errements. Les vivres sont indignement servis : on pille des vivres.

« Je vous livre ces réflexions. *Il n'y a qu'avec une abstention entière, en cernant un quartier et le prenant par famine, ou en l'envahissant par la terreur, qu'on fera la guerre de ville.*

« Signé : Morny. »

X

UN PORTRAIT MAGISTRALEMENT TOUCHÉ

« Celui qui écrit ces lignes a connu Morny. Morny et Walewski avaient dans la quasi-famille régnante la position, l'un de bâtard royal, l'autre de bâtard impérial. Qu'était-ce que Morny ? Disons-le. Un important gai, un intrigant, mais point austère, ami de Romieu et souteneur de Guizot, ayant les manières du monde et les mœurs de la roulette, content de lui, spirituel, combinant une certaine libéralité d'idées avec l'acceptation des crimes utiles, trouvant moyen de faire un gracieux sourire avec de vilaines dents, menant la vie de plaisir, dissipé, mais concentré, laid, de bonne humeur, féroce, bien mis, intrépide, laissant volontiers sous les verrous un frère prisonnier, et prêt à risquer sa tête pour un frère empereur, ayant la même mère que Louis-Bonaparte et, comme Louis Bonaparte, un père quelconque, pouvant s'appeler Beauharnais, pouvant s'appeler Flahaut, et s'appelant Morny, poussant la littérature jusqu'au vaudeville et la politique jusqu'à la tragédie, viveur, tueur, ayant toute la frivolité conciliable avec l'assassinat, pouvant être esquissé par Marivaux, à la condition d'être ressaisi par Tacite, aucune conscience, une élégance irréprochable, infâme et aimable, au besoin parfaitement duc : tel était ce malfaiteur. »

(VICTOR HUGO, *Histoire d'un crime.*)

CHAPITRE VI

Le 4 Décembre 1851.

La journée du 4 Décembre. — Proclamation de M. de Maupas. — Les hommes en blouse et les barricades. — Physionomie de Paris. — Effarement de M. de Maupas; sang-froid et aveux de M. de Morny. — Stratagème odieux. — Mise en marche de 30,000 soldats avinés. — Les premiers égorgements. — La barricade du boulevard Bonne-Nouvelle. — Aspect des boulevards avant la tuerie. — Massacre, bombardement et fantaisies. — Le colonel de Rochefort sur le boulevard des Italiens. — La musique du général Reybell. — Aspect des boulevards après le massacre ; la vérité jaillit sur la tuerie. — Divers quartiers envahis par la terreur. — Égorgement des prisonniers. — Denis Dussoubs. — Boucheries. — Une exécution au Luxembourg. — La chasse aux hommes. — Le général Fesseur. — Assommements. — Parallèles. — La nuit du 4 au 5. — Mobiles et résultats de deux œuvres scélérates. — Le total des morts. — Détroussement des cadavres.

Le 4 décembre, au point du jour, on affichait une nouvelle proclamation de M. de Maupas aux habitants de Paris ; le préfet de police interdisait la circulation aux voitures, déclarait que les stationnements des piétons sur la voie publique et la formation des groupes seraient, *sans sommation*, dispersés par la force, et terminait ainsi : « Que les citoyens paisibles restent à leur logis; *il y aurait* PÉRIL SÉRIEUX *à contrevenir aux dispositions arrêtées.* »

Rédigée après la tenue du grand conseil militaire, cette proclamation semblait s'inspirer du plan qui y avait été adopté; tout, d'ailleurs, se préparait pour son exécution. Les troupes avaient été retirées des positions qu'elles occupaient. On voulait que la construction des barricades ne trouvât pas d'obstacles.

Des républicains impatients de combattre pour la défense de la loi virent, dès le matin, quelques hommes en blouse[1] élever des barricades dans les rues où, pendant les crises révolutionnaires, l'action s'engage; ils crurent que, obéissant à l'impulsion donnée

[1]. On verra bientôt quels étaient ces hommes en blouse

par le Comité de résistance et par le Comité central des corporations, la classe ouvrière cessait d'être indifférente au coup d'État; ils espérèrent que les masses populaires céderaient à l'entraînement de l'exemple, et ils mirent la main à l'œuvre commencée par des *ouvriers* peu nombreux, il est vrai, mais paraissant résolus.

Les deux barricades les plus formidables se dressaient, l'une au coin des rues du Temple et de Rambuteau, l'autre à l'endroit où la rue Saint-Denis, près de la rue Saint-Sauveur, offre un renflement. Placée là, cette barricade, sur laquelle flottait le drapeau enlevé au poste des Arts-et-Métiers, pouvait défier la morsure des boulets; elle allait être défendue par 150 républicains dont la plupart étaient des sous-officiers congédiés; ils avaient aisément trouvé des fusils dans les maisons voisines.

Non loin de la porte Saint-Denis, le boulevard Bonne-Nouvelle se barricadait, pendant qu'une phalange républicaine s'emparait, dans le faubourg Saint-Martin, de la mairie du V° arrondissement, où un dépôt de fusils et de munitions fut indiqué par le tambour-major de la légion.

Le faubourg Saint-Antoine commençait

La mairie du Xe arrondissement (2 décembre 1851).

à s'émouvoir; le quartier des Écoles s'agitait; la fermentation était forte aux Batignolles, à Montmartre et à la Chapelle-Saint-Denis. Sur les boulevards, remplis des mêmes foules que la veille, on croyait à l'avortement du coup d'État et à la chute ridicule du « Soulouque » napoléonien contre lequel se faisait une grande huée! « A bas Soulouque! » Ce cri dominait tous les autres.

Vers une heure, M. de Maupas, s'effarant,

accablait M. de Morny de dépêches qui sentaient la peur : « Les nouvelles deviennent tout à fait graves. — Les insurgés occupent les mairies, les boutiquiers livrent leurs armes. — *Laisser grossir maintenant serait un acte de haute imprudence.* Voilà le moment de frapper *un coup décisif ;* il faut le bruit et *l'effet du canon,* et il les faut de suite. » — Un peu plus tard, ce préfet, dont le cerveau se troublait vite, se croit en danger et crie au secours : « Barricades rue Dauphine. Je suis cerné. Prévenez le général Sauboul. Je suis sans forces. C'est à n'y rien comprendre. » Son anxiété redouble : « Coups de fusil au quai aux Fleurs; masses compactes aux environs de la préfecture de police. On tire par *une grille :* que faire? » M. de Morny ne l'ôtait guère de crainte en lui télégraphiant : « Répondez en tirant *par votre grille.* » Rendu plus ahuri par cette réponse brusque, le préfet réplique : « *Mon devoir* exige qu'on me rende mes canons et mes bataillons. » On lui rendit sans doute *ses canons et ses bataillons,* car il se déclara « *personnellement rassuré* pour le quart d'heure ». Voici la cause des transes de M. de Maupas. — Une vingtaine de jeunes gens disséminés dans quelques maisons du quai Pelletier avaient tiré « plusieurs coups maladroits » contre la ligne de tirailleurs placés en avant de l'Hôtel de Ville pour en protéger les abords. « Plus de vingt mille cartouches furent brûlées, des milliers de carreaux brisés, mais seulement quelques hommes tués ou blessés dans les deux camps[1]. »

Des dépêches de M. de Maupas, retenons ces mots : « *Laisser grossir maintenant serait un acte de haute imprudence,* » et rapprochons-les de ces paroles adressées par M. de Morny, « *avec une chaleureuse gaieté,* » à son entourage effrayé par cette nouvelle que de nombreuses barricades s'étaient élevées dans Paris : « *Comment ! hier vous vouliez des barricades, on vous en fait, et vous n'êtes pas contents*[1] ? » C'est que, pour motiver la tuerie projetée, il fallait un prétexte; des barricades le fourniraient, mais les ouvriers opposent une opiniâtre résistance aux républicains *en paletot* qui les convient à se joindre à eux pour en élever. Ceux-ci voient donc leur bonne volonté réduite à l'impuissance, le succès, ils le savent, ne pouvant être espéré sans l'alliance de la blouse et du paletot. C'est pourquoi, « afin de faire couper les rouges dans le pont, » suivant l'expression des bandits qui y contribuèrent, il avait été décidé que des agents de police et des décembraillards, se déguisant sous la blouse de l'ouvrier, parcourraient les rues, y sèmeraient l'agitation et y ébaucheraient les premières barricades. Dans ce but, M. Magnan « avait fait rentrer toutes les troupes et tous les postes dans leurs quartiers respectifs ». Les sergents de ville avaient opéré la même retraite.

Quelques bandes de coquins en blouse s'étaient, dès huit heures du matin, dirigées vers les rues où les barricades s'élevèrent. Quand le tour fut joué, quand, pour arriver au résultat voulu, on eut, par d'amples libations, échauffé les soldats jusqu'au point où le cerveau se trouble, M. de Morny dépêcha ces mots au général Magnan : « Je vais, d'après votre rapport, faire fermer les clubs des boulevards; FRAPPEZ FERME DE CE COTÉ[2]. »

Vers deux heures, on mettait en marche trente mille soldats avinés. La division Renault allait prendre des positions s'étendant du Luxembourg à la Cité; le général Levasseur faisait occuper les quartiers avoisinant l'Hôtel de Ville par les brigades Herbillon et Marulaz, tandis que la brigade Courtigis s'avançait de la barrière du Trône vers la Bastille. Après avoir dirigé vers la Pointe-Saint-Eustache la brigade Dulac avec une batterie, le général Carrelet fit déboucher de la Made-

---

1. Le capitaine Mauduit.

1. *Mémoires d'un bourgeois.* C'est vers deux heures et demie que cette tiraillerie eut lieu.
2. *Mémoires d'un bourgeois de Paris.*

leine et de la place Vendôme sur les boulevards le reste de sa division dans l'ordre suivant : la brigade Bourgon, la brigade de Cotte et la brigade Canrobert ; quinze bouches à feu dont cinq obusiers les suivaient ; deux régiments de lanciers appartenant à la brigade de cavalerie du général Reybell fermaient la marche de cette formidable colonne dont une partie allait bientôt « *envahir les boulevards par la terreur* ET FRAPPER FERME DE CE COTÉ », c'est-à-dire faire le massacre conseillé par M. de Morny, ordonné par Louis-Bonaparte, et devant l'horreur duquel il semble que Saint-Arnaud ait, un instant, reculé [1].

Altéré de sang autant qu'il l'était la veille, le colonel de Rochefort se signala par les premiers égorgements qui marquèrent cette affreuse journée. A l'entrée de la rue Taitbout et sur le trottoir du boulevard, devant Tortoni, des négociants, des rentiers, des journalistes s'étaient rassemblés ; quelques-uns donnaient le bras à leurs femmes qui tenaient leurs enfants par la main. Ils crièrent : « Vive la République ! Vive la Constitution ! » Aussitôt le colonel enlève son cheval qui tombe au milieu du rassemblement ; ses lanciers sabrent tout. « Une trentaine de cadavres restèrent sur le carreau, presque tous couverts d'habits fins [2]. »

Cependant la brigade Bourgon arrivait et s'arrêtait à une courte distance du semblant de barricade qui, à la hauteur de la rue de la Lune, fermait à peine le boulevard. Une pièce de canon lança un boulet qui, passant au-dessus du faible retranchement derrière lequel s'abritaient vingt ou vingt-cinq hommes, alla tuer un enfant près du Château-d'Eau. La petite barricade, que ses défenseurs abandonnèrent, fut renversée ; puis la brigade, enlevant les obstacles, non défendus, qu'elle rencontrait sur son passage, atteignit le Château-d'Eau ; elle s'y divisa en plusieurs colonnes qui s'engagèrent dans les rues dont se forme le quartier du Temple ; elle avait été suivie jusqu'à la porte Saint-Martin par la brigade de Cotte qui fit halte sur ce point. Le 72e de ligne en est détaché ; on le lancera bientôt dans la rue Saint-Denis, à l'attaque de la grande barricade dont, nous le verrons, la résistance fut héroïque et meurtrière.

Il était près de trois heures. Pour bien saisir toute l'énormité des crimes qui l'un à l'autre vont s'enchaîner, il faut connaître l'aspect sous lequel se présentait alors le théâtre où ils éclateront. Le 72e de ligne marche à l'assaut de la barricade de la rue Saint-Denis contre laquelle viennent de tirer, à toute volée, quatre canons mis en batterie sur la chaussée du boulevard ; le reste de la brigade de Cotte occupe ce boulevard et une partie de celui de Bonne-Nouvelle. La brigade Canrobert s'étend depuis le Gymnase jusqu'à la hauteur du passage de l'Opéra, au delà duquel se massent la cavalerie du général Reybell et la gendarmerie mobile. En disposant deux obusiers sur le boulevard Poissonnière, des artilleurs titubants ont brisé l'avant-train d'un caisson ; l'ivresse des soldats est manifeste ; la foule s'en égaye et circule paisiblement sur les trottoirs ; moins provocante qu'ironique, elle pousse, par intervalles, quelques cris hostiles au dictateur. Les magasins s'étaient fermés au bruit du canon qui avait tiré sur la barricade du boulevard Bonne-Nouvelle. Les habitants des maisons qui longent les boulevards Poissonnière, Montmartre et des Italiens sont aux balcons et aux fenêtres ; ils regardent les troupes et les promeneurs qui stationnent à quelques pas d'elles.

---

[1]. Le général Roguet apportait à Louis Bonaparte « des nouvelles de plus en plus inquiétantes... Celui-ci répondait invariablement ces quatre mots : « *Qu'on exécute mes ordres !* » La dernière fois que le général entra avec de mauvaises nouvelles, il était près d'une heure... Louis Bonaparte dit au général, en le regardant fixement : « Eh bien ! qu'on dise à Saint-« Arnaud d'exécuter mes ordres. » (Victor Hugo, *Napoléon le Petit*.)

[2]. Le capitaine Mauduit.

Dans leur halte, les soldats avaient gardé l'ordre de marche; ils faisaient donc face à la porte Saint-Denis. Un coup de fusil fut tiré d'une croisée ou du toit d'une maison située au coin de la rue du Sentier, disent les uns, — « par un soldat placé vers le centre d'un bataillon et qui le tira tout droit en l'air, » affirme un témoin. Ce coup de fusil *qui ne blessa personne* était-il le signal attendu? Le fait est que toutes les troupes changèrent subitement de front. La tête de la colonne fit éclater, aussitôt, contre la foule et contre les maisons un feu roulant « qui s'étendit dans l'espace de quelques secondes et descendit le boulevard comme une lance de flamme ondulante [1] ». Aux sifflements des balles se mêlent des cris déchirants; la terreur pousse vers les maisons dont les portes sont fermées et vers les rues adjacentes les hommes, les femmes et les enfants que n'a pas atteints la première décharge; des soldats tirent sur les fugitifs dont les pieds glissent dans le sang; pour échapper à la grêle de plomb qui s'abat sur eux, quelques-uns de ces malheureux se couchent, à plat ventre, auprès des blessés et des mourants. Les curieux se sont retirés des fenêtres qui n'ont plus ni vitres, ni châssis, et les projectiles les poursuivent dans les appartements où glaces, pendules, vases et lustres volent en éclats au milieu du plâtras qui se détache des plafonds troués; plusieurs victimes de ces soldats assauvagis gisent sur les parquets.

M. Pecquet, médecin et septuagénaire, est frappé, dans son salon, d'une balle au flanc droit. Le paysagiste Jollivart, qu'une balle atteint, tombe mort, le pinceau à la main, devant son chevalet. « A une fenêtre se trouvait un jeune noble russe ayant sa sœur à ses côtés, quand, soudain, ils furent tous deux blessés par des balles [2]. » Le capitaine Jesse ne préserva sa femme de la mort « qu'en la poussant hors du balcon; une balle vint frapper le plafond directement au-dessus de leur tête; » il avait vu « un soldat, un coquin plus vif que les autres, un gamin sans moustaches, les ajuster. Une seconde après, une autre décharge frappait toute la façade. Les soldats tuèrent bien des malheureux qui étaient restés sur le boulevard parce qu'ils ne pouvaient obtenir accès dans aucune maison. Plusieurs personnes ont été tuées sur le seuil de leur porte [1], » et d'autres dans les caves où elles s'étaient réfugiées; les soldats tiraient par les soupiraux.

Au bruit de la mousqueterie est venu se joindre celui du canon. Deux obusiers battent en brèche l'hôtel Lannes, où M. Sallandrouze a établi son grand dépôt de tapis d'Aubusson. Les épaisses murailles se crevassent et craquent; encore quelques obus, et elles crouleront sur les maisons voisines que des nuées de tirailleurs criblent de balles, et sur les canonniers, « ivres au point que, ne sachant plus ce qu'ils faisaient, plusieurs se laissèrent tuer par le recul du canon [2] ». Un officier d'artillerie fait cesser le bombardement.

Des soldats pénètrent dans l'intérieur de l'hôtel et dans quelques maisons du voisinage; ils y assassinent toutes les personnes qui s'y trouvent. Six employés ou garçons de magasins sont découverts derrière des tapis; on les entraîne et on les fusille sur l'escalier de l'hôtel. Des chasseurs de Vincennes se précipitent dans la librairie qui touche aux magasins du *Prophète* et, n'y trouvant pas un homme qu'ils poursuivaient, ils tuent le père, la mère et les deux filles de ce négociant que le capitaine sabre lui-même. — Un autre libraire du boulevard Poissonnière, M. Lefilleul, est assailli, dans sa boutique, par des soldats qui le blessent au bas-ventre; entre un capitaine et le blessé une lutte s'engage: M. Lefilleul reçoit deux nouvelles blessures; le capitaine est frappé mortellement par des

---

1. Lettre du capitaine anglais William Jesse, *Times* du 13 décembre.
2. William Kinglake.

1. Lettre du capitaine Jesse.
2. Victor Hugo.

Les représentants conduits à la caserne du quai d'Orsay (2 décembre 1851).

soldats qui cherchaient à le défendre et M. Lefilleul parvient à s'échapper.

Depuis le Gymnase jusqu'aux Bains chinois, les soldats de Canrobert et ceux de Reybell s'animent simultanément au même carnage; l'odeur de la poudre leur montait au cerveau avec les fumées du vin, et leur ivresse se tournait en folie furieuse ; des chefs les fouaillaient de leur voix sifflante. « *Tapez ferme sur les Bédouins!* » disaient des sergents. — « *Tirez aux femmes!* » criaient des officiers. — « Pas de quartier! » vociférait un capitaine. — « Entrez dans les maisons et tuez tout! » hurlait un chef de bataillon.

Ainsi attisée, la fureur des soldats redoublait de violence et se déchaînait effrénément. Il y en eut qui tirèrent les uns sur les autres; déshumanisés, n'écoutant que les chefs dont la voix les excitait au meurtre, ils étaient sourds aux conseils de la modération : « Un chirurgien aide-major du 27ᵉ faillit être tué par des soldats qu'il voulait modérer. Un sergent dit à un officier qui lui arrêtait le bras : « *Lieutenant, vous tra-*

hissez[1]. » Les tirailleurs se passaient la fantaisie de parier « qu'ils descendraient celui-ci ou celui-là », et ils riaient à se tordre quand l'homme, la femme, l'enfant ou le vieillard visé s'abattait mourant. Un marchand de coco, sonnette en main et fontaine sur le dos, regagnait sa demeure précipitamment : ô la belle cible que cette fontaine en fer blanc qui reluit! Des balles partent, et le malheureux, « s'affaissant sur lui-même, tombe mort[2] ». Une femme, revenant d'une boulangerie, traverse la rue Saint-Fiacre; ses enfants ne mangeront pas le pain qu'ils attendent et qu'elle leur apportait, car un tirailleur « fait le pari de *la descendre* », et il la descend. — Voilà un petit apprenti sellier qui rentre chez son maître; des soldats l'ajustent, il leur montre une bride de cheval et leur crie d'une voix suppliante : « Je viens de faire une commission; ne me tuez pas! » Plusieurs balles, en trouant sa poitrine, répondirent aux supplications de l'enfant. — Un octogénaire cherchait un refuge; il est amené devant le perron du *Prophète* : « En voilà un qui ne se fera pas de bosse à la tête, » dit un soldat; et le vieillard foudroyé « tombait sur un monceau de cadavres[3] ». — « Une femme qui tomba et qui mourut en étreignant son enfant ne lâcha prise ni pendant la vie ni pendant la mort, car l'enfant aussi fut tué[4]. »

Quelques-uns de ces meurtriers se firent voleurs. Un négociant et son garçon de caisse porteur d'une somme de 5,000 francs en or sont accueillis sur le boulevard par une décharge : le garçon de caisse est tué; le négociant s'échappe, et quand, le massacre terminé, il revient, le cadavre du garçon de caisse est toujours là, mais sa bague, sa montre et l'or ont été volés[5].

La partie du boulevard Montmartre et le boulevard des Italiens qu'on avait livrés à la merci de la brigade Reybell offraient les mêmes scènes de carnage et de dévastation. Là, comme sur le théâtre où opérait la brigade Canrobert, un mensonge pareil à celui qui avait servi de prétexte au saccagement de l'hôtel Lannes et à une indescriptible tuerie produisait de pareilles horreurs. Le colonel de Rochefort en avait donné l'exemple et le signal. Prétendant qu'un coup de fusil avait été tiré d'une maison sur ses lanciers, il s'était mis à leur tête; tantôt carabinant, tantôt frappant de la pointe la foule éperdue, ils laissaient après eux des traînées sanglantes de blessés et de morts. « Lardez-les! lardez-les! » criait un de leurs officiers en se ruant sur un groupe de jeunes gens au coin de la Chaussée-d'Antin. Le *brave colonel* de Rochefort poursuivait et sabrait des femmes sur le trottoir.

Le général Canrobert avait prêté quelques compagnies d'infanterie à son collègue Reybell pour l'aider « *à frapper ferme* » de son côté. Fantassins, gendarmes mobiles et lanciers faisaient autour d'eux un feu d'enfer, brisaient les fenêtres, enfonçaient les portes, pénétraient dans les maisons : « Un moment après, on voyait sortir de la bouche des conduits de fonte un flot rouge et fumant. C'était du sang[1]. »

Des soldats, guidés par le capitaine Larochefoucault, envahirent la maison du *Grand-Balcon* où se trouve le cercle du Commerce dont deux membres venaient d'être blessés par les balles des lanciers. Le capitaine voulait qu'on fusillât les trente sociétaires qui étaient là et les ouvriers du tailleur bonapartiste Dussautoy qui habite la même maison. En se faisant reconnaître par un colonel, le vieux général Lafontaine put arracher sa vie et celle de ses trente cosociétaires à

---

1. Victor Hugo, *Napoléon le Petit*.
2. M. Versigny fut l'un des témoins de cet assassinat.
3. Victor Hugo.
4. William Kinglake.
5. « Ce négociant alla faire sa déclaration à la police; on lui répondit qu'il mentait, que s'il disait un

mot de plus on *l'arrêterait*, et que s'il *bavardait* il aurait à s'en repentir. » (V. Schœlcher.)
1. Victor Hugo.

la rage homicide d'un capitaine ivre ou fou.

Après avoir fait voler en éclats, sous une grêle de balles, toutes les fenêtres de la maison occupée par le café Cardinal et, au-dessus, par les magasins de musique de M. Brandus, des soldats enfonçant les portes « se précipitent dans les escaliers; démolissant, brisant tous les obstacles qui se présentent, ils fouillent toutes les chambres. Un fidèle et vieux domestique de M. Brandus avait été tué. Tout le monde fut arrêté et conduit devant le général, sur le boulevard. Heureusement, une des personnes présentes était M. Sax, que le général connaissait, et toute la compagnie eut la permission de s'échapper dans le passage de l'Opéra [1]. »

Ce général était M. Reybell. Dans les fusillades qui, par son ordre, cassaient tant de têtes innocentes, il trouva le mot pour rire. « Moi aussi, dit-il à M. Sax, *je fais un peu de musique* en ce moment. » Quelle odieuse et lugubre plaisanterie dans un pareil moment! *Les exécutants* du concert Reybell allaient, successivement, entretenir leur ivresse au café Leblond, situé à l'entrée du passage de l'Opéra. « Ce café était plein de soldats qui faisaient sauter le goulot des bouteilles de liqueur et de vin de Champagne [2]. »

La musique du général Reybell ne discontinuait pas. « Les soldats pénétraient de vive force dans plusieurs maisons, et notamment au café de Paris, au café Tortoni, à l'hôtel de Castille, dans la Maison Dorée et dans celle de la Petite Jeannette; les individus qui s'y trouvaient ont été plus ou moins atteints par les coups de feu de la troupe [3]. » Le café Anglais fut presque démoli.

Un vieillard, « père d'un des banquiers les plus célèbres de Paris, traversait les boulevards pour rentrer chez lui, rue Laffitte; il tomba frappé d'une balle. Il essayait de se relever, lorsqu'il aperçut des soldats qui tiraient à bout portant sur d'autres blessés couchés comme lui; il resta immobile jusqu'à ce que la troupe se fût retirée [1] ».

Après avoir jonché de cadavres et *nettoyé* le boulevard, les meurtriers cherchaient d'autres victimes dans les rues adjacentes. Les lanciers déchargeant, à droite et à gauche, leurs carabines dans la rue Le Peletier frappent de plusieurs balles et tuent un pharmacien, M. Boyer, assis dans son comptoir. A l'entrée de la rue Richelieu, ils *lardent* tous ceux qu'ils peuvent atteindre. Rue Montmartre, vers quatre heures, « on tirait sur un groupe inoffensif, sans armes, ne criant pas. Un homme tombe, dit M. Jules Simon, nous le relevons; il n'était que blessé. A trois pas de là, un homme était mort. Une femme avait le bras cassé par une balle. Je retourne rue Richelieu, je vois un soldat ajuster et tirer sur une fenêtre ». Des coulissiers sortant de la Bourse suivaient, les uns la rue Montmartre, les autres la rue Vivienne. « A une faible distance du boulevard, ils se virent en présence de soldats qui les couchaient en joue; ceux qui n'eurent pas le temps ou la présence d'esprit de se jeter dans l'embrasure des portes furent atteints par les balles [2]. » — Poursuivis par des soldats furieux, sept citoyens désarmés essayent vainement d'ébranler une porte cochère en face de la rue Neuve-Vivienne; ils se couchent au pied de cette porte dans l'espoir d'éviter la mort : ils reçoivent une décharge presque à bout portant, et cinq sur sept ne se relèvent pas. « Vous pouvez affirmer le fait, mande à M Schœlcher un témoin de cette tuerie; j'ai recueilli un des survivants dont le frère venait d'être tué sous lui. » Dans la rue Lamartine, des lanciers passaient. Un homme bien vêtu crie : « Vive la République! » Une lance le cloue au mur, et douze ou quinze soudards s'achar-

---

1. Lettre d'un Anglais qui se trouvait chez M. Brandus. *Times* du 9 et du 16 décembre.
2. Taxile Delord, *Histoire du second Empire*.
3. La *Patrie*, n° du 6 décembre.

1. V. Schœlcher, *Histoire des crimes du 2 Décembre*.
2. Taxile Delord, *Histoire du second Empire*.

nant sur lui, comme des chacals sur une proie saignante, le mutilent et le déchirent. — Partout « les soldats frappent sans pitié, détruisent les maisons, en tuent les habitants et se vantent de ces exploits [1] ».

Sous les décharges du boulevard étaient tombés, pêle-mêle, des propriétaires et des cochers, des négociants et des ouvriers de diverses professions, des rentiers et des domestiques, des clercs d'avoué et des clercs d'huissier, un ancien sous-préfet et un avocat, des employés et des hommes d'affaires, un pharmacien et un professeur, le comte Pevinski, neuf femmes, trois enfants et une foule d'hommes appartenant à toutes les conditions sociales, mais « principalement à la classe aisée, suivant le récit d'un médecin ; presque tous étaient fraîchement gantés et en bottes vernies [2] ».

Sur les marches de l'hôtel Lannes, qu'il fallut étançonner ainsi que la maison Billecoq, trente cadavres étaient gisants ; dans la cité Bergère et près des Variétés, ou sous le vestibule de ce théâtre, cinquante-deux, parmi lesquels onze cadavres de femmes. Rue Grange-Batelière, il y en avait trois entièrement nus ; un peu plus loin que les Variétés, « un cadavre, la face contre terre, et une casquette pleine de cervelle et de sang accrochée à une branche d'arbre. Un peu plus loin, il y avait deux corps, un homme et une femme, puis un seul, un ouvrier. De la rue Montmartre à la rue du Sentier, on marchait littéralement dans le sang. On compta là trente-trois cadavres, et puis dix-huit dans la longueur de vingt-cinq pas [3]. » — Devant la porte de la maison Jouvin, on en voyait un tas... « Dans un espace de mille mètres, à l'est de la rue de Richelieu, le pavé du boulevard était jonché de corps ensanglantés, et en plusieurs endroits ils étaient entassés. Des corps placés de loin en loin se gravaient dans la mémoire. On ne pouvait oublier l'aspect d'un vieillard aux cheveux argentés qui n'avait d'autre arme que le parapluie resté dans sa main crispée. On tressaillait en apercevant le gai désœuvré des boulevards, le dos appuyé contre une maison, roidi par la mort, à peine séparé du cigare qui se trouvait à terre, à portée de sa main. On a gardé un profond souvenir d'un apprenti imprimeur collé contre une devanture de boutique ; les épreuves qu'il portait étaient demeurées dans ses mains, et elles flottaient au vent, rougies par son sang [1]. » — « J'ai compté, dit le correspondant de l'*Émancipation*, vingt-six cadavres dans la maison de M. Odier. Et c'étaient des cadavres couverts d'habits luxueux, des femmes, des vieillards et des enfants [2]. » Les ambulances des bains de Jouvence, de l'hôtel Montmorency et de la maison du numéro 19 du faubourg Montmartre regorgent de blessés.

Les boulets et les obus ont démoli à demi les maisons Raguenault et Odier comme l'hôtel Sallandrouze et troué le bazar Montmartre. Les débris de cartouches et les plâtras des maisons ont étendu sur les boulevards comme un tapis de neige, que marquettent des taches de sang. « Les boulevards et les rues adjacentes sont, sur quelques points, UN VÉRITABLE ABATTOIR [3]. »

Après avoir constaté que, sur la rive gauche, la fusillade commença dans les rangs d'une partie de la brigade Renault en même temps que dans ceux des brigades Canrobert et Reybell, et que, à quatre heures et demie, des soldats adossés contre une maison de la place du Panthéon tiraient encore, de tous les côtés, sur les passants, un historien [4] pose ironiquement cette question : « Les troupes de la rive gauche entendirent-elles aussi un coup de fusil parti d'une fenêtre ? »

---

1. L'*Émancipation*, journal clérical de Bruxelles, n° du 7 décembre.
2. V. Schœlcher.
3. Victor Hugo.

1. William Kinglake.
2. N° du 7 décembre.
3. Lettre du capitaine Jesse.
4. Taxile Delord.

Tous ces coups de fusil partis des fenêtres sont mensonges dont les meurtriers essayèrent de couvrir leurs crimes. On prétendit que des balles parties de l'hôtel Sallandrouze et de quatre autres maisons « avaient tué un capitaine-adjudant du 72ᵉ de ligne et blessé dangereusement le colonel, le lieutenant-colonel et quelques soldats de ce régiment [1] ». Or, quand la fusillade éclata sur les boulevards, le 72ᵉ de ligne prenait part au combat engagé devant la barricade de la rue Saint-Denis ; c'est là que nous le retrouverons et que furent tués ou blessés des soldats et des officiers de ce régiment. Parmi les victimes, d'ailleurs, aucun capitaine adjudant-major ne se trouva. — En outre, le directeur de l'établissement Sallandrouze, M. Billecoq, approbateur du coup d'État, et les propriétaires des autres maisons d'où les coups de fusil avaient, disait-on, été tirés, élevèrent contre cette allégation mensongère des protestations qui furent accueillies et non contestées. — Sur les boulevards Montmartre et des Italiens, d'où étaient partis les coups de feu entendus par le colonel de Rochefort, transformés par le rapport du général Magnan en « une assez vive fusillade essuyée par la cavalerie du général Reybell », et qui, suivant les narrateurs officieux du coup d'État *ont blessé plusieurs lanciers* ? Du café de Paris et de la Maison Dorée, ont dit les uns ; — du café Tortoni et de celui du Grand Balcon, affirmaient les autres. Puis, ce fut la maison Brandus qu'on désigna ; on se rabattit, enfin, sur l'hôtel de Castille et sur le magasin de la *Petite Jeannette*. Eh bien ! le *Constitutionnel* et la *Patrie* furent obligés de reconnaître que pas un coup de fusil n'avait été tiré de ces maisons-là, « où aucun fait de cette nature ne s'était passé, et qu'ils avaient commis une erreur en le disant ».

Mais, si tous ces coups de feu qui ont servi de prétexte à tant de saccagements et de meurtres sont imaginaires, « comment plusieurs lanciers ont-ils été blessés » ? *Aucun lancier n'a reçu aucune blessure.* « Nous possédons, dit un historien, la liste détaillée, régiment par régiment, des militaires tués ou blessés pendant les journées de Décembre, *liste officielle*, et force nous est de constater que *pas un seul lancier n'a été tué ni même blessé* [1]. »

Perçant les obscurités dont on la couvrait, la vérité jeta sa lumière sur cette tuerie si horrible que, dans son rapport officiel, le général Magnan *n'en dit pas un mot* [2], et dont on put longtemps, en imposant à la presse le même silence, dérober l'histoire à la France terrorisée.

Le capitaine William Jesse, placé de façon à parcourir des yeux l'espace qui s'étend depuis la rue Richelieu jusqu'à l'extrémité du boulevard Montmartre, juge impartial d'événements dont il a été le témoin et dans lesquels il est désintéressé, dit : « A titre de militaire, c'est avec le plus profond regret que je suis forcé d'admettre que *cette fusillade de gaieté de cœur n'était pas le résultat d'une panique, mais celui d'une impulsion sanguinaire.* » — L'historien de la guerre de Crimée, aux récits duquel tout le monde s'accorde à reconnaître la plus exacte impartialité, ajoute : « Ce que vit avec calme cet officier anglais, des milliers de Français le virent avec une horreur frénétique. Il n'y eut ni combat, ni émeute, ni tumulte, ni querelle, ni dispute. C'était une masse d'hommes non armés, de femmes et d'enfants. Les meurtriers étaient des milliers de soldats armés qui ne se trouvaient exposés à aucun danger réel ; *ils ont*

---

[1]. Le *Constitutionnel* et la *Patrie*.

[1]. Eugène Ténot. Cette affirmation, publiée sous l'Empire, ne fut point démentie. Nous avons pu, d'ailleurs, en vérifier l'exactitude.

[2]. Le général Magnan se borne à dire : « Les rassemblements qui ont essayé de se former sur les boulevards ont été chargés par la cavalerie du général Reybell. » Pas un mot ni du bombardement des maisons, ni du massacre général de la foule sur plus de huit cents mètres de boulevard.

subitement fait feu sur une foule d'hommes et de femmes qui ne leur résistaient pas. Ceci constitue un massacre de propos délibéré. »

Tandis que les soldats appartenant aux brigades Canrobert et Reybell pénétraient avec effraction dans les maisons canonnées et que les boulevards devenaient un vaste cimetière, les troupes, dont j'ai indiqué les positions de combat, exécutaient un mouvement d'ensemble pour *envahir par la terreur les quartiers qui leur étaient livrés*. Les unes attaquaient les barricades, pendant que les autres opéraient « *d'un air bonhomme* » une marche convergente ayant un double but : couper la retraite aux défenseurs de la loi, pousser les curieux dans les rues par où cette retraite devait s'effectuer, et qui, subitement barrées aux deux bouts, ne laisseraient aucune issue aux fugitifs conduits dans ce piège infernal. « Alors combattants ou simples spectateurs étaient fusillés, pour ainsi dire, à bout portant [1]. »

C'est vers deux heures et demie que la batterie de la brigade de Cotte avait ouvert le feu contre la barricade de la rue Saint-Denis; quand les obus et les boulets l'eurent entamée, le 72ᵉ de ligne marcha sur elle au pas de charge; il fut accueilli par un feu qui le fit reculer; trois fois il s'élança vers la redoute, et trois fois il fut mis en fuite. Les canons se rapprochent et tirent à mitraille, puis le général de Cotte dirige lui-même un quatrième assaut; il est plus meurtrier pour les soldats que les trois autres. Sous une grêle de balles, le lieutenant-colonel Loubeau, trois officiers et dix ou douze grenadiers tombent morts; une vingtaine de fantassins, quelques artilleurs et le colonel Quilico sont blessés. Le cheval du général de Cotte est tué. Le 72ᵉ, dans les rangs duquel le désordre s'est mis, bat encore en retraite et regagne précipitamment le boulevard, tandis que, debout sur la barricade, les défenseurs de la loi crient : « Vive la République! Vive la Constitution! »

Déconcerté par cette résistance aussi vaillante qu'inattendue, le général de Cotte tint conseil. On résolut de prendre les républicains entre deux feux. Il était près de cinq heures quand ils virent le 72ᵉ se disposant à les attaquer de front, et le 15ᵉ léger débouchant par la rue aux Ours afin de les prendre à revers; ils se retirèrent sur la rue Saint-Sauveur, ne laissant que trois de leurs amis sur le carreau. Le 15ᵉ léger venait d'enlever les barricades de la rue des Jeûneurs et des rues adjacentes.

La brigade Bourgon avait détruit celles des rues qui aboutissent au Temple; dans la rue Phélippeaux, vingt jeunes gens se firent tuer jusqu'au dernier.

Parties, en même temps, d'une direction opposée à celle des brigades de Cotte et Bourgon pour former le cercle qui allait entourer les combattants, les brigades Dulac, Herbillon et Marulaz pénétraient, par la rue Rambuteau et par le bas des rues du Temple, Saint-Martin et Saint-Denis, dans les quartiers barricadés. Partout il fallut employer le canon avant la baïonnette pour s'emparer des barricades; rue Rambuteau, il y en eut une qui égala celle de la rue Saint-Denis par la solidité de sa construction et par l'héroïsme de sa défense.

Dès qu'il n'y eut plus que des cadavres sur les boulevards que sa brigade occupait, le général Canrobert, sans laisser prendre haleine à ses soldats, les amena au faubourg Saint-Martin. Au fur et à mesure qu'une barricade était enlevée, ceux de ses défenseurs qui n'avaient pas succombé dans la lutte étaient fusillés ou égorgés. « *Pas un seul ne fut épargné* [1]. » On fusilla des prisonniers dans la cour de la mairie; on en égorgea partout, jusqu'aux bords du canal où, dans leur fuite, ils avaient été acculés et cernés. « Là, comme

---

[1]. William Kinglake.

[1]. La *Patrie*, nº du 6 décembre.

à Zaatcha, dit un historien bonapartiste, le général Canrobert donna l'exemple du *courage* [1]. » Non ! C'est du *carnage* que, le 4 décembre, il donnait l'ordre et l'exemple. En faisant tuer, sur les boulevards et dans un faubourg de Paris, des citoyens qu'abritait le drapeau de l'honneur et de la loi, il entachait la gloire qu'il avait acquise au siége de Zaatcha en combattant les ennemis de la France sous ce même abri sacré qu'il fait, aujourd'hui, mettre en pièces par des soldats ivres.

Les républicains armés qui, en abandonnant assez tôt la barricade de la rue Saint-Denis, avaient rendu sans effet le mouvement convergent du 72ᵉ de ligne et du 15ᵉ léger, s'étaient retrouvés dans le quartier Montorgueil. A neuf heures du soir, retranchés au nombre de cent derrière la troisième des barricades qui se dressaient dans les rues Saint-Eustache, du Petit-Carreau et Montorgueil, ils prirent la résolution de ne pas survivre à la Constitution et à la liberté. Tout à coup se présentèrent à eux Denis Dussoubs, frère du représentant de la Haute-Vienne, et Carpentier, délégué du comité démocratique, échappés, tous les deux, au carnage que les soldats du général Canrobert faisaient des défenseurs de la barricade du faubourg Saint-Martin, sur laquelle ils avaient combattu à côté du brave lieutenant Luneau, de l'ancienne garde républicaine. Ce groupe de vaillants, auxquels le patriotisme a inspiré un beau désespoir, se laisse enfermer dans un cercle de fer. Les clairons des troupes se répondent. Dix heures sonnent. Les avant-postes sont attaqués. Bientôt s'approche le 2ᵉ bataillon du 51ᵉ de ligne, ayant à sa tête le commandant Jeannin. Revêtu de l'écharpe de représentant qu'il avait empruntée à son frère malade, Denis Dussoubs franchit les barricades; il marche, seul et sans armes, au-devant des soldats; il leur adresse une harangue où vibrent les sentiments du devoir et de l'honneur. Les élans de sa voix douloureuse, la dignité de son maintien ont ému le commandant qui cherche à le détourner d'une résistance inutile. Denis Dussoubs regagne la barricade; pendant qu'il y monte en criant : « Vive la République ! » des soldats auxquels il tourne le dos font feu sur lui sans en avoir reçu l'ordre; il tombe frappé de deux balles à la tête.

Les deux premières barricades sont enlevées; la troisième n'est prise qu'à la suite de plusieurs assauts furieux et d'un combat acharné. Les voltigeurs du bataillon Jeannin fusillent les républicains restés debout; quand ils ont achevé les blessés à coups de sabre, ils tournent leur fureur contre les habitants des maisons voisines, où ils se répandent; ils assassinent les hommes qu'ils y trouvent; ils en entraînent vingt-cinq ou trente au pied de la barricade, où ils les hachent; ils arrachent à son comptoir le marchand de vin du coin des rues du Cadran et du Petit-Carreau et ils le lardent de vingt-deux coups de baïonnette. Depuis la rue Mandar jusqu'à la rue Neuve-Saint-Eustache, ce sont les mêmes boucheries humaines. On évalue à *cent* [1] les prisonniers qu'on fit là; « il y en avait, dit M. Mauduit, dont les mains étaient encore noircies par la poudre ; comment était-il possible de ne pas exécuter contre *beaucoup* d'entre eux les prescriptions terribles de l'état de siége ? » Aucun des prisonniers n'échappa à l'enragerie farouche des soldats qui voyaient rouge [2].

Quelques-uns de ces enragés, dont le détachement stationnait dans la rue Montmartre,

---

[1]. Granier de Cassagnac.

[1]. H. Mauduit.
[2]. L'un de ces blessés héroïques fut transporté, pendant la nuit, à la Charité où le docteur Deville constata onze blessures éparses sur son corps; il se nommait Paturel. « Le voyant à terre, plusieurs soldats lui avaient tiré plusieurs coups de feu et l'avaient lardé à coups de baïonnette; il se plaignait d'avoir été dépouillé par eux de tout ce qu'il portait sur lui, sans excepter son mouchoir. » (V. Schœlcher.)

fouillent le passage du Saumon; ils y saisissent douze ou quinze hommes et les égorgent. Sous un tas de jouets d'enfants, ils découvrent un gamin de treize ans et ils le tuent. Une de leurs victimes s'est traînée jusqu'à la porte d'un magasin, où, agonisante, elle demande une goutte d'eau; ils aperçoivent ce mourant, et ils élargissent, en riant, ses blessures avec leurs sabres.

Vers la même heure, dans la rue Laharpe, trente-cinq hommes élevaient une barricade; pris entre deux bataillons, ils furent conduits au Luxembourg, où le général Sauboul ordonna leur égorgement, après avoir, en termes fort durs, fait un crime aux officiers « de n'avoir pas exécuté sur-le-champ les ordres du ministre de la guerre ».

Rue Maubert gisaient les cadavres de vingt jeunes gens fusillés par un peloton de gendarmerie mobile. Sur le quai des Orfévres, d'autres gendarmes abattaient des passants inoffensifs. Tant que dura cette nuit de meurtre, ce fut une véritable chasse aux hommes. Dans la rue Pagevin, un soldat du 49e de ligne tire, à bout portant, sur un négociant qui rentrait chez lui. Un sapeur du même régiment fend, d'un coup de hache, la tête d'un citoyen dont il s'était laissé approcher sans le moindre avertissement. Au milieu du quai aux Fleurs, une sentinelle crie à un jeune homme : « Passez au large! » En même temps, le jeune homme est étendu roide mort.

Le capitaine Mauduit raconte que, à huit heures du soir, se déterminant à s'aventurer vers la Chaussée-d'Antin, un de ses amis le rencontra et lui dit : « Vous ne pourrez traverser le boulevard sans vous exposer à des coups de pistolet ou de lance de la part des vedettes placées à chaque angle des rues; les boulevards sont jonchés de cadavres. » Rue de la Michodière, un passant lui dit à voix basse : « N'allez pas vers les boulevards; on tire sur tout ce qui traverse. » Et le capitaine bonapartiste ajoute : « *La victoire* restait à Napoléon... Jetons un voile funèbre sur *les victimes nombreuses* qui gisent, çà et là, depuis Tortoni jusqu'à la porte Saint-Denis, et, parfois, par groupes réunis. »

Non! non! il faut, au contraire, découvrir toutes les horreurs dont on décora du beau nom de *victoire* l'effroyable succès; horreurs telles que, « sous le saisissement produit chez eux par ce lugubre coup d'œil et ces cris déchirants, beaucoup d'hommes braves sentirent leur force brisée, et sanglotaient comme des enfants [1] ». Autant qu'il se pourra, nous suivrons les traces sanglantes des meurtriers napoléoniens.

Un officier se vantait « d'avoir fait des coups admirables entre les deux yeux, d'avoir arrêté des gens et de les avoir mené fusiller au coin de la rue ». Un autre disait : « Nous avons pris notre revanche de Février, et tout ce que nous regrettons, c'est qu'elle n'ait pas duré davantage [2]. » Les scènes de carnage nocturne se multipliaient. Une croisée s'ouvrait-elle? des balles la criblaient. Sans chercher à savoir si la mort allait frapper un ami ou un ennemi, on tuait. Un parfumeur de la rue Saint-Martin, M. Monpelas, voulut éclairer sa fenêtre en l'honneur des soldats qu'il applaudissait; ils le remercièrent en le frappant d'une balle au front. La mort atteint, dans leurs chambres, deux boutiquiers de la rue Saint-Denis. Un habitant de la rue des Vinaigriers regagnait sa demeure : « On ne passe pas! » lui crient des chasseurs de Vincennes. Il rebrousse chemin et tombe. Deux voisins se hasardent à ouvrir leur porte afin de relever cet homme expirant, une nouvelle décharge les blesse. Rue des Arcis, des soldats entrent dans un magasin, y trouvent quatre jeune gens, et les entraînent dans la cour où ils les fusillent.

Jugeant que « la population a été suffisamment épouvantée par les coups de feu », plusieurs officiers recommandent à leurs sol-

1. V. Schœlcher.
2. P. Mayer.

Aspect des boulevards le 2 décembre.

dats « de se servir de l'arme blanche ». A minuit, dans la rue Rambuteau, quinze personnes furent tuées « avec économie de poudre et de bruit », suivant l'expression d'un capitaine de lanciers qui qualifiait ainsi la mort donnée par l'arme blanche; il glorifiait l'usage qu'en avait fait son régiment.

Il y eut un général français nommé Herbillon, qui, enviant le renom de Haynau... « faisait donner le fouet aux insurgés âgés de moins de vingt ans qu'on lui amenait, et les livrait ensuite aux sergents de ville[1] ». Que devenaient entre les mains des agents de police ces jeunes gens victimes du général Fesseur? Les déclarations suivantes nous l'apprendront : « Deux de mes amis rentrant chez eux, le 4, vers neuf heures du soir, ont rencontré une forte troupe de *sergents de ville* et de gendarmes mobiles qui menaient une soixantaine de prisonniers, le long du Louvre, dans la direction des Champs-Élysées. Au moment où ils passaient, un de ces malheureux leur cria : *Adieu, frères, on va nous fusiller!* Et sa voix fut immédiatement étouffée[2]. » M. Xavier Durieu raconte ainsi les assommements des prisonniers dans une des cours de la préfecture de police : « Souvent, quand la porte était refermée, *les sergents de ville* se jetaient comme des tigres sur les prisonniers attachés les mains derrière le dos. Ils les assommaient à coups de casse-tête. Ils les laissaient râlant sur la pierre où plusieurs d'entre eux ont expiré... Il en est ainsi ni plus ni moins; nous l'avons vu des fenêtres de nos cellules qui donnaient sur la cour. » Caillaux, ex-lieutenant-colonel de la garde républicaine, m'a souvent répété qu'on entendait, nuit et jour, dans cette préfecture, des cris plaintifs, étouffés. « Au fond de la première cour, du côté du quai aux Lunettes, me disait-il, les prisonniers essayaient vainement de se dérober aux coups dont les frappait le bâton court et plombé des sergents de ville. » MM. Guillot, Venart et Castellino furent conduits à la préfecture le 6 décembre ; on les mit dans une cellule où celui qui distribuait le pain, un boiteux, leur dit : « Il est heureux pour vous de n'être arrivés qu'aujourd'hui à la Préfecture ; il s'y est passé de terribles choses, ces jours derniers. » M. Domengé écrivit à M. Schœlcher : « J'ai vu dans une maison de la rue de Grenelle-Saint-Honoré un gendarme mobile saisi d'un accès de fièvre chaude causé par le remords d'avoir participé aux assassinats de la préfecture de police. Dans ses accès de délire, il voyait les fantômes de ceux qu'il avait fusillés. »

Un détenu du fort d'Ivry, âgé de dix-sept ans, ne cessait de raconter à ses compagnons que, « en présence de beaucoup de prisonniers parmi lesquels il se trouvait, on en avait fusillé dix-sept à Mazas ». Il souffrit longtemps d'un ébranlement des nerfs causé par ce spectacle sanglant.

Le massacre des défenseurs de la loi, conçu par Louis-Napoléon Bonaparte et par le duc de Morny, sera aussi exécrable à la postérité la plus reculée que celui des défenseurs de la liberté de conscience, conçu par Charles IX et par le duc de Guise ; aux noms des Saint-Arnaud, des Magnan, des Canrobert, des Reybell, des Sauboul et des Rochefort s'est attachée la même famosité qu'à ceux des Tavannes, des Retz, des Gondi, des Crucé, des Besmes et des Sarlabousse ; les dates de ces deux meurtres immenses, le 24 AOUT 1572 et le 4 DÉCEMBRE 1851, apparaîtront éternellement dans l'histoire comme deux larges taches de sang.

Entre ces deux crimes, l'un religieux et l'autre politique, que de rapprochements sinistres !

« Saignez ! saignez ! » criaient aux égorgeurs ceux qui présidaient aux massacres ordonnés par Charles IX. — « Lardez ! lar-

---

1. P. Mayer.
2. Déclaration de M. Domengé, ex-membre de l'Université, rapportée par M. Schœlcher, *Histoire des crimes du 2 Décembre*.

dez ! » vociféraient quelques-uns des chefs qui faisaient exécuter le massacre ordonné par Louis-Napoléon Bonaparte.

Ceux qui, par leurs excitations, ranimaient le carnage des défenseurs de la liberté de conscience, « avaient l'espoir d'obtenir les charges ou les successions des victimes ». Les officiers, dont la voix stimulante acharnait les soldats contre les défenseurs de la loi, « avaient l'idée que l'avancement était favorisé par une participation zélée au massacre, et que celui qui s'y serait le plus profondément plongé avait le plus de chance [1] ».

De même que les égorgeurs déchaînés par Charles IX, les décembriseurs jetaient parfois dans la Seine les cadavres de leurs victimes : « Un individu, porteur d'armes sous sa blouse, fut fusillé à l'entrée du Pont-Neuf et *son corps jeté aussitôt* à la Seine. Dans la Cité, un émeutier et trois individus arrêtés porteurs de munitions, de proclamations ou fausses nouvelles, furent passés par les armes et lancés dans la Seine [2]. »

« Dans les prisons, on tenait en réserve des protestants que l'on tuait pendant la nuit [3]. » — Il est de notoriété que, pendant les nuits du 4 et du 5 décembre, « des prisonniers furent fusillés par détachements et jetés dans des fosses ». M. Kinglake rapporte que, dans les quartiers tranquilles, on entendait des feux de peloton séparés ; que ces détonations venaient surtout de la direction du Champ-de-Mars et retentissaient aussi du côté du jardin du Luxembourg et dans quelques autres endroits ; que, dans les environs de l'esplanade des Invalides, le bruit des feux de peloton était accompagné de cris et de gémissements. « *L'ordre avait été donné de ne pas faire de prisonniers* [4]. » On l'exécuta rigoureusement. Un historien raconte que, « devant les cadavres des protestants amoncelés dans les rues, les chefs des massacreurs, les courtisans de Charles IX et les courtisanes titrées, ivres de vin, tenaient des *propos obscènes* et se livraient à des jeux sacrilèges [1] ». — Quel spectacle offrait Paris pendant la nuit du 4 décembre ? On voyait, de temps en temps, des troupes défiler au son de la musique, sur les boulevards jonchés de cadavres et où les pieds glissaient dans le sang. A partir du faubourg Montmartre, on rencontrait, à chaque pas, des bivouacs où des soldats faisaient ripaille. « Les tables étaient dressées depuis la Chaussée-d'Antin jusqu'à la Bastille... Les soldats qui ne mangeaient pas buvaient ; la flamme des punchs se mêlait au feu des bivouacs [2]. » — « Vers onze heures du soir, il y eut sur le boulevard comme une fête de nuit. Les soldats riaient et chantaient. Le cigare à la bouche, ils faisaient sonner l'argent qu'ils avaient dans la poche... De bivouac à bivouac, on s'appelait avec de grands cris et des *plaisanteries obscènes*. On entendait le choc des verres et le bruit des bouteilles brisées [3]. » — « La nuit du 4 au 5, dit M. Schœlcher, fut, sur plusieurs points, une véritable orgie. » Un témoin qu'il cite a vu, sur les boulevards, les lanciers boire et s'enivrer à côté de mares de sang et de débris humains. Sur la place du Panthéon, les tirailleurs de Vincennes étaient en débauche. Plusieurs d'entre eux se passaient de l'un à l'autre des filles de joie. Tout le quartier retentissait de chansons bachiques. Quand le jour revint, un officier ivre-mort, et qu'on avait peine à contenir, « brandissait son sabre en demandant des socialistes à exterminer ».

La célébration de la SAINTE-BARBE en 1851 fait pendant à celle de la SAINT-BARTHÉLEMY en 1572. Si le résultat des deux œuvres scélérates inspire une égale horreur, le mobile, il faut

---

1. W. Kinglake, *l'Invasion de la Crimée*.
2. Le capitaine Mauduit, *Révolution militaire*, p. 238.
3. Dulaure, *Histoire de Paris*.
4. Le lieutenant-colonel Lebrun, du 58e de ligne, président d'un des conseils de guerre de Paris, l'a déclaré en pleine audience.

1. Pierre de l'Étoile.
2. Taxile Delord, *Histoire du second Empire*.
3. Victor Hugo, *Napoléon le Petit*.

bien le dire, en fut différent. L'assassin pieux et couronné fit égorger les adversaires de la papauté sous l'impulsion du fanatisme religieux et pour être agréable au pape. — L'assassin parjure et besoigneux fit tuer les adversaires de la tyrannie sous l'aiguillon de désirs malsains, pour trouver dans l'usurpation du pouvoir absolu les moyens de payer ses dettes et de soûler royalement ses appétits sensuels.

A Paris seulement, les égorgeurs que Charles IX et ses complices avaient fanatisés et affolés enveloppèrent dans le massacre, dont Coligny, le vaillant amiral, fut la première victime, huit ou neuf mille champions de l'inviolabilité des consciences. — Pendant la durée du massacre auquel on préluda par l'assassinat de Baudin, le courageux représentant du peuple, à combien de milliers s'éleva le nombre des défenseurs de la loi violée, qui tombèrent sous les sabres, les baïonnettes ou les balles des soldats que Louis-Napoléon et ses aides avaient égarés et enivrés?

Tout au contraire de Charles IX qui, après avoir, d'une fenêtre du Louvre, animé par ses cris les tueurs au carnage et arquebusé « les malheureux échappés aux poignards et traversant la rivière à la nage », déclara que lui seul avait ordonné le massacre et se glorifia « *du succès de l'expédition* », Louis Bonaparte qui, pendant l'exécution de ses ordres féroces, cachait ses peurs dans un coin de l'Élysée, où, en cas d'*insuccès de l'expédition*, sa fuite était préparée, voulut plonger dans le silence son œuvre sanglante et dérober à l'histoire le nombre des morts.

Un historien allemand qui, en 1872, a su être impartial en comparant l'Allemagne à la France dans leur génie respectif, dit : « Le 4 décembre, lorsque le prince vit la résistance armée se produire, le tigre éclata en lui. Les troupes reçurent l'ordre de réprimer le mouvement avec une impitoyable énergie. En quelques heures, *par centaines*, de simples spectateurs, hommes, femmes, vieillards, enfants, furent massacrés. Il en fut de même dans les départements. Partout où elle se produisait, la résistance fut étouffée avec une effrayante cruauté. On n'a jamais connu le nombre des morts. »

On en avoua d'abord cent [1], puis cent soixante-neuf [2], puis cent soixante-quinze [3], puis encore cent quatre-vingt onze [4]; et comme la grossièreté de ces mensonges choquait par trop l'évidence on fit monter le chiffre à trois cent quatre-vingts [5]. Il avait été enjoint aux journalistes tolérés de se taire et aux historiens officiels ou officieux de ne pas revenir là-dessus.

Deux historiens indépendants qui, beaucoup plus tard, vers la fin de l'Empire, osèrent en France parler de cela, durent mettre à leur voix une sourdine, sans laquelle on l'eût étouffée. L'un d'eux dit : « Le chiffre de trois cent quatre-vingts nous paraît bien faible en présence des indices graves que nous recueillons de divers côtés [6]. » L'autre constate que les exécuteurs du coup d'État, dont la vraie date est *le 4 décembre*, n'ont fourni aucun moyen d'information à l'histoire, que l'accès des dépôts où sont renfermées les correspondances officielles est interdit au public [7]. Réduits aux conjectures par l'auteur et par les instigateurs du massacre, « qui ont enlevé tout moyen de constater la vérité [8], » nous devons chercher le nombre approximatif de leurs victimes dans un calcul de probabilité appuyé sur les témoignages recueillis.

Un historien, dont la probité sévère repousse tous les faits douteux, dit : « On peut

---

1. Rapport du général Magnan
2. P. Mayer.
3. Granier de Cassagnac, qui emprunte ce chiffre à un rapport de M. de Maupas.
4. Évaluation de M. Trébuchet, chef de bureau de la salubrité.
5. Le *Moniteur* du 30 août 1852.
6. Eugène Ténot.
7. Taxile Delord.
8. W. Kinglake.

porter à *cinq cents au moins* le nombre des habitants de Paris assassinés, *sans parler des morts des barricades* [1] : » ni, bien entendu, de ceux du Champ-de-Mars, où « il paraît certain, ajoute-t-il, que des exécutions nocturnes ont eu lieu ; » ni de ceux des prisons, « où les massacres qu'on y fit sont de notoriété publique à Paris ».

Auguste Lireux, miraculeusement échappé à la mort dont le menacèrent, tour à tour, des chasseurs de Vincennes et des gendarmes ivres, en le traînant de chez Caïphe chez Pilate, « *a vu de ses yeux plus de huit cents cadavres* dans toute la longueur des boulevards ». Le *Times* qui, en général, tient ses renseignements de bonne source, assure que « *douze cents personnes inoffensives et sans armes* ont été assassinées par des soldats ivres sur les boulevards et dans les rues de Paris ».

Quant aux citoyens armés qui défendirent la loi sur les barricades, on connaît leur nombre ; ils étaient mille à onze cents contre lesquels furent lancés plus de quinze mille soldats, et les deux tiers de ces braves moururent en combattant ou furent égorgés après le combat.

Avec le relevé des morts enterrés, pendant la journée du 5, dans les divers cimetières de Paris, on eût pu dresser, approximativement, la liste funèbre ; mais les meurtriers prirent des mesures pour anéantir cette base d'un évaluation redoutée. Néanmoins on a pu savoir quelle fut, dans la répartition des cadavres entre tous les cimetières, la part de celui de Montmartre. M. A. de Vaulabelle [2], qui en était, alors, le conservateur, reçut, le 15 décembre, « PLUS DE TROIS CENT CINQUANTE CADAVRES *avec ordre de les enterrer immédiatement sans même les laisser reconnaître* ». Il enfreignit cet ordre ; tous les morts furent reconnus.

S'il eût été possible de connaître le nombre des cadavres déposés, le jour, par les familles, dans les fosses particulières, ou jetés, la nuit, par des argousins faisant l'office de croque-morts, dans les fosses communes de tous les cimetières, aurait-on pu savoir aussi le nombre des victimes de toutes *les exécutions inédites ?* A cette question, un historien a répondu : « Cherchez sous le pavé des rues, sous les talus du Champ-de-Mars, sous les arbres des jardins publics ; cherchez dans le lit de la Seine. Un des malheureux soldats que l'homme du 2 Décembre a transformés en bourreaux raconte avec horreur que, dans une seule nuit, le nombre des fusillés au Champ-de-Mars n'a pas été de moins de huit cents [1]. » On demandait à un chef de bataillon de la gendarmerie mobile, « laquelle s'est distinguée dans ces égorgements : « Eh bien ! « voyons, le chiffre ? Est-ce quatre cents ? Six « cents ? Huit cents ? — Mettez *douze cents*, ré- « pondit-il, et vous n'y serez pas encore. » Un colonel a déclaré que « son régiment, un de « ceux qui s'étaient acharnés à la tuerie, avait « tué *deux mille quatre cents hommes* [2] ».

De tout cela on infère, sans exagérer, que plus de deux mille personnes furent massacrées à Paris.

L'ivresse à laquelle, après les avoir trompés et irrités, on livrait les soldats pour les rendre inconscients d'eux-mêmes, les poussait jusqu'à détrousser leurs victimes. Les vêtements des trois cent cinquante cadavres envoyés au cimetière Montmartre « furent soigneusement explorés afin de mettre de côté les objets qui pourraient servir à les désigner ; *ils ne contenaient ni bourse, ni montre, ni bijou ; toutes les poches* avaient été retournées par les soldats [3] ».

Maudits soient ceux qui, au nom de la discipline militaire, firent couvrir de tant de souillures l'uniforme de l'armée française ! Ils la mèneront à des catastrophes dont la honte égalera l'immensité.

---

1. V. Schœlcher.
2. Frère de l'historien Achille de Vaulabelle.

1. Victor Hugo.
2. William Kinglake.
3. Taxile Delord, *Histoire du second Empire*, t. Ier, p. 387 ; Paris, 1869.

DOCUMENTS COMPLÉMENTAIRES DU CHAPITRE VI

I

LES AGENTS PROVOCATEURS

« Cinq cents *coquins* de la Société du Dix-Décembre ou agents de police avaient reçu l'ordre de parcourir, sous la blouse de l'ouvrier, les rues et les carrefours, d'y semer l'agitation et d'y dresser des barricades qu'ils devront abandonner après avoir essuyé le premier feu. . . . .

« Le jeudi, 4 décembre, ils se dirigèrent, de grand matin, en petites bandes, vers les rues de Cléry, Saint-Eustache, du Temple, etc. Les instructions qu'ils avaient reçues furent ponctuellement suivies... Ces émissaires de l'Élysée perdirent quelques-uns des leurs, entre autres le chef qui les commandait; mais le tour était joué...

« Ces faits furent racontés dans un corps de garde, en présence de témoins, par un nommé Aubert, ouvrier sur le port de la Villette; il en parlait avec orgueil; il était l'un des cinq cents; il cherchait un de ses camarades pour l'élection d'un chef, en remplacement de celui qu'ils avaient perdu.

« A l'une des barricades du quartier Saint-Denis, plusieurs citoyens reconnurent et virent à l'œuvre Schnep, l'espion de nos réfugiés en Suisse.

« D'autres agents de police *défendaient* la barricade de la rue Rambuteau, près des Archives; l'un d'eux fut reconnu par des ouvriers; il était porteur de sa carte. On allait faire justice de ce misérable, lorsque Broquet, membre du Comité démocratique, cédant au mouvement d'une générosité hors de saison, ordonna qu'on le délivrât. »

(H. MAGEN, *Histoire de la Terreur bonapartiste.*)

UNE EXCITATION AU MEURTRE

« M. Lefèvre fils, négociant à Issy, a fait la déclaration suivante :

« — Le 4 décembre au matin, je revenais des ateliers du chemin de fer d'Orléans, où je voulais soulever des ouvriers de ma connaissance contre l'attentat. Lami, mécanicien rue du faubourg Saint-Germain, était avec moi. En traversant la place Saint-Sulpice, transformée en un véritable camp, nous entendîmes cette allocution du colonel du 6ᵉ de ligne à ses soldats plongés, la plupart, dans l'ivresse : « *Soldats, soyez aveuglément soumis à la discipline et aux ordres de vos chefs! Que rien ne vous arrête; tuez tout ce qui s'opposerait à votre gloire : femmes, enfants, vieillards, vous frapperez tout, entendez-vous, soldats?* » Les personnes qui entendirent, comme moi, ces horribles excitations au meurtre furent glacées d'horreur. »

« Ce colonel du 6ᵉ de ligne se nomme Garderens de Boisse. »

(*Histoire de la Terreur bonapartiste.*)

II

LE MASSACRE

RÉCIT DU CAPITAINE ANGLAIS WILLIAM JESSE

« A deux heures et demie, le 4 décembre, on entendit distinctement le canon dans la direction du faubourg Saint-Denis. A trois heures, je me plaçai sur le balcon où se trouvait ma femme et j'y restai pour regarder les troupes. Tous les boulevards, aussi loin que la vue pouvait porter, en étaient couverts, artillerie, cavalerie, et surtout infanterie, en colonnes serrées ; des pièces de douze et des obusiers occupaient le terrain élevé du boulevard Poissonnière. Les officiers fumaient leurs cigares ; les fenêtres étaient pleines de spectateurs ; il y avait des femmes, des enfants, des domestiques, des commerçants qui avaient tous fermé leurs boutiques ou, comme c'était le cas pour ma femme et moi, des voyageurs logés dans les appartements.

« *Tout à coup*, pendant que je regardais attentivement, à l'aide d'une lunette, les troupes placées au loin, vers l'est, sur le boulevard Bonne-Nouvelle, *quelques coups de feu furent tirés près de la tête de la colonne*, qui me paraissait compter trois mille hommes environ. La fusillade s'étendit dans l'espace de quelques secondes, et après avoir été suspendue un instant excessivement court, descendit le boulevard comme une lance de flamme ondulante. Mais les décharges étaient si régulières au début que la pensée me vint que c'étaient des salves de mousqueterie tirées en réjouissance de la prise de quelque barricade, ou bien un signal donné à quelque autre division. Ce n'est que lorsque la fusillade arriva à cinquante mètres environ de la place où j'étais, que je reconnus le son perçant de la cartouche à balle. Mais alors même, j'en pouvais à peine croire le témoignage de mes oreilles, *car mes yeux n'apercevaient pas d'ennemis* sur lesquels on pût faire feu. Je continuai à regarder jusqu'à ce que la compagnie placée au-dessous de moi apprêtât ses armes ; un « *vagabond* » plus vif que les autres, — un vrai gamin sans favoris ni moustaches, — m'avait déjà couché en joue. A l'instant même, je poussai ma femme, qui venait de faire un pas en arrière, contre le massif entre les deux fenêtres, et une balle frappa le plafond directement au-dessus de nos têtes, nous couvrant de plâtras et de poussière. Une seconde plus tard, je fis coucher ma femme sur le parquet ; une autre seconde encore, toute une décharge de mousqueterie frappa la façade de la maison, les croisées et le balcon. Une balle brisa la glace placée au-dessus de la cheminée, une autre le globe de la pendule, toutes les vitres furent cassées, à l'exception d'une seule ; les rideaux et les châssis des fenêtres déchirés ou percés. Le balcon de fer, quoique un peu bas, nous protégea considérablement ; néanmoins plusieurs balles avaient pénétré dans la chambre, et, pendant que les soldats rechargeaient leurs fusils, j'entraînai ma femme vers la porte, et nous nous réfugiâmes dans les chambres de derrière. La fusillade se fit entendre encore pendant plus d'un quart d'heure. Quelques minutes après la première décharge, des canons furent braqués et tirés contre le magasin de M. Sallandrouze, cinq maisons à notre droite. L'objet et l'explication de tout cela était une complète énigme pour tous les habitants de l'hôtel, Français ou étrangers. Les uns supposaient que l'armée avait pris parti pour les rouges ; les autres suggéraient l'idée qu'on avait dû tirer sur les soldats de quelques maisons du boulevard ; ce ne pouvait être cependant de la nôtre, ni d'aucune autre du boulevard Montmartre, *car je l'aurais certainement vu du balcon*. En outre, si cela eût été vrai, les soldats, dans les dispositions où ils étaient, n'auraient certainement pas attendu le signal de la tête de colonne, placés à plus de 800 mètres de distance.

« Il faut que cette fusillade de gaieté de cœur ait été le résultat d'une panique, et que les soldats aient voulu effrayer par un premier feu, dans la crainte que les fenêtres ne fussent remplies d'ennemis cachés, *ou qu'elle ait été le résultat d'une impulsion sanguinaire*, — double hypothèse également déshonorante pour eux : comme soldats, dans le premier cas ; comme citoyens, dans le second. *A titre de militaire, c'est avec le plus profond regret que je me vois forcé d'admettre la dernière opinion*

« La troupe, comme je l'ai dit, a fait décharges sur décharges pendant plus d'un quart d'heure, *sans qu'on lui ait aucunement riposté*. Ils ont tué beaucoup de malheureux qui étaient restés sur les boulevards parce qu'on ne voulait les recevoir dans aucune maison. *Quelques personnes ont été tuées sur le seuil de leur porte*. Le sang de ces victimes remplissait encore les trous creusés autour des arbres, le lendemain, vers midi, quand j'y ai passé. Les boulevards et les rues adjacentes étaient, sur quelques points, *un véritable abattoir*. Ce tableau restera gravé par la baïonnette dans le cœur des habitants de ce quartier de Paris, qui, pour l'avenir, ne peut que redouter la protection des propres soldats de la France.

« Les soldats sont entrés dans des maisons *d'où jamais aucun coup de feu n'a été tiré*, et quoique la *Patrie*, journal de l'Élysée, ait eu la prétention d'indiquer ces maisons par leurs noms, elle a été obligée, dans son numéro suivant, de démentir *ses imputations scandaleuses*. Mais admettons même que quelques coups de feu aient été tirés de deux ou trois maisons sur les boulevards ; admettons même que quelques soldats aient été tués, était-ce une raison pour justifier cette attaque meurtrière contre les maisons et les personnes de leurs concitoyens sur une étendue de près d'un mille anglais, au lieu de passage le plus populeux et le plus fréquenté ? »

« *Signé* : William Jesse.

« *Ingatestone cottage*,
« Essex. »

Cette lettre parut dans le *Times* du 13 décembre, et fut ensuite insérée dans l'*Annual Registrar*, recueil historique anglais fort estimé. Elle a fait le tour du monde. « On est frappé, dit avec raison M. Eugène Ténot, qui ne crut pas devoir la reproduire entièrement sous le second Empire, on est frappé du calme et du sang-froid britannique dont ce récit est empreint. Ce document a d'autant plus de prix pour nous, qui recherchons simplement la vérité, que M. le capitaine Jesse, *gentleman* d'une honorabilité parfaite, a en outre le mérite inappréciable en pareil cas d'être absolument étranger aux passions politiques en jeu dans ces événements. »

III

AUTRE DÉPOSITION CONTRE LES MASSACREURS

Un Anglais raconte en ces termes, dans le *Times* du 13 décembre, ce qu'il a vu :

« J'étais en compagnie de sept ou huit personnes, sur le balcon du magasin de musique de M. Brandus, qui occupe le premier étage au-dessus du café Cardinal ; nous regardions les évolutions des troupes, dont le nombre immense, la variété et les mouvements surprenaient tout le monde dans un quartier où l'on prévoit d'ordinaire très-peu de danger en temps de révolution. Deux décharges faites sur les maisons voisines, sans que nous ayons pu en deviner la cause, nous donnèrent la conscience du danger que nous courions, et nous nous hâtâmes de rentrer dans le magasin. *Mais le feu ne tarda pas à être dirigé précisément contre notre maison*, et le bruit des fenêtres volant en éclats nous engagea bien vite à monter à l'étage supérieur, où nous nous imaginions être hors d'un péril immédiat. Il n'en était rien. Les balles pénétraient jusqu'à la chambre à coucher de M. Brandus. La consternation devint aussi générale *que la cause de l'agression était incompréhensible*. Bientôt, tandis que chacun se mettait le mieux qu'il pouvait hors de la portée des balles, les cris des servantes nous annoncèrent un nouvel événement, et le bruit de plusieurs centaines de voix criant du dehors : « Ouvrez ! ouvrez ! » nous indiqua que la force armée voulait entrer. Personne n'osant descendre pour ouvrir, *la porte fut enfoncée*, et un grand nombre de soldats se précipitèrent dans les escaliers, démolissant, brisant tous les obstacles qui se présentaient.

HISTOIRE DU SECOND EMPIRE (1848-70)

Troupes éclairant les rues (3 décembre 1851).

Ils fouillèrent successivement toutes les chambres, jusqu'à ce qu'ils arrivassent au quatrième étage, où M. Brandus et ses amis s'étaient réfugiés pour leur sûreté. Là on nous déclara qu'un coup de feu avait été tiré de la maison. La recherche la plus minutieuse dans tous les appartements n'eut aucun résultat; mais, les soldats persistant à dire qu'un coup de feu était parti de la maison, *tout le monde fut arrêté* et conduit devant un géné-

17.

ral qui était sur le boulevard. Heureusement, une des personnes présentes se trouva être M. Sax, le célèbre inventeur des instruments qui portent son nom. M. Sax étant personnellement connu du général, sa protestation fut acceptée, et toute la compagnie eut la permission de s'échapper dans le passage de l'Opéra, mais non de rentrer dans la maison. Il paraît qu'ensuite le prétendu coup de feu fut attribué à la maison voisine de celle de M. Brandus, et plus tard au café Anglais, qui fut, à son tour, presque démoli.

« Je laisse aux hommes que cela regarde le soin de décider si, sous un prétexte aussi futile, la maison d'un citoyen paisible peut être détruite, la vie de ceux qui l'occupent mise en péril. Combien les envahisseurs durent se trouver méprisables lorsque, après tant de fracas, ils n'eurent découvert dans toute la maison qu'un fusil rouillé, lequel avait servi à M. Brandus en 1848, quand il avait aidé, comme officier de la garde nationale, à maintenir la paix publique dans la capitale ! »

IV

TROISIÈME DÉPOSITION — LA MUSIQUE DU GÉNÉRAL REYBELL

Un autre correspondant du *Times* (numéro du 13 décembre) ajoute :

« Dans la maison au coin de la rue Richelieu, dont l'attaque a été décrite par un de vos correspondants, Louis, un vieux et fidèle domestique de M. Brandus, *a été tué* au moment où ce monsieur et ses amis se précipitèrent dans les escaliers pour se réfugier dans une chambre voisine. Toutes les fenêtres de la pièce où le domestique a été tué étaient brisées; les balles y avaient pénétré dans toutes les directions, ce que l'on peut constater par les traces que portent les murailles.

« La soldatesque est aussi entrée dans l'hôtel de Castille.

« Il paraît extrêmement douteux qu'on ait réellement fait feu sur les troupes d'aucune maison du boulevard des Italiens...

« Le général devant qui M. Brandus et sa société ont été conduits était le général Reybell, qui dit à un de ces messieurs : « *Moi aussi, je fais un peu de musique en ce moment.* » Plaisanterie très-convenable, vraiment, en un pareil jour ! »

« Il est bien évident, dit M. Schœlcher, après avoir reproduit ces correspondances, que l'intention des meneurs, de ceux qui avaient le mot d'ordre, était de provoquer des collisions entre l'armée et la population, afin d'avoir occasion « *de broyer et d'épouvanter.* »

(*Histoire des crimes du 2 Décembre.*)

V

LE COUP DE FEU DÉMENTI

« Les propriétaires des maisons désignées par les journaux protestèrent comme ceux du boulevard des Italiens, et firent rectifier les assertions émises par les deux feuilles semi-officielles. M. Beaumeyer, directeur de l'établissement Sallandrouze, affirma que pas un coup de feu n'avait été tiré de l'hôtel Lannes. Sa lettre est dans tous les journaux du temps. On ne contesta pas son affirmation. M. Billecocq, marchand de châles, dont la maison était à côté de celle de M. Sallandrouze, affirma également — et son affirmation est d'autant moins suspecte qu'il approuvait le coup d'État — qu'aucun coup de fusil n'était parti de chez lui. Sa maison était cependant, comme l'hôtel Lannes, trouée par les boulets et criblée d'une grêle de balles. »

Le *Constitutionnel* écrivait deux jours après:

« Nous avons dit par erreur qu'un coup de feu avait été tiré de la maison du café de Paris... Nous nous empressons de rectifier cette erreur. Rien de semblable ne s'est passé au café de Paris... On nous fait une réclamation semblable pour la Maison Dorée et pour le café Tortoni. Nous nous empressons de l'accueillir.

« On a désigné à tort la maison où se trouve le café du Grand Balcon, sur le boulevard des Italiens, comme l'un des points d'où l'on a tiré sur la troupe. Aucun fait de cette nature ne s'est passé dans cette maison. »

La *Patrie* disait à son tour :

« C'est par suite d'une erreur, bien excusable en pareil cas, que les ateliers de M. Dusautoy, tailleur sur le boulevard, ont été l'objet d'une perquisition de la part des troupes. Les sentiments de M. Dusautoy comme homme d'ordre sont connus... L'erreur a été reconnue quelques instants après. »

Des rectifications du même genre furent faites concernant l'hôtel de Castille et le magasin de la *Petite Jeannette*. Il fut donc constaté que pas un coup de feu n'avait été tiré des maisons désignées par les journaux. Si l'on considère que ces rectifications publiques furent faites dans un moment où la presse était soumise à une véritable et rigoureuse censure, on admettra que nous les considérions comme la constatation d'un fait positif.

(EUGÈNE TÉNOT, *Paris en décembre* 1851.)

VI

ASSASSINATS — « TIREZ AUX FEMMES ! »

« Une dame d'un grand courage qui, nous sachant occupé de l'histoire du 2 Décembre, a daigné nous envoyer quelques notes, nous écrivait : « Je vous ai déjà raconté, monsieur,
« avoir moi-même entendu dire par un offi-
« cier, d'un ton de plaisanterie, qu'il faisait
« *des coups admirables* entre les deux yeux au
« moyen d'une arme précieuse qu'il possé-
« dait. Il se vantait d'avoir pris des gens et
« de les avoir mené fusiller au coin de la
« rue, ne pouvant s'empêcher d'ajouter :
« *C'est qu'ils mouraient avec courage, ces co-*
« *quins-là ; ils ne bronchaient pas.* Un autre

« officier disait à une dame de mes amies
« que les soldats s'amusaient à tirer *à la*
« *femme*, comme qui dirait à la cible, et vi-
« saient toutes les femmes qu'ils aperce-
« vaient aux fenêtres. Une autre dame, en
« qui j'ai toute confiance, m'a dit avoir tra-
« versé les boulevards, près d'un groupe de
« soldats qui dispersaient et chassaient les
« passants inoffensifs, sans cependant cher-
« cher à blesser les femmes, quand un offi-
« cier de spahis, qui se trouvait là, passant
« comme les autres, leur cria : *Vous n'y en-*
« *tendez rien ; ce n'est pas ça ; tirez aux fem-*
« *mes ! tirez aux femmes !* Et alors, effec-
« tivement, ils commencèrent *à tirer aux*
« *femmes.* Une dame très-bien habillée et
« fort effrayée, qui allait de toute sa vitesse,
« reçut à ce moment un coup de baïonnette
« dans le côté, duquel elle tomba pour morte.

« Un autre officier a dit à quelqu'un que je
« connais : *Nous avions une revanche à pren-*
« *dre de Février, nous l'avons prise, et tout*
« *ce que nous regrettons, c'est que cela n'ait*
« *pas duré davantage.* C'est le sentiment
« qu'expriment ouvertement tous les offi-
« ciers supérieurs.

« Au coin de la Chaussée-d'Antin, un
« jeune homme, dont je tiens le fait, se trou-
« vait dans un groupe de gens parfaitement
« tranquilles qui se demandaient les uns aux
« autres des nouvelles. Des lanciers vinrent
« pour les chasser, sans cependant y mettre
« d'hostilité, quand un officier leur cria :
« *Lardez-les ! lardez-les !*

« De tout cela, vous voyez qu'il y avait
« plus d'animosité chez les officiers que
« chez les soldats pendant cette mémorable
« campagne des boulevards. »

« Il est trop malheureusement vrai, ajoute M. Schœlcher, que les officiers supérieurs surtout ont montré dans les funestes journées de Décembre une cruauté sauvage. Que le lecteur en reste convaincu, nos récits ne vont pas au delà de la plus stricte vérité. Nous nous regarderions comme le plus criminel des hommes si nous forgions un de ces assassinats pour en charger nos ennemis. Nous savons qu'ils attireront sur leurs auteurs la haine du monde civilisé ; nous ne pouvons non plus le dissimuler, ils sont un déshonneur pour le pays : notre âme souffre à les raconter ; nous les cacherions même s'ils ne servaient à montrer la scélératesse des conquérants qui écrasent la France et particulièrement à justifier le parti républicain des infâmes accusations que toutes les factions royalistes dirigent encore à cette heure contre lui.

« Hélas! on ne saurait rien inventer de plus affreux que la réalité. Un témoin nous a dit avoir vu le colonel des lanciers à collet jaune s'élancer sur le trottoir du boulevard des Italiens et frapper même des femmes. »
(V. Schoelcher, *Hist. des crimes du 2 Décembre.*)

VII

QUELQUES TRAITS DE LOYAUTÉ MILITAIRE

« Sans parler des généraux ou des colonels qui refusèrent leur adhésion au gouvernement du dictateur, j'affirme que des officiers, en assez grand nombre, furent arrêtés et conduits à Vincennes

« A Bicêtre, nous en vîmes deux. Un lieutenant qui avait brisé son épée dans la rue Rambuteau et un artilleur qui encloua sa pièce à la porte Saint-Martin furent sur-le-champ fusillés.

« Une compagnie de vingt-cinq hommes, au coin de la rue du Caire, refusa de tirer sur le peuple ; on les passa par les armes dans leur quartier.

« Le chagrin de leur impuissance à rompre une discipline impitoyable rendit fous plusieurs sous-officiers. »
(H. Magen, *Hist. de la Terreur bonapartiste.*)

« Que cela soit bien entendu et bien compris, nous n'accusons pas l'armée française tout entière. Personnellement, nous serions plus coupable qu'aucun autre de l'enfermer dans une réprobation générale ; car si nous sommes vivant, c'est à la loyauté de soldats et d'officiers que nous le devons. »
(V. Schoelcher, *Histoire des crimes du 2 Décembre.*)

VIII

LE COUP D'ÉTAT ET L'ARMÉE

Sous ce titre a paru dans la *République française*, numéro du 22 novembre 1877, un article fort remarquable « et dont l'auteur est en mesure de bien connaître les sentiments de l'armée ». J'extrais de cet article le passage dans lequel se trouve expliquée l'attitude de l'armée en décembre 1851 :

« On ne soupçonne pas au dehors avec quelle sûreté d'instinct l'armée sait distinguer une insurrection d'une révolution ; autant elle a toujours été prête à réprimer une insurrection, autant elle a toujours entendu ne jouer, dans les révolutions, que le rôle qui lui convient, celui de spectatrice. Telle fut en 1848 l'attitude de la garnison de Paris. On sait comment sa défaite, qui n'en était pas une puisqu'il n'y avait pas eu de combat, savamment exploitée, a fait pendant longtemps de l'armée une sorte d'étrangère pour ses propres concitoyens.

« On lui offrit comme une première revanche aux journées de Juin 1848 ; puis on lui persuada que sa honte n'était pas suffisamment lavée, et on la conduisit à celles de Décembre 1851. Et cependant il n'était pas sûr, dès ce moment, qu'elle pût être entraînée. A-t-on oublié comment tous les généraux et les chefs de corps sur lesquels on ne croyait pas pouvoir absolument compter furent éloignés de Paris et remplacés par des officiers que l'on avait fait venir d'Afrique, et presque exclusivement triés sur le volet parmi ceux qui, loin de tout contrôle, menaient depuis longtemps, dans les commandements supérieurs et les bureaux arabes du temps, l'existence dont le procès Doineau a révélé les secrets au public? Qu'on sache bien que, sans cette précaution, l'armée de Paris eût reculé devant le guet-apens dont on la fit l'exécutrice; que j'ai vu, sur le boulevard Montmartre, des officiers pleurer de honte et de rage en voyant leurs soldats, saturés d'eau-de-vie par la police de l'Élysée et avec la complicité de leurs chefs, faire œuvre des bouchers de Hainau; qu'on sache bien que si, à ce moment, un général avait brisé résolûment son épée devant ses deux régiments, sa brigade faisait boule de neige et, le lendemain, conduisait à Vincennes celui qui, plus tard, nous a conduits à Sedan !

« Il fallait bien que cette répugnance de l'armée à faire ce qu'on exigeait d'elle partît d'un sentiment, instinctif sans doute, réel cependant, du respect dû à la loi, car, reconnaissons-le, le régime républicain d'alors n'était guère attrayant pour nous. En bas, manifestations théâtrales, ateliers nationaux, clubs où se débitaient des insanités; en haut, désordre, irrésolution, confusion, la première édition, en un mot, du spectacle qu'à trente ans de distance nous donne, avec les violences et les illégalités en plus, le gouvernement de l'ordre moral : toutes choses aussi antipathiques que possible aux habitudes nécessaires d'ordre, de régularité, de discipline de l'armée. »

CHAPITRE VII

Du 5 au 31 Décembre 1851.

Le Comité de résistance et les représentants républicains. — Paris le 5 décembre. — Exposition de cadavres; arrestations; exécutions. — Décret et proclamation. — Les dévotieux. — Assimilation de l'honneur à l'infamie. — Scènes de carnage dans les départements. — Arrêtés des commandants militaires. — Calomniateurs démentis. — État de siége. — Confiscations. — Les prisons de Paris. — Le fort de Bicêtre. — Le plébiscite. — Menaces et violences. — La veille du vote. — Le scrutin. — Manœuvres intimidatrices. — Un sophisme d'intérêt. — Dépouillement et recensement suspects. — Le décret du 29 décembre. — L'amitié, la pitié, l'hospitalité sont des crimes. — Sentences horribles. — La Commission consultative à l'Élysée. — Ce que ne peut pas la souveraineté du peuple. — Le prince veut aller prier Dieu; un souvenir du 26 août 1572.

Comme tous les membres du Comité de résistance qui, jusqu'au dernier moment, remplirent avec courage leur mission périlleuse, ceux de la Montagne et de la gauche républicaine de l'Assemblée dissoute n'avaient rien épargné pour l'accomplissement de leur devoir; l'exemple suivait le conseil : de Flotte, Schœlcher, Victor Hugo, Charamaule, Carlos Forel, Esquiros, Dulac, d'Etchégoyen, Brillier, Madier-Montjau et beaucoup d'autres s'étaient fait remarquer sur divers points où l'on combattait. Dans la soirée du 4, plusieurs d'entre eux furent rencontrés, les mains encore noires de terre et de poudre, l'écharpe en sautoir et ne désespérant pas de voir, le lendemain, « tout Paris sous les armes, » pour venger les victimes et châtier les auteurs de « l'horrible boucherie ».

Hélas! ils trouvèrent, le lendemain, tout Paris dans la stupeur. Afin que l'épouvante, en se prolongeant, glaçât les cœurs, les meurtriers avaient voulu qu'on laissât « des cadavres exposés pendant vingt-quatre heures aux regards d'un public consterné[1] ». On en avait rangé trente, « au milieu d'une mare de sang, sur les marches du grand dépôt des tapis d'Aubusson » ; soixante-deux, parmi lesquels ceux de trois femmes et de trois enfants, gisaient, côte à côte, dans le passage de la cité Bergère, qui ressemblait à un hypogée. Dans la rue Grange-Batelière, les trois cadavres nus dont j'ai parlé étaient encore étendus. De la rue Mandar à la rue Thévenot, il y en avait d'amoncelés sur toutes les portes, et, autour d'eux, des chandelles brûlaient; entre les rues du Cadran et Montorgueil, l'un de ces cadavres, disloqué, piétiné, éventré, faisait reculer d'horreur les passants mornes et silencieux. A l'angle de la rue Saint-Sauveur on s'arrêtait devant celui d'un jeune homme à barbe et à moustaches noires, revêtu seulement d'une chemise de batiste; une balle l'avait frappé au cœur.

Les maisons et les magasins étaient fermés sur la ligne des boulevards « qui, de mémoire d'homme, n'eurent jamais un aspect si lugubre[1] », et qu'occupaient militairement les brigades Marulaz et Reybell. Il fallait que la crainte se mêlât à l'épouvante ; aussi voyait-on, « au débouché de toutes les rues et jusqu'à la Bastille, un peloton de cuirassiers, ayant tous, des vedettes ambulantes, le sabre pendant à la dragonne et le pistolet au poing[2] ».

---

1. H. Mauduit.

1. Le *Moniteur parisien*.
2. H. Mauduit.

A chaque croisée des maisons formant les quatre angles des rues du Temple et Rambuteau se tenait « un grenadier ayant le fusil chargé et prêt à faire feu au moindre geste hostile de cette population plus comprimée que satisfaite de ce qu'elle voyait ; les figures étaient mornes [1] ».

Pour entretenir mieux l'épouvante et la crainte, on multipliait les arrestations; des files de prisonniers traversaient les rues sous l'escorte de sergents de ville et de soldats. De temps en temps, des coups de feu s'entendaient dans la direction de la préfecture de police où quelque exécution se faisait en attendant celles qui se préparaient pour la nuit prochaine. Un ancien garde de Paris passait, vers deux heures après midi, sur le pont Saint-Michel; sous le prétexte qu'il a menacé de la voix ou du geste les gardes placés en sentinelles, on l'arrête; « et comme il opposait une vive résistance aux gardes qui le conduisaient à la préfecture, le chef de poste le fait fusiller par deux de ses soldats dans la rue de Jérusalem [2] ». Dans la matinée, un citoyen décoré, refusant de décliner son nom et ses qualités, avait été tué de la même façon dans la cour du Harlay.

De son côté, M. de Morny, pour rendre plus complet le découragement des Parisiens, les trompait effrontément sur l'état des provinces où l'émotion produite par le coup d'État était vive et dans la plupart desquelles la résistance s'organisait ; il imaginait des dépêches télégraphiques, et, dans la nuit du 4 au 5, M. Rouher qui, après le succès du massacre, avait repris courage et accepté le portefeuille de la justice, signait l'ordre suivant :

ORDRE DU MINISTRE DE L'INTÉRIEUR

« Paris, le 4 décembre 1851.

« Le ministre requiert le propriétaire de l'imprimerie dite de l'Assemblée nationale de mettre ses presses à sa disposition.

« *Pour le ministre de l'intérieur*,
« *Le ministre de la justice*,
« G. ROUHER. »

Cette pièce porte le timbre :

RÉPUBLIQUE FRANÇAISE
MINISTÈRE DE L'INTÉRIEUR
Cabinet du ministre [1].

A neuf heures du soir, M. de Morny, accompagné d'un officier d'état-major de la garde nationale, se rendait à l'imprimerie du Corps législatif, gardée militairement par une compagnie du 6ᵉ régiment d'infanterie de ligne; on y organisa trois équipes de soldats pour imprimer les élucubrations du ministre de l'intérieur [2] qui, au petit jour, fit afficher dans tout Paris la dépêche suivante :

MINISTÈRE DE L'INTÉRIEUR
Cabinet du ministre.

« Paris, 5 décembre, 7 heures et demie du matin.

« Les courriers sont arrivés de tous les points de la France, ils annoncent que l'ordre et le calme n'ont cessé de régner.

« Les adhésions sont unanimes.

« Partout les démagogues sont terrorisés.
« *Le ministre de l'intérieur*,
« DE MORNY. »

Hier on pénétrait dans les maisons comme des assassins, en brisant les portes avec le canon et la crosse du fusil ; — aujourd'hui on s'y glisse comme des voleurs, en crochetant les serrures avec des rossignols. C'est ainsi que, à onze heures du soir, des argousins apparurent, sans avoir fait le moindre bruit, dans la chambre de Mᵐᵉ Carnot qui était couchée; ils furetèrent partout, de-

---

1. H. Mauduit.
2. Le *Moniteur parisien.*

1. *Papiers et Correspondances de la famille impériale*; 3ᵉ vol., imprimé, mais non publié.
2. Voir aux documents complémentaires du chapitre VII.

puis le cabinet de toilette jusqu'à la chambre des enfants.

A la même heure, le divan de la rue Le Peletier était envahi par une compagnie de chasseurs de Vincennes, ayant à sa tête le commissaire Boudrot. A ses côtés se tenait un ancien écrivain devenu célèbre dans le monde de la police, le mouchard Lucien Delahode. Sur un signe de ce drôle qui avait mangé le pain de ceux qu'il vendait, le commissaire arrêta neuf personnes au nombre desquelles se trouvaient Xavier Durrieu et Kesler du journal la *Révolution*, Édouard Gorges du *Siècle* et M. Lignères, un négociant de Paris. On emmena les prisonniers à la mairie du faubourg Saint-Martin en longeant les boulevards où campaient des soldats d'infanterie encore avinés et qui criaient aux chasseurs de l'escorte : « Piquez-les ! Embrochez-les ! » Le lendemain, ils furent acheminés vers la préfecture de police au milieu d'une imposante colonne que le général Canrobert, accaparant toutes les gloires, voulut commander lui-même !

Le matin de ce jour-là, dans un décret publié par le *Moniteur*, Louis Bonaparte arrêta que le massacre de la veille serait « *récompensé et compté comme service de campagne* ». Le soir, dans une proclamation, le général Saint-Arnaud félicitait les massacreurs « d'avoir accompli un grand acte de leur vie militaire, sauvé la République ; de s'être montrés braves, dévoués, infatigables, » et il ajoutait : « La France vous admire et vous remercie. Le président de la République n'oubliera jamais votre dévouement. » La proclamation du ministre de la guerre est aussi injurieuse à l'honneur militaire que le décret du dictateur, au sujet duquel un historien des plus graves s'exprime ainsi : « Quand on voit que le chef d'une nation fière et puissante est capable d'apposer sa signature au bas d'un document de ce genre, le 3 décembre, on peut se former une idée des sensations qu'il éprouvait, la veille, lors-

qu'à l'angoisse de la terreur n'avait pas encore succédé l'indécente allégresse d'avoir échappé au péril [1]. » — Louis Bonaparte s'empressa d'élever à des grades supérieurs les officiers qui s'étaient distingués par leur ardeur au massacre.

Afin que la religion bénisse leurs forfaits comme elle avait béni ceux de Charles IX, les criminels de Décembre se mettent à papelarder et à faire des avances au clergé dont ils réclameront bientôt les prières et l'appui. Tandis que, par un décret, Louis Bonaparte rend au culte catholique et replace dévotieusement le Panthéon « sous l'invocation de sainte Geneviève, patronne de Paris, » M. de Morny prêche, dans une circulaire pieuse, « l'observation du repos prescrit par l'Église dans le saint jour du dimanche » !

Des décrets successifs défèrent à l'autorité militaire « la connaissance de tous les faits militaires se rattachant à l'*insurrection* du 3 décembre et des jours suivants »; c'est-à-dire à la défense des lois violées, — et donnent à l'administration « la faculté de déporter, à Cayenne et en Algérie, les repris de justice en rupture de ban, les individus ayant fait partie d'une société secrète et tous ceux qui contreviendraient à un ordre fixant leur résidence hors de Paris et de la banlieue, » c'est-à-dire tous les citoyens dont il plaira au dictateur de se débarrasser. Assimilant le dévouement et l'honneur au crime et à l'infamie, M. de Morny confondait les hommes politiques, dont il redoutait la probité, avec les *repris de justice en rupture de ban !* Une lettre de M. de Maupas aux commissaires de police ajoutait à ces décrets odieux ce complément logique et significatif : « Il faut supprimer toute cause d'agitation *en pratiquant sur une vaste échelle* un système de perquisitions et d'arrestations. »

Cependant les scènes de carnage dont Paris avait été le théâtre se reproduisaient dans

---

[1]. W. Kinglake.

Mort du représentant Baudin (3 décembre).

un grand nombre de départements. M. de Morny avait écrit aux commandants militaires et aux préfets : « *Tout ce qui résiste doit être fusillé.* » Les défenseurs de la loi étaient traqués comme des bêtes fauves. Les généraux et les colonels décembriseurs exaltaient le succès « de leurs battues dans les campagnes et dans les bois », après avoir ensanglanté les villes et les villages. « Quelques-uns, dans leur aveugle rage, dépassèrent les limites de la politique la plus féroce [1]. » Cela est vrai : il y en eut qui, affriandés

1. W. Kinglake.

au meurtre, ne voulaient pas qu'une seule victime leur échappât; on a lu les arrêtés que, dans les excès de leurs fureurs, ils portèrent. Dès le 8 décembre, Carlier, l'un des trois commissaires extraordinaires [1] que M. de Morny avait envoyés dans les départements pour stimuler, par des promesses d'avancement, le zèle des *batteurs*, leur donnait l'exemple en adressant aux maires du Cher, de la Nièvre et de l'Allier l'ordre « de faire connaître que toute personne qui donnerait sciemment asile aux *factieux* serait réputée complice et traitée comme telle ». — Rappelant à tous les chefs militaires « l'ordre déjà donné de faire fusiller sur-le-champ tout individu pris les armes à la main », le chef de bataillon Bourrely arrête : « Quiconque donnera asile aux *coupables* poursuivis, ou favorisera leur fuite, sera considéré comme complice et traduit devant le conseil de guerre [2]. » Dans le Lot, le colonel de gendarmerie Pellagot adresse les mêmes menaces « à toute personne qui *donnera asile ou portera secours* » aux trente fugitifs dont il donne les noms et parmi lesquels se trouve un juge au tribunal de Cahors. Dans le Jura, le lieutenant-colonel Charlier appliquera « la rigueur des lois qui régissent l'état de siège, c'est-à-dire *la peine de mort*, à tous ceux qui fourniront aux fugitifs asile, ou moyens de subsistance ou d'évasion ». Dans les Basses-Alpes, non content de frapper de la même peine cet horrible crime de donner un asile ou un morceau de pain à des amis fuyant la mort, le colonel Fririon place des garnisaires chez les fugitifs, à la charge desquels ils mangeront et boiront tout leur soûl; de plus, il séquestre les biens de ces inculpés en fuite. M. Fririon accorde pourtant dix jours à ceux que sa cruauté convoite ; il ne confisquera leurs biens qu'à l'expiration de ce délai. Le général Eynard est plus prompt en besogne ; il veut que son arrêté spoliateur s'exécute sur-le-champ. Ils ont donc des biens, ces prétendus « pillards, ces ennemis de la propriété » !

Une meute d'aboyeurs mis en curée hurlait contre les défenseurs de la Constitution les plus révoltantes calomnies ; de toutes parts, elles soulevèrent des démentis. La marquise de Lusignan, « que les rebelles de Xaintrailles avaient avertie qu'à leur retour ils fusilleraient tous les gens du château [1], » déclara « hautement que ni elle ni ses gens n'avaient eu à se plaindre d'un mauvais procédé quelconque ». — M. Paillard, sous-préfet de Digne, « tué à coups de crosse de fusil et dont *on a vu le cadavre* gisant sur la route [2], » jouissait d'une santé parfaite. — MM. de Daleyrac, de Larcy, de Lamartine, dont « les châteaux avaient été pillés, saccagés ou incendiés par les bandits [3] », protestèrent contre ces mensonges. « Nos châteaux, écrivirent-ils, n'ont été l'objet d'aucune menace. » Le sous-préfet de Clamecy, dont « on avait violé la femme », n'était pas marié. — Le curé de Poligny, « dont le presbytère avait été le théâtre d'orgies bachiques [4], » écrivit que « ni la moindre manifestation ni la moindre insulte n'ont été faites ni contre la cure ni contre aucun des membres du clergé ». — Le sous-préfet de Joigny qui, d'après la *Patrie*, « a été lâchement massacré avec le maire et le curé, sans qu'il se soit trouvé une poignée d'hommes assez énergiques pour empêcher *ces assassinats* », écrit que « pas une goutte de sang n'a été répandue, et que la vie de personne n'a été menacée ». Enfin la *Patrie* fut contrainte d'avouer que, « dans son long récit de meurtres, pillages et viols commis à Campestang, TOUT ÉTAIT FAUX [5] ».

---

1. Les deux autres se nomment Jules Bérard et Maurice Duval.
2. Dans le Lot-et-Garonne.

1. Le *Journal de Lot-et-Garonne*, n° du 11 décembre.
2. Idem, n° du 12 décembre.
3. L'*Assemblée nationale*, l'*Opinion publique*.
4. La *Sentinelle du Jura*, l'*Union franc-comtoise*.
5. Numéro du 13 décembre.

On sut plus tard que là où les défenseurs de la Constitution avaient, un instant, triomphé, les chefs de ces *pillards* publiaient des ordres comme celui-ci, émanant du Comité démocratique de Clamecy : « La probité est une vertu républicaine. Tout voleur ou pillard sera fusillé. Tout citoyen ivre sera arrêté et emprisonné. »

Une fois pour toutes, entendons-nous bien : les *factieux* ne sont-ils plus ceux qui excitent dans un État des troubles dont ils espèrent tirer un profit personnel ? — les *rebelles*, ceux qui se soulèvent contre l'un des pouvoirs qu'une Constitution a établis ? — les *bandits*, ceux qui attaquent les gens et bravent les lois ? — L'*assassin* serait-il maintenant le citoyen qu'on égorge, — et le *voleur* le propriétaire qu'on dépouille ? Je le demande à tout homme de bonne foi : Quels furent, en décembre 1851, *les factieux, les rebelles, les bandits, les assassins et les voleurs ?* Ce ne sont pas, assurément, les patriotes qui poussèrent jusqu'au sacrifice de leur fortune, de leur vie, le respect dû à la majesté des lois.

Trente-deux départements ont été mis en état de siége ; la terreur y règne ; des détachements de gendarmes, de policiers et de soldats les parcourent, cernent les villages, fouillent les maisons, enchaînent leurs prisonniers et les conduisent, fusils chargés et musique en tête, dans les prisons de toutes nos villes, dans les maisons centrales de tous nos départements, dans les forts de toutes nos cités maritimes. Il suffit d'être suspect de républicanisme pour être arrêté. Les femmes ne sont pas plus épargnées que les vieillards.

En même temps, les confiscations se multiplient ; on ravit à des imprimeurs et à des maîtres de poste leurs brevets, — à des avoués, à des notaires, à des greffiers, à des huissiers et à des commissaires-priseurs leurs offices ou leurs charges. Un décret plaçant l'industrie de maître d'hôtel, cabaretier ou cafetier sous le régime de l'autorisation préalable viendra donner aux spoliateurs un droit terrible et nouveau. La fermeture de plus de six mille hôtelleries, cabarets ou cafés, la dissolution des associations industrielles livreront des milliers de familles à la misère et à la faim.

A Paris, le 13 décembre, dans les prisons, dans les salles de dépôt et dans les souterrains de la Conciergerie, l'entassement des prisonniers était tel qu'il devint impossible d'en augmenter le nombre. On dut recourir aux casemates des forts. On commença par vider les cellules de Mazas qui, le lendemain, étaient repeuplées. Je fus compris dans la première fournée dont, vers midi, au moyen de voitures cellulaires, on opéra le transfèrement au fort de Bicêtre. Le soir, nous étions cent dix dans une casemate ; les gardiens apportèrent quarante bottes de paille et autant de couvertures dont quatre-vingts seulement d'entre nous profitèrent en se serrant les uns contre les autres ; il y eut bientôt plus de quinze cents prisonniers dans les casemates de Bicêtre. Le 16, quinze magistrats s'y rendirent ; ils avaient accepté du violateur des lois la mission d'interroger ceux qui les avaient défendues. Après chaque interrogatoire, ces profanateurs de la justice, dont ils offraient un vain simulacre, dressaient un procès-verbal d'après lequel des commissions militaires décidaient sommairement du sort des prisonniers.

Le France étant ainsi terrorisée, le scrutin pour le plébiscite va s'ouvrir ; on ne lui demande pas ce qu''elle préfère ; Louis Bonaparte, qui lui a mis le sabre sous la gorge, ne lui laisse pas le choix ; il lui pose brutalement cette question : « Veux-tu de moi ? Réponds par un *oui* ou par un *non*, mais malheur à toi si tu ne dis pas *oui !*...

Presque tous les journaux indépendants ont été supprimés. Si à quelques-uns d'entre eux on a fait grâce, c'est à une condition : Simples échos, ils répèteront les mots que, par la voix du *Moniteur*, il aura plu aux conjurés triomphants de prononcer ; rien de plus. Quant au plébiscite, ils doivent l'approuver ou se taire. Le *Siècle* voulait inscrire sans le moindre commentaire, en tête de ses colonnes : « *Nous votons* NON ; » on le lui défendit. En revanche, les journaux du dictateur excitaient, librement et par tous les moyens, les électeurs à voter OUI. « Votons pour Louis-Napoléon, disaient-ils, si nous tenons à sauver la France de la barbarie et de l'invasion des rois de l'Europe coalisée [1]. »

Craignant de perdre leur brevet, les imprimeurs ne mettaient sous presse que des bulletins affirmatifs. Sous peine de poursuites sévères, les préfets interdisaient la distribution des bulletins négatifs, et menaçaient d'arrestation tout individu qui conseillerait aux électeurs de s'abstenir; le coup suivait la menace. Plusieurs citoyens furent incarcérés, les uns pour avoir dit qu'ils s'abstiendraient, les autres pour avoir distribué des bulletins *négatifs*. S'il s'agissait de bulletins *affirmatifs*, c'était bien différent. Après en avoir plié dans toutes les cartes d'électeurs, les maires les répandaient avec profusion ; ils appelaient l'intimidation au secours de leur propagande. *Voter non*, disaient-ils, c'est déclarer son affiliation aux sociétés secrètes et se désigner soi-même pour la transportation ; *s'abstenir*, c'est donner à croire qu'on a passé les deux jours du vote à la société secrète de l'endroit.

Dans le Bas-Rhin, les brigadiers de gendarmerie réunissaient, à son de caisse, les habitants des villages devant l'église, et, à haute voix, ils enjoignaient aux gardes forestiers d'arrêter tout individu porteur de bulletins *non;* en cas de résistance, ils les autorisaient à *lui loger une balle dans le corps.*

Il y eut un préfet, celui de l'Hérault, qui ajourna le vote dans dix-neuf communes que, sans doute, les fusillades et les razzias avaient dépeuplées; un pareil arrêté s'expliquerait-il autrement? Le préfet des Deux-Sèvres terminait une proclamation ainsi : « OUI, *c'est la vie;* NON, *c'est la mort par le suicide*. Voilà l'alternative. Choisissez! » — Dans le Cher, le général d'Alphonse déclarait ceci : « Tout individu qui critiquerait le résultat du vote serait traduit devant le conseil de guerre. »

Avant de bénir Louis Bonaparte, des évêques se faisaient ses courtiers électoraux. Celui de Chartres écrivait aux curés de son diocèse : « Vous signerez OUI, nous n'en doutons pas. La *Providence* ne nous donne, en ce moment, que ce moyen de salut [1]. » Mgr de Châlons, dépassant le zèle de son collègue, se hâtait d'écrire à son clergé : « Mgr de Chartres n'a fait qu'exprimer la pensée de *tous les évêques* : DIEU EST AVEC M. LE PRÉSIDENT. Cette raison suffit pour que nous soyons tous à lui [2]. » Dieu est avec les parjures et les meurtriers! Quel sacrilége, et que de fois il a été commis!

La veille du vote, on se débarrassa de tous les électeurs dont on redoutait l'influence hostile, en les arrêtant. Ainsi fit-on dans plusieurs départements, comme dans celui du Lot, « où, dit un membre des commissions mixtes qu'il essaye d'excuser, des arrestations furent opérées soit par ordre de l'autorité judiciaire, soit par ordre de l'autorité militaire; elles eurent lieu le 19 décembre.... Après le vote du 21, les prisons du département du Lot regorgeaient de détenus sur le sort desquels il fallait absolument statuer [3]. »

A ce système général de terrorisme et d'intimidation se liait, pour le compléter, l'antériorité donnée au vote de l'armée. Et quel vote! Le 7 décembre, à l'appel du tambour, officiers, sous-officiers et soldats étaient allés, sous l'œil de leurs supérieurs, signer leur *oui*

---

1. L. Véron, *Constitutionnel*, n° du 16 décembre.

1. Mgr Regnault, 12 décembre.
2. Mgr Rilly, 14 décembre.
3. Lesueur de Pérès, *les Commissions mixtes et la magistrature en* 1851.

ou leur *non* sur un registre public[1]. Le résultat d'une votation aussi peu libre, après avoir été bruyamment annoncé à la France, lui était sans cesse rappelé comme pour lui dire : N'oublie pas que la loi martiale te régit; or, ne pas vouloir ce que veut l'armée, exécutrice des hautes-œuvres dont tu es le témoin, c'est engager avec elle une lutte qui achèverait ton écrasement.

Le scrutin est ouvert. Les bureaux se composent de scrutateurs que les maires ont désignés. Dans les salles de vote, des agents de police, l'œil au guet et l'oreille aux écoutes, circulent aux abords des sections ; des gendarmes se promènent; les employés des mairies, les gardes champêtres et les cantonniers distribuent à tout venant des bulletins affirmatifs; çà et là, des fonctionnaires grands et petits donnent amicalement des conseils *salutaires* aux électeurs qui vont déposer leurs bulletins dans l'urne. Parfois on voit passer entre deux gendarmes un citoyen avec des menottes, — apparitions intimidatrices qui produisent leur effet. C'est ainsi que furent conduits dans les prisons de Valenciennes, de Douai, de Saint-Dizier, M. Parent, un suppléant de juge de paix, — M. Guillaumin, un propriétaire, — M. Saupique, un avocat; ils étaient accusés, l'un d'avoir engagé des électeurs à voter contre Louis Bonaparte, les deux autres d'avoir offert des bulletins *négatifs*. A Paris et ailleurs, de nombreux citoyens, *soupçonnés* du même fait ou seulement d'avoir conseillé l'abstention, subirent un pareil traitement. « Celui qui votera *non* sera renvoyé, » avait-on dit aux ouvriers et aux employés de la douane du Havre. Puis, quand ils se furent rangés sur deux lignes, on remit à chacun d'eux le bulletin affirmatif que recueillait dans une boîte un scrutateur suivi du chef de l'établissement.

Le second jour du vote, les maires envoyaient aux retardataires une lettre qui les *invitait*, dans les termes les plus significatifs, à remplir leur devoir de bons citoyens. Un des membres de la Haute-Cour avait ses propriétés dans une petite ville des environs de Paris ; il s'y rendit pour engager les électeurs à voter *oui*. Voici les explications qu'il en donnait à M. Jules Simon : « Comme juge, je l'aurais infailliblement condamné; comme citoyen, je l'ai absous parce que, dans l'état où il nous a mis par *son crime*, il n'y a plus que lui de possible et qu'il vaut mieux être gouverné par un *criminel* que de tomber dans une guerre civile[1]. » Ah ! l'étrange morale ! Mais ce juge savait bien qu'un vote n'a pas le pouvoir d'absoudre un crime! Que d'aberrations de jugement semblables et volontaires causa le même sophisme suggéré par l'intérêt personnel !

Quand les urnes furent fermées, la fraude succédant à l'intimidation et à la violence voulut avoir ses coudées franches pour le dépouillement du scrutin. En conséquence, la circulation autour des scrutateurs fut interdite, et une barrière tenait l'indiscrétion à distance. On savait, d'ailleurs, que la plus timide critique ou le moindre signe de méfiance était un motif d'arrestation.

Pendant la nuit du 21 décembre, de nouveaux prisonniers arrivèrent au fort de Bicêtre ; ils avaient commis le *crime* de signaler de frauduleuses manœuvres dans le dépouillement des scrutins. L'un d'eux s'était étonné tout haut, dans une mairie de la banlieue, qu'une liste sur laquelle 1,500 électeurs étaient inscrits eût pu, malgré de nombreuses arrestations, produire 1,600 bulletins. Criminelle inintelligence ! Dans une commune voisine de Paris, trente et un électeurs s'étaient comptés et avaient déposé dans l'urne des bulletins négatifs; comment ne s'y en trouvat-il que neuf? On voulut protester; le maire conseilla le silence. On envoya coucher dans

---

[1]. Résultat du vote : 303,290 *oui*, 37,359 *non*; abstentions, 3,626. Armée de mer, 15,979 *oui*, 5,128 *non*; abstentions, 486.

[1]. Jules Simon, *Origine et chute du second Empire*.

la casemate où j'étais un électeur qui n'avait pas suivi ce conseil. Un des négociants les plus notables du Palais-Royal disait à un Anglais son client : « Voulez-vous un exemple des fraudes qui se sont produites ? J'ai dans une section quarante amis ; nous avons tous voté *non* ; j'en ai la certitude absolue ; eh bien ! les scrutateurs déclarèrent que, dans toute la section, il n'avait été émis que deux bulletins négatifs [1]. »

Le recensement général fut opéré par cette Commission consultative que Louis Bonaparte était enfin parvenu à constituer définitivement le 16 décembre ; jusque-là, il n'avait pu trouver assez de gens qui n'hésitassent pas à se mettre en pareille compagnie. L'*Indépendant de Genève* « affirmait sur l'honneur, comme le tenant d'un membre de la Commission consultative, que le chiffre des *oui* n'a pas été tout à fait de *trois millions*. » Cette assertion concordait avec celle du meilleur correspondant de la *Gazette d'Augsbourg*.

C'est le 29 décembre qu'un décret investit l'administration du droit d'autoriser l'ouverture et de prononcer la fermeture des cafés, cabarets et autres débits de boissons à consommer sur place. Les préfets avaient, de leur propre autorité, ruiné déjà plusieurs établissements de ce genre ; ils abusèrent impitoyablement du terrible droit qui leur était conféré.

Nous avons vu des chefs militaires, exhumant le code atroce de l'Inquisition fille de la papauté, édicter des peines barbares contre l'Amitié que le paganisme appelait *vénérable et sainte*, contre la Pitié à laquelle il élevait des autels, contre l'Hospitalité qu'entouraient tous les respects et dont Jupiter, alors le roi du ciel, était le protecteur et le dieu. Dans tous les âges du monde, les peuples et les religions — bouddhiste, païenne, juive, mahométane ou chrétienne — regardèrent l'hospitalité comme une loi naturelle et bienfaisante ; seul l'ultramontanisme la méconnut et la profana, et la royauté absolue le laissait faire quand elle ne l'aidait pas dans cette profanation que le bonapartisme a renouvelée. De par les officiers généraux du dictateur Louis Bonaparte, qui ont repris les maximes des moines-inquisiteurs du pape Grégoire IX, l'amitié, la pitié, l'hospitalité, les plus douces affections de l'âme sont des crimes : ouvrir au fugitif que leur rage poursuit une demeure hospitalière, panser les blessures d'un vaincu, donner à un infortuné mourant de fatigue et de faim un peu de nourriture et de repos, c'est se rendre criminel. Tout cela est monstrueux. Eh bien ! qu'on lise ceci : Le trentième jour du mois à jamais néfaste de décembre 1851, le colonel Ambert condamna M. Brun, propriétaire, et M. Astier, garde champêtre, le premier à *dix ans de réclusion* et le second à *vingt ans de travaux forcés pour avoir donné l'hospitalité* à des citoyens vaincus dans leur résistance légitime à une violation flagrante de la loi. A la place de ces deux condamnés glorieux, qui honorèrent la casaque des galériens, n'est-ce pas *un autre* qui aurait dû l'endosser ?

Dans la même séance, le colonel Ambert prononça *la peine de mort* contre quatre propriétaires, deux cultivateurs et un journalier, « pour rébellion suivie d'effusion de sang et de blessures, » c'est-à-dire pour avoir eu le courage d'exposer leur vie en défendant la loi.

Le 31 décembre, les membres de la Commission consultative apportèrent à l'Élysée le résultat du plébiscite [1]. M. Baroche, qui était leur président, osait dire à Louis Bonaparte :

---

[1]. Le *Times*, n° du 2 janvier 1852.

[1]. Ce relevé officiel donnait 7,439,216 *oui*, 640,737 *non* et 36,280 bulletins nuls. Le nombre des abstentions était passé sous silence. Le résultat du scrutin à Paris était le suivant : 132,981 *oui*, 80,691 *non*, 3,021 bulletins nuls ; il y avait eu 75,102 abstentions. Le nombre des *oui* fut loin d'atteindre la moitié du chiffre des électeurs inscrits.

« Jamais, dans aucun pays, la *volonté nationale* s'est-elle aussi solennellement manifestée ? Jamais gouvernement obtint-il un *assentiment pareil*, eut-il une base plus large, une *origine plus légitime* et plus digne du respect des peuples ? Prenez possession, prince, de ce pouvoir qui vous est *glorieusement* déféré. » Le prince répliqua : « La France a répondu à l'appel *loyal* que je lui avais fait. Elle a compris que *j'étais sorti de la légalité* pour rentrer dans le droit. Plus de sept millions de suffrages VIENNENT DE M'ABSOUDRE. Je vous remercie d'avoir constaté officiellement combien cette **manifestation** *était loyale et spontanée.* »

Qualifier de « manifestation loyale et spontanée de la volonté nationale » cette profanation du suffrage universel qui n'avait pu ni s'éclairer ni s'exercer librement ; — dans ce recensement ténébreux de votes extorqués par la force, la menace et la peur, voir l'absolution du crime le plus horrible comme d'autres y voyaient l'excuse de leur adhésion au pouvoir usurpé par le criminel qui avait *réussi*, n'est-ce pas donner raison à ces paroles d'un de nos écrivains les plus regrettés :
« Cette hypocrisie du droit qui se lave dans le suffrage de la terreur, dans la piscine du sang et des larmes, cette hypocrisie du lendemain est plus lâche et plus triste à nos yeux que toutes les violences de la veille [1] » ?

D'ailleurs la souveraineté que nous lui reconnaissons ne donne pas au peuple le droit de subvertir la notion du bien et du mal, d'absoudre le parjure et le meurtre, son vote fût-il sincère, libre, et non pas, comme celui du 20 décembre, une indéniable extorsion.

Voulant associer la religion aux forfaits dont il venait de se déclarer *amnistié*, Louis Bonaparte, avec une tartuferie parfaite, ajouta : « *Demain, je prierai solennellement le ciel de m'accorder encore sa protection.* » Sans doute il s'était souvenu que, le 26 août 1572, Charles IX, entouré de ses complices, de ses fonctionnaires et de ses courtisans, alla entendre, à Notre-Dame, une messe solennelle et « prier le ciel de lui accorder encore sa protection » ; car il voulait commettre de nouveaux crimes. Cet exemple avait séduit Louis Bonaparte qui ne voulait pas non plus en rester là.

1. Charles Ribeyrolles.

DOCUMENTS COMPLÉMENTAIRES DU CHAPITRE VII

I

ASPECT DE PARIS DANS LA JOURNÉE DU 5 DÉCEMBRE

Je laisse la parole à M. H. Mauduit, le bonapartiste enthousiaste :

« Dès sept heures du matin, le lendemain 5, je recommençai mes pérégrinations historiques. Peu d'habitants s'étaient encore hasardés à sortir. L'aspect du quai, depuis l'Hôtel de Ville jusqu'aux Champs-Élysées, était *sombre. Les quelques passants que je rencontrais portaient sur leurs traits l'empreinte de l'inquiétude, quelques-uns même de la stupéfaction.* (*Révolution militaire*, page 261.)

« Au débouché de toutes les rues et jusqu'à la Bastille se trouvait un peleton de cuirassiers ayant tous des vedettes ambulantes, le sabre pendant à la dragonne et le pistolet au poing. Les abords de Tortoni et de la Maison-

Dorée étaient occupés par les mêmes groupes que les deux jours précédents et presque aussi compactes, mais les figures y étaient sombres et généralement silencieuses, et non provocatrices comme la veille. La colère s'était concentrée, mais non calmée. (P. 264.)

« Une expression de stupeur se fait remarquer sur toutes les figures. On ne s'aborde qu'avec hésitation et pour se demander avec inquiétude : « Comment cela finira-t-il ? » Peu de figures ne sont pas au moins soucieuses; quelques-unes peignent la colère et la rage concentrées, et s'expriment à mi-voix ou ne respirent que la haine et la vengeance... contre le président, contre les généraux et la graine d'épinards. » (P. 273, 274.)

Nous avons vu le *Moniteur parisien*, journal sous-officiel, dépeindre les boulevards qui, de mémoire d'homme, n'eurent jamais un aspect si lugubre.

M. Eugène Ténot dit :

« Le mouvement révolutionnaire, qui se prononçait dans la première moitié de la journée du 4 avec tant de force qu'il semblait devoir entraîner la ville entière, était donc brisé.

« La bataille livrée dans les vieilles rues des quartiers du centre avait écrasé l'élite des hommes d'action du parti républicain. La moitié, sinon plus, de ceux qui avaient combattu étaient tués, blessés ou pris.

« La catastrophe des boulevards, frappant la ville d'un indicible sentiment de terreur, avait fait le reste.

« Les survivants des barricades et les représentants du peuple qui essayèrent, le 5 au matin, de recommencer l'agitation, se heurtèrent à une population glacée d'épouvante. Quelques barricades élevées sur la rive gauche de la Seine, à la Croix-Rouge, sur la rive droite en quelques points des faubourgs, notamment barrière Rochechouart, furent abandonnées sans combat à l'approche des troupes. »

Le général Magnan, dans son rapport officiel, s'exprime ainsi :

« Les insurgés, atterrés par le résultat de la journée du 4, n'osèrent plus défendre leurs retranchements. »

M. Eugène Ténot ajoute :

« Une foule morne et silencieuse s'amassa, pendant toute cette journée du 5, devant les barreaux de la cité Bergère, au faubourg Montmartre.

« Un grand nombre de cadavres — 35, disent les uns, 60, disent les autres — avaient été rangés dans le passage. C'étaient des malheureux tombés la veille sur les boulevards. La plupart portaient le costume de la bourgeoisie. Il y avait deux ou trois femmes.

« On transféra plus tard ceux-là ou d'autres — nous ne savons pas au juste — au cimetière du Nord. Ils y restèrent quelque temps, à demi ensevelis, la tête à découvert, pour qu'ils pussent être reconnus par les familles. »

II

DÉCRET, PROCLAMATIONS ET CIRCULAIRE
DU 5 DÉCEMBRE

DÉCRET

« *Afin de récompenser les services rendus à l'intérieur comme ceux des armées au dehors, lorsqu'une troupe organisée aura contribué par des combats à rétablir l'ordre sur un point quelconque du territoire, ce service sera compté comme service de campagne.*

« Louis-Napoléon. »

PROCLAMATION DU GÉNÉRAL SAINT-ARNAUD

« Soldats,

« Vous avez accompli un grand acte de votre vie militaire. Vous avez préservé le pays de l'anarchie, du pillage, et sauvé la République. Vous vous êtes montrés ce que vous serez toujours, braves, dévoués, infatigables. La France vous admire et vous remer-

La maison Sallandrouze, sur le boulevard Poissonnière, après l'affaire du 4 décembre 1851.

cie. Le président de la République n'oubliera jamais votre dévouement.

« Dans toutes les garnisons de la France, vos compagnons d'armes sont fiers de vous, et suivraient au besoin votre exemple.

« *Le général de division, ministre de la guerre,*

« De Saint-Arnaud. »

CIRCULAIRE DE M. DE MORNY

M. de Morny envoya aux généraux et aux préfets la circulaire suivante :

« Toute insurrection armée a cessé à Paris par une répression vigoureuse ; la même énergie doit avoir partout les mêmes effets. Les bandes qui apportent le pillage, le vol et l'incendie se trouvent hors des lois. Avec elles, on ne parlemente pas, *on ne fait pas de sommations*, on les attaque et on les disperse. *Tout ce qui résiste doit être fusillé*, au nom de la société en légitime défense. »

PROCLAMATION DE M. DE MAUPAS

Dans une *Proclamation aux Parisiens*, M. de Maupas disait : « Les ex-représentants montagnards, mettant à profit les derniers restes de leur ancien prestige, cherchent à entraîner le peuple dans une folle résistance...... »

III

LE RÉDACTEUR EN CHEF DE LA PRESSE

« Les agents de M. de Maupas auraient pu, le 5 au matin, surprendre le rédacteur en chef de la *Presse* corrigeant les épreuves d'un nouvel appel à l'insurrection ; mais l'impossibilité de porter cet appel à la connaissance du peuple, en présence de deux dragons qui montaient la garde, le pistolet au poing, à l'entrée de l'imprimerie, l'avait bientôt porté à renoncer au projet de recommencer la lutte ; M. Napoléon Bonaparte, en ce moment dans les bureaux de la *Presse*, se résignait moins aisément à cette nécessité. Pendant que M. de Girardin prêtait l'oreille aux observations de ses collaborateurs, M. Napoléon Bonaparte, ouvrant tout à coup la porte d'une salle attenante au bureau de rédaction, s'écriait : « Vous acceptez donc ce qui se fait ?
« — Et vous, lui demanda une des personnes
« présentes en montrant la proclamation,
« signerez-vous cette pièce ? — Ma position
« ne me le permet pas, répondit M. Napoléon
« Bonaparte. — Ne conseillez pas, alors, aux
« autres ce que vous ne voudriez pas faire
« vous-même. »

« M. de Girardin jeta ses épreuves au panier. »

(Taxile Delord, *Histoire du second Empire.*)

IV

M. DE MORNY A L'IMPRIMERIE DU CORPS LÉGISLATIF

« IMPRIMERIE
du
Corps législatif,
30, rue du Bac.

« Paris, le 23 janvier 1861.

« Je soussigné Henri Noblet, imprimeur du Corps législatif, déclare que, dans la nuit du 4 au 5 décembre 1851, alors que mon imprimerie était gardée militairement par une compagnie du 6ᵉ régiment d'infanterie de ligne, M. le comte de Morny, ministre de l'intérieur, accompagné d'un officier d'état-major de la garde nationale, se présenta vers les neuf heures du soir, pour faire imprimer des dépêches venant de Lyon et de Rouen qui devaient contribuer à l'établissement du nouvel ordre de choses ; que le capitaine de garde, M. Chapoix, se refusa à laisser imprimer ces dépêches sans l'autorisation par écrit du ministre de la guerre, et que le lieutenant Taddée, en sous-ordre, lui demanda la permission de faire les démarches nécessaires pour obtenir du ministre qu'il couvrît sa responsabilité. Le capitaine y ayant consenti, le lieutenant Taddée parvint non sans peine, et après deux tentatives infructueuses, à obtenir du ministre de la guerre l'autorisation d'imprimer les dépêches; mais à son retour il était déjà fort tard, et je n'avais plus à mon imprimerie ni compositeurs ni imprimeurs; c'est alors que mon associé et moi composâmes la planche des dépêches, et que le lieutenant Taddée organisa avec une admirable intelligence trois équipes de soldats, dont l'ardeur et la bonne volonté nous permirent d'imprimer un nombre considérable de ces dépêches qui furent instantanément affichées dans tout Paris.

« Comme témoignage de sa gratitude et pour réconforter les soldats improvisés si spontanément en imprimeurs par le lieutenant Taddée, M. le comte de Morny, après le compte rendu qui lui en avait été fait par M. Gimet, son premier secrétaire, envoya dans cette nuit un panier de vin de Bordeaux, et vint lui-même, le lendemain, à l'imprimerie, complimenter tout le monde.

« A l'appui de ce qui précède, je joins et la copie autographe d'une des dépêches imprimées et un ordre délivré par un des ministres d'alors de tenir mes presses à la disposition du gouvernement.

« En foi de quoi j'ai signé le présent certificat, comme étant l'expression sincère de la vérité et pour servir ce que de raison.

« Henri Noblet. »

(*Papiers et Correspondance de la famille impériale*, 3ᵉ volume, imprimé, mais non publié.)

V

LES PROSCRITS DE 1848 ET DE 1849

« Les proscrits français de 1848 et de 1849 firent tout ce qui dépendait d'eux pour pénétrer en France afin de se mêler aux défenseurs de la loi. Toutes les tentatives de ceux qui habitaient la Suisse échouèrent. « Quatre d'entre eux traversèrent le Rhône à la nage, au-dessous de Seyssel, et touchèrent la terre de France. C'étaient Charlet, Veillas, Champin et Perrier. Attaqués par les douaniers, ces quatre braves, après un engagement où succomba un de leurs adversaires, cherchèrent à repasser le fleuve. Veillas seul parvint sur la rive savoisienne; Perrier périt entre deux glaçons. Charlet et Champin furent pris. »

(V. Schœlcher, *Histoire des crimes du 2 Décembre*. D. Annexe.)

Champin fut envoyé à Cayenne où il mourut. Nous verrons, au chapitre IX, que l'échafaud politique fut rétabli pour Charlet et pour quelques autres défenseurs de la loi.

Les proscrits qui habitaient la Belgique remplirent aussi leur devoir; Étienne Arago « se risqua jusqu'à Valenciennes pour essayer de soulever le département du Nord. Un autre, jeune homme intrépide, pénétra jusqu'à Lille; tous étaient prêts . . . . . Comme ceux de la Suisse et de la Belgique, les proscrits français de Londres, aussitôt qu'ils apprirent les événements de Paris. . . . . . . ne songèrent qu'à une chose, rentrer en France pour prendre part à la lutte. Mais ils avaient à cela moins de facilité encore que les autres . . . . . Une vingtaine, entre lesquels Martin Bernard et Louis Blanc, parvinrent en Belgique où malheureusement ils apprirent que tout était perdu.

« En somme, les proscrits de 1848 et de 1849 ont fait énergiquement leur devoir, et si on ne les a pas vus au milieu des combattants, c'est qu'ils ont rencontré pour arriver des obstacles insurmontables. »

(V. Schœlcher, *Histoire des crimes du 2 Décembre*. D. Annexe.)

VI

PROCLAMATION DU 6 DÉCEMBRE

« Français,

« Les troubles sont apaisés. Quelle que soit la décision du peuple, la société est sauvée. La première partie de ma tâche est accomplie ; l'appel à la nation, pour terminer les luttes des partis, ne faisait, je le savais, courir aucun risque sérieux à la tranquillité publique.

« Pourquoi le peuple se serait-il soulevé contre moi ?

« Si je ne possède plus votre confiance, si vos idées ont changé, il n'est pas besoin de faire couler un sang précieux ; il suffit de déposer dans l'urne un vote contraire. Je respecterai toujours l'arrêt du peuple.

« Mais, tant que la nation n'aura pas parlé, je ne reculerai devant aucun effort, devant aucun sacrifice pour déjouer les tentatives des factieux. Cette tâche, d'ailleurs, m'est rendue facile.

« D'un côté, l'on a vu combien il était insensé de lutter contre une armée unie par les liens de la discipline, animée par le sentiment de l'honneur militaire et par le dévouement à la patrie.

« D'un autre côté, l'attitude calme des habitants de Paris, la réprobation dont ils flétrissaient l'émeute, ont témoigné assez hautement pour qui se prononçait la capitale.

« Dans ces quartiers populeux où naguère l'insurrection se recrutait si vite parmi des ouvriers dociles à ses entraînements, l'anarchie, cette fois, n'a pu rencontrer qu'une répugnance profonde pour ses détestables excitations. Grâces en soient rendues à l'intelligente et patriotique population de Paris ! Qu'elle se persuade de plus en plus que mon unique ambition est d'assurer le repos et la prospérité de la France.

« Qu'elle continue à prêter son concours à l'autorité, et bientôt le pays pourra accomplir, dans le calme, l'acte solennel qui doit inaugurer une ère nouvelle pour la République.

« Louis-Napoléon. »

VII

LA COMMISSION CONSULTATIVE A L'ÉLYSÉE

Le 31 décembre 1851, M. Baroche, en présentant à Louis-Napoléon le résultat général du plébiscite, prononça le discours suivant :

« Monsieur le président,

« En faisant appel au peuple français par votre proclamation du 2 décembre, vous avez dit :

« Je ne veux plus d'un pouvoir qui est « impuissant à faire le bien et m'enchaîne au « gouvernail quand je vois le vaisseau courir « vers l'abîme. Si vous avez confiance en moi, « donnez-moi les moyens d'accomplir la « grande mission que je tiens de vous. »

« A cet appel loyal fait à sa conscience et à sa souveraineté, la nation a répondu par une immense acclamation, par plus de sept millions quatre cent cinquante mille suffrages.

« Oui, *prince*, la France a confiance en vous ! elle a confiance en votre courage, en votre haute raison, en votre amour pour elle ! et le témoignage qu'elle vient de vous en donner est d'autant plus glorieux qu'il est rendu après trois années d'un gouvernement dont il consacre ainsi la sagesse et le patriotisme.

« L'élu du 10 décembre 1848 s'est-il montré digne du mandat que le peuple lui avait conféré ? A-t-il bien compris la mission qu'il avait reçue ?

« Qu'on le demande aux sept millions de voix qui viennent de confirmer ce mandat, en y ajoutant une mission et plus grande et plus belle !

« Jamais, dans aucun pays, la volonté nationale s'est-elle aussi solennellement manifestée? jamais gouvernement obtint-il un assentiment pareil, eut-il une base plus large, une origine plus légitime et plus digne du respect des peuples? (*Murmures d'approbation.*)

« Prenez possession, *prince*, de ce pouvoir qui vous est si glorieusement déféré.

« Usez-en pour développer par de sages institutions les bases fondamentales que le peuple lui-même a consacrées par ses votes.

« Rétablissez en France le principe d'autorité, trop ébranlé depuis soixante ans par nos continuelles agitations.

« Combattez sans relâche ces passions anarchiques qui attaquent la société jusque dans ses fondements.

« Ce ne sont plus seulement des théories odieuses que vous avez à poursuivre et à réprimer; elles se sont traduites en faits, en horribles attentats.

« Que la France soit enfin délivrée de ces hommes toujours prêts pour le meurtre et le pillage, de ces hommes qui, au xix⁰ siècle, font horreur à la civilisation et semblent, en réveillant les plus tristes souvenirs, nous reporter à cinq cents ans en arrière. (*Vif assentiment.*)

« *Prince*, le 2 décembre, vous avez pris pour symbole : *La France régénérée par la Révolution de* 1789 *et organisée par l'empereur*, c'est-à-dire une liberté sage et bien réglée, une autorité forte et respectée de tous.

« Que votre sagesse et votre patriotisme réalisent cette noble pensée. Rendez à ce pays si riche, si plein de vie et d'avenir, les plus grands de tous les biens : l'ordre, la stabilité, la confiance. Comprimez avec énergie l'esprit d'anarchie et de révolte.

« Vous aurez ainsi sauvé la France, préservé l'Europe entière d'un immense péril et ajouté à la gloire de votre nom une nouvelle et impérissable gloire. »

Louis-Napoléon répondit :

« Messieurs,

« La France a répondu à l'appel loyal que je lui avais fait. Elle a compris que *je n'étais sorti de la légalité que pour rentrer dans le droit*. Plus de sept millions de suffrages *viennent de m'absoudre* en justifiant un acte qui n'avait d'autre but que d'épargner à la France et à l'Europe peut-être des années de troubles et de malheurs. (*Vives marques d'assentiment.*)

« Je vous remercie d'avoir constaté officiellement combien cette manifestation était nationale et spontanée.

« Si je me félicite de cette immense adhésion, ce n'est pas par orgueil, mais parce qu'elle me donne la force de parler et d'agir ainsi qu'il convient au chef d'une grande nation comme la nôtre.

« Je comprends toute la grandeur de ma mission nouvelle, je ne m'abuse pas sur ses graves difficultés. Mais avec un cœur droit, avec le concours de tous les hommes de bien qui, ainsi que vous, m'éclaireront de leurs lumières et me soutiendront de leur patriotisme, avec le dévouement éprouvé de notre vaillante armée, enfin avec cette protection que, demain, je prierai solennellement le ciel de m'accorder encore, j'espère me rendre digne de la confiance que le peuple continue de mettre en moi. J'espère assurer les destinées de la France en fondant des institutions qui répondent à la fois et aux instincts démocratiques de la nation, et à ce désir exprimé universellement d'avoir désormais un pouvoir fort et respecté. En effet, donner satisfaction aux exigences du moment en créant un système qui reconstitue l'autorité sans blesser l'égalité, sans fermer aucune voie d'amélioration, c'est jeter les véritables bases du seul édifice capable de supporter plus tard une liberté sage et bienfaisante. »

VIII

PROTESTATION DES SÉNATEURS AMÉRICAINS CONTRE LE COUP D'ÉTAT

« Lancaster City, Comté de Lancaster (Pensylvanie), États-Unis d'Amérique.

• 12 février 1852.

A Son Excellence le prince LOUIS-NAPOLÉON BONAPARTE, président de la « *malnommée* République française ».

« Les membres du Sénat de Jenny Lind-Hall, dans une session spéciale tenue à Lancaster-City, État de Pensylvanie, ayant appris avec les sentiments de la plus profonde indignation et du plus grand dégoût le renversement des principes démocratiques et l'institution d'une forme de gouvernement despotique et la destruction des espérances de liberté pour un peuple aimé, foulé aux pieds par les actes criminels du pouvoir exécutif français actuel ;

« Considérant qu'ils croient que les actes dudit pouvoir exécutif ont repoussé l'extension des doctrines de la liberté ;

« Ont arrêté la déclaration suivante :

« Un vote de censure est donné par les présentes à Louis-Napoléon Bonaparte, pour la *flagrante, innommée* violation de toutes les lois de justice, de tous les droits humains, en usurpant les libertés du peuple de France, et qu'il mérite avec justice le souverain mépris du corps républicain.

Résolution.

« Une copie des présentes sera transmise à Son Excellence, dûment signée par les membres du Sénat et sans délai.

« *Signé* : Bitner, *président ;*
B. Barton, *vice-président ;*
B. Markley, *secrétaire.* »
(*Suivent les signatures des sénateurs de trente-deux États.*)

« N.-B. — Le Sénat demande l'accusé de réception de cette pièce, qu'il considère comme très-importante.

« *Attesté* : J.-B. Markley, *secrétaire.* »
(*Papiers et Correspondance de la famille impériale*, 3ᵉ volume, imprimé, mais non publié.)

Cette pièce a été trouvée dans le cabinet de M. Conti.

CHAPITRE VIII

Du 1er Janvier au 26 Mars 1852.

Notre-Dame de Paris le 1er janvier 1852. — Messe, *Te Deum* et prières étranges. — Un groupe céleste. — L'aigle et le symbole de la République. — Décrets d'exil. — Les listes de Bicêtre. — La nuit du 9 janvier. — Un convoi de forçats. — Le *Canada*. — Tempête; elle préserve de Cayenne 467 républicains. — La nouvelle Constitution. — Décrets du 21 janvier. — *Le premier vol de l'aigle.* — Louis Bonaparte et la famille d'Orléans. — Le clergé et le septième commandement de Dieu. — Comédie de fausse pudeur. — Les commissions mixtes et la justice véhmique. — L'inamovibilité de la magistrature. — L'espionnage et la délation. — Décret du 17 février. — Piétinement de la nouvelle Constitution par son auteur. — Élections législatives. — Le *Duguesclin;* souffrances intolérables ; ce qu'on fit des détenus. — Le chiffre des transportés en Algérie au 26 mars 1852.

Le 1er janvier 1852, le bourdon de Notre-Dame, dont le battant, masse énorme, n'est mis en mouvement que dans les grandes fêtes, annonçait aux Parisiens, de sa voix grave et profonde, une solennité extraordinaire. La vieille cathédrale est parée de tentures et resplendissante de lumières; on a allumé les lampes de tous les autels, les bougies de tous les candélabres. Dans la galerie qui règne autour de la nef et du chœur, de hauts fonctionnaires en habits brodés et leurs femmes richement vêtues se pressent; la tourbe des parasites du budget et celle des courtisans de tout pouvoir qui naît, mêlés à des officiers de tout grade, remplissent l'église. Dans le chœur, sur une estrade, un dais s'élève et des fauteuils sont rangés. Sous le dais, le dictateur trône; ses ministres, ses favoris et les membres de sa famille occupent les fauteuils, et des spectateurs naïfs s'ébahissent de voir le prince Napoléon, fils de Jérôme, se prélasser dans l'un de ces fauteuils, celui qui est le plus proche du dais. Tous les complices sont là; pas un de ceux qui vont le devenir en prêtant serment au parjure n'y manque.

Entouré de ses chanoines capitulaires, l'archevêque Sibour avait reçu au seuil du temple et conduit jusqu'au dais l'homme du guet-apens ; après s'être courbé devant cet homme auprès duquel il s'était rendu, la veille, pour lui dire : « *Nous prierons Dieu avec ferveur pour le succès de la* HAUTE MISSION *qui vous est confiée* » le prélat va commencer l'office divin.

Le jour a été bien choisi pour faire ces prières étranges, car, à la *post-communion*, ce jour-là, l'officiant dit : « Que la vertu de ce mystère fasse mourir en nous *toute convoitise déréglée!* »

Près de monter à l'autel, l'archevêque Sibour dut tressaillir malgré lui, quand il dit : « Seigneur, préservez-moi de *l'homme inique et trompeur* [1] », et tressaillir encore au moment où il lave ses mains en disant : « Oh! ne me faites point finir mes jours *parmi ceux qui aiment le sang*, dont la main droite *est pleine de présents* et la gauche *pleine d'iniquités!* » Au *memento*, le prélat put-il, sans sourire, prononcer ces paroles : « Seigneur, souvenez-vous de tous ceux qui sont ici présents, *et dont vous connaissez la foi et la piété* »? Enfin, dans le *Te Deum* qu'il entonna, ce verset fut chanté : « *Admettez-les parmi les saints*, dans la gloire éternelle! »

Se figure-t-on MM. Louis Bonaparte,

---

[1] Psaume XL, dialogué au pied de l'autel.

Morny, Magnan, Saint-Arnaud, Persigny, Vieyra, Espinasse et tous les autres formant un groupe céleste, ayant leur tête nimbée, ravis en extase, et invoqués par *les fidèles* qui chantent les litanies des saints?

Les catholiques sincères doivent, me semble-t-il, gémir devant les autels quand on prostitue ainsi le nom du Dieu qu'ils adorent et la prière qui adoucit leurs afflictions.

En sortant de Notre-Dame, Louis Bonaparte substitua l'aigle au coq sur le drapeau français, annonça au monde que « le palais des Tuileries allait redevenir la résidence du chef de l'État », et fit effacer, sur les édifices publics, ces trois mots : *Liberté, Égalité, Fraternité*. Ce symbole de la République est l'épouvantail de la tyrannie.

Le 9 janvier, on lisait dans le *Moniteur* : « Le gouvernement a dû prendre des mesures contre certaines personnes dont la présence en France pourrait empêcher le calme de se rétablir. » Les généraux Lamoricière, Changarnier, Leflô et Bedeau, le colonel Charras et M. Baze avaient été, la nuit précédente, enlevés de Ham et conduits hors de France. A quelles réflexions amères durent se livrer ces généraux en voyant le dictateur tourner contre eux la pointe de l'arme exécrable qu'ils avaient forgée en 1848, et dont, alors, ils frappèrent si terriblement les vaincus : la transportation sans jugement! Depuis le 19 décembre, le général Cavaignac était libre.

Dans le décret qui « éloignait provisoirement de France » les prisonniers de Ham [1], étaient compris les représentants Pascal Duprat, V. Chauffour, E. Quinet, Versigny, A. Thouret et Émile de Girardin, le général Leydet.

Soixante-dix autres représentants du peuple, tous républicains, furent exilés ; voici leurs noms : Charras, Schœlcher, Victor Hugo, de Flotte, Valentin, Greppo, Nadaud, Malardier, Bancel, Madier-Montjau, Richardet, Testelin, Joigneaux, Noël Parfait, Raspail, Dulac, Gambon, Gaston Dussoubs, Mathé, Saint-Ferréol, Cholat, Bertholon, Baune, Bandsept, Michel Renaud, Latrade, Pierre Lefranc, Émile Péan, Lafon, Brives, Lamarque, Bourzat, Dupont de Bussac, Guiter, Bélin, Bruys, Cassal, Benoît et Faure (du Rhône), Terrier, Savoye, Esquiros, Francisque Maigne, Roselly-Mollet, Racouchot, Boysset, Lagrange, Marc-Dufraisse, Chavoix, Millotte, Signard, Jules Leroux, Charrassin, Agricol Perdiguier, Burgard, Guilgot, Colfavru, Viguier, Joly, Combier, Duché, Ennery, Hochstuhl, Michot-Boutet, Laboulaye, Pelletier, Théodore Bac, Besse, Mathieu (de la Drôme) et Sommier. Un seul représentant du peuple, Jules Miot, fut déporté en Algérie, où les geôliers napoléoniens le torturèrent.

Dès la veille de Noël, on voyait chaque soir, à Bicêtre, apparaître sur le seuil des casemates le directeur du fort ; il avait une escorte de soldats ; à la lueur de torches que des geôliers portaient, il faisait l'appel des noms inscrits sur l'une des deux listes qui, chaque matin, lui étaient envoyées par les commissions militaires. Les détenus appelés par lui le suivaient et étaient rendus à la liberté. Un greffier déployait la deuxième liste, et ceux dont il lisait les noms étaient conduits par les soldats dans des casemates réservées ; le lendemain, on les transférait au fort d'Ivry. C'est là que, le 9 janvier, à onze heures du soir, nous fûmes réveillés par les geôliers criant : « Prenez vos paquets, il faut partir! »

Dans la journée, des bruits de transportation à Cayenne avaient couru au milieu de nous ; ils étaient vrais. Pendant que se faisait l'appel nominal des condamnés sans jugement, cinq jeunes hommes enchaînés arrivèrent ; des gendarmes les amenaient de Chartres ; ils avaient *blâmé* l'acte du 2 Décembre ; on les joignit à nous. Quand on eut emmenotté

---

1. Seul parmi les prisonniers de Ham, le colonel Charras fut exilé.

Vue de Clamecy (Nièvre)

les premiers appelés et ficelé les mains des autres, car les menottes manquèrent, on nous accoupla deux à deux; nous étions quatre cent quatorze. Trois mille soldats chargèrent leurs armes; on nous fit placer au centre de cette escorte dont le commandant s'était écrié : « Les fusils, vous l'avez vu, ne sont pas chargés à blanc. Tenez-vous donc pour avertis qu'une tentative d'évasion ne réussirait pas. »

On se met en marche au pas militaire. Une voiture cellulaire emporte les malades, dont le départ a été disputé vainement à nos bourreaux par les médecins du fort. Entrés dans Paris par le pont d'Austerlitz, nous suivons la ligne des boulevards. Çà et là, de salons brillamment éclairés, s'échappent les sons d'une musique joyeuse; on danse. Les fenêtres des cabinets de nos restaurants en vogue s'ouvrent. Au milieu des éclats d'un rire bruyant, les soupeurs nous regardent passer; ils se disent sans doute : *C'est un convoi de forçats.* Non-seulement les journaux du dictateur avaient annoncé l'envoi à Cayenne des galériens qui peuplaient nos bagnes, mais encore — nous ne tardâmes pas à l'apprendre — les commandants des navires qui nous attendaient croyaient recevoir à leur bord des repris de justice et des forçats. Comme son oncle, Louis Bonaparte calomniait ses victimes et cherchait à les déshonorer.

Dix pauvres enfants de douze à quatorze ans, fatigués par la longueur et la rapidité d'une marche que rendaient plus difficile une pluie fine et un pavé boueux, arrivèrent dans un état d'exténuation extrême à la gare de la place du Havre Là nous trouvions cinquante-deux Orléanais liés comme nous. Parmi eux, je reconnus M. Péreira, riche propriétaire et ancien préfet d'Orléans, le journaliste Tavernier et les représentants du peuple Martin (du Loiret) et Michot-Boutet. Les autres étaient des négociants, des bourgeois, des officiers municipaux, mêlés à quelques ouvriers ou paysans. Leur adjonction a élevé notre nombre à quatre cent soixante-sept. Nous montons dans des wagons dont chaque compartiment a déjà reçu deux gendarmes pour nous garder. Le convoi part. Il est trois heures du matin. L'effarement des gendarmes qui occupent les deux côtés opposés du compartiment dans lequel je suis est curieux à voir. Ils sont armés de pied en cap; leurs yeux défiants s'attachent, tour à tour, sur chacun de nous; l'une de leurs mains ne quitte le mousqueton que pour caresser la crosse du grand pistolet pendu à leur ceinturon. En nous entendant causer, ils échangent des regards étonnés; enfin l'un d'eux, n'y tenant plus, s'écrie : « Vous n'êtes donc pas des forçats? » Je n'oublierai jamais leur ébahissement quand on leur eut nommé les douze *coquins* dont la surveillance leur avait été confiée. Ces coquins étaient des négociants connus, des hommes de lettres, des journalistes et un médecin en grand renom. « Ainsi, demanda-t-on à ces agents de la force publique, vous nous preniez pour des forçats? — On nous l'avait dit, répondirent-ils; mais nous trouvions bien que vous n'y ressembliez pas. »

Le lendemain, à midi, nous entrions en gare du Havre. Dirigés vers le bassin de la Floride, nous montâmes à bord du *Canada* qui chauffait. Quatre cent soixante-sept républicains furent entassés dans les flancs de la vieille frégate à vapeur. Dans l'un des compartiments du faux-pont, mesurant un espace de douze mètres de long sur un mètre quatre-vingts centimètres de haut, nous étions cent quatre obligés de nous tenir accroupis sur le plancher imbibé d'eau.

Pendant que s'opérait notre entassement, la frégate avait levé ses ancres. Bientôt elle courait de rapides bordées. Le soir, durement secouée par les vents d'ouest, elle chercha un refuge dans le port de Cherbourg. Les hublots au-dessus duquel les vagues s'élèvent sont fermés. Le manque d'air, l'infection que le baquet répand, les secousses du navire nous causent d'intolérables souffrances. Parmi les camarades qui les partagent, outre les Orléanais que j'ai nommés, se trouvent Deville, l'éminent professeur d'anatomie, le statuaire Garraud, ancien directeur des Beaux-Arts, le chimiste Guérin, le fabuliste Lachambeaudie, les journalistes Xavier Durrieu, Hennet de Kesler, Cahaigne, Sainguerlet, Amable Lemaître et Vasbenter, les instituteurs Lassère, Lejeune et Massard, le capitaine Lecomte, le colonel Caillaud, le commandant Beaumont, Polino, ancien officier, décoré de la Légion d'honneur, Thouard, un ancien consul, Victor Gué, Erasme Mercier, Minor Lecomte, Foucault, Eugène Chevalier et Laviolette, négociants; Paulus, fabricant de chapellerie; Abazaër, l'habile tailleur de cristaux, Cadenet, maire d'Essonne, le riche cultivateur Girard, adjoint de Loury. A cet assemblage de « forçats » manquaient, pour le compléter, deux hommes de cœur, proie que les décembriseurs avaient ardemment convoitée : Deluc, chef de l'une des meilleures institutions de Paris, porté sur la première liste des arrestations nocturnes, et Camille Berru, journaliste distingué; ils étaient, ainsi que nous destinés à Cayenne. Après avoir fait bravement leur devoir pendant la lutte, ils avaient pu se soustraire, en s'exilant, aux recherches dont ils étaient l'objet.

A travers le barrage qui clôturait l'endroit où on nous avait parqués, un matelot reconnut l'un de nous et l'appela : « Vous ici, lui dit-il, dans cette cohue de repris de justice! » Le matelot lâcha un juron en apprenant qui nous étions, et il courut en aviser l'équipage. Dès ce moment, les braves marins du *Canada* nous prodiguèrent les témoignages de leur sympathie. Une lettre signée par Deville, Péreira, Xavier Durrieu et quelques autres dont le nom avait une notoriété fut envoyée au capitaine Bouet. Il manda auprès de lui trois des signataires. Dès qu'il connut la vraie nature de sa *cargaison*, il y eut dans son attitude un visible embarras et dans sa voix l'émotion d'une âme indignée qui fait des efforts pour se contenir. « Messieurs, dit-il, je prends sur moi d'adresser directement vos lettres à vos familles et à vos amis. Que tous vos camarades d'infortune sachent cela! »

Nous eûmes l'explication de l'embarras du capitaine Bouet en notre présence et de son indignation mal contenue. Un officier d'ordonnance était venu lui dire : « Le 10 janvier, à midi, vous recevrez à votre bord quatre cents repris de justice environ ; le lendemain, vous les remettrez au commandant du *Duguesclin*, qui les attend à Brest pour les transporter à Cayenne. »

Il s'en fallut de peu que l'Océan ne réalisât l'espérance homicide de ceux qui comptaient sur les atteintes mortelles d'un climat dévorant pour les débarrasser d'adversaires dont la probité les gênait. Le 15 janvier, à midi, la mer s'étant calmée, la frégate démarra par un temps qui semblait beau. Vers le soir, le vent se déchaîne encore. La nuit est venue. L'impétuosité de la tempête fait flotter, au gré d'une mer en furie, le navire qui n'est plus gouverné. Baquets et prisonniers roulent pêle-mêle ; on se blesse jusqu'au sang ; l'air nous manque ; la soif nous dévore ; la souffrance de plusieurs d'entre nous va jusqu'à l'anéantissement ; l'instituteur Lassère et moi, nous en sommes réduits à prier un ami de se traîner vers le charnier, d'y aspirer quelques gouttes d'eau et de nous les apporter dans sa bouche. Le craquement des portes brisées par des camarades qui craignent de nous voir mourir se confond avec les craquements du navire. Les gendarmes ne nous gardent plus, ils roulent à côté de leurs mousquetons abandonnés. Sous une secousse terrible, la frégate s'ébranle violemment comme si elle s'entr'ouvrait. On crie qu'elle a touché sur un banc. Vaisselle du bord, ustensiles de cuisine, tout se brise. Enlevés par un coup de vent, le petit foc et la misaine s'étaient engagés dans l'une des pagaies dont le mouvement s'arrête. Les marins courent aux haches et dégagent la roue en coupant les amarres. Un cri sinistre retentit : « Le feu dans la chambre de la machine. » On dirige le jeu des pompes sur un énorme coussinet qu'un frottement trop dur avait porté au degré d'incandescence d'une gueuse rougie à la forge.

En même temps l'eau montait dans la cale ! « Vite à la grande pompe ! » La grande pompe se casse. La situation devient désespérée ; moins de cinquante mètres nous séparent des Roches-Noires vers lesquelles nous sommes poussés. Le capitaine s'est fait attacher sur le pont ; il commande énergiquement une manœuvre du succès de laquelle notre salut dépend ; elle est exécutée avec bonheur par l'équipage dont l'ardeur vaillante était à la hauteur du danger couru ; il s'agissait de remettre la machine en mouvement et de replacer le navire dans la haute-mer. Quand cela fut fait, le *Canada* se mit à la cape. Jusqu'au jour, les flots irrités le ballottèrent. Alors, le vent ayant baissé, la mer insensiblement s'apaisa, et, tant bien que mal, la frégate put manœuvrer ; elle entra, vers trois heures de l'après-midi, dans la rade de Brest. Le capitaine Bouet se fit conduire à bord du *Duguesclin*, où il eut avec M. Mallet, commandant de ce vaisseau de ligne, un entretien long et vif, à la suite duquel ils se rendirent tous les deux à la préfecture maritime.

Le lendemain eut lieu notre transbordement ; on nous établit dans la batterie basse. L'équipage et l'état-major savaient, depuis la veille, que nous n'étions pas des *repris de justice*. La nouvelle de l'attentat qu'on n'avait pu consommer s'était répandue, et l'opinion publique s'en émouvait fortement. Le *Duguesclin* qui, six heures après nous avoir reçus à son bord, devait désancrer et tourner sa proue vers la Guyane, resta sur ses ancres dans la rade. La tempête, qui leur montra de si près la mort, avait préservé de la transportation à Cayenne les quatre cent soixante-sept républicains du *Canada*.

Le 11 janvier, Louis Bonaparte avait décrété l'organisation d'une garde nationale « *composée avec discernement* »; le 14, il promulguait la nouvelle Constitution dont cette phrase du décret indique l'esprit : « Puisque nous reprenons les symboles de l'Empire, pourquoi n'adopterions-nous pas aussi les institutions politiques de cette époque ? » En effet, il y aura un Corps législatif privé des droits d'initiative et d'interpellation, — un Sénat et un Conseil d'État dont tous les membres seront nommés par le dictateur qui est le *chef de l'État* et s'arroge des droits que la Constitution de l'an VIII n'accordait pas au premier consul : droit de grâce, nomination des juges de cassation et de paix, révocation des magistrats civils et criminels, mise en état de siége d'une partie du territoire, dissolution et prorogation du Corps législatif ; en un mot, la Constitution de 1852 donnait au futur empereur un pouvoir absolu : il commande toutes les armées, il fait la paix et la guerre, il nomme à tous les emplois, il a l'initiative de toutes les lois, et la justice se rend en son nom. Tout doit obéir à sa volonté souveraine.

Le 22 janvier, en même temps qu'il ressuscitait le ministère de police et le ministère d'État dont MM. de Maupas et Casabianca deviennent les titulaires, il décrétait la confiscation des biens que la famille d'Orléans possédait en France. De toutes parts retentissent des cris réprobateurs ; M. Dupin aîné qui était monté sur le siége de procureur général à la Cour de cassation en descend, M. Vuitry se démet de ses fonctions de conseiller d'État ; MM. Magne, Fould, Rouher et de Morny abandonnent leurs portefeuilles ministériels. M. Dupin lança ce mot qui fit fortune : *C'est le premier vol de l'aigle*. Qu'est-ce à dire, et pourquoi toutes ces clameurs ? Il y avait eu bien d'autres *vols de l'aigle* avant celui-là, et aucun des personnages qui se sont mis à crier si fort ne s'en était ému. 58 avoués, 67 notaires, 32 huissiers, 9 greffiers et des milliers d'industriels ont été successivement spoliés, — et un silence général a sanctionné tous ces attentats à la propriété. Serait-ce que l'aisance acquise par le travail est moins sacrée que la fortune donnée par la naissance ? Des milliers de familles laborieuses réduites à une misère absolue sont-elles moins intéressantes qu'une famille princière dont l'opulence est à peine écornée ?

Si l'indifférence qui laissa tant d'actes spoliateurs s'accomplir m'arrache cette protestation, je n'en blâme pas moins le décret du 22 janvier ; il emprunte, d'ailleurs, à la situation dans laquelle se trouvait Louis Bonaparte vis-à-vis de la famille d'Orléans un caractère doublement odieux ; l'ingratitude, ce vice qui est naturel aux âmes basses, l'avait inspiré. Généralement, on se venge de ses ennemis ; Louis Bonaparte se vengeait de ses bienfaiteurs. Et pourtant, dit-on, il n'était pas ingrat ; il a comblé des témoignages de *sa reconnaissance tous ceux qui l'ont suivi ou servi*. Erreur grossière ! Ceux qui suivirent l'homme d'aventure *errant* n'avaient, comme l'a déclaré le principal d'entre eux[1], « rien à perdre et des châteaux à gagner » ; ceux qui servirent l'aventurier *parvenu* voulaient parvenir à leur tour ; l'ambition et la cupidité poussaient vers lui les uns et les autres. Il le savait et il paya, soit avec de l'argent, soit avec des emplois, les complices de tout ordre et de tout rang qui l'aidèrent ou à commettre ses crimes, ou à raffermir sa domination, ou à préparer ses plaisirs. Il leur jetait, à pleines mains, un or qui ne lui coûtait rien, pour les salarier, les corrompre davantage et les rendre propres à toutes les besognes. C'est ainsi qu'il amena de hauts dignitaires de son Empire à la dernière des bassesses, à se faire pour lui messagers d'amour. Aussi méprisait-il son entourage autant qu'il devait en être méprisé. Un jour, devant ses familiers, il questionnait un personnage qui avait vu, en Allemagne, le comte de Chambord : « Eh bien ! que dit le prince ? — Sire, il dit que si la Providence lui rendait le trône de ses pères il appellerait auprès de lui tous les hommes capables, sans distinction d'opinion, pourvu qu'ils fussent honnêtes. — Alors, répliqua Louis Bonaparte en jetant sur la haute valetaille qui l'entourait un regard dédaigneux, je lui conseillerais de les amener avec lui. » Évidemment, Louis Bonaparte jugeait tous les hommes d'après ceux qui l'avaient *suivi ou servi*. Or, comme on ne doit des témoignages de *gratitude* qu'aux services désintéressés, et que ses complices eussent, d'ailleurs, fait peu de cas d'une pareille monnaie, il leur donna, — généreusement j'en conviens, — celle qu'ils préféraient et qu'on donne à la servilité mendiante.

C'est envers la famille d'Orléans que Louis Bonaparte aurait dû se montrer reconnaissant, et il lui fut ingrat jusqu'à la haine. Sa mère, l'ex-reine Hortense, duchesse de Saint-Leu, fit savoir aux Tuileries « qu'elle était réduite à la plus profonde détresse et n'avait d'autre ressource qu'un collier. » Elle l'offrit en suppliant qu'on l'achetât. On la laissa libre d'en fixer le prix ; « elle usa amplement de la liberté, et réclama 400,000 francs ». Marie-Amélie, dont l'âme charitable était au-dessus des calculs auxquels une économie trop parcimonieuse et devenue héréditaire dans sa famille livrait son royal époux, envoya 700,000 francs à la duchesse de Saint-Leu.

Louis-Philippe, nous le savons, avait fait deux fois grâce et ouvert sa bourse à Louis-Napoléon ; aussi le récidiviste gracié et pécuniairement secouru s'empressa-t-il, dès que le crime lui eut donné la dictature, d'enlever aux fils de son bienfaiteur la fortune provenant de leur père, en attribuant à cette fortune « des vices originaires »

---

1. Fialin, *dit* Persigny.

sur lesquels se fondait l'acte spoliateur.

« Opposant le dédain à ce que les considérants du décret avaient d'injurieux pour la mémoire de leur père », les princes d'Orléans traitèrent Napoléon le Petit avec un mépris offensant qu'il endura. « Nous ne nous abaisserons pas, disaient-ils, à relever ce que les calomnies ont de plus particulièrement odieux à être reproduites par celui qui a pu, *deux fois*, apprécier la magnanimité du roi Louis-Philippe et dont la famille n'a reçu de lui que des bienfaits.

« Nous laissons à l'opinion publique le soin de faire justice des paroles aussi bien que de l'acte qu'elles accompagnent. Nous sommes heureux de constater que *ces honteux décrets* et leurs *considérants plus honteux encore* n'ont osé se produire que sous le régime de l'état de siége et après la suppression de toutes les garanties protectrices des garanties de la nation. »

Cette protestation adressée, sous forme de lettre datée de Claremont le 29 janvier 1852, « *à MM. les exécuteurs testamentaires du roi Louis-Philippe*, » porte les signatures du duc de Nemours et du prince de Joinville. Le duc d'Aumale et le duc de Montpensier écrivirent, l'un de Naples et l'autre de Madrid, « qu'ils s'associaient aux sentiments de leurs frères pour repousser *la calomnie* avec *une douloureuse indignation* ».

Pour en faire les complices de sa spoliation, Louis Bonaparte offrit aux prêtres une part des dépouilles, — cinq millions « qui formeront une caisse de retraite au profit des desservants pauvres ». Beaucoup de gens attendaient une protestation du clergé repoussant, comme un outrage, cette offre d'un bien volé ; leur attente fut trompée. Le clergé accepta les cinq millions, et il n'en continue pas moins à tonner, du haut de ses chaires de vérité, contre la moindre infraction au septième commandement de Dieu : « Le bien d'autrui tu ne prendras ni retiendras à ton escient. »

Tacitement approuvée par le clergé, qui en retira cinq millions, la confiscation des biens de la famille d'Orléans trouva des approbateurs dans le parti légitimiste. Le duc de La Rochefoucauld-Doudeauville écrivit, le 25 janvier 1852, au prince-président :

« Monseigneur,

« La mesure prise par Votre Altesse Royale (*sic*) au sujet de cette famille qui n'use de son immense fortune que pour agiter la France est un acte de justice, aussi sagement conçu qu'habilement exécuté.

« Le considérant est parfait, comme la vérité.

« Les orléanistes écument de rage. C'est naturel.

« Quelques aveugles se mettent à la suite des d'Orléans. On pouvait s'y attendre.

« L'opinion générale finira par faire justice de toutes ces récriminations et de toutes ces folies.

« En marchant avec persévérance et sagesse, on atteint toujours son but. Il est beau et grand de tout braver pour y parvenir.

« Avais-je tort de dire à votre Altesse Royale que, dans ses conseils, il existait encore certain esprit orléaniste ?... M. le prince de Condé avait laissé Écouen, en y affectant cent mille livres de rente pour les fils des Vendéens.

« N'hésitez pas, monseigneur, à accomplir cet acte de justice sur les biens d'Orléans, qui doivent rentrer à l'État.

« Ce conseil est d'autant plus désintéressé dans la bouche d'un légitimiste qu'il donnera beaucoup de partisans à Votre Altesse Royale et fermera bien des bouches.

« Je suis, monseigneur, de Votre Altesse Royale, le très-humble serviteur,

« LA ROCHEFOUCAULD,
« duc de Doudeauville [1]. »

[1]. Papiers sauvés des Tuileries et publiés par Robert Halt.

Certaines gens sont de l'avis de Vespasien : pour eux, jamais, d'où qu'il vienne, l'argent ne sent mauvais.

S'il faut en croire M. le duc de Doudeauville, il suffisait à Louis Bonaparte d'attribuer à des *fils de Vendéens* cent mille francs de rente provenant d'une confiscation pour convertir *beaucoup* de légitimistes au bonapartisme. Ce duc calomniait le parti auquel il disait appartenir; les âmes vénales et conséquemment les défections y sont rares.

MM. de Persigny, Bineau et Abbatucci avaient remplacé MM. de Morny, Fould et Rouher aux ministères de l'intérieur, des finances et de la justice. D'ailleurs tous ces démissionnaires qui, avec leur comédie de fausse pudeur, ne purent tromper personne, se lasseront vite d'affecter des sentiments qu'ils n'ont pas, et rentreront, par d'autres portes, dans un gouvernement si bien fait pour eux.

Cependant les commissions mixtes s'organisaient. M. de Morny avait réclamé aux préfets « un état nominal de tous les hommes qui, signalés comme hostiles au gouvernement, paraîtront devoir être soumis à des mesures *de sûreté générale* catégoriquement définies [1] ». M. Rouher avait recommandé aux procureurs généraux de lui fournir « des renseignements complets sur tous les individus impliqués dans les procédures avant d'en laisser prononcer le renvoi *en justice réglée* et de lui faire connaître leur avis sur l'application, à chacun, *d'une mesure de sûreté générale* [2] ». En même temps, M. de Saint-Arnaud invitait les chefs militaires « à dresser des listes séparées des individus *devant être transportés soit à la Guyane, soit en Afrique*, et de ceux qui devaient être mis en liberté ». Ces trois ministres, dans une circulaire *très-confidentielle* adressée à leurs subordonnés respectifs, enjoignirent ensuite

« aux autorités judiciaire, militaire et administrative de se concerter pour soumettre au gouvernement des propositions sur la détermination desquelles il lui appartiendra de s'arrêter pour chacun des individus qui auront été signalés [1] ».

Telle fut l'origine des commissions mixtes que M. Saint-Arnaud et ses deux nouveaux collègues Abbatucci et Persigny constituèrent définitivement, le 3 février, en leur traçant les instructions qu'elles avaient à suivre et en mentionnant les mesures de sûreté générale qui pourront être appliquées. Ces mesures dont la durée n'était pas fixée, mais pour la graduation desquelles les mots *plus, moins*, étaient créés, sont les suivantes : le renvoi devant les conseils de guerre; la transportation à Cayenne; la transportation en Algérie; l'expulsion de France; l'éloignement momentané du territoire; l'internement dans une localité; le renvoi en police correctionnelle; la mise sous la surveillance de la police générale.

Aussitôt ces tribunaux secrets, dont les membres exerçaient ténébreusement une justice véhmique, fonctionnèrent. Les juges prévôtaux permettaient du moins à l'accusé de se défendre; et, si le jugement était sommaire, un débat contradictoire et public lui donnait une apparence de légalité. Mais là, dans cette vêhme établie par MM. Saint-Arnaud, Morny, Rouher, Persigny et Abbatucci, siègent trois hommes, un magistrat, un chef militaire et un préfet. Ils couvrent des ombres du mystère leurs conciliabules où ils décident arbitrairement de la fortune et de la vie de milliers de familles. Sans procédure, sans audition de témoins, en l'absence du prévenu, ils rendent leurs sentences. A-t-on à s'inquiéter des formes légales quand on condamne des citoyens incriminés pour avoir défendu *la loi* et qu'on leur applique des peines ignorées de nos codes ?

---

1. 11 janvier 1852.
2. 29 décembre 1852.

1. 18 janvier 1852.

Vingt-cinq procureurs de la République et huit procureurs généraux détruisirent ainsi les formes protectrices de la justice; un rapide avancement les en récompensa. Lorsqu'un décret rendu par un nouveau gouvernement les frappera, ils protesteront contre « une aussi monstrueuse illégalité »; ils crieront qu' « un pareil décret porte atteinte, en leur personne, au principe de l'inamovibilité ». Et on les laissera vieillir tranquillement dans la haute magistrature! Leur gouvernement, qui ne respectait rien, ne foula-t-il pas aux pieds « ce *drapeau sacré de l'inamovibilité* », comme ils l'appellent, et sous lequel ils cherchent à s'abriter, aujourd'hui? Il déclara déchus de leur siège et exclus de la magistrature M. Colomo, président du tribunal civil de Barcelonnette, M. Fabre, président du tribunal de Rodez, M. Latil, vice-président du tribunal de Digne, M. Clerc-Lassalle, vice-président d'un tribunal civil dans les Deux-Sèvres, et plusieurs juges aussi : MM. Amédée Martin, Corenson, Delort et Belot des Minières ; il invita M. Castelnau, conseiller à la cour d'appel de Nîmes, à donner sa démission ou à sortir de France. Pour être demeurés fidèles à la loi, ces magistrats *inamovibles* furent non-seulement *destitués*, mais encore *expatriés*. La magistrature fit-elle entendre alors une protestation contre « une aussi monstrueuse illégalité »?

On ne saurait donner trop d'attention à la lettre suivante :

LETTRE DU PRINCE DE LA MOSKOWA AU PRINCE-PRÉSIDENT [1]

Prendre note et remettre la lettre.

« Monseigneur,

« M. l'abbé Favre qui, pendant six mois, a dit tous les dimanches la messe à l'Élysée, et a eu l'honneur après de déjeuner à votre table, que vous avez constamment traité avec la plus grande bienveillance, sollicite de votre bonté un moment d'audience pour une affaire infiniment digne de votre attention, puisqu'il s'agit de vous fournir l'occasion d'exercer de nouveau votre justice au profit d'un innocent.

« M. Fabre, frère de l'abbé, a été victime de la vengeance d'un préfet infâme, que vos rigueurs ont récemment frappé : président du tribunal de Rodez, il a été expulsé par suite d'une décision administrative ; sans motifs, sans excuses, il a été exilé en Belgique, où il languit avec sa famille, attendant un regard de vous.

« C'est son frère qui désire ardemment vous dire quelques mots de cette affaire. Le respect et l'amitié que je porte à M. l'abbé Fabre m'enhardissent et m'encouragent à faire en ce moment appel à votre bonté, en vous suppliant d'accorder à votre ancien aumônier un tour de faveur.

« Veuillez, monseigneur, m'excuser si je ne l'ai point dissuadé de recourir directement à vous.

« Je vous prie d'agréer l'expression de mon très-respectueux attachement, et du dévouement inaltérable que je porte à Votre Altesse impériale.

« Le prince DE LA MOSKOWA. »

« Ce 4, vendredi. »

Quelle flétrissure reçoivent dans cette lettre les commissions mixtes! Si un « préfet infâme » a pu arracher à son siège et expulser de France un membre de la haute magistrature, que d'autres victimes innocentes ont dû être sacrifiées, dans ces conciliabules ténébreux, à des vengeances qui pouvaient s'y assouvir librement!

L'histoire a recueilli, pour les transmettre à la postérité, les paroles suivantes, que, du haut de la tribune nationale, M. le duc d'Audiffret-Pasquier a prononcées :

« Ce qu'ont été les commissions mixtes,

---

[1] *Papiers et Correspondance de la famille impériale*, 3ᵉ volume.

M. Thiers.

vous le savez. Au lendemain du coup d'État du 2 Décembre, des commissions furent composées avec un préfet, un général et un magistrat. Qu'ont-elles fait? Elles ont fait ce que tous les honnêtes gens n'hésitent pas à condamner. Elles ont condamné sans les entendre 20,000 citoyens français. Elles ont dépouillé les citoyens français des garanties les plus sacrées, qui, chez tous les peuples civilisés, sont respectées. Elles ont, sur des rapports de police, sans faire comparaître les accusés, sans même que le juge pût voir sur leur physionomie leur innocence ou leur culpabilité, sans même qu'ils pussent se défendre, elles les ont condamnés à des peines inconnues dans les lois. . . . . . .

« On sait que les commissions mixtes, pour accomplir leur œuvre, que je qualifierai de hideuse, avaient pris des précautions. Les dossiers ont été anéantis, les accusés saisis nuitamment; il n'y avait que les familles en deuil qui pussent savoir quelles étaient les victimes. Pendant vingt ans, le pays a ignoré de pareils faits. Mais enfin est venu le moment de la justice... on a montré du doigt ces magistrats, et il a bien fallu qu'on écoutât la voix de la conscience publique. M. le garde des sceaux a cru devoir faire justice...

« Dira-t-on que ceux qui allaient dans ces commissions y allaient pour défendre les idées de justice, de morale, pour sauver la société? Ce n'est pas ainsi qu'on sauve les sociétés; c'est ainsi qu'on les déshonore. Il y avait une ligne bien plus droite à suivre : c'était de ne pas autoriser par leur présence un pareil tribunal... Et quand je trouve sur mon chemin un fait comme celui que j'ai la douleur de signaler, au lieu de m'associer à un sentiment que je respecte, un sentiment qui fait que les magistrats voudraient, par une sorte de pudeur, jeter un voile sur ce qui s'est passé de triste dans leur compagnie, je leur dis : « Non, votre honneur n'est pas là ; « vous qui éprouvez ce sentiment, vous « n'auriez pas été membres des commissions « mixtes... »

Il y avait dans l'Assemblée un ancien magistrat qui, pour ne pas se rendre complice du crime de Décembre, avait remis sa démismis au préfet en lui disant : « Je donne ma démission parce que, si je restais en place, mon devoir serait de vous faire arrêter. » Cet honnête homme, M. de Peyramont, prit la parole après M. le duc d'Audiffret-Pasquier; il s'exprima ainsi :

« Vous serez dans les limites du vrai quand vous flétrirez, aussi sévèrement qu'on vient de le faire, les commission mixtes. C'est une œuvre abominable, faite sans prétexte, car ces commissions n'ont pas été instituées au lendemain du coup d'État, lorsqu'il pouvait y avoir des désordres provoqués par le coup d'État lui-même. Non, c'est deux mois après, le 3 février, qu'elles ont été instituées ; et à cette date le pays était tranquille, il avait un gouvernement auquel un pouvoir formidable avait été remis par le vote populaire de Décembre... »

M. de Ventavon ayant invité le garde des sceaux à traduire devant la Cour de cassation, leur juge légal, les magistrats qui avaient fait partie des commissions mixtes, M. Dufaure répondit :

« Mon opinion sur l'acte des magistrats qui, en 1852, ont concouru aux délibérations des commissions mixtes et aux jugements qu'elles ont rendus n'est pas douteuse... Maintenant, on me demande quelle est mon intention... Je le dis à l'Assemblée : J'attendrai que le jugement solennel qui a été prononcé dans cette enceinte ait produit l'effet qu'il doit produire. A mon avis, dans les termes où il a été prononcé, il doit en avoir un, il l'aura peut-être. Je n'admets pas que ce soient des destitutions que vous prononciez, mais des scrupules que vous éveilliez, une pudeur de magistrat que vous excitiez dans l'âme de ceux que l'inamovibilité peut replacer sur leurs sièges. Ils verront ce qu'ils doivent faire. Quand le temps sera écoulé pendant lequel ils auront pu prendre une détermination, je verrai à mon tour les droits que j'ai, les devoirs qui me sont imposés, et j'agirai en conséquence. »

Aucun scrupule ne s'est éveillé, aucune pudeur n'a été excitée dans l'âme des magistrats qui avaient coopéré à l'exécution « d'une œuvre abominable », et le garde des sceaux n'a point agi « en conséquence de ses devoirs et de ses droits ».

Je reprends le cours de mon récit.

Le cabinet noir était rétabli. L'espionnage se glissait partout; la délation faisait rage. Il n'y avait de sécurité nulle part. Il suffisait d'un mot, d'un geste mal interprétés pour qu'une prison s'ouvrît. Blâmer un acte du dictateur, désapprouver un de ses décrets, ne pas adjoindre à son nom le titre de *prince*, étaient des crimes que la transportation punissait. Quand il plaisait à *monseigneur* de faire une promenade sur le boulevard, les limiers de la police fouillaient les maisons devant lesquelles il devait passer.

Un décret du 17 février livrait le journalisme à l'arbitraire administratif: autorisation préalable, — avertissements dont le troisième entraîne la suppression du journal qui peut, en outre, être supprimé par mesure de sûreté générale, même dans le cas où *les tribunaux correctionnels* l'auraient absous, car la connaissance de tous les délits de presse était enlevée au jury, — création de délits nouveaux et de pénalités énormes, tout ce qui pouvait le mieux étouffer la pensée française avait été réuni dans ce décret pour rassurer une tyrannie peureuse et pour lui permettre de tailler en plein drap, de disposer, à son gré, des finances de l'État sans qu'elle eût à redouter les murmures de la probité publique réduite au silence.

Afin de démontrer que son omnipotence ne se laissera gêner par rien, l'homme de Décembre piétine la Constitution qu'il vient d'octroyer ; elle attribue au Corps législatif le vote du budget, — mais Louis Bonaparte décrète que celui de 1852 est fixé à *un milliard cinq cent trois millions trois cent quatre-vingt-dix-huit mille quatre cent quatre-vingt-six francs*. Ne fallait-il pas soustraire à toute vérification les frais de *l'entreprise* de Décembre et les dilapidations que, peut-être, elle entraînait après elle ?

Les élections législatives eurent lieu le 28 et le 29 février. M. de Persigny avait ordonné aux préfets « de faire connaître aux électeurs de chaque circonscription celui des candidats que le gouvernement de Louis Bonaparte juge le plus propre à l'aider dans son œuvre réparatrice ». M. Romieu, l'évocateur du spectre rouge, dirige les *manipulations de la matière électorale*. On a autorisé les professions de foi, mais on frappe du timbre celles des candidats indépendants ; il y eut des départements où ils ne purent faire imprimer ni leur circulaire ni des bulletins de vote, et d'autres où on les emprisonnait sous le prétexte que « leur profession de foi était exaltée et anarchique[1] ». Ailleurs on les internait dans un autre département[2], ou bien on les expulsait du territoire français[3]. Les distri-

[1]. Dans la Dordogne, par exemple, où M. Ducluzeau, fils de l'ancien représentant, fut incarcéré pour ce motif.

[2]. M. de Gasté fut chassé de Brest et interné à Boulogne ou à Lorient.

[3]. M. Crocé-Spinelli, candidat à Paris, reçut l'ordre de quitter la France.

buteurs des bulletins d'opposition étaient arrêtés ; des maires imposaient aux électeurs le serment avant le vote et les engageaient à ne point s'exposer, en *votant mal*, aux rigueurs des commissions mixtes qui fonctionnaient avec zèle. Le clergé se livrait à une propagande active en faveur des candidats officiels. Les partis royalistes se désintéressèrent de la lutte. L'abstention des électeurs républicains fut à peu près générale ; néanmoins, à Paris et à Lyon, un assez grand nombre d'entre eux votèrent ; le général Cavaignac et M. Carnot furent élus dans la première de ces deux villes, M. Hénon le fut dans la seconde.

Le premier jour du vote, un décret autorisa l'institution du Crédit foncier, dont le projet élaboré par l'Assemblée législative allait se traduire en loi quand le coup d'État du 2 Décembre éclata.

Mal abreyé dans la vaste rade qu'il ne quittait pas, le *Duguesclin* tournait sur ses ancres au moindre vent et angoissait les nerfs des prisonniers que de nombreuses maladies mettaient aux prises avec la mort. Un chirurgien hostile aux détenus avouait, dans un document officiel, « qu'ils vivaient dans un milieu humide et froid, et qu'ils étaient soumis à un régime alimentaire insuffisant ». Le biscuit distribué chaque jour était la proie des vers ; on s'en plaignit au commandant Mallet, qui adressa des reproches au commandant en second chargé des détails ; il répondit : « J'exécute les prescriptions du ministre, en donnant aux détenus *la nourriture avariée des forçats* ». Les féveroles, les haricots et les pois qui composaient notre nourriture habituelle étaient cuits dans une eau potassée. La digestion de ces légumes était si pénible que les hommes les plus robustes suffoquaient. La peau se couvrit d'éruptions papuleuses. L'entassement, le manque de linge et la privation d'air avaient produit une vermine qui s'attachait aux papules qu'une intolérable démangeaison nous poussait à déchirer. Le prurigo engendra la gale. Chaque matin, une embarcation transportait du bord à l'hôpital militaire de Brest de nouveaux malades; tous les lits de la grande salle *dite des consignés*, à la porte de laquelle, nuit et jour, se tenait un soldat factionnaire, furent bientôt occupés. L'infirmerie du bord ne cessait pas d'être encombrée. Les médecins exigèrent qu'on distribuât aux plus malades une ration de vin; le commandant écrivit au ministre qu'il devenait urgent d'étendre cette distribution à tous les détenus pour soutenir la défaillance de leur corps affaibli par les privations dans un milieu où l'air se renouvelait mal. Le ministre Ducos répondit par « *la défense absolue de donner du vin aux malades eux-mêmes* », et il refusa d'ordonnancer celui qu'on avait distribué sans son ordre. Les docteurs Lasalle et Leroy, à qui on ôtait les moyens de soulager les malades, se retirèrent en protestant contre une telle inhumanité.

J'ai raconté ailleurs[1] et je reproduis ici un des épisodes les plus douloureux de la terreur bonapartiste. M. Vény, âgé de vingt-sept ans, négociant à Gennevilliers, près Paris, aimait à s'entretenir de sa jeune femme et de ses cinq enfants. On ne vit jamais les tendresses d'un père et d'un époux s'épancher d'une manière plus touchante. Le 4 février, on lui annonça qu'il était libre. Sa joie s'exprimait avec une admirable simplicité. « Je vais, nous disait-il, revoir ces pauvres créatures pour qui je gagnais le pain de chaque jour, et que mon absence a réduites à la misère. Je vais revoir ma femme, une sainte mère de famille, ne vivant que pour ses enfants et pour moi. » Et il partit, le cœur plein du bonheur rêvé. Combien il dut accuser la longueur du chemin! De Brest à Paris, il ne fit pas une seule halte; il descend enfin du chemin de fer, et ses yeux cherchent sa femme qu'il a prévenue de son retour; il était sûr de la trouver, impatiente et joyeuse, au premier rang de ceux qui attendaient les voyageurs de son convoi. Il la cherche en vain. Un affreux pressentiment le saisit: d'une course rapide, il vole à Gennevilliers; quand il aperçoit sa maison, son cœur bat avec d'inexprimables angoisses; sa porte est fermée, il frappe, il frappe encore, — cette porte s'ouvre enfin; il se précipite vers le lit où sa femme, peut-être, dort: hélas! non; elle veille, mais elle est folle.

Il la comble de caresses, — elle ne le reconnaît pas. Il compte ses enfants; il court au berceau du plus jeune, le berceau est vide. Sur le sein de la jeune mère, tari par les privations, son dernier enfant était mort. A ce coup fatal, M. Vény ne résista pas; une fièvre ardente s'empara de lui. — Quinze jours plus tard, les habitants de Gennevilliers accompagnaient au cimetière notre pauvre camarade des pontons. De cette famille, si heureuse le 2 Décembre 1851, il ne restait plus que quatre orphelins!

Du 28 janvier au 8 février, quatre-vingt-douze détenus furent élargis. Le 9 mars, d'autres, destinés à la police correctionnelle, partirent; ceux qu'on avait condamnés à l'internement les suivirent de près. Puis ce fut le tour des bannis. Une voiture cellulaire emporta dans la maison correctionnelle de Fontevrault neuf des pauvres enfants qu'on avait si barbarement torturés; le dixième, Auguste Olivier, se débattait à l'hôpital contre la mort. Le 11, le *Christophe Colomb* prenait à son bord, où Miot se trouvait, ceux des prisonniers du *Duguesclin* auxquels fut appliquée la peine de la transportation en Algérie.

Du 1ᵉʳ au 26 mars, le *Labrador*, le *Christophe Colomb*, le *Mogador*, le *Berthollet*, l'*Éclaireur*, l'*Asmodée*, le *Requin* et le *Grondeur* débarquèrent dans le port d'Alger deux mille cinq cent quatre-vingt-treize victimes des commissions mixtes; il y avait parmi ces déportés CINQUANTE-SEPT FEMMES!

---

1. *Histoire de la Terreur bonapartiste.*

DOCUMENTS COMPLÉMENTAIRES DU CHAPITRE VIII

I

LES ARRESTATIONS
CIRCULAIRE DE M. DE MAUPAS A SES COMMISSAIRES

« Monsieur le commissaire de police,

« L'émeute est comprimée. Nos ennemis sont désormais impuissants à relever les barricades. Néanmoins l'excitation à la révolte continue. D'ardents démagogues parcourent les groupes pour y semer l'agitation et y répandre de fausses nouvelles. Les ex-représentants montagnards mettent à profit les derniers restes de leur ancien prestige pour entraîner le peuple à leur suite. Des hôtels garnis, des cafés, *des maisons suspectes* deviennent le réceptacle de conspirateurs et d'insurgés. On y cache des armes, des munitions de guerre, des écrits incendiaires. Toutes ces causes d'agitation, il faut les supprimer, *en pratiquant sur une vaste échelle un système de perquisitions et d'arrestations.* C'est le moyen de rendre à la cité la paix et la tranquillité qu'une poignée de factieux cherche à lui enlever.

« *Signé :* DE MAUPAS. »

Cette circulaire fut publiée dans le *Moniteur* du 8 décembre 1851.

II

LETTRE DE M. DE MORNY A M. DE MAUPAS

M. de Morny qui, le 8 décembre 1851, avait rendu un décret dans le même esprit que la circulaire ci-dessus, écrivit à M. de Maupas :

« Paris, le 16 décembre 1851.

« Vous avez pris connaissance du décret rendu, le 8 décembre, contre les *repris de justice en rupture de ban* et contre les *hommes convaincus d'affiliation aux sociétés secrètes.* Ce décret ne doit pas être une lettre morte. *Il faut l'exécuter avec une persévérante énergie.* Il faut absolument DÉBARRASSER la capitale de *tous les éléments impurs et dangereux* que la décision du gouvernement permet d'atteindre. Il faut éloigner de Paris, et au besoin de la France, les meneurs qui égarent les hommes faibles et préparent les révolutions. Il faut, enfin, que Paris cesse d'être le refuge des bandits de tous les pays, qui s'y donnent rendez-vous pour mettre la société en péril. Je m'en rapporte à votre zèle, et je suis convaincu que vous pensez aussi bien que moi qu'il est temps d'imprimer à ces hommes qui ont troublé le pays *depuis trente ans* UNE TERREUR SALUTAIRE, afin de rassurer les bons citoyens et de donner au travail honnête de la sécurité et de l'avenir.

« *Signé :* DE MORNY. »

III

LES DEUX PURIFICATEURS A L'ŒUVRE

M. de Morny et son digne acolyte, M. de Maupas, se mirent à purifier Paris. « Les arrestations « sur une vaste échelle » auxquelles ils firent procéder étaient le complément logique des massacres du boulevard. Elles eurent plus d'effet encore; elles frappèrent Paris et la France entière d'une terreur indicible. Tout le monde tremblait d'être emprisonné, exilé, transporté, sans savoir pourquoi, sans aucun recours possible auprès de qui que ce soit.

« Nul citoyen suspect de démocratie n'était oublié à son domicile : les ouvriers pas plus que les bourgeois ; les malades pas plus que les valides ; les infirmes mêmes étaient englobés dans ces malheureuses razzias . . . .

« La pensée des décembriseurs se dessina vite, et il fut facile de voir que le *système de perquisitions et d'arrestations pratiqué sur une vaste échelle, que la terreur salutaire à imprimer aux bandits* ne s'appliquaient pas seulement aux citoyens qui avaient pris une part quelconque à la lutte, mais à tous les républicains, si modérés qu'ils pussent être.

« Les arrestations s'effectuaient avec un incroyable dédain des garanties les plus essentielles d'une société organisée. On attentait à votre personne sans mandat, sans ordre écrit. La liberté individuelle était à la merci du moindre soldat, du dernier des sergents de ville. . . . .

« C'était de la terreur en grand que les insurgés faisaient de propos très-délibéré. Ce moyen était d'avance dans leurs plans de conquête. Leur haine inquiète ne se lassa pas de rechercher ceux dont elle pouvait avoir à se venger. Ne se mirent-ils pas à ramasser tous les bossus qu'ils purent rencontrer parce que l'*Estafette* du 4 décembre rapportait qu'on avait vu un bossu sur une barricade ? M. Deligny, dentiste, mis au fort de Bicêtre, y trouva douze ou quinze bossus [1] ! Ces malheureux ne pouvaient s'empêcher d'en rire. . . . .

« Les talents, l'âge, le génie ne vous mettaient pas plus à l'abri de ces sauvages arrestations que les infirmités et la cécité. . .

« Résistiez-vous aux janissaires ? Essayiez-vous de leur échapper ? ils vous tuaient... oui, ils vous tuaient! Hélas ! nous en fournissons des preuves irrécusables dans un chapitre consacré à leurs assassinats. Lorsqu'à la moindre résistance ils ne vous tuaient pas, vous étiez exposé à des traitements horribles, comme il arriva à M. Lecomte, capitaine retraité. Une partie de sa barbe blanche est restée aux mains des limiers qui le traînèrent impitoyablement sur le pavé.

« Certains commissaires de police, lorsqu'ils ne pouvaient enlever leur proie à force ouverte, employaient des moyens ignobles pour la surprendre.

« ..... Toutes les arrestations, toutes les expulsions n'avaient pas seulement pour but la vengeance contre les hommes des barricades, la peur qu'inspirent les bons aux méchants, la volonté calculée de frapper la France de terreur ; les conjurés espéraient aussi interdire jusqu'à l'expression d'un blâme sur les horribles événements qui venaient de s'accomplir. Au moindre mot, on vous faisait enlever, souvent sans que vos amis pussent savoir ce que vous étiez devenu. On voyait encore de ces enlèvements terrifiants à la fin de janvier 1852. »

(V. Schœlcher, *Le Gouvernement du 2 Décembre.*)

IV

ASSASSINATS COMMIS PAR LES DÉCEMBRISEURS

« Le 5 décembre au matin, alors que la résistance avait cessé partout dans Paris, le représentant du peuple Pierre Lefranc traversait la place du Carrousel en compagnie d'un de ses parents. Un coup de feu retentit à deux pas, au coin de la rue de Rivoli. Ils s'approchent ; on emportait un cadavre ! Qu'était-ce ? Un passant tué roide, à bout portant, par derrière, parce qu'il achevait de lacérer un lambeau des placards des Élyséens. — C'était la consigne. »

« Le 5 décembre au matin, rue des Fossés-Saint-Jacques, un homme lisait les affiches.

---

1. Quinze. Nous avons pu les compter nous-même.
H. M.

Sommé de s'éloigner, il répond : « Puisqu'il y a des affiches, n'est-ce pas pour les lire ? » Il n'avait pas achevé qu'il reçoit un coup de baïonnette dans les reins.

« M. Domengé l'a vu frapper, tomber et emporter. Il était mort. — C'était la consigne. »

« Le 5 décembre au soir, des démocrates s'étaient donné rendez-vous dans un café, près du Palais-National, rue Montesquieu. Cette réunion fut connue. Un commissaire de police vient requérir l'adjudant-major du 10ᵉ léger, M. Jobelin ; il lui demande une cinquantaine d'hommes pour arrêter « les brigands », et le prie de tenir son monde prêt, en attendant qu'il aille bien s'assurer de la disposition des lieux. Il ôte alors son écharpe, sort de l'enceinte gardée, et, comptant sur une bonne capture, se met à courir vers le café. Mais une sentinelle avancée l'aperçoit et lui envoie une balle qui l'étend sans vie. L'adjudant sort au coup de feu avec quelques voltigeurs, et reconnaît son homme. « Comment, imbécile, dit-il au « factionnaire, tu as tué le commissaire ? — « Dame ! mon capitaine, i'courait. » Le capitaine trouva la raison valable. — C'était la consigne.

« Nous devons, dit M. Schœlcher, la connaissance de ce meurtre, dont on a étouffé la divulgation, à un sous-officier du 19ᵉ léger, qui le tenait directement d'un de ses camarades de régiment, témoin oculaire. »

« Guilléminot, ancien militaire de l'armée d'Afrique, était détenu à Sainte-Pélagie, en attendant sa translation dans une maison centrale où il devait subir une condamnation prononcée contre lui pour rébellion à la force publique. Depuis son arrivée à la prison, il paraissait avoir été l'objet de rigueurs réitérées de la part du nommé Melon, surveillant de sa cour. Sous l'influence d'une exaspération qu'avaient amenée chez lui ces rigueurs, il avait écrit à M. de Maupas pour le prier « de hâter sa translation dans « un autre établissement, afin de le soustraire « à un malheur qu'il prévoyait. » En réponse à cette lettre, l'aimable M. de Maupas transmit simplement au directeur de la prison « l'ordre « de faire fusiller son prisonnier au premier « acte d'indiscipline dont il se rendrait cou- « pable... »

« Dans la soirée du 31 décembre, Guilléminot n'ayant pas sur-le-champ déféré à une injonction de ne ne plus glisser sur la glace qui couvrait la cour fut condamné par le surveillant Melon à quelques jours de cachot. Il déclara qu'il ne s'y rendrait pas et se réfugia dans sa cellule, où il descella des briques du carrelage pour s'en faire des moyens de défense. Son compagnon de cellule riait d'un projet qu'il ne pouvait croire sérieux ni redoutable. Le lendemain 1ᵉʳ janvier, à six heures du matin, le gardien en chef se présente avec quatre soldats à la porte de la cellule, qui fut toute grande ouverte. Il somma Guilleminot de le suivre au cachot, et, sur un premier et simple refus, deux soldats firent, l'un après l'autre, feu sur lui, pendant qu'il leur tournait le dos et s'était accroupi dans un coin pour échapper à leurs armes placées en joue.

« L'examen du cadavre a permis de constater, de la manière la plus irréfragable, que le coup avait été reçu dans cette position. »

J'ai résumé les détails donnés par M. le lieutenant Valentin sur ce meurtre commis pendant son séjour à Sainte-Pélagie. MM. Nadaud, Greppo et Faure, qui y étaient aussi, entendirent un soldat disant à l'un de ses camarades : « Tu l'as manqué, maladroit ; mais je lui ai fait son affaire. »

M. Schœlcher dit qu'il a reproduit tous les détails de ce meurtre « pour qu'on juge bien dans quels sentiments on entretenait alors les agents de la force publique. On pouvait, ajoute-t-il, laisser l'exaspération du condamné Guilleminot se calmer dans la solitude; on pouvait à toute extrémité le réduire par la famine. Ces moyens étaient trop humains pour nos terroristes. On somma le prisonnier, une première fois, de se rendre; il refuse en se cachant dans un coin, et ON LE TUE A BOUT PORTANT ! ! »

« Dans un cabaret de Belleville, une querelle s'était élevée, avant-hier soir, entre deux garçons boulangers, les nommés Louis et Lambal, au sujet d'un écot qu'ils refusaient l'un et l'autre de payer. Ils en vinrent aux mains. On courut chercher la garde, et les deux perturbateurs furent emmenés. A l'entrée de la rue Ménilmontant, Pierre Lambal renverse l'un des soldats et s'enfuit. Se relevant aussitôt, le soldat lui crie par trois fois de s'arrêter, en le menaçant de faire feu. N'obtenant pas de réponse, il le coucha en joue et lâcha la détente; le garçon boulanger fit encore quelques pas et tomba mort. »
(*Le Droit*, 20 janvier 1852.)

« Qui donc, s'écrie M. Schœlcher après avoir reproduit cet article du *Droit*, qui donc, à moins d'appartenir à cette exécrable faction de décembre, ne dira pas qu'il valait mieux laisser échapper ce prévenu que de le tuer? Comment! voilà un soldat qui n'hésite pas à donner la mort à un ouvrier arrêté pour tapage de cabaret, parce que ce malheureux cherche, en fuyant, à éviter de passer la nuit au violon? »

V

ASSASSINATS COMMIS EN PROVINCE

M. Schœlcher a relevé, d'après les journaux élyséens, de nombreux assassinats commis par les fusilleurs bonapartistes sur des défenseurs de la loi cherchant leur salut dans la fuite.

« Le 27 décembre 1871, un des égorgeurs en chef, le général Rostolan, commandant supérieur des 7°, 8° et 9° divisions militaires, adressait aux ouvriers de Bédarieux une proclamation où il disait, au milieu d'un torrent d'injures ignobles :

« Un grand nombre de vos compagnons « errent en fugitifs dans les montagnes et « dans les forêts... Déjà quelques-uns ont été « frappés de mort pour avoir désobéi aux « sommations qui leur étaient faites de se « rendre... Nos braves soldats les cernent. »

VI

UN PATRIOTE EXÉCUTÉ DEUX FOIS

M. Eugène Ténot, au milieu de ses véridiques récits « des excès de la répression, des fusillades sommaires, des massacres de sang-froid », résume ainsi l'un des épisodes les plus émouvants de l'insurrection du Var contre les violateurs de la loi :

« C'était un jeune homme de Barjols, nommé Martin, dit Bidouré. Il fut pris par la cavalerie d'avant-garde et conduit devant le préfet. On le fouilla et on le trouva porteur d'une dépêche. L'ordre du ministre était formel. Fusiller tout individu pris les armes à la main. On l'exécuta, et Martin fut laissé mort sur la place.

« A peine la troupe avait-elle achevé de défiler, que Martin, dont les balles n'avaient fait que labourer la peau du crâne, se releva. Il parvint à se traîner vers le château de la Baume qui n'était pas loin de là. Le fermier le recueillit et le soigna. Mais, le soir du même jour, le bruit de la défaite d'Aups épouvanta ce paysan, qui courut chez le maire du village et lui dit quel était l'homme auquel il venait de donner asile. Il est de notre devoir de dire ici que l'honorable M. de La Baume, auquel le peuple attribue, dans le Var, cette dénonciation, était absent du château et n'y rentra que trois jours après.

Démolition de la salle de l'Assemblée législative.

Le maire s'empressa d'écrire au préfet pour l'informer que le fusillé était vivant et caché chez le fermier de M. de La Baume.

Martin n'était ni plus ni moins coupable que les milliers d'insurgés qui avaient pris les armes comme lui. Il semblait que la mort même n'avait pas voulu de cet homme.

Par ordre de l'autorité, il fut saisi le vendredi 12 décembre et conduit à l'hôpital d'Aups pour être fusillé de nouveau, le dimanche suivant.

Le 14 décembre, dit M. Maquan, Martin,

après s'être confessé à M. Bonnet, curé de Vérignon, marcha à la mort avec calme, fermeté et résignation.

Martin était un honnête homme et un homme de cœur. M. Maquan lui-même laisse échapper ces paroles qui, dans une telle bouche, sont le plus bel éloge du malheureux républicain :

« Quel dommage qu'un pareil homme n'ait pas fait le sacrifice de sa vie pour une meilleure cause ! »

VII

LE CHIFFRE DES ARRESTATIONS

M. Granier de Casssagnac avoue que le chiffre des arrestations à Paris seulement dépassait 26,000 [1]. On entassait les prisonniers dans toutes les prisons et dans les forts. Avant d'y pénétrer, mentionnons deux faits qui caractérisent l'acharnement des pourvoyeurs de la geôle :

« Le 2 décembre, des agents de M. de Maupas allèrent à Belleville fouiller la maison n° 18 de l'impasse Martin ; ils réclamaient obstinément à une pauvre veuve son mari, Louis Giré, marchand de vin traiteur, mort le 5 décembre 1848.

« A Ménilmontant, dans la rue du Chaudron, ils arrêtèrent Vatin, fabricant de boutons ; cet homme doux et bon avait adopté un petit orphelin de Juin 1848 ! C'était là son crime. Il fut transporté à Lambessa. »

(H. MAGEN, *Histoire de la Terreur bonapartiste.*)

VIII

LES SALLES DU DÉPÔT

« Les défenseurs de la loi étaient là empilés, debout, sans mouvement possible ; on les

[1]. Il y eut, dans les départements, plus de cent mille arrestations.

y laissa, pendant plusieurs jours, s'étouffer, se tordre dans les plus horribles tortures.

« L'administration de la préfecture de police était livrée au plus incroyable désordre ; à chaque instant, on recomptait les prisonniers ; on faisait des appels et des contre-appels ; le nombre des victimes était si grand que les geôliers ne pouvaient en dresser une liste exacte.

« J'ai connu des citoyens dont les noms étaient vainement appelés à Bicêtre ; ils ont été, pendant près d'un mois, oubliés au Dépôt de la préfecture ; c'est là qu'on les retrouvait, à vrai dire au hasard. »

(H. MAGEN, *Histoire de la Terreur bonapartiste.*)

IX

LA CONCIERGERIE

« Quand les salles du Dépôt étaient si gorgées qu'il devenait absolument impossible d'y introduire de nouveaux patients, on en rejetait une partie dans les antres de la Conciergerie. Vers minuit, on procédait brusquement à un appel ; les appelés traversaient la cour au milieu d'une haie de sergents de ville qui les poussaient dans des corridors obscurs. Ces transfèrements avaient quelque chose de sinistre : que l'on se représente des hommes arrachés à leur sommeil, conduits à travers les méandres étroits et sombres de la Conciergerie, descendant plusieurs marches qui les rapprochent de souterrains humides, ayant encore l'esprit effrayé par les assassinats qui avaient été commis, entendant retentir à leurs oreilles des menaces féroces, et l'on comprendra quelle terreur devait s'emparer de quelques imaginations faibles. Deux malheureux prisonniers, étrangers à la politique et enlevés dans une razzia, furent instantanément frappés de folie durant le trajet. Après avoir, de temps en temps, descendu quelques marches, on arrivait à la salle des Girondins. »

(H. MAGEN, *Histoire de la Terreur bonapartiste*.)

X

LA SALLE DES GIRONDINS

« C'est un long boyau fermé à ses deux extrémités par deux grilles qui laissent le vent s'y engouffrer à l'aise et y porter le froid.

« Démosthène Ollivier me racontait ainsi son entrée dans la salle des Girondins :

« — Nous trouvâmes à droite et à gauche, contre les murs de ce passage, plusieurs rangées d'hommes accroupis sur la paille. Notre colonne remplissait l'espace demeuré libre ; on fit de nous un tas plus serré que ceux de la préfecture. Tout avait été combiné de manière à pousser à leur extrême les souffrances physiques et morales. Malgré l'accumulation des prisonniers qui se couchaient les uns sur les autres, plusieurs ne pouvaient profiter des quelques brins de paille que laissait paraître à peine la terre humide. A plusieurs centaines de prisonniers, on avait donné quarante-cinq couvertures. Des baquets toujours assiégés ne suffisaient pas à la satisfaction des besoins que la nature commande : aussi une infection permanente venait-elle s'ajouter à nos souffrances de toutes sortes. Par un raffinement de cruauté inouïe, on avait jeté au milieu de nous des malheureux entièrement étrangers à notre catégorie, vrais pourvoyeurs d'une vermine qu'ils semaient partout. Plusieurs de nous portèrent longtemps des traces de ce contact révoltant. Rien ne fut plus douloureux que la folie d'un de nos camarades. Il invoquait la mort, appelait sa femme et ses enfants, et repoussait avec terreur des baïonnettes qu'il croyait voir se diriger contre lui.

. . . .

«Aux plus légitimes demandes, les geôliers ne répondaient que par des invectives et des injures ; leur brigadier, nommé Gilet, se distinguait par sa brutalité. Un soir, des républicains attendaient leur transfèrement au fort de Bicêtre, on les avait parqués dans un cachot plus froid encore que ne l'était la salle des Girondins. Gilet, ayant sans doute bu outre mesure, injuria, sans raison ni prétexte, et menaça, jusqu'à lui mettre son poing crispé sous la figure, un ancien représentant du peuple que son caractère et ses cheveux blancs devaient garantir de pareils outrages. »

« Cet ancien représentant du peuple n'était autre que M. Démosthène Ollivier. »

(H. MAGEN, *Histoire de la Terreur bonapartiste*.)

XI

LE FORT DE BICÊTRE

« ...... Bientôt les casemates de Bicêtre renfermèrent plus de quinze cents victimes de la terreur bonapartiste. On se plaisait à nous transférer d'une casemate à l'autre, afin de rendre plus cruel le supplice de la promiscuité ; car — et nos geôliers le savaient bien — tous nos camarades de prison n'étaient pas républicains. Des vagabonds et des voleurs auxquels on avait ouvert les portes de leurs prisons, le 2 décembre, avaient été repris et conduits à Bicêtre ; ils s'y retrouvaient avec leurs mœurs grossières, leurs habitudes dépravées et leur vermine contagieuse. . . . .

« Le 20 décembre, il se commit un acte de férocité prétorienne dont je fus le témoin : devant nos casemates, on avait formé des promenoirs avec des planches palissadées ; à travers les interstices, on regardait les soldats manœuvrant sur l'esplanade. Un détenu de la casemate n° 4 passa nonchalamment sa main au dehors de la palissade. Le factionnaire qui longeait la barrière extérieure, après avoir adressé, à voix si basse qu'il ne put être entendu; l'ordre au prisonnier de se retirer, se précipite, le fusil en avant, et cloue avec la baïonnette, à la planche qui se rougit de sang, la main de notre pauvre camarade. M. Léveillé, directeur de la prison, fut mandé pour recevoir une protestation contre cet acte de barbarie ; il répondit, avec un sentiment de regret, « qu'il ne pouvait rien, que son autorité était nulle et entièrement soumise à l'autorité militaire »...

« Depuis cinq jours, M. Joachim Quesnel, âgé de cinquante-deux ans, était atteint d'une fluxion de poitrine ; le chirurgien de Bicêtre venait de le saigner et de lui appliquer un large vésicatoire. On signifie à M. Quesnel l'ordre de partir pour Ivry. Le médecin déclare que c'est jouer la vie de cet homme ; les camarades de M. Quesnel font observer à l'officier commandant l'escorte que leur ami se soutient à peine : le malade, en effet, n'a pas la force de dire un mot. « Que m'importe à moi ! il faut qu'il marche ! » répondit l'officier à MM. Canterel et Vimont. — On se mit en marche par un affreux temps de neige et de glace ; M. Quesnel était porté par ses camarades. On dut faire plus d'une halte. A Ivry, on déposa M. Quesnel dans une casemate froide et sans paille ; des prisonniers se dépouillèrent de leurs vêtements pour en envelopper le malheureux qui grelottait. Nous le vîmes bientôt vomissant à pleine bouche des flots de sang. . . . .

« Les agents glissés par M. de Maupas au milieu de nous se trahissaient par des provocations au murmure ou par des querelles soulevées entre eux ; aussitôt nous leur imposions silence, et notre mépris rendait leur métier plus difficile. »

(H. MAGEN, *Histoire de la Terreur bonapartiste*.)

« A tant de causes de souffrances, il faut ajouter le contact de quelques mouchards placés là pour révéler les projets d'évasion, les propos factieux, etc., etc., et d'une douzaine d'escrocs que l'on avait mêlés à nos généreux amis, afin de pouvoir dire que les républicains sont des « repris de justice ».

(V. SCHŒLCHER, *le Gouvernement du 2 Décembre*.)

XII

SUR LE DUGUESCLIN

Autour de nous rôdaient des mouchards ; nous en vîmes plusieurs se démasquer.

On n'avait pas reculé devant l'infamie de glisser quelques voleurs dans nos rangs ; des gardiens, qui les reconnurent au fort d'Ivry, dirent à plusieurs d'entre nous : « Ce ne sont pas des politiques, ceux-là ; c'est du gibier de cour d'assises. » L'exploitation de leur industrie avait commencé dans les casemates ; sur le *Duguesclin*, elle prit un tel développement que nous dûmes organiser une active surveillance. L'un de ces industriels, pris en flagrant délit et en possession de nombreux objets volés, fut reconnu pour un ex-pensionnaire du bagne voisin. Le commandant Mallet le fit enchaîner à fond de cale. En nous donnant de pareils compagnons, les associés de l'Élysée s'étaient dit : « Les républicains s'accuseront entre eux des vols commis par les industriels que nous avons glissés au milieu d'eux. » Cette odieuse tactique, rapprochée de celle qui nous avait présentés comme des *repris de justice*, n'a servi qu'à imprimer un stigmate de plus au front de ceux qui les combinèrent.

Le tableau de clinique porte de terribles accusations contre ceux qui nous torturaient ; voici un extrait de ce tableau :

« Jules Allard, âgé de dix-sept ans : douleurs rhumatismales articulaires intenses ; son poignet droit est gonflé, ainsi que l'articulation tibio-tarsienne du côté droit.

« Joseph Thouard, ancien consul : toux fréquente et grouillante ; une matité s'étend à droite et en arrière de la poitrine ; une broncholgophonie au niveau de l'épine de l'omoplate.

« Guillaume Duprat, âgé de quarante-six ans, joint au même mal de vives douleurs à l'épaule et dans le thorax, et une grave dyssenterie.

« Charles Lepage se décompose ; il a une voussure très-remarquable dans la région du foie ; sa face est extrêmement pâle et bouffie ; la tension abdominale est très-considérable ; les sueurs nocturnes sont copieuses ; l'inappétence est absolue. L'opium, l'acétate de plomb, tout est inutile ; le mal fait des marches rapides vers la mort. Lepage est faible jusqu'à ne pouvoir repousser des expectorations purulentes qu'il avale En outre, une surdité complète l'a frappé.

« Auguste Olivier, enfant qui n'a pas atteint sa quinzième année, est atteint d'un rhumatisme articulaire aigu et d'une endopéricardite qui font désespérer de lui.

« Eugène Rocard, compositeur d'imprimerie à Montargis, laissait, le 27 février, le médecin sans espoir : phénomènes ataxiques des plus graves, soubresauts des tendons,— expectoration âcre, visqueuse,—hoquet très-prononcé, — râle sibilant à droite et à gauche, — engorgement pulmonaire général, — délire, — selles involontaires, — gargouillement dans la fosse iliaque droite. »

J'ai pu me procurer un bulletin de service, qui dénonce l'insuffisance et la mauvaise qualité de la nourriture comme étant les causes des maladies qui nous envahissaient ; je le transcris :

« *Service de santé* (12).

« Le sieur Thérèse (13), né le....   (14).

« Observations sur l'invasion de la maladie, etc., etc., etc. — Catarrhe pulmonaire donnant lieu à des symptômes plus graves depuis qu'il est à bord du *Duguesclin, vivant dans un milieu humide et froid* et soumis à *un régime alimentaire insuffisant.*

« *Le chirurgien* : LAUVERGNE. »

De cet aveu d'autant plus important qu'il émane d'un chirurgien très-hostile aux détenus, je rapproche une lettre que le commandant Mallet adressait, le 10 mars 1852, au gouverneur de l'Algérie. Le chirurgien du bord a indiqué la source du mal ; le commandant du *Duguesclin* constate la profonde misère dans laquelle on nous retenait.

« Monsieur le gouverneur général,

« J'ai l'honneur d'appeler toute votre bienveillance sur une partie des détenus que vous apporte la frégate à vapeur le *Mogador* ; ces détenus, que je me permets de vous recommander tout particulièrement, sont tous d'Orléans ; ils ont passé deux mois sur mon vaisseau, et *pendant ce dur temps de misère* ils ont montré une résignation qui m'a fait les signaler au ministre, etc., etc.

« Agréez, etc.

« P. MALLET. »

Dans la matinée du 12 mars, les cinq membres du conseil de santé de Brest se rendirent à l'hôpital afin de visiter les malades incapables de résister aux fatigues de la transportation. Six détenus furent déclarés hors d'état de partir. Les médecins firent leur rapport au préfet maritime qui l'approuva ; mais, pour couvrir sa responsabilité, il transmit par une dépêche télégraphique cette décision au ministre. Deux heures après, le ministre répondait : « *Que l'on embarque tous les malades de l'hôpital, quel que que soit le degré de leur maladie.* » Le docteur Quesnel arracha deux victimes à cet ordre barbare. Des forçats prirent les autres sur des civières ; nous fîmes de tristes adieux à nos pauvres amis, auxquels peut-être, dans une rude traversée, l'Océan aura servi de tombeau.

(H. MAGEN, *Histoire de la Terreur bonapartiste.*)

CHAPITRE IX

Du 26 Mars au 2 Décembre 1852.

Une comédie de clémence. — Installation des trois grands corps de l'État. — Le parjure impose le serment. — Protestations des généraux exilés. — Trois députés refusent le serment. — M. Billault et l'ex-roi Jérôme. — Composition du Sénat. — La Commission du budget. — Clôture de la session de 1852. — Élections municipales et départementales. — Transportations à Cayenne. — Rétablissement de l'échafaud politique. — Une machine infernale surveillée par la police. — Voyages et ovations. — Retour du triomphateur. — Le tour est joué. — Sénatus-consulte et plébiscite. — Les préfets et les évêques. — Le scrutin. — Les grands corps de l'État à Saint-Cloud. — Proclamation de l'Empire. — Napoléon III aux Tuileries. — Et la machine infernale? — Chaque chose avait repris sa place.

Louis Bonaparte eut la fantaisie de faire jouer une comédie de clémence par deux des principaux acteurs du drame de Décembre : les généraux Espinasse et Canrobert. Choix intelligent, car, pour atténuer l'horreur des crimes au succès desquels ils ont si puissamment concouru, ces deux personnages trouveront dans leur nouveau rôle l'occasion de soutenir, par une démonstration que nul ne pourra contredire, tout le monde étant bâillonné, cette thèse imaginée par les décembriseurs : « Notre attentat a été le sauveur du pays. »

Voyons à l'œuvre ces missionnaires de la clémence. Le général Canrobert examine 4,655 dossiers et remet ou commue des peines à 779 victimes des commissions mixtes ; il est vrai qu'il a pris soin « *de consulter les autorités ecclésiastiques* ainsi que bon nombre *de gens de bien* ». Dans l'arrondissement de Clamecy, « il lui a été impossible, en faisant *une large part* à la clémence, de l'étendre à plus de 52 individus sur 579 » ; encore fait-il observer que « le plus grand nombre *des cinquantedeux* sont simplement l'objet d'un adoucissement de peine ». Le général n'oublie pas le point capital de la mission que Louis Bonaparte, singeant Titus, avait donnée à ses deux émissaires. « Tout ce que j'ai lu, écrit-il dans son rapport, tout ce que j'ai entendu dire sur les ravages du socialisme ici est bien au-dessous de la vérité... Que les incrédules viennent dans la Nièvre et ils seront contraints de convenir que *le grand acte du 2 Décembre a sauvé la société*. » Nous y voilà ; le général a bien placé *le mot de la fin*. Mais il n'a converti aucun incrédule, et ils sont nombreux ; ils persistent et persisteront à croire que le *grand crime de Décembre a confisqué la société au profit de ceux qui l'ont commis*.

Le colonel Espinasse, qui a gagné, on sait comment, les épaulettes de général, n'a remis ou commué des peines « qu'à 300 individus sur 4,000 ». Il écrit au prince que « les grâces individuelles accordées *ont produit un mauvais effet* dans le pays et que les commissions mixtes *n'ont péché que par excès d'indulgence* ».

Un troisième commissaire fut mis en tournée ; celui-là n'avait point participé *au grand acte sauveur;* le 2 Décembre, au contraire, à la mairie du X° arrondissement, il demandait « qu'on publiât, par tous les moyens, le décret de déchéance ». Il se nomme Quentin-Bauchart. Le crime qu'il flétrissait ayant réussi, il se rallia au criminel qu'il avait condamné. Alors il reconnut « la nécessité de frapper un grand nombre d'hommes égarés par de fatales influences »; mais, du moins, il remit ou commua les peines de 1,377 condamnés sur 3,020; et s'il consigna, dans son rapport, « qu'il n'avait épargné aucun chef, » il y démentit les cruelles affirmations d'Espinasse en avouant que « l'opinion, dans tous les départements, *était manifestement à la clémence* ». Louis Bonaparte avait nommé son oncle Jérôme président du Sénat, M. Billault président du Corps législatif et M. Baroche vice-président du Conseil d'État. Le 29 mars, les membres de ces trois corps, réunis dans la grande salle des Maréchaux, saluaient de leurs acclamations l'entrée du maître qui venait procéder à leur installation. La veille, il avait levé l'état de siège partout; il lut un discours où se trouvaient ces mots : « Conservons la République; elle ne menace personne; elle peut rassurer tout le monde. Sous sa bannière, je veux inaugurer une ère d'oubli et de conciliation. » Encore un solennel mensonge qui, cette fois, ne fit aucune dupe! Louis Bonaparte ayant eu l'impudeur de rétablir le serment politique, les sénateurs, les députés, les conseillers d'État *jurèrent*, l'un après l'autre, « obéissance à la Constitution et fidélité au président ». Parmi les conseillers d'État qui se levèrent pour *jurer*, on distingua M. Rouher; quinze jours après sa démission de ministre motivée par le décret du 22 janvier, il entrait au conseil d'État en qualité de directeur de la section de législation, justice et affaires intérieures. La bouderie des autres démissionnaires du 22 janvier dura quelques jours de plus que la sienne.

Le 5 avril, Louis Bonaparte donna l'ordre à tous les hauts fonctionnaires de la magistrature, de l'administration et de l'armée de se rendre à l'Élysée. Adossé contre la cheminée du grand salon, le parjure taciturne les regardait narquoisement défiler un à un, s'arrêter devant lui en quêtant un de ses regards, puis se courber très-bas en jurant très-haut de lui être fidèles. Combien de ces vieux magistrats, revêtus des mêmes robes et des mêmes hermines, avaient prêté, avec la même courtisanerie, le même serment à plusieurs maîtres!

Le violateur de la foi jurée osa, sous la menace de les rayer des contrôles de l'armée, exiger, dans un certain délai, le serment des généraux qu'il avait exilés : « Ce serment, exigé par le parjure qui n'a pu me corrompre, répondit le général Changarnier, ce serment, moi, je le refuse! » — « L'injustice et la persécution, écrivit le général Bedeau, ne changent pas les convictions honnêtes. Je refuse le serment. » — S'adressant au ministre de la guerre, le général Lamoricière disait : « J'avais cru que vous n'en seriez pas venu jusqu'à me demander un serment de fidélité à l'homme dont le pouvoir usurpé par la violence ne se maintient que par la force. Le délai, je n'en ai pas besoin; le serment, je le refuse. » — Après avoir rappelé les crimes de Louis Bonaparte, le colonel Charras, cédant à l'indignation de son âme loyale, s'écriait : « A un gouvernement sans foi, sans honneur, sans probité, les hommes de cœur ne doivent que du mépris et de la haine. Je refuse le serment. »

M. Billault qui, moyennant la présidence du Corps législatif rapportant 80,000 francs par an, venait de se livrer à Louis Bonaparte, lui donna des gages en reniant son passé; il inaugura la session en exaltant les institutions consulaires et en critiquant le régime parlementaire, dont il s'était montré si jaloux. Dans cette séance, le général Cavaignac, MM. Carnot et Hénon furent déclarés démissionnaires; ils avaient adressé au président cette lettre collective : « Les électeurs de Paris et de Lyon sont venus nous chercher dans notre retraite ou dans notre exil; nous les remercions d'avoir pensé que nos noms protesteraient contre la destruction des libertés publiques et les rigueurs de l'arbitraire; mais ils n'ont pas voulu nous envoyer siéger dans un Corps législatif dont les pouvoirs ne vont pas jusqu'à réparer les violations du droit. Nous repoussons la théorie immorale des réticences et des arrière-pensées. »

La session du Sénat s'était ouverte, le 29 mars 1852, en même temps que celle du Corps législatif. Le vieux Jérôme réédita, dans une allocution pâteuse, les rabâchages de son neveu sur les institutions napoléoniennes. Les princes de la famille, les cardinaux, les maréchaux et les amiraux étaient, de droit, membres du Sénat. Louis Bonaparte qui, pour le choix des autres sénateurs, s'était réservé une liberté illimitée, avait donné le tiers des siéges à l'armée et les autres à d'anciens ministres, à des administrateurs et à des magistrats. C'était, à de rares exceptions près, la fine fleur de ces caméléons politiques, goûtant fort ce mot de La Rochefoucauld : « *L'ingratitude est l'indépendance du cœur,* » indépendants, à ce compte-là, comme personne, car ils font la même cour à tous les régimes qui se succèdent. On y voyait des illustrations qui occupèrent les mêmes siéges sous les règnes de Napoléon Ier, de Louis XVIII, de Charles X et de Louis-Philippe ; — d'autres, en plus grand nombre, n'avaient servi et trahi que les deux derniers rois ; plusieurs d'entre eux, pairs en 1840, avaient traité comme un aventurier qu'il était et condamné à la détention perpétuelle, pour attaque à main armée contre le gouvernement de Juillet, celui aux pieds duquel ils se prosternent maintenant. Quelques-uns de ses complices d'alors et de ses complices de Décembre faisaient naturellement partie de la Chambre haute. Quand ce régime odieux tombera, nous apprendrons, une fois encore, qu'on verrait plutôt la peau d'un nègre blanchir que la fidélité d'un courtisan survivre à la fortune politique de son maître.

Louis Bonaparte alloua aux sénateurs qu'il venait de créer des dotations de 15,000, de 20,000 et de 30,000 francs. En revanche, ils lui octroyèrent 33,000 francs par jour, sans compter la jouissance des châteaux, palais et forêts de chasse, dont l'entretien est payé par l'État ; ceci, d'ailleurs, n'est qu'un maigre à-compte sur la grosse liste civile qu'ils lui voteront bientôt.

Le 10 mai eut lieu au Champ-de-Mars la cérémonie qui fut si bien nommée *la fête des oiseaux de proie.* Entouré de son état-major, Louis Bonaparte passa devant le front des troupes et monta sur une estrade. L'archevêque Sibour, au milieu de huit cents prêtres qui chantaient, donna aux aigles napoléoniennes les bénédictions qu'avaient successivement reçues les lis, les coqs gaulois et les arbres de la liberté! Le prince-président descendit, avec son oncle, quelques marches de l'estrade dont s'étaient rapprochés les chefs de l'armée, et il prononça une harangue qui se terminait ainsi : « Reprenez ces aigles qui ont si souvent conduit nos pères à la victoire, et JUREZ de mourir pour les défendre. » Il mettait le serment à toutes sauces, comme s'il eût pris plaisir à rappeler son parjure; il distribua les aigles ; l'archevêque donna *le baiser d'amour et de paix* à un porte-drapeau, et les prétoriens saluèrent de leurs vivats le départ du prince et de son cortège.

La Commission du budget avait proposé une diminution de dix-huit millions sur les gros traitements et sur l'armée; le Conseil d'État n'ayant accepté que la moitié de cette réduction, quelques députés voulurent se donner un air d'indépendance ; ils se plaignirent qu'on ne leur donnât pas le temps d'étudier le budget soumis à leur examen; on leur dit à l'oreille que le gouvernement ne les avait pas fait élire pour recevoir des leçons d'eux, et que, s'ils voulaient être réélus, ils devaient être sages. Puis le ministre d'État les rappela publiquement « à cette sagesse dont ils avaient donné tant de preuves ». Et le budget, à la discussion générale duquel une séance avait suffi, fut voté à l'unanimité moins une voix, celle de M. de Montalembert qui, après avoir parlé « d'institutions faussées et de tyrannie », refusa de

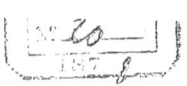

Le prince Napoléon.

sanctionner par son vote les décrets relatifs aux propriétés de la famille d'Orléans. Le 28 juin, le prince-président clôtura, par un Message, la session de 1852.

Les élections municipales et départementales, qui se firent en juillet, subirent la même pression que les élections législatives. Les préfets déclaraient « qu'ils avaient reçu du gouvernement *la mission formelle* de prémunir les électeurs contre un choix qui ne serait pas d'accord *avec leurs véritables sentiments* ». Ils disaient aussi : « Le gouvernement laisse se produire librement toutes les candidatures *des hommes d'ordre, et ne veut voir repousser que ses ennemis parce qu'ils sont les vôtres.* » Beaucoup d'électeurs, pensant que nul ne connaissait mieux qu'eux-mêmes leurs propres sentiments, élurent des candidats indépendants. Les conseils municipaux qui ne se composaient pas de créatures de l'ad-

23

ministration furent dissous; des commissions préfectorales remplacèrent un grand nombre de municipalités élues.

Dans un rapport que le *Moniteur* du 6 juillet publia, M. Ducos, ministre de la marine, disait que la frégate *la Forte* et *l'Érigone* avaient emporté à Cayenne 621 forçats ou repris de justice et 157 condamnés politiques; il ajoutait que le *Duguesclin* allait prendre la mer avec 500 déportés : « Ce convoi se compose, dans la même proportion que les précédents, de forçats, de repris de justice et de condamnés par les conseils de guerre. » M. Souesme, l'un des plus riches propriétaires du Loiret, avait fait partie d'un convoi pareil. Un mois plus tard, Édouard Millet, de Bony, était dirigé sur le bagne de Brest, avec d'autres condamnés, « revêtu du costume des bagnes après ferrement. »

Non content d'accoupler des hommes politiques à des forçats, Louis Bonaparte en guillotina quelques-uns. Lui qui disait à la Cour des pairs : « Je ne puis accepter comme juge de mes volontés et de mes actes une juridiction politique; vos formes n'abusent personne; dans la lutte, il n'y a qu'un vainqueur et un vaincu; vous êtes les hommes du vainqueur, je n'ai pas de justice à attendre de vous; » — lui, devenu le vainqueur on sait comment, il livre les vaincus à des tribunaux exceptionnels, à des conseils de guerre composés par lui, comme son oncle composait les siens, de Hullins, de Barrois, de Bazancourts et autres exécuteurs d'assassinats juridiques, auxquels on disait : « Il me faut la tête de Louis de Frotté, celle du duc d'Enghien, celle du libraire Palm, » — et qui les donnaient après avoir, suivant la consigne reçue, légalisé le meurtre de ces condamnés innocents.

La première tête que Louis Bonaparte demande et fait couper est celle de Charlet. A la nouvelle de l'attentat du 2 Décembre, des Français réfugiés en Suisse essayèrent de passer la frontière; entre les douaniers et les républicains, une lutte s'engage; un des douaniers tombe et un des républicains est pris : c'est Charlet. On ignore de quel fusil est partie la balle qui a frappé le douanier; qu'importe! L'homme qui, dans sa deuxième rébellion à main armée, aggrava sa récidive en déchargeant sur un capitaine son pistolet dont la balle atteignit un grenadier, et qui avait mérité deux fois la mort, cet homme, deux fois gracié, veut la tête de Charlet; c'est un de ses caprices : Tibère n'avait-il pas les siens? Donc Charlet, brave et loyal paysan, aimé de tous ceux qui le connaissent et âgé de vingt-quatre ans à peine, devait mourir. Il marcha d'un pas ferme vers l'échafaud dressé sur la place de Belley. Sur son passage, une foule attristée le saluait; des larmes mouillaient tous les yeux. Protégé par des soldats, le bourreau décapita un innocent pour satisfaire à un caprice de l'assassin du capitaine Col-Puygellier.

Le restaurateur de l'échafaud politique [1] le dressa encore, le 30 juillet, à Clamecy, pour Cirasse et pour Cuisinier, et, le 13 août, à Béziers, pour Laurent et pour Cadelard. Suivant leur coutume, les tueurs napoléoniens calomnièrent ceux qu'ils avaient guillotinés. Les conseils de guerre offrirent cinquante-neuf têtes de défenseurs de la loi à l'homme qui l'avait violée; il n'osa en faire abattre que cinq.

On n'a pas oublié les complots que le premier Bonaparte fit ourdir par ses agents afin de profiter, comme je le disais en les racontant [2], de l'épouvante des uns et de l'avilissement des autres pour franchir le dernier pas qui le séparait du trône. Puis ses préfets, ses juges, ses maires, ses généraux excitèrent les populations à demander l'établissement d'une dynastie napoléonienne, « seul moyen,

---

1. On sait que la peine de mort en matière politique fut abolie par le gouvernement provisoire, le lendemain de la Révolution de Février.
2. *Histoire populaire du Consulat, de l'Empire et des Cent-Jours.*

disaient-ils, d'ôter l'espoir aux conspirateurs et d'assurer la stabilité de l'État ».

Or, le 23 septembre 1851, la découverte d'une machine infernale à Marseille, où Louis Bonaparte allait se rendre, fut annoncée avec grand fracas. On lisait dans le *Moniteur* : « Depuis quelque temps, le ministre de la police générale *était prévenu* qu'un complot se tramait contre la vie du président, et *il en suivait la marche avec vigilance*. » Aussitôt les journaux officiels et officieux remercient la Providence « de n'avoir pas permis à l'exécrable attentat de s'accomplir », et ils font, en poussant des cris de terreur, la description « *de cet instrument de vengeance et de destruction* », qui se composait « de quatre tromblons et de deux cent cinquante canons ». — Louis Bonaparte continue son voyage dans le Midi terrifié par « l'énormité du péril auquel viennent d'échapper *miraculeusement* le prince-président et le pays ». Lorsqu'il s'approche d'une ville, on arrête les *suspects;* dès qu'il y arrive, il se dirige vers la principale église où l'évêque et son clergé l'attendent. On se complimente et on chante le *Domine salvum fac Ludovicum Napoleonem*. Au dedans et au dehors du temple, des cris de : *Vive l'empereur!* retentissent ; ils sont répétés dans toutes les rues que le cortége suit. Pour réchauffer l'enthousiasme que ses agents ont préparé, le prince jette les millions à pleines mains ; un et demi à Moulins pour l'agrandissement de la cathédrale, deux à Toulon pour l'embellissement du port, — à Marseille deux et demi pour la construction d'une église. Des troupes de vierges vêtues de blanc lui offrent des fleurs ; il ouvre un des nombreux caissons dont sa voiture est encombrée, il y prend des bijoux et les donne aux jeunes filles qui lui plaisent le mieux. Partout les bénédictions épiscopales pleuvent sur *Son Altesse*. Les ovations se succèdent, les harangues se multiplient.

C'est Bordeaux que Louis Bonaparte avait choisi pour achever l'œuvre de la fondation du second Empire. Le 10 octobre, au palais de la Bourse, dans un banquet, il exposa son programme gouvernemental et prononça la fameuse phrase : « Par esprit de défiance, certaines personnes se disent : L'Empire, c'est la guerre ; moi, je dis : L'Empire, c'est la paix. »

A son retour, le 16 octobre, il trouva réunis dans la gare du chemin de fer d'Orléans les trois grands corps de l'État, l'archevêque Sibour et son clergé, les ministres et les anciens du consistoire protestant, les membres du consistoire israélite ayant à leur tête le grand-rabbin, en un mot tous les figurants des grandes parades officielles, depuis les juges des cours et des tribunaux jusqu'aux élèves des Écoles qui sont dépendantes de l'État. Le canon tonne, les cloches sonnent, la musique militaire joue, les chœurs du Conservatoire chantent, le vieux Jérôme se jette dans les bras du triomphateur qui se précipite dans ceux de M. de Morny. Puis, au milieu des cris de « : Vive l'empereur ! » mille fois répétés, Louis Bonaparte se met en marche et s'arrête bientôt sous un arc de triomphe où l'attendent le président de la commission municipale, le doyen des maires de Paris et le préfet de la Seine. Reprenant le rôle rempli par Fouché dans la même comédie que joua l'oncle, M. Berger s'incline devant le neveu et lui adresse humblement cette prière : « Monseigneur, cédez au vœu d'un peuple tout entier ; la Providence emprunte sa voix pour vous dire de terminer la mission qu'elle vous a confiée, en reprenant la couronne de l'immortel fondateur de votre dynastie. »

Sous des arcs de triomphe sans nombre et entre deux haies de soldats et d'individus mieux connus à la préfecture de police que dans les corporations ouvrières dont ils se disaient les délégués, le héros de Décembre suit les boulevards et rentre à l'Élysée, après avoir fait une halte dans l'église de la Madeleine pleine de lumières doucement voilées par les nuages odorants qui s'échappent des encensoirs que balancent des lévites endimanchés.

Le soir, Louis Bonaparte se rendit à l'Opéra où lui avait été préparée une ovation bruyante ; il fit aux chanteurs et aux danseuses une distribution princière de rubis, de perles et de diamants.

Le *Moniteur* du lendemain disait : « La manifestation éclatante qui se produit dans toute la France en faveur du rétablissement de l'Empire *impose le devoir au président de consulter à ce sujet le Sénat.* »

Le 4 novembre, cette Assemblée se réunit ; trois jours après, avec l'enthousiasme qu'on était en droit d'attendre de sa courtisanerie et de sa docilité, elle adopta un sénatus-consulte dont l'article 8 était ainsi conçu : « La proposition suivante sera soumise au peuple : Le peuple veut le rétablissement de la dignité impériale dans la personne de Louis-Napoléon Bonaparte avec hérédité dans sa descendance directe, légitime ou adoptive, et lui donne le droit de régler l'ordre de succession dans la famille Bonaparte. »

La date du vote sur ce plébiscite fut fixée au 21 novembre. On ne se gênait guère pour annoncer que le chiffre des *oui* donné par le scrutin du 20 décembre 1851 serait dépassé ; c'était facile à prévoir : Louis Bonaparte le désirait. M. de Persigny mit aux préfets la bride sur le cou en leur disant *d'employer les mesures propres à l'esprit de chaque localité.* Dans ce vaste champ ouvert à leur ingéniosité, ils firent des prodiges. Jamais le suffrage universel ne se vit mieux protégé contre ses *égarements,* ni la liberté du vote... *affirmatif* entourée d'un plus grand luxe d'attentions et de sûretés. Le zèle des évêques rivalisait avec celui des préfets. Pour ne pas entendre la protestation que leur *Roy* élevait contre le rétablissement de l'Empire, ces bons prélats se mirent à faire avec leurs crosses épiscopales un bruit d'enfer. C'est que, tout en prêchant que leur royaume n'est pas de ce monde, ils ont pour les biens d'ici-bas un faible par lequel Louis Bonaparte avait su les prendre. Non-seulement il avait augmenté leurs traitements et doté de 30,000 francs annuels les cardinaux-sénateurs, mais encore d'un grand nombre d'entre eux il venait de faire des chevaliers de la Légion d'honneur, et d'ouvrir par décret [1] au ministère des cultes un crédit extraordinaire de 220,000 francs pour payer les dettes de l'ex-évêque d'Alger. S'ils ont beaucoup reçu, ils espèrent recevoir davantage ; aussi mêlent-ils à l'ardeur de leurs adulations l'aveu de leurs convoitises ; écoutons-les : « *Dieu a montré du doigt Louis-Napoléon ;* il l'avait nommé d'avance empereur ; il l'a sacré par la bénédiction de ses pontifes et de ses prêtres ; il l'a salué et acclamé *lui-même.* Pourrait-on ne pas reconnaître *l'élu de Dieu* [2] ? » — « Dieu protège la France : le mandat que vous remplissez si bien en est la preuve. Oui, prince, vous avez reçu une grande mission ; Votre Altesse continue une œuvre si bien commencée. La religion a enregistré avec reconnaissance ce que votre gouvernement a déjà fait pour elle, et elle y voit de précieux gages pour l'avenir. De pareils actes ne peuvent manquer d'appeler sur vos travaux les bénédictions divines, qui peuvent seules les féconder et en assurer le succès. Daigne le Très-Haut diriger constamment vos pas dans cette voie salutaire, et vous faire atteindre heureusement le but ! C'est former des vœux pour le bien public que d'en former pour la conservation de vos jours. Tel est et tel sera, monseigneur, l'objet de nos incessantes prières. L'évêque et le clergé n'ont à cet égard qu'un but et une même pensée [3]. » — « Permettez-moi, monseigneur, de vous exprimer le désir que j'ai de voir triompher votre cause, que je regarde comme celle de la France et de la religion..... Il est juste de faire comprendre

---

1. Décret du 1er novembre. (Voir aux documents complémentaires.)
2. L'évêque de Saint-Flour.
3. Le cardinal-archevêque de Bourges.

à *monseigneur* combien nous sommes reconnaissants de ce qu'il a fait POUR NOUS. *Il a tout osé.* Qu'il soit béni, *cet homme de Dieu*, ce grand homme, *car c'est Dieu qui l'a suscité*. Nous prierons pour lui. C'est le tribut qu'il est en droit d'exiger de nous pour les éminents services qu'il NOUS a rendus et *pour ceux qu'il veut* NOUS *rendre encore*. Les paroles du prince sont les plus belles qui soient jamais sorties de la bouche d'un prince chrétien [1]. » Voilà saint Louis surpassé ! — « La France cherchait ; elle a trouvé un homme qui a protégé son existence, et elle s'est donnée à lui [2]. » — « L'Éternel l'a donné au monde pour le sauver [3]. » — « O mon Dieu, je vous prie de bénir ce prince magnanime [4] ! » — « Je salue dans Son Altesse *l'instrument visible de la Providence* [5]. »—« Je lui promets l'aide de Dieu [6]. »— « Les acclamations du peuple sauvé et reconnaissant appellent *une couronne* sur le front de Son Altesse [7]. » — « Je continuerai à faire monter au ciel les vœux les plus ardents pour *le prince auguste qui est l'appui, l'espérance et la gloire de la patrie* [8]. »

Conservons dans notre souvenir cette glorification de l'homme de Décembre par les princes de l'Église. Pour démontrer ce que valent leurs louanges et leurs prières, il me suffira de dire comment a fini « *l'élu de Dieu* », et ce que « *l'instrument visible de la Providence* » a fait *de la patrie* dont les évêques le proclamaient « *l'appui, l'espérance et la gloire* » !

Dans deux manifestes datés l'un de Londres et l'autre de Jersey, des proscrits conseillaient aux électeurs républicains l'abstention vers laquelle, d'ailleurs, inclinaient bien des gens peu soucieux de concourir par leur vote à des élections dont le tripotage était si scandaleux. Pour combattre ces conseils et ces tendances, les préfets appelèrent les évêques à leur aide. Et l'évêque de Rennes d'écrire aussitôt à ses curés : « Stimulez l'indifférence, guidez l'inexpérience et dirigez les votes de vos obéissants troupeaux. » Les maires étaient « invités et autorisés à faire transporter l'urne électorale dans les hôpitaux et même à domicile chez les vieillards et les malades [1] ». Les muets du Corps législatif, auxquels un sénatus-consulte attribuera bientôt [2] une indemnité annuelle de 10,000 francs, dépouillèrent le scrutin [3].

Dans la soirée du 1er décembre, les sénateurs furent menés au palais de Saint-Cloud par leurs vice-présidents Troplong, Mesnard, Baraguay-d'Hilliers, et par M. d'Hautpoul, leur grand-référendaire ; ils apportaient à Louis-Bonaparte le sénatus-consulte qui rétablissait la dignité impériale en sa faveur. M. Mesnard le lui remit dans la même salle où, cinquante ans auparavant, Cambacérès avait remis à Napoléon Ier le sénatus-consulte qui instituait l'Empire.

M. Billault, président du Corps législatif, prit, le premier, la parole en ces termes :

« Sire,

« Abritant sous un immense souvenir de gloire ce qu'elle a de plus précieux, son honneur au dehors, sa sécurité au dedans, et ses immortels principes de 89, bases désormais inébranlables de la nouvelle société française si puissamment organisée par votre oncle, notre nation relève avec un orgueilleux amour cette dynastie des Bonaparte sortie de son sein, et qui ne fut point renversée par des mains françaises. »

---

1. L'évêque de Nancy.
2. L'évêque d'Amiens.
3. L'évêque de Fréjus.
4. L'évêque de Strasbourg.
5. L'évêque de Nevers.
6. L'évêque de Viviers.
7. L'évêque de Valence.
8. L'évêque de Grenoble.

---

1. Arrêté du sous-préfet de Pont-l'Évêque.
2. Sénatus-consulte du 30 décembre 1852.
3. Voici le résultat de ce scrutin : 7,824,189 *oui*; 253,115 *non*; 63,329 bulletins blancs ou nuls ; 2,062,798 abstentions.

M. Mesnard, vice-président du Sénat, ajouta :

« En rétablissant la dignité impériale dans la famille de Votre Majesté, en vous donnant la couronne qu'elle avait placée, il y a un demi-siècle, sur la tête du vainqueur de Marengo, la France dit assez haut quels sont ses vœux, et comment, rattachant le présent au passé, elle confond ses espérances avec ses souvenirs. »

MM. Billault et Mesnard ayant évoqué l'ombre du fondateur de la dynastie, l'empereur devait naturellement dire que « *cette ombre le protégeait* »; c'était une de ses phrases familières; on venait, intentionnellement, de lui fournir une occasion solennelle de la répéter; il n'y manqua pas. Il répondit aux deux harangueurs :

« Lorsque, il y a quarante-huit ans, dans ce même palais, dans cette même salle et dans des circonstances analogues, le Sénat vint offrir la couronne au chef de ma famille, l'empereur répondit : « Mon esprit ne serait « plus avec ma postérité le jour où elle ces-« serait de mériter l'amour de la grande na-« tion. » Eh bien! aujourd'hui, ce qui touche le plus mon cœur, c'est de penser que l'esprit de l'empereur est avec moi, que sa pensée me guide, que son *ombre me protége*, puisque, par une démarche solennelle, vous venez, au nom du peuple français, me prouver que j'ai mérité la confiance du pays. Je n'ai pas besoin de vous dire que ma préoccupation la plus constante sera de travailler avec vous à la grandeur et à la prospérité de la France. »

Les trois grands corps de l'État se retirèrent en saluant et en acclamant Napoléon III assis sur un trône où le crime l'avait fait monter. Comme son oncle, il égorgea la République en la caressant et en jurant de lui rester fidèle. Rappelons ici les mensonges et les serments de ce parjure que l'on couronne : « J'arrive de l'exil pour me ranger sous le drapeau de la République [1]. » — « Le devoir de tout bon citoyen est de se réunir autour du gouvernement provisoire de la République, et je tiens à être un des premiers à le faire [2]. » — « Je suis résolu à ne retourner en France que lorsque la République sera affermie. Si on réclamait mes services, je me dévouerais à la défense de l'Assemblée [3]. » — Rallions-nous autour de la patrie sous le drapeau de la République [4]. » — « Je désire le maintien d'une République grande, sage et intelligente [5]. » — « Après trente-trois années de proscription et d'exil, je retrouve enfin ma patrie. La République m'a fait ce bonheur. Que la République reçoive mon serment de reconnaissance, mon serment de dévouement! Nul ici plus que moi n'est résolu à se dévouer à l'affermissement de la République [6]. » — Je verrai des ennemis de la patrie dans tous ceux qui tenteraient de changer par des voies illégales ce que la France entière a établi [7]. » — « Si j'étais nommé président, je me dévouerais tout entier, sans arrière-pensée, à l'affermissement d'une République sage par ses lois, honnête par ses intentions, grande et forte par ses actes. Je mettrais mon honneur à laisser, au bout de quatre ans, à mon successeur le pouvoir affermi, la liberté intacte. La République doit avoir foi dans son avenir [8]. » — « En présence de Dieu et devant le peuple français, je jure de rester fidèle à la République démocratique, une et indivisible, et de remplir tous les devoirs que m'impose la Constitution [9]. » — « Mon devoir est tracé

---

1. Lettre aux membres du gouvernement provisoire, 25 février 1848.
2. Lettre aux membres du gouvernement provisoire, 26 février 1848.
3. Lettre à M. Bonjean, Londres, 23 mai 1848.
4. Déclaration datée de Londres, 11 juin 1848.
5. Lettre au président de l'Assemblée, 15 juin 1848.
6. Déclaration à l'Assemblée, 28 septembre 1848.
7. Déclaration à l'Assemblée, 28 octobre 1848.
8. Profession de foi, 29 novembre 1848.
9. Serment du 30 décembre 1848.

par mon serment et je le remplirai en homme d'honneur... J'ai appelé autour de moi des hommes honnêtes, qui sont d'accord pour concourir avec vous à la gloire de la République. Nous avons, citoyens représentants, une grande mission à remplir, c'est de fonder la République dans l'intérêt de tous [1]. » — « J'appelle sous le drapeau de la République et sur le terrain de la Constitution tous les hommes dévoués au pays [2]. » — Les coups d'État n'ont aucun prétexte. Lorsque, partout, la prospérité semble renaître, il serait bien coupable, celui qui tenterait d'en arrêter l'essor par le changement, l'astuce et la perfidie [3]. » — « Je veux être digne de la confiance de la nation en maintenant la Constitution que j'ai jurée [4]. » — « Des bruits de coup d'État sont peut-être venus jusqu'à vous, mais vous n'y avez pas ajouté foi ; je vous en remercie. Les surprises et les usurpations sont le rêve des partis sans appui dans la nation [5]. » — « Le titre que j'ambitionne le plus est celui d'honnête homme ; je ne connais rien au-dessus de mon devoir [6]. » — « La règle invariable de ma vie politique sera, dans toutes les circonstances, de faire mon devoir, rien que mon devoir. Lié par mon serment, je me renferme dans les strictes limites que notre loi fondamentale m'a tracées [7]. » — « Je respecterai toujours les droits de l'Assemblée [8]. » — « Je ne vous demanderai rien qui ne soit d'accord avec mon droit reconnu par la Constitution [9]. » — « Comme elle pourrait être grande, la République française, s'il lui était possible de vaquer à ses affaires [1] ! » — « Les hommes qui ont déjà perdu deux monarchies veulent me lier les mains afin de renverser la République. Mon devoir est de déjouer leurs perfides projets, de maintenir la République [2]. » — « Bientôt le pays pourra accomplir, dans le calme, l'acte solennel qui doit inaugurer une ère nouvelle pour la République [3]. » — « Conservons la République ; elle ne menace personne, elle peut rassurer tout le monde [4]. »

Voilà bien l'homme dont lord Cowley [5] disait : « Il parle peu, mais il ment toujours. » Il avait, suivant les conseils de sa mère, trompé tous les partis, étudié et imité les machinations *du plus grand acte politique* de son oncle, surveillé les occasions propices, *amené de loin* son usurpation criminelle. Ainsi que le lui avait prédit cette créole immorale, ardente et rusée, la couronne impériale était le prix de sa docilité aux leçons maternelles. Devenu, grâce à ces leçons, « le maître de pourvoir à l'organisation du pays », il se garda d'oublier celles que, dans cette hypothèse, sa prévoyante mère lui avait données : « Ne souffrez pas qu'on parle quelque part sans votre autorisation expresse... Il n'y a presque pas de gouvernement qui puisse résister à l'examen de son origine et à la discussion des actes personnels du maître. » Louis Bonaparte savait, comme tout le monde, que ses actes personnels n'auraient pu résister un seul instant à la moindre discussion, ni les origines de son pouvoir brigandé au moindre examen ; aussi réduisit-il au silence le plus absolu la France dont il aurait voulu étouffer la mémoire comme il en étouffait la voix, et qui se fût bien vite désasservie s'il ne lui eût pas mis le

---

1. Déclaration après le serment, 20 décembre 1848.
2. Déclaration du 9 juin 1849.
3. Discours à Tours, 30 juillet 1849.
4. Message du 31 octobre 1849.
5. Au maire de Lyon, 12 août 1850.
6. Au maire de Strasbourg, août 1850.
7. Message du 12 novembre 1850.
8. Lettre au président de l'Assemblée, 19 janvier 1851.
9. Allocution aux officiers, 9 novembre 1851.

1. Allocution aux exposants français, 26 novembre 1851.
2. Proclamation du 2 décembre 1851.
3. Proclamation du 6 décembre 1851.
4. Discours d'ouverture de la session législative, 29 mars 1852.
5. Ambassadeur d'Angleterre à Paris

bâillon recommandé par la reine Hortense.

Le 2 décembre 1852, premier anniversaire de son grand crime, Louis Bonaparte donna le bâton de maréchal à ses deux complices, Saint-Arnaud et Magnan. Par où purent-ils le prendre sans ensanglanter leurs mains ? Le général de Castellane fut élevé aussi au maréchalat.

A la tête d'un cortége brillant, le nouvel empereur quitta le palais de Saint-Cloud et se rendit aux Tuileries où sa famille et ses courtisans l'attendaient; il parut au balcon donnant sur la cour où se massaient dix mille soldats qui lui présentèrent les armes. Les canons, les trompettes les tambours, les musiques militaires saluaient l'apparition du drapeau tricolore sur le faîte du palais qui sera désormais la résidence de Napoléon III, et Paris célébra la fête de la proclamation de l'Empire.

Mais la machine infernale, et « *les monstres qui, n'ayant rien d'humain, avaient rêvé une scène de sang et de mort*[1], » qu'était devenu tout cela ? L'effet qu'on en attendait ayant été produit, chaque chose avait repris sa place, — « *les monstres* » dans les rangs de la police, « *les engins infernaux* » dans le magasin des accessoires, rue de Jérusalem ; — et il n'en fut plus question du tout.

1. Article publié par M. Arthur de La Guéronnière après la *découverte* de cette machine. (Voir aux documents complémentaires de ce chapitre.)

DOCUMENTS COMPLÉMENTAIRES DU CHAPITRE IX

I

RÉTABLISSEMENT DE L'ÉCHAFAUD POLITIQUE

CHARLET

Charlet appartenait à la religion réformée. N'ayant pu convertir ce défenseur de la loi, un prêtre essaya de le déshonorer. La lettre suivante en fait foi; de nombreux témoignages l'ont confirmée; elle fut écrite de Genève à la *Nation*, journal de Bruxelles :

« On tenait cachée à la mère de Charlet la fin tragique de son fils, et, dans ce moment, elle l'ignore encore; terrible situation pour une mère !

« Si elle n'a pas reçu ce coup terrible, cela n'a pas dépendu de nos catholiques du Sonderbund. Un prêtre, un prétendu disciple du Christ, dont toute la mission consiste à apaiser les douleurs, a osé écrire à la malheureuse mère une lettre dont j'ai retenu le sens sinon les termes. « Le malheureux — « écrivait le prêtre — a demandé plusieurs « fois la permission de vous faire ses adieux. « L'autorité a dû lui refuser cette consola- « tion suprême. Mais ce qui doit consoler sa « pauvre mère, c'est sa conversion, en face « de la mort, à l'Église catholique romaine. « Oui, Charlet a rempli ses derniers devoirs, « — et son dernier vœu, *la dernière volonté* « *du mourant*, a été que sa mère bien-aimée « embrassât la même religion, afin que leurs « âmes ne fussent point séparées à la droite « du Père éternel.

« *Signé* : PENAL, prêtre. »

« Cette lettre a été heureusement interceptée. Cela a épargné un grand chagrin à la mère de Charlet et empêché *une calomnie infâme* de la frapper plus cruellement peut-être que la sinistre nouvelle. Je puis dire et bien haut : CALOMNIE ! Car Charlet lui-même

Bénédiction des drapeaux (10 mai 1852).

a répondu, sans s'en douter, à cette calomnie qu'il semblait prévoir. Cette fois, c'est une copie textuelle que je vous transmets. Avant de mourir, Charlet écrivit à Ph. Ch....., poëte et son ami. Voici sa lettre :

« Mon cher ami,

« J'ai pu faire crayonner ces lignes par « un brave qui serait compromis si je te di- « sais son nom. C'est demain ou après- « demain que l'heure fatale arrive. Embrasse « tous nos frères en démocratie ; dis-leur « que j'ai eu la force, malgré les liqueurs « versées dans les aliments, *de résister aux* « *tortures des prêtres*, — que je meurs inno- « cent et sans avoir voulu dénoncer personne, « malgré les promesses de grâce et de départ « avec de l'or, — que le prêtre veut, malgré « moi, me faire baiser le Christ, mais que je « l'embrasse comme notre maître en démo- « cratie.

« Adieu à ma mère qui nous a appris à « mourir pour nos frères. Adieu ! On vient.

« *Signé :* CHARLET. »

« J'ai copié cette lettre sur l'original couvert de mes larmes. J'ai vu le voiturier qui l'a apportée à l'ami de Charlet ; il est prêt, en toute circonstance, à témoigner de ce que j'avance. Je le connaissais pour un brave et digne citoyen qui mérite toute confiance. Cette lettre écrite au crayon est pour nous une relique.

« O tristesse ! ô fureur ! Mais, espérance ! le sang des martyrs est fécond. »

EXÉCUTION DE CIRASSE ET DE CUISINIER

« Le 30 juillet 1852, au matin, ils furent amenés de la prison de Nevers à Clamecy, les fers aux pieds et aux mains. Quand ils arrivèrent, les fers avaient tellement été serrés, et le poids avait été si lourd pendant le trajet, *que leurs poignets étaient en sang ; la peau en était enlevée*, comme si on eût voulu leur faire subir à demi l'ancien supplice des parricides.

« Des prêtres les accompagnaient malgré leur refus. Ils repoussaient dans ces ministres de Dieu les agents du violateur des lois. « *Nous ne voulons pas des hommes de* « *Bonaparte*, » disaient-ils, accablant de mépris le maître et ses serviteurs.

« Ce qu'ils demandaient seulement, c'était de voir leurs femmes et leurs enfants. Préfet, prêtres, gendarmes leur refusaient cette consolation suprême, qu'une bassesse seulement eût pu acheter. »

Après avoir reproduit cette lettre qui lui fut adressée, M. Schœlcher ajoute : « Que voilà bien les défenseurs de la famille et de la religion ! Ils envoient leurs prêtres à ceux qui n'en veulent pas, et ils privent deux pères de famille qu'ils mettent à mort d'embrasser leurs femmes et leurs enfants... »

(V. SCHŒLCHER, *Le Gouvernement du 2 Décembre*.)

EXÉCUTION DE LAURENT ET DE CADELARD

La *Gazette du Midi*, journal légitimiste, rend compte de cette exécution qui eut lieu à Béziers, le 12 août 1852, dans le récit suivant d'où ressort la présomption de l'innocence de ces deux hommes condamnés à mort, en même temps que dix-neuf autres défenseurs de la loi, par le conseil de guerre siégeant à Montpellier :

« L'échafaud qu'on avait fait venir de Perpignan avait été dressé pendant la nuit, et, dès six heures du matin, *les troupes de la garnison de Béziers, augmentées des renforts venus de Perpignan et de Montpellier*, occupaient militairement le lieu de l'exécution, de même que les rues par lesquelles devaient passer les condamnés. *Les différents postes de la ville étaient doublés ; des sentinelles veillaient au bon ordre sur tous les points, de distance en distance ;* enfin aucune précaution n'avait été négligée par M. le colonel de Westée, du 48° de ligne, *chargé de présider à l'exécution*, concurremment avec M. le lieutenant-colonel de Montfort, du 4° hussards, commandant supérieur de la garnison de Béziers.

« *Cinq brigades de gendarmerie* étaient venues se joindre *à celle* du chef-lieu d'arrondissement pour augmenter le cortège des condamnés. *Une pièce de canon stationnait, entourée de ses servants*, sur la place de la citadelle; *une autre pièce était braquée* au bas des gradins du théâtre, sur la promenade, dans la direction de l'échafaud. MM. de Montfort et de Westée *marchaient en tête du cortège*, ainsi que MM. les commissaires de police de Béziers, de Nissan et d'Agde. Venaient ensuite *des détachements de hussards, de cavaliers du train des équipages, les cinq brigades de gendarmes*, au milieu desquelles marchait le charrette, puis *de nouveaux détachements de hussards et de cavaliers du train*.

« A neuf heures moins cinq minutes, le cortège s'arrêtait au pied de l'échafaud. *Des cris étouffés* de femmes ont retenti sur le passage des condamnés. Beaucoup d'entre elles faisaient le signe de la croix, selon l'usage du pays, en disant : « *Pauvres gens, adieu!* »

« La toilette des condamnés avait eu lieu dans la forme ordinaire. Cadelard a laissé entendre ces paroles : « *No autrés paourés « pagan per lous richés embitiousés qué vou- « lian des plaços. — Nous autres pauvres, nous « payons pour les riches ambitieux qui vou- « laient des places* [1]. »

« La veille, à dix heures du soir, Laurent, dit Chaumac, avait fait appeler MM. Daurel, juge d'instruction, et Peyre, commissaire de police. Laurent, dit Chaumac, *a persisté, comme il avait déjà fait, à protester de son innocence* : « *Je crois qu'on veut me tuer*, a-t-il « dit à M. Daurel, *mais je jure que je ne « suis pas coupable.* »

« Laurent a été exécuté le premier. On avait fait tourner le dos à Cadelard pendant ce temps, afin qu'il ne vît pas le supplice de Laurent. Quand son tour est venu, et lorsque le bourreau lui a enlevé son bonnet pour le lier sur la planchette, il a jeté un long cri qui a causé beaucoup d'émotion dans la foule. Quelques secondes plus tard, tout était fini.

« Une foule assez nombreuse a quitté le lieu de l'exécution *pour suivre le convoi*; mais, par ordre de l'autorité supérieure, les portes du cimetière ont été fermées.

« A dix heures et demie, la ville avait repris sa physionomie ordinaire ; mais le *marché du jour a été nul*. Les denrées locales, telles que les vins et les trois-six, n'y ont pas même été cotées, *faute d'acheteurs et de vendeurs.* »

Le récit de cette double exécution inspire à M. Schœlcher des réflexions éloquemment exprimées : « Étaient-ils infâmes, ces deux paysans à qui les spectateurs disent : « Adieu, pauvres gens »? Étaient-ils criminels, ces infortunés dont une foule nombreuse a suivi les corps décapités jusqu'au cimetière ? Inspiraient-ils l'horreur qu'inspirent partout les assassins justement frappés par la loi, ces malheureux dont le supplice laisse une si

---

[1] « Rien de plus absurde, fait observer M. Schœlcher, que cette phrase toujours prêtée aux hommes du peuple. Ils ne la disent jamais ; ils savent bien qu'en révolution les riches paient comme les pauvres... Si les républicains riches étaient dirigés par des sentiments égoïstes, ils jouiraient tranquillement de leur fortune, sans prendre souci que ce soit M. de Persigny ou Louis-Philippe qui gouverne. Pour un homme aisé, la chance d'une place ne vaut pas la chance de la prison, du bagne, de la proscription ou de la mort sur une barricade. »

On peut ajouter que, en 1851, les républicains riches ou aisés furent frappés en plus grand nombre que les pauvres. Il suffit, pour s'en convaincre, de jeter un coup d'œil sur les tables de proscription et sur les listes de déportation. Parmi les 54 condamnés à mort, qu'on n'osa pas exécuter ou qui parvinrent à s'échapper, on compte beaucoup de riches et de propriétaires, tels que les deux frères Préveraud, les deux frères Terrier, le docteur Nolhac, Fagot, Millelot, Jourdan, etc.

profonde impression « que le marché est nul, et qu'on n'y trouve ni acheteurs ni vendeurs »? Ne reconnaît-on pas à ces signes quelque chose comme un deuil public? Et puis, pourquoi cette armée mise sur pied, ces canons braqués de tous côtés, ce colonel et ce commandant de place venant, en équipage de guerre, conduire un cortége funèbre inusité et se faire les maîtres de cérémonie du gibet? Est-ce qu'on ne sent pas là les craintes d'un pouvoir ennemi, redoutant que la population indignée ne vienne dire au bourreau : « Ces hommes sont honnêtes ; ils ne t'appartiennent pas »? — A-t-on besoin de canons, de mousquets, de sabres, de colonels et de généraux pour protéger la mise à mort des misérables contre lesquels l'opinion publique rend le même verdict que les juges? »

(V. Schœlcher, *le Gouvernement du 2 Décembre*.)

II

PRÉPARATION DU RÉTABLISSEMENT DE L'EMPIRE.
LA MACHINE INFERNALE DE MARSEILLE

Cette machine, dont on connaît l'origine, fut découverte, avec le merveilleux à-propos que l'on sait, le 23 septembre 1852, à Marseille où Louis-Bonaparte devait faire une halte au milieu de son voyage dans l'Est et le Midi. Les journalistes officiels et officieux feignirent de croire « à l'existence d'un complot tramé contre la vie du prince-président », et remercièrent « la Providence de n'avoir pas permis à l'exécrable attentat de s'accomplir ». Voici le cri d'indignation bien jouée que M. de La Guéronnière jeta en apprenant cette machination de la police et que répétèrent tous les compères des machinateurs :

« C'est déjà trop pour l'honneur de la nation que la pensée d'un complot aussi horrible, d'un attentat aussi monstrueux ait pu naître dans un cœur humain, dans une âme française ! Mais non, *ils n'ont rien d'humain, rien de français, ceux qui ont pu rêver, dans leur sauvage délire, la scène de sang et de mort, la scène de deuil et de carnage qui a terrifié la population*. C'est avec le sentiment d'une vive douleur et d'une profonde indignation que l'Europe apprendra qu'il existe encore une race de factieux assez dégradés et assez pervers pour se faire assassins, en demandant à des instruments de vengeance et de destruction, qu'on ne peut mieux nommer qu'en les qualifiant de machines infernales, le triomphe odieux de nous ne savons quelles doctrines qui n'appartiennent à aucun parti, comme elles ne sont d'aucun peuple. On voudrait croire, pour la gloire de l'humanité, *que de pareils monstres déshonorent*, que, dans la fureur qui armait leurs bras meurtriers, il entrait plus de démence que de férocité. »

III

ORGANISATION DE L'ENTHOUSIASME

« Il part, tous les jours en ce moment, de Paris, par les chemins de fer de Lyon et d'Orléans, pour l'est et le midi de la France, de véritables convois de verres de couleur, lanternes chinoises, lampions, feux d'artifice, drapeaux et une masse de ces mille objets *qui composent le matériel des fêtes publiques*. Tout cela s'expédie dans les villes que M. le président doit visiter dans son prochain voyage. »

(*Journal de Lot-et-Garonne*, 14 sept. 1852.)

LETTRE DU PRÉFET DE L'HÉRAULT

AUX JUGES DE PAIX ET AUX MAIRES DU DÉPARTEMENT

« 25 septembre 1852.

« Messieurs,

« Mgr le prince-président fera son entrée dans le département de l'Hérault le 1er octobre prochain.

« Je vous invite à réunir extraordinairement vos conseils municipaux et à *provoquer de leur part des votes de fonds* afin que, dans toutes les communes, des distributions de secours aussi abondants que possible fassent participer les indigents à *la joie unanime des populations*. J'approuverai aussi les *votes qui auront pour objet de décorer les lieux que le prince traversera*, ou de lui envoyer *des députations sur son passage.*

« Je désire que MM. les juges de paix, les maires et adjoints se rendent, la veille ou le matin du 1ᵉʳ octobre, à Montpellier, accompagnés de députations des conseils municipaux et d'habitants des communes ; *elles seront admises à défiler devant le prince.* Toutes les communes devront avoir leurs drapeaux ; elles se réuniront par groupes de cantons. *Je donnerai à chaque canton une bannière* sur laquelle le nom du canton sera inscrit. Cette bannière, qui devra être portée entre le juge de paix et le maire du chef-lieu, sera déposée ensuite, pour être conservée, à la mairie du chef-lieu. La distribution des bannières sera faite, le 1ᵉʳ octobre au matin, par les soins de M. le commissaire central, à Montpellier.

« Je vous prie de donner la plus grande publicité aux présentes instructions, que MM. les maires feront afficher et publier à son de caisse dans les communes.

« *Le préfet de l'Hérault,*
« A. Durand-Saint-Amand. »

Tous les préfets imitèrent celui de l'Hérault.

Celui de la Haute-Garonne remercia les fonctionnaires du département en ces termes :

« 5 novembre 1852.

« Vous avez été les dignes auxiliaires de l'administration, les véritables chefs du peuple ; *c'est sous votre direction ou sous votre conduite* que les populations se sont rendues aux diverses stations où le prince devait passer ; *c'est vous qui avez préparé les cris de triomphe, les trophées et les guirlandes, et qui avez écrit ces lignes significatives qu'on lisait à l'entrée des villes et des villages ; c'est vous qui*, avec le peuple, avez poussé les cris de : Vive l'Empereur ! Vive Napoléon III ! etc., etc.

« *Le préfet,*
Chapuys-Montlaville. »

« On peut, disait un correspondant de l'*Indépendance belge* (6 octobre) en répondant à un journal anglais qui avait contesté l'enthousiasme des populations, on peut discuter les acclamations des villes du Midi, mais on ne peut les nier ; *et, d'un bout à l'autre du voyage qui* s'accomplira tel qu'il a été organisé *et arrivera à son terme*, coute que coute, *a dit un ministre*, il en sera de même. »

IV

ORGANISATION DU PÉTITIONNEMENT POUR L'EMPIRE

Les préfets envoyaient à tous les maires un modèle de pétition « pour supplier le prince-président de sauver la France en se couronnant ».

« M. Dulimbert, — dit M. Schœlcher, — dans la lettre contenant sa pétition, *enjoint aux maires du Gard de la faire signer par tout leur conseil municipal, et de s'arranger de façon à avoir l'adhésion de leurs administrés.* Il daigne ordonner, à la fin, de renvoyer *la lettre d'instruction* avec la pétition signée ; moyen assez sûr de faire disparaître la preuve du tour de gobelet élyséen... Il se pourrait qu'il ait simplement obéi à un ordre général envoyé de Paris à tous les préfets. La moralité bonapartiste rend cette supposition fort probable. En tout cas, M. Dulimbert n'est pas le seul qui ait eu cette lumineuse idée ; la naïveté d'un maire a dévoilé une tentative officielle de subornation. Ce maire innocent est celui de Lisieux ; il a trouvé tout simple de publier dans le journal de la ville une lettre commençant ainsi :

« *Le maire de Lisieux à ses concitoyens.*

« Messieurs,

« Je reçois de M. le préfet un modèle de « demande du rétablissement de l'Empire, « pour être adressée, revêtue de leurs signa- « tures, à MM. les sénateurs qui devront « proposer au suffrage populaire le rétablis- « sement de l'Empire sur la tête de Louis- « Napoléon. »

« On sait maintenant, dit M. Schœlcher dans son excellent livre, *le Gouvernement du 2 Décembre*, on sait quelle spontanéité il y avait dans les acclamations, par quelles suggestions les municipalités demandaient l'Empire et de quels gosiers avinés sortait la voix de Dieu. »

V

LES ÉVÊQUES PENDANT LE VOYAGE DE LOUIS-NAPOLÉON

« De Moulins à Bordeaux, tous les évêques sans exception sont venus en grande pompe, revêtus de leurs habits pontificaux, entourés de leur clergé, attendre Louis-Napoléon sur le seuil de leurs cathédrales, lui prodiguer les honneurs et crier : « Vive l'empereur ! »

(V. Schœlcher, *le Gouvernement du 2 Décembre.*)

VI

LES RÉCOMPENSES

Par décrets, rendus pendant le voyage, le président nomma : commandeur de la Légion d'honneur, M. le cardinal de Bonald, archevêque de Lyon ; — officier de la Légion d'honneur, M. Darcimole, archevêque d'Aix ; — chevaliers, MM. Debellay, archevêque d'Avignon, — Miolaud, archevêque de Toulouse, — Depéry, évêque de Gap, — Mazénod, évêque de Marseille, — Wicart, évêque de Fréjus.

VII

DÉCRET DU 1er NOVEMBRE 1852

Voici le principal considérant du décret rendu par Louis-Napoléon pour désintéresser les créanciers de M. Dupuch, ancien évêque d'Alger :

« Voulant créer des établissements religieux et charitables, et consultant plus sa charité que les modiques ressources mises à sa disposition, Mgr Dupuch avait pris des engagements onéreux et qui sont devenus pour lui une source d'amères tribulations. En conséquence, il est ouvert au ministère des cultes un crédit extraordinaire de 220,000 francs, etc. »

Il a été dit, dans ce livre, que le traitement des archevêques et des évêques avait été augmenté par Louis Bonaparte ; voici dans quelles proportions : celui de l'archevêque de Paris avait été élevé de 40,000 à 50,000 francs, celui des autres archevêques de 15,000 à 20,000 francs, et celui des évêques de 10,000 à 12,000 francs.

VIII

LA RECONNAISSANCE

Tant de faveurs pécuniaires et honorifiques, auxquelles s'ajoutaient, chaque jour, des largesses sans nombre faites par Louis Bonaparte aux églises pour lesquelles « les demandes de toute nature affluaient au ministère des cultes », où elles étaient bien accueillies, avaient touché le cœur de nos prélats. Aussi déployèrent-ils en faveur du rétablissement de l'Empire un zèle ardent. Pas un ne se montra insensible à tant de bienfaits. « Le seul qui, suivant la juste expression de M. Schœlcher, avait repoussé sa part de la filouterie dictatoriale », c'est-à-dire des cinq millions provenant de la confiscation des biens de la famille d'Orléans, « l'évêque de Rennes, s'était converti », comme tous ses collègues en épiscopat; « il fit une propagande active pour la promotion impériale du spoliateur; il adressa cette lettre pastorale à son clergé :

« Chers coopérateurs, vous connaissez
« trop *l'indépendance* de *notre caractère* et le
« désintéressement de nos *intentions person-*
« *nelles* pour attribuer cet avis, que nous
« donnons avec tant de franchise, à tout
« autre motif qu'à celui des intérêts sacrés
« *de la religion, de la société* et *de la famille,*
« aujourd'hui tout aussi menacés, et *peut-*
« *être plus encore,* qu'en 1848 et en 1849.
« Que chacun donc, comme à ces deux
« époques de si glorieuse mémoire pour le
« diocèse de Rennes, sache mettre de côté
« ses idées et ses affections privées pour ne
« songer qu'à notre chère et malheureuse
« patrie, *que Louis-Napoléon seul* peut sauver
« d'un cataclysme universel.
« Pour vous, chers coopérateurs, comme
« il y a quatre années, soyez les conseillers
« de *vos obéissants troupeaux;* comme alors,
« *stimulez leur indifférence naturelle, guidez*
« *leur inexpérience* et DIRIGEZ LEUR VOTE. *Ne*
« *craignez rien;* s'il le faut, invoquez notre
« autorité pour vous mettre à couvert, et
« rejetez sur votre évêque la responsabilité
« d'une mesure *que sa conscience accepte* SANS
« PEUR ET SANS REPROCHE, car il la croit fermement l'accomplissement d'un devoir. »

On lisait dans la *Patrie* du 21 novembre 1852 : « Dans toutes les églises, des prières ont été dites pour attirer sur le vote relatif à l'Empire les bénédictions du ciel. »

On lisait dans le *Moniteur* et dans tous les journaux officieux ou religieux : « Le pape a envoyé sa bénédiction et ses félicitations *à son très-cher fils* Louis-Napoléon. »

IX

LE VOTE DES 21 ET 22 DÉCEMBRE 1852

Le *Morning-Advertiser* annonçait en ces termes le résultat de ce vote : « M. Bonaparte n'aura pas plus de difficulté à extraire des urnes dix millions de voix qu'il n'en aurait à en extraire cinq millions. *Il est déterminé à une chose, c'est que le nombre des votes en faveur de l'Empire dépasse celui du 20 décembre* 1851. Nous pouvons donc compter sur huit millions de voix environ, — le nombre, lors du dernier vote, ayant été de 7,439,000. »

Selon les judicieuses prévisions du journal anglais, prévisions qu'avaient eues aussi tous ceux qui savaient comment les opérations électorales se pratiquaient, « *la chose à laquelle Louis Bonaparte était déterminé* » fut faite par les opérateurs, et bien à l'aise, car, ainsi que le dit M. Schœlcher, « elle se passait en famille, entre sauveurs de civilisation ». — Donc « les opérations des 21 et 22 novembre fournirent un chiffre supérieur de 300,000 voix à celui du 20 décembre », et personne ne s'en étonna.

FIN DU PROLOGUE DU SECOND EMPIRE

LE SECOND EMPIRE

CHAPITRE PREMIER

Du 2 Décembre 1852 au 1er Mars 1853.

La maison de l'empereur; les gages. — Une note de police. — Le Sénat ne s'oublie pas. — La liste civile. — La famille impériale. — Les prostitutions et l'agiotage. — M. de Morny à l'œuvre. — Corrompre et asservir. — Un maréchal de France et une dette de jeu. — Un vol de 300,000 francs; le maréchal Saint-Arnaud et le général Cornemuse. — Les maisons de jeu. — Les fêtes de Compiègne. — Mlle Eugénie de Montijo. — Échecs matrimoniaux de l'empereur; son irritation; il annonce son mariage. — Cantique à l'hymen; maladresse et dépit. — La célébration du mariage. — Napoléon III voulait se faire sacrer. — Défection de trois légitimistes. — Le procès des correspondants; la violation du secret des lettres. — La police et deux enterrements. — Habit habillé, culotte courte et savonnette à vilain. — La question des préséances. — Miss Howard est créée comtesse.

L'empereur s'occupa d'abord à faire sa maison et à fixer les gages de la haute domesticité, qui fut modelée sur celle du premier Empire. Mgr Menjaud recevait comme grand-aumônier 100,000 francs et 25,000 francs comme évêque, soit 342 fr. 50 par jour; M. Vaillant, grand-maréchal du palais, sénateur et maréchal de France, avait, chaque jour, 468 fr. 50 à dépenser; avec ses gages de grand-écuyer, ses traitements de ministre, de maréchal et de sénateur, M. Saint-Arnaud se faisait un revenu quotidien de 822 francs; — 588 francs qu'il retirait, chaque matin, de la grande-vénerie, du maréchalat, de son siège sénatorial et du commandement en chef de l'armée de Paris ne donnaient pas à M. Magnan de quoi vivoter; il mourra criblé de dettes et sa fille devra solliciter une pension pour vivre. Le duc de Bassano, grand-chambellan, et le duc de Cambacérès, grand-maître des cérémonies, étant aussi sénateurs, recevaient chacun 383 fr. 50 par jour. M. de Béville, à la fois colonel du génie, aide de camp de l'empereur et préfet du palais, touchait 87,000 francs par an, et M. Fleury, 95,000 francs en sa triple qualité de colonel des guides, d'aide de camp de l'empereur et de premier écuyer; M. Edgar Ney, colonel, aide de camp et premier veneur, n'était pas moins bien traité que

MM. de Béville et Fleury. Puis venaient les simples chambellans, avec de modestes gages : 1,000 francs par mois [1].

Quelques jours avant la proclamation de l'Empire, on se disputait les hauts et bas emplois de la domesticité impériale. Voici une note de police fort curieuse : « Rouyer, demeurant rue Marbeuf, 47, ancien employé de la maison de Charles X, que la Révolution de 1830 a dépossédé. C'est un Vendéen, âme damnée du marquis de La Rochejacquelein, qui, depuis 1830, a, tour à tour, joué le rôle de philippiste, de républicain et de napoléoniste pour servir plus sûrement la cause des Bourbons. Sachant que la maison du prince Louis-Napoléon va s'organiser, sous la direction de M. Clary, à l'aide de recommandations, Rouyer a trouvé moyen de circonvenir M. Clary, afin d'obtenir une place d'huissier ou de valet de pied, pour être le plus près possible du prince, et trouver l'occasion, dans un temps donné, de glisser dans un breuvage ou nourriture quelconque une substance vénéneuse, pour attenter aux jours du prince-président [2]. »

Si « cette âme damnée » de M. de La Rochejacquelein avait réellement conçu le projet d'empoisonner l'empereur, elle dut y renoncer le jour où, comme nous le verrons bientôt, le noble marquis se rallia si misérablement à l'Empire.

Pendant qu'on était à garnir les râteliers, le Sénat ne s'oublia pas. En allouant à chaque député, pendant la durée des sessions ordinaires et extraordinaires, une indemnité de 2,500 francs *par mois* [3], il uniformisa celle de tous ses membres, qui recevront indistinctement 30,000 francs par an. Ayant élevé la dotation de Napoléon III au chiffre de celle de Napoléon Ier, les sénateurs se rendirent, le 24 décembre, auprès de l'empereur, en villégiature au château de Compiègne où il donnait à ses favoris des fêtes scandaleuses ; là, après la messe de minuit, — car on priait aussi à Compiègne, — ils remirent à Napoléon III le sénatus-consulte qui lui attribuait vingt-cinq millions de liste civile, plus le revenu des forêts de l'État, évalués à trois millions au moins, c'est-à-dire *soixante-seize mille sept cent douze francs par jour*, ou *trois mille cent quatre-vingt-seize francs soixante-quinze centimes par heure soit de veille, soit de sommeil* ; sans compter ni l'usufruit de tous les meubles, diamants, bijoux, établissements et palais appartenant à la nation, ni 1,500,000 fr. annuels qu'il aurait à répartir à sa guise entre les princes impériaux.

L'ex-roi Jérôme, son fils créé général de division et grand'croix de la Légion d'honneur, et sa fille séparée d'un très-riche mari qui la pensionnait grassement, nous coûteront, à eux seuls, aussi longtemps que durera l'Empire, plus de deux millions chaque année.

Tous les membres de cette famille prolifique s'abattirent de nouveau sur la France avec la voracité des oiseaux de proie. Le sénatus-consulte du 22 décembre 1852 les divisait en deux catégories : la première, sous la qualification de *famille impériale*, comprenait dix princes et onze princesses ; la seconde, *dite famille civile*, se composait de quatre Murat des deux sexes et de la princesse Bacciochi.

Les gros salaires ne suffisaient pas aux dépenses des aventuriers les mieux pourvus, car ils donnaient carrière à leurs vices. Le règne de Napoléon III fut celui de toutes les prostitutions. Suivant l'expression d'un écrivain royaliste, « les freins que Bonaparte avait mis à la liberté servaient de ressorts au

---

1. Le nombre des personnages attachés à la personne de Napoléon III fut, d'abord, de 105, puis de 143, parmi lesquels on comptait *neuf aumôniers, chapelains et sacristains*, 24 médecins et 33 chambellans ordinaires ou honoraires.
2. Papiers sauvés des Tuileries et publiés par Robert Halt.
3. Cette indemnité mensuelle fut remplacée plus tard par une indemnité annuelle de 10,000 francs, puis de 12,500.

libertinage[1] ». Les palais habités par le despote ressemblaient à des maisons d'amour ; les grandes dames qui les hantaient en vinrent à copier la mise et les manières des filles en renom. Celles-ci, dès que le succès eut couronné le crime, jouèrent un grand rôle. Chaque parvenu voulut avoir la sienne ; la concurrence s'en mêlant, elles élevaient leur tarif ; et, comme il était de bon ton de surenchérir, les exigences de ces filles de joie et de proie ne connaissaient pas de bornes. Plus elles se faisaient remarquer par le dévergondage de leur esprit, ou par l'extravagance de leurs toilettes, ou par leurs excentricités, plus on mettait l'enchère au droit d'épave. Pour subvenir, le plus longtemps possible, aux prodigalités folles de ces créatures en vogue, on se ruinait ; puis on demandait à l'agiotage et au jeu des ressources impures comme les femmes au vampirisme desquelles on sacrifiait, par un sentiment de vanité, le repos et l'honneur des familles.

La soif du gain enfiévrait tous les cerveaux depuis qu'on avait vu l'agiotage enrichir certaines gens ; on ne voyait pas ceux qu'il ruinait. Dans l'espace d'une année, « la création de nouvelles valeurs avait augmenté de *trois milliards* au moins le capital qui se négocie à la Bourse[2]. » M. de Morny commercialisait son influence toute puissante. Pas une affaire n'était lancée avant que M. de Morny en eût sa part : « Il mettait la main sur toutes les entreprises pour les aider de ses conseils, de l'autorité de son nom et de son crédit[3]. » Chemins de fer, Crédit mobilier, fermes-modèles, haute industrie, étaient les tributaires de ce minotaure financier. Institué par un décret[4], le Crédit mobilier avait un côté spéculateur dont les séductions étaient perfides ; la Bourse n'eut jamais une valeur plus fluctueuse.

Déchaîné par M. de Morny, d'accord avec son partenaire impérial qui prenait sa part des profits[1], le démon de la spéculation et du jeu possédait des gens de toute classe, de tout sexe et de tout rang. Des ouvriers vendaient jusqu'à leurs meubles, des femmes volaient leurs maris pour jouer. Les joueuses que, sous le règne de Louis-Philippe, on dut chasser des galeries supérieures de la Bourse, « stationnent, disait le *Droit*[2], sur l'esplanade du Nord ou sous les portes cochères de la place ; en proie à l'ardente soif de l'or qui s'est emparée de toutes leurs facultés, rien ne peut les émouvoir. Pour agents, elles ont des courtiers marrons qui viennent incessamment leur faire connaître le mouvement de toutes les valeurs et recevoir leurs ordres. » La même plume dépeignait le spectacle offert par les caprices de la fortune. Dans cette peinture, on reconnaît aisément les associés de l'Élysée, si misérables avant le coup d'État : « On voit gantés à la journée un tas de gens qui n'eurent longtemps d'autres gants que leurs poches. Le cuir verni est aux pieds de tous. Les paletots débordent de velours et de satin. On voit des manchettes à des gens qui n'eurent pas toujours de chemise, et bien des cheveux plats se font quotidiennement friser avec une raie dans la nuque... On vend des cachemires brodés d'or à dix mille francs le mètre... des vases du Japon grands comme une guérite à *n'importe qui*, et à ces enrichis de la Bourse, à ces inconnus, hier *sans res-*

---

1. *La Veille du sacre.*
2. *L'Assemblée nationale.*
3. *Mémoires d'un bourgeois de Paris.*
4. Du 28 novembre 1852. En 1855, cette valeur s'élevait à 1,982 fr. 50 ; en 1867, elle descendait à 140 francs.

1. « Dans les premiers temps, la Bourse joue un grand rôle dans les formidables suppléments aux listes civiles. Tout l'entourage de l'empereur exploite plus ou moins ce filon jusqu'au jour où des scandales par trop éclatants font déserter *cette forêt de Bondy*. Les plus hauts personnages de l'administration impériale et jusqu'aux membres de la famille Bonaparte étaient compromis par les plus honteux tripotages. » (*Le Dernier des Napoléon.* — L'auteur de ce livre est un diplomate qui a vu la cour impériale de très près.)
2. N° du 15 décembre 1852.

sources et presque nus, mille objets de prix qu'on est tout surpris de voir en leur logis [1]. »

Le *Pays*, journal de l'Empire, applaudissait « à ces miracles de transformation produits par l'agiotage », à ces enivrements de la folie.

« L'esprit industriel, disait-il, s'est étendu jusqu'aux bourgades les plus reculées. On a abandonné *les timides placements immobiliers* pour le champ illimité de la spéculation. *Il faut s'en réjouir.* »

M. de Maupas, le seul des complices de Louis Bonaparte qu'ait poussé au crime, en décembre 1851, l'ambition des honneurs et non le besoin d'argent ni la soif des richesses, écrivait à l'empereur :

« Faut-il le dire ? Plus d'une fois, de grandes et fécondes conceptions dans lesquelles l'empereur n'avait pu voir que l'intérêt de son peuple, l'agrandissement de son bien-être matériel et moral, le développement du crédit public, plus d'une fois, dis-je, les grandes pensées de l'empereur n'ont-elles pas été exploitées par les intérêts personnels, par la spéculation ? Ce qui était une grande chose en sortant de l'esprit de l'empereur devenait par les intermédiaires de l'exécution une *grande affaire*... Critique amère, excitation contre les hommes qui trouvent là la source de ces fortunes énormes qui, sans être peut-être malhonnêtement acquises, n'en sont pas moins la base d'accusations pénibles et de répulsions prononcées contre ceux qui les ont amassées. Une défaveur marquée s'est attachée dans l'opinion aux favoris de la fortune et de la spéculation. On a cru apercevoir ses profits jusque dans les sphères élevées du gouvernement... Concluant du particulier au général, faisant de l'exception la règle, l'opinion publique a dit : « La spéculation a tout envahi, le pouvoir est aux mains de gens qui s'en servent pour faire fortune, ou pour en faciliter les moyens à ceux qui les approchent [1]... »

Officiellement encouragée, la corruption s'infiltrait dans toutes les veines de la nation. Un peuple dont les mœurs sont corrompues s'accoutume à la servitude. Aussi Louis-Napoléon pratiqua-t-il toujours cette maxime dont le Bas-Empire fit une constante application : CORROMPRE ET ASSERVIR. A quelles destinées mène-t-on un peuple en l'habituant « à n'avoir d'autre dieu que l'argent, d'autre idéal que le ventre » ? Aveuglée par une prospérité factice, la France, un jour, l'apprendra cruellement.

L'empereur favorisait les efforts du luxe et du jeu qui tiennent en éveil la cupidité, mère du vol et de la mauvaise foi. M. Saint-Arnaud, maréchal de France et ministre de la guerre, ayant perdu 800,000 francs en jouant à la hausse, se refusait à payer cette somme ; pour étouffer le scandale qui grandissait, l'empereur la paya. Un peu plus tard se produisit un fait bien autrement scandaleux et dont on ne put arrêter l'éclat : 300,000 francs furent volés dans le cabinet de l'empereur ; seuls le maréchal Saint-Arnaud et le général Cornemuse y étaient entrés. Lequel des deux est le voleur ? Ni l'un ni l'autre peut-être ; quoi qu'il en soit, ils échangent des dénégations et des injures, se provoquent et se rendent dans le jardin réservé du château. Le général Cornemuse tombe mortellement frappé avant, disait-on, qu'il ait eu le temps de se mettre en garde. Napoléon III n'osa pas sévir contre le maréchal, dont il redoutait l'indiscrétion au sujet de certain papier signé après le conseil militaire tenu dans la nuit du 3 au 4 décembre 1851.

S'il faut en croire des bruits qui circulaient, il s'agissait d'un ordre de Louis-

---

[1]. N° du 5 novembre 1852.

[1]. Note. En tête, de la main de l'empereur : « A garder comme minute. » (*Papiers et Correspondance de la famille impériale*, t. III, p. 340 et 341.)

M. Fortoul.

Napoléon à son ministre de la guerre « d'égorger la population en cas de résistance, et, au besoin, d'incendier Paris ».

Comme si l'agiotage effréné dont je n'ai pu donner ici qu'une bien faible idée n'offrait pas assez d'aliments à l'ardente soif des gains illicites, on allait lui en jeter un nouveau dont la *Patrie* fit l'annonce en ces termes pleins de séduction : « Les maisons de jeu vont être décidément rétablies, mais sur d'autres bases. *Les jeux seront splendides.* Tout le monde n'y entrera pas, et les enjeux ne seront pas inférieurs à 100 francs [1]. »

J'ai dit un mot des fêtes de Compiègne; mon dessein n'est pas de décrire des délassements qui offensaient la pudeur; cependant il a été beaucoup parlé de l'un des moins licencieux, qui « après boire succédait *aux jeux innocents* et que l'on nommait *la curée des dames* ». La description qu'en a faite un chro-

[1]. N° du 17 décembre 1852.

niqueur royaliste étant fort sobre, je vais la rapporter : « Lorsque les émotions du colin-maillard étaient épuisées, l'auguste amphitryon faisait apporter une grande manne dont le contenu, déposé sur le tapis, était recouvert d'une serge verte. On réunissait les dames comme on réunit les chiens autour de la *nappe* qui couvre les débris du cerf; on enlevait la serge, et des chefs-d'œuvre de bijouterie, colliers, bracelets, broches, boucles d'oreilles ruisselants de diamants et de perles éclataient en mille feux sur le tapis. Les dames invitées à choisir se précipitaient alors à genoux et se disputaient ces trésors sous les yeux de leurs admirateurs enthousiasmés des points de vue que leur procurait un pareil spectacle [1]. » Pendant que *l'élu de Dieu*, le sauveur de la religion, de la morale et de la famille, se livrait à ces jeux folâtres, l'archevêque Sibour, annonçant l'Empire à ses prêtres, s'écriait : « Que le secours d'en haut descende en abondance sur celui *qui se montre si digne de la mission qu'il a reçue!* »

L'auteur que j'ai déjà cité écrivait : « La France devient un tripot où tout se vend, où tout s'achète... On va à Compiègne comme à une foire, et les mères y conduisent leurs filles [2]. » La comtesse de Montijo, ex-première camériste de la reine Isabelle, y conduisait la sienne qui, depuis quelques mois, était au premier rang dans les fêtes somptueuses et dans les bals intimes donnés par le prince à Fontainebleau et à Saint-Cloud. Aux grandes chasses de Compiègne, entre les plus belles chasseresses « fumant et tirant à balle sur les cerfs qui pleurent », Mlle Eugénie de Montijo se distinguait par les grâces qu'avaient ses costumes du xviiie siècle, son intrépidité d'écuyère et son visage dont le teint devait sa blancheur étrange aux reflets dorés que lui donnait une opulente chevelure blond ardent. En Espagne, sa bienfaisance et son affabilité la faisaient aimer du peuple auquel, généralement, les classes nobles sont très-antipathiques. Mais à ce bigotisme d'Espagnole qui sait allier si bien le culte des plaisirs et celui de la foi romaine elle mêlait une légèreté de caractère et une excentricité de mœurs qu'entretenait une vie nomade, à la suite d'une éducation négligée; la culture de son intelligence aurait pu, seule, combattre la frivolité de ses goûts; malheureusement, à son retour des villes d'eaux où elle passait la belle saison, les exemples que Mlle de Montijo trouvait autour d'elle n'étaient pas de nature à épurer son discernement et à lui apprendre la tenue qui est bienséante à une jeune fille.

On savait Louis Bonaparte fort épris de cette Andalouse à laquelle un sang mêlé [1] donnait la singularité d'être blonde; mais on pensait — et lui-même en avait l'espoir — qu'il satisferait cette passion sans recourir à une cérémonie nuptiale. On était d'autant mieux fondé à croire cela que, au moment où le désir de la possession était le plus intense, l'empereur essayait de nouer un mariage avec la fille du prince Wasa, qui préféra pour gendre le prince de Saxe. Les diplomates de Sa Majesté ne furent pas plus heureux dans leurs tentatives auprès du prince de Hohenzollern.

Irrité par ce double refus et n'ayant pu triompher de la résistance que Mlle de Montijo opposait aux séductions dont elle était l'objet, Louis-Napoléon sacrifia la raison à la sensualité. Ses amis les plus intimes essayèrent vainement de le détourner d'un projet que son entourage et sa famille désapprouvaient. M. de Persigny qui, dans l'intimité, le tutoyait, « lui dit avec colère : « Ce « n'était vraiment pas la peine que tu fisses

---

1. Vicomte de Beaumont-Vassy, *Mémoires du* xixe *siècle*, p. 369.
2. A. Callet, *la Veille du sacre*.

1. Sa mère était issue d'une famille écossaise exilée à Grenade, la famille des Kirpatrick.

« le 2 Décembre pour finir comme cela ! » M. de Morny invoquait la raison d'État et redoutait le *qu'en dira-t-on?* de l'Europe. Louis Bonaparte demeura inflexible... Le mariage, quel qu'il fût, du reste, était devenu chose utile pour Napoléon III, *ne fût-ce que pour l'arracher aux habitudes de l'orgie intime, qui auraient pu facilement produire des scandales publics* [1]. » Le *Journal officiel* nous apprit que le mariage de l'empereur avec Mlle Eugénie de Montijo, comtesse de Téba, serait officiellement annoncé aux grands corps de l'État le 22 janvier 1853, et que la célébration aurait lieu le 29.

Dans un manifeste adressé par l'empereur à la France, la maladresse coudoyait le dépit : « Mlle de Montijo, disait-il, fera revivre *les vertus de Joséphine.* » En vérité, le sens moral lui manquait. N'eût-il pas mieux valu laisser en paix la mémoire de la tendre et bonne créature si dévouée à Napoléon Ier, qui la répudia vilainement, que de provoquer, en parlant de « *ses vertus* », le souvenir de faiblesses trop célèbres pour être oubliées et qu'un distique impitoyable résuma? *Cette phrase malheureuse* amena sur les lèvres d'un vieux diplomate un mot si cruel pour les mères des deux fiancés que je m'abstiens de le reproduire.

Louis-Napoléon, dans son cantique à l'hymen, n'est pas mieux inspiré quand il affecte de se donner le nom de « *parvenu* », car il fait penser aux moyens criminels qu'il employa pour parvenir. — « Sous le dernier règne, disait-il encore, l'amour-propre de la France n'eut-il pas à souffrir lorsque l'héritier de la couronne sollicitait infructueusement l'alliance d'une maison souveraine *et obtenait enfin une princesse accomplie sans doute, mais dans les rangs secondaires?* » Celui qui tenait ce langage n'avait pu, étant empereur, obtenir un brin de princesse dans les plus humbles rangs ; et, en évoquant, avec une inconvenance que chacun blâmait, le souvenir de la duchesse Hélène d'Orléans, il exposait fortement sa fiancée à des comparaisons fâcheuses pour elle. C'est que jamais contraste ne parut si frappant. D'un côté, une intelligence éprise du beau et du bien sous leurs formes les plus nobles, un esprit nourri de la lecture des grands écrivains et de la sagesse que l'étude sérieuse donne, des mœurs et un maintien qui attiraient tous les respects, enfin la tolérance religieuse qu'admet un culte basé sur la liberté de conscience ; — de l'autre, eh bien! de l'autre... le contraire de tout cela, si les apparences ne sont pas trompeuses, ou si le diadème ne transforme pas la jeune fille de vingt-sept ans, étourdie, futile et bigote, en une impératrice comprenant les difficultés de sa tâche et les délicatesses de son devoir. Les événements nous diront si, comme nombre de gens semblaient le pressentir, Louis-Napoléon « épousa la ruine de sa race et celle de la France, le 29 janvier 1853 ». Ce jour-là, dans la soirée, le mariage civil fut célébré aux Tuileries. Le lendemain, les deux époux, ayant communié et entendu la petite messe dans la chapelle de l'Élysée, se rendirent, en très-grande pompe, à Notre-Dame, où l'évêque de Nancy, grand-aumônier du palais, les maria religieusement. Pendant la grand'messe, au moment de l'offrande, on vit se lever le prince Napoléon et sa sœur la princesse Mathilde qui, assurait-on, avaient supplié leur cousin de ne pas contracter une pareille alliance ; ils allèrent présenter les cierges à l'empereur radieux et à l'impératrice diamantée de la tête aux pieds.

S. M. Eugénie débuta heureusement dans son rôle de souveraine ; à un acte de courtisanerie elle répondit par un trait de bienfaisance. M. Berger, préfet de la Seine, avait obtenu de la commission municipale de Paris une somme de 600,000 francs destinés à l'achat d'un collier qu'il offrit à la fiancée de l'empereur. Après l'avoir porté un instant,

---

[1] Vicomte de Beaumont-Vassy.

le jour de son mariage, l'impératrice le renvoya au préfet; dans une lettre simple et digne, elle priait M. Berger de le vendre et d'en distribuer la valeur aux pauvres.

Napoléon III brûlait d'envie d'être sacré comme l'avait été son oncle; il chargea le premier président Troplong de lui faire, au sujet du sacre, un rapport dont voici un extrait : « L'avénement d'un monarque a toujours pris en France les couleurs d'*un véritable mariage*. En effet, d'après les principes constants (que le régime actuel a reproduits), le prince, en montant sur le trône, apportait à la France tout ce qu'il possédait de biens propres, afin d'attester par là l'existence d'une communauté de biens analogue à celle qui accompagne dans le mariage civil l'union du mari et de la femme.

« Et comme, d'après les croyances universelles, le mariage civil doit être consacré par les solennités de la religion, de même le mariage politique du monarque et de la nation était sanctionné et sanctifié par le sacre qui réunissait toutes les pompes de l'Église et de la monarchie, et mettait chaque règne sous la protection de Dieu...

« Mais qui doit pontifier au sacre?

« Le pape?

« Certes, la présence du pape serait chose désirable pour l'autorité de la cérémonie ; mais elle serait périlleuse peut-être par le prix ultramontain qu'on y mettrait.

« Un cardinal délégué du pape n'offrirait pas ce danger, et c'est à quoi il faut de préférence s'arrêter [1]... »

Mais l'orgueil de Napoléon III ne s'accommodait pas d'un simple délégué; l'homme de Décembre voulait qu'*à son sacre* le pape *en personne pontifiât*.

La suite de cette histoire nous apprendra l'énorme « prix ultramontain » qu'il fit payer à la France pour obtenir de Pie IX l'acte de complaisance qu'arracha violemment à Pie VII Napoléon Ier, et il ne l'obtint pas.

MM. de La Rochejacquelein et de Pastoret jouissaient d'une grande faveur auprès du comte de Chambord; leur influence était considérable dans le parti légitimiste, qui exaltait leur chevaleresque dévouement à la monarchie traditionnelle; nul d'ailleurs, dans aucun parti, ne doutait de leur loyauté. Aussi les honnêtes gens virent-ils avec un étonnement douloureux les noms de ces hommes figurer sur une liste de sénateurs en compagnie de celui de M. de Mouchy. Ces trois défectionnaires avaient abdiqué, moyennant 30,000 francs par an, leur vieille fidélité au drapeau des lis, et leur apostasie s'abrita sous celui de l'aigle que leurs pères avaient combattu.

En même temps on arrêtait, comme auteurs de correspondances adressées à des journaux étrangers, MM. de Saint-Priest, Pagès-Duport, de Coëtlogon, René de Rovigo, de La Pierre, Virmaître, de Villemessant et de Mirabeau, légitimistes. Des journalistes appartenant à d'autres partis, MM. Pelloquet, Chatard, Charreau, Venet, Vergniaud et Monselet furent arrêtés aussi pour le même motif. A la suite de lettres saisies, on inculpa de participation à une société secrète MM. de La Pierre, de Rovigo, Herbert, les deux frères de Coëtlogon, Virmaître, Aubertin, Flandrin, Planhol et de Chantelauze. L'accusation fut maintenue contre les cinq derniers seulement. Traduits en police correctionnelle, ils protestèrent contre le droit que s'était arrogé M. de Maupas de saisir à la poste et d'ouvrir des lettres à leur adresse. Un pareil droit existe-t-il, et la justice admet-elle des preuves émanant d'une telle source? Le tribunal de première instance avait répondu affirmativement et condamné les cinq accusés. La cour d'appel restreignit au cas de flagrant délit le droit du ministre de la police à s'emparer de lettres privées, mais non sans en prévenir la justice.

---

1. Papiers sauvés des Tuileries par Robert Halt.

Mort du maréchal Exelmans (21 juillet 1852).

La police avait l'œil à tout. La mère de Ledru-Rollin mourut. Des agents enlevèrent le corps de grand matin, et ne permirent à personne de l'accompagner. — Quelques amis purent suivre le convoi d'Armand Marrast, dont les derniers jours s'étaient éteints dans la pauvreté ; mais il leur fut interdit de lui faire, sur sa tombe, les suprêmes adieux.

Depuis le mariage de l'empereur, le luxe allait croissant. On a banni le frac noir des réunions et des fêtes de la cour ; l'habit habillé y est seul admis. Les maréchaux Magnan et Saint-Arnaud, le général de Lavœstine et M. de Newierkerque s'étaient, les premiers, présentés en culotte courte, et leur exemple est suivi. M. de Maupas avait poudré ses cochers, et chacun l'imite. L'empereur impose des équipages somptueux aux grands fonctionnaires qui en ont de trop modestes ; il adresse des réprimandes aux dames qui se montrent plusieurs fois avec la même robe ou le même manteau de cour ; il prodigue autour de lui la savonnette à vilain, et un tas de gens mal décrassés qu'il décore et qu'il crée comtes et ducs forment la noblesse du second Empire. On donne, à pleine bouche, de l'*Excellence* et du *Monseigneur* à tout ce monde-là qui se querelle à propos des préséances dont une commission, ayant parmi ses membres MM. Troplong, président du Sénat, et le garde des sceaux Abbatucci, est chargée de régler les détails. Miss Howard reçoit de Napoléon III une couronne de comtesse et les titres de propriété du château de Beauregard ; Mᵐᵉ de Montespan, l'une des maîtresses de Louis XIV, l'avait fait bâtir ; Napoléon III l'acheta, l'embellit et l'offrit à cette Anglaise du demi-monde qui avait rêvé une couronne d'impératrice.

DOCUMENTS COMPLÉMENTAIRES DU CHAPITRE PREMIER

I

PROTESTATION DU COMTE DE CHAMBORD CONTRE L'EMPIRE

Cette longue protestation se terminait ainsi : « Français, quels que soient sur vous et sur moi les desseins de Dieu, resté seul de l'antique race de vos rois, héritier de cette longue suite de monarques qui, durant tant de siècles, ont accru et fait respecter la puissance et la fortune de la France, je me dois, je dois à ma famille et à ma patrie de protester hautement contre des combinaisons mensongères et pleines de dangers. Je maintiens donc mon droit qui est le plus sûr garant des vôtres, et, prenant Dieu à témoin, je déclare à la France et au monde que, fidèle aux lois du royaume et aux traditions de mes aïeux, je conserverai religieusement jusqu'à mon dernier soupir le dernier dépôt de la monarchie héréditaire dont la Providence m'a confié la garde, et qui est l'unique port de salut où, après tant d'orages, cette France, objet de notre amour, pourra retrouver enfin le repos et le bonheur. »

II

PROJET D'ANNEXION DE LA BELGIQUE A LA FRANCE

Il paraît certain aujourd'hui que, peu de jours après le 2 Décembre, un décret d'annexion de la Belgique à la France avait été signé par le prince Louis-Napoléon ; cent mille hommes devaient entrer dans ce pays et l'occuper, pendant que le peuple sanctionnerait l'annexion par un plébiscite au moyen du suffrage universel ; les représentants les plus puissants des intérêts conservateurs ralliés au nouveau régime se liguèrent pour empêcher l'exécution de ce projet ; M. Fould porta leurs plaintes au prince-président et parvint à s'en faire écouter ; le décret d'annexion fut déchiré, mais Léopold Ier était averti d'avoir à ménager son puissant voisin. La Belgique, fort inquiète pour ses institutions, craignait qu'elles ne subissent le contre-coup des modifications subies par les institutions françaises. L'empereur, par une lettre autographe, avait, disait-on, manifesté à Léopold Ier l'intention qu'il en fût ainsi. La presse belge causait des insomnies au gouvernement français, qui dénonçait surtout le *Bulletin français* et la *Nation*; il fit condamner les rédacteurs de ces journaux, et il voulut les faire expulser. »

(Taxile Delord, *Histoire du second Empire*).

Cette pression du gouvernement français explique en partie les mesures inhospitalières prises par le gouvernement belge contre les proscrits de Décembre, et dont il sera question dans le chapitre suivant.

Voici une *Note de la main de l'empereur au sujet du gouvernement belge :*

« Les journaux belges qui, comme tous les journaux en général, ne sont pas les véritables représentants de l'opinion publique, disent qu'on est très-ému en Belgique des bruits persistants d'union douanière. Véritablement, à qui donc veut-on faire prendre le change ? L'union douanière ne peut profiter qu'à la Belgique en offrant quarante millions de consommateurs à quatre millions de producteurs ; c'est donc la Belgique qui doit désirer cette mesure et non pas nous ; car si nous désirions absorber politiquement la Belgique nous n'aurions pas besoin de ce subterfuge. » (*Papiers sauvés des Tuileries.*)

Le désir « d'absorber politiquement la Belgique » a été constamment nourri par Napoléon III ; quand nous arriverons à l'année 1866, une nouvelle note de l'empereur le prouvera.

III

AFFAIRE DU BULLETIN FRANÇAIS — DEUX ESPIONS TITRÉS

Parmi les nombreux espions qu'entretenait en Belgique le gouvernement français figurait un couple titré ; voici l'extrait d'une lettre adressée à Louis-Napoléon par Mme E. DE NOORDBÉECK : « Lorsque je vins, au mois de février dernier, spontanément, faire connaître à Votre Altesse Impériale les listes de souscripteurs au *Bulletin français*, je n'eus qu'un seul but, celui de vous faire connaître ces hommes qui soutenaient de leur nom et de leur crédit cette dégoûtante publication... La saisie de trente mille numéros est l'œuvre de mon mari et a eu pour résultat la suppression du brûlot incendiaire en Belgique, où la publication était mille fois plus dangereuse par la proximité de la France et la présence de toutes ces mauvaises têtes ; le ministre de la justice, *obligé par votre ambassadeur de faire poursuivre*, a été furieux du zèle qu'y a mis mon mari et eût voulu voir péricliter l'affaire. Vous ne savez probablement pas, monseigneur, que les auteurs de ce fameux *Bulletin* ont intenté un procès en dommages-intérêts à mon mari pour une somme de 30,000 francs... et, ce qui est plus fort, c'est que le président du tribunal de Bruxelles ait apostillé la requête et permis d'assigner mon mari, qui s'est vu *attrait* en justice *pour avoir rempli ses devoirs* ; et le ministre a permis tout cela !

« Comment les auteurs ont-ils su que ces listes avaient été livrées ? Je l'ignore ; toujours est-il qu'il a été plaidé en cour d'assises que chaque ministère en France possédait une copie exacte et dans l'ordre de la liste des souscripteurs, et qu'ayant déclaré que les abonnés n'étaient pas servis par la poste, les listes ont dû être livrées ; n'ayant pas pu quitter le cabinet de mon mari, on n'a donc pu accuser que lui...

« Le ministre de la justice s'est chargé de nous infliger une punition sévère pour le zèle que mon mari a mis à défendre vos intérêts de concert avec le procureur général qui, je dois vous le dire, vous est tout dévoué aussi...

« Je ne sais si vous savez, monseigneur, que notre ministre de la justice est tout ce qu'il y a de plus rouge en fait de républicains. Le jour de l'arrestation de M. d'Haussonville, M. van Praët, ministre du roi, est allé lui faire une visite de condoléance, visite qu'il a reçue aussi de M. Rogier, ministre de l'intérieur ; il est bon que vous sachiez aussi, monseigneur, que nos ministres Rogier et van Praët payent leur cotisation phalanstérienne ; et parmi les officiers supérieurs d'artillerie il en est qui attendent et espèrent l'avènement de la République rouge... Je ne veux pas que, tôt ou tard, votre religion soit surprise et que les hommes parviennent à vous faire croire à leur dévouement *si le temps et les circonstances amenaient des changements.* » (*Papiers sauvés des Tuileries.*)

Toutes ces dénonciations sont signées : E. DE NOORDBÉECK.

Elles se terminent par « une demande d'argent » ; les deux nobles espions, après avoir été démasqués, réclamaient « à monseigneur » de nouveaux secours afin de se rendre dans le Nouveau-Monde avec l'espoir, sans doute, d'y exercer fructueusement leur honnête industrie.

IV

M. DE SAINT-ARNAUD — RAPPORT DE M. DE MAUPAS

Dans un rapport à Sa Majesté l'empereur, en date du 4 février 1853, on lit ce qui suit :

« Les scandales de Bourse ou d'argent avaient été l'une des principales causes de la chute de Louis-Philippe; à tort ou à raison, l'opinion publique se servait de cette même arme pour attaquer le gouvernement de l'empereur dans la puissance de quelques-uns de ses membres.

« Qu'a fait la presse étrangère?

« Elle s'est faite l'écho de tout ce qui se disait à Paris ; *elle n'en a pas dit plus, à coup sûr, qu'on n'en a dit partout, à la Bourse, dans es lieux publics, dans les salons.*

« M. de Saint-Arnaud, jusqu'à ces derniers temps, faiblement attaqué dans la presse étrangère, attaqué seulement *comme bourreau du peuple au 2 Décembre, comme âme damnée de l'empereur*, etc., eut, lui aussi, à subir le contre-coup, dans la presse étrangère, de ce mouvement terrible de l'opinion publique dont il aura tant de peine à se relever.

« Mais, également pour lui, *la presse étrangère n'a pas été plus sévère, à coup sûr, que l'opinion du monde, de la population et de l'armée, des chefs et des soldats, des hommes surtout les plus dévoués à l'Empire.*

« J'ai dit assez à l'empereur, pour que j'espère qu'il ne reste aucun doute à cet égard dans son esprit, combien j'étais étranger à toutes ces attaques dont je lui ai, d'ailleurs, expliqué si logiquement l'origine.... »

(*Papiers et Correspondance de la famille impériale*, t. III, p. 329.)

V

LES FÊTES DE COMPIÈGNE

« On nous apprend encore qu'aux grandes chasses de Compiègne ces mêmes dames, qui fument, tirent à balles sur les cerfs qui pleurent. Tout cela mêlé de messes basses et de ballets, de danseuses et d'évêques, de saintes communions le matin, et de jeux innocents le soir, est d'un effet original qui ravit les artistes du genre décolleté, et nous donne une cour fort pittoresque. Ce qui augmente le charme de ces fêtes vraiment impériales, c'est d'y retrouver des marquises et des comtesses, lionnes sur le retour, dont les noms oubliés défrayaient déjà la chronique scandaleuse du temps de Louis-Philippe. Deux ou trois d'entre elles ont employé leur retraite à séduire des guerriers provinciaux tout fiers d'avoir conquis des célébrités de rebut! Le *prince* récompense ces courtisanes en les faisant figurer aux quadrilles et aux chasses de la cour avec les aides de camp qu'elles lui ont amenés dans leurs chaînes. Elles sont destinées à en tromper bien d'autres jusqu'à ce qu'on les laisse mourir à l'hôpital comme la pauvre Armide du colonel Vaudrey. »

(V. SCHŒLCHER, *le Gouvernement du 2 Décembre*.)

VI

LE SACRE

Un écrivain royaliste, ancien représentant du peuple, auteur de plusieurs brochures remarquables publiées à Bruxelles où il s'était réfugié après le coup d'État, en écrivit une fort éloquente au moment où Napoléon III s'occupait des cérémonies du sacre. Il dit d'abord qu'un roi ou un empereur, pour être sacré, doit avoir deux évêques des plus illustres (*priores episcopi*) qui soient les témoins, et affirment devant l'Église et devant les hommes *qu'ils connaissent le postulant et le savent digne de régner*. L'écrivain demande à Son Éminence M{sr} le cardinal Gousset, archevêque de Reims et sénateur, si M. Bonaparte trouvera ces deux témoins dans l'épiscopat, et il ajoute :

« Le gouvernement représentatif avait au moins cet avantage : il arrachait l'homme malgré lui aux dispositions grossières et aux égoïstes soucis. Il avait banni des salons les frivolités et la galanterie ; il ennoblissait tous les entretiens ; il accoutumait la jeunesse aux graves pensées. Les refrains grivois du xviiie siècle, les chants cyniques de l'Empire, n'avaient plus d'écho même au cabaret. Le gouvernement d'aujourd'hui, l'épreuve en est faite, produit des effets tout divers. Il ne maintient l'ordre extérieur qu'aux dépens de l'ordre moral. Nul ne saurait résister à l'influence de ces institutions insensées, ni le maître qui les a données, ni la société civile qui les subit ; ni les grands ni les petits, ni les riches ni les pauvres. Tout se corrompt. Les freins que M. Bonaparte a mis à la liberté servent de ressorts au libertinage. La France devient un tripot où tout se vend, où tout s'achète : les emplois, les dignités, les faveurs, la justice, l'épée du soldat, la plume de l'écrivain, la voix de l'orateur, le nom du gentilhomme. On n'en rougit pas. Pour trente mille francs, M. le marquis de La Rochejacquelein donne la main à M. Thibaudeau[1], M. le duc de Mouchy à M. Lebœuf, M. le prince de Beaufremont à M. Barthe. Pour vingt-cinq mille francs, M. Persil entre au conseil d'État, le jour même où l'on y dépouille la veuve et les fils de son ancien maître, et cet homme austère qui en 1830, sans égard à l'article 14 de la Charte, sans respect pour les vertus, sans pitié pour le malheur, poussait à l'échafaud les ministres de Charles X, il va, pour vingt-cinq mille francs, baiser les mains impures de M. Saint-Arnaud. Mme Demidoff trouve des dames d'honneur. Il y a des Mortemart au Sénat en attendant qu'il y ait des Montespan à la cour. On va à Compiègne comme on va à la foire, et les mères y conduisent leurs filles.

« Je n'ai montré à Votre Éminence qu'un coin du tableau ; mais j'en ai montré assez pour lui faire reconnaître l'état de ce royaume tel que Bonaparte l'a réglé. Pour moi, je me croirais indigne du baptême si je défendais un tel régime. J'accuserais de blasphème celui qui me dirait que c'est là le régime qui plaît à l'Église, et qu'il se trouvera, au jour du sacre, un évêque pour l'attester. »

(A. CALLET, *la Veille du sacre*.)

---

1. « L'auteur, fait observer M. Schœlcher qui a reproduit aussi ces lignes, est royaliste et M. Thibaudeau est régicide. On sait que, pour les royalistes, c'est un crime irrémissible d'avoir voté, en condamnant Louis XVI, non pas la mort d'un homme, mais celle d'un roi. »

CHAPITRE II

Du 1ᵉʳ Mars au 31 Décembre 1853.

Le chiffre des transportés et celui des proscrits. — Les amnisties. — Les présides africains; Jules Miot; le chiffre des morts. — Le grand bal du palais Bourbon et le cimetière de Jersey. — Pauline Roland. — Les proscrits en Belgique, au Piémont, en Suisse, en Espagne, en Angleterre et ailleurs. — Noukahiva. — Obsèques de Mᵐᵉ Raspail. — La justice expéditive de Napoléon III. — Kelch, Rassini et Galli; Sinibaldi; Donati. — Le bravo de Napoléon III. — Affaires de la Reine-Blanche, de la Commune révolutionnaire. — Complots de l'Hippodrome et de l'Opéra-Comique. — La session de 1853. — Les Pères Capucins; lugubre rapprochement. — Mort de François Arago. — Le ministère de la police et la presse.

Pendant que les puériles questions de cérémonial et d'étiquette occupent les plus fortes têtes de l'Empire et que les fêtes se succèdent aux Tuileries, les transportés et les proscrits luttent, les uns contre les mauvais traitements de leurs geôliers, les autres contre les misères de l'exil. Au mois de mars 1853, on compte plus de 6,000 transportés en Afrique ou à Cayenne et plus de 5,000 proscrits éparpillés en Belgique, dans le Piémont, en Suisse, en Espagne, en Angleterre et dans les États-Unis. La prétendue amnistie du 15 août 1852 et celle du 29 janvier 1853 n'étaient que tromperies ; on exigeait des transportés et des proscrits « l'engagement écrit de ne rien faire, désormais, contre le gouvernement *de l'élu du pays* ». La misère, la faiblesse de caractère, les supplications des familles mourant de faim poussèrent douze ou quinze cents victimes seulement à subir les conditions de leur bourreau. Encore les malheureux *amnistiés* furent-ils soumis à la surveillance de la haute police et à des tracasseries sans nombre.

On ne saurait imaginer les tortures qu'on infligeait aux transportés. L'internement dans les villes algériennes était exclusivement accordé à ceux qui avaient des ressources pécuniaires et à des ouvriers trouvant à y exercer leur industrie. Mais « les internés sont complétement à la disposition de la gendarmerie; les commandants de brigade doivent exiger que chaque interné vienne, tous les jours, donner sa signature à la caserne ; les internés ne peuvent invoquer aucune loi ni aucun droit; il est défendu d'avoir aucun rapport avec eux. » C'est le colonel commandant la gendarmerie d'Afrique, M. Vernon, qui édicta ces instructions inqualifiables [1].

Le règlement des pénitenciers militaires était appliqué aux transportés enfermés dans les camps. Sous ce climat énervant, ils n'ont pour boisson que de l'eau dans laquelle ils font tremper des racines de réglisse. Leur nourriture est insuffisante de moitié; ils doivent répondre à trois appels chaque jour. Si aux insolences des gardes-chiourmes on répond dignement, ou si on émet une opinion républicaine, on est mis au cachot. Beaucoup de transportés étaient contraints à défricher des terres, à dessécher des sols marécageux et à casser des cailloux sur les routes ; le prix de leur journée était fixé à un franc que des retenues diverses réduisaient à DEUX SOUS.

Le chant d'une strophe de la *Marseillaise* fut considéré comme un crime qui devait être puni de mort. Pour s'en être rendus coupables au fond d'une chambre de Douhera,

---

[1]. Circulaire du 3 août 1853.

seize républicains furent conduits au fort Baba-Zoun, à Alger, et jetés dans un cachot obscur et privé d'air. Pour siége et pour lit, on ne leur donna que de la paille humide. Quelques-uns de ces prisonniers tombèrent malades; les médecins déclarèrent « qu'il y allait de leur vie à tous si on les laissait plus longtemps sans air respirable. » M. Granger, pharmacien à Mamers, ancien sous-commissaire du gouvernement provisoire, conseiller municipal, conseiller général, juge au tribunal de commerce, et transporté en Algérie uniquement à cause de ses opinions républicaines et de l'influence que sa probité exerçait dans la Sarthe, était alors interné à Alger; c'était à la fin de juillet 1852. Il nous a dit qu'ayant obtenu la permission de visiter le fort de Baba-Zoun il avait été effrayé de voir, par une ouverture pratiquée à la voûte, l'intérieur de ce cachot; il lui fut impossible d'y rien distinguer; une horrible puanteur s'échappait de cet *in-pace* ténébreux. Après la déclaration des médecins, les seize républicains en furent retirés ; on en envoya sept au camp de Douhera et on en conduisit quatre au fort de Bône. Les cinq autres étaient des artilleurs transportés ; un conseil de guerre les condamna à LA PEINE DE MORT, parce qu'ils avaient invoqué l'amour sacré de la patrie ! Ils en appelèrent de cette abominable sentence; leur appel était pendant lorsque M. Granger s'évada.

« Pour enfler ses listes de grâces, écrivait M. Pascal Duprat à un journaliste anglais, le gouvernement y fait entrer un assez grand nombre de morts... » et d'évadés, ajouterai-je ; c'est ainsi que, sur les dernières, figuraient, à ma connaissance, M. Petit, notaire de l'Allier, décédé à Mustapha depuis sept mois, et M. Frond, ancien officier du bataillon des sapeurs-pompiers de Paris, dont l'évasion avait devancé de cinq mois « la générosité princière », contre laquelle il protesta en l'attribuant « à l'envie de l'amener dans un nouveau guet-apens ».

Jules Miot fut l'un des transportés sur lesquels les geôliers s'acharnèrent; ils le privaient de toute communication avec sa femme et ses enfants. Du camp de Mers-el-Kébir, où il n'avait qu'un lit de paille, on l'envoya dans celui de Seldon, sur l'extrême limite du Maroc, le plus désolé des déserts africains, où l'on est souvent exposé aux attaques des maraudeurs arabes ou marocains et à celles des bêtes féroces, où une fièvre implacable multiplie ses victimes. Son calme irritait ses bourreaux; sa robuste nature trompa leur espoir : Jules Miot agonisa, mais il ne mourut pas.

La mort décimait les défenseurs de la loi dans les présides africains. Au 3 janvier 1853, dans le camp de l'Oued-el-Haman, on avait déjà creusé trente et une tombes. Au camp de l'Oueb-Boutan, on pouvait établir la moyenne de la mortalité, pour chaque mois, à dix-huit.

Plus de 1,400 transportés étaient morts en Afrique au moment où l'auteur de ces lents assassinats se mariait et festoyait ses complices [1].

On s'indignait, à l'étranger, contre les auteurs de ces hécatombes exécrables, contre ce fonctionnement incessant de « la *guillotine sèche* ». Un ministre anglais, lord John Russel, flétrit en ces termes les bourreaux des transportés : « Il paraît que quelques gouvernements du continent s'imaginent que, s'ils évitent de donner le spectacle d'exécutions sur l'échafaud, ils s'épargnent à eux-mêmes l'odieux et ils enlèvent à leurs victimes la sympathie qui accompagne la peine de mort pour des offenses d'un carac-

---

1. A Cayenne, plus du tiers des transportés succomba; la férocité de leurs geôliers les poussait à tenter des évasions périlleuses; plusieurs y périrent. Eugène Millelot, de la Nièvre, surpris au milieu d'une tentative de ce genre, fut condamné à recevoir, sous les yeux de son père, de son frère et de ses amis, cent coups de corde; au vingt et unième, il tomba mort.

tère politique et religieux. Mais c'est une erreur [1]. »

Les proscrits avaient aussi leurs morts. Le jour où, dans le Palais-Bourbon converti en une seule et vaste salle, le Corps législatif offrait à l'impératrice un grand bal où allaient danser « quatre mille habits habillés, c'est-à-dire brodés, passementés, dorés, et défiler devant l'empereur tout ce que la capitale comptait d'habits à la française et d'uniformes de chevaliers [2] », — dans le cimetière de Jersey, sur une tombe que 120 proscrits entouraient et au fond de laquelle on venait de descendre un de leurs amis [3], Victor Hugo prononçait de belles et touchantes paroles que les journaux de tous les pays répétèrent; j'en ai retenu quelques-unes : « Aujourd'hui, en France, les apostasies sont en joie. La vieille terre du 14 Juillet et du 10 Août assiste à l'épanouissement des turpitudes et à la marche triomphale des traîtres... Autour de ces hommes, tout est fanfares, banquets, danses, harangues, applaudissements, génuflexions. Les servilités viennent saluer les ignominies. Ces hommes ont leurs fêtes. Eh bien! nous aussi, nous avons les nôtres. Quand un de nos compagnons de bannissement, dévoré par la nostalgie, épuisé par la fièvre lente des habitudes rompues et des affections brisées, après avoir bu jusqu'à la lie toutes les agonies de la proscription, succombe et meurt, nous suivons sa bière couverte d'un drap noir; nous venons au bord de sa fosse; nous nous mettons à genoux, nous aussi, non devant le succès, mais devant le tombeau; nous nous penchons sur notre frère enseveli, et nous lui disons : Ami, nous te félicitons d'avoir été vaillant, nous te félicitons d'avoir été généreux et fidèle, nous te félicitons d'avoir donné ta foi jusqu'au dernier battement de ton cœur; puis nous relevons la tête, et nous nous en allons, le cœur plein d'une sombre joie. Ce sont là les fêtes de l'exil! »

Trois mois plus tard, le 20 juillet 1853, dans le même cimetière de Saint-Jean, à Jersey, sur une autre tombe, Victor Hugo disait avec une tristesse émue et qui gagna tous ceux qui l'entouraient : « Trois cercueils en quatre mois. La mort se hâte, et Dieu nous délivre un à un... Cette fois, l'être inanimé et cher que nous apportons à la tombe, c'est une femme.

« Le 21 janvier dernier, une femme fut arrêtée chez elle par le sieur Boudrot, commissaire de police à Paris. Cette femme, jeune encore, elle avait trente-cinq ans, mais estropiée et infirme, fut envoyée à la préfecture et enfermée dans la cellule n° 1, dite *cellule d'essai*. Cette cellule, sorte de cage de sept à huit pieds carrés à peu près, sans air et sans jour, la malheureuse prisonnière l'a peinte d'un mot : elle l'appelle *cellule-tombeau*; elle dit, — je cite ses propres paroles : « — C'est dans « cette cellule-tombeau qu'estropiée, malade, « j'ai passé vingt et un jours, collant mes lèvres, « d'heure en heure, contre le treillage pour as- « pirer un peu d'air vital et ne pas mourir. » — Au bout de ces vingt et un jours, le 14 février, le gouvernement de Décembre mit cette femme dehors et l'expulsa. Il la jeta à la fois hors de la prison et hors de la patrie. La proscrite sortit du *cachot d'essai* avec les germes de la phthisie. Elle quitta la France et gagna la Belgique. Le dénuement la força de voyager, toussant, crachant le sang, les poumons malades, en plein hiver, dans le Nord, sous la pluie et la neige, dans ces affreux wagons découverts qui déshonorent les riches entreprises des chemins de fer. Elle arriva à Ostende; elle était chassée de France, la Belgique la chassa. Elle passa en Angleterre. A peine débarquée à Londres, elle se mit au lit. La maladie contractée dans le cachot, aggravée par le voyage forcé de l'exil, était devenue menaçante. La proscrite, je devrais dire la

---

1. Dépêche du 8 janvier 1853 à sir Henry Bulwer, à Florence.
2. Taxile Delord, *Histoire du second Empire*.
3. Bousquet, de Tarn-et-Garonne.

M. Rouher.

condamnée à mort, resta gisante deux mois et demi. Puis, espérant un peu de printemps et de soleil, elle vint à Jersey. On se souvient encore de l'y avoir vue arriver par une froide matinée pluvieuse, à travers les brumes de la mer, râlant et grelottant sous sa pauvre robe de toile toute mouillée. Peu de jours après son arrivée, elle se coucha; elle ne s'est plus relevée. Il y a trois jours qu'elle est morte.

« Vous me demanderez ce qu'était cette femme et ce qu'elle avait fait pour être traitée ainsi; je vais vous le dire :

« Cette femme, par des chansons patrioti-ques, par de sympathiques et cordiales paroles, par de bonnes et civiques actions, avait rendu célèbre, dans les faubourgs de Paris, le nom de Louise Julien sous lequel le peuple la connaissait et la saluait. Ouvrière, elle avait nourri sa mère malade; elle l'a soignée et soutenue dix ans. Dans les jours de lutte civile, elle faisait de la charpie, et, boiteuse et se traînant, elle allait dans les ambulances et secourait les blessés de tous les partis. Cette femme du peuple était un poëte, cette femme du peuple était un esprit; elle chantait la République, elle aimait la liberté, elle appelait ardemment l'avenir fraternel de toutes les nations et de tous les hommes ; elle croyait à Dieu, au peuple, au progrès, à la France ; elle versait autour d'elle, comme un vase, dans les esprits des prolétaires, son grand cœur plein d'amour et de foi. Voilà ce que faisait cette femme. Louis Bonaparte l'a tuée... »

Mme Pauline Roland, dont le talent littéraire et philosophique était à la hauteur de son caractère noble et ferme, avait été arrachée par les sbires de M. de Maupas à ses trois enfants qu'on ne lui donna pas le temps d'embrasser. De Saint-Lazare, où elle fut mêlée aux prostituées et aux voleuses, on la transporta en Algérie. On la traîna d'Alger à Sétif, puis dans la casbah de Bône où « il était formellement défendu de la laisser communiquer *avec âme qui vive*, ses gardiens exceptés [1] ». On voulait la tuer : on y réussit. Quand il ne lui resta plus qu'un souffle de vie, on lui rendit une liberté dont elle ne devait pas jouir longtemps ; elle expira sur la route de Paris sans avoir pu revoir ses enfants.

Les républicains réfugiés en Belgique depuis les journées de Juin 1848 et du 13 juin 1849 accueillirent avec une fraternelle cordialité les proscrits du 2 Décembre. A beaucoup d'entre eux, le gouvernement belge refusait asile. Les ouvriers et tous ceux qui « ne justifiaient pas de leurs moyens d'existence » étaient expulsés. Étienne Arago avait acquis là, par son caractère aimable et loyal, des amitiés puissantes ; il ne cessait de les invoquer en faveur des malheureux atteints par les rigoureuses mesures d'une administration que d'étroits calculs et la peur rendaient inhospitalière. Aussi longtemps que les misères de l'exil durèrent, Étienne Arago s'efforça de les adoucir. Il fonda une caisse de secours alimentée par des cotisations dont M. Goudchaux entretenait à Paris la source principale. J'aurai à revenir sur ce sujet, car la bienfaisance sera, comme toutes les autres vertus, persécutée par le gouvernement impérial.

Redoutait-on l'ombrageuse susceptibilité du voisin ou une dangereuse concurrence pour les professions libérales et pour les industries du pays ? Quoi qu'il en soit, les avocats ne pouvaient se faire inscrire sur aucun tableau, ni les médecins exercer leur art, ni les professeurs ouvrir des cours, ni les ouvriers créer des ateliers. Pourtant, après de longs efforts et grâce à de hautes protections, il fut permis à MM. Émile Deschanel, Bancel, Madier-Montjau, Laussedat et Versigny d'ouvrir des conférences à Bruxelles ; M. Challemel-Lacour obtint à Anvers la même autorisation ; leur éloquence, de plus en plus goûtée, attirait autour d'eux et captivait la fleur de la société belge. MM. Baune, Deluc, Amable Lemaître, Laboulaye, Ennery, Morel, Génillier et bien d'autres donnaient des leçons particulières ou entraient, en qualité de professeurs ou de répétiteurs, dans des institutions privées. L'architecte Radoux et l'avocat Tapon se firent photographes ; Camille Berru, aujourd'hui secrétaire de la rédaction de l'*Indépendance belge*, professait la natation ; Labrousse, Carion, Fleury et d'autres ex-représentants du peuple cherchèrent dans le commerce les moyens de vivre. Un tailleur de Bruxelles, M. Collard, venait puissamment en aide à l'obligeant caissier de la proscription, en facilitant aux proscrits les commerces qu'ils tentaient, en vêtissant ceux qui manquaient de vêtements et de ressources. Nul ne fit jamais un plus noble usage d'une fortune honorablement acquise par le travail.

Il faut le dire bien haut, les proscrits républicains gardaient partout, dans leur conduite et dans leur tenue, une dignité à laquelle on rendait hommage. Nous verrons

---

1. Lettre de Mme Pauline Roland, 14 octobre 1852. Voir aux documents complémentaires de ce chapitre.

M. Vilain XIIII, un clérical belge, en porter témoignage dans une occasion solennelle. Déjà cet honnête homme, ayant appris que Raspail à peine arrivé à Bruxelles [1] recevait l'ordre de quitter la Belgique, avait pris immédiatement sous sa protection le vieil apôtre de la démocratie; il lui donna asile dans sa maison et fit savoir au gouvernement « qu'on ne lui arracherait son hôte que par la force ». C'est ainsi que l'ami, le bienfaiteur des classes populaires put fixer sa résidence près de Bruxelles, à Boisfort, où j'eus l'honneur d'être reçu par lui; il s'y adonnait paisiblement à l'étude des sciences dont ses recherches et ses découvertes ont hâté le progrès.

En regardant le noble visage de ce grand penseur, de ce tribun martyrisé par les ennemis du peuple qui n'eut jamais un défenseur plus ardent, on se sentait saisi de respect; on pensait à la maxime posée par ce vrai patriote : « Ne cherchez pas à imposer vos croyances, inspirez-les par la persuasion; ne faites un crime à personne de ce qu'il croit autrement que vous. » On se rappelait ces autres lignes touchantes qu'il avait écrites aussi : « Il n'est pas de maux que je n'aie soufferts, pas d'humiliations dont je n'aie été abreuvé; on m'a spolié de tout, excepté de ma gaieté et de ma sympathie pour ceux qui souffrent. Avec ces deux seules choses, je suis plus heureux que mes spoliateurs. »

La mort était impitoyable aussi pour les défenseurs de la loi française réfugiés en Belgique; déjà ils avaient conduit au champ du repos l'instituteur Tessier, Dubieff, la fille d'Hetzel, Verdun-Lagarde, et Louis Darles, dernier enfant d'une vieille mère. Près de la tombe de ce jeune patriote, Bancel exprima tous nos sentiments avec ce talent qu'on applaudissait, moins de deux ans auparavant, quand il plaidait si brillamment, à la tribune, la cause de l'avenir : « Sur cette fosse, dit-il, reprenons courage! Autour de nous, au-dessous de nous, dans l'air et sous les tombes, la vie germe obscurément. L'idée aussi, invisible et féconde, germe sous le repos apparent de la France. Notre chère patrie sentira un jour ses entrailles tressaillir, en enfantant au monde la liberté. » Nous nous associâmes tous à ces prophétiques paroles qui résumaient nos pensées et nos espérances.

Le Piémont obligeait les proscrits « à renouveler fréquemment leur permis de séjour, à dénoncer tout changement de domicile dans les vingt-quatre heures, à ne pas s'éloigner, sans autorisation, du lieu de leur résidence, sous peine d'arrestation ou d'expulsion du territoire de l'État [1]. » C'est à Annecy qu'Eugène Sue écrivit son livre intitulé : *Jeanne ou la Famille d'un proscrit*.

Le nombre des exilés était considérable dans les divers cantons suisses, où on les accueillait avec une cordiale sympathie. Le Conseil fédéral avait eu, d'abord, des rigueurs qui ne tinrent pas contre la probité des bannis. Quinet composa son bel ouvrage, *la Révolution*, à Veytaux, et Marc-Dufraisse fit paraître, à Genève, *le Droit de paix et de guerre*; Zurich offrit un asile au colonel Charras quand on expulsa de Bruxelles l'auteur de *la Campagne de 1813 et Waterloo*.

On peut évaluer à douze cents le nombre des bannis qui gagnèrent l'Espagne. Parmi eux se trouvait une femme d'un grand cœur, Mme Armstrong, riche Anglaise qui, depuis quelques années, habitait Agen; elle était républicaine et on l'arrêta. Conduite à Bordeaux, elle y fut interrogée par les membres du Conseil de guerre; elle refusa de leur répondre; ils la condamnèrent *à la transportation à Cayenne*. On n'osa pas exécuter

---

[1]. Après la mort de sa femme et la manifestation populaire dont nous parlerons bientôt, Raspail détenu dans la citadelle de Doullens fut mis en liberté malgré sa résistance et sa protestation contre un acte de clémence qu'il repoussait avec énergie.

[1]. Ordre du ministre de l'intérieur.

cette sentence, qui fut commuée en un décret d'expulsion. Le préfet Preissac alla visiter le linge et les papiers de Mme Armstrong au moment où elle partait. C'est en Espagne que s'étaient rendus, les uns en exécution de décrets d'exil, les autres pour échapper à des sentences de transportation, MM. Marcou, Louis Vivent, Caduc, Delpech, Eugène Terrail, avocats, — Duputz et Raynal, anciens représentants, — Auguste Laborde et Tandonnet, négociants. Xavier Durrieu, Peyre, instituteur de l'Hérault, Delsol (du Gers) et Fulbert Martin, l'ami de George Sand, sont de ceux que la mort y frappa. M. Eugène Duclerc, ex-constituant, ministre des finances en 1848, alla fonder, à Madrid, une grande administration financière. Si, dans cette haute position, il sut sacrifier ses intérêts personnels aux louables exagérations d'une délicatesse pleine de susceptibilités, il y acquit une influence dont il usa souvent en faveur des exilés que les gouverneurs de certaines provinces ordonnaient d'expulser. Dans les vastes entreprises se rattachant à la société de crédit qu'il dirigeait, M. Duclerc plaça beaucoup de proscrits ; quelques-uns y sont restés, Heitzman entre autres, l'ouvrier mécanicien du Creusot, que les électeurs de Saône-et-Loire avaient envoyé à l'Assemblée législative, et que la Haute-Cour de Versailles, après l'affaire du 13 juin 1849, condamna, par contumace, à la déportation.

La Grande-Bretagne donna seule aux exilés français, comme à ceux de toutes les nations, une hospitalité généreuse et complète. Les ouvriers y trouvaient aisément du travail ; les médecins y pratiquaient leur art librement ; les établissements d'instruction publique offraient des chaires aux professeurs et aux avocats. C'est de ce refuge protecteur que partaient les manifestes de Ledru-Rollin, *le Monde nouveau* de Louis Blanc, *les Lettres* de Félix Pyat ; c'est à Londres que l'illustre tribun écrivit *la Décadence de l'Angleterre*, — Xavier Durrieu, *le Coup d'État*, — Schœlcher, l'*Histoire des crimes du 2 Décembre* et *le Gouvernement du 2 Décembre*, — Pascal Duprat, *les Tables de proscription*.

Jersey fut le seul coin de la Grande-Bretagne où les lois de l'hospitalité furent un jour méconnues. Après sa publication de *Napoléon le Petit*, Victor Hugo dut quitter la Belgique et se retira dans cette île où il termina les *Châtiments*, ce livre terrible et immortel. C'est à Jersey que notre ami regretté Charles Ribeyrolles fit imprimer *les Bagnes d'Afrique* et créa le journal *l'Homme* auquel de nombreux proscrits collaboraient. J'apportai mon humble tribut à la cause si vaillamment défendue par les écrivains dont je cite le nom dans ce livre. *L'Homme* publia une lettre de Félix Pyat ; il y était dit que « la reine d'Angleterre, en allant, à Paris, accepter l'hospitalité de la famille impériale, avait abjuré sa pudeur de femme ». Des habitants de l'île s'ameutèrent autour des bureaux du journal dont ils demandaient, à grands cris, la suppression. Victor Hugo, à cette occasion, résuma les crimes de Louis Bonaparte dans une protestation vigoureuse ; ses deux fils et vingt-sept autres proscrits la signèrent avec lui. Le gouverneur prononça contre les trente signataires une sentence d'expulsion ; le ministre de l'intérieur la confirma. Un meeting immense eut lieu à Londres ; un membre du Parlement le présidait. Malgré les résolutions prises par cette assemblée, résolutions qui flétrissaient la conduite du ministre Georges Grey, la sentence fut maintenue et exécutée. Les expulsés de Jersey se dispersèrent ; Victor Hugo établit sa résidence à Guernesey.

Soixante proscrits, dans l'espoir de tirer en Amérique meilleur parti qu'en Angleterre de leur art ou de leur industrie, s'adressèrent à lord Granville qui paya leur passage et chargea l'ambassadeur anglais, auquel il les recommanda, de remettre à chacun d'eux cent francs dès leur arrivée.

Déjà MM. Caylus, Cantagrel, Vasbenter, les représentants Lafon, Bruckner, Hochstuhl et Victor Considérant s'étaient rendus à New-York. Quelques proscrits s'embarquèrent pour l'Espagne, et d'autres, parmi lesquels était Salabelle (de la Drôme), pour la Chine. Deux seulement, Hibruit et Seinguerlet, se réfugièrent en Allemagne.

Charles Ribeyrolles alla mourir à Rio-Janeiro, tandis que, à Buenos-Ayres, on ensevelissait Amédée Jacques, le fondateur et le directeur de la revue démocratique *la Liberté de penser*, étouffée par la réaction cléricale. Avant d'expatrier Amédée Jacques, Louis Bonaparte l'avait arraché de la chaire de philosophie à l'Ecole normale, comme il arracha Émile Deschanel de la chaire de rhétorique au collège Louis-le-Grand. Après avoir brillamment rempli ses fonctions universitaires à Montevideo, où MM. Charles Quentin et Antide Martin avaient, comme lui, cherché un refuge, le modeste et savant ami de Humboldt fut prié de régénérer l'instruction publique dans un pays si longtemps abruti par la domination espagnole ; quand la mort interrompit l'œuvre régénératrice, Amédée Jacques dirigeait, à Buenos-Ayres, le Collége national.

N'oublions pas ceux qu'on avait déportés à Noukahiva. M. A. Gent s'était marié dans la prison de Lyon ; sa jeune femme, une enfant de dix-sept ans, voulut le suivre dans l'île désolée ; M. Lacrosse lui en fit obtenir l'autorisation qui s'étendit à Mme Ode et à la femme d'un troisième déporté ; il reconnut de cette façon le service que M. Gent lui avait rendu le 13 juin 1849. Contrairement à la loi en vertu de laquelle ils avaient été condamnés *à la déportation simple*, c'est-à-dire à la liberté dans l'île, MM. Ode et Gent furent séquestrés, avec leurs familles, dans une sorte de prison palissadée sur un rocher que le soleil brûle ; là on les gardait à vue nuit et jour. « Toute communication, disait le règlement, est interdite entre les condamnés et le personnel militaire ou civil de l'établissement ; il ne faut pas laisser oublier aux condamnés quelle distance sépare des hommes que la loi du pays châtie et *flétrit* de ceux que cette loi arme pour en assurer l'exécution. » MM. Gent et Ode protestèrent contre la violation de cette loi. Les ministres Ducos et Abbatucci répondirent : « Il résulte clairement de la loi du 14 juin 1850 que les condamnés à la déportation simple doivent êtres libres au lieu de la déportation. Mais les nécessités de leur garde, la responsabilité de ceux qui en sont chargés ne permettent pas de donner suite à la réclamation de MM. Ode et Gent. » Les ministres de Napoléon III continuant, comme leur maître, à se rire des lois, aggravaient, de leur propre autorité, les peines les plus dures. Jusqu'au mois de novembre 1854, MM. Ode et Gent supportèrent avec fermeté d'inexprimables souffrances ; leur peine fut commuée en vingt années de bannissement [1] ; ils allèrent à Valparaiso, où Ode est mort ; Gent gagna l'Espagne, où, fortifié par l'énergie de ses convictions républicaines, il demandait à l'espérance et au travail un adoucissement aux amertumes de l'exil [2].

Mme Raspail avait suivi à Doullens son mari prisonnier dans la citadelle. Le 7 mars, le *Siècle* annonça qu'elle y était morte ; le soir, on lisait dans la *Presse* : « Le corps de Mme Raspail a été amené à Paris ; les obsèques auront lieu demain à dix heures. Le convoi partira de la maison que la famille habite, rue des Francs-Bourgeois-Saint-Michel. »

Le lendemain, de tous les quartiers de

---

[1]. Après le départ des déportés, l'île de Noukahiva fut abandonnée par les Français.

[2]. Le troisième déporté fut pleinement gracié par les décembriseurs qui, en outre, lui fournirent les moyens d'établir à Papaëte (Tahiti) un atelier de mécanicien pour lui et un commerce d'étoffes pour sa femme. Est-il besoin de dire quel genre de services on rémunérait si largement ?

Paris s'acheminaient silencieusement vers la place Saint-Michel, où les étudiants s'étaient massés, des ouvriers, des journalistes, des femmes et des bourgeois. A dix heures, une foule calme et recueillie remplissait cette place et les rues qui y aboutissent. Le cortége se mit en marche ; il grossissait toujours ; sur toutes les voies qu'il suivait, une triple haie vivante s'était formée ; à la place de la Bastille, il se composait de plus de deux cents mille citoyens marchant tête nue ; quand il fut près du cimetière du Père-Lachaise, des dragons le coupèrent. Comme le feu sous la cendre, la colère couvait sous le silence. On se regardait, et des serrements de main témoignaient qu'on s'était compris : « Pour la première fois depuis l'assassinat de la République, — a dit un écrivain, — on sentit battre le cœur de Paris. »

Peu de temps après la proclamation de l'Empire, le ministre des affaires étrangères fut avisé qu'un ex-officier nommé Kelch, évadé de Lambessa, était parti de Londres pour Paris avec deux Italiens nommés Rassini et Galli, dans le but d'assassiner l'empereur. Un matin, le *Moniteur* nous apprit que « dans un cabaret de Montrouge une lutte terrible s'étant engagée entre des forçats en rupture de ban et des agents du service de sûreté, ceux-ci avaient dû faire usage de leurs armes, et que force était restée à la loi. » Le *Moniteur* mentait. Ces prétendus forçats, dont tous les pas avaient été suivis, n'étaient autres que Kelch et les deux proscrits italiens. M. Piétri donna aux agents Griscelli, Hébert et Letourneur l'ordre de lui apporter Kelch mort ou vif. A huit heures du matin, au moment où l'ex-officier et les deux Italiens s'attablaient dans un cabinet du marchand de vin Desmaret, la porte s'ouvrit, et Griscelli se précipita sur Kelch qui lui opposa une vive résistance. Le revolver de l'agent partit deux fois, et deux proscrits tombèrent. Une balle avait frappé Kelch entre le nez et le front, l'autre avait fracassé l'épaule de Rassini [1]. Les deux blessés guérirent et furent transportés à Cayenne en même temps que Galli.

Vers le milieu de juin 1853, Griscelli reçut l'ordre de partir pour Calais et d'agir suivant les instructions qu'il y recevrait du sous-préfet, M. D..... Le fonctionnaire et l'agent se rendirent sur la jetée ; un bateau-pêcheur y débarqua deux hommes. M. D..... en désigna un à Griscelli ; c'était un Italien nommé Sinibaldi. L'agent le suit et monte dans le même wagon que lui ; en arrivant à Paris, il s'en empare et le mène à Saint-Cloud. Là Sinibaldi fut, dit-on, poignardé.

Un peu plus tard, le général F... alla chercher, à la préfecture de police, cet agent corse qui, jusqu'en 1857, fut le bravo de l'empereur [2] et l'introduisit dans le cabinet de Napoléon III, qui lui dit flegmatiquement : « Tenez, Griscelli, lisez cette dépêche, prenez ces mille francs et agissez. Vous rendrez

---

1. Dans les *Mémoires* de Griscelli publiés à Bruxelles, on a voulu amoindrir l'horreur de cette scène qui est transformée en une espèce de duel. Mais cet agent a écrit et signé ceci : « Kelch n'a pas été blessé, il a été assassiné. »

2. Ce Griscelli avait été condamné pour crime de bigamie ; il se mit, en 1859, aux gages du cardinal Antonelli et de M. F. de Mérode, qui le créèrent baron de Rimini. Sous ce titre, il eut ses grandes entrées au Vatican, reçut la bénédiction du pape, s'assit à la table de plusieurs souverains, négocia un emprunt pour François II, et était accueilli à bras ouverts chez les cardinaux, des archevêques et des évêques avec lesquels il correspondait. Une attestation signée F. *de Mérode, pro-ministre de l'armée pontificale*, rend hommage « au catholicisme fervent du baron Arthur de Rimini » ; elle exalte « les services incontestables et incontestés rendus par ledit baron aux gouvernements du Saint-Père et du roi des Deux-Siciles » ; elle ajoute que le bigame anobli, le sbire de Napoléon III, « a rempli, en outre, des missions difficiles et délicates en Italie et à l'étranger, et qu'il en a rapporté loyalement tous les avantages à *la religion et à la légitimité* ». Ce curieux document, revêtu de trois timbres aux armes pontificales et portant la date du 15 juillet 1864, se termine ainsi : « En foi de quoi, — le pro-ministre de Sa Sainteté prie tous ceux qui professent *notre sainte religion et nos principes* de lui donner aide et assistance. »

compte de votre mission à Piétri. » La dépêche annonçait la prochaine arrivée à Paris de l'Italien Donati, dont le dessein était d'assassiner l'empereur. Descendu à l'hôtel Mirabeau, rue de la Paix, Donati guettait une occasion propice. Griscelli l'arrêta et le conduisit à M. Piétri qui l'interrogea et le fit écrouer à Mazas. Le lendemain, on trouva l'Italien pendu dans sa cellule.

On avait surpris, dans une maison de la rue de la Reine-Blanche, une quinzaine de conspirateurs fabriquant des tubes en fonte revêtus d'une toile goudronnée ; on les condamna, le 18 septembre 1852, à des peines dont la durée variait de trois ans à quinze mois d'emprisonnement.

Le comité connu sous la dénomination de *Commune révolutionnaire* avait émis, à Londres, des bons à un franc, et imprimé des brochures de Félix Pyat ; le produit de cette émission et de ces publications était destiné à venir en aide aux proscrits pauvres. Les personnes qui s'étaient chargées, à Paris, du placement des brochures et des bons furent arrêtées ; on trouva le moyen de relever contre elles onze chefs d'accusation ; il y eut vingt et un inculpés ; quatorze comparurent devant le tribunal de police correctionnelle ; les autres étaient absents. Le président interdit la publication du compte rendu des débats. Jules Favre, qui défendait M. Raoul Bravard, fit entendre un courageux langage en faveur des proscrits. Le 24 juillet 1853, tous les accusés furent, pour un temps plus ou moins long, condamnés à la prison et à la surveillance de la haute police.

Le 7 juin, aux alentours de l'Hippodrome, où l'empereur devait se rendre, les agents de police remarquèrent des groupes inaccoutumés et correspondant entre eux au moyen de signaux qui parurent suspects. Des mesures de précaution firent avorter un complot formé par les membres des sociétés secrètes dont les dénominations étaient *les Consuls du peuple, le Cordon sanitaire* et *les Deux Cents;* cette dernière, composée d'étudiants, avait pour chefs Arthur Ranc, Laflize et Ribaud de Laugardière. La police surveillait MM. Ribaud et Lux, fondateurs de la société des *Consuls du peuple;* elle les arrêta. Un Belge, M. de Meren, prit leur place, et une nouvelle tentative contre la vie de l'empereur fut préparée. On savait que Napoléon III irait à l'Opéra-Comique le 6 juillet. Ce jour-là, vers neuf heures du soir, l'attention de la police fut attirée par la présence de trois individus dans la rue Marivaux, près de la porte qui donne entrée à la loge impériale. On les arrêta ; des complices accourus pour les délivrer furent arrêtés aussi. On les conduisit à la préfecture de police ; sur eux, on trouva des armes. Il paraît certain qu'un prêtre ayant reçu en confession la confidence du complot l'avait révélé au chef de la police. M. Zangiacomi présida les débats de la cour d'assises en accusateur public ; il intimidait les témoins, brutalisait les accusés, interrompait les avocats et ne laissait à la défense aucune liberté. Sept des inculpés furent condamnés à la déportation, trois à huit ans de bannissement, un à dix ans de détention, neuf à sept et à cinq ans de la même peine, deux à cinq et à trois ans de prison ; six furent acquittés, mais retenus sous prévention de société secrète ; M. Ranc était un de ceux-là. Les acquittés et les condamnés comparurent devant la sixième chambre présidée par M. d'Herbelot ; le tribunal en condamna quarante-deux à diverses peines et en acquitta quatre. Aucun d'eux n'avait voulu répondre ni se défendre.

M. Hubbard, défenseur de Bratiano devant la cour d'assises, avait été arrêté ; on l'accusait de faire partie de la même société secrète que son client. Tombé malade à Mazas, il ne fut jugé que deux mois après ses coaccusés ; malgré une éloquente plaidoirie de M. Berryer, on le condamna à trois ans de prison, 10,000 francs d'amende et à cinq ans de privation de ses droits civiques.

La session de 1853 passa inaperçue. On ne s'occupait guère ni du Sénat ni du Corps législatif. A quoi bon? Comme l'année précédente, une séance avait suffi à la discussion générale du budget ; M. Schneider, qui en était le rapporteur, ne put s'empêcher de dire : « L'esprit d'entreprise touche à la spéculation et la spéculation touche au jeu ; n'est-il pas à craindre que la hausse rapide de toutes les valeurs, l'exemple des fortunes subites n'excitent, outre mesure, les imaginations et n'occasionnent des entraînements et des excès regrettables ? »

Et, sous la vigoureuse impulsion de M. de Morny, « cet esprit d'entreprise touchant à la spéculation qui touche au jeu » se répandait de plus en plus au sein de toutes les couches sociales, — tandis que, établissant dans le palais des Tuileries un atelier où, du matin au soir, un groupe formé des tailleuses les plus habiles de Paris s'ingéniait à créer pour elle des modes exagérées, l'impératrice donnait au luxe des encouragements effrénés.

En même temps, sous le patronage de S. M. Eugénie, les corporations religieuses croissaient en nombre et, de tous les côtés, se développaient. Les Capucins eux-mêmes avaient reparu, et le père Ambroise, supérieur de l'ordre, les réunissait en communauté dans une vaste maison de la rue du Montparnasse, derrière les jardins du Luxembourg. Lugubre rapprochement ! Dix-huit mois après les massacres du 24 août 1572, le roi Charles IX et la reine Catherine de Médicis, se conformant au désir du pape Grégoire XIII, favorisèrent l'établissement, en France, des Pères Capucins [1]. Dix-huit mois après les massacres du 4 décembre 1851, ces moines au capuchon pointu, dont l'ordre supprimé en 1790 n'avait pu se reconstituer en France, s'y établissaient de nouveau sous la protection de l'empereur Napoléon III et de l'impératrice Eugénie, donnant ainsi contentement au désir du pape Pie IX qui, par la bouche du cardinal Antonelli, « avait déclaré urgent de seconder le rétablissement des anciens ordres religieux ».

Le 6 octobre, François Arago mourut. Après le coup d'État, l'ancien membre du Gouvernement provisoire de 1848 avait refusé de prêter à l'homme de Décembre le serment auquel l'obligeaient ses fonctions de directeur de l'Observatoire. Ajoutons qu'en apprenant ce refus le parjure triomphant le dispensa de cette formalité.

Napoléon III se fit représenter par deux de ses ministres aux obsèques de François Arago ; elles eurent lieu, malgré une pluie battante, au milieu d'une foule innombrable, qui accompagna jusqu'au cimetière les dépouilles mortelles de l'illustre citoyen qui à la gloire du savant joignit celle d'être l'un des fondateurs de la seconde République française.

Le ministère de la police, auquel était attribuée la surveillance des journaux, avait, pendant sa durée de quatorze mois [2], infligé trois suppressions et quatre-vingt-treize avertissements à la presse, bien timide pourtant dans son langage dont elle ménageait les termes avec une rigoureuse circonspection.

1. Catherine de Médicis leur donna un emplacement au faubourg Saint-Honoré.
2. Rétabli le 22 janvier 1852, ce ministère fut supprimé le 10 juin 1853.

Le président rentrant à Paris par le pont d'Austerlitz (16 octobre 1852).

DOCUMENTS COMPLÉMENTAIRES DU CHAPITRE II

I

LETTRES DE Mme PAULINE ROLAND

« Fort Saint-Grégoire, 9 juillet.

« Je me porte bien et mon courage reste entier. Nous sommes actuellement au fort Saint-Grégoire, qui est placé vis-à-vis d'Oran, à peu près dans la même situation que le Mont-Valérien vis-à-vis de Paris, mais sur une éminence plus escarpée... Au débarqué à Mers-el-Kébir, nous avons été remises dans les mains de *la force armée* et enfermées au fort Saint-Grégoire.

« Nous sommes couchées sur la paille, réduites pour tout régime à la ration militaire, sans vin, sans café, et le pain noir; ajoutez à cela les agréments de notre situation de prisonnières, qui est de n'avoir qu'une salle commune et un fort petit préau... »

« Alger, 14 juillet, couvent du Bon-Pasteur.

« Nous sommes arrivées à Alger le 12 au soir, après deux jours de navigation fort pénible pendant lesquels nous sommes restées, nuit et jour, couchées sur le pont sans autre literie qu'une toile à voile et une mauvaise couverture de matelot. En somme, voilà trois semaines que nous n'avons couché dans un lit raisonnable, ni fait ce que l'on appelle un repas. Vraiment il est incroyable que dix pauvres femmes parties, presque toutes, malades de Paris aient pu endurer, sans périr, toutes les fatigues du corps et les tortures morales auxquelles on nous a condamnées.

« Je suis heureuse de dire pourtant que, soit à bord du *Magellan*, soit à bord de l'*Euphrate* qui vient de nous conduire d'Oran à Alger, tout ce qui appartient à la marine s'est montré pour nous plein d'égards et de respect; mais nulle part nous n'étions attendues, rien n'était prêt pour nous recevoir, et nous nous trouvions forcément réduites à la rude vie du matelot. A bord de l'*Euphrate*, on a voulu me faire une faveur exceptionnelle; une chambre d'officier a été mise à ma disposition; je l'ai refusée, ne voulant pas jouir d'un privilége que mes compagnes ne pouvaient partager.

« En débarquant à Alger, nous avons été conduites au couvent du Bon-Pasteur. Mais notre situation de prisonnières est devenue bien plus pénible qu'elle ne l'avait jamais été. Vous allez en juger : nous sommes réunies ici avec cinq détenues appartenant aux départements du Var, de l'Hérault et du Gers; en tout quinze femmes ayant pour domicile une seule pièce dont nos quinze grabats remplissent si bien l'espace qu'il en reste juste assez pour une longue table où nous prenons nos repas en commun. Ajoutez, pour avoir une idée complète de notre résidence, un préau d'une grandeur double à peine de celle de notre chambre, sans un seul arbre, ni un abri où l'on puisse se soustraire aux ardeurs d'un ciel en feu.

« Je ne sais pas si c'est là ce que M. Guizot a voulu lorsqu'il demandait, en style de doctrinaire, l'incarcération dans la déportation; mais, à coup sûr, un pareil séjour est intolérable; c'est un véritable enfer.

« Adieu; donnez-moi des nouvelles de mes chers enfants; depuis mon départ de France, il y a trois semaines, je n'en ai point reçu. »

« Sétif, 15 septembre 1853.

« Vous n'avez pas l'idée de l'animosité de ces gens contre votre pauvre amie. C'est à n'y pas croire; l'absurdité dépasse encore l'odieux. On m'a dit textuellement : « Vous « êtes une femme dangereuse; nous vous « envoyons à Sétif, dans un trou où il vous « sera impossible d'agir. — Mais, monsieur, « il faut que de mon travail je gagne ma vie « et celle de mes trois enfants. — Vous allez « dans un lieu où vous ne pourrez rien faire; « le gouvernement y pourvoira. » Et ce magnifique gouvernement m'alloue, par jour, un subside de 1 franc, que j'ai l'insolence de refuser. A Sétif, pour vivre de privations, il faut trois francs par jour. Afin de diminuer ma pension, je me suis faite à moitié lingère, à moitié cuisinière, dans l'hôtel où je suis descendue. Mais mes enfants ! »

« Sétif, même date.

« Je n'ai jamais senti plus vive ma foi en l'avenir qu'en face des crimes du présent. Nous avons la vérité, et, quoi qu'il arrive de moi, je m'estime trop heureuse de souffrir pour elle.

« Cependant j'ai souffert, je souffre cruellement de ce spectacle d'injustice dont nous sommes les témoins et les victimes. L'abaissement de la France, de ma patrie adorée, si longtemps l'étoile des nations et l'honneur du monde, m'a frappée comme une déchéance personnelle; je m'en suis sentie solidaire, sinon coupable. L'exil est venu ajouter ses ennuis à ces ennuis trop légitimes; et l'absence de ma famille, de mes pauvres enfants abandonnés à la Providence et à l'amitié, — l'éloignement de mes amis captifs ou bannis, — l'impossibilité d'agir où l'on m'a mise de parti pris, tout cela a fini par glacer mon activité; je n'ai même plus écrit pendant quelque temps ; et, de peur de souffrir trop cruellement, j'ai tâché d'endormir tous les amours qui vivent au fond de mon âme.

« Mon amie, vous savez, sans que je vous le dise, que plus notre cause sera persécutée, plus je lui serai dévouée. Mais que de douleurs au fond de cette résistance ! Que de nuits sans sommeil passées dans les plus affreuses angoisses ! Et mes pauvres enfants, quel vide dans leur vie ! Puisse Dieu, dans sa justice, porter au compte de notre sainte cause les maux que supporte chacun de nous ! Puisse l'avenir ne plus connaître d'orphelins !

« Mais n'allez pas croire que mon malheur n'ait pas de compensations. Placée, depuis longtemps, à ce point de vue qu'une seule chose importe dans la vie : posséder la vérité et y conformer sa conduite, — certaine du premier point, faisant tous mes efforts pour arriver au second, je me couche, chaque soir, tranquille, en me disant que, ce jour, dans la sphère où Dieu m'a placée, j'ai fait le plus de bien possible, ou que je l'ai voulu du moins. »

« Les persécuteurs de femmes — dit M. Schœlcher avec un juste sentiment d'indignation — ont eu autant de persévérance dans leur ignoble dureté que Mᵐᵉ Pauline Roland dans sa noble intrépidité. Ces misérables étaient décidés à la tuer, et ils ont trouvé là-bas d'autres misérables pour servir leur projet. On va voir maintenant des officiers généraux français s'acharner sur le courage d'une femme comme des hyènes sur un cadavre [1]. »

La lettre suivante fut adressée à M. Émile de Girardin qui eut le courage de la publier dans la *Presse*, le 20 janvier 1853 :

« Constantine, 14 octobre 1852.

« Monsieur,

« Je vous écris de Constantine, où je suis prisonnière de nouveau. J'ai quitté Sétif, le 9 courant, sur l'ordre du gouverneur de la

---

1. *Le Gouvernement du 2 Décembre.*

province de Constantine. Cet ordre porte que je dois être immédiatement conduite à la casbah de Bône, pour y être *détenue prisonnière*. Ici, où je reste quatre jours, *il est formellement défendu de me laisser communiquer avec âme qui vive*, mes gardiens exceptés.

« Voici le motif de cette nouvelle mesure de rigueur, qui n'est point exceptionnelle, mais commune à beaucoup de mes frères transportés : il y a plus de quinze jours, nous fûmes prévenus par des circulaires émanées du gouverneur général que ceux de nous qui voudraient obtenir soit leur retour en France, soit toute autre commutation de peine, devaient, dans les quarante-huit heures, produire une demande en grâce adressée à Mgr *le président de la République*. La formule était indiquée, et au plus pouvait-on lui faire subir certaines modifications littéraires. Je n'ai produit, et j'ajoute, je ne produirai aucune demande de ce genre; ma conscience s'y refuse. Mon refus a été mentionné, et devait l'être par ce qu'on nomme *la place*. Le retour du courrier a apporté l'ordre qui me mène à Bône [1].

« Je m'abstiens de toute réflexion; mais, si vous êtes ennemi de l'arbitraire, je vous demande de porter à la connaissance du public ce fait répété sur tous les points de l'Algérie. Il s'agit ici de bien plus que de la liberté d'une mère de famille, dont Dieu n'abandonnera point les orphelins; il s'agit ici de bien plus que de sauver des misères de la prison le corps d'une pauvre vieille femme qui se sent la force de subir tout plutôt que de commettre une lâcheté; il s'agit de défendre des principes sacrés.

« C'est donc au nom de la justice et de la liberté que je vous adresse ces lignes, en vous autorisant à en faire ce que bon vous semblera.

« Salut empressé,

« PAULINE ROLAND. »

[1]. Le gouverneur général qui torturait ainsi une femme se nommait Randon.

« Que fit-on de Mme Roland à Bône? A quelles persécutions nouvelles y fut-elle livrée? A quel genre de travaux forcés fut soumise une dame qui n'avait été condamnée par aucun tribunal, à laquelle on ne pouvait reprocher quoi que ce soit? Nous l'ignorons. Tout ce que nous savons, c'est qu'elle se mourait. Les triomphes exceptionnels de son fils aîné aux derniers concours de l'Université appelèrent de nouveau l'attention sur elle; on craignit de soulever encore l'opinion publique, qui demanderait compte de cette prisonnière d'État assassinée par la proscription; on la laissa libre de rentrer en France; il était trop tard. Elle ne put pas même atteindre Paris; elle expira en route, à Lyon, sans avoir revu ses enfants, qu'on ne lui avait pas permis d'embrasser lors du départ. Comment les portes de France lui avaient-elles été rouvertes? A la sollicitation de qui? Nous ne savons; mais il est certain qu'elle n'avait fait aucune demande, aucune concession qui pût ternir sa mémoire. Elle est morte dans toute la fermeté et toute la droiture de ses convictions, sans avoir transigé avec le mal. Intelligence d'élite, cœur d'apôtre, âme pleine de feu et de charité, Pauline Roland est un nom de plus à ajouter à la liste des martyrs du 2 Décembre [1]. »

II

LES FEMMES DÉPORTÉES

Parmi les cinquante-sept femmes qui partagèrent en Algérie le sort de Mme Pauline Roland se trouvaient Mmes Huet, Claudine, Augustine Péan (de Paris), Jardineau-Violet et Saujean (du Loiret), Passignat (de l'Allier).

Madame Jarreau fut envoyée à Cayenne avec son mari, riche propriétaire, et son fils âgé de quinze ans; elle écrivait, en mai 1852, une lettre datée de la prison de Saint-Lazare : « Mon mari, disait-elle, est parti pour

[1]. V. Schœlcher, *le Gouvernement du 2 Décembre*.

Cayenne le 25 avril, sur la frégate *la Forte;* je suis, comme lui, *condamnée* à la déportation à la Guyane française, et j'attends, non sans impatience, le moment de le rejoindre. Quelles que soient les souffrances qu'on nous impose, nous les supporterons avec courage ; car nous savons que nous les subissons pour avoir aimé et voulu, avant toutes choses, la justice et la liberté. »

III

LES FEMMES EXILÉES

Beaucoup de femmes avaient été condamnées au bannissement; Mmes Greppo, Voisel (du Havre) et Redon (du Loiret) étaient du nombre. M. Voisel était négociant et M. Redon médecin ; ils furent bannis aussi. Parmi les *expulsées* se trouvait cette bonne Louise Julien, sur la tombe de laquelle Victor Hugo prononça l'émouvante parole qu'on a lue.

IV

LES PREMIÈRES VICTIMES DE LA TRANSPORTATION EN ALGÉRIE

M. Souhalat, agriculteur de l'Allier, ancien soldat d'Austerlitz, *âgé de soixante-dix ans,* mourut en rade de Brest.

M. Louis Boivin, maire de Couches (Saône-et-Loire), mourut à Douhéra dans sa *cinquante-neuvième année.*

M. Boidot, propriétaire, du Loiret, transporté avec ses deux fils, vit mourir le plus jeune, qui n'avait pas *seize ans,* peu de jours après son arrivée en Algérie.

M. L. Dayre, instituteur des plus distingués, d'Aiguillon (Lot-et-Garonne), qui avait obtenu, sous le ministère de M. de Salvandy, une médaille constatant la bonne direction de son enseignement, mourut à l'hôpital militaire d'Oran ; il laissait un fils de *dix-neuf ans,* transporté comme lui.

M. Chassery, pharmacien de l'Allier, marié depuis quelques mois, mourut en Algérie dévoré de regrets.

M. J. Claudin, rédacteur du *Charivari,* mourut à Bône ; il laissait une femme et trois enfants.

Une lettre de M. Rebuffot, datée de l'Oued-el-Haman, près Mascara, et publiée dans la *Presse,* disait : « J'ai vu, en vingt-quatre heures, un homme devenir fou et mourir parce qu'il n'espérait plus revoir ses enfants. »

CHAPITRE III

1854.

Mort de Lamennais. — Les lieux saints ; les trois papes ; mobiles qui poussèrent Louis-Napoléon à troubler la paix ; lord Stratford met les moines d'accord ; Louis Bonaparte trouve un nouveau moyen d'agression ; colère du tzar ; Sinope ; de provocateur, pacificateur. — Discours de Napoléon III ; encore un mensonge. — La caisse de la boulangerie ; l'emprunt ; l'élévation du contingent. — Traité d'alliance. — Lord Raglan et Saint-Arnaud aux Tuileries et à Constantinople ; l'alliance en péril. — Silistrie. — Les prétentions de l'Angleterre. — La Dobrutja. — Le choléra. — La bataille de l'Alma. — Mort de Saint-Arnaud ; Canrobert lui succède. — Le Tartare. — M. Haussmann préfet malgré l'impératrice. — Le journalisme persécuté par M. de Persigny. — M. Billaut au ministère de l'intérieur. — Arrestations et procès. — Le crime de bienfaisance. — Inaction des alliés après la bataille de l'Alma ; les assiégés en profitent. — Un bombardement stérile. — Balaclava. — Inkermann. — L'hiver, la misère et les maladies. — Les jésuites et l'Immaculée-Conception. — Libéralités de Napoléon III.

Le 27 février 1854, Lamennais mourut. Les dépouilles mortelles du grand penseur ne seront accompagnées que par les parents et par les exécuteurs testamentaires ; ainsi l'avait décidé la police qui, en même temps, donnait aux journaux l'ordre de ne point indiquer le jour où se ferait l'enterrement civil de l'auteur des *Paroles d'un croyant*, livre immense et profond dans lequel, suivant la juste expression d'un écrivain, Lamennais « chanta les hymnes du peuple ». « Qu'importent, lui disait-il, les insolentes déclarations de ne jamais céder à la volonté souveraine du peuple ! qu'importent les obstacles qu'on y oppose ! Elle en a vaincu bien d'autres et des plus grands... Voyez l'esprit de vertige s'emparer de vos ennemis ; voyez-les trahir leurs frayeurs par de stupides violences... La victoire sera le prix de la persévérance. Nul repos donc qu'après le triomphe... Chaque jour a sa tâche qu'il faut accomplir. Point de fatigue qui excuse ; la fatigue n'est que le prétexte de la lâcheté. Élevons-nous par notre dévouement, par l'oubli de nous-mêmes, par le saint amour du juste et du vrai, à la sublime hauteur de la cause dont les destins nous sont confiés [1]. —

La souveraineté du peuple est inaliénable et impérissable, et, si on la niait, vous demanderiez au pouvoir ses titres, et comme il n'en pourrait produire aucun il s'avouerait usurpateur, et vous ressaisiriez sur-le-champ la puissance usurpée par lui... Peuple, peuple, réveille-toi enfin ! Esclaves, brisez vos fers ! ne souffrez pas que l'on dégrade plus longtemps en vous le nom d'homme ! Voudriez-vous qu'un jour, meurtris par les fers que vous leur aurez légués, vos enfants disent : Nos pères ont été plus lâches que les esclaves romains ? Parmi eux, il ne s'est pas rencontré un Spartacus ?... Ce que veut le peuple, Dieu lui-même le veut ; car ce que veut le peuple, c'est la justice, c'est l'ordre essentiel, éternel... La cause du peuple est donc la cause sainte, la cause de Dieu : elle triomphera donc [1]. » Lamennais était prêtre, et il refusa les prières de l'Église ; il ne voulut même pas qu'on mît sur sa fosse ouverte dans la tranchée où les pauvres sont ensevelis la croix devenue l'étendard que les jésuites portent au nom d'une religion dont ils se sont emparés et dont ils ont détruit les bases en substituant à la doctrine miséricordieuse de son fondateur la haineuse intolé-

---

[1]. Préface de la 5e édition de *l'Esclavage moderne*.

[1]. *De l'esclavage moderne*, décembre 1839.

rance d'un fanatisme brutal, et à la simplicité de son culte primitif une fastueuse dévotion établie sur des superstitions grossières. — Le 28, à huit heures du matin, le préfet de police alla inspecter la chambre mortuaire; puis, au milieu d'un brouillard épais, le convoi se mit en marche; il se composait du corbillard des pauvres sur lequel, conformément aux volontés de l'illustre mort, la modeste bière était placée, et de deux voitures de deuil; MM. Carnot, Henri Martin, Montanelli, Forgues et Henri Barbet les occupaient. Des citoyens, dont le nombre grossissait à chaque instant, se mettaient à la suite du convoi. Dans le faubourg Saint-Antoine, les ouvriers se joignaient en foule au cortége; trois fois les sergents de ville *coupèrent la queue*, qui toujours se reformait. Entre les citoyens et les agents, une lutte s'engagea non loin du cimetière dans lequel entrèrent seulement les cinq personnes que j'ai nommées. Béranger ne put obtenir que les portes s'ouvrissent pour lui. Sur les hauteurs du Père-Lachaise, on apercevait deux régiments; des soldats gardaient les abords de la tranchée funéraire au fond de laquelle on fit glisser le cercueil du philosophe, du dialecticien incomparable qui, dans un langage sobre, harmonieux et puissant, enseignait au peuple ses devoirs et ses droits. Au moment où les premières pelletées de terre étaient jetées par le fossoyeur, des ouvriers et des étudiants apparurent près de la longue fosse commune. « Que venez-vous faire ici? leur cria un officier de paix. — Pleurer nos morts, répondit un étudiant; sommes-nous aussi privés de ce droit? » D'un ton menaçant, l'homme de police répliqua : « Au nom de la loi, retirez-vous! » Les agents poursuivirent, à travers les tombes, les jeunes gens qui leur échappèrent. Sortis du cimetière par une issue qui leur avait été indiquée, les étudiants et les ouvriers se répandirent dans les rues voisines en chantant la *Marseillaise* et en criant : « Respect aux morts! » Le silence le plus absolu sur l'enterrement de Lamennais fut imposé à tous les journaux indistinctement.

Ce qu'on nomme *les lieux saints* se compose, principalement, d'un creux dans une roche à Bethléem, d'une grotte à Gethsémani et d'un caveau près du Golgotha, hors des murs de Jérusalem. Le creux dans la roche serait la crèche de Jésus; — le caveau, son sépulcre, — et c'est dans la grotte que les apôtres auraient apporté le corps de la sainte Vierge *miraculeusement*. Sur chacun de ces trois lieux saints, des églises ont été bâties ou creusées, car celle de Gethsémani est souterraine et celle de Bethléem, qui s'élève au-dessus du sol, a le chœur posé sur une autre qu'on a souterrainement taillée dans le roc; celle-ci est l'étable légendaire où se trouvait la crèche et au fond de laquelle un marbre blanc cerclé d'argent marque la place où Marie enfanta Jésus; on descend, par deux escaliers tournants, dans cette église que trente-deux lampes éclairent et qui a deux portes. Or, depuis je ne sais combien de siècles, les moines latins et les moines grecs se querellent au sujet des clefs de l'église supérieure et de l'église souterraine. Cependant, par une sorte de trêve tacite, les hostilités étaient suspendues. En 1851, à l'instigation de M. de La Valette, ambassadeur de France à Constantinople, les moines latins qui se nomment les *Pères de la Terre-Sainte* remirent leurs prétentions sur le tapis; ils exigèrent la clef de la porte principale de l'église supérieure de Bethléem et une des clefs de chacune des deux portes de l'église souterraine dite *de la Sainte-Crèche*, — le droit de placer dans ce sanctuaire une étoile d'argent ornée des armes de France et dans celui de Gethsémani une lampe et une armoire.

Les moines grecs, soutenus par leur pape qui règne à Saint-Pétersbourg, — car le tzar de Russie est le pape des catholiques grecs, — ne se refusaient pas à ouvrir les portes aux moines latins dont le pape est à Rome, mais ils ne voulaient pas se dessaisir des clefs dont ils avaient toujours eu la garde.

Le sultan, dans l'empire duquel sont compris les lieux saints depuis l'an 1291, époque où les chrétiens perdirent la Palestine, rendit d'abord un firman favorable aux moines grecs; puis, sous la pression que Louis Bonaparte fit exercer plus violemment sur Abdul-Medjid après le 2 Décembre [1], les trois clefs furent remises aux moines latins, et leur patriarche plaçait triomphalement une étoile resplendissante dans le sanctuaire de Bethléem au moment où, en France, leur protecteur posait sur sa tête une couronne usurpée.

Le triomphe de l'église rivale de la sienne exaspéra le tzar, plus jaloux encore de son autorité spirituelle que de l'autre; il protesta contre un fait « qui lèse, disait-il, les immunités *de l'Église orthodoxe* ». Le pape grec et le pape latin prétendent, chacun de son côté, que l'orthodoxie, c'est-à-dire la conformité aux saines doctrines en matière de religion, appartient à l'Église dont il est le chef. Devant cette mutuelle prétention des deux papes rivaux à posséder seuls la vérité religieuse, le mufti, souverain pontife des musulmans, hausse les épaules de pitié, car il soutient, lui, que « l'islamisme est la seule vraie religion ».

Dans sa protestation, le tzar ajoutait : « Le canon a été appelé le dernier argument des rois; le gouvernement français en a fait le premier; nous adopterons une conduite moins sommaire. » En effet, et sur ce point je ne saurais trop insister, quand Louis Bonaparte disait, à Bordeaux : « *L'Empire,*

[1]. Avant le 2 Décembre, lorsque cette question des lieux saints fut soulevée, la majorité réactionnaire de l'Assemblée législative, dont la courte vue n'allait pas au delà du contentement que donnait à son esprit clérical la réclamation des Pères de la Terre-Sainte, approuva hautement l'appui que Louis Bonaparte leur prêtait.

c'est la paix, » ce dissimulateur préparait déjà la guerre. Dans quel but? Nous le verrons bientôt. Voici, avant tout, un fait indéniable : « C'est l'ambassadeur de France à Constantinople qui fut le premier à troubler le *statu quo* de la question des lieux saints; et sans l'action politique de la France les disputes des Églises n'auraient jamais dérangé les relations entre les puissances amies [1]. »

En 1740, le vieux cardinal Fleury qui, pour garder la direction des affaires de l'État, allait bientôt détacher Louis XV de la fidélité conjugale et le lancer dans le libertinage, obtint du sultan Mahmoud Ier, uniquement occupé de ses plaisirs, un traité concédant certains droits à l'Église latine. Mais entre ce traité et plusieurs firmans postérieurement accordés à l'Église grecque il y avait incompatibilité absolue. Or, en demandant « la stricte exécution » des capitulations de 1740, tombées à peu près en désuétude, et conséquemment l'annulation des firmans laissés depuis longtemps en vigueur par la France elle-même, Louis-Napoléon ravivait la querelle des moines, jetait le sultan dans l'embarras et le tzar dans l'irritation; en un mot, il troublait la tranquillité dont jouissait l'Europe.

Les mobiles qui le poussaient étaient divers. D'abord il voulut plaire au parti clérical, dont l'appui était nécessaire au succès de son usurpation; puis, désirant être sacré à Paris, comme l'avait été son oncle, il espérait que le cadeau des clefs triompherait de l'opposition que son désir avait rencontré dans l'entourage de Pie IX. D'un autre côté, Nicolas Ier s'était montré fort rebelle à la reconnaissance de Napoléon III par les puissances; et, lorsqu'il se fut décidé à le reconnaître, au lieu du titre de « *frère et cousin* », que les souverains, ordinairement, se donnent entre eux, il lui donna seulement

[1]. Déclaration de lord Clarendon, ministre des affaires étrangères d'Angleterre.

M. de Morny.

celui de « *bon ami* ». Louis-Napoléon gardait rancune de la double blessure faite à son orgueil. Pour s'en venger, il manœuvra de façon à former une alliance distincte avec l'Angleterre ; il caressait la politique poursuivie par cette puissance en Orient, où elle croyait ses possessions de l'Inde menacées et où la Russie l'avait frappée à la fois dans ses fiertés et dans sa cupidité « en fermant à ses flottes les Dardanelles, à son commerce les bouches du Danube et les côtes de la mer Noire ». Préserver l'intégrité de l'empire ottoman, objet des convoitises de la Russie, offrir aux ressentiments de la fière Albion une occasion d'éclater et à son orgueil humilié celle de prendre une revanche, tels furent les appâts tendus par Louis-Napoléon à l'Angleterre pour l'attirer dans une alliance avec lui. Favorisée par l'influence de lord Clarendon, qui portait à la fille de sa vieille amie la comtesse de Montijo une affection toute paternelle, cette alliance amènerait des relations cordiales entre les deux cours ; l'homme du 2 Décembre pourrait ainsi échanger avec la reine des visites qui — s'imaginait-il — seraient comme une consécration de son criminel avénement au pouvoir. Enfin il pensait qu'une guerre heureuse, en

29.

aux moines latins dont le pape est à Rome, mais ils ne voulaient pas se dessaisir des clefs dont ils avaient toujours eu la garde.

Le sultan, dans l'empire duquel sont compris les lieux saints depuis l'an 1294, époque où les chrétiens perdirent la Palestine, rendit d'abord un firman favorable aux moines grecs; puis, sous la pression que Louis Bonaparte fit exercer plus violemment sur Abdul-Medjid après le 2 Décembre [1], les trois clefs furent remises aux moines latins, et leur patriarche plaçait triomphalement une étoile resplendissante dans le sanctuaire de Bethléem au moment où, en France, leur protecteur posait sur sa tête une couronne usurpée.

Le triomphe de l'église rivale de la sienne exaspéra le tzar, plus jaloux encore de son autorité spirituelle que de l'autre; il protesta contre un fait « qui lèse, disait-il, les immunités *de l'Église orthodoxe* ». Le pape grec et le pape latin prétendent, chacun de son côté, que l'orthodoxie, c'est-à-dire la conformité aux saines doctrines en matière de religion, appartient à l'Église dont il est le chef. Devant cette mutuelle prétention des deux papes rivaux à posséder seuls la vérité religieuse, le mufti, souverain pontife des musulmans, hausse les épaules de pitié, car il soutient, lui, que « l'islamisme est la seule vraie religion ».

Dans sa protestation, le tzar ajoutait : « Le canon a été appelé le dernier argument des rois; le gouvernement français en a fait le premier; nous adopterons une conduite moins sommaire. » En effet, et sur ce point je ne saurais trop insister, quand Louis Bonaparte disait, à Bordeaux : « *L'Empire,*

---

[1]. Avant le 2 Décembre, lorsque cette question des lieux saints fut soulevée, la majorité réactionnaire de l'Assemblée législative, dont la courte vue n'allait pas au delà du contentement que donnait à son esprit clérical la réclamation des Pères de la Terre-Sainte, approuva hautement l'appui que Louis Bonaparte leur prêtait.

c'est la paix, » ce dissimulateur préparait déjà la guerre. Dans quel but? Nous le verrons bientôt. Voici, avant tout, un fait indéniable : « C'est l'ambassadeur de France à Constantinople qui fut le premier à troubler le *statu quo* de la question des lieux saints; et sans l'action politique de la France les disputes des Églises n'auraient jamais dérangé les relations entre les puissances amies [1]. »

En 1740, le vieux cardinal Fleury qui, pour garder la direction des affaires de l'État, allait bientôt détacher Louis XV de la fidélité conjugale et le lancer dans le libertinage, obtint du sultan Mahmoud Ier, uniquement occupé de ses plaisirs, un traité concédant certains droits à l'Église latine. Mais entre ce traité et plusieurs firmans postérieurement accordés à l'Église grecque il y avait incompatibilité absolue. Or, en demandant « la stricte exécution » des capitulations de 1740, tombées à peu près en désuétude, et conséquemment l'annulation des firmans laissés depuis longtemps en vigueur par la France elle-même, Louis-Napoléon ravivait la querelle des moines, jetait le sultan dans l'embarras et le tzar dans l'irritation; en un mot, il troublait là tranquillité dont jouissait l'Europe.

Les mobiles qui le poussaient étaient divers. D'abord il voulut plaire au parti clérical, dont l'appui était nécessaire au succès de son usurpation; puis, désirant être sacré à Paris, comme l'avait été son oncle, il espérait que le cadeau des clefs triompherait de l'opposition que son désir avait rencontré dans l'entourage de Pie IX. D'un autre côté, Nicolas Ier s'était montré fort rebelle à la reconnaissance de Napoléon III par les puissances; et, lorsqu'il se fut décidé à le reconnaître, au lieu du titre de « *frère et cousin* », que les souverains, ordinairement, se donnent entre eux, il lui donna seulement

---

[1]. Déclaration de lord Clarendon, ministre des affaires étrangères d'Angleterre.

M. de Morny.

celui de « *bon ami* ». Louis-Napoléon gardait rancune de la double blessure faite à son orgueil. Pour s'en venger, il manœuvra de façon à former une alliance distincte avec l'Angleterre ; il caressait la politique poursuivie par cette puissance en Orient, où elle croyait ses possessions de l'Inde menacées et où la Russie l'avait frappée à la fois dans ses fiertés et dans sa cupidité « en fermant à ses flottes les Dardanelles, à son commerce les bouches du Danube et les côtes de la mer Noire ». Préserver l'intégrité de l'empire ottoman, objet des convoitises de la Russie, offrir aux ressentiments de la fière Albion une occasion d'éclater et à son orgueil humilié celle de prendre une revanche, tels furent les appâts tendus par Louis-Napoléon à l'Angleterre pour l'attirer dans une alliance avec lui. Favorisée par l'influence de lord Clarendon, qui portait à la fille de sa vieille amie la comtesse de Montijo une affection toute paternelle, cette alliance amènerait des relations cordiales entre les deux cours ; l'homme du 2 Décembre pourrait ainsi échanger avec la reine des visites qui — s'imaginait-il — seraient comme une consécration de son criminel avénement au pouvoir. Enfin il pensait qu'une guerre heureuse, en affaiblissant le souvenir de ses crimes, écarterait les périls intérieurs, et que les lauriers d'une victoire remportée au dehors par les généraux décembriseurs déroberaient à la vue de la nation la flétrissure qui les avait marqués.

« Préserver l'intégrité de l'empire ottoman » est la grande préoccupation de l'Angleterre; mais par qui donc cette intégrité était-elle menacée quand, au milieu de l'Orient tranquille, Louis Bonaparte fit, avec les fameuses clefs, un tapage que les Anglais eux-mêmes blâmaient? Après avoir déploré la prédominance que les deux Églises rivales se disputaient dans l'endroit même où le Christ mourut, lord Clarendon disait : « Un tel spectacle nous inspire de tristes pensées. Les deux parties devraient s'abstenir de mettre leurs troupes et leurs flottes en mouvement dans le but de faire de la tombe de Jésus-Christ une cause de lutte entre des chrétiens [1]. »

La diplomatie européenne, à l'arbitrage de laquelle on proposa de recourir, comprenait si peu cette question sotte qu'elle demanda « si, dans ce cas, on entendait par clef un instrument servant à ouvrir une porte, ou si la clef n'était pas un emblème [2] ». Dans tout cela, Louis Bonaparte ne trouvait pas son affaire, c'est-à-dire la guerre et le traité. Le 22 avril 1853, lord Stratford Canning avait anéanti les espérances napoléoniennes en mettant tous les moines d'accord; M. de La Tour, successeur de M. de La Valette, essaya de raviver la querelle sur un autre point, celui de la préséance au sujet des célébrations de l'office divin : « *Il jetait feu et flamme* à la pensée que, sur la tombe de la Vierge, les prêtres grecs diraient la messe avant les prêtres latins [3]. » Le bon sens et le calme de lord Stratford eurent raison de ces chicanes et de ces emportements.

Mais à la tournure que prenait l'affaire des clefs Louis Bonaparte prévit l'avortement de ses desseins; aussi, quelques jours avant qu'elle ne fût réglée, avait-il, sans en aviser l'Angleterre, envoyé dans le Levant une flotte française avec ordre de s'avancer jusqu'à Salamine. C'était un acte agressif dont le but était « de rallumer à Saint-Pétersbourg la querelle mourante » [1] et de pousser le tzar à envoyer, sous l'inspiration de sa colère, au prince Mentschikoff des instructions violentes, d'où naîtrait sans doute un conflit plus sérieux que celui dont une question de ferraille et de froc avait été le prétexte bouffon. En effet, des dépêches irritées enjoignirent au prince de terminer sa mission, en réclamant de la Sublime-Porte la conclusion d'un traité secret conférant à l'empereur de Russie un protectorat absolu sur l'Église grecque en Turquie et promettant au sultan le secours d'une flotte russe et d'une armée de 400,000 hommes en cas de besoin. Cette fois l'Angleterre entra personnellement en jeu, et lord Stratford Canning fit rejeter par le Divan la demande d'une suprématie qui amoindrirait la souveraineté du sultan.

Le 25 mai 1853, le prince Mentschikoff s'éloignait de Constantinople et l'hôtel de l'ambassade russe n'avait plus sur sa façade les armes de Russie. Le 2 juillet suivant, les troupes de l'empereur Nicolas passaient le Pruth et occupaient les Principautés danubiennes.

Napoléon III mit à profit le mécontentement général que cette occupation produisit pour décider l'Angleterre à former l'alliance qu'il désirait si ardemment; impatient d'entraîner sa future alliée dans un acte de violence, il lui arracha le consentement à l'entrée simultanée des deux escadres anglaise et

---

1. *Eastern Papers*, 1re partie, p. 67.
2. *Eastern Papers*, 1re partie, p. 79.
3. *Eastern Papers*, 1re partie, p. 157.

1. William Kinglake.

française dans les Dardanelles. Le tzar répondit à cette violation du traité de 1841 en envoyant une flotte russe à Sinope, où elle détruisit [1] l'escadre turque mouillée dans le port, incendia la ville et tua plus de quatre mille Turcs.

Cependant un arrangement pacifique, ménagé par les représentants des quatre puissances à Constantinople, était près d'aboutir lorsque Napoléon III qui, à tout prix, voulait la guerre, excita le gouvernement anglais à s'associer au gouvernement français pour signifier au tzar que « désormais tout navire russe rencontré dans la mer Noire serait requis et, au besoin, forcé de rentrer à Sébastopol ». Cette sommation fut faite le 12 janvier 1854. Aussitôt l'empereur de Russie rappela de Londres et de Paris ses ambassadeurs ; l'Angleterre et la France l'imitèrent.

Cet homme d'aventure qui, à son gré, disposait de la nation française, cachait sous une apparence de fermeté un esprit faible et irrésolu. Dirigée par la crainte ou par la vanité, sa conduite présentera souvent les plus bizarres contradictions ; il reculera devant les œuvres qu'il aura conçues au milieu de ses hallucinations ou sous l'influence de quelques menaces ou de quelques appréhensions, et dont il redoutera les conséquences en les envisageant, tout à coup, comme pouvant être funestes à son pouvoir théâtralement exercé. Du rôle de provocateur, il passera brusquement à celui de pacificateur. C'est ainsi que, le 29 janvier 1854, après avoir, depuis trois ans, soufflé la guerre contre le tzar, il écrivit à ce monarque pour lui suggérer un projet de pacification. Sa vanité, il est vrai, trouvait là une occasion d'être flattée, car, dans une lettre autographe, il disait à *son bon ami :* « Que Votre Majesté adopte ce plan dont nous sommes convenus, la REINE D'ANGLETERRE ET MOI, et la tranquillité sera rétablie, et le monde sera satisfait. Il n'y a rien dans ce plan qui soit indigne de Votre Majesté, rien qui puisse blesser votre honneur. Mais si, par des motifs difficiles à comprendre, Votre Majesté venait à rejeter cette proposition, la France et l'Angleterre seraient forcées *d'abandonner au sort des armes et aux chances de la guerre* ce qui maintenant pourrait être décidé par la raison et par la justice. »

Après avoir fait observer que « l'empereur des Français se permit d'écrire ces mots à une époque où aucune menace de guerre du genre de celle qu'il articulait au nom de la reine n'avait été adressée par le cabinet anglais à la cour de Saint-Pétersbourg », l'historien de *l'invasion de la Crimée* ajoute : « Les hommes d'État anglais répugnent à recourir aux menaces, et ils ne mettent le nom de leur souveraine en avant qu'avec la plus grande circonspection. Notre gouvernement ne pouvait être désireux d'être associé à une démonstration que la cour trop dédaigneuse de Saint-Pétersbourg ne manquerait pas de trouver grotesque. Personne ne doutera que les membres du cabinet de lord Aberdeen n'aient dû voir avec peine l'empereur des Français s'avancer sur la scène et menacer en public l'empereur de Russie au nom de leur reine. »

Le tzar repoussa les avances du *bon ami* auquel il porta, d'abord, un coup droit en qualifiant de *fatale* l'influence sans laquelle le différend qui troublait l'Europe se fût amiablement et depuis longtemps terminé ; puis, avec une nuance d'ironie et sur un ton sévère, le tzar lui disait : « Si le rôle de spectateur ou celui de médiateur ne suffisait pas à Votre Majesté, et qu'elle voulût se faire l'auxiliaire armé de mes ennemis, alors, sire, il eût été plus loyal et plus digne d'elle de me le dire franchement en me déclarant la guerre. »

Enfin Nicolas terminait sa réponse par une allusion fière à la désastreuse campagne de 1812 : « Quoi que Votre Majesté décide,

---

[1]. Le 30 novembre 1853.

ce n'est pas devant la menace que l'on me verra reculer. Ma confiance est en Dieu et en mon bon droit, et la Russie, j'en suis garant, saura se montrer en 1854 ce qu'elle fut en 1812. »

Le 21 février, il adressa un manifeste à son peuple. « L'Angleterre et la France, disait-il, se sont rangées du côté des ennemis du christianisme contre la Russie qui se bat pour l'Église orthodoxe. Mais la Russie ne déviera pas de sa mission divine; et si les ennemis viennent attaquer ses frontières nous irons à leur rencontre avec la fermeté que nos ancêtres nous ont léguée. Ne sommes-nous plus la nation russe, de la valeur de laquelle les événements mémorables de 1812 ont rendu témoignage? Que le Tout-Puissant nous aide à le prouver par des actes. Remplis de confiance en prenant les armes pour nos frères persécutés qui professent la foi chrétienne, nous pousserons, avec la Russie tout entière, ce cri parti d'un seul cœur : « O Seigneur, notre Sauveur, qui devons-« nous craindre ? Que Dieu se lève, et que « ses ennemis soient dispersés ! »

Le 2 mars 1854, en ouvrant la session du Corps législatif, Napoléon III annonça que la guerre allait commencer; mais, comme il ne parlait de rien sans mentir, il ajouta, pour atténuer le mauvais effet que cette nouvelle produisait sur le pays : « La France va à Constantinople avec l'Angleterre son ancienne rivale et *avec l'Allemagne renonçant à ses vieilles méfiances contre nous*. » Or la Prusse et l'Autriche se borneront à contracter ensemble une alliance offensive et défensive pour garantir leurs possessions respectives [1], et elles obtiendront pacifiquement du tzar une satisfaction qui rendra cette alliance inutile.

L'empereur, dans son discours, parla aussi de la disette qui affligeait le pays, et il loua outre mesure les prétendus services que la *caisse de la boulangerie* créée à Paris était appelée à rendre en mettant le prix du pain au-dessous du taux de la mercuriale dans les années mauvaises, sauf à prendre une compensation dans les années fertiles.

Le lendemain, le projet d'un emprunt de 250 millions fut voté. Une souscription publique, ouverte le 14 mars et close le 25, dépassa de près du double le chiffre de l'emprunt. Le 5 avril, le Corps législatif éleva de 80,000 hommes à 140,000 le contingent de la classe de 1853.

Le 27, un Message de la reine Victoria au Parlement et un Message de l'empereur au Corps législatif et au Sénat apprirent à l'Angleterre et à la France que toutes les négociations avec le tzar étaient rompues et que les deux puissances alliées allaient protéger la Turquie contre les *dangereux empiétements* de la Russie.

Le 10 avril, le traité d'alliance fut signé. Quelques jours plus tard, un traité se concluait avec le sultan ; — le tzar qui, le 11, avait publié sa déclaration de guerre, fit passer le Danube à une armée sous les ordres du prince Gortschakoff.

Le commandement en chef de l'armée française fut donné au maréchal Saint-Arnaud, et celui de l'armée anglaise à lord Raglan. Autant le premier de ces généraux était mésestimable, autant le second méritait l'estime générale qui l'entourait ; aussi répugnait-il à ce vieux soldat sans tache, type de l'honneur et de la loyauté militaires, d'associer son commandement à celui de l'aventurier que nous connaissons. Quand, le 10 avril, l'empereur présenta son complice de Décembre à lord Raglan, celui-ci dut faire appel à toute l'énergie de sa fidélité à la reine qui lui avait donné une mission à remplir et de son dévouement à l'Angleterre dont il croyait servir les intérêts dans cette guerre, pour vaincre le dégoût qu'il éprouvait en imposant à sa main loyale le contact de celle du maréchal Saint-Arnaud.

---

1. Le 20 avril.

Le 11 mai, les deux généraux en chef se retrouvèrent à Constantinople. Saint-Arnaud y signala son arrivée par une sottise : devant les ministres du sultan, il éleva la prétention d'ôter à Omer pacha et de prendre le commandement en chef de l'armée ottomane. Lord Stratford et lord Raglan rabattirent son outrecuidance. Bientôt, oubliant sa déconvenue, il prit visée plus haut, mais obliquement : « Il proposa, chaque fois que des forces anglaises et françaises agiraient de concert, de conférer le commandement des troupes à l'officier supérieur en grade. » Sous cette proposition généralisée perçait visiblement l'ambitieuse pensée de Saint-Arnaud : ayant un grade plus élevé que celui de lord Raglan, il commanderait en chef l'armée britannique. Un mot sévère du général anglais déjoua ce projet orgueilleux. Semoncé, dit-on, par son complice et ami Napoléon III qui « lui défendit de renouveler des tentatives de ce genre, *pouvant mettre l'alliance en danger*, » ce triste maréchal de France allait faire une troisième faute plus lourde que les deux premières, car celle-ci était de nature à mettre en péril non-seulement l'alliance, mais encore l'armée dont il était le chef.

Depuis le 19 mai, le prince Paskewitch, avec une armée de 32,000 Russes, assiégeait Silistrie qui est l'une des trois fortes places turques et la clef du Danube inférieur. La garnison se défendait héroïquement. Dans une conférence entre lord Raglan, Saint-Arnaud et Omer pacha, il avait été convenu que les deux armées alliées se rendraient de Gallipoli à Varna où leur présence dans le voisinage de la lutte intimiderait les mouvements de l'armée russe. Omer pacha alla donc baser sur cet appui moral ses opérations militaires.

Le 24 juin, Saint-Arnaud, sans nul souci de l'engagement pris, annonça tout à coup à lord Raglan qu'il avait résolu d'envoyer à Varna une seule de ses divisions et de faire prendre au reste de son armée une position défensive derrière la chaîne des Balkans ; il invitait le général anglais à suivre ce plan dont — chose plus grave — il avait donné à la division Bosquet l'ordre de commencer l'exécution. Ce projet insensé de mettre « plusieurs centaines de milles entre les armées des deux puissances occidentales et le théâtre de la guerre » stupéfia lord Raglan ; il répondit froidement « qu'aucune partie de son armée ne se porterait derrière les Balkans, mais que, à la première alerte, elle s'embarquerait pour Varna. » Saint-Arnaud dut reconnaître l'insanité de son plan, auquel il renonça ; pour dissimuler à ses soldats sa nouvelle bévue, il laissa la division Bosquet continuer sa marche vers la Bulgarie.

Le 10 juin commença le mouvement des deux armées sur Varna, et le 22, après avoir vu tous leurs assauts repoussés et subi d'énormes pertes, les Russes levèrent le siège de Silistrie. A Giurgevo, l'armée turque leur infligea un nouvel échec, à la suite duquel ils abandonnèrent tout projet de domination sur le Danube inférieur.

Le maréchal Saint-Arnaud avait tracé le rôle des deux armées alliées dans ces termes très-nets : « Nous sommes venus ici pour aider les Turcs, les secourir, les sauver, mais non pas en suivant leurs plans et leurs idées. » Les Turcs n'ont plus besoin ni d'aide ni de secours puisque, seuls, ils ont obligé leurs envahisseurs à regagner le territoire du tzar. Nicolas, on le sait, est tombé dans un abattement profond en apprenant la défaite de son armée à Silistrie et à Giurgevo ; il vient d'évacuer les Principautés danubiennes, que les Autrichiens occupent maintenant ; les causes de la guerre ont disparu ; il n'y a plus, semble-t-il, qu'à assurer la paix en obtenant du tzar découragé sa renonciation aux exigences qui la troublèrent.

Mais l'Angleterre ne l'entendait pas ainsi ; le but occulte de ses condescendances pour Napoléon III se démasque enfin : ce qu'elle voulait et ce qu'elle veut, c'est *la destruction de Sébastopol et de la flotte russe, c'est l'occupation de la Crimée.* « Voilà ce qui payera les frais d'une guerre dont le but politique et militaire ne peut être obtenu tant que Sébastopol et la flotte russe existeront[1]. » La France va, sans aucun profit pour elle, payer cher la satisfaction que l'Angleterre réclame en échange de son consentement à une alliance avec l'homme de Décembre et de la poignée de main donnée par lord Raglan à Saint-Arnaud. Le 28 juillet, une conférence eut lieu à Varna ; les généraux français qui y assistaient déclarèrent que leurs instructions se bornaient « à assurer la sécurité du territoire ottoman et ne les autorisaient pas à tenter l'invasion d'une province russe ». Lord Raglan tint bon et fit décider que les préparatifs de l'invasion se feraient activement.

Le maréchal Saint-Arnaud brûlait d'illustrer son commandement par une action d'éclat. La Dobrutja est une contrée déserte et marécageuse, au sein de laquelle le Danube, par ses crues hivernales, entretient perpétuellement des fièvres pestilentielles ; et c'est là que, en plein été, Saint-Arnaud envoya trois divisions françaises ! Il s'imaginait y trouver des Russes et remporter sur eux une victoire que, le 15 août, il offrirait pour bouquet à l'empereur. Il chargea le général Canrobert d'organiser la victoire rêvée en lui désignant « *comme étant le plus propre à ce coup de main* » le colonel qui s'empara du Palais législatif et auquel cet exploit valut les épaulettes de général. Le 21 juillet, sous la direction du général Espinasse, le corps expéditionnaire se mit en marche ; la division du général Canrobert partit la première ; les deux autres se mirent en marche le lendemain. Aux premières étapes, le choléra prend son tribut de victimes ; plus on s'avance dans ces steppes infects, plus la mort fauche les bataillons ; les soldats tombent par centaines pour ne plus se relever ; partout des cadavres sur lesquels des vautours s'abattent ; partout des malades qu'on ne peut soulager, car les médicaments font défaut ; on en abandonne un grand nombre, car les moyens de transport manquent ; tous les chevaux en sont chargés. Les infirmiers et leurs auxiliaires sont morts à la peine. La soif dévore nos malheureux soldats, et pas une goutte d'eau pour l'apaiser ! Si un orage éclate « et verse sur eux la pluie après laquelle ils soupirent, cette pluie qu'ils croient bienfaisante, c'est la mort ; plus d'un qui s'endort ce soir-là dans sa capote roidie ne se relèvera plus le lendemain[1]. » Les officiers, que le fléau avait d'abord épargnés, sont frappés à leur tour : « Tel qui creuse la fosse d'un camarade y tombe une heure après[2]. » Le 10 août, quand, après avoir semé de cadavres les routes infectées, le reste de l'armée expéditionnaire revint à Varna, « un officier d'état-major calcula que des trois divisions françaises qui marchèrent dans la Dobrutja, dix mille hommes étaient décédés ou malades[3] ».

Les résultats de cette lugubre campagne ne s'arrêtèrent pas au désastre qui faillit anéantir le corps expéditionnaire tout entier. Les malades venus de la Dobrutja apportèrent un nouvel aliment au choléra qui de Gallipoli avait suivi notre armée à Varna ; le fléau redoubla d'intensité ; il attaqua l'armée anglaise et atteignit les flottes ; espérant lui échapper, elles quittèrent leurs mouillages ; dans plusieurs vaisseaux il se déchaîna si violemment que « la manœuvre usuelle ne put plus être exécutée ; les morts étaient sans cesse jetés par-dessus bord ». Saint-Arnaud,

---

1. Le *Times*, n° du 15 juin 1854.

1. *Souvenirs historiques, militaires et médicaux de l'armée d'Orient*, par M. F. Quesnoy, médecin major au 4ᵉ régiment des voltigeurs de la garde.
2. F. Quesnoy.
3. W. Kinglake.

contre lequel chefs et soldats se répandaient en invectives mordantes, luttait mal contre le trouble de son esprit assiégé sans doute par d'effroyables visions et contre les souffrances de son corps exténué par la maladie. Enfin l'épidémie qui ravageait les camps des alliés s'affaiblit, et l'embarquement des troupes commença le 24 août. Le 14 septembre, les premières chaloupes touchaient au point du rivage choisi pour le débarquement ; bientôt, sur la côte de Crimée, près de l'embouchure de l'Alma, bivouaquaient 30,200 Français[1], 7,000 Turcs et 27,000 Anglais, ayant ensemble 128 canons.

La rive gauche de l'Alma est dominée par des hauteurs dont les pentes ravinées et les courbes inégales dans leur roideur offrent à la défense des retranchements naturels ; en s'y établissant, le prince Mentschikoff y avait fait ajouter différents ouvrages ; ne disposant que de 39,000 hommes et de 106 canons, il ne put donner à son front de bataille qu'une lieue d'étendue sur une position qui s'étendait à plus de huit kilomètres. Le 20 septembre, des batteries et des soldats occupaient tous les défilés et toutes les routes, une seule exceptée, car le général en chef de l'armée russe la croyait inaccessible ; en l'explorant, il eût vu qu'elle menait à un gué dont le passage devait lui être funeste. Les deux armées alliées s'étaient mises en mouvement dans l'ordre assigné à chacune d'elles ; vers une heure et demie, un canon russe ouvrit la bataille du côté des Anglais. De notre côté, la division Bosquet s'était mise en marche la première. Ce général, dont l'intelligence égalait la bravoure, pressentit la faute que Mentschikoff avait commise ; il découvrit le gué, fit passer la rivière à ses troupes, se mit à la tête d'une brigade, gravit la route montante dont le général russe n'avait pris aucun

souci et arriva, sans être inquiété, sur un plateau que les zouaves avaient déjà escaladé en grimpant sur ses flancs escarpés et rocailleux. Cette apparition imprévue dérangea les plans de Mentschikoff ; quarante pièces d'artillerie se tournèrent vers le plateau conquis et tentèrent inutilement d'éteindre le feu des douze canons de Bosquet dont l'isolement devenait périlleux ; Canrobert qui devait le secourir ne le fit pas ; ce général, n'ayant pas son artillerie, attendit et se trouva lui-même exposé à un danger qui eût été funeste à sa division si Mentschikoff eût su profiter d'une position devenue mauvaise pour les alliés. Pendant cette journée, les fautes se multiplièrent de part et d'autre. La brigade Lourmel fut dirigée par le général Forey, à la division duquel elle appartenait ; il se comporta de telle façon qu'un historien de cette bataille a pu dire : « Si cet homme, qui s'était fait publiquement, avec les commissaires de Maupas, l'agresseur et le geôlier des représentants désarmés de la France, est, un jour, appelé à rendre compte de son passé, il ne lui sera pas possible de détourner le châtiment en s'en rapportant aux souvenirs de l'Alma[1]. » La division du prince Napoléon, de laquelle s'étaient détachés les zouaves pour aller combattre, fut inutilisée ; « elle demeura dans la vallée pendant la période critique de la bataille, et Saint-Arnaud qui s'était placé au milieu d'elle ne put avoir qu'une vue imparfaite de ce qui se passait[2] ». A un certain moment, Canrobert pouvait détruire une forte colonne russe ; au grand étonnement de celui qui la commandait, il ne la poursuivit pas. L'indécision qui paralyse habituellement les qualités militaires de ce général dont la bravoure est pourtant incontestable se trahissait dans tous ses mouvements sur les rives de l'Alma ; on attribuait son trouble à la douleur que lui avait causée

---

1. De nombreux renforts n'avaient pu remplir les vides faits par le choléra dans les rangs de l'armée française.

1. W. Kinglake.
2. W. Kinglake.

l'issue néfaste de la campagne de la Dobroudja : plus de la moitié de sa division y avait péri. Les Anglais enlevèrent les principaux ouvrages de l'ennemi. Après des alternatives de crainte et d'espérance, les alliés restèrent maîtres du champ de bataille. Le général Bosquet avait conservé sa position. L'armée russe, qui s'était vaillamment défendue contre des ennemis supérieurs en nombre et non moins vaillants qu'elle, effectua sa retraite dans la direction de Sébastopol. Cette bataille, qui avait duré moins de cinq heures, coûta en tués ou blessés 1,343 hommes à l'armée franco-turque, et 2,002, parmi lesquels 106 officiers et 111 sergents, à l'armée anglaise, qui s'était plus généralement engagée que la nôtre et qui avait eu à combattre un plus grand nombre d'ennemis [1]. Le chiffre des Russes tués ou blessés s'élevait à 5,709 ; ils ne perdirent que deux canons pris par les Anglais et laissèrent fort peu de prisonniers à leurs vainqueurs.

Le maréchal Saint-Arnaud, dans son rapport qui enflait démesurément les choses, outragea la vérité jusqu'à dire : « Le général Canrobert a eu les honneurs de la journée. » Et comme ce général avait reçu, paraît-il, une blessure légère, si légère que nul ne s'en aperçut, les journaux impérialistes, dans l'intention de flatter les manies dévotes de l'impératrice, déclarèrent qu'une médaille donnée par la *pieuse souveraine au glorieux blessé* l'avait miraculeusement sauvé de la mort. Ce fut, dans les camps des alliés, une grande risée quand on y connut les hâbleries du rapport officiel et les drôleries des journaux officieux.

Mais la publication de la dépêche adressée

[1]. « Saint-Arnaud, avec 37,000 hommes, 68 canons et l'appui de neuf vapeurs de guerre, n'eut à affronter que 13,000 Russes et 36 canons ; ses soldats étaient donc 37 contre 13 ; mais la position assaillie par eux opposait des obstacles physiques au mouvement des troupes. — Les Anglais, avec 26,000 hommes et 60 canons, eurent à lutter contre un nombre égal de Russes et 86 canons. » W. K.

par Saint-Arnaud à l'empereur fit éclater en Angleterre, au sein de la colonie anglaise à Paris, et dans le camp de nos alliés, une vive indignation. Le maréchal s'arrogeait le mérite d'avoir dirigé la bataille et déterminé la victoire en sa faveur ; il blâmait les troupes anglaises d'avoir tardivement exécuté un conseil qu'*il* leur avait donné, en ajoutant « qu'elles avaient bravement *réparé* ce retard ». M. Drouyn de Lhuys promit à lord Cowley « d'empêcher le retour d'erreurs et de dépêches de ce genre » et reconnut la nécessité « d'être mieux sur ses gardes à l'avenir ». Le gouvernement, d'ailleurs, n'ignorait pas la triste opinion que l'armée française avait de l'homme qui la commandait ; car les lettres venant de Crimée, même celles écrites par le maréchal à sa famille et à ses amis, étaient ouvertes, lues et souvent copiées ; puis celles qu'on ne supprimait pas allaient à leur destination.

Le lendemain de la bataille de l'Alma, lord Raglan voulait profiter de la victoire en attaquant les forts du nord de Sébastopol, dont la défense était alors très-incomplète ; alléguant la fatigue de ses troupes, Saint-Arnaud s'y refusa ; ce qui, le 22 septembre, ne l'empêcha pas d'écrire à son frère : « La lenteur des Anglais me retient sur les rives de l'Alma. J'enrage. » — Le 23, les alliés traversant la vallée de la Katchka pénétrèrent dans celle du Belbec, d'où ils pouvaient aisément diriger sur le fort de l'Étoile une attaque dont le succès n'était pas douteux. Totleben, qui mena si habilement les travaux de défense de Sébastopol, a déclaré qu' « alors le plateau et le fort ne pouvaient pas être défendus ». Un deuxième refus de Saint-Arnaud empêcha cette attaque proposée par lord Raglan.

Le 25, par une marche de flanc, on atteignit Balaclava, dont le fort se rendit et que les Anglais occupèrent.

Le 27, Achille Leroy Saint-Arnaud rendait l'âme à bord du *Berthollet* qui le rame-

HISTOIRE DU SECOND EMPIRE (1848-70)

Ledru-Rollin.

naît en France; il était âgé de cinquante-six ans. Une maladie devenue mortelle, — disait-on, — à la suite de remèdes tentés contre elle par un toxicologue célèbre, mit fin à la terrible vie qu'il avait faite [1] et que déchirait, sans doute aussi, le remords aux rongements duquel ne peut se soustraire le criminel le plus endurci. Avant de s'embarquer, il avait résigné son commandement entre les mains du général Canrobert, l'un de ses plus utiles coopérateurs dans les massacres de décembre 1851 *et le successeur qui, à l'avance, lui avait été donné* [1].

Pendant que la mort le débarrassait de son complice le plus gênant, Napoléon III passait

1. Sa mort fut mise sur le compte du choléra.

1. L'empereur, prévoyant la fin prochaine de Saint-Arnaud dont, *mieux que personne*, il connaissait l'état de santé, avait remis secrètement à Canrobert le brevet de commandant en chef; le maréchal, en apprenant, le 13 septembre, cette précaution de Napoléon III, eut un sourire amer et lutta plus nerveusement contre le mal qui le consumait.

30.

en revue les troupes réunies au camp de Boulogne et leur disait : « On plante peut-être, aujourd'hui même, nos aigles sur les murs de Sébastopol. » Une dépêche venait de lui annoncer la chute de cette ville. A Paris, à Londres, à Vienne, ce bruit s'était répandu : les forts détruits ou pris avec 2,000 canons, 6 vaisseaux brûlés, 40,000 Russes tués ou faits prisonniers, révolte de la garnison, rien ne manquait à la grande nouvelle apportée à Silistrie par un Tartare ; le *Moniteur* la publia, non pourtant sans faire des réserves que la presse napoléonienne n'admettait pas et attribuait, dans un langage adulateur, à la prudence excessive de l'empereur. Constantinople s'illumina ; Londres et Paris se préparaient à célébrer la grande victoire dont on attendait fiévreusement la confirmation, qui ne vint pas. L'histoire du Tartare était une fable, une mystification à l'origine de laquelle on ne put remonter. La désillusion consterna ceux que la fausse nouvelle avait réjouis.

Napoléon III avait fait voter par le Corps législatif une loi imposant le livret aux ouvriers de tous les états et des deux sexes, — rétabli la garde impériale, — et remplacé à la préfecture de la Seine M. Berger par M. Haussmann, malgré l'impératrice ; le nouveau préfet était protestant, et la ferveur ultramontaine de S. M. Eugénie s'en offusquait ; néanmoins on passa outre dans la nomination de cet *hérétique*. Dès le premier jour de son installation, M. Haussmann préluda aux vastes projets qui allaient bouleverser Paris ; il renversa de fond en comble le budget que son prédécesseur avait dressé ; s'alarmant pour les intérêts de la ville, les membres de la commission municipale élevèrent contre ce procédé sommaire une protestation dont on ne fit nul cas.

Dans l'espace d'une année, M. Persigny avait frappé de trente-deux avertissements les journaux qu'il voulait réduire à ne parler de rien sans son consentement ; il s'était montré fort dur pour les feuilles légitimistes. Oubliant qu'il avait servi, les armes à la main, la cause de la légitimité, il sévit contre la *Gazette du Languedoc*, « attendu que, dans un article, le signataire déclare ce parti uni de pensées et de sentiments pour espérer que le comte de Chambord sera le sauveur de la France ». La *Gazette de Flandre et d'Artois* et l'*Union* furent averties, l'une pour avoir publié un article « *en opposition avec le senti-* « *ment national* », et l'autre, « attendu qu'elle persiste dans ses attaques contre les alliés de la France ». Le *Progrès du Pas-de-Calais* pour un article sur la remonte, — le *Journal des économistes* à cause d'un article sur la taxe du pain et sur le service de la boulangerie, — le *Lorientais* « qui s'était permis de publier les mouvements de la marine », le *Journal de Loudéac* « d'ouvrir une polémique sur les engrais artificiels », le *Siècle* de blâmer l'arrestation et de demander la mise en liberté de M. Hubbard, membre du barreau de Paris, reçurent des avertissements en punition de ces audaces. Poussé par sa haine contre la liberté de la presse, M. Persigny traita de la même façon le *Constitutionnel* lui-même et la *Patrie ;* le premier de ces deux journaux officieux avait osé, dans son bulletin hebdomadaire de la Bourse, apprécier en des termes contraires sans doute aux intérêts de quelques agioteurs bien en cour certaines opérations financières, — et le second, publier des nouvelles de Constantinople « *probables*, disait l'arrêté, *mais non officielles* ». La suspension de l'*Assemblée nationale* pour deux mois couronna tant de persécutions irritantes et sottes.

M. Billault marqua par un zèle vif sa prise de possession du ministère de l'intérieur que, le 29 juillet, M. Persigny quitta. Charles Delescluze et Boichot furent arrêtés à Paris ; des visites domiciliaires et des arrestations jetèrent, à Tours, à Nantes et à Lyon, le trouble dans plusieurs familles. C'était un moyen d'entretenir la terreur partout.

Le 24 août, Boichot, une femme Coingt et un jeune mécanicien nommé Poirier furent traduits devant le tribunal de police correctionnelle ; on les accusait d'appartenir à la *Commune révolutionnaire* et d'avoir distribué des brochures de Félix Pyat ; dans cette accusation, six absents étaient compris : Félix Pyat, Alavoine, Bianchi, Vallière, Colfavru et Rougée. On condamna les contumaces et Boichot à cinq ans de prison, 10,000 francs d'amende et dix ans d'interdiction des droits civiques, — la femme Coingt à deux ans de prison et 500 francs d'amende, et Poirier à un an de prison, 500 francs d'amende et cinq ans d'interdiction des droits civiques.

Le 4 octobre, à quatre heures du matin, un commissaire de police s'introduisit chez M. Goudchaux en déguisant son nom et en prétextant d'une confidence très-importante qu'il avait à lui faire. Après une longue perquisition, le commissaire emporta plusieurs liasses de papiers et conduisit au dépôt de la Préfecture l'ancien ministre des finances, qui passa la journée au milieu des rôdeurs de barrières et des voleurs. Cet honnête homme quêtait, du matin au soir, pour les proscrits pauvres et pour leurs familles ; on lui imputait sa charité à crime ; son arrestation, dont le motif était connu, produisit dans Paris un effet tel que le gouvernement n'osa pas la maintenir. Rendu à la liberté, M. Goudchaux reprit, avec plus d'ardeur, son œuvre de bienfaisance.

Le maréchal Saint-Arnaud avait joué un déplorable rôle en Orient ; le général Canrobert y fit une pauvre figure. Le 26 septembre, la reconnaissance du côté méridional de Sébastopol amena lord Raglan à proposer un assaut. Canrobert, qui, la veille, avait pris le commandement en chef de l'armée française, s'y refusa. « Point d'assaut, disait-il, avant que le feu de nos pièces n'ait réduit celui de la place. » En conséquence, les travaux de siège commencèrent, à la grande joie des assiégés, qui, nuit et jour, fortifiaient et multipliaient leurs défenses.

Le 22 septembre, les Russes avaient coulé cinq navires et deux frégates à l'entrée de la rade de Sébastopol, dans laquelle s'ancrait la grande flotte impériale de la mer Noire. Les dix-huit mille marins dont elle était montée apportèrent leur concours aux défenseurs de la place, qui, par le nord, communiquaient avec l'intérieur de la Russie, d'où, sans obstacle, ils recevaient des approvisionnements et des renforts. Les assiégeants, établis au sud, dans la Chersonèse qui a pour bornes d'un côté la mer, et de l'autre une chaîne de hauteurs, tiraient les leurs des ports de Kamiech, de Kazath et de Balaclava dans lesquels les vaisseaux français et anglais entraient librement.

Le 17 octobre, aux premières lueurs du matin, le feu s'ouvrit contre la ville qui, pendant les vingt-trois jours d'un répit inespéré, avait élevé de cent soixante-douze à trois cent quarante et une les bouches à feu de ses batteries. Un obus russe fit sauter l'un des plus grands magasins à poudre de l'armée française ; quand l'épaisse fumée se fut dissipée, on releva une cinquantaine de nos soldats morts ou mutilés horriblement. Bientôt l'explosion d'un de nos caissons ajouta quelques victimes à celles qu'avait faites le premier désastre ; aussitôt, par ordre de Canrobert, nos batteries se turent ; il était onze heures du matin. Les canons anglais tonnèrent seuls pendant le reste de la journée. Vers deux heures de l'après-midi, les flottes alliées avaient ouvert le feu de onze cents canons contre deux forts qui n'en souffrirent guère. L'amiral français Hamelin avait mal calculé la portée de ses pièces, et l'amiral anglais Dundas eut la faiblesse de s'associer à cette erreur qu'il ne partageait pas [1] ; les alliés la payèrent chèrement. Sans parler de fortes

---

1. L'amiral Dundas désapprouvait ce plan d'attaque ; il essaya de se justifier d'avoir concouru à son exécution en disant — ce qui d'ailleurs est vrai — qu'il fut imposé par l'amiral Hamelin obéissant aux ordres de Canrobert et par lord Raglan agissant sous l'inspiration de lord Lyons.

avaries que plusieurs de leurs navires reçurent et sans compter les pertes que les Turcs éprouvèrent, il y eut dans la flotte française 203 marins tués ou blessés, et dans la flotte anglaise 317. Une bombe ayant éclaté sous la dunette du vaisseau-amiral français la *Ville de Paris*, « neuf officiers de l'état-major groupés autour de l'amiral Hamelin et du contre-amiral Bouët-Willaumez qui, seuls, restèrent intacts, tombèrent morts ou blessés [1] ». 138 Russes seulement furent tués, blessés ou meurtris [2]. Les batteries de terre avaient mis un millier de Russes hors de combat ; les Français perdirent 96 hommes et les Anglais 144.

Le lendemain, la canonnade anglaise recommença et se prolongea stérilement jusqu'au soir. Du 19 au 25, les alliés continuèrent le bombardement, « mais Totleben y répondit avec une infatigable énergie [3] ».

A un kilomètre de Balaclava se trouve un terrain vaste et que hérissent de nombreux coteaux ; dans sa longueur, il est divisé par une ligne de hauteurs en deux vallées ; un monticule très-élevé et se reliant à une série de collines surplombe la vallée du nord ; cette position importante protége Balaclava et ses abords ; on la nomma *colline Canrobert* ; les Turcs y élevèrent six redoutes dont la défense leur fut confiée. Le 25 octobre, à cinq heures du matin, les Russes commandés par Liprandi montèrent à l'assaut de ces redoutes, firent des Turcs un grand carnage et plantèrent leur drapeau sur la colline Canrobert. Il fallut trois heures aux troupes alliées pour se préparer et se rendre sur le théâtre de la lutte. Plusieurs combats s'engagèrent au hasard. C'est dans cette journée que lord Cardigan, à la tête d'une brigade de cavalerie légère, s'engagea dans une vallée que les canons balayaient et exécuta contre une batterie russe que des forces considérables protégeaient cette charge célèbre dont un général français dit : « C'est magnifique, mais ce n'est pas la guerre. » Lord Cardigan lui-même, quand les débris de sa brigade se furent alignés, s'écria : « *Soldats, c'est un tour insensé, mais ce n'est pas ma faute !* » Pour se disculper de cette extravagance homicide, il prétendit avoir obéi à des ordres supérieurs. Quoi qu'il en soit, le chef militaire qui envoya ou mena ainsi à la destruction quatre escadrons mis sous son commandement, sans que d'une pareille immolation dépendît ou le gain d'une bataille ou le salut d'une armée, mérita les plus sévères traitements.

En résumé, les Russes gardèrent les positions qu'ils avaient conquises, prirent un drapeau turc et sept canons, et eurent 627 hommes hors de combat ; les alliés perdirent 600 officiers ou soldats et une ligne de défense « dont la perte rétrécissait beaucoup leur occupation et allait bientôt devenir une source de souffrances cruelles pour l'armée anglaise [1] ».

A l'angle nord-est de la Chersonèse, une pente descend dans la vallée d'Inkermann, *la ville des cavernes*, ainsi nommée à cause des grottes que les habitants de Cherson, au IVᵉ siècle de l'ère chrétienne, autorisèrent les ariens [2] à creuser dans les déclivités de la montagne. Dans la nuit du 4 au 5 novembre, à la faveur d'une obscurité noire, les Russes, sous les ordres du général Dannenberg, occupèrent les hauteurs qui dominent la vallée, tandis que Liprandi conduisait un autre corps d'armée vers Balaclava ; cette marche avait pour but de tenir les alliés dans une incerti-

---

1. Récit du contre-amiral Bouët-Willaumez.
2. Totleben.
3. W. Kinglake.

1. W. Kinglake.
2. Les ariens ou sectateurs d'Arius soutenaient que le Christ n'avait rien de la substance de Dieu le Père, qui l'adopta quand il eut été créé comme tous les autres êtres. Les ariens furent persécutés par les empereurs de Byzance et une de leurs colonies se réfugia dans la Chersonèse, où il leur fut défendu de bâtir une ville, mais où on leur permit de se creuser des abris dans la montagne.

tude qui diviserait leurs forces, le vrai point de l'attaque projetée étant ainsi ignoré d'eux. Tout à coup un feu de mousqueterie éclate sur les avant-postes anglais, et, de toutes parts, nos alliés sont attaqués dans leur position d'Inkermann par des forces qui les écrasent; ils opposent une héroïque résistance à leurs ennemis dont, à chaque instant, les colonnes grossissent. Dès qu'il a entendu le bruit du canon, le général Bosquet, dont le campement est le plus rapproché d'Inkermann, s'est mis à la tête de la 2ᵉ division qu'il commande et s'est élancé vers le champ de bataille. Nos soldats se jettent, la baïonnette en avant, sur les Russes qui reculent, mais qui, à leur tour, font reculer nos bataillons inférieurs en nombre. Les cent canons qui couronnent les hauteurs tonnent à la fois; les alliés n'en ont que vingt-deux, mais leurs coups portent le ravage au milieu des Russes dont les masses compactes couvrent les flancs de la colline. Bosquet a lancé de nouveaux bataillons dans la mêlée. Cependant de nombreuses colonnes d'ennemis ont gravi et occupent le plateau d'Inkermann; si elles marchent en avant, le succès couronnera leur audace; mais elles hésitent, tandis que des officiers, comprenant mal les ordres de Dannenberg conduisent leurs troupes dans des défilés où elles s'emprisonnent; cette hésitation des uns et cette inintelligence des autres changeront en une effroyable défaite la victoire qui s'offrait à eux et qu'ils n'ont point vue. Le général Canrobert et lord Raglan sont venus; leur présence excite l'indomptable courage de leurs soldats.

La stratégie n'a rien à voir dans les confusions de ces mêlées mortelles, dans ces charges furieuses, dans ces assauts terribles et multipliés. Le beau régiment anglais des gardes est presque anéanti. Le général Bosquet harangue, à sa façon qui les électrise, les zouaves et les tirailleurs algériens. Ils prennent leur course vers le plateau; tantôt grimpant comme des chèvres affolées, tantôt sautant au-dessus des ondulations du terrain avec des bondissements de panthères qu'attire l'odeur de chairs sanglantes, ils tombent au milieu des Russes; on se bat corps à corps, on se déchire, on se mutile, on se tue avec une furie qui déchaîne toutes les rages; le massacre devient horrible, — les cadavres s'entassent. Enfin les Russes plient; aveuglés par la terreur, quelques-uns de leurs bataillons rompus vont, dans leur fuite inconsciente, s'acculer aux bords escarpés du plateau; ils sont précipités dans la vallée au fond de laquelle morts et blessés s'amoncellent en se broyant. Le 5 novembre 1854, cet endroit sinistre prit et a gardé le nom d' « abattoir ».

Ce hideux spectacle d'hommes ne se connaissant pas, et, sans aucun motif de se haïr, s'entr'égorgeant les uns les autres parce qu'il a plu à quatre têtes couronnées de se quereller pour des raisons futiles ne fait-il pas horreur? Maudit soit-il, une fois encore, celui dont la perversité alluma cette guerre sur les causes de laquelle nous reviendrons en considérant ses résultats et en comptant ses victimes!

Après la bataille, lord Raglan se dirigea vers Bosquet, et lui tendant la main : « Général, dit-il, au nom de l'Angleterre, je vous remercie ! » La victoire des alliés à Inkermann ressemble à celle que Pyrrhus, roi d'Épire, remporta sur les Romains à Asculum. « Si nous en remportons encore une pareille, répondit-il à ceux qui le félicitaient, nous sommes perdus sans ressources. » On sait que l'armée russe, en tués ou blessés, perdit 9,000 hommes; les alliés en auraient perdu 4,000 seulement, d'après leurs rapports officiels qui, on le disait tout haut en Angleterre, dissimulaient une partie de la vérité.

Les travaux de siège furent repris. Les Russes ne semblaient pas abattus par leur défaite; ils recevaient chaque jour des renforts; et puis, dans l'hiver si rigoureux en

Tauride ne trouvaient-ils pas un puissant allié? Bien abrités dans Sébastopol dont les ouvrages devenaient formidables, ils bravaient les morsures du froid, l'impétuosité des pluies torrentielles, tandis que nos pauvres soldats, sous leurs tentes de campagne souvent enlevées par la violence des ouragans, souffraient cruellement du froid et de l'humidité contre lesquels ils n'avaient d'autre protection qu' « une demi-couverture en lambeaux ». Les vêtements d'hiver, les chaussons de laine et les sabots attendus n'arrivaient pas.

Au milieu des dyssenteries, des fièvres de toute nature et des affections de poitrine, le choléra sévit avec plus de force; le scorbut fait son apparition; les soldats sont abattus par centaines; ils ne se sentent plus marcher; la gangrène attaque leurs pieds que compriment des chaussures durcies par l'humidité. Les malades s'entassent « dans un milieu infect où la suppuration des grangrénés se mêle à la fétidité des haleines ». Chaque jour de nouveaux malades remplacent ceux qui, chaque jour, sont évacués sur Constantinople, souvent par convois de six mille. Bientôt le typhus rend plus grande encore la mortalité qui moissonne les deux armées et qui atteint les infirmiers et les médecins. J'adoucis les couleurs du tableau qu'a fait de la triste situation de nos soldats l'un des médecins [1] qui se dévouèrent au soulagement de tant de souffrances auxquelles s'ajoutait une misère affreuse; il parle des travaux faits dans les tranchées par des hommes légèrement vêtus et dont les pieds mal couverts par des chaussures usées [2] étaient, tout le jour, plongés dans la neige fondue; et il ajoute que l'épidémie typhoïque répandue dans les camps ne quitta plus l'armée qu'en France.

Ainsi mouraient des milliers d'hommes arrachés aux champs et aux ateliers pour soutenir une dispute qui fut, à son origine, exclusivement religieuse et engendrée par Louis Bonaparte dans l'intérêt de quelques moines « convertissant le mystère attrayant des lieux saints en une source de revenus ». Car, ne l'oublions pas, ce fut une semaine ou deux après son attentat que le dictateur, pour les diverses causes dont j'ai parlé, « poursuivit avec fermeté le plan de pousser la Porte à se quereller avec le tzar jusqu'à ce qu'il réussît enfin à amener la remise des clefs et de l'étoile aux moines catholiques, événement qui fut suivi de la marche des armées russes [1] ». Louis-Napoléon mit dans cette revendication du parti clérical une violence telle que la Russie « crut y voir une preuve de l'esprit envahissant de cette Église qui se dit universelle, et il en cherchait la preuve réelle dans le désir incessant de cette Église d'étendre la sphère de son action [2] ».

En effet, l'Église romaine, sous l'action prépondérante des jésuites qu'elle appelle « *ses grenadiers* » et « *les meilleurs rameurs de la barque de saint Pierre* », devenait de plus en plus exigeante et hardie; en échange de ses bénédictions au coup d'État, elle réclamait de Louis Bonaparte un appui pour toutes ses prétentions, que favorisait d'ailleurs le zèle dévot de l'impératrice. Les jésuites avaient besoin d'un nouveau dogme. Le dogme est la mise d'un point de doctrine religieuse hors de toute discussion. Plus un dogme révolte le bon sens et la raison, plus on doit y ajouter foi. « Je crois cela, disait saint Augustin, parce que c'est absurde. » L'absurdité d'un dogme démontre son origine divine; les jésuites l'ont proclamé en ces termes dans un de leurs livres, publiés sous le patronage du clergé [3] : « *Cela est*

---

1. F. Quesnoy, médecin-major du 4ᵉ régiment des voltigeurs de la garde.
2. Les grandes tentes, les vêtements chauds, les chaussons et les sabots n'arrivèrent que vers la fin de l'hiver.

1. W. Kinglake.
2. *Eastern Papers.* 1ʳᵉ partie, p. 139.
3. *Onguent contre la morsure noire.* Paris, Gaume, éditeur.

incroyable, donc c'est divin; c'est très-incroyable, donc c'est très-divin. » L'Église romaine enseigne que le père Adam, en croquant une pomme, commit un péché transmissible à toutes les créatures humaines; cette souillure, infligée à tout enfant qui naît, se nomme le *péché originel*, dont les papes ont fait un dogme. Les théologiens ont agité longtemps la question que voici : « La Vierge Marie a-t-elle été exempte du péché originel ? » — « Non, » répondaient les uns, entre lesquels se distinguaient les moines dominicains par la vivacité de leurs négatives. — « Oui », répondaient les autres à la tête desquels s'étaient mis les moines franciscains. On appelait ceux-ci les *conceptionnaires;* dans leurs litanies, ils invoquaient « *Marie conçue sans péché* ». Or les jésuites, dans le système desquels entre le développement le plus excessif du culte de Marie, voulurent couper court à toute controverse sur ce point, et le 8 décembre, à la suite d'un concile, ils firent proclamer par Pie IX le dogme de « l'Immaculée-Conception de la Vierge Marie ». La mère de Jésus est donc la seule des enfants des hommes que le péché de gourmandise du père Adam n'ait point souillée.

« *Tout cela est très-incroyable, donc c'est très-divin.* »

En conséquence, le 8 décembre 1854, dans tous nos diocèses, les évêques proclamèrent avec une éclatante solennité le nouveau dogme, — et dans toutes nos villes, dans tous nos villages, après de pompeuses fêtes célébrées dans les églises, il y eut, contrairement à la loi, des démonstrations religieuses au dehors, — de longues processions où, à côté des moines reparus, figuraient les autorités civiles et militaires de tout ordre et de tout rang ; il y eut des exhibitions de colossales statues de la Vierge Immaculée, des illuminations générales auxquelles participèrent nos monuments publics. L'impératrice et l'empereur encourageaient ces dévotions et ces fêtes par leur exemple et avec notre argent.

Mais les plus grandes libéralités de Napoléon III allaient à des créatures qui n'étaient pas immaculées. « Ce que lui ont coûté les femmes est prodigieux [1]. » Du 4 mars 1853 au 1ᵉʳ janvier 1855, il donna *cinq millions quatre cent quarante-neuf mille francs* [2] à cette miss Élise Howard qu'il avait, comme je l'ai dit, dotée du château de Beauregard et titrée de comtesse, de même que Louis XV avait donné le château de Bellevue à Jeanne Poisson et fait d'elle une marquise de Pompadour. Ces deux favorites eurent une fin bien différente : la marquise de Pompadour mourut à Versailles, dans le palais des rois. L'étrange mort de la comtesse de Beauregard fut entourée d'un mystère qui prêtait aux plus fâcheuses suppositions [3].

1. Vicomte de Beaumont-Vassy, *Mémoires du XIXᵉ siècle*.
2. *Lettre-Quittance* de miss Howard. *Papiers et Correspondance.*
3. « Miss Howard avait contribué à élever les deux enfants que Louis Bonaparte avait eus de sa blanchisseuse de Ham. Elle se montra profondément froissée du mariage de Napoléon III. Elle alla d'abord à Florence, où elle épousa un homme qui la rendit très-malheureuse. En 1865, elle voulut revoir Paris. Tous les jours, au moment où Napoléon III et l'impératrice sortaient des Tuileries, elle se montrait en toilette splendide, conduisant elle-même un superbe attelage et se plaisant à côtoyer les équipages impériaux. Peu de jours après une représentation aux Italiens, durant laquelle miss Howard, couverte de diamants, s'était amusée à lorgner l'impératrice, elle disparut subitement, et cette disparition ne fut pas le fait de la police. La légende veut qu'elle ait été étranglée. Dans tous les cas, elle est morte à cette époque. » (Vicomte de Beaumont-Vassy, *Mémoires du XIXᵉ siècle*, p. 332, 333, 370.)

DOCUMENTS COMPLÉMENTAIRES DU CHAPITRE III

I

LES LIEUX SAINTS — ORIGINE DE LA QUERELLE

« Comme ce pays couvert de rochers abondait en niches et en cavernes, les Églises furent autorisées à déclarer et les fidèles purent aisément croire qu'un creux dans une roche de Bethléem était la crèche qui reçut le Rédempteur nouveau-né, et qu'une grotte à Nazareth était la demeure de la sainte Vierge.

« Les prêtres se cramponnèrent à ce sentiment; et quoique, dans les commencements, leur dessein ne fût point d'une nature sordide, ils se trouvèrent engagés par le cours des événements à convertir le mystère attrayant des lieux saints en une source de revenus.

« Par suite de la manière dont la contribution fut levée, chacune des places consacrées devint une source distincte de revenus; la prérogative des Turcs, comme maîtres du sol, fut souvent mise en jeu, et ils eurent à déterminer laquelle d'entre les Églises rivales devait posséder le contrôle et l'usufruit de chaque reliquaire. . . . .

« Le ministère des affaires étrangères à Paris avait, il est vrai, affiché de temps à autre la prétention de protéger le catholicisme en Orient, prétention qui datait du temps où les maîtresses du roi très-chrétien étaient dévotes. Mais on admettait que, sous l'influence des études du xviiie siècle, la France avait appris à contrôler ses sentiments religieux. Chaque fois qu'elle vint réclamer en qualité de « fille aînée de l'Église », ses demandes furent regardées comme une formalité politique et traitées en conséquence; mais l'Europe accueillit toujours avec un sourire le masque catholique sur lequel elles étaient basées.

« La paix régnait dans l'empire du sultan, et les Églises rivales de Jérusalem se laissaient mutuellement en repos, lorsque le président de la République française, de sang-froid et sans nouveau motif, adopta la cause oubliée de la foi latine et se mit à l'appliquer comme un coin pour faire éclater la tranquillité du monde. »

(WILLIAM KINGLAKE, *l'Invasion de la Crimée*, traduction de THÉODORE KARCHER.)

« L'ambassadeur de France », dit lord Clarendon, ministre des affaires étrangères, fut le premier qui troubla le *statu quo* dans lequel se trouvait cette matière. Non pas que les disputes entre les Églises latine et grecque n'aient été très-actives; mais, sans une action politique de la part de la France, ces querelles n'auraient jamais dérangé les relations entre des puissances amies. L'ambassadeur de France parla le premier de recourir à la force et menaça d'une intervention de la flotte française pour appuyer les demandes de son pays. »

(*Eastern Papers*, 1re partie, page 67.)

II

« LE BON AMI »

« Nicolas avait élevé des objections contre l'idée d'appeler le second Napoléon *le troisième*, et il avait refusé de s'adresser au souverain français dans la forme habituelle. Il voulait bien l'appeler son « bon ami », mais nulle puissance ne lui aurait fait ajouter le mot « frère ». La société railleuse de Saint-Pétersbourg s'amusa de cette phrase amputée et se plut à appeler le dominateur de la

Mlle Eugénie de Montijo, d'après une peinture à Madrid.

France « son bon ami ». Le nouvel empereur s'en irrita, car sa vanité se trouva blessée, mais il attendit le moment opportun. »

(W. KINGLAKE.)

III
MORT DE SAINT-ARNAUD

« La politique de l'empereur des Français le portait tout naturellement à placer l'armée, autant que possible, sous l'ordre d'officiers qui avaient pris une part active au massacre par lequel il avait été placé sur le trône. Il faut reconnaître que, sous ce rapport, le général Canrobert n'était que trop bien désigné par le rôle qu'il eut le malheur de jouer dans le massacre du boulevard. . . . .

« Le 13 septembre, Canrobert pensa que le moment était venu de parler du brevet... Dans la nuit du 26, Saint-Arnaud devint si faible que les médecins crurent devoir en informer le colonel Trochu, l'officier dont on disait que l'empereur l'avait chargé de donner des avis au quartier général français. Entrant dans la tente du maréchal, il finit par dire au malade que le temps était venu où, pour se procurer le repos dont il avait grand besoin, son esprit devait être dégagé de toute anxiété.

« Pendant un instant, le maréchal se contenta de regarder le colonel fixement; ensuite il dit : « Oui, je vous comprends; faites chercher le général Canrobert. » Une heure plus tard, il remit son commandement au successeur qu'on lui avait donné à l'avance.

« Il paraît que, cette nuit-là, le maréchal avait été délivré du choléra, mais d'autres maladies continuaient à lui causer par intervalles de cruelles douleurs alternant avec des périodes de prostration. Dès qu'il eut donné sa démission, il aspira violemment au moment de quitter la Crimée. Avant qu'il s'embarquât, lord Raglan alla lui faire ses adieux. Le maréchal ne pouvait que chuchoter en ce moment, et lord Raglan eut l'impression que sa pensée divaguait. . . . .

« Recouvert d'un drapeau tricolore, le maréchal fut porté, le 29 septembre, à bord par les marins du *Berthollet* et placé dans la cabine qui avait été préparée pour lui. L'abbé Parabère, qu'on avait appelé pour accomplir les rites prescrits par l'Église catholique pour les agonisants, fut laissé seul avec le malade. Au bout de quelques instants, l'abbé sortit et dit : « Le maréchal est préparé à mourir « en chrétien. » C'était le matin. Le *Berthollet* mit à la mer. Le maréchal Saint-Arnaud ne souffrit plus de douleurs aiguës, mais il mourut dans l'après-midi. »

(*L'Invasion de la Crimée*, t. IV.)

VI

IMPRÉVOYANCE ET INCURIE

« Il n'y a de charbon nulle part, et Ducos ordonne de chauffer *avec le patriotisme des marins*... C'est de l'histoire. Chapitre oublié des Girondins. On ne promène pas un maréchal de France, général en chef, comme une cantinière hors d'âge. »

(*Lettre de Saint-Arnaud au ministre de la guerre*, 27 avril 1854).

« Sire, je suis arrivé à Gallipoli dans la nuit et, depuis la pointe du jour, j'ai travaillé à me rendre un compte exact de la situation de l'armée, de ce qui lui manque, de ses besoins, de nos ressources. Je le dis avec douleur à Votre Majesté, nous ne sommes pas constitués, ni en état de faire la guerre tels que nous sommes aujourd'hui. Nous n'avons que vingt-quatre pièces d'artillerie attelées, prêtes à faire feu, et cinq cents chevaux, tant de chevaux d'Afrique que du 6e dragons... Notre situation est encore plus triste sous le rapport des approvisionnements. J'ai pour dix jours de biscuit : il m'en faudrait pour trois mois au moins. On a cru que je plaisantais quand je demandais *trois millions* de rations, qui ne font que vingt jours d'approvisionnement pour 50,000 hommes, et on m'en proposait *un million*. Il est impossible d'être plus loin de compte. On ne fait pas la guerre sans pain, sans souliers, sans marmites et sans bidons. On me laisse avec deux cent cinquante paires de souliers et les réserves des corps, quarante marmites et environ deux cent cinquante bidons. »

(*Lettre de Saint-Arnaud à l'empereur*, 26 mai 1854.)

Le même maréchal écrivait le 30 mai :
« Si j'étais en mesure de livrer bataille! Mais je ne le serai pas de quelque temps. Je suis revenu à Gallipoli, et j'ai vu. Je n'ai pas le droit de hasarder et de compromettre l'honneur du drapeau, en mettant en ligne une armée non constituée, non organisée, n'ayant ni son artillerie, ni sa cavalerie, ni son ambulance, ni son train, ni ses transports, ni ses approvisionnements. »

BLESSÉS, MOURANTS ET MORTS

« Hier vendredi signal fut fait du vaisseau *l'Empereur* à tous les navires d'envoyer leurs malades à bord du *Kanguroo*. Dans le cours de la journée, ce dernier fut entouré par des centaines de bateaux chargés d'hommes malades et promptement rempli jusqu'à suffocation. Avant le soir, il contenait environ quinze cents malades de tout rang. Le spectacle qui s'offrait à nos yeux était horrible et les détails en sont trop effrayants pour que j'y insiste. Quand l'heure d'appareiller fut venue, le navire ne put manœuvrer; il resta à l'ancre avec le signal : « Envoyez des bateaux au secours ». A la fin, des ordres furent donnés pour transporter une partie de ce triste chargement sur d'autres navires partant pour Constantinople.

« Beaucoup de morts ont eu lieu à bord; j'ai vu, *de mes yeux*, des hommes mourir sur le rivage, sur la ligne de marche et au bivouac, sans aucun secours médical; et cela à la portée d'une flotte de cinq cents voiles, en vue des quartiers généraux ! Trop souvent le secours médical fait entièrement défaut, et il arrive fréquemment trop tard. »

(*Extrait d'une correspondance du 16 septembre* 1854. — *Times* du 30 septembre.)

« Il est impossible pour personne d'assister aux tristes scènes de ces derniers jours sans être indigné de l'insuffisance du service médical. La manière dont nos malades et nos blessés sont traités n'est digne que des sauvages du Dahomey. Sur le *Vulcain*, il y avait trois cents blessés et cent soixante-dix cholériques, et tout ce monde était assisté par quatre chirurgiens ! C'était un spectacle épouvantable : les blessés prenaient les chirurgiens par le pan de leur habit quand ceux-ci se frayaient un chemin à travers des monceaux de morts et de mourants ; mais les chirurgiens leur faisaient lâcher prise ! Un grand nombre de blessés sont arrivés à Scutari sans avoir été touchés par le chirurgien depuis qu'ils étaient tombés, frappés de balles russes, sur les hauteurs de l'Alma. Leurs blessures étaient *tendues* et leurs forces épuisées quand on les a hissés des bateaux pour les transporter à l'hôpital.

« Mais toutes ces horreurs s'effacent auprès de celles qu'offrait le *Colombo*. Ce navire, parti de la Crimée le 24 septembre, emportait 27 officiers blessés, 422 soldats blessés et 104 prisonniers russes blessés aussi. Pour subvenir aux besoins de cette masse de douleurs, il y avait quatre médecins ! Le navire était littéralement couvert de *formes* couchées à terre ; il était impossible de manœuvrer. Les plus malades étaient mis sur la dunette et, au bout d'un jour ou de deux, ils n'étaient plus qu'un tas de pourriture ! Les coups de feu négligés rendaient des vers qui couraient dans toutes les directions et empoisonnaient la nourriture des malheureux passagers. La matière animale pourrie exhalait une odeur si nauséabonde que les officiers et l'équipage manquaient de se trouver mal à chaque instant. Tous les draps de lit, au nombre de quinze cents, avaient été jetés à la mer. Trente hommes sont morts pendant la traversée. Le navire est tout à fait infecté !... Deux transports étaient remorqués par le *Colombo*, et leur état était presque aussi désastreux. »

(*Extrait d'une lettre de Constantinople, du 28 septembre* 1854. — *Times* du 13 octobre.)

LA MORTALITÉ DANS L'ARMÉE

Dans un livre qui porte ce titre, le docteur Chenu dit :

« L'installation plus que médiocre de nos infirmeries contrastait désavantageusement avec celle des infirmeries anglaises, luxueusement constituées... Avec de pareilles conditions, faites pour favoriser la contagion, est-il possible, même avec les soins les plus éclairés, les mieux entendus et les plus dévoués, d'obtenir des résultats comparables à ceux de nos voisins, alors que chez eux tout vient en aide au médecin? — Dans les camps anglais, l'alimentation, dont nous avons pu juger, ne laisse rien à désirer aux points de vue de la qualité, de la variété et de la quantité. »

Voici l'un des deux tableaux comparatifs publiés par le docteur Chenu :

MORTALITÉ COMPARÉE DANS LES ARMÉES FRANÇAISE ET ANGLAISE

DEUXIÈME HIVER 1855-1856. — PLUS D'HOSTILITÉS RÉGULIÈRES. — ARMÉE FRANÇAISE.

Effectif moyen, 130,000 hommes.	Entrés.	Morts.
Blessés et malades divers ...	74,459	9,940
Scorbutiques	12,872	964
Typhiques............	19,303	10,278
Total	106,634	21,191

ARMÉE ANGLAISE.

Effectif moyen, 50,000 hommes.	Entrés.	Morts.
Blessés et malades divers ...	27,144	589
Scorbutiques..........	209	1
Typhiques............	31	16
Total	27,384	606

« Ne pas profiter de ces enseignements, ajoute le docteur, serait un crime de lèse-humanité. »

Hélas! ni l'empereur ni ses ministres ne profiteront de ces terribles enseignements; ils commettront ce crime de lèse-humanité partout où ils enverront nos armées.

V

LES PRODIGALITÉS DE NAPOLÉON III

« Prodigue à l'excès, brouillon incorrigible, l'empereur dépensait sans règle et sans discernement.

« Les sommes que sa main a dissipées sont colossales.

« Nos lecteurs sentent que nous passons à côté d'une question obscure et délicate, la provenance de ce flot de millions qui ont alimenté tant de besoins de cette famille Bonaparte, aussi innombrable que dépensière et sollicitense, tant de caprices ruineux, tant de mains avides et éhontées sans cesse tendues vers Napoléon III.

« La tâche que nous exécutons est déjà assez attristante pour qu'on nous permette, et que même on nous sache gré, de ne pas promener notre lanterne dans ces écuries d'Augias.

« Hélas! nous avons les mains pleines de documents sur ce triste sujet; mais passons.

« Il suffira de dire que les sources d'où émanent ces formidables suppléments aux listes civiles sont diverses et se modifient avec la marche du règne.

« Dans les premiers temps, la Bourse joue un grand rôle. . . . .

« Plus tard on inventa les caisses de dotation de l'armée, et l'Empire se fit « agence de remplacement ».

« Ce fut une merveilleuse institution de crédit d'un rendement et d'une élasticité incomparables.

« La dernière combinaison du genre, la dernière création de ce génie financier, ce fut la transformation de l'armement.

« Ce que ces trois chapitres-là ont fourni de facilités et de ressources financières tient du miracle ».

(*Le Dernier des Napoléon.*)

VI

QUITTANCES ET LETTRE DE MISS HOWARD

Miss Howard avait engagé sa fortune pour la réussite du coup d'État; elle avait payé plusieurs fois les dettes du prince Louis-Napoléon. En 1851, celui-ci avait des billets protestés chez Montaut, changeur au Palais-Royal. Le 25 mars 1853, il remettait à miss Howard un premier à-compte de 1 million.

Lettre de Mᵐᵉ de Beauregard (miss Howard) donnant quittance de 1 million, en date du 25 mars 1853. Cette lettre est en anglais ; en voici la traduction française :

« Je reconnais, par la présente, avoir reçu de S. M. l'empereur Napoléon III la somme de 1 million de francs en plein acquit et décharge complète de tous mes droits et intérêts dans le domaine de Civita-Nova, dans la marche d'Ancône (États du pape).

« E. H. DE BEAUREGARD.

« Paris, 25 mars 1853. »

Lettre à M. Mocquard. — Quittance d'une somme de 50,000 francs, en date du 31 janvier 1854. (Avec note de M. Mocquard constatant que trois premiers paiements de pareille somme ont été faits par M. Giles.)

« Mon cher Mocquard,

« Je reconnais avoir reçu jusqu'au 1ᵉʳ janvier 1854 la somme de cinquante mille francs que je vous ai chargé de toucher chaque mois.

« E. H. DE BEAUREGARD.

« Paris, 31 janvier 1854.

« *Nota*. — Le paiement des 50,000 francs a commencé au 1ᵉʳ juin 1853. Les trois premiers ont été faits par M. Giles. »

« Note des sommes payées par l'empereur à miss Howard depuis le 24 mars 1853 jusqu'au 1ᵉʳ janvier 1855.

« Le total monte à 5,449,000 francs.

« 1ᵉʳ janvier 1855. Paiement des 58,000 francs.

« Donc le mois de novembre n'est pas compris.

« J'avais promis 3 millions, plus les frais d'arrangement de Beauregard [1], que j'évaluais tout au plus à 500,000 francs.

« J'ai donné 1,000,000 le 24 mars 1853, suivant reçu.
— 1,500,000 le 31 janvier 1854.
— 1,414,000 en rentes sur l'État.
— 585,000 en paiements à 58,000 francs par mois à partir du 1ᵉʳ janvier 1855.
« J'ai donné 950,000 en paiements de 50,000 francs à partir du 1ᵉʳ janvier 1853 jusqu'au 1ᵉʳ janvier 1855.

5,449,000

Autre lettre de miss Howard, pour se plaindre que les engagements pris envers elle n'ont pas encore été tenus. Cette lettre est du 24 juillet 1855.

« Château de Beauregard, 24 juillet 1855.

Mon très-cher ami, »

« Nous sommes aujourd'hui le 24 juillet, et je vois avec peine que les engagements pris envers moi ne sont pas accomplis « quand j'ai doute, j'ai blesse, il ne pas plus se douter »; en fait, j'ai cru et je crois encore que c'est une erreur; pourquoi me faire souffrir ? Si les choses doivent en être ainsi, j'aurais mieux fait de garder *les six* millions, au lieu de trois millions cinq cent mille francs qui devaient sur ma demande être payés au bout de l'année 1853, et c'était pour cela que j'ai prié l'empereur de déchirer la première somme (*deux millions cinq cent mille francs*). Le cœur me saigne d'écrire ceci, et si mon contrat de mariage n'était pas fait comme il est, et si je n'avais pas un enfant, je ne ferais cette démarche, qui est devenue un devoir. Je compte sur vous pour faire fin à tant de souffrance. Le cœur de l'empereur est trop bon pour laisser une femme, qu'il a aimé(*sic*) tendrement, dans une fausse position, et il ne voudrait pas être lui-même, — vous savez

---

[1]. Entre parenthèse, rayé : *Howard*.

ma position, vous êtes mon tuteur, et c'est à double titre que je m'adresse à vous. Je me suis trompé (sic) l'autre jour en écrivant à Sa Majesté ; par une de ses lettres date mai, il dit : « Je donnerai à Giles demain papier pour les trois millions cinq cent mille francs. » Alors il né (sic) rien à faire que de calculer de 50,000 depuis le 1ᵉʳ juin 1853 la rente, et 50,000 depuis janvier jusqu'à octobre. Je prie Dieu qu'il n'en soit pas plus question d'argent entre moi et lui que à toute un autre sentiment dans mon cœur.

Je vous embrasse tendrement et vous aime de même.

« Votre affectionnée,

« E. H. DE BEAUREGARD.

« Je vous en conjure, ne laissez pas cette lettre ; vous pouvez en faire lecture à Sa Majesté si vous jugez convenable, et brûlez-la aussitôt après. J'ai vu Mᵐᵉ Mocquard lundi à 4 heures, elle était très-souffrante l'autre jour. »

(Papiers et Correspondance de la famille impériale.)

CHAPITRE IV

1855-56-57

Mort de Nicolas Ier; conditions de paix repoussées par Alexandre II. — Mort de Dupont de l'Eure. — Session de 1855. — Voyage de l'empereur et de l'impératrice en Angleterre. — Affaire Pianori; scandale donné par un avocat; exécution. — Affaire Bellamare. — Démolitions à Paris. — Arrestations. — L'échauffourée d'Angers. — La machine de Pérenchies. — Arrivée de la reine d'Angleterre à Paris; le banquet de Saint-Cloud. — Le général Pélissier prend le commandement en chef de l'armée de Crimée. — L'armée sarde. — Combats sanglants; attaque du Mamelon-Vert; prise de Sébastopol; résultats de la guerre de Crimée. — Retour des troupes. — Le congrès et la paix. — Mort de David d'Angers. — Semonce au Sénat. — Naissance et baptême du prince impérial. — Ce que deviennent les « *enfants de France* ». — Déchaînement général de la spéculation et de l'agiotage. — Mort de M. Fortoul; *la bifurcation*. — Les inondations et un complot ignoré. — Un drame à l'hôtel Beauveau. — La statue de Notre-Dame du Puy. — La régence. — Assassinat de l'archevêque Sibour; exécution du prêtre Verger. — Session de 1857. — Dissolution du Corps législatif. — Élections. — Mort d'Eugène Sue. — Mort et obsèques de Béranger. — Affaire Tibaldi. — L'empereur et l'impératrice à Osborne. — Réunion du nouveau Corps législatif. — Mort de M. Viellard. — Exigences de l'impératrice. — Loteries cléricales.

Le tzar Nicolas Ier mourut le 2 mars 1855; son fils le tzarowitz lui succéda et prit le nom d'Alexandre II. La guerre allait-elle cesser, comme l'espéraient toutes les Bourses de l'Europe où, excepté à celle de Berlin, les fonds montèrent? Des conférences s'ouvrirent. Le nouveau tzar repoussa les conditions qu'on voulait lui imposer. Lord Russel et M. Drouyn de Lhuys, ministres des affaires étrangères d'Angleterre et de France, dont la conduite pendant les négociations fut désapprouvée par leurs gouvernements respectifs, se retirèrent. M. Walewski reçut le portefeuille de M. Drouyn de Lhuys.

Le 3 mars, Dupont de l'Eure termina sa longue et belle carrière à Neubourg (Eure), où il était né en 1767. Pendant une durée de soixante-deux ans, il mit au service de la France un dévouement qui jamais ne faiblit, un caractère dont la fermeté protestait contre toutes les tyrannies, une parole lucide et substantielle, une âme droite et loyale, une haute sagesse et une vertu si intègre qu'il put un jour, étant garde des sceaux, répondre à Louis-Philippe, sans que ses adversaires y trouvassent à redire : « Quand le roi aura dit oui, et que Dupont de l'Eure aura dit non, je ne sais pas qui la France croira. » Sous la Restauration, on le surnomma l'Aristide de la tribune française. Tour à tour avocat au parlement de Normandie, membre de la magistrature debout et de la magistrature assise à tous les degrés, de toutes nos Assemblées législatives depuis le conseil des Cinq-Cents jusqu'à la Constituante de 1848, garde des sceaux après la Révolution de Juillet, président du Gouvernement provisoire après la Révolution de Février, ce patriote vertueux ne cessa un seul instant de mériter cette estime glorieuse et cette admiration que les peuples conservent à la mémoire des grands citoyens dont la vie se consacra au culte de l'honneur et à la défense de toutes les libertés.

Dans sa session de 1855, le Corps législatif vota une loi substituant aux marchands d'hommes l'État qui se faisait racoleur; il donnera aux militaires qui se rengageront des primes et des hautes-payes graduées d'après la durée des engagements, — et, chaque année, il fixera le taux de l'exonération du service personnel. C'était une loi détestable, car elle attirait de mauvais soldats par l'appât d'une prime qui, payée à diverses échéances, leur permettait de satisfaire avec intempérance leur goût pour les liqueurs fortes, dont l'abus devait être fatal à la constitution de notre armée. — Une loi municipale fut aussi votée ; elle conférait la nomination des maires et des adjoints à l'empereur dans les communes ayant 3,000 habitants et plus, aux préfets dans les autres communes. Cette loi détruisait la liberté municipale en autorisant l'empereur et les préfets à prendre en dehors des conseils élus les maires et les adjoints pouvant, d'ailleurs, être suspendus par un arrêté préfectoral et révoqués par un décret impérial ; ce qui rendait illusoire la durée de cinq ans fixée à leur mandat. — Le vote d'un impôt sur les chiens eut lieu à une faible majorité. La dette flottante allait croissant, et le rapporteur du budget se crut obligé de dire, tant était gros le chiffre des découverts [1], que le gouvernement « comprenait la nécessité de la réduire » ; M. Baroche l'avait affirmé !

Le 17 avril, l'empereur et l'impératrice se mirent en route pour Windsor. De nombreux agents de la police secrète, habillés par Dussautoy, précédaient, escortaient et suivaient Leurs Majestés qui allaient faire à la reine Victoria la visite dont on négociait l'autorisation depuis longtemps. Le monde officiel les fêta ; la reine décora de l'ordre de la Jarretière le genou gauche de Napoléon III ; le lord-maire, au milieu d'un banquet, à Guildhall, le proclama bourgeois de la Cité de Londres ; le prince Albert complimenta l'impératrice sur l'élégance de ses toilettes dont la richesse et les diversités émerveillaient les dames de l'aristocratie anglaise : rien ne pouvait, mieux que ces compliments et cet émerveillement, plaire à une souveraine jalouse de tenir en France le sceptre de la mode et sans cesse occupant sa charmante tête de linotte à imaginer des ajustements nouveaux.

A son retour d'Angleterre, le 28 avril, vers six heures du soir, aux Champs-Élysées, un coup de pistolet fut tiré sur l'empereur qui chevauchait entre deux de ses aides de camp. Alessandri, chef de la brigade corse, se précipite, un poignard à la main, sur un homme qui allait décharger une deuxième fois son revolver, et le blesse. Déjà l'inconnu est entouré d'agents en blouse, en redingote et en habit ; c'était un Italien nommé Pianori. Traduit, le 1er mai, devant la cour d'assises de la Seine, il déclara qu'il avait voulu frapper le destructeur de la République romaine, l'oppresseur de Rome que des soldats français tenaient sous le joug du pape. On avait donné à Pianori, pour défenseur d'office, M. Benoît-Champy, membre du conseil de l'ordre des avocats. Républicain sous Louis-Philippe et, après la Révolution de Février, ministre de la République française en Toscane, où il manifestait pour la cause italienne une sympathie ardente, M. Benoît-Champy trahit scandaleusement les devoirs des sa profession : sans même donner à l'acte de Pianori une explication attendue par tout le monde tant elle était naturelle, car elle était fournie par le mobile qui avait armé le bras de l'Italien et devait être présentée comme une circonstance atténuante, M. Benoît-Champy se fit l'accusateur de son client et rendit inutile le réquisitoire du ministère public. On avait imputé à Pianori des crimes qui lui étaient étrangers ; il protesta contre ces calomnies et dit qu'il avait offert sa vie pour la liberté de son pays. Le 14 mai, à cinq heures du matin, Pianori subit courageusement la mort après avoir crié deux fois : « *Vive la République !* » Il voulut, avant de mourir, adresser quelques paroles au peuple ; le bourreau l'en empêcha

---

[1]. Après la liquidation de 1854, le découvert s'élevait à 839,347,623 francs.

Expédition française dans la Dobrutja (juillet-août 1854).

en serrant sous le menton du patient le voile noir dont on avait couvert sa tête. M. Benoit-Champy fut exclu du conseil de l'ordre des avocats; Napoléon III le nomma président du tribunal de la Seine et lui donna la croix de la Légion d'honneur.

Peu de jours après l'exécution de Pianori, l'empereur se rendait au théâtre Ventadour; quand les voitures de la cour débouchèrent dans la rue Marsolier, un coup de feu éclata, et une balle brisa la glace d'une berline que des dames d'honneur occupaient. Les agents de police s'emparèrent d'un individu qui tenait dans sa main un pistolet dit *coup de poing* et qui se nommait Bellamare; il était cordonnier, agé de vingt ans, et venait de sortir de Bicêtre; reconnu atteint d'aliénation mentale, il y fut réintégré [1]. Sous le prétexte qu'ils avaient connu Bellamare à Sainte-Pélagie, M. Arthur Ranc et un cordonnier nommé Lange furent arrêtés. On les rasa, on les tondit, on les revêtit du costume des voleurs condamnés, et sans autre forme de procès, en vertu du décret du 8 décembre 1851, on envoya M. Ranc à Lambessa et M. Lange à Cayenne. A Marseille, on accoupla chacun d'eux à un forçat; sur le bateau, où ils mangeaient tous les quatre à la même gamelle, on les enchaîna par les pieds à la même barre.

Cependant Napoléon III avait inauguré l'ouverture de l'Exposition en prononçant un discours dans lequel il ne dit pas un seul mot de la Crimée, où nous irons bientôt retrouver nos soldats. Le gouvernement dérobait au pays la connaissance des désastres qui frappaient les armées expéditionnaires.

Les démolitions commencées en avril par M. Haussmann se poursuivaient partout avec une grande activité. Le pic et la pioche attaquaient les Tuileries et le Louvre; la rue de Rivoli se couvrait de décombres; on perçait le boulevard de Strasbourg; le bois de Boulogne et les Champs-Élysées se transformaient. L'argent des contribuables, arbitrairement répandu à pleines mains, stimulait ces travaux gigantesques.

Le mois d'août fut signalé par de nombreuses arrestations. On parlait beaucoup de celles d'un frère de Pianori et d'un autre Italien, opérées à Biarritz où se trouvait l'empereur. Dans la nuit du 25 au 26, six cents ouvriers des ardoisières voisines d'Angers entrèrent dans cette ville après avoir saccagé la gendarmerie de Trélazé; les soldats de la garnison et les gendarmes en eurent facilement raison; ceux qu'on arrêta furent emprisonnés au château où le gouvernement, auquel donna peur cette ridicule échauffourée, fit déposer toutes les armes que possédaient les armuriers d'Angers. La cour d'assises de Maine-et-Loire jugea ces insurgés peu redoutables; ils s'étaient affiliés à la *Marianne*, et le plus grand nombre d'entre eux ignoraient pourquoi.

Près du village de Pérenchies, à quelques kilomètres de Lille, on découvrit, sous l'un des rails du chemin de fer, un caisson en acier damassé; il contenait deux ou trois kilogrammes de fulminate de mercure qu'un fil électrique devait faire éclater, disait-on, sous le convoi qui allait transporter l'empereur à Lille. Le voyage projeté ne se fit pas. On soupçonna les frères Jacquin, mécaniciens, d'être les organisateurs de ce complot; ils s'étaient réfugiés à Bruxelles; leur extradition fut demandée au gouvernement belge qui la refusa. La cour d'assises de Douai condamna, par contumace, les frères Jacquin et Louis Deron à la peine de mort; sur huit accusés qui comparurent devant le jury, deux seulement furent condamnés à quelques mois de prison.

Le 18, la reine d'Angleterre et son époux le prince Albert arrivèrent à Paris; ils venaient rendre leur visite à l'empereur et à l'impératrice. Le cortège défila sur les boulevards enguirlandés; la reine paraissait

---

[1]. On n'a plus entendu parler de lui.

triste ; on attribuait sa tristesse aux deuils que la guerre de Crimée répandait au milieu de tant de familles. A Saint-Cloud, après un grand banquet donné en son honneur, elle accueillit en pleurant une députation d'élèves de l'École polytechnique portant le deuil de parents tués sous les murs de Sébastopol. « Les yeux des reines et des rois, a dit un écrivain, contiennent beaucoup de larmes ; » il leur est donc facile de pleurer sur les milliers de victimes que leur politique jette prodiguement à la mort. Au banquet de Saint-Cloud, le général Canrobert, qui avait dû résigner à un chef plus résolu le commandement de l'armée de Crimée, était assis à côté de la reine ; il occupait cette place d'honneur, disaient les journaux impérialistes, à cause de ses sentiments d'*humanité* pour les soldats ; il pouvait donc mêler quelques pleurs à ceux de Sa Majesté Victoria. L'*humanité* aurait bien dû parler un peu au cœur de ce général, le 4 décembre 1851, en faveur des femmes, des vieillards et des enfants mitraillés sur les boulevards, et des défenseurs de la loi égorgés au pied des barricades.

Nous avons laissé nos soldats en proie à des maladies et à des misères qu'un rude hiver aggravait sans cesse. La mort redoublait ses coups vers la fin de janvier, quand le général de génie Niel arriva sous les murs de Sébastopol. Contrairement à ce qui avait été fait, il dirigea les travaux de siège du côté de la tour Malakoff. Les Russes, pendant la nuit, faisaient des sorties fréquentes et meurtrières ; l'une d'elles mit, de part et d'autre, 2,000 hommes hors de combat. Le 9 avril, cinq cents pièces de canon recommencèrent le bombardement de la place ; il dura quinze jours et on l'arrêta. Les assiégés relevaient incessamment les ouvrages détruits et en exécutaient de nouveaux. En France, l'opinion publique murmurait ; on savait que le système suivi par Canrobert avait été déclaré mauvais par le général Niel ; on se sentait humilié par ces inexplicables lenteurs qui éternisaient le siège d'une place devant laquelle on était depuis huit mois ; on approuvait cette opinion émise par sir Edmund Lyons qui dirigeait avec lord Raglan les opérations de l'armée anglaise : « Canrobert est un triste commandant en chef, personnellement brave comme l'acier, mais n'osant encourir de responsabilité ; *à quatre fois différentes*, il s'excusa quand le moment d'agir fut venu. » Il fallut enfin que Napoléon III rappelât en France son général favori, dont la complaisance s'était prêtée au ridicule essai d'une invention issue du « somnambulisme intellectuel » de Sa Majesté Impériale [1]. Le *Moniteur* annonça le remplacement de Canrobert, « *qui se retirait pour motif de santé* », par le général Pélissier, gouverneur de l'Algérie. Le général Forey, qui commandait le corps de siège [2], fut envoyé en Afrique. Ainsi disparurent successivement de Crimée, où l'empereur les avait mis aux premiers rangs pour qu'ils s'y couvrissent de lauriers, Saint-Arnaud, Canrobert et Forey, ces trois héros de « *la campagne de Paris* ».

Docile aux conseils de M. de Cavour et malgré l'opposition de ses autres ministres, Victor-Emmanuel, roi de Sardaigne, avait envoyé en Crimée vingt mille soldats piémontais ; sous les ordres du général La Marmora, ils combattirent vaillamment à côté de notre armée dont le général Pélissier prit le commandement en chef le 21 mai. Après deux combats sanglants livrés le 22 et le 23, et dans lesquels les pertes des Russes s'élevè-

---

1. « Napoléon III avait rêvé un mortier dont l'effet devait être foudroyant sur les défenses ennemies. Un beau jour, *le formidable engin* arriva devant Sébastopol... et rata piteusement sa haute destinée. Les généraux s'en amusèrent longtemps. » (*Le Dernier des Napoléon*.)

2. Canrobert avait divisé l'armée française en deux corps : corps de siège commandé par le général Forey, et corps d'observation placé sous le commandement du général Bosquet.

rent à 2,500 hommes et les nôtres à 3,500, Pélissier s'empara des lignes de la Tchernaïa dont l'occupation par les alliés enlevait à l'ennemi l'une des deux routes qui le ravitaillaient. Le 7 juin, une attaque très-bien dirigée par le général Bosquet mit les assiégeants en possession du *Mamelon-Vert* et de nombreuses redoutes reliées à cet ouvrage qui servait de rempart à Malakoff. Le 18, un assaut, qui nous coûta 2,000 hommes, échoua. Les travaux d'approche se poursuivaient avec ardeur. Le 16 août, à quatre heures du matin, le général Gortschakoff attaqua les positions occupées sur la rive gauche de la Tchernaïa par l'armée sarde et par deux divisions françaises. Le terrain que l'ennemi avait conquis lui fut repris. Les blessés s'accumulaient, et les malades continuaient à être évacués sur Constantinople, dont les ambulances étaient infectées par la gangrène traumatique et par la pourriture d'hôpital.

Le 8 septembre, après trois jours de bombardement, le grand assaut fut dirigé par le général Bosquet, ayant sous ses ordres trois colonnes, à la tête desquelles se mirent les généraux Mac-Mahon, Lamotte-Rouge et Dulac. A midi, heure signalée aux trois généraux pour attaquer, simultanément et sans aucun signal, les trois points qui leur avaient été indiqués, les colonnes s'élancent vers les parapets; leurs chefs y montent les premiers; Mac-Mahon s'est jeté sur Malakoff, Lamotte-Rouge sur la grande courtine qui relie le formidable bastion au petit Redan, et Dulac sur ce dernier ouvrage, tandis que les Anglais dirigent leurs efforts vers le grand Redan. Surpris par l'impétuosité de ces chocs imprévus, les Russes se sont ralliés à la hâte; bientôt assiégeants et assiégés se confondent dans une mêlée sanglante, brisent leurs fusils en se frappant avec les crosses, remplacent par des pierres, des pioches, des morceaux de fer arrachés aux blindages, leurs armes brisées. Les divisions Lamotte-Rouge et Dulac reculent sous la mitraille qui les broie; debout sur l'observatoire d'où il suit tous les mouvements de la bataille, le général Bosquet donne des ordres pour secourir les deux divisions en péril; un éclat d'obus le frappe au flanc droit; on l'emporte dans une batterie. Les Anglais, qu'un ouragan de fer décime autour du grand Redan, plient à leur tour. Les Russes épuisent vainement tous leurs efforts pour reprendre Malakoff à la division Mac-Mahon qui le garde après une longue lutte dont l'acharnement est indescriptible. Désormais Sébastopol ne peut plus être défendu. Tout à coup une lueur immense embrase le ciel et une formidable explosion fait trembler le sol; pendant toute la nuit, les mêmes lueurs se succèdent au milieu des mêmes fracas; de tous les côtés des incendies s'allument dans la ville que les Russes détruisent avant d'opérer leur retraite. Quand le jour revint, on n'apercevait que des ruines amoncelées et fumantes; dans la rade, on ne voyait aucun vaisseau; coulée par les marins russes, la flotte de la mer Noire avait disparu sous les eaux. Le siége de Sébastopol avait duré plus de onze mois.

Cette épouvantable guerre anéantit SEPT CENT CINQUANTE MILLE HOMMES [1] et dévora HUIT MILLIARDS CINQ CENTS MILLIONS DE FRANCS. Que d'utiles travaux, que de bienfaisantes et grandes choses on eût pu faire avec tant de bras prématurément abattus par la mort, avec tant d'argent employé en instruments de carnage et de destruction! Le choléra, le scorbut, la gangrène et le typhus avaient tué 75,000 Français [2]; 16,000 étaient tombés sous le fer ou le feu de l'ennemi; le chiffre

---

[1]. Morts sur le champ de bataille ou des suites de leurs blessures et de maladies contractées pendant la campagne.

[2]. Les médecins de l'armée d'Orient sont unanimes à déclarer que, si les premiers secours n'eussent point fait défaut, on aurait pu sauver la moitié de ces 75,000 malades qui succombèrent.

les officiers, sous-officiers ou soldats amputés, ou estropiés, ou atteints de maladies qui amenèrent la mort, est évalué à près de 60,000. Notre armée perdit cinq vaisseaux de ligne et une frégate dans cette expédition où s'engloutirent près de deux milliards pris à la France par Napoléon III. Et qu'a retiré notre malheureux pays de ces hécatombes et de ces frais immenses? Rien, si ce n'est une satisfaction donnée au parti clérical et une source d'inimitiés qui, à l'heure des périls accumulés sur lui par une politique détestable, devaient le laisser dans un isolement dont nous éprouvons les dures conséquences. La France expie aujourd'hui les insanités de l'homme fatal auquel elle abandonna ses destinées. L'empire des tzars, dont on voulait abattre la prépondérance en Orient, y est devenu tout-puissant; stimulé par ses revers en Crimée, il a trouvé dans la transformation de son système économique et politique des forces nouvelles. Le tzar, dont les armées victorieuses campent aujourd'hui [1] sous les murs de Constantinople, impose ses conditions de paix au sultan reçu à merci. La rancune que la Russie nous garde n'est que trop justifiée par la guerre d'Orient, dont Napoléon III fut l'instigateur. D'un autre côté, l'Angleterre n'a point pardonné à son allié de 1855 de lui avoir refusé son concours pour aller, après la chute de Sébastopol, qui ne tarda pas à se relever de ses ruines, détruire Cronstadt et attaquer Saint-Pétersbourg. Nous verrons, dans le cours de cette histoire, Napoléon III s'aliéner toutes les puissances de l'Europe et, soumis aux influences cléricales qui devaient le perdre, rendre impossibles, pour être agréable à l'impératrice et au pape, les deux alliances qui auraient pu le sauver.

Le 2 décembre 1855, les survivants de l'armée de Crimée, au-devant desquels étaient allés jusqu'à la place de la Bastille l'empereur et un brillant état-major, défilèrent sur les boulevards; on acclamait ces braves soldats au milieu desquels flottaient leurs drapeaux déchirés et troués; on saluait, avec une émotion profonde, ceux qui avaient laissé un de leurs membres sur les champs de bataille. Le général Pélissier fut élevé au maréchalat.

Tandis que, dans les premiers jours de 1856, l'Angleterre, fanfarant des victoires rêvées, annonçait, par la voix du *Times*, que « l'année nouvelle serait plus fertile en succès et que les armées alliées auraient des généraux plus entreprenants », les grandes puissances négociaient la paix. Un congrès de plénipotentiaires se réunit à Paris, le 21 février 1856; la question italienne, dont nous aurons à nous occuper, y fut posée par M. de Cavour; le 30 mars, on signa la paix avec une plume qui — puérilité bien digne de Napoléon le Petit — avait été arrachée à la queue d'un grand aigle encagé au Jardin des Plantes.

Le premier événement qui marqua l'année 1856 fut l'enterrement civil de David d'Angers. Le 7 janvier, une foule énorme suivait le cercueil du grand sculpteur dont la mort attrista le parti républicain, auquel il avait toujours appartenu. Béranger s'était joint au cortège; des étudiants le reconnurent et le saluèrent en criant : « Vive la liberté! » On arrêta plusieurs de ces jeunes gens qui avaient eu le courage de faire entendre à Paris ce cri oublié depuis cinq ans.

Quatre jours plus tard, le *Moniteur* publiait une semonce du gouvernement au Sénat qui s'émancipait au point d'invoquer la vieille jurisprudence parlementaire autorisant un sénateur à répondre au discours d'un ministre. Les membres du pouvoir pondérateur reçurent, comme de très-dociles écoliers, le coup de férule et ne renouvelèrent pas leur espièglerie.

[1]. 1er mars 1878.

Le 15 mars, pendant que les plénipotentiaires du congrès délibéraient, M. de Morny apprit au Corps législatif, dont il était devenu le président, que l'accouchement de l'impératrice était fort laborieux ; le 16, à huit heures du matin, il annonça aux députés qui s'étaient déclarés en permanence la naissance d'un prince impérial, « *d'un enfant de France* ». Le 18, les grands corps de l'État se rendirent aux Tuileries où, après avoir félicité Napoléon III, il leur fut permis de défiler et de s'incliner devant un berceau bleu et décoré du ruban de la Légion d'honneur, d'où s'échappaient des vagissements dans l'inflexion desquels de plats adulateurs reconnaissaient, en feignant de se pâmer de joie, le caractère distinctif d'une intelligence précoce. Il y eut, à cette occasion, une averse de dragées et de croix de la Légion d'honneur. Napoléon III donna deux bâtons de maréchaux, l'un au général Bosquet, et c'était justice, l'autre au général Canrobert qui l'avait tant convoité et si mal gagné.

Le 14 juin, dans l'église de Notre-Dame, que sa voûte colorée de bleu et constellée d'or, ses murs chargés d'ornements, ses piliers recouverts de velours cramoisi relevé par des galons d'or et ses chapiteaux dorés faisaient ressembler à un décor d'opéra, le prince impérial fut baptisé. Pie IX, le parrain, était représenté par le cardinal Patrizzi, et la reine de Suède, la marraine, avait chargé la grande-duchesse de Bade de la remplacer dans cette cérémonie pompeuse, après laquelle un banquet réunit quatre-vingt-six archevêques ou évêques aux nombreux invités que le père et la mère du nouveau-né avaient choisis. On prédit à l'héritier du trône les plus hautes destinées ; il devait perpétuer à jamais la race napoléonienne. Les évêques et les courtisans avaient fait les mêmes prédictions au roi de Rome, au duc de Bordeaux, au comte de Paris; on sait comment elles se sont réalisées ; pas un de ces quatre enfants qu'entouraient, à leur naissance, tant de serviles adulations, n'a trouvé un bras pour le protéger quand, tout petits encore, ils ont dû, l'un après l'autre, suivre en exil leurs familles détrônées.

Le déchaînement général de la spéculation et de l'agiotage inquiétait le gouvernement lui-même. Invité par M. Billault à mettre un frein « à l'exploitation de la cupidité et de la crédulité publiques », le préfet de police enjoignit aux commissaires de police de surveiller « certains individus faisant un commerce d'une influence qu'ils s'attribuent et qu'ils n'ont pas ». Le *Moniteur* déclara que, dans le courant de l'année, aucune entreprise donnant lieu à une émission de valeurs nouvelles ne serait autorisée. Le ministre de la guerre dut réprimer par une circulaire la quémanderie des officiers de l'armée importunant sans cesse de leurs demandes d'argent l'empereur qui, lui aussi, prit la plume pour réagir contre cet effrénement de la passion de l'or. Il écrivit à M. Ponsard dont une comédie intitulée *la Bourse* venait d'être représentée à l'Odéon :

« Palais de Saint-Cloud, 15 juin 1856.

« Monsieur, vous avez cru devoir, après la première représentation de *la Bourse*, vous dérober aux félicitations du public et aux miennes. Aujourd'hui, l'envoi de votre pièce me donne l'occasion de vous les adresser, et je le fais bien volontiers, car j'ai été vraiment heureux de vous entendre flétrir de toute l'autorité de votre talent, et combattre par l'inspiration des sentiments les plus nobles *le funeste entraînement du jeu*. Je lirai donc votre pièce avec le même plaisir que je l'ai vu jouer. Persévérez, monsieur, votre nouveau succès vous y engage, dans cette voie de moralité, trop rarement peut-être suivie au théâtre, et si digne pourtant des auteurs appelés comme vous à y laisser une belle réputation. Croyez à mes sentiments.

« Louis-Napoléon. »

Cette lettre fut prise en dédain. Et qui donc l'avait produit, cet *entraînement funeste*, si ce n'est MM. Louis Bonaparte et de Morny et la tourbe sur laquelle ils s'appuyaient? Ils s'effrayaient de leur œuvre après en avoir retiré un profit répondant à leurs convoitises! La Banque s'alarmait de la prodigieuse diminution de sa réserve métallique et des gros chiffres qu'atteignait l'exportation du numéraire. La hausse des denrées alimentaires et celle du prix des loyers frappaient cruellement la classe ouvrière et la classe moyenne, que la démolition des quartiers où elles se logeaient mettait dans la nécessité de chercher de nouveaux gîtes dont la cherté imposait à un grand nombre de familles une gêne dure.

Le 7 juillet, M. Fortoul, ministre de l'instruction publique, fut frappé d'apoplexie et mourut. Ce rénégat du libéralisme et de la libre-pensée avait servi, avec l'ardeur immodérée d'un néophyte, la haine que le clergé nourrit contre l'Université dont les franchises furent violées brutalement. Suppression du cours de philosophie dans les collèges et les lycées, institution d'un prix de dogme, imposition du service religieux aux élèves de toutes les classes, enfin création de ce système qui fut une déplorable ineptie et qu'on nommait *la bifurcation* [1], tels furent les principaux éléments du régime compressif et stupide auquel M. Fortoul soumit cette glorieuse Université de France que, par le choix d'un pareil grand-maître et aux applaudissements des jésuites, Napoléon III mit en danger de déchoir de sa haute renommée. Pour combler la mesure, un décret impérial daté de Plombières ordonna que les funérailles de M. Fortoul seraient célébrées aux frais de l'État, — et deux grands fonctionnaires de l'Empire, le sénateur Dumas et le maréchal Vaillant, ministre de la guerre, glorifièrent sur la tombe du défunt cette funeste bifurcation que, plus tard, M. Duruy supprima.

M. Rouland, procureur général près la cour impériale de Paris, fut nommé ministre de l'instruction publique; il suivit à peu près les traces de son néfaste prédécesseur.

A des inondations désastreuses qui ravageaient plusieurs départements, Napoléon III dut — cela, du moins, est fort probable — la conservation de sa vie. Outre les polices de la rue de Jérusalem et du ministère de l'intérieur, il y avait celles du château des Tuileries, de M. de Morny au palais législatif, du prince Napoléon au Palais-Royal, la police militaire à la place Vendôme, et celle de M. Fleury dont le siège était rue Montaigne; l'impératrice avait aussi la sienne. Les agents de ces polices si diverses ne se connaissaient pas entre eux. Deux proscrits italiens, M... et D..., étaient venus à Paris dans l'intention de poignarder l'empereur. Ils prirent l'habitude de se montrer dans le jardin des Tuileries, non loin du palais. Un jour, des agents habitués de cet endroit et appartenant à la brigade corse les accostèrent. « Que faites-vous ici? demandèrent-ils. — Notre devoir, comme vous le vôtre, » répondit l'un des proscrits; et il alluma tranquillement un cigare à celui de l'un de ces agents qui fumaient et qui ne s'étonnèrent plus de rencontrer là nos deux Italiens. L'occasion que ceux-ci guettaient sembla s'offrir. Un matin l'empereur descendit de ses appartements où l'avait retenu, pendant plusieurs jours, un accès de rhumatisme ou de goutte; il se dirigeait, en fumant, vers le jardin où, peut-être, il eût trouvé la mort, lorsqu'un de ses aides de camp courut vers lui, une dépêche à la main; ils échangèrent quelques mots et regagnèrent ensemble le palais; l'empereur entreprit, le lendemain, son voyage dans les départements envahis par les eaux; son ab-

---

[1] Ce système, contre lequel protestèrent toutes les illustrations du corps enseignant, obligeait les enfants à opter, après un simple cours élémentaire, entre les études scientifiques et les études littéraires. Pouvaient-ils, à cet âge, discerner leurs aptitudes?

sence se prolongeant, les deux Italiens quittèrent Paris.

A son retour de Plombières, où il s'était rendu après avoir visité les vallées du Rhône et de la Loire et distribué des secours aux victimes de l'inondation, l'empereur échappa, une fois encore, à un grand péril. Une duchesse milanaise était venue à Paris ; sa beauté l'eut bientôt mise en vogue ; Napoléon III s'en éprit ; elle habitait l'hôtel Beauveau. Un soir l'empereur et le général F... sortirent, bras dessus bras dessous, du jardin des Tuileries par le Pont-Tournant, et se dirigèrent vers cet hôtel. A une courte distance, les suivait, par ordre, le sbire Griscelli. Une jeune fille avait ouvert la porte du salon où les deux amis entrèrent ; sans s'apercevoir que l'agent était resté dans l'antichambre, elle alla vers un cabinet d'où sortit un homme serrant un stylet dans sa main ; le bravo de l'empereur s'élance sur cet homme qui tombe sans pousser un cri ; la lame d'un poignard lui avait percé le cœur. C'était un Italien nommé Capellani. Au bruit que fait la jeune fille en essayant de fuir, le général F... a quitté le salon. La jeune fille est bâillonnée et enfermée avec le cadavre dans le cabinet où elle perd connaissance. Puis le général traverse le salon et va frapper à la porte du boudoir ; son maître était là et n'avait rien entendu. Il lui apprend ce qui vient de se passer. Ils sortent, mettent la duchesse sous clef, recommandent à Griscelli de faire bonne garde et s'en retournent aux Tuileries. Bientôt le général F... reparaît ; deux voitures sont dans la cour ; l'une reçoit la jeune fille et le cadavre qui a été mis dans un sac ; on confie tout cela à un agent nommé Z... et dressé, comme Griscelli, à ces besognes lugubres ; nul n'a su ce qu'il fit de la jeune fille et du cadavre. La duchesse fut expulsée de France où, plus tard, elle revint, grâce à l'intervention du comte Arese, ami d'enfance de Napoléon III.

Vers cette époque, l'empereur fit, avec le métal d'une partie des canons pris à Sébastopol, jeter en fonte une colossale statue de Notre-Dame du Puy. « Érigée sur le rocher de Corneille, elle devait porter jusqu'aux nues le témoignage éclatant de l'alliance entre l'Empire et l'Église [1]. »

Un sénatus-consulte organique sur la régence avait été présenté au Sénat. — L'impératrice-mère devait être régente pendant la minorité de son fils. L'article relatif à la formule du serment conféré à la régente souleva une discussion très-vive ; beaucoup de sénateurs, grands partisans de la dynastie impériale, voulaient qu'on mentionnât dans cette formule le respect dû au Concordat et à la liberté des cultes ; ils se méfiaient d'une dévote mondaine, sans instruction, soumise à des préjugés étroits comme son esprit et dominée par le parti clérical dont elle servait, avec un entêtement tracassier, les passions intolérantes et haineuses. Un amendement de M. de La Valette dans ce sens ne fut repoussé que par une majorité de douze voix ; naturellement les cardinaux-sénateurs le combattirent ; ils y trouvaient, non sans raison, « quelque chose qui ressemblait à de la défiance ».

Le 3 janvier 1857, l'archevêque Sibour, après la célébration de la fête de sainte Geneviève à Saint-Étienne-du-Mont, se dirigeait vers la sacristie de cette église, lorsqu'un homme l'arrête, et, en criant : *A bas les déesses!* lui plante dans le cœur la lame d'un couteau catalan. Le grand vicaire Surat reçut dans ses bras l'archevêque agonisant. L'assassin était un prêtre interdit : il se nommait Verger. « Je me suis vengé, disait-il, de l'interdiction qui m'avait frappé ; mon cri de : *A bas les déesses!* s'adressait à l'Immaculée-Conception contre laquelle j'ai prêché et à la confrérie des Génovéfains [2]. » Traduit devant la cour d'assises le 17 janvier, ce prêtre, dont la malingrerie faisait mal à voir, se démenait, l'écume à la bouche, comme un in-

---

1. Taxile Delord, *Histoire du second Empire*.
2. Adorateurs de Sainte-Geneviève.

Vue de Sébastopol.

sensé. L'incohérence de ses plaintes, le rugissement de ses menaces, le trouble de ses idées obligèrent les gendarmes à l'emporter hors de la salle, par ordre du président Delangle. Mᵉ Nogent-Saint-Laurent plaida la circonstance atténuante de la folie. Condamné à la peine de mort, le curé Verger se débattit contre les gardiens qui, le jour de l'exécution, employèrent la force pour le vêtir. Devenu plus calme, il baisa un crucifix sur l'échafaud et cria : « Vive le Dieu d'amour! Vive Notre-Seigneur Jésus-Christ! » Puis le bourreau le saisit et sa tête tomba. L'archevêque était mort au presbystère de Saint-Étienne-du-Mont; les ultramontains, dont on reconnaît là le fanatisme impie et farouche, insinuèrent que Dieu s'était servi du bras de Verger pour punir Mgr Sibour de l'opposition qu'il avait faite au dogme de l'Immaculée-Conception. L'empereur appela Mgr Morlot, archevêque de Tours, à l'archevêché de Paris. Des journaux bonapartistes ne reculèrent pas devant une accusation dont l'infamie égalait l'absurdité : Verger était, disaient-ils, l'agent des sociétés secrètes belges et des proscrits réfugiés en Belgique; en conséquence, ils demandaient l'extradition des prétendus complices du prêtre guillotiné[1]. M. Vilain XIIII, alors ministre des affaires étrangères, répondit en pleine Chambre, à des députés qui l'interrogeaient sur ce point : « Je ne connais pas de sociétés secrètes en Belgique, et les proscrits français sont tous dignes de l'hospitalité que nous leur donnons. »

La session du Corps législatif s'ouvrit le 18 février. Conformément aux désirs de l'empereur, les députés votèrent une dotation annuelle de 100,000 francs au maréchal Pélissier, duc de Malakoff, — la prorogation du privilége de la Banque de France expirant le 1ᵉʳ janvier 1867 au 31 décembre 1897, — un impôt sur la transmission des titres et valeurs de toutes les sociétés ou entreprises industrielles, — et la concession à M. de Morny de 600 kilomètres de chemins de fer, d'où naquit le Grand Central dont M. de Morny mania les actions avec son habileté accoutumée; « elles firent, à la Bourse, une prime de 80 francs avant qu'un coup de pioche ne fût donné ». Et il y avait moins d'un an que Napoléon III « avait entendu, avec bonheur, M. Ponsard *flétrir le funeste entraînement du jeu!* » Les deux fils de la reine Hortense s'entendaient toujours à demi-mot; M. de Morny ne pouvait décemment pas occuper le fauteuil présidentiel pendant qu'on lui votait un aussi riche cadeau; aussi l'empereur avait-il chargé son frère utérin d'une mission en Russie; c'est pourquoi M. Schneider présida la session de 1857.

Le *Moniteur* du 21 mai publia les décrets de dissolution du Corps législatif et de convocation des colléges électoraux pour le 21 juin. M. Billault, ministre de l'intérieur, confisqua, aussi audacieusement que l'avaient fait ses prédécesseurs, la liberté du suffrage universel. Afin d'assurer l'élection des candidats choisis par le gouvernement, les préfets, se conformant aux instructions ministérielles, exercèrent sur les électeurs une pression allant jusqu'à la menace.

« Imposez silence aux adversaires s'il s'en présente, disaient-ils ; aucun comité électoral, aucune réunion spéciale ne doivent être tolérés. » Des journaux subventionnés dans les départements prodiguaient les louanges aux candidats officiels et les insultes à ceux de l'opposition. On intimidait par tous les moyens les électeurs et la presse indépendante, même à Paris : l'avant-veille des élections, le *Siècle* fut frappé d'un avertissement dans lequel il était dit que la suspension aurait pu être prononcée contre ce journal deux fois averti déjà. Au moment où le scru-

---

[1]. Lorsque, en 1852, une dépêche annonça qu'un assassin avait frappé la reine d'Espagne, la *Patrie*, le *Constitutionnel* et les autres journaux bonapartistes accusèrent « de ce forfait odieux » le parti républicain. On apprit bientôt que l'assassin était un prêtre, et les *honnêtes* feuilles se turent.

tin s'ouvrait, M. Garnier-Pagès, candidat, fut arrêté dans la rue; on lui prit son portefeuille et on le conduisit chez lui; après une longue et infructueuse perquisition dans ses appartements, les agents de M. Piétri lui rendirent la liberté. MM. Carnot et Goudchaux furent élus dans les 5° et 6° circonscriptions; les candidats officiels l'emportèrent dans la 1re, la 2e, la 7°, la 9° et la 10°. Un scrutin de ballottage dans la 3°, la 4° et la 8° fit triompher les candidatures de MM. Cavaignac, Émile Ollivier et Darimon. — MM. Hénon et Curé, soutenus à Lyon et à Bordeaux par l'opposition démocratique, battirent leurs adversaires. Un grand nombre de républicains s'étaient abstenus de voter.

Eugène Sue mourut et fut enterré civilement à Annecy, le 3 juillet; l'affluence des populations qui voulurent accompagner à sa dernière demeure le célèbre auteur des *Mystères du Peuple* et du *Juif-Errant* était considérable. Le 16, Béranger s'éteignit doucement, après avoir dit à un curé qui était allé le voir, *en voisin* : « Nous avons pris une route différente pour arriver au même but, voilà tout. » Le gouvernement qui prévoyait la mort prochaine du grand chansonnier, résolut de détourner *au profit de la race napoléonienne* la popularité de l'auteur du *Dieu des bonnes gens*. L'impératrice visita le malade dont l'agonie fut courte. Aussitôt parut dans les journaux bonapartistes une note dans laquelle on disait que la France venait de perdre le poëte national dont les œuvres avaient popularisé la gloire de l'Empire et que, d'après la volonté de Napoléon III, les frais des funérailles seraient à la charge de la liste civile impériale. — En même temps, le préfet de police faisait placarder l'affiche suivante :

OBSÈQUES DE BÉRANGER

« La France vient de perdre son poëte national.

« Le gouvernement de l'empereur a voulu que des honneurs publics fussent rendus à la mémoire de Béranger; ce pieux hommage était dû au poëte dont les chants consacrés au culte de la patrie ont aidé à perpétuer dans le cœur du peuple le souvenir des gloires impériales.

« J'apprend que des hommes de parti ne voient dans cette triste solennité qu'une occasion de renouveler des discordes qui, dans d'autres temps, ont signalé de semblables cérémonies.

« Le gouvernement ne souffrira pas qu'une manifestation tumultueuse se substitue au deuil respectueux et patriotique qui doit présider aux funérailles de Béranger.

« D'un autre côté, la volonté du défunt s'est manifestée par ces touchantes paroles : « Quant à mes obsèques, si vous pouvez éviter le bruit public, faites-le, je vous prie, mon cher Perrotin. J'ai horreur, pour les amis que je perds, du bruit de la foule et des discours à leur enterrement. Si le mien peut se faire sans public, ce sera un de mes vœux accomplis. »

« Il a donc été résolu, d'accord avec l'exécuteur testamentaire, que le cortège funèbre se composera exclusivement des députations officielles et des personnes munies de lettres de convocation.

« J'invite les populations à se conformer à ces prescriptions. Des mesures seront prises pour que la volonté du gouvernement et celle du défunt soient rigoureusement respectées.

« *Le sénateur, préfet de police*,
« Piétri.

« Paris, 16 juillet 1857. »

Entraîné, il est vrai, par l'ardeur d'un patriotisme qui se fourvoyait, Béranger glorifia dans ses chansons le premier Empire alors si mal connu et propagea cette légende napoléonienne, aujourd'hui détruite, mais qui facilita le rétablissement d'un régime abhorré. En même temps, ne l'oublions pas, il poussait la sape sous l'autel et sous le trône du haut desquels les jésuites et les Bourbons donnaient l'assaut à la société moderne. En outre, Béranger avait en horreur Napoléon III que, toujours, il refusa de voir. Des troupes, en grand nombre, occupaient les boulevards et les rues adjacentes afin de tenir le peuple éloigné du corbillard qu'il aurait voulu suivre et derrière lequel se prélassait, dans une voiture de la cour, un aide de camp de l'empereur. Les obsèques de Béranger, — est-il besoin de le dire? — se firent sans l'assistance des prêtres; le flagellateur des *hommes noirs* disait souvent à ses amis : « Si je perds mes facultés par la maladie ou par l'âge, vous connaissez les idées que j'ai professées toute ma vie, c'est à vous à veiller sur moi. »

La police, ayant saisi des lettres faussement attribuées à Mazzini qui, jamais, n'écrivit rien de compromettant à personne, avait arrêté, le 13 juin, trois Italiens : Tibaldi, Grilli et Bertolotti. Chez une voisine de Tibaldi, on trouva des poignards et des pistolets. Bertolotti qui, sans aucun doute, avait préparé ce complot, d'accord avec les agents de M. Piétri, fit tous les aveux que sollicitait de lui le juge instructeur; il dénonça comme étant les instigateurs de cette affaire un homme *maigre* chez lequel il avait été conduit et un homme *gros* qui conférenciait avec l'homme *maigre* ; ce dernier appelait son prétendu complice *Drourolin* ; de cette dénonciation mal récitée par le misérable auquel on l'avait apprise, le juge d'instruction induisit la complicité de Mazzini et celle de Ledru-Rollin dans cette affaire ignorée d'eux. En conséquence, on les engloba dans « une accusation de complot contre la vie de l'empereur ». Afin de corroborer l'assertion mensongère de Bertolotti, l'accusateur public appela aux débats un nommé Adolphe Géraux; cet individu, condamné pour société secrète et qui, peut-être, moutonnait ses co-détenus,

déclara, sur un ton faux de pécheur repenti, que, *cinq années auparavant*, Ledru-Rollin l'avait chargé, à Londres, d'une commission mystérieuse; il s'agissait de remettre cinq cents francs à un homme qui, sur la place de la Madeleine, dirait : « *Je suis Beaumont.* » Quel rapport, d'ailleurs, y aurait-il eu de cette énonciation burlesque d'un fait qui se serait passé en 1852 au prétendu complot de 1857? Pas le moindre assurément; eh bien! en la rapprochant, par un grand effort de bonne volonté, de la désignation faite par Bertolotti d'un homme *gros* causant avec un homme *maigre*, les magistrats de la cour d'assises, jugeant sans jury, y trouvèrent des preuves de culpabilité suffisantes pour leur conscience ; ils condamnèrent le tribun si redoutable aux ennemis de la République, puis Mazzini et deux autres Italiens contumaces, à la déportation. Le jury condamna Tibaldi à la même peine, et Bertolotti et Grilli à quinze ans de réclusion ; ces deux derniers recouvrèrent presque immédiatement leur liberté; la police eut l'aimable attention de leur donner quelque argent de poche afin qu'ils fissent route plus commodément. Tibaldi ayant opposé à toutes les interrogations des juges un silence dédaigneux fut envoyé à Cayenne. Ledru-Rollin, dans une protestation éloquente et indignée, s'éleva contre l'inexplicable ou plutôt la trop explicable condamnation qui l'avait si étrangement frappé.

Quelques jours après l'inauguration du Louvre, qui eut lieu le 14 août, les kiosques remplacèrent les baraques dans lesquelles se vendaient les journaux. Le 27, l'empereur et l'impératrice allèrent passer une semaine à Osborne auprès de la reine Victoria. Griscelli, bien armé, veillait à ce que nul n'approchât du pavillon affecté au logement de leurs Majestés Impériales et à la porte duquel deux soldats anglais se tenaient en faction.

Eugène Cavaignac, qui, depuis longtemps,

souffrait d'une maladie de cœur, mourut subitement dans sa propriété d'Ourne; le cadavre, que sa femme et son fils allèrent chercher, fut placé à côté de celui de son frère Godefroy dans le cimetière Montmartre. Le gouvernement avait pris des mesures pour que, sur la tombe du général républicain, aucun discours ne fût prononcé.

Le nouveau Corps législatif se réunit le 28 novembre; M. de Morny, revenu de Saint-Pétersbourg, reprit le fauteuil présidentiel. MM. Goudchaux et Carnot refusèrent le serment, et on les déclara démissionnaires. Après la vérification des pouvoirs, l'Assemblée se prorogea au 18 janvier 1858.

M. Viellard, sénateur, cessa de vivre quand l'année 1857 finissait. Les dernières volontés de l'ex-précepteur de Louis Bonaparte furent conséquentes à son incroyance : une clause de son testament défendait de porter son corps à l'église. L'impératrice, qui, afin d'assurer le succès de la comédie jouée aux obsèques de Béranger enterré civilement comme M. Viellard, avait refoulé ses scrupules au fond de sa conscience, exigea de son époux que l'aide de camp désigné pour assister aux funérailles se retirât de la maison mortuaire après avoir déclaré qu'il n'accompagnerait pas le mort au cimetière. Napoléon III, dont M. Viellard était l'ami particulier, eut la faiblesse de céder aux exigences de sa femme sous le patronage de laquelle le parti clérical se livrait aux plus étranges abus; il mettait en loterie des pendules et des messes dans le but de réparer ou de bâtir des églises; les billets de ces loteries sacerdotales s'étalaient à toutes les vitrines « à côté des billets du bal Mabille; les curés traitaient avec les fermiers d'annonces; les billets se plaçaient, la passion du jeu se mêlant aux sentiments les plus respectables de l'âme [1] ». L'une des premières et des plus curieuses loteries de ce genre fut celle qu'imagina le curé B*** pour la restauration de l'église Notre-Dame des Perthes; son prospectus, visé par le maire de la commune, était ainsi conçu : « Quiconque prendra un billet de un franc aura droit à une messe à perpétuité. Cinq billets donneront droit à *douze messes par an à perpétuité.* » Ainsi dix mille fidèles se partageant cinquante mille billets, le curé B... se trouvait chargé de cent vingt mille messes annuelles occupant *perpétuellement* trois cent trente-trois prêtres en chiffre rond. Ce curé avait-il la promesse d'un aussi grand nombre de ses confrères assez désintéressés pour dire *gratuitement* jusqu'à leur mort toutes leurs messes? En outre, par un miracle dû à l'intercession de Notre-Dame des Perthes, avait-il donc engagé à son œuvre trois cent trente-trois curés ou vicaires appartenant à chacune des générations à venir? Du néant où ils sont encore, ces futurs lévites avaient-ils envoyé au curé B... leur miraculeuse adhésion à son œuvre perpétuelle? Les Pères jésuites ont, il est vrai, fourni à ce vénérable desservant le moyen de réduire de moitié le nombre de prêtres nécessaire à l'accomplissement de sa lourde promesse : « Un prêtre, disent-ils, qui a reçu de l'argent pour dire une messe peut recevoir d'autre argent pour la même messe en appliquant la partie du sacrifice qui le regarde comme prêtre à celui qui le paye de nouveau [1]. »

Voici qui est mieux : à Paris, en 1857, un jésuite se mit en loterie. « Un très-révérend Père fut lui-même, en corps et en âme, le lot qui devait appartenir au numéro gagnant [2]. » Le prospectus du jésuite en loterie disait : « Les dames seules peuvent prendre un billet. Chaque billet est de cent francs. Le révérend père L..., qui prêche, en ce moment, le carême à l'église des Missions étrangères,

---

[1]. Taxile Delord, *Histoire du second Empire.*

[1]. *Filutius*, Tract. 1, ex. 11, n° 93.
[2]. Correspondance de l'*Indépendance belge*, nos des 9 et 11 avril 1857.

est le lot gagnant. La condition du don de sa personne à la dame gagnante est que, pendant trois jours, il lui appartiendra pour toute œuvre, prédication, pèlerinage, méditation, quêtes, etc., etc., le tout à la volonté de ladite dame. » La circulaire suivante, signée du père L..., accompagnait chaque billet : « Madame, les moyens nous manquant pour la construction de l'église que la Compagnie fait bâtir rue de Sèvres, nous avons cru devoir recourir à une loterie. Mais, la Compagnie étant pauvre, etc., etc., j'ai pensé à me mettre en loterie moi-même. La dame qui me gagnera m'aura à sa disposition pendant trois jours, etc., etc. » Le reste comme au prospectus.

La production de pareils faits ne suffit-elle pas à caractériser une époque?

DOCUMENTS COMPLÉMENTAIRES DU CHAPITRE IV

I
ÉPILOGUE DE L'AFFAIRE BELLAMARE

« A minuit, — dit M. Arthur Ranc, — j'étais arrêté ; à la même heure, on arrêtait un ouvrier, Pascal Lange, qui, lui aussi, avait connu Bellamare à Sainte-Pélagie. Lange fut interrogé une fois par M. le juge d'instruction Brault ; puis il n'entendit plus parler de rien. Moi, je ne fus pas interrogé du tout. J'étais du reste fort tranquille, n'ayant absolument rien fait qui pût me compromettre et certain que Bellamare était incapable de porter contre moi une accusation fausse. En effet, plus tard, lorsque j'allai en Afrique, un de mes gendarmes me montra ma feuille signalétique, et j'y vis qu'on me soupçonnait seulement « d'avoir connu les projets de Bellamare ».

« Néanmoins les jours se suivaient et se ressemblaient au dépôt de la préfecture. Un jour, j'appris que Bellamare, « reconnu atteint d'aliénation mentale, » avait été conduit à Bicêtre. Donc il n'y aurait pas de procès! Donc j'allais être mis en liberté!

« Ah bien oui! Les semaines s'écoulèrent sans que rien fût modifié dans ma situation. Enfin, un jour, au bout de trois mois, je fus mandé à la préfecture : je descendis et je me trouvai en face d'un commissaire de police qui me lut un arrêté de M. Billault, ministre de l'intérieur, portant en substance que, vu le rapport de M. Piétri, préfet de police, vu le décret du 8 décembre 1851, vu le jugement du tribunal correctionnel qui m'avait condamné à un an de prison pour société secrète, j'allais être transporté à Cayenne.

. . . .

« Heureusement nous n'étions à Paris que deux politiques en partance, et l'on ne pouvait pas faire pour nous seuls les frais du transfèrement. On attendit qu'il y eût à la Roquette assez de forçats disponibles pour emplir une voiture cellulaire. Grâce à ce répit, ma famille put se mettre en campagne. Une parente de ma mère, qui connaissait quelques personnes du monde officiel, s'employa avec cette activité que savent mettre les femmes quand on en appelle à leur dévouement, et elle parvint à faire changer Cayenne en Lambessa....

« Enfin, un soir, on m'emmena à la Roquette. Je trouvai au greffe Pascal Lange qui arrivait de Mazas. Lui aussi s'était attendu, pendant deux mois, tous les jours, à être mis en liberté; lui aussi on l'avait mandé devant un commissaire de police qui lui avait lu un arrêté de transportation. Seulement sa pauvre vieille mère, sa mère infirme qu'il soutenait de son travail, n'avait pas de relations en haut lieu, et il s'en allait à Cayenne !

« A la Roquette, on nous rasa, on nous coupa les cheveux, on nous déshabilla, et l'on nous revêtit de l'habit gris, l'habit des condamnés pour vol. Le lendemain, nous partions pour Marseille et Toulon, en voiture cellulaire : trente-six heures de route par un froid glacial, les fers aux pieds ! Je m'arrêtai à Marseille; Lange continua sa route jusqu'à Toulon. On sait par le récit que M. Delescluze a publié dans le *Réveil* comment les choses se passaient dans cette dernière ville. Quant à moi, j'affirme — car il faut que ces choses-là soient sues — que de Marseille jusqu'à mon arrivée à Lambessa je vécus en promiscuité absolue avec quatre forçats, couchant sur le même lit de camp, mangeant à la même gamelle, accouplé avec l'un d'eux quand nous traversions une ville, enchaîné par les pieds à la même barre sur le bateau. Je dois dire, du reste, que ces quatre malheureux étaient fort convenables, discrets, et que je n'eus aucunement à m'en plaindre. Pascal Lange ne resta pas à Cayenne jusqu'à l'amnistie; il fut transféré en Algérie. Mais, hélas ! son séjour à la Guyane dura assez pour qu'il y ait contracté les premiers germes d'une cruelle maladie ; et maintenant Pascal Lange, un des esprits les plus libres et les plus joyeux, un des cœurs les plus dévoués et les plus généreux que j'aie connus, qui de Cayenne et d'Algérie trouvait le moyen d'envoyer à sa mère un peu d'argent, Lange est brisé par la souffrance; il est paralysé des membres inférieurs, il a trente-six ans à peine, il a conservé toute son intelligence, toute sa volonté, et il est condamné à l'inaction, à l'immobilité presque absolue.

« De Bellamare, on n'a jamais entendu parler. Est-il mort à Bicêtre? Vit-il dans quelque cabanon? Nul ne le sait. »
(*Lettre de M. Arthur Ranc*, publiée à la fin du procès de l'Hippodrome, par A. Fermé.)

II

UNE CEINTURE DE LA SAINTE VIERGE

LETTRE DE M. LOUVET, DÉPUTÉ, A L'EMPEREUR, AU SUJET DE LA CEINTURE DE LA VIERGE

« Saumur, 17 novembre 1855.

« Sire,

« L'église du Puy-Notre-Dame, près Saumur, possède une des plus précieuses reliques de la chrétienté. C'est une ceinture de la sainte Vierge, donnée par Guillaume VI, duc d'Aquitaine, qui l'avait rapportée des croisades. La tradition dit qu'elle fut tissée par Marie elle-même. Les archives de l'église du Puy et de nombreux documents historiques attestent l'authenticité de cette relique. Les rois de France ont eu de tout temps une grande foi en cette ceinture. Anne d'Autriche la portait à Saint-Germain-en-Laye dans l'année 1628, quand elle accoucha d'un prince qui fut Louis XIV. S'il vous plaisait, Sire, de placer Sa Majesté l'impératrice sous la protection de cette relique pendant le grand événement qui va couronner votre bonheur domestique et consolider le repos de la France, je ne doute pas que le curé et Mgr l'évêque ne s'empressassent de déférer au désir de Votre Majesté.

« J'ai l'honneur d'être avec le plus profond respect, Sire, de Votre Majesté, le très-humble et très-obéissant serviteur et sujet.

« *Le maire de Saumur, député au Corps législatif,*

« Louvet. »

(*Papiers et Correspondance de la famille impériale.*)

L'histoire ne dit pas si Napoléon III accepta l'offre de M. Louvet ; elle dit seulement ceci : « L'impératrice, au moment des grandes douleurs, serrait dans sa main un reliquaire que lui avait prêté l'empereur, et dont il ne se sépare jamais. Les douleurs, commencées à quatre heures du matin, s'apaisèrent ensuite de façon à lui permettre de communier une seconde fois. »

(Taxile Delord, *Histoire du second Empire*.)

III

UN ENFANT DE FRANCE

Répondant aux félicitations du Sénat, l'empereur s'exprima ainsi :

« Vous avez salué comme un événement heureux la venue au monde d'un Enfant de France. C'est avec intention que je me sers de ce mot. En effet, l'empereur Napoléon mon oncle, qui avait appliqué au nouveau système créé par la Révolution tout ce que l'ancien régime avait de grand et d'élevé, avait repris cette ancienne dénomination des Enfants de France. C'est qu'en effet, messieurs, lorsqu'il naît un héritier destiné à perpétuer un système national, cet enfant n'est pas seulement le rejeton d'une famille, mais il est véritablement encore le fils du pays, et ce nom lui indique ses devoirs. Si cela était vrai sous l'ancienne monarchie qui représentait plus exclusivement les classes privilégiées, à plus forte raison aujourd'hui que le souverain est l'élu de la nation, le premier citoyen du pays, et le représentant des intérêts de tous. »

A M. de Morny qui, le 18 mars 1856, lui apporta les félicitations du Corps législatif, l'empereur répondit :

« J'ai été bien touché de la manifestation de vos sentiments à la naissance du fils que la Providence a bien voulu m'accorder. Vous avez salué en lui l'espoir dont on aime à se bercer de la perpétuité d'un système qu'on regarde comme la plus sûre garantie des intérêts généraux du pays ; mais les acclamations unanimes qui entourent son berceau ne m'empêchent pas de réfléchir sur la destinée de ceux qui sont nés dans le même lieu et dans des circonstances analogues. Si j'espère que son sort sera plus heureux, c'est que, confiant d'abord dans la Providence, je ne puis douter de sa protection en la voyant relever par un concours de circonstances extraordinaires tout ce qu'il lui avait plu d'abattre il y a quarante ans, comme si elle avait voulu vieillir par le martyre et par le malheur une nouvelle dynastie sortie des rangs du peuple. Ensuite l'histoire a des enseignements que je n'oublierai pas. Elle me dit d'une part qu'il ne faut pas abuser des faveurs de la fortune ; de l'autre, qu'une dynastie n'a de chances de stabilité que si elle reste fidèle à son origine, en s'occupant uniquement des intérêts populaires pour lesquels elle a été créée. Cet enfant que consacrent à son berceau la paix qui se prépare, la bénédiction du Saint-Père apportée par l'électricité une heure après sa naissance, enfin les acclamations de ce peuple français que *l'empereur a tant aimé*, cet enfant, dis-je, sera digne *des destinées qui l'attendent.* »

IV

CE QUE COUTENT LA NAISSANCE ET LE BAPTÊME D'UN ENFANT DE FRANCE

NAISSANCE ET BAPTÊME DU PRINCE IMPÉRIALE

Médaillons en diamants.	25,000f »
Allocation aux médecins	62,000 »
— à la sage-femme	6,000 »
A la société des auteurs et compositeurs dramatiques.	10,000 »
— gens de lettres	10,000 »
— artistes dramatiques . .	10,000 »
— artistes musiciens . .	10,000 »
— peintres, sculpteurs, etc.	10,000 »
— inventeurs, industriels.	10,000 »
— médecins du département de la Seine. . .	10,000 »

Charge des chasseurs d'Afrique pour dégager la division anglaise de cavalerie légère à Balaclava.

Report.	163,000 »
Aux bureaux de bienfaisance de la Seine et des communes où sont situés les biens de la Couronne.	93,000 »
Layette.	100,000 »
Gratifications de quatre mois de traitement aux agents du service intérieur de S. M. l'impératrice	11,000 »
Spectacles gratis du 18 mars 1859 . . .	44,000 »
Secours aux parents des enfants nés le 16	50,000 »
Médailles aux auteurs et compositeurs des cantates et vers adressés à Leurs Majestés. Médailles aux troupes et élèves des lycées	85,000 »
Brevets adressés aux parents des filleuls de Leurs Majestés	20,000 »
Cortége du baptême. Service des écuries	172,000 »
Gratifications aux gagistes de la maison de Leurs Majestés.	160,000 »
Total.	898,000 »

(*Papiers et Correspondance de la famille impériale.*)

V

DEUX SOUVENIRS IMPORTUNS

Louis-Napoléon reçut, en 1856 et en 1857, deux lettres qui lui rappelaient ses belles équipées.

La première de ces lettres était adressée à M. Mocquard par l'industriel qui avait procuré au prince l'argent nécessaire à l'expédition de Boulogne :

« Monsieur,

« Pour prouver à Sa Majesté l'empereur mon dévouement à sa personne ainsi qu'à sa cause, depuis que j'ai eu l'honneur de le connaître, je désire finir comme j'ai commencé :

« Moi, Ernest Rapallo, déclare avoir reçu de Sa Majesté l'empereur toute satisfaction pour mes avances, présent, passé et avenir, et laisse à sa générosité de faire pour moi ce qu'elle croira pour rendre le reste de mes jours heureux.

« J'ai l'honneur d'être, monsieur, votre très-humble et très-obéissant serviteur.

« E. RAPALLO.

« Paris, 14 avril 1856. »

LE BATON DE CONSTABLE

« Adresse : Pour peu de temps à Paris, *Hôtel d'Allemagne*, rue Strasbourg.
« Résidence : 136, Hoane-Street, London.

« Sire,

« J'ai le bâton de constable (avec le certificat du marguillier (Church Wardens) le déclarant authentique) que Votre Majesté avait lorsque vous fonctionnâtes comme constable spécial à Londres, lors des émeutes chartistes.

« Je serais heureux de le vendre à Votre Majesté pour 300 francs ; et, en considérant que c'est maintenant une relique historique d'un grand intérêt, je trouve que ce n'est pas cher.

« J'ai l'honneur d'être, avec un profond respect, le fort obéissant et très-humble serviteur de Votre Majesté,

« J. BLOFELD.

« A Sa Majesté Impériale Napoléon III, empereur des Français, roi d'Algérie, etc., etc.

« 3 février 1857. »

En marge, cette mention : *M. Mocquard a répondu par un refus*.

(*Papiers sauvés des Tuileries*, publiés par ROBERT HALT.)

Ce refus dut être sec, car l'empereur n'aimait guère qu'on réveillât de pareils souvenirs.

VI

UNE LETTRE DE LA REINE D'ANGLETERRE A NAPOLÉON III

M. B..., le diplomate qui a écrit le livre intitulé *le Dernier des Napoléon*, dit :

« Napoléon était d'une paresse extrême et presque invincible.

« Le travail l'effrayait au point que ce n'est qu'à la dernière extrémité qu'on parvenait à le pousser à la besogne.

« Comme chez tous les rêveurs, toutes ses facultés s'évaporaient dans les nuages. Cela explique l'influence pernicieuse qu'ont exercée trop souvent sur les affaires les plus graves ses secrétaires et ses chefs de cabinet. Les documents les plus importants, les communications les plus délicates, destinées à n'être connues que de l'empereur seul, étaient non-seulement décachetées, mais restaient dans les mains les plus subalternes. Que de personnages en Europe, et parmi eux des princes, des femmes, ET SURTOUT UNE REINE, savent l'inconvénient qu'il y avait de confier à la poste des missives pour l'empereur ! »

Cette REINE n'est-elle pas la reine d'Angleterre ?

Voici une curieuse lettre que, après sa visite à la famille impériale, au mois de novembre 1855, Sa Majesté Victoria écrivit à Napoléon III :

« Votre Majesté a sur moi de grands avantages dans la manière dont elle peut conduire sa politique et mener ses négociations. Personne ne peut vous demander compte de vos actes; vous pouvez cacher vos intentions à tout le monde, vous servir de l'homme ou de la forme qui vous plaît pour en assurer la mise à exécution. En toute circonstance, vous pouvez revenir sur vos décisions, et, par un geste ou une parole, imprimer aux affaires publiques une direction nouvelle, si ce changement vous semble présenter un avantage quelconque.

« Quant à moi, au contraire, je suis liée par des règles et usages. Il ne m'appartient pas de dire le dernier mot en toutes choses. Il me faut suivre les conseils de mes ministres, et ces ministres, responsables envers le pays, sont tenus de s'entendre sur une ligne de conduite dont la justice et l'utilité devront être inattaquables. En outre, il faut que cette politique puisse être expliquée et soutenue au Parlement de telle façon que la nation entière comprenne qu'elle est l'expression des véritables intérêts du pays.

« Cependant la médaille a un revers, et en le considérant je m'aperçois d'un avantage que j'ai sur Votre Majesté. En suivant une politique exclusivement personnelle, vous courez le risque d'agir un jour sans l'appui de la nation. Cette conviction irrésistible que la nation refusera peut-être de suivre votre politique jusqu'au bout vous expose à vous trouver dans l'alternative dangereuse ou d'imposer cette ligne de conduite à la nation par la force et malgré vous, ou d'avoir à changer subitement de politique étrangère, et susciter peut-être ainsi de l'opposition à l'intérieur.

« Tandis que moi je puis laisser se développer librement toutes les conséquences de ma politique, car je suis certaine de l'appui ferme et continu de la nation, qui, ayant eu sa part dans la préparation de cette politique, ne craint pas de s'y identifier. »

(*Mémoires posthumes du prince Albert.*)

VII

La lettre suivante confirme le dire de l'auteur du *Dernier des Napoléon* au sujet du désordre qui régnait dans le cabinet de l'empereur :

LETTRE DE M. SACALEY, SOUS-CHEF DU CABINET DE L'EMPEREUR, A M. FR. PIÉTRI

« 31 août.

« Mon cher Piétri,

« M. Mocquard, très-souffrant, est toujours retenu dans son lit, d'où il ne peut bouger.

La jambe droite est violemment prise, la gauche commence à l'être ; il est, du reste, extrêmement contrarié de manquer à l'empereur.

« Les bureaux marchent. Ce qui s'y passait est inouï et devait exciter de nombreux mécontentements. Les requêtes arriérées se comptaient par *milliers*. Le croiriez-vous ? entre autres s'est trouvé un *recours en grâce d'un condamné à mort* DU 22 MAI, portant plusieurs signatures. L'homme a été exécuté ! — On a envoyé de la Légion d'honneur des *recours en grâce* qui avaient reçu cette destination par une inexcusable erreur, etc., et une foule d'etc.

« L'ordre est rétabli, les affaires seront enregistrées, leur expédition ne souffrira pas de retard, je l'espère. Quoique derrière le paravent, j'obtiens des résultats ; un, qui n'était pas facile, était de mettre les employés d'accord entre eux. Un moment le trouble a tout à fait éclaté ; un langage un peu sévère l'a apaisé, et chacun a fait la promesse de vivre en bonne intelligence avec ses collègues pour concourir ensemble à un bon travail. Tout cela m'a donné et me donne du mal ; mes journées sont complétement absorbées.

« De votre côté, vous avez peu de loisirs sans doute. Je vous en souhaite assez pour vous maintenir en bonne santé et jouir du pays où je regrette beaucoup de ne pas vous avoir accompagné.

« Amitiés à Hyrvoix, et bien affectueusement

« Tout à vous,

« SACALEY. »

(*Papiers et Correspondance de la famille impériale*, t. II.)

CHAPITRE V

1858

L'Italie en 1858. — Napoléon III et le carbonarisme italien. — Felice Orsini; les bombes du 14 janvier; les abords de la salle de l'Opéra; le retour aux Tuileries. — Arrestations. — Bouc émissaire du bonapartisme. — Espinasse ministre de l'intérieur. — Le journalisme sous le ministère de M. Billault. — La loi de sûreté générale; la France est de nouveau terrorisée. — Menaces à l'Angleterre; irritation des Anglais; chute de lord Palmerston. — Deux agents provocateurs à Londres. — Jugement et condamnation d'Orsini et de ses complices; ses lettres à l'empereur; la question de grâce est agitée; exécution d'Orsini et de Pieri. — Inauguration du boulevard Sébastopol. — Trois élections à Paris; le groupe des Cinq est formé. — Loi sur la noblesse. — Une étourderie de l'impératrice châtiée par le grand-duc Constantin. — Mort de la duchesse Hélène d'Orléans. — Espinasse est renvoyé du ministère. — Le petit Mortara; les voleurs d'enfants. — Le ministère de l'Algérie. — Un rapport de M. Piétri; M. de Cavour à Plombières; traité entre la France et le Piémont. — Inauguration du port de Cherbourg. — Voyages de l'empereur et de l'impératrice. — Procès de M. de Montalembert. — Condamnation de trois écrivains par la sixième chambre. — Le *Siècle* et le parti clérical.

On saisira mieux les événements qui se succéderont dans ce chapitre lorsque j'aurai fait connaître la situation de l'Italie en 1858. Le joug autrichien écrasait la Lombardie et la Vénétie dont les frémissements rendaient François-Joseph plus implacable dans son oppression; cet empereur, entrant dans la ligue formée par tous les tyrans et tyranneaux de l'Italie contre la liberté des peuples soumis à leur domination, signait avec Rome un concordat qui livrait aux jésuites une grande part de l'autorité civile; aussi le haut clergé français avait-il délégué deux évêques et le cardinal Donnet à François-Joseph « pour le remercier, au nom de leurs confrères en épiscopat, de la conclusion de ce concordat et des libertés accordées à l'Église dans l'empire autrichien ». Dans les États napolitains, que décimaient les bourreaux du monstre couronné sous le nom de François II, les hommes noirs venaient d'obtenir la puissance législative et la redoutable inviolabilité réclamée par la bulle *In cæna Domini* [1]. — Dans le duché de Modène, gouverné par un major autri-

chien, régnait un individu nommé François V dont la féroce bestialité avait mis « la bastonnade en permanence ». — La duchesse régente de Parme, sœur du comte de Chambord, s'absorbait dans la douleur du veuvage et dans la prière, sous la tutelle des Autrichiens auxquels elle avait livré son duché. — Les États pontificaux, depuis la restauration de Pie IX par une armée française, gémissaient dans une horrible servitude; souvent des cris d'horreur traversaient l'Italie quand se renouvelaient des décapitations de martyrs de la liberté comme celles qui épouvantèrent Sinigaglia, patrie du souverain pontife; les prisons de Rome regorgeaient de patriotes arrêtés sous le moindre prétexte, afin de donner raison à ces paroles que le cardinal Antonelli adressa un jour à un officier supérieur de notre armée : « Il faut que, partout comme ici, les ouvriers de la vigne du Seigneur puissent tout oser; *si le zèle les égare*, il faut qu'ils n'aient pas à craindre le rire du libéralisme et les satiriques récits de la liberté de la presse [1]. » Depuis le

---

1. Publiée en 1558 par Pie V, qui, en parlant des jésuites, disait : « Oui, avec de tels hommes, je triompherai des rois et j'exterminerai les peuples rebelles, si Dieu m'accorde quelques années de vie. »

1. Le cardinal Antonelli ne faisait que répéter la phrase prononcée en 1829 par Mgr Capelletti, gouverneur de Rome et directeur de la police papale à cette époque-là.

retour du pape, l'exil, la prison, les assassinats commis au nom du Christ et de l'ordre avaient déjà, en 1855, réduit de plus de 60,000 âmes le chiffre de la population romaine. « Pendant mon séjour à Rome, écrivait un Anglais, les arrestations n'allaient jamais au-dessous de douze à vingt par nuit ; j'ai vu même de ces pauvres jeunes gens appartenant presque tous à l'élite de la population romaine passer à la fois, de bon matin, devant ma fenêtre, la plupart conduits dans des chariots et enchaînés deux à deux. » Malgré cette énorme dépopulation de la Ville éternelle, il fallait au pape des soldats étrangers pour contenir ce qui restait d'habitants à Rome en dehors de ses quarante mille prélats, prêtres, moines, porte-croix, gardes-nobles, marguilliers, sacristains ou bedeaux. Les mercenaires suisses enrôlés par le Vatican ne suffisant pas à étouffer le patriotisme des Romains, Napoléon III couvrait du drapeau français la tyrannie sacerdotale. En échange de l'appui que lui donna le clergé pour ressusciter l'Empire, il promit de protéger le pape.

Mais il avait fait, antérieurement, une autre promesse à des hommes qui ne l'oubliaient pas ; le comte Arese venait, de temps en temps, la rappeler au carbonaro oublieux qui, en 1831, avait juré de se dévouer à l'indépendance de l'Italie dont, en 1849, il fit bombarder la capitale. J'ignore si, comme on l'a prétendu, le sort, dans une loge dite des *Vengeurs*, avait désigné quarante patriotes pour frapper le traître couronné, qui, au lieu de seconder la délivrance de l'Italie, concourait à son asservissement ; mais je sais que, à l'exemple de Pianori et de tant d'autres dont les tentatives échouèrent, beaucoup d'Italiens étaient résolus à tuer celui qui employait une partie de ses soldats à tenir Rome et les provinces avoisinantes sous le joug abhorré du gouvernement des prêtres. N'est-il pas odieux, disaient les Italiens, que des étrangers envahissent un pays ami sans en avoir reçu la moindre provocation, y détruisent un pouvoir issu de la souveraineté nationale, lui substituent, de leur propre autorité, et maintiennent par la force une tyrannie renversée par le droit ?

Entre ces Italiens brûlant de rendre son indépendance à leur malheureuse patrie, Felice Orsini se distinguait par un dévouement désintéressé, incessant, infini, à la sainte cause que, dès son adolescence, il avait embrassée. Son père était tombé, à Forli, sur le champ de bataille où il combattait pour l'affranchissement de l'Italie à côté des deux fils de la reine Hortense ; l'aîné mourut après la défaite ; l'autre, devenu empereur des Français, rivait, depuis 1849, les chaînes de la nation pour la délivrance de laquelle il avait pris les armes dix-huit ans auparavant. Felice Orsini entrait dans sa trente-neuvième année ; affilié au carbonarisme comme Louis Bonaparte, conspirant sans cesse avec ses compatriotes opprimés contre les oppresseurs de son pays, il avait été, à l'âge de dix-neuf ans, condamné par les Autrichiens aux galères à perpétuité. Élu membre de la Constituante romaine en 1848, puis nommé commissaire extraordinaire à Ancône, il souleva les populations des Marches, se mit à leur tête et attaqua les Autrichiens qui le firent prisonnier. Son évasion de la citadelle de Mantoue fut un prodige de bravoure, d'audace et de sang-froid ; à Londres, où il se réfugia, il en écrivit le récit qu'il aurait voulu publier, à Paris, dans le *Siècle* ; je n'ai rien lu de plus émouvant. Avec sa belle tête bien portée, son regard à la fois vif et doux, son geste expressif et son agréable humeur, Felice Orsini se conciliait la sympathie de tous. Il quitta Londres pour aller à Liverpool, à Birmingham et dans quelques autres villes où il faisait connaître par des conférences publiques la situation de l'Italie. Bientôt on n'entendit plus parler de lui ; on le croyait parti pour New-York, où il avait projeté de se rendre.

Le 14 janvier 1858, vers huit heures du

soir, il y avait foule aux abords de l'Opéra, où Napoléon III était attendu. La voiture impériale et son escorte se sont engagées dans la rue Le Peletier et s'approchent du théâtre. Tout à coup l'air est ébranlé par trois détonations successives; la lumière du gaz s'éteint; des cris d'épouvante s'élèvent de toutes parts; des hommes et des chevaux tombent morts ou blessés, des voitures se brisent; des éclats de fer ont atteint 141 personnes dont le plus grand nombre appartient à la police [1]; l'un de ces éclats a traversé le chapeau de l'empereur. Dans la salle de l'Opéra, où les fonctionnaires font la majorité, les retentissements de la triple explosion ont répandu une terreur que dissipe l'apparition de l'empereur dans sa loge; retiré de sa voiture, pâle et tremblant, il avait suivi l'impératrice qui, après avoir manifesté ses impressions par un cri bien naturel de colère et de peur, s'était rassurée la première en se voyant entourée d'agents et d'officiers affirmant que le danger couru par Leurs Majestés n'existait plus. Vers minuit, les boulevards étant illuminés et bien gardés, une voiture escortée de troupes nombreuses ramenait le couple impérial aux Tuileries, où se pressaient les parents et les amis éplorés. La fureur des deux époux éclata avec d'autant plus de violence qu'elle avait dû plus longtemps se contenir devant les deux mille spectateurs qui, à l'Opéra, ne les quittaient pas des yeux.

Quelques minutes avant l'arrivée de l'empereur dans la rue Le Peletier, un inspecteur de police avait reconnu et fait arrêter, sur le trottoir de cette rue, un Italien nommé Pieri. On trouva dans ses poches un poignard, un revolver et une bombe, d'un genre nouveau, chargée avec du fulminate de mercure. Lorsque trois bombes semblables eurent éclaté autour de la voiture impériale, on arrêta, dans la salle d'un restaurant situé presque en face de l'Opéra, un autre Italien du nom de Gomez, dont les lamentations exagérées avaient attiré l'attention sur lui; interrogé, il se dit le domestique de l'Italien Orsini, demeurant rue du Mont-Thabor. Blessé à la figure par un éclat de bombe, Orsini fut pris dans son lit; l'arrestation d'un quatrième Italien nommé Rudio se fit en même temps; on soupçonna Gomez de trahison. Orsini était le chef de cette conspiration préparée par lui seul; ayant vu des bombes d'une forme particulière, à Bruxelles, dans le musée militaire, où, en 1854, elles furent exposées à la suite d'un procès intenté pour fabrication d'armes prohibées, Orsini en avait fait fabriquer de pareilles à Birmingham.

Ce complot était exclusivement italien, de même que, sous le premier Empire, celui de la rue Saint-Nicaise fut exclusivement royaliste; Napoléon III, à l'exemple de son oncle, tourna son emportement et sa vengeance contre le parti républicain, bouc émissaire du bonapartisme : en 1858, on le chargea, comme en 1800, d'imputations imméritées, et il fut la victime expiatoire. On supprima le *Spectateur* et la *Revue de Paris*, dirigés par MM. Laurent Pichat et Maxime du Camp; l'existence de tous les journaux indépendants fut menacée. S'affolant de colère et de terreur, Napoléon III prit à M. Billault le portefeuille de l'intérieur et le donna, le 7 février, au violateur du palais de l'Assemblée nationale, au missionnaire de clémence dont l'avis était que les commissions mixtes avaient péché par excès d'indulgence, au sinistre chef de l'expédition de la Dobrutja, à ce général Espinasse pour le nom duquel l'histoire, vengeresse de *l'iniquité*, n'a pas assez de flétrissures.

M. Billault avait déployé contre le jour-

---

[1]. Ce qui s'explique par le nombre des agents placés devant la foule quand l'empereur se rendait au théâtre; aux abords de l'endroit où s'arrêtait la voiture impériale, il y avait la brigade de sûreté, celle des garnis et les quatre brigades des agents de la police politique.

nalisme un zèle de répression égal à celui de M. Persigny. Parmi les cinquante-sept avertissements qu'il donna, plusieurs méritent d'être signalés. L'*Observateur de la Corse* ayant traité la question de la vaine pâture, M. Billault l'en punit, «attendu que cette polémique peut exciter le mécontentement d'une classe de citoyens ». Dans un feuilleton de George Sand, intitulé *Daniel* et que la *Presse* publiait, il flaira une intention d'offenser le pape, et le journal fut averti. L'*Écho agricole* et le *Phare de la Loire* reçurent des avertissements, l'un pour avoir soutenu « une polémique sur les transactions en matière de subsistances », — l'autre pour avoir dit que, « *d'après l'agence Havas*, le discours de l'empereur a provoqué les cris de : Vive l'empereur ! Vive l'impératrice ! Vive le prince impérial ! » M. Billault considérait que « cette formule dubitative est inconvenante ». Il décréta la suspension de la *Revue de Paris*, de l'*Écho de l'Aude*, de l'*Assemblée nationale*, de la *Foi bretonne* et de la *Presse*, dont M. Alphonse Peyrat était alors le rédacteur en chef. La suppression de la *Gazette du Languedoc* avait marqué la fin de l'année 1857.

Le Corps législatif, par 217 voix contre 24 [1], vota cette *loi des suspects*, présentée sous le nom de *loi de sûreté générale*, qui non-seulement livrait, par ses effets rétroactifs, tous les citoyens frappés en décembre 1851 aux violences arbitraires du ministre de l'intérieur, des préfets, des généraux et des procureurs généraux, mais encore mettait à la merci du gouvernement les hommes de tous les partis qui inspireraient de la défiance à sa politique ombrageuse, et, suivant l'expression des orateurs qui la combattirent,

---

1. Voici les noms de ces vingt-quatre députés : Ancel, d'Andelarre, Brame, Darimon, de Flavigny, Gareau, Gouin, Halligon, Hénon, Javal, de Jouvencel, de Kersaint, Kœnigswarter, Legrand, Anatole Lemercier, Lespérut, de Mortemart, Ollivier, Ouvrard, de Pierres, Plichon, de Rambourgt, de Talhouët.

« étendait ses menaces jusqu'aux propos échangés autour du foyer, en créant un nouveau délit, *le délit de la conversation* ». M. de Morny, président et rapporteur de la commission nommée pour examiner cette loi, était allé vite en cette besogne odieuse et s'accordant si bien avec celle qu'il avait abattue en décembre 1851 ; à son œuvre exécrable d'alors il mettait une dernière main. Ce pourvoyeur de la déportation et de la mort était un grand railleur. « On a cru, — disait-il dans son rapport qui est un modèle d'impudence, — on a cru cette loi animée d'un esprit de colère et de persécution irréfléchi, et, avec une frayeur plus ou moins sincère, on la qualifie déjà de *loi des suspects*... Ces suppositions sont *injustes; jamais gouvernement ne s'est montré plus tolérant, plus insensible à l'hostilité des anciens partis*, et même, si quelque chose pouvait lui être reproché, ce serait d'avoir, *par antipathie pour les mesures de rigueur, trop ménagé les ennemis irréconciliables de l'ordre public*. » Paya-t-on jamais de plus d'effronterie ? — « Vanter la douceur des hommes de Décembre, c'était pousser la plaisanterie un peu loin, et il fallait pour cela l'aplomb du sinistre farceur qui s'entendait si bien à mêler l'odeur des charniers à celle des boudoirs [1]. »

Cette loi était animée du même esprit de colère que le discours prononcé par l'empereur, le 18 janvier, à l'ouverture de la session. « Je ne crains pas de vous le déclarer aujourd'hui, — avait dit Napoléon III aux députés et aux sénateurs, — le danger, quoi qu'on en dise, n'est pas dans les prérogatives *excessives* du pouvoir, mais plutôt dans *l'absence des lois répressives... Vous m'aiderez à chercher les moyens de réduire au silence les oppositions extrêmes et fâcheuses.* »

En une séance, celle du 19 février, le Corps législatif avait discuté et voté la *loi des suspects* réclamée par ce gouvernement *dont la*

---

1. Ernest Hamel, *Histoire du second Empire*.

HISTOIRE DU SECOND EMPIRE (1848-70)

EXPÉDITION DE CRIMÉE. — Costumes de l'armée pendant l'hiver.

tolérance n'eut jamais d'égale, et auquel étaient *antipathiques* les mesures de rigueur.

Au Sénat, le général Maurice de Mac-Mahon s'opposa seul à la promulgation de cette abominable loi.

Ministre de l'intérieur et de la sûreté générale, Espinasse met sa brutale inintelligence au service des haines qui l'ont choisi pour qu'il les satisfasse; il mande tous les préfets; à chacun d'eux il fixe un nombre d'arrestations à opérer. — « Qui arrêterons-nous? lui demandent plusieurs de ces fonctionnaires. — Eh! que m'importe! répond-il; ne vous ai-je pas donné le nombre? Le reste vous regarde. » La France est de nouveau terrorisée; les horreurs de 1851 se reproduisent; il suffit d'avoir défendu la loi en Décembre pour être jeté dans les prisons qui se repeuplent; les transportés et les exilés d'alors qui avaient donné dans le piége des amnisties sont repris; beaucoup de ceux qui avaient renoncé aux sécurités de l'exil sont traînés à Lambessa, les menottes aux mains; sur quelques navires, ils furent *mis à la broche* [1] par ordre du contre-amiral Fourichon. Les agents napoléoniens réclamaient aux familles épouvantées un fils, un mari, un frère qui étaient, les uns morts, les autres encore à Cayenne ou en Afrique; on prenait le père quand on ne trouvait pas le fils, la femme à la place du mari. L'un de ces préfets de hideuse mémoire est Pougeard-Dulimbert; en 1851, il dépeupla et désola le département des Pyrénées-Orientales; en 1858, dans celui du Gard, ses inhumanités furent monstrueuses : une femme refusa aux agents préfectoraux d'indiquer l'asile de son mari; elle était accouchée depuis huit jours; elle fut arrachée à son enfant qu'elle nourrissait, et emprisonnée; « la fièvre de lait la prit; un citoyen espérant exciter la pitié du préfet pour cette malheureuse lui dit qu'elle se mourait et que ses seins allaient éclater : « C'EST CE QU'IL FAUT, répondit-il; SON SECRET « SORTIRA PAR LA [2]. » La conduite de ce préfet à poigne nous apprend à connaître celle de ses confrères; ils mirent en deuil d'innombrables familles; Espinasse fut content d'eux : c'est tout dire.

[1]. *Mettre à la broche* signifie maintenir les prisonniers par une tringle de fer qu'on passe dans les anneaux de la chaîne à laquelle ils sont attachés à la file l'un de l'autre.

[2]. Taxile Delord, *Histoire du second Empire*, t. II, p. 389.

L'empereur qui, depuis le 14 janvier, ne décolérait pas, avait excité les instincts pervers du général Espinasse par cette lettre enfiellée : « Le corps social est rongé par une vermine dont il faut, *coûte que coûte*, se débarrasser. Il y a aussi des préfets qu'il faut renvoyer, malgré leurs protecteurs. Je compte pour cela sur votre zèle; ne cherchez pas, par une modération hors de saison, à rassurer ceux qui vous ont vu venir au ministère avec effroi. *Il faut qu'on vous craigne; sans cela votre nomination n'aurait pas de raison d'être.* »

Le zèle des persécuteurs répondit aux désirs de Sa Majesté. Plus de deux mille personnes furent arrêtées et plus de quatre cents transportées en Algérie [1]. Et l'innocence de toutes ces victimes de la seconde terreur bonapartiste était publiquement reconnue! — « Il a été procédé immédiatement, disait le *Droit* [2], à une instruction qui a duré toute la nuit; constatons, d'abord, que cette instruction a eu pour résultat de *démontrer*, à l'honneur de notre pays, *qu'aucun Français ne s'é*tait rendu coupable du lâche guet-apens qui a inondé de sang la rue Le Peletier et qui devait avoir pour but, dans la pensée de ses auteurs, l'assassinat de l'empereur. » Quatre jours plus tard, on lisait dans le même journal : « Il est certain que l'accusation se concentre sur les quatre Italiens signalés comme étant les seuls auteurs du monstrueux attentat du 14 janvier. Il est également certain que nul, à Paris, n'avait reçu de ces hommes la confidence de leur forfait. » Le *Moniteur* du 30 janvier, après avoir constaté que « toutes les classes de la nation se sont associées aux grands Corps de l'État dans l'expression des sentiments d'une horreur universelle », ajoutait : « Le but des assassins *étrangers* est de bouleverser l'ordre en France pour révolutionner l'Europe. »

[1]. Voir aux documents complémentaires de ce chapitre.

[2]. Numéro du 16 janvier.

On tenta d'impliquer dans cette affaire un proscrit français, réfugié à Londres, le docteur Simon Bernard, ancien chirurgien de marine, et qui, en 1848, avait acquis une grande célébrité à Paris, où on le désignait sous le nom de Bernard le clubiste. Arrêté, sur les instances du gouvernement français, par la police anglaise, et traduit d'abord devant la cour criminelle centrale pour délit de conspiration, puis devant la cour du banc de la reine pour participation à l'attentat du 14 janvier, Simon Bernard fut successivement acquitté par ces deux cours qui avaient consacré trente-six audiences à ces deux procès.

Quelques lettres de Simon Bernard, produites aux débats et dont l'accusation tortura vainement tous les mots pour leur donner un sens contraire à celui qu'ils avaient, ne servirent qu'à faire éclater l'innocence de l'accusé. De relations que Simon Bernard aurait eues avec Orsini, le gouvernement français induisait une complicité dans l'attentat du 14 janvier. Mais, à ce compte-là, combien de proscrits auraient échappé aux conséquences d'une pareille induction, si des relations avec Orsini avaient dû rendre suspects tous ceux qui les recherchèrent? Elles étaient trop aimables pour qu'on ne les cultivât pas après les avoir connues. A une interrogation de M. le premier président Delangle, Orsini répondit : « J'affirme que je n'ai pas dit un seul mot de mon projet à M. Simon Bernard. »

Ainsi, comme l'ont écrit deux historiens, « aucune méprise n'était possible : l'Empire n'avait devant lui que des Italiens qui, pensant que l'occupation française à Rome était un obstacle permanent à la conquête de leur indépendance, voulaient en finir avec celui qu'ils considéraient comme la seule force de cette occupation et était, par conséquent, la cause de leurs malheurs, de leur misère, de leur honte. N'était-il pas péremptoirement démontré qu'aucun Français ne les avait aidés ou assistés dans l'accomplissement de leur acte [1] ? »

Mais à peine de retour aux Tuileries, dans la nuit du 14 janvier, Napoléon III avait dit brusquement à M. Mocquard : « Qu'on aille me chercher le dossier de la machine infernale! » Sans savoir quels étaient les auteurs de l'attentat, l'homme de Décembre avait résolu de frapper ceux qui, sept ans auparavant, fidèles à leur devoir, défendirent la loi. Qu'ils fussent maintenant innocents ou non, peu lui importait! Et plus leur innocence devenait manifeste, plus il persistait dans sa farouche résolution. Dès le 15 janvier, M. Billault avait peuplé de républicains les prisons de Paris. Dans un rapport violent, il poussait Napoléon III à châtier durement ceux qui nourrissaient « *des souvenirs et des espérances de la pensée républicaine* ». Mais l'empereur le jugeait inférieur à une pareille tâche ; il en chargea, comme on l'a vu, un militaire brutal, un forcené qu'on savait capable de tout. Le 24 février, au milieu de la nuit et à la même heure, l'horrible persécution avait commencé dans cinquante-six départements ; elle durait encore à la fin d'avril. La dernière victime des rages impériales fut un jeune avocat de Nîmes, M. Eugène Ducamp ; il était agent général de la *Compagnie générale du Phénix*. Pour donner, à titre gratuit, au maire de Nîmes, cet emploi lucratif dont plusieurs compétiteurs fort honorables offraient de soixante à cent mille francs « à verser entre les mains du titulaire », on arrêta M. Ducamp et on le transporta en Algérie. « La Compagnie confisqua le portefeuille qui valait cent cinquante mille francs ; — c'était la propriété, la fortune de M. Ducamp ; — elle en nantit purement et simplement son successeur, sous prétexte que le gouvernement voulait avoir un agent de confiance dans ce poste important par le nombre des

---

1. Eugène Ténot et Antonin Dubost, *les Suspects en 1858*.

sous-agents qui en dépendent... Le frère de M. Ducamp était lieutenant de vaisseau sous les ordres du contre-amiral Fourichon, commandant la marine à Alger, ancien gouverneur de Cayenne. Voulant demander la grâce de son frère à l'empereur, il sollicita un congé pour affaires de famille. M. Fourichon lui répondit : « *Je sais pourquoi vous voulez ce congé; vous ne l'aurez pas* [1]. »

Un architecte de Troyes, M. Hubert, avait été arrêté en même temps que M. Cottet, ancien vérificateur des poids et mesures. M. le vicomte de Charnailles, préfet de l'Aube, les visita dans la prison où on les avait jetés.

« Pourquoi sommes-nous arrêtés? lui demandèrent-ils. — Je n'en sais rien moi-même, répondit ce digne fonctionnaire du second Empire; je vous donne ma parole d'honneur que je n'en sais rien; j'ai reçu l'ordre de vous faire arrêter, j'ai été obligé de le faire, mais j'ignore pourquoi. » Les deux prisonniers furent transportés en Algérie. Le général Husson, sénateur, connaissait beaucoup M. Hubert ; il se rendit auprès du général Espinasse. «Monsieur, lui dit-il, nous ne comprenons rien à ce qui se passe ; vous faites arrêter à tort et à taille ; vous avez fait arrêter, à Troyes, un homme que tout le monde estime et qui jouit de la considération de tout le département; je le connais personnellement, c'est un honnête homme, je suis certain qu'il n'a rien fait. — Mais, général, répondit M. Espinasse en souriant, nous savons bien que ces hommes n'ont rien fait, mais nous avions besoin d'intimidation [2]. »

L'article septième de la loi de sûreté générale autorisait le gouvernement impérial « à interner dans un des départements de l'Empire ou en Algérie, ou à expulser du territoire français tout individu qui a été soit condamné, soit interné, expulsé ou transporté par mesure de sûreté générale, à l'occasion des événements de mai et juin 1848, de juin 1849 et de décembre 1851, *et que des faits graves signalent de nouveau comme dangereux pour la sûreté publique.* »

« Eh bien ! — dirai-je avec les deux historiens que j'ai déjà nommés [1], — nous mettons au défi qu'on nous cite un seul des citoyens arrêtés ou transportés, en 1858, que des faits, NOUS NE DISONS PAS GRAVES, MAIS AYANT UNE APPARENCE DE VÉRITÉ, AIENT SIGNALÉ DE NOUVEAU COMME DANGEREUX POUR LA SURETÉ PUBLIQUE.

« .... Tous, tous sans exception, ils étaient parfaitement inoffensifs, et on n'avait pas même pour les arrêter le prétexte d'un trouble quelconque dans le pays ! A-t-on seulement pris des renseignements? Nous avons le droit de le nier, puisqu'on lançait des mandats d'amener contre des citoyens morts depuis plusieurs années, ou ayant quitté la France, ou se trouvant dans des maisons de fous, ou étant encore en exil. Tout se réunit pour établir que les arrestations ont été faites sur des listes datant de 1851 !

« Voilà ce qui étonnera la postérité ! Voilà ce qui fera juger les proscriptions de 1858 plus sévèrement encore que celles de Marius et de Sylla et celles même de décembre 1851.

« On a appelé la loi de 1858 la loi des suspects ; si nous avions un mot plus fort pour la caractériser, nous nous en servirions. »

Pendant que les députés et les sénateurs donnaient à Napoléon III la loi draconienne qu'il leur avait demandée, l'Angleterre était dans une grande émotion. Une dépêche menaçante avait été adressée par M. Walewski à lord Palmerston dans le but d'obtenir du gouvernement britannique un bill contre les

---

1. Taxile Delord, *Histoire du second Empire*.
2. « Cette conversation entre M. Espinasse et le général Husson a été racontée par le général lui-même pendant la visite que lui fit M. Hubert à son retour d'Algérie, pour le remercier de la démarche qu'il avait faite en sa faveur. Le général ajouta : « Quel brigand, quelle canaille que cet Espinasse ! »
(*Souvenirs de* 1858, par M. COTTET; extrait de l'*Avenir républicain*.)

1. Eugène Ténot et Antonin Dubost.

proscrits italiens et français; puis une adresse des colonels à l'empereur jeta comme un défi à la nation anglaise; ces officiers s'offraient pour aller mettre les Anglais à la raison. Partout se formèrent des meetings d'où s'élevaient les plus énergiques protestations contre ces menaces provoquantes; le droit d'asile toujours accordé par l'Angleterre aux proscrits de toutes les nations et de tous les partis indistinctement, et dont Louis Bonaparte avait tant abusé, ne trouvait que d'ardents défenseurs. Lord Palmerston eut la faiblesse de présenter à la Chambre des communes le bill sollicité par l'aventurier de Boulogne et dont le rejet entraîna la chute du cabinet anglais. L'adresse des colonels avait inspiré au *Times* ce fameux article : « *The mischief is done*, le mal est fait, » qui souffla l'esprit belliqueux dans la Grande-Bretagne colérée; de toutes parts, on s'armait pour repousser l'attaque de l'ex-allié qui, en fin de compte, rengaîna, sans avoir rien obtenu, ses paroles comminatoires et ses démonstrations hostiles. Bientôt il ne fut plus question de *descente* en Angleterre; imitant la prudence de l'oncle qui, lui, en était venu jusqu'aux derniers préparatifs, le neveu n'osa pas courir les risques d'une aussi grosse aventure. N'hésitant jamais à attaquer les faibles, Napoléon III, quand il n'avait pas, comme en Crimée, des alliés puissants, reculait devant les forts. Un jour, cédant à de funestes conseils et sacrifiant les intérêts de la France à des intérêts dynastiques, il s'est écarté de cette ligne prudente et il a honteusement succombé. Ce qu'il voulait surtout, en 1858, c'était la déportation de Ledru-Rollin et de Mazzini en Amérique. Aussi invoquait-on, dans la dépêche Walewski, cette affaire Tibaldi montée par la police française avec l'aide de Bertolotti. Tandis que le bill se discutait, la rue de Jérusalem dépêcha deux agents provocateurs à Londres pour tendre aux deux illustres proscrits des pièges nouveaux.

L'un de ces drôles se nommait Maub…; sa photographie l'avait devancé; cela était arrivé déjà pour d'autres gredins de pareille espèce; c'est à des Italiens amis de Mazzini qu'il devait proposer et qu'il proposa son complot; il ne débutait pas dans le mouchardage; il avait fait quelques victimes; la langue italienne lui était familière. Une nuit, des policemen ramassèrent sur le Pont de Londres un cadavre : c'était celui de Maub… — On attribua sa mort à une attaque d'apoplexie causée par une imprudence; après un repas copieux et d'amples libations, ce malheureux, ivre sans doute, avait dû faire, supposait-on, à sa cravate le nœud serré qui étreignait son cou bleui.

L'autre, un soir, se présenta chez Ledru-Rollin; il se disait fabricant de parapluies; il avait trouvé un moyen d'en finir avec l'empereur; dans la galerie du Palais-Royal contiguë au Théâtre-Français, il louerait une boutique alors inoccupée et peu distante de l'endroit où se trouve la loge impériale; par le sous-sol, il pratiquerait une cavité souterraine jusqu'au-dessous de cette loge; là il placerait une boîte de fer contenant cinq ou six kilogrammes de fulminate de mercure, et, le moment venu, au moyen d'un fil électrique, il y mettrait le feu. Il était absolument sûr du succès de son entreprise si Ledru-Rollin lui fournissait les moyens de l'exécuter. Le salon dans lequel avait été reçu l'agent provocateur que notre ami chassa et le cabinet de travail où se trouvait l'un des rédacteurs principaux du *Daily News* communiquaient par une ouverture qu'une portière fermait. Indigné de ce qu'il venait d'entendre, le journaliste alla le raconter à lord Palmerston. L'ordre de quitter immédiatement l'Angleterre fut donné par le chef de la police anglaise au mouchard dont je retrouverais le nom, si je le cherchais un peu.

Le 25 février, Orsini, Pieri et Rudio comparurent devant la cour d'assises; M. Delangle la présidait. « Orsini, dit un historien, fut celui qui dirigea réellement les débats; il s'insinuait dans les cœurs de ses juges par sa grâce italienne, par l'aisance et la douceur de ses manières, et il les dominait par sa fermeté sans forfanterie et par sa présence d'esprit exempte de finesse [1]. » M. Chaix-d'Est-Ange prononça un réquisitoire plein de vulgarités et de boursouflage ; l'emphase du ton essayait de couvrir la faiblesse de la pensée. A la véritable éloquence, qui est « l'art de bien dire et l'art d'émouvoir », Jules Favre donna une hauteur qui ne sera jamais dépassée ; il avait deviné la cause d'un pareil attentat : « Elle devait se trouver dans l'égarement d'un patriotisme ardent, dans la fiévreuse aspiration à l'indépendance de la patrie qui est le rêve de toutes les nobles âmes. » Le défenseur d'Orsini raconta la vie entière de cet Italien, « vie si inflexiblement logique, usée sans partage dans une lutte incessante contre les étrangers qui foulent l'Italie ». Puis, s'adressant aux jurés : « Ne seriez vous pas, dès à présent, persuadés qu'Orsini n'a eu en vue qu'une seule chose : la délivrance, l'affranchissement de sa noble et chère patrie ? Cette pensée, ce désir ne peuvent pas excuser la mort de ces tristes victimes auxquelles Orsini — il vous le disait hier — voudrait pouvoir rendre la vie, mais ils l'expliquent : des sentiments impérieux, dominateurs, ont armé son bras. » Après avoir rappelé que, dans les cabinets des rois, on essaye de disposer de la vie et de la puissance des nations, et que la nôtre fut, en 1815, l'objet d'une de ces tentatives, le défenseur d'Orsini, entraîné par les élans d'un patriotisme dont l'écho vibrait dans tous les cœurs, s'écria : « Le gouvernement qui a remplacé celui de Napoléon Ier n'est-il pas resté impopulaire parce qu'il était imposé ? Les conspirateurs ne lui ont-ils pas fait une guerre incessante, acharnée, — et le pays n'a-t-il pas, sinon glorifié, du moins plaint les victimes tombées dans cette lutte patriotique ? Eh bien ! messieurs, vous avez devant vous un Italien qui a voulu faire pour l'Italie ce qu'elles ont fait pour la France. »

Le 26 février, Orsini, Pieri et Rudio furent condamnés à la peine des régicides et conduits à la Roquette. Dans une lettre à Napoléon III datée de Mazas, le 11 février, Orsini disait : « Je subirai la mort sans demander grâce parce que je ne m'humilierai jamais devant celui qui a tué la liberté naissante de ma malheureuse patrie. » Puis il priait l'empereur « de ne pas intervenir contre l'Italie et de ne point permettre à l'Allemagne d'appuyer l'Autriche dans les luttes prochaines »; Une deuxième lettre était datée de la Roquette, le 9 mars ; Orsini demandait grâce pour ceux de ses complices condamnés à mort.

Le 1er février, par lettres patentes, l'empereur avait conféré la régence à l'impératrice et, « à défaut de celle-ci, aux princes français suivant l'ordre de l'hérédité de la couronne ». Un décret impérial constituait, en même temps, un Conseil privé qui deviendrait, au besoin, Conseil de régence ; il se composait des princes français, de Mgr Morlot, du maréchal Pélissier, de MM. de Morny, Persigny, Troplong, Baroche et Fould. Le 12 mars, les membres de ce Conseil et de celui des ministres furent réunis par l'empereur que les lettres d'Orsini avaient ému profondément : « Y a-t-il lieu de commuer la peine des trois condamnés ? » Telle fut la question posée à ces dignitaires de l'Empire. M. Piétri se prononça pour l'affirmative ; l'archevêque Morlot, représentant d'un Dieu miséricordieux, fut un de ceux qui combattirent le plus ardemment toute idée de miséricorde. On ne fit grâce de la vie qu'à Rudio.

Le lendemain matin, l'échafaud se dressait sur la place de la Roquette où plus de cinquante mille personnes s'étaient rendues et à une grande distance de laquelle des troupes nombreuses retenaient la foule. « Pendant les apprêts du supplice, Orsini conserva sa fierté, son calme, son teint rosé, son sourire gracieux ; on eut dit un homme du

---

[1]. Taxile Delord.

monde au milieu d'un salon [1]. » A sept heures, les deux condamnés sortirent de la prison; Pieri chantait d'une voix forte ce refrain : *Mourir pour la patrie*, etc., etc. Orsini, « la tête haute sous son voile noir, » lui recommandait le calme. « Vive la République! vive l'Italie! » cria Pieri dont la tête fut abattue la première. « Orsini, en se livrant à l'exécuteur, cria : « Vive la France! »—Au moment où le couteau tomba, toutes les têtes se découvrirent et saluèrent celui qui savait mourir. Les journaux reçurent l'ordre de garder le silence sur cette exécution [2]. »

Le 5 avril se fit l'inauguration du boulevard Sébastopol. Cette cérémonie fut pompeuse. Dans une allocution aux membres de la commission municipale, Napoléon III rappela un plan général qu'ils avaient approuvé et que la Chambre voterait bientôt : il parla des grandes artères qui, chaque année, s'ouvriraient pour assainir les quartiers populeux, et, leurrant d'un espoir trompeur la classe ouvrière dont le mécontentement croissait avec le prix des loyers, il ajouta : « Nous verrons les loyers tendre à s'abaisser par la multiplicité des constructions et la classe ouvrière s'enrichir par le travail. » N'était-ce pas promettre ce qu'on ne pouvait tenir? N'eût-il pas été contre le bon sens d'admettre que des constructions élégantes et coûteusement élevées sur des terrains achetés au poids de l'or pussent jamais devenir accessibles à l'ouvrier? Généralement chargé de famille, comment s'enrichirait-il avec un salaire qui, suivant des docteurs de la science économique, disciples de Turgot et appartenant aux classes dirigeantes, « doit être limité à ce qui lui est strictement nécessaire » ? Il lui sera possible d'acquérir non la richesse, mais l'aisance, le jour seulement où sa rémunération n'aura d'autres limites que le partage équitable de tous les produits de son travail.

Le 27 avril, les électeurs de Paris eurent à élire trois députés. Pour remplacer le général Cavaignac, ils choisirent le défenseur d'Orsini ; Jules Favre fut élu. Le général bonapartiste Perrot l'emporta de quelques voix seulement sur M. de Liouville. Le 10 mai, à un second tour de scrutin, la candidature de M. Ernest Picard triompha. Le groupe DES CINQ était formé.

Le Corps législatif vota, par 211 suffrages contre 23, une loi protectrice de la noblesse. Quelques voix protestèrent contre cette résurrection des institutions du passé. M. du Miral prononça des paroles qu'il ne faut pas oublier : « L'Empire actuel, s'écria-t-il, *ce n'est pas la démocratie, c'est la monarchie ; l'Empire, d'ailleurs, n'est pas un gouvernement démocratique.* » Nous le savions bien, mais il était bon qu'un bonapartiste l'affirmât. Cette affirmation à laquelle donnèrent leur assentiment les ministres et les députés impérialistes démontre que les Napoléons mentent quand, pour exploiter la crédulité du peuple enclin à se payer de grimaces et de mots, ils disent que leur gouvernement est démocratique. La démocratie n'a et ne peut avoir qu'une seule forme de gouvernement : la République.

L'article 259 du Code pénal datant de 1810 punissait d'un emprisonnement de six mois à deux ans toute personne ayant usurpé des titres nobiliaires ; il avait été abrogé, en 1832, sous le gouvernement de Louis-Philippe. *Le roi-citoyen* avait eu, néanmoins, la faiblesse de créer quelques nobles ; le prisonnier de Ham en faisait des railleries. « L'armée nobiliaire — écrivait-il alors — a été licenciée, détruite en 89, et cependant le souverain s'est encore conservé le droit inoffensif de donner des grades dans cette armée imaginaire. Or nous trouvons aussi illusoire de créer des ducs sans duchés que de nommer des colonels sans régiments. Si la noblesse avec privilèges est opposée à nos idées, sans

---

[1]. Taxile Delord, *Histoire du second Empire*, t. II, p. 367.
[2]. Id., p. 368.

priviléges, elle devient ridicule... Aujourd'hui, si on en excepte la famille royale, les titres ne représentent rien. Et comme le caractère humain est bizarre ! Si ce ministère avait nommé M. Pasquier général *in partibus*, celui-ci se serait récrié ; il aurait prétendu qu'on voulait se moquer de lui en lui donnant un titre emblème d'une autorité qu'il ne pouvait exercer ; on le nomme duc comme Annibal, comme Charles le Téméraire, et il est content ! Soit !... Faire, à la sourdine, quelques petits ducs, quelques petits comtes sans autorité et sans prestige, c'est froisser, sans but et sans résultat, les sentiments démocratiques de la majorité des Français; c'est condamner des vieillards à jouer à la poupée. »

Eh bien ! l'homme qui avait écrit ces lignes fit remettre en vigueur, par la loi du 7 mai 1858, l'article 259 que le gouvernement de Juillet avait effacé du Code pénal, rétablir les titres de noblesse que le Gouvernement provisoire avait radicalement abolis en 1848 et le conseil du sceau qui se hâta de fonctionner.

Semblant avoir pris à tâche d'établir que le mensonge entra dans toutes ses paroles, Louis-Napoléon pratiquait de cette façon ses maximes de Ham et l'article 1er de sa Constitution de 1852 ainsi conçu : « *La Constitution reconnaît, confirme et garantit les grands principes proclamés en 1789 et qui sont la base du droit public des Français.* »

Louis-Napoléon avait chargé MM. Delangle, Troplong, Baroche et Magne de rédiger des mémoires concluant à la formation d'une aristocratie au moyen de « titres nobiliaires attachés hiérarchiquement à certaines fonctions civiles et militaires, et transmissibles par voie d'hérédité ». M. Magne ne s'arrêta pas là : il jugeait possible « le rétablissement des majorats pour la nouvelle noblesse administrative [1] ».

Décrassé et créé duc par son complice de Boulogne, de Strasbourg et du 2 Décembre, M. Fialin formula dans un décret les idées que M. Magne, par le bizarre accouplement de deux mots antagoniques, prétendait « être tout à fait dans l'esprit du gouvernement à la fois monarchique et démocratique de l'Empire ».

Vers la fin d'avril, le grand-duc Constantin vint à Paris. On lui fit aux Tuileries un accueil empressé. En son honneur, les concerts, les bals, les revues et les banquets se succédèrent. Au milieu de l'une de ces fêtes, l'impératrice s'attira étourdiment une leçon qui la rendit confuse. « Prince, demanda-t-elle à brûle-pourpoint au grand-duc, quelle est la dame de la cour qui vous a le plus frappé ? — Madame, répondit-il, vous voyez devant vous un Barbare. En fait de femmes, je n'ai su jamais admirer que la mienne. »

Cette répartie « charmante, mais sévère » eut partout un succès bruyant.

La duchesse Hélène d'Orléans mourut en Angleterre le 10 mai. Cette femme vertueuse était un caractère ; fidèle aux recommandations testamentaires et à la mémoire de son époux, elle résista dignement à l'obsession de deux de ses beaux-frères, les ducs de Nemours et de Montpensier, qui allèrent, l'un en 1854 et l'autre en 1855, se soumettre au comte de Chambord, c'est-à-dire « *lui demander pardon du règne de leur père* ». — « Le passage d'une vie à l'autre avait été si doux que les deux femmes restées près de son lit, les yeux fixés sur elle, n'avaient pas aperçu une altération dans ses traits, un changement de physionomie [1]. » Ainsi meurent ceux dont l'âme est rassérénée par le témoignage de leur conscience.

Après avoir, sous la pression d'une terreur qui désolait tant de familles, dirigé, au gré

---

1. *Papiers et Correspondance de la famille impériale.* Voir aux documents complémentaires de ce chapitre.

1. M*me* la duchesse d'Orléans. 1 vol. Michel Lévy.

Publication de la paix à Paris (30 mai 1856).

de Napoléon III, les élections départementales, le général Espinasse s'attaqua aux établissements de bienfaisance; il voulait que les biens-fonds des hospices fussent vendus et que le produit de cette vente fût appliqué à des achats de rentes sur l'État. Cette conversion d'une valeur immobilière et immuable en une valeur que les événements politiques soumettent à des fluctuations fréquentes fit pousser les hauts cris aux membres des

36.

administrations charitables et du clergé. « Où donc s'arrêtera, disait-on, l'audace de ce gouvernement tyrannique, s'il ne respecte même pas le bien des pauvres ? » L'empereur se vit contraint de désavouer le soudard brutal et grossier dont il avait fait, dans un double accès de folie et de peur, un ministre de l'intérieur et de la sûreté générale et dont le renvoi sur les bancs des aides de camp attachés au service des Tuileries fut un soulagement pour la France qui gémissait dans l'oppression.

Le portefeuille de l'intérieur fut donné à M. Delangle, que remplaça sur le siège de premier président de la cour impériale de Paris M. Devienne, procureur général de la cour impériale de Lyon.

En ce moment-là, un crime s'accomplissait, à Bologne, sous la protection du drapeau français. Le 24 juin 1858, des soldats pontificaux volaient un enfant à une famille juive nommée Mortara. Sous le prétexte qu'une fille catholique au service de cette famille avait, subrepticement et suivant les conseils du saint-office, administré le baptême au petit Mortara dont les jours étaient mis en danger par un accès de fièvre vermiculaire, les hommes noirs s'emparèrent de l'enfant, malgré les supplications du père affolé de douleur. Bravant les cris de la conscience publique révoltée par ce forfait monstrueux, ils emportèrent dans un couvent d'Alatri leur proie qu'ils avaient d'abord cachée dans un séminaire ; ils répondaient au malheureux père : « Comme juif, vous êtes hors la loi ; nous agissons pour le salut de l'âme de votre fils. » Ce rapt odieux se consomma au nom de la religion catholique ; il indigna la presse de tous les pays. En France, le *Siècle*, le *Journal des Débats*, le *Courrier de Paris*, la *Presse*, la *Gironde*, le *Phare de la Loire* demandaient énergiquement que le pape rendît aux parents l'enfant volé. L'*Union* et la *Gazette de France* subtilisaient sur cet acte abominable ; l'*Univers* l'approuvait et injuriait le judaïsme ; les journaux bonapartistes se taisaient. La franc-maçonnerie envoya au grand-maître Lucien Murat une protestation contre l'enlèvement du jeune Mortara. Les rabbins adressèrent d'inutiles prières à Pie IX qui gorgeait de friandises l'enfant dont la mère faisait mal à voir. En Angleterre, les meetings se succédaient et déclaraient « voir dans cet acte d'agression papale contre une famille juive inoffensive une raison de plus pour protester contre le caractère antichrétien de la papauté et la révoltante tyrannie qu'elle exerce, partout où elle domine, sur les intérêts temporels et spirituels du genre humain ». Les violateurs des droits sacrés et inviolables des pères et des mères refusèrent de rendre à sa famille le petit Mortara, et Napoléon III continuait à abriter sous les plis du drapeau de la France ces ravisseurs « moitié renards, moitié loups ».

Napoléon III réalisa pour le prince Napoléon un projet que Louis-Philippe avait eu en vue pour le duc d'Aumale ; il décréta que la direction des affaires de l'Algérie distraite du ministère de la guerre et la direction des affaires des colonies de celui de la marine formeraient un ministère spécial ; il donna le nouveau portefeuille à « son bien-aimé cousin ».

Dans son allocution aux jurés, Orsini expliquait en ces termes comment il avait résolu de frapper l'empereur : « Une idée fixe me possédait : rendre l'indépendance à ma patrie ou mourir. Longtemps je crus Napoléon III capable de délivrer l'Italie ; en le voyant resserrer de plus en plus son alliance avec le parti absolutiste, je perdis cette espérance et je me dis : *Il faut supprimer cet obstacle.* » Ces dernières paroles qui avaient impressionné l'empereur et que le *Journal officiel* retrancha, beaucoup d'Italiens se les étaient dites ; après la mort d'Orsini, ils se les répétèrent ; M. Piétri, remplacé par M. Boitelle à la préfecture de police, en acquit la preuve :

« Napoléon III, étonné du nombre des assassins que l'Italie lui envoyait, se décida à faire quelque chose pour elle sur le rapport de l'ancien préfet de police Piétri, expédié par lui en mission auprès des sociétés italiennes [1]. » Ce rapport n'était qu'une paraphrase de ces mots contenus dans la lettre écrite par Orsini à l'empereur le 11 février : « Tant que l'Italie ne sera pas indépendante, la tranquillité de Votre Majesté ne sera qu'une chimère. »

Le 9 juillet, M. de Cavour, sous un autre nom que le sien, se rendit à Plombières où l'avait appelé une lettre de Napoléon III. Là se conclut, entre la France et le Piémont, un traité offensif et défensif dont l'*Indépendance belge* fit, la première, connaître les clauses et que le gouvernement français niait pendant que les deux contractants en préparaient l'exécution.

Le 8 août, l'empereur, que sa femme accompagnait, inaugura un nouveau bassin creusé dans le port de Cherbourg. La reine d'Angleterre assista aux fêtes données à cette occasion.

Après avoir visité plusieurs villes bretonnes, Napoléon III et l'impératrice allèrent passer une semaine à Saint-Cloud et partirent pour Biarritz d'où, bientôt, ils se rendirent au camp de Châlons.

En revenant à Paris, ils s'arrêtèrent à Reims. Sur le seuil de la cathédrale, l'archevêque s'inclina devant Leurs Majestés et leur prodigua l'encens de sa flatttterie. Quelques jours plus tard, les fêtes automnales de Compiègne s'animaient au milieu des joies accoutumées.

Le 24 novembre, M. de Montalembert et M. Douniol, gérant du *Correspondant*, comparurent devant la sixième chambre du tribunal de police correctionnelle. Un article intitulé : *Un Débat sur l'Inde au Parlement anglais*, et publié dans cette revue légitimiste,

était incriminé. L'accusation y trouvait de nombreux délits : « Excitation à la haine et au mépris des citoyens entre eux. — Attaque au respect dû aux lois. — Attaque aux droits et à l'autorité que l'empereur tient de la Constitution et du suffrage universel. — Excitation à la haine et au mépris du gouvernement. »

M. Berthelin occupait le fauteuil présidentiel et M. le procureur impérial Cordoën celui du ministère public. Le réquisitoire se traîna dans une profusion de lieux communs; M. Cordoën le termina en affirmant que la France jouissait d'autant de libertés que l'Angleterre et qu'il vivait sous un gouvernement libre.

A cette audacieuse affirmation que tout démentait, M. Berryer, défenseur de M. de Montalembert, opposa d'abord l'*avertissement légal* et le *bâillon officiel* : « L'administration peut dire à chaque instant à l'écrivain : Je vous avertis *une fois*, *deux fois*, et à la troisième fois *je vous supprime*, j'anéantis votre journal; la pensée même de votre propriété ne m'arrêtera pas... Le *bâillon officiel*, c'est autre chose que l'*avertissement légal*; il n'y a pas un journal qui n'ait reçu, à certain jour, la visite d'un monsieur en habit noir, ayant quelquefois l'apparence d'un homme respectable et qui, envoyé par ordre officiel, vient, sous forme d'invitation, dire au gérant ou à l'éditeur : Dans tel procès, vous ne parlerez pas de ceci; dans telle discussion, vous ne répondrez pas à telle attaque; vous voudrez bien ne pas reproduire telle pièce ; il y a même des fêtes dont il n'est pas permis de parler. » Dans sa péroraison, M. Berryer s'écria : « Quant au contraste mis en relief par l'écrit incriminé entre les institutions de l'Angleterre et celles de la France, M. de Montalembert ne l'a pas cherché, il l'a trouvé. Dire que ce contraste doit cesser, le désirer, l'espérer, ce n'est pas insulter la France, c'est l'honorer..... Ah ! messieurs, ne nous faites pas un crime de nos légitimes regrets. Nous

---

1. *Chronique du XIXᵉ siècle*, p. 372.

vieillissons, nous n'avons plus qu'une chaleur qui s'éteint, laissez-nous mourir tranquilles et fidèles ! Nous sommes assez malheureux de voir notre cause, notre sainte et glorieuse cause, vaincue, reniée, insultée ; laissez-nous croire que nous pouvons lui garder au fond de nos cœurs un inviolable attachement ; laissez-nous le penser ; laissez-nous le dire ! Laissez-nous garder et rappeler le souvenir de ces grands combats de la parole qui nous ont fait connaître, qui nous ont fait aimer les généreuses institutions que nous défendons, que nous défendrons toujours et auxquelles nous serons fidèles jusqu'à la dernière heure. »

Ce langage de l'honneur et de la probité ne pouvait être compris de ceux auxquels il était tenu. Donner des souvenirs à une cause vaincue et des regrets à la liberté proscrite, glorifier les peuples qui ne se laissent pas asservir et les gouvernements qui respectent la loi et la foi jurée, désirer des institutions libres quand on vit sous la tyrannie d'un seul, n'était-ce pas flétrir la conduite de ces magistrats qui se mettent au service d'un violateur des lois et du serment, d'un asservisseur de la nation à laquelle il devait tout, d'un insulteur des causes traîtreusement vaincues par lui, d'un proscripteur de la liberté dont il s'était proclamé l'apôtre et l'ami ?

La réplique de M. Cordoën fut digne de son réquisitoire ; une mordante et nerveuse plaidoierie de M. Dufaure, défenseur de M. Douniol, mit fin aux débats.

Après une longue délibération dans la salle du conseil, M. le président Berthelin fit introduire dans la salle d'audience quinze sergents de ville ; il leur dit : « Gardes, surveillez attentivement le public, et si le moindre signe d'approbation ou d'improbation se fait entendre, saisissez immédiatement l'interrupteur et amenez-le à la barre. » Puis il prononça un jugement qui condamnait le comte de Montalembert à six mois d'emprisonnement et 3,000 francs d'amende, et Douniol à un mois de prison et 1,000 francs d'amende.

L'*Indépendance belge* ayant prétendu que l'archevêque de Paris sollicitait de l'empereur la grâce de M. de Montalembert, celui-ci protesta, le 29 novembre, contre des démarches que l'archevêque nia. Dans une lettre adressée à Mgr Morlot, M. de Montalembert disait : « Fier et honoré d'une condamnation qui constate ma fidélité aux principes de ma vie entière, et qui vient si juste à propos pour justifier aux yeux de l'Europe tout ce que j'ai dit au peuple sur la situation actuelle de la France, je n'ai en ce moment d'autre ambition que de laisser à mes juges la responsabilité de leurs actes. Je ne pourrais donc regarder que comme une véritable injure la moindre faveur émanée du pouvoir impérial. »

Trois jours après la publication de cette lettre, on lisait dans le *Moniteur* : « S. M. l'empereur, à l'occasion du 2 Décembre, a fait grâce à M. le comte de Montalembert de la peine prononcée contre lui. »

Le même jour, M. de Montalembert « pria et au besoin requit » le rédacteur en chef du journal officiel d'insérer dans son prochain numéro une lettre qui se terminait ainsi : « Condamné le 24 novembre, j'ai interjeté appel de la sentence prononcée contre moi. Aucun pouvoir en France n'a eu, jusqu'à présent, le droit de faire remise d'une peine qui n'est pas définitive. Je suis de ceux qui croient encore au droit et qui n'acceptent pas de grâce. »

Le 21 décembre, l'appel vint à la cour impériale. La grâce accordée par l'empereur « à l'occasion de l'anniversaire du 2 décembre 1851 » semblait avoir eu pour but de rappeler que M. de Montalembert aida au succès du coup d'État. Aussi l'appelant chercha-t-il à se disculper de sa participation aux événements qui marquèrent cette époque sinistre. M. Berryer déclara que M. de Montalembert, en apprenant l'arrestation de deux cent cinquante de ses collègues, avait signé et fait signer par cinquante-neuf membres d'une réunion dont il était le président « une protestation contre la dissolution de l'Assemblée nationale et contre sa dispersion par la violence »; que, sur sa demande, M. Dupin aîné « fit effectuer le dépôt de cette protestation »; que M. de Montalembert, en voyant son nom figurer parmi ceux des membres « de la Commission consultative créée par le dictateur », adressa, le 3 décembre, au *Moniteur*, avec plusieurs autres élus, une lettre dont l'insertion fut refusée par ordre des ministres réunis en conseil, et dans laquelle les signataires disaient au directeur de la feuille officielle : « Nous vous prions de vouloir bien faire savoir à vos lecteurs que, en présence de l'injuste et douloureuse incarcération d'un si grand nombre de nos collègues et amis, nous n'acceptons pas ces fonctions. »

L'arrêt de la cour atténua le jugement du tribunal en ne visant pas l'article 1er de la loi du 27 juillet 1849, qui mettait le condamné sous le coup de l'article 5 de la loi de sûreté générale et dans la catégorie de ceux « qui pouvaient être internés en Algérie ou expulsés du territoire français ».

La condamnation étant devenue définitive, Napoléon III s'obstina dans l'infliction de sa clémence au condamné. Le *Moniteur* du 27 décembre publia cette seconde note : « L'empereur, renouvelant sa première décision, a fait remise à M. le comte de Montalembert des peines définitivement prononcées contre lui par l'arrêt de la cour impériale de Paris du 24 décembre 1858. Sa Majesté a également fait remise à M. Douniol, gérant du *Correspondant*, de la peine d'emprisonnement prononcée contre lui par le jugement du 24 novembre. »

Le décret organique du 15 février 1852 ne permettait pas aux journaux français de reproduire les débats de ce procès; ils eurent, à l'étranger, un long retentissement. M. de Montalembert avait trop agi et discouru de complicité avec ceux qui préparèrent le succès du coup d'État et favorisèrent l'avénement de l'Empire pour être, à cet égard, sans responsabilité devant l'histoire. Il voulut se dégager; s'il n'y réussit pas, il sut, du moins, profiter de ce procès maladroit pour faire ébruiter par ses amis sa rupture tardive, mais éclatante, avec le gouvernement impérial.

Dans le cours de l'année 1858, la sixième chambre du tribunal de police correctionnelle, dont nous reparlerons, condamna Proudhon à trois ans de prison et 4,000 francs d'amende pour un livre intitulé : *De la justice dans la Révolution et dans l'Église*, — Louis-Auguste Martin à six mois de prison et 2,000 francs d'amende pour un ouvrage sur les *Vrais et les Faux Catholiques*, — et Alfred Delvau à une année d'emprisonnement et 1,000 francs d'amende pour avoir publié dans le *Rabelais* deux articles intitulés : *Un Jésuite* et *Excentricités littéraires*.

La magistrature était zélée pour la faction cléricale, afin de se rendre agréable à l'impératrice. Cette faction, dont les haines sont inassouvissables, annonçait hautement la suppression du *Siècle*, qui lui faisait une guerre ouverte. M. Havin, directeur politique de ce journal, connaissait depuis longtemps Louis-Napoléon auprès duquel il se rendit pour lui demander « si ces prédictions étaient fondées ». L'empereur répondit : « Il ne se passe guère, en effet, de jour sans que, d'un côté ou de l'autre, on me demande la suppression du *Siècle*; mais, quant à moi, je n'ai aucun parti pris contre ce journal. » M. Havin détourna fort habilement le péril qui menaçait l'existence du *Siècle*. Mais n'y avait-il pas à redouter une prochaine revanche du parti clérical, « de ce parti si persistant dans ses haines et si puissamment secondé par l'impératrice? M. Havin emporta ce doute et cette crainte de son entretien avec l'empereur. Heureusement l'idée d'une guerre en Italie germait dans la tête de Napoléon III; il allait bientôt avoir besoin du *Siècle*[1]. »

---

1. Taxile Delord, *Histoire du second Empire*.

DOCUMENTS COMPLÉMENTAIRES DU CHAPITRE V

I

LOI DE SURETÉ GÉNÉRALE

« Art. 1er. — Est puni d'un emprisonnement de deux à cinq ans et d'une amende de 500 à 10,000 francs tout individu qui a provoqué publiquement, d'une manière quelconque, aux crimes prévus par les articles 86 et 87 [1] du Code pénal, lorsque cette provocation n'a pas été suivie d'effet.

« Art. 2. — Est puni d'un emprisonnement d'un mois à deux ans et d'une amende de 100 à 2,000 francs tout individu qui, dans le but de troubler la paix publique ou d'exciter à la haine ou au mépris du gouvernement de l'empereur, a pratiqué des manœuvres ou entretenu des intelligences soit à l'intérieur, soit à l'étranger.

« Art. 3. — Tout individu qui, sans y être légalement autorisé, a fabriqué, débité ou distribué : 1° des marchandises meurtrières agissant par explosion ou autrement; 2° de la poudre fulminante, quelle qu'en soit la composition, est puni d'un emprisonnement de six mois à cinq ans et d'une amende de 50 à 300 francs.

« La même peine est applicable à quiconque est trouvé détenteur ou porteur, sans autorisation, des objets ci-dessus spécifiés.

« Ces peines sont prononcées sans préjudice de celles que les coupables auraient

---

1. Attentat ou complot contre la vie ou contre la personne du roi; attentat ou complot contre la vie ou la personne des membres de la famille royale; attentat ou complot dont le but serait soit de détruire ou de changer le gouvernement ou l'ordre de successibilité au trône, soit d'exciter les citoyens ou habitants à s'armer contre l'autorité royale.

pu encourir comme auteurs ou complices de tous autres crimes et délits.

« Art. 4. — Les individus condamnés par application des articles précédents peuvent être interdits, en tout ou en partie, des droits mentionnés en l'article 42 [1] du Code pénal, pendant un temps égal à la durée de l'emprisonnement prononcé.

« Art. 5. — Tout individu condamné pour l'un des délits prévus par la présente loi peut être, par mesure de sûreté générale, interné dans un des départements de l'Empire ou en Algérie, ou expulsé du territoire français.

« Art. 6. — Les mêmes mesures de sûreté générale peuvent être appliquées aux individus qui seront condamnés pour crimes ou délits prévus : 1° par les articles 86 à 101[2], 153, 154[3], 209 à 211, 213 à 221 du Code pénal[4]; 2° par les art. 3, 5, 6, 7, 8 et 9 de la loi du 24 mai 1834 sur les armes et munitions de guerre; 3° par la loi du 7 juin 1848 sur les

---

1. Droit de vote et d'élection; d'éligibilité; d'être appelé ou nommé aux fonctions de juré ou autres fonctions publiques, ou aux emplois de l'administration, ou d'exercer ces fonctions ou emplois; de port d'armes; de vote et de suffrage dans les délibérations de famille; d'être tuteur, curateur, si ce n'est de ses enfants et sur l'avis seulement de la famille; d'être expert ou employé comme témoin dans les actes; de témoignage en justice, autrement que pour y faire de simples déclarations.

2. Attentats et complots dirigés contre le roi et sa famille; crimes tendant à troubler l'État par la guerre civile, l'illégal emploi de la force armée, la dévastation et le pillage.

3. Faux commis dans les passe-ports.

4. Faits de rébellion; provocation à la rébellion, soit par des discours tenus dans des lieux ou des réunions publics, soit par placards affichés, soit par écrits imprimés.

attroupements; 4° par les articles 1 et 2 de la loi du 27 juillet 1849 [1].

« Art. 7. — Peut être interné dans un des départements de l'Empire ou en Algérie, ou expulsé du territoire, tout individu qui a été, soit condamné, soit interné, expulsé ou transporté par mesure de sûreté générale, à l'occasion des événements de mai et juin 1848, de juin 1849 ou de décembre 1851, et que des faits graves signaleraient de nouveau comme dangereux pour la sûreté publique.

« Art. 8. — Les pouvoirs accordés au gouvernement par les articles 5, 6 et 7 de la présente loi cesseront au 31 mars 1866, s'ils n'ont pas été renouvelés avant cette époque.

« Art. 9. — Tout individu interné en Algérie ou expulsé du territoire, qui rentre en France sans autorisation, peut être placé dans une colonie pénitentiaire, soit en Algérie, soit dans une autre possession française.

« Art. 10. — Les mesures de sûreté générale autorisées par les articles 5, 6 et 7 seront prises par le ministre de l'intérieur sur l'avis du préfet du département, du général qui y commande et du procureur général. L'avis de ce dernier sera remplacé par l'avis du procureur impérial dans les chefs-lieux où ne siège pas une cour impériale.

II

TRANSPORTATIONS DE 1858

Victimes dont on a pu se procurer les noms :

---

[1]. Attaques contre les droits et l'autorité que le président de la République tient de la Constitution et offenses envers sa personne.

Toute provocation, soit par *des discours, des cris, des menaces proférés dans des lieux ou réunions publics, soit par des écrits, des imprimés, des dessins, des peintures ou emblèmes* vendus, distribués ou exposés dans des lieux ou réunions publics, soit par *des placards ou affiches* exposés aux regards du public, adressés aux militaires de terre et de mer, dans le but de les détourner de leurs devoirs militaires et de l'obéissance qu'ils doivent à leurs chefs.

AISNE : Benjamin Gastineau, rédacteur en chef du *Guetteur de Saint-Quentin*. A La Roquette, « il fut, malgré ses énergiques réclamations, rasé, tondu comme les condamnés aux fers ».

ALLIER : Gazard, ancien préfet; Fargin-Fayolle, ancien représentant du peuple; Félix Lartaud, Georges Gallay, Hylas Le Moine, propriétaires; Philibert Bonnet, agent voyer; Lefaucheur, conducteur des ponts et chaussées; Philipon, docteur-médecin; Gigonon et Rioux. Des mandats d'amener furent lancés contre M. Chasserie, pharmacien, mort à Milianah le 7 juin 1852, et contre M. Gobert, interné depuis 1853 à Blidah.

ARDÈCHE : Louis Bonneaure, Ferdinand Terrasse, propriétaires; Agrel, négociant.

ARDENNES : Charlier, mécanicien; Fourneret, fileur.

AUBE : Habert, architecte; Cottet, ancien vérificateur des poids et mesures; Richter, cordonnier; Gombaud, entrepreneur.

AUDE : Wralger, docteur-médecin; Bounigle, négociant.

AVEYRON : Edouard Fraissines, ingénieur des mines; Rozié, expert; François Bonald, employé; Pornette-Longeau, Roques et Dellac.

BASSES-ALPES : Rouvier; Escoffier, horloger; Hermelin, comptable; Quenouille, négociant.

BAS-RHIN : Jean-Jacques Bœrsch, meunier; Charles Keller, négociant; Guillaume Zabern, fabricant de chandelles; Théodore Wein, couvreur. Ordre avait été donné d'arrêter Walters, tisserand; il était dans une maison d'aliénés. Charles Keller mourut à son retour d'Algérie.

BOUCHES-DU-RHONE : Meynier, docteur-médecin; il mourut peu de temps après son retour. M. Brémon, avocat distingué, fut arraché à M. Delmas, sous-préfet d'Aix, par les membres du Conseil de l'ordre, ayant pour auxiliaires les juges du tribunal.

Charente : Paul Chazaud, propriétaire ; Durmeau ; Plument ; Faure-Desplantes, propriétaire et ancien maire.

Cher : Brault, tailleur ; Jobiniot, cultivateur. Napoléon Lebrun, notaire, neveu, par alliance, de Michel (de Bourges), tomba paralysé sous les violences dont il était l'objet de la part du brigadier de gendarmerie qui vint l'arrêter. Deux médecins furent appelés et constatèrent la gravité de son état. Le brigadier prétendait que la paralysie était feinte et s'écria : « *Si dans cinq minutes il n'est pas dans une voiture, je l'attache sur la croupe de mon cheval, et ce ne sera pas long.* » Sept jours plus tard, M. Lebrun mourut à Bourges, dans un hôtel où on le transporta, « le concierge de la maison d'arrêt ayant refusé de recevoir un prisonnier dans cet état. Le jour même, le préfet envoya M. Bourdaloue, conseiller de préfecture, chez madame Lebrun, *pour lui offrir soit de la laisser emmener le cadavre de son mari à Charost, où elle habitait, soit de le faire enterrer à Bourges.* » La vieille mère de M. Lebrun mourut de chagrin.

Corrèze : Borie ; Delille, agent d'affaires ; Dumont.

Côte-d'Or : Louis Colot, modeleur ; Machart, professeur de physique ; Moreau, notaire ; Renardet, ancien notaire.

Creuse : Andrieu, instituteur ; Bôlé ; Delaribegrette ; Léguillon.

Dordogne : Bertet, peintre en bâtiments ; Valeton ; Chassagnon, peintre. Agé de vingt-huit ans et atteint d'une phthisie pulmonaire arrivée à sa période extrême, Chassagnon fut conduit à Marseille dans une voiture cellulaire ; il étouffait. On le mit au fort Saint-Nicolas. Le lendemain, il expirait dans les bras de ceux qui le portaient à l'hôpital.

Drôme : Roux Prothon, voyageur de commerce.

Eure : Imbert, cordonnier ; Moissy, agent d'affaires ; Alexandre Papon, avoué ; Verney, libraire, président du tribunal de commerce d'Évreux.

Gard : Faure, commissionnaire ; Mante, cultivateur ; Malibrand, chapelier ; Toureille, tailleur de pierres ; Eugène Ducamp, agent général de la Compagnie d'assurances *le Phénix*. Ducamp fut emmené à Marseille la chaîne au cou.

Gers : Arrivet et Labat, négociants ; Ayliès, chapelier ; Breuils, propriétaire ; Lucien Lamarque et Pascau, avocats ; Pugens, vétérinaire. Ayliès mourut en Algérie.

Gironde : Sansas, avocat ; Kosinski, docteur en médecine ; Savin, horloger.

Hautes-Alpes : Vincent, restaurateur ; Biny, sculpteur ; Jean Bourneus, tailleur ; Vincent, cafetier, que les souffrances conduisirent à la folie.

Haute-Garonne : Mulé et Pégot-Ogier, anciens représentants du peuple ; Gaillard ; Rivière et Vidal, cordonniers ; Grillon, boucher ; Cazalas, chapelier ; Milhaud, fabricant d'allumettes ; Rolland, maçon ; Godoffre. Rivière mourut en Algérie. La douleur tua la femme de M. Mulé.

Haute-Loire : Chaurant, propriétaire ; Cusinel, chapelier ; Dufaut, cultivateur ; Jouve, marchand de bois ; Jacques Solvain, menuisier ; Trivuller, maître d'hôtel.

Haut-Rhin : Bourquin, propriétaire ; Groelli, menuisier. Un mandat d'amener avait été délivré contre un habitant d'Alkirch qui, depuis cinq ans, habitait les États-Unis.

Haute-Vienne : Briquet, marchand de porcelaines ; Burguet, docteur en médecine ; Dérignac, restaurateur ; Négrout, cordonnier ; Villegoureix jeune, négociant ; Tuilier, ancien prêtre. Négrout mourut, quinze jours après sa rentrée en France, des suites d'une dyssenterie contractée en Afrique.

Hérault : Baudoman et Dupy, cordonniers ; Hasbon et Vapsas, bouchers ; Salabert, boulanger.

Indre : Patureau Francœur, ancien maire de Châteauroux ; Lelièvre, sellier ; Anthème

Débarquement à Toulon des congédiés de l'armée de Crimée.

Plat, docteur en médecine; E. Perigois, propriétaire. Patureau Francœur, le vigneron que George Sand a rendu célèbre, mourut en Algérie.

INDRE-ET-LOIRE : Ardange, charron ; Boitelle père, tisseur en soie ; Louis Desmoulins, médecin ; Mauberger, homme de peine ; Fariau, marchand de rouennerie ; Marié, tailleur ; Touchelay, mécanicien. — Les sept déportés de Tours avaient de cinquante à soixante ans à l'époque de la déportation. Un d'entre eux, Marié, est mort de la dyssenterie en Afrique... Ardange est mort à Marseille en rentrant en France après l'amnistie. Le docteur Desmoulins est mort à Tours des suites d'une maladie contractée en Algérie. Boitelle, de retour en France, s'est suicidé. La femme d'Ardange, pendant l'absence de son mari, après avoir perdu son enfant, est morte elle-même de misère et de chagrin. Mᵐᵉ Mauberger, qui allaitait un enfant de six mois, rejoignit son mari interné à la Calle. Mais, à peine arrivé, son enfant mourait à la suite des fatigues du voyage [1].

ISÈRE : Rivière, banquier ; Pichat, propriétaire.

JURA : Bellègue, meunier ; Bernard, vigneron ; Debrand, pharmacien ; Paul-Émile Perret.

LOIRE : Blansubé, docteur-médecin ; Flachon, négociant.

LOIR-ET-CHER : Frout, jardinier.

LOIRET : Beaupin-Paris, marchand de nouveautés ; Brunet ; Forgeat, ébéniste ; Jacquemard, coutelier ; Normand dit Simon, cordonnier ; Mᵐᵉ Jarreau, née Suzanne Grenon, fermière, transportée à Cayenne, en 1852, avec son mari, gros fermier de Briare ; Mᵐᵉ Jarreau fut encore choisie pour victime en 1858. Son mari était malade et alité. « Quel crime pouvait-on lui reprocher ? Ses compagnons d'infortune n'ont jamais pu lui en découvrir qu'un seul : en 1852, elle avait été arrêtée et enfermée à la prison Saint-Lazare, à Paris. Elle y avait connu Pauline Roland et elle s'était chargée de l'enfant de celle-ci. Le pauvre enfant, né maladif, ne vécut pas, et Mᵐᵉ Jarreau lui avait fait faire à Briare un enterrement convenable, auquel la contrée tout entière s'était fait un devoir d'assister. Mᵐᵉ Jarreau était elle-même mère de trois enfants [1]. »

LOIRE-INFÉRIEURE : Even, couvreur ; Masselin, typographe ; Pageot, tanneur ; Seyeux, ouvrier. « Seyeux ne s'était jamais occupé de politique. Il avait un frère forgeron de son état ; c'était lui qu'on avait voulu arrêter. Mais Seyeux, qui était célibataire et dont le frère était marié et père d'une nombreuse famille, n'hésita pas à se dévouer pour lui, acceptant ainsi courageusement les suites d'une méprise qui le conduisit en Afrique [2]. »

LOT : Julien Bailly, horloger ; Clary, instituteur ; Larroque, vétérinaire.

LOT-ET-GARONNE : Davezac, typographe ; Dié, employé de chemin de fer.

MARNE : Bertrand et Grombak, tisseurs ; Lorinet, serrurier ; Pons, tailleur de limes.

MEURTHE : Ferdinand Lelièvre, ancien greffier ; Paillier, cordonnier ; Ruotte, marchand de vin en gros.

MOSELLE : Garantie, menuisier ; Wibrotté, maître d'hôtel ; Sibert, cultivateur.

NIÈVRE : Moreau, avocat ; Buret, ébéniste ; Baudelin, menuisier ; Quenouille, négociant ; Uzoby, teinturier ; Davignon, marchand de nouveautés ; Bougon, Calvillot, Laudet, Vieillard ; Lélu, menuisier. Interné à Souk-Harras, Lélu, qui habitait avec quatre autres de ses cotransportés l'extrémité du village, disparut un jour. Après de longues recherches, on trouva, à moins de deux kilomètres de Souk-Harras, une tête séparée du tronc.

---

1. Eugène Ténot et Antonin Dubost, *les Suspects en* 1858.

1. Eugène Ténot et Antonin Dubost, *les Suspects en* 1858.
2. *Les Suspects en* 1858.

C'était la tête de Lélu; le docteur Durand, transporté, procéda à un rapport médico-légal avec le médecin militaire. L'identité de Lélu fut constatée. « Les deux médecins établirent que Lélu avait été assommé d'un coup de marteau ou de tête de hache qui lui avait enfoncé le crâne, qu'enfin la détroncation avait été faite d'arrière en avant, contrairement aux habitudes des Arabes. Trois semaines après, des intestins d'homme et les chaussures de Lélu furent trouvés parmi les buissons, sur le bord du chemin où sa tête avait été déjà trouvée. Ce qu'on ne retrouva pas, c'est le coupable. Serait-il mort assassiné, cet honnête homme, si on l'avait laissé à Nevers ? »

Nord : Chauveau et Colas, employés ; Dafreuville, fileur ; Deswarler, serrurier. On ne put transporter aussi le citoyen Degiesse qui était paralytique et moribond. Chauveau, à peu près paralysé, ne tarda pas à mourir.

Oise : Bellanger, docteur en médecine ; Louis-Napoléon Gueudet, tailleur.

Puy-de-Dôme : Peghoux, papetier-relieur.

Pyrénées-Orientales : Brousse, négociant ; Tignières, propriétaire.

Rhône : André, perruquier; Blain, balancier; Champagnon, meunier; Chanu, Cornu, Favier, Pallu et Pascot, tisseurs; Durand, médecin; Raffin, pharmacien; Vincent, négociant ; Verrière, horloger; Imoff, Meyzière, Saunier et Richerand. — André mourut à Souk-Harras, faute de soins ; Imoff perdit la raison. Peu de temps après l'amnistie, Cornu, Favier, Meyzière, Pallu, Richerand et Saunier moururent.

Saône-et-Loire : Defforges, pharmacien ; Doré, vannier; Douin, marchand de meubles ; Charles Mérandon, avocat; Tricard, négociant ; Vénot, ancien notaire. Le préfet Ponsard avait envoyé au sous-préfet de Charolles un ordre d'arrestation ainsi libellé : « Vous arrêterez le fils Dézera, s'il n'est pas marié. S'il l'est, vous arrêterez Defforges, pharmacien à Paray-le-Monial. » Le fils Dézera était marié depuis deux jours ; c'est pourquoi M. Defforges fut transporté.

Sarthe : Jean-Baptiste Cornillaud, menuisier ; Hippolyte Le Cornué, ancien juge de paix; Henri Lemonnier, docteur en médecine; Hippolyte Petit, tisserand.

Seine : Ansart, pharmacien ; Astus et Henri, coiffeurs ; Auger, charpentier à Passy; Augier, marchand de vêtements confectionnés; Babaud, ancien avoué; Boulanger et Schumacker, mécaniciens; Buffet, piqueur; Canterel, marchand de vin ; Carette, fabricant de produits chimiques ; Chaussade, tailleur; Charavay, homme de lettres ; Cressigny, marchand d'habits ; Eugène Fombertaux, employé ; Gent, cafetier; Girard, implanteur ; Goyard, chaudronnier ; Goudounèche, chef d'institution ; Huriot, Thiébaud et Voignier, cordonniers; Levasseur, horloger à Gentilly ; Marie, forgeron à Charenton ; Maugin, fabricant de limes ; Moulin, cartonnier; Robin, chaudronnier; Roger, sculpteur ; Georges Tillier, rédacteur du *Figaro*. « Georges Tillier fut conduit à la Roquette, où, à son entrée, il eut les cheveux tondus et la barbe rasée; puis, après l'avoir dépouillé de ses vêtements, on le revêtit du costume des condamnés au milieu desquels on le jeta. Le lendemain, on lui mit les fers aux pieds et on le plaça dans une voiture cellulaire, où on lui attacha à l'un des pieds une seconde chaîne dont le bout était fixé à l'extrémité de la voiture. Il fut ainsi, en compagnie de onze forçats, expédié à Marseille où il arriva après soixante-quatorze heures de voyage, malade et crachant le sang [1]. »

Le nombre des citoyens du département de la Seine transportés en Algérie s'élève à soixante-douze.

Seine-Inférieure : Beaufour, ourdisseur;

---

1. *Les Suspects en* 1858.

Bréant et Noiret, tisserands; Gratigny, fileur. Un mandat d'arrêt avait été lancé contre le citoyen Leprêtre. « Il était mort depuis trois jours, victime d'un de ces dévouements qu'on ne rencontre que chez les natures généreuses : dans un incendie, pour puiser de l'eau, il fallait se placer dans une mare qui était un véritable bourbier. Tout le monde hésitait. Leprêtre, lui, n'hésita pas, mais il contracta la maladie dont il mourut juste à temps pour n'être pas transporté en Algérie [1]. »

SEINE-ET-OISE : Charles-Auguste Durand, propriétaire à Hédouville; Jules Lavigne, marchand de meubles à Étampes; Roland, horloger à Montlhéry.

SOMME : J.-P. Chevalier, pharmacien; Isidore Thuillier, marchand de bois.

TARN : Aussenac, avocat; Jean Barthès, propriétaire; Froissac, fabricant de chapeaux; Auguste Fontespierre, fabricant de briques. Affaibli par une longue maladie, M. Barthès mourut à Marseille avant d'être embarqué pour l'Afrique. Un arrêté de transportation notifié à M. Puech, médecin à Alby, ne put être mis à exécution, car d'Algérie, où il avait été transporté en 1852, il était revenu paralysé et n'avait pu quitter son lit depuis dix-huit mois.

TARN-ET-GARONNE : Bergis, menuisier.

VAR : Bouchard, ancien huissier; Pierre Clément, propriétaire; Ovide Lavagne, menuisier; Martre, ancien greffier; Gustave Pellicot, avocat. M. Martre mourut en rentrant en France.

VAUCLUSE : Barrère et Barillon.

Charles Delescluze, qui était dans la prison de Corte (Corse), fut transporté à Cayenne.

« Les voilà, ces hommes chassés de leur patrie, arrachés à leur famille, à leurs amis, jetés dans les cachots et transportés en Afrique! Qui sont-ils? Nous ne craignons pas de le dire : ils sont tous d'honnêtes gens, contre lesquels nous défions qu'on relève le moindre délit! Médecins, avocats, officiers ministériels, négociants, artisans, ils se livraient péniblement à leurs travaux, attendant du temps seul la réalisation de leurs espérances! Ils ne s'occupaient plus de politique : qui donc s'en occupait depuis 1852?...

« Une nuit, entre minuit et deux heures, à peu près partout, le jour anniversaire de la Révolution de Février, on va frapper à la porte des vivants et jusqu'aux tombeaux des morts! « Qui va là? — La police. — Que me veut-elle? — Tu es républicain? — Il ne m'est plus permis de l'être. — Tu l'es, tu as défendu la République en 1848, la Constitution et la loi en 1851. Suis-moi, tu es un gibier de prison, un pensionnaire désigné de Cayenne ou de Lambessa! Viens, suis-nous la chaîne au cou et les menottes aux mains! Tu es malade? Tu vas mourir? En voiture cellulaire! C'est bien bon pour un républicain! — Mais pourquoi? — L'Italien Orsini a tiré sur l'empereur. — Et toi, qui es-tu? — Vous me demandez mon père? il est mort depuis deux ans. Mon mari? il est dans une maison de fous. Mon frère? il est aux États-Unis. Mon autre frère? il est encore en Afrique, où vous l'avez transporté en 1852. — Ton père est mort? Ce n'est pas vrai, puisqu'il est sur la liste. Tu soutiens toujours qu'il est mort? Viens avec nous, il nous faut quelqu'un de ce nom.

« Et ailleurs encore : — Qui es-tu, toi? — Moi? Que me voulez-vous? Et la fille aux gendarmes : Que voulez-vous à mon père? — Retirez-vous; nous l'emmenons en prison.

« Et l'enfant et la femme tombent étendus sans vie sur le parquet. Et le colloque se continue, se prolonge, s'étend, pendant des mois et dans tous les coins de la France, entre les gendarmes et près de deux mille citoyens français! »

(EUGÈNE TÉNOT et ANTONIN DUBOST, *les Suspects en* 1858.)

---

1. *Les Suspects en* 1858.

III

LES AIDES DE L'EXÉCUTEUR

Tous les préfets impériaux firent docilement l'horrible besogne qu'Espinasse leur avait taillée; l'histoire a recueilli les noms de ces fonctionnaires pour les clouer à son pilori : M. Chamblain, préfet de l'Aisne; M. Genteur, préfet de l'Allier; M. Levert, préfet de l'Ardèche; le vicomte Tiburce Foy, préfet des Ardennes; le vicomte de Charnailles, préfet de l'Aube; M. Dabeaux, préfet de l'Aude; M. Baragnon, préfet de l'Aveyron; M. Guillaume d'Auribeau, préfet des Basses-Alpes; M. Mignet, préfet du Bas-Rhin; M. Besson, préfet des Bouches-du-Rhône; M. Rivière, préfet de la Charente; M. Piétri, préfet du Cher; le baron Michel, préfet de la Corrèze; M. Jean de Bry, préfet de la Côte-d'Or; M. de Matharel, préfet de la Creuse; M. Ladreit de La Charrière, préfet de la Dordogne; M. Ferlay, préfet de la Drôme; M. Janvier de La Motte, préfet de l'Eure; M. Pougeard-Dulimbert, préfet du Gard; M. Féart, préfet du Gers; M. de Mentque, préfet de la Gironde; M. Lepeintre, préfet des Hautes-Alpes; M. West, préfet de la Haute-Garonne; M. Lepeintre, préfet de la Haute-Loire; M. de Cambacérès, préfet du Haut-Rhin; M. de Coëtlogon, préfet de la Haute-Vienne; M. Gavini, préfet de l'Hérault; M. de Bouville, préfet de l'Indre; M. Podevin, préfet d'Indre-et-Loire; M. Leprovost de Launay, préfet de l'Isère; M. Nau de Beauregard, préfet du Jura; M. Thuillier, préfet de la Loire; M. de Soubeyran, préfet de Loir-et-Cher; M. Bossely, préfet du Loiret; M. Henri Chevreau, préfet de la Loire-Inférieure; M. d'Andigné, préfet du Lot; M. Ducos, préfet de Lot-et-Garonne; M. Chassaigne-Goyon, préfet de la Marne; M. Albert Lenglé, préfet de la Meurthe; M. Malher, préfet de la Moselle; M. Lerat de Magnitot, préfet de la Nièvre; M. Vallon, préfet du Nord; le vicomte Randouin, préfet de l'Oise; M. de Preissac, préfet du Puy-de-Dôme; le baron Lassus de Saint-Géniès, préfet des Pyrénées-Orientales; M. Vaïsse, sénateur, chargé de l'administration du département du Rhône; M. Ponsard, préfet de Saône-et-Loire; M. Léon Chevreau, préfet de la Sarthe; M. Leroy, préfet de la Seine-Inférieure; M. de Saint-Marsault, préfet de Seine-et-Oise; M. Mouzard-Sencier, préfet de la Somme; M. Montois, préfet du Tarn; M. Lorette, préfet de Tarn-et-Garonne; M. Mercier-Lacombe, préfet du Var; M. Durand de Saint-Amand, préfet de Vaucluse.

LES MUTATIONS ET PROMOTIONS

Le général Espinasse récompensa le zèle de quelques-uns de ses aides. Le 5 mars, M. Verbigier de Saint-Paul, sous-préfet de Brest, devint préfet des Basses-Alpes en remplacement de M. d'Auribeau, appelé à la préfecture des Landes; — M Paul Odent, sous-préfet de Saint-Quentin, qui avait fait arrêter et maltraiter Benjamin Gastineau, fut nommé préfet du Haut-Rhin en remplacement de M. de Cambacérès, admis à faire valoir ses droits à la retraite. Le 10 avril, le baron Michel passa de la préfecture de la Corrèze à celle de l'Yonne; — M. d'Arnous, sous-préfet de Reims, et M. Demoutz, furent nommés, le premier préfet du Cantal et le second préfet de la Corrèze.

IV

LES TITRES DE NOBLESSE

La note suivante, copiée sur un autographe de la main de l'empereur, a été trouvée dans les papiers de Napoléon III, au milieu des documents sur la noblesse auxquels il a été consacré quelques lignes dans le chapitre v de ce livre. Cette organisation d'une féodalité arithmétiquement méthodique mérite assurément de passer sous les yeux du public :

AUTOGRAPHE ÉCRIT EN ENTIER DE LA MAIN DE L'EMPEREUR (POLITIQUE)

DUCS.

« Il faut 30 maisons à Paris qui s'élèvent avec le thrône (sic); il faut leur donner 500,000 argent ou bons de la caisse pour payer la maison et au moins 100,000 de rentes.

$$\frac{15,000,000}{3,000,000}$$

COMTES.

« 60 maisons qui aient maison à Paris ou dans les chefs-lieux de départements ; il faut qu'ils aient 50,000 francs de rentes au moins, et 200,000 pour payer la maison.

$$\frac{12,000,000}{3,000,000}$$

BARONS.

« 400 barons ayant au moins 5,000 de rentes. 200,000

(Noms illisibles : un quart des 30 noms, un douzième des 60. Suivent quatre feuilles d'ébauches couvertes de chiffres, raturées et quelques noms.)

« *Pour copie conforme et collationnée :*
« Turin, le 18 novembre 1864.
L'attaché à la légation impériale,
Signé : H. DE FAVERNEY.
(*Papiers et Correspondance de la famille impériale*, tome I.)

Principaux titres français *conservés ou confirmés* depuis le rétablissement du sceau des titres :

Comte Boulay (de la Meurthe); comte Casabianca; comte de Peluze (Marey-Monge, petit-fils du sénateur); comte Siéyès (par l'évolution de l'oncle); duc de Cambacérès; duc de Magenta; duc de Malakoff; duc de Plaisance; duc de Tascher; duc de Galague; duc de Morny; Fialin, duc de Persigny (écartelé aux 1er et 4e d'azur, semé d'aigles de l'Empire d'or, qui est de concession impériale ; aux 3e et 4e d'argent à la bande d'azur, chargé de trois coquilles du champ, qui est Fialin. Devise : *Je sers;* duc de Montmorency (Talleyrand); duc de Feltre (Goyon); comtes de Palikao, de Bourqueney, Welles de Lavalette, Mimerel ; Vicomte Pernety, gendre du *baron* Haussmann; barons de Bussières et Graffenrod.

Titres étrangers autorisés à partir de 1858, en vertu du rétablissement du conseil du sceau :

Comtes romains : Vice-amiral Casy; vice-amiral Cécille; Clot-Bey; Janvier de La Motte; général Rostolan ; Talleyrand-Périgord, prince de Sagan (Prusse) ; Colet, évêque de Luçon; F. de Corcelles; maréchal Vaillant.

CHAPITRE VI

1859.

Paroles alarmantes. — Mariage du prince Napoléon. — Irrésolutions de l'empereur. — Déclaration de guerre. — Départ de Napoléon III pour l'Italie; l'impératrice et les médailles. — Composition et force des armées française, sarde et autrichienne. — La campagne d'Italie. — Premiers combats. — Garibaldi et les chasseurs des Alpes. — Palestro. — Magenta. — Melegnano. — Solférino. — Le traité de Villafranca. — Indignation des Italiens. — Le retour de l'empereur; ses explications embarrassées et mensongères. — Retour de l'armée d'Italie. — Flatteries grotesques. — L'amnistie du 16 août; protestations et déclarations des proscrits. — Amnistie à la presse; une note du duc de Padoue; un esprit paradoxal. — L'*Opinion nationale*. — Un livre de M. Edmond About dénoncé par l'impératrice-régente. — Saisie et condamnation de deux autres livres. — Le traité de Zurich. — Soulèvement des Romagnes et annexions. — Conseil de Napoléon III à Pie IX.

Le 1ᵉʳ janvier 1859, à la réception du corps diplomatique aux Tuileries, l'empereur dit à M. de Hubner, ambassadeur d'Autriche à Paris : « Je regrette que nos relations avec votre gouvernement ne soient pas aussi bonnes que par le passé ! » L'effet de ces paroles ayant été alarmant, le *Moniteur* déclara que rien, dans nos relations diplomatiques, n'autorisait de pareilles alarmes. Le 13, on apprit que le prince Napoléon venait de partir pour Turin où il allait épouser la sœur du roi Victor-Emmanuel. En annonçant à des députations des deux Chambres ce mariage, qui se célébra le 30, le roi de Sardaigne dit : « L'année commence bien ; elle se terminera mieux encore, *je l'espère*. Cette alliance pourra devenir une source d'avantages pour les éventualités futures. » Et, le 7 février, l'empereur, ouvrant la session législative, s'exprimait en ces termes : « La paix, je l'espère, ne sera pas troublée. » Le 5 mars, le *Moniteur* donna un démenti « aux auteurs de bruits de guerre égarant outrageusement les esprits, alarmant gratuitement les intérêts, jetant le doute sur les pensées les plus loyales et des nuages sur les situations les plus claires ».

Tiraillé à droite par les cléricaux que l'impératrice appuyait, à gauche par le prince Napoléon que vint renforcer M. de Cavour, l'empereur ne savait à quoi se résoudre ; il flottait incessamment de la paix à la guerre ; dans une dernière entrevue avec le premier ministre de Victor-Emmanuel, ses irrésolutions se fixèrent; les instances du prince Napoléon triomphèrent, cette fois, du fatal ascendant que l'impératrice prendra bientôt sur le caractère indécis et faible de son triste époux. A la fin de mars, les indécisions de Napoléon III penchaient tellement vers la paix que M. de Hubner le crut, un jour, décidé à l'abandon de la Sardaigne, et conseilla au chef du cabinet autrichien, M. de Buol, de garder une attitude hautaine vis-à-vis du cabinet de Turin. Le lendemain, M. de Cavour quittait Paris ; il apportait à son roi la certitude que la France déclarerait prochainement la guerre à l'Autriche.

Des propositions faites par l'Angleterre, en qualité de médiatrice amiable, et auxquelles adhérèrent la France, la Prusse et la Russie, furent repoussées par l'Autriche qui, le 19 avril, somma le roi de Sardaigne « d'avoir à mettre, sans délai, son armée sur le pied de paix et à licencier les volontaires italiens ». Trois jours étaient accordés à Victor-Emmanuel pour répondre, par un *oui* ou par un *non*, à cet ultimatum inacceptable et équivalant à une déclaration de guerre.

Les événements vont se précipiter. Le 22 avril, le *Moniteur* déclare que, en présence de l'attitude de l'Autriche, Napoléon III a ordonné la concentration de plusieurs divisions sur la frontière du Piémont. Le 29, un emprunt de 500 millions, la levée de 140,000 hommes par anticipation sur le contingent de 1859 et l'ouverture d'un crédit de 90 millions pour dépenses urgentes sont votés par le Corps législatif.

Le 3 mai, l'empereur adressa au peuple français la proclamation suivante :

« L'Autriche, en faisant entrer son armée sur le territoire du roi de Sardaigne, notre allié, nous déclare la guerre. Elle viole ainsi les traités, la justice, et menace nos frontières. Toutes les grandes puissances ont protesté contre cette agression. Le Piémont ayant accepté les conditions qui devaient assurer la paix, on se demande quelle peut être la raison de cette invasion soudaine. C'est que l'Autriche a amené les choses à cette extrémité qu'il faut qu'elle domine jusqu'aux Alpes ou que l'Italie soit libre jusqu'à l'Adriatique ; car, dans ce pays, tout coin de terre demeuré indépendant est un danger pour son pouvoir. Jusqu'ici la modération a été la règle de ma conduite ; maintenant l'énergie devient mon premier devoir.

« Que la France s'arme et dise résolûment à l'Europe : Je ne veux pas de conquête, mais je veux maintenir sans faiblesse ma politique nationale et traditionnelle ; j'observe les traités à condition qu'on ne les violera pas contre moi ; je respecte le territoire et les droits des puissances neutres, mais j'avoue hautement ma sympathie pour un peuple dont l'histoire se confond avec la nôtre et qui gémit sous l'oppression étrangère.

« La France a montré sa haine contre l'anarchie ; elle a voulu me donner un pouvoir assez fort pour réduire à l'impuissance les fauteurs de désordre et les hommes incorrigibles de ces anciens partis qu'on voit toujours pactiser avec nos ennemis ; mais elle n'a pas pour cela abdiqué son rôle civilisateur. Ses alliés naturels ont toujours été ceux qui veulent l'amélioration de l'humanité, et quand elle tire l'épée, ce n'est point pour dominer, mais pour affranchir.

« Le but de cette guerre est donc de rendre l'Italie à elle-même, et non de la faire changer de maître, et nous aurons à nos frontières un peuple ami qui nous devra son indépendance.

« Nous n'allons pas en Italie fomenter le désordre ni ébranler le pouvoir du Saint-Père, que nous avons replacé sur son trône, mais le soustraire à cette pression étrangère qui s'appesantit sur toute la péninsule ; contribuer à y fonder l'ordre sur des intérêts légitimes satisfaits.

« Nous allons enfin sur cette terre classique, illustrée par tant de victoires, retrouver les traces de nos pères. Dieu fasse que nous soyons dignes d'eux !

« Je vais bientôt me mettre à la tête de l'armée. Je laisse en France l'impératrice et mon fils. Secondée par les lumières du dernier frère de l'empereur, elle saura se montrer à la hauteur de sa mission.

« Je les confie à la valeur de l'armée qui reste en France pour veiller sur nos frontières, comme pour protéger le foyer domestique ; je les confie au patriotisme de la garde nationale ; je les confie enfin au peuple tout entier, qui les entourera de cet amour et de ce dévouement dont je reçois chaque jour tant de preuves.

« Courage donc et union ! Notre pays va encore montrer au monde qu'il n'a pas dégénéré. La Providence bénira nos efforts ; car elle est sainte aux yeux de Dieu, la cause qui s'appuie sur la justice, l'humanité, l'amour de la patrie et de l'indépendance.

« NAPOLÉON.

« Palais des Tuileries, le 3 mai 1855. »

Attentat du 14 janvier 1858.

C'était une noble cause, en effet, que l'empereur venait d'embrasser. Aussi n'eut-il besoin d'aucune escorte, le 10 mai, lorsqu'il quitta les Tuileries pour aller se mettre à la tête de l'armée. La population entière l'acclamait; à toutes les fenêtres, des mouchoirs s'agitaient; les toits étaient couverts d'une foule mêlant ses acclamations à celles des ouvriers qui se pressaient autour de la calèche impériale dont les chevaux avaient peine à marcher. L'impératrice assise à côté de son époux comprit-elle que cet enthousiasme inspiré à tout un peuple par un sentiment de patriotisme dans lequel toutes les nuances d'opinions se confondaient est préférable au contentement qu'elle eût voulu donner à la secte ultramontaine en s'opposant à une guerre qui occasionnait cette manifestation nationale? En tout cas, à Montereau où les deux époux se firent leurs adieux, elle donna au parti clérical un nouveau témoignage de sa dévotion superstitieuse en remettant une médaille de l'*Immaculée* à chacun des vingt-six aides de camp ou officiers d'ordonnance qui accompagnaient l'empereur.

Napoléon III débarqua, le 12 mai, à Gênes; la population lui jetait des fleurs en criant : |« Vive l'empereur! Vive l'Italie! » Il adressa aux troupes cet ordre du jour :

« Soldats,

« Je viens me mettre à votre tête pour vous conduire au combat. Nous allons seconder la lutte d'un peuple revendiquant son indépendance, et le soustraire à l'oppression étrangère; c'est une cause sainte, qui a les sympathies du monde civilisé.

« Je n'ai pas besoin de stimuler votre ardeur : chaque étape vous rappellera une victoire. Dans la voie sacrée de l'ancienne Rome, les inscriptions se pressaient pour rappeler au peuple ses hauts faits; de même aujourd'hui, en passant par Mondovi, Marengo, Lodi, Castiglione, Arcole, Rivoli, vous marcherez dans une autre voie sacrée, au milieu de ces glorieux souvenirs.

« Conservez cette discipline sévère qui est l'honneur de l'armée. Ici, ne l'oubliez pas, il n'y a d'ennemis que ceux qui se battent contre vous. Dans la bataille, demeurez compactes, et n'abandonnez pas vos rangs pour courir en avant. Défiez-vous d'un trop grand élan; c'est la seule chose que je redoute.

« Les nouvelles armes de précision ne sont dangereuses que de loin; elles n'empêcheront pas la baïonnette d'être, comme autrefois, l'arme terrible de l'infanterie française.

« Soldats, faisons tous notre devoir et mettons en Dieu notre confiance. La patrie attend beaucoup de vous. Déjà d'un bout de la France à l'autre retentissent ces paroles d'un heureux augure : « La nouvelle armée « d'Italie sera digne de sa sœur aînée. »

« Gênes, le 12 mai 1859.

« Napoléon. »

Le 14, l'empereur arrivait à Alexandrie où il établissait son quartier général. L'armée d'Italie, forte de 120,000 hommes, se composait de la garde impériale sous les ordres du général Regnault de Saint-Jean-d'Angély, et de cinq corps commandés par le maréchal Baraguey-d'Hilliers, le général de Mac-Mahon, le maréchal Canrobert, le général Niel et le prince Napoléon. Les trois divisions de la garde impériale avaient pour chefs les généraux Mellinet, Camou et Morris. Les généraux divisionnaires du 1er corps étaient Forey, de Ladmirault, Bazaine et Desvaux; — ceux du 2e corps, de La Motterouge et Espinasse; — ceux du 3e, Renault, Trochu, Bourbaki et Partouneaux; — ceux du 4e, Vinoy, de Failly et Luzy de Pélissac, et ceux du 5e, d'Autemarre et Uhrich.

L'empereur, qui avait seul le contrôle de l'administration, fit retomber sur elle la responsabilité d'une insouciance, d'un désordre et d'une impéritie dont il était coupable et dont toutes nos armées ont tant souffert dans toutes les guerres entreprises par le second Empire. Le 15, il écrivait d'Alexandrie au ministre de la guerre : « Nous avons réuni en Italie une armée de 120,000 hommes *avant d'y avoir envoyé des approvisionnements*. Ici les administrations n'arrivent qu'avec peine à faire vivre l'armée au jour le jour. Je vous conjure de faire des efforts inouïs pour cuire du biscuit dans toute la France, pour rassembler du foin, et envoyer tout cela à Gênes par des bateaux à vapeur. Il faut doubler le nombre des officiers d'administration, il faut envoyer au moins mille infirmiers de plus. *L'administration de la guerre est bien coupable*. Il y a des corps qui n'ont pas encore des marmites pour faire la soupe. »

Le 20, l'empereur écrivait au même ministre : « Il faut compter sur 20,000 malades; 250 médecins et 400 aides seront nécessaires. En supposant que les 130 médecins du corps d'armée et 222 du pays puissent être employés à ce service, il en manquerait encore 300. Il faudrait 40 pharmaciens pour les hôpitaux permanents, en tout 72 ; il n'y en a que 33. »

Enfin, le 29, il se plaignait en ces termes : « Ce qui me désole dans l'organisation de l'armée, c'est que nous avons toujours l'air, en présence d'autres armées, et même de l'armée sarde, *d'enfants qui n'ont jamais fait la guerre*. Ainsi pour le train des équipages, pour les mulets de bagages des officiers d'administration et des médecins, rien n'est réglé d'une manière invariable. Ainsi les uns demandent le double de ce qui est nécessaire, ou l'administration ne donne que la moitié de ce qui est indispensable. Vous concevez que ce n'est pas un reproche que je vous fais ; je ne l'adresse qu'au système général qui fait qu'en France, *nous ne sommes jamais prêts pour la guerre*. »

Hélas ! nous verrons bien pis que cela !

L'armée sarde, dont avait pris le commandement en chef le roi Victor-Emmanuel ayant le général de La Rocca pour chef d'état-major et le général de La Marmora pour lieutenant, comprenait cinq divisions d'infanterie et seize escadrons de cavalerie donnant ensemble un total de 60,000 hommes environ. L'infanterie était commandée par les généraux Cialdini, Fanti, Mollard, Durando et Cucchiari, — et la cavalerie par le général Sambuy. Répondant à l'appel aux armes de Victor-Emmanuel, de nombreux volontaires accouraient ; Garibaldi formait sa légion des *chasseurs des Alpes*, dont le commandement lui fut donné avec le titre de major général.

Les forces opposées par François-Joseph à l'armée franco-sarde, et placées sous le commandement du général Giulay, atteignaient le chiffre de 200,000 hommes. Le 29 avril, deux divisions autrichiennes avaient franchi le Tessin et envahi le territoire piémontais.

Le 20 mai, il y eut un premier combat. La division autrichienne Baumgarter, trois bataillons du 6ᵉ corps et une brigade, sous le commandement du feld-maréchal Stadion, commencent, à midi, leur mouvement offensif. Les Autrichiens s'emparent de Casteggio, marchent rapidement sur Montebello et emportent Guestrello. Le général Forey à la tête de sa division qui, n'étant pas complétée, ne comptait guère que 6,000 hommes, marche vers les colonnes autrichiennes ; à ses ordres est venue se mettre la cavalerie piémontaise, commandée par le général de Sonnaz. Guestrello est enlevé à l'ennemi qui va se retrancher dans le village de Montebello où on lutte corps à corps ; chassé de cette position, il se réfugie dans le cimetière ; après une résistance opiniâtre, il l'abandonne et opère une retraite précipitée. 671 Français ou Piémontais avaient été mis hors de combat. Les pertes des Autrichiens trois fois supérieurs en nombre à nos combattants durent être considérables ; partout où l'on s'était battu, leurs morts et leurs blessés jonchaient le sol. La valeur des Piémontais égala celle de nos soldats.

A la tête de sa légion composée de vétérans qui, en 1849, défendirent Rome avec lui et de jeunes volontaires que son irrésistible patriotisme entraînait à sa suite, Garibaldi avait quitté les rives de la Doire le 10 mai, et poursuivait sa marche triomphale vers la Lombardie, aux populations de laquelle il venait d'adresser cette proclamation entraînante, et datée de Sesto-Calende où il avait fait prisonnière la garnison autrichienne :

« Lombards,

« Vous êtes appelés à une nouvelle vie, et vous devez répondre à cet appel comme le firent vos pères à Ponsada et à Legnano. L'ennemi est encore le même, atroce, assassin, impitoyable et pillard. Vos frères de toutes les provinces ont juré de vaincre ou de mourir avec vous. C'est à nous de venger les insultes, les outrages, la servitude de vingt générations passées ; c'est à nous de laisser à nos fils un patrimoine pur de la souillure du soldat étranger.

« Victor-Emmanuel, que la volonté nationale a choisi pour notre chef suprême, m'envoie au milieu de vous pour vous organiser dans les batailles patriotiques. Je suis touché de la sainte mission qui m'est confiée et fier de vous commander.

« Aux armes ! le servage doit cesser. Qui peut saisir une arme et qui ne la saisit pas est un traître !

« L'Italie, avec ses enfants unis et affranchis de la domination étrangère, saura reconquérir le rang que la Providence lui a assigné parmi les nations. »

A Gattinara, à Romagnano, à Borgo Manero, à Castelleto où il entre le 23, on l'a accueilli aux cris mille fois répétés de : « Vive l'indépendance de l'Italie ! » Il passe le Tessin, et le voilà sur le sol lombard. Le même jour, il arrive à Varese ; les chasseurs des Alpes sont au nombre de 4,000 ; ils ont 500 chevaux. Les habitants de Varese s'arment à la hâte et se mettent aux ordres du général qui, prévoyant une attaque prochaine, fait barricader les rues et créneler les maisons. Le 25, à quatre heures du matin, les Autrichiens se présentent, engagent la lutte et sont repoussés ; à deux heures, des renforts ayant été amenés au général Urban par le général Melzer, l'attaque se renouvelle, appuyée, cette fois, par le feu d'une demi-batterie. Avec une partie de ses chasseurs, Garibaldi est sorti de la ville, s'est glissé derrière un rideau de collines et tombe sur le flanc des Autrichiens qui, mis en désordre et en fuite, abandonnent trois canons ; Garibaldi s'en empare ; il n'en avait pas un seul. Il rentre à Varese au milieu des cris de triomphe poussés par les habitants. Voulant profiter de sa victoire et ne pas donner aux Autrichiens le temps de concentrer sur Côme des forces considérables, Garibaldi divise son petit corps d'armée en deux colonnes ; l'une se dirige vers Camerlata, l'autre prend un étroit sentier qui va de Bielle à Chiasso, bourg suisse. Le 28, pendant que les Autrichiens, s'inquiétant de la marche des chasseurs des Alpes sur Camerlata, s'apprêtent à les combattre, Garibaldi les attaque à San-Fermo où des feux de peleton abattent les premiers rangs de ses chasseurs. Après une lutte vaillamment soutenue des deux parts, les Autrichiens plient et sont poursuivis jusqu'aux faubourgs de Côme. Là un combat acharné se livre et dure autant que le jour. A dix heures du soir, l'ennemi était en déroute et les chasseurs des Alpes entraient dans Côme « au milieu des illuminations et des hourras de la population accourue sur son passage »[1]. Cette position permettait à Garibaldi « de menacer à la fois toute la Brianza, le centre de la Lombardie, la Valteline, Bergame et Brescia ».

---

[1]. De Bazancourt, *la Campagne d'Italie*, t. II.

Cependant un mouvement qui tendait à tourner la droite de l'ennemi et à porter rapidement l'armée alliée à quelques lieues de Milan avait été résolu; pour en assurer le succès, il fallait, d'abord, passer la Sesia sous le feu des Autrichiens, puis les déloger du village de Palestro où ils s'étaient solidement établis et autour duquel tous les moyens de défense imaginables avaient été employés. L'armée sarde doit exécuter cette opération militaire. Le 30 mai, à midi, elle avait passé le fleuve ; le soir, à la suite de plusieurs combats, nos alliés occupaient Palestro que les Autrichiens leur avaient disputé pied à pied. Victor-Emmanuel et le général Cialdini excitaient par leur courage celui de leurs soldats. Le lendemain, à dix heures du matin, trois colonnes autrichiennes marchaient sur Palestro qu'elles voulaient reprendre. La vigueur de la résistance est égale à celle de l'attaque. Un moment les Piémontais sont menacés d'être pris à revers ; le 3ᵉ zouaves, que masquait un rideau de saules et de peupliers étendus sur la berge du canal, court, guidé par le colonel Chabron, vers le champ de bataille ; dès que ces hardis soldats se découvrent pour franchir le canal, une batterie les foudroie, mais n'arrête pas leur élan ; ils se sont jetés à l'eau, ils gravissent la berge opposée, arrivent près des canons au pied desquels ils clouent les artilleurs, traversent des rivières boueuses en tuant tout ce qui s'oppose à leur course endiablée et fondent sur les bataillons autrichiens qui, sous l'impétuosité de ce choc, reculent. Le sabre à la main, Victor-Emmanuel est venu se mêler aux combattants. Les Autrichiens ont reformé leurs bataillons qui sont rompus encore ; ils se retranchent dans les vastes bâtiments d'une ferme, au delà d'un pont que deux pièces de canon balayent, dans un bois d'acacias et dans un moulin crénelé ; chassés de la ferme, du bois et du moulin, ils se précipitent vers le pont où a lieu une affreuse mêlée. Beaucoup d'hommes trouvèrent la mort en roulant ou en se jetant à droite dans la Sesia, à gauche dans le canal. Une quatrième colonne autrichienne tenue en réserve permit aux bataillons qui fuyaient de se rallier au delà du pont couvert de cadavres d'hommes et de chevaux. Tandis que les zouaves et les bersagliers franchissaient le pont et poursuivaient les Autrichiens sur le chemin de Robbio, le général Cialdini achevait la défaite des deux colonnes qui avaient attaqué Palestro. Grâce au succès de cette journée, l'armée française passa la Sesia sans coup férir, et les alliés purent opérer leur mouvement de concentration entre Alexandrie et Voghera.

Le 3 juin, après un combat d'avant-garde qui nous coûta huit morts et trente-deux blessés, l'armée franco-sarde passa le Tessin à Turbigo. Le lendemain se donna cette fameuse bataille de Magenta que l'incapacité militaire de Napoléon III et les lenteurs du maréchal Canrobert avaient compromise et que le général de Mac-Mahon gagna ; je ne la décrirai pas en détail ; les descriptions de toutes les batailles se ressemblent un peu. Celle-ci fut terrible et féconde en péripéties qui, plusieurs fois, en changèrent la face et en rendirent les résultats incertains. Les Autrichiens, sous les ordres supérieurs du général Giulay, avaient déployé des forces considérables ; ils savaient que, s'ils étaient vaincus, Milan serait perdu pour eux. Les généraux et les soldats des deux armées rivalisèrent d'héroïsme ; il y eut un moment de cruelle angoisse : nos combattants fléchissaient sous le nombre écrasant des forces ennemies, et les renforts attendus ne venaient pas. On se battait depuis quatre longues heures et on ne voyait pas arriver le maréchal Canrobert avec son 3ᵉ corps. Anxieux au poste qui lui avait été assigné et pressentant le danger couru par les troupes engagées, le général de Mac-Mahon obéit aux inspirations de sa valeur clairvoyante ; il va agir sans instructions : que lui importe ? Il entend le canon et il s'y rallie. Il était grand temps : l'empereur et sa garde épuisée allaient être enveloppés et pris ; la hardiesse et la rapidité de la marche convergente heureusement exécutée par Mac-Mahon sur Magenta les sauva et décida du sort de la bataille. Admirablement secondé par ses généraux divisionnaires, le vainqueur de Malakoff va, de combats en combats et de succès en succès, jusqu'à Magenta où il a rejeté l'ennemi. L'entrée du village est forcée ; chaque maison est une forteresse qu'il faut prendre, et on la prend ; le général Espinasse est mortellement frappé au moment où, avec le pommeau de son épée, il essaye de briser la persienne d'une fenêtre derrière laquelle des Tyroliens se sont retranchés. La division Lamotterouge, à laquelle se sont réunis deux bataillons du 52e de ligne commandés par le général de Martimprey, a chassé de l'église les Autrichiens qui, refoulés de toutes parts, opèrent leur retraite en tirant des coups de fusil et en lançant des fusées. L'armée française avait eu 4,444 hommes tués, blessés ou disparus, et l'armée ennemie 7,713. La division Mac-Mahon avait fait plus de 5,000 prisonniers sur les 7,000 que les Autrichiens nous laissèrent. Le surlendemain Napoléon III donnait à Mac-Mahon le bâton de maréchal de France et le titre de duc de Magenta ; il élevait aussi Regnault de Saint-Jean-d'Angély au maréchalat et nommait général de division le général de brigade Wimpffen, qui avait pris à cette bataille mémorable une part glorieuse. Le 7 juin, au milieu de démonstrations enthousiastes, le maréchal de Mac-Mahon, duc de Magenta, entrait, à la tête du 2e corps, dans la ville de Milan que les Autrichiens avaint abandonnée.

Le 8, après un combat des plus meurtriers, l'ennemi fut délogé du bourg de Melegnano où il se fortifiait. Les pertes des troupes qui se combattirent furent énormes : « En certains endroits, les morts des deux nations étaient tellement serrés les uns contre les autres qu'on eût dit des bataillons couchés à terre pour prendre un peu de repos [1]. »

L'armée autrichienne effectua sa retraite vers le Mincio derrière lequel elle se concentra et où toutes ses réserves allèrent la grossir. Depuis un mois, le duc de Toscane avait prudemment abandonné son duché. Le 9 juin, la duchesse de Parme quittait le sien. L'ennemi évacuait successivement Plaisance après l'avoir démantelée, Pizzighetone en brûlant le pont de l'Adda, et Pavie dont l'occupation était devenue sans importance pour lui. Le 18, l'armée alliée bivouaquait aux alentours de Brescia, où Garibaldi était entré le 12 ; l'empereur y établit son quartier général au moment où François-Joseph prenait le commandement en chef de son armée et quittait Vérone pour aller la passer en revue. Le 23, les alliés occupent les deux rives de la Chiese que ne leur a pas disputées l'ennemi dont on ignore les intentions et qui ignore les nôtres. Quelles positions a-t-il prises ? La veille il avait abandonné les hauteurs qui de Lonato s'étendent jusqu'à Volta ; il les réoccupe tandis que l'empereur décide qu'il faut s'en emparer. « Les deux armées se trouvèrent donc, sans le savoir, marcher à la rencontre l'une de l'autre ; cette rencontre amena la célèbre bataille de Solférino [2]. »

160,000 Autrichiens et 151,000 Franco-Sardes allaient se livrer une bataille décisive. Le 24, à trois heures du matin, l'armée alliée se mit en mouvement ; à chacune de ses divisions a été assignée la part qu'elle doit prendre à l'attaque des hauteurs « qui s'étagent et se succèdent jusqu'à Solférino en une série de petits mamelons sur lesquels reluisent les baïonnettes autrichiennes [3] ». La division Forey ouvre le feu qui ne tarde pas

---

1. De Bazancourt, *la Guerre d'Italie*, t. II.
2. Id.
3. Id.

éclater sur tous les points de l'immense ligne de bataille. Nos canons battent les contre-forts de Solférino. Pendant quinze heures, la mitraille, la mousqueterie, la baïonnette font ruisseler le sang à flots; autour de chaque mamelon, des combats acharnés se livrent; ici la victoire couronne les efforts de nos soldats ; là elle semble pencher du côté de l'ennemi. Un instant le général Niel est en grand péril; deux fois a vainement demandé des secours au maréchal Canrobert : « Il fut sauvé grâce à l'héroïsme de ses soldats, mais au prix de 5,000 morts ou blessés [1]. » L'intrépidité des Autrichiens exalte celle de nos combattants ; les chefs donnent aux soldats l'exemple d'un courage surhumain; le général de Ladmirault, dont l'épaule a été fracturée par une balle, ne peut se tenir sur son cheval; il s'avance à pied, en donnant des ordres, à travers un feu violent; frappé à l'aine par une deuxième balle qui traverse le bas-ventre et pénètre dans la cuisse gauche, il continue sa marche en avant jusqu'à ce que l'épuisement de ses forces amené par la perte du sang qui coule abondamment de ses blessures l'oblige à remettre son commandement au général Négrier. On voit des grenadiers s'atteler à des canons et gravir les collines au sommet desquelles ils arrivent péniblement. Un orage d'une extrême violence éclate; sous un ciel noir, aux grondements du canon se mêlent ceux du tonnerre, et aux étincellements des fusées l'éblouissante luminosité des éclairs. Une grêle drue et bientôt une pluie torrentielle tombent sur les combattants et ne les arrêtent pas. Enfin la formidable bataille s'achève ; la victoire reste aux alliés ; les Autrichiens, dont la vaillance avait été à la hauteur de celle des braves qui les avaient combattus, se retiraient vers le Mincio. Les pertes de l'armée française étaient cruelles : 12,000 soldats tués ou blessés et 720 officiers mis hors de combat ; — l'armée sarde avait perdu 5,521 hommes et l'armée autrichienne plus de 20,000. Il fallut trois jours et trois nuits pour ensevelir les morts. Entre les généraux Niel et Canrobert, des discussions s'élevèrent et s'aigrirent au point que l'empereur dut intervenir pour empêcher un duel devenu inévitable. « Canrobert, en aidant Niel, aurait pu couper l'aile gauche des Autrichiens et changer leur défaite en une déroute complète ; son inaction fut fatale à l'Italie comme elle l'avait été à la France en Crimée [1], » car la déroute complète de l'armée autrichienne eût rendu impossible le traité qui termina déplorablement une campagne si bien commencée.

La Lombardie était arrachée à la domination étrangère; on allait, maintenant, affranchir la Vénétie, afin que, suivant la solennelle promesse de Napoléon III, l'Italie fût libre jusqu'à l'Adriatique. La pensée de leur délivrance entière faisait tressaillir de joie les Italiens si lontemps opprimés. A Gênes où s'étaient réunis Turk, Klapka et l'élite des généraux appartenant à l'émigration hongroise, Kossuth, d'accord avec l'empereur et Victor-Emmanuel, avait organisé une expédition qui devait soulever la Hongrie et qui n'attendait plus que le signal du départ. Le 6 juillet, l'armée franco-sarde se préparait aux combats prochains, lorsqu'on apprit que Napoléon III avait proposé un armistice à François-Joseph. Nul n'y voulait croire. Cela était vrai pourtant, et, le 11, les deux empereurs signaient, à Villafranca, les préliminaires de la paix. Que s'était-il donc passé ? L'Allemagne, que cette guerre avait émue, devenait frémissante; la défaite des Autrichiens à Solférino l'avait rendue menaçante, et le roi de Prusse, craignant de ne pouvoir contenir l'exaltation croissante du peuple allemand, informa

---

[1]. Taxile Delord, t. II.

[1]. Taxile Delord, *Histoire du second Empire*, t. II, p. 545.

Napoléon III qu' « *il était urgent de faire la paix à tout prix* » ; celui-ci eut peur et fit la paix. La cession de la Lombardie, moins les forteresses de Mantoue et de Peschiera, au roi de Sardaigne, — la création d'une confédération italienne sous la présidence honoraire du pape, — la participation de la Vénétie à cette confédération tout en restant sous le pouvoir de l'Autriche, — la rentrée des ducs de Toscane et de Modène dans leurs États en donnant une amnistie générale, telles étaient les conditions posées dans les préliminaires de Villafranca. Le désappointement et l'irritation que cette nouvelle produisit en Italie sont indescriptibles ; Victor-Emmanuel ne pouvait dissimuler sa tristesse ; M. de Cavour ne contenait pas son indignation ; Kossuth, dont les yeux se remplirent de larmes, s'écria d'une voix brisée : « Cet homme a déshonoré mes cheveux blancs. » Les officiers et les soldats de l'armée sarde étaient atterrés ; Garibaldi, maîtrisant son émotion, dit à ses volontaires, d'une voix calme :

« Ne nous séparons pas ! »

Voici l'ordre du jour dans lequel l'empereur, avec un embarras extrême, annonça la conclusion de cette paix imprévue et mal accueillie par les armées victorieuses :

« Soldats,

« Les bases de la paix sont arrêtées avec l'empereur d'Autriche ; le but principal de la guerre est atteint ; l'Italie va devenir pour la première fois une nation. Une confédération de tous les États de l'Italie, sous la présidence honoraire du Saint-Père, réunira en un faisceau les membres d'une même famille ; la Vénétie reste, il est vrai, sous le sceptre de l'Autriche ; elle sera, néanmoins, une province italienne faisant partie de la Confédération.

« La réunion de la Lombardie au Piémont nous crée, de ce côté des Alpes, un allié puissant qui nous devra son indépendance ; les gouvernements, restés en dehors du mouvement ou rappelés dans leurs possessions, comprendront la nécessité de réformes salutaires. Une amnistie générale fera disparaître les traces des discordes civiles. L'Italie, désormais maîtresse de ses destinées, n'aura plus qu'à s'en prendre à elle-même si elle ne progresse pas régulièrement dans l'ordre et la liberté.

« Vous allez bientôt retourner en France ; la patrie reconnaissante accueillera avec transport ces soldats qui ont porté si haut la gloire de nos armes à Montebello, à Palestro, à Turbigo, à Magenta, à Marignan et à Solférino, qui, en deux mois, ont affranchi le Piémont et la Lombardie, et ne se sont arrêtés que parce que la lutte allait prendre des proportions qui n'étaient plus en rapport avec les intérêts que la France avait dans cette guerre formidable.

« Soyez donc fiers de vos succès, fiers des résultats obtenus, fiers surtout d'être les enfants bien-aimés de cette France qui sera toujours la grande nation, tant qu'elle aura un cœur pour comprendre les nobles causes et des hommes comme vous pour les défendre.

« Au quartier impérial de Valeggio, le 12 juillet 1859. »

Le même jour, Napoléon III partit à Milan ; « le fugitif de Solférino » trouva sur son passage une foule morne et silencieuse.

« A Turin, l'animosité populaire fut telle que Victor-Emmanuel, craignant pour la vie de l'empereur, le prit, au milieu de la nuit, dans sa voiture et le conduisit hors de la ville [1]. »

Napoléon III « arriva incognito à la grille du palais de Saint-Cloud où l'attendait l'impératrice entourée des principaux personnages de son gouvernement [2] ». Le lendemain,

---

1. *Le Dernier des Napoléon*, p. 137.
2. *Id.*, p. 148.

Le port de Cherbourg.

aux Tuileries, il adressa aux grands corps de l'État un discours paraphrasant son ordre du jour à l'armée; il leur disait : « Croyez-vous qu'il ne m'en a pas coûté de mettre un frein à l'ardeur de ces soldats qui ne demandaient qu'à marcher en avant, — de retrancher, ouvertement, devant l'Europe, de mon programme le territoire qui s'étend du Mincio à l'Adriatique, — de voir de nobles illusions se détruire, de patriotiques espérances s'évanouir? Pour servir l'indépendance italienne, *j'ai fait la guerre* contre le gré de l'Europe ; dès que les destinées de mon pays ont pu être en péril, *j'ai fait la paix.* » Il aurait dû dire : *J'ai fait la guerre* parce que j'avais peur des Italiens qui menaçaient ma vie ; *j'ai fait la paix* parce que j'avais peur de l'Allemagne qui me l'a imposée.

Le 14 août, l'armée d'Italie défilait sur nos boulevards au bruit des acclamations publiques. Il y eut, aux Tuileries, un grand banquet; M. Billault y porta ce toast qui est un modèle achevé de platitude comique : « A Sa Majesté Napoléon III le Victorieux et le Pacifique ! *Lorsque la France est satisfaite, le monde est tranquille.* La guerre de Crimée et la guerre d'Italie ont prouvé notre amour de la paix ». Un préfet, celui de Toulouse, je crois, disait dans une proclamation : « Dieu fit Napoléon III et se reposa. » Ce bouffon n'était qu'un plagiaire ; il avait dérobé sa flatterie grotesque à un discours adressé, en l'an XI, au premier consul par le général Lachaise, alors préfet du Pas-de-Calais : « Nous savons tous, disait ce fonctionnaire militaire et civil, que, pour assurer le bonheur et la gloire de la France *et fixer la paix sur le terre*, Dieu créa Bonaparte et se reposa [1]. » Sous tous les régimes, les courtisans tombent dans la même bassesse de langage et de sentiments.

Le lendemain un décret impérial accordait « amnistie pleine et entière à tous les individus condamnés pour crimes et délits politiques ou qui ont été l'objet de mesures de sûreté générale ». Aussitôt il fut en question, entre les républicains proscrits, de savoir si cette amnistie devait être acceptée ou refusée. Schœlcher disait : « La parole de M. Bonaparte a moins de poids qu'une feuille morte entraînée dans la boue à tous les vents. Nous ne pouvons nous fier à lui ni à ses complices... Ce serait folie à nous de nous livrer à des ennemis qui trempent leurs mains dans le sang, le mensonge et le parjure. Entre nous et l'Empire, il n'y a pas de communauté possible, car l'Empire, c'est le crime... M. Bonaparte n'a pas plus qualité pour nous accorder une amnistie qu'il n'en a jamais eu pour nous envoyer en exil. Le pouvoir qu'il possède, il le possède par le vol; conséquemment il ne l'a pas... Un assassin peut vous arracher la vie, il ne peut vous condamner à mort. Pourquoi alors nous parler de pardon? Toutes les notions de bien et de mal, de justice et d'injustice ont-elles péri dans le naufrage de la République française? Depuis quand les violateurs de la loi sont-ils autorisés à pardonner à ses défenseurs? Le décret de M. Louis Bonaparte est un tissu d'immoralités... »

Madier-Montjau croyait que « rentrer en France, ce serait *amnistier* involontairement le 2 Décembre, consacrer et excuser l'oubli de ce grand attentat, trop oublié ou trop excusé déjà » ; il ajoutait : « Avec Dante, mon illustre prédécesseur dans l'exil, je dis : « Moi, je consentirais à être reçu en grâce « comme un enfant ! Je pourrais rendre hom- « mage à ceux qui m'ont offensé, comme s'ils « avaient bien mérité de moi ! Ce n'est pas par « ce chemin que je veux rentrer dans ma « patrie... Si je ne rentre pas par un autre « chemin, je ne rentrerai jamais. Eh quoi! le « soleil et les étoiles ne se voient-ils pas de « toute la terre? Ne pourrais-je méditer, sous « toute la zone du ciel, la douce vérité? Non, « et, je l'espère, le pain même ne me manque-

---

1. *Moniteur* du 17 messidor an XI.

« rait pas. » Qu'importe qu'on ne me demande pas, comme à lui, une sorte d'amende honorable? N'est-ce pas la plus réelle et la plus grave d'accepter un *pardon* pour le devoir accompli, la liberté et le droit de la patrie défendus? N'est-ce pas la plus réelle et la plus grave de reconnaître un tel pouvoir, en se résignant à vivre sous son administration et sous sa loi ; à être coudoyé par ses agents les plus hauts comme les plus humbles, à répondre, à l'occasion, à leur appel ; à s'éloigner sur leur ordre? Dieu me garde d'agir ainsi ! »

S'adressant à « Louis Bonaparte », Charras disait : « Vous décrétez une amnistie ; vous pardonnez à ces milliers de citoyens depuis si longtemps jetés par vous sur la terre étrangère, par vous tenus à la chaîne sous le climat meurtrier de l'Afrique, dans les marais empestés de Cayenne. Ils défendaient contre vous la Constitution issue du suffrage libre et universel qui avait reçu votre serment solennel de fidélité et que vous avez trahie.

« C'est pour cela que vous les avez frappés naguère.

« Maintenant vous les amnistiez. Le criminel pardonne à ses victimes. Vous deviez emprunter ce nouveau trait aux Césars de Rome dégénérée.

« Devant l'opinion publique, devant l'histoire, je ne veux pas me prêter à ce perfide changement de rôle. A qui viola la loi, il n'appartient pas de faire grâce à qui la défendit.

« Votre amnistie est un outrage à ceux qu'elle atteint ; elle cache un piège, un guet-apens, comme chacune de vos paroles, comme chacun de vos serments ; cela ne me touche pas.

« Mais le représentant du peuple que vous avez violenté, emprisonné, banni, l'officier que vous avez spolié, moi que vous avez persécuté jusque sur la terre d'exil, je le déclare, je ne vous amnistie pas.

« Je ne vous pardonne pas la mort de quinze mille Français que vous avez massacrés en Décembre, ou qui ont été dévorés par vos prisons et par vos bagnes, par les misères et les chagrins de l'exil.

« Je ne vous pardonne pas l'attentat à la Constitution que vous aviez jurée, la destruction de la République qui vous avait rendu la patrie.

« Enfin je ne vous pardonne pas d'avoir déshonoré le suffrage universel par la fraude et la terreur, d'avoir asservi et systématiquement démoralisé mon pays.

« Certes, loin de la famille, loin de la patrie, la vie a bien des amertumes ; dans la servitude, elle serait plus amère encore.

« Le jour où la liberté, le droit, la justice, ces augustes proscrits, rentreront en France pour vous infliger le plus mérité des châtiments, j'y rentrerai. Ce jour-là est lent à venir, mais il viendra, et je sais attendre. »

Edgar Quinet écrivait : « Je ne suis ni un accusé ni un condamné ; je suis un proscrit. J'ai été arraché de mon pays par la force, pour être resté fidèle à la loi, au mandat que je tenais de mes concitoyens.

« Ceux qui ont besoin d'être amnistiés, ce ne sont pas les défenseurs de la loi, ce sont ceux qui la renversent. On n'amnistie pas le droit et la justice.

« Je ne reconnais à personne le droit de me proscrire, de me rappeler à son gré dans mon pays, sauf à me proscrire encore. Je ne puis me prêter à ce jeu où se perd et s'avilit la nature humaine.

« En rentrant aujourd'hui dans mon pays, je devrais renoncer à le servir, puisque mes mains seraient liées.

« Les exilés, pour entrer dans leur pays, n'ont besoin du consentement de personne ; ils ont pour eux la loi ; ils sont seuls juges du moment où il leur conviendra de retrouver une patrie que nul n'a eu le droit de leur ôter.

« La loi a été proscrite avec eux ; elle doit

être rétabli avec eux. Est-ce leur rendre une patrie que leur accorder, au lieu de la France qu'ils ont connue, une France sans droit, sans dignité possible, sans sécurité, dépouillée, par la violence et par la ruse, de tout ce qu'elles ont pu lui enlever ?

« La conscience d'un homme semble, en ce moment, bien peu de chose, mais peut-être le moment viendra où l'on trouvera bon de se rappeler que des exilés ont emporté et gardé le droit avec eux, et que toute justice n'est pas encore morte sur la terre. »

Clément Thomas répondait : « Jamais ! » à ceux qui lui demandaient « s'il rentrerait en France par une porte ouverte par l'homme du 2 Décembre. »

Dans une déclaration publiée, le 17 août, par les journaux anglais, Louis Blanc s'exprimait ainsi :

« Est-il convenable que la grâce vienne de qui vint l'offense, qu'une absolution soit accordée pour « des crimes » qui n'ont pas été commis, et que ceux-là soient pardonnés qui, victimes de la plus cruelle iniquité, ont été traînés hors de leur pays, arrachés à leurs familles, frappés dans toutes leurs affections et condamnés à tous les maux ? C'est ce que je ne rechercherai pas. Parlant en mon nom, en mon nom seul, et me plaçant à un point de vue purement pratique, je reconnais que, dans sa position, Louis Bonaparte ne pouvait guère faire, en ce moment, pour nous, plus qu'il n'a fait. Mais il n'en est pas moins vrai qu'une faveur dédaigneuse, dangereuse peut-être, n'est pas tout ce qu'ont le droit d'attendre des cœurs qui ont saigné si longtemps. Les *pardons* ne sauraient payer les dettes de la *justice*.

« Mais brisons là. Des considérations d'un ordre plus élevé et d'un intérêt plus général sont ici en jeu.

« Que la liberté soit entièrement et sincèrement rendue à la France : quant à moi, j'applaudirai. On peut oublier ses propres injures, mais celles de son pays !...

« On nous rouvre la France : tant qu'elle ne s'appartient pas, pourquoi en prendrions-nous le chemin ? Pour compléter la victoire de la force sur le droit ? pour achever de mettre le despotisme impérial au-dessus de tout contrôle ? pour éteindre les quelques phares qui, entretenus par des mains françaises, peuvent encore briller dans le lointain aux yeux de notre infortuné pays ? pour vivre esclaves parmi les esclaves ? Mieux vaut rester sur une terre libre, là où être exilé, c'est être un homme.

« On raconte que dans la Révolution de 1789, à la première grande fête du Champ-de-Mars, on remarqua une cinquantaine d'Anglais qui portaient sur la poitrine une médaille avec ces mots : *Ubi libertas, ibi patria*. Sans prétendre ni juger ni blâmer ceux qui ne partageraient pas à cet égard ma façon de voir, je crois pouvoir dire que telle est la devise de quiconque a un sentiment exalté de la dignité de sa nature... »

Louis Blanc et Félix Pyat, entre lesquels une polémique assez vive s'engagea, repoussaient personnellement l'amnistie mais pensaient que les hommes d'action dont l'influence pourrait se mieux exercer de près que de loin, « en rentrant dans la patrie commune, continueraient, suivant l'expression de l'ancien membre du Gouvernement provisoire, la lutte du parti républicain contre l'Empire, tandis que les autres resteraient, comme une revendication vivante, à la frontière ».

Ledru-Rollin qui, seul, n'était pas compris dans cette amnistie, terminait ainsi une lettre adressée au *Daily News*[1] : « Tout républicain qui revient en France sans s'être dégradé est, en dépit de tout, un foyer rayonnant de lumière et un soldat prêt pour le jour prochain. »

La résolution de Victor Hugo s'était, de-

---

1. Voir aux documents complémentaires de ce chapitre.

puis longtemps, produite dans un vers célèbre [1] ; néanmoins l'auteur des *Châtiments* fit une déclaration contre l'amnistie. Voici ses fières paroles : « Personne n'attendra de moi que j'accorde, en ce qui me concerne, un moment d'attention à la chose appelée *amnistie*.

« Dans la situation où est la France, protestation absolue, inflexible, éternelle, voilà pour moi le devoir. Fidèle à l'engagement que j'ai pris vis-à-vis de ma conscience, je partagerai jusqu'au bout l'exil de la liberté. Quand la liberté rentrera, je rentrerai. »

Tous les proscrits, d'ailleurs, qui protestaient le plus énergiquement contre l'amnistie se réservaient la faculté d'en profiter le jour où, en vertu de leur droit de citoyen, ils jugeraient à propos de rentrer en France pour faire leur devoir.

Un deuxième décret annula tous les avertissements donnés aux journaux, qui virent dans cette amnistie un pas fait par le gouvernement hors des voies arbitraires ; ils se hasardèrent à traiter avec une discussion moins timide que par le passé la politique extérieure de l'Empire et à émettre des vœux pour la réforme d'une législation qui sous un amas de liens étouffait la liberté de la presse. Leur erreur fut de courte durée. Le 19 septembre, le *Moniteur* publia une note que le duc de Padoue, ministre de l'intérieur, venait d'adresser aux préfets et dans laquelle il leur enjoignait « de rappeler les feuilles publiques à la stricte observation des lois existantes ». Le ministre ajoutait : « En remettant aux journaux de Paris et des départements les avertissements dont ils avaient été frappés, l'empereur a voulu prouver, une fois de plus, que la modération de sa politique égale la force de son autorité ; mais il n'a pas entendu abroger la loi de 1852, nécessaire à la restauration de l'autorité en France et à la constitution de l'unité du pouvoir sur la base du suffrage universel.

« Le gouvernement de l'empereur ne redoute pas la discussion loyale de ses actes ; il est assez fort pour ne craindre aucune attaque. Sa base est trop large, sa politique trop nationale, son administration trop pure pour que le mensonge et la calomnie lui enlèvent quelque chose de sa puissance morale. Mais si sa force incontestée le protége même contre les abus de la liberté, des considérations indépendantes de toute crainte et tirées seulement de l'intérêt général lui créent l'obligation de ne pas renoncer à des armes légales qui, dans un pays comme la France et sous un régime qui est l'expression la plus complète de la volonté nationale, sont des garanties et non pas des entraves. »

Ce ministre facétieux ne se contentait pas d'affirmer que des lois draconiennes, tyranniquement appliquées, *sont des garanties et non pas des entraves* pour la presse ; lorsque des écrivains indépendants demandaient, aux termes du décret du 17 février 1852, l'autorisation de fonder un journal, il leur faisait répondre : « La fondation d'un journal est une entreprise coûteuse et de nature à entraîner parfois la ruine des familles. C'est dans votre intérêt même que l'administration croit devoir repousser votre demande [1]. » S'il n'était pas intentionnellement railleur, le duc de Padoue est doué, — on en conviendra — d'un esprit paradoxal qui fait des écarts excessifs.

Le 30 septembre, pourtant, un nouveau journal parut, l'*Opinion nationale*, que, grâce à la protection du prince Jérôme, M. Adolphe Guéroult avait obtenu l'autorisation de fonder.

Le 1ᵉʳ novembre, M. Billault remplaça le duc de Padoue au ministère de l'intérieur.

Trois livres furent saisis et poursuivis dans le cours de cette année.

L'impératrice n'avait pas tardé à mettre

---

1. Et s'il n'en restait qu'un, je serais celui-là.

1. M. Ernest Hamel ayant eu, en 1859, l'idée de fonder un journal sous le titre de *Courrier des communes*, reçut une réponse de ce genre.

son autorité de régente au service de la faction ultramontaine. Le 15 mai, quatre jours après le départ de Napoléon III pour l'Italie, S. M. Eugénie dénonça aux ministres réunis en conseil sous sa présidence un livre de M. Edmond About, *la Question romaine*. « J'ai reçu, leur dit-elle, des plaintes fort vives au sujet de ce livre; *je ne le connais pas, mais je crains qu'il ne cause un regrettable scandale.* »

M. Delangle se hâta de répondre « qu'il jugeait nécessaire la saisie et la poursuite de cet ouvrage ». Le ministre d'État et celui de l'intérieur firent observer à leur collègue de la justice qu'aucun article de nos lois pénales n'était applicable à un livre imprimé hors de France.

Devant une dénonciation faite par l'impératrice-régente et basée sur « des plaintes fort vives » du parti clérical, pouvait-on vétiller ainsi? Que les lois autorisent ou non une mesure agréable à la souveraine, ne devait-on pas s'en soucier peu?

Ce raisonnement du ministre de la justice prévalut. Le livre fut saisi et poursuivi. On alla jusqu'au seuil de la sixième chambre; mais il fallut, bon gré mal gré, s'arrêter là.

M. Ernest Hamel avait publié une excellente histoire de Saint-Just. Ce livre où — l'auteur le dit avec raison — « sont glorifiées toutes les vertus sur lesquelles doivent reposer les institutions divines et humaines » fut saisi par la police et mis au pilon.

Le parquet ordonna des poursuites contre un remarquable ouvrage de M. Vacherot, *la Démocratie*. La sixième chambre condamna cet écrivain à un an de prison[1], à une amende considérable et à la privation de ses droits civiques. M. Émile Ollivier, qui alors aspirait à devenir « *le spectre du 2 Décembre* », mit dans la défense de ce livre une telle ardeur que le tribunal l'interdit, pour trois mois, de sa profession d'avocat.

Pendant que les préliminaires de Villafranca se discutaient à Zurich où, le 10 novembre, ils furent convertis en traité, les Romagnes se soulevaient et s'unissaient au gouvernement provisoire des duchés que le Piémont s'annexa. Les deux tiers des États pontificaux passèrent des mains de Pie IX à celles de Victor-Emmanuel, et, le 31 décembre, Napoléon III écrivit au pape que « ce qui lui paraîtrait le plus conforme aux véritables intérêts du Saint-Siège, ce serait de faire le sacrifice des provinces révoltées ».

L'écroulement du pouvoir temporel dont les papes firent un abus si énorme commençait.

---

[1]. Que la cour d'appel réduisit à trois mois.

DOCUMENTS COMPLÉMENTAIRES DU CHAPITRE VI

I

INCURIE — DÉFAUT DE NOTRE ORGANISATION MILITAIRE

Devant la commission des marchés, l'intendant général a dit : « A l'armée d'Italie, où j'étais sous-intendant du quartier général, par suite de l'organisation vicieuse des dépôts, la dernière compagnie du train n'avait pas passé les Alpes au moment où l'armée rentrait. »

L'intendant général Wolf a dit : « L'exemple de la guerre d'Italie a été fatal. Pour cette campagne, *rien n'avait été prévu*, et la concentration des troupes s'est faite avec un décousu déplorable. Le succès de nos armes, rendu possible par des circonstances exceptionnelles et les hésitations des Autrichiens, ne peut justifier notre imprévoyance en 1870. »

Dans son ouvrage, *l'Armée française*, le général Vinoy dit : « Le mode de mobilisation avait un grand défaut qu'on aurait pu soupçonner en 1859. Une grande partie des hommes rappelés alors n'ont rejoint leurs bataillons que le lendemain de la bataille de Solférino, *quand la campagne était finie*, notamment ceux de ma division. »

SERVICE DES AMBULANCES

« A Magenta, chaque médecin des ambulances a eu 75 hommes à soigner, et à Solférino 500, ce qui donne pour Solférino un peu moins de trois minutes pour chaque blessé, *en comptant les journées à vingt heures,* sans repos pour le médecin et en supposant, ce qui est loin d'être vrai, que tous les blessés ont reçu les soins indispensables pendant ces vingt heures. »

(Le Dr Chenu, *la Mortalité dans l'armée*.)

« Sire, les blessés de Solférino, entassés à Castiglione, n'ont pas même été pansés, faute de moyens suffisants. Nous avons de la charpie, mais pas de linge, pas de chemises, pas de sucre, pas de vivres. »

Lettre écrite par M. Levret à l'empereur, le lendemain de la bataille de Solférino.

« A Melegnano, j'ai encore trouvé des blessés morts d'hémorrhagies artérielles, *et dont les lésions très-simples n'auraient certainement pas dû entraîner une terminaison funeste,* si on avait pu parer à temps aux accidents hémorrhagiques.

(Le Dr Richefeu, *chirurgien-major*.)

Une dépêche du 28 mai disait : « Je viens de visiter la citadelle d'Alexandrie ; il y a déjà 150 hommes ; blessures légères ; *il n'y a personne pour les soigner*. Le 8e hussards n'a pas de médecin. Le 82e n'en a qu'un ; — toute l'artillerie n'en possède pas un seul. »

« Je vous informe, avec regret, que plus de 500 blessés ont été nourris par la commisération publique. »

(Le Dr Champouillon, *médecin en chef du 1er corps.*)

II

MAGENTA

Le devoir de l'histoire est de dégager la vérité des nuages dont, trop souvent, la complaisance l'enveloppe. C'est dans ce but que je reproduis l'article suivant, publié en novembre 1877 dans la *Revue politique et littéraire*, sous ce titre :

LA LÉGENDE DE MAGENTA

« Sur la foi de panégyristes officieux, il paraît admis qu'à Magenta le maréchal de Mac-Mahon, commandant du 2e corps, a sauvé l'armée et remporté la victoire en marchant au canon. Par cette expression consacrée, on entend que le général de Mac-Mahon a de lui-même conçu et exécuté un mouvement décisif et capital de son choix, non commandé par l'état-major général ; que tout a été gagné par sa prompte initiative, par son coup d'œil militaire, par ses manœuvres aussi habiles que hardies. Ainsi il apparaît au premier plan, au centre du tableau, comme le Desaix de Magenta. — L'étude impartiale, sérieuse, des documents officiels et des cartes du Dépôt de la guerre montre que c'est là une légende et réduit à des proportions sensiblement différentes le rôle exact du commandant du 2ᵉ corps. — Le premier fait, à savoir que le général de Mac-Mahon, en marchant sur Magenta, a obéi, non point à une inspiration personnelle, mais à des ordres précis et répétés, résulte de témoignages incontestables.

« Retraçons en quelques mots les lignes générales du champ de bataille. — L'objectif de l'armée franco-sarde, concentrée autour de Novare, était de franchir le Tessin dans la direction de Milan. On ignorait quelles étaient au juste les forces et les positions de l'armée autrichienne ; d'une manière sommaire, on savait que Giulay s'était établi entre le Tessin et Milan, le long d'un canal parallèle à la rivière, le Naviglio-Grande, de manière à tenir la grande route et à prendre en flanc nos forces débouchant par le pont du Tessin et par ceux du Naviglio-Grande dans la plaine de Magenta. — De Novare, nous disposions de deux routes pour franchir le Tessin : la plus directe, celle de San-Martino, donnait dans le gros des troupes ennemies, échelonnées le long du Naviglio-Grande, en avant de Magenta, aux abords des trois ponts de Buffalora, de Ponte-Nuovo et de Ponte-Vecchio. La seconde route remonte au nord, traverse le Tessin à Turbigo et redescend par Robeccheto sur Magenta. Le 2ᵉ corps Mac-Mahon s'était emparé de Turbigo et de Robeccheto ; dès lors, des deux routes, la plus commode pour commencer l'attaque et aborder Giulay était celle du nord, puisque par là nous avions déjà tourné le double obstacle du Tessin et du Naviglio-Grande. C'est donc par Robeccheto que se prononcera le premier effort contre Magenta ; il doit permettre et faciliter une seconde attaque : celle de front, à San-Martino, contre les positions du Naviglio-Grande. En conséquence, l'armée est divisée en deux groupes. Le premier se compose du corps Mac-Mahon, auquel est adjointe, pour la circonstance, la division Camou des voltigeurs de la garde, et, en seconde ligne, les quatre divisions de Victor-Emmanuel ; il doit suivre la route de Robeccheto-Magenta. Le second groupe comprend la division des grenadiers de la garde ; le 3ᵉ corps, maréchal Canrobert ; le 4ᵉ, général Niel ; et le 1ᵉʳ, maréchal Baraguey-d'Hilliers ; il doit s'avancer par la route de San-Martino.

« Tel est, en effet, le dispositif que nous trouvons formulé par l'ordre général, distribué aux chefs de corps à la veille de la bataille. Il est ainsi conçu : « Le corps d'armée du général de Mac-Mahon, renforcé de la division des voltigeurs de la garde et suivi de toute l'armée du roi de Sardaigne, *se portera de Turbigo sur Buffalora et Magenta*, tandis que la division des grenadiers de la garde s'emparera de la tête du pont de San-Martino et que le corps d'armée du maréchal Canrobert s'avancera pour passer le Tessin au même point… » Cette pièce officielle indique expressément, prescrit d'avance la marche de Mac-Mahon sur Magenta. Le lendemain, le matin même de la bataille, — lisons-nous dans l'ouvrage de M. de Bazancourt, l'admirateur officieux du général de Mac-Mahon (*Campagne d'Italie*, tome Iᵉʳ, page 241), — l'empereur envoya alors un de ses officiers d'ordonnance, le commandant A. Schmitz, porter au commandant du 2ᵉ corps une lettre renouvelant de la manière la plus précise les instructions de la veille, c'est-à-dire lui prescrivant derechef de marcher sur Magenta. Le commandant Schmitz rencontra le général de Mac-Mahon près de Malvoglio, à 1 h. 1|4 de Buffalora, à 2 lieues de Magenta. Ce dernier répondit à l'officier d'ordonnance de l'empereur : « Vous ferez savoir à Sa Majesté que je marche sur deux colonnes ; celle de droite, à la tête de laquelle je suis, est composée de la division La Motterouge et de la divison Camou ; elle se dirige sur Buffalora, *qu'elle aura atteint à deux heures et demie au plus*

M. Jules Favre.

tard. La colonne de gauche, qui se compose de la division Espinasse, marche sur Magenta; j'apprécie *qu'elle y sera vers trois heures et demie;* car elle a un long chemin à faire. Je n'ai pas encore connaissance de la position de l'ennemi; je ne puis donc vous donner aucune indication sur ce que je ferai, mais que l'empereur soit tranquille sur les dispositions que je prendrai. » Cette déclaration est-on ne peu plus explicite. Ainsi les ordres transmis à deux reprises au général, aussi bien que le témoignage du général lui-même, établissent de la manière la plus claire qu'en se dirigeant sur Magenta il n'a point marché au canon, mais qu'il exécutait tout simplement des instructions antérieures. Donc le chef du 2ᵉ corps n'a pas eu à manifester cette intuition de l'homme de guerre qui découvre, qui devine la position maîtresse du champ de bataille.

« Voilà un premier point acquis. Il reste à rechercher comment le général de Mac-Mahon a exécuté les ordres qu'il avait reçus, comment il s'est trouvé au rendez-vous que lui-même avait assigné à Napoléon III par l'intermédiaire du commandant Schmitz.

« On remarque toute l'importance des indications très-catégoriques que nous venons de rapporter : elles devaient servir de règle à Napoléon III pour s'engager à San-Martino. Ou la réponse au commandant Schmitz était fort imprudente, ou il fallait la justifier par une exactitude rigoureuse, par une marche irréprochable. Si le chef du 2ᵉ corps, connaissant par les renseignements du grand quartier général et par ses éclaireurs la proximité des Autrichiens à Buffalora et à Magenta, avait tenu toutes ses forces en main, de manière à agir avec ensemble et précision, sans doute il aurait pu accomplir sa tâche dans les délais convenus. Mais on constate que, tout au contraire, ses dispositions furent très-décousues. Le matin, à neuf heures, il met en mouvement ses troupes au hasard, comme s'il eût opéré au milieu des montagnes de la Kabylie. La division Lamotterouge atteignait Buffalora que la division Espinasse était encore à une lieue et demie de Magenta. Faute non moins considérable, cette dernière division se trouvait séparée de l'aile droite par une espace vide de 4 kilomètres ; il y avait danger que Clam-Gallas se jetât avec tout son corps dans l'intervalle et n'écrasât Espinasse. Et quand le général de Mac-Mahon s'aperçut-il qu'il n'était pas en état d'aborder l'ennemi, qu'il lui fallait faire halte et resserrer sa ligne de bataille ? A une heure de l'après-midi, alors que déjà la division Lamotterouge avait commencé l'attaque de Buffalora, alors que son canon venait de donner à l'empereur le signal de l'action.

« A San-Martino, ce dernier n'avait que la division des grenadiers de la garde ; le corps Canrobert était arrêté sur la route de Novare par l'encombrement. Un combat avait commencé le matin, mais l'empereur l'avait arrêté presque aussitôt ; il eût été trop imprudent de s'engager avec une seule division. Mais, lorsqu'il entendit la canonnade du 2ᵉ corps, il se dit que Mac-Mahon avait exécuté le mouvement convenu, qu'en ce moment il prenait Buffalora, que dans une heure il serait à Magenta, qu'il fallait donc l'appuyer immédiatement et jeter toutes les forces disponibles sur Ponte-Nuovo et Ponte-Vecchio, pour tendre la main à son lieutenant. Tous les documents, tous les témoignages sont d'accord sur ce fait, que c'est bien l'affaire imprudente de Buffalora qui a décidé l'empereur à porter la garde en avant. Notons ce passage de la *Campagne de Napoléon III en Italie* (relation officielle, p. 169) : « Le général commandant la garde impériale « avait reçu de l'empereur l'ordre de ne pas « engager d'affaire sérieuse avant que le mou- « vement principal, opéré par le général de « Mac-Mahon, ne fût bien prononcé... A ce « moment, deux heures, l'empereur entendit « le bruit de la fusillade engagée par la pre- « mière brigade de la division Lamotterouge « à Buffalora ; il pensa que le général de Mac- « Mahon était sérieusement engagé et que le « moment était venu d'opérer une vigoureuse « diversion ; il donna l'ordre d'enlever Ponte « di Magenta, etc. » L'historiographe Bazancourt rapporte également que la canonnade du commandant Baudouin, de la division Lamotterouge, détermina Napoléon III à attaquer l'ennemi (*Campagne d'Italie*, t. I, page 252). On lit encore dans l'ouvrage de Lecomte (tome I, page 151) : « C'est ce feu « qui donna le signal de l'attaque des grena- « diers de la garde, stationnés au pont de San- « Martino. » Le rapport officiel de la bataille de Magenta (*Moniteur universel* du 16 juin 1859) porte la même indication. Le fait est donc incontestable. La controverse ne peut porter que sur l'heure exacte de l'attaque. Les documents officiels disent deux heures ; sans doute on a voulu atténuer la faute du commandant du 2ᵉ corps ; mais tous les officiers qui ont assisté au commencement de la bataille de Magenta se rappellent certainement que c'est à une heure que le canon de Mac-Mahon a été entendu, et qu'à la même heure l'empereur a donné l'ordre à la garde de se porter à son aide.

« Il en résulte que si la garde a été exposée à une lutte inégale, si elle a manqué d'être écrasée, la responsabilité en revient principalement au commandant du 2ᵉ corps. Son attaque prématurée contre Buffalora avait eu déjà pour grave conséquence d'engager la division Mellinet. Sa retraite inopinée, sa brusque disparition du champ de bataille, eut l'effet encore plus grave de laisser aux prises cette seule division avec l'armée autrichienne tout entière.

« Sans doute, en retardant l'exécution de ses ordres, le général de Mac-Mahon cédait à une impérieuse nécessité : mais remarquons que cette nécessité provient tout entière de ses mesures défectueuses au début. « Le « 2ᵉ corps, dit Lecomte (tome Iᵉʳ, page 170), « aurait-il dû s'avancer en deux colonnes indé- « pendantes et à plus d'une lieue l'une de l'au- « tre?... Le général français fut, certes, heureux « d'avoir eu devant lui, en ce moment, un ad- « versaire de peu d'initiative. » A Buffalora même, c'était une grave imprudence de jeter un simple régiment contre les deux brigades autrichiennes Baltin et Koudelka. On ne saurait blâmer Mac-Mahon d'avoir enfin compris le danger de ses mauvaises dispositions en face de forces supérieures : une fois la faute commise, il a eu raison de la réparer en abandonnant Buffalora et en concentrant ses trois divisions trop dispersées. Au témoignage de plusieurs officiers, c'est l'état-major du 2ᵉ corps qui a signalé le péril au général et qui lui conseilla le nouvel ordre adopté. Dans ce cas, le général a eu le mérite de ne pas s'obstiner et de suivre un sage conseil.

« Les troupes du général Lamotterouge, après avoir évacué Buffalora, se forment en arrière par bataillons en masse, et les hommes au repos, l'arme au pied, écoutent fiévreusement la canonnade et la fusillade qui éclatent sur le Naviglio-Grande. Le capitaine d'Espeuilles est expédié bride abattue pour avertir Espinasse d'appuyer vers la division Lamotterouge; Espinasse répond qu'il compte, dans une heure au plus tard, se relier à l'aile droite. Cependant la division Camou arrive de Robeccheto et se joint en seconde ligne à la division Lamotterouge. Mais une heure se passe et il manque toujours la division Espinasse. Chacun attend avec anxiété. Mac-Mahon compte les minutes qui s'écoulent; les détonations qui redoublent à San-Martino l'agitent d'une poignante émotion; il pressent que la garde est accablée; il voit la journée compromise, perdue par sa faute : il n'y tient plus. Suivi de quelques officiers et de son peloton d'escorte, il se jette à travers champs au-devant d'Espinasse. La petite troupe traverse un groupe de tirailleurs ennemis cachés dans les blés : elle n'échappe à ce premier danger que pour tomber sur un détachement de uhlans. Au rapport de Bazancourt, les officiers d'état-major et le peloton d'escorte chargèrent les uhlans; mais le général lui-même, sans s'arrêter, sans même détourner la tête, paraissant ne rien voir, franchissait l'obstacle. Ne sommes-nous pas en pleine légende ? Enfin Mac-Mahon rejoint Espinasse et lui renouvelle de vive voix les recommandations qu'il eût été aussi simple et plus prudent d'envoyer par un aide camp. En effet, que serait-il arrivé si les divisions Lamotterouge et Camou avaient été attaquées par les masses autrichiennes durant cette absence d'une heure du général en chef?

« Un peu après quatre heures, la brigade de Castagny, de la division Espinasse, prend le contact de la division Lamotterouge et bouche la trouée par laquelle les Autrichiens auraient pu rompre notre ligne de bataille. Alors Mac-Mahon, rassuré, ordonne de nouveau d'attaquer Buffalora; le village est déjà occupé par la garde, qui a reçu du renfort. Mais à gauche la division Espinasse est attaquée par Clam-Gallas; il lui faut soutenir deux rudes combats pour se dégager et s'ouvrir un chemin sur Magenta. Bref, c'est seulement à *six heures et demie* que le 2ᵉ corps arrive au rendez-vous de Magenta. Or, rappelons-nous la réponse adressée le matin au commandant Schmitz : la division Espinasse devait être à Magenta vers trois heures et demie. Ce qui paraît invraisemblable, c'est que Mac-Mahon n'ait pas tout au moins averti l'empereur de ce retard. Quand il exécuta son mouvement de recul à Buffalora, il ne se trouvait qu'à un quart de lieue du quartier impérial : quoi de plus facile que de faire traverser le Naviglio-Grande par quelques hommes de bonne volonté qui seraient allés apprendre au général en chef les motifs de la retraite momentanée du 2e corps ? Peut-être cet avis eût permis de retarder également l'attaque de la garde contre Ponte-Nuovo et Ponte-Vecchio. Pendant toute cette journée, Mac-Mahon ne communiqua point avec l'empereur, bien que ce dernier, à partir de deux heures et demie, lui eût dépêché coup sur coup le commandant Schmitz et le colonel de Toulongeon.

« Ainsi, sur le fait essentiel de la bataille, la réalité dément encore complétement la légende. Celle-ci raconte que le commandant du 2e corps a sauvé la garde compromise. Il est vrai que la garde a été compromise, mais c'est par Mac-Mahon ; les preuves sont à cet égard surabondantes. Il est encore vrai que la garde a été sauvée, mais c'est par d'autres que par Mac-Mahon ; ici encore les faits ne sont pas moins évidents.

« A partir d'une heure de l'après-midi, les deux brigades Cler et Wimpffen, de la division des grenadiers, ont soutenu tout l'effort de la lutte : la première à Ponte-Nuovo, et la seconde à Ponte-Vecchio. Elles ne se maintiennent que par des miracles de vaillance ; jamais le courage français n'a été plus brillant. Et même il est permis de supposer que, sans cette diversion, le 2e corps risquait de recevoir à lui tout seul le choc de l'ennemi. Nous savons qu'à ce moment il se trouvait divisé en deux fractions trop éloignées pour se soutenir l'une l'autre ; dans ce cas, si, entre une heure et quatre heures, l'attention de Giulay n'avait pas été détournée à San-Martino, Mac-Mahon aurait-il échappé à la conséquence désastreuse de ses mauvaises dispositions tactiques? Toutes les probabilités sont pour la négative. Donc, au moment le plus critique, on constate que ce n'est point le corps qui a délivré la garde, mais la garde qui, d'une manière presque certaine, a sauvé Mac-Mahon d'un désastre imminent. Les rôles se trouvent renversés.

« La lutte sur le Naviglio-Grande était si inégale que l'on s'étonne, que l'on admire comment notre simple division a pu résister aux attaques successives des brigades Szabo et Burdina et de la division Reischach. Enfin, au bout de deux heures de résistance, un renfort apparaît : est-ce le corps de Mac-Mahon ? Non, c'est la brigade Picard, du 3e corps Canrobert. Bazancourt prétend que le général Picard lui a affirmé être arrivé à deux heures vers Ponte-Nuovo ; cette prétention se trouve contredite par les rédacteurs officiels de la *Campagne d'Italie* (page 176). Ceux-ci mentionnent trois heures et demie. A ce moment, Giulay lance le corps Schwarzemberg ; la division de la garde et la brigade Picard menacent d'être écrasées. Un nouveau renfort arrive à quatre heures trois quarts : est-ce Mac-Mahon ? Non, c'est la division Vinoy, du 4e corps Niel. Alors nous reprenons l'offensive sur toute la ligne du Naviglio-Grande, à Ponte-Vecchio, à Ponte-Nuovo, à Buffalora. C'est seulement quand l'heure critique est passée, quand les affaires commencent à se rétablir, que l'on entend dans le lointain gronder de nouveau le canon de Mac-Mahon. Ainsi, lorsque vers cinq heures la division Lamotterouge attaque de nouveau Buffalora, elle trouve déjà le village occupé par nos troupes. De même, après six heures et demie, en même temps que Mac-Mahon, libre enfin de ses mouvements, accomplit le programme convenu en enlevant vaillamment Magenta, notre autre aile, sur le Naviglio-Grande, renforcée encore par la brigade Jannin et par la brigade Bataille du 3ᵉ corps, concourt avec non moins de vigueur au succès final en s'emparant de Ponte-Vecchio. En résumé, c'est surtout à la garde impériale et à la brigade Picard que l'on doit la victoire. Le 2ᵉ corps ne fit qu'achever la déroute de l'ennemi. Voici ce que dit à cet égard M. de Moltke (*Campagne d'Italie*, page 102) : « Lorsque enfin, vers le soir, Mac-« Mahon entreprit la vraie attaque de Magenta « avec 19,000 hommes et une réserve de 14,000 « il ne trouva à combattre que les débris de « l'armée autrichienne, et il n'y eut pas de « doute sur le résultat de cette rencontre. »

« D'une manière générale, ce qui frappe dans la bataille de Magenta, c'est qu'elle a été, qu'on nous permette l'expression, conduite à la diable. La faute principale est de n'avoir pas su amener au feu l'ensemble de nos forces. Notons que toutes les troupes étaient à moins de cinq lieues de Turbigo et de Magenta (*Campagne de Napoléon III en Italie, Atlas des marches*, planche 36). Cependant on voit que le 3ᵉ et surtout le 4ᵉ corps sont arrivés bien tard au canon. Quant au 2ᵉ corps, ce simple récit suffit pour se convaincre combien, en ce qui le concerne, cette expression légendaire est tout à fait impropre. Sans doute nous avons gagné la bataille; mais on reconnaîtra la justesse de ce jugement de Lecomte : « Que six divisions fran-« çaises aient triomphé de huit divisions autri-« chiennes plus nombreuses et placées en par-« tie dans de bonnes positions, c'est un fait « très-honorable et tout à l'éloge du soldat « français; mais on avouera qu'il est moins fa-« vorable aux généraux qui ont mis l'armée « dans la nécessité de livrer une bataille déci-« sive avec la moindre partie de ses ressour-« ces. » (Tome Iᵉʳ, page 167.) Le général de Mac-Mahon, pour sa part, échappe moins que tout autre à cette critique.

« La légende le désigne comme le vainqueur inspiré de Magenta; l'histoire dit qu'il n'a fait qu'exécuter une consigne qu'il n'a pas su exécuter correctement, que ses fautes ont compromis de la façon la plus grave le sort de la bataille; que d'autres ont supporté le principal effort de la journée, et que si, en fin de compte, il a contribué à la victoire, il n'en a pas, tant s'en faut, le mérite exclusif.

« La légende lui attribue libéralement en cette circonstance les qualités d'un homme de guerre vraiment supérieur; l'histoire le montre brave jusqu'à l'imprudence, mais négligent, imprévoyant, peu apte à diriger son corps d'armée. Ajoutons cependant qu'on le voit, à Magenta comme à Sébastopol, disposé à écouter les bons avis, à suivre les indications des officiers intelligents placés à ses côtés. Contrairement à la fameuse maxime : « J'y suis, j'y reste! » il ne s'est point obstiné, le 4 juin, dans la voie périlleuse qu'il avait eu le tort de prendre au début; il s'est efforcé de corriger ses erreurs dès qu'on les lui a signalées. Et cette docilité lui a valu de jouer un rôle honorable à la fin de la bataille.

« Mais alors, dira-t-on, pourquoi Napoléon III a-t-il nommé le commandant du 2ᵉ corps maréchal et duc de Magenta? Pourquoi?... En effet, la chose ne s'explique point d'elle-même. Cependant on peut répondre que l'empereur, porté à l'indulgence par ses propres faiblesses et par la joie d'une victoire si longtemps douteuse, se laissa aller aisément au plaisir de créer des maréchaux et des ducs, à l'exemple de son oncle. Il avait déjà fait un duc de Malakoff; *à fortiori* devait-il faire un duc de Magenta, puisqu'en somme nous avions gagné la bataille, puisque luimême, commandant en chef, ne pouvait se décerner une dignité triomphale, puisque le corps de Mac-Mahon avait achevé la victoire en s'emparant de Magenta. Ce ne fut que plus tard que l'on discerna les lacunes du rôle rempli par Mac-Mahon : mais, dans l'ivresse des premiers jours, l'empereur ne se rendit pas bien compte des fausses manœuvres et des mouvements manqués. Plus tard, après la campagne, quand il put juger plus froidement les hommes et les choses, il disait aux officiers de l'armée d'Italie : « Vous n'a-« vez regardé que les côtés brillants de la « guerre que nous venons de terminer ; moi, « j'en ai remarqué les faiblesses et je vous si-« gnalerai bien des réformes à accomplir. » (*Moniteur universel*, 15 août 1859.) On sait que cet éclair de perspicacité n'eut pas de conséquences pratiques. Mais, plus tard encore, Reichshoffen et Sedan ne devaient-ils pas révéler, cette fois de la manière la plus cruelle, le danger des exagérations complaisantes et des légendes factices, en fait de batailles et de généraux ? »

(D.)

III

L'AMNISTIE

MANIFESTE DE LEDRU-ROLLIN

« Quand j'ai reçu la nouvelle de l'amnistie, ma pensée a aussitôt embrassé les climats meurtriers de la Guyane et de l'Afrique, qui ne garderont déjà que trop de tombes, et je me suis écrié : « Enfin ! » Et je me suis réjoui sincèrement. Ensuite je me suis dit que, pour un grand parti, il y a quelque chose de moins stérile que l'indignation mentale et le dédain : ce sont les actes.

« Pourquoi donc renoncer à ces actes, à cette activité, quand ils sont possibles? Bannis sans droit, rappelés sans droit, par la seule force, chacun de nous, dans mon opinion, a à se faire cette question : « Est-il probable « que j'agirai plus utilement, que je servirai « mieux notre cause si, au lieu de protester, « je m'empresse de mettre à profit un fait « existant, ou si, du moins, je me réserve « la faculté d'en profiter, à mon jour et à « mon heure, suivant l'occasion ? »

« Telle était, à mon avis, la conduite la plus pratique, par conséquent la plus politique à tenir; c'est pourquoi mon avis a toujours été contraire à toute protestation, chaque fois que, des diverses régions de la proscription, mes amis m'ont fait l'honneur de me le demander.

« En cela, pour ce qui me regarde, il me semble que j'ai suivi une heureuse inspiration. Il se trouve que toute espèce de protestation de ma part aurait été non-seulement inopportune, mais encore ridicule, puisque les portes de la France, rouvertes pour tous, devaient rester fermées pour moi, le gouvernement déclarant que je ne suis pas compris dans l'amnistie.

« Non pas, cependant, que je sois nominativement exclu; c'eût été un appel à la sympathie publique. Je suis exclu sans bruit, jésuitiquement, à l'aide d'une de ces distractions inattendues que Tartufe aurait enviées. On refuse simplement de me considérer comme un condamné politique. Je ne suis qu'un meurtrier ordinaire. O hypocrites ! si le piége est, au premier abord, trop grossier pour tromper personne, il révèle du moins un caractère odieux ; de plus, il éclaire cette persécution par contumace, soulevée contre moi il y a quelque deux ans, et dont le sens véritable a paru alors inexplicable à bien des gens. « Pourquoi, se demandait-on, le con-« damner deux fois à la même peine? »

« En fait, on ne cherchait pas à me condamner d'une façon plus grave, mais on voulait me condamner sous un chef différent, afin, d'abord, de me dépouiller, si c'était possible, de mon droit de refuge, et, à tout hasard, de m'exclure, sans même mentionner mon nom, d'une amnistie générale, tôt ou tard inévitable.

« Je ne veux pas revenir sur cette énormité légale ; le sentiment public l'a condamnée. A quoi servirait-il, d'ailleurs, de rappeler, pour la plus grande confusion des cours judiciaires de France, qu'un homme que je n'avais jamais vu, un homme dont j'ignorais même le nom, un homme qui n'était pas même capable d'articuler mon nom à moi, ayant déclaré qu'il croyait m'avoir vu dans un certain endroit, d'où j'étais parti sans même avoir prononcé un seul mot, — cela a été jugé suffisant pour me frapper comme un de ses complices? Il est vrai que, pour ce service, il n'a pas tardé à obtenir son pardon.

« Je le répète, il serait inutile d'insister plus longtemps sur ce grotesque et misérable mensonge, auquel personne n'a cru, pas même le cabinet anglais de cette époque. Certes, il semblait tout disposé à me livrer. Nous étions, à ce moment, dans les plus beaux jours des concessions et de l'alliance. Néanmoins les ministres ont, depuis, reconnu publiquement, par l'organe de lord Clarendon, que les allégations portées contre moi étaient d'une nature si futile que l'extradition ne pouvait qu'être refusée péremptoirement.

« Tels sont les faits fondamentaux de la cause.

« Quant à son caractère, au point de vue juridique, j'ai été mis en accusation pour complot ayant pour objet un attentat contre le chef d'un État.

« Or, en vertu de la loi française, un complot indique nécessairement un délit politique.

« Un attentat implique également, de toute nécessité, un crime politique, les deux mots ayant été spécialement introduits dans le langage de la jurisprudence pour mieux désigner un crime d'un caractère exceptionnel et public.

« C'est même par le fait de la fiction politique la plus forcée, la plus outrageusement impudente qui se puisse imaginer, que ce crime (un attentat) a été élevé, dans l'échelle des pénalités, aux proportions d'un parricide. L'homme du 2 Décembre, un père de ses sujets! Ah! certes, ce n'est pas la nature, c'est la politique seule qui est capable de se livrer à d'aussi monstrueuses assimilations!

« J'ajoute que la déportation, la peine même qui m'a été infligée, est une pénalité exclusivement politique.

« Donc l'accusation et la pénalité caractérisant clairement l'offense, un pareil crime, en supposant qu'il eût jamais existé, n'était jamais et ne pouvait être qu'un crime politique.

« Je défie tous les jurisconsultes français de dénier l'exactitude de cette conclusion, sans même en excepter ceux qui ont, à force de bassesses, déshonoré ce titre respectable, — les Dupin, les Baroche, les Troplong.

« Maintenant, la fraude étant dévoilée, que reste-t-il en réalité? Deux ennemis politiques face à face, dont l'un juge utile de frapper l'autre d'ostracisme.

« C'est bel et bon. Mais cette haine, si grossièrement envenimée contre un homme, ne s'égare-t-elle pas quelque peu et ne manque-t-elle pas d'habileté?

« Lui qui se proclame assis d'une manière inébranlable sur son trône, qui a l'audace de bâtir en granit et en porphyre le mausolée de sa dynastie; lui qui surtout prétend faire trembler l'Europe devant lui, joue-t-il un jeu bien habile, en paraissant trembler au seul prononcé de mon nom? L'opinion publique décidera.

« Quant à moi, si ce n'était l'impuissance à laquelle je suis réduit pour servir la cause de la liberté, je n'ai pas l'occasion de me plaindre de ce nouveau coup. J'ai servi à M. Bonaparte la même politique qu'il m'applique, avec cette différence, cependant, que j'ai agi ouvertement, franchement, sans organiser la fausseté en système et sans mettre en œuvre les plus perfides machinations.

« Ministre de l'intérieur, j'ai ordonné que M. Bonaparte fût appréhendé au corps, comme hors la loi;

« Membre du gouvernement provisoire, j'ai voté contre le rappel des lois qui bannissaient sa famille;

« Membre de la commission exécutive, j'ai

été chargé de défendre, devant l'Assemblée, le maintien de ces lois ;

« Et j'ai rempli cette tâche avec ardeur, parce que je sentais qu'il était nécessaire de protéger les masses contre leurs impressions erronées ; parce que je prévoyais que le peuple, à peine émancipé, ne tarderait pas, sous le charme décevant de la tradition, à être plongé de nouveau dans la servitude du premier Empire. L'histoire dira si j'avais tort.

« Il est une chose, en tout cas, que j'ai le droit d'affirmer, parce qu'elle est attestée par l'évidence manifeste : si M. Louis Bonaparte avait été tenu loin de la France, — si tout espoir de retour lui avait été retiré pour jamais, — il n'aurait pas eu le loisir ni les moyens de préparer, de concert avec le parti réactionnaire, ces sanglantes et néfastes journées de juin 1848, qui ont été le tombeau de la République.

« Si cette force a constamment agi pour le mal et la tyrannie, d'une façon lente, patiente et incessante, pourquoi alors nous, qui n'avons en vue que le bien public et le triomphe de la liberté, nous priverions-nous de nos moyens d'agir ?

« N'oublions pas que tout républicain, qui revient en France sans s'être dégradé, est, en dépit de tout, un foyer rayonnant de lumière et un soldat prêt pour le jour prochain.

« LEDRU-ROLLIN.

« Londres, 14 septembre 1859. »

IV

LETTRE DE NAPOLÉON III A PIE IX

« Très-Saint Père,

« La lettre que Votre Sainteté a bien voulu m'écrire le 2 décembre m'a vivement touché, et je répondrai avec une entière franchise à l'appel fait à ma loyauté.

« Une de mes plus vives préoccupations, pendant comme après la guerre, a été la situation des États de l'Église, et certes, parmi les raisons puissantes qui m'ont engagé à faire si promptement la paix, il faut compter la crainte de voir la révolution prendre tous les jours de plus grandes proportions. Les faits ont une logique inexorable, et, malgré la présence de mes troupes à Rome, je ne pouvais échapper à une certaine solidarité avec les effets du mouvement national provoqué en Italie par la lutte contre l'Autriche.

« La paix une fois conclue, je m'empressai d'écrire à Votre Sainteté pour vous soumettre les idées les plus propres, selon moi, à amener la pacification des Romagnes, et je crois encore que si, dès cette époque, Votre Sainteté eût consenti à une séparation administrative de ces provinces et à la nomination d'un gouverneur laïque, elles seraient rentrées sous son autorité. Malheureusement cela n'a pas eu lieu, et je me suis trouvé impuissant à arrêter l'établissement du nouveau régime. Mes efforts n'ont abouti qu'à empêcher l'insurrection de s'étendre, et la démission de Garibaldi a préservé les marches d'Ancône d'une invasion certaine.

« Aujourd'hui le congrès va se réunir. Les puissances ne sauraient méconnaître les droits incontestables du Saint-Siége sur les légations ; néanmoins il est probable qu'elles seront d'avis de ne pas recourir à la violence pour les soumettre. Car si cette soumission était obtenue à l'aide de forces étrangères, il faudrait encore occuper les légations militairement pendant longtemps. Cette occupation entretiendrait les haines et les rancunes d'une grande portion du peuple italien, comme la jalousie des grandes puissances. Ce serait donc perpétuer un état d'irritation, de malaise et de crainte.

« Que reste-t-il donc à faire ? Car enfin, cette incertitude ne peut pas durer toujours. Après un examen sérieux des difficultés et

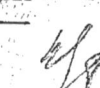

M. Émile Ollivier.

des dangers que présentaient les diverses combinaisons, je le dis avec un regret sincère, et quelque pénible que soit la solution, ce qui me paraîtrait le plus conforme aux intérêts du Saint-Siége, ce serait de faire le sacrifice des provinces révoltées. Si le Saint-Père, pour le repos de l'Europe, renonçait à ces provinces qui, depuis cinquante ans, suscitent tant d'embarras à son gouvernement, et qu'en échange il demandât aux puissances de lui garantir la possession du reste, je ne doute pas du retour immédiat de l'ordre. Alors le Saint-Père assurerait à l'Italie reconnaissante la paix pendant de longues années, et au Saint-Siége la possession paisible des États de l'Église.

« Votre Sainteté, j'aime à le croire, ne se méprendra pas sur les sentiments qui m'animent; elle comprendra la difficulté de ma situation et interprètera avec bien-

41.

veillance la franchise de mon langage, en se souvenant de tout ce que j'ai fait pour la religion catholique et pour son auguste chef.

« J'ai exprimé sans réserve toute ma pensée, et je l'ai cru indispensable avant le congrès; mais je prie Votre Sainteté, quelle que soit sa décision, de croire qu'elle ne changera en rien la ligne de conduite que j'ai toujours tenue à son égard.

« En remerciant Votre Sainteté de la bénédiction apostolique qu'elle a envoyée à l'impératrice, au prince impérial et à moi, je lui renouvelle l'assurance de ma profonde vénération.

« De Votre Sainteté, votre dévot fils,

« Napoléon.

« Palais des Tuileries, 31 décembre 1859. »

CHAPITRE VII

1860-61

Agitation du parti clérical; encyclique. — Les sociétés de bienfaisance. — Circulaires des ministres de l'instruction publique et de l'intérieur pour réprimer les violences des évêques. — Une allusion de M. de Morny au déchaînement des passions ultramontaines. — Un orage soulevé par les cardinaux-sénateurs; discours de M. Dupin. — Réunion du comté de Nice et de la Savoie à la France. — Les traités de commerce. — Le général Lamoricière commandant en chef de l'armée du pape. — Garibaldi en Sicile; l'armée italienne dans les États pontificaux; bataille de Castelfidardo; Lamoricière se rend à l'amiral Persano. — Victor-Emmanuel à Naples; Garibaldi à Caprera. — Expédition de Chine et ses causes; le comte de Pa-li-kao; pillage et incendie du Palais d'été. — Expédition de Cochinchine. — Expédition de Syrie. — Suppression de l'*Univers*. — Le roman-feuilleton. — Mort du prince Jérôme. — Restitution du droit d'adresse. — Les ministres sans portefeuille. — Remaniements ministériels. — Mort du roi de Prusse. — Session législative. — Arrestation de M. Jules Mirès. — Le prince Napoléon et le duc d'Aumale. — Le royaume d'Italie reconnu par les puissances; protestation et allocution du pape; déchaînement des colères saintes. — Expulsion de M. Ganesco. — Un chanoine qui détourne des filles mineures. — Une cérémonie napoléonienne dans l'église des Invalides. — Répression des abus du clergé; les fougues d'un évêque. — La Société de Saint-Vincent-de-Paul. — Encore un détournement de mineure. — L'amnistie cachait un guet-apens. — Inauguration du boulevard Malesherbes. — Un sénatus-consulte et un décret. — Une destitution et un avertissement. — Mgr Pie et le zouave Gicquel.

Le parti clérical, au sein duquel les mandements des évêques soufflaient le feu, s'irritait de ce que l'empereur demandât au pape l'abdication de sa souveraineté temporelle, et menaçait d'une rupture éclatante le gouvernement impérial. Le 1er janvier 1860, Pie IX, répondant au général de Goyon qui commandait la division française protectrice de Sa Sainteté, qualifiait ainsi une brochure — *le Pape et le Congrès* — inspirée à M. de La Guéronnière par Napoléon III : « C'est un monument insigne d'hypocrisie et un tissu ignoble de contradictions. » La Société de Saint-Vincent de Paul comptait dans nos départements neuf cents succursales; ayant reçu du comité directeur de Paris une impulsion séditieuse et prenant dans les sacristies leur mot d'ordre, ces associations « abandonnèrent leur terrain charitable pour s'immiscer dans les querelles des partis politiques ». Le gouvernement avertit ces sociétés religieuses que « leur illégalité pourrait lui être signalée et qu'il pourrait être mis en mesure de faire respecter la loi ». La presse cléricale, par sa violence, attirait sur elle une pluie d'avertissements, tandis que les journaux anticléricaux signalaient le danger de ces sociétés dont l'organisation puissante et savante constituait « un second État dans l'État ». Le 19 janvier, le pape publia une encyclique dans laquelle il se posait en martyr et se déclarait « prêt à perdre même la vie avant que d'abandonner la cause de Dieu, de l'Église et de la justice », c'est-à-dire le pouvoir temporel si contraire à la doctrine du Christ. Cette encyclique redoubla l'audace du haut et du bas clergé à un tel point que « tous les fonctionnaires furent prévenus d'avoir à se tenir sur leurs gardes contre les conspirations cléricales ».

M. Rouland, ministre de l'instruction publique, insista fort auprès des évêques pour qu'ils « n'agitassent pas les esprits par des mandements de nature à troubler, inquiéter les consciences et à agiter les âmes ».

De son côté, le ministre de l'intérieur recommanda aux préfets « d'interdire toute politique dans la chaire transformée en véritable tribune par les évêques et par les prêtres ». Après avoir rappelé à ces fonctionnaires qu'une disposition de nos codes inflige une peine correctionnelle à ces écarts, M. Billault ajoutait : « Si le gouvernement ne croit pas opportun d'en prescrire, dès aujourd'hui, la stricte application, il n'hésiterait pas à y recourir dans le cas où des faits plus graves viendraient à se produire. L'empereur veut pour la religion paix et liberté ; il entend que le plus profond respect, que la plus bienveillante protection lui soient assurés, à elle et à ses ministres ; que les fidèles aient pleine sécurité sur le maintien et la liberté de leur foi ; mais il veut, en outre, que son autorité, qui est la clef de la voûte sous laquelle s'abritent les intérêts religieux comme les autres, soit aussi, elle, respectée ; que ceux qui doivent le plus souhaiter la paix publique ne travaillent pas à la troubler, et que, personne en France ne pouvant être au-dessus ou en dehors des lois du pays, elles soient par tous fidèlement observées. »

Dans le discours d'ouverture de la session du Corps législatif, M. de Morny, faisant allusion au déchaînement des passions ultramontaines, s'exprima ainsi :

« Les membres du clergé, qu'un zèle excessif a entraînés, ont oublié les services rendus à la religion par l'empereur, et peut-être aussi les leçons du passé. Lorsque le peuple n'a devant lui que le pasteur humble et charitable qui lui traduit la morale sublime de l'Évangile, cette douce civilisation du cœur, prêchant l'amour du prochain, le pardon des injures, le détachement des biens terrestres, alors sa foi se fortifie. Mais lorsque le prêtre sort de son caractère, emprunte des armes mondaines et empiète sur les intérêts civils et politiques, soudain la susceptibilité gallicane s'éveille et l'esprit religieux perd tout ce que reprend l'esprit d'indépendance civile et politique, qui fait le fond de l'opinion du pays. »

Ces paroles adressées au parti clérical par l'homme qui, « à la suite du coup d'État, lui donna tant de gages, » inspirèrent à un historien [1] des réflexions sensées : « L'Empire, dit-il, était puni par où il avait péché ; il payait cher son alliance impure avec l'Église, et il expiait le crime de lui avoir sacrifié la liberté du pays. »

Au sujet de quelques pétitions dans lesquelles deux évêques et des catholiques fanatisés d'ultramontanisme réclamaient l'intervention du Sénat en faveur du pouvoir temporel du pape, il y eut, au Luxembourg, le 29 mars, un orage soulevé par les cardinaux-sénateurs. Répondant à Leurs Éminences, M. Dupin fit à grands traits l'histoire de la papauté, puis il s'écria : « Que veulent donc les pétitionnaires dans l'intérêt temporel du Saint-Siège ? Maintenir l'intégralité de ses domaines ? Mais il y a une portion qui est démembrée de fait. Il faut donc la reconquérir. Il faut donc que la France, qui est allée faire la guerre pour délivrer l'Italie, qui a combattu les Autrichiens, verse encore ce sang dont l'Église spirituelle a horreur, et cela pour le pouvoir temporel, pour le domaine du pape plus ou moins étendu ? Pour cela, il faut que la France, libératrice de l'Italie, fasse une seconde guerre pour remettre sous le joug ceux qui s'en sont affranchis. Offrez cette guerre à nos généraux, et dites-leur, malgré leur cœur plein d'obéissance, d'employer leur épée à défaire ce qui a été fait en Italie ! »

L'ordre du jour pur et simple fut adopté à la majorité de 114 voix contre 16.

Le traité de cession de la Savoie et de Nice à la France avait été signé le 24 mars. Le 1er avril, deux bataillons du 2e de ligne firent leur entrée dans cette ville qui allait redevenir française. M. Piétri, sénateur, s'y était

---

[1]. Ernest Hamel.

déjà rendu pour procéder à la formalité du vote. Un autre sénateur, M. Laity, avait reçu la même mission pour la Savoie.

Dans le comté de Nice, il y eut 26,000 votants. 160 seulement se prononcèrent contre l'annexion de leur pays à la France. En Savoie, le nombre des votants s'éleva à 132,000 ; celui des opposants ne fut que de 233.

Deux mois plus tard[1], un sénatus-consulte *réunissait* à l'Empire français « trois nouveaux départements : Alpes-Maritimes[2], Savoie et Haute-Savoie.

M. Thouvenel qui, le 5 janvier, avait remplacé M. Waleski au ministère des affaires étrangères, fit accepter le résultat du plébiscite par les puissances signataires des traités de 1815.

Le 2 mai, après une discussion qui avait duré cinq jours, le Corps législatif sanctionna le traité de commerce que l'empereur avait conclu, le 23 janvier, avec l'Angleterre. La prohibition était vaincue par le libre-échange ; la liberté commerciale était proclamée. Partisan de toutes les libertés, j'eusse applaudi au triomphe de celle-ci sans réserve si, avant de la proclamer, on eût préparé les producteurs français à soutenir, avec des armes égales, la concurrence de la production anglaise. Notre rivale était depuis longtemps prête à lutter, et nous avions, nous, à pourvoir notre industrie et notre commerce « des éléments matériels et moraux qui équilibrassent les chances ». Suivant une juste comparaison, « la France était brusquement jetée, avec un vieux fusil à pierre, dans l'arène où l'Angleterre l'attendait avec des armes perfectionnées ».

Depuis le 19 mars, tout le parti clérical était en liesse ; le général Lamoricière, abigoti, avait, ce jour-là, quitté son château de Bretagne pour aller à Rome où il arriva le 1er avril prendre le commandement en chef de l'armée pontificale ; le 7, dans une proclamation très-pieuse, il disait à ses soldats : « La cause du pape est celle de la civilisation et *de la liberté dans le monde ;* Dieu soutiendra votre courage à la hauteur de cette cause dont il vous confie la défense. » Pendant que Lamoricière organisait l'armée dont la presse légitimiste et cléricale célébrait déjà les victoires prochaines et dont les chefs portaient une cocarde blanche, Garibaldi faisait voile vers la Sicile ; le 7 mai, du port de Talamone situé sur la côte toscane, il adressa aux sujets du pape une proclamation qui les appelait sous le drapeau de Victor-Emmanuel. Le lendemain les garibaldiens, malgré la chasse que leur donnaient deux frégates napolitaines, débarquèrent à Marsala. Le 13, ils se dirigèrent, en recrutant de nombreux volontaires, vers Palerme où ils entrèrent le 27, après avoir battu les troupes napolitaines. Dans la nuit du 8 au 9 août, Garibaldi opéra son débarquement dans les Calabres ; c'est-là que de Flotte, l'ex-représentant du peuple, mourut en combattant. Le 7 septembre, Garibaldi était maître de Naples que François II avait abandonnée le 20 août.

Cependant Victor-Emmanuel avait chargé M. Farini et le général Cialdini de se rendre auprès de Napoléon III qui se trouvait à Chambéry et de lui exposer l'impossibilité où il était de contenir les Italiens plus longtemps. L'empereur répondit aux envoyés du roi : « Faites, mais faites vite. » Aussitôt l'armée italienne se concentra dans les environs d'Arezzo et la garde nationale fut mobilisée. A Forli, où Cialdini transféra son quartier général, un corps d'armée de 30,000 hommes se forma. Le 12 septembre, la frontière pontificale était franchie par les troupes piémontaises qui, suivant une note de M. de Cavour au cardinal Antonelli, « allaient donner aux populations

---

[1]. Le 13 juin.
[2]. Comprenant le comté de Nice et l'arrondissement de Grasse distrait du département du Var.

la liberté d'exprimer leurs vœux et délivrer les provinces italiennes de bandes d'aventuriers étrangers ».

Le 18, le général Lamoricière, à la tête de ces bandes composées de cléricaux français, belges, suisses et allemands, marcha, vers dix heures du matin, à la rencontre des Piémontais qui se replièrent sur la colline de Castelfidardo. Les Italiens incorporés malgré eux dans l'armée pontificale se débandèrent, et cette armée, après avoir intrépidement combattu, fut mise en pleine déroute. Lamoricière se retira dans Ancône dont le bombardement commença le 19 et qui, le 22, fut déclarée en état de blocus. Le 29, l'ancien ministre de la guerre du général Cavaignac termina tristement sa carrière militaire en se rendant à l'amiral Persano.

Les troupes garibaldiennes assiégeaient Capoue qui résistait énergiquement; le 1ᵉʳ octobre, elles livrèrent à celles de François II une bataille acharnée, mais infructueuse. 4,000 Piémontais renforcèrent les garibaldiens, et Capoue fit sa capitulation le 1ᵉʳ novembre. Le 7, Victor-Emmanuel, ayant Garibaldi à son côté, entra dans Naples. Le héros de l'indépendance italienne désirait que la lieutenance générale du royaume des Deux-Siciles qu'il venait de conquérir lui fût donnée, pendant un an, afin qu'il pût affermir cette conquête. Cédant aux conseils de son entourage, Victor-Emmanuel s'y refusa ; méconnaissant le caractère désintéressé de Garibaldi, il offrit au conquérant des Deux-Siciles de brillantes dotations pour ses fils, un château royal et le grade de général d'armée. Le patriote méconnu dédaigna ces richesses et ces honneurs ; il se retira, n'ayant que cinquante francs dans sa bourse, à Caprera. Dans cette île, il attendra le moment où, pour compléter l'œuvre de leur indépendance, les Italiens auront encore besoin du prestige de son nom et des audaces de son patriotisme.

« L'*Empire qui est la paix* » ne cessait d'être la guerre. En 1839, l'empereur de la Chine, voulant mettre un terme aux ravages que l'opium exerçait « dans toute l'étendue de l'empire sur les classes populaires », s'opposa au trafic que les Anglais faisaient de cette substance vénéneuse malgré la prohibition qui la frappait. Vingt mille caisses de ce poison furent jetées à la mer ; l'Angleterre s'en vengea en déclarant la guerre à la Chine ; après trois campagnes désastreuses pour les Chinois, elle leur imposa le traité de Nan-King, qui ouvrait six ports au commerce britannique, et, un an plus tard, à tout le commerce européen. En 1856, sous un prétexte des plus futiles, la Grande-Bretagne qui rêvait d'établir sa domination absolue sur le Céleste-Empire bombarda Canton et détruisit les jonques chinoises ; les Chinois, à leur tour, incendièrent les factoreries anglaises. A la suite de ces représailles, les Anglais brûlèrent des villages et commirent de telles atrocités que lord Derby les flétrit dans une séance de la Chambre des lords. L'avidité mercantile des Anglais fit taire la voix de l'humanité. Un corps expéditionnaire fut envoyé en Chine.

Quelque temps auparavant, un missionnaire français avait été arrêté, condamné par les mandarins, et exécuté « comme émissaire des rebelles ». Napoléon III, pour venger la mort de ce prêtre, s'allia aux Anglais, et, le 6 juillet 1857, l'amiral Rigault de Genouilly, qui commandait la station navale Indo-Chine, arriva sur les côtes du Céleste-Empire avec sa division composée de deux frégates, de quatre corvettes, d'un aviso et de quatre canonnières. A la fin de décembre, les alliés bombardèrent et prirent Canton.

Le 20 mai 1858, les forts situés à l'embouchure du Péi-ho furent enlevés, et, le 26 juin, un traité signé à Tien-tsin ouvrait six nouveaux ports au commerce, autorisait les missionnaires à parcourir l'intérieur du Céleste-Empire et donnait droit à tout individu en Chine d'embrasser et de pratiquer le christianisme librement.

Mais, en 1859, les Chinois avaient rétabli tous les ouvrages de défense détruits par les Anglo-Français, et intercepté, au moyen d'estacades, le passage du Péi-ho ; c'était fermer aux ministres de France et d'Angleterre le chemin de Tien-tsin d'où ils devaient se rendre à Pé-king pour y porter la ratification du traité. Le 25 juin, l'amiral anglais força l'entrée du fleuve ; grièvement blessé, il dut rétrograder après avoir perdu, sous le feu des Chinois, plus de 400 hommes, un bâtiment et quatre canonnières. Le cinquième de notre effectif avait été mis hors de combat. Une nouvelle campagne fut résolue. 10,000 hommes sont mis sous les ordres du général Cousin-Montauban qui, le 12 mars 1860, arrivait à Shang-haï. Le 19 avril, le vice-amiral Charner prenait le commandement des forces navales françaises, et le général Montauban le titre de commandant en chef de l'expédition de Chine. Les forces anglaises s'élevaient à 12,263 hommes.

Le 23 août, les forts de Péi-ho étaient pris ou rendus ; le lendemain, les alliés entraient dans la ville de Tien-tsin ; le 21 septembre, en marchant sur Pé-king, ils rencontrèrent une armée tartare sur le pont de Pa-li-kao et lui livrèrent bataille. Moins de trois heures suffirent pour la mettre en fuite.

Cette victoire, dont on fit si grand bruit et qui valut au général Montauban le titre de comte de Pa-li-kao, ne fut pas difficile à gagner.

Chose à peine croyable et qui, pourtant, est absolument vraie, les Chinois perdirent TROIS MILLE HOMMES ; les Français n'eurent que *trois soldats tués et dix-sept blessés*, et les Anglais comptèrent, dans leurs rangs, *deux tués et vingt-neuf blessés*. C'est que les Chinois avaient des armes primitives et s'en servaient mal ; les boulets de leurs canons dépassaient la cime des arbres ; « ils n'ont pas étudié la guerre et ne savent pas combattre [1] ».

Le 6 octobre, les alliés étaient à 2 kilomètres de Pé-king ; le lendemain ils mettaient au pillage le Palais d'été « où les splendeurs les plus merveilleuses frappèrent leurs regards éblouis. Les pierreries les plus précieuses étaient entassées et étincelaient de tous côtés. Chaque pas révélait des richesses nouvelles dont la magnificence est indescriptible [2]. »

Les cupidités et les convoitises s'allumant à la vue de ces richesses étouffèrent les sentiments de l'honneur et ceux du devoir : « La tentation était trop forte, elle avait gagné les officiers et les soldats de garde [3]. » On fit main basse sur les trésors accumulés d'une des plus anciennes civilisations du monde. Des commissaires appartenant en nombre égal à chacune des deux armées procédèrent « au choix et au partage des objets dignes d'être offerts à LL. MM. l'empereur des Français et la reine de la Grande-Bretagne dont les palais allaient se parer des dépouilles d'un souverain auquel ils prétendaient apporter les richesses de la civilisation [4] ». Le 18 octobre, les Anglais commirent un méfait de vandalisme que la plus sauvage barbarie pouvait seule concevoir ; ils mirent le feu au Palais d'été « dont les constructions nombreuses se succédaient sur *une étendue de quatre lieues*, succession de pagodes renfermant toutes des dieux d'or, d'argent et de bronze d'une dimension gigantesque [5] ».

Afin que rien ne restât de ces magnificences au milieu desquelles se trouvaient des monceaux d'écrits précieux, les soldats anglais avaient reçu l'ordre d'incendier le palais

---

1. De Bazancourt, *Campagne de Chine*, t. II.
2. *Idem.*
3. Paul Varin, *Expédition de Chine*.
4. Taxile Delord, t. III.
5. Rapport du général Montauban.

de tous les côtés. Bientôt, de tous ces chefs-d'œuvre de l'architecture chinoise, de ces merveilles de l'industrie orientale, des produits littéraires de générations sans nombre, il ne resta que des ruines fouillées par des pillards et des cendres emportées par le vent. La paix fut signée le 25 octobre. « Le pillage et l'incendie des palais de Pé-king ont laissé une haine ineffaçable en Chine contre les Barbares de l'Ouest [1]. » Plus tard cette haine éclata à Tien-tsin où nos nationaux furent massacrés.

Au même temps que Napoléon III guerroyait en Chine avec les Anglais pour venger la mort d'un prêtre français, l'exécution, en Cochinchine, d'une moine andalou de l'ordre de Saint-Dominique lui faisait prendre la résolution d'aller défendre avec les Espagnols, dans cette partie de l'extrême Orient, « la cause du christianisme ». Dès que le traité de Tien-tsin fut signé, l'amiral Rigault de Genouilly se dirigea vers la baie de Tourane où il entra, le 30 août 1858, avec sa petite armée franco-espagnole. Le 17 février 1859, il s'empara de Saïgon. Quand s'ouvrit la campagne d'Italie, il entama des négociations avec le gouvernement annamite; elles se rompirent. Les Cochinchinois repoussaient les clauses relatives à liberté religieuse. « Ce sont, disaient les mandarins, des conspirations perpétuelles pour le renversement de la dynastie, cachées sous le voile de la religion, et nous ne comprenons pas pourquoi on voudrait obliger les autorités cochinchinoises à protéger une propagande religieuse étrangère au pays [2]. »

Qu'eussent dit les évêques et les prêtres, et qu'eût fait Napoléon III si des lamas et des bonzes fussent venus en France pour y prêcher que le catholicisme est un mensonge, et pour y souffler, dans l'intérêt de leur culte religieux, la rébellion contre le gouvernement impérial? Quant à l'Espagne, nous savons combien elle est tolérante en matière religieuse. Sous le règne d'Isabelle II à laquelle le Saint-Père offrit, de même qu'à l'impératrice Eugénie, la fameuse rose d'or destinée aux souveraines pudiques et pieuses, il suffisait de lire en famille une bible protestante pour être jeté au bagne prestement.

Le 15 septembre, la longue ligne des défenses cochinchinoises fut attaquée. Les Annamites, après avoir soutenu un combat très-vif, se réfugièrent dans les bois. « Nos soldats harassés de fatigue ne pouvaient les poursuivre. Plusieurs tombaient foudroyés par la chaleur pour ne plus se relever. Le lendemain les ambulances étaient pleines de fiévreux [1]. » Ainsi s'était terminée la première campagne de Cochinchine.

Une garnison franco-espagnole qu'amoindrissaient chaque jour les maladies engendrées par un climat meurtrier était restée dans Saïgon. Pour en finir avec l'extrême Orient, anticipons sur quelques faits. Le 21 avril 1861, une deuxième expédition se fit dans le royaume d'Annam, sous le commandement du vice-amiral Charner que remplaça le contre-amiral Bonnard. La paix fut conclue à Saïgon, le 5 juin 1862. Voici les principales clauses du traité : ouverture, dans le Tonkin, de trois ports à notre commerce; — abandon des provinces de Saïgon, de Bien-Hoa et de Mytho à la France; — promesse que les missionnaires espagnols ou français et les chrétiens habitant l'empire d'Annam seront traités et respectés à l'égal des autres sujets de l'empereur.

Encore une guerre! Les concessions faites aux chrétiens par le sultan, à l'instigation de Napoléon III, avaient irrité les populations musulmanes placées sous l'autorité de

---

1. *Le Dernier des Napoléon.*
2. Entrevue du commandant Jauréguiberry avec les mandarins.

1. De Bazancourt, *Expéditions de Chine et de Cochinchine.*

Bataille de Palestro.

la Turquie. Depuis cinq ans, le fanatisme religieux attisait cette irritation. Le 27 mai 1860, les Druses se ruèrent sur les chrétiens habitant, comme eux, la Syrie et le Liban. Ce fut un horrible massacre de prêtres, de religieuses, d'hommes, de femmes et d'enfants. Notre drapeau avait tellement perdu son prestige en Orient qu'il servait, a dit un historien, « non à protéger nos nationaux, mais à les désigner aux coups des assassins ». Les soldats turcs assistaient, impassibles, aux scènes de meurtre, de pillage et d'incendie qui se prolongèrent jusqu'au 17 juin. Depuis quelque temps, les évêques, appuyés par l'impératrice, essayaient de persuader à Napoléon III qu'il serait glorieux pour lui « de constituer un royaume chrétien s'étendant du Liban à Jérusalem et de la Méditerranée au Jourdain. — Chose aussi facile, disait un cardinal, que l'avait été la formation d'un royaume de Grèce [1] ».

Le 7 août, l'empereur envoya en Syrie un corps d'armée sous le commandement du général d'Hautpoul, et, dans une proclamation emphatique, il recommandait aux soldats « de se montrer les dignes enfants de ces héros qui ont porté glorieusement dans ce pays *la bannière du Christ* ».

Les troupes expéditionnaires débarquèrent, le 16, à Beyrouth. Déjà étaient arrivés trois mille Turcs sous les ordres de Fuad-Pacha qui fit emprisonner sept cents meurtriers appartenant aux classes les plus humbles de la société ; on laissait libres les coupables de haut rang vainement signalés aux Turcs par le consul de France. Le général d'Hautpoul s'étant montré résolu à poursuivre dans les montagnes du Liban les chefs druses qui avaient donné le signal et l'exemple des tueries, Fuad-Pacha fit fusiller deux gouverneurs et trois officiers supérieurs. Huit hommes du peuple furent exécutés aussi. Il y eut encore vingt condamnations capitales qu'on commua, et un certain nombre d'autres à la détention ou à l'exil. La Porte, réclamant le droit de résoudre seule la question de l'indemnité, fit une offre que Napoléon III repoussa ; l'Angleterre combattit les prétentions qu'il élevait et réclama la concentration du corps d'occupation française sur le littoral. M. Thouvenel, ministre des affaires étrangères, s'y opposant, une conférence décida, le 15 février 1861, que l'occupation française prendrait fin le 5 juin suivant. « La Syrie que Napoléon III voulait rendre presque indépendante sous un gouvernement chrétien retomba sous le joug musulman plus vassale et plus terrorisée que jamais [2]. » L'avortement de l'expédition française ne pouvait être plus complet.

Le 29 septembre, un décret déclara d'utilité publique la construction d'une nouvelle salle d'Opéra sur l'emplacement où elle s'est élevée à si grands frais.

Pendant l'année 1860, M. Billault, ministre de l'intérieur, frappa d'avertissements dix-neuf journaux, en suspendit deux et en supprima quatre du nombre desquels était l'*Univers*. M. Louis Veuillot approuvait-il toujours la législation impériale, « calquée — ce sont là ses expressions — sur celle de l'Église à laquelle l'avertissement et la suppression étaient empruntés » ? Dans son journal, il avait expliqué sa théorie aux libéraux en ces termes insolents : « Quand je suis le plus faible, je vous demande la liberté parce que tel est votre principe ; quand je suis le plus fort, je vous l'ôte parce que tel est le mien. » Eh bien ! son principe *lui fut appliqué.*

Le décret qui supprimait l'*Univers* avait été rendu à la suite d'un rapport dans lequel M. Billault disait à l'empereur : « Sire, le journal l'*Univers* s'est fait dans la presse périodique l'organe d'un parti religieux dont les prétentions sont chaque jour en opposition plus directe avec les droits de l'État ; ses efforts incessants tendent à dominer le clergé français, à troubler les consciences, à agiter le pays, à saper les bases fondamentales sur lesquelles sont établis les rapports de l'Église et de la société civile.

« La presse religieuse a méconnu la mission de modération et de paix qu'elle devait remplir. Le journal l'*Univers* surtout, insensible aux avertissements qui lui ont été donnés, atteint chaque jour les dernières limites de la violence ; c'est à lui que sont dues ces polémiques ardentes où des attaques regrettables ne manquent jamais de répondre à ses provocations, et dont les scandales sont un sujet de profonde tristesse pour le clergé comme pour tous les bons citoyens... »

Mettant leur littérature au niveau des mœurs et spéculant sur les attraits qu'ont

---

1. Discours du cardinal Donnet, Sénat, 14 mai 1860.
2. *Le Dernier des Napoléon.*

pour trop de gens les curiosités défendues, certains journaux publiaient en feuilleton des romans licencieux. Le vice, paré d'un style fleuri, s'introduisait ainsi dans les familles qu'il infectait de mauvais goût et de désirs malsains. Cette contagion devint si dangereuse que le gouvernement, d'où venait tout le mal, finit par s'en émouvoir. M. Billault, signala, dans une circulaire, à tous les préfets « ce roman-feuilleton où l'on insulte à la fois à la décence et au bon goût ».

Le ministre ajoutait : « Cette littérature facile, ne cherchant le succès que dans le cynisme de ses tableaux, l'immoralité de ses intrigues, les étranges perversités de ses héros, a pris de nos jours un triste et dangereux développement. Envahissant presque toutes les publications périodiques, profitant de cette périodicité même pour tenir en suspens et pour aiguillonner sans relâche l'ardente curiosité du public, c'est à profusion qu'elle ne cesse de répandre les inépuisables fantaisies de l'imagination la plus déréglée. Les journaux sérieux se sont laissés aller à lui donner asile ; elle pénètre avec eux jusque dans l'intimité du foyer domestique, et, une fois admise ainsi dans la famille, ni la jeunesse ni l'innocence n'y sont à l'abri de la contagion... L'intelligence du peuple a droit à des éléments meilleurs, et il ne faut pas plus corrompre les cœurs que pervertir les esprits. Pour les journaux qui ont le sentiment de leur dignité, de leurs obligations envers l'honnêteté publique, l'avis que vous leur donnerez suffira, j'en suis certain. Quant à ceux, s'il en est, qui par l'amour d'un gain plus facile, ou par l'impuissance de s'élever plus haut, persisteraient dans de telles publications, usez envers eux de toutes les sévérités administratives ; et s'il le faut, vous rappelant qu'il est des lois pénales protectrices de la morale publique, livrez-les, en vertu de ces lois, à la justice des tribunaux. »

Le prince Jérôme, ex-roi de Westphalie, était passé de vie à trépas au milieu de l'indifférence publique.

Le 24 novembre, un décret impérial octroya au Corps législatif et au Sénat le droit de discuter et de voter, tous les ans, une adresse au discours de l'empereur. En outre, les journaux recevront les comptes rendus succincts des séances, et le *Moniteur* du lendemain reproduira in-extenso les débats sténographiés.

Un deuxième décret instituait des ministres sans portefeuille, chargés de défendre devant les deux Chambres la politique et les projets de loi du gouvernement. MM. Baroche, président du Conseil d'État, Billault, que M. Persigny remplaça au ministère de l'intérieur, — et Magne qui eut pour successeur, aux finances, M. Forcade de La Roquette, reçurent le titre de ministres sans portefeuille. Le ministère d'Algérie fut supprimé; M. Chasseloup-Laubat, qui en était devenu le titulaire, prit, à la marine, la place de l'amiral Hamelin nommé grand chancelier de la Légion d'honneur; un nouveau ministère fut créé sous le nom de ministère de la maison de l'empereur et donné au maréchal Vaillant.

Le 20 janvier 1861, les sénateurs, auxquels avait été soumis le décret du 24 novembre dont le libéralisme les effrayait, *ne s'y opposèrent* pourtant pas, M. Troplong les ayant rassurés en leur affirmant que « la France ne reviendrait *jamais* aux institutions parlementaires dont elle n'avait que trop connu la faiblesse et les dangers. »

Frédéric-Guillaume IV, roi de Prusse, était mort le 27 ; son frère lui succéda et prit le titre de Guillaume Ier. Le jour de son couronnement, il dit aux chefs de son armée qu'il tenait des mains de Dieu sa couronne et qu'il comptait sur eux pour la défendre. Il proclama aussi *son droit divin* dans sa réponse aux discours que les présidents des deux Chambres et les représentants des États provinciaux lui adressèrent.

L'ouverture de la session législative eut lieu le 4 février. Le 27, un projet d'adresse à l'empereur fut soumis au Corps législatif. Prenant la défense du pouvoir temporel, M. Plichon, dans ses emportements, injuria Victor-Emmanuel. M. Keller renchérit sur son collègue. Les orateurs ultramontains se laissèrent entraîner si loin par leur dévouement à la papauté et par leur haine contre l'Italie que des voix s'écrièrent : « On ne se croirait pas dans une Chambre française. — De pareils discours seraient applaudis en Autriche. » Les cléricaux n'hésitent jamais à sacrifier les intérêts de la patrie à ceux du pape.

M. Jules Favre développa un amendement des *Cinq* réclamant l'abrogation de la loi de sûreté générale et des autres lois d'exception, la suppression du régime arbitraire auquel la presse était soumise, la restitution des franchises municipales, et la pratique libre et sincère du suffrage universel. M. Émile Ollivier parla aussi ; son discours fit pressentir sa défection que déjà il préparait ; depuis longtemps on se méfiait de lui.

Dans un deuxième amendement, les *Cinq* dénoncèrent « les entreprises immodérées, dépourvues de frein et de contrôle ». M. Ernest Picard dépeignit, avec des traits vifs, la situation de Paris où l'expropriation était en permanence, où M. Haussmann, qui avait déjà emprunté 298 millions et qui tenait dans ses mains l'administration d'une ville immense et le maniement de fonds considérables, démolissait et bâtissait à son gré, vendait et revendait les terrains de l'Opéra, agrandissait le bois de Vincennes et rétrécissait le boulevard de la Madeleine, exerçait « une mystérieuse dictature qui dépèce les quartiers quand elle ne les supprime pas, sans produire l'état des immeubles et des créances, tandis que les aliénations et les adjudications se font contrairement à la loi ». Le pays entendait enfin des voix indépendantes qui osaient combattre la tyrannie sous laquelle il vivait.

Le 17 février, on arrêta et on conduisit à Mazas le banquier Jules Mirès qui, dans les journaux le *Pays* et le *Constitutionnel*, dont il s'était rendu acquéreur, défendait la politique du gouvernement ; en même temps il tripotait dans un grand nombre d'affaires suspectes ; on disait que de hauts personnages de l'administration impériale et des membres de la famille Bonaparte s'y étaient compromis et recevaient des pots-de-vin comme rémunération de leur concours ; on ajoutait que la justice n'irait pas au fond des choses. Le garde des sceaux déclara que, « dans cette triste affaire, la justice agirait résolûment et sans considération personnelle ». Un sénateur, M. Siméon, était le président de *la Caisse des chemins de fer*, l'une des opérations les plus obscures du financier arrêté. Dans une séance du Sénat, M. Dupin aîné somma les hommes publics de refuser leur solidarité aux hommes d'affaires, et montra « le patrimoine des familles s'engloutissant dans le gouffre de l'agiotage ». En sa qualité d'orateur du gouvernement, M. Billault apprit au Sénat qu' « une enquête allait être ouverte sur l'affaire Mirès, et que personne n'échapperait à la responsabilité de ses actes ». Au sujet de ce procès, j'aurai à signaler des faits sans précédents dans les annales judiciaires.

Au Sénat, le 1ᵉʳ mars, le prince Napoléon prononça, en faveur de l'unification de l'Italie, un discours qui fut affiché dans toutes les communes de France. L'orateur fit, contre la famille des Bourbons, une sortie violente : « Il y a, dit-il, quelques paroles dont je tiens à remercier M. le sénateur Heeckeren, ce sont celles par lesquelles il a justement flétri ces membres des familles royales, qui, voulant se faire une situation anormale, injuste, immorale, trahissent leur drapeau, leur cause et leur prince pour se faire une fallacieuse popularité personnelle. Il a eu parfaitement raison et j'approuve ses paroles. Je ne suis pas étonné que cette observation soit venue à son esprit en parlant de la famille des Bourbons, car cette famille, *partout et toujours, dans tous les pays où elle a régné*, nous a donné ce scandaleux exemple de luttes et de trahisons intérieures. En France, rappelez-vous Philippe-Égalité ; en Espagne, les affaires de Bayonne et Ferdinand VII invoquant le secours de l'étranger contre son père Charles IV, et, en dernier lieu, le comte de Montemolin luttant contre la reine d'Espagne. »

Dans ses emportements oratoires, ce prince qui, avant le coup d'État, siégeait, à l'Assemblée législative, sur l'un des bancs les plus élevés de la Montagne, proféra des paroles odieuses; on les connaîtra bientôt.

Le 1ᵉʳ avril, une *Lettre sur l'histoire de France adressée au prince Napoléon* parut. Le duc d'Aumale en était l'auteur. Quand la police arriva chez l'éditeur pour la saisir, il n'en restait plus un seul exemplaire. Dans cette brochure, le duc d'Aumale répondit, avec une raillerie mordante, au prince Napoléon [1]. Après avoir, par droit de représailles, rappelé tous les bienfaits dont sa famille avait comblé celle des Bonaparte, il relevait, en ces termes piquants, la phrase menaçante que le cousin de l'empereur avait prononcée : « *Que des légitimistes*, avez-vous dit, *ou des républicains exaltés venant d'Angleterre* (vous oubliez les orléanistes, mais je vous fais grâce de l'omission que je tiens pour purement accidentelle), *essayent donc de faire, avec mille ou quinze cents hommes, une descente sur nos côtes, nous les ferons bel et bien fusiller!* — Or, sous le gouvernement de Juillet, il y a eu une incursion à Strasbourg et une descente à Boulogne, et il n'y a eu personne de fusillé. Grave faute, sans doute! Eh bien! ces d'Orléans sont incorrigibles, et ce serait à recommencer que je crois vraiment qu'ils seraient aussi cléments que par le passé. Mais pour les Bonaparte, quand il s'agit de faire fusiller, leur parole est bonne. Et tenez, prince, de toutes les promesses que vous et les vôtres avez faites ou pouvez faire, celle-ci est la seule sur l'exécution de laquelle je compterais. »

M. Dumineray, éditeur de cette brochure, et M. Beau, qui l'avait imprimée, furent condamnés, le premier à une année de prison et à cinq mille francs d'amende, — le second à six mois d'emprisonnement et à cinq mille francs d'amende.

Le bruit courut que le prince Napoléon refusa de se rendre sur le terrain où le duc d'Aumale l'appelait pour vider la querelle les armes à la main. A la suite de cette affaire, M. Persigny enjoignit aux préfets de saisir administrativement « tous les livres, brochures ou journaux publiés par des personnes bannies ou exilées du territoire ». Un commissaire de police pénétra dans la maison du duc Victor de Broglie, qui écrivait un ouvrage intitulé : *Vues sur le gouvernement de la France*, et il s'empara du manuscrit.

Le premier Parlement italien s'était réuni le 18 février. L'Angleterre, les États-Unis, la Belgique et la Hollande reconnurent successivement le royaume d'Italie ; Napoléon III se décida, en juin, à le reconnaître aussi, mais en protestant « contre toute solidarité avec des entreprises de nature à troubler la paix de l'Europe ». M. de Cavour était mort quelques jours auparavant ; ses dernières paroles furent celles-ci : « *L'Église libre dans l'État libre.* » La présidence du conseil des ministres fut donnée par Victor-Emmanuel à M. Ricasoli.

Aux réserves que Napoléon III avait faites en reconnaissant le royaume d'Italie, le gouvernement pontifical répondit en l'accusant, dans une protestation, « d'être venu à Rome pour livrer le trône de saint Pierre à ses ennemis ». D'ailleurs, pendant toute l'année

---

1. Voir aux documents complémentaires de ce chapitre.

1861, le parti clérical fit des siennes. Vers les derniers jours de 1860, le pape avait adressé aux fidèles une allocution; il disait : « La perfidie, la trahison règnent partout; il nous est difficile de savoir si nous sommes protégés par des amis *ou si nous sommes mis en prison par des ennemis*, PETRUS EST IN VINCULIS. — PIERRE EST DANS LES LIENS. — » Les évêques lancèrent aussitôt des mandements dont la violence dépassait toute mesure. Mgr Pie, évêque de Poitiers, compara Napoléon III à Pilate : « Lave tes mains, ô Pilate ! s'écriait-il; la postérité repousse ta justification; un homme figure cloué au pilori du symbole catholique, marqué du stigmate déicide; ce n'est ni Hérode, ni Caïphe, ni Judas : c'est Ponce-Pilate, et cela est justice; Hérode, Caïphe, Judas ont eu leur part dans le crime, mais enfin rien n'eût abouti sans Pilate; Pilate pouvait sauver le Christ, et sans Pilate on ne pouvait pas mettre le Christ à mort. Le signal ne pouvait venir que de lui : *Nobis non licet interficere*, disaient les Juifs. »

Le ministre de l'intérieur déclara que « dans ce document épiscopal se révélait, avec une audace inouïe, la pensée d'un parti qui, sous le voile de la religion, n'a d'autre but que de s'attaquer à l'élu du peuple français ». Et on se contenta de déférer le prélat, comme d'abus, au conseil d'État. Les mandements et les lettres pastorales que les évêques publiaient sous forme de brochures furent soumis au timbre et aux formalités de la déclaration et du dépôt.

Le 29 janvier 1861, un Moldo-Valaque, M. Ganesco, publia dans le *Courrier du Dimanche*, dont il était le rédacteur en chef, un article qui déplut au gouvernement impérial; le journal reçut un avertissement, et M. Ganesco l'ordre de sortir du territoire français.

Le 3 mars, un procès des plus scandaleux se dénouait devant la cour d'assises du Nord. Un chanoine de Cambrai nommé Mallet, l'abbé Ratisbonne, Juif converti, et les religieuses de plusieurs couvents s'étaient concertés pour voler cinq filles d'un instituteur israélite afin de les convertir au catholicisme; on en tenait trois cachées dans des couvents, et, pour dépister les recherches, l'abbé Ratisbonne faisait mettre à la poste d'Alexandrie des lettres écrites par ces trois pauvres filles; les deux autres étaient installées chez le chanoine qui fut condamné à six années de réclusion pour détournement de mineures.

Le 2 avril, une cérémonie sur laquelle tous les journaux impérialistes attiraient depuis plusieurs jours l'attention publique fut célébrée dans l'église des Invalides. Au milieu de la crypte établie sous le dôme, un tombeau monumental avait été construit. On y transporta solennellement les restes de Napoléon Ier déposés, le 14 décembre 1840, dans la chapelle Saint-Jérôme. Le cardinal-archevêque de Paris officiait. La famille impériale et tous les personnages officiels étaient là. Derrière le cercueil marchaient gravement le maréchal Vaillant, l'amiral Hamelin et le maréchal Magnan. L'un tenait dans la main l'épée dont Napoléon Ier était armé à la bataille d'Austerlitz; — l'autre, le chapeau que l'empereur portait à la bataille d'Eylau, — et le troisième, les insignes de l'ordre impérial de la Légion d'honneur. Les organisateurs de cette exhibition théâtrale et les descriptions pompeuses qu'en fit tapageusement la presse gouvernementale visaient à frapper l'esprit des populations rurales qui, si longtemps, furent crédules à la légende napoléonienne.

Le 10 avril, une circulaire du garde des sceaux avertit les membres du clergé catholique que leurs abus prévus par la loi seraient réprimés. Les préfets suspendirent les traitements de plusieurs prêtres. Le 31 mai, M. Billault, répondant aux plaintes du cardinal-sénateur Mathieu, démontrait que, « du mois de janvier au mois de mai 1861, les procureurs généraux ont constaté plus de cent faits donnant lieu à des poursuites contre des prêtres ». Le gouvernement invita les fonctionnaires dont les relations intimes avec les évêques factieux faisaient suspecter le dévouement à opter entre ces relations et leur emploi. L'hostilité manifestée par Mgr Dupanloup était si violente que M. Le Prévost de Launay enjoignit aux fonctionnaires du Loiret de rompre avec ce prélat qui, « se plaçant sur le terrain politique, offre un drapeau aux ennemis du gouvernement auquel il doit son siège et toutes les prérogatives qui s'y rattachent ». L'évêque batailleur répondit à l'injonction préfectorale par cette fanfaronnade : « Croyez-vous donc que le sang chrétien ait oublié de couler dans nos veines et que nos cœurs ne battent plus dans nos poitrines? Prenez-y garde, vous finirez par nous blesser! » Que nous sommes loin de cette époque où les évêques et les prêtres proclamaient Louis-Napoléon « *l'instrument visible de la Providence, l'élu de Dieu* » !

Le 22 septembre, il y eut une réunion générale des conférences de Saint-Vincent-de-Paul de l'Ouest. L'évêque d'Angoulême y prit la parole en ces termes : « Nous ne devons pas craindre Judas, mais Jésus-Christ. Vaillants soldats de saint Vincent de Paul, serrez vos bataillons! » Le curé de Coulommiers ajouta : « C'est vous qui avez reçu la mission de secourir la religion menacée. Vaillants soldats de saint Vincent de Paul! » — Le 16 octobre, le ministre de l'intérieur écrivit aux préfets : « Il faut que les associations de bienfaisance rentrent dans les conditions de la loi. Le gouvernement ne peut tolérer plus longtemps l'existence, à Paris, d'un comité supérieur s'arrogeant le droit de gouverner les sociétés locales pour en faire une sorte d'association occulte dont il étend les ramifications au delà de nos frontières, et qui prélève sur les conférences un budget dont l'emploi reste inconnu. » Il fut arrêté que les conférences françaises n'auraient aucun lien entre elles et qu'elles agiraient isolément et exclusivement dans leur mission de charité. — L'évêque Dupanloup, dont le caractère a des fougues singulières, voulut organiser hiérarchiquement une vaste association *dite* du Denier de saint Pierre; une note du *Moniteur* l'invita sèchement à s'en abstenir, et le prélat véhément se tint coi.

Devant la cour d'assises de Riom comparurent de dévots personnages pour avoir, comme le chanoine Mallet, soustrait, par fraude, une jeune Israélite à ses parents. L'abbé Ratisbonne avait naturellement joué un rôle dans cette affaire bruyante; les religieuses de deux couvents prêtèrent leur complicité à ce nouveau crime. Des prêtres déroutaient la justice et la famille en faisant jeter des lettres à la poste dans diverses localités, tandis que les bonnes sœurs imaginaient des déguisements à la faveur desquels la Juive enlevée passait de couvent en couvent; celui de Bon-Secours de Riom fut fouillé, et la police ne découvrit pas l'enfant que les religieuses avaient cachée dans un placard habilement dissimulé. Enfin, le garde des sceaux ayant montré les dents, les pieux ravisseurs lâchèrent leur proie et la cour de Riom les condamna à payer 3,000 francs de dommages-intérêts aux parents de la victime si péniblement arrachée aux serres d'un prosélytisme coupable. Le ministre des cultes fit fermer plusieurs maisons religieuses et mit sous la surveillance des préfets les convertisseurs faisant métier de voler, pour la plus grande gloire de Dieu, des enfants mineurs à leur mère.

Blanqui, chez la sœur duquel on trouva des listes indiquant un projet d'affiliation à une société secrète, fut condamné à quatre ans de prison. Quelques jours après, une manœuvre secrète et découverte plus tard donnait raison à ceux qui partageaient l'opinion de Schœlcher et celle du colonel Charras au sujet de la grande amnistie; Schœlcher avait écrit : « *C'est un nouveau piége tendu par des hommes experts en coups de Jarnac.* » Charras, s'adressant à Louis Bonaparte, avait dit : « *Votre amnistie cache un guet-apens comme chacune de vos paroles, comme chacun de vos serments.* » Pour en douter, il fallait être naïf. On voulait attirer en France les exilés qu'on redoutait afin de prendre d'un seul coup de filet tous les adversaires de l'Empire. N'avions-nous pas vu ce qu'Espinasse fit de ceux qui, avant le 14 janvier 1859, s'étaient mis à la gueule du loup ? Donc, le 26 septembre 1861, M. Persigny envoyait dans tous les départements une circulaire et une note « *très-confidentielles pour le préfet seul* » afin de compléter les mesures déjà prescrites par le duc de Padoue et à prendre « au cas où un événement imprévu amènerait la transmission du pouvoir au prince impérial » ; le ministre ordonnait : « 1° la formation immédiate d'une liste comprenant tous les hommes dangereux, républicains, orléanistes ou légitimistes, par catégorie d'opinion, quelle que soit leur position sociale ; 2° l'adjonction à cette liste constamment tenue à jour de mandats d'arrêt pour chacune des personnes annotées, afin que, au premier avis, les arrestations s'opèrent, à la même heure et sans perdre une minute, dans tous les arrondissements. » Les préfets, ajoutait la note ministérielle, « conserveront par devers eux ces mandats en les divisant par circonscriptions de commissaire de police, et prévoiront, pour chaque département, les lieux où seraient transférées les personnes arrêtées. » Le gouvernement impérial ne démentait pas son origine : pour se perpétuer, il songeait à se retremper dans les crimes qui l'avaient produit.

Après avoir fêté, pendant huit jours, le roi de Suède et avant de partir pour le camp de Châlons, d'où il devait se rendre à Biarritz, l'empereur inaugura le boulevard Malesherbes, que son oncle avait décrété en 1808. Les adulations du conseiller d'État Langlais chargé de la harangue officielle allèrent à l'excès. Comparant Napoléon III à Octave-Auguste, il lui appliqua ce que Suétone dit de l'héritier de César : « Rome n'avait pas un aspect digne de la majesté de l'empire ; il sut si bien l'embellir qu'il put se vanter avec raison de la laisser de marbre après l'avoir reçue de briques. » L'hyperbolique harangueur aurait bien dû achever la phrase de Suétone qui ajoute : « Il l'assura aussi contre les dangers à venir, *autant que la prudence humaine pouvait y pourvoir.* »

Si, dans les reconstructions et les embellissements qu'il décrétait, Octave-Auguste avait *aussi* en vue de préserver Rome des inondations et des incendies auxquels elle était sujette, — Napoléon III, en construisant et en embellissant une partie du vieux Paris, visait *uniquement* à se préserver, « *autant que la prudence humaine pouvait y pourvoir,* » des périls qu'il redoutait pour lui-même et pour sa dynastie. La démolition des quartiers que la classe ouvrière habitait, l'ouverture de ces larges voies stratégiques si propices au balayement des barricades par le canon et aux mouvements de troupes massées avaient une portée politique dont le but n'échappait à aucun observateur intelligent. Aussi ne put-il échapper à M. de Moltke : visitant Paris, en 1856, avec le prince Frédéric-Guillaume dont il était alors l'aide de camp, cet homme de guerre écrivait : « Les palais remplaçant les habitations, il faut bien caser ailleurs les classes pauvres, et il faut dire que *l'empereur cherche à le faire sur une vaste échelle. Il est vrai que les ouvriers se voient ainsi repoussés dans les faubourgs; mais, on le comprend aisément, cette circonstance influera avantageusement sur le maintien de l'ordre et de la sécurité publics.* »

Conformément aux conclusions d'un mémoire présenté à l'empereur par M. Fould, qui de ministre d'État redevint ministre des finances, un sénatus-consulte admettant le vote du budget par chapitre au lieu de l'être par ministère fut voté le 20 décembre; un décret du 1ᵉʳ de ce même mois portait que,

M. le maréchal de Mac-Mahon.

désormais, « aucune mesure, ayant pour effet d'ajouter aux charges budgétaires, ne sera soumise à la signature de l'empereur qu'accompagnée de l'avis du ministre des finances ».

Dans les derniers jours de 1861, M. Victor de Laprade, professeur de littérature française à la faculté des lettres de Lyon, publia une pièce de vers ayant pour titre : *les Muses d'État;* le gouvernement y vit « des allusions injurieuses pour le souverain issu du suffrage universel », et destitua M. de Laprade. En même temps, un avertissement était donné au *Journal des Débats*, à cause d'un article de M. Saint-Marc Girardin « portant atteinte à la foi dans la force et dans la durée des institutions impériales ».

Je terminerai ce chapitre par le récit d'un fait plaisant : l'évêque de Poitiers avait, en un langage pompeux, prononcé l'oraison funèbre d'un zouave nommé Louis Gicquel, *mort à Castelfidardo*. Après avoir dit que les jours du défunt furent tissus d'honneur et de vertu, le prélat, donnant à sa voix des inflexions attendrissantes, adressa au trépassé, qui devait bien rire dans sa barbe, cette apostrophe inoubliable : « Louis Gicquel, tu ne rencontreras plus, hélas! au pays natal ni père, ni mère, ni sœur pour pleurer ta mort, mais Poitiers, ta ville adoptive, te donne en ce moment des larmes ; ma voix en fait couler dans bien des yeux, mais ce n'est pas assez ; nous voulons qu'aux flancs de cette colline de Tibur où tu es couché, non pas sur le frais gazon et dans la molle attitude du poëte : *Udum Tibur, supinum Tibur*, mais dans ton linceul de sang, dans ton suaire de martyr, nous voulons qu'un modeste monument recouvre ta tombe. On y lira ces mots : « A Louis Gicquel, mort pour la défense des « États de l'Église, ses frères d'armes partis « comme lui de Poitiers. » Et, sur ce marbre, les noms les plus nobles de notre province, mêlés à ceux de plusieurs enfants du peuple, viendront faire cortége au tien ».

Pendant que Mgr Pie recueillait les souscriptions au monument funéraire, Louis Gicquel, jouissant d'une santé prospère, s'asseyait entre deux gendarmes sur le banc de la police correctionnelle de Laval. Convaincu par le ministère public d'être un escroc achevé, le martyr, glorifié par l'évêque, fut condamné par le tribunal à quinze mois d'emprisonnement. Un de nos amis de la Mayenne m'écrivit : « J'ai assisté au jugement et à la condamnation de Louis Gicquel. La biographie de ce drôle, tracée par le procureur impérial, ressemblait à une satire poussée contre l'étourderie de l'évêque. Dans nos villages, on rit aux larmes de l'oraison funèbre qui avait fait pleurer tous les yeux catholiques de Poitiers. »

DOCUMENTS COMPLÉMENTAIRES DU CHAPITRE VII

I

RÉPONSE DE PIE IX A L'ALLOCUTION DU GÉNÉRAL DE GOYON

« Monsieur le général, si chaque année nous avons reçu avec plaisir les vœux que vous nous avez présentés au nom des braves officiers et de l'armée que vous commandez si dignement, ces vœux nous sont doublement chers aujourd'hui, à cause des événements exceptionnels qui se sont succédé, et parce que vous nous assurez que la division française qui se trouve dans les États pontificaux y est placée pour la défense des droits de la catholicité. Que Dieu vous bénisse donc, vous et toute l'armée française ! qu'il bénisse également toutes les classes de cette généreuse nation !

« En nous prosternant aux pieds de ce Dieu qui fut, est et sera dans l'éternité, nous le prions, dans l'humilité de notre cœur, de faire descendre abondamment ses grâces et ses lumières sur le chef auguste de cette armée et de cette nation, afin qu'éclairé de ses lumières il puisse marcher plus sûrement dans sa route difficile et reconnaître encore la fausseté de certains principes qui ont été produits ces jours derniers dans un opuscule qu'on peut appeler un monument inique d'hypocrisie et un tissu ignoble de contradictions. Nous espérons qu'à l'aide de ses lumières, disons plus, nous sommes persuadé qu'avec l'aide de ses lumières il condamnera les principes contenus dans cet opuscule ; nous en sommes d'autant plus convaincu que nous possédons quelques pièces qu'il y a quelque temps Sa Majesté eut la bonté de nous faire parvenir, et qui sont une véritable condamnation de ces principes. C'est avec cette conviction que nous implorons Dieu pour qu'il répande ses bénédictions sur l'empereur, sur son auguste compagne, sur le prince impérial et sur toute la France. »

II

ENCYCLIQUE DU 19 JANVIER 1860

Le pape commence par dire qu'il ne peut exprimer par aucune parole la joie dont l'a pénétré la persévérance des fidèles à revendiquer les droits du Saint-Siége ; il qualifie « d'actes audacieux et d'abominable révolte l'insurrection des peuples italiens dans les légations et dans les duchés » ; il complimente « ceux dont la voix s'élève pour flétrir les entreprises criminelles dirigées contre la souveraineté de l'Église romaine et la puissance civile du souverain pontife, qui lui est absolument indispensable pour exercer librement la charge suprême qui lui a été divinement confiée par Jésus-Christ ».
Arrivant à la lettre que l'empereur des Français lui adressa le 31 décembre 1859, le pape laisse éclater son ressentiment en ces termes :

« Dans cette lettre, l'empereur, rappelant certain conseil qu'il nous avait peu auparavant proposé au sujet des provinces rebelles à notre domination pontificale, le très-haut empereur nous conseille de renoncer à la possession de ces mêmes provinces, voyant dans cette renonciation le seul remède au trouble présent des affaires.

« Chacun de vous, vénérables frères, comprend parfaitement que le souvenir du devoir de notre haute charge ne nous a pas permis de garder le silence après avoir reçu cette lettre. Sans aucun retard nous nous sommes hâté de répondre au même empereur, et dans la liberté apostolique de notre âme nous lui avons déclaré clairement et ouvertement que nous ne pouvions en aucune manière adhérer à son conseil, parce qu'il porte avec lui d'insurmontables difficultés, vu notre dignité et celle de ce Saint-Siége, vu notre sacré caractère et les droits de ce même siège, qui n'appartiennent pas à la dynastie de quelque famille royale, mais à tous les catholiques.

« Et en même temps nous avons déclaré que nous ne pouvions pas céder ce qui n'était pas à nous, et que nous comprenions parfaitement que la victoire qui serait accordée aux révoltés de l'Émilie serait un stimulant à commettre les mêmes attentats pour les perturbateurs indigènes et étrangers des autres provinces lorsqu'ils verraient l'heureux succès des rebelles.

« Et, entre autres choses, nous avons fait connaître au même empereur que nous ne pouvons pas abdiquer les susdites provinces de notre domination pontificale sans violer les serments solennels qui nous lient, sans exciter des plaintes et des soulèvements dans le reste de nos États, sans faire tort à tous les catholiques, enfin sans affaiblir les droits, non-seulement des princes de l'Italie qui ont été injustement dépouillés de leurs domaines, mais encore de tous les princes de l'univers chrétien, qui ne pourraient voir avec indifférence l'introduction de certains principes très-pernicieux. . . . .

« Ému de cette paternelle charité avec laquelle nous devons veiller au salut éternel de tous, nous avons rappelé à l'esprit du même empereur que tous, un jour, devront rendre un compte rigoureux devant le tribunal du Christ, et subir son jugement très-sévère, et qu'à cause de cela chacun doit faire énergiquement ce qui dépend de lui pour mériter d'éprouver plutôt l'action de la miséricorde que celle de la justice.

« Telles sont les choses, entre autres, que nous avons répondues au très-grand empereur des Français. Et nous avons cru devoir vous en donner communication, pour que vous connaissiez de plus en plus que, moyennant l'aide de Dieu, nous essayons tout sans peur et n'omettons aucun effort pour défendre courageusement la cause de la religion et de la justice; pour conserver intègre et inviolé le pouvoir civil de l'Église romaine avec ses possessions temporelles et ses droits qui appartiennent à l'univers catholique tout entier; enfin, pour garantir la cause juste des autres princes.

« Appuyé du secours de Celui qui dit : *Vous serez opprimés dans le monde, mais ayez confiance, j'ai vaincu le monde*, et : *Bienheureux ceux qui souffrent persécution pour la justice*, nous sommes prêt à suivre les traces illustres de nos prédécesseurs, à mettre en pratique leurs exemples, à souffrir les épreuves les plus dures et les plus amères, à perdre même la vie avant que d'abandonner en aucune sorte la cause de Dieu, de l'Église et de la justice. Mais vous pouvez facilement deviner, vénérables frères, de quelle amère douleur nous sommes accablé en voyant l'affreuse guerre qui, au grand dommage des âmes, afflige notre très-sainte religion, et quelle tourmente agite l'Église et le Saint-Siége.

« Vous pouvez aussi facilement comprendre quelle est notre angoisse quand nous savons quel est le péril des âmes dans ces provinces troublées de notre domination, où des écrits pestilentiels ébranlent chaque jour plus déplorablement la piété, la religion, la foi et l'honnêteté des mœurs. »

Pie IX recommande ensuite à ses vénérables frères, dont il connaît le zèle sacerdotal, « d'enflammer chaque jour davantage les fidèles confiés à leurs soins, afin qu'ils ne cessent d'employer tous leurs efforts et leur zèle à la défense de l'Église catholique et du Saint-Siége, ainsi qu'au maintien du pouvoir temporel. » Il les engage à adresser « les prières les plus ferventes au Dieu très-bon et très-grand, pour qu'il commande aux vents et à la mer, qu'il se lève et juge sa cause ».

Enfin il les adjure « d'implorer avec lui les suffrages de l'immaculée et très-sainte Mère de Dieu, la Vierge Marie, les suffrages du bienheureux prince des apôtres, ceux de Paul, son frère dans l'apostolat, et enfin ceux de tous les saints qui règnent avec le Christ dans les cieux ».

L'encyclique se termine ainsi :

« Connaissant, vénérables frères, toute votre religion et le zèle sacerdotal qui vous distingue éminemment, nous ne doutons pas que vous ne vouliez vous conformer avec empressement à nos vœux et à nos demandes.

« Donné à Rome, près Saint-Pierre, le 19 janvier de l'an 1860, l'an quatorze de notre pontificat. »

Le 30 janvier seulement, il fut permis aux journaux de publier cette encyclique, à laquelle les évêques et les prêtres donnaient bruyamment leur adhésion.

III

UNE LETTRE DE GARIBALDI

Le 6 mai 1860, avant de s'embarquer à Gênes pour Marsala, Garibaldi écrivit à Victor-Emmanuel :

« Sire,

« Le cri de détresse de la Sicile, qui parvient à mes oreilles, a ému mon cœur et celui de quelques centaines de mes vieux compagnons d'armes. Je n'ai pas conseillé le mouvement insurrectionnel de mes frères de la Sicile, mais du moment qu'ils se sont soulevés au nom de l'unité italienne, dont Votre Majesté est la personnification, contre la plus infâme tyrannie de notre époque, je n'ai pas dû hésiter à me mettre à la tête de l'expédition. Je sais que je m'embarque dans une entreprise dangereuse; mais je mets ma confiance en Dieu et dans le courage de mes compagnons.

« Notre cri de guerre sera toujours : « Vive « l'unité de l'Italie ! Vive Victor-Emmanuel, « son premier et son plus brave soldat ! » Si nous échouons, j'espère que l'Italie et l'Europe libérale n'oublieront pas que cette entreprise, décidée par des motifs purs de tout égoïsme, est entièrement patriotique. Si nous réussissons, je serai fier d'orner la couronne de Votre Majesté d'un nouveau et peut-être plus brillant fleuron, à la condition toutefois que Votre Majesté s'opposera à ce que ses conseillers cèdent cette province à l'étranger, ainsi qu'on l'a fait pour ma ville natale [1].

« Je n'ai pas communiqué mon projet à Votre Majesté ; je craignais que, par suite de mon dévouement à sa personne, Votre Majesté ne réussît à me persuader de l'abandonner.

« De Votre Majesté, sire, le plus dévoué sujet.

« GARIBALDI. »

IV

EXPÉDITION DE CHINE

LE PALAIS D'ÉTÉ

« Un bâtiment ayant la forme d'un parallélogramme s'offrait d'abord à la vue ; on y pénétrait par un escalier de marbre blanc conduisant à une salle immense, à l'extrémité de laquelle s'élevait un trône de bois noir sculpté à jour du plus merveilleux travail ; plusieurs degrés y menaient entre deux rangées de brûle-parfums cloisonnés et de gigantesques vases émaillés ornés de toutes sortes d'animaux. Un tableau peint sur soie, et représentant des vues des palais impériaux, couvrait le mur de gauche. Des étagères, circulant autour de la salle, supportaient des vases émaillés, sculptés, cloisonnés, d'une beauté sans pareille, des piles d'album, des livres écrits de la main des empereurs, les trésors les plus précieux de l'art chinois, le plus raffiné de tous les arts [1]. »

« Une seconde salle du trône, plus élégante que la première, était entourée d'appartements remplis de nouvelles merveilles : armes damasquinées, coupes de jade vert et blanc ; châsses d'or ou d'argent incrustées de turquoises verdies par le temps, de perles, de diamants, contenant des idoles d'or massif ; fleurs, fruits de perles fines, petits palais, arbres où se tordaient et s'amalgamaient les matières les plus précieuses. Les yeux en étaient éblouis et les désirs comme saturés...
— Un pont, jeté sur un canal, menait dans une troisième salle d'une élégance plus intime que les précédentes. Puis venaient les appartements de l'empereur et de l'impératrice. Il faut renoncer à décrire ce que contenaient ces appartements. Les mots manquent pour en peindre les richesses artistiques et matérielles. Ce qu'on avait vu jusque-là n'était qu'un misérable échantillon du spectacle qui s'offrit alors. C'était une vision des *Mille et une Nuits*, une féerie telle qu'une imagination en délire ne saurait en rêver de comparable à la palpable vérité qu'on avait devant soi. . . . .

« Un officier, débouchant d'un couloir sombre dans un enfoncement plus sombre encore, et perdu dans ces ténèbres, recourut à la clarté fugitive d'une allumette chimique. Il était dans une salle qu'il inonda bientôt de lumière, grâce aux nombreux candélabres chargés de bougies dont elle était ornée. Alors surgit à ses yeux le plus splendide des spectacles. A gauche et à droite de cette salle s'élevaient deux autels merveilleusement parés, sur lesquels brillaient des brûle-parfums, des chandeliers et des vases d'or massif, ciselés et incrustés de perles et de

---

[1]. On sait que Garibaldi protesta énergiquement contre l'annexion de Nice, sa ville natale, à *la France impériale*.

[1]. Taxile Delord, *Histoire du second Empire*.

pierres précieuses. Au centre d'un de ces autels, une petite châsse d'or, ornée de turquoises que l'antiquité avait verdies, renfermait une idole de pierre noire surmontée d'une tête d'animal, loup ou renard. La châsse portait quatre inscriptions ; à droite et à gauche de la châsse étincelaient de pierreries deux crânes humains montés en forme de coupe. L'éclat de l'illumination attira bientôt du monde dans la salle, qui devint ce que devenaient à cette heure toutes choses dans le palais de l'empereur de la Chine. C'était sa chapelle particulière [1]. »

Il serait trop long de reproduire ici les descriptions de la chancellerie « contenant des monceaux d'écrits et de boîtes d'encre de Chine », le magasin des étoffes, « vaste amas de richesses, » une immense pagode « formant à l'intérieur une infinité de petits temples remplis d'offrandes splendides : on y trouva une armure dont le casque portait au cimier une perle grosse comme un œuf ». — L'armure et le casque furent offerts à Napoléon III. On prétend que *la perle s'était perdue en route.* — Le palais des concubines « regorgeait de tout ce que la fantaisie et la délicatesse féminines peuvent rêver de plus admirable. »

L'armée française bivouaquait dans ce palais, « où les chevaux avaient pour litière un demi-pied de soie jaune impériale, et où le soldat déchirait, brisait, foulait aux pieds tout ce qu'il ne pouvait pas emporter, jetant l'argent à cause de son poids. Plus d'un soldat donna un lingot d'or de 500 francs pour une bouteille d'eau-de-vie ou d'absinthe [2] ».

Le général Cousin-Montauban a fait cet aveu : « Il eût été impossible de songer à emporter la totalité de ce qui existait, *nos moyens de transport étant trop bornés* ».

« Nous avons vu figurer, dit M. Ernest Hamel, à l'Hôtel des Ventes de Paris, une partie des richesses volées au palais d'été. Qui n'a encore à la mémoire les ventes publiques de curiosités et d'objets précieux rapportés de la Chine ? Je me rappelle notamment celle du colonel Dupin. Ce fut un scandale épouvantable. L'expédition de Chine restera à jamais déshonorée par le pillage de ce palais d'été, occupé sans coup férir, et dont aucun sophisme ne saurait justifier le vol. »

V

LE PRINCE NAPOLÉON ET LE DUC D'AUMALE

LETTRE SUR L'HISTOIRE DE FRANCE ADRESSÉE AU PRINCE NAPOLÉON

Voici quelques extraits de la réponse du duc d'Aumale au discours du cousin de l'empereur :

« L'exil m'a-t-il fait perdre le droit le plus naturel, le plus sacré de tous, celui de défendre ma famille publiquement outragée ; et, avec elle, le passé de la France ? Cette attaque injurieuse, qu'un pouvoir si fort et qui vous inspire tant de confiance a endossée, propagée, affichée sur tous les murs, ma réponse peut-elle la suivre et se produire, en se conformant aux lois, sur le sol même de la patrie ? J'en veux faire l'expérience ; si elle tourne contre mes vœux, et si, au mépris des plus simples notions de la justice et de l'honneur, vous étouffez ma voix en France, dans une cause si légitime, elle aura du moins quelque écho en Europe, et ira, en tous pays, au cœur des honnêtes gens . . . . . .

« Ah ! quand vous pensez à la Révolution de Février, je conçois votre colère ! Si elle eût éclaté quelques mois plus tard, elle eût trouvé votre père à la Chambre des pairs, pourvu d'une bonne dotation réversible sur votre tête. Auriez-vous, par hasard, oublié les démarches faites par le roi Jérôme et par vous, leur heureux succès en 1847, la faveur qui vous fut accordée de rentrer en France, d'où la loi vous bannissait, et l'accueil plein de

---

[1]. Paul Varin, *Expédition de Chine*.
[2]. *Id.*

bienveillance qui vous fut fait à Saint-Cloud ? Mais parmi les huissiers qui remplissent l'antichambre de l'empereur vous pourriez reconnaître celui qui vous introduisit dans le cabinet de Louis-Philippe, lorsque vous veniez le remercier de ses bontés et en solliciter de nouvelles.

« Ouvrez l'*Annuaire militaire*, regardez la liste des généraux en retraite. Vous y trouverez le nom de l'aide de camp de ce même roi qui, en 1836, fut chargé de recevoir à Paris la reine Hortense et son fils, aujourd'hui votre empereur. Le roi avait violé la loi en permettant à votre tante de rentrer en France et, qui pis est, il l'avait fait à l'insu de ses ministres; c'est, je crois, le seul acte inconstitutionnel qu'on puisse lui reprocher. Mais il y a dans cette aventure quelques détails qui méritent de vous être rapportés.

« Le lendemain du jour où le roi des Français avait donné audience à la reine Hortense, il y avait conseil des ministres.

« — Quoi de nouveau, messieurs ? dit le roi « en s'asseyant. — Une nouvelle fort grave, « sire, reprit le maréchal Soult; je sais, à n'en « plus douter, par les rapports de la gendar- « merie, que la duchesse de Saint-Leu et son « fils ont traversé le midi de la France » Le « roi souriait. « Sire, dit alors M. Casimir Pé- « rier, je puis compléter les renseignements « que le maréchal vient de vous fournir. Non- « seulement la reine Hortense a traversé le « midi de la France, mais elle est à Paris : « Votre Majesté l'a reçue hier. — Vous êtes « si bien informé, mon cher ministre, reprit « le roi, que vous ne me laissez pas le temps « de vous rien apprendre. — Mais moi, sire, « j'ai quelque chose à vous apprendre. La « duchesse de Saint-Leu ne vous a-t-elle « pas présenté les excuses de son fils retenu « dans sa chambre par une indisposition ? « — En effet. — Eh bien ! rassurez-vous, il « n'est pas malade ; à l'heure même où Votre « Majesté recevait la mère, le fils était en con- « férence avec les principaux chefs du parti ré-

« publicain, et cherchait avec eux le moyen de « renverser plus sûrement votre trône. » Louis-Philippe ne tint pas compte de cet avis; mais, les menées continuant, le ministre, un peu plus indépendant que ceux qui exposent aujourd'hui si clairement aux Chambres les intentions de votre cousin, prit sur lui de mettre fin au séjour de la reine Hortense et de son fils. »

Le duc d'Aumale rassemblait sous les yeux du lecteur tous les désastres qu'avait produits le règne du premier Napoléon, et rappelait au cousin de l'empereur la facilité avec laquelle « il avait passé du côté du coup d'État victorieux après s'être montré, au début, l'un de ses plus violents adversaires ».

UNE LETTRE DU PRINCE NAPOLÉON

On lisait dans le *Moniteur* du 20 avril 1861 : « Dans son numéro du 15 avril, le *Moniteur* a annoncé la saisie d'une brochure intitulée : *Lettre sur l'histoire de France*, qui contenait une attaque personnelle contre le prince Napoléon. Dès que son Altesse Impériale a su qu'une instruction était dirigée contre l'éditeur de cette brochure, elle s'est empressée d'écrire à l'empereur pour demander qu'il ne fût pas donné suite à la saisie. Il n'a pas paru possible d'accéder au vœu du prince et d'interrompre le cours de la justice. »

Voici cette lettre que plusieurs journaux publièrent :

« Sire,

« Le duc d'Aumale a publié une brochure en réponse à un discours que j'ai prononcé au Sénat, il y a quelques semaines.

« Le parquet y a vu un délit contre les lois de l'Empire et une attaque à votre gouvernement. Ne s'inspirant que du droit commun, il a saisi et déféré cette publication aux tribunaux.

« C'était son devoir.

« J'ai vu hier M. le ministre de l'intérieur pour le prier de trancher par une mesure exceptionnelle une situation exceptionnelle.

« Je suis attaqué dans l'écrit du prince d'Orléans ; c'est un motif de plus d'insister auprès de Votre Majesté afin d'arrêter les poursuites.

« Étouffer n'est pas répondre. Je vous supplie, sire, de laisser circuler librement la réponse de M. le duc d'Aumale, certain que le patriotisme de la France jugera ce pamphlet comme il mérite de l'être, et que le bon sens du peuple fera justice de cette soi-disant leçon d'histoire qui n'est qu'*un manifeste orléaniste*.

« Veuillez, agréer, etc., etc.

« NAPOLÉON JÉRÔME. »

Aux yeux de beaucoup de gens, ceci était de la haute comédie.

D'autres pensaient — et c'est aussi l'avis d'un historien[1] — que « le prince Napoléon, en traitant la lettre du duc d'Aumale de *manifeste orléaniste*, obligeait le gouvernement à la poursuivre ».

VI

L'IMPARTIALITÉ DU GOUVERNEMENT IMPÉRIAL

« *Étouffer n'est pas répondre,* » disait dans sa lettre le cousin de l'empereur.

Le gouvernement jugea qu'il était moins facile de *répondre que d'étouffer*, et il agit en conséquence.

M. Persigny, ministre de l'intérieur, avait adressé aux préfets une dépêche ainsi conçue :

« Un magnifique discours vient d'être prononcé au Sénat par S. A. I. le prince Napoléon ; il a occupé toute la séance et produit une immense sensation. »

Et M. Persigny donnait l'ordre à ces fonctionnaires de faire afficher ce discours dans toutes les communes de France.

Le même ministre envoya une deuxième dépêche aux préfets, pour les inviter à faire, sans retard, annoncer la saisie de la brochure du duc d'Aumale et « à empêcher l'insertion dans les journaux de tout extrait ou commentaire de cette publication séditieuse ».

VII

UNE CIRCULAIRE DE M. PERSIGNY

« L'action judiciaire exercée contre une brochure récente a soulevé une question sur laquelle je crois devoir appeler votre attention. On s'est demandé si des personnes bannies ou exilées du territoire, placées, par conséquent, en dehors du droit commun, et soustraites, par leur position même, à toute action judiciaire, pouvaient user en France des bénéfices de la publicité, en s'abritant derrière un imprimeur ou un libraire.

« Dans l'écrit dont il s'agit, il y avait une attaque si caractérisée, une excitation si manifeste à la haine et au mépris du gouvernement, que le louable empressement de la magistrature à poursuivre l'écrit séditieux était commandé par la nature même des choses, et, une fois saisie, la justice devait avoir son cours.

« Mais vous savez, monsieur le préfet, les inconvénients de pareilles poursuites. D'un côté, l'écrivain, par la publication de plusieurs milliers d'exemplaires, peut avoir toutes les facilités de déverser l'injure et la calomnie sur les personnes et les choses ; tandis que, de l'autre, il est protégé, lui et les siens, par la saisie judiciaire elle-même, contre toute réponse et toute récrimination ; et c'est ainsi qu'un représentant de la politique de 1840 a pu impunément adresser au vainqueur de Solférino cette étrange question : « Qu'avez-vous fait de la France ? »

---

[1]. Taxile Delord.

Le port de Nice.

« Quoi qu'il en soit, il est à présumer que des prétentions si clairement avouées se reproduiront de nouveau ; que l'exemple donné sera suivi, et que le gouvernement qui a tiré la France de l'abîme va de nouveau se trouver exposé aux insultes de ceux-là mêmes qui l'y avaient laissé tomber. Déjà il m'est revenu que des écrits du même genre se préparent ; que, mieux avisés, les instigateurs ou les auteurs de ces petites manœuvres se flattent d'échapper, même dans la personne des imprimeurs, aux rigueurs de la justice, par des artifices de rédaction et de publication, espérant ainsi, à travers les fissures de la loi, pénétrer impunément jusqu'au cœur de nos institutions.

« Mais le gouvernement ne peut tolérer que de pareils scandales se renouvellent. En ce qui me concerne, plus je m'efforce de rester fidèle à la pensée libérale du 24 novembre, en favorisant la liberté de discussion, plus je dois me préoccuper de défendre l'État lui-même contre les attaques de ses ennemis. Je vous invite donc à surveiller avec soin toutes les tentatives de publications qui seraient faites au nom de personnes bannies ou exilées du territoire. De quelque nature que puissent être ces publications, sous quelque forme qu'elles se produisent : livres, journaux, brochures, vous devez procéder sur-le-champ à une saisie administrative, m'en référer immédiatement, et attendre mes instructions.

« F. DE PERSIGNY. »

VIII

LES PRÉPARATIFS D'UN NOUVEAU CRIME

MINISTÈRE DE L'INTÉRIEUR

(Très-confidentiel et pour le préfet seul)

« Paris, 26 septembre 1861.

« Monsieur le préfet,

« Par une circulaire en date du 6 juin 1859, mon prédécesseur, M. le duc de Padoue, vous a prescrit les mesures à prendre dans le cas où un événement grave et imprévu amènerait la transmission du pouvoir au prince impérial, sous le nom de Napoléon IV.

« En vous confirmant ces instructions, dont je vous envoie une copie, je crois devoir les compléter par les suivantes :

« Aussitôt après la réception de cette lettre, vous établirez une liste de tous les hommes dangereux, quelles que soient leurs opinions et leur position sociale.

« Après avoir étudié avec soin cette liste, vous y désignerez les hommes qui, ayant une valeur quelconque, soit pour la délibération, soit pour l'action, pourraient, à un moment donné, se faire le centre d'une résistance ou se mettre à la tête d'une insurrection.

« Vous formulerez, personnellement, et vous signerez des mandats d'arrêt pour chacun des hommes annotés sur votre liste, afin que, au premier ordre qui vous serait donné, leur arrestation ait lieu immédiatement et sans perdre une minute.

« Vous me donnerez communication de la liste dressée par vous. Tous les mois vous réviserez cette liste, ainsi que les mandats d'arrêt qui s'y rattachent.

« *Le ministre secrétaire d'État au département de l'intérieur*,

« F. DE PERSIGNY. »

A cette circulaire était annexée la note suivante, également très-confidentielle :

« 1° Les listes comprendront tous les hommes dangereux, républicains, orléanistes, légitimistes, par catégorie d'opinions.

« 2° Elles seront tenues exactement à jour, au fur et à mesure que quelque fait nouveau parviendra à la connaissance du préfet; les personnes inscrites sur ces listes devront, du reste, être l'objet d'une certaine surveillance.

« 3° Les formules de mandat seront imprimées à Paris et remises à MM. les préfets, qui n'auront qu'à les remplir de leurs mains et à les signer.

« 4° Les préfets conserveront ces mandats par devers eux, en les divisant par circonscriptions de commissaires de police.

« 5° Les préfets, dans leurs réunions, détermineront le mode qui sera employé pour faire opérer, sans perdre de temps, les arrestations dans les divers arrondissements.

« 6° Prévoir, pour chaque département, les lieux où seraient transférées les personnes arrêtées. »

IX

LE CHANOINE MALLET ET LES DAMES DE LA SAINTE-UNION DE DOUAI

Le chanoine Mallet, condamné par la cour d'assises du Nord, le 3 mars 1861, à six années de réclusion pour détournement de mineures, fut renvoyé devant la cour d'assises d'Amiens, après cassation. Sa peine fut commuée en cinq années d'emprisonnement.

Le 25 octobre 1861, le *Moniteur* publiait la note suivante :

« Une instruction judiciaire, suivie d'une condamnation, a établi que la congrégation des dames de la Sainte-Union de Douai a volontairement participé au détournement de jeunes filles juives. Ces faits pouvaient entraîner la révocation de l'autorisation générale accordée à la congrégation. Le gouvernement a cru opportun de s'arrêter à une répression moins sévère, et un décret du 10 de ce mois a retiré à la maison de Douai l'existence légale qu'elle tenait d'un décret du 13 avril 1850. Cette mesure, empreinte tout à la fois de modération et de fermeté, rappellera sans doute aux congrégations religieuses que leur caractère, leur but et leurs règles ne les dispensent pas d'obéir aux lois de leur pays. »

CHAPITRE VIII

1862-63

Réception du jour de l'an aux Tuileries; réponse de l'empereur aux membres du corps diplomatique; paroles trompeuses; réponse de Napoléon III à l'archevêque de Paris; paroles comminatoires. — Une provocation de l'évêque d'Arras; réponse du ministre des cultes. — Nomination de M. Ernest Renan à la chaire d'hébreu; les catholiques de combat. — Ouverture et suspension du cours de M. Renan. — Expédition du Mexique; situation de la République mexicaine; l'impératrice et les cléricaux mexicains; Jecker, le duc de Morny et l'empereur; la Convention de Londres; arrière-pensée de Napoléon III; les préliminaires de la Soledad. — Session législative de 1862. — L'alliance rompue; la mauvaise foi de Napoléon III; les Espagnols et les Anglais quittent le Mexique. — Un acte de déloyauté militaire. — Échec de l'armée française à Puebla; remplacement du général Lorencez par le général Forey. — Un décret de Juarez et un aveu de M. Dubois de Saligny. — La Société du prince impérial. — Affaire Mirès. — Garibaldi à Aspromonte. — Pie IX repousse une transaction. — Le martyrologe de la presse. — Les *Misérables*. — Inauguration du boulevard du Prince-Eugène. — Mort de Mgr Morlot. — Session législative de 1863. — Saisie et confiscation. — Les élections de 1863. — Remaniement ministériel. — Suite de l'entreprise mexicaine; siège et prise de Puebla; l'armée française à Mexico; triumvirat; une singulière Constituante; la couronne impériale offerte à Maximilien; le 2 Décembre au Mexique; rappel du général Forey et révocation de M. de Saligny; encore un bâton de maréchal mal gagné. — L'impératrice à Madrid et à Aranjuez. — *La Vie de Jésus*, de M. Renan. — Mort de M. Billault. — Une idée de Napoléon III. — Inquiétudes suscitées par l'empereur et par M. Fould. — La presse à la fin de 1863.

Le 1er janvier 1862, l'empereur remercia, dans les termes accoutumés, les membres du corps diplomatique des vœux qu'ils lui avaient exprimés et ajouta : « L'année qui vient de s'écouler a été tristement marquée par de nombreuses agitations sur divers points du monde et par de cruelles pertes dans les familles royales. J'espère que l'année qui commence sera plus heureuse pour les rois et pour les peuples. »

Les gens qu'aucune leçon ne retire de leur crédulité ajoutèrent foi à ces paroles trompeuses et regardèrent la paix comme assurée; ceux, au contraire, qui jugeaient par ses œuvres un prince dont la maxime était celle de la dissimulation prirent le contre-pied de ses insinuations pacifiques et pressentirent quelque nouvelle guerre; ils ne tardèrent pas à avoir raison.

Aux compliments de l'archevêque de Paris, Napoléon III répondit : « Je suis toujours fort touché des prières que vous adressez au ciel pour l'impératrice, pour mon fils et pour moi. Le clergé français, si éminent par sa piété et ses vertus, qui sait qu'il faut rendre à Dieu ce qui est à Dieu, *et à César ce qui est à César*, peut compter, donnez-lui en l'assurance, sur ma protection et sur ma sympathie. »

Dans les circonstances où l'on se trouvait, rappeler ainsi qu'il *faut rendre à César ce qui est à César*, n'était-ce pas laisser entrevoir la répression des révoltes épiscopales contre certains actes du gouvernement impérial ? L'évêque d'Arras venait d'attaquer avec une violence qui allait jusqu'à défier les lois une circulaire du ministre des cultes à l'épiscopat « sur l'admission des enfants mineurs dans les communautés religieuses ». Mettant en oubli les détournements de filles mineures dont, tout récemment, des prêtres et des religieuses s'étaient rendus coupables et que

Le pont des Anges et la promenade des Anglais à Nice.

les tribunaux avaient punis, le prélat accusait le ministre « de livrer à la diffamation les communautés religieuses ».

Le *Moniteur* du 10 janvier publia la réponse de M. Rouland à la diatribe de l'évêque. Voici les derniers mots de cette réponse : « Je ne veux pas discuter les injustes accusations que votre conscience, trop vivement impressionnée, n'a pas cru pouvoir épargner au ministre des cultes. Non, monseigneur, je n'ai pas voulu livrer vos saintes communautés en pâture aux attaques et aux calomnies les plus désordonnées et les plus implacables. Non, je n'ai jamais pensé à une diffamation générale contre elles. Non, je n'ai pas fait une circulaire gratuitement offensante pour l'épiscopat; mais il fallait, pour remplir mon devoir envers l'État et pour empêcher des abus qui nuisent à la religion, rappeler d'une manière simple et ferme à ceux qui l'oublient la puissance des lois. Il fallait, afin de rassurer les familles, repousser, au nom de notre droit national, les prétentions exagérées du prosélytisme religieux. Dans cette mission si difficile au milieu des passions actuelles, je me suis exprimé avec calme et je n'ai dit que la vérité. Et quant à cette réponse, quoiqu'elle soit une nécessité évidente de ma défense contre votre provocation publique, je la regrette profondément, monseigneur; car la paix des esprits n'a rien à gagner au retentissement de nos luttes épistolaires. »

A l'emportement qui régnait dans la lettre de l'évêque d'Arras, le ministre opposait la modération appuyée sur la fermeté. Le contraste frappait tous les esprits.

En même temps que cette réponse, le journal officiel publiait un rapport de M. Rouland à la suite duquel un décret impérial nommait M. Ernest Renan professeur titulaire de linguistique comparée au Collége de France. C'était un rude coup porté à l'intolérance ultramontaine. Pour une pareille chaire, on ne pouvait faire un choix meilleur. M. Renan

Vue générale de Nice.

est très-fort en hébreu ancien ou moderne, ou syriaque et araméen ; nul ne s'entend mieux que lui à infléchir ou agglutiner les langues orientales ; mais de son exégèse, à en croire certains érudits, il savait peu. Quoi qu'il en soit, M. Renan était regardé par les ultramontains comme un libre-penseur dangereux ; les feuilles religieuses éclatèrent contre cette nomination. L'*Ami de la religion* s'était écrié et tous les organes du cléricalisme avaient répété : « L'État, qui doit professer le respect de la religion, peut-il accréditer, par la mesure projetée, des théories subversives de toutes les religions ? » Ces cris d'alarme n'ayant pu empêcher la publication du décret, les ennemis de la libre-pensée se préparèrent à épiloguer sur le moindre mot qui, sorti de la bouche du professeur, froisserait leur chatouilleuse orthodoxie et leur permettrait de crier haro sur le scandalisateur.

Un historien a défini, avec un grand sens, les appréhensions et les desseins des *catholiques de combat*. « Plus de doute, dit-il, les origines du christianisme allaient être livrées officiellement aux investigations de la science. Comment les doctrines catholiques résisteraient-elles à une analyse froide et raisonnée ? Le ministre disait bien, dans son rapport, que le professeur, dans sa chaire d'hébreu, chaire « toute laïque », devait garder le respect et la réserve dus au caractère sacré de la Bible, et se préoccuper exclusivement des recherches du littérateur et du philologue ; mais du simple examen des langues sémitiques comparées ne devait-il pas sortir des conséquences accablantes pour l'orthodoxie catholique ? Voilà ce que se demandaient avec épouvante les organes intolérants du monde religieux. M. Ernest Renan était voué d'avance à une sorte d'excommunication, et l'on attendait avec impatience l'ouverture de son cours pour fulminer contre lui [1]. »

Les ultramontains s'étaient donné rendez-vous au Collége de France, où, le 15 janvier, M. Renan ouvrit ce cours redouté. Voulant parler de Jésus-Christ, le professeur le désigna ainsi : « Un homme incomparable, — si grand que bien qu'ici tout doive être jugé au point de vue de la science positive, je ne voudrais pas contredire ceux qui, frappés du caractère exceptionnel de son œuvre, l'appellent *Dieu*. »

Cette qualification d'*homme* donnée à Jésus emporta les cléricaux à d'inexplicables furies. Pierre, le prince des apôtres, ne disait-il pas aux gens d'Israël que « Jésus de Nazareth, *homme* approuvé de Dieu, a fait des prodiges n'émanant pas de sa puissance, mais que Dieu opérait lui-même par son entremise [1] » ? — Les disciples de Jésus ne le désignaient-ils pas, après sa mort, comme « un *homme*, prophète puissant en œuvres et en paroles devant Dieu et devant tout le peuple [2] » ? Les trois premiers évangiles, qu'on doit lire non dans des traductions infidèles et surchargées de commentaires qui en dénaturent l'esprit, mais dans le texte lui-même, font-ils de Jésus autre chose qu'un homme ? Et le quatrième évangile qui, suivant la juste expression d'un écrivain [3], a une tendance timide, latente à la divinisation, n'a rien de précis à ce sujet, et contient plusieurs passages établissant énergiquement que Jésus n'était qu'un homme. Pierre, Jacques et Jude ont-ils écrit un seul mot qui identifie Jésus avec Dieu ? Matthieu, Marc et Luc ne le font-ils pas souvent et purement homme ? Paul ne le présente-t-il pas comme « ayant été tiré de la race de David pour être le sauveur d'Israël [4] » seulement, et comme étant « le premier-né de toute créature [5],

---

1. *Actes des apôtres*, chap. II, verset 19.
2. *Évangile selon saint Luc*, chap. XXIV, verset 19. Dans leurs traductions, Lemaistre de Sacy et l'abbé Glaire suppriment tout simplement le mot *homme*.
3. François Miron, *Examen du christianisme*.
4. *Actes des apôtres*, chap. XIII, v. 23.
5. *Épîtres aux Colossiens*, chap. I, v. 15.

---

1. Ernest Hamel, *Histoire du second Empire*.

le seul homme par la grâce duquel le don de Dieu a abondé sur plusieurs [1] » ? Jésus lui-même ne se donnait-il pas comme « *un homme auquel Dieu a communiqué la vérité* [2] » ? S'est-il jamais posé en Dieu ? Non : Lactance, le païen converti et devenu l'un des plus fervents soutiens du dogme qui ne triompha qu'en l'an 325 de l'ère chrétienne, au concile de Nicée [3], le déclare en ces termes : « Jésus montra sa foi en Dieu, car il enseigna qu'il existait un seul Dieu et que ce Dieu seul devait être adoré ; *jamais lui-même* ne se dit Dieu [4]. »

Le 18 janvier, M. Rouland, cédant aux instances de l'impératrice qui faisait tapage avec le parti clérical, suspendit le cours de M. Renan par un arrêt alléguant que, « dans le discours d'ouverture, le professeur a exposé des doctrines qui blessent les croyances chrétiennes, et qui peuvent entraîner des agitations regrettables ».

La presse libérale blâma vivement la condescendance du ministre pour la secte ultramontaine de plus en plus appuyée dans ses prétentions sans bornes par S. M. Eugénie. Afin d'atténuer le mauvais effet que cette injustifiable mesure avait produit, le *Constitutionnel* prétendit que « le professeur n'avait point tenu les engagements auxquels il devait sa nomination ». M. Ernest Renan fit au journal officieux cette réponse nette : « M. le ministre de l'instruction publique connaissait trop bien mon caractère pour croire que je pusse accepter aucune condition. »

---

1. *Épit. aux Romains*, chap. v, v. 15.
2. *Évangile selon saint Jean*, chap. VIII, v. 40. Lemaistre de Sacy et l'abbé Glaire suppriment encore ici le mot *homme* dans leurs traductions de la Bible.
3. Le concile de Nicée décida que « *Jésus, le fils de Dieu, a la même nature que son Père* ». Trente-quatre ans plus tard, le concile de Rimini, composé de plus de 400 évêques, retrancha du symbole de foi les mots caractéristiques qu'y avait introduits le concile de Nicée. Saint Jérôme dit qu'alors « le monde chrétien était arien ».
4. *Divinæ Institutiones*, lib. I, § 14.

Nous voici à la sixième guerre entreprise par Napoléon III *le Pacifique;* celle-ci sera pleine de hontes. Aussi entendrons-nous un ministre de l'empereur proclamer qu' « *elle est la plus belle pensée du règne* ». Mais exposons les faits : Comonfort, élu président de la République mexicaine à la fin de 1857, se hâta de violer la Constitution qu'il avait jurée, et qui établissait la liberté des cultes. Soutenu par le clergé, il se proclama dictateur, et il dut quitter le Mexique. Benito Juarez, président de la Cour suprême, était le successeur légal de Comonfort. Mais la faction cléricale fit élire Zuloaga par *trente* notables de Mexico, puis le renversa et lui substitua, au moyen d'un vote émis, cette fois, par *dix-sept* notables seulement, un certain Miramon qui s'était mis à la tête de quelques bandes de guérillas en prenant le titre de général. Pour se procurer de l'argent, Miramon faisait main basse sur tout ; réduit aux derniers abois, il passa un traité avec un Suisse nommé Jecker ; afin de recevoir de ce banquier un peu moins de quatre millions de francs, il lui remit des bons du Trésor pour une somme considérable. L'archevêque Labastida livra ce que les églises avaient de précieux à ce Miramon dont l'autorité n'était reconnue que par trois États, et qui allait tenter un suprême effort contre Juarez dont le gouvernement, s'accordant avec les progrès de l'esprit humain et soutenu par vingt et un États, avait secoué la domination sacerdotale. Miramon fut battu. A la fin de décembre 1860, Juarez n'avait plus d'ennemis à combattre ; les chefs de la faction cléricale s'éloignaient du Mexique et se dirigeaient vers les Tuileries, où ils se croyaient sûrs de trouver une protection. S. M. Eugénie était une trop bonne Espagnole et une catholique trop fervente pour ne pas s'indigner, avec le père Miranda et l'archevêque Labastida, qu'un gouvernement ait eu l'audace d'ôter au clergé mexicain la tenue des registres de l'état civil, de supprimer la mainmorte et les juridictions exceptionnelles, d'établir l'égalité des cultes et le mariage civil. Était-ce tolérable dans un pays rattaché par tant de liens de race et d'intérêts à l'Espagne qui l'avait conquis en 1519, dominé jusqu'en 1821, et où les hommes noirs exerçaient paisiblement une autorité absolue sur tous les actes de l'état civil? L'impératrice engageait donc son époux à rétablir le pouvoir de Miramon et les priviléges du clergé mexicain. — L'empereur hésitait.

Après s'être assuré que la probité de Juarez n'admettrait aucune transaction au sujet du honteux traité consenti par Miramon, Jecker avait suivi en France les clérico-monarchistes; tandis que l'impératrice leur ouvrait son salon privé, M. de Morny recevait l'usurier dans son cabinet. Sans phrases préambulaires, ces deux hommes s'entendirent : le total de la créance s'était frauduleusement élevé à 75 millions; — celui du capital versé n'étant que de 750,000 dollars, il y avait, dans cette affaire, un bénéfice net de *soixante-quinze millions* en chiffres ronds. M. de Morny, moyennant trente pour cent sur ces bénéfices, prit l'engagement de faire exécuter intégralement le traité Miramon-Jecker; il alla exposer son cas à l'empereur qui n'avait rien à lui refuser, et l'expédition du Mexique fut résolue. Mais le gouvernement impérial ne peut protéger que les intérêts nationaux, et Jecker est Suisse? M. de Morny, qui ne s'embarrasse de rien, le fait naturaliser Français. Les deux associés ayant tout réglé, leur protecteur se mit en quête d'alliés, et, comme Juarez venait d'être réduit à suspendre le payement d'indemnités dues à des Français, à des Espagnols et à des Anglais, Napoléon III entraîna l'Espagne et l'Angleterre dans une alliance *ayant pour but unique* « la demande au gouvernement mexicain de l'exécution des obligations contractées par lui envers les sujets des trois puissances ». En conséquence, le 30 novembre 1861 fut signée, à Londres, une convention limitant, comme je viens de l'indiquer, l'intervention armée à laquelle allaient concourir la France, l'Angleterre et l'Espagne; l'article 2 de cette convention était ainsi conçu : « *Les hautes parties contractantes s'engagent à n'exercer dans les affaires du Mexique aucune influence de nature à porter atteinte au droit de la nation mexicaine de choisir et de constituer librement la forme de son gouvernement.* »

Napoléon III signa cet engagement avec l'intention de ne le point tenir. La guerre de Sécession qui semblait menacer l'existence de la République des États-Unis avait fait naître dans l'esprit de l'homme du 2 Décembre le projet de détruire la République mexicaine et de lui substituer une monarchie dont le chef serait l'archiduc Maximilien d'Autriche. Des négociations ténébreuses s'étaient nouées entre la cour des Tuileries et celle de Vienne.

Le 7 janvier 1862, 6,000 Espagnols, 3,000 Français et 1,000 Anglais débarquèrent à Vera-Cruz. Aussitôt les commissaires des trois puissances adressèrent à la nation mexicaine un manifeste. « Ils vous trompent, disaient-ils, ceux qui prétendent que, derrière de justes réclamations, les alliés cachent des plans de restauration ou d'intervention dans votre administration. » Le 13, les plénipotentiaires espagnols et anglais apprirent, avec stupéfaction, que, dans son *ultimatum*, le gouvernement français exigeait du Mexique « *l'exécution pleine, loyale et* IMMÉDIATE *du contrat passé, au mois de février 1859, entre le gouvernement mexicain et la maison* JECKER ». Le plénipotentiaire anglais, sachant combien cette créance Jecker était véreuse, interpella vivement à ce sujet M. Dubois de Saligny, ministre du gouvernement impérial au Mexique; celui-ci balbutia une réponse dérisoire; les Espagnols et les Anglais refusèrent leur appui à une pareille réclamation.

Juarez ayant consenti « à la réparation des offenses qui auraient pu être faites aux puissances, et au payement des dommages causés

Garibaldi.

à leurs nationaux, » l'on signa les préliminaires de la paix à la Soledad, le 19 février ; leur ratification exigeait un délai de deux mois, et les armées alliées ressentaient déjà les influences meurtrières des Terres-Chaudes. Accédant aux désirs des plénipotentiaires et se confiant en leur loyauté, Juarez autorisa l'occupation de cantonnements plus favorables à la santé des soldats ; mais comme on ne pouvait arriver à ces cantonnements, situés dans l'intérieur du pays, qu'en franchissant un col dont la défense était formidable, il fut stipulé que, « en cas de rupture des négociations, les forces alliées abandonneraient les positions qu'on les autorisait à occuper et retourneraient se placer sur la ligne qui est en avant de ces fortifications ».

Cependant la session législative de 1862 s'était ouverte. Dans le but de procurer deux cent cinquante millions au Trésor de plus en plus obéré par les gaspillages et par les folles entreprises du gouvernement impérial, le Corps législatif vota la conversion de la rente 4 et demi en 3 p. %, malgré les efforts de MM. Picard et Ollivier qui défendirent les intérêts des petits rentiers « dans l'existence

45.

desquels — disait M. Kœnigswarter — une grande perturbation allait être jetée ».

Non content d'avoir donné au général Cousin-Montauban un siège au Sénat et le titre de comte de Pa-li-kao, l'empereur demanda aux députés pour ce gagneur d'une bataille qui lui avait coûté *trois hommes* une pension de 50,000 francs à perpétuité et réversible de mâle en mâle. C'était par trop abuser de l'argent des contribuables et de la docilité de leurs représentants qui, cette fois, murmurèrent et nommèrent des commissaires hostiles à la proposition. Au comte de Pa-li-kao, qui le pria de retirer le projet, l'empereur répondit : « Je ne le retirerai pas. Les nations dégénérées marchandent seules la reconnaissance publique. » Dédaignant cette injure, M. de Jouvenel, rapporteur de la commission, conclut au rejet, et l'empereur céda.

Pendant la discussion de l'adresse, il fut question d'un préfet dont on retrouvera le nom dans cette histoire. M. Janvier de La Motte, par un de ces virements en l'art desquels il passa maître, avait fait luxueusement remeubler et embellir les appartements de son hôtel préfectoral avec des fonds destinés à venir en aide aux établissements de bienfaisance de son département. La Cour des comptes avait signalé et blâmé vertement ce fait scandaleux. Notre préfet, étant l'un des favoris de Leurs Majestés, fit nargue à ce blâme sévère ; et non-seulement aucune disgrâce ne l'atteignit, mais son pouvoir proconsulaire devint plus fort. M. le marquis de Pierres s'en émut, et s'adressant aux ministres avec une piquante ironie : « M. Magne nous a dit, l'année dernière : L'empereur veut régner, gouverner et administrer. Mon Dieu ! messieurs, je voudrais même qu'il pût rendre la justice : à coup sûr elle serait rendue de haut (*bruit*) ; mais avez-vous compris le danger de prendre à la lettre cette fiction ? L'empereur administre, et vous, messieurs les ministres, n'administrez-vous pas quelque peu ? Faut-il donc toujours faire remonter l'appréciation de vos actes à l'empereur ? Si la Cour des comptes blâme quelque part le détournement des fonds des enfants trouvés au profit des embellissements d'un mobilier de préfecture, ce blâme doit-il remonter à l'empereur, et sommes-nous obligés de croire que c'est là un auguste virement ? »

Cette épigramme sanglante et bien décochée mit fin à la discussion générale.

On passa, le lendemain, à la discussion des articles. M. Jules Favre amena M. Billault à faire cet aveu : « Nous admettons que les populations sont maîtresses d'elles-mêmes. Le principe de la souveraineté du peuple est la base de notre droit public. Je reconnais que chez les Romains ce droit est suspendu ; que nous méconnaissons chez eux le principe qui nous régit en France ; mais il est malheureusement parfois des circonstances exceptionnelles où des intérêts d'un ordre supérieur commandent ces sacrifices momentanés de la liberté populaire. »

« Je constate, s'écria M. Jules Favre, que M. le ministre est contraint de déclarer que la France ne reste à Rome qu'en vertu de la suppression momentanée d'un des plus grands principes du droit public ! »

M. Picard protesta contre le cumul scandaleux de certains traitements, contre l'énormité de la dépense des grands Corps de l'État, contre les dotations princières, etc. S'appuyant sur l'inéluctable autorité des chiffres, il démontra que les budgets de l'Empire dépassaient considérablement ceux de la monarchie de Juillet.

Dans la séance du 13 mars, M. Jules Favre demanda s'il était vrai qu'on songeât à relever pour l'archiduc Maximilien le trône du Mexique. M. Billault répondit : « C'est là un simple propos d'officier, et la preuve, c'est que, lord Cowley s'en étant ému, notre ministre des affaires étrangères lui a textuellement dit : *Cela n'est pas vrai*. J'affirme donc que *jamais* une telle combinaison n'est entrée dans la pensée du gouvernement. Quand on insinue de pareilles *suppositions*, on devrait avoir au moins quelques preuves, et de la moindre, ici, on n'a pas l'ombre. »

La Chambre applaudit à cette assertion qu'allait bientôt démentir l'accomplissement du dessein dévoilé par M. Jules Favre. Le ministre de l'intérieur ne pouvait ignorer que sa déclaration était contraire à la vérité, car six mois auparavant, après de longs pourparlers entre Paris et Miramar, Maximilien avait accepté, par écrit, la couronne du Mexique, mais à une condition que je ferai connaître. « L'acceptation de l'archiduc engageait déjà moralement la France, dès la fin de 1861, au moment même où l'expédition maritime concertée par les trois puissances contre la République entrait en voie d'exécution [1]. » En outre, peu de jours après son arrivée au Mexique avec le général Lorencez, Almonte révéla ses plans au général Prim ; il lui confessa « *qu'il comptait sur l'appui des troupes françaises pour opérer un changement radical dans le gouvernement du Mexique, y remplacer la république par la monarchie et appeler au trône l'archiduc Maximilien d'Autriche* [2] ».

Si, conformément aux ordres de Napoléon III, le ministre de l'intérieur trompait la France, de son côté, le ministre des affaires étrangères trompait l'Europe. L'archiduc avait mis à son acceptation de la couronne du Mexique « la condition que la France et l'Angleterre le soutiendraient de leur garantie morale et matérielle sur terre et sur mer ». L'appui de la France lui était acquis. M. Thouvenel fit, sur ce point, au cabinet britannique des demi-ouvertures qui n'eurent aucun succès. Ce fut alors que lord Cowley posa nettement la question à M. Thouvenel, qui ne craignit pas de répondre : « Aucun gouvernement ne sera imposé au peuple mexicain ; » il compléta son mensonge en niant l'immixtion du gouvernement français dans des négociations relatives à la candidature de Maximilien et en affirmant « *qu'elles avaient été entamées par les Mexicains seuls* ».

L'Angleterre et l'Espagne ratifièrent les préliminaires de la Soledad ; seul, Napoléon III leur refusa sa sanction, d'abord « parce qu'il ne pouvait plus traiter, lié qu'il était vis-à-vis de Maximilien [1] » ; puis il se souciait fort peu des intérêts de nos nationaux ; il avait, d'abord, couvert de ce prétexte qui n'existait plus les motifs qui l'induisaient à faire cette guerre ; il prétendit ensuite qu'elle avait pour but « de rendre à la race latine, de l'autre côté de l'Océan, sa force et son prestige en y constituant un gouvernement stable ». Arracher au Mexique la grosse somme que deux escrocs auraient à se partager et lui imposer, comme empereur, Maximilien qui serait de meilleure composition que Juarez pour s'entendre avec Jecker, voilà ce que voulait Napoléon III. Voilà pourquoi des milliers de soldats français allèrent mourir dans les Terres-Chaudes, et pourquoi des milliers de petits rentiers et d'ouvriers furent ruinés par des emprunts que les ministres, les fonctionnaires et les journalistes du second Empire tambourinèrent à qui mieux mieux ; jamais amorces plus séduisantes ne furent jetées à la crédulité publique.

L'amiral Jurien de La Gravière, notre plénipotentiaire, dont la conduite avait été, dans la discussion du traité de la Soledad, loyale et droite, fut désavoué « parce que, agissant de bonne foi, il faillit ruiner un arrière-projet dont il n'avait pas reçu la confidence [2] ».

Lord Russell déclara nettement à M. Thouvenel que la créance Jecker n'était pas digne de protection, et que les plénipotentiaires anglais avaient eu raison *de trouver ex-*

---

1. Le comte E. de Kératry, l'*Élévation et la Chute de Maximilien*.
2. Déclaration du général Prim à la conférence d'Orizaba, 9 avril 1862.

1. Le comte E. de Kératry.
2. *L'Élévation et la Chute de Maximilien*.

travagante cette réclamation. L'Espagne partageait cet avis de l'Angleterre. Satisfaites de l'offre de Juarez, ces deux puissances restaient fidèles à la foi des traités dont Napoléon III, suivant sa coutume, allait se jouer. Quelques revers essuyés par les troupes de Lincoln, partisan sinon de l'émancipation immédiate des esclaves, du moins de la limitation de l'esclavage, enhardirent l'empereur qui jeta le masque; il crut que le Nord serait battu par le Sud et que la dissolution des États-Unis serait le résultat de la grande lutte américaine; aussi les journaux de l'Empire plaidèrent-ils la cause du Sud qui voulait étendre l'esclavage à son gré, obliger le Nord à lui restituer les esclaves fugitifs et à prohiber les prédications des abolitionnistes; en même temps ils assignaient à l'expédition du Mexique son vrai but effrontément nié jusqu'alors : l'élévation, pour Maximilien, d'un trône impérial sur les ruines de la République mexicaine.

Le 3 mars, le général Lorencez arrivait au Mexique avec un renfort de 3,500 hommes et deux des principaux agents de l'intrigue cléricomonarchique : le général Almonte et le père Miranda ; quelques émigrés accompagnaient ce soldat et ce moine qui, après avoir attiré sur leur pays l'invasion étrangère, allaient servir de guides aux envahisseurs. Le 9 avril, les commissaires alliés tinrent une dernière conférence pendant laquelle se manifestèrent les projets et la mauvaise foi du gouvernement impérial. On attribuait à M. Dubois de Saligny ce propos qu'il *ne se croyait pas lié par sa signature;* interpellé par le commodore Dunlop, il répondit qu'il ne *devait compte à personne des motifs qui dirigeaient sa conduite;* puis il déclara prendre sous sa protection les émigrés qui avaient pénétré à l'intérieur sous pavillon français et dont le gouvernement de Juarez réclamait l'expulsion. Les plénipotentiaires anglais et espagnols protestèrent contre la conduite des plénipotentiaires français, « conduite qu'ils regardaient comme une violation de la convention de Londres et des préliminaires de la Soledad, » et ils se retirèrent, avec leurs troupes, du territoire mexicain. Le corps expéditionnaire français commença les hostilités.

A aucune époque, chez aucun peuple, ne se commit un acte de déloyauté militaire pareil à celui que je vais raconter, la rougeur au front. Dans l'assouvissement de ses félonies, l'homme du 2 Décembre ne respectait rien, pas même l'honneur du drapeau français. On a vu qu'avant de franchir librement, avec l'autorisation de Juarez, une ligne hérissée de défenses afin de se cantonner dans une région moins inclémente pour le soldat, les chefs des armées alliées *signèrent l'engagement* de repasser cette ligne dite du Chiquihuite si on en venait aux hostilités; eh bien! sous le prétexte que, dans une lettre adressée au général Lorencez *et qui n'a jamais été publiée*, le général mexicain Zaragoza, *qui mourut quelques jours plus tard*, « menaçait la sûreté de nos malades restés à Orizaba, » le corps expéditionnaire français, au lieu de repasser la ligne du Chiquihuite, marcha en avant! Ceux de mes lecteurs qui habitaient alors la France, laissée dans la plus profonde ignorance de ce qui se passait et se disait au dehors, ne sauraient imaginer le déplorable effet que produisit partout cette violation sans exemple de la foi militaire. « Un peuple civilisé qui se piquait, dit un historien de l'entreprise mexicaine, d'apporter à une nation presque barbare le respect du droit et des engagements pris commençait ainsi par fouler aux pieds une promesse solennelle. Outre que le prestige de notre force en fut diminué, nous ouvrions, les premiers, la porte à la trahison [1]. » Cet historien ajoute que les Mexicains disaient : « Les Français ont eu peur de nous rendre la possession du col de Chi-

---

[1]. Le comte E. de Kératry, *l'Élévation et la Chute de l'empereur Maximilien*.

L'Italie. — Vue de Naples.

quihuite, position formidable qu'ils n'auraient pu franchir si elle avait été défendue par les fils de Cortez. » Les apparences, malheureusement, donnaient une certaine plausibilité à cette patriotique illusion ; les Français vivant à l'étranger dévoraient leur douleur en entendant les Espagnols, les Anglais et les autres peuples répéter ce que les Mexicains disaient.

Revêtu des pleins pouvoirs politiques dont le vice-amiral Jurien de La Gravière avait été dépouillé, le 8 avril, M. de Saligny et les émigrés qui l'entouraient persuadèrent au général Lorencez que sa marche sur Mexico serait triomphale; le 5 mai, il s'approchait de Puebla, où il croyait être accueilli comme un libérateur, lorsque les forts de Guadalupe et de Loreto vomirent des feux roulants qui décimèrent notre armée; le général Zaragoza, qui défendait les hauteurs, lui infligea un rude échec; le général Lorencez la préserva d'un désastre complet en opérant sur Orizaba une retraite aussi habile que périlleuse à travers trente lieues d'un pays boisé, raviné, inondé et dominé par des collines que la cavalerie mexicaine couronnait. Le corps expéditionnaire se cantonna entre Orizaba et Vera-Cruz, où les maladies et la faim le ravagèrent et où le général Forey arriva, le 20 septembre, avec une armée de 30,000 hommes. Lorencez retourna en France. Le 22 octobre, Forey transféra son quartier général à Cordova, où ses troupes hivernèrent. Un fait vint démontrer l'invraisemblance du motif allégué par Lorencez pour se soustraire à l'engagement d'honneur contracté vis-à-vis de Juarez: un grand nombre de nos soldats blessés sous les murs de Puebla avaient été transportés à l'hôpital de cette ville; les résidents français, dans une lettre remise à leur consul, remercièrent le commandant mexicain des soins prodigués à ces braves militaires. Bientôt les prisonniers et les blessés français furent renvoyés au général Forey; en leur faisant remettre les décorations trouvées sur le champ de bataille de Loreto, le ministre de la guerre écrivait: « Ceux qui les avaient méritées par leur bravoure n'ont rien perdu de leurs titres parce que, soumis aux ordres de leurs chefs, ils sont venus porter ici une guerre inique et folle dont seront responsables ceux-là seuls qui l'ont préparée. » Le gouvernement de Juarez paya les frais de voyage de ces prisonniers et de ces blessés. Dès le 12 avril 1862, dans un décret inspiré par le plus saint des devoirs, — celui de défendre la patrie contre des étrangers qui l'envahissent, — Juarez avait mis « les résidents français paisibles sous la protection des lois et autorités mexicaines ». M. Billault, qui se garda bien de le faire connaître, dénonça mensongèrement au Corps législatif ce patriotique décret comme « le monument de la plus hideuse barbarie ». L'intrigue et la mauvaise foi coalisaient les fonctionnaires impériaux pour cacher au pays toutes les vérités sur cette criminelle expédition dont la cause principale est si impure. On ne saurait trop insister sur ce point: l'entreprise mexicaine n'aurait point eu lieu si Juarez eût voulu prêter la main au marché fait par M. de Morny avec Jecker. A ce sujet, les preuves abondent; je les produirai. En voici une qui est frappante: aussitôt que le traité honteux fut conclu, ce M. Dubois de Saligny qui attacha si tristement son nom à cette vilaine affaire se mit à harceler de demandes comminatoires le gouvernement de Juarez. « J'ai eu l'honneur, écrivait-il, en mai 1861, au ministre des affaires étrangères de la République mexicaine, d'entretenir *fréquemment* Votre Éminence *depuis trois mois* — c'est-à-dire depuis le mois de février — d'une question importante, dans laquelle les intérêts et *l'honneur de la France* se trouvent gravement impliqués: *je veux parler de la question relative aux bons Jecker*. Ainsi que je vous l'ai fait pressentir, et que je ne vous l'ai pas laissé ignorer, j'ai reçu d'abord, il y a douze jours, par le *Tennessee*, puis par le dernier packet anglais, *des ordres précis et péremptoires de mon gouvernement sur cette question.*

« J'avais espéré qu'éclairé par vous sur les nécessités et les périls de la situation, ainsi que sur les incontestables obligations qui lui incombent, le gouvernement de Son Excellence le président se serait hâté de terminer cette affaire, la seule qui puisse susciter de graves difficultés entre les deux pays et empêcher la France de donner un libre cours à ses intentions amicales envers le Mexique.

Mon espoir a été malheureusement trompé. Je ne saurais prendre sur moi de différer plus longtemps l'exécution des ordres de mon gouvernement... »

Ainsi le fait est avéré par l'agent diplomatique du gouvernement impérial : *la seule affaire qui pût susciter de graves difficultés entre les deux pays et empêcher la France de donner un libre cours à ses intentions amicales envers le Mexique, c'était l'affaire des bons Jecker.* Est-il question, là, de ces prétendues injures à nos nationaux, que, plus tard, on fit servir de prétexte à la déclaration de guerre? Le 27 janvier 1862, Napoléon III, dans son discours d'ouverture de la session législative, avait dit : « Nous ne serions en lutte avec personne si, au Mexique, les procédés d'un gouvernement sans scrupules ne nous avaient obligés de nous réunir à l'Espagne et à l'Angleterre pour protéger nos nationaux et réprimer des attaques contre l'humanité et le droit des gens. » Certes, l'aveu de M. Dubois de Saligny réduit à néant les motifs sur lesquels le frère utérin de l'associé de Jecker appuyait sa déclaration de guerre à la République mexicaine; mais, après le consentement de Juarez à la réparation demandée par les trois puissances, la persistance du gouvernement impérial, infracteur du traité de la Soledad, à faire, seul, une guerre dont aucune cause avouable ne subsistait, rendit plus manifeste encore le trafic honteux qui le poussait à cette grosse infamie.

Le journal officiel de la République mexicaine avait publié une correspondance adressée à Jecker, interceptée par le quartier général de l'armée d'Orient, et qui éclairait le ténébreux commerce de M. de Morny avec son associé [1].

Au commencement du mois de mai, la *Société du prince impérial* fut créée, sous le patronage de l'impératrice, avec un brillant fracas. Les fondateurs de cette société, modelée sur celle de Saint-Vincent-de-Paul, avaient pour but de faire parmi les ouvriers secourus des prosélytes à la dynastie napoléonienne. Beaucoup de fonctionnaires et d'intrigants s'empressèrent d'y adhérer; bientôt, suivant leur prévision, ils retirèrent de leur zèle intéressé, les uns des faveurs, les autres cette croix de la Légion d'honneur que le second empire prostituait [1]. La *Société du prince impérial* fut loin de produire tout le bien que ses organisateurs en avaient espéré; ses résultats relativement stériles firent mieux apprécier aux classes laborieuses la fécondité bienfaisante des associations ouvrières détruites, en décembre 1851, comme toutes nos libertés.

L'affaire Mirès satisfit ceux qui aiment les péripéties. Le tribunal correctionnel, ayant déclaré coupables d'abus de confiance et d'escroquerie ce financier et son associé Solar, les condamna, le 11 juillet 1861, à cinq années d'emprisonnement et à 3,000 fr. d'amende; le comte Siméon, sénateur, fut, comme civilement responsable, condamné aux dépens. M. Solar, se dérobant à la justice, avait quitté la France. Le 29 août, un arrêt de la cour impériale de Paris confirma ce jugement. Le 28 décembre, pour un vice de forme, la cour de cassation annula cet arrêt

---

[1]. Accusé de légèreté par M. Conti pour avoir sollicité un décret conférant la croix de la Légion d'honneur à un M. L..., « noté aux sommiers judiciaires comme ayant été condamné par la cour royale de Paris à un an de prison pour escroquerie », M. Belmontet repoussa ce reproche en regrettant son erreur et en ajoutant : « L'empereur a décoré un préfet que M. Turgot, ministre des affaires étrangères, avait destitué pour avoir commis certains méfaits, étant en Amérique ministre plénipotentiaire de France. Un préfet de Tarn-et-Garonne a fait décorer un maire que le conseil des notaires avait frappé d'indignité quelques années auparavant, comme notaire forcé de céder sa charge. Dans l'armée, on a fait monter à des grades supérieurs des officiers que l'opinion publique accusait de malversation. » (*Papiers et Correspondance de la famille impériale*, t. II p. 59.)

[1]. Voir aux documents complémentaires de ce chapitre.

et renvoya les deux accusés devant la cour impériale de Douai. Celle-ci, le 22 avril 1862, à la stupéfaction générale, renvoya MM. Mirès et Siméon des fins de la poursuite sans dépens. L'émotion fut grande : « De tous les points de l'Empire, la magistrature répudie toute solidarité avec les principes posés par cet arrêt qui a pris les proportions d'un danger social et qui porte un coup funeste aux règles de bonne foi et de probité traditionnelles dans le haut commerce. » Ainsi s'exprimait le ministre de la justice en donnant au procureur général Dupin l'ordre de dénoncer à la cour de cassation l'arrêt immoral de la cour de Douai. Le 28 juillet, la cour suprême cassa et annula cet arrêt « sujet d'effroi pour les honnêtes gens et par lequel, disait M. Dupin, la loi est vivement offensée, odieusement violée ». De plus, la cour de cassation ordonna que son arrêt flagellateur serait imprimé et transcrit sur les registres de la cour de Douai, — flétrissure qui, si je ne me trompe, n'avait jamais marqué des magistrats au front. La morale et la loi furent satisfaites, mais la vindicte publique ne le fut pas, car *l'absence du pourvoi en temps utile* ne permit pas d'atteindre les deux inculpés.

M. de Morny, l'associé de Jecker, reçut de Napoléon III le titre de duc au moment où MM. Mirès et Siméon bénéficiaient d'un acquittement aussi étrange que prévu par beaucoup de gens. La fameuse *liste des comptes courants* sur laquelle figuraient tant de hauts personnages n'est-elle pour rien, se demandait-on, dans le dénouement de ce procès ? On se souvenait que, devant les premiers juges, M. Léon Duval, l'un des défenseurs, agitant cette liste comme un épouvantail, s'écriait : « *La voici!... mais je ne la lirai pas.* » Et chacun répétait cette phrase d'un chroniqueur judiciaire : « Plus d'un nom de cette liste, innocent devant la loi, coupable devant la morale, signifie CORRUPTION. » M. Mirès, ajoutait-on, ne cessa de croire que toute cette procédure aboutirait à un acquittement, car les personnages intéressés à ce qu'il se tût étaient informés que la publication de la redoutable liste suivrait de près une condamnation définitive.

L'Italie fut le théâtre d'un événement qui causa partout une émotion douloureuse. Possédé du patriotique dessein de délivrer Rome que Napoléon III persistait à retenir sous le joug du pape, Garibaldi s'était remis en campagne au cri de : « *Rome ou la mort!* » Autour de lui se rangèrent 4,000 volontaires. Désavoué par le gouvernement italien et poursuivi par les troupes royales qui l'enveloppèrent en Sicile, il parvint à se dégager et à gagner Catane. Il s'empara d'un bateau à vapeur, y monta avec un millier d'hommes et aborda en Calabre, où ne purent le rejoindre que six six cents de ses volontaires. Après avoir tenté inutilement de surprendre Reggio, il se jeta dans les montagnes.

Le 29 août, il occupait le plateau d'Aspromonte. Des troupes lui coupèrent la retraite et le colonel Pallaviccini, à la tête de 2,400 bersaglieri et fantassins, gravit les hauteurs. Quand ils se trouvèrent face à face, les patriotes italiens et les soldats du roi hésitèrent à s'attaquer. Garibaldi donna l'ordre de ne pas faire feu ; mais des coups de fusil partirent du côté des fantassins et les garibaldiens ripostèrent. Le combat dura peu, il y eut douze morts et cinquante blessés. Bientôt les bersaglieri et les garibaldiens se mêlaient et s'embrassaient en échangeant de doux reproches. Atteint d'une balle morte à la cuisse et d'une balle vive au pied droit, Garibaldi s'était assis ; il fumait un cigare pendant qu'on examinait sa blessure dont le sondage le faisait cruellement souffrir. La balle ne put être extraite que plus tard et non sans peine par le docteur Nélaton. Garibaldi fut emprisonné, le 2 septembre, au Varignano, dans le golfe de la Spezzia. Le 15, Victor-Emmanuel donna une amnistie au grand patriote et à ses compagnons ; leur tentative en faveur de l'émancipation de Rome servit puissamment la cause

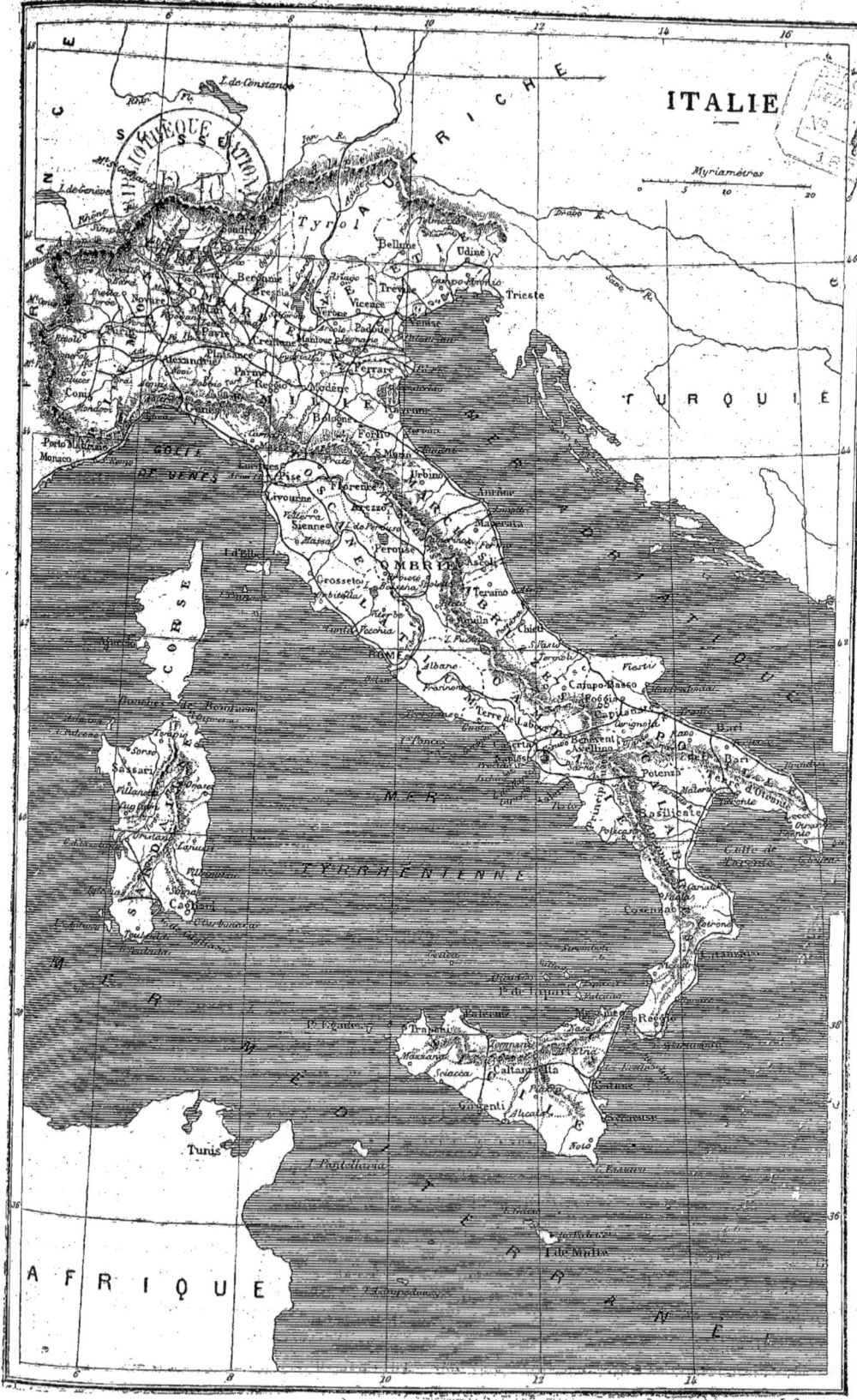

46. HISTOIRE DU SECOND EMPIRE.

de la patrie italienne, car, le 8 octobre, dans une note diplomatique, le ministre des affaires étrangères Durando affirma ainsi les droits de l'Italie sur Rome : « La loi l'a emporté, mais le mot d'ordre des volontaires a été, cette fois, plus impérieux que jamais. La nation toute entière réclame sa capitale. »

Napoléon III, qui avait poussé Victor-Emmanuel à lancer des troupes contre le grand patriote italien, fit soumettre à Pie IX et au roi d'Italie une transaction dont les bases se trouvaient dans une lettre datée du mois de mai, adressée à M. Thouvenel et que le *Moniteur* publia le 25 septembre :

« Le pape, disait la lettre impériale, ramené à une saine appréciation des choses, comprendrait la nécessité d'accepter tout ce qui peut le rattacher à l'Italie, et l'Italie, cédant à une sage politique, ne refuserait pas d'adopter les garanties nécessaires à l'indépendance du souverain pontife et au libre exercice de son pouvoir.

« On atteindrait ce double but par une combinaison qui, en maintenant le pape maître chez lui, abaisserait les barrières qui séparent aujourd'hui ses États du reste de l'Italie.

« Pour qu'il soit maître chez lui, l'indépendance doit lui être assurée, et son pouvoir accepté librement par ses sujets. Il faut espérer qu'il en serait ainsi d'un côté, lorsque le gouvernement italien s'engagerait vis-à-vis de la France à reconnaître les États de l'Église et la délimitation convenue ; de l'autre, lorsque le gouvernement du Saint-Siège, revenant à l'ancienne tradition, consacrerait les priviléges des municipalités et des provinces, de manière à ce qu'elles s'administrent pour ainsi dire elles-mêmes ; car alors le pouvoir du pape, planant dans une sphère élevée au-dessus des intérêts secondaires de la société, se dégagerait de cette responsabilité toujours pesante, et qu'un gouvernement fort peut seul supporter. »

M. Thouvenel, chargé des négociations, avait été autorisé à dire au pape que l'empereur proposait aux États catholiques d'offrir une liste civile à Sa Sainteté et que la part de la France serait de trois millions de francs, « dont les titres inscrits sur le grand livre de la dette publique seraient remis entre les mains du souverain pontife ».

Après avoir répondu « qu'il ignorait ce que c'était que le grand livre », Pie IX repoussa hautainement toute transaction.

Le 16 octobre, M. Thouvenel, le négociateur malheureux, apprit par le *Journal officiel* que « *sa démission était acceptée*, et que M. Drouyn de Lhuys le remplaçait au ministère des affaires étrangères ». Il reçut en même temps la lettre suivante, que le *Moniteur* publia quelques jours plus tard :

« Saint-Cloud, 15 octobre 1862.

« Mon cher monsieur Thouvenel,

« Dans l'intérêt même de la politique de conciliation que vous avez loyalement servie, j'ai dû vous remplacer au ministère des affaires étrangères ; mais, en me décidant à me séparer d'un homme qui m'a donné tant de preuves de dévouement, je tiens à lui dire que mon estime et ma confiance en lui ne sont nullement altérées.

« Je suis persuadé que dans toutes les positions que vous occuperez je pourrai compter sur vos lumières comme sur votre attachement, et je vous prie, de votre côté, de croire à ma sincère amitié.

« Napoléon. »

On ne pouvait cacher sous un langage plus énigmatique la cause d'une disgrâce que nul ne s'expliquait.

Le martyrologe de la presse s'était ouvert, en 1862, par la suppression de l'*Orléanais*, coupable d'avoir dit que « l'état de l'industrie des couvertures était déplorable dans le Loiret » ; il fut clos par la suppression du *Pro-*

pagateur de la Martinique « qui avait publié des nouvelles du Mexique mauvaises, mais vraies »; Entre ces deux suppressions, dix-neuf avertissements avaient frappé douze journaux. Le banquier Millaud, ex-associé de Mirès, acheta la *Presse* dont Peyrat et ses cinq collaborateurs abandonnèrent la rédaction [1].

La publication des *Misérables* fut un événement. Je n'ai pas à faire, ici, l'éloge de cette œuvre vaste et puissante; tout le monde a lu ces pages palpitantes d'intérêt et dans lesquelles, avec ce style harmonieux et nerveux que nul n'imite, Victor Hugo traite magistralement les plus hautes questions de philosophie sociale; les classes dirigeantes dont l'égoïsme nous exploite en furent épouvantées; on ne pouvait ébranler plus fortement le vieil édifice au fond duquel s'abritent les tyrannies qui nous oppriment. « Je ne sais, disait Victor Hugo, si le livre *les Misérables* sera lu par tous les peuples, mais je l'ai écrit pour tous. Il s'adresse à l'Angleterre autant qu'à l'Espagne, à l'Italie autant qu'à la France, à l'Allemagne autant qu'à l'Irlande, aux républiques qui ont des esclaves aussi bien qu'aux empires qui ont des serfs. Les problèmes sociaux dépassent les frontières. Les plaies du genre humain, ces larges plaies qui couvrent le globe, ne s'arrêtent point aux lignes bleues ou rouges tracées sur la mappemonde. Partout où l'homme ignore et désespère, partout où la femme se vend pour du pain, partout où l'enfant souffre faute d'un livre qui l'enseigne ou d'un foyer qui le réchauffe, le livre *les Misérables* frappe à la porte et dit : « Ouvrez-moi, je viens pour « vous. »

« A l'heure, si sombre encore, de la civilisation où nous sommes, le misérable s'appelle l'HOMME ; il agonise sous tous les climats, et il gémit dans toutes les langues...

« Certains hommes, certaines castes se révoltent contre ce livre, je le comprends. Les miroirs, ces diseurs de vérités, sont haïs ; cela ne les empêche pas d'être utiles...

« Tenez, passons la revue des misères : que chacun apporte son tas, vous êtes aussi riches que nous. N'avez-vous pas comme nous deux damnations : la damnation religieuse prononcée par le prêtre et la damnation sociale décrétée par le juge ? O grand peuple d'Italie, tu es semblable au grand peuple de France ! Hélas ! nos frères, vous êtes comme nous des « misérables » !...

« La misère nous regarde tous. Depuis que l'histoire écrit et que la philosophie médite, la misère est le vêtement du genre humain ; le moment serait enfin venu d'arracher cette guenille, et de remplacer sur les membres nus de l'Homme-Peuple la loque sinistre du passé par la grande robe pourpre de l'aurore [1]. »

L'auteur des *Misérables* est « un patriote de l'humanité ».

Le 7 décembre, Paris vit se renouveler une de ces cérémonies dont la fréquence et l'uniformité lassaient la curiosité publique. L'empereur et l'impératrice s'étaient, un instant, dérobés aux divertissements de Compiègne pour assister à l'inauguration du boulevard du Prince-Eugène. Placé entre les princes Napoléon et Murat, entouré de ses maréchaux, Napoléon III complimenta M. Haussmann et les membres de la commission municipale qui « ne cessaient d'ouvrir des rues spacieuses et des jardins, de construire des édifices religieux et scolaires, *sans*

---

[1]. Ils adressèrent, le jour même, au gérant de ce journal, la lettre suivante :

« Monsieur, nous vous prions de bien vouloir annoncer que nous sommes, à dater d'aujourd'hui, étrangers à la rédaction de la *Presse*.

« Agréez, etc.

« A. PEYRAT, ÉLIAS REGNAULT, E.-D. FORGUES, JULES JUIF, GUSTAVE HÉQUET, AD. GAÏFFE ».

[1]. Extrait d'une lettre écrite, le 12 octobre 1862, à M. Daelli, traducteur italien des *Misérables*.

compromettre les finances de la ville de Paris » ; il exalta « l'œuvre de l'impératrice qui, mettant des capitaux à la portée des classes laborieuses, fera mentir ce vieux proverbe : *On ne prête qu'aux riches* » ; il rappela que le prince Eugène, « enfant de Paris, avait été officier d'ordonnance du général Hoche, le héros populaire par excellence ; » puis il parla du canal Saint-Martin, récemment voûté et transformé en un boulevard auquel la commission municipale avait donné le nom de la reine Hortense. Après avoir dit que les noms à inscrire sur le marbre ne devaient pas être le privilége exclusif d'une famille, et que ce boulevard porterait le nom de Richard Lenoir, l'empereur ajouta : « Il existe déjà une petite rue de ce nom ; mais je veux faire paraître dans un plus grand jour le nom de cet homme qui, de simple ouvrier du faubourg Saint-Antoine, devint l'un des premiers manufacturiers de France, que Napoléon Ier décora de sa main, et qui employa une fortune noblement acquise à soutenir ses ouvriers pendant les mauvais jours et à les armer lorsqu'il fallut repousser l'invasion étrangère. »

Napoléon III voulait flatter l'amour-propre des ouvriers du faubourg par cet adroit langage qu'ils accueillirent froidement ; ils souffraient, avec une impatience croissante, le régime despotique auquel, depuis onze ans, ils étaient soumis.

Mgr Morlot, sénateur, archevêque de Paris, membre du conseil privé, cardinal et grand-officier de la Légion d'honneur, mourut le 29 décembre ; il eut pour successeur Mgr Darboy, évêque de Nancy.

La session législative de 1863 s'ouvrit le 12 janvier. A quoi bon parler du Sénat ? A de rares exceptions près, il n'y avait là que des têtes séniles et serviles s'inclinant, en signe d'approbation, devant tous les actes et tous les ordres de l'empereur.

Les Cinq présentèrent au Corps législatif une proposition ainsi formulée : « Qu'on nous rende la liberté ou qu'on cesse de nous en vanter les bienfaits en interdisant toute initiative intellectuelle, toute discussion libre, toute vie municipale indépendante. » M. Ollivier la défendit en gémissant sur les efforts infructueux que le petit groupe auquel il appartenait encore un peu faisait, depuis six ans, pour défendre les principes auxquels, bon gré mal gré, disait l'orateur, la France doit revenir un jour. Affectant un visage sérieux, M. Baroche, ministre sans portefeuille, répondit que la France jouissait d'*une liberté considérable.*

Le 6 février, M. Jules Favre prit la parole pour soutenir cet amendement des Cinq à propos du Mexique : « Les forces de la France ne doivent pas être témérairement engagées dans des expéditions mal définies et aventureuses. » L'orateur démontra que « la cause principale de la guerre était une question d'argent ».

Ne sachant que répondre à cette démonstration, M. Billault parla de la Chine et de la Cochinchine. M. Jules Favre voulut le rappeler à la question, mais des interruptions parties de tous les points de la salle étouffèrent sa voix et firent cesser le malaise que, dans son fauteuil présidentiel, l'associé de Jecker éprouvait. — Dans sa réponse aux députés qui lui apportèrent l'adresse contre laquelle les *Cinq* seulement avaient voté, l'empereur annonça la prochaine dissolution du Corps législatif.

Le 9 février, un livre du duc d'Aumale, — l'*Histoire de la maison de Condé*, — fut saisi chez l'éditeur Lévy et confisqué sans autre forme de procès.

Le 7 mai, un décret impérial convoqua les électeurs pour le 31. Les circonscriptions électorales avaient été remaniées. M. Persigny menaça d'une *répression sévère* les journaux « qui désignaient les candidats de l'opposition par l'expression de *candidats indépendants* ». Comme toujours, on employa les promesses et les menaces en faveur des candidats officiels, la diffamation et la calomnie contre les opposants dont on lacérait les affiches ; on alla jusqu'à saisir leurs correspondances. Dans l'Isère, on s'empara de celle de M. Casimir Périer ; le procureur impérial feint d'y découvrir « le délit d'excitation à la haine et au mépris du gouvernement », et le préfet traite M. Casimir Périer de *faussaire* dans une affiche placardée au son du tambour. — « Combattre les candidatures administratives, disaient les employés du gouvernement, c'est combattre l'empereur. » On ne savait qu'imaginer pour intimider les électeurs des villes et pour effrayer ceux des campagnes. Dans un village de la Gironde, un paysan est promené entre deux gendarmes, et le commissaire de police crie, en le montrant à la foule : « *C'est un partisan de M. Decazes ! voilà comment on les traite* [1] ». Dans des églises rurales des Côtes-du-Nord, des curés montent en chaire et prêchent les louanges des candidats préfectoraux.

M. Baze avait posé sa candidature dans l'arrondissement de Villeneuve-d'Agen. Le 23 avril, on affichait, au chef-lieu de la commune de Saint-Front, la profession de foi du candidat indépendant, après avoir, bien entendu, rempli toutes les formalités et s'être muni de pouvoirs réguliers. Dans la soirée, l'appariteur de la commune enlève et lacère les affiches. On s'en plaint au maire, nommé Vernière ; il répond qu'il en a donné l'ordre. M. Baze obtient du président du tribunal de Villeneuve une ordonnance à fin d'assigner ce fonctionnaire qui méconnaît la loi. Aussitôt le procureur impérial défend à tous les huissiers du ressort de se charger de l'assignation avant que les élections ne soient passées. M. Baze adresse une requête au procureur général près la cour d'Agen ; il lui signale la mesure prise par le procureur impérial ; il ne la discute pas ; il se borne à constater les faits et à en prendre acte, se réservant de les déférer aux autorités compétentes. « Il faudra bien, dit-il, que l'on sache si, en France, les magistrats chargés de faire exécuter la loi et les ordonnances de la justice peuvent au contraire, en empêcher l'exécution en donnant aux officiers ministériels, dont le ministère est obligé, des ordres ou des défenses si opposés à leur devoir. » Quelques jours plus tard, M. Baze déposait une plainte au parquet de la cour impériale. Cette plainte demeura sans réponse.

J'ai pris, au hasard cette monstruosité entre mille.

Le jour du vote est arrivé. Les brigadiers de gendarmerie et les gardes champêtres se tiennent en permanence dans les couloirs qui aboutissent à la salle du scrutin ; là, ils exigent que chaque électeur rural exhibe son bulletin ; si ce bulletin porte le nom du candidat de l'opposition, ils lui substituent celui du candidat officiel. Des maires font cette substitution eux-mêmes. « Dans un grand nombre de communes, on votait soit dans un chapeau, soit dans un saladier, soit dans une soupière, et, à défaut de ces récipients, dans la poche du maire entre-bâillée par lui et par l'adjoint ou par le garde champêtre [1] ».

Une lettre de M. Persigny à M. Haussmann fut affichée sur tous les murs ; elle attaquait violemment la candidature que M. Thiers avait acceptée dans le 2ᵉ arrondissement de Paris. A son tour, M. Haussmann publia une proclamation annonçant des émeutes sanglantes, la suspension des affaires et des travaux si les candidats opposants étaient élus. M. Garnier Pagès avait fait d'heureuses tournées départementales pour combattre l'abstention ; des comités de jurisconsultes éclairaient les électeurs sur leurs droits.

A Paris, la liste de l'opposition se composait de MM. Havin, Thiers, Ollivier, Picard, Jules Favre, Pelletan, Guéroult, Darimon et Jules Simon. Le triomphe de cette liste atterra le

---

[1]. Taxile Delord, *Histoire du second Empire*, t. III, p. 404.

[1]. Taxile Delord, t. III, p. 419.

gouvernement. Lyon élut MM. Hénon et Jules Favre, — Marseille, MM. Marie et Berryer, — Nantes, M. Lanjuinais. M. Magnin triompha dans la Côte-d'Or; M. Dorian, dans la Loire; M. Havin, dans la Manche et M. Glais-Bizoin, dans les Côtes-du-Nord. En résumé, les noms de trente-cinq députés non officiels sortirent des urnes.

Le 24 mai, la démission forcée de M. Persigny que M. Boudet remplaça fut suivie d'un remaniement ministériel : M. Delangle céda le portefeuille de la justice à M. Baroche, M. Rouland nommé gouverneur de la Banque celui de l'instruction publique à M. Duruy et M. Walewski le ministère d'État à M. Billault, qui, investi des fonctions attribuées aux ministres sans portefeuille, devint l'homme prépondérant du nouveau cabinet. La présidence du Conseil d'État échut à M. Rouher dont M. Béhic prit la place au ministère du commerce et des travaux publics.

L'entreprise mexicaine se poursuivait. Au lieu de marcher immédiatement, avec ses 35,000 hommes, sur Puebla dont les défenses étaient alors très-faibles, le général Forey, temporiseur comme son ami Canrobert, laissa, pendant six mois, son armée sous l'action délétère des fièvres qu'engendrent les Terres-Chaudes. Voici quels furent les fruits de cette temporisation qui serait inconcevable si l'incapacité militaire du général Forey ne l'expliquait pas : les Mexicains fortifièrent Puebla, détruisirent partout les provisions qu'ils n'emportaient pas, dévastèrent et stérilisèrent les régions que les envahisseurs auraient à traverser. A la suite de ces dévastations, l'intendance de l'armée française dut faire venir, à grands frais, de la Havane et des États-Unis, des blés et des avoines dont une partie considérable — les moyens de transport manquant — s'avaria sur les quais de Vera-Cruz baignés par l'eau de mer. « Une opération de remonte fut tentée à Tampico et chaque cheval ramené à Vera-Cruz par nos cavaliers d'Afrique revenait au prix moyen de VINGT-CINQ MILLE FRANCS. Il est vrai que l'opération avait coûté une canonnière, la *Lance*, perdue sur la barre du fleuve [1]. »

Le général Forey sortit enfin d'une inaction qui excitait des murmures. Le 19 mars, l'armée française investissait Puebla; le 29, elle s'emparait du *Pénitencier*; mais, après deux assauts infructueusement donnés à la ville, elle abandonna les positions conquises, et on suspendit les hostilités jusqu'au 15 avril. On dut alors, chaque nuit et chèrement, enlever des pâtés de maisons que les Mexicains reprenaient et qu'il fallait de nouveau leur disputer. Dans l'intervalle de ces attaques nocturnes, l'assiégé auquel ce système « laissait toujours dix-huit heures de répit en profitait pour doubler ses lignes de barricades et pour percer des meurtrières à l'abri desquelles, invisible, il fusillait nos soldats s'avançant dans les ténèbres, la poitrine découverte [2] ». Une armée de secours sous les ordres du général Comonfort ayant été surprise nuitamment et défaite par le général Bazaine, les assiégés, manquant de vivres et de munitions, capitulèrent le 17 mai, après avoir brisé les armes, encloué les canons et brûlé les drapeaux.

Le 3 juin, la division Bazaine occupa Mexico que Juarez avait tranquillement quitté le 31 mai; il se retirait devant la force; mais, sûr de son droit, il emportait à San Luis de Potosi le pouvoir républicain dont il restera le défenseur jusqu'au jour où il le rétablira dans la capitale du Mexique; c'est là que le *gouvernement français* — comme l'écrivait, en décembre 1862, le général Ortega au général Forey — *entrera en arrangement avec celui de Benito Juarez* tant insulté par les ministres, les généraux, les sénateurs, les députés et les jurisconsultes de Napoléon III.

1. Le comte de Kératry, *l'Élévation et la Chute de Maximilien*.
2. *Idem.*

Le général Forey fit son entrée dans la capitale du Mexique au milieu d'un enthousiasme préparé et payé par la faction clérico-monarchique : « Le prix des fleurs qu'on lui jeta figure au budget de *l'ayuntamiento* de Mexico [1]. » Il nomma, par décrets, une municipalité et un triumvirat.

Le 10 juillet, *deux cent trente et un notables choisis par les triumvirs Labastida, Salas et Almonte* déclarèrent, sous les yeux de Forey et de Saligny, que la couronne impériale du Mexique était offerte à l'archiduc Maximilien d'Autriche; puis ils chargèrent une députation d'aller remettre au nouvel empereur *l'acte solennel* émanant de cette singulière Constituante et un sceptre d'or. Et ce fut une affaire bâclée. « Il faut, dit M. de Kératry, avoir assisté à cet épisode de l'intervention pour pouvoir le juger à sa valeur. *On dut payer les habits de certains notables*. Cette séance mémorable de la junte restera comme un exemple regrettable d'outrage fait à la vérité. »

Le général Forey était là sur son terrain; il se montra digne du choix qu'avait fait de lui, pour cette besogne, l'homme auquel il amena, le premier, sa brigade le 2 Décembre 1851; il supprima les journaux et décréta la mise sous séquestre de toutes les propriétés appartenant aux citoyens de la République servant soit dans l'armée régulière, soit dans les bandes de guérillas hostiles à l'intervention française. Le 20 juin, un décret mettait hors la loi tous ces citoyens, et déférait ceux qui seraient pris à une cour martiale dont la sentence *sans appel* devra être rendue le même jour et exécutée dans les vingt-quatre heures. Le silence absolu de la presse soulevant des murmures contre le triumvirat qui s'était constitué en conseil de régence, on autorisa les journaux à paraître sous la condition que ni les lois, ni les nouvelles institutions du pays, ni les choses de la religion ne seront controversées. Dès ce moment, les actes de barbarie se succèdent et se multiplient. Chez M. de Saligny, on a créé une contre-guérilla qui ressemble « à une ancienne bande de truands exhumés du fond de la Cité [1] ». Ces bandits pillent et incendient les villages, pendent et fusillent des ôtages. Un colonel Dupin, qui est le chef de ces bandouliers, « fait fusiller, séance tenante, un individu chez lequel on a trouvé des lettres constatant des relations avec les juaristes ; sa femme est obligée d'assister à l'exécution [2] ». Arrestations, transportations sans jugement, flagellations, fusillades secrètes, toutes les horreurs dont la France fut le théâtre en décembre 1851 se reproduisirent au Mexique; là aussi un journal emploie l'expression sinistre : *Que les honnêtes gens se rassurent!* et il exalte l'effet salutaire des fusillades secrètes et des flagellations. C'est ainsi que Forey tenait ses promesses au peuple mexicain.

« On a cherché, avait-il dit dans sa première proclamation, à soulever contre nous le sentiment national en voulant faire croire que nous arrivions pour imposer à notre gré un gouvernement au pays ; loin de là ; le peuple mexicain, affranchi par nos armes, sera entièrement libre de choisir le gouvernement qui lui conviendra. J'ai mission expresse de le déclarer. » Et le général en chef de l'expédition mexicaine ajoutait : « Souvenez-vous que partout où flotte le drapeau de la France, en Amérique et en Europe, il représente la cause des peuples et de la civilisation. »

Hélas! au Mexique, ce drapeau ne représenta que la cause des associés de Jecker, des cléricaux mexicains et de la barbarie. Les férocités atteignirent un tel degré de folie furieuse que Napoléon III dut rappeler en France le général Forey et donner un

---

1. Taxile Delord, t. IV, p. 273, note.

1. Le comte E. de Kératry, *Histoire de la contre-guérilla*.
2. *Idem*.

successeur à M. Dubois de Saligny dont l'impopularité avait acquis de telles proportions que nos officiers ne le saluaient pas. Le 25 juillet, le général Bazaine prit le commandement ôté au *maréchal* Forey; je dis *maréchal*, car, en apprenant l'entrée de nos soldats dans Mexico, l'empereur avait envoyé à son complice du coup d'État ce bâton que le second Empire, seul, a mis quelquefois dans des mains indignes.

La presse espagnole, comme celle de tous les pays, se faisait l'écho des sentiments de réprobation qu'excitait dans l'Europe entière la conduite de ceux qui dirigeaient l'entreprise mexicaine. L'impératrice Eugénie ne pouvait être plus malavisée qu'elle ne le fut en choisissant un pareil moment pour revoir Madrid où elle arriva le 18 octobre; Sa Majesté commit une étourderie plus grande encore en se faisant accompagner par une jeune fille dont le nom y est exécré. Avait-elle donc oublié que, tous les ans, une cérémonie funèbre rappelle à ses compatriotes la sanglante journée du 2 mai 1808, — et que, autrefois, elle se plaçait à l'un des balcons du ministère de la *Gobernacion*, devant lequel défilait le long cortége qui allait assister au service commémoratif célébré en l'honneur des martyrs de l'indépendance nationale, tombés sous les balles des soldats de Napoléon Ier commandés par Joachim Murat? On savait l'impératrice fort engagée dans l'intrigue qui tendait à imposer Maximilien au Mexique; cela expliquait l'accueil froid qu'on lui fit. Mais quand on apprit que sa compagne de voyage se nommait *Anna Murat*, une grande émotion se produisit dans Madrid. Ceux qui avaient connu Mlle de Montijo attribuèrent à la légèreté de son caractère son action blessante pour le sentiment national; les classes populaires ne pouvaient donner une pareille excuse à une inconvenance qui les indignait. La nouvelle que l'impératrice et sa suite assisteraient à la prochaine course de taureaux se répandit et n'étonna personne, — tout le monde se souvenant que Mlle de Montijo raffolait de ce spectacle et n'y manquait jamais. On résolut de mettre à profit cette occurrence pour faire une manifestation antinapoléonienne et antimuratiste. Le jour attendu vint; c'était le 23 octobre; on s'arrachait à des prix fous les billets d'entrée; une foule agitée occupait les avenues et les abords de *la plaza de Toros*; son attente fut déçue. Les rapports de police avaient été communiqués, la veille, à l'impératrice qui, changeant de projet, était partie non pour Tolède, mais pour Aranjuez où, d'après le *Moniteur*, elle ne se serait arrêtée qu'un moment. Là, dans une propriété mise à sa disposition, elle avait convié à une fête intime et dégagée de toute étiquette les amis de sa première jeunesse. Elle voulut se décharger, pendant quelques heures, du poids des honneurs souverains, et elle exigea de ses convives que, oubliant l'impératrice, ils se souvinssent uniquement de la bonne et joyeuse Eugénie d'autrefois. Ici l'historien doit se taire; il ne lui est pas permis d'empiéter sur les droits du chroniqueur. — Le lendemain, sans revenir à Madrid, l'impératrice prit, à Tolède, le train qui la conduisit à Valence où l'attendait pour la ramener en France le yacht *l'Aigle*, sur lequel elle était venue de Biarritz en Espagne.

Jamais livre ne fit dans l'Église romaine tant de bruit que *la Vie de Jésus* publiée par M. Renan. Il y eut de formidables ameutements contre cet écrivain; les évêques le foudroyèrent d'anathèmes et d'imprécations; quelques-uns de ces prélats ordonnèrent que, tous les vendredis, en expiation de cette *œuvre infernale*, le glas fût tinté. Au congrès de Malines, on traita M. Renan de « protégé de César, romancier sacrilége, défenseur de Judas ». Des évêques prirent la plume pour réfuter ce livre qui sapait les bases de leur puissance : ceci valait mieux que cela, car injurier n'est pas répondre. J'avoue que je comprenais peu ce bruit et ces fureurs; le

Bazaine.

livre de M. Renan ne les méritait pas. J'ai de vives sympathies pour cet auteur, bien que dans ses précédents ouvrages je n'aie rien trouvé qui ressemblât à une doctrine. J'avais lieu de croire — et je n'étais pas le seul — qu'il réservait ses opinions sur le christianisme ou plutôt sur les destinées de l'humanité pour cette *Vie de Jésus* qui, en raison de l'attente générale, excitait, avant la publication, un intérêt si vif; je m'étais mécompté. M. Renan, dans ce livre qui d'ailleurs est un charme, ne laisse entrevoir la vérité qu'avec un embarras visible et avec des ménagements dont ne lui savent aucun gré ceux qu'elle irrite. L'érudition de cet écrivain, — il en convient lui-même — n'est autre que celle de Strauss, mais tronquée, mutilée, réduite aux proportions d'une idylle ayant une exquise suavité, mais ne donnant pas une idée satisfaisante de la mission que *Jésus homme et rien qu'homme* a remplie. Le progrès dont Jésus a été un des initiateurs est-il du seul fait de Jésus? Sans la philosophie grecque, sans la longue et admirable élaboration d'idées et de sentiments qui, par la seule force de l'esprit humain, s'était produite, avant

Jésus, dans les grands centres de la civilisation occidentale, y aurait-il au monde un chrétien ? Le livre de M. Renan nous incite à ces interrogations et il évite d'y répondre. Voltaire — et à quelle époque, juste ciel ! — a nettement et courageusement nié la divinité de Jésus, et, en même temps que lui, Rousseau, Fréret, Diderot, Montesquieu et tous les encyclopédistes, — et, immédiatement après lui, Condorcet, Robespierre, tous les héros, tous les martyrs de notre grande Révolution française. Après une négation si ferme au point de vue de la spéculation philosophique, si héroïque sur le terrain de l'action, ne faut-il pas s'étonner que des libres penseurs aient acclamé, comme un progrès, les hésitations et les réticences de M. Renan ? Le XVIIIe siècle avait si bien posé la question ! Pourquoi l'embrouiller aujourd'hui et l'amoindrir par des prosopopées sentimentales ? On pouvait espérer que, sur un terrain si bien déblayé par nos pères, M. Renan apporterait, lui aussi, sa pierre à l'édifice de la philosophie nouvelle qui, par la démocratie et au profit de la démocratie, se constituera, il est permis de le croire, avant la fin du XIXe siècle ; à ce prix seulement, on aura raison de tous les vieux dogmes qui ne consacrent plus que des superstitions avilissantes et des iniquités sociales.

L'auteur de la *Vie de Jésus* n'en fit rien, et ce fut un malheur pour nous, car il était fort à la mode. Autre sujet d'étonnement : ce livre qui déchaîna les colères dévotes fut présenté par les gens d'Église comme une *scandaleuse nouveauté!* ils en enrageaient à perdre la mémoire : M. Renan leur faisait oublier même Ébion, Arius et Socin.

M. Billault mourut avant d'exercer les hautes fonctions auxquelles il venait d'être appelé ; le 18 octobre, M. Rouher fut chargé de ce pesant fardeau.

Le 3 novembre, une statue de Napoléon Ier affublé d'un costume d'empereur romain prit, au sommet de la colonne Vendôme, la place du Napoléon légendaire en redingote et en petit chapeau ; c'est en préparant sa *Vie de César* que Napoléon III eut l'idée de cet accoutrement théâtral qui, s'accordait avec ses goûts et avec ceux d'une cour toute de clinquant à l'aspect de laquelle le comte Arese ne put retenir cette exclamation : « *Che carnavale!* » — Quel carnaval !

Le 4, l'empereur proposa aux souverains de l'Europe de régler, dans un congrès, le présent afin d'assurer l'avenir ; le lendemain, en ouvrant la session législative de 1864, il expliquait cette proposition par ces paroles qui agitèrent tous les esprits : « *Les traités de 1815 ont cessé d'exister.* » « Le 1er décembre, un rapport de M. Fould annonçant que de nouveaux déficits portaient à 972 millions l'ensemble de nos découverts et proposant l'émission d'un emprunt de 300 millions vint augmenter les inquiétudes suscitées par le discours de l'empereur. On apprit, le 20 décembre, que les puissances n'adhéraient pas à la proposition de Napoléon III.

Pendant l'année 1863, trente-deux avertissements frappèrent trente journaux ; — le *Phare de la Loire*, le *Progrès de Lyon*, le *Journal de Rennes* et le *Courrier du Dimanche* furent suspendus ; enfin les tribunaux supprimèrent l'*Écho d'Hyères* et le *Progrès de la Côte-d'Or*.

Pour se mettre hors d'atteinte des mille coups portés à l'écrivain indépendant par d'impitoyables exécuteurs d'une législation draconienne, à quels efforts de prudence, à quelles ressources de langage ne devaient pas recourir Peyrat, Edmond Texier, Taxile Delord, Louis Jourdan et d'autres journalistes qui, depuis douze ans, soutenaient la cause du droit et de la liberté ?

En province, les luttes de presse étaient plus difficiles encore. A Bordeaux, la *Gironde*, sous la direction de MM. André Lavertujon et J. Massicault, organisait les forces démocratiques et combattait l'Empire avec autant de prudence que de talent. A Nantes, le *Phare de la Loire*, rédigé par les frères Mangin, — à Niort, le *Mémorial des deux Sèvres*, dont MM. Delavault et Mercier étaient les rédacteurs, — à Lyon, le *Progrès*, qu'avaient rendu populaire MM. Frédéric Morin et J. Massicault, — à Auxerre, la *Constitution*, — dans la Seine-Inférieure, le *Journal de Rouen* et le *Journal du Havre* de M. Cazavons luttaient aussi, avec une courageuse indépendance, contre le despotisme impérial.

DOCUMENTS COMPLÉMENTAIRES DU CHAPITRE VIII

I

ULTIMATUM DU GOUVERNEMENT IMPÉRIAL

« Les soussignés, représentants de la France, ont l'honneur de formuler ainsi qu'il suit l'*ultimatum* dont ils ont l'ordre, au nom du gouvernement français, *d'exiger l'acceptation simple et complète* de celui du Mexique.

« ART. 1er. — Le Mexique s'obligera à payer à la France la somme de *douze millions de piastres* — 60,000,000 de francs[1] — à laquelle est évalué le total des réclamations françaises pour les faits commis jusqu'au 31 juillet dernier, sauf les exceptions comprises dans les articles 2 et 4, et dont il sera parlé ci-après.

« Quant aux faits qui ont eu lieu depuis le 31 juillet dernier, faits pour lesquels ils introduisent une réserve expresse, le montant des réclamations auxquelles ils pourront donner lieu *sera fixé ultérieurement par les plénipotentiaires français*.

« ART. 2. — Le reliquat des sommes dues en vertu de la convention de 1853, reliquat qui n'a point été compris dans l'article 1er ci-dessus, devra être payé aux ayants droit, conformément aux obligations stipulées dans la susdite convention de 1853.

« ART. 3. — LE MEXIQUE S'OBLIGERA A L'EXÉCUTION PLEINE, LOYALE ET IMMÉDIATE DU CONTRAT PASSÉ ENTRE LE GOUVERNEMENT MEXICAIN ET LA MAISON JECKER[1].

« ART. 4. — Le Mexique s'obligera au payement immédiat de 11,000 piastres, — 55,000 francs, — reste de l'indemnité stipulée en faveur de la veuve et des enfants de M. Riche, vice-consul de France à Tepic, assassiné au mois d'octobre 1859.

« Le gouvernement mexicain devra en outre, ainsi qu'il s'y est déjà engagé, destituer de ses grades et emplois et punir d'une manière exemplaire le colonel Rojas, un des assassins de M. Riche, avec la condition expresse que le susdit Rojas ne pourra, dans l'avenir, exercer aucun emploi, aucun commandement, aucune fonction publique.

« ART. 5. — Le gouvernement mexicain s'obligera également à rechercher les nom-

---

[1]. Les plénipotentiaires anglais et espagnols ayant demandé à M. de Saligny communication des titres sur lesquels reposait sa réclamation, il répondit « qu'il n'avait point de pièces justificatives à produire, et que, d'ailleurs, personne n'avait le droit d'examiner le plus ou moins de valeur de sa réclamation ».

[1]. La lecture de cet article indigna les plénipotentiaires, et la créance Jecker fut vivement attaquée par sir Charles Wilke qui, en sa qualité de résident à Mexico, connaissait tous les détails de cette affaire frauduleuse.

breux assassinats commis contre les Français, spécialement contre M. Davesne, et à punir les assassins [1].

« Art. 6. — Les auteurs des attentats commis, le 14 août dernier, contre le ministre de l'empereur et des insultes adressées au représentant de la France dans les premiers jours du mois de novembre 1861 seront soumis à un châtiment exemplaire, et le gouvernement mexicain devra donner à la France et à son représentant toutes les réparations et satisfactions dues pour de pareils excès [2].

« Art. 7. — Pour assurer l'exécution des articles 5 et 6 relatés ci-dessus et le châtiment de tous les attentats qui ont été commis ou qui pourraient être commis dans la suite contre les Français qui résident dans la République, le ministre de France aura toujours le droit *d'assister, personnellement ou par l'intermédiaire d'un délégué qu'il désignera à cet effet*, à toutes les instructions qui seront faites par la justice criminelle du pays.

« *Il sera investi du même droit dans toutes les instructions criminelles intentées contre les nationaux.*

« Art. 8. — Les indemnités stipulées dans le présent *ultimatum* bénéficieront, depuis le 16 juillet dernier et jusqu'à leur payement intégral, d'un intérêt annuel de 6 pour 100.

« Art. 9. — Pour garantir l'accomplissement des conditions pécuniaires et autres énoncées dans le présent *ultimatum*, la France aura le droit d'occuper les ports de Vera-Cruz et de Tampico, ainsi que tous ceux qu'elle croira nécessaires, et d'y établir des commissaires nommés par le gouvernement impérial. La mission de ces derniers sera d'*assurer aux puissances qui y auront droit la dévolution des fonds qui devront être séparés à leur profit sur tous les revenus des douanes maritimes, conformément aux conventions, et la remise aux agents français des sommes dues à la France.*

« Les commissaires dont il est ici question *auront en outre le droit de réduire de moitié, ou en moindre proportion, selon qu'ils le jugeront convenable, les droits que la loi perçoit actuellement dans les ports de la République.*

« Il sera établi d'une manière expresse que les marchandises qui auront déjà payé les droits d'importation ne pourront en aucun cas ni sous aucun prétexte être soumises par le gouvernement suprême ou par les autorités des États à des charges additionnelles excédant de 15 pour 100 le montant des sommes payées pour droits d'importation.

« Art 10. — Toutes les mesures qui seront jugées nécessaires pour régler la répartition entre les parties intéressées des sommes prélevées sur le produit des douanes, définir le mode et les termes des payements et garantir l'exécution des clauses contenues dans le présent *ultimatum*, seront arrêtées de concert entre les plénipotentiaires de France, d'Angleterre et d'Espagne.

« *Signé* : E. Jurien, A. de Saligny.

« Vera-Cruz, 12 janvier 1862. »

Cet *ultimatum*, dans lequel s'accumulaient d'intolérables exigences, ne visait qu'à rendre la guerre inévitable. Les plénipotentiaires anglais et espagnols refusèrent de l'appuyer; il fut décidé que chacun d'eux présenterait et soutiendrait les réclamations de son gouvernement; M. de Saligny avait atteint le but odieux que se proposait le gouvernement impérial.

---

1. M. de Saligny a tenu depuis sous sa main le chef bien connu d'une de ces bandes, Marquez. Non-seulement Marquez n'a pas été puni en vertu de cet article de l'*ultimatum*, mais encore il a reçu la croix de commandeur de la Légion d'honneur.
2. C'est en présence de M. de Saligny lui-même que les recherches avaient été faites ; elles avaient abouti à une ordonnance de non-lieu.

II

LA CONVENTION DE LA SOLEDAD

« Attendu que le gouvernement constitutionnel qui régit actuellement la République mexicaine a manifesté aux commissaires des puissances alliées qu'il n'a pas besoin des secours qu'ont offerts ces derniers avec tant de bienveillance au peuple mexicain, et qu'il possède en lui-même les éléments de force et d'opinion nécessaires pour se maintenir contre toute révolte intestine, les alliés entrent tout de suite sur le terrain des traités, et sont prêts à formuler toutes les réclamations qu'ils ont à faire au nom de leurs nations respectives.

« I. — A cet effet, les représentants des puissances alliées protestant, comme ils protestent, qu'ils n'ont l'intention de rien intenter contre l'indépendance, la souveraineté ou l'intégrité du territoire de la République, les négociations s'ouvriront à Orizaba, ville dans laquelle se rendront les commissaires et les ministres de la République, sauf le cas où, d'un commun accord, on conviendrait de nommer des représentants délégués par les deux parties.

« II. — Pendant les négociations, les forces des puissances alliées occuperont les trois centres de population de Cordova, Orizaba et Tehuacan, avec leurs rayons naturels.

« III. — Pour qu'on ne puisse supposer, même d'une manière éloignée, que les alliés ont signé ces préliminaires pour se procurer le passage des positions fortifiées qu'occupe l'armée mexicaine, il est stipulé qu'au cas malheureux où les négociations viendraient à se rompre, les forces des alliés abandonneront les centres de population ci-dessus mentionnés, et retourneront se placer sur la ligne qui est en avant de ces fortifications dans la direction de Vera-Cruz, en désignant comme points extrêmes principaux celui de Paso Ancho, sur la route de Cordova, et celui de Pasto de Ovejas, sur celle de Jalaga.

« IV. — Si le cas malheureux de la rupture des négociations venait à se présenter, et si les troupes alliées se retiraient sur la ligne indiquée dans l'article qui précède, les hôpitaux alliés dans ces trois villes seraient sous la sauvegarde de la nation mexicaine.

« V. — Le jour où les troupes alliées entreprendront leur marche pour occuper les points désignés dans l'article deuxième, on arborera le drapeau mexicain sur la ville de Vera-Cruz et sur le château de Saint-Jean-d'Ulloa.

« *Signé* : le comte DE REUSS,
MANUEL DOBLADO.

« Approuvé :

« *Signé* : CH. LENNOX VIKE,
HUGH DUNLOP.

« Approuvé les préliminaires ci-dessus :

« *Signé* : A. DE SALIGNY, JURIEN.

« La Soledad, 19 février 1862.

« J'approuve ces préliminaires en vertu des amples facultés dont je suis investi.

« *Signé* : BENITO JUAREZ. »

« Mexico, 23 février 1862. »

III

DÉCLARATION DU GÉNÉRAL PRIM
AUX PLÉNIPOTENTIAIRES (9 AVRIL 1862)

« Dans une visite que me fit le général Almonte peu de jours après son arrivée, il m'a déclaré franchement qu'il comptait sur l'appui des trois puissances alliées *pour opérer un changement radical dans le gouvernement du Mexique, y remplacer la République par la monarchie et appeler au trône l'archiduc Maximilien d'Autriche.* Puis il a ajouté qu'il avait des motifs pour croire que son projet serait favorablement accueilli par les Mexicains eux-mêmes, et qu'avant deux mois il serait peut-être réalisé.

« Je lui ai répondu que mon opinion à cet égard était diamétralement opposée à la sienne et que, pour l'exécution de ce plan, il ne devait pas compter sur l'appui des forces espagnoles, parce que le Mexique, constitué en République depuis quarante ans, repousserait la forme monarchique et refuserait des institutions si différentes de celles qui l'ont régi jusqu'à cette époque.

« Le général Almonte m'a confessé de plus *qu'il comptait sur l'appui des troupes françaises*, et je ne lui ai pas caché que je regrettais de voir le gouvernement français adopter au Mexique une politique si différente de celle que l'empereur avait suivie dans plusieurs occasions. Je lui ai même dit que dans le cas, pour moi peu probable, où les forces de la France se compromettraient dans une pareille entreprise s'il leur arrivait un échec, je regretterais autant ce malheur que s'il m'arrivait à moi-même ou à mon pays. J'ai fini par l'engager à ne pas persévérer dans une conduite où, s'il agissait seul, il trouverait infailliblement sa ruine, tandis que, s'il comptait sur l'appui de quelques-unes des forces alliées, il ferait naître dans le pays des susceptibilités qui pourraient compromettre l'avenir des négociations pendantes, dont la politique toute conciliante suivie jusqu'à ce jour par les commissaires alliés espérait, non sans raison, obtenir un bon résultat. »

Les plénipotentiaires français déclarèrent que, « loin de retirer leur protection au général Almonte et aux autres émigrés mexicains, ils continueraient au contraire à la leur accorder ».

IV

DÉCRET DU 12 AVRIL 1862

« Benito Juarez, président constitutionnel des États-Unis du Mexique, aux habitants :

« Sachent tous que, dans l'exercice des pouvoirs dont je suis revêtu, il m'a semblé bon de décréter ce qui suit :

« Art. 1ᵉʳ. — A partir du jour auquel les troupes françaises commenceront les hostilités, toutes les villes qu'elles occuperont seront déclarées soumises à la loi martiale, et les Mexicains qui y resteront, tant qu'elles seront occupées, seront punis comme traîtres, et leurs biens confisqués au profit du Trésor public, excepté en cas de justification légale.

« Art. 2. — Aucun Mexicain, âgé de trente à soixante ans, ne pourra être dispensé de prendre les armes, à quelque classe, état et condition qu'il appartienne, sous peine d'être traité comme coupable de trahison.

« Art. 3. — Les gouverneurs des différents États sont autorisés à délivrer des commissions pour la formation de guérillas, avec discrétion et en se conformant aux circonstances. Mais toutes guérillas que l'on rencontrera à une distance de dix lieues (30 milles) de tout point sur lequel l'ennemi se trouvera seront punies comme bandes de voleurs.

« Art. 4. — Les gouverneurs des États sont aussi autorisés à disposer, en cas de besoin, de tous les revenus publics, se servant des ressources indispensables de la manière la moins onéreuse possible.

« Art. 5. — Les résidents français paisibles resteront sous la protection des lois et autorités mexicaines.

« Art. 6. — Toutes personnes qui assisteront l'étranger de provisions, armes, informations, ou d'une manière quelconque, subiront la peine suprême.

« Auxquelles fins j'ai fait imprimer, publier et circuler ce décret pour qu'il soit obéi.

« *Signé* : Benito Juarez. »

V

AFFAIRE JECKER-MORNY
CORRESPONDANCE INTERCEPTÉE [1]

« Légalement autorisés par le citoyen ministre de l'intérieur, nous publions la correspondance suivante, adressée à Jecker et interceptée par le quartier général de l'armée d'Orient, qui l'a adressée audit citoyen ministre. (Rédaction du *Moniteur*.)

« Paris, 14 septembre.

« Cher oncle,

L'arrivée du vapeur apportant la malle du Mexique à Saint-Nazaire n'est pas encore signalée, et il sera impossible, pour cette fois, de répondre courrier par courrier. Ma lettre ne sera guère que le complément des nouvelles que je vous mandais par le dernier du 1er septembre. Je n'ai pu avoir, depuis cette époque, de conversation particulière avec M. le Receveur, et par conséquent de certitude sur le rôle qu'il destine à M. de Ch..., retenu qu'il est, depuis une vingtaine de jours, au Puy, par la réunion des conseils généraux. Néanmoins il a pu s'y occuper très-utilement de vos affaires, car votre lettre a dû aller l'y trouver au moment même où il recevait sous son toit *son ami*, qui s'était rendu dans son département à cause de *son nouveau titre*. M. de Ch... a trouvé celle que vous écriviez à papa, et dont je lui ai lu un extrait, il y a quelques jours, assez important par l'opposition que vous y faites de la conduite de Prim à celle de Saligny, en la faisant voir à Sa Majesté. Je n'ai pas su le résultat de l'audience, car tous *ces messieurs* étaient sur le point de partir, les uns allant à Biarritz, où se rend l'empereur, les autres allant à la campagne.

« Je crois néanmoins, d'après les conversations que j'ai eues avec M. de Ch..., que l'intention de *ces messieurs*, comme je vous l'ai déjà dit, est d'attendre les premières dépêches de Forey à Sa Majesté, pour pénétrer la direction qu'il donnera à sa politique, voir ses appréciations sur la conduite de M. de Saligny, sur les affaires qu'il a soutenues, et l'impression qu'elles produiront sur l'esprit de Sa Majesté, si elles sont défavorables au ministre. Dans cette hypothèse et si les choses en viennent au point de forcer M. de Saligny à se démettre de ses fonctions, on enverra M. de Ch..., qui, libre alors de ses actions et n'étant plus dépendant de personne, comme il l'aurait été de M. de Saligny, à cause des liens d'amitié qui les unissaient, *pourra protéger la maison* dans ses affaires secondaires *en utilisant la puissante influence qu'il représentera*. Quant à *l'affaire des bons, on la fera alors de suite passer ici — comme Billault l'a dit aux Chambres — au comité des contentieux*, qui rendra alors un jugement sans appel et de suite exécutoire, s'il est favorable, *comme tout le fait supposer*. Il y aurait des lenteurs, de la publicité peut-être, et *ces messieurs*, je crois, le *craindraient*, malgré l'éclatant démenti jeté aux calomnies par un jugement favorable des contentieux; depuis quelque temps, en effet, les mêmes bruits qui s'affichent si ouvertement au Mexique commencent à circuler sourdement à Paris, et *ils* auraient hâte de voir l'affaire vidée et oubliée avant que ces rumeurs ne prennent trop de consistance. Mais en admettant que les appréciations de Forey soient favorables à M. de Saligny, et que celui-ci sache marcher d'accord avec lui, ils laisseront l'affaire suivre son cours à Mexico, et comme ils connaissent le zèle du ministre ils l'appuieront, et en peu de temps, *sans rien laisser paraître, ils lui feront rendre sa liberté d'action et ses pouvoirs*, que l'arrivée de Forey suspendra peut-être momentanément; car si ce dernier est chargé de soumettre le pays, sa mission est aussi d'apprécier les choses accomplies dès le début de l'expédition, et Sa Majesté

---

[1] Cette correspondance interceptée fut affichée aussi sur les murs de Mexico.

attend son opinion pour élucider la sienne. Mais Forey aspire au maréchalat, et *il a les meilleures raisons de se ménager des protections*, si tant est qu'il soit quelque chose, car on a longtemps hésité à s'ouvrir même à M. de Ch... Ce monsieur ne partirait alors pas, car M. *le Receveur* juge que, dans cette éventualité, sa présence ne serait utile que pour presser *l'accomplissement de vos engagements*, dans le cas — et il ne l'admet pas — où vous ne vous empresseriez pas de le faire vous-même. L'individu dont je vous ai parlé dans ma dernière lettre, l'attaché d'Almonte, leur suffirait probablement, quoiqu'il sache peu de chose et qu'on se soit fort peu avancé avec lui; aussi est-il peu à considérer; c'est un personnage d'intrigue; au commencement de l'expédition, Jurien de La Gravière lui payait déjà mensuellement 500 francs de la part du ministère des affaires étrangères; je ne sais à quel titre.

« J'ai bien fait comprendre à M. de Ch..., dans la dernière entrevue que j'ai eue avec lui, *qu'il fallait se hâter vers une solution de l'affaire des bons*, et, lui résumant à peu près l'impression générale qui ressort de toute votre correspondance, je lui ai dit que tous les renseignements donnés sur la maison de divers côtés à *ces messieurs* étaient réels; qu'il y avait en effet des ressources immenses, mais qu'il fallait d'abord rendre à la maison sa liberté d'action *par la reconnaissance des bons*, qui la dégagerait rapidement vis-à-vis de ses créanciers, par le crédit qu'elle lui procurerait, et que semblable à un char momentanément embourbé elle ne tarderait pas à reprendre son cours.

« Il m'a paru convaincu; et comme il se rendait immédiatement chez *M. le duc*, il m'a bien promis de s'employer de toutes ses forces à *lui* persuader que le doute et la stagnation indéfiniment continus seraient la ruine de la maison. Ce monsieur est en rapports presque aussi intimes avec *M. le duc* que le receveur ou M. de G...; il a été au collège avec lui et a chez lui ses entrées à toute heure; il a une certaine fortune, est marié et a malheureusement maintenant des affaires particulières qui l'occupent; avant que *M. le Receveur* ne prît la résolution soudaine de retarder son départ, il n'avait renoué aucune relation, et pour tout le monde il était encore au Mexique; depuis il a repris ses occupations, et je ne pourrai plus en tirer le même profit qu'auparavant. Il a des appointements fixes et un 2 1/2 pour 100 dans les bénéfices définitifs, à ce qu'il m'a dit. *Ces messieurs ont des projets de diverse nature*, quelques-uns fort ingénieux; en voici un qu'il m'a communiqué en grand secret et dont vous pourriez peut-être tirer avantage dans la suite.

« Quand l'armée française sera à Mexico, il y aura un grand va-et-vient de convois entre Vera-Cruz et Mexico. Les chariots viendront pleins et s'en retourneront à vide. Des personnes, soutenues par *une grande influence* et recommandées près des chefs militaires, pourraient, à titre de concession gratuite ou peu onéreuse, obtenir une certaine charge dans les convois de retour, 300 kilogrammes par chariot, par exemple. Vous pénétrez facilement le reste : la charge serait faite en piastres; on pourrait ainsi, moyennant une faible remise, entreprendre en grand l'expédition en Europe des conduites d'argent, puisque les steamers anglais et de Saint-Nazaire prendraient les conduites à leur arrivée à Vera-Cruz : tout serait gratuit, les mules, les chariots, l'escorte; et tout serait profit.

« C'est votre lettre du 28 juillet qui, la première, a apporté à Paris la nouvelle de la non-ratification du traité de Prim-Doblado; j'ai de suite fait un article destiné à mettre en vue l'habile conduite de M. de Saligny opposée à celle de Prim, et à relever, autant qu'il était en moi, dans l'opinion publique, *ce ministre si utile à la maison*. La *Patrie* l'a inséré le soir même; la nouvelle, en l'absence de toute autre, a fait grand effet; les journaux espagnols ont voulu la démentir, mais peu à

La Vera-Cruz.

peu les renseignements sont arrivés de tous côtés, et il y a eu dans toute la presse, surtout espagnole, un *tolle* général sur l'incapacité de Prim. Le crédit de Saligny en a haussé d'autant; il est du reste à remarquer que l'opinion publique se modifie beaucoup à son égard.

« Il existe à Londres, d'après ce que m'a dit M. de Ch..., une compagnie qui s'organise pour exécuter le passage à travers les lacs de Nicaragua et de Léon ; vous le savez sans doute. Il n'a pu me donner des renseignements très-étendus ; il le sait seulement parce qu'il y a deux mois on a fait des ouvertures à *son ami, le prince Lucien Murat*, pour lui en offrir la présidence. Celui-ci consulta l'empereur et crut devoir refuser. M. *le Receveur*, qui est un peu léger, avait confondu avec Tehuantepec et induit en erreur M. de Ch... Je lui en parlerai quand je pourrai l'aborder et rassemblerai tous les renseignements qui pourront vous intéresser sur ce sujet.

« Papa combat le projet du Nicaragua, dans le mémoire qu'il a remis à *M. le Duc* sur le Tehuantepec, par tous les arguments fournis par vous, par Baiss, Reictoffen, Humboldt, Fossey et par son imagination ; mais je crois que l'empereur y est attaché ; quand il était au fort de Ham, en 1842, il s'occupa de ce projet par le Nicaragua ; et il y a même de lui une étude imprimée qu'on trouve encore. A cette époque aussi, M. Castellon, envoyé par les États de Panama et Honduras pour réclamer la protection de Louis-Philippe, s'aboucha avec Louis-Napoléon, et rentré dans son pays entretint avec lui une correspondance — également imprimée — où l'on voit que le prince fut sur le point de partir pour mettre ce projet, qui avait l'assentiment des autorités du pays, à exécution.

« Rien n'a paru et rien ne paraîtra, j'en suis sûr, du mémoire Payno. Don Ramon Pacheco est enfin arrivé à Londres, le 12 septembre, après un voyage plein de péripéties ; il s'y repose et s'y reposera Dieu sait combien de temps ! laissant Juarez crouler tout à son aise. M. de G... s'est fait fort de changer ses opinions et de le rendre tout à fait inoffensif, pourvu qu'il ait avec lui une conversation avant qu'il n'ait entrepris ses démarches. J'ai prié M. Maguin, qui sait tout et entend tout comme le solitaire, de surveiller son arrivée ; j'ai ajouté qu'il y allait de son intérêt, de sorte que don Ramon Pacheco ne sera pas deux heures à Paris avant de recevoir la visite de M. de G... ; et, s'il apporte le mémoire Payno, on aura soin qu'il le laisse dormir ; du reste, *le directeur de la presse ne le laisserait pas paraître. Ces messieurs* jugent toujours, comme je vous l'ai dit, *qu'il serait imprudent de rien publier sur l'affaire des bons avant qu'elle ne soit reconnue*, surtout si personne ne l'attaque, comme maintenant ; la presse libérale est trop puissante et avide de scandale ; ce serait un débordement de calomnies.

« *Votre acte de naturalisation doit être entre les mains de M. de Saligny ;* il a été envoyé à M. Delon, son secrétaire, après l'inventaire des papiers de M. de P... à Vera-Cruz et non remporté ici ; en attendant, je vous envoie un nouvel exemplaire du *Bulletin des lois*, pensant qu'il pourra vous être utile.

« Papa ne vous écrit pas par ce courrier, n'ayant aucune nouvelle importante à vous mander ; il me charge de vous assurer de ses sentiments affectueux et de vous prier de lui envoyer *le détail de vos réclamations autres que les bons*, qu'il vous a déjà demandé une fois.

« *Ces messieurs* n'ont pas abandonné le projet de faire escompter par la maison les traites sur l'armée, mais ils attendent que la situation se débrouille un peu, que la maison se dégage et soit en mesure d'avoir un certain roulement de fonds.

« Adieu, cher oncle, j'espère que ma lettre suivra et ne précédera pas les Français à Mexico. Disposez de moi pour tout.

« Votre neveu tout dévoué,

LOUIS ELSESER.

« *Dont copie conforme :*

« JUAN DE DIOS ARIAS.

« Mexico, le 3 octobre 1862. »

« Porentruy, 3 septembre 1862.

« Mon cher X...,

« *Nos amis* tiennent à ce que tout ce qu'on envoie à notre maison lui parvienne sous ton couvert; tu auras donc à renseigner ton oncle oralement, en même temps que tu l'instruiras sur nos affaires et les siennes. Malgré qu'aucune de nos lettres n'ait fait le sujet des publications du *XIX° Siècle* à Mexico, on n'est jamais trop prudent. Tes lettres du 23 juillet et celles de ton oncle nous sont parvenues; c'est Louis, qui seul est à Paris, qui a pu y répondre par le même courrier et a donné de sérieux renseignements à M. J... Je crois t'avoir dit que, de tous ces projets dont on s'est entretenu, il n'y en aurait pour le moment qu'un seul exécutable, à savoir : de fournir des traites sur Paris pour l'armée, contre les espèces qu'on lui livrerait là-bas; il y aurait le change à gagner *et à partager en deux pour le gain*. Je prie Louis d'en parler, et moi-même je m'en occupe, d'autant plus qu'on me dit qu'il ne faut pas de grandes sommes pour cela; je pense que si, à l'arrivée des Français, la maison recouvre du crédit, cela pourra se faire. Quant à tous les autres projets dont faute de mieux nous nous sommes entretenus depuis longtemps, je ne trouve pas à propos de m'y arrêter pour le moment, et j'en ai déduit les raisons; car dans l'état de souffrance où gémissent nos créanciers on ne doit viser qu'à liquider pour les satisfaire. M. Jecker me parle de ses mines; Dieu veuille qu'on y trouve une veine grande!. . . . .

« Je puis te dire que si la maison a acquis pour un demi-million de francs et cinquante mille francs d'épingles l'immeuble de M. Dar...; sa situation près de Chapultepec nous permettra de nous en défaire sans grande perte. *Louis travaille beaucoup pour la maison et avec succès; je ne pense pas qu'il y ait eu d'indiscrétion.* — On a, dès l'origine, comme le dit le mémoire d'Ozeguera, *dû rechercher les causes d'une si grande protection pour un Suisse*, et comme au Mexique tout se fait avec de l'argent on s'est épuisé en conjectures... Quand l'armée, à laquelle les gens de Juarez ont persuadé *que notre maison était la cause de la guerre*, verra le drapeau tricolore sur les dômes de Mexico, elle ne nous en voudra plus, car le pays est beau et riche, et elle a dû souffrir en restant confinée à Orizaba.

« Si M. de Saligny sait s'entendre avec Forey, qui est un peu ours, tout ira bien ; mais je crains des froissements, et c'est pourquoi je désire *que l'affaire se termine vite*, si c'est possible, quand même, « *pro forma* », on devrait faire quelques concessions.

« C'est l'avis de M. de Ch..., qui n'est pas retourné là-bas, mais qui pourrait bien y retourner le 15 octobre par Saint-Nazaire. Louis, qui le fréquente, l'envisage comme très-sérieux...

« Nos ennemis disparaissent, Subervielle, Escandon, Iturbe, Ozeguera; mais combien n'en reste-t-il pas, et des acharnés?... Privé de l'appui de Subervielle et d'Escandon, le fameux Labadie tombera peut-être... Ce n'est pas le moins mauvais, d'après les correspondances qu'il entretient à Paris... C'est l'homme du consul général. Louis vous a donné le portrait de Forey qui sera une sorte de dictateur; si M. Jecker a de l'empire, il faut qu'il l'engage à être modéré, à tâcher de le ramener à son opinion, à lui céder au besoin; car cet homme sera imbu des préjugés qui ont cours contre nous dans l'armée. En effet, Juarez n'est pas si benêt que le croyait notre parent ; il a fait usage d'un grand levier, la presse, et s'est servi de M. Wyke ; il a entretenu des agents à Paris, dans l'armée, etc., avec le produit de ses exactions, et tout cela pour nous perdre. Son intérêt lui commandait de feindre que tout convergeait autour de nous, *que sans nous tout s'arrangerait,* et on l'a cru... Maintenant 45,000 hommes, trente vaisseaux de guerre doivent faire comprendre que nous ne sommes plus un prétexte plausible... Vraiment Wyke, par ses intrigues, a amené un terrible déluge sur ce pays. S'il avait pu le prévoir... A mon sens, il a dépassé le but en congédiant Prim... C'est un fin diplomate, mais pas si roué que Juarez. *Cela fera bien plaisir au Duc* qu'on ne vous inquiète pas; il m'a paru le craindre *pour les intérêts français qui se lient à la maison*, à cause de M. J... et *des amis!* Mais je pensais à ton oncle et à toi tout simplement... Remercions la Providence, l'heure de la solution a frappé : bonne ou mauvaise, cela vaut mieux que l'attente; donc, encore du courage; donnes-en à Eugène et ne gronde pas trop, sans toutefois partager l'optimisme de ton autre cousin.

« Dis à M. Jecker que je continue à faire mon possible, que ses créanciers ont patience à la veille d'un dénouement. Qu'il a dû souffrir, ce cher parent... pour... Et maintenant je dis dans le monde qu'il ne travaille qu'à payer ses dettes.

« *Ces messieurs* pensent encore qu'il ne faut faire en ce moment aucune publication.

« Mille choses affectueuses de toute notre famille et de ton frère,

X.....

« *Dont copie conforme :*
« Juan de Dios Arias. »

« Mexico, le 27 octobre 1862. »

« Ces lettres, a dit M. Taxile Delord, jettent sur le passé une lumière qui en dissipe en partie les obscurités, et qui permet de se rendre compte des influences qui, fortifiées par la dépravation d'une époque entraînée par un penchant secret dans les entreprises véreuses, jetèrent Napoléon III dans l'entreprise du Mexique. »

Quel spectacle de voir cette bande de spéculateurs, ayant à leur tête M. le Duc, mis en curée par l'appât des bons Jecker! Ce Receveur qui « a 2 1/2 p. 0/0 dans les bénéfices définitifs » ; ce M. de Ch... « qui est en rapports presque aussi intimes avec M. le Duc que le Receveur ou M. de G... » ; ce dernier qui guette le porteur d'un mémoire sur l'affaire des *bons* pour le corrompre et intercepter la vérité; *ce directeur de la presse qui ne laisserait pas paraître un numéro* redouté *par ces messieurs* qui s'agitent en faveur de la maison Jecker et qui, *soutenus par une grande influence*, combinent une *entreprise de transports en grand* dans laquelle « tout serait gratuit, mules, escorte, chariots, et tout serait profit »; la glorification, dans la *Patrie*, de M. Dubois de Saligny, ce ministre plénipotentiaire de la France « *si utile à la maison Jecker* », tout cela écœure et remet en mémoire les paroles suivantes d'un diplomate plusieurs fois cité dans ce livre : « Ce qu'il circulait d'intrigues honteuses, de propositions immondes, de transactions véreuses, sur le champ de foire impérial, est inénarrable. »

UNE LETTRE DE M. DUBOIS DE SALIGNY A NAPOLÉON III

L'empereur fut obligé de révoquer de ses fonctions et de rappeler en France M. Dubois de Saligny, « dont l'impopularité était telle que les officiers ne le saluaient pas et que le commandant en chef avait dû plusieurs fois leur intimer l'ordre d'accepter les invitations à ses fêtes [1] ». Après la chute de Maximilien, l'ex-ministre plénipotentiaire « si utile à la maison Jecker » écrivit à l'empereur une lettre dans laquelle, après avoir parlé à sa façon du drame de Queretaro, il ajoutait : « Votre Majesté ne pensera-t-elle pas que ce devrait être le signal de la réhabilitation d'un honnête homme, sacrifié à d'injustes clameurs et aux calomnies des abominables scélérats contre lesquels il défendait avec courage et dévouement la politique de

1. Taxile Delord, *Histoire du second Empire.*

Mexico.

l'empereur, l'honneur de notre drapeau (sic) et la vie de plusieurs Français?

« Sire, je viens demander à Votre Majesté de me relever de la disgrâce imméritée que je subis depuis près de quatre ans. En faisant un acte de justice qui sera accueilli avec faveur par tous les honnêtes gens, Votre Majesté infligera un premier et réel châtiment à Juarez et à ses sicaires, dont ma disgrâce a été le premier triomphe.

« Je suis avec le plus profond respect, sire, de Votre Majesté, le très-humble, très-obéissant sujet,

« A. DE SALIGNY,

« *Ministre plénipotentiaire*,
« 6, *rue de Tournon*. »

« Paris, 8 juillet 1866. »

M. de Saligny, ne recevant aucune réponse, dut renouveler sa demande le 15 août, en adressant des vœux à Napoléon III, car voici

LE BROUILLON D'UNE LETTRE DE L'EMPEREUR
(De la main de M. Conti)

« Mon cher monsieur de Saligny, je vous remercie des vœux que vous m'adressez à l'occasion du 15 août, et je vois avec plaisir que votre santé s'est rétablie. Je voudrais bien pouvoir faire quelque chose pour vous ; malheureusement les moyens que j'ai à ma disposition sont très-limités et il m'est souvent pénible de ne pouvoir pas toujours reconnaître, comme je le voudrais, les services rendus au pays.

« Croyez néanmoins à tous mes sentiments. »

(Papiers et Correspondance de la famille impériale, tome III, imprimé et non publié.)

Une lettre de M. Jecker viendra bientôt pousser aux dernières précisions les termes de son association avec *M. le Duc.*

Une autre correspondance nous fournira la preuve que Sa Majesté Napoléon III ne dédaignait pas de prendre un intérêt dans des entreprises qu'on étudiait, au Mexique, pour le compte de son frère utérin.

VI

LE GÉNÉRAL FOREY ET LE GÉNÉRAL ORTEGA

Tandis que le général Ortega, obéissant aux ordres de Juarez, renvoyait sans condition au général Forey des prisonniers français, celui-ci transportait à la Martinique les prisonniers de guerre Mexicains et écrivait à son généreux adversaire : « Mon respect pour la cause de l'humanité ne me permet pas d'entrer en relations avec le gouvernement de la République. Je regrette que votre vaillante épée ne soit pas au service d'une meilleure cause. »

Le général Ortega lui répondit, le 15 décembre 1862 : « En vérité, je ne comprends pas les motifs de cette répugnance. Je crois qu'elle provient des calomnies de quelques transfuges mexicains qui, pour satisfaire leurs haines personnelles, se sont étudiés à défigurer les actes du président de la République. S'il en est ainsi, Votre Excellence se trompe grandement. Pour lui donner une preuve démonstrative de cette vérité, je lui dirai que tous les prisonniers français mis en liberté par le général Zaragoza et par moi l'ont été en vertu des ordres du président de la République, le citoyen Benito Juarez, c'est-à-dire de l'homme qui ne respecte pas même les éléments les plus clairs et les plus simples du droit naturel.

« Quel que soit le terrain sur lequel on place en ce moment la diplomatie à l'égard de ce qui peut résulter de la guerre actuelle, la personne qui représentera la France au Mexique devra, tôt ou tard, entrer en arrangement avec ce gouvernement, parce qu'il n'y a que lui qui a reçu de la nation le pouvoir de traiter en son nom.

« Que dirait le général Forey si, en lui adressant une lettre pleine d'estime et de respect pour sa personne, je profitais de la circonstance pour insulter Napoléon III ? Lirait-il mes phrases avec une indifférence impassible ? Et, cependant, j'en aurais en quelque sorte le droit, en présence de l'invasion par les troupes françaises du sol où je suis né, du sol que mes pères m'ont transmis par héritage. J'adjure Votre Excellence de répondre à cette question ; je l'adjure d'y répondre comme homme d'honneur, comme soldat et comme Français... »

Le général Forey ne pouvait comprendre un langage aussi noble, aussi patriotique, aussi loyal.

VII

ÉLECTIONS DE 1863 — LA CANDIDATURE OFFICIELLE

La contrainte exercée sur les électeurs, en 1863, dépassa toutes les violences *antérieures*. La vérification des pouvoirs révéla des faits monstrueux; « un seul apprendra à les connaître tous » :

Dans la première circonscription de la Corse, comprenant alors les arrondissements d'Ajaccio, de Sartène et de Calvi, M. Séverin Abbatucci avait pour concurrent M. Bartoli.

M. Persigny, ministre de l'intérieur, adressa au candidat officiel cette lettre qui reçut une immense publicité :

« Mon cher monsieur Abbatucci,

« L'empereur, qui vous a désigné *lui-même* comme *son seul candidat* pour votre circonscription, a voulu rendre hommage tout à la fois aux services de votre famille et au dévouement dont vous n'avez cessé de faire preuve. Je suis certain que vos concitoyens ratifieront ce choix. »

En même temps, le ministre adressait au préfet d'Ajaccio cette dépêche : « L'empereur connaît les manœuvres qui ont pour but de diviser les votes, et il les réprouve, de quelque part qu'elles viennent. Les seuls candidats recommandés *par le gouvernement de l'empereur* sont MM. Séverin Abbatucci et Mariani. *Publiez dépêche.* »

M. Abbatucci descend à la préfecture et y fixe sa résidence. De nombreux agents de police suivent M. Bartoli pas à pas, annotent toutes ses démarches et prennent les noms de toutes les personnes avec lesquelles il s'entretient.

La veille des élections, M. Bartoli que plusieurs de ses amis accompagnaient rencontra, près d'Ajaccio où il se rendait, un corps expéditionnaire composé de gendarmes et de troupes de ligne, et à la tête duquel marchaient le préfet, son secrétaire général M. Galloni *dit* d'Istria, et un chef de bataillon. « Les fusils étaient chargés. L'armée de l'ordre cherche à provoquer une collision. M. Bartoli l'évita en calmant ses amis et en regagnant Sartène. »

M. Peretti, sous-préfet de Sartène et beau-frère de M. Abbatucci, avait adressé aux maires de son arrondissement une circulaire ainsi conçue :

« M. Abbatucci *est le candidat de l'empereur*. Sa Majesté VEUT que son nom sorte par acclamation de l'urne électorale.

« Les ministres ont, en conséquence, reçu l'ordre d'*inviter* tous les fonctionnaires à prêter leur concours le plus énergique en faveur du *candidat de son choix*, à combattre ouvertement son adversaire.

« Devant la *volonté auguste de Sa Majesté*, notre devoir nous impose à tous *l'obligation absolue* de voter comme un seul homme en faveur de *son candidat*.

« Vous mettrez, je l'espère, au service du gouvernement l'influence dont vous jouissez afin d'assurer, dans votre commune, à M. Abbatucci l'*unanimité des suffrages ou tout au moins l'immense majorité des voix*. Le résultat du scrutin prouvera que vous êtes dignes de la confiance attachée aux fonctions dont vous êtes investis. »

Voici une autre circulaire adressée aux brigadiers-forestiers :

« Monsieur le brigadier, les agents de toutes les administrations doivent prêter leur concours le plus énergique au *candidat de Sa Majesté*; vous voudrez bien, en conséquence, mettre au service du gouvernement l'influence que vous exercez sur les populations, et faire comprendre aux électeurs que, comme membre de la famille corse, *personne ne doit se départir de l'auguste volonté de l'empereur*.

« Travaillez donc chaleureusement à assurer le succès complet de M. Abbatucci, et donnez ces mêmes instructions aux gardes qui sont sous vos ordres. »

« *Le sous-préfet de Sartène,*

« *Signé* : Peretti [1]. »

Déplaçant, révoquant les instituteurs, le sous-recteur écrivait à M. Questana, l'un de ses subordonnés : « Si vous votez pour M. Bartoli, votre carrière est à jamais brisée. »

M. Corteggiani, nommé, pendant la période électorale, procureur impérial à Calvi, se fit le directeur du mouvement électoral dans la Balagne. « Les juges de paix et leurs suppléants, les greffiers, les huissiers, les notaires, tous les fonctionnaires sur lesquels le procureur impérial croyait avoir le droit d'exercer une action, étaient l'objet de ses obsessions en faveur de M. Abbatucci et d'une surveillance sévère.

« Les juges de paix appelaient successivement chez eux les électeurs de leur canton et les menaçaient de leurs rigueurs judiciaires s'ils donnaient leurs suffrages à M. Bartoli.

« Les commissaires de police, les gendarmes, les gardes champêtres allaient trouver les partisans du Dr Bartoli et leur déclaraient qu'ils étaient chargés de faire une enquête contre eux et contre tous ceux qui faisaient la guerre au gouvernement dans la personne de M. Abbatucci. »

Tous ces faits indéniables étaient relevés dans une protestation.

Il fut démontré que, « dans les communes rurales, les urnes peu ou point scellées étaient emportées par les maires dans leurs propres maisons, et qu'on substituait des bulletins de M. Abbatucci à ceux de M. Bartoli ; que, enfin, dans plusieurs endroits, on avait fait voter des absents, et que des morts étaient venus déposer leurs bulletins dans l'urne ».

Naturellement l'élection du *candidat de l'empereur* fut validée par le Corps législatif dont presque tous les membres devaient aux mêmes procédés électoraux le succès de leur candidature.

Telle était la liberté électorale sous le second Empire.

---

[1]. Ce sous-préfet, révoqué le 4 septembre, a été fait receveur particulier des finances à Sartène par le gouvernement de *l'ordre moral* après le 24 mai 1873.

CHAPITRE IX

1864-65

Les questions en suspens. — Affaires de Pologne. — Affaires du Danemark. — Décret sur la liberté des théâtres. — Session législative de 1864; défection de M. Émile Ollivier; l'emprunt mexicain. — Le procès des *Treize*. — La convention du 15 septembre. — La Société internationale des travailleurs. — L'encyclique *Quanta cura* et le *Syllabus*; arrogances épiscopales; l'*Internationale noire*. — Un rapport de M. Duruy sur l'instruction gratuite et obligatoire. — Mort de Proudhon. — Mort du colonel Charras. — Mort du duc de Morny. — Assassinat du président Lincoln; manifestation des étudiants. — Session législative de 1865; le *Syllabus* et l'ultramontanisme devant le Sénat; discours de M. Rouland; cri d'alarme jeté par M. Bonjean. — Alors et aujourd'hui. — Le maréchal Forey et Dieu; un mot de M. de Boissy. — Discussions au Corps législatif; le nouvel emprunt mexicain et M. Rouher; le cabinet noir; les antres de la police de sûreté. — Un mensonge récompensé. — Affaire Sandon; *une iniquité épouvantable.* — Voyage de l'empereur en Algérie. — Le discours d'Ajaccio et une lettre autocratique. — Mort du maréchal Magnan. — Une élection dans le Puy-de-Dôme. — Mort du général Lamoricière. — M. de Bismarck à Biarritz. — Le congrès de Liége. — Mort de lord Palmerston, de M. Dupin aîné, du roi Léopold. — Hésitations de l'archiduc Maximilien; ses rêves ambitieux; la convention de Miramar; arrivée de l'empereur Maximilien au Mexique; ses embarras et ses déceptions; la situation du Mexique en 1864 et en 1865. — Dilapidations; un marché scandaleux.

On croyait que Napoléon III profiterait de la réception officielle du 1ᵉʳ janvier pour calmer l'émotion qu'avait produite son discours du 3 novembre 1863; il se contenta d'exprimer la confiance que l'esprit conciliateur des souverains dissiperait les inquiétudes entretenues par *les questions en suspens*. Mettons-nous au courant de ces questions.

Dans les derniers jours de février 1861, un service commémoratif se célébrait à Varsovie en l'honneur des braves tombés, en 1835, sur les champs de bataille en combattant pour l'indépendance de la Pologne; le peuple chantait des hymnes glorifiant ces patriotes; la police voulut s'y opposer et une lutte s'engagea: il y eut des morts et des blessés. Le jour où on enterra les victimes, une décharge de mousqueterie tua six Polonais qui saluaient le convoi funèbre. — Le 4 octobre suivant, des soldats russes envahirent les églises où l'anniversaire de la mort de Kosciusko avait attiré une grande foule, et y opérèrent des arrestations. L'archevêque ordonna la fermeture des églises profanées. Elles se rouvrirent le 13 février 1862; malgré les exhortations d'un nouvel archevêque, les fidèles chantèrent les hymnes prohibés; on jeta des pierres aux agents de police que des troupes secoururent, et la terreur établit son régime.

Le 24 septembre, M. de Bismarck, récemment appelé dans les conseils du roi de Prusse, engagea le gouvernement russe à faire revivre, en Pologne, une loi de recrutement qui n'y était plus appliquée depuis longtemps. Dans la nuit du 14 au 15 janvier 1863, la troupe et la police procédèrent à l'enlèvement de tous les jeunes Polonais. Cinq jours après, le comité national appelait le peuple aux armes. Le 6 février, les Russes furent battus. La division se mit parmi les vainqueurs, et, le 10 mai, ils perdirent une bataille. Cependant, favorisée par le clergé catholique de tous les pays, l'insurrection grandit; des prêtres y prennent part; Mouraview, gouverneur général de la Lithuanie, en fait fusiller deux. Le 10 juin, on pend un abbé devant la citadelle de Varsovie, tandis qu'on fusille le comte Plater qui avait dirigé l'attaque d'un convoi d'armes. L'archevêque Felinski est enlevé et conduit à Saint-Pétersbourg. Les vêtements de deuil sont prohibés.

La nouvelle preuve que donnait la Pologne de sa prodigieuse vitalité ravivait les sympathies de la France pour ce peuple infortuné. Lorsque, en 1863, le Sénat s'en rapportant, selon sa coutume, à la sagesse de l'empereur, passa à l'ordre du jour sur de nombreuses pétitions en faveur des Polonais « si cruellement éprouvés », le prince Napoléon s'écria : « L'empereur fera quelque chose, j'en suis sûr ! » Voici ce qu'il fit : il proposa la discussion, dans une conférence, d'un programme de réformes à soumettre au tzar, et Gortschakoff déclara que la Russie ne négocierait qu'avec les puissances copartageantes. Alors Napoléon III invita, par lettre autographe, Alexandre II à rétablir un royaume de Pologne sous le sceptre du grand-duc Constantin ; un refus net accueillit cette invitation. Enfin il pria le pape d'user de son influence sur François-Joseph pour le décider à une intervention favorable au rétablissement de la nationalité polonaise ; l'empereur d'Autriche lut, dit-on, avec attendrissement la lettre de Pie IX, — et ce fut tout. La séance tenue par le Corps législatif, le 31 janvier 1864, nous apprit ce que, en définitive, Napoléon III fit pour la Pologne qui continuait à se débattre sous les serres de l'aigle moscovite. Un député demanda qu'on reconnût au moins aux Polonais la qualité de belligérants, et M. de Morny répondit à cette demande par l'apologie de l'oppresseur de la Pologne « *au sort de laquelle*, dit-il, *la paix seule peut donner des adoucissements* ». Agonisante et abandonnée une fois de plus, la Pologne retomba dans sa chaîne. Au moyen des transportations en Sibérie, des fusillades et des pendaisons, Mouraview rétablissait dans les villes dépeuplées *la paix* souhaitée par M. de Morny qui aurait pu compléter son éloge du tzar et de la Russie en répétant ces sinistres paroles proférées par M. Sébastiani dans la séance législative du 16 septembre 1831 : « L'ORDRE RÈGNE A VARSOVIE. »

Une question plus grave, au point de vue des intérêts immédiats de la France, que la question polonaise, s'agitait en Allemagne. Les deux duchés de l'Elbe, le Slesvig et le Holstein, dépendaient du Danemark. Une conférence tenue à Londres, en 1852, par les grandes puissances, avait réglé des différends qui s'étaient élevés au sujet de la succession au trône et décidé que les duchés ne cesseraient pas d'appartenir à la monarchie danoise. En 1863, M. de Bismarck, qui méditait l'asservissement de l'Allemagne à la Prusse, contesta cette annexion des duchés au Danemark, sans tenir compte du règlement de 1852 auquel la monarchie prussienne avait adhéré ; il appuyait sa contestation sur cette raison que, le Holstein faisant partie de la Confédération germanique, le règlement de Londres aurait dû être sanctionné par la Diète ; cette sanction lui manquant, il n'avait aucune validité. Le 7 décembre 1863, la Diète admit les prétentions de M. de Bismarck appuyées par l'Autriche qui espérait partager avec la Prusse la proie convoitée. Christian IX, roi de Danemark, protesta contre une décision qui ordonnait l'exécution fédérale non-seulement dans le Holstein, mais encore dans le Slesvig qui n'était pas allemand. Des troupes hanovriennes et saxonnes occupèrent le Holstein. Les troupes danoises s'étaient retirées dans le Slesvig. Le 11 janvier 1864, Christian IX déclara aux membres de la représentation du royaume « qu'il défendrait résolument les libertés de la nation, l'indépendance du pays et les droits de la couronne ». 15,000 Danois prirent position à Duppel ; ils disputèrent vaillamment à 80,000

Austro-Prussiens la ligne de défense qui protégeait le Slesvig, et, réduits aux deux tiers de leur effectif, ils gagnèrent l'île d'Alsen.

Poursuivant la chimère d'une alliance avec la Prusse, Napoléon III laissa égorger le Danemark, ce vieil et fidèle allié de la France. Délaissé par celui qui aurait dû le secourir, Christian IX, quelques mois après la bataille de Duppel, abandonna tous ses droits sur les duchés au roi de Prusse et à l'empereur d'Autriche; mais celui-ci ne jouira pas longtemps de cette copropriété d'où l'astuce de M. de Bismarck fera sortir, grâce à la stupide neutralité de Napoléon III qui se laissera niaisement duper, une guerre dont les conséquences seront désastreuses pour nous.

Dans les derniers jours de janvier, un décret impérial proclama la liberté industrielle, littéraire et artistique des théâtres.

Cependant le Corps législatif discutait l'adresse. A propos d'un emprunt de 300 millions destinés à l'abaissement de la dette flottante et d'une demande de 93 millions de crédits supplémentaires, M. Berryer démontra que les déficits, *dans les douze dernières années*, égalaient ceux des gouvernements antérieurs pendant une durée de *cinquante ans*, et qu'en outre le gouvernement impérial avait dévoré 285 millions versés par les compagnies de chemins de fer et par l'Espagne ou prêtés par la Banque, sans compter les indemnités payées par la Chine.

Le 11, M. Thiers déclara que la liberté générale comprenait les cinq libertés partielles de la presse, des élections, de la représentation nationale, de l'individu et de l'opinion publique. « Je me crois en droit, dit-il, de réclamer, au nom du droit et des devoirs réciproques de l'opposition et du gouvernement, sans arrogance et avec respect, *les libertés* nécessaires que je viens d'énumérer. Qu'on ne l'oublie pas toutefois, ce pays chez qui l'exagération du désir est si près du réveil, s'il permet aujourd'hui qu'on demande d'une manière déférente et respectueuse, un jour, peut-être, il exigera. »

M. Rouher trouva les plus noires couleurs pour représenter les dangers de la liberté; il accusa M. Thiers « de sonner le tocsin des révolutions ».

Dans la séance du 25, le député de la 2ᵉ circonscription de Paris, après avoir dit que l'expédition du Mexique coûte au budget quatorze millions par mois, et retient au delà des mers, sans utilité pour la France, 40,000 hommes dont nous pourrions avoir besoin, conclut ainsi : « L'honneur militaire est sauf; l'archiduc n'est pas parti; il ne faut pas s'engager davantage; on doit traiter avec Juarez. » M. Jules Favre appuie cette conclusion. M. Rouher répond que *la pensée de l'entreprise est grande;* que l'historien appellera celui qui la résolut *un homme de génie*, que cette page sera *glorieuse*, car « l'expédition commencée pour la réparation de notre honneur se terminera par le triomphe de nos intérêts ». Et la majorité applaudissait à outrance !

M. Thiers voulut user d'un droit reconnu par toutes les assemblées parlementaires, celui qu'a un orateur de répondre à un ministre; la majorité s'y opposa violemment, et l'un de ses membres, financier très-connu sous le second Empire, s'écria : « On a assez parlé ici en faveur de l'étranger ! »

Douze députés seulement votèrent contre l'adresse.

L'heure était venue pour M. Émile Ollivier de lever le masque de sa trahison. Le jour où M. de Morny attaqua cette conscience faible, on en prévit la capitulation. Lorsque, en flattant la vanité de l'ancien membre du groupe des Cinq, l'habile corrupteur l'eut mis à son point, il le fit nommer rapporteur du projet de loi qui autorisait les grèves sans reconnaître les associations. La conclusion du rapport était la négation des principes que la gauche, en cette matière, avait toujours professés. M. Ollivier prétendit que ses an-

Porte de l'Orient, à Pékin.

ciens amis « étaient atteints d'une maladie nommée *pessimisme* par Mallet du Pan et qui consiste à critiquer tout ce qui vient d'un gouvernement qu'on n'approuve pas, *surtout le bien*, parce qu'on profite à ceux qui le font».

En proposant d'ajourner cette «loi équivoque et inconsistante » que M. Jules Simon venait de combattre avec une bien-disance exquise et une rare puissance de raisonnement, M. Jules Favre lança ce trait qui piqua le défectionnaire au vif : « Quoiqu'en dise ce Mallet du Pan cité par le rapporteur et que je n'admire pas, il n'y a que deux écoles en politique, celle des principes et celle des expédients. Je suis pour la première. » M. Ollivier dissimula sa confusion sous une phraséologie à l'usage des renégats ; il parla de « *son honneur* » qu'il croyait inutile de défendre, de *sa conscience* avec laquelle il se sentait en paix, de *l'orgueil* qu'il a de n'être effleuré par aucune parole ». — « Pas d'équivoque, répliqua Jules Favre ; il faut qu'*on* nous dise comment *on* a abandonné d'anciennes opinions en proposant aujourd'hui ce qui les contredit absolument. » Prenant en pitié l'embarras de l'homme qu'il avait entraîné dans l'apostasie, M. de Morny se hâta de dire « qu'il était contraire à la liberté et au droit *de demander compte à un membre de cette Chambre de ses opinions passées* ». — « C'est le pavé de l'ours, » murmurait-on en souriant. Trente-six députés protestèrent contre cette loi que, à la sollicitation de M. Rouher, le Corps législatif vota. Les journaux bonapartistes comblèrent de louanges et proclamèrent *chef du parti des hommes nouveaux* le transfuge qui, désormais, ne cessera de chanter la palinodie.

Le général Cousin-Montauban.

M. Havin ayant opté pour la Manche et M. Jules Favre pour le Rhône, les électeurs de la 1re et de la 5e circonscription de la Seine les remplacèrent, le 31 mars, par MM. Carnot et Garnier-Pagès qui obtinrent une majorité considérable sur les candidats du gouvernement.

La discussion du budget ramena celle des affaires du Mexique. M. Berryer s'étonna de voir figurer comme ressource budgétaire l'indemnité mexicaine de 170 millions sur lesquels un emprunt avait été contracté par une création de 18 millions 600,000 francs de rentes décrétée à Miramar. Les prospectus, dit l'orateur légitimiste, donnent à croire que la France et l'Angleterre garantissent cet emprunt vers lequel le gouvernement impérial attire les souscripteurs par des promesses alléchantes : intérêt de 10 p. 100, émission à 63 francs et remboursement à 80 francs. M. Rouher entonne aussitôt sur la grandeur et le succès de l'entreprise un nouveau chant dithyrambique ; *il affirme* que les rentes mexicaines seront réalisées conformément aux prévisions du budget de 1865. Croyant en cette affirmation officielle, qui ne tardera pas à se renouveler afin d'entraîner vers un deuxième emprunt le reste de leurs épargnes, les victimes des *bons mexicains* mordaient à l'hameçon tendu par le gouvernement de Napoléon III.

Quand on discuta le budget des affaires étrangères, la question du Mexique se présenta de nouveau. M. Jules Favre peignit le tableau sombre et vrai de la situation de ce pays. M. Rouher lut une dépêche de M. Montholon; elle se terminait ainsi : « Le Mexique ne peut manquer d'entrer promptement dans une voie de prospérité matérielle dont l'Europe profitera. » M. Rouher ajouta : « Voilà la situation bien autre que celle esquissée par M. Jules Favre, éprouvant sans doute le regret de se voir enlever la clientèle de Juarez qu'il a si bien défendu. »

« — Votre clientèle, répliqua M. Jules Favre, c'est la Fortune.

« — Oui, s'écria M. Rouher en affectant une satisfaction triomphante, notre clientèle, c'est la Fortune; la Providence la protége, la raison la dirige. »

La majorité battit des mains.

Le chapitre des dépenses de sûreté générale du ministère de l'intérieur fournit à M. Pelletan l'occasion de protester contre la loi des suspects. Il attaqua surtout l'article qui réprimait « le délit indéfinissable d'intelligences à l'intérieur ». Il rappela d'abord les paroles des défenseurs de cet article : « *Il ne sera appliqué*, disaient-ils, *qu'aux gens de la pire espèce.* » — « Or, ajouta l'orateur, les trois personnes frappées jusqu'à présent sont : un magistrat, M. de Flers; un grand manufacturier, M. Schérer; un étudiant, M. Taule. »

Des murmures l'interrompirent.

D'une voix qu'accentuait son indignation, il reprit : « Pendant la discussion générale de l'adresse, un ministre a osé dire que la loi de sûreté générale n'avait rien d'incompatible avec les principes de 89 ni avec ceux de la jurisprudence, qu'on pouvait frapper un délit de deux peines, un homme des deux mains, celle de la justice et celle de l'administration; et que, sa première peine subie, rien ne s'opposait à ce qu'on vînt chercher le condamné dans sa famille, à ce qu'on l'arrachât à sa femme et à ses enfants pour le conduire sur une plage déserte, où il subirait la seconde peine qu'il avait plu à l'administration de lui infliger. »

« — Je trouve mauvais, dit M. Rouher, qu'on porte les décisions de la justice à la barre de la Chambre.

« — Si je permets, ajouta M. de Morny, de discuter les actes de l'administration, je n'autoriserai jamais la discussion d'une loi votée, comme la loi de sûreté générale.

« — C'est notre honneur d'en demander le rappel, répliqua » M. Picard.

La majorité vociférait.

M. Pelletan s'écria : « L'Empire donne le spectacle d'un gouvernement jamais inquiété et toujours inquiet. »

Le *Moniteur* rapporte ainsi les paroles hautes et vives qui s'échangèrent :

M. DE MORNY. — Le gouvernement n'a peur de vous ni de personne.

M. E. PICARD. — Est-ce une menace ?

M. DE MORNY. — Ce n'est pas une menace que de dire que le gouvernement n'a pas peur de vous.

M. E. PICARD. — Nous n'avons l'intention ni de faire peur au gouvernement, ni d'avoir peur de lui.

M. DE MORNY. — Vous avez raison de n'avoir pas peur; le gouvernement ne menace personne. S'il était de nature à faire peur, peut-être ne lui tiendrait-on pas le langage qu'on entend ici. (*Bravo! bravo! Applaudissements prolongés.*)

M. JULES FAVRE. — C'est de la violence.

M. ROUHER. — C'est vous qui avez fait de la violence.

M. THIERS. — Quand il s'agit des intérêts du pays, personne ne nous fera peur, pas même le gouvernement.

M. ROUHER. — Permettez, monsieur Thiers ! vous arrivez à l'instant, vous ne savez pas ce qui s'est passé, et vous vous jetez dans cette querelle que vous ne connaissez pas.

M. THIERS. — Je vous demande pardon, je suis très-bien instruit.

Le tumulte provoqué par cette scène s'apaisa difficilement.

Le lendemain, M. Pelletan demanda la parole pour une rectification au procès-verbal : « Messieurs, dit-il, hier, je n'ai pas plus entendu, au milieu de ce tumulte, les paroles de M. le président qu'il n'a entendu les miennes. Il a dit : « Si le gouvernement « était de nature à faire peur, peut-être ne lui « tiendrait-on pas le langage qu'on entend « ici. » — Je demande pardon à M. le président : le lendemain du 2 décembre, lorsqu'il y avait plus de 20,000 proscrits, je n'ai pas eu plus peur qu'aujourd'hui de dire toute ma pensée. »

Cette longue session fut close le 28 mai.

Le 13 mars, une réunion électorale motivée par la prochaine ouverture du scrutin dans les deux circonscriptions qui avaient à remplacer MM. Carnot et Favre s'était tenue chez M. Garnier-Pagès. Après l'avoir dissoute, la police alla fouiller les appartements de ceux qui y assistaient ; elle fractura les meubles de MM. Floquet, Carnot et Clamageran qui étaient absents, et ne respecta rien, pas même les lettres de famille. C'est le 16 juin seulement que l'instruction judiciaire commença ; les inculpés étaient au nombre de trente-quatre. L'accusation fut abandonnée à l'égard de vingt et un et maintenue contre MM. Bory, Carnot, Clamageran, Corbon, Dréo, Durier, Ferry, Floquet, Garnier-Pagès, Hérisson, Hérold, Jozon et Melsheim. Le *Procès des Treize* fut jugé le 5 août.

Avant de répondre aux interrogations du président, M. Garnier-Pagès lut la protestation suivante :

« Nous soussignés, membres du Corps législatif ;

« Par respect pour le suffrage universel, expression de la souveraineté du peuple ;

« Par respect pour le droit des électeurs qui nous ont élus représentants de la nation ;

« Par respect pour les droits de l'Assemblée, l'un des pouvoirs de l'État ;

« Nous regardons comme un devoir de protester contre la saisie de nos papiers, lettres, circulaires, listes d'électeurs, listes de distributions, affiches, notes diverses, titres de caisse, documents de toute sorte relatifs à notre élection qui a été approuvée sans contestation à l'unanimité par le Corps législatif.

« La loi a proclamé le secret des votes comme un principe sacré auquel il n'est pas permis de porter atteinte ; n'est-ce pas le violer que de chercher les indices qui pourraient faire découvrir dans quel sens certains électeurs ont voté ?

« Il n'y aurait plus à côté d'une candidature officielle soutenue par l'administration aucune autre candidature possible, si, le lendemain du jour où le scrutin a prononcé, le gouvernement se croyait le pouvoir d'exercer des poursuites là où les faits démontrent jusqu'à l'évidence qu'il n'y a eu ni fraude ni corruption. »

M. Jules Favre prit la parole le premier ; sa plaidoirie fut si complète et si brillante que M. Berryer, l'un des défenseurs, déclara que ni lui ni ses collègues n'avaient rien à y ajouter. Le tribunal présidé par M. Dobignie qui avait dirigé les débats avec une excessive âpreté condamna *les Treize* « chacun solidairement à 500 francs d'amende ».

Le 15 septembre, la France et l'Italie firent une convention ; elles s'engagèrent, — l'Italie à ne pas attaquer et à préserver de toute attaque le territoire actuel du Saint-Père, — et la France à retirer ses troupes des États pontificaux, dans un délai de deux ans, graduellement et à mesure que s'organiserait l'armée papale pouvant se recruter de catholiques étrangers. Cette convention devait être exécutoire dès que le roi aurait déterminé l'endroit où la capitale du royaume serait transférée.

Le 28, les représentants ouvriers de plusieurs nations européennes se réunirent à Londres pour jeter les bases d'une association universelle des travailleurs. Un comité en rédigea les statuts, et, le 25 octobre, la *Société internationale* des travailleurs était fondée.

Le 8 décembre, Pie IX se vengea de la convention du 15 septembre par la publication de l'encyclique *Quanta cura*, suivie du fameux *Syllabus*. Des quatre-vingt-neuf anathèmes dont se compose ce résumé violent des doctrines de la Société de Jésus, il résulte que l'Église catholique dont l'indépendance est absolue et illimitée a le droit d'employer la force, — que toutes les autorités sont soumises à la sienne, — qu'il n'y a d'autre souveraineté que celle *dite* de droit divin, — que le pape est le Roi des rois, l'arbitre souverain dans les différends qui s'élèvent entre les Rois et les peuples, — que toutes les libertés doivent être supprimées, — que la philosophie n'existe pas puisqu'elle procède de la liberté de recherche et ne tient aucun compte de la révélation surnaturelle, — que toute science ne s'accordant pas avec les miracles et les prophéties est un mensonge, — qu'il faut mettre le bâillon sur toutes les lèvres indépendantes, — qu'on ne peut émettre d'autres opinions que celles approuvées par les évêques auxquels appartient le droit exclusif de diriger l'éducation non-seulement dans leurs séminaires, mais encore dans les écoles et dans les universités de l'État, — que tout mariage contracté uniquement devant un officier de l'état civil est nul et que, en dehors du sacrement de mariage, il n'y a que des concubinaires et des bâtards, — que la société civile doit être abolie, — que la prédominance de l'Église sur l'État est indiscutable comme sa domination universelle sur les corps, les âmes et les esprits. Voici le couronnement donné par les Jésuites à ce monument d'extravagance et de délire : « Anathème à ceux qui diront : *Le pontife romain peut et doit se réconcilier et se mettre d'accord avec le progrès, le libéralisme et la civilisation moderne !* » On ne saurait avouer plus nettement que le catholicisme est la négation de toute liberté, l'ennemi juré du progrès et de la raison. Ce défi indigna la presse libérale ; s'il révolta les libres-penseurs, les catholiques libéraux s'en attristèrent, car il détruisait leur chimérique espoir d'une alliance entre le catholicisme et la liberté que Pie IX déclarait irréconciliables et incompatibles.

M. Baroche adressa aux évêques une circulaire prohibant la publication dans les mandements et l'impression de la première partie de l'encyclique, « *parce qu'elle contient des propositions contraires aux principes sur lesquels repose la Constitution de la France* ».

Les protestations épiscopales contre la circulaire ministérielle se succédèrent pendant les premiers mois de l'année 1865. Les évêques de France, un seul excepté, — celui de Montpellier, — déclarèrent arrogamment « qu'ils adhéraient de toute leur âme aux enseignements contenus dans l'encyclique, et qu'ils voulaient bien rendre à César ce qui est à César, mais après avoir rendu à Dieu ce qui est à Dieu ». Cela voulait dire : Nous ne reconnaissons d'autre autorité que celle du pape. Les Jésuites s'effrayèrent de l'irritation qui se propageait contre leur œuvre. Le vieillard du Vatican, dont ils avaient brisé la volonté et dont l'esprit affaibli obéissait à leurs ordres, écrivit sous leur dictée « *qu'on avait défiguré le sens de la doctrine syllabique* ». Peu à peu les ultramontains reprirent courage et restituèrent au *Syllabus* son vrai sens qu'on n'avait *pas défiguré* mais que Mgr Dupanloup avait détorqué en le soumettant à de jésuitiques interprétations. En 1877, les papistes en étaient venus à cet

EXPÉDITION DE CHINE. — Types d'habitants de Pékin.

excès d'audace qu'ils disaient au *Très-Saint-Père* : « Ah! béni, mille fois béni soit le pontife qui a donné au monde le *Syllabus* dont le texte est si clair! » Aujourd'hui, ils crient partout : «Eh bien! oui, c'est le *Syllabus*, nous le proclamons bien haut, que nous plaçons à la base de notre œuvre et où nous puisons les idées qui nous dirigent. » Et ils marchent à l'assaut de la société moderne. En même temps, les journaux religieux déclarent que

« *le prêtre et le jésuite c'est tout un* ». Tous nos prêtres feraient donc partie de cette *Internationale noire* dont Ignace de Loyola est le fondateur? Le catholicisme jésuitisé est la négation du christianisme que, déjà, on avait dépouillé de son caractère en le dogmatisant.

Dans un rapport que le *Moniteur* publia, M. Duruy semblait se prononcer en faveur de l'instruction gratuite et obligatoire. La presse ultramontaine s'en indigna. Obliger les pères de famille à donner l'instruction à leurs enfants, quel crime abominable! A l'ignorance mère de la crédulité substituer la science qui dissipe les mensonges et anéantit les superstitions, quelle œuvre impie!

L'irritation bruyante du parti clérical effraya le gouvernement qui fit paraître dans le *Moniteur* la note suivante :

« Rien ne justifie les alarmes de la presse religieuse. Les questions soulevées par le rapport du ministre de l'instruction publique sur l'enseignement primaire ont été, à la vérité, discutées par les ministres et par les membres du conseil privé sous la présidence de l'empereur, mais le projet renvoyé au Conseil d'État à la suite de cet examen ne repose pas sur les principes développés par le ministre dont le rapport a été inséré dans le journal officiel simplement comme expression de son opinion personnelle et à raison de l'importance des renseignements qu'il contient. »

Les obscurants se déclarèrent satisfaits.

Le premier nom inscrit sur le nécrologe de 1865 est celui de Proudhon. Cet écrivain populaire avait comme penseur une grande puissance, comme controversiste une sécheresse hardie, comme critique une touche mâle. Se plaçant au point de vue abstrait, sa logique impitoyable ne ménageait rien; semblable au scalpel, elle disséquait impassiblement les personnes et les institutions; elle mettait à nu les plaies sociales, crime impardonnable aux yeux de ceux qui ont intérêt à ne pas les guérir; aussi traduisaient-ils devant les tribunaux cette personnalité originale et gênante. Chaque condamnation nouvelle grandissait la popularité de Proudhon, ce qui ne lui déplaisait guère, car *son moi* le dominait. Il osa dire à Napoléon III : « Vous ne fonderez ni une dynastie ni rien de stable, car votre situation et votre provenance sont contradictoires et s'excluent. Vous vous proclamez empereur; vous allez exagérer l'autorité, vous qui l'avez combattue à main armée; vous allez faire de la compression et de l'arbitraire, vous qui avez tant prôné la liberté. Allez! La liberté n'a rien à craindre de vous; vous ferez plus de mal au principe de l'autorité que tous les conspirateurs ensemble. » En 1858, son livre : *De la justice dans la Révolution et dans l'Église*, fut saisi et supprimé. Condamné, comme je l'ai dit, à trois ans de prison et à 4,000 francs d'amende pour outrage aux mœurs, Proudhon se réfugia en Belgique; ce genre de délit ayant été exclu de l'amnistie générale, Proudhon écrivit : « *L'outrage aux mœurs* pour lequel j'ai été condamné n'est rien de plus que la publication d'un gros livre dans lequel j'ai cru prouver que l'Église n'entend rien à la morale et que, par son dogme, par sa casuistique et par son culte, elle la corrompt... J'aurais du plaisir, je l'avoue, à aller voir si la France est aussi jésuite et encapuchonnée qu'on le suppose; oui, j'irais au risque de me voir condamner de nouveau pour *outrage aux mœurs*. » La vie de Proudhon était de la plus haute moralité; il avait peu de besoins et conséquemment beaucoup d'indépendance. A-t-il, comme ses disciples le croient, donné à la Révolution « sa formule définitive », ou bien, comme d'autres le pensent, a-t-il seulement soumise « à la discussion rationnelle en la dégageant des nuages du dogme et des mensonges de l'épopée »? N'eût-il fait que cela, « il lui eût rendu un grand service », dit un historien [1], et je suis de son avis. Le gouvernement impérial permit que les funérailles civiles de Proudhon se fissent librement. Le 20 janvier, des écrivains et des ouvriers y assistèrent en grand nombre. MM. Langlois, Massot et Chaudey prononcèrent l'oraison funèbre de cet illustre citoyen.

Trois jours après, la mort frappa le colonel Charras à Bâle où de nombreux républicains accoururent pour lui adresser l'adieu suprême. Charras fut enterré civilement.

---

1. Taxile Delord.

C'était un loyal et vaillant soldat, un citoyen profondément dévoué à la cause démocratique, un écrivain d'une haute intelligence. Sa conscience droite s'appuyait sur une volonté ferme. Sa franchise de caractère s'alliait sagement à sa rigidité de principes. Il était de cette race d'hommes tout d'une pièce qui, s'il s'agissait pour eux d'aller, au péril de leur vie, remplir un devoir patriotique, répondraient à des amis qui chercheraient à les dissuader de partir ce que, dans un cas pareil, répondit je ne sais plus quel grand citoyen de l'ancienne Rome : « Il est nécessaire que je parte; il n'est pas nécessaire que je vive. » L'homme de Décembre le savait bien, car, sur un carnet-agenda, à la date où il apprit que son redoutable adversaire venait de succomber, le secrétaire de Sa Majesté, M. Conti, « qui tenait registre des paroles du maître, écrivit ceci : *Nouvelle de la mort du colonel Charras. C'est un grand débarras* [1]. » Quel plus bel éloge pourrais-je faire du proscrit dont le souvenir nous est si cher?

Le 10 mars, M. de Morny mourut « en rendant le sang par les oreilles et par les narines. » Ainsi rentra dans le néant ce personnage que l'adultère en avait tiré. Aux yeux de cet agioteur cynique, le crime du 2 Décembre, qu'il fit réussir, « représentait une affaire ». L'égorgement de la loi et de ceux qui la défendaient n'était pour lui qu'un moyen d'arriver à ses fins : s'enrichir à tout prix et boire à grands traits dans la coupe des voluptés humaines. Comme s'il eût voulu proclamer l'inconduite de sa mère l'ex-reine Hortense, M. de Morny portait un *hortensia barré* dans ses armes, au milieu des huit fleurons de la couronne ducale que son frère utérin lui avait donnée. L'État paya ses funérailles, et, sur sa tombe, M. Rouher prit la parole. La décence s'opposant à ce qu'il parlât *des vertus* du défunt, le ministre d'État fit l'apologie du guet-apens de Décembre et célébra le courage déployé, pendant la perpétration de cet attentat, par l'homme qui *s'était mis du côté du manche*. L'année suivante, quand vint l'anniversaire de cette mort, la tombe de l'associé de Jecker ne reçut aucune visite; pas une fleur n'y fut déposée. Tant il est vrai que les offenses à la morale publique ont des limites devant lesquelles s'arrêtent les plus audacieuses impudeurs! Pour en finir avec cet homme que l'histoire a traîné aux gémonies, donnons pour épitaphe à son tombeau délaissé par ses adulateurs d'autrefois et par ses complices eux-mêmes cet extrait d'une lettre de Jecker à M. Conti, chef du cabinet de Napoléon III : « Je m'adresse à vous de préférence au sujet d'une affaire *qui regarde particulièrement l'empereur. J'avais pour associé dans cette affaire* M. DE MORNY *qui s'était engagé moyennant* 30 *pour* 100 *de bénéfices* à la faire respecter et payer par le gouvernement mexicain. Aussitôt que cet arrangement fut conclu, je fus parfaitement soutenu par le gouvernement français et par sa légation au Mexique. Sous l'empire de Maximilien et *aux instances du gouvernement français*, je parvins, *aidé des agents français*, à faire une transaction avec le gouvernement mexicain. A la même époque, M. de Morny vint à mourir, et *la protection éclatante* que le gouvernement français m'avait accordée cessa complètement. »

Les causes primordiales et décisives de l'aventure mexicaine ne sauraient être mieux dévoilées. Sur les sommes reçues par Jecker, M. de Morny avait dû prélever sa part. Il ne restait que 10 millions à payer; mais le duc étant mort et ne pouvant, conséquemment, opérer sur ce solde son prélèvement de 3 millions de francs, Napoléon III retira *sa protection éclatante* à l'usurier suisse qu'il avait naturalisé Français pour avoir le droit de s'immiscer dans cette sale affaire dont un *ultimatum* qui scandalisa les plénipotentiaires de la Soledad exigeait le règlement.

Le 15 avril, quelques émissaires des Su-

---

1. *Papiers des Tuileries.*

distes vaincus assassinèrent, à Washington, le président Lincoln. Cet assassinat émut profondément l'Europe; à Paris, l'émotion fut très-vive. Quinze cents étudiants rédigèrent une adresse à la nation américaine; ils l'apportaient silencieusement au ministre des États-Unis; arrivés au Pont-Neuf, ils trouvèrent des agents de police et des soldats qui s'opposèrent à cette manifestation pacifique. Plusieurs jeunes gens furent arrêtés. Les journaux démocratiques envoyèrent au président Johnson, successeur de Lincoln, une lettre dans laquelle ils exprimaient — comme les étudiants le faisaient dans leur adresse — « leurs sympathies pour la cause de l'Union, pour l'abolition de l'esclavage et pour la victime vénérée de ses convictions politiques et sociales ».

La session législative s'était ouverte le 15 février. Faisons une courte exception à notre oubli volontaire des séances que tient annuellement le Sénat. M. Rouland protesta contre le *Syllabus*. « Il faut, dit-il, défendre les lois fondamentales de la nation et soulever les voiles qui, depuis douze ans, couvrent les desseins du parti ultramontain. » L'orateur montra l'ultramontanisme s'emparant de l'enseignement, soufflant partout l'esprit de résistance, étendant démesurément les ordres religieux qui s'introduisent dans les familles poussés par un dangereux esprit de prosélytisme et qui existent en violation des lois. « Le moment est venu, s'écria l'ancien ministre des cultes, de mettre un terme aux empiétements du parti ultramontain. Le clergé tourne à l'ultramontanisme, le gouvernement des diocèses est transporté à Rome; le Concordat est violé chaque jour; le pape, passant par-dessus la tête de l'empereur, convoque directement tous les évêques français et s'étonne qu'on lui fasse des observations à ce sujet. L'article 1er des lois organiques portant qu'aucun écrit signé du pape ne sera publié sans l'autorisation du gouvernement est l'objet des attaques persistantes de l'ultramontanisme. Il a été violé, il le sera encore. »

Ce discours sembla impressionner le Sénat. Le cardinal de Bonnechose y répondit sur un ton arrogant et s'efforça de déguiser le sens du *Syllabus*. Une de ses assertions les plus audacieuses fut détruite par un seul mot. « L'Église, dit-il, voudrait bien qu'il n'y eût qu'une religion, mais là où l'unité a été brisée, elle veut la rétablir par la persuasion et non *par la force;* et ce qui le prouve, c'est la tolérance accordée dans Rome aux Israélites partout persécutés... — Et le petit Mortara? » s'écria, d'une voix retentissante, M. Michel Chevalier.

Le cardinal ne répondit pas à ce reproche accablant. M. Bonjean, premier président de la cour impériale, parla dans le même sens que M. Rouland. Après avoir constaté les progrès de l'ultramontanisme, « dus aux corporations religieuses qui, malgré les lois, se multipliaient en France avec une dangereuse rapidité, » il fit le calcul approximatif des propriétés foncière et mobilière des congrégations autorisées; puis il ajouta : « Impossible d'évaluer la fortune des congrégations non autorisées; les établissements magnifiques qu'elles ont élevés permettent pourtant de conclure que cette fortune pourrait bien être égale, sinon supérieure, à celle des congrégations autorisées; ces deux chiffres ajoutés donnent un total d'environ cinq cent vingt millions. Quelle influence ces congrégations ne peuvent-elles pas exercer sur la vie morale du pays?... Le clergé paroissial est abandonné. Ses aumônes sont diminuées comme ses moyens de recrutement; les fidèles et les néophytes courent aux congrégations dont le chef est à Rome, et puisent leurs inspirations à l'étranger. Les Jésuites qui ne se livraient autrefois qu'à l'instruction secondaire préparent aujourd'hui les jeunes gens aux écoles spéciales. Encore quelques années, et vous aurez dans l'armée, dans l'administration, dans la magistrature, des hommes élevés dans ce sentiment, publiquement affiché déjà par des personnages importants, qu'avant d'être le sujet de l'empereur on est d'abord le sujet du pape, et, si cela continue, qui régnera, je vous le demande, de l'empereur ou de la congrégation ? »

Les craintes prophétiques de M. Bonjean sont devenues des réalités.

Une assemblée plus ultramontaine que française a fait la plus monstrueuse entreprise qui pût être tentée contre le progrès de l'esprit humain et la sécurité de la société. Sous le nom de *liberté de l'enseignement supérieur*, elle vota une loi qui livre la jeunesse aux Jésuites, et qui, dépouillant à leur profit l'État d'un de ses priviléges les plus essentiels, celui d'accorder des grades universitaires, « met nos santés, notre honneur, nos intérêts, notre intelligence à la merci des médecins, des avocats, des juges, des professeurs que pétrit la Compagnie de Jésus ».

Des généraux essayèrent vainement de protéger notre armée contre cette institution des aumôniers que, en 1826, le maréchal Sébastiani repoussait « comme étant une école de délation et d'espionnage », un régime qui soumettait nos soldats « à une piété plus monacale que religieuse ». Cette assemblée réactionnaire et cléricale installa les prêtres dans les casernes et dans les camps où, suivant l'expression du général Guillemaut, « ils se mêlent de beaucoup de choses qui ne les regardent pas ».

Encouragés par tant de succès qui dépassaient leurs espérances, les Jésuites ne cessent de troubler le repos dont la France est avide et a si grand besoin. Ils sapent impunément les bases de notre droit public et de la société française. Ils dirigent la vaste organisation qu'ils ont étendue sur le pays ; des députés, des sénateurs, des magistrats, des officiers de l'armée et de hauts fonctionnaires l'administrent ; les évêques de tous nos diocèses, les curés de toutes nos paroisses en activent le développement ; les moines dont la pullulation est prodigieuse [1] sont ses émissaires les plus ardents, « ses quêteurs les plus importuns ».

Les œuvres catholiques — telle est la dénomination générale de l'entreprise ultramontaine — se diversifient à l'infini ; elles embrassent les cercles d'ouvriers, les cercles militaires, l'œuvre de l'usine, les patronages d'apprentis, les orphelinats agricoles, etc.

Dans des réunions bruyamment annoncées et tenues, l'*Internationale noire* ne dissimule ni son action ni son but.

Le jésuite Sampin y déclare que « le Code et ses principes pervertissent l'enseignement du droit ; que, dans la politique même, tout doit être subordonné à la loi divine ».

Le jésuite Marquigny y réclame « le rétablissement, *sous l'œil vigilant de l'Église*, des corporations telles qu'elles existaient au bon temps de saint Louis, » c'est-à-dire la reconstitution des anciens corps de métiers issus des confréries.

Le capitaine de Mun y prêche la même thèse. « Il faut, dit-il, reconstituer la société d'avant 89 ; il y a des classes élevées au-dessus des autres par les grâces que Dieu leur a faites. » Ce capitaine veut aussi la suppression du libre examen : « On doit obéir aveuglément à une autorité (celle du pape), parce que Dieu l'a établie pour nous dire tout ce que nous devons croire. »

Dans ses prédications, le commandant de La Tour-du-Pin, « s'honore de parler en jésuite ».

Un délégué du pape, Mgr Nardi, proclamait naguère, à Paris, « la nécessité de la

---

[1]. En 1861, le recensement du personnel des communautés ou congrégations démontra qu'il existait, en France, 108,119 religieux de l'un et l'autre sexe, formant quatorze mille trente-deux communautés, c'est-à-dire le double du chiffre indiqué par les documents antérieurs à 1789. Depuis 1861, les accroissements des communautés et des maisons conventuelles n'ont point discontinué.

soumission absolue de la science à la religion », c'est-à-dire du philosophe et du savant au prêtre et au moine.

Et le père Marquigny ajoutait : « Oui, la vérité périrait si elle n'était armée du glaive et du feu. Nous sommes martyrs quand on nous ôte *le droit d'imposer notre doctrine par la violence*. Ce qu'il nous faut, c'est *le monopole absolu des âmes et des esprits*. » Et prenant un ton menaçant ce jésuite s'écriait : « S'il y a lieu, l'autorité ecclésiastique rappellera l'autorité civile à ses obligations essentielles. »

L'un de nos prélats les plus modérés, Mgr Donnet, affirme que « la France redeviendra le soldat de l'Église et replacera la papauté sur sa véritable base ».

Si, ému par la violence des mandements épiscopaux, un ministre invite à la modération certains prélats trop tapageurs, les organes de l'ultramontanisme lui répondent que « l'autorité civile n'a pas le droit d'apprécier le langage des évêques, lesquels ne relèvent que de Rome et de leur conscience ».

Ces irréconciliables ennemis des principes qui, « achetés au prix de notre sang, — leur disait M. Challemel-Lacour à la tribune, — sont devenus le fondement même de notre société, » visent surtout à l'application de ces doctrines si chères au Vatican : « Le droit de raisonner, de savoir ce qui est bien ou mal, faux ou vrai, n'appartient qu'aux prélats, aux nobles et aux grands officiers de l'État [1]. » — « L'essentiel est de prémunir la jeunesse contre l'abus des lumières et du talent [2]. »

Parlant, un jour, du parti clérical, Gambetta s'est écrié : « Voilà l'ennemi ! »

En 1865, M. Bonjean le signalait déjà. S'il vivait encore, modifiant la dernière phrase de son discours d'alors, il dirait : « Nous avons dans l'armée, dans l'administration, dans la magistrature, beaucoup d'hommes élevés dans ce sentiment, publiquement affiché par des personnages importants, qu'avant d'être Français on est d'abord le sujet du pape. »

Pour atténuer l'effet du cri d'alarme jeté au Sénat par le président de la cour impériale de Paris, Mgr Darboy déclara « qu'il ne niait pas l'autorité du pouvoir civil et n'était pas de ceux qui se disent catholiques avant d'être Français ».

Aujourd'hui une pareille déclaration serait désavouée, honnie par tous les princes de l'Église.

La question du Mexique s'étant agitée, le maréchal Forey vanta *la sagesse et le libéralisme* de Maximilien, — nous verrons ce qu'était ce libéralisme, — et il certifia que « Dieu, ayant inspiré l'empereur quand il s'arma de l'épée de la France pour rétablir l'ordre au Mexique, n'abandonnerait pas ce beau pays ». Dieu ne tardera pas à démentir le maréchal Forey qui ajouta : « J'ai entendu répéter des paroles attribuées à l'empereur ; il aurait dit : « L'expédition du Mexique sera « une des plus belles pages de mon règne. » J'ignore s'il a, en effet, prononcé ces paroles ; mais *ce dont je suis certain*, c'est que l'avenir prouvera qu'elles étaient vraies. »

L'avenir prouva le contraire.

Le dernier mot de la session sénatoriale fut prononcé par M. de Boissy. Le baron Dupin réclamait le droit de discuter le budget ; M. Troplong dit que ce serait saper les bases de la Constitution : « Coupez-nous la langue ou laissez-nous parler, » répondit M. de Boissy. Et les sénateurs se séparèrent en criant : *Vive l'empereur !*

La majorité du Corps législatif élut pour secrétaire M. Darimon, défectionnaire comme M. Ollivier. M. Schneider occupait le fauteuil présidentiel. Pendant la discussion de l'adresse, M. d'Havrincourt ayant dit que le 2 Décembre sauva la France, M. Picard s'écria : « *Le 2 Décembre est un crime.* »

---

1. De Maistre, *Soirées de Saint-Pétersbourg*.
2. Mgr de Frayssinous.

Les vociférations de la majorité ne purent contraindre M. Picard à retirer ces paroles que le *Moniteur* ne reproduisit pas.

M. Émile Ollivier émit la prétention de conclure une alliance durable entre la démocratie et la liberté par la *main d'un pouvoir fort et national*. « Mon vote en faveur de l'adresse, ajouta-t-il, sera un *vote d'espérance*. » Quelques jours après cet acte décisif de sa trahison, M. Émile Ollivier recevait le cadeau que lui avait ménagé M. de Morny, — sa nomination de conseiller judiciaire du vice-roi d'Égypte aux appointements de 30,000 francs, et le barreau de Paris le rayait du tableau des avocats.

Le groupe de la gauche réduit à quinze membres par la double défection de MM. Darimon et Ollivier persista dans la revendication des libertés confisquées. MM. Jules Simon, Magnin, Carnot et Jules Favre prennent successivement la parole. M. Corta, qui arrive du Mexique, appuie un nouvel appel au crédit en faveur de Maximilien ; il conte merveilles à la majorité qui l'applaudit. MM. Jules Favre et Picard ôtent à la vérité le fard dont M. Corta l'a couverte.

Chauffant de nouveau le succès du deuxième emprunt mexicain, M. Rouher s'assouvit de l'hyperbole et termine en ces termes ses réclames laudatives : « J'ai dit et je répète que l'expédition du Mexique est *la plus belle pensée du règne* et qu'elle a conquis à la civilisation un grand pays. Les renseignements fournis par M. Corta ont fixé la Chambre *de la manière la plus précise* sur les ressources du Mexique. *Maximilien offre à ses prêteurs les plus solides garanties. L'armée française ne reviendra sur nos rivages que son œuvre accomplie et triomphante de toutes les résistances.* » Et il proféra ce mensonge impudent : « Des explications échangées entre le gouvernement français et celui des États-Unis, il n'est résulté *que des choses favorables à l'empire mexicain.* » Or, nous le verrons bientôt, dès le 7 avril 1864, M. Seward, ministre des affaires étrangères à Washington, faisait remettre au cabinet des Tuileries « copie d'une résolution prise à l'unanimité par la Chambre des représentants *affirmant l'opposition de ce Corps à la reconnaissance d'une monarchie au Mexique*, résolution qui traduit le sentiment unanime du peuple des États-Unis ». Bientôt le président de la République américaine haussera le ton.

MM. Thiers et Garnier-Pagès blâmèrent l'exagération des dépenses et proposèrent sur les budgets de la marine et de la guerre des réductions qu'on opèrerait en rappelant nos troupes du Mexique et de Rome. Les embarras de la situation financière ne font qu'augmenter ; la rentrée des 25 millions de l'annuité mexicaine est douteuse ; le Mexique recourt, une deuxième fois, à un emprunt très-onéreux. Jules Favre dit qu' « à l'intérêt de neuf et demi pour cent est ajouté l'appât de lots de 500,000 francs, qu'il sent la rougeur lui monter au front en songeant que la France a estampillé la négociation d'un emprunt immoral et s'adressant à l'avidité ignorante des pauvres ».

M. Rouher se jette dans des divagations au milieu desquelles il couvre d'inadmissibles excuses l'intervention du gouvernement français qui a transformé en bureaux de vente des bons mexicains les recettes générales, les recettes particulières et les perceptions. « On s'adressait à l'épargne publique et on lui dressait un guet-apens aussi immoral qu'imprudent. C'est à qui inventerait les promesses les plus exagérées, les perspectives les plus séduisantes pour multiplier les dupes. Les ruines que les bons mexicains semèrent sur toute la surface de la France furent particulièrement sensibles aux petites bourses[1]. » Après avoir blâmé les pompeuses déclarations de nos ministres chargés d'entraîner les crédules souscripteurs vers les deux emprunts mexi-

---

1. *Le Dernier des Napoléon.*

cains, M. de Kératry signale ce fait caractéristique : « Quoique ces emprunts eussent été chaudement recommandés au Mexique, *pas une famille du pays, pas une maison de commerce* ne voulut y souscrire ; en un mot, pas une seule obligation n'a pu être placée même parmi les impérialistes [1]. »

M. Jules Favre, dans la séance du 8 juin, demanda au gouvernement si, comme il s'y était engagé l'année précédente, il était disposé à retirer ses troupes du Mexique. « L'occupation — dit l'orateur — semble prendre un caractère permanent ; le gouvernement assurait, il y a un an, que le Mexique était pacifié, et le général Castagny vient de brûler San-Sébastian, une ville de quatre mille âmes. »

« — C'était un repaire de brigands ! » s'écria M. Rouher.

M. Jules Favre lui répondit : « J'engage le ministre qui appelle les Mexicains des brigands à se souvenir qu'on a donné aussi ce nom de brigand aux Français qui opposaient leur poitrine à l'invasion étrangère. » Au milieu des clameurs de la majorité qui voulait étouffer sa voix, M. Jules Favre continua : « Si vous êtes obligés d'en venir à ces excès de répression, ne parlez pas d'empire fondé et de retirer les troupes, comme vous le promettiez l'année dernière. Napoléon Ier disait aux Espagnols : « Votre monarchie est « vieille, ma mission est de la rajeunir. » Maximilien doit savoir où sa mission l'a conduit... Une fois de plus et au nom du droit indignement violé, au nom des intérêts si follement compromis, je condamne cette folie téméraire et criminelle qu'on appelle l'expédition du Mexique. »

M. Chaix-d'Est-Ange, vice-président du Conseil d'État, ne put réfuter les arguments de l'orateur républicain ; il osa dire que « le général Castagny *accusé* d'avoir incendié San-Sébastian et massacré ses habitants n'avait pas besoin de réhabilitation. — A-t-il, oui ou non, brûlé une ville ? » lui demanda M. Pelletan. M. Chaix-d'Est-Ange se garda bien de répondre à cette question.

Le député Bartholoni prononça ces paroles où règne une candeur extrême : « Je blâme M. Jules Favre d'avoir présenté la France et son gouvernement comme faisant une guerre injuste et promenant à travers le Mexique la fusillade et l'incendie. Je ne m'inquiète pas de savoir si cela est faux, bon ou mauvais. Ce qui me fâche, c'est que ces images sombres, mises sous les yeux du pays, ne sont pas de nature à rendre populaires le gouvernement qui a entrepris l'expédition et l'Assemblée qui l'a autorisée par ses votes. »

Quelle plaisante naïveté !

La Cour de cassation, toutes chambres réunies, avait, par un arrêt récent, donné au gouvernement « le droit de faire saisir les lettres à la poste par ses agents ». Dans la séance du 13 juin, M. Eugène Pelletan posa cette question à M. Vandal, directeur des postes : « Dans le cas où, sans commencement d'instruction, M. le préfet de police vous demanderait de lui livrer des lettres, les livreriez-vous ? »

M. Vandal répondit négativement.

M. Rouher trouva que M. Vandal s'était trop avancé. « Le préfet de police, dit-il, a le droit de décerner un mandat pour la saisie de tout objet suspect, et conséquemment des lettres mises à la poste. »

Que devenaient ces lettres ?

Le ministre d'État confessa « qu'elles restaient à la merci du préfet de police à Paris et des préfets dans les départements, mais que défense était faite à ces fonctionnaires d'étendre leur pouvoir à d'autres lettres qu'à celles servant à constater un délit ».

Cet aveu soulevait une objection :

« Peut-on savoir à quoi peut servir une lettre si on ne l'ouvre pas ? »

---

[1]. *L'Élévation et la Chute de Maximilien*, p. 115, note.

M. Jules Simon,
DÉPUTÉ DE PARIS AUX ÉLECTIONS DE 1863.

Et puis, vit-on un pouvoir plus exorbitant que celui des magistrats de police? Il leur est loisible « de ne point convoquer le signataire à l'ouverture de sa lettre, de la garder s'ils l'ont saisie mal à propos, de l'envoyer à la justice s'ils la jugent utile à une instruction ».

La majorité se hâta d'étouffer une discussion qui mettait M. Rouher dans un fâcheux embarras et qui avait constaté l'inexistence du secret des lettres sous le second Empire.

Quand cet Empire fut tombé, de nombreux documents dévoilèrent les turpitudes qui se commettaient dans le *cabinet noir* : « Sire, — disait M. Persigny dans une note adressée à l'empereur [1], — j'aurais voulu vous parler aussi d'un sujet délicat. J'ai reçu des révélations au sujet du service de ce qu'on appelle le *cabinet noir*, par le chef du bureau. Cet homme a besoin de son pain; il ne faut donc pas révéler à ses chefs les observations qu'il

1. *Papiers et Correspondance de la famille impériale.*

m'a faites. Elles intéressent le service de Votre Majesté. Si Votre Majesté venait à Paris, je la prierais de me faire donner une audience, mais pas à Compiègne, parce que cela ferait trop de tapage dans le gouvernement. »

Dans les antres de la police secrète du ministère de l'intérieur, il se passait d'abominables choses. Des facteurs de la poste livraient aux agents du directeur de la sûreté publique des correspondances qui étaient communiquées au chef de l'État. Des concierges s'enrôlaient dans cette bande de malfaiteurs. C'était un pandémonium où on ne s'intriguait que d'affaires véreuses, où on pratiquait des trahisons perfides, où des secrets de la vie intime on s'ingéniait à tirer un profit honteux [1].

Au moment où la session allait se clore, le gouvernement demanda, pour la construction d'un nouvel hôtel des postes, un crédit de six millions qui fut rejeté. Craignant que ses demandes faites à la Chambre d'autoriser la vente d'une partie des forêts de l'État et de contracter un emprunt destiné à des travaux publics n'éprouvassent le même échec, le gouvernement les retira.

C'est dans la séance du 10 avril que M. Corta présentait aux députés la situation de l'entreprise mexicaine sous un aspect heureux et brillant. Deux mois plus tard, le 10 juin, le lieutenant-colonel Bressonnet écrivait, de Mexico, au général Frossard, la lettre suivante :

« Mon général, les dernières appréciations que j'ai eu l'honneur de vous transmettre sur l'état général des affaires au Mexique ont dû vous paraître exagérées en face des renseignements donnés à la Chambre par un député *qui devait connaître la situation*. Ce que je puis vous dire à ce sujet, mon général, c'est que la surprise a été grande à Mexico, où l'on avait entendu M. Corta s'exprimer d'une tout autre façon sur l'avenir de ce pays. Les ressources indiquées n'ont pas l'importance qu'on leur a donnée, et les dépenses sont bien supérieures à celles dont il a été parlé... Tout manque pour aboutir, les hommes et l'argent. C'est par milliards qu'il faudrait venir en aide au Mexique; encore cela ne servirait-il de rien, si nous ne consentions à soutenir le gouvernement de notre armée.

« Ce que je vous dis là, mon général, est à peu près l'opposé de ce qui a été dit à la Chambre sur la même question. Le ministre d'État et M. Corta avaient sans doute leurs raisons pour parler comme ils l'ont fait; mais moi, qui ne veux que vous éclairer, je vous dis la situation telle qu'elle est... Chacun s'effraye de la tâche que la France s'est imposée; chacun se préoccupe des difficultés dans lesquelles elle se lance, des engagements moraux qu'elle contracte chaque jour et qui l'enserrent de plus en plus. Ne sait-on pas cela en France, ou ne veut-on pas le savoir? C'est un boulet que nous nous attachons aux pieds, qui nous rendra boiteux pour longtemps, et nous n'avons contenté personne au Mexique! Libéraux et cléricaux nous détestent; nous n'avons répondu à l'attente d'aucun parti. Tous ont fini par voir en nous des étrangers envahisseurs, qui leur ont imposé un gouvernement qu'ils ne réclamaient pas... »

Cette lettre a été trouvée dans le cabinet de l'empereur; il l'avait donc lue; il savait que M. Corta avait menti impudemment au Corps législatif. Mais ce mensonge facilita l'emprunt, et Napoléon III en récompensa M. Corta; un décret impérial le nomma sénateur.

On ne percera jamais tous les mystères d'iniquité qui, sous le règne de Napoléon III, se renfermèrent dans l'ombre; en voici un qui y fût demeuré enseveli si un ministre d'État eût vécu quelques mois de plus. Avant de se rallier à l'Empire, M. Billault posa, dans la Haute-Vienne, sa candidature qu'appuyait

---

1. Voir aux documents complémentaires de ce chapitre.

un avocat de Limoges, ancien magistrat, nommé Léon Sandon. M. Billault lui avait adressé des lettres dans lesquelles il traitait de Turc à More les auteurs et les complices du coup d'État. Après sa défection, il voulut retirer des mains où elle se trouvait cette correspondance dangereuse; ses tentatives, malgré les offres et les promesses dont il les entourait, échouèrent; on eut l'idée d'un vol préparé par la ruse : un ami de M. Sandon fut gagné. Cet individu obtint de l'honnête avocat limousin qu'il lui confiât ces lettres jusqu'au soir, et il se hâta de les livrer à M. Billault. Tel est le prologue du drame qui va se dérouler. M. Sandon fait assigner le voleur : c'est le volé qu'on emprisonne. On lui offre la liberté s'il retire son assignation; il y consent. Dès qu'il est libre, il fait une nouvelle démarche judiciaire, et on l'encellule à Mazas. Un juge d'instruction, la menace à la bouche, lui arrache une déclaration démentant son accusation; le lendemain, des agents de police le conduisent à la gare du Nord, et le chef de la police de sûreté lui annonce « les plus terribles vengeances » si on le revoit à Paris; seize fois il y revient et seize fois on l'emprisonne; il se retire dans son pays, d'où il demande au Sénat l'autorisation de poursuivre M. Billault; il adresse, en même temps, une requête au Conseil d'État. Aussitôt des estafiers partent, et, bientôt, ramènent M. Sandon à Mazas. Un jour, quatre médecins entrent dans sa cellule; ils l'interrogent pour la forme et — sur leur rapport, — le malheureux avocat est enfermé à Charenton comme atteint « de monomanie raisonnante ». Le sénateur Tourangin, rapporteur de la pétition de M. Sandon, diffama la victime que M. Billault et les agents du gouvernement impérial torturaient. A la lecture de cet odieux rapport qu'on publia, la vieille mère de M. Sandon fut saisie d'une douleur qui la tua. Pendant dix-huit mois, on soumit cet honnête homme au traitement des fous parmi lesquels il vivait. Quand M. Billault mourut, on le rendit à la liberté. Le 9 mai 1865, il demandait aux quatre médecins complices de l'ex-ministre de Napoléon III réparation des dommages qu'ils lui avaient causés en le déclarant fou; il prouva qu'il jouissait de toute la plénitude de sa raison, car il raconta lui-même aux juges cette lamentable histoire d'une manière si émouvante que l'auditoire en frissonnait; pour éviter l'immense effet qu'elle aurait produit partout, le président du tribunal interdit la publicité des débats. M. Persigny écrivit au chef du cabinet de l'empereur : « *Voici une affaire grave qu'il importe d'étouffer. La conduite de M. Billault a été inouïe; l'homme qui a été victime à ce point* est près de se laisser entraîner dans les mains des partis. Nous pourrions avoir un scandale affreux. IL Y A LA UNE INIQUITÉ ÉPOUVANTABLE; il faut la réparer [1]. » Le prince Napoléon appuya verbalement la lettre de M. de Persigny, et le gouvernement impérial, qui avait protégé *cette iniquité épouvantable*, accorda une indemnité de 10,000 francs à M. Sandon. Voilà ce qui se passait sous le second Empire!

L'empereur, qui avait quitté Paris le 29 août, débarqua le 3 mai à Alger. Il adressa aux Arabes une proclamation; il leur promettait « une augmentation de bien-être et une participation plus grande à l'administration du pays ». Se ressouvenant que les évêques l'avaient surnommé *l'élu de Dieu*, et que Napoléon Ier avait cité aux Arabes égyptiens « le saint livre du Coran, dans lequel il leur était annoncé », Napoléon III disait aux Arabes algériens : « *Reconnaissez avec le Coran que celui que Dieu dirige est bien dirigé.* » Il créa un archevêché à Alger et un évêché dans chacune des provinces de l'est et de l'ouest. Cette exagération d'un culte auquel la très grande majorité des habitants était étrangère

---

1. *Papiers et Correspondance de la famille impériale*, t. I, p. 35 et 37.

ou indifférente produisit un détestable effet et excita le clergé catholique à des tentatives de prosélytisme si hardies qu'elles suscitèrent un conflit entre le maréchal de Mac-Mahon et Mgr Lavigerie. Au nom de la liberté de conscience et pour éviter que la paix de la colonie fût troublée, le gouverneur général réclama contre le zèle convertisseur de l'évêque.

On avait espéré de ce voyage ce qu'il ne donna pas. Le programme des réformes et des améliorations annoncées par l'empereur ne satisfit pas l'Algérie aux droits politiques de laquelle aucune garantie n'était ajoutée et dont les institutions civiles ne recevaient aucun développement. L'empereur rentrait à Paris le 10 juin.

Pendant le voyage de Napoléon III en Algérie, le prince Napoléon, qu'un décret du 24 décembre 1864 avait nommé membre et vice-président du conseil privé, était allé à Ajaccio, où devait se faire l'inauguration d'un monument élevé à la gloire de Napoléon Ier et de ses frères. Le 14 mai, jour de la cérémonie, il prononça une harangue qui, dans le monde officiel, fit une grande sensation.

Le prince rappela d'abord les paroles que Napoléon Ier adressa pendant les Cent-Jours à Benjamin Constant : « Apportez-moi vos idées, des élections libres, des discussions publiques, des ministres responsables, je veux tout cela, la liberté de la presse surtout ; l'étouffer est absurde. » Ensuite il affirma que « le chef de la dynastie napoléonienne fut le véritable propagateur des idées libérales dans le monde ». Comparant le régime impérial aux deux régimes bourbonniens subis par la France, de 1814 à 1848, il dit : « Le régime impérial peut seul donner, donne déjà et donnera chaque jour davantage la liberté à la France. Quant à moi, j'aime la liberté sous toutes les formes ; mais je ne dissimulerai pas une préférence marquée pour ce que j'appelle la liberté de tous. Oui, je préfère la liberté et une politique influencée par l'opinion publique libre, manifestée par la presse et par les réunions, à des ministres, résultat souvent d'une intrigue parlementaire qui s'impose au souverain. O Corses, nous devons nous comprendre ! Nous avons la même foi, le même espoir dans ces principes inséparables : les nationalités, la grandeur de la patrie, la liberté. Comme moi, soyez convaincus que la mission de Napoléon était d'arriver par la dictature à l'émancipation. »

La gent qui vit du budget, mise en émoi par ce discours, fut au public un spectacle amusant. Les sénateurs, les députés et tous les aurivores des hauts emplois accoururent aux Tuileries ; ceux qui étaient le mieux en cour accablaient de leurs assurances de zèle et de dévouement l'impératrice-régente et le prince impérial ; les autres déposaient leurs cartes. « Ce discours, disait tout ce monde-là, est un appel aux passions révolutionnaires, une déclaration de guerre au gouvernement, le manifeste de la branche cadette. » Ces cris d'alarme trouvèrent des échos en Algérie ; les ennemis du prince irritèrent contre lui Napoléon III, et le *Moniteur* du 27 mai publia la lettre suivante, datée d'Alger le 21 :

« Monsieur et très-cher cousin,

« Je ne puis m'empêcher de vous témoigner la pénible impression que m'a causée la lecture de votre discours prononcé à Ajaccio.

« En vous laissant, pendant mon absence, auprès de l'impératrice et de mon fils comme vice-président du conseil privé, j'ai voulu vous donner une preuve de mon amitié, de ma confiance, et j'espérais que votre présence, votre conduite, vos discours témoigneraient de l'union qui règne dans notre famille.

« Le programme politique que vous placez sous l'égide de l'empereur ne peut servir qu'aux ennemis de mon gouvernement.

« A des appréciations que je ne saurais

admettre vous ajoutez des sentiments de haine et de rancune qui ne sont plus de notre époque.

« Pour savoir appliquer aux temps actuels les idées de l'empereur, il faut avoir passé par les rudes épreuves de la responsabilité et du pouvoir. Et d'ailleurs pouvons-nous réellement, pygmées que nous sommes, apprécier à sa juste valeur la grande figure historique de Napoléon? Comme devant une statue colossale, nous sommes impuissants à en saisir à la fois l'ensemble...

« Mais ce qui est clair aux yeux de tout le monde, c'est que, pour empêcher l'anarchie des esprits, cette ennemie redoutable de la vraie liberté, l'empereur avait établi dans sa famille d'abord, dans son gouvernement ensuite, cette discipline sévère qui n'admettait qu'une volonté et qu'une action; je ne saurais désormais m'écarter de la même règle de conduite. »

Cette lettre autocratique réprimandait le cousin durement, et défiant Napoléon Ier, « érigeant l'infaillibilité du premier César français en dogme, décrétait en même temps celle de ses successeurs... et était une sorte de bulle inaugurant la religion césarienne [1] ».

Le lendemain, la *Presse* publiait cette réponse du prince à l'empereur :

« Sire, à la suite de la lettre de Votre Majesté du 23 mai, et de sa publication au *Moniteur* de ce matin, je donne ma démission de vice-président du conseil privé et de président de la commission de l'Exposition universelle de 1867.

« Veuillez agréer, sire, l'hommage du profond et respectueux attachement avec lequel je suis,

« De Votre Majesté, le très-dévoué cousin.

« Napoléon (Jérôme). »

« Palais-Royal, 27 mai 1865. »

Le *Moniteur* annonça que la double démission du prince était acceptée.

Le maréchal Magnan était allé, le 25, rejoindre dans l'éternité ses deux complices du 2 Décembre, Morny et Saint-Arnaud. Comme eux, il disparut de ce monde au milieu des honneurs dont on les gorgea pour rémunérer leurs crimes.

Malgré les sommes énormes que lui rapportait le cumul de plusieurs fonctions lucratives, il mourut, comme je l'ai déjà dit, criblé de dettes qui furent payées par celui dont il avait exécuté, en 1851, les ordres sanglants.

Lorsque de grands coupables meurent sans avoir reçu d'autre châtiment que ceux qu'infligent le remords et la malédiction des honnêtes gens, l'histoire venge implacablement la morale publique outragée en traînant leur mémoire aux gémonies.

Le 25 juin, M. Girot-Pouzol, candidat de l'opposition, fut élu dans le Puy-de-Dôme, en remplacement de M. de Morny, malgré les efforts désespérés du gouvernement en faveur de la candidature d'un ancien préfet de ce département; on avait déclaré qu'il s'agissait « de se prononcer pour ou contre l'empereur »; les électeurs se prononcèrent contre lui.

Le général Lamoricière, saint-simonien en 1840, républicain en 1848, mourut, le 12 septembre, un crucifix à la main, dans son château où, depuis sa défaite à Castelfidardo, il vivait fort retiré. Les évêques prononcèrent dans leurs cathédrales des oraisons funèbres en l'honneur de l'ex-général en chef de l'armée pontificale.

M. de Bismarck cherchait dans l'affaire des duchés un motif de querelle qui lui permît d'expulser l'Autriche de l'Allemagne. Les hostilités étaient imminentes. Mais la Prusse voulant s'assurer de la conduite que tiendrait Napoléon III avant de s'engager dans la guerre qu'elle préméditait, une convention qu'elle imagina pour atermoyer régla ainsi,

---

1. Taxile Delord, *Histoire du second Empire*.

le 14 août, à Gastein, la question en litige : Le Slesvig est *acquis* à la Prusse, et le Holstein est *confié* à l'Autriche. Le 30 septembre, M. de Bismarck, prétextant d'un voyage d'agrément, quitte Berlin et va passer quelques semaines à Biarritz auprès du *pauvre sire* qu'il veut engluer. Il insinue qu'une entente entre la France et la Prusse serait féconde en avantages pour les deux pays. L'astuce mielleuse de M. de Bismarck est aux prises avec l'indécision rêveuse de son interlocuteur ; le « Méphistophélès prussien » se fait simple, insinuant, flatteur ; son insistance accompagnée de témoignages affectueux, ses obsessions pleines d'amabilité aboutissent au succès espéré. Napoléon III n'a dit ni oui ni non, mais, « jouant au Machiavel » et se promettant de tirer profit d'une guerre entre la Prusse et l'Autriche, de quelque côté que la victoire penche, il a déclaré qu'il ne s'en mêlerait pas. M. de Bismarck quitta Biarritz le 7 novembre ; il avait obtenu ce qu'il voulait : la neutralité de la France.

Invités par leurs collègues de l'université de Liége à venir discuter avec eux un programme relatif à la liberté de l'enseignement et des diverses méthodes qui lui sont applicables, des étudiants de France, d'Allemagne, de Suisse, de Norwége et de Portugal se réunirent en congrès le 29 octobre ; leur nombre s'élevait à près de mille. Se laissant entraîner hors du programme tracé, quelques-uns de ces jeunes gens abordèrent la question politique et la question religieuse. Contre certaines paroles échappées à l'improvisation de ces orateurs inexpérimentés, un *tolle* ultramontain s'éleva ; les bonapartistes se mirent de la partie ; ils reprochaient surtout à nos étudiants leur entrée dans Liége avec un drapeau noir, « le seul, disaient ces jeunes gens, qui convînt à la France en deuil de ses libertés ». Le conseil académique exclut à perpétuité de l'académie de Paris MM. Aristide Rey, Lafargue, Jaclard, Casse, Losson, Regnard et Bigourdan. Le Conseil impérial de l'instruction publique, auquel ils appelèrent de cette décision, aggrava la pénalité infligée aux six premiers en les bannissant, pour deux ans, de toutes les académies de l'Empire, et réduisit à deux ans l'exclusion de M. Bigourdan de l'académie de Paris.

La mort continuait à frapper des hommes célèbres à des titres différents. Après lord Palmerston, ce fut le tour de M. Dupin aîné qui était le prototype du caméléon politique. Peureux comme un lièvre, épineux comme le hérisson, il n'épargnait à pas un le sarcasme qu'affilait avec un art perfide sa langue de serpent. A un bon mot, il aurait sacrifié vingt amis s'il les avait eus, mais il était d'un naturel à n'en pas avoir. Timon lui consacra ce coup de pinceau magistral : « Mou, inconsistant et presque lâche dans les causes politiques, *mais* dans les causes civiles ferme, progressif, impartial et digne. » Ce *mais* est un éloge que, peut-être, n'ont pas mérité tous les magistrats. Ne s'en est-il jamais vu qui, ayant à se prononcer dans une cause civile où les intérêts d'un adversaire politique se trouvaient en jeu, aient manqué d'impartialité ? M. Dupin avait un autre bon côté : connaissant à fond la Société de Jésus, « dont les dangers, disait-il, sont écrits dans l'histoire en caractères ineffaçables », il la combattait avec toute l'ardeur de son gallicanisme qui ne transigeait pas. En 1845, du haut de la tribune, il la flétrit en ces termes : « La restauration des Jésuites est une peste publique ; il y a violation flagrante de la loi. Il faut appliquer la loi. » Si M. Dupin fut un politique inconsistant, rien n'ébranla sa constance dans la juste haine que les Jésuites et les loups-cerviers lui inspiraient.

La tombe s'ouvrit, le 10 décembre, pour Léopold Ier, roi des Belges. « Oiseau rare sur la terre, » ce monarque se conduisit en honnête homme, ne se joua pas de son serment, respecta une Constitution très-libérale, suivit le courant de l'opinion publique et ne trahit aucun des devoirs incombant à un souverain constitutionnel. Il avait acquis une haute réputation de prévoyance et de sagesse; ces deux qualités lui défaillirent le jour où, se laissant aveugler par sa tendresse paternelle, il partagea les éblouissantes illusions que donnaient à sa fille Charlotte, épouse de Maximilien, les scintillements de la couronne impériale. La mort lui épargna la douleur de voir le lugubre dénouement de l'aventure mexicaine dont je vais reprendre le récit où nous l'avons laissé.

Dès qu'il eut remplacé M. de Saligny dans les fonctions de ministre plénipotentiaire de France au Mexique, M. de Montholon pressa le général Almonte de régler, en sa qualité de président du Conseil de régence, les créances françaises au premier rang desquelles figurait, on ne l'a pas oublié, la créance Jecker. « Je ne puis rien, répondait évasivement le général; il faut que je consulte M. Gutierrez de Estrada[1] qui se trouve à Rome et que je prenne les ordres de Sa Majesté qui est à Miramar. »

Cependant l'archiduc hésitait à prendre le sceptre d'or que lui avaient apporté à Miramar les délégués des deux cent trente et un notables mexicains. On n'avait pu recueillir que 350,000 adhésions à l'empire, et il y a plus de sept millions d'habitants au Mexique; cela était peu rassurant. D'un autre côté, François-Joseph ne voulait consentir au couronnement de son frère que si celui-ci renonçait, par écrit, à ses droits éventuels au trône d'Autriche. Maximilien exigeait une contre-lettre annulant cet acte de renonciation « dans le cas où il serait amené à quitter le trône du Mexique ». Napoléon III s'impatientait de tant d'hésitations et de lenteurs qui mettaient son entreprise en péril; le général Frossard, son aide de camp, reçut la mission d'aller à Miramar pour terminer « *cette affaire suivie exclusivement entre l'empereur Napoléon et l'archiduc, avec l'approbation de l'empereur son frère*, comme chef de famille, mais sans la moindre immixtion du gouvernement autrichien »[1].

Entre le général Frossard qui établit sa résidence à Trieste et le duc de Gramont, ambassadeur du gouvernement impérial à Vienne, de fréquentes dépêches s'échangeaient; ils se tenaient au courant des démarches qu'ils faisaient, l'un et l'autre, pour obtenir une solution. Le 4 avril 1864, le duc télégraphiait au général :

« A tout prix, je veux en finir ici comme vous le désirez là-bas. L'empereur (le nôtre) ne peut plus attendre de la sorte; cela cesse d'être convenable. »

M. Hidalgo, « ami intime de Mme de Montijo », ayant de l'autorité auprès de l'impératrice Eugénie et l'un des principaux ourdisseurs de l'intrigue mexicaine, fut dépêché à l'archiduchesse Charlotte.

Le 5 avril, Napoléon III adressa au général Frossard la dépêche suivante : « Une décision prompte est indispensable. La nouvelle de l'indécision fera naître des complications au Mexique. Déjà, en Angleterre, la Bourse fait des difficultés pour le nouvel emprunt. Toutes ces questions de famille auraient dû être réglées d'avance. On ne peut sans inconvénient laisser un peuple en suspens, nous vis-à-vis de grandes difficultés, et l'escorte dans les Terres-Chaudes, qui attend au risque de la fièvre jaune. »

Le général répondit, le lendemain, à l'empereur : « J'ai communiqué la dépêche de Votre Majesté à l'archiduc et j'ai insisté vivement. L'archiduc m'a promis par écrit de faire son acceptation officielle samedi et de partir dimanche définitivement. »

---

[1]. Ami de l'ex-dictateur absolutiste et clérical Santa-Anna, M. Gutierrez de Estrada cherchait en Europe un roi qui voulût s'imposer au Mexique.

[1]. Lettre de M. Gutierrez de Estrada à un membre du Parlement anglais, datée de Paris le 30 décembre 1863.

Le 10 seulement, on se mit d'accord à Miramar, et une convention fut signée. Le lendemain, l'archiduc recevait enfin les délégués mexicains ; il les avait laissés se morfondre plus de six mois dans une auberge de Trieste, devant leur sceptre d'or qu'ils désespéraient de lui colloquer ; il leur dit : « Les garanties nécessaires pour assurer sur des bases solides l'indépendance et la prospérité du Mexique sont désormais acquises, grâce à la magnanimité de l'empereur des Français. »

Depuis le 3 octobre 1863, l'archiduc envoyait des ordres à Almonte ; le 20 mars 1864, il avait contracté un emprunt à la charge du Mexique, sans en avoir le droit, car il n'accepta officiellement la couronne que vingt jours plus tard. Le 12 avril, Maximilien annonça au comte de Germiny[1] qu'il avait dépensé une partie de cet emprunt en s'attribuant, d'abord, 1,500,000 francs à titre d'acompte sur sa liste civile, puis en appliquant 4,300,000 francs à des recrutements de mercenaires belges et autrichiens, et en nommant ministres plénipotentiaires, avec une rétribution annuelle de 200,000 francs, quelques-uns des fauteurs du crime de lèse-nation qu'il devait payer de sa vie.

Les efforts réunis de Napoléon III, de l'impératrice Eugénie, de l'archiduchesse Charlotte et des émigrés mexicains avaient donc triomphé des longues hésitations de Maximilien. Les tentateurs eurent, il est vrai, deux auxiliaires puissants : l'orgueil et l'ambition de Maximilien. Adolescent, il enviait le pouvoir suprême. A Naples qu'il visita en 1851, il s'extasiait devant l'escalier du palais de Caserte, et il exprimait ainsi les mouvements de grandeur et d'envie que donnait à son âme cette contemplation : « Cet escalier monumental est digne de la Majesté ! Quoi de plus beau que de se figurer le souverain placé en haut et comme resplendissant de l'éclat du marbre qui l'environne, de se le figurer *laissant venir jusqu'à lui les humains?* Le roi leur envoie un regard gracieux, *mais qui tombe de haut. Lui, le puissant, l'impérieux,* il s'avance vers eux avec un sourire d'une *auguste* bonté. Je voudrais voir celui qui ne courberait pas la tête devant *la Majesté à qui Dieu donne la puissance*. Moi aussi, pauvre éphémère, je sentis remonter en moi l'orgueil que j'avais déjà éprouvé devant le palais des doges de Venise, et je songeai combien il doit être agréable de se tenir au haut d'un tel escalier, de pouvoir *laisser tomber son regard sur tous les autres et de se sentir le premier, comme le soleil dans le firmament*[1]. »

En Espagne, aux pieds du tombeau de Ferdinand V et d'Isabelle de Castille, surnommés *les Catholiques*, l'archiduc autrichien s'écria : « Quel brillant rêve pour le neveu des Habsbourg espagnols de brandir l'épée de Ferdinand pour saisir la couronne[2]! »

Ce prince autrichien enviait *la gloire* du roi farouche qui établit l'Inquisition en Espagne, et qui, docile aux injonctions du moine dominicain Torquemada, célébra la conquête de Grenade en chassant tous les juifs d'Espagne[3] ; « afin de saisir une couronne », il eût voulu « brandir l'épée de Ferdinand », monarque aussi cruel qu'égoïste, aussi perfide à ses alliés qu'ingrat à Gonzalve de Cordoue, *le grand capitaine*, qui lui gagna tant de batailles, et à Christophe Colomb, l'illustre navi-

---

1. M. de Germiny venait d'être nommé président d'une commission financière instituée à Paris pour représenter les porteurs de titres de la dette mexicaine.

1. *Souvenirs de ma vie.*
2. *Id.*
3. Huit cent mille de ces malheureux durent, en quatre mois, vendre leurs biens et sortir d'Espagne sous peine de mort. La chasse aux juifs réjouissait Ferdinand *le Catholique*; en ayant pris douze à Malaga, le 18 août 1487, il eut la royale fantaisie « de les faire tuer avec des roseaux pointus, supplice affreux à cause de sa lenteur ». Les Maures d'Espagne eurent le même sort que les juifs.

Napoléon III en 1866.

gateur, qui lui donna un monde[1]. Le rêve que Ferdinand-Maximilien de Habsbourg-Lorraine, « neveu des Habsbourgs espagnols, » avait commencé devant l'escalier monumental du palais de Caserte, poursuivi au pied du tombeau d'Isabelle et de Ferdinand, allait se réaliser, un instant, au Mexique, dans le palais de Chapultepec, et finir terriblement sur une colline de Queretaro.

Le 28 mai 1864, la frégate autrichienne *Novara*, sur laquelle était monté le couple impérial, et la frégate française *la Thémis* qui l'escortait entrèrent dans le port de Vera-Cruz; elles avaient croisé, dans les eaux de la Havane, le vaisseau qui ramenait à New-York le ministre des États-Unis. Le 21 mai, M. Dayton, ministre des États-Unis à Paris, était avisé de ce rappel. « Nous vous apprenons, lui écrivait M. Seward, que M. Corwin, notre

[1]. Ils virent leurs services payés de tant d'ingratitude qu'ils se retirèrent, Gonzalve de Cordoue à Grenade et Christophe Colomb à Valladolid; Ferdinand V les laissa mourir tristement dans leur retraite.

ministre plénipotentiaire au Mexique, est à la Havane, en route pour les États-Unis, où il revient en congé d'absence. »

Le départ de M. Corwin au moment où arrivait Maximilien était un fait significatif.

M. Dayton avait déjà reçu la lettre suivante :

« Washington, le 6 avril 1864.

« Monsieur, je vous envoie copie d'une résolution *passée à l'unanimité* par la Chambre des représentants, le 4 de ce mois. Elle affirme *l'opposition de ce corps à la reconnaissance d'une monarchie au Mexique...* Il est à peine nécessaire, après ce que je vous écris avec une entière franchise *pour les informations de la France*, de dire que cette résolution traduit fidèlement le *sentiment unanime des États-Unis* relativement au Mexique.

« W. H. Seward. »

L'hostilité du gouvernement de Washington contre celui de Maximilien se manifestait nettement.

Sachant que le *vomito* sévissait à Vera-Cruz, l'empereur du Mexique voulut passer la nuit à bord de la *Novara*.

Le lendemain matin, les deux souverains et leur suite descendirent dans des embarcations pour gagner la terre : « A mesure qu'on s'approchait du môle, l'odeur méphitique qu'exhale Vera-Cruz devenait de plus en plus sensible. La cour autrichienne qui avait suivi les souverains devait cesser ses fonctions au moment où l'on toucherait la rive mexicaine, où des dames de Mexico viendraient à la rencontre des fonctionnaires autrichiens et les remplaceraient. Mais c'est en vain qu'on les attendit ; la peur de la fièvre jaune les retenait dans le haut pays. La population de Vera-Cruz n'était que maigrement représentée ; son accueil fut plus que froid. On traversa en toute hâte la ville où depuis peu l'épidémie avait éclaté, pour se rendre à la gare du chemin de fer [1]. »

La municipalité de Vera-Cruz avait dépensé près de 300,000 francs en préparatifs qu'inutilisa le départ précipité des deux souverains. Ils ne s'arrêtèrent qu'à Orizaba pour s'agenouiller devant la Vierge *de los Remedios*; ils la remercièrent d'avoir, en les couvrant de sa protection, rendu heureuse la traversée qu'ils venaient de faire.

Leur entrée à Mexico fut suivie de fêtes officielles ; mais « le palais était livré aux maçons, aux menuisiers, aux tapissiers ; le marteau retentissait dans toutes les parties de l'édifice. Jusqu'au dernier moment, on avait douté de leur arrivée. Quand il fallut se rendre à l'évidence, le trouble des esprits, les incertitudes, les querelles de préséance avaient empêché tous les préparatifs [2] ».

Les beaux songes ne tardèrent pas à s'évanouir devant la réalité. De l'emprunt de deux cent un millions six cent mille francs, à peine restait-il une trentaine de millions au Trésor, que grevaient des charges énormes.

Avec sa contre-guérilla, le colonel Dupin commettait des actes de cruauté qui exaspéraient la nation. Il fit pendre cinq prisonniers aux réverbères de la grande place de Tampico ; « jusqu'au lendemain matin, les cinq cadavres se balancèrent aux bras des lanternes sous le souffle de la bise [3] ». Ce Dupin, qui à son titre de colonel ajoutait celui de *commandant supérieur de Tamaulipas*, menaça, dans une proclamation, *de réduire en cendres le bourg entier d'Ozuluama et les fermes qui l'environnent*, si on ne lui apportait pas, dès qu'il paraîtrait sur la place, un certain nombre de fusils et une certaine quantité de munitions dont, suivant ses renseignements, des gardes

---

1. *Récit de la comtesse Kollonitz*, dame d'honneur de l'impératrice.
2. *Récit de la comtesse Kollonitz*.
3. Le comte E. de Kératry, *la Contre-Guérilla des Terres-Chaudes*.

nationaux devaient faire usage contre des soldats français.

Le 10 juillet, une de ses proclamations disait :

« Tout individu de l'État de Tamaulipas qui, sous quelque prétexte que ce soit, prendra les armes sans l'autorisation du général en chef ou du gouvernement, sera considéré comme bandit et fusillé sur-le-champ. »

Bazaine, de son côté, publiait ce *bando* dans la *Gazette officielle* : « Tout chef pris les armes à la main et dont l'identité pourra être constatée sur les lieux sera fusillé séance tenante. »

Une légion belge et une légion autrichienne étaient allées grossir le nombre des envahisseurs.

Maximilien contribuait, par de folles dépenses, à épuiser le trésor mexicain : « Du haut de sa résidence de Chapultepec, où il allait enfouir prématurément de grosses sommes pour la restauration du palais et la construction d'une route destinée à le relier à la capitale, il n'apercevait pas, au nord et au sud, ses propres troupes prêtes à manquer de solde et à se mutiner en présence de l'ennemi [1]. »

M. de Montholon se plaignait « des incidents calculés qui entravaient sans cesse les efforts de la commission formée à Mexico pour discuter et apprécier les droits de nos réclamants ». La résistance de l'empereur à ces sollicitations était encouragée par ses propres conseillers. « Il faut dire aussi que les exigences françaises semblaient *à bon droit* exagérées à Maximilien *et peu fondées* en partie quant à la quotité afférente *aux bons usuraires du Suisse Jecker*, naturalisé Français après les débuts de l'intervention [2]. »

Depuis cinq mois, M. de Montholon demandait, sans plus de succès, qu'on accordât au moins un intérêt aux créances sujettes à révision et dont le règlement était retardé. Le 9 décembre 1864, le ministre d'État et des affaires étrangères lui écrivit enfin « que son souverain, *tout en étant convaincu que la justice se trouvait entièrement de son côté, mais voulant éviter de troubler l'accord avec l'empereur des Français*, donnait l'ordre par le *packet* à M. Hidalgo, son ministre à Paris, de reconnaître qu'un intérêt serait *désormais* assuré aux créances sujettes à révision ».

Ainsi Maximilien n'accordait qu'aux créances *dont la révision serait équitable* un intérêt dont le taux n'était pas même fixé et courant à partir seulement de la fin de 1864.

Et dans son *ultimatum* du 12 janvier 1862 le gouvernement français exigeait de Juarez le paiement : 1° d'une somme de soixante millions cinquante-sept mille francs pour les faits antérieurs au 31 juillet 1861 ; 2° de la somme qui serait fixée par les plénipotentiaires français pour les faits postérieurs à cette date ; 3° d'un reliquat de sommes non comprises dans les chiffres précédents ; 4° d'un intérêt de 6 pour 100 dont toutes ces indemnités devaient bénéficier depuis le 17 juillet 1861 ; 5° *l'exécution pleine, loyale et immédiate du contrat Jecker !*

Il suffit de comparer ces exigences monstrueuses avec l'insignifiante concession arrachée à Maximilien pour reconnaître qu'en imposant à Juarez des conditions aussi léonines l'homme de Décembre, auquel il n'avait pas suffi de renverser la République romaine, voulait rendre impossible tout accord afin d'aller renverser la République mexicaine et « de se donner, comme l'a dit un publiciste du premier mérite [1], la folle joie de couper en deux la république des États-Unis ». De plus, — on ne saurait trop le re-

---

1. Le comte E. de Keratry, *l'Élévation et la Chute de Maximilien*.
2. Id.

1. Émile de Girardin, *la France*, numéro du 20 mars 1878.

dire, — il espérait, en relevant le trône de Montézuma et en y plaçant Maximilien de Habsbourg, que le jeune souverain se prêterait, pour lui complaire, « à l'exécution pleine et immédiate du contrat Jecker ». Cet espoir aussi fut trompé.

Maximilien n'avait pas à lutter seulement contre ses embarras financiers. Rome le harcelait pour obtenir de lui l'abolition des lois qui, promulguées en 1856, 1859 et 1861 par le parti libéral alors triomphant, réglaient la vente des biens ecclésiastiques ou de mainmorte. Les acquéreurs des domaines du clergé réclamaient, au contraire, une solution qui tranchât en leur faveur cette question soulevée par les prêtres. Vers la fin de 1864, Mgr Meglia, nonce apostolique, arriva. Il portait à Maximilien une lettre autographe du pape. « Notre joie fut grande, disait Pie IX à l'empereur, en apprenant qu'un prince appartenant à une famille si éminemment catholique allait ceindre la couronne du Mexique. Sous ces heureux auspices, nous attendions de jour en jour les premiers actes du nouvel empire, persuadé qu'on donnerait à l'Église outragée par la Révolution une prompte et juste réparation... Au nom de la piété et de la foi qui sont l'ornement de votre famille, je vous adjure d'essuyer les larmes d'une partie de la famille catholique... Il faut, avant tout, que la religion catholique, à l'exclusion de tout autre culte dissident, soit la gloire et le soutien de la nation mexicaine; que les évêques soient entièrement libres dans l'exercice de leur ministère pastoral; que les ordres religieux soient rétablis et reconstitués; que personne n'obtienne la faculté d'enseigner et de publier des maximes fausses et subversives; que l'enseignement, tant public que privé, soit dirigé et surveillé par l'autorité ecclésiastique, et qu'enfin soient brisées les chaînes qui, jusqu'à présent, ont retenu l'Église sous la dépendance et l'arbitraire du gouvernement. »

Ce fut en vain que l'empereur fit aux exigences du souverain pontife des concessions énormes en échange du consentement de l'Église à la sécularisation des biens du clergé nationalisés sous la République; il était incontestable que, sans la sécularisation des biens du clergé non vendus, Maximilien ne pouvait continuer l'œuvre qu'il avait entreprise.

Le nonce repoussa les propositions de l'empereur. « D'ailleurs, ajouta-t-il, je manque d'instructions pour les discuter, mais en tout cas ni la tolérance des cultes, ni le traitement du clergé, ni l'abandon de ses biens non vendus, ne seront jamais acceptés par l'Église. »

Napoléon III, dont Maximilien avait invoqué l'appui, donna l'ordre à M. le comte de Sartiges, son ambassadeur près du Saint-Siège, « d'exercer son influence en faveur du Mexique ». Le cardinal sous-secrétaire d'État dit confidentiellement à M. Aguilar, ministre du Mexique à Rome : « Cette ingérence a produit un mauvais effet. Je crois que, dans les circonstances actuelles, il n'y a pas d'affaires plus mauvaises auprès du gouvernement pontifical que celles qui sont recommandées par l'empereur des Français [1]. »

L'inflexibilité du Vatican dans ses prétentions absolues et l'hostilité du clergé mexicain réduisirent Maximilien à déclarer que, ne trouvant pas d'autre issue à l'impasse où on l'acculait, « il allait charger le ministre de la justice de lui soumettre un plan de révision des opérations de désamortissement, en ne se laissant guider que par les principes les plus larges de la tolérance religieuse, sans oublier que la religion de l'État est la religion catholique ».

Les difficultés se multipliaient autour de lui. La question américaine devenait menaçante. Dans toutes les grandes villes de l'U-

---

[1] Dépêche de M. Aguilar.

nion, des volontaires s'enrôlaient au service de Juarez. Maximilien, éperdu, conçut et réalisa, sans en souffler mot à Bazaine, un projet dont l'insanité dénotait le trouble de son esprit. Oubliant l'opposition si nette de la Chambre des représentants à la reconnaissance d'une monarchie au Mexique et le rappel du ministre plénipotentiaire des États-Unis, il envoya secrètement à Washington un de ses affidés, M. Arroyo, pour solliciter « l'appui ou du moins la neutralité » du cabinet républicain. Les journaux de New-York nous apprirent par quelle dédaigneuse réponse on éconduisit « le mystérieux ambassadeur ».

Le trésor mexicain étant à sec, Maximilien envoya deux agents à Paris, afin d'y contracter son deuxième emprunt qui éleva la charge imposée au Mexique par le nouvel empereur à sept cent soixante-cinq millions.

Cependant les juaristes harcelaient partout les troupes impériales. Dans les environs de Morella, ils livrèrent à un corps de quatre cents Belges un combat dans lequel succombèrent le chef de bataillon et plusieurs officiers. Le fils du ministre de la guerre de Belgique se trouva parmi les morts. Le reste de la troupe se rendit.

Les républicains réoccupaient les villes et les villages dès que les envahisseurs en sortaient : « Le pays ne paraissait tranquille que là où l'armée d'intervention se trouvait en force, et pas une seule province n'était entièrement pacifiée[1]. « Bazaine, devenu maréchal de France, soumettait tout à l'autorité française. En avril 1865, il traduisait sept journalistes devant un conseil de guerre. On condamnait à la prison les Mexicains refusant les fonctions publiques dont les investissaient des décrets de nos généraux. Les zouaves ayant pillé une ville de l'État de Puebla, un Espagnol se plaint que sa maison, quoique étant protégée par le drapeau de l'Espagne, ait été mise à sac ; Bazaine lui répond : « Les armées agissant au nom d'un gouvernement ne sont pas responsables de leurs faits. Adressez-vous donc au gouvernement. » Le maréchal avait l'esprit trop préoccupé d'un autre objet pour prêter attention à celui-là : il se mariait avec une jolie Mexicaine, et Maximilien, disposant sans façon des propriétés de la nation, *donnait* à la maréchale « le palais de Buena-Vista, y compris les jardins et le mobilier ». A l'acte de donation était jointe la lettre suivante :

« Mexico, 26 juin 1865.

« Mon cher maréchal Bazaine,

« Voulant vous donner une preuve d'amitié personnelle ainsi que de reconnaissance pour les services rendus à notre patrie, et profitant de l'occasion de votre mariage, nous donnons à la maréchale Bazaine le palais de Buena-Vista, y compris le jardin et le mobilier, sous la réserve que, le jour où vous retournerez en Europe, ou si, pour tout autre motif, vous ne vouliez plus rester en possession dudit palais pour la maréchale Bazaine, la nation reprendra le domaine, le gouvernement s'obligeant, en pareil cas, à donner à la maréchale Bazaine, comme dot, la somme de cent mille piastres[1].

« Votre très-affectionné,

« MAXIMILIEN. »

Vers la fin de septembre, il y eut au palais de Chapultepec de grandes réjouissances. La capitale du Chihuahua, où s'était retiré Juarez, fut prise par les troupes françaises. Le bruit se répandit que le président de la République, fugitif, avait quitté le sol mexicain. Les impérialistes s'imaginaient que le parti républicain allait déposer les armes ; ils se berçaient d'une vaine illusion. « Juarez s'était réfugié à *Paso del Morte*, bourgade

---

1. Lettres du lieutenant-colonel Bressonnet au général Frossard. (*Papiers des Tuileries.*)

1. Cinq cent mille francs.

dont les maisons s'alignent sur un rang de la rive *du Rio Grande*. A cent mètres de l'autre côté du fleuve, on aborde aux États-Unis. On comprendra aisément que, dans une pareille position, le président Juarez, dont la capture, du reste, n'eût en rien modifié le caractère de la résistance des libéraux, se savait entièrement à l'abri de nos troupes. A peine signalait-on un cavalier qu'il traversait le fleuve pour ne le repasser qu'une fois le danger disparu. C'est ainsi que, pendant près de dix-huit mois, Juarez a vécu sur le *Rio Grande*, d'accord avec le cabinet de Washington [1]. »

Le 3 *octobre* 1865, — il faut retenir cette date, car nous aurons à la rapprocher d'une autre pour justifier des représailles, — l'empereur Maximilien Ier rendit ce décret *qu'il avait écrit de sa propre main* : « Tous les individus faisant partie de bandes ou rassemblements armés sans autorisation légale, qu'elles proclament ou non un prétexte politique, quel que soit d'ailleurs le nombre de ceux qui forment la bande, seront jugés militairement par les cours martiales. S'ils sont déclarés coupables, *lors même que ce ne serait que du seul fait d'appartenir à une bande armée, ils seront condamnés à la peine capitale et la sentence sera exécutée dans les vingt-quatre heures.* » Ce décret édicte la même peine contre « les individus qui auraient donné des secours aux *guerilleros* ou entretenu des relations avec eux, *et il refuse le bénéfice du recours en grâce aux condamnés à mort* ». Le maréchal Forey n'avait-il pas raison d'exalter le caractère chevaleresque et le libéralisme de Maximilien ?

Aussitôt Bazaine adressa aux chefs militaires une circulaire pour les aviser que tous ces *bandits* de républicains et leurs chefs étaient hors la loi *de par le décret du 3 octobre* 1865. « Je vous invite donc, disait-il, à faire savoir aux troupes sous vos ordre *que je n'admets pas qu'on fasse des prisonniers. Tout individu, quel qu'il soit, sera mis à mort. Aucun échange de prisonniers ne sera fait à l'avenir.* » Voulant dérober à l'histoire cette circulaire exécrable, il recommandait de ne pas la copier sur les livres d'ordre et d'en donner simplement connaissance aux officiers.

Les effets du décret et de la circulaire furent prompts. De nombreuses exécutions ensanglantèrent le Mexique. Le gouvernement des États-Unis s'en indigna ; le 28 octobre, il chargea son représentant à Paris « d'appeler l'attention sérieuse du gouvernement impérial *sur la sensation pénible que la politique sanguinaire employée* au Mexique cause aux États-Unis ».

La situation du Mexique est belle à la fin de 1865 ! *La politique sanguinaire* de Maximilien rallume la guerre civile partout ; l'épuisement du Trésor public est complet ; les rivalités et les jalousies désunissent les officiers autrichiens, belges, mexicains et français ; ces derniers accusent Bazaine « de tromper la crédulité de l'empereur et de faire d'énormes mensonges pour élever sa fortune personnelle [1] ».

« Il y a un découragement très-grand, presque complet, tant chez les Mexicains que chez les Européens, en voyant que le gouvernement n'a pu encore rien organiser, rien asseoir, et que tout va comme par le passé avec les mêmes iniquités... Aux yeux des Mexicains, c'est la France qui gouverne... Fondée ou non, l'impopularité de l'empereur n'est que trop vraie aujourd'hui, et son impuissance n'en sera que plus grande encore. La situation me paraît donc se compliquer, plutôt que de s'améliorer [2]. »

Le 6 décembre, une note partie de Washington vint exposer au gouvernement de Napoléon III, « *à propos du Mexique, les vues*

---

1. Vicomte de Kératry, *l'Elévation et la Chute de l'empereur Maximilien*.

1. Lettres du général F.C.D.(*Papiers des Tuileries*.)
2. Lettres du lieutenant-colonel Bressonnet, 25 novembre et 28 décembre 1865.

de la politique des États-Unis concernant le continent américain ». C'était une première sommation.

Pendant les années 1864 et 1865, l'*Union de l'Ouest* fut suspendue deux fois, trente-six avertissements furent lancés à vingt-sept journaux; l'*Indépendant de la Charente-Inférieure* en reçut un *pour avoir émis des doutes sur le succès de l'expédition du Mexique !*

Les dilapidateurs travaillaient en grand sous le second Empire. Dans les dépendances du ministère de la guerre, principalement, il se faisait d'effroyables voleries. M. Liénard a témoigné de quelques-unes. « Les magasins de l'État, dit-il, regorgeaient d'armes, de matériel, de *riblons* de cuivre, acier et fer.

« Une bande d'agioteurs, toujours à l'affût de bonnes affaires le savait; aussi, usant auprès des ministres *des influences dont ils disposaient*, ils se faisaient allouer, l'un un lot d'armes, l'autre de riblons.

« Combien, de 1863 à 1868, avait-on vendu *d'armes excellentes*, de matériel, qui, au moment de nos désastres, eussent été d'une si grande ressource? Cela *se chiffre par millions*; et qui les a récoltés? Une bande d'agioteurs.

« En 1863, je commandais l'artillerie de l'arrondissement militaire de Vincennes; les magasins, les casemates du donjon regorgeaient de fusils. Des spéculateurs s'entendaient avec le ministre de la guerre qui, sans adjudication, leur livra cent mille fusils au prix de 4 fr. 50. »

M. Liénard nous apprend que quarante mille de ces fusils payés 180,000 francs, et dont la transformation en coûta 440,000, furent vendus au roi d'Italie *deux millions quatre cent mille francs.*

Une volerie plus scandaleuse encore se pratiqua en 1865. Un ordre de livrer pour *trois cents francs* un lot considérable de *riblons* fut apporté au commandant Liénard. Celui-ci crut naïvement à une erreur et fit savoir au maréchal Randon, ministre de la guerre, que ce lot valait plus de QUINZE CENT MILLE FRANCS. Le ministre s'indigna de cette observation *inintelligente*, et M. Liénard reçut la lettre suivante :

« Mon cher commandant,

« Le ministre me charge de vous rappeler qu'il vous est interdit de faire la moindre observation quand il vous envoie des ordres, et que votre devoir est de les exécuter.

« *Pour le ministre et par son ordre :*
« *Le général de division, directeur de l'artillerie.*

« *Signé :* SUZANE. »

Le général Suzane, qui était un ancien camarade et un ami du commandant Liénard, mit en *post-scriptum* ces trois mots : « Attrape, mon vieux ! »

Un historien du second Empire, M. Ernest Hamel, « tient d'un employé supérieur au ministère de la guerre que le budget de ce ministère fournissait, en partie, aux besoins insatiables du vampire impérial ».

Déjà nous avons recueilli ce témoignage d'un diplomate : « Le ministère de la guerre était l'une des principales sources d'où émanaient de formidables suppléments aux listes civiles. »

Il n'y a donc pas lieu de s'étonner que le maréchal Randon ait donné au commandant Liénard l'ordre de livrer pour *trois cents francs* un matériel qui valait près de *deux millions.*

DOCUMENTS COMPLÉMENTAIRES DU CHAPITRE IX

I

LE PARTI CLÉRICAL

« Parti funeste, parti envahissant, dévorant, insatiable, ingrat de sa nature parce qu'il croit que tout lui est dû! Tant plus, tant plus vous lui accordez, tant plus, tant plus il prend; tout ce que vous lui avez donné n'est point une satisfaction pour lui, c'est un point de départ pour exiger davantage. Vous le comblez, il ne vous dira jamais merci!

« ... Ce parti convoite, aujourd'hui, tout l'enseignement de la jeunesse, tout l'enseignement. Là même où il n'est pas et où il n'a pas pied, il prétend en dicter les règles, en circonscrire la portée, en resserrer les limites, les imposer en dehors de lui-même aux hommes qui ne relèvent en rien de sa juridiction, qui ne reconnaissent en rien sa compétence. Si on outrepasse certaines conclusions qui ne lui conviennent pas, on est dénoncé aux pères de famille; on est couvert de boue dès qu'on lui déplaît ou qu'on ne lui obéit pas.....

« Tenez toujours en respect et à distance ces périlleux alliés, impérieux et intéressés, qui ont été, de tout temps, pour qui les a écoutés, des conseillers de malheur.

(SAINTE-BEUVE, 1865.)

LETTRE DE M. DURUY A M. CONTI

« Mon cher conseiller,

« Voilà une lettre d'un prêtre, ancien aumônier du lycée et de l'École normale de Troyes, que j'ai dû remplacer dans ces deux fonctions, non parce qu'il avait démérité, mais parce que l'évêque lui avait retiré les pouvoirs spirituels. L'unique raison de ce retrait est que cet abbé rédigeait un journal religieux dans un esprit très-catholique, mais non ultramontain.

« Il se produit dans l'Église un double mouvement de concentration qui doit donner à penser aux puissances séculières.

« Les évêques sont énergiquement attachés au pape et à sa politique, qui est en contradiction absolue avec les idées, les institutions de la société moderne, et, de leur côté, les évêques imposent à leurs prêtres l'obéissance *militaire*.

« L'Église, en un mot, fait un violent effort de discipline pour le grand combat qu'elle veut livrer à l'esprit moderne.

« Cela promet de bien mauvais jours, car tout le sort de la bataille portera sur les écoles.

« Qui tient l'éducation tient l'avenir, disait Leibnitz.

« Puisse le ferme esprit de l'empereur comprendre toujours, malgré les mielleuses paroles qui tombent de certaines lèvres, que les irréconciliables ennemis de la société moderne seront toujours les ennemis des Napoléons qui la représentent.

« Votre tout dévoué,

« V. DURUY. »

(*Papiers sauvés des Tuileries* et publiés par Robert Halt.)

II

LES ANTRES DE LA POLICE SECRÈTE — LE DÉCACHETAGE DES LETTRES

La note suivante sur *le décachetage des lettres*, complément de la lettre, déjà publiée

M. de Bismarck.

de M. Persigny sur le *Cabinet noir*, est dépourvue de date et ne porte aucun en-tête. Mais cette pièce a pour garantie d'authenticité des annotations de la main de l'ex-empereur. Ce qui fait l'intérêt des documents de ce genre, c'est qu'on y voit la preuve que l'espionnage, organisé sur toute la surface du pays par le gouvernement du 2 Décembre, n'épargnait pas même les fonctionnaires de l'Empire. Ceux-ci se dénonçaient les uns les autres, et leurs rapports étaient centralisés entre les mains de Napoléon III.

DÉCACHETAGE DES LETTRES

« Les facteurs de la poste Hennocq, Decisy, Busson, Houde, Thibault, desservant les rues de Varennes, Bellechasse, Saint-Nicolas-d'Antin, Caumartin, Chaussée-d'Antin, sont engagés à prix d'argent dans la police secrète du ministère de l'intérieur, dirigée par M. Saintomer.

« Leur service consiste à livrer la correspondance des personnes qui leur sont désignées. Ils sont aidés pour cela par des concierges engagés comme eux dans la même organisation. Ils entrent à chaque distribution dans la loge de ces concierges, y déposent leurs lettres, s'il y a lieu, et viennent les reprendre à la distribution suivante. De cette manière ils échappent aux soupçons, car ils peuvent être amenés chez ces concierges pour la remise de lettres destinées aux locataires de la maison. On ne connaît pas les aides des facteurs de la rive gauche. Ceux de la rive droite sont aidés par les concierges

  Pierre. . . . . Rue d'Anjou, 9.
  Orsier. . . . . Rue d'Anjou, 3.
  Pinsoi. . . . . Rue d'Anjou, 53.
  Niaux (Pierre). Rue de la Chaussée-d'Antin, 2.

« Les lettres reçues par ces concierges sont le plus souvent portées en voiture chez M. Saintomer, rue Las-Cases, 18, qui les ouvre, en prend copie s'il y a lieu, les remet en état, et remportées par le concierge, qui les remet au facteur à la distribution suivante. On n'a pu savoir si le facteur qui dessert l'avenue Montaigne et l'avenue d'Antin est entré au service de la direction générale de la sûreté publique. Si on a dû se passer de lui, on a eu évidemment le concours des concierges des maisons où se trouvaient les personnes dont on avait intérêt à lire la correspondance.

« En général, ces opérations sont faites avec secret et habileté; il paraît cependant qu'elles n'ont pas tout à fait réussi dans la rue Caumartin, où une femme dont la correspondance était ouverte a provoqué des recherches qui, dirigées par M. Palestrino lui-même pendant plusieurs jours, n'ont amené aucun des résultats qu'on attendait. »

M. HYRVOIX

« Le bruit a couru à Paris, pendant le séjour de l'empereur à Plombières, que M. Hyrvoix avait été parfois mêlé à la vie intime de l'empereur. On pensait, au ministère de l'intérieur, que M. Hyrvoix pouvait faire quelques confidences sur ce sujet délicat à sa maîtresse, Mme de ***, demeurant alors rue Caumartin. Pour s'en assurer, on a fait ouvrir pendant quelque temps la correspondance reçue par cette dame; on n'y a trouvé que les épanchements ordinaires d'un amoureux absent et inquiet. C'est le facteur de la rue Caumartin qui livrait ces lettres aux agents du ministère de l'intérieur. »

Mme LA COMTESSE DE CASTIGLIONE

« Pendant le séjour de l'empereur à Plombières et à Biarritz, la correspondance reçue par Mme de Castiglione a été ouverte et lue par les agents du ministère de l'intérieur. On ignore ce qu'on y a lu et le nom des personnes de qui ces lettres émanaient; on ignore si ces lettres étaient livrées par le facteur ou par le concierge [1]. »

Mme BOTTI

« M. Collet-Meygret est très-mal disposé à l'égard de M. Fould. C'est sans doute pour se procurer des armes contre lui que la correspondance de Mme ***, qu'on savait être sa maîtresse, a été lue. On ignore si elle était livrée par le facteur ou le concierge.

« La correspondance de Mme de Montebello [2] a été lue par les agents du ministère de l'intérieur, à qui elle était livrée par le facteur chargé de desservir la rue de Varennes. »

M. A. DE LA GUÉRONNIÈRE [3]

« Ce conseiller d'État avait été en mesure de faire restituer à M. Billault des lettres écrites par celui-ci à l'époque des premières élections au Corps législatif, et dans lesquel-

---

1. Ici se trouve en marge, de la main de Napoléon III : « *Comme il n'en existait pas, on n'a pu en trouver.* N. »
2. Il y avait : *cette dame* sur la minute. Le nom de Mme *de Montebello* est écrit par l'empereur.
3. Les lignes suivantes ont été rayées sur la minute.

les la personne du prince président de la République était traitée dans des termes embarrassants pour le député devenu ministre de l'intérieur[1].

« M. de La Guéronnière est considéré comme ayant des affinités politiques avec M. Fould et des préférences pour lui. Il avait dans plusieurs occasions exprimé publiquement des jugements sévères sur le compte de la direction générale de la sûreté publique. Ces diverses circonstances avaient fait considérer comme utile de surprendre ses secrets particuliers, qu'on savait être d'une nature assez délicate. On y a réussi en s'emparant de sa correspondance, qui était, on le croit, livrée par son domestique aux agents du ministère de l'intérieur. »

(*Papiers et Correspondance de la famille impériale.*)

EXTRAIT D'UN RAPPORT DE M. DUVERGIER, EX-SECRÉTAIRE GÉNÉRAL DE LA PRÉFECTURE DE POLICE

« Le service chargé de la surveillance des lettres particulières, que M. Giraud appelle dans ses notes *le décachetage des lettres*, peut recevoir des impulsions bien différentes; il peut être dirigé dans des vues d'utilité, de sûreté générale, ou avec l'intention de satisfaire une curiosité indiscrète, de mauvaises passions ou des intérêts personnels.

« L'extension abusive, la mauvaise direction qu'aurait reçue ce service, dont M. Giraud fait un chef d'accusation contre M. Collet-Meygret, est au contraire attribuée par M. Saintomer à M. Giraud.

« Il est certain que M. Saintomer ne doit surveiller, sauf quelques rares exceptions, que les correspondances qui lui sont indiquées. Si donc il a fait surveiller la correspondance de Mme Botti, c'est parce que la direction générale l'en avait chargé. Or M. le directeur, en lui donnant cette mission, savait, il le dit lui-même, les relations de cette dame avec M. Fould.

« M. Laurot, commis d'ordre dans les bureaux de la sûreté publique, m'a déclaré que toutes les pièces qui étaient recueillies étaient soigneusement classées par lui et même reliées avec des couvertures vertes; qu'elles recevaient des paginations; que plusieurs de ces pièces ont disparu; que c'est à M. Giraud et à son frère plus qu'à toute autre personne qu'on doit attribuer les causes de cette disparition; que notamment le dossier très-volumineux de la femme Trablaine, par lui remis à M. Émile Giraud (le frère de M. Amédée Giraud), n'avait jamais reparu.

« Il a ajouté qu'au nombre des pièces recueillies et placées dans les dossiers se trouvaient deux notes relatives à Mme la comtesse de Castiglione, l'une annonçant son arrivée et l'autre son départ, et enfin *une lettre adressée à cette dame*. . . . . . .

« V.-H. Duvergier.

« 12 octobre 1857. »

III

AFFAIRE SANDON

LETTRE DE M. SANDON

« Monsieur,

« Le docteur Conneau m'a fait connaître hier la réponse de l'empereur.

« Voici les faits :

« 1° Un ministre *responsable devant l'empereur seul* me fait arrêter dix-sept fois et mettre à Charenton pendant vingt mois.

« 2° Un sénateur *irresponsable* me diffame odieusement, illégalement, et tue ma mère.

« 3° Un ministre de l'intérieur *irresponsable* adresse aux journaux des communiqués diffamatoires.

« L'empereur a dit au docteur Conneau qu'il

[1] Cette note fait évidemment allusion aux lettres de M. Billault dérobées à M. Sandon. (H. M.)

y avait des juges, que je pouvais plaider. C'est une erreur.

« En déchargeant chacun de responsabilité, l'empereur l'a assumée tout entière. C'est lui qui me doit justice. Il m'a pris ma mère, ma fortune, mon honneur; il ne me reste que ma vie, et dans ces conditions je ne puis en faire le sacrifice.

« L'empereur me doit justice ; il doit savoir que, quand une illégalité étouffe, on en sort pour entrer dans le droit.

« Je désire et espère être entendu. On n'accule pas, on ne désespère pas un homme ainsi.

« *Je désire vous voir*, et daignez me croire votre très-humble et respectueux serviteur.

« Léon Sandon, avocat,

« Rue des Moulins, n° 26, hôtel de la Côte-d'Or.

« Paris, vendredi. »

IV

AFFAIRES DU MEXIQUE

LE TRAITÉ DE MIRAMAR

Voici les principales clauses de ce traité :

« Art. 1er. — Les troupes françaises qui se trouvent actuellement au Mexique seront réduites le plus promptement possible à un corps de 25,000 hommes, en y comprenant la légion étrangère.

« Pour que ce corps serve de sauvegarde aux intérêts qui ont motivé l'intervention, il restera temporairement au Mexique sous les conditions établies dans les articles suivants :

« Art. 2. — Les troupes françaises évacueront le Mexique à mesure que S. M. l'empereur du Mexique pourra organiser les troupes nécessaires pour les remplacer.

« Art. 3. — La légion étrangère au service de la France, composée de 5,000 hommes, restera cependant pendant six années au Mexique, après que toutes les autres forces françaises en seront parties, conformément à l'article 2.

. . . .

« Art. 5. — Dans tous les points où la garnison ne sera pas exclusivement composée de troupes mexicaines, le commandement militaire appartiendra au commandant français.

« Dans le cas où on entreprendrait des expéditions combinées de troupes françaises et mexicaines, la direction supérieure appartiendra également au commandant français.

« Art. 6. — Tant que les nécessités du corps d'armée français exigeront tous les deux mois un service de transport entre la France et le port de Vera-Cruz, les frais de ce service, fixés à 400,000 francs par voyage, seront remboursés par le gouvernement mexicain et payés à Mexico.

. . . .

« Art. 9. — Les frais de l'expédition française au Mexique, qui doivent être remboursés par le gouvernement mexicain, sont fixés à la somme de 270 millions, pour tout le temps de cette expédition jusqu'au 1er juillet 1864.

« Art. 10. — L'indemnité que le gouvernement mexicain doit payer à la France pour frais, solde, nourriture et entretien des troupes du corps d'armée, à partir du 1er juillet 1864, est fixée à la somme de 1,000 francs par homme et par an.

« Art. 11. — Le gouvernement mexicain remettra immédiatement au gouvernement français la somme de 66 millions en titres de l'emprunt.

« Art. 12. — Pour le payement de l'excédant des frais de guerre et à valoir sur les charges mentionnées dans les articles 7, 10 et 14, le gouvernement mexicain s'engage à payer annuellement à la France la somme de 25 millions en numéraire. . . . . .

« Art. 14. — Le gouvernement mexicain s'oblige à indemniser les sujets français des préjudices qu'ils ont indûment soufferts et qui ont motivé l'expédition.

« Art. 17. — Le gouvernement français mettra en liberté tous les prisonniers de guerre mexicains, aussitôt que S. M. l'empereur du Mexique sera entrée dans ses États. »

. . . .

« Fait au château de Miramar, le 10 avril 1864. »

Au traité étaient joints ces trois articles additionnels :

« L'empereur du Mexique approuve les actes du général Forey et ceux de la régence.

« L'empereur des Français prend l'engagement de ne réduire l'effectif du corps français de 38,000 hommes que graduellement et d'année en année, de manière que les troupes qui resteront au Mexique, y compris la légion étrangère, soient de 28,000 en 1865, de 25,000 en 1866, de 20,000 en 1867.

« Les officiers de la légion étrangère conserveront leur titre de Français et leur droit à l'avancement dans l'armée française. »

LETTRE DE MAXIMILIEN A M. DE GERMINY

« Monsieur le comte,

« Nous avons jugé convenable, avant notre départ, de vous faire connaître les dispositions que nous avons prises à l'égard des sommes provenant de l'emprunt contracté par nous le 20 mars dernier, et à l'exécution desquelles vous serez chargé de veiller comme président de la commission des finances du Mexique.

« Nous divisons en deux catégories les dépenses que vous aurez à ordonner.

« La première comprend :

« 1° Les dispositions relatives à notre liste civile, comprenant une somme de 1,500,000 francs qui devront être mis à la disposition de M. Ed. Radonetz, préfet de Miramar, à qui un compte sera ouvert comme à notre représentant ;

« 2° Les dispositions relatives aux engagements volontaires qui auront lieu pour notre service à Bruxelles et à Vienne :

« Pour les engagements belges, une somme de 1,800,000 francs dont l'emploi est confié à M. le général Chapelié ;

« Pour les engagements autrichiens, une somme de 2,500,000 francs dont l'emploi est confié à M. le colonel attaché militaire à la légation mexicaine à Vienne, M. Matias Leisser.

« La deuxième comprend des dépenses périodiques comme suit :

« M. Hidalgo, envoyé extraordinaire et ministre plénipotentiaire à Paris, disposera trimestriellement d'une somme de 50,000 francs.

« M. Arrangoiz, envoyé extraordinaire et ministre plénipotentiaire à Bruxelles, disposera trimestriellement d'une somme de 15,000 francs.

« M. Murphy, envoyé extraordinaire et ministre plénipotentiaire à Vienne, disposera trimestriellement d'une somme de 50,000 francs.

« M. Étienne Herzfeld, consul général à Vienne, disposera trimestriellement d'une somme de 50,000 francs.

« Enfin M. Aguilar, envoyé extraordinaire et ministre plénipotentiaire à Rome, disposera trimestriellement d'une somme de 50,000 francs.

« MM. Hidalgo, Arrangoiz, Murphy, Aguilar et Herzfeld seront munis de lettres de créance personnelles de notre ministre.

« Recevez, monsieur le comte, l'assurance de notre estime.

« Maximilien.

« Château de Miramar, le 11 avril 1864. »

UN BAL OFFERT PAR BAZAINE A MAXIMILIEN

« Malgré les fleurs, les drapeaux, les trophées, les lumières étincelantes, les visages des invités portaient l'empreinte de la mauvaise humeur. Les cartes d'invitation avaient été rédigées en termes peu courtois ; il y était dit, qu'une certaine toilette était obligatoire, que la présentation de la carte était de rigueur pour pouvoir entrer, et que, passé neuf heures, personne ne serait plus admis. Les commissaires avaient si singulièrement procédé dans leurs invitations que les personnes les plus considérables avaient été omises, et qu'on était allé jusqu'à inviter des femmes sans leur mari, des sœurs sans leurs frères. Tout le monde était indigné de ces procédés, et l'indignation générale ne se calmait guère en voyant le sans-façon du général Bazaine, sans-façon qu'un trop grand nombre de ses officiers s'empressaient d'imiter. Aussi, la cour partie, tous les invités mexicains se hâtèrent-ils de se retirer. On apprit plus tard que les invités français qui étaient restés s'étaient livrés aux douceurs du cancan. »

(Récit de la comtesse Kollonitz.)

LE CHAMPION DE L'EMPIRE MEXICAIN

M. Gabriel Hugelmann « s'était associé dès le début — dit M. Taxile Delord — à l'œuvre de la régénération du Mexique, et resta en relations intimes avec Maximilien. » Il envoyait à Mexico des portraits de Leurs Majestés impériales fabriqués par un nouveau procédé et ne coûtant que 6 francs le cent. « Excellente propagande, écrivait-il, et d'une très-grande importance dans ce pays *surtout auprès de la populace*. »

Dans la lettre suivante, M. Gabriel Hugelmann se constitue *le champion de l'empire mexicain* :

« Sire,

« Je n'ai point encore remercié Votre Majesté du brevet de chevalier qu'elle a bien voulu me faire remettre par Sa Seigneurie M. Gutierrez de Estrada, et du prix des cinq actions qui m'a été envoyé par le préfet de Miramar. Je ne voulais pas distraire Votre Majesté des enthousiastes manifestations de ses nouveaux sujets ; mais je n'ai perdu aucune occasion de tenir dans mes journaux, l'*International* et le *Monde nouveau*, ainsi que dans les autres journaux anglais, français et belges, la promesse que je lui avais faite de *me constituer en quelque sorte le champion de l'empire mexicain.*

« Je remets sous ce pli à Votre Majesté impériale deux articles qui ont été reproduits par tous les journaux importants. Ma réponse à l'*Opinion nationale* a même attiré la bienveillante attention de S. M. l'impératrice Eugénie. . . . .

« Mais ceci est peut-être indigne de l'attention de Votre Majesté impériale ; ce qui en est digne, c'est l'examen des réflexions que M. Hidalgo et moi faisions hier. Si l'emprunt mexicain n'a pas mieux réussi, si l'opinion européenne n'est pas mieux inclinée vers l'œuvre féconde de Votre Majesté impériale, c'est que la presse est mal travaillée dans ce sens. Il faudrait ici une sorte de bureau mexicain où l'on rédigerait des correspondances selon la couleur de chaque journal. Les plus hostiles ne demandent qu'une chose, des renseignements gratis. *Je me charge d'accaparer le droit d'écrire pour tous la correspondance mexicaine*, et j'ai sous la main cinq ou six jeunes gens pleins d'énergie et très-propres à cette rédaction. Moyennant une subvention de 6,000 francs par mois, je puis organiser ce bureau de Paris sous la surveillance de M. Hidalgo, et Votre Majesté en verra les effets.

« Dès le bureau organisé, je me rendrai à Mexico pour recueillir une bonne fois les inspirations de Votre Majesté impériale *directement par elle*. Je suis prêt à faire le voyage, car je suis sûr du moins d'être obligé d'agir et d'écrire contrairement à mes principes.

« Quelles que soient les résolutions de Votre Majesté impériale sur ces divers sujets, je sollicite la continuation de son auguste appui pour mes journaux et l'aide d'une subvention quelconque. Mais si Votre Majesté ne peut rien, elle ne continuera pas moins à trouver en moi le plus dévoué, le plus convaincu des serviteurs et *amis*.

« Daignez agréer, sire, l'expression des sentiments de reconnaissance avec lesquels j'ai l'honneur d'être,

« De Votre Majesté impériale le plus humble *des disciples*.

« G. Hugelmann.

« 30 août 1864. »

UNE POLICE A LA FRANÇAISE

Le 30 novembre 1864, M. Hidalgo, ministre du Mexique à Paris, recevait de Mexico la dépêche suivante :

« L'empereur désire que vous demandiez directement à l'empereur Napoléon un chef de police parlant espagnol, qui choisirait douze agents parlant aussi espagnol, *dont quatre secrets*, et qui viendrait avec eux le plus tôt possible incognito. »

L'inspecteur général de la sûreté dans les résidences impériales, M. Hyrvoix, forma immédiatement une brigade composée de sept agents, d'un chef et d'un sous-chef.

Le chef se nommait Galloni d'Istria. « Il possédait — au dire de M. Hugelmann — une âme de fer et un cœur de gentilhomme. » — « C'est un homme jeune encore, — écrivait M. Hidalgo, — de bonnes manières et qui connaîtra bientôt l'espagnol, car il est né en Corse. Le sous-chef, Maury, homme intelligent, courageux, m'a été recommandé par le général Fleury et par d'autres personnes. Il a servi dans la cavalerie et parle espagnol. »

Ainsi, pour imposer au Mexique un archiduc autrichien, Napoléon III fournissait non seulement une armée française, mais encore une police corse à cet empereur qui avait recruté d'autres étrangers : 1,500 Belges et 6,545 Autrichiens; il fallait aussi à Maximilien une police politique et secrète, modelée sur celle du second Empire. « Cette chose immorale et fâcheuse a pris sous le gouvernement impérial des allures et des proportions insensées, — écrivait l'auteur du *Dernier des Napoléon;* le pays tout entier, armée magistrature, administration, est enveloppé d'un réseau de suspicions et de délations ferventes. »

Des faits viendront bientôt à l'appui de cette vérité.

UNE LETTRE DE L'EMPEREUR MAXIMILIEN Ier A NAPOLÉON III

Le nouvel empereur remercie Napoléon de la protection accordée, et il regarde l'envoi de M. Langlais, conseiller d'État, comme une chance de salut; il juge la situation difficile, mais non désespérée; il dit que *l'affaire des réclamations* est définitivement arrangée sur des bases que *la reconnaissance du Mexique envers la France* a dictées; il fait, sans doute, allusion à la transaction dont parle M. Jecker dans une lettre que je reproduirai après celle-ci; enfin Maximilien qualifie lui-même de loi draconienne son abhorrable décret du 3 octobre :

« Monsieur mon frère,

« C'est avec un plaisir et un sentiment de véritable reconnaissance que je viens de recevoir, par l'entremise de M. Langlais, l'aimable lettre de Votre Majesté du 29 août. Les bons conseils de sincère ami que Votre Majesté me donne avec cette lucidité si remarquable qui la caractérise sont toujours pour moi du plus grand prix; ils émanent du plus grand souverain de notre siècle, qui est certes le meilleur juge dans des questions aussi difficiles que celles qui nous préoccupent au Mexique. Du moment que Votre Majesté a confiance en M. Langlais, ce digne homme d'État peut être sûr de la mienne; son concours est pour moi plus que nécessaire, puisque la plus grande difficulté d'une position est le manque complet d'instruments utiles.

« M. Langlais, comme ministre des finances, aura l'occasion de faire connaître à Votre Majesté la situation actuelle; elle est difficile, mais pas désespérée. Ce n'est que la guerre qui dévore les ressources; les autres branches de l'administration coûtent moins que dans tout autre pays. Dans les dépenses de la guerre, ce sont ces malheureuses troupes auxiliaires, que le maréchal croit absolument nécessaires, qui coûtent des sommes exorbitantes et qui servent, d'après mon jugement, au fond, à très peu de chose. Dans les autres parties de l'administration, il règne presque de la parcimonie. Le changement qui s'est effectué dans mon ministère vous montrera qu'on cherche l'harmonie la plus complète et des hommes probes et utiles.

« M. Dano aura écrit à son ministre que l'affaire des réclamations est définitivement arrangée sur des bases que la reconnaissance du Mexique envers la France nous a dictées.

« M. Dano et le maréchal auront également informé le gouvernement de Votre Majesté de la grande circonspection qu'on met ici dans toutes les questions délicates relatives à nos voisins. Les nouvelles que nous avons de Washington sont du reste rassurantes, et l'amitié sincère de Votre Majesté me donne cette ferme confiance dans l'avenir, qui, seule, rend possible une tâche si difficile.

« Dans les derniers jours, tous nos travaux d'organisation politique, administrative et judiciaire, basés sur le statut du 10 avril, ont été terminés et paraîtront ces jours-ci en plusieurs volumes.

« J'espère pouvoir envoyer ce travail à Votre Majesté avec le prochain courrier français. J'ai renoncé à mon voyage à Yucatan, où l'impératrice ira seule, pour pouvoir me mettre assidûment au travail avec M. Langlais qui a déjà gagné toutes mes sympathies. Le maréchal vous aura envoyé la loi draconienne que j'ai dû donner contre les guerilleros; le résultat de cette loi sera favorable.

« On aurait déjà pu en finir depuis longtemps avec ce fléau du pays, si les troupes n'avaient manqué.

« Je prie Votre Majesté de me rappeler au bon souvenir de l'Impératrice et de croire aux sentiments de haute estime et de sincère amitié avec laquelle je suis,

« De Votre Majesté, le bon frère,

« Maximilien. »

« Chapultepec, le 10 octobre 1865. »

« Dernière heure.

« P. S. — J'apprends à l'instant que M. Langlais ne croit pas pouvoir accepter le portefeuille des finances avant d'en avoir référé directement à Votre Majesté. Les motifs qu'il m'allègue pour décliner pour le moment la direction officielle que je lui avais donnée me semblent d'une nature si délicate que je crois devoir prier Votre Majesté de bien vouloir être l'arbitre dans l'enquête scrupuleuse des dépenses faites depuis que je me trouve à la tête du gouvernement. Les rapports que M. Langlais adressera successivement à Votre Majesté démontreront la justesse de ma demande. »

LETTRE DE M. J.-B. JECKER A M. CONTI, CHEF DU CABINET DE L'EMPEREUR

M. Jecker explique, dans la pièce qui suit, les causes de l'expédition mexicaine :

« Paris, 8 décembre 1869.

« Monsieur,

« Ne trouvez pas étrange que je m'adresse à vous de préférence, ayant à vous entretenir d'une affaire qui regarde principalement l'empereur.

Victor Hugo.

« Vous aurez assez entendu parler de mon affaire des Bons pour la connaître un peu. Eh bien! je trouve que le gouvernement la considère avec trop d'indifférence, et que, s'il n'y fait pas attention, elle pourrait amener des suites fâcheuses pour l'empereur.

« Vous ignorez sans doute que j'avais pour associé dans cette affaire M. le duc de Morny, qui s'était engagé, moyennant 30 pour 100 des bénéfices de cette affaire, à la faire respecter et payer par le gouvernement mexicain, comme elle avait été faite dès le principe. Il y a là-dessus une correspondance volumineuse d'échangée avec son agent, M. de Marpon.

« En juillet 1861, on est venu me trouver de la part de ces messieurs pour traiter de cette affaire.

« Cet arrangement s'est fait lorsque ma maison se trouvait déjà en liquidation, de sorte que tout ce qui la regarde appartient exclusivement à celle-ci.

« Aussitôt que cet arrangement fut conclu, je fus parfaitement soutenu par le gouvernement français et sa légation au Mexique. Celle-ci avait même assuré à mes créanciers, au nom de la France, qu'ils seraient entièrement payés, et avait passé des notes très-fortes au gouvernement mexicain sur l'accomplissement de mon contrat avec lui, au point que l'ultimatum de 1862 exigeait l'exécution pure et simple des décrets. Depuis cette époque, j'ai été constamment exposé à la haine du parti exalté, qui m'a jeté en prison, ensuite m'a banni, me confisquant mes biens.

« L'affaire en resta là jusqu'à l'occupation du Mexique par les Français. Sous l'empire de Maximilien, et aux instances du gouvernement français, on s'occupa de nouveau du règlement de mon affaire. En avril 1865, je parvins, aidé des agents français, à faire une transaction avec le gouvernement mexicain.

« A la même époque, M. le duc de Morny vint à mourir, de sorte que la protection éclatante que le gouvernement français m'avait accordée cessa complétement. Le ministère des finances français permit bien qu'on payât les premières traites que le gouvernement mexicain m'avait données sur Paris pour couvrir une partie de ce qu'on me devait, mais les agents français au Mexique s'opposèrent, d'après les instructions qu'ils avaient reçues, qu'on me livrât les traites pour 10 millions de francs solde de ma transaction, malgré que j'en eusse parfaitement rempli les conditions, et que le gouvernement mexicain était disposé à me payer, se trouvant avoir à Paris, à cette époque, plus de 30 millions de francs.

« Comme le gouvernement français avait déclaré dans les Chambres qu'il s'était opposé à l'exécution de ce contrat et qu'il s'était appliqué ce qu'on aurait dû me payer, je fus obligé, comme liquidateur de ma maison et après avoir épuisé les voies de conciliation, de lui intenter un procès devant le Conseil d'État. Malheureusement cette démarche n'a eu aucun résultat, car ce tribunal vient de se déclarer incompétent, d'après l'indication que m'en a faite le ministre des finances dans sa défense.

« J'étais aussi un des plus forts indemnitaires mexicains. La commission mixte établie à Mexico m'avait reconnu une somme de 6 millions de francs environ, qui a été réduite par celle-ci à 500,000 francs à peu près. Je suis en instance pour la différence auprès du ministre des affaires étrangères, qui n'a pas encore daigné me répondre là-dessus. Mais à l'avance je m'attends à la réponse négative que m'a donnée le ministre des finances pour l'affaire des Bons.

« Quelques créanciers, voyant que je n'obtenais rien du gouvernement pour mes principales réclamations, ont mis saisie-arrêt à la Caisse des dépôts et consignations sur ce que j'ai à recevoir de ces 500,000 francs, de sorte que je n'ai pu disposer que d'une faible somme pour les besoins pressants de ma maison.

« Complétement ruiné par suite de l'expédition au Mexique, n'ayant plus rien à faire ici et ne pouvant rien y faire, je suis obligé de retourner là-bas pour rendre compte à mes créanciers de ma gestion.

« Malgré que je n'aie rien négligé pour tâcher de payer la totalité de ce que je leur dois, comme je n'ai pu y parvenir par suite de circonstances extraordinaires qu'il m'a été impossible d'éviter, ils ne tiendront pas compte des sacrifices énormes que j'ai faits pour y arriver et me traiteront sans considération aucune.

« Ils voudront savoir le motif qui avait porté, en 1861, M. de Saligny, alors ministre au Mexique, à leur promettre au nom de la France qu'ils seraient payés de ce que ma maison leur devait, et pourquoi, en 1865, cette protection extraordinaire m'a été si brusquement retirée par le gouvernement français.

« Quoique, jusqu'à présent, j'aie gardé le plus grand secret sur cette affaire, malgré qu'on m'ait fortement engagé à la publier, je serai obligé de me défendre pour ne pas me voir jeter en prison pour dettes ; je suis forcé de dire à mes créanciers ce qui s'est passé, en leur délivrant tout ce que j'ai là-dessus, qu'ils réclameront d'ailleurs comme appartenant à ma liquidation. Le gouvernement mexicain sera enchanté de connaître cette affaire à fond pour sa conduite ultérieure avec la France.

« Je prévois bien l'effet qu'une confession semblable produira dans le public et le mauvais jour qu'elle jettera sur le gouvernement de l'empereur, surtout dans les circonstances critiques où nous vivons; mais je ne puis l'éviter, à moins qu'on ne me facilite les moyens de faire une proposition à mes créanciers en les empêchant, par ce moyen, d'exiger que je leur rende compte de ma liquidation. Cela me paraît d'autant plus facile que, parmi les propriétés que le gouvernement mexicain n'a pu saisir, à cause de l'intervention de mes créanciers qui ont réclamé comme appartenant à la liquidation de ma maison ce qui est sa propriété, elle possède encore des mines et des forges qu'elle n'a pu exploiter dernièrement à cause de la pénurie où elle se trouve, mais qui, avec des fonds suffisants, laisseraient de beaux bénéfices et seraient à même de couvrir ce qu'elle doit, surtout à présent qu'on vient de perfectionner en Allemagne des appareils à concentrer le minerai qui permettraient de réduire le pauvre, qui est toujours très-abondant, et d'en retirer des bénéfices qu'elles n'auraient pas pu donner autrefois, avec l'ancien système encore employé au Mexique.

« Ne doutant pas que, dans l'intérêt que vous portez à l'empereur, vous n'ayez l'obligeance de lui faire part de ces justes observations, je vous prie, monsieur, d'agréer l'assurance de ma considération distinguée.

« J.-B. JECKER. »

LETTRE DU VICOMTE DE LA PIERRE AU DUC DE MORNY

Cette lettre prouve que le duc de Morny ne s'en tenait pas à l'affaire Jecker, qu'il en préparait d'autres au Mexique, et que Napoléon III ne dédaignait pas de s'y intéresser personnellement.

« Mexico, le 10 mars 1863.

« Monsieur le duc,

« Après s'être formellement avancé à me remettre la note que ma dernière lettre vous annonçait, la peur a pris M. Laur, et, au lieu de cette note, j'ai reçu la lettre ci-jointe, et encore à l'heure où, désespérant de rien voir arriver et le courrier me pressant, j'avais dû me résigner à faire partir ma correspondance.

« De l'explication que j'ai eue dès le lendemain matin avec M. Laur, il résulte ceci : le travail complet qu'il m'avait promis, que réclamait ma lettre à laquelle il répond, en spécifiant chaque détail, il n'ose le livrer sans un ordre de son ministère. Mais les détails contenus dans ma dernière lettre, ceux que j'y vais joindre tout à l'heure, sont plus que suffisants pour justifier une décision prise. M. Laur ignore que Votre Excellence est la personne à laquelle je soumets cette affaire.

« La note ci-jointe achève, comme le dit M. Laur, de donner à toute l'affaire un caractère d'évidence complète et suffisant pour prendre une décision dès aujourd'hui. Votre Excellence n'ignore pas qu'il a été question autrefois pour l'empereur d'acquérir des mines en Californie, notamment dans le district de Mariposa. *L'affaire actuelle conviendrait mieux à Sa Majesté*, ce me semble; d'abord la discrétion, le secret se trouvant renfermé entre trois personnes, chose qui n'a pas eu lieu pour les acquisitions de Californie dont on a parlé, même en France et publiquement, et en second lieu par le caractère de certitude, l'absence de toute chance aléatoire, et enfin l'énormité du produit par rapport au capital engagé. Le capital, divisé en 1,200 actions *au porteur* de 5,000 piastres chacune, suffirait à faire disparaître la personnalité de

Sa Majesté et celle de Votre Excellence. C'est une idée que je vous soumets, monsieur le duc, sans y insister davantage, ne tenant pas à m'immiscer là où je ne suis pas appelé. Mais, comme après cette affaire, si vous la faites, il y en a trois autres de la même importance offrant la même sécurité, comme les quatre affaires n'exigeraient pas en tout un capital de plus de trois millions de piastres et donneraient, je le prouverai, un produit annuel de plus de quatre millions de piastres; comme leur réalisation amène des conséquences politiques d'une haute importance, il m'a semblé qu'elles pouvaient mériter l'attention même d'un souverain, que vous pouviez dès lors les mettre à exécution avec son concours, au lieu de faire appel au public ou à un établissement de crédit, — au fond, c'est identique, — et je vous soumets ma pensée; vous en jugerez à votre pleine et entière volonté.

....

« Il me reste à renouveler à Votre Excellence, monsieur le duc, l'expression de mon respectueux attachement.

« Vicomte E.-H. DE LA PIERRE,

« *Attaché au corps expéditionnaire du Mexique. — Affaires étrangères.* »

Il s'agissait des mines de Guanajuate, sur l'exploitation et la production desquelles deux notes fort détaillées étaient fournies.

M. de La Pierre était l'ami et le correspondant de M. de Morny.

CHAPITRE X

1866

Optimisme trompeur. — Session de 1866. — Mot lugubre de M. Troplong; M. de Boissy; le maréchal Forey. — Corps législatif. — Discours de MM. Glais-Bizoin, Garnier-Pagès, Picard, Jules Favre, Guéroult : les Quarante-Cinq et M. Ollivier. — Discours de MM. Pelletan, Garnier-Pagès, Jules Simon, Thiers et Jules Favre. — Une lettre de l'empereur. — L'hégémonie de la Prusse. — Traité d'alliance entre la Prusse et l'Italie; elles déclarent la guerre à l'Autriche. — Forces des armées belligérantes. — Custozza. — Combat naval de Lissa. — Sadowa. — Cession de la Vénétie à l'Italie. — Armistice et préliminaires de paix. — Faute et illusions de Napoléon III. — Traité de Prague. — La dupe de M. de Bismarck. — Un sénatus-consulte oppresseur; tapage au Sénat. — Mort de Ferdinand Flocon. — Le Mexique; sommations du gouvernement de Washington à Napoléon III; déplorable situation de l'entreprise mexicaine. — L'impératrice Charlotte à Saint-Cloud. — Extravagances de Maximilien; il quitte Mexico pour s'embarquer à Vera-Cruz; il retourne à Mexico en arborant le drapeau clérical. — Démoralisation de l'armée française; accusations portées contre Bazaine. — L'audace avec laquelle on trompait la France. — Suppression du *Courrier du Dimanche*. — La légion d'Antibes; l'évacuation de Rome; colère des évêques. — La *Vie de César* et les adulateurs; le cheval de Caligula et l'âne de l'impératrice.

Dans le discours d'ouverture de la session de 1866, Napoléon III prodigua les paillettes d'un optimisme trompeur. « La paix, disait-il, est partout assurée. Au mexique, le gouvernement *fondé par la volonté du peuple se consolide;* les dissidents vaincus n'ont plus de chefs; le pays a trouvé des garanties d'ordre et de sécurité *qui ont développé ses* ressources et son commerce. Je m'entends avec Maximilien pour fixer l'époque du rappel de nos troupes. » Autant de mots, autant de mensonges.

En prononçant l'oraison funèbre des sénateurs décédés en 1864, M. Troplong constata que la mort avait déjà ravi 116 membres au Sénat : « Aucun de nous, ajouta-t-il, ne peut se flatter qu'il n'ira pas, ce soir, souper chez les morts. »

Sur tous les bancs, des visages grimacèrent. M. de Boissy demanda le retour aux usages parlementaires; les sénateurs poussèrent des grognements et M. Troplong accusa l'orateur de violer la Constitution. « Je croyais pourtant la Constitution perfectible, répliqua le marquis; elle ne l'est pas ? Fort bien ! C'est comme si vous la condamniez au tombeau; nous y descendrons tous, alors; nous irons souper chez les morts. » Les sénateurs s'indignent et l'orateur s'écrie : « On trompe l'empereur par le silence et la flatterie. » A propos de l'intrigue mexicaine, le maréchal Forey fit, d'un ton solennel, cette déclaration : « Il faut bien mal connaître le Mexique pour admettre, un seul instant, qu'il préférât la forme républicaine à la forme monarchique et que la nation mexicaine ne fût pas unanime en faveur de l'empire. » Quel aveuglement ou quelle impudence ! — Les cardinaux et les cléricaux du Sénat attaquèrent l'Italie que, seul, M. Bonjean défendit; il se prononça contre le pouvoir temporel.

M. Walewski préside le Corps législatif. M. Glais-Bizoin critique, avec raison, la politique du gouvernement au dedans et au dehors; M. Rouher lui jette cette injure : « C'est de la pasquinade ! » Les vociférateurs de la majorité applaudissent; au milieu du bruit qu'ils font, M. Glais-Bizoin parvient enfin à faire entendre ces paroles : « Que des députés éclos à la chaleur des candidatures officielles acceptent qu'on leur enlève tous leurs droits parlementaires, depuis celui de choisir leur président jusqu'à celui de publier leurs discours ! Quant à moi, je lutterai contre l'asphyxie à laquelle on veut me condamner dans cette enceinte où j'ai respiré autrefois à pleins poumons l'air de la liberté. Mon discours — a dit un interrupteur — prouve qu'à défaut de liberté de la presse, de liberté de réunion, nous avons du moins la liberté de la tribune. Oui, quand vous ne la supprimez pas par vos clameurs, elle existe pendant la discussion de l'adresse ; mais cette discussion qui nous est permise par un décret ne nous sera-t-elle pas enlevée demain par un autre? Le régime parlementaire nous avait donné la liberté que vous voulez nous faire perdre pour lui substituer les mœurs basses et serviles du premier Empire ; mais vous n'y réussirez pas. Quant aux injures du ministre d'État, je les repousse avec le plus suprême dédain. »

M. Garnier-Pagès résuma savamment la longue et cruelle lutte de l'Italie et de la papauté. — Dans un style plein de mouvements oratoires, M. Jules Favre traita la question romaine. M. Guéroult combattit vivement le pouvoir temporel.

Dix-sept députés présentèrent et votèrent, seuls, un amendement qui réclamait toutes les libertés supprimées ; le duc de Marmier s'était joint aux députés républicains dont le nombre venait d'être porté à seize par l'élection de M. Girot-Pouzol ; cet amendement se terminait ainsi : « Sans la liberté, aucun droit n'est garanti. La liberté seule peut faire l'éducation de la liberté : il n'appartient qu'à elle d'élever les intelligences, de développer les vertus publiques. Confier à l'arbitraire l'éducation de la liberté, c'est marcher en sens inverse du but à poursuivre. Le peuple français, entouré d'États libres initiés par lui à la liberté, a trop de confiance dans son génie, a trop de fierté de son passé, pour qu'on le traite en interdit et qu'on le déclare incapable ou indigne de porter lui-même le glorieux fardeau de ses destinées. »

Plusieurs orateurs soutinrent cet amendement de l'opposition : « Le régime actuel de la presse — dit M. Picard — la tue petit à petit ; au lieu de la vie privée, c'est la vie politique qui est murée ; la littérature, pour le gouvernement, ne se compose que de productions frivoles dont il facilite la production par tous les moyens possibles, y compris la circulation sans l'impôt du timbre. Le jugement des livres enlevé au jury est livré aux juges correctionnels ; encore est-ce en quelque sorte un privilége, car la police saisit tel livre qu'elle juge dangereux, l'*Histoire de la maison de Condé*, par exemple. Vainement l'auteur et le libraire s'adresseraient-ils aux tribunaux pour obtenir la restitution d'un ouvrage saisi de cette façon. L'article 75 de la Constitution de l'an VIII donnant au gouvernement le droit de substituer sa responsabilité à celle du fonctionnaire, ils se trouveraient en présence d'un commissaire de police qui s'effacerait derrière le préfet de police, lequel s'abriterait à son tour derrière le ministre qui répondrait : « Voyez la Constitution ; je ne suis pas responsable ! » L'auteur d'un livre ou d'un article est-il traduit devant la justice, l'interdiction du compte rendu des débats lui enlève le bénéfice du jugement de l'opinion publique qui est son véritable tribunal de cassation. Mais il y a plus encore : non content de se faire journaliste, l'État s'arroge le pouvoir de désigner aux rédacteurs des journaux les collaborateurs qu'il leur est permis de s'adjoindre. »

Voici les noms des députés qui avaient signé et qui votèrent cet amendement : Jules Favre, Marie, Ernest Picard, Lanjuinais, Hénon, Eugène Pelletan, Bethmont, Havin, le duc de Marmier, Guéroult, Girot-Pouzol, Garnier-Pagès, Glais-Bizoin, Carnot, Jules Simon, Magnin, Dorian.

MM. Thiers, Ollivier et Darimon s'abstinrent.

Quarante-cinq membres de la majorité s'en détachèrent pour former un tiers parti dont M. Buffet était le chef. Dans un amendement fort anodin, ils exprimèrent le désir qu'on accordât « à la France, *fermement attachée* à la dynastie qui lui garantit l'ordre, la liberté qu'elle considère comme nécessaire à l'accomplissement de ses destinées ». Cet amendement eut M. Buffet pour défenseur. M. Émile Ollivier prit la parole en faveur « du groupe *qui veut unir les intérêts de la dynastie et de la liberté* », et il sollicita des Quarante-Cinq « la permission de sortir de sa situation isolée et de se mettre au milieu d'eux ». L'amendement réunit soixante-trois voix.

M. Pelletan plaida brillamment la cause des journalistes auxquels il faut, pour lutter contre la législature de 1852, « une abnégation et un courage dont on ne se doute pas ». Privés de la liberté, le théâtre et la littérature s'avilissent, dit l'orateur ; l'un est non-seulement la débauche de l'esprit, mais encore celle du regard ; l'autre dégénère en licence de boudoir et d'alcôve. « La société actuelle, s'écrie-t-il, n'a qu'un but : le plaisir. Les classes élevées donnent l'exemple de la dépravation ; deux cent quarante jeunes gens ont été pourvus de conseils judiciaires de 1862 à 1864 ; chacun dépense plus qu'il ne gagne ; des modes sans retenue témoignent du relâchement des mœurs et du goût ; les chanteurs et les chanteuses de cabaret font les délices des dilettanti de salon. Il y a pour les sociétés deux genres de désordre : le désordre moral et le désordre matériel ; le premier, bien plus dangereux que le second, paralyse le cœur et le cerveau ; le malade meurt sans s'en douter. La France est menacée de cette maladie, mais le vent de la liberté balayera ces miasmes. La France porte en elle un trop grand destin pour succomber. »

Ce tableau n'était pas chargé ; de bien s'en faut. On en jugera quand les exigences de mon récit nous ramèneront au milieu des miasmes qui, engendrés par la cour du second Empire, contagiaient toutes les classes de la société.

Avec cet art accompli qu'il sait mettre dans un langage dont le charme rend attentifs ses adversaires les plus résolus, M. Jules Simon déplora aussi « la décadence des arts coïncidant avec celle des mœurs », et demanda qu'on limitât à la somme de 100 millions de francs les bons que la caisse des travaux publics de Paris serait autorisée à émettre pendant l'année 1867 ; il se plaignit de l'emploi que M. Haussmann faisait des fonds du dernier emprunt. Le nécessaire est sacrifié à l'agréable. De magnifiques jardins sont créés dans les deux arrondissements qui manquent le plus d'éclairage, d'air, d'eau et surtout d'écoles ; « sur 62 millions dépensés là, 780,000 francs seulement ont été consacrés aux établissements scolaires ».

Jamais la finesse de réflexions, le rapide enfantement de la pensée, la lucidité d'idées et la dextérité de langage qui constituaient le talent de M. Thiers ne se manifestèrent avec plus d'éclat que dans son mémorable exposé de la question allemande. Après avoir flétri l'égorgement du Danemark, le clairvoyant orateur signala les dangers qui nous menaceraient si on ne défendait pas contre la Prusse le maintien de l'état actuel de l'Allemagne ou, tout au moins, le principe de l'union d'un nombre déterminé d'États indépendants par un lien fédératif. « Consentir à l'unité allemande, dit-il, au prix même d'une augmentation de territoire, c'est consentir à l'abaissement de la France. Il faut donc s'y opposer au nom de l'intérêt français et de l'équilibre européen. Le moment est venu de sortir de la neutralité et de prévenir courtoisement mais nettement la Prusse que la France ne s'associe pas à sa politique. »

La Chambre applaudit à ce patriotique discours dont l'empereur, à l'esprit duquel la prévoyance manqua toujours, crut se venger en disant, quelques jours plus tard, dans sa réponse à une allocution du maire d'Auxerre : « Je déteste ces traités de 1815 dont *on* veut faire, aujourd'hui, l'unique base de notre politique extérieure. »

La présentation d'une loi improprement qualifiée de loi d'amortissement amena M. Garnier-Pagès à la tribune. Il démontra que cette loi constituait tout simplement un budget spécial à la caisse d'amortissement, budget de recettes et de dépenses, car « si on affectait à cette caisse les bois de l'État, la nue propriété des chemins de fer dont la jouissance a été concédée mais doit aire retour à l'État, et comme dotation annuelle le produit net des coupes ordinaires et des revenus accessoires des forêts, les bénéfices réalisés par la Caisse des dépôts et consignations, le produit de l'impôt du dixième sur les prix des places en chemin de fer et sur le transport des marchandises, en revanche des charges lui étaient imposées »... Au moment où l'orateur républicain développait ses idées sur cette question et disait que « tout cela n'avait rien de commun avec l'amortissement de la dette publique ; qu'en bonne comptabilité on amortit seulement par des excédants de recette, mais que, ces excédants n'existant pas, un simple article dans le budget des dépenses eût suffi à créer un fonds d'amortissement », M. des Rotours cria bêtement : « Et les quarante-cinq centimes ! »

M. Garnier-Pagès prit au bond l'occasion de faire prompte et bonne justice des sottes accusations dont, à cause de cet impôt si perfidement exploité dans les campagnes par la mauvaise foi des partis réactionnaires, l'administration financière de la Révolution de 1848 avait été l'objet.

Le lendemain, M. Garnier-Pagès trouva un défenseur qui ne pouvait être supect aux ennemis de la République. Dans l'*Union* parut cet article, portant la signature de M. de Riancey, rédacteur en chef de ce journal légitimiste :

« De toutes les mesures dont les propositions assiégeaient l'Hôtel de Ville et le ministre des finances en ces jours de troubles, mesures qui, rappelons-nous le bien, auraient passé presque toutes alors, dans la confusion générale, sans résistance, l'impôt des 45 centimes était la moins violente et la moins désastreuse. M. Garnier-Pagès l'a fort habilement établi, et l'ajournement des payements, la création du papier-monnaie, la saisie des biens de la maison d'Orléans, le rappel du milliard des émigrés, étaient des folies et des iniquités dont la République peut apporter le rejet comme un de ses titres les meilleurs à l'estime de la postérité. Le Gouvernement provisoire a *évité la banqueroute ;* il a consacré le principe en vertu duquel il était tenu de payer les dettes de la monarchie ; de la sorte, la *loyauté des engagements a été préservée, et le crédit de l'État, si fortement atteint qu'il ait été, n'a pas péri.* VOILÀ CE QUI EST VRAI ; et voilà ce que M. Garnier-Pagès a montré avec une incontestable autorité. »

C'est le 13 juin que l'ordre du jour appela la discussion du projet de loi relatif aux suppléments de crédit de l'exercice 1866. M. Jules Favre attendait cette occasion pour demander au gouvernement des explications nettes au sujet des affaires d'Allemagne. M. Rouher réclama la parole au moment où M. Jules Favre se dirigeait vers la tribune, et il donna lecture de la lettre suivante que l'empereur avait adressée, deux jours auparavant, à M. Drouyn de Lhuys, ministre des affaires étrangères :

« Palais des Tuileries, 11 juin 1866.

« Monsieur le ministre,

« Au moment où semblent s'évanouir les espérances de paix que la réunion de la Conférence nous avait fait concevoir, il est essen-

Le général Frossard.

tiel d'expliquer, par une circulaire aux agents diplomatiques à l'étranger, les idées que mon gouvernement se proposait d'apporter dans les conseils de l'Europe, et la conduite qu'il compte tenir en présence des événements qui se préparent.

« Cette communication placera notre politique dans son véritable jour.

« Si la Conférence avait eu lieu, votre langage, vous le savez, devait être explicite; vous deviez déclarer en mon nom que je repoussais toute idée d'agrandissement territorial tant que l'équilibre européen ne serait pas rompu. (*Mouvement.*)

« En effet, nous ne pourrions songer à l'extension de nos frontières que si la carte de l'Europe venait à être modifiée au profit exclusif d'une grande puissance, et si les provinces limitrophes demandaient, par des vœux librement exprimés, leur annexion à la France.

« En dehors de ces circonstances, je crois

plus digne de notre pays de préférer à des acquisitions de territoire le précieux avantage de vivre en bonne intelligence avec nos voisins (*Très-bien! très-bien!*) en respectant eur indépendance et leur nationalité (*Nouvelle approbation.*) Animé de ces sentiments et n'ayant en vue que le maintien de la paix, j'avais fait appel à l'Angleterre et à la Russie pour adresser ensemble aux parties intéressées des paroles de conciliation.

« L'accord établi entre les puissances neutres restera à lui seul un gage de sécurité pour l'Europe; elles avaient montré leur haute impartialité en prenant la résolution de restreindre la discussion de la Conférence aux questions pendantes. Pour les résoudre, je croyais qu'il fallait les aborder franchement, les dégager du voile diplomatique qui les couvrait et prendre en sérieuse considération les vœux légitimes des souverains et des peuples. (*Très-bien! très-bien!*)

« Le conflit qui s'est élevé a trois causes :

« La situation géographique de la Prusse mal délimitée ;

« Le vœu de l'Allemagne demandant une reconstitution politique plus conforme à ses besoins généraux ;

« La nécessité pour l'Italie d'assurer son indépendance nationale.

« Les puissances neutres ne pouvaient vouloir s'immiscer dans les affaires intérieures des pays étrangers; néanmoins les Cours qui ont participé aux actes constitutifs de la Confédération germanique avaient le droit d'examiner si les changements réclamés n'étaient pas de nature à compromettre l'ordre établi en Europe.

« Nous aurions, en ce qui nous concerne, désiré, pour les États secondaires de la Confédération, une union plus intime, une organisation plus puissante, un rôle plus important (*approbation*); pour la Prusse, plus d'homogénéité dans le Nord; pour l'Autriche, le maintien de sa grande position en Allemagne. (*Très-bien! très-bien!*)

« Nous aurions voulu en outre que, moyennant une compensation équitable, l'Autriche pût céder la Vénétie à l'Italie; (*Très-bien! très-bien!*); car si, de concert avec la Prusse et sans se préoccuper du traité de 1852, elle a fait au Danemark une guerre au nom de la nationalité allemande, il me paraissait juste qu'elle reconnût en Italie le même principe en complétant l'indépendance de la Péninsule. (*Approbation.*)

« Telles sont les idées que, dans l'intérêt du repos de l'Europe, nous aurions essayé de faire prévaloir. Aujourd'hui il est à craindre que le sort des armes seul en décide. En face de ces éventualités, quelle est l'attitude qui convient à la France? Devons-nous manifester notre déplaisir parce que l'Allemagne trouve les traités de 1815 impuissants à satisfaire ses tendances nationales et à maintenir sa tranquillité?

« Dans la lutte qui est sur le point d'éclater, nous n'avons que deux intérêts : la conservation de l'équilibre européen et le maintien de l'œuvre que nous avons contribué à édifier en Italie. (*Très-bien! très-bien!*) Mais, pour sauvegarder ces deux intérêts, la force morale de la France ne suffit-elle pas? Pour que sa parole soit écoutée, sera-t-elle obligée de tirer l'épée? Je ne le pense pas. (*Nouvelles marques d'approbation.*)

« Si, malgré nos efforts, les espérances de paix ne se réalisent pas, nous sommes néanmoins assurés par les déclarations des Cours engagées dans le conflit que, quels que soient les résultats de la guerre, aucune des questions qui nous touchent ne sera résolue sans l'assentiment de la France. (*Très-bien! très-bien!*)

« Restons donc dans une neutralité attentive, et, forts de notre désintéressement, animés du désir sincère de voir les peuples de l'Europe oublier leurs querelles et s'unir dans un but de civilisation, demeurons confiants dans notre droit et calmes dans notre force. (*Applaudissements prolongés.*)

« Sur ce, monsieur le ministre, je prie Dieu qu'il vous ait en sa sainte garde.

« NAPOLÉON. »

Une grande agitation suivit cette lecture. On faisait remarquer, sur beaucoup de bancs, combien ce langage terne et embarrassé différait du ton « belliqueux et fier » que l'empereur avait pris, à Auxerre, un mois auparavant.

Dès que le silence fut rétabli, le ministre d'État reprit la parole. « En présence — dit-il — de déclarations aussi nettes et aussi précises, le Gouvernement pense que le Corps législatif ne voudra pas avoir une discussion sur les affaires d'Allemagne et d'Italie. Il considérera qu'un débat contradictoire sur ce sujet serait inopportun et non exempt d'inconvénients sérieux, à un moment où, malgré nos efforts, il semble que les conflits qui agitent l'Europe ne puissent plus trouver leurs solutions que par les armes. »

La majorité donna bruyamment son approbation à ces paroles.

M. Jules Favre posa cette question : « Sans sortir des bornes que le patriotisme et la prudence conseillent, une discussion sur la lettre qui vient de nous être lue n'aurait-elle pas son utilité, ne fût-ce que pour ne pas renoncer aux prérogatives du Corps législatif ? »

Des murmures éclatèrent.

— Il s'agit de savoir — ajouta M. Pelletan — si la Chambre donne sa démission.

— La clôture ! la clôture ! crièrent les Mameluks.

M. Thiers essaya vainement de parler contre la clôture ; elle fut adoptée, au scrutin, par 202 voix contre 34.

La publicité donnée à cette lettre écrite deux jours après la conclusion d'un traité secret avec l'Autriche prouve que l'empereur comptait sur le triomphe de François-Joseph, et, par suite, sur les arrangements dont il faisait le résumé à son ministre des affaires étrangères.

Le 18 juin, M. Jules Favre décrivit la déplorable situation du Mexique. « Cette expédition, s'écria-t-il, n'était qu'une affaire d'argent à laquelle on a conduit le pays. »

Le ministre d'État se taisant, M. Jérôme David ne craignit pas de dire : « Les conditions dans lesquelles se trouve Maximilien ne peuvent être plus favorables à la conservation de son pouvoir. » Or, nous le verrons dans un instant, ce pouvoir s'écroulait. Tous les regards se fixèrent sur M. Rouher qui resta muet.

Cependant M. de Bismarck a tout préparé pour en finir avec les prétentions de l'Autriche à l'hégémonie de l'Allemagne, qu'il veut assurer à la Prusse. François-Joseph, que Guillaume venait d'embrasser à Gastein, entrevit les desseins de M. de Bismarck et commença ses préparatifs de défense ; le chef du cabinet de Berlin lui en fit un crime ; il accusa l'Autriche de manquer à ses engagements et de menacer avec des forces considérables la frontière prussienne. « La Prusse, ajoutait-il, ne pouvant compter sur l'alliance avec l'Autriche, est obligée de chercher ses alliés dans une Allemagne profondément réformée dans son organisation civile et militaire [1]. » Tandis que M. de Moltke mobilisait l'armée, M. de Bismarck, encouragé par les lettres de M. Drouyn de Lhuys, nouait une alliance avec l'Italie « que nous ne voulons pas, disait le ministre de Napoléon III, détourner des combinaisons qu'il lui appartient d'apprécier ; nous ne devons apporter aucun obstacle à l'accomplissement de ses destinées ». Dans une autre lettre confidentielle, M. Drouyn de Lhuys confirmait la neutralité de la France, « bien que le cabinet de Vienne nous ait fait observer que notre neutralité était plus favorable pour la Prusse que pour l'Autriche ». Le 20 avril, un traité d'alliance offensive et défensive

---

1. Circulaire du 24 mars 1866 adressée aux agents de la Prusse en Allemagne.

entre la Prusse et l'Italie fut signé. — Le 5 mai, le cabinet de Vienne offrit à celui de Florence la cession de la Vénétie s'il consentait à rester neutre. Lié par le traité du 20 avril, Victor-Emmanuel refusa loyalement cette offre qui était bien tentante pour lui.

Les trois puissances qui allaient en venir aux mains hâtaient leurs armements. Le 6 juin, la Prusse qui s'était, de longue main, préparée à cette guerre nommée par M. de Moltke « une nécessité historique », avait réuni 250,000 hommes formant trois armées que, le 24, deux divisions d'infanterie et une division de cavalerie de la landwehr rejoignirent. Le roi, ayant M. de Moltke pour chef d'état-major, avait le commandement général de toutes ces forces composant « la grande armée prussienne de l'Est » dont l'artillerie consistait en 978 canons.

Les deux armées italiennes placées, l'une sous les ordres de Victor-Emmanuel, l'autre sous ceux du général Cialdini, étaient fortes de 220,000 hommes, avec 460 canons. Le général Garibaldi, à la tête de 22,000 volontaires, en attendait, pour marcher sur le Tyrol, 18,000 autres venant du sud de l'Italie.

La grande armée autrichienne du Nord dont l'effectif, y compris 24,000 Saxons, était de 270,000 hommes, se divisait en sept corps disposant de 750 bouches à feu. La Bavière, le Hanovre, le Wurtemberg et les autres États secondaires alliés de l'Autriche allaient mettre en ligne plus de 100,000 combattants. En Italie, les soldats autrichiens étaient au nombre de 85,000, mais les garnisons des places fortes en exigeaient plus de la moitié; l'armée d'opération commandée par l'archiduc Albert avait 170 canons.

Je ne dirai rien des opérations qu'exécutèrent ces trois armées, ni des fautes que, au point de vue de la tactique ou de la stratégie, leurs généraux purent commettre; les conséquences de cette guerre si fatale à la France méritent seules notre attention.

Le 24 juin, une armée italienne, très-supérieure en nombre à celle de l'archiduc Albert, fut défaite à Custozza. Les Autrichiens eurent 2,000 hommes tués ou blessés et les Italiens 1,500.

Quelques jours plus tard, dans les eaux de l'Adriatique, à Lissa, il y eut un combat naval qui fut désastreux pour l'escadre italienne sous les ordres de l'amiral Persano. L'escadre autrichienne, victorieuse, coula plusieurs vaisseaux italiens.

Le 27, le 5° corps de l'armée de Silésie, commandé par le général Steinmetz, battit, à Nachod, trois brigades autrichiennes qui perdirent 225 officiers, 4,227 soldats, 7 canons et un drapeau; 2,500 prisonniers restèrent entre les mains des Prussiens, dont les pertes en officiers et soldats tués ou blessés n'atteignirent que le chiffre de 1,152. La puissance du fusil à aiguille venait d'éclater pour la première fois.

De même que les Franco-Italiens et les Autrichiens, la veille de la bataille de Solférino, marchaient à la rencontre les uns des autres sans le savoir, — de même les armées prussienne et autrichienne se rapprochèrent, à leur insu, le 2 juillet 1866. Le lendemain, s'engagea cette terrible bataille de Sadowa où la victoire héroïquement disputée et longtemps incertaine pencha du côté de la Prusse. 420,000 combattants, dont 215,000 Prussiens et 205,000 Autrichiens, étaient entrés en ligne; les pertes de ceux-ci s'élevèrent, en tués ou blessés, au chiffre énorme de 40,000 hommes; celles des Prussiens furent moindres de moitié.

Le lendemain de cette bataille dont les résultats surprirent et déconcertèrent l'Europe, le général Benedeck demanda un armistice au roi de Prusse et François-Joseph céda la Vénétie à Napoléon III, afin qu'il la remît, lui-même, à l'Italie; Victor-Emmanuel ne voulut pas l'accepter sans le consentement de la Prusse, et aussi pour ne pas froisser l'Italie qui, battue à Custozza, brûlait de prendre sa revanche; il fit « *de la cession directe* de la Vénétie une condition de l'armistice ». Il adressa ce télégramme à l'empereur: « La cession de la Vénétie, faite par l'Autriche à la France, a exaspéré les esprits au dernier point. Tâchez de nous la faire céder directement avec les forteresses comme gage de l'armistice. Dans ce cas et avec l'entente de la Prusse, je pourrais accepter l'armistice. »

Napoléon III, dont la médiation avait été agréée, rédigea les préliminaires de paix qui furent signés, le 24 juillet, à Nikosburg.

Pendant que les préliminaires se discutaient, le général Vogel de Falkenstein écrasait les États secondaires alliés de l'Autriche; le 7 juillet, ils avaient sollicité vainement l'appui de Napoléon III, auquel la reine de Hollande, qui lui était fort dévouée, écrivait, le 8: « Vous vous faites d'étranges illusions. Votre prestige a plus diminué dans cette quinzaine qu'il n'a diminué pendant la durée du règne; vous laissez détruire les faibles; vous laissez grandir outre mesure l'insolence et la brutalité de votre plus proche voisin... C'est votre dynastie qui est menacée et c'est elle qui en subira les suites. La Vénétie cédée, il fallait secourir l'Autriche, marcher sur le Rhin, imposer vos conditions. Laisser égorger l'Autriche, c'est plus qu'un crime, c'est une faute. »

Les flatteries de M. de Bismarck entretenaient les illusions de l'empereur qui les faisait partager à son entourage; on n'y parlait que de compensations territoriales à exiger de la Prusse. Napoléon III réclama le Palatinat et la Hesse rhénane: « Une telle prétention, répondit M. de Bismarck, ce serait la guerre. » M. Drouyn de Lhuys, avant son remplacement par M. de Moustier, croyait sage de ne demander que la neutralisation des provinces du Rhin; M. Rouher exigeait les frontières de 1814, mais se contentait *provisoirement* de la Hesse rhénane; le Palatinat viendrait après. Chacun disait son mot dans ce cercle d'hallucinés où l'impératrice elle-même avait voix au chapitre; d'abord elle voulait *tout ou rien;* puis cette habile diplomate déclara que sa condition *sine qua non* était l'annexion du Luxembourg et, un peu plus tard, celle de la Belgique à la France avec le concours de la Prusse. M. de Bismarck éludait adroitement cette question; il amena l'empereur à penser qu'il était convenable d'en ajourner l'examen à l'époque où se terminerait la médiation de la France. Leurré par de vagues promesses, Napoléon III consentit à ce que la Prusse s'annexât les États secondaires de l'Allemagne, c'est-à-dire accrût sa population de plus de quatre millions d'âmes. Les préliminaires de la paix se convertirent, à Prague, le 24 août, en un traité par lequel François-Joseph consentait « à la dissolution de la Confédération germanique, à une nouvelle organisation de l'Allemagne sans la participation de l'Autriche, à transférer ses droits sur les duchés au roi de Prusse, à lui payer une indemnité de 20 millions de thalers et à céder la Vénétie à l'Italie ». Quand la monarchie prussienne eut absorbé tous les États à sa convenance, M. de Bismarck fit soulever l'opinion publique, dans toute l'Allemagne, contre les revendications de Napoléon III et prit prétexte de ce soulèvement pour exprimer à sa dupe le regret de ne pouvoir lui rien donner en échange des services inoubliables qu'il en avait reçus. Les tortuosités de cette politique avaient été, dès le 20 juin, pénétrées par M. de Clermont-Tonnerre : « Le but de M. de Bismarck, écrivait-il de Berlin, paraît être de prolonger notre inaction par un mirage d'acquisitions territoriales, en rassurant en même temps l'Allemagne contre la réalité de ce danger. »

Il fut un moment où la persistance de Napoléon III à réclamer des compensations territoriales fit croire au gouvernement prussien que la guerre était imminente.

Avant de quitter Berlin, où des bruits de

guerre circulaient, M. Benedetti, prenant congé de M. de Bismarck, lui dit : « Monsieur le ministre, voulez-vous me permettre de vous adresser une demande singulièrement indiscrète? Est-ce la paix ou la guerre que j'emporte à Paris? » M. de Bismarck lui répondit vivement : « L'amitié, l'amitié durable avec la France! J'ai l'espoir que la France et la Prusse formeront désormais le dualisme de l'intelligence et du progrès. » Le baron de Kendel était là. M. Benedetti surprit sur les lèvres de ce personnage, « destiné à marquer grandement sa place dans la politique prussienne, » un sourire qui le préoccupa. Il alla chez le baron le lendemain, et lui avoua combien son sourire l'avait intrigué : « Vous partez, ce soir, pour la France, dit M. de Kendel à M. Benedetti; eh bien! engagez-vous sur l'honneur à garder jusqu'à Paris le secret que je vais vous confier. Avant quinze jours, nous aurons la guerre sur le Rhin, si la France persiste dans ses revendications territoriales. Elle nous demande ce que nous ne pouvons ni ne voulons lui donner. La Prusse ne cèdera pas un pouce du sol germanique ; nous ne le pourrions pas sans soulever contre nous l'Allemagne tout entière, et, s'il le faut, nous la soulèverons contre la France plutôt que contre nous [1]. »

M. de Bismarck, d'ailleurs, ne redoutait pas cette guerre, car il savait que « les forces du gouvernement impérial n'étaient pas à la hauteur de ses exigences ».

Le fait suivant prouve que M. de Bismarck ne se trompait pas :

« Après Sadowa, le général Jeanningros, ayant été nommé au commandement de la subdivision à Lille, convoqua, le lendemain de son arrivée, tous les chefs de service, *infanterie, artillerie, génie et intendance*. Il leur dit :

« — Messieurs, je suis autorisé par le ministre de la guerre à vous dire que bientôt nous ferons campagne. J'arrive du Mexique, et il y a quatre ans que je n'ai vu ma famille et mes enfants. J'ai demandé au général une permission de quarante-huit heures pour aller les embrasser, il me l'a refusée. Donc il y a urgence. Je vous ai réunis pour être renseigné sur les forces de mon commandement. »

« Puis s'adressant à chaque chef :

« — Colonel Labarthe (du 6° de ligne), quel est l'effectif de votre régiment?

« — 1,050 hommes, fut-il répondu.

« — Colonel Giraud (du 5°), et le vôtre ?

« — 1,080.

« — Commandant Liénard (de l'artillerie), avez-vous le matériel nécessaire à la défense de la place? Combien de canons?

« — Je n'ai rien.

« — Colonel Jahan (commandant le génie de la place), dans quel état est la place de Lille ?

« — Les crédits ont été supprimés, la place est ouverte, l'enceinte n'est pas terminée, les ouvrages extérieurs ne sont pas commencés. »

« Au sous-intendant :

« — Quel est l'état de vos magasins ?

« — Ils sont vides. »

« Le général était atterré.

« Les régiments d'ici n'étaient *qu'au tiers de leur effectif réglementaire, et il en était de même des quatre-vingt-huit autres. Quant à la cavalerie, elle était encore loin d'être aussi bien partagée* [1]. »

Tels étaient les fruits des dilapidations impériales et de l'entreprise mexicaine.

Quand l'empereur réclama le prix de sa neutralité, M. de Bismarck, on l'a vu, se ruina d'abord en promesses dilatoires; puis, à des réclamations plus pressantes il opposa un refus motivé courtoisement par des impossibilités dont il gémissait.

---

1. *Ma Mission en Prusse.*

1. Lettre du lieutenant-colonel d'artillerie Liénard, publiée par le *Siècle*, n° du 2 février 1873.

Pour dissimuler sa défaite et sa confusion, Napoléon III fit célébrer par M. de Lavalette « la satisfaction du sentiment national allemand et l'agrandissement de la Prusse dont la France ne doit prendre aucun ombrage [1] ». En vérité, il fallait être insensé ou abêti pour concourir à la ruine *de ses véritables alliés* et, suivant l'expression d'un diplomate allemand, *pour aider au creusement de sa propre fosse*.

Au moment où, de toutes parts, en apprenant les résultats de la bataille de Sadowa, on disait et on répétait : « *Le véritable vaincu, c'est la France*, » Napoléon III réunissait les sénateurs pour leur faire voter un sénatus-consulte mettant la Constitution au-dessus de toute controverse, niant au Corps législatif le droit de demander une réforme constitutionnelle quelconque, n'autorisant le Sénat à discuter une pétition qui réclamerait une modification constitutionnelle que si trois de ses cinq bureaux y consentaient, interdisant à la presse périodique et aux brochures de publier ou de discuter des pétitions de ce genre, punissant d'une amende de 500 à 10,000 francs toute phrase qui aurait pour objet la critique ou la modification de la Constitution, proclamant la durée illimitée des sessions, et élevant à 12,500 francs l'indemnité annuelle des députés. M. Troplong, rapporteur de ce projet, le présenta comme « une œuvre de préservation et de salut public »; M. de Boissy l'attaqua comme étant un moyen indirect de supprimer la discussion de l'Adresse et de rendre impossibles même les modifications qui seraient jugées bonnes par la majorité du Sénat : « Que ferons-nous, demanda-t-il, quand les ministres viendront nous dire, comme cela arrive tous les jours : Repoussez telle proposition de modification ; *cela déplairait au gouvernement?* » Le général Mellinet, les maréchaux Canrobert, Forey et Vaillant tressautèrent sur leurs fauteuils et firent un gros vacarme ; ils voulaient qu'on retirât la parole à l'orateur. « Nous ne sommes pas à une revue, cria M. de Boissy à ces militaires tapageurs ; chacun a le droit de dire, ici, son opinion. » M. Troplong essaya d'étouffer la voix de ce sénateur qui avait une franchise gênante et qui termina ainsi son discours : « Vous voulez m'empêcher de parler ; mais rappelez-vous ces mots que j'ai lus dans une brochure de Napoléon III : *Une Constitution qui n'a pas pour elle l'appui de l'opinion n'est qu'un chiffon de papier*. » C'est le 14 juillet, anniversaire de la prise de la Bastille, que fut votée cette nouvelle œuvre de tyrannie et d'oppression.

Ferdinand Flocon, l'un des trois directeurs et bientôt rédacteur en chef du journal *la Réforme*, membre du Gouvernement provisoire, puis ministre de l'agriculture en 1848, mourut pauvre à Lausanne, où il avait repris la plume de journaliste et où sa probité vaillante lui attirait de nombreuses sympathies.

Voyons maintenant ce que devenait l'échauffourée de Napoléon III au Mexique. Le 10 janvier 1866, le général américain Shoffield déclarait que le gouvernement de Washington n'accordait qu'une année à l'évacuation, et il disait à l'agent de Juarez : « Nous voulons bien faciliter à Napoléon III les moyens de sortir le plus décemment possible, et l'aider à soutenir *cette imposture* consistant à prétendre que son armée rentrerait en France parce que l'empire mexicain n'avait plus rien à craindre, *mais il doit se hâter* [1]. »

M. Drouyn de Lhuys répondait, le même jour, à la note américaine du 16 décembre 1865 que « le gouvernement français est disposé à hâter, autant que possible, le rappel de ses troupes du Mexique ».

Six jours plus tard, le baron Saillard partait pour Mexico avec la mission d'annoncer

---

1. Circulaire du 14 septembre 1866, adressée aux agents diplomatiques du gouvernement impérial.

1. *Papiers de Maximilien*.

à Maximilien le rapatriement prochain de notre armée.

En même temps, M. Drouyn de Lhuys envoyait deux dépêches à M. Dano qui avait remplacé M. de Montholon en qualité de ministre de France à Mexico.

Dans la première datée du 14 janvier, après avoir dit que « la situation dans laquelle nous nous trouvions au Mexique ne pouvait se prolonger, et que la cour de Mexico se trouvait dans l'impossibilité reconnue de remplir les conditions de Miramar, » notre ministre des affaires étrangères ajoutait : « Il faut donc que notre occupation ait un terme, et nous devons nous y préparer sans retard. L'empereur vous charge, monsieur, de la fixer d'accord avec son auguste allié... Le désir de Sa Majesté est que l'évacuation puisse commencer vers l'automne prochain. »

La seconde dépêche portait la date du 15. M. Drouyn de Lhuys y insistait sur la résolution qu'avait prise le gouvernement français de se dégager des obligations contractées à Miramar, le Mexique ne pouvant exécuter ses engagements puisque son Trésor est vide et qu'il ne paye plus nos troupes malgré les sommes importantes mises à sa disposition par les emprunts dont le gouvernement français avait facilité le succès. « Cette situation — disait ensuite le ministre — m'amène à me demander si l'intérêt bien entendu de l'empereur Maximilien ne se trouve pas ici d'accord avec les nécessités auxquelles nous sommes tenus d'obéir. De tous les reproches que font entendre les dissidents à l'intérieur, et les adversaires au dehors, *le plus dangereux pour un gouvernement qui se fonde est certainement celui de n'être soutenu que par des forces étrangères.* »

Et qui donc les avait fournies à Maximilien, *ces forces étrangères, son unique* appui contre la nation qu'elles opprimaient en violant ses droits les plus sacrés, en employant le fer et la flamme pour lui arracher des millions convoités par l'associé de Jecker et pour lui imposer un maître autrichien?

Voilà ce que M. Drouyn de Lhuys ne craignait pas, dans sa dépêche, d'appeler « *l'œuvre glorieuse dont Napoléon III a pris l'initiative* ».

Le 16 février, il écrivait encore à M. Dano : « Le désir de Sa Majesté est que l'évacuation puisse commencer vers l'automne prochain et qu'elle soit achevée le plus promptement possible... Le gouvernement de l'empereur n'en continuera pas moins *à témoigner d'une manière efficace* toute la sympathie qu'inspirent à Sa Majesté la personne du souverain du Mexique et *la tâche généreuse* à laquelle il s'est dévoué. *Vous voudrez bien, monsieur, en donner, au nom de Sa Majesté, l'assurance à l'empereur Maximilien.* »

Le 12 février, une nouvelle note de M. Seward envoyée par ordre du président Johnson disait : « On a pris acte du rappel des troupes françaises posé en principe, *mais la France n'a que faire de retarder, un seul instant,* la retraite promise de ses forces militaires. *Nous serons charmés lorsque l'empereur nous donnera l'avis définitif de l'époque à laquelle on pourra compter que finiront les opérations militaires de la France au Mexique.* »

Rapprochons de cette note qui équivalait à un ordre impérieux ces lignes adressées par Maximilien à Bazaine, le 28 mai :

« Mon cher maréchal,

« Les nouvelles que je reçois de l'intérieur et de l'extérieur me démontrent l'impérieuse nécessité de renvoyer Juarez de Chihuahua et d'occuper cette ville définitivement, *pour ôter aux États-Unis le seul prétexte plausible d'accréditer près de lui un ambassadeur, et l'occasion de présenter chaque jour de nouvelles exigences.*

« Il est évident qu'il entre autant dans les intérêts de *votre glorieux souverain* et *de*

La tribune du Corps législatif.

mon auguste allié, l'empereur Napoléon, que dans les miens, de mettre un terme aux prétentions du cabinet de Washington, en renvoyant Juarez de la dernière capitale; *il y va même de notre honneur.*

« Cette mesure est urgente, et, comme chef de mon armée, vous aurez la bonté d'aviser immédiatement à son exécution.

« J'insiste de nouveau sur la prompte formation des bataillons franco-mexicains et la nécessité de constituer sur-le-champ leurs cadres français; car le temps presse.

« J'écris sur tous ces points à l'empereur Napoléon *auquel je fais part de mes résolutions.* »

Pendant que Maximilien, sur un ton si leste, demandait à *son auguste allié* de mettre à la raison le gouvernement américain, celui-ci continuait à dicter ses volontés au gouvernement français.

Le 4 juin, à une demande d'explication au sujet d'un embarquement de troupes pour le Mexique, le ministre américain à Paris recevait de M. Drouyn de Lhuys la réponse suivante : « Les 916 soldats embarqués vers le commencement de l'année appartenaient à la légion étrangère, étaient enrôlés depuis longtemps, mais aucun enrôlement nouveau n'a été fait pour cette légion depuis que l'empereur a résolu de retirer son drapeau du Mexique... Je me suis assuré aussi qu'il n'y a aucune espèce d'engagement pris, soit pour un enrôlement, soit pour un transport de troupes d'Autriche au Mexique. L'armée tout entière sera rappelée dans le délai fixé par une dépêche au gouvernement américain, plus tôt même si cela se peut. »

Quelle déférence! — Le tyran des faibles est toujours humble devant les forts.

Ainsi donc les « États-Unis suivaient pas à pas les actes de la politique française, comptant, à un homme près, les détachements nécessaires au renouvellement de notre effectif. Le recrutement des Autrichiens eux-mêmes était interdit. Il y avait longtemps que le gouvernement de la France ne s'était trouvé soumis à une tutelle aussi tyrannique[1]! »

A cette époque arrivait à Paris le général Almonte que Maximilien y envoyait pour combattre le projet d'évacuation; Napoléon III l'éconduisit en répondant à ses plaintes par des récriminations : « Nous avons, lui dit-il, facilité vos emprunts : on a trouvé des ressources pour régler les contestations anglaises, et nous avons vu contester le principe même des réclamations françaises reconnues par le traité de Miramar *comme la cause déterminante de notre expédition* et qui, à défaut de toute stipulation, *auraient constitué une dette d'honneur irrémissible et indiscutable;* le gouvernement mexicain doit pourvoir, désormais, à sa propre conservation. » Napoléon III avait sur le cœur la non-exécution intégrale du traité Jecker, Morny et compagnie.

L'empereur, dans un message dont les termes étaient durs, transmit à Maximilien la réponse qu'il avait faite à M. Almonte[2]. Joué par le cabinet prussien, humilié par celui de Washington, Napoléon III s'en prit à qui il put : il fit essuyer à Maximilien ses humeurs et ses dépits.

Le 7 juillet, après avoir lu ce message, les deux souverains revenus de la stupeur dont il les avait frappés se plaignirent amèrement de leur auguste allié : « Je suis joué ! s'écria Maximilien ; il y avait une convention formelle intervenue entre l'empereur Napoléon et moi, sans laquelle je n'eusse jamais accepté le trône, qui me garantissait absolument le secours des troupes françaises jusqu'à la fin de l'année 1868. »

Il voulut abdiquer : l'impératrice Charlotte l'en empêcha et partit pour l'Europe.

La mauvaise situation du Mexique empirait. Le 20 juillet, Bazaine avise l'empereur que la légion belge n'est pas sûre ; son esprit d'indiscipline est tel que le général Douay n'ose pas la licencier craignant de provoquer une révolte armée. Dans la légion étrangère, la désertion se propage. Le mécontentement se généralise. Maîtres d'une partie de l'empire, les juaristes, partout, s'avancent; l'armée mexicaine passe à eux. Dans des combats, à Miahuatlan et à la Carbonera, des soldats de la légion austro-belge mettent bas les armes et se rendent.

Les républicains se rapprochent de la vallée de Mexico. La contre-guérilla se disperse. Dans l'armée, on commence à vanter le désintéressement de Juarez : « Il n'est pas l'homme qu'on a tant décrié en France ; peu de Mexicains ont autant de qualités que lui[1]. »

Le 7 août, le bruit de l'arrivée en France de la femme de Maximilien s'étant répandu, le *Mémorial diplomatique* et le *Pays* « se disent autorisés à dénoncer *comme une insigne calomnie* la seule supposition que l'impératrice Charlotte pût être en route pour l'Europe ». Le lendemain, elle débarquait à Saint-Nazaire ; le soir même, elle partit pour Paris. Le 9, elle descendait au *Grand-Hôtel;* l'empereur était à Saint-Cloud; elle lui demanda une entrevue; Napoléon III lui répondit qu'il était trop malade pour la recevoir; l'impératrice Eugénie lui fit une visite qu'elle rendit immédiatement; ses instances obligèrent l'empereur à lui ouvrir la

---

1. Le comte E. de Kératry, *l'Élévation et la Chute de l'empereur Maximilien.*
2. Voir aux documents complémentaires de ce chapitre.

1. Lettres du commandant Bressonnet. (*Papiers des Tuileries.*)

porte de son cabinet. Il opposa froidement aux supplications de cette malheureuse femme ces paroles qui la désespérèrent : « Il est inutile d'insister, madame ; plus un homme, plus un écu. — Ah! s'écria-t-elle en se redressant et en s'abandonnant à une exaltation fiévreuse, je vous connais ; vengez-vous sur la petite-fille de Louis-Philippe de ce qu'il vous a retiré de la misère et préservé de l'échafaud. » Napoléon III pâlissait. Elle continua : « Vous espérez, n'est-il pas vrai, me faire arracher par votre police vos lettres et vos engagements? Je vous connais trop pour ne pas les avoir mis en lieu sûr. » Après lui avoir jeté, d'une voix que la colère et les larmes étranglaient, cette imprécation : « Que Dieu vous maudisse comme Caïn! » la princesse dont la raison, déjà, s'égarait, quitta le palais de Saint-Cloud.

Le lendemain du jour où l'impératrice Charlotte était arrivée à Paris, M. Hay, chargé d'affaires *ad interim*, écrivait à M. Seward : « Il a paru récemment dans les journaux de Paris des entrefilets annonçant le départ prochain de la femme de l'archiduc Maximilien. Ces nouvelles ont naturellement donné lieu à des appréciations défavorables à la cause impériale au Mexique. Pour mettre un terme à ces « réflexions injurieuses », le *Mémorial* et le *Pays* ont publié des démentis de ces bruits.

« Hier, à la grande confusion de ces amis si positifs dans leur affirmation et si pleins d'indignation, la *dame en question* est arrivée à Paris et est descendue au *Grand-Hôtel*.

« Les plus fâcheuses conclusions sont déduites de cette visite, surtout par ceux qui ont le malheur d'être de forts détenteurs de l'emprunt mexicain. Elle est généralement considérée comme un suprême et dernier effort pour obtenir, à l'aide de l'influence personnelle, le secours, indispensable à l'empire mexicain, qui a été refusé à ses représentants diplomatiques accrédités. »

Sept jours plus tard, M. Hay apprenait au cabinet de Washington qu'il s'était rendu auprès de M. Drouyn de Lhuys pour lui demander si, comme le bruit en courait, la princesse Charlotte avait obtenu des modifications aux résolutions adoptées à l'égard du Mexique par le gouvernement français, et que le ministre avait répondu : « Il n'y a eu aucune modification à notre politique à cet égard, et il n'y en aura pas. Ce que nous avons dit être notre intention de faire, nous le ferons. Nous avons reçu l'impératrice avec courtoisie, mais le plan arrêté précédemment par le gouvernement de l'empereur sera exécuté comme il a été dit. »

L'impératrice Charlotte partit pour Rome où elle allait solliciter du pape un concordat qu'elle ne put obtenir. Pie IX resta sourd aux supplications de cette pauvre femme dont l'intelligence, peu de temps après, jeta ses dernières lueurs.

De son côté, Maximilien extravaguait. Comme s'il eût voulu précipiter sa chute, il renvoya ses ministres et mit à la tête du cabinet le P. Fischer qui distribua les portefeuilles aux plus fougueux ultramontains de son entourage.

En livrant le pouvoir à ce prêtre, il voulait se rendre agréable au Saint-Siège qui — s'imaginait-il — accueillerait avec plus de faveur les sollicitations de l'impératrice. Il ne tarda pas à apprendre combien, en cela, il s'était abusé. La cour de Rome dédaigne les simples déférences; il lui faut des soumissions entières.

La violence réactionnaire des ministres cléricaux redoubla les forces de l'insurrection contre le gouvernement impérial. Les républicains s'emparent de Tampico, d'Alvarado ; le sud-est des Terres-Chaudes est en leur pouvoir; dans tous les États, leurs bataillons grossis par les nombreux déserteurs de l'armée impériale s'avancent à grands pas; ils occupent, sans coup férir, toutes les places qu'abandonne l'armée française en se repliant

Le fumoir du Corps législatif.

pour se conformer au plan d'évacuation ; ils menacent la vallée de Mexico.

Bazaine avait autorisé le général Osmont et l'intendant Friant à prendre les portefeuilles de la guerre et des finances ; M. Seward appela aussitôt l'attention de M. de Montholon redevenu ministre de France à Washington « sur deux ordres ou décrets que l'on dit avoir été lancés, le 26 juillet dernier, par le prince Maximilien, *lequel prétend être empereur du Mexique* ». La lettre de M. Seward à M. de Montholon, datée du 16 août, se terminait ainsi : « Le président croit nécessaire de faire savoir à l'empereur des Français que la nomination à des fonctions administratives de deux officiers du corps expéditionnaire français, par le prince Maximilien, *est de nature à porter atteinte aux bonnes relations entre les États-Unis et la France*, parce que le Congrès et le peuple des États-Unis pourront voir dans ce fait un indice incompatible avec l'engagement conclu pour le rappel du corps expéditionnaire français. »

Le *Moniteur* du 13 septembre révoqua l'autorisation donnée par Bazaine à ces deux chefs de service attachés à une armée en campagne, « leurs devoirs militaires étant incompatibles avec leurs nouvelles fonctions ».

En même temps, le gouvernement français adressait à Bazaine un blâme sévère et le désaveu formel de cette immixtion dans les affaires publiques du Mexique.

Quatre jours plus tard, le général Castelnau, muni de pleins pouvoirs, s'embarquait à Saint-Nazaire pour Mexico ; le but de sa mission était connu : obtenir, de gré ou de force, l'abdication de Maximilien. Après avoir renversé le trône qu'il avait élevé, Napoléon III rêvait la mise à l'encan du fauteuil présidentiel ; voici quels étaient ses ordres : quand le jeune souverain aura abdiqué, « on devra réunir un congrès,

La buvette du Corps législatif.

surexciter l'ambition des différents chefs dissidents qui tiennent la campagne, et faire décerner la présidence républicaine à celui d'entre eux, Juarez seul excepté, qui consentira le plus d'avantages à l'intervention [1] ».

Le gouvernement des États-Unis surveillait toutes ces intrigues, pour les trancher court au moment opportun.

M. Éloin, un Belge, qui avait dirigé le bureau de la presse à Mexico, remplissait alors une mission en Europe. Le 17 septembre, jour où le général Castelnau partait de Saint-Nazaire, M. Éloin écrivit de Bruxelles à Maximilien cette lettre que les juaristes interceptèrent [2] :

1. E. de Kératry, *l'Élévation et la Chute de Maximilien*.
2. Elle a été déposée aux archives de Washington. (*Documents officiels recueillis dans la chancellerie de Maximilien. Histoire de l'intervention française au Mexique*, par H. Lefèvre.)

« Sire,

« L'article du *Moniteur français*, désavouant l'entrée au ministère des généraux français Osmont et Friant, prouve que, sans pudeur, le masque est jeté. La mission du général Castelnau, aide de camp et homme de confiance de l'empereur, bien que secrète, ne peut avoir d'autre but, selon moi, que de chercher à provoquer une solution. Pour chercher à expliquer sa conduite, que l'histoire jugera, le gouvernement français voudrait qu'une abdication précédât le retour de l'armée, et qu'ainsi il lui fût possible de procéder *seul* à la réorganisation d'un nouvel état des choses capable d'assurer ses intérêts et ceux de ses nationaux. J'ai l'intime conviction que Votre Majesté ne voudra pas donner cette satisfaction à une politique qui doit répondre, tôt ou tard, de l'odieux de ses actes et des conséquences fatales qui en seront la suite.

« Le discours de M. Seward, le toast à Romero, l'attitude du président, *résultat de la couardise* du cabinet français, sont des faits graves destinés à accroître les difficultés et à décourager les plus braves. Cependant j'ai l'intime conviction que l'abandon de la partie avant le retour de l'armée française serait interprété comme un acte de faiblesse ; l'empereur tenant son mandat d'un vote populaire, c'est au peuple mexicain, *dégagé de la pression d'une intervention étrangère*, qu'il doit faire un nouvel appel. Si cet appel n'est pas entendu, Votre Majesté ayant accompli sa noble mission reviendra en Europe avec tout le prestige qui l'accompagnait à son départ, et *au milieu des événements importants qui ne manqueront pas de surgir elle pourra jouer le rôle qui lui appartient à tous égards.* »

M. Éloin, caressant d'autres rêves d'ambition que Maximilien avait faits, lui laissait entrevoir la possibilité de remplacer, sur le trône d'Autriche, François-Joseph « *découragé* et dont le peuple, qui s'impatiente, demande publiquement l'abdication. En Vénétie, ajoutait M. Éloin, tout un parti veut acclamer son ancien gouverneur[1]. »

Au commencement du mois de septembre, Maximilien, qui n'avait pas de marine, eut la ridicule fantaisie de décréter le blocus de certains ports du Mexique voisins des États-Unis. Dans une proclamation dédaigneuse, le président Johnson déclara « *nul et sans effet* » ce décret insensé.

Le 8 octobre, M. Seward adressa au ministre des États-Unis à Paris une dépêche au sujet du départ des troupes françaises du Mexique. Il signalait « des incidents fréquents et de diverses natures, mentionnés par la presse en France et au Mexique et représentés comme indiquant de la part de l'empereur Napoléon une disposition à ne pas remplir son engagement relatif au rappel des troupes en trois détachements, dont le premier partirait en novembre, — ce qui a eu pour effet inévitable *de créer et de répandre des doutes sur la sincérité même de l'empereur en contractant l'engagement et sur sa fidélité à le remplir* ». M. Seward, interprète du gouvernement américain, espère en toute confiance que l'engagement de l'empereur sera rempli au moins à la lettre, et il s'était même attendu à ce que, « passant sur la lettre, cet engagement serait rempli avec une sincérité d'intention qui aurait hâté, au lieu de le retarder, le départ des forces françaises du Mexique. Aujourd'hui, cependant, le gouvernement américain attend le commencement de l'évacuation. »

Et comme le cabinet français avait diplomatiquement pressenti celui de Washington *sur la restauration d'une république mexicaine*, M. Seward ajoutait : « *Quand l'évacuation aura été effectuée, nous prêterons volontiers l'oreille à des suggestions, de quelque part qu'elles viennent, tendant à assurer de nouveau le rétablissement de la paix et du gouvernement constitutionnel indigène au Mexique.* Mais, jusqu'à ce qu'il nous soit permis de constater un commencement d'évacuation, toute tentative de négociation n'aurait pour effet que d'égarer l'opinion publique aux États-Unis et de rendre la situation du Mexique plus compliquée. »

Le 12, M. Bigelow transmit à M. Seward le résultat de son entretien avec M. de Moustier qui avait remplacé M. Drouyn de Lhuys au ministère des affaires étrangères. Voici le résumé des réponses de M. de Moustier aux questions de M. Bigelow : « Sa Majesté a exprimé le désir et l'intention de retirer ses troupes du Mexique, aussitôt que la chose se pourrait *et sans tenir compte de la convention conclue avec Maximilien*. D'après les dernières dépêches, les dissidents gagnent du terrain, mais *il n'entre pas dans les inten-*

---

[1]. De 1854 à 1858, l'archiduc Maximilien fut gouverneur du royaume lombard-vénitien.

tions de l'empereur d'entreprendre de nouvelles et distinctes expéditions pour les réduire. La position de la France est délicate. *L'empereur ne désire rien autant que de se débarrasser de tous ses engagements avec Maximilien, aussitôt qu'il pourra le faire avec dignité et honneur, et qu'avec l'aide du gouvernement américain, sur laquelle il compte, le moment pourrait être considérablement avancé.* » M. Bigelow ne demanda pas « quel genre d'aide des États-Unis M. de Moustier voulait dire, présumant *qu'il comptait sur de la tolérance plutôt que sur une coopération active* ».

Ainsi le gouvernement de Washington ne cessait d'éclairer de près celui de Napoléon III, et les injonctions venant de la Maison-Blanche trouvaient toujours un accueil respectueux au palais des Tuileries.

Le 18 octobre, les juaristes anéantirent une colonne de 1,500 Autrichiens près d'Oajaca que Porfirio Diaz assiégeait et qu'elle venait secourir; cette ville capitula. Voyant sa cause perdue, ne voulant pas recevoir le général Castelnau et apprenant que sa femme est devenue folle, Maximilien s'entend avec Bazaine pour quitter furtivement le Mexique et s'embarquer à Vera-Cruz; il manifeste le désir d'aller au-devant de l'impératrice Charlotte dont le retour est annoncé, et colore de ce prétexte son éloignement *momentané* de Mexico. Le maréchal avait pris des mesures pour protéger l'empereur contre les guérillas.

Le 21, trois voitures emportant Maximilien, ses bagages et le P. Fischer prenaient la route d'Orizaba, sur laquelle des troupes françaises étaient échelonnées. L'escorte se composait de trois escadrons de chasseurs autrichiens, d'un escadron de la contre-guérilla française et de gendarmes hongrois. Pour prendre ses repas, l'empereur ne s'arrêta que chez les curés mexicains. A deux kilomètres d'Orizaba, des curés à cheval et des cléricaux de la ville l'attendaient; ils se joignirent à son escorte en l'acclamant. Huit jours après son arrivée à Orizaba, des lettres lui confirmèrent le déplorable état dans lequel se trouvait sa femme. Pour le tenir plus près de son influence et venir à bout des desseins qu'il méditait, le P. Fischer conduisit Maximilien au domaine de la Jalapilla. Déjà la plus grande partie des bagages impériaux était à bord de la frégate autrichienne *le Dondolo*, qui devait ramener le prince en Europe. Les agents du parti clérical affluaient à la Jalapilla; Marquès et Miramon s'y rendirent aussi. Secondant les efforts du P. Fischer qui promettait monts et merveilles à Maximilien, des piastres par millions, des armées sûres de la victoire, ils réveillèrent l'ambition du jeune empereur.

Le 1er décembre, dans un manifeste daté d'Orizaba, Maximilien annonçait aux Mexicains que, d'après l'avis de ses ministres, « le bien du Mexique exigeait qu'il restât au pouvoir, qu'il accédât à leurs instances, et qu'un congrès national déciderait si l'empire devait continuer dans l'avenir ». Arborant le drapeau clérical, il reprit la route de la capitale, fit une halte dans un domaine de l'évêque de Puebla et alla s'installer à la Teja, résidence impériale située tout auprès de Mexico.

« Le revirement soudain de l'empereur Maximilien provoqua un mécontentement profond à Mexico dans le camp français. Le plan des Tuileries était détruit de fond en comble [1]; » ajoutons que le cabinet de Washington n'en aurait pas toléré l'exécution.

Le 18 décembre, Napoléon III télégraphia au général Castelnau : « Rapatriez la légion étrangère. » Non content de violer les articles additionnels secrets du traité de Miramar qui garantissaient la présence de 20,000 Français au Mexique en 1867, il violait l'article 3 du traité lui-même stipulant que « la légion

1. *L'Élévation et la Chute de l'empereur Maximilien.*

étrangère au service de la France resterait pendant six années encore au Mexique après le départ de toutes les troupes françaises ».

A vrai dire, le gouvernement des États-Unis était devenu plus pressant. Une dépêche de M. Seward, datée du 23 novembre, disait au cabinet des Tuileries: « Nous sommes étonnés et affligés d'apprendre que le rapatriement promis d'un détachement des troupes françaises, qui devait s'effectuer en ce mois de novembre, a été différé par l'empereur. Cette décision prise sans entente préalable avec les États-Unis est sous tous les rapports regrettable. Nous ne pouvons y adhérer : premièrement, parce que le terme « au printemps prochain », tel qu'il a été fixé pour la complète évacuation, est indéfini et vague ; secondement, parce que rien nous autorise à déclarer au Congrès et au peuple américain que nous avons maintenant une garantie meilleure pour le rappel de l'armée expéditionnaire tout entière au printemps que nous n'en avons eu jusqu'ici pour le rappel d'une portion en novembre ; troisièmement, comptant parfaitement sur l'exécution au moins littérale de l'accord fait alors par l'empereur, nous avons pris des mesures, en prévision de l'évacuation des troupes françaises, pour concourir *avec le gouvernement républicain du Mexique à la pacification de ce pays ainsi qu'au prompt rétablissement de la véritable autorité constitutionnelle de ce gouvernement.*

« M. Campbell, notre ministre nouvellement nommé, accompagné du lieutenant général Sherman, a été envoyé au Mexique, afin de conférer avec le président Juarez sur les questions qui intéressent au plus haut point les États-Unis et sont d'une vitale importance pour le Mexique.

« L'empereur verra que nous ne pouvons maintenant rappeler M. Campbell, ni modifier les instructions conformément auxquelles il peut traiter avec le gouvernement républicain du Mexique ; ce gouvernement désire vivement et espère avec confiance voir discontinuer au plutôt et définitivement une occupation étrangère.

« Le président désire et espère sincèrement l'accomplissement de l'évacuation du Mexique en conformité de l'arrangement actuel... En voulant affranchir le Mexique, les États-Unis n'ont rien tant à cœur que de conserver paix et amitié avec la France. »

Il fallait obéir à cette dernière injonction, enveloppée, d'ailleurs, de formes courtoises.

Ne quittons pas le Mexique, où nous reviendrons pour y assister à la catastrophe qui termina cette désastreuse aventure, sans dire un mot de la démoralisation qui avait gagné l'armée expéditionnaire. Je laisse la parole des officiers supérieurs : « Mexico est un foyer d'intrigues. Il y court les bruits les plus... les moins avantageux pour l'armée française. On a fait ici des spéculations scandaleuses. Je ne te dirai pas le nom des masques, cela irait trop loin et trop haut. Nous pataugeons dans le gâchis... Quant à l'aveuglement de l'empereur Maximilien, il faut, pour s'en faire une idée, se représenter un des princes les plus idiots et les plus imbéciles qu'on bafoue pendant les cinq actes et trente tableaux d'une féerie de la Porte-Saint Martin [1]. »

« Depuis que la contre-guérilla existe, on y a volé plus de 750,000 francs. — Mexico est un capharnaüm militaire. L'indiscipline et le manque de respect de tout et de tous sont poussés dans cette armée à un point extrême ; je croyais mes soldats indisciplinés et ivrognes ; je ne les savais pas lâches [2].

« Vraiment, c'est écœurant de voir les bêtises que nous faisons ici... Tâchons de nous en aller avant que la maison ne nous tombe sur le dos ; car la faire tenir, il n'y faut pas songer [3]. »

---

[1]. Lettres du général Douay à son frère. (*Papiers des Tuileries.*)
[2]. Lettre du lieutenant-colonel de Galliffet à M. Piétri. (*Id.*)
[3]. Lettres de M. d'Espeuilles à M. Piétri. (*Id.*)

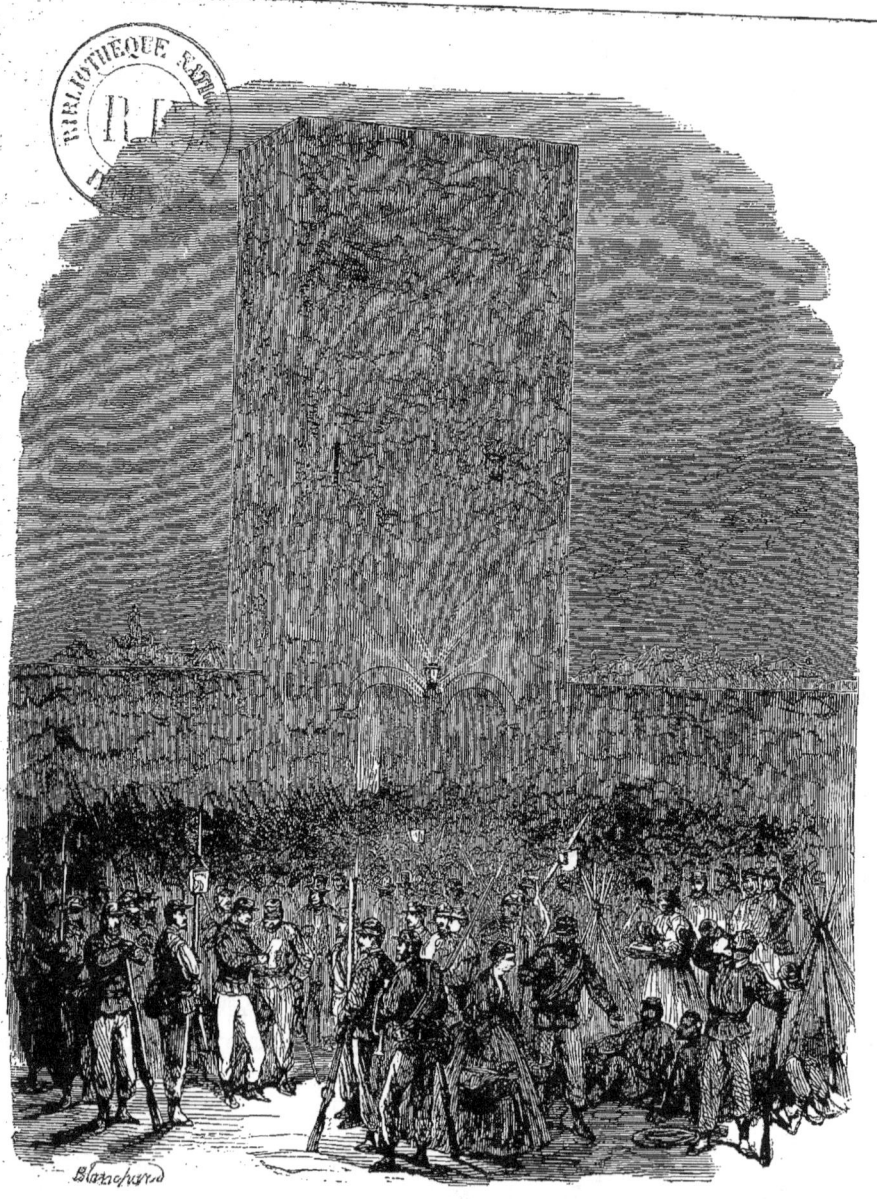

Les volontaires garibaldiens à Côme en 1866.

M. Rouher n'ignorait rien de tout cela quand il soutenait, du haut de la tribune, que la situation du Mexique était des plus prospères. Et que dire de Napoléon III affirmant, dans son discours d'ouverture de la session de 1866, « *la consolidation*, au Mexique, du gouvernement fondé par la volonté du peuple », et à un mensonge aussi grossier ajoutant celui-ci : « Le Mexique a trouvé des garanties d'ordre et de sécurité *qui ont développé ses ressources* et porté son commerce avec la France de 21 à 27 millions ? » Or, quinze jours auparavant, dans une dépêche adressée au ministre de France à Mexico, M. Drouyn de Lhuys s'exprimait ainsi : « La situation financière *du Mexique est grave*; *elle n'est pourtant pas désespérée*. » Quelques mois plus tard, se faisant l'interprète du monde financier qui devenait murmurateur, M. Fould résumait, dans un rapport confidentiel adressé à l'empereur, les funestes effets de l'expédition, la baisse énorme des obligations mexicaines, dont les acheteurs refusaient de prendre livraison : « *L'extension de nos relations commerciales*, disait le ministre des finances, *est plutôt compromise qu'obtenue*... Que Maximilien reste s'il veut, partons tout de suite. » On peut, maintenant, mesurer la grandeur de l'audace avec laquelle on trompait la France.

Bazaine était ainsi jugé : « Le public éclairé du corps expéditionnaire s'accorde à penser que le maréchal travaille, depuis deux ans, à se substituer au pouvoir de Maximilien. On sait qu'il a entretenu des intelligences avec des chefs dissidents. On est exaspéré de savoir que de toute cette désastreuse affaire de l'expédition du Mexique un seul homme a pu retirer une fortune, et qu'afin de pouvoir la liquider il *n'hésite pas à compromettre les intérêts les plus sacrés de notre pays et de nos soldats* [1]. » Déjà il était évident que ce maréchal de France finirait mal.

Un décret daté de Vichy, le 2 août, supprima le *Courrier du Dimanche* « par mesure de sûreté générale ». Dans un article qui motiva cette suppression, M. Prévost-Paradol disait : « La France ressemble à une dame de la cour, très-belle, aimée des plus galants hommes et qui s'enfuit pour vivre avec un palefrenier. Elle est dépouillée, battue, abêtie un peu plus tous les jours ; mais c'en est fait, elle y a pris goût et ne peut être arrachée à cet indigne amant. »

Le départ de la légion que l'empereur avait permis au pape de former, à Antibes, avec d'anciens militaires et de jeunes soldats, eut lieu le 20 septembre. Le ministre de la guerre envoya au commandant de cette légion, commandée par des officiers français, une épée comme souvenir, et cette lettre significative : « La légion que vous commandez est appelée à une haute mission ; les éléments qui la composent sont dignes maintenant d'avoir l'honneur de défendre la personne et l'autorité du Saint-Père comme l'a fait la division d'occupation. »

Au moment où cette légion allait prendre la mer, le général d'Aurelles de Paladines lui adressa cette allocution : « Soldats, vous pouvez par votre valeur et par votre discipline égaler la renommée des légions romaines ; mais n'oubliez pas qu'il en est une qui s'est immortalisée par son héroïsme chrétien : c'est la légion thébaine. Puisse son souvenir vous guider et vous servir d'exemple partout et toujours ! »

Le 11 décembre, en dépit des efforts contraires de l'ultramontanisme rugissant de colère, l'armée d'occupation française quitta Rome. Des évêques manifestèrent violemment leur irritation en attribuant « les inondations, la guerre, le choléra et toutes les calamités qui affligent le monde à la vengeance céleste contre la démocratie et contre les libres-penseurs [1] », qui « appellent la servitude de l'Église avec des grincements de dents dont Satan, leur père, doit être heureux et presque jaloux [2]. »

Tant de ressentiment peut-il entrer dans l'âme des dieux !

La bassesse avait rompu les bords. On a ouï parler d'une *Vie de César* que Napoléon III eut la fantaisie d'écrire. C'est « une sorte de compilation archéologique à laquelle avaient

---

1. Lettres du général Douay à son frère, 29 janvier 1866.

1. Mgr Dupanloup, Lettre sur les malheurs et les signes du temps.
2. Mgr Pie, Lettre à son clergé.

pris part tout l'Institut ou à peu près, tous les antiquaires de France » et des érudits allemands. De ces deux volumes dont un stock énorme est resté dans les magasins de l'éditeur, Sainte-Beuve disait : « Je n'en veux point parler, et c'est tout ce que j'ai de bon à en dire. » Eh bien ! dût-on en être écœuré, il faut connaître quelques-unes des adulations qui rampèrent aux pieds de l'historien couronné : — « Sire, le respect seul m'empêche d'exprimer mon admiration littéraire pour ce monument magnifique élevé par le second Auguste au premier César. » — « Sire, il ne me siérait guère de louer le rare mérite de cette œuvre si substantielle, si méditée, si virile d'accent et dans laquelle il me semble que quelque chose de Montesquieu a passé. » — « Sire, le style de la *Vie de César*, ce style où César reconnaîtrait sa netteté et sa précision, est bien propre à nous ramener au bon goût en montrant que le beau langage vient des fortes pensées. » — « Sire, qu'il me soit permis de vous remercier, au nom des lettres, *de l'honneur que vous leur faites*. L'empereur Charles-Quint, pour avoir ramassé le pinceau du Titien, avait bien mérité des arts; vous, Sire, vous avez mieux fait : vous avez pris la plume de Montesquieu et vous vous en êtes servi. » — « Sire, votre œuvre ne sera pas seulement *l'honneur de l'histoire et des lettres ;* élever les études historiques à cette hauteur, ce n'est pas seulement ennoblir l'histoire, *c'est ennoblir l'humanité*. » — « Sire, votre œuvre est une œuvre d'art des plus remarquables ; c'est aussi l'œuvre d'un profond penseur. L'auteur de la *Vie de César* était SEUL en état et en position de rendre ce service à la science. » M. Saint-René Taillandier dispute à ses rivaux, qui tous appartiennent à l'Académie française, la palme de la courtisanerie ; il élève au plus haut diapason ses louanges dithyrambiques : « Sire, mon admiration ne s'est pas trompée... Quel grand livre ! Quelle haute simplicité ! Quelle conviction forte !... Je lis et je relis ces pages si belles... Les dernières sont d'une exquise beauté. *Je ne sais pas l'art de flatter*, mais je suis heureux d'admirer, à cœur ouvert, tout ce qui est grand. Votre Majesté a parlé en César dans le style de César. Que Dieu continue d'accorder à Votre Majesté LA GLOIRE, LA SAGESSE et la prospérité en toutes choses [1]. »

Nul ne se doutait, pas même Mlle Marguerite Bellanger dont nous parlerons bientôt, que Napoléon III eût reçu de Dieu le don de la sagesse.

Un cardinal-archevêque traîna sa pourpre dans ce cloaque d'abjection. « En lisant ce bel et étonnant ouvrage, — écrivait-il, — j'ai pensé que Jules César était bien heureux d'avoir conquis les Gaules et composé ses *Commentaires;* car, sans cela, l'empereur aurait fait l'un et l'autre. »

O la maladroite et sotte engeance que celle des adulateurs !

Caligula, un empereur vicieux et cruel comme il y en eut tant, éleva à la dignité de consul son cheval nommé *Incitatus* que les sénateurs et les courtisans d'alors saluaient respectueusement en défilant devant lui. Il y eut des courtisans du second Empire qui s'avilirent devant un âne, comme les courtisans de Caligula s'étaient avilis devant un cheval. L'impératrice Eugénie qui, un moment, donna dans la bergerie, eut un caprice pour un âne qu'elle baptisa du nom de Cendrillon. Quand elle allait voir, à Trianon, son favori aux longues oreilles et lui prodiguer ses caresses, les suivants et les suivantes de la souveraine louaient « la grâce et la gentillesse » de Cendrillon; qui sait s'ils ne se mettaient pas à braire avec lui ? Un courtisan gouailleur, dans une lettre qu'il suppose écrite par Cendrillon, lui fait dire cette grande vérité : « S'il n'y a pas d'hommes parmi les ânes, il y a beaucoup d'ânes parmi les hommes. »

---

1. Toutes ces lettres sont publiées, *in extenso*, dans le second volume des *Papiers et Correspondance de la famille impériale*.

DOCUMENTS COMPLÉMENTAIRES DU CHAPITRE X

I

LES REVENDICATIONS DE NAPOLÉON III

LETTRE DE M. ROUHER A M. CONTI

« Cercey, le 6 août 1866.

« Ministère d'État.
« Cabinet du ministre.

« Mon cher ami,

« Il y a trois jours, le comte de Goltz vint me voir pour me dire que M. de Bismarck désire obtenir la reconnaissance officielle, immédiate, des annexions acceptées pour la Prusse jusqu'à concurrence de 4 millions d'habitants et me pria d'appuyer télégraphiquement auprès de l'empereur la démarche privée qu'il avait faite dans ce but auprès de M. Drouyn de Lhuys.

« Je me prêtai à son désir. Toutefois je fis observer à M. de Goltz que cette question me semblait solidaire de celle de la rectification de nos frontières, et que probablement on lui manifesterait la volonté de les traiter simultanément. Mes prévisions se sont réalisées : hier, l'ambassadeur de Prusse m'a communiqué la réponse de notre collègue. M. de Goltz trouve notre prétention juste en principe; il considère que satisfaction doit être donnée au seul vœu de notre pays pour constituer entre notre pays et la Prusse une alliance durable... Je lui ai fait observer que M. de Bismarck avait dû l'instruire : il m'a répondu que non... je serais assez d'avis de lui en dire au moins autant qu'à M. de Bismarck, sous une forme officieuse, sinon officielle...

« Sa Majesté veut-elle que dans mon rôle officieux je sois ou non explicite à l'égard de M. de Goltz? Faut-il ne demander que les frontières de 1814? Ne faut-il pas avoir une prétention initiale plus vaste? Exprimant une opinion purement personnelle, je peux, sans inconvénient sérieux, afficher de grandes exigences. Étant l'écho de la pensée impériale, je dois avoir un langage rigoureux et correct. Eclairez-moi sur l'attitude que j'ai à tenir, après avoir pris les ordres de Sa Majesté.

« Et maintenant, voici quelques impressions que je crois convenable de vous livrer : 1° le sentiment public se prononce de plus en plus dans le sens d'un agrandissement à notre profit; il est chaque jour dirigé, entraîné, égaré par les habiletés des hommes de parti. La presse favorable au gouvernement ne peut pas modérer ce sentiment, parce qu'elle n'ose le partager dans une mesure quelconque... Si demain nous pouvions dire officiellement : La Prusse consent à ce que nous reprenions les frontières de 1814, et à effacer ainsi les conséquences de Waterloo, l'opinion publique aurait un aliment et une direction; on ne se débattrait plus dans une question de quotité à laquelle les masses resteraient indifférentes; 2° je ne crois pas que cette rectification obtenue vaille quittance pour l'avenir. Sans doute il faudra que de nouveaux faits se produisent pour que de nouvelles prétentions s'élèvent, mais ces faits se produiront certainement. L'Allemagne n'en est qu'à la première des oscillations nombreuses qu'elle subira avant de trouver sa nouvelle assiette. Tenons-nous plus prêts à l'avenir à profiter mieux des événements; les occasions ne nous manqueront pas... Aussi je tiens qu'à l'avenir nous pourrions stipuler pour notre alliance le prix que nous jugerons convenable.

« Sa Majesté l'impératrice vous a écrit et a bien voulu m'exprimer des pensées toutes contraires. Elle voudrait demander beaucoup ou rien, pour ne pas compromettre nos prétentions définitives. Mais, pour demander beaucoup, il faut être au lendemain des grands succès, et ne rien obtenir aujourd'hui, c'est laisser en grande souffrance l'opinion publique.

« Votre tout dévoué,

« ROUHER. »

(Papiers et Correspondance de la famille impériale. t. III, p. 156 à 158.)

LETTRE DE L'EMPEREUR A M. ROUHER

« 26 août 1866.

« Mon cher ministre Rouher,

« Après vous avoir écrit ce matin (une lettre approuvant le traité), il m'est venu un scrupule à cause de l'article qui garantit réciproquement les territoires des deux pays. Cet article non-seulement nous fait renoncer aux provinces du Rhin, mais encore nous obligerait, *si elles voulaient se donner à la France*, de marcher contre elles.

« Il faut donc, je crois, passer cet article sous silence.

« Croyez à ma sincère amitié.

« NAPOLÉON. »

NOTE RELATIVE A L'ANNEXION DE LA BELGIQUE

Cette note, de l'écriture du chef du cabinet de l'empereur, a été trouvée parmi les lettres et projets dictés par Napoléon à M. Conti.

(Sans date.)

« Si la France se place hardiment sur le terrain des nationalités, il importe d'établir, dès à présent, qu'il n'existe pas une nationalité belge et de fixer ce point essentiel avec la Prusse. Le cabinet de Berlin semblant, d'autre part, disposé à entrer avec la France dans les arrangements qu'il peut convenir à la France de prendre avec lui, il y aurait lieu de négocier un acte secret qui engagerait les deux parties. Sans prétendre que cet acte fût une garantie parfaitement sûre, il aurait le double avantage de compromettre la Prusse et d'être pour elle un gage de la sincérité de la politique ou des intentions de l'empereur. Il convient de ne pas se dissimuler, quand on connaît le caractère du roi de Prusse et celui de son premier ministre, que les derniers incidents diplomatiques, comme les dispositions actuelles du sentiment public en France, ont dû les raffermir dans la conviction que nous n'avons pas renoncé à revendiquer la frontière du Rhin. Pour être certain de trouver à Berlin une confiance qui est nécessaire au maintien d'une entente intime, nous devons nous employer à dissiper les appréhensions qu'y a toujours entretenues cette éventualité, appréhensions qui ont été réveillées et même surexcitées par nos dernières communications. Ce résultat ne peut être obtenu par des paroles ; il faut un acte, et celui qui consisterait à régler le sort ultérieur de la Belgique, de concert avec la Prusse, en prouvant à Berlin que l'empereur cherche décidément ailleurs que sur le Rhin l'extension nécessaire à la France depuis les événements dont l'Allemagne vient d'être le théâtre, nous vaudra du moins une certitude relative que le gouvernement prussien ne mettra pas d'obstacle à notre agrandissement dans le Nord. »

II

AFFAIRES DU MEXIQUE

RÉPONSE DE NAPOLÉON III A L'AMBASSADE DU GÉNÉRAL ALMONTE

« Paris, 31 mai 1866.

« Le général Almonte a remis à l'empereur les lettres de S. M. l'empereur Maximilien et s'est acquitté des communications dont il était chargé par le gouvernement français. Sa Majesté a le regret de devoir exprimer ici la surprise que lui ont causée ces communications. Depuis plus d'un an, les instructions adressées aux agents français au Mexique, inspirées par le sentiment des devoirs et des obligations réciproques que nous avons contractées, avaient pour objet de faire parvenir au gouvernement mexicain des conseils dictés par les intérêts des deux pays, non moins que par la sincère amitié que Sa Majesté porte à l'empereur Maximilien.

« Ces conseils ne semblent pas avoir été compris. Les propositions formulées par M. le général Almonte l'indiquent assez, en même temps qu'elles révèlent la méconnaissance complète d'une situation sur laquelle on ne peut pas différer d'éclairer la cour du Mexique.

« On n'a pas à rappeler l'origine de l'expédition française; sa légitimité ressortait de nos griefs; obligés de nous faire justice, l'expérience du passé nous commandait de rechercher pour l'avenir des garanties contre le retour des actes qui avaient si souvent attiré sur ce pays, au prix d'expéditions onéreuses, des répressions sévères, mais toujours inefficaces. Ces garanties devaient surtout résulter de la formation d'un gouvernement régulier, assez fort pour rompre avec les traditions de désordre que s'étaient léguées des pouvoirs éphémères. Quelque désirable que fût l'établissement d'un tel gouvernement, moins que tout autre nous pouvions songer à l'imposer, et nous avons toujours désavoué un pareil dessein [1].

« Nous n'avons pas voulu croire cependant que les éléments d'une régénération politique indispensable fissent défaut à la société mexicaine, et nous nous étions promis de seconder tous les efforts qui seraient tentés par le pays lui-même pour l'arracher à l'anarchie qui le dévorait. Cette entreprise avait sa grandeur; elle a séduit l'empereur Maximilien. A l'appel de la nation mexicaine [1], sans se laisser arrêter par les difficultés et les périls de la tâche, il s'y est courageusement dévoué. Il pensait, comme l'empereur Napoléon, que de grands intérêts de conciliation et d'équilibre se rattachaient à l'indépendance du Mexique, à l'intégrité de son territoire, garanties par un gouvernement stable et réparateur, *et il savait que notre appui ne lui manquerait pas* pour l'aider à réaliser une œuvre profitable au monde entier [2].

« Les devoirs de l'empereur envers la France lui commandaient toutefois de mesurer, *à l'importance des intérêts français engagés dans cette entreprise* [3], l'étendue du concours qu'il lui était permis d'offrir au Mexique pour en assurer le succès. C'est à cet effet qu'a été conclu le traité de Miramar.

« Or, du contrat qui avait établi nos droits et nos obligations, la France a largement acquitté les charges qu'elle avait acceptées, et elle n'a reçu que bien incomplétement les compensations équivalentes qui lui étaient promises. C'est un fait que nous devons constater, parce qu'il ne dépend pas de nous d'en supprimer les conséquences. Nous sommes loin de méconnaître les obstacles et les difficultés de toute nature contre lesquels S. M. l'empereur Maximilien a eu à lutter. Si nous avons déploré souvent que ses loyales intentions ne fussent pas mieux secondées, nous avons toujours applaudi à son active sollicitude et à sa généreuse initiative.

« Les résultats ne répondaient pas à nos espérances, malgré l'habile et énergique

---

1. Quel cynisme révoltant dans ce langage si hautement démenti par les violences exercées depuis trois ans sur la nation mexicaine !

1. Représentée par deux cent trente et un cléricaux qui délibérèrent sous la protection des baïonnettes étrangères.
2. Mais principalement aux associés de M. Jecker.
3. On n'a pas oublié que M. de Morny avait fait naturaliser Français le Suisse Jecker.

direction du maréchal et le dévouement d'une armée que rien ne lasse.

« *Le gouvernement français facilitait la conclusion d'emprunts* qui venaient en aide aux embarras du Trésor mexicain [1], et cependant nos charges n'étaient compensées que par des règlements de compte illusoires. Des conseils amicaux ont été donnés ; mais la résistance systématique des conseillers de Sa Majesté se manifestait sur tout ce qui touchait les intérêts de la France [2]. Doit-on rappeler au prix de quels efforts la légation de France a pu obtenir enfin une insuffisante réparation des dommages subis par nos nationaux ? Alors qu'on trouvait des ressources pour acquitter, sans délai et argent comptant, des créances douteuses et non exigibles, nous avons vu contester le principe même des réclamations françaises, reconnues cependant par le traité de Miramar *comme la cause déterminante de notre expédition* et qui, à défaut de toute stipulation, *auraient constitué une dette d'honneur irrémissible et indiscutable* [3].

« Après avoir, en toutes circonstances, signalé au gouvernement mexicain la nécessité de pourvoir par lui-même à sa propre conservation et lui avoir maintes fois déclaré que le concours que nous lui prêtions ne serait maintenu qu'autant que les obligations correspondantes, contractées vis-à-vis de nous, *seraient strictement remplies*, nous lui avons fait exposer les impérieuses considérations qui ne nous permettaient plus de demander de nouveaux sacrifices *et qui nous décidaient à rappeler nos troupes* [1].

« En prenant toutefois cette résolution, nous avons prescrit d'apporter dans son exécution les délais et les précautions nécessaires pour éviter les dangers d'une trop brusque transition. Nous avons dû nous préoccuper en même temps de substituer aux stipulations, *désormais sans valeur*, du traité de Miramar, d'autres arrangements destinés à assurer la sécurité de nos créances. Le ministre de l'empereur à Mexico a reçu en conséquence des instructions pour conclure, à cet effet, une nouvelle convention.

« Ces instructions sont, comme tous les actes de l'empereur Napoléon, inspirées par les sentiments naturels qui l'attachent à l'empereur du Mexique et par son désir sincère de concilier des intérêts qu'il ne veut pas séparer ; il a apprécié les raisons qui ont déterminé ses représentants *à ne pas presser la conclusion immédiate* des arrangements qui leur étaient indiqués ; mais il a regretté de voir le cabinet mexicain profiter de leur condescendance pour transporter à Paris le siège d'une négociation qui ne peut être utilement suivie qu'à Mexico.

« L'empereur Napoléon a surtout regretté de trouver libellées dans le projet de traité soumis à son gouvernement par le général Almonte les propositions déjà formulées et que, chaque fois qu'elles se sont produites, les plus puissantes raisons nous ont forcé de décliner. Le séjour des troupes devrait être prolongé au delà des termes assignés, de nouvelles avances nous sont demandées dans la prévision de l'insuffisance des ressources

---

1. « Ces emprunts énormes n'avaient mis entre les mains de Maximilien que la faible somme de quarante millions environ, sans compter les huit millions que le souverain avait reçus personnellement à sa prise de possession du trône. » (Le comte E. DE KÉRATRY.)

2. Rappelons, ici, que cette résistance était faite, comme nous l'avons dit, « aux exigences françaises qui semblaient à bon droit exagérées à Maximilien et peu fondées quant à la quotité afférente aux bons usuraires du Suisse Jecker ». — « Le Trésor mexicain, dit le comte de Kératry, s'était épuisé pour faire face à ses engagements envers la France ; Maximilien avait, depuis quelque temps, apporté tous ses soins, tous ses efforts, à satisfaire aux conditions du traité de Miramar, qui était désormais foulé aux pieds. »

3. En vérité, Napoléon III prenait trop à cœur les intérêts de son frère utérin.

1. Dans cet exposé ne figurait pas *la plus impérieuse de ces considérations* : l'attitude déjà menaçante du gouvernement des États-Unis.

du Trésor mexicain, et le remboursement en est ajourné à des époques indéterminées; aucun gage ne nous est offert, aucune garantie n'est stipulée pour la sûreté de nos créances. Après les explications franches, loyales et complètes du gouvernement français, *on a peine à se rendre compte de la persistance des illusions qui ont présidé à la conception de ce projet.*

« Il est impossible d'agréer les propositions apportées par le général Almonte et d'en autoriser la discussion. Il faudra consentir une nouvelle convention [1].

« Si les combinaisons qui lui seront proposées sont agréées par S. M. l'empereur Maximilien, les termes fixés pour les départs successifs des troupes seront maintenus [2], et le maréchal Bazaine arrêtera, de concert avec elle, les mesures nécessaires pour que l'évacuation du territoire mexicain s'effectue dans les conditions les plus favorables au maintien de l'ordre et à la consolidation du pouvoir impérial [3].

« Si, au contraire, nos propositions n'étaient pas acceptées, on ne doit pas se dissimuler que, nous considérant comme libres désormais de tout engagement, et fermement résolus à ne pas prolonger l'occupation du Mexique, *nous prescririons au maréchal Bazaine de procéder avec toute la diligence possible au rapatriement de l'armée, en ne tenant compte que des convenances militaires et des considérations techniques dont il serait le seul juge.* Il aurait à aviser, en même temps, à procurer aux intérêts français les sécurités auxquelles ils ont droit.

« L'empereur Napoléon a la conscience d'avoir aidé à l'œuvre commune. C'est au Mexique désormais qu'il appartient de s'affirmer. *La tutelle étrangère, en se prolongeant, est une mauvaise école et une source de dangers;* au dedans, elle habitue à ne pas compter sur soi-même et paralyse l'activité nationale; *au dehors, elle suscite des ombrages, elle éveille des susceptibilités.* Le moment est venu, pour le Mexique, de répondre à tous les doutes, et d'élever son patriotisme à la hauteur des circonstances difficiles qu'il traverse. Au dedans comme au dehors, les attaques dirigées contre la forme des institutions qu'il s'est données s'affaibliront sans doute graduellement *quand il sera seul à les défendre*, et demeureront impuissantes contre l'union du peuple et du souverain, cimentée par les épreuves courageusement acceptées et supportées en commun. Ce sera l'honneur de S. M. l'empereur Maximilien et de la nation mexicaine d'avoir ainsi accompli *l'œuvre civilisatrice que nous serons toujours fiers d'avoir encouragée et protégée à son début.* »

Et, quatre mois plus tard, l'auteur de ce message envoyait un de ses aides de camp au Mexique pour hâter le renversement de Maximilien si, par la persuasion, il n'amenait pas le jeune empereur à abdiquer! Napoléon III détruisait de sa propre main *l'œuvre civilisatrice* à laquelle il avait donné une protection et des encouragements *dont il devait être éternellement fier.*

MANIFESTE DE MAXIMILIEN

Maximilien qui, décidé à l'abdication, avait envoyé, le 12 novembre, au maréchal Bazaine, des instructions datées d'Orizaba et parmi lesquelles s'en trouvait une relative à sa propriété particulière, qu'il confiait à la sauvegarde du maréchal, changea, comme

---

1. Cette convention aurait obligé Maximilien à déléguer à la France la moitié du produit des douanes de Tampico et de la Vera-Cruz, c'est-à-dire, « ses dernières ressources les plus liquides ».
2. Le gouvernement des États-Unis n'avait pas encore signifié son *ultimatum*; il allait bientôt, comme on l'a vu, exiger l'évacuation du territoire mexicain dans un court délai.
3. Faire entrevoir la consolidation de son pouvoir à un souverain que menacent, de toutes parts, au dedans comme au dehors, des périls irrésistibles, quelle impudence cruelle !

Le prince Humbert au milieu de ses troupes formées en carré à Custozza (1866).

on l'a vu, de résolution ; il fit paraître, le 1ᵉʳ décembre, le document connu sous le nom de *manifeste impérial d'Orizaba*:

« Mexicains,

« Les circonstances si graves qui touchent au bien-être de notre patrie et qui disparaissent devant nos malheurs domestiques ont provoqué dans notre esprit la conviction que nous devions vous rendre le pouvoir que vous nous aviez confié.

« Nos conseils des ministres et de l'État convoqués par nous ont été d'avis que le bien du Mexique exigeait que nous restassions au pouvoir. Nous avons cru de notre devoir d'accéder à leurs instances, en vous annonçant tout à la fois notre intention de réunir un congrès national sur les bases les plus larges et les plus libérales, auquel participeront tous les partis. Ce congrès déterminera si l'empire doit continuer dans l'avenir, et, au cas affirmatif, concourra à la formation des lois vitales pour la consolidation des institutions publiques du pays. Dans ce but, nos conseils se préoccupent actuellement de nous proposer toutes les mesures opportunes, et, en même temps, font les démarches nécessaires pour que tous les partis se prêtent à un arrangement sur cette base.

« En conséquence, Mexicains, en comptant sur vous tous sans exclusion d'aucune couleur politique, nous nous efforcerons de poursuivre avec courage et constance l'œuvre de régénération que vous avez confiée *à votre compatriote*.

« Maximilien. »

LE P. FISCHER

« La confiance accordée par Maximilien au P. Fischer, qui a joué un si funeste rôle, était déplorable à tous égards, et à coup sûr la religion du souverain n'eût pas été surprise s'il eût connu la biographie de cet ancien luthérien devenu catholique. Augustin Fischer, d'origine allemande, s'était enrôlé vers 1845 dans une troupe de colons partant pour le Texas. Après s'être fait, sans succès, clerc de notaire, il était allé chercher de l'or en Californie. L'ancien colon abjurait bientôt sa foi de protestant, recevait les ordres au Mexique et obtenait le poste de secrétaire de l'évêque de Durango. Banni bientôt du palais épiscopal pour cause de mœurs dissolues, il avait été recueilli à Parras, chez M. Sanchez Navarro, qui, séduit par les apparences, l'avait présenté à Maximilien. Le P. Fischer, qui est doué d'une rare intelligence, ne tardait pas à se voir confier une mission diplomatique auprès du Saint-Père ; cependant il revenait au Mexique après avoir échoué à Rome. Malgré tout, son crédit grandissait, et l'ambition du secrétaire impérial, qui n'avait plus de bornes, convoitait l'évêché de Durango, un des bénéfices ecclésiastiques les plus opulents du Mexique. La faveur du souverain était un moyen certain de succès. Mais le choix de ce prêtre n'était pas fait pour apaiser les esprits et rallier les dissidents. »

(Le comte E. de Kératry, *l'Élévation et la Chute de l'empereur Maximilien*.)

LETTRE DE M. GALLIFFET

« Contre-guérilla des Terres-Chaudes. « 11 décembre 1866.

« Mon cher Piétri,

. . . .

« J'ai sous mes ordres 6 ou 700 reîtres de première classe, sur lesquels j'ai droit de vie et de mort ; j'ai beaucoup à faire et ne crains pas de dire que les lauriers ou prétendus lauriers de la contre-guérilla ne m'effrayent pas ; j'essayerais de faire mieux et réussirais si ma fichue blessure me laissait faire au milieu du *vomito*, des fièvres pernicieuses et autres agréments de *las tierras calientes*.

« La situation devenant ici de plus en plus

compliquée, le maréchal Bazaine ne marche pas droit; c'est un fait positif, nul ne l'ignore ici; il a des intérêts d'une maison qui n'a pas été encore payée par l'empereur qui l'avait donnée; il ne peut la vendre et est peu disposé à laisser ici les cinq cent mille francs qu'elle représente. C'est par trop fort; il écrit blanc à l'empereur du Mexique et dit noir au général Castelnau.

« ... Le général Castelnau le tient maintenant dans les jambes et le forcera à marcher droit; ce n'était pas une tâche facile entre un maréchal sans franchise et un chef d'état-major sans honnêteté. Quelle popote que cette armée du Mexique! La troupe au point de vue de l'ardeur n'a rien perdu, mais c'est une indiscipline dont on n'a pas d'idée; les officiers hurlent continuellement, et ceux qui ont de gros appointements se préoccupent peu des intérêts de la France; ils ne voient dans le retour qu'une diminution sensible d'appointements... C'est honteux!...

« Il est essentiel que l'embarquement commence de bonne heure; le vomito reprendra avec d'autant moins de peine que les grandes agglomérations de troupes n'auront jamais cessé. Cette épidémie a fait ici des progrès étonnants, contrairement à ce qui s'est passé jusqu'alors ; on lui a vu faire des victimes plus loin qu'Orizaba.

« Figurez-vous que j'ai rencontré, parmi les gens dont l'influence a contrecarré la mission du général, le *prince de Metternich*, le naïf Ruchon, qui a paru prendre un malin plaisir à faire croire à Maximilien que nous ne pourrions jamais quitter ce pays sans son consentement, et que notre concours lui resterait acquis malgré les désirs de notre empereur, tant que son abdication ne nous aurait pas rendu notre liberté d'action. Du reste, l'empereur n'a pas manqué de s'exprimer, sur le compte de l'empereur Napoléon et de ses troupes, de la manière la plus grossière.

« Je sais que j'aurai à faire l'extrême arrière-garde au moment de l'embarquement; ma troupe n'étant pas française peut être compromise sans inconvénients; les échecs qu'elle pourrait subir ne touchent pas le drapeau français, et si je suis revenu au Mexique un peu tard, j'aurai pu me rendre utile jusqu'au dernier moment (*qui sera assez drôle*).

« Tout à vous,

« GALLIFFET. »

« P.-S. Voici du nouveau : le retour de l'empereur à Mexico, qui avait jusqu'ici paru problématique, paraît se confirmer. Je viens de rencontrer des escortes de cavalerie autrichienne, et les fabricants d'enthousiasme préparent leurs arcs de triomphe; on prétend ici que ce revirement est dû aux conseils de Miramon et de Marquez qui se sont longuement entretenus à Orizaba avec l'empereur; le premier de ces deux généraux est déjà à Mexico.

« Si cet état de choses pouvait durer six ou huit mois, rien de mieux, parce que l'empereur Maximilien tombant quelque temps après notre départ, toute la responsabilité serait pour lui.

« Mais je ne lui crois pas assez de résolution pour soutenir un pareil rôle, et je crois bien plutôt que, se sentant trop faible au dernier moment, il se décidera à s'embarquer; il nous aura mis par cette conduite irrésolue hors d'état d'établir un gouvernement qui ait quelque chance de rétablir l'ordre dans le pays; il n'y avait qu'un moyen, un peu violent, mais le seul bon je crois : provoquer un coup d'État et le faire mettre à la porte ; ou, ce qui est encore plus simple, le faire enlever et embarquer : c'eût été bien facile avec la troupe que je commande; soyez sûr que l'ovation qui accompagnera le retour de l'empereur à Mexico est factice et n'est provoquée que par les gens en place et peu soucieux des intérêts du pays. C'est ce sentiment qu'ils appellent l'honneur de l'invasion américaine ; le clergé est de tous les corps de l'État celui qui a le plus à craindre de ce nouvel ordre de choses.

« Néanmoins je crois que rien ne pourra arrêter l'embarquement si les bateaux demandés arrivent à temps. »

(*Papiers secrets*, — complément de toutes les éditions françaises et belges des *Papiers et Correspondance de la famille impériale.*)

III

L'HISTOIRE DE JULES CÉSAR

« Monsieur,

« Le second volume de l'*Histoire de Jules César*, que Sa Majesté a daigné me destiner, m'est parvenu avec votre lettre. En lisant ce bel et étonnant ouvrage, j'ai pensé que Jules César était bien heureux d'avoir conquis les Gaules et composé ses *Commentaires*; car sans cela l'empereur aurait fait l'un et l'autre.

« Je vous prie de déposer aux pieds de Sa Majesté, avec mes profonds hommages, l'expression de ma reconnaissance.

« Agréez, monsieur, l'assurance de mes sentiments les plus distingués.

« † CÉSAIRE, »
« Card.-arch. de Besançon.

« Besançon, le 22 mai 1866. »

IV

L'ANE DE L'IMPÉRATRICE

L'auteur de cette plaisanterie ne l'a point signée, mais, comme le fait observer M. Jules Claretie, « elle donne bien le ton d'une cour où l'argot du boulevard se glisse dans les conversations habituelles et où le « *on en mangerait* » du gouailleur souligne l'afféterie du courtisan ».

CE QUE DOIT PENSER CENDRILLON

« Je viens de recevoir une lettre que je m'empresse de communiquer :

« Monsieur,

« Je suis le plus infortuné des ânes ; hier
« encore j'étais le plus heureux, le plus fier
« et le moins bâté des quadrupèdes. — Hélas!
« trois fois hélas! pourquoi ma maîtresse
« est-elle venue à la ferme? Pourquoi a-t-on
« acheté cette affreuse bourrique qui, au-
« jourd'hui, m'enlève la faveur? — Une de
« mes tantes avait bien raison de dire que
« tout n'est pas chardon dans la vie ! Je vois
« encore ma maîtresse entrer dans notre salle
« à manger : — Cendrillon ! où est mon amour
« de Cendrillon? mon chéri, où es-tu? Cen-
« drillon! Cendrillon! Cendrillon ! — Le fer-
« mier me désigne. — Je dresse vers mon
« auguste maîtresse des oreilles reconnais-
« santes ; — je la regarde tendrement ; — foin
« de mes avances, on ne fait plus attention à
« moi. — Non, dit ma maîtresse, ce n'est pas
« possible; voici Cendrillon ; et elle désignait
« la bourrique. — Je pâlis de colère. — Non,
« madame, Votre Majesté se trompe; nous
« avons acheté cet ânon il y a deux jours. —
« Il est bien plus joli que Cendrillon, l'amour
« d'âne ; — est-il assez joli? — Quel bijou!
« — Il y avait du monde avec ma maîtresse.
« — Une vache suisse, ma voisine, m'a dit
« qu'on appelait cela « la suite ». Eh bien! je
« l'avoue franchement, la suite m'a fait de la
« peine; à chaque parole de mon auguste
« maîtresse, ils s'exclamaient, trouvaient mon
« collègue spirituel, bien fait, charmant. —
« Il y avait des dames, elles étaient jolies ;
« ma véracité d'âne me force d'en convenir,
« mais, mon Dieu ! qu'elles étaient désagréa-
« bles! — Mon amie, la vache suisse, m'a dit
« depuis qu'elles étaient toutes comme cela
« dans les cours ; que c'était pour éloigner les
« gens qui demandaient toujours des places.
« — Les hommes étaient plus justes ; cepen-

« dant il y en a deux qui m'ont déplu, un
« grand jeune, pas distingué du tout, forme
« de guérite réparée, moustache en pointe,
« avançant toujours le ventre comme si on
« allait y placer une grosse caisse. Quand ma
« gracieuse maîtresse disait : Il est charmant!
« — lui de dire : *On en mangerait*. — Un
« autre, grand sec, une espèce de parapluie
« fermé avec des favoris près du manche, de
« s'écrier d'une voix de stentor : — Oui, avec
« beaucoup de sauce. — Ah! par mes ancê-
« tres, les hommes sont bien plats ; — la vue
« d'un équarrisseur m'aurait fait moins de
« mal. Cela m'a fait penser que s'il n'y a pas
« d'hommes parmi les ânes, — il y a beaucoup
« d'ânes parmi les hommes. — Je l'avoue,
« monsieur, la jalousie me tue. Que ne m'a-
« t-on laissé à ma blanchisseuse, — à ma
« charrette ? — Tout à l'heure je vous parlais
« de mes ancêtres. — Oui, monsieur, ma fa-
« mille est ancienne, — illustre, je puis le
« dire. — Je descends en droite ligne de l'âne
« de saint Louis par les ânesses. Un de mes
« ancêtres a porté longtemps des reliques ;
« d'un caractère difficile, ombrageux, il les a
« jetées un jour dans un bourbier, — de là,
« rancune du clergé ; c'est ce qui a perdu mon
« illustre famille. — Je ne fais pas état de
« tout cela, monsieur, je sais trop bien que ce
« qui fait l'âne, c'est son mérite personnel.

« Soyez assuré, monsieur, que, malgré
« votre inexpérience, je me ferai toujours
« bâter par vous avec un sensible plaisir.

« Assuré, monsieur, que vous prendrez
« intérêt à ma triste position et que vous
« voudrez bien intercéder pour moi auprès de
« mon auguste maîtresse, je m'engage à
« braire pour vous jusqu'à la fin de mes jours.

« Je vous salue, en abaissant jusqu'à
« terre mes deux oreilles.

« Cendrillon. »

(*L'Empire, les Bonapartes et la Cour*. Documents nouveaux publiés avec des notes par Jules Claretie.)

V

FORTUNE MOBILIÈRE DE L'EMPEREUR A L'ÉTRANGER, EN 1866

Depuis 1852 jusqu'en 1866, et probablement jusqu'à la fin de son règne, Napoléon III a eu un compte ouvert chez Baring frères, banquiers à Londres. Les notes annuelles qui établissent la balance de ce compte n'offrent rien de bien remarquable ; un assez grand nombre de mandats de Mmes Walewska et de Cadore, diverses fournitures, des dépenses en somme modérées. Toutefois la note du 31 décembre 1852 porte la trace évidente du coup d'État ; elle porte au crédit impérial une somme de 767 livres sterling, reste de 36,370 livres 16 shillings. Mais le document vraiment précieux fourni par le dossier Baring est cette note laissée par mégarde sans doute dans le compte de décembre 1866. Elle est libellée en anglais :

Russian	5 % (1822)........	50,000 liv.
Russian	5 %............	50,000
Russian	3 %............	50,000
Turcos	6 % (1858).......	100,000
Peruvian	4 1/2 (old).......	80,000
Peruvian	4 1/2 (new).......	52,000
Canada	6 %............	50,000
Brazilian	4 1/2 %..........	50,000
Egyptian	7 %............	50,000
American	8 %............	100,000
Mississipi	6 %............	25,000
Diamonds	....	200,000
Uniforms	....	16,000
		873,000
Beaujon	....	60,000
	Total........	933,000 liv.

Tout n'est pas expliqué dans cette note. Que sont ces *uniforms*, portés pour 16,000 livres sterling ? Quant à Beaujon (60,000 livres), c'est sans doute le prix de terrains vendus, peut-être achetés au peintre Gudin. Quoi qu'il en soit, le fait de 23,325,000 francs *économisés* (sur la liste civile sans doute) et placés en sûreté n'en paraît pas moins indiscutable.

CHAPITRE XI

1867.

La lettre du 19 janvier; suppression de l'adresse; modification ministérielle; rétablissement de la tribune. — Le discours impérial. — Mort de M. de Boissy. — La session législative de 1867 : la loi sur l'instruction primaire au Sénat; une tempête ultramontaine; M. Sainte-Beuve et les zoïles dévots. — La congrégation napoléonienne de l'Index; les livres interdits et les livres autorisés; les dépravateurs des classes inférieures. — Corps législatif : interpellation sur la violation du secret des lettres, sur la suppression de l'adresse, sur les affaires étrangères; la séance du 18 mars. — L'abolition de la contrainte par corps en matière civile. — La question du Luxembourg. — M. Ollivier redevenu opposant; l'empereur récompense une nouvelle glorification de l'entreprise mexicaine. — Situation du Mexique; retraite de l'armée française; débâcle; siège et prise de Queretaro; capture, condamnation et exécution de Maximilien, de Miramon et de Méjia; résumé des crimes de l'ex-empereur; à qui la responsabilité de sa mort; ce que nous coûte l'expédition du Mexique; rentrée de Bazaine et de l'armée expéditionnaire. — L'Exposition universelle et l'industrie; la revue du 6 juin; attentat et condamnation de Berezowski. — La convention du 15 septembre violée par le gouvernement impérial. — Napoléon à Salzbourg; ses déclarations à Lille et à Amiens. — Agitation en Italie; Mentana; *les chassepots ont fait merveille*; influence néfaste; Garibaldi prisonnier. — François-Joseph à l'Hôtel de Ville; manifestation en faveur de l'Italie. — Mort de M. Fould et remaniement ministériel. — Choix d'un ministre de l'intérieur. — Revue des personnages du second Empire passée par M. Rouher; l'impératrice impose son candidat. — *La Commune révolutionnaire des ouvriers de Paris*; M. Delesvaux; deux nouvelles condamnations pour délits de presse. — La situation de la France en 1867. — M. Persigny prévoit la chute de l'Empire.

Le *Moniteur* du 20 janvier publia cette lettre que Napoléon III avait adressée la veille à M. Rouher :

« Palais des Tuileries, le 19 janvier 1867.

« Monsieur le ministre,

« Depuis quelques années, on se demande si nos institutions ont atteint une limite de perfectionnement, ou si de nouvelles améliorations doivent être réalisées ; de là une regrettable incertitude qu'il importe de faire cesser.

« Jusqu'ici vous avez dû lutter avec courage, en mon nom, pour repousser des demandes inopportunes et pour me laisser l'initiative des réformes utiles, lorsque l'heure en serait venue. Aujourd'hui je crois qu'il est possible de donner aux institutions de l'Empire tout le développement dont elles sont susceptibles, et aux libertés publiques une extension nouvelle, sans compromettre le pouvoir que la nation m'a confié.

« Le plan que je me suis tracé consiste à corriger les imperfections que le temps a révélées et à admettre les progrès compatibles avec nos mœurs, car gouverner, c'est profiter de l'expérience acquise et prévoir les besoins de l'avenir.

« Le décret du 24 novembre 1860 a eu pour but d'associer plus directement le Sénat et le Corps législatif à la politique du gouvernement; mais la discussion de l'adresse n'a pas amené les résultats qu'on devait en attendre ; elle a parfois passionné inutilement l'opinion, donné lieu à des débats stériles, et fait perdre un temps précieux pour les affaires ; je crois qu'on peut, sans amoindrir les prérogatives des pouvoirs délibérants, remplacer l'adresse par le droit d'interpellation sagement réglementé.

« Une autre modification m'a paru nécessaire dans les rapports du gouvernement avec les grands corps de l'État; j'ai pensé que, en envoyant les ministres au Sénat et au Corps législatif, en vertu d'une délégation spéciale, pour y participer à certaines discussions, j'utiliserais mieux les forces de mon gouvernement, sans sortir des termes de la Constitution, qui n'admet aucune solidarité entre les ministres, et les fait dépendre uniquement du chef de l'État.

« Mais là ne doivent pas s'arrêter les réformes qu'il convient d'adopter : une loi sera proposée pour attribuer exclusivement aux tribunaux correctionnels l'appréciation des délits de presse et supprimer ainsi le pouvoir discrétionnaire du gouvernement. Il est également nécessaire de régler législativement le droit de réunion en le contenant dans les limites qu'exige la sûreté publique.

« J'ai dit, l'année dernière, que mon gouvernement voulait marcher sur un sol affermi, capable de supporter le pouvoir et la liberté. Par les mesures que je viens d'indiquer, mes paroles se réalisent; je n'ébranle pas le sol que quinze ans de calme et de prospérité ont consolidé, je l'affermis davantage en rendant plus intimes mes rapports avec les grands pouvoirs publics, en assurant par la loi aux citoyens des garanties nouvelles, en achevant enfin le couronnement de l'édifice élevé par la volonté nationale. »

Les lois libérales et les réformes annoncées par cette lettre autour de laquelle on mena un si grand tapage n'étaient, on le verra, que d'insignifiantes améliorations au régime despotique contre les excès duquel la France protestait. En même temps qu'il invitait MM. Rouher et Ollivier à donner une formule aux réformes annoncées, l'empereur remettait aux députés indépendants le bâillon que, pendant six ans, il leur avait ôté : il supprimait l'adresse et la remplaçait « par le droit d'interpellation *sagement réglé* ». Pour donner suite à une demande d'interpellation signée par cinq membres du Corps législatif, il fallait que quatre bureaux sur neuf émissent un avis favorable. N'était-ce pas rendre illusoire ce prétendu droit ? Les trois quarts et demi des membres de ce Corps étaient des valets bien dressés; toute demande d'interpellation désagréable à l'empereur serait donc repoussée par eux. L'homme de Décembre prenait cette mesure restrictive de la liberté de la parole afin de se dérober aux accusations dont sa politique extérieure allait être l'objet. Un murmure général obligea Napoléon III à déclarer dans le *Moniteur* que « toute interpellation sur la politique extérieure serait acceptée ». — Cette promesse — est-il besoin de le dire? — ne fut pas tenue.

Une modification ministérielle fut le premier effet de la lettre et du décret du 19 janvier; l'empereur n'en avait donné connaissance à M. Rouher lui-même qu'après les avoir signés. Le maréchal Niel, l'amiral Rigault de Genouilly et M. Forcade de La Roquette remplacèrent le maréchal Randon, M. Chasseloup-Laubat et M. Béhic aux ministères de la guerre, de la marine et des travaux publics. M. Rouher désapprouvait ces réformes; il en prit de l'humeur; en adjoignant au ministère d'État le portefeuille des finances, retiré à M. Fould ou abandonné par lui, l'empereur calma les déplaisirs de son conseiller favori, qui se laissa de bonne grâce imposer ce double fardeau.

Le 9 février 1852, Louis Bonaparte visita le Palais-Bourbon où, cinq jours plus tard, devait s'ouvrir la première session du Corps législatif issu du coup d'État. L'homme de Décembre, qui professait une haine farouche contre le parlementarisme, fit démolir sous ses yeux cette tribune française du haut de laquelle, sous tous les régimes, la liberté s'appuyant sur le patriotisme et sur l'éloquence avait fait luire au monde entier tant de rayons glorieux; — le 12 février 1867, à minuit, il envoya au président Walewski l'ordre de la rétablir. Par cette concession au parlementarisme, qu'il abhorrait toujours, l'empereur voulait atténuer le mécontentement qu'avait produit la suppression de l'adresse.

Les ouvriers terminèrent leur travail le 14, deux heures avant que l'empereur n'ouvrît la session législative de 1867. Dans son discours impatiemment attendu, il exalta sa conduite en Allemagne. « De graves événements, dit-il, ont surpris le monde par leur rapidité comme par l'importance de leur résultat ; il semble, d'après les prévisions de Napoléon Ier, qu'ils dussent fatalement s'accomplir. » Et il cita ces paroles prononcées par l'empereur à Sainte-Hélène : « Une de mes grandes pensées a été l'agglomération, la concentration *des mêmes peuples géographiques* qu'ont dissous, morcelés, les révolutions et la politique... Cette agglomération arrivera tôt ou tard par la force des choses ; l'impulsion est donnée, et je ne pense pas qu'après ma chute et la disparition de mon système il y ait en Europe d'autre grand équilibre possible que l'agglomération et la confédération des grands peuples. »

Napoléon III ajouta : « Les transformations qui ont eu lieu en Italie et en Allemagne préparent la réalisation de ce vaste programme de l'union des États de l'Europe dans une confédération. »

Les peuples se confédérant sous les sceptres des Césars, — quel rêve d'halluciné ! La confédération des peuples ne peut sortir que de l'écroulement des trônes ; c'est la république universelle qui, en refaisant la carte du monde sans frontières, confédérera les États-Unis d'Europe.

« Nous avons assisté avec impartialité, continua l'empereur, à la lutte qui s'est engagée de l'autre côté du Rhin. En présence de ce conflit, le pays avait hautement témoigné son désir d'y rester étranger : non-seulement j'ai déféré à ce vœu, mais j'ai fait tous mes efforts pour hâter la conclusion de la paix. Je n'ai pas armé un soldat de plus ; je n'ai pas fait avancer un régiment, et cependant la voix de la France a eu assez d'influence pour arrêter le vainqueur aux portes de Vienne. Notre médiation a amené entre les belligérants un accord qui, laissant à la Prusse le résultat de ses succès, a conservé à l'Autriche, sauf une province, l'intégrité de son territoire, et, par la cession de la Vénétie, complété l'indépendance italienne. Notre action s'est donc exercée dans des vues de justice et de conciliation ; la France n'a pas tiré l'épée, parce que son honneur n'était pas engagé et qu'elle avait promis d'observer une stricte neutralité. »

On sait à quelles perspectives agréables, que M. de Bismark lui donnait pour en obtenir cette promesse de neutralité, l'empereur se laissa prendre.

Parlant de l'expédition du Mexique, Napoléon III avoua que sa tentative de relever un ancien empire, heureuse d'abord, avait été compromise par un fâcheux concours de circonstances. L'une des plus grosses impostures dont ce discours fourmille est celle-ci : « J'ai spontanément *décidé le rappel de notre corps d'armée.* » Les dépêches impératives du président de la République des États-Unis nous ont édifiés sur la cause de cette *spontanéité ;* jamais humiliation plus dure ne fut infligée au chef d'une grande nation.

Après s'être loué de sa fidèle exécution de la convention du 15 septembre que, bientôt, nous le verrons violer, et de ses bons rapports avec les puissances étrangères, l'empereur affirma que rien ne saurait éveiller nos inquiétudes et que la paix ne serait plus troublée. « Assuré du présent, confiant dans l'avenir, j'ai cru — poursuivit-il — que le moment était venu de développer nos institutions. Tous les ans vous m'en exprimiez le désir ; mais, convaincus avec raison que le progrès ne doit s'accomplir que par la bonne harmonie entre les pouvoirs, vous aviez mis en moi, et je vous en remercie, votre confiance pour décider du moment où je croirais possible la réalisation de vos vœux. Aujour-

Sainte-Beuve.

d'hui, après quinze années de calme et de prospérité, dues à nos efforts communs et à votre profond dévouement aux institutions de l'Empire, il m'a paru que l'heure était venue d'adopter les mesures libérales qui étaient *dans la pensée du Sénat et dans les aspirations du Corps législatif*. Je réponds donc à votre attente, et, sans sortir de la Constitution, je vous propose des lois offrant de nouvelles garanties aux libertés politiques. »

Attribuer au Sénat des pensées et à la majorité du Corps législatif des aspirations libérales est, on en conviendra, un paradoxe aussi osé qu'inattendu.

L'empereur manifestait ensuite l'espoir que la nation, usant de ces nouveaux droits avec sagesse, continuerait à dédaigner les utopies dangereuses et les excitations de parti. Il recommanda principalement à l'attention des deux Chambres le projet de loi « étudié avec le plus grand soin » sur la réorganisation militaire, et il émit cette maxime césarienne : « L'influence d'une nation dépend du nombre d'hommes qu'elle peut mettre sous les armes. » Cette influence ne dépend-elle pas surtout des qualités que met en valeur la culture de l'intelligence des hommes tenus sous le drapeau, de la virilité que donnent à l'esprit des mœurs saines, du patriotisme qu'épurent et fortifient des institutions libres ? Si la puissance d'une nation dépendait uniquement « du nombre d'hommes qu'elle peut mettre sous les armes », 20,000 Français et Anglais seraient-ils entrés victorieux dans Pékin, la ville capitale d'un empire qui possède plus de trois cent millions d'habitants et dont le chef commande à des millions de soldats?

Au moment où il dévorait le double affront que lui faisaient le gouvernement prussien en refusant à ses sollicitations le prix de sa neutralité et le gouvernement des États-Unis en exigeant l'évacuation immédiate du Mexique par l'armée française, Napoléon III, payant d'effronterie, ne craignait pas de dire : « *Tenons toujours à la même hauteur notre drapeau national!* » Il termina son discours ainsi : « Notre tâche en ce moment est de former les mœurs publiques à la pratique d'institutions plus libérales. Jusqu'ici, en France, la liberté n'a été qu'éphémère ; elle n'a pu s'enraciner dans le sol, parce que l'abus a immédiatement suivi l'usage, et *que la nation a mieux aimé* limiter l'exercice de ses droits que de subir le désordre dans les idées et dans les choses. Il est digne de vous et de moi de faire une plus large application de ces grands principes qui sont la gloire de la France ; leur développement ne compromettra pas, comme autrefois, le prestige nécessaire de l'autorité. Le pouvoir est aujourd'hui fondé, et les passions ardentes, seul obstacle à l'expansion de nos libertés, viendront s'éteindre dans l'immensité du suffrage universel. J'ai pleine confiance dans le bon sens et le patriotisme du peuple, et, fort de mon droit que je tiens de lui, fort de ma conscience qui ne veut que le bien, je vous invite à marcher avec moi, d'un pas assuré, dans les voies de la civilisation. »

Toutes ces paroles offensaient la vérité, et les dernières étaient démenties par les actes de celui qui les prononçait. La liberté, en France, a été éphémère parce que ses ennemis y détenant presque toujours le pouvoir, au moindre abus que des impatients ou des agents provocateurs faisaient d'elle, en interdisaient l'usage et se hâtaient de la proscrire afin d'assurer leur domination. Prétendre qu'un peuple a volontairement aliéné ses droits quand on les lui a ravis un couteau sur la gorge, — qu'on tient de sa victime, paralysée par la terreur que l'assassinat, la déportation et le bannissement répandent autour d'elle, le droit de l'asservir, — qu'on est « fort de sa conscience qui ne veut que le bien » quand on a foulé aux pieds lois, justice, morale et serment, n'est-ce pas mettre au crime le sceau de l'impudeur?

Les sénateurs et les députés auxquels Napoléon III venait de découvrir *des pensées et des aspirations libérales* répondirent au discours impérial par leurs vivats accoutumés. Un discours exprimant des idées contraires eût provoqué les mêmes acclamations.

Quelques jours avant que la session ne s'ouvrît, M. de Boissy mourut. Si cet adversaire ardent mais loyal de la République avait la visière courte, du moins la portait-il levée. Ayant en horreur la morgue, l'artifice et l'hypocrisie, M. de Boissy disait sans ménagement ce qu'il croyait être la vérité. Dans les relations sociales, il apportait une rondeur charmante et une civilité courtoise. Quand il occupait la tribune, on songeait involontairement à une corneille qui abat des noix; il versait dans des discours prolixes tout ce qu'il avait sur le cœur, quelque étrangères que fussent à la discussion engagée les questions diverses que sa faconde abordait par sauts et par bonds. Il parlait sans préparation et sans prétention, mais sans ordre et sans méthode; son langage négligé, diffus, était semé de traits spirituels et mordants. Sa franchise parfois agressive, sa riposte vive et hardie mettaient en rage, à la Chambre des pairs, M. Pasquier — et, au Sénat, M. Troplong qui manifesta la bassesse de sa nature dans son discours d'ouverture de la session; il compara M. de Boissy « à ces sophistes qui soutenaient que la neige est noire et qui étaient pourtant des gens d'esprit, au dire de Cicéron »; après avoir décoché des épigrammes rancuneuses sur la tombe de cet honnête homme, le Cambacérès du second Empire prononça, en termes scandaleusement élogieux, l'oraison funèbre d'un autre sénateur qui retira plus de crédit et de profits de certaines entremises complaisantes et difficiles à définir ici que des fonctions de premier chambellan de l'empereur.

Un sénatus-consulte investissant le Sénat du droit de soumettre à une deuxième délibération du Corps législatif, dans la session suivante, une loi votée par ce dernier, fut unanimement approuvé.

La discussion de la loi sur l'instruction primaire agita violemment le Sénat. La gratuité, la nomination des instituteurs par les préfets, les lettres d'obédience, l'exemption du service militaire, étaient les quatre questions que résolvait cette loi. « L'unanimité des votes que lui a donnée le Corps législatif, — dit le baron Vincent, — me la rend suspecte, car cette unanimité n'a pu être obtenue que grâce à l'accession de tous les hommes professant des principes subversifs. » Averti par le président qu'il s'engageait dans les voies de la diffamation, ce baron dit : « J'ai confié mon petit-fils aux Jésuites de Vaugirard, afin qu'il soit animé des sentiments catholiques et bonapartistes qui m'animent moi-même; je voterai contre une loi qui attaque indirectement les congrégations religieuses, en supprimant l'exemption du service militaire pour ceux de leurs membres qui se consacrent à l'enseignement. »

M. Rouland répondit que la loi ne supprimait pas l'exemption, mais la restreignait seulement en y mettant la condition que l'engagement de se consacrer pendant dix ans à l'enseignement fût tenu dans une école publique. Quant à la lettre d'obédience[1] qui, violant le principe d'égalité, est évidemment un privilège, car elle n'est point l'équivalent vrai d'un brevet de capacité, M. Rouland l'admettait; du pas que la loi faisait dans la voie de la gratuité il ne prenait point d'alarmes, et il voyait avec satisfaction que le droit de nommer les instituteurs fût maintenu aux préfets.

Quand M. Duruy, ministre de l'instruction publique, eut, en peu de mots, réfuté le baron Vincent, M. Ségur d'Aguesseau pré-

---

1. Les lettres d'obédience sont données par un supérieur à des religieux et à des religieuses et le gouvernement les reçoit au même titre qu'un brevet de capacité.

tendit qu'un péril politique et social menaçait la France ; — que les ennemis de la société et de l'Empire s'efforçaient de détruire tout frein moral et religieux ; — que le gouvernement se laissait aller sur une pente fatale en permettant de violer et en violant la loi du repos dominical, en ne surveillant pas les écrits matérialistes. « Que n'aurais-je pas à dire, — ajouta l'orateur ultramontain, — si je voulais m'appesantir sur cette nomination qui a produit un si grand scandale et qui laissera un remords éternel dans l'âme de M. Rouland ? »

« — Si c'est à M. Renan — s'écria M. Sainte-Beuve — que M. Ségur d'Aguesseau veut faire allusion, je proteste contre une accusation portée contre un homme de talent, dont j'ai l'honneur d'être l'ami. »

Aussitôt une tempête ultramontaine se déchaîna ; des gestes furibonds accompagnaient d'assourdissantes clameurs : « A l'ordre ! à l'ordre ! » braillaient en chœur ces forcenés. L'un d'eux[1], ayant obtenu un instant de silence et prenant le ton d'un comique larmoyant, dit : « Il est impossible de ne pas éprouver un saisissement douloureux, lorsque l'on voit, dans certaine littérature moderne, *dont on vient louer les auteurs devant le Sénat*, fouler aux pieds les *lois de l'ordre éternel*, attaquer la religion base de l'ordre social, *porter l'incendie dans la société* en répandant l'athéisme dans les masses. L'immoralité coule à pleins bords. »

M. Sainte-Beuve se lève et demande la parole. Les sénateurs recommencent leur vacarme. Le défenseur de M. Renan demeure calme ; ses collègues se lassant de crier, il peut faire entendre ces mots : « M. Ségur d'Aguesseau a parlé de deux choses : il y a un courant d'obscénité et d'immoralité que tout le monde réprouve ; mais il y a aussi des opinions philosophiques respectables ; je les défends au nom de la liberté de penser, et je ne les laisserai jamais calomnier sans protestation. »

Ce langage était aussi conforme à la saine raison que contraire à la foi catholique ; il exaspéra les intolérants qui, de nouveau, déchargèrent sur le philosophe leur bile dévote ; ils l'apostrophaient orthodoxement ; l'un des plus courroucés, le maréchal Canrobert, lui cria sur un ton rogue : « Vous n'êtes pas ici, monsieur, pour défendre un homme qui a nié la divinité de Jésus-Christ, et qui s'est posé comme l'ennemi acharné de la religion de nos pères. »

Huit jours plus tard, une pétition venue de Saint-Étienne signalait aux sénateurs « le danger de laisser l'administration de la bibliothèque populaire de cette ville à des conseillers municipaux qui ne craignaient pas de mettre aux mains des ouvriers les œuvres de Voltaire et de Rousseau, de Michelet, de Renan, de Pelletan, de Jean Reynaud, de Proudhon, de Balzac, de George Sand, etc., etc. » Les pétitionnaires appelaient sur les chefs-d'œuvre de la science et de la philosophie, sur les plus belles productions de l'esprit humain et de la libre-pensée l'ire vengeresse de la dévote et caduque Assemblée. Le rapporteur de la pétition cléricale en proposait le renvoi au ministre de l'intérieur. M. Sainte-Beuve combattit ces conclusions ; il dénia aux sénateurs le droit de frapper d'un blâme public d'illustres écrivains, « de prononcer un vote de censure, de déclarer une sorte d'index ». Il parla des *Confessions* et du *Dictionnaire philosophique* en termes élogieux ; il dit qu'il y avait du profit à retirer des œuvres de Proudhon, que le socialisme a du bon, et qu'en étudiant beaucoup les œuvres du prisonnier de Ham « il a reconnu que Louis-Napoléon était le socialiste le plus éminent et le plus éclairé, qu'il voulait faire pénétrer dans notre société moderne ce que les idées saines de la Révo-

---

[1]. M. Chapuis de Montlaville, le même qui, étant préfet à Toulouse, réédita dans une proclamation ces mots que j'ai rapportés : « Dieu fit Napoléon III et se reposa. »

lution ont de meilleur et de plus progressif ».

Après cette regrettable et fausse appréciation des *Idées napoléoniennes* qui ne s'accordent en rien avec l'esprit de la Révolution, M. Sainte-Beuve regretta l'absence du prince Napoléon dont il loua la remarquable intelligence, l'instruction, les idées élevées sur la démocratie, l'éloquence. « S'il eût été ici, continua l'orateur, vous l'auriez vu défendre cette femme éminente (George Sand) dont il s'honore d'être l'ami. Vous mettez à l'index l'*Histoire des papes*, de Lanfrey ; mais y mettrez-vous aussi ces sots livres défenseurs de l'ultramontanisme condamné par Bossuet ? Vous condamnez même Jean Reynaud, ce grand esprit qui avait soif de l'immortalité, et M. Eugène Pelletan, sans vous demander si ce que vous faites est bien convenable à l'égard d'un membre d'une Assemblée corrélative de la vôtre et d'un livre de morale austère, d'un livre de stoïcien (*la Babylone moderne*). Vous lui adressez une note de blâme qui le ferait réélire s'il ne devait pas être réélu. Il y a plus : les pétitionnaires vous signalent comme dangereux et vous mettez à l'index un ouvrage que l'Académie française a couronné ! »

Les sénateurs impériaux suivaient les traces de ce « zoïle couronné »[1] qui voulait anéantir les poëmes d'Homère et faire enlever de toutes les bibliothèques les ouvrages de Tite-Live et de Virgile.

D'ailleurs, pendant tout le règne de Napoléon III, une congrégation française de l'Index fonctionna sous le nom de *Commission permanente de colportage* ; elle fut créée par M. de Maupas en 1852 ; les noms des agents qui la composaient devraient être livrés au mépris public. Ces Trissotins avaient la grande main sur l'histoire, la science, la philosophie, la littérature ancienne et moderne. Ignorants et tranchants, ils jugeaient les œuvres les plus illustres à la façon de Caligula, qui disait : « Virgile n'avait aucun génie, aucun savoir ; Tite-Live était un historien verbeux et inexact[1]. » Ils frappaient de leur censure grotesque Victor Hugo et Montesquieu, Rabelais et Chateaubriand, Diderot et Michelet, Montaigne et Louis Blanc, Voltaire et Renan, Schiller et Balzac, Bernardin de Saint-Pierre et Cousin, Lamartine et George Sand, Chamfort et Quinet, Duvergier de Hauranne et Pelletan, Vaulabelle et Sarcey, Eugène Sue et Schœlcher.

Ces bâtonnables censeurs avaient leur système des compensations ; ils condamnaient les *Aphorismes* d'Hippocrate, les *Satires* de Perse et les *Pensées* de Fénelon, mais ils couvraient de leur protection les *Mémoires de Thérésa et ses Chansons*, les *Victoires et Conquêtes d'une jolie femme*, les *Mystères du sérail et des harems turcs* ; ils refusaient l'autorisation de vente dans les gares de chemins de fer et celle du colportage à *Ruy-Blas*, à *Marion Delorme*, à *Marie Tudor*, aux *Odes et Ballades*, à *Angelo*, au *Dernier Jour d'un condamné*, à la *Esmeralda* et à presque tous les chefs-d'œuvre du maître, mais ils accordaient le droit de libre circulation aux *Exploits de Rocambole*, à la *Belle Novice*, au *Tableau de l'amour conjugal*, aux *Reines de la nuit*, aux *Rigolbochinettes*, au *Secrétaire des amants* et aux *Quatre Bouquets poissards de Vadé* ; ils mettaient à l'index la *Mare au Diable*, *Jeanne*, *André*, *Horace*, *Silvestre*[2] et beaucoup d'autres livres de Georges Sand, *Cécile*, d'Alexandre Dumas, le *Volontaire*, de Paul Féval, *Sous les tilleuls*, d'Alphonse Karr, les *Mémoires du Géant*, par Nadar[3], les *Mondes*, de Guille-

---

1. Caïus Caligula.

---

1. Suétone.
2. Le prétexte du refus est incroyable ; le voici : « L'auteur se fait, dans ce volume, l'apôtre de la religion du devoir ! »
3. Le refus est ainsi motivé : « On lit dans cet ouvrage plusieurs passages où l'auteur manque complétement de convenances en supposant des entretiens sur un ton impossible entre de hauts fonctionnaires et lui. »

min[1], — mais ils apposaient le timbre sec et le timbre humide — double privilége concédant le droit de vente aux étalagistes et aux colporteurs, — sur les ordures nauséabondes qui portent les titres suivants : les *Fantaisies rigolettes*, le *Sopha*, l'*Art de se faire aimer et de réussir en amour*, les *Gais viveurs*, le *Langage de l'argot*, les *Femmes qui aiment*, *Traversin et Couvertures*, la *Prostitution à Alger*, les *Nuits de la Maison dorée*, les *Maîtresses à Paris*, le *Nouveau Jardin d'amour*, etc., etc. » Et, dans leurs procès-verbaux, les membres de cette commission immorale disent « qu'elle recommande seulement les écrits *dont la diffusion lui paraît nécessaire*, et qu'elle est chargée de diriger la presse des classes inférieures, bien plus importante que la presse destinée à agir sur la classe supérieure ».

On a vu quels étaient les écrits « dont la diffusion paraissait nécessaire » à ces dépravateurs *des classes inférieures*. La liste interminable des livres privilégiés est, comme l'a dit un écrivain justement indigné[2], « le catalogue d'une grande entreprise de dépravation de la France par la diffusion de l'ordure et de l'abêtissement graduel ».

Ce côté honteux du second Empire se cachait dans l'ombre ; on vient de l'en retirer et de l'exposer au grand jour ; un rapport officiel[3] a dévoilé ces turpitudes que, devançant l'histoire, l'opinion publique a flétries.

Le comte de Chambord avait récemment publié une lettre-manifeste que, dans leur monde, les légitimistes faisaient circuler. Il fut ordonné aux préfets de saisir les copies de cet écrit et aux directeurs des postes de retenir et d'adresser à leur chef les lettres qu'ils jugeraient contenir un exemplaire du manifeste bourbonnien. MM. Pelletan et Picard accusèrent, à ce sujet, le directeur général de violer le secret des lettres. « A moins, lui dit M. Pelletan, de posséder les facultés magnétiques qui permettent à vos employés de lire à travers les enveloppes, il a bien fallu décacheter les lettres, les ouvrir, et avoir un atelier pour pratiquer cette opération césarienne. » M Vandal se débattit maladroitement contre cette accusation. « L'examen des signes extérieurs, répondit-il, et la délicatesse exceptionnelle que donne au sens du toucher l'habitude de manipuler les lettres suffisent aux employés des postes pour deviner ce que les enveloppes contiennent. » M. Picard fit justice de ces pitoyables arguments. « La théorie des signes extérieurs, dit-il, ne fera pas fortune dans le pays où Pascal a écrit les *Provinciales*, non plus que l'euphémisme *bureau de retard* par lequel on désigne aujourd'hui le *cabinet noir*. Le gouvernement qui a fait saisir administrativement le livre du duc de Broglie et l'*Histoire de la maison de Condé* par le duc d'Aumale vient encore d'user de la saisie administrative contre la lettre du comte de Chambord ; or un pays où à côté de la justice s'élève ce pouvoir vague et indéfini de l'administration a bien le droit de témoigner sa défiance à un gouvernement qui fouille dans les correspondances des citoyens, au lendemain même du jour où il a la prétention de restaurer la liberté. »

En reproduisant, à peu près, les arguments de M. Vandal, M. Rouher trouva une expression dont la subtilité eût fait sauter d'aise *les vingt-quatre vieillards de l'Apocalypse*[1] : « La lettre, dit-il, est sacrée, respect à elle ; mais l'imprimé est dangereux ; il faut pouvoir le saisir en tout temps. » Ne revient-il pas au

---

1. Le livre d'Amédée Guillemin est jugé ainsi : « Cet ouvrage, d'*un mérite reconnu*, présente cependant des dangers réels, puisqu'il est la négation de la formation du monde par un Dieu créateur. »
2. Eugène Liébert.
3. Rapport très-remarquable de M. Édouard Millaud sur le colportage des journaux et autres écrits imprimés ; il a été déposé, le 18 mars 1878, sur le bureau de l'Assemblée nationale.

---

1. Les vingt-quatre principaux casuistes de la Société de Jésus, qui, selon le père Escobar, représentent les vingt-quatre vieillards de l'Apocalypse, se sont, nul ne l'ignore, rendus célèbres par les *distinctions* subtiles de leur morale relâchée.

même de dire : Nous respectons la lettre, mais, comme elle peut contenir l'imprimé, nous en brisons le cachet? C'est bien là, comme l'avait dit un député à M. Vandal, la violation du secret des lettres organisée.

M. Rouher demanda qu'on passât à l'ordre du jour pur et simple ; à une immense majorité, la Chambre y passa.

Le 25 février, M. Jules Favre se plaignit de ce qu'on eût substitué à l'adresse le droit d'interpellation, « qui est une entrave portée au droit de discussion. En songeant à ses fautes, le gouvernement n'a pas osé braver la discussion générale. Il est bon, s'écria l'orateur, d'étudier quelquefois l'histoire de nos pères ; on leur contestait un droit, ils l'ont pris. »

M. Rouher certifia qu'une pensée libérale avait inspiré cette substitution ; et cet homme qui, l'année précédente, s'opposait brutalement à la moindre concession, rattacha, sans rougir, les réformes *dites* libérales « à un plan *depuis longtemps* tracé et dont il avait reçu la confidence ».

On avait annoncé que M. Émile Ollivier, initiateur de ces réformes et en guerre ouverte avec M. Rouher, rendrait saillantes les contradictions et la duplicité de ce fourbe. Dès que l'ancien *Cinq* parut à la tribune, les mameluks le décontenancèrent par leurs cris ; changeant prestement de gamme et dissimulant son dépit contre la majorité, qu'il tenait à ne pas mécontenter, M. Émile Ollivier, au grand ébahissement de tous les groupes, loua « *les paroles nobles, libérales et loyales* » de son rival détesté ; puis il déclara qu'il s'unirait à la droite pour voter l'ordre du jour. M. Ollivier espérait, dit-on, retirer de ce tour de souplesse le portefeuille si ardemment convoité ; il n'en retira qu'un remerciement de l'empereur.

M. Émile de Girardin, l'un des amis les plus dévoués de M. Ollivier, écrivit, le lendemain, dans la *Liberté* dont il venait de se rendre acquéreur : « M. Émile Ollivier aura toujours mon estime, mais il n'aura plus mon concours, parce que, chef de l'opposition dynastique, il a donné par sa déclaration de confiance et de satisfaction sans réserve, en pleine tribune, sa démission de ministre de la conscience publique. »

Le 14 mars, M. Thiers ayant, dans un discours considérable, démontré « que, l'unité allemande consommée, la France descendrait du premier rang des puissances au second et peut-être au troisième », M. Rouher vint, avec un air de componction, avouer que, « après la bataille de Sadowa, il avait éprouvé de *patriotiques angoisses;* mais que, après réflexion, il trouvait la situation meilleure, car l'Allemagne était divisée en *trois tronçons;* qu'au demeurant, aucune complication ne menaçait, à l'horizon, les désirs communs de paix et de sympathie, et qu'il n'y avait pas une seule faute commise. » Quelques jours après, la publication des traités militaires entre la Confédération du Nord et les États de l'Allemagne du Sud anéantissait la théorie des *trois tronçons* qui, déjà, se rejoignaient. De plus, à l'horizon, surgissait menaçante la question du Luxembourg. A ces paroles de M. Thiers : « *Le gouvernement n'a plus d'alliés,* » M. Rouher répondit : « *Ni d'ennemis;* la Prusse lui a donné toutes les garanties désirables de sa modération; » et il montrait, dans un tableau riant, l'Autriche redevenant notre auxiliaire, les puissances rayonnant, les unes vis-à-vis des autres, dans des sentiments d'harmonie, *et la France grandissant sinon en étendue, du moins en hauteur.* C'est pourquoi ce *grand homme d'État,* « en étudiant ce spectacle, dit à la France d'*envisager, comme lui, l'avenir avec un sentiment de profonde quiétude* ».

Et, comme s'il eût pris à tâche de démentir aussitôt ces assertions pacifiques, le gouvernement présenta une loi de réorganisation militaire, élevant à 1,200,000 hommes l'effectif de notre armée. M. Jules Favre fit ressortir les contradictions des paroles et des actes du gouvernement impérial; aux préparatifs militaires qu'on sollicitait, il opposa « la satisfaction exprimée dans le discours de l'empereur sur l'accomplissement des événements que Napoléon Ier avait prévus du haut du roc de Sainte-Hélène ». Quoique le président Walewski le menaçât de lui retirer la parole, M. Jules Favre continua ainsi : « Ne voir dans ce qui vient de se passer en Allemagne aucun danger pour la France, soutenir que la Confédération est divisée et que la nouvelle organisation crée des intérêts contraires entre les États allemands, c'est tenir un langage puéril en présence de la réorganisation militaire en France et des angoisses patriotiques de Sadowa. Si la satisfaction a fait place à la tristesse chez les membres du gouvernement, il n'en est pas de même du pays. Près de deux milliards d'argent improductif déposé à la Banque et ailleurs témoignent de l'inquiétude générale. »

Attribuant à l'effacement du Corps législatif devant la volonté de l'empereur les justes alarmes de l'Allemagne, l'orateur disait : « Cette nation se voyant en face d'une volonté unique et maîtresse de lancer une armée au delà du Rhin, sans que la Chambre en eût connaissance, a tremblé pour son indépendance et a créé son unité. »

La séance du 18 mars fut troublée par un orage que fit éclater M. Rouher en répliquant à un second discours de M. Thiers : « L'adhésion libre, spontanée, de la nation, dit le ministre, a proclamé Louis-Napoléon au lendemain de Février; elle l'a encore proclamé le 2 Décembre. »

L'évocation de cette date sanglante souleva contre M. Rouher l'opposition tout entière. « Ne parlez pas du 2 Décembre! » lui cria M. Jules Favre. « Ne parlez pas du 2 Décembre devant ceux qu'il a proscrits, » ajouta M. Thiers.

Les députés de la droite échangent avec leurs collègues de la gauche des interpellations, des menaces, des gestes de défi. La sonnette du président ne peut dominer le bruit que font toutes ces voix tumultueuses.

M. Rouher, qui n'a pas quitté la tribune, obtient, pour s'expliquer, un instant de calme : « Je ne comprends pas cette émotion, dit-il; qu'ai-je fait? Je me suis borné à constater une vérité, c'est que, le 2 Décembre, la société a été sauvée de l'anarchie. »

La gauche proteste avec énergie contre cette mensongère affirmation, à laquelle la droite applaudit frénétiquement. M. Rouher traite d'énergumènes les membres de l'opposition. M. Glais-Bizoin lui rappelle le temps où, dans les clubs, il défendait la République de 1848, « et, ajouta M. Garnier-Pagès, vous offriez votre appui au gouvernement républicain. — Vous me léchiez les bottes, alors! » s'écria M. Carnot, toujours si réservé, mais que fit sortir de son caractère paisible l'attitude provocante du ministre d'État.

Encouragé par les applaudissements de ses mameluks groupés dans l'hémicycle, M. Rouher ne tarda pas à manifester encore son outrecuidance par cette nouvelle provocation : « Je le dis bien haut : Ceux qui attaquent les institutions actuelles sont des factieux, rien de plus. »

M. Berryer, se levant, lui adressa ces paroles : « Au langage le plus modéré vous répondez par des injures. » Des députés de la droite, les plus serviles, réclament son rappel à l'ordre et vocifèrent : « C'est la coalition. — Les masques tombent. — Cela prouve l'utilité du 2 Décembre et des casernes de M. Haussmann. » Cette dernière phrase appartient à M. de Piré.

Avant de quitter la tribune, M. Rouher tourna ses regards vers la gauche et cria d'un ton emphatique : « La postérité nous jugera! »

Ce jugement est prononcé et exécuté.

Les comptes rendus officiels ne reproduisirent pas les incidents principaux de cette séance orageuse.

Commencés le 14 mars, ces bruyants débats

Maximilien, empereur du Mexique.

se terminèrent le 18. Deux cent dix-neuf voix contre quarante-cinq déclarèrent que tout ce qui avait été fait en Allemagne était admirable, et que la France pouvait dormir tranquille. MM. Ollivier et Darimon s'abstinrent.

Entièrement abolie par la Révolution de Février comme elle l'avait été par la Révolution française, et rétablie par la réaction triomphante, la contrainte par corps disparut enfin

60.

de nos codes, le 29 mars 1867. Le gouvernement impérial doit être loué pour avoir proposé la suppression de cette loi barbare en matière civile, mais blâmé pour l'avoir maintenue en matière criminelle, correctionnelle et de simple police contre les débiteurs de l'État, malgré les efforts des députés qui combattirent cette restriction regrettable. Espérons que la troisième République, imitant ses deux aînées, fera disparaître les dernières traces d'une loi qui appartient aux siècles de barbarie, que la civilisation repousse, que la justice et l'humanité condamnent.

M. Schneider remplaça au fauteuil de la présidence M. Walewski dont les tendances libérales déplaisaient à l'impératrice, à M. Rouher et à la majorité ; sa disgrâce fut considérée comme « le triomphe de la réaction ».

Le *Moniteur*, je l'ai dit, avait déclaré que « toute interpellation sur la politique extérieure *serait acceptée* ». En conséquence, les *neuf bureaux* en refusèrent une sur la question du Luxembourg. Je vais dire ce qu'était cette question.

On n'ignore pas de quelles illusions s'étaient bercés l'empereur et son entourage au sujet d'une compensation territoriale, et comment les détruisit M. de Bismarck. Voulant, faute de grive, au moins prendre un merle, Napoléon III se rabattit sur le grand-duché du Luxembourg dans la forteresse duquel la Prusse tenait garnison, car il relevait et de la Hollande et de la Confédération germanique. « La Hollande consent, disait M. de Moustier, à le céder à la France, qu'il intéresse au point de vue de la sécurité de ses frontières. » Vers le milieu de mars, les journaux officieux affirmaient que les négociations étaient fort avancées et que « M. Rouher annoncerait bientôt au Corps législatif cette augmentation de territoire ». Un peu plus tard, pendant que M. de Bismarck disait à l'Angleterre : « *Rien n'est fait*, » la presse napoléonienne ne cessait de répéter : « *Tout est fini* ; c'est le 1er avril, jour de l'ouverture de l'Exposition, que l'empereur annoncera l'annexion en échange de 90 millions payés à la Hollande. » Le 24 mars, le roi de Hollande et l'empereur s'étaient, en effet, mis d'accord et les puissances avaient donné leur assentiment à ce marché. Mais à cet accord M. de Bismarck objectait sa crainte d'être débordé par l'opinion vivement surexcitée en Allemagne où, à tort ou à raison, on pensait que le grand-duché devrait appartenir à la Confédération du Nord. Des bruits de guerre circulaient ; la Bourse baissait ; les intérêts de toute nature s'alarmaient. Sur le ton belliqueux, les journaux impérialistes criaient : « L'insuccès de la *noble question du Mexique*, la *loyale* neutralité de 1866 ont atteint dans l'opinion publique le prestige de notre drapeau ; il faut lui rendre son éclat légitime et nécessaire ; IL FAUT ANNEXER LE LUXEMBOURG ! »

Une fois encore, Napoléon III, devant l'opposition de la Prusse, modifia ses desseins. Le 25 avril, dans une circulaire adressée aux agents français à l'étranger, M. de Moustier s'exprimait ainsi : « L'empereur ne veut ni offenser la Prusse ni faire de la cession du Luxembourg une cause de guerre. Il ne désire pas autre chose que la retraite de la garnison. »

Ainsi il ne veut plus de cette annexion que ses journaux proclamaient « *nécessaire pour rendre au drapeau son légitime éclat* » ! Sa Majesté trouve, maintenant, le raisin trop vert. Quand une conférence tenue à Londres eut neutralisé, sous la garantie de l'Europe, le grand-duché dont la forteresse devait être évacuée et démolie, ces mêmes journaux qui avaient si péremptoirement réclamé l'annexion du Luxembourg entonnèrent, par ordre, un chant de victoire. Mais que leur note était peu dans le ton ! De prochaines et grosses complications se prévoyaient. La fabrication de 1,800,000 chassepots fut ordonnée par Napoléon III.

C'est le 13 mai que M. de Moustier annonça au Corps législatif le règlement de la question du Luxembourg ; elle avait fourni à M. Rouher une occasion de poursuivre son système de mensonges. Le 8 avril, à la tribune, il avait affirmé que « la question du Luxembourg n'était pas entrée dans la voix diplomatique, *et qu'il n'existait aucune dépêche émanant du gouvernement français.* » Or, dans *le Livre jaune* où sont contenus les documents qui se rapportent à la politique extérieure, on trouve *sept dépêches* relatives à cette question et dont la date est antérieure à celle du jour où M. Rouher articulait son affirmation.

Reprenant le rôle si étrangement abandonné par M. Ollivier, M. Latour du Moulin s'étonna que M. Rouher ne fût pas sorti du ministère plutôt que de se donner un démenti à lui-même en prenant la défense de réformes dont il s'était déclaré l'adversaire. L'orateur du tiers-parti ayant voulu écarter du chef de l'État la responsabilité des actes du ministère, M. Picard lui dit : « L'empereur fait tout ; il gouverne seul; ses ministres ne sont que les exécuteurs de sa volonté; il est inconstitutionnel de faire peser sur eux une responsabilité qui revient toute à l'empereur. » Et l'orateur de la gauche déduisait les funestes conséquences d'un système s'incarnant dans un seul homme; les mamelucks étouffèrent sa voix, et ils étranglèrent la discussion dès qu'ils entendirent M. Jules Simon appuyant la doctrine que venait d'exposer M. Picard et revendiquant « *toutes les libertés, car elles se tiennent toutes et nous manquent toutes.* »

M. Ollivier reprit, quelques jours plus tard, la thèse puérile soutenue par M. Latour du Moulin; il accusa les ministres « d'empêcher le chef de l'État de s'avancer dans la voie libérale et M. Rouher, *vice-empereur sans responsabilité*, de s'opposer de toutes ses forces au développement de la liberté parlementaire. »

MM. Thiers et Jules Favre remirent sur le tapis l'entreprise mexicaine; M. Rouher la glorifia encore et dit : « *Le prestige de la France n'en est pas diminué.* » Dans un mouvement d'indignation, M. Jules Favre lui jeta ces paroles qui le firent pâlir : « Vous avez compromis les finances de la France, vous avez fait du sang de la France un usage qui doit peser sur vos consciences : dans un pays libre, vous seriez mis en accusation. »

Le lendemain de cette séance, l'empereur, dont la nébulosité intellectuelle s'épaississait tous les jours à la suite des excès de plaisir auxquels il se livrait, envoya à M. Rouher une lettre affectueuse et la grand'croix de la Légion d'honneur en diamants, « pour lui faire oublier les attaques *injustes* dont il est l'objet ». — « *Ce témoignage d'estime, cette attention amicale,* » comme disait Napoléon III dans sa lettre, ayant été motivés par une nouvelle glorification de l'entreprise mexicaine, je vais en raconter les dernières phases. En rapprochant de la catastrophe qui la termina l'indécente apologie que M. Rouher venait d'en faire et la récompense donnée par l'empereur à son ministre d'État, tout le monde pensera avec M. Jules Favre que, dans un pays libre, M. Rouher eût été mis en jugement, et, avec moi, que Napoléon III était sous les atteintes d'un affaiblissement du cerveau.

Entre Napoléon III et Maximilien, le désaccord était devenu de plus en plus vif. Les agents français prélevaient, à la Vera-Cruz, malgré la résistance des fonctionnaires mexicains, les droits d'importation sur les marchandises débarquées, et, par ordre de Maximilien, elles étaient retenues à la douane de Mexico. Le maréchal Bazaine, le général Castelnau, le ministre de France Dano et M. de Maintenant, inspecteur général des finances en mission, décidèrent, le 1er janvier 1867, que, « de gré ou de force, les marchandises retenues seraient délivrées aux destinataires. *L'Ère nouvelle* publia cette décision que M. de Maintenant avait signée.

M. de Péreda, sous-secrétaire d'État au ministère des affaires étrangères, protesta « solennellement et formellement, au nom de Sa Majesté, contre des procédés aussi irréguliers qu'attentatoires aux droits de la nation et à l'autorité du souverain, rendant responsables les représentants de la France à Mexico, devant toutes les nations civilisées, du conflit produit par de tels procédés et de toutes les conséquences ».

En même temps, un « avis au commerce » prévenait les négociants ayant à la douane de Mexico des marchandises expédiées de la Vera-Cruz avec des documents non conformes aux lois de l'empire que les représentants de la France étaient sans autorité pour ordonner la sortie desdites marchandises dont les propriétaires, si elles étaient retirées sans un règlement préalable avec l'administration des rentes mexicaines, resteraient sujets à l'application des lois fiscales en vigueur.

L'ingénérosité de Napoléon III à l'égard de Maximilien, qu'il privait de ses dernières ressources après avoir oublié lui-même ses engagements formels, fait naître dans l'esprit d'un historien cette double question qui nous ramène à la véritable cause d'une aventure si fatale à la France : « Puisque notre gouvernement se montrait si rigoureux dans ces derniers temps où l'arrêt de sommes minimes améliorait peu le sort de nos nationaux et l'état de notre trésor, pourquoi avait-on permis de compter douze millions au seul Suisse Jecker, naturalisé Français d'hier? Pourquoi laissait-on primer les intérêts de nos vrais compatriotes par cette créance d'origine douteuse ? »

Ah! les quelques millions que M. de Morny retira de cette créance coûtent cher à la France !

Maximilien avait déclaré « qu'il ne voulait pas rentrer en Europe dans les fourgons de l'armée française », et refusait d'abdiquer. Le général Castelnau demanda sans doute à son maître s'il fallait l'y contraindre, car, dans un télégramme du 10 janvier, Napoléon III enjoignait à son aide de camp de ne point forcer l'empereur à abdiquer, mais de ne pas retarder le retour des troupes et de rapatrier tous ceux de nos nationaux qui ne voulaient pas rester au Mexique.

Le 14 janvier, Maximilien avait réuni quarante cléricaux à la tête desquels figuraient l'archevêque Labastida et le P. Fischer; ils décidèrent, contrairement à l'opinion du maréchal Bazaine consulté par l'empereur, que celui-ci devait lutter, sans se préoccuper de la volonté des populations partout soulevées, et reconnurent qu'il était inutile d'en référer à un congrès national.

Dans l'exposé dont il avait envoyé une copie à Maximilien et qu'il lut aux membres de cette réunion, Bazaine démontrait l'inutilité d'une résistance à la volonté manifeste des populations : les garnisons impériales mexicaines évacuant, sans tirer un coup de fusil, les principales places fortes et suffisamment armées, — le système fédéral rétabli dans la plus grande partie du territoire, — l'ennemi harcelant, bloquant les garnisons qui n'avaient pas encore lâché pied et leur coupant toutes relations avec le gouvernement central, et, comme conséquence immédiate, la paralysation du commerce, des travaux agricoles et industriels produisant un mécontentement profond dans tout le pays et un manque absolu de ressources pour contenir les troupes dans leur devoir, tel était le tableau que faisait Bazaine et telle était la réalité de la situation du Mexique en 1867, cinq ans après la mise en œuvre « de la plus belle pensée du règne » ! La consultation ne laissait aucun doute sur l'état désespéré de la monarchie engendrée par Napoléon III, et se terminait par des considérations que je résume : Au point de vue militaire, impuissance des forces impériales ; leurs opérations ne peuvent aboutir qu'à prolonger la guerre civile par des mesures arbitraires, à démoraliser et à ruiner le pays ; — au point de vue financier, impossibilité de retirer d'un pays sans administration régulière les moyens nécessaires au maintien du gouvernement impérial ; — au point de vue politique, évidence que la majorité de la nation est « *bien plus républicaine qu'impérialiste*, » probabilité, conséquemment, que son vote serait défavorable au système actuel en admettant — chose douteuse — qu'elle consentît à voter. — Donc, concluait Bazaine, « il me paraît impossible que Sa Majesté puisse continuer de gouverner le pays dans des conditions normales et honorables pour sa souveraineté, sans descendre au rang d'un chef de partisans, et il est préférable pour sa gloire et sa sauvegarde qu'Elle fasse la remise du pouvoir à la nation. »

A l'unanimité moins cinq voix, les quarante cléricaux réunis sous la présidence de l'archevêque Labastida se prononcèrent pour la continuation d'une lutte insensée; c'était envoyer à la mort le prince étranger qui avait été choisi pour être l'instrument de leurs desseins sur la liberté de leur pays.

L'armée française mit en vente, à vil prix, un nombre considérable de chevaux, de mulets et de harnachements; aussitôt le général Porfirio Diaz proclama, au nom de la République mexicaine, que « tous bagages, transports, animaux etc., ayant appartenu à l'armée d'invasion seraient saisis par les autorités constitutionnelles, même dans les mains des acquéreurs, lesdits objets étant contrebande de guerre et, comme tels, appartenant à la République ».

L'échange des prisonniers se fit avec courtoisie; les généraux républicains faisaient escorter les blessés et les convalescents français; le général en chef de l'armée républicaine du Centre écrivit, le 19 janvier, au colonel chef de cabinet : « Vous pouvez assurer, en mon nom, au maréchal, que ses compatriotes, qui doivent traverser les chemins de Morella à Mexico, seront entièrement respectés dans leur personne et dans leurs intérêts sur toute la ligne de mon commandement, et je donne des ordres pour prévenir tout contre-temps ».

Les poudres du corps expéditionnaire furent noyées dans la Sequia; nos soldats brisèrent les projectiles destinés aux canons rayés qu'on ramenait en France et qui ne pouvaient servir aux canons lisses des Mexicains. Le 5 février, le drapeau tricolore ne flottait plus sur le quartier général à Mexico. Le général Castelnau reprit la route de Vera-Cruz où, le 15, il s'embarqua sur un steamer de la Compagnie transatlantique.

Ortega, dont le gouvernement de Napoléon III patronnait la candidature à la présidence de la République mexicaine afin de créer des obstacles à l'affermissement du pouvoir de Juarez, fut arrêté à Brazos par les Américains. Déjà Bazaine avait fait proposer à Porfirio Diaz « de remettre en ses mains les villes occupées par les Français, de lui livrer Maximilien, Marquès et Miramon et de le proclamer président, à la condition qu'il rendrait à Napoléon III le service de lui permettre de dire, par l'intermédiaire de M. Rouher, au Corps législatif : *La dette et les emprunts français ne courent aucun risque*[1] ».

Le 11 mars, les derniers soldats de l'armée française qui avaient jonché d'équipements, d'armes, de mourants et de morts la route de Mexico à Vera-Cruz, s'embarquaient. Le maréchal avait brusqué cet embarquement après avoir levé, en toute hâte, le camp d'Orizaba « où il craignait, dit-on, d'être enlevé avec ses immenses bagages, abandonnant pour plusieurs centaines de mille francs de provisions de tout genre [2] ».

« Dans ce grand naufrage, tout s'engloutissait : les intérêts de nos nationaux, qui avaient été le prétexte de la guerre, comme les deux emprunts français qui avaient servi à la conduire à ce sinistre résultat. A la surface avait surnagé la seule créance de Jecker qui avait obtenu douze millions et demi *payés avec l'argent français*[3]. »

Subjugué par les prêtres, Maximilien essuyait partout des revers; Miramon était battu dans le Nord; les villes remises par les Français aux commissaires impériaux étaient livrées aux juaristes. Le 7 avril, Porfirio Diaz, qui venait de s'emparer de Puebla, adressa un ordre du jour à son armée. « Mexi-

---

1. Lettre du général Porfirio Diaz au ministre de Juarez, aux États-Unis.
2. Taxile Delord, *Histoire du second Empire*, t. V.
3. Le comte de Kératry, *l'Élévation et la Chute de l'empereur Maximilien*.

cains, disait le général victorieux, avec les fusils pris à l'ennemi, la place, non sans raison dénommée invincible, puisque les premiers soldats du monde n'ont pu la prendre d'assaut, a cédé au premier effort de votre valeur entraînante. Toute la garnison et l'immense matériel de guerre réuni par l'ennemi sont les trophées de notre victoire. »

Le P. Fischer, qui n'avait tenu à Maximilien aucune de ses promesses, interceptait les correspondances, et sa volonté décidait sur tout : il régnait et gouvernait à Mexico. Les désertions avaient réduit à 9,000 hommes — Autrichiens, Mexicains et Belges — l'armée qui accompagna son empereur à Morella, capitale de l'État du Michoacan. Les républicains s'étant emparés de Zamora, deuxième ville de cet État, tandis qu'une autre de leurs armées allait investir Mexico, Maximilien se rendit à Queretaro où ses soldats le rejoignirent et dont, le 4 mars, les généraux Escobedo et Corona commencèrent le siège qui, tous les jours, se resserrait. Les assiégés firent de stériles sorties et tentèrent vainement de franchir les lignes républicaines. Les réquisitions et les emprunts forcés épuisèrent les ressources des habitants que la famine décimait. Les soldats, exténués comme les bourgeois, pénétraient violemment dans les maisons pour y chercher des vivres qu'ils n'y trouvaient pas. La misère et le découragement produisaient les murmures et les plaintes qui sont les avant-coureurs des révoltes. Maximilien, qui avait passé en banquets, fêtes et revues les premières semaines du siège, voulut se dérober aux cris de malédiction qui s'élevaient contre lui; il fit demander à Escobedo « l'autorisation de gagner secrètement le port le plus voisin d'embarquement ». Un refus accueillit cette demande.

Dans la nuit du 15 mai, des soldats républicains surprirent les sentinelles placées à l'une des embrasures du couvent de la Cruz transformé en citadelle, pénétrèrent dans l'intérieur et appelèrent, au son des cloches, l'armée assiégeante. Poussés par l'épouvante, les impériaux cherchent un refuge dans la ville.

Aux premières lueurs du jour, un groupe de cinq individus se dirige vers la place de la Cruz; l'un d'eux a la tête couverte d'un large chapeau de feutre blanc et dissimule un uniforme sous un paletot : c'est l'empereur Maximilien. Les autres sont le général Castillo, deux aides de camp du prince déguisés comme lui et le colonel Lopez : « Laissez passer ces quatre civils, » dit ce dernier au chef des juaristes rangés en bataille sur la place. Les fugitifs passent et se dirigent vers une hauteur nommée *le cerro de las Campanas* — la colline des cloches, — et surmontée d'une redoute dans laquelle se sont massés les impériaux. Les républicains tournent contre ce dernier refuge de l'armée cléricale les canons des remparts. Bientôt, au sommet de la redoute criblée de boulets, le drapeau blanc est arboré. Le bombardement cesse. Un aide de camp de l'empereur paraît et demande Escobedo qui se présente entouré de son état-major. Maximilien sort de la redoute, marche vers le général, le salue et le prie de faire quelques pas avec lui. « Me permettez-vous, demande le prince, de me rendre, sous la garde d'une escorte, à un point quelconque de la côte où je m'embarquerai pour l'Europe? Je jure, sur mon honneur, de ne plus mettre les pieds au Mexique. — Il m'est impossible, répondit Escobedo, de vous accorder cela. — Traitez-moi donc en prisonnier de guerre, dit Maximilien ; voici mon épée. » Le général ordonna au chef de son état-major de la recevoir. On conduisit l'ex-empereur, Miramon et Mejia au couvent des Capucines.

Le 15 juin, après de nombreux sursis accordés aux défenseurs, les trois prisonniers furent traduits devant un conseil de guerre qui, le lendemain, prononça contre eux une sentence de mort.

Le 19, à six heures du matin, les condamnés que trois prêtres accompagnaient arrivèrent sur le plateau de *las Campanas*; on leur lut la sentence qui les avait frappés ; Maximilien dit qu'il mourait pour *l'indépendance et la liberté du Mexique* ; Miramon cria : « Vive l'empereur ! » Mejia couvrait de baisers un crucifix. L'officier qui commandait le peloton d'exécution leva son épée, et les trois condamnés tombèrent.

La conduite de Ferdinand-Maximilien de Habsbourg était rappelée dans une lettre du ministre de la guerre de Juarez au général Escobedo ; je la résume : Instrument principal de l'œuvre d'iniquité commise par une intervention étrangère liguée avec la trahison, l'archiduc a répandu sur la République tous les crimes et toutes les calamités possibles ; sans autre titre que quelques votes dénués de valeur puisqu'ils furent imposés par les baïonnettes étrangères, il a opprimé le peuple, détruit la Constitution et les lois, promulgué un décret barbare prescrivant l'assassinat des citoyens qui défendaient l'indépendance et les institutions de leur pays, ordonné de sanglantes exécutions en vertu de ce décret ; il a fait brûler par les soldats de l'envahisseur étranger des villes entières, assassiner des milliers de défenseurs de la patrie ; lorsque l'armée de l'invasion se fut retirée et que la République tout entière se soulevait contre lui, il a rassemblé autour de sa personne les plus corrompus et les plus cupides fauteurs de guerre civile ; il a employé tous les moyens de violence, de déprédation, de dévastation et de mort pour soutenir jusqu'au bout son faux titre d'empereur.

Plusieurs gouvernements essayèrent de soustraire à une terrible expiation ce prince qu'on eût pu fusiller sur-le-champ en lui appliquant son propre décret du 3 octobre 1865. Les protecteurs de Maximilien ont prétendu que, dans son intention, les effets de ce décret atroce devaient être uniquement comminatoires ; ces gens-là feignent d'ignorer que les généraux Salazar, Arteaga et tant d'autres patriotes furent exécutés, à titre de libéraux et en vertu de ce décret ; en outre, le prince a fourni, lui-même, la preuve qu'il en exigeait la rigoureuse application : le général Riva Palacios ayant été pris sous le drapeau républicain, Maximilien fit écrire au maréchal Bazaine, le 16 novembre 1865, par le chef de son cabinet militaire : « Le général Palacios ne doit pas être passé par les armes. C'EST LA SEULE EXCEPTION *que, pour des motifs spéciaux* [1], L'EMPEREUR ENTEND FAIRE AU DÉCRET DU 3 OCTOBRE ». Est-ce clair ?

On a dit que la responsabilité de la mort de Maximilien appartenait tout entière à Napoléon III, — ce n'est pas mon avis, — et on a ajouté qu'il la porterait devant l'histoire, — ce serait injuste. Qu'il porte la plus large part de la responsabilité des crimes commis par le prince, à la bonne heure, car il retira l'archiduc de sa retraite de Miramar et le poussa à les commettre après lui en avoir fourni tous les moyens. Qui donc est responsable de la mort du supplicié de Queretaro ? Le P. Fischer, les cléricaux mexicains, et lui-même. En décembre 1866, Maximilien était hors de tout danger et près de monter sur une frégate autrichienne qui devait le ramener en Europe et à bord de laquelle se trouvaient déjà les bagages impériaux. Ce fut alors que le P. Fischer et les cléricaux mexicains, ravivant l'ambition du prince et sa passion du pouvoir, ramenèrent dans son âme faible et accessible à toutes les dominations des illusions qu'une lettre de S. M. Eugénie avait récemment flattées : « Le jeune empereur se plaisait à dire que cette missive qui avait eu pour but de guérir la plaie ouverte par les mesures du gouvernement français *l'avait bien réconforté* [2]. » A leurs promesses d'argent et de soldats, les cléri-

---

1. Ce général avait traité des prisonniers belges avec beaucoup d'humanité.
2. De Kératry, *l'Élévation et la Chute de Maximilien.*

caux ajoutaient l'amorce de voluptés que le prince regrettait; il avait dans le cœur une passion qui dominait sa raison et à laquelle il s'abandonnait quand tout s'écroulait autour de lui. « L'empereur et l'empire restent ici, écrivait un de nos officiers supérieurs, ce qu'il y a de plus impopulaire, et chacun s'attend à voir disparaître l'un et l'autre. Ne va pas croire que Maximilien en soit si affecté que cela, car sa grande préoccupation est d'aller continuellement à Cuernavaca voir une jeune Mexicaine dont il vient d'avoir un fils, ce qui l'enchante au delà de toute expression. Il est fier d'avoir ainsi affirmé son aptitude à la paternité qui lui était fort contestée. Pendant ce temps-là, le pays reste sans direction, sans confiance et sans le sou [1]. » Maintenant on sait pourquoi, oubliant sa malheureuse femme dont il eût peut-être, en se rapprochant d'elle, guéri la folie naissante, Fernand-Maximilien de Habsbourg reprit le chemin qui devait le mener à Queretaro, « après avoir voulu, l'armée française étant partie, continuer à répandre stérilement le sang des Mexicains et poursuivre son œuvre de désolation et de ruine en compagnie de quelques hommes connus par leurs vols et leurs assassinats [2] ».

Le 20 avril 1864, Pie IX avait béni Maximilien et son épouse agenouillés au bas du grand escalier du palais Marescotti où Sa Sainteté était allée leur rendre la visite qu'ils lui avaient faite, la veille, au Vatican. Le lendemain, les deux époux reprenaient, à Civita-Vecchia, la frégate autrichienne *Novara* qui les porta au Mexique où, malgré la bénédiction donnée à leur entreprise par le souverain pontife, l'un perdit la vie et l'autre la raison.

Comptons ce que « *la plus belle pensée du règne* » nous coûta : trois cent soixante-trois millions cent cinquante cinq mille francs en crédits extraordinaires, plus d'un milliard sur les budgets ordinaires de la guerre et de la marine, quatre cents millions frauduleusement arrachés aux souscripteurs que le gouvernement impérial trompait, enfin, le dixième, au moins, de l'élite de notre armée et un matériel considérable de marine et de guerre. « En France, les yeux les plus obstinément prévenus en faveur de Napoléon III se dessillèrent; la confiance de ses propres amis s'affaissa. A l'étranger, le charme était rompu et le prestige du second Empire à jamais éclipsé [1]. »

La flotte qui ramenait du Mexique les troupes françaises entrait, le 5 mai, en rade de Toulon. Le préfet maritime exécuta des ordres reçus en ne rendant à Bazaine aucun des honneurs militaires qui sont dus à un maréchal de France. Mais la disgrâce de cet officier supérieur fut de courte durée; il possédait, assure-t-on, des documents qui mettaient toutes nues les hontes de l'association Jecker-Morny et celles dont le gouvernement impérial s'était couvert tant par ses manœuvres en faveur des deux associés que par ses agenouillements devant les injonctions du gouvernement des États-Unis. A la suite d'un entretien secret avec Napoléon III, le maréchal Bazaine fut appelé au grand commandement de Nancy dont on venait de reconnaître l'onéreuse inutilité et de projeter la suppression.

Les survivants de l'armée expéditionnaire « par laquelle certains généraux avaient fait assassiner des prisonniers, incendier des populations entières, décimer plusieurs villes, donner la mort, sur un simple soupçon, sans aucune espèce de jugement, à des personnes sans défense, à des vieillards, à des êtres qui n'avaient pas pu prendre les armes contre elle [2] », gagnèrent, sans tambour ni trom-

---

1. Lettres du lieutenant-colonel de Galliffet, *Papiers des Tuileries*.
2. Lettre de M. Lerdo de Tejada, ministre des affaires étrangères du Mexique, à M. Seward.

1. *Le Dernier des Napoléons*.
2. Lettre de M. Lerdo de Tejada à M. Seward.

Mort de Maximilien à Queretaro.

pette, les divers cantonnements qu'on leur assigna.

Les fêtes et les joies auxquelles donnait lieu l'Exposition universelle de l'industrie étaient, alors, dans leur épanouissement. Cette solennité internationale attira dans Paris presque tous les rois, empereurs, princes et grands personnages de l'Europe; il en vint d'Égypte, de Turquie et de l'extrême Orient. L'affluence des étrangers était énorme. La démoralisation engendrée par le second Empire et dont, une dernière fois, j'aurai à parler, étalait, au milieu d'un faste insolent, tous les vices auxquels s'abandonnent les nations déclinantes. Le roi Guillaume, le général de Moltke et M. de Bismarck contemplaient, avec une satisfaction profonde, cette profusion de dépenses éclatantes et folles, ce sybaritisme et ces corruptions au sein desquels s'énervait, excité par l'exemple de son souverain dont les sensualités dépravaient le jugement, un peuple que la Prusse aurait bientôt à combattre. Aussi les Prussiens se livraient-ils « à des critiques railleuses, à des manifestations grossières; ils se targuaient de leur prochaine campagne contre la France et du châtiment qu'ils infligeraient *à la moderne Babylone* ». Le diplomate qui avait fait cette remarque douloureuse ajoute : « Nous nous souvenons d'un dîner d'officiers allemands, où l'un d'eux porta un toast *à la prise de Paris !* Lors de la grande revue, nous rentrions à Paris, précédant de quelques pas l'empereur et son état-major. Sur l'avenue, un orchestre militaire prussien exécutait un air de la *Dame blanche*. Un officier arrive au galop, criant : *L'empereur ! jouez l'air national !* Et le chef de musique prussien, d'un air goguenard, dit à ses musiciens, en allemand : *L'air triomphal de notre entrée à Paris* [1] ! »

Cette revue de soixante mille hommes commandés par le maréchal Canrobert fut passée le 6 juin. Après le défilé des troupes, vers cinq heures, les calèches des souverains étrangers se rapprochaient de la cascade ; la détonation d'une arme à feu se fit entendre, et une balle traversa les naseaux du cheval que montait un écuyer de l'impératrice ; cette balle était destinée au tzar qui, avec ses deux fils et Napoléon III, occupait la première calèche. Un Polonais, nommé Berezowski, dont le poignet droit avait été fracassé par le canon du pistolet d'où était partie la balle et qui creva, fut arrêté. Des mouchards se précipitèrent sur cet homme qui supportait, avec un grand calme, l'atroce douleur que lui causait sa blessure, et, si on ne les en eût empêchés, ils l'auraient massacré sur place. C'était un jeune ouvrier mécanicien âgé de dix-huit ans ; il était aimé dans la pension où, grâce à ses économies, il venait de passer six mois pour apprendre la langue française. Le second trimestre écoulé, il avait quitté, n'en pouvant payer un nouveau, l'institution dont le chef dit aux jurés : « Je regrette que Berezowski ne m'ait pas fait connaître le motif qui l'a obligé à me quitter ; je l'aurais gardé pour rien ; je l'aimais et tout le monde l'aimait chez moi. Son caractère est fort doux, ses mœurs sont irréprochables. » Emmanuel

---

1. *Le Dernier des Napoléon.*

Arago le défendit éloquemment et fit admettre par le jury les circonstances atténuantes. Berezowski fut condamné, le 15 juillet, aux travaux forcés à perpétuité. Le tzar s'irrita de ce qu'on n'eût point prononcé une sentence de mort contre ce jeune homme qui avait déclaré être dans son droit en frappant l'oppresseur de la Pologne, « tout en regrettant d'avoir accompli son acte patriotique dans un pays pour lequel il n'éprouvait que des sentiments de reconnaissance ».

Victor-Emmanuel fut le seul monarque européen qui s'abstint de venir à Paris ; son gouvernement échangeait alors des notes aigres avec celui de Napoléon III. Voici à quel propos : le général Dumont était parti pour Rome, le 25 juillet, avec une mission qui, *d'après le Moniteur*, se bornerait à l'inspection de la légion d'Antibes désorganisée par les désertions ; le cabinet de Florence considérait cette mission comme étant une violation du traité du 15 septembre, et il s'en plaignait avec raison, car la conduite du général français qui s'ingérait dans les affaires intérieures de l'État romain démentait l'assertion du *Moniteur*.

Pendant que les relations entre les deux cabinets de Florence et de Paris se tendaient, Napoléon III avait, à Salzbourg, le 17 août, une entrevue avec François-Joseph. M. de Bismarck crut à des négociations tendant à nouer une alliance entre les deux empereurs et prit des mesures pour se mettre en garde contre cette éventualité. En revenant de Salzbourg, l'empereur s'arrêta dans quelques villes du Nord. A Lille, il reconnut qu'« *il y avait des points noirs à l'horizon* » ; à Amiens, il déclara que « la France pouvait compter sur le maintien de la paix, *l'extérieur ne devant causer aucune appréhension* ». Ces contradictions n'étaient pas de nature à rassurer les esprits tenus sans cesse en inquiétude par une duplicité devenue proverbiale et par une politique de casse-cou.

En Italie, l'agitation se propageait. Plusieurs centaines de patriotes divisés en deux groupes que Menotti et Corrioti commandaient entrèrent, le 27 et le 29 septembre, dans les États pontificaux par le nord et par l'ouest, tandis que d'autres garibaldiens y pénétraient par le sud, du côté de Naples. Une lutte ne tarda pas à s'engager entre ces volontaires et les soldats du pape. Aussitôt les cléricaux français et leurs évêques sommèrent Napoléon III d'entreprendre une nouvelle expédition romaine; il hésitait. Un Conseil fut tenu à Saint-Cloud; l'impératrice y assistait; elle réclama impérieusement une intervention immédiate. Victor-Emmanuel proposait une occupation mixte des États romains. Soutenue par M. Rouher, S. M. Eugénie fit repousser la proposition du roi d'Italie; cédant à ces influences néfastes, l'empereur ordonna qu'on dirigeât une division active sur Toulon. Garibaldi trompa la surveillance dont il était l'objet et alla prendre le commandement des volontaires qui, le 26 octobre, se fortifiaient sur la colline de Monte-Rotondo enlevée par eux aux troupes pontificales. Le 30, deux divisions françaises sous les ordres du général de Failly débarquèrent à Civita-Vecchia; le lendemain, le général Dumont, qui *depuis le 25 juillet* inspectait la légion d'Antibes, entra dans Rome à la tête de la brigade de Polhes.

Le 3 novembre, trois mille pontificaux et deux mille Français armés du nouveau fusil chassepot marchèrent vers le Monte-Rotondo. Le lendemain, l'attaque de Mentana, village que les garibaldiens avaient mis en état de défense, commença; ils capitulèrent après avoir bravement soutenu des combats qui s'étaient renouvelés jusqu'au 6; très-inférieurs en nombre et mal armés, ils laissèrent sur le champ de bataille six cents morts ou blessés. Le général de Failly termina sa dépêche tristement fameuse par ces mots : « *Les chassepots ont fait merveille.* » Nous retrouverons, sur un autre champ de bataille, ce général dont l'incapacité militaire accroîtra nos désastres et qui avait conquis, ce fut, hélas! son unique conquête, la protection de l'impératrice par son habileté à mener le *cotillon*, sorte de danse ridicule et maniérée dont raffolait cette frivole Majesté.

Arrêté à Figline, Garibaldi fut conduit dans un fort voisin de la Spezzia; il en sortit bientôt, au milieu des démonstrations enthousiastes que lui faisait l'Italie et des cris de colère qu'elle poussait contre Napoléon III. En France, les classes démocratiques partageaient la colère des Italiens.

Au moment où les restes de Maximilien, que le gouvernement mexicain avait fait embaumer et que la famille des Habsbourg réclama, venaient d'être ramenés en Europe, François-Joseph, empereur d'Autriche et frère de l'archiduc supplicié, banquetait, à l'Hôtel de Ville de Paris, en compagnie de Napoléon III et d'Eugénie! Ne voulant pas s'associer à cette profanation d'un deuil de famille aussi récent et mettre sa main dans les mains de ceux qui avaient entraîné son beau-frère à des crimes dont le drame de Queretaro fut le châtiment, l'impératrice d'Autriche était restée à Vienne. A leur sortie de l'Hôtel de Ville, les deux empereurs furent accueillis par les cris mille fois répétés de « Vive l'Italie! Vive Garibaldi! » C'était une protestation contre le gouvernement impérial qui favorisait l'engagement des royalistes bretons dans l'armée du pape et les souscriptions ouvertes par les familles cléricales en faveur des blessés papalins, tandis qu'il refusait aux journaux démocratiques l'autorisation de convier leurs lecteurs à secourir les blessés garibaldiens. Cette iniquité augmentait l'irritation causée par la seconde expédition de Rome.

Des républicains français avaient résolu de donner aux Italiens un témoignage de sympathie. Les restes de Daniel Manin mort à

Paris, le 22 septembre 1857, avaient été déposés dans le caveau de famille du peintre Ary Scheffer. Le 2 novembre 1867, des ouvriers et des bourgeois, en assez grand nombre, se rendirent au cimetière Montmartre; ils portaient, les uns des couronnes et les autres des bouquets d'immortelles destinés au tombeau provisoire de l'illustre défenseur de Venise, du grand citoyen dont la vie, consacrée toute entière à son pays, n'eut aucune tache. Ils trouvèrent le cimetière rempli de soldats et la tombe du patriote vénitien entourée de sergents de ville; ils passèrent devant elle en la saluant. Plusieurs d'entre eux voulurent déposer les couronnes et les bouquets sur le tombeau de Godefroy Cavaignac; des agents de police travestis en ouvriers et en bourgeois les arrêtèrent.

La mort de M. Fould donna lieu à un remaniement ministériel. M. Magne reprit le portefeuille des finances qu'il avait tenu déjà. Les prétendants à celui de l'intérieur étaient nombreux, mais où était l'homme d'État réunissant les qualités nécessaires pour occuper un poste aussi éminent? L'empereur posa cette question à M. Rouher qui, dans un rapport assaisonné du sel gaulois et d'un fiel emmiellé, y répondit avec beaucoup de finesse. Cette estimation humoristique des personnages les plus éminents du second empire est instructive et mérite d'être analysée.

M. Rouher énumère, d'abord, *les aptitudes très-diverses* qu'exigent *les tâches multiples* s'imposant au nouveau ministre « dont la désignation a, dans les circonstances actuelles, une importance exceptionnelle, » et il indique *le difficile* programme à accomplir : « Je vais, dit-il ensuite, passer en revue tous les personnages qui m'ont paru plausibles, et dire à Votre Majesté ce que je pense de chacun. »

Parmi les membres de la haute magistrature, un seul « lui paraît avoir révélé des prétentions ou un esprit politique : c'est M. Millevoye, procureur général à Rouen ; il est observateur délié et perspicace, juge bien les événements et les hommes, » mais on lui impute « des défauts de caractère, notamment de la duplicité ».

Dans la liste des préfets, le ministre d'État ne trouve que quatre noms à produire : MM. Haussmann, Piétri, Leroy et Chevreau.

M. Haussmann « a tout en grand, les qualités et les défauts, » mais il n'accepterait peut-être pas le programme arrêté par Sa Majesté, et, d'un autre côté, il renoncerait difficilement à l'administration du département de la Seine.

M. Piétri, le préfet de police actuel, est « un homme probe, intelligent, dévoué, *un fidèle* dans toute l'acception du mot, » mais, « pourrait-il affronter les polémiques de la tribune »?

A M. le baron Leroy, « doué d'une facilité d'élocution et d'une dextérité de parole qui feraient de lui ce que les Anglais appellent un bon *debater*, on reproche « de la mollesse de caractère et une sorte de scepticisme politique ».

M. Chevreau donne « la juste espérance d'une réelle aptitude aux luttes parlementaires, mais il subit volontiers tous les entraînements ; l'*odor della femina* le fait volontiers dévoyer ».

Huit membres du conseil d'État peuvent seuls être mis en vue : M. Vuitry, qui n'échangerait pas « sans un vif déplaisir » sa présidence contre le portefeuille de l'intérieur; — M. de Parieu qui « n'a, à aucun degré, les conditions de caractère voulues pour ces fonctions »; — M. Duvergier, qui est un vieillard; — M. de Lavenay que recommandent la capacité, le talent oratoire, l'amour du travail, mais dont « les arêtes un peu anguleuses et la voix glapissante impressionnent défavorablement » ; — M. Riché, orateur distingué, esprit philosophique et fécond, mais indécis, rêveur, « atteint d'une maladie d'estomac qui se traduit par des appétits désordonnés »; M. Genteur, orateur éminent, mais qui n'a pas réalisé les espérances que ses débuts avaient fait concevoir et dont le caractère a des allures peu nettes.

M. Rouher arrive à M. Pinard, un favori de l'impératrice; aussi le favori de l'empereur use-t-il de ménagements excessifs avec ce candidat puissamment soutenu; il rend justice aux qualités de ce « magistrat-orateur » qui a une réputation au Palais et au Conseil d'État; il donnera, probablement, au Corps législatif, la mesure de sa puissance oratoire. « Au point de vue de la tribune » M. Rouher n'hésiterait pas à proposer ce choix; mais « lancer un homme jeune encore dans une administration, dans un personnel, dans des travaux qui lui sont complétement inconnus... l'engager au premier rang dans une session difficile, avant que son autorité morale se soit assise et développée, n'est-ce pas plutôt l'immoler que le servir »? Et puis, M. Rouher craint pour ceux qui auront déterminé ce choix important une accusation grave, celle d'avoir pris un homme inexpérimenté, facile à subir leur influence, « comme un prête-nom à l'aide duquel ils exerceraient inostensiblement le pouvoir ». Le ministre d'État croit donc qu'il y a « de l'aventure et du hasard dans le choix de M. Pinard », et ce n'est pas à l'intérieur que « de pareilles chances doivent être courues »; mais il ne méconnaît ni la valeur du candidat, ni la possibilité de la réussite. « Je suis même convaincu, ajoute-t-il, que, suivant une voie moins scabreuse, plus graduée, se tenant éloigné de l'administration à laquelle on le croit généralement peu propre, il prendra une grande place au Conseil d'État, et de là dans la politique ».

Il y a encore M. Jolibois dont le début a été presque un triomphe dans un affaire, à la vérité, secondaire. Avec le temps, on verra ce qu'il peut « comme conduite et comme talent ».

Sur la liste des membres du Corps législatif, M. Rouher trouve douze noms à signaler, mais, après les avoir pesés, il en retient quatre seulement : ceux de MM. Buffet, Alfred Leroux, Émile Ollivier et Segris.

Il tire des parallèles entre M. Buffet « esprit doctrinaire et cependant toujours indécis, qui ne se donnera jamais tout entier », et M. Émile Ollivier « qui a plus d'élan, *qui se donnerait avec plus d'empressement*, nature versatile dont la générosité est gâtée par une malheureuse infatuation et que tant de relations interlopes unissent avec des nuances politiques très-hostiles et très-avancées ». L'un et l'autre imposeraient sur les choses et les personnes des conditions et un programme dont le premier article serait le retrait de la loi sur l'armée; or M. Rouher ne croit pas « l'empereur disposé à passer ainsi sous les fourches caudines ». Il avoue, d'ailleurs, « qu'il est mal posé pour apprécier la candidature de M. Émile Ollivier »; il ajoute : « Loin de suivre mes indications, ce candidat a plus que jamais épousé les hostilités de M. Walewski contre moi; il m'a pris pour objectif à la Chambre, pendant que l'ancien président du Corps législatif a organisé *mon éreintement* dans une feuille publique »; et le ministre railleur, n'ignorant pas que M. Ollivier est homme d'accommodement, lui décoche ce trait malin : « Je sais bien que ce sont là des feux de paille qu'éteindraient facilement quelques satisfactions ».

La majorité ferait bon accueil à M. Alfred Leroux, dont M. Rouher a souvent pesé avec Sa Majesté les qualités et les défauts, car « elle verrait en lui une garantie de candidature officielle pour la plupart de ses membres ».

Cette majorité verrait, au contraire, avec un déplaisir passager, la nomination de M. Segris, qui a « un talent de parole et qui riposte avec vigueur », mais dont l'extrême irrésolution dans la conduite des affaires publiques est généralement reconnue.

Dans son humeur satirique, l'auteur de cette amusante revue égratigne, en passant, un député qui lui était hostile : « Je m'aperçois, dit-il, que j'ai omis de désigner M. Latour du Moulin. Je prie l'empereur de croire que cette omission n'était pas le résultat de la jalousie ; mais je confesse que ce travail a l'intention d'être sérieux. »

M. Rouher entre, enfin, « dans le cénacle des anciens », afin de voir « s'il sera assez heureux pour y trouver un homme ».

Parmi les dix-sept sénateurs qui ont été ministres, quatre seulement : MM. Persigny, Walewski, de Royer et Magne doivent attirer l'attention de l'empereur.

« La nomination de l'un ou de l'autre des deux premiers ne s'expliquerait que par un changement de vues politiques ; en tout cas, elle introduirait dans la composition du ministère des éléments de trouble et de dissolution. »

Avec M. de Royer, on ne tomberait pas dans ces inconvénients ; il discute et se défend bien ; mais la lenteur de son esprit et les méticulosités de son caractère font craindre à M. Rouher que le président de la Cour des comptes ne laissât en souffrance un travail qui doit être expédié sans retard.

M. Magne a des qualités qui lui font obtenir toutes les préférences du ministre d'État : « On lui reprochera un peu de faiblesse de caractère et un peu de népotisme ; » mais cette faiblesse ne serait à redouter qu'en face d'une émeute, « et, alors, la question deviendrait militaire. Quant aux tendances à un népotisme un peu exagéré, » M. Rouher croit « la matière épuisée et par conséquent les occasions rares pour l'avenir ».

En dehors des anciens ministres, l'auteur du rapport ne trouve dans le Sénat que MM. de La Guéronnière, Devienne et Vuillefroy à citer. Il lui semble que le premier « a les conditions voulues pour être ministre de l'intérieur ». Mais il y a le pour et le contre : les camaraderies périlleuses que M. de La Guéronnière aurait avec la presse dont il espérerait conjurer les ardeurs l'amèneraient à faire les plus dangereux sacrifices à cette espérance vaine. D'un autre côté se présentent des considérations graves : la déception qu'éprouverait le rédacteur en chef de la *France*, s'il n'était pas choisi après avoir pris au sérieux sa candidature, « favorablement signalée par plusieurs personnes, pourrait bien rendre ce journal peu sympathique ; » cette appréciation arrache à M. Rouher un triste aveu : « Nous ne sommes pas riches en défenseurs officieux, nous avons intérêt à ne pas nous exposer à les perdre. » Il est donc indispensable de transiger. « La fortune de M. de La Guéronnière est en désordre, » une ambassade arrangerait tout.

Le ministre d'État propose à l'empereur de se débarrasser, par le même moyen, « des grandes individualités » auxquelles Sa Majesté a momentanément retiré leurs hautes fonctions, et qu'il est regrettable de laisser inoccupées à Paris où leur mécontentement se traduit « par des propos acerbes, par des paroles amères, non sans dommage réel pour le chef de l'État ». De hautes fonctions diplomatiques « sauvegarderont contre euxmêmes ces hommes désireux de rentrer aux affaires », et leur éloignement rompra « les étranges coalitions qu'ils nouent ou laissent nouer autour d'eux ».

Après cette digression dont il profite pour battre en brèche « la petite église (du Louvre) dont *le grand-prêtre* [1] annonce incessamment son avènement », M. Rouher revient au *cénacle des anciens*, où il retrouve ses deux derniers candidats.

Il assure que M. Devienne a de la fermeté,

---

[1] Le général Fleury. — Le grand écuyer et le ministre d'État se jalousaient entre eux ; ces deux favoris de l'empereur ne manquaient aucune occasion de manifester leur mutuelle antipathie.

de l'énergie, et qu'il est doué d'*une certaine austérité de caractère*. Mais l'ébranlement de sa santé et le poids de l'âge rendent tardive l'entrée de « cet homme, d'ailleurs éminent, dans une nouvelle carrière ». Nous apprendrons bientôt que l'*austérité* du vieux magistrat-sénateur se prêtait à des accommodements singuliers.

M. Vuillefroy « se trouve un peu dans les mêmes conditions ».

M. Rouher résume sa note par une liste des candidats placés dans l'ordre de ses préférences : MM. Magne, Haussmann, Piétri, Leroy, de Royer, Alfred Leroux et Pinard.

L'impératrice qui, de son atelier de modes fonctionnant sans relâche aux Tuileries, passait dans la chambre du Conseil et se mêlait, sans y rien comprendre, des affaires de l'État, fit choisir le candidat que M. Rouher préférait le moins. M. Pinard, il faut le reconnaître, justifiait par ses sentiments ultra-cléricaux la haute protection dont l'honorait sa souveraine. Le 14 novembre, quatre jours avant l'ouverture de la session de 1868, il remplaça M. de Lavalette disgracié à cause de l'opposition qu'il avait faite à la seconde expédition de Rome.

MM. Alfred Naquet, Accolas, Hayot, Verlière, Chouteau, Godichet et six autres citoyens furent traduits, le 24 décembre, devant la sixième chambre correctionnelle sous la double prévention de manœuvres à l'intérieur et d'affiliation à une société secrète dite : *Commune révolutionnaire des ouvriers de Paris*. L'avocat impérial lut au tribunal trois proclamations qu'avaient rédigées MM. Naquet et Accolas ; en voici quelques extraits : « Usurpateur impuni de notre droit, Louis Bonaparte, l'homme-crime, veut encore faire de nous l'instrument de l'oppression des peuples ; Français, le souffrirons-nous ? Hier, l'opprobre du Mexique, aujourd'hui celui de Rome ; ce politique imbécile se laisse duper par un Bismarck et transforme nos glorieux soldats en sbires du pape...

« La France ne s'appartient plus depuis quinze ans ; elle a perdu toutes ses libertés. Son gouvernement est la risée des gouvernements de toutes les nations du monde entre lesquelles on nous promettait la prééminence. Et nous revenons chassés du Mexique par une simple menace des États-Unis ; un Gortschakoff nous raille, un Bismarck nous bafoue... Le crime de Bonaparte contre le peuple est devenu la forme de toute justice ; son caprice est la loi même ; ses hésitations, ses réticences, ses lâchetés, ses inepties sont la paix ou la guerre... N'est-il pas temps, enfin, de sortir de cette fange ? »

On ne pouvait dresser contre Napoléon III une accusation plus vraie.

Une condamnation à quinze mois de prison, à 500 francs d'amende et à cinq ans d'interdiction des droits civiques frappa MM. Alfred Naquet, Verlière et Chouteau ; M. Émile Accolas fut condamné à un an de prison et à mille francs d'amende, et M. Hayot à un emprisonnement de la même durée, à 500 francs d'amende et à cinq ans d'interdiction des droits civiques ; on infligea trois mois de prison, une amende de 100 francs et l'interdiction des droits civiques pendant cinq années à MM. Adel, Genouille, Goraud, Hermann, Las et Meili. Godichet, condamné pour la forme à un an de prison, fut mis en liberté le 1er décembre. Son attitude pendant le procès ne laissa aucun doute sur le rôle qu'il avait joué dans cette affaire.

Le président de la sixième chambre se nommait Delesvaux ; nous reparlerons de ce nouveau Jeffrys qui ravalait à l'emploi de pourvoyeur des geôles la dignité de magistrat. Sur la proposition de M. Dufaure, le Conseil de l'ordre des avocats du barreau de Paris prit et transmit au ministre de la justice une résolution dans laquelle il était déclaré « que les procédés de M. Delesvaux ne laissaient pas une liberté suffisante à la défense des accusés ».

La semaine précédente, M. Delesvaux avait condamné le gérant du *Corsaire* à un mois de prison et à 500 francs d'amende, et la chambre des appels correctionnels avait confirmé un jugement rendu par ce même Delesvaux contre M. Alphonse Peyrat, rédacteur en chef de l'*Avenir national* : un mois d'emprisonnement et 1,000 francs d'amende.

L'Exposition n'avait donné aucun des résultats qu'on en attendait. La paralysation des affaires, l'élévation de l'encaisse de la Banque au chiffre de un milliard neuf cent dix-neuf mille francs, la hausse croissante du prix du pain, l'effet produit par la sanglante catastrophe qui venait de terminer l'entreprise mexicaine, le souvenir des défaites diplomatiques essuyées en Allemagne par la politique de l'empereur dont la santé chancelait comme son intelligence, les paroles imprudentes et hautaines jetées par M. Rouher, du haut de la tribune, au sujet de l'occupation de Rome, paroles que je rapporterai bientôt, les craintes de complications prochaines au milieu desquelles la France se trouverait isolée, tout faisait naître les plus sinistres idées et multipliait les sujets de mécontentement. Dans l'Isère où le gouvernement avait toujours eu les électeurs en main, le candidat officiel fut battu par M. Riondel. Trois rapports du préfet de police à l'empereur résumaient ainsi la situation de la France à la fin de 1867 : « On ne parle que de la grève du milliard ; les placards séditieux et les inscriptions à la main se multiplient. Le syndicat des banquiers, Pinard, Fould et Cⁱᵉ. est accusé d'avoir gagné treize millions sur la première émission des obligations mexicaines, et quatre millions sur les Pagarés alors que les souscripteurs avaient à peu près perdu leur mise. — Le mécontentement excité par la cherté du pain ne diminue pas, et il règne parmi nos ouvriers, parmi leurs femmes surtout, une inquiétude réelle. On recueille des affiches apposées dans les faubourgs et dans lesquelles on s'attaque à l'empereur lui-même ; on tient des propos violents qui rappellent la disette de 1847. — Les inquiétudes qui tiennent aux complications allemandes sont entretenues par les affaires de Rome. Partout c'est un débordement de critiques amères, de défiances *injustes* (?), d'appréhensions inquiètes. Le respect de l'autorité affaibli, la calomnie s'attaque à tout. L'empereur et l'impératrice sont le but principal vers lequel sont dirigés les traits les plus empoisonnés de la faction orléaniste. Il y a à Bruxelles des sicaires de mensonge et de calomnie qui, chaque jour, reçoivent d'agents orléanistes le salaire de leurs lâchetés.

« Le ton de la petite presse a passé dans la conversation et dans les mœurs ; la chronique scandaleuse défraye les cercles et les salons ; les forces conservatrices se divisent et s'abandonnent, et l'on sent au-dessus d'elles les appétits excités, les passions qui fermentent et une soif immodérée de bien-être, de jouissances matérielles [1] ».

De même que la France, « l'Europe, réveillée comme d'un rêve, voyait et pesait toutes les fautes grossières et le décousu de cette politique qui allait, de gaieté de cœur, se heurter aux obstacles les plus formidables, épuiser le sang et l'argent de la France dans des expéditions insensées [2] ».

Au dedans et au dehors, « on avait la conviction que les membres de la trilogie qui gouvernait la France étaient usés, l'empereur par la maladie, l'impératrice par la frivolité, M. Rouher par ses mensonges [3] ».

M. Persigny lui-même prévoyait la chute du gouvernement impérial ; le 15 décembre, il datait de son château de Chamarande une

---

1. Datés des 15 et 22 septembre et du 24 novembre 1867.
2. *Le Dernier des Napoléon*.
3. Taxile Delord, *Histoire du second Empire*, t. V, p. 265.

L'artillerie de la garde (1867).

lettre qu'il adressait à l'empereur et dans laquelle il appréciait ainsi la situation générale de l'Empire [1] :

« ...Et maintenant, sire, que j'ai fini ce sujet, je n'y reviendrai pas, car, je l'avoue, je n'ai plus la liberté d'esprit nécessaire pour traiter des sujets relativement secondaires en présence des grosses questions qui s'agitent aujourd'hui ; quand l'Empire semble crouler de toutes parts ; quand cette lutte acharnée, implacable, que vous font ceux qui, sous prétexte d'établir le régime parlementaire, ont juré votre perte, se poursuit de succès en succès ; quand enfin chaque victoire oratoire de vos ministres est une défaite pour Votre Majesté. J'ai suivi les derniers débats ; j'ai vu d'un côté la haine la plus atroce, et quelque chose encore de plus que la haine, s'attaquant à vous, et à vous seul : le ton, le geste, tout traduisait aux yeux de tous une pensée implacable; et, de l'autre, votre gouvernement, forcé peut-être à cette attitude par la situation des choses, s'inclinant devant vos ennemis, demandant humblement à des adversaires acharnés de retirer leurs interpellations, abandonnant d'un trait toute la politique suivie depuis quatorze ans, entre l'extrême droite et l'extrême gauche, enfin, faisant d'un acte énergique, d'une victoire de Votre Majesté, l'occasion d'un triomphe pour vos ennemis [1].

« Et maintenant, entre ce qui n'est plus l'Empire et ce qui n'est pas encore le régime parlementaire, faut-il s'étonner du désarroi public et du trouble des esprits ? Pour moi, je le répète, je n'ai plus le courage de poursuivre des études abstraites au milieu d'une pareille anarchie morale. Si Votre Majesté ne voit pas le mal, à quoi bon faire des plans d'amélioration pour une maison qui brûle, et, si elle le voit, pourquoi s'isoler de ses plus dévoués serviteurs, pourquoi ne mettre personne dans la confidence de ses préoccupations, afin de rechercher le moyen de changer cet état de choses [2] ? »

Ainsi le découragement gagnait les hommes les plus dévoués à l'Empire qui allait visiblement en décadence ; sa chute rappellera dans toutes les mémoires ces paroles de Montesquieu : « Si le hasard d'une bataille, c'est-à-dire une cause particulière, a ruiné un État monarchique, il y avait une cause générale qui faisait que cet État devait périr par une seule bataille. »

[1]. Il faisait allusion au discours de M. Rouher sur la question romaine, dont il sera parlé dans le chapitre suivant. M. Rouher avait baissé pavillon devant le parti clérical.
[2]. *Papiers et Correspondance de la famille impériale*, t. I, page 11.

[1]. Il avait consacré quatre pages à un projet de loi sur la presse.

DOCUMENTS COMPLÉMENTAIRES DU CHAPITRE XI

I

DUPLICITÉ DE M. ROUHER

M. Rouher qui, le 23 février 1867, à la tribune, préconisait les réformes *libérales* « se rattachant, disait-il, à un plan depuis longtemps tracé et dont il avait reçu la confidence », conseillait énergiquement à l'empereur, dans la lettre suivante, datée de Cercey, le 27 septembre de la même année, de revenir au régime de 1852 :

« Sire,

. . . .

« Il est incontestable que le dévergondage de la presse jette un trouble profond dans les esprits et donne à nos amis un sentiment de grande insécurité pour l'avenir. Accoutumés aux traditions antérieures, ils réclament l'intervention de la main modératrice du gouvernement pour arrêter ces polémiques désordonnées qui irritent, déconsidèrent et affaiblissent toutes les choses et toutes les personnes du gouvernement. Ils ne l'aperçoivent pas et s'écrient : « On ne sent plus la « main du gouvernement ; il n'y a plus ni « unité ni énergie dans l'administration. »

« Eh bien ! il faut le constater avec netteté une fois pour toutes, c'est là un véritable anachronisme. L'inauguration de la liberté de la presse a constitué une véritable révolution dans notre régime politique. Le gouvernement et les pouvoirs publics sont appelés désormais à vivre dans une atmosphère nouvelle. Le pays est assujetti à une grande épreuve dont il est, quant à présent, bien difficile de préjuger l'issue. Toutes les questions importantes ou minimes sont portées sur la place publique et présentées à la foule sous un verre grossissant. Chaque montreur de lunette a son public, et les journaux du gouvernement, qui n'emploient que des conserves, ont très-peu de clientèle. Le pays éclairé s'affranchira-t-il des excitations énervantes de la presse, et ce quatrième pouvoir perdra-t-il son autorité malfaisante pour ne conserver que son rôle de contrôleur vigilant et utile ? Là est le problème dont l'empereur a voulu poursuivre la solution par les réformes du 19 janvier.

« Mais ces réformes n'ont pas encore reçu leur consécration définitive ; beaucoup de personnes, en l'avouant ou sans le confesser, conviennent des inévitables périls de l'expérience, veulent s'arrêter et demandent, sous des formes diverses, à l'empereur de revenir sur son programme.

« Hier encore, un ami dévoué du gouvernement me disait : « Le pays ne veut ni de « la liberté de la presse ni du droit de réunion ; « il redoute avec raison ces fervents révolu- « tionnaires. Le moyen pour l'empereur de se « débarrasser, sans une trop grande compro- « mission, d'un programme dont les mois qui « viennent de s'écouler ont démontré les vices, « est très-simple : il faut retirer la loi sur l'ar- « mée, publier un rapport financier annonçant « un dégrèvement d'impôts et dissoudre la « Chambre. En réélisant les mêmes députés, « les colléges auront condamné les réformes ; « ainsi, la responsabilité appartiendra au pays « qui, après tout, est le juge souverain. »

« Cette politique a sa précision, et au moins une virilité du moment, sinon une virilité de longue haleine. Je la comprends, si je ne la conseille pas, et j'ai dit quelques-uns de mes motifs dans la note sur les élections. La détermination que prendra Votre Majesté sur la date de la dissolution du Corps législatif en contient implicitement l'adoption ou le rejet.

« Mais autant il serait difficile de ne pas louvoyer actuellement dans les affaires extérieures, autant il serait nécessaire d'avoir devant le suffrage universel une allure déterminée. Il faudrait lui dire carrément : « Le journalisme et les passions ennemies « tournent violemment toute liberté nouvelle « contre la stabilité des institutions ; le pays « est loyalement consulté sur la convenance « de l'ajournement des réformes proposées le « 19 janvier. » A ce point de vue, je demande à Votre Majesté la permission de lui soumettre une objection respectueuse à l'égard des indications transmises par ordre de l'empereur à M. de Saint-Paul et destinées à servir de thème à quelques articles de journaux.

« Une polémique dans ce sens, si voilée qu'elle soit, fournirait bien vite l'occasion ou le prétexte à tous les journaux de crier à la réaction et même à la trahison. Il me paraît tout à fait inutile de donner un pareil prétexte aux agressions. La résolution d'un retour n'est pas de celles qu'on puisse utilement pressentir en la versant dans la polémique des journaux. Il faudrait carrément la poser devant le pays, lui demander sa décision et, du même coup, reprendre les armes disciplinaires conférées à l'administration par le décret de 1852.

« En dehors de cette ligne de conduite, toute indécision, tout tâtonnement ne ferait qu'augmenter le trouble des esprits et l'ardeur des attaques. Je croirais donc, jusqu'à nouvel ordre, plus sage de ne pas faire les publications indiquées par Votre Majesté.

« J'ai répondu par le télégraphe à la bienveillante invitation de Votre Majesté ; je lui en témoigne de nouveau mes remerciements.

« Daignez, sire, agréer l'assurance de mon profond respect et de mon entier dévouement.

« E. Rouher. »

« *P.-S.* Votre Majesté se plaint du défaut de fermeté de la justice. Compter sur une répression par la justice est une pure illusion : c'est une arme essentiellement intermittente et faible. En user trop souvent, c'est risquer de briser cet instrument fragile. L'empereur en aura la preuve par le jugement rendu hier contre le *Courrier français* pour un article détestable. Ce jugement condamne M. Vermorel à 500 francs d'amende. »

II

L'ENTREPRISE DU MEXIQUE

LETTRE DE M. DANO, MINISTRE DE FRANCE, AU MARÉCHAL BAZAINE

« Mexico, 16 février 1867.

« Le général Castelnau m'a écrit que V. E., pouvant encore tendre la main à l'empereur Maximilien pour se retirer, désirait connaître les intentions de S. M. par suite de l'échec du général Miramon ; que dans quelques jours cela serait impossible.

« Les ministres mexicains prétendent que vous avez écrit dans le même sens à leur souverain.

« Le jeune empereur est moins que jamais disposé à accepter cette offre. Je regrette vivement qu'il se soit décidé à tenter de nouvelles aventures. Il serait fâcheux qu'il lui arrivât quelque malheur. Mais personne ne peut le retenir, et nous moins que personne. On a beaucoup vanté un succès, en réalité insignifiant, remporté sur Fragoso. En revanche, le bruit court que les dissidents seraient entrés à Queretaro sans tirer un coup de fusil, les impérialistes ayant pris le parti d'évacuer cette ville. La nouvelle n'est du reste pas certaine. On craint que le chemin de Mexico ne soit fermé à l'empereur Maximilien. »

DERNIÈRES LETTRES ÉCRITES PAR L'ARCHIDUC

« Queretaro, 18 juin.

« Mes chers avocats,

« Votre courage et votre énergie à me défendre, votre généreux et infatigable dévouement méritent toute ma reconnaissance. Ils resteront profondément gravés au cœur de votre affectionné

« Maximilien. »

« Queretaro, 19 juin.

« Monsieur Benito Juarez,

« Sur le point de subir la mort pour avoir tenté de mettre fin par de nouvelles institutions politiques à la guerre civile qui dévore ce malheureux pays, je meurs sans regret si ma mort peut contribuer à la paix et au bonheur de ma nouvelle patrie.

« Convaincu que rien de stable ne peut se fonder sur un terrain trempé de sang et soumis aux agitations les plus violentes, je vous conjure, avec la sincérité qu'inspire à tout homme la position dans laquelle je me trouve, de faire que mon sang soit le dernier versé. J'ai rendu justice, dans mes temps de prospérité, à l'énergie avec laquelle vous avez défendu la cause qui triomphe aujourd'hui ; consacrez cette énergie à calmer les esprits et à fonder l'ordre et la paix dans ce malheureux pays.

« MAXIMILIEN. »

LETTRE DE M. ROMERO, MINISTRE DU MEXIQUE AUX ÉTATS-UNIS

Cette lettre adressée par M. Romero à un de ses amis fait comprendre les causes qui devaient rendre inutiles toutes les interventions tendant à sauver Maximilien :

« Washington, 31 mai 1867.

« Veuillez accepter mes sincères remerciements pour vos congratulations sur nos succès au Mexique. Ils ont été aussi complets que possible. Nous n'avons pas accepté les conditions humiliantes de la part des Français ; tous nos ennemis les plus marquants sont vaincus et tombés dans nos mains...

« J'ignore quelles sont les intentions du président Juarez à l'égard de Maximilien, mais je crains que s'il lui est permis de retourner impunément en Europe il ne devienne une constante menace pour la paix du Mexique. Il continuera à porter, à notre honte, le titre d'*empereur du Mexique*. Tous les Mexicains mécontents, tous les intrigants entretiendront une correspondance avec lui au sujet de sa prétendue popularité ici, et ces personnes pourront le pousser à revenir quelque jour, comme on a fait avec Iturbide. Ceux qui le pourront passeront en Autriche et feront à Maximilien une cour mexicaine à Miramar, et il en aura assez pour former dans cette place un gouvernement mexicain, comme a fait à Rome le roi des Deux-Siciles, après son expulsion de Naples. Certaines puissances européennes continueront à le reconnaître comme empereur du Mexique, ainsi que l'a fait l'Espagne à l'égard du roi des Deux-Siciles.

« Toutes les fois qu'il nous arrivera d'avoir des complications avec une nation européenne quelconque, la première mesure que prendra la partie intéressée sera d'intriguer avec Maximilien et de nous menacer de *donner appui à notre légitime souverain pour recouvrer son autorité sur les usurpateurs*, si nous refusons d'accepter les conditions qu'elle voudra nous imposer.

« De plus, si Maximilien est pardonné et autorisé à retourner dans son pays, personne en Europe, j'en suis certain, ne dira que nous l'avons fait par magnanimité, attendu que les nations faibles ne sont jamais réputées généreuses ; on dira, au contraire, que nous avons agi par crainte de l'opinion publique en Europe et parce que nous n'avons pas osé traiter avec sévérité un prince européen et *notre souverain*.

« Je ne veux pas dire que Maximilien doit être fusillé. Ce que je veux dire, c'est que tout moyen de faire aucun mal au Mexique doit lui être absolument enlevé.

« M. ROMERO. »

UN PORTRAIT DE MAXIMILIEN

« Trop à l'étroit dans l'ancien monde, il a été demander une couronne au nouvel hémisphère ; il n'était pas de force à la porter. Rêveur, savant comme un Allemand, Maximilien n'était pas d'un caractère à tenter une telle aventure ; d'une nature tendre, affectueuse pour tous ceux qui l'approchaient, il n'était pas armé pour la lutte, et, comme les âmes faibles, il avait recours à la ruse. Le machiavélisme qu'il condamnait chez le citoyen, comme Charles Ier, il le proclamait hautement nécessaire chez le prince. Ultramontain par tradition comme par instinct, libéral par nécessité politique et par entraînement du siècle, il consumait son activité à effacer le lendemain ce qu'il avait entrepris la veille, toujours incertain de la meilleure route à suivre. Sorti du Nord, il ignorait les passions qui fermentaient sous les latitudes brûlantes, et il se plaignait d'avoir été trompé sur les hommes comme sur les choses, ne s'apercevant pas qu'il se trompait lui-même. Car, enfant du droit divin, il avait prétendu régner par le suffrage populaire. Facile à dominer, il manquait de ténacité. Toute sa force résidait dans l'âme ardente de la princesse Charlotte. Brisé sans pitié par la politique américaine qui était son droit et par la politique française qui s'était cruellement égarée, vaincu par les événements comme trahi par ses propres forces, Maximilien a payé de sa vie la passion du pouvoir. Pourtant on doit reconnaître qu'il souhaitait le bonheur du peuple par les suffrages duquel il s'était cru appelé à l'origine. S'il a commis la faute de servir d'instrument à un parti rebelle en même temps qu'au gouvernement français, on peut dire hardiment qu'il a été le moins coupable et le plus malheureux. »

Le comte de Kératry.

III

LA SECONDE EXPÉDITION DE ROME

CORRESPONDANCE TÉLÉGRAPHIQUE ENTRE L'EMPEREUR ET LE ROI D'ITALIE

« Biarritz, 13 octobre 1867.

« *A S. M. le roi d'Italie, à Florence.*

« Je vois avec peine que les volontaires entrent en grand nombre sur le territoire pontifical et qu'ainsi la convention du 15 septembre se trouve éludée. Si cela dure, je serai forcé, bien malgré moi, d'envoyer un corps d'armée à Rome.

« Je prie Votre Majesté de faire tous ses efforts pour rendre inutile une intervention.

« Je lui renouvelle mes sentiments d'amitié.

« Napoléon. »

« Florence, 13 octobre 1867, 10 h. du soir.

« *A S. M. l'empereur des Français, à Biarritz.*

« Après tous les efforts que vient de faire mon gouvernement pour exécuter loyalement la convention du 15 septembre, même en blessant le sentiment national, j'apprends avec peine que Votre Majesté puisse supposer le contraire.

« Votre Majesté, qui connaît l'étendue de la frontière et les difficultés qu'elle présente pour être gardée, comprendra facilement qu'il est absolument impossible, même à une armée plus nombreuse, d'empêcher l'entrée sur le territoire romain à un certain nombre de volontaires isolés et sans armes qui, après, se réunissent en bandes, sans chefs et mal organisés, sur le territoire pontifical. Je dois vous avouer que l'esprit des populations italiennes est excité et que seulement l'idée d'une intervention française pourrait amener des conséquences de la plus haute gravité que je désire empêcher à tout prix.

« J'assure Votre Majesté que nous continuerons à faire tout le possible pour paralyser l'invasion des volontaires ; mais, si les choses arrivaient au point que Votre Majesté prévoit, le seul moyen pour tout arranger serait d'envoyer mes troupes à Rome. Quant à la question politique, on pourrait s'entendre après.

« Je renouvelle à Votre Majesté les sentiments de la plus sincère et loyale amitié.

« Victor-Emmanuel. »

« Florence, 19 octobre 1867.

« *A S. M. l'empereur des Français.*

« Je fais appel à votre ancienne amitié pour moi et pour l'Italie en vous priant d'écouter ce qui suit : Je sais que Votre Majesté se trouve, dans les circonstances présentes, dans une situation difficile en France; mais, de mon côté, je me trouve dans une situation bien plus tendue ici où l'opinion nationale est excitée au dernier point. Je serais bien peiné aujourd'hui si les liens d'amitié qui nous ont toujours unis devaient se rompre.

« Votre Majesté désire qu'on rétablisse l'ordre dans le territoire romain où la Révolution fut causée par des aspirations nationales. Mon gouvernement et moi, pour tenir foi au traité de septembre, l'avons combattue de toutes nos forces en deçà des confins de ce territoire. Maintenant que, d'accord même avec les populations, elle menace la sûreté du Saint-Siége, je ne puis rien faire pour l'empêcher, ne pouvant pas passer la frontière.

« Si Votre Majesté croit devoir envoyer des troupes à Civita-Vecchia ou à Rome, dans ce cas je devrais en même temps franchir la frontière, et on mettrait bientôt fin, d'un commun accord, à cet état anormal des choses. Je ferais en même temps une proclamation dans laquelle je déclarerais n'avoir aucune idée hostile contre l'appui français et que c'est pour rétablir l'ordre violé malgré nous que nous marchons. Votre Majesté, dans sa haute sagesse, trouvera ensuite le moyen d'arranger les choses de manière que les intérêts des deux nations soient sauvegardés.

« Bien mes amitiés.

« Victor-Emmanuel. »

« Saint-Cloud, 20 octobre 1867, après-midi.

« *A S. M. le roi d'Italie, à Florence.*

« ... Une occupation mixte ne ferait que compliquer la question pour les deux gouvernements. Je suis convaincu qu'en vous séparant par une résolution énergique de l'élément révolutionnaire vous fortifierez votre pouvoir et resserrerez les bonnes relations entre la France et l'Italie.

« Aussi j'espère que vous saurez prendre toutes les mesures nécessaires pour rendre inutile une expédition française à Rome.

« Aussitôt l'insurrection terminée, je suis prêt à rechercher avec vous les moyens propres à régler la question romaine.

« Napoléon. »

« Florence, 21 octobre 1867.

« *A S. M. l'empereur des Français, à Saint-Cloud.*

« Je vous prie de me dire si dans ma proclamation je puis faire allusion à la dernière phrase de votre dépêche où Votre Majesté me dit : « Je suis prêt à régler la question « romaine aussitôt que l'insurrection sera ré-« primée. » Aujourd'hui on travaille à former un nouveau cabinet... Pour être prêt à tout événement, j'ai appelé deux classes sous les armes, l'armée ayant été réduite dans des proportions considérables.

« Victor-Emmanuel. »

« Saint-Cloud, 21 octobre 1867.

« *A S. M. le roi d'Italie, à Florence.*

« Je suis heureux de l'énergie que vous montrez. Elle vous portera bonheur. Ne faites pas allusion au règlement définitif de la question; ce serait en compromettre le succès...

« Napoléon. »

« Florence, 21 octobre 1867.

« *A S. M. l'empereur des Français, à Saint-Cloud.*

« ... Cialdini a accepté de se charger de la

formation du nouveau ministère. Cialdini et moi n'avons aucune difficulté à faire la proclamation indiquée par Votre Majesté et à empêcher les enrôlements et les comités de secours. En acceptant les trois propositions faites par votre gouvernement, je crois vous donner une preuve de mon désir d'exécuter fidèlement la convention et de consolider les liens d'alliance et la bonne entente entre la France et l'Italie.

« On vient de m'apprendre que Garibaldi, malgré toutes les précautions prises par la marine, s'est évadé, profitant d'un grand brouillard. Jusqu'à présent on l'a cru malade et on n'a pu savoir où il s'est dirigé. Si c'est vrai, cela va nous donner de grands embarras.

« Malgré ce nouvel incident qui pourrait aggraver la situation, j'ai confiance qu'on maîtrisera la Révolution et que nous pourrons ainsi nous mettre d'accord pour trouver les moyens propres à résoudre la question romaine.

« Victor-Emmanuel. »

Du 22 au 26 octobre, le roi d'Italie adresse six dépêches à l'empereur; elles sont empreintes de la plus grande loyauté; elles exposent nettement les difficultés contre lesquelles Victor-Emmanuel lutte; Cialdini n'a pu former un cabinet, mais Menabrea aura bientôt un ministère constitué. Napoléon III a télégraphié « qu'il ne peut retarder plus longtemps l'occupation de Civita-Vecchia ». Victor-Emmanuel lui répond :

« Florence, 26 octobre 1867, 11 h. 30 du soir.

« Je vous ai dit que le ministère Menabrea était fait ce soir, si Votre Majesté empêchait l'expédition, et que demain matin on mettrait à exécution les conditions que vous désirez.

« Le cabinet est constitué, comme je vous l'ai promis. Je vous prie de me dire si, avec cela, vous voulez faire l'occupation.

« Victor-Emmanuel. »

L'empereur se tait. Le roi d'Italie renouvelle sa question le 27 au matin. Pendant la nuit, l'impératrice, M. Rouher et la camarilla cléricale ont triomphé des hésitations de Napoléon III qui adresse au roi d'Italie la dépêche suivante :

« Il m'est matériellement et moralement impossible d'arrêter l'expédition. »

Victor-Emmanuel se hâte de répondre à cette dépêche laconique :

« Florence, 27 octobre 1867, 1 h. du soir.

« A S. M. l'empereur des Français, à Saint-Cloud.

« Du moment que Votre Majesté croit devoir occuper, malgré mes observations, Civita-Vecchia, l'état des choses établi par la convention se trouve nécessairement changé. En conséquence, j'ai donné ordre à mes troupes qui se trouvent à la frontière de s'avancer sur le territoire romain et de concourir au rétablissement de l'ordre et de la légalité. Comme Votre Majesté le reconnaît, cette intervention n'a rien d'hostile envers la France, avec laquelle nous désirons toujours conserver les meilleures relations, mais vous comprendrez que c'est une question d'honneur national. Il est inutile de dire à Votre Majesté que nos troupes ont reçu l'ordre d'éviter tout conflit avec les troupes françaises, et j'ai pleine confiance que vous voudrez donner les mêmes instructions à votre armée.

« Je désire vivement me mettre d'accord avec vous pour résoudre cette question qui est vitale pour l'Italie et à laquelle se relient tant d'intérêts. Si vous voulez arrêter le débarquement, je serai encore à temps pour contremander l'ordre que j'ai donné.

« Victor-Emmanuel. »

« Saint-Cloud, 27 octobre 1867, 11 h. 3\4 du soir.

« A S. M. le roi d'Italie.

« Si j'acceptais, comme le propose Vo-

Le champ de bataille de Mentana.

tre Majesté, un système d'abstention, on n'empêcherait pas les bandes révolutionnaires de s'emparer de Rome. L'entrée des troupes de Votre Majesté sur le territoire pontifical sera, je le répète, la cause de graves complications. Je le regrette profondément.

« Napoléon. »

« Florence, 28 octobre 1867, 8 h. 10 du matin.
« A. S. Majesté l'empereur des Français.

« Je pense que vous aurez déjà lu ma proclamation d'hier, dont, sans doute, vous serez satisfait. Dans l'état actuel de l'opinion en Italie, il me serait impossible, sans courir les plus grands dangers, de renoncer à entrer sur le territoire romain, si les troupes de Votre Majesté débarquent à Civita-Vecchia. D'après les ordres que j'ai donnés à mes troupes, et pourvu que Votre Majesté le veuille bien, les complications qu'elle redoute ne sont nullement à craindre.

« Je doute que Garibaldi puisse entrer si facilement à Rome. En tout cas, soit qu'on occupe ou qu'on n'occupe pas, tout pourrait s'arranger, si Votre Majesté veut faire une proposition pour régler l'affaire des Romains.

« Victor-Emmanuel. »

« Saint-Cloud, 28 octobre 1867, 5 h. du soir.

« *A. S. M. le roi d'Italie.*

« La proclamation de Votre Majesté peut donner lieu à de fausses interprétations ; il n'y a que la réunion des puissances qui puisse aujourd'hui résoudre la question romaine.

« Je ne puis m'empêcher d'insister auprès de Votre Majesté pour lui signaler les dangers d'une double intervention.

« Je pense, comme vous, qu'il faut éviter un conflit entre nos deux armées.

« Napoléon. »

On sait comment, obsédé par l'impératrice Eugénie, Napoléon III sacrifia les intérêts de la France aux passions cléricales, en précipitant le départ de la flotte qui porta deux divisions à Civita-Vecchia.

IV

UN PORTRAIT DE L'IMPÉRATRICE EUGÉNIE EN 1867

« L'impératrice avait son avis sur tout et pesait sur tout le monde, et principalement sur son mari, pour le faire adopter. L'empereur se sentait sans défense contre la turbulence de sa femme; la force de résistance lui manquait de plus en plus; il lui cédait le plus souvent plutôt comme à une persécutrice dont on veut se débarrasser que comme à une sage et prudente conseillère; une sorte d'affaissement se faisait remarquer dans son intelligence et dans sa personne; la maladie cruelle qui devait l'emporter cinq ans plus tard prenait obscurément possession de sa victime; son corps s'affaiblissait en même temps que son esprit sur lequel les derniers événements jetaient une teinte sombre... La nostalgie des amusements et des plaisirs d'autrefois se trahissait chez l'impératrice par sa présence fréquente dans les théâtres et dans les lieux publics ; les effets de l'ennui et du désœuvrement se faisaient sentir dans sa vie intérieure; elle se montrait parfois, quoique bonne au fond, impatiente et maussade à ses familiers et à ses serviteurs. L'empereur, il est vrai, peu régulier dans sa conduite, lui donnait des sujets de chagrin; l'exemple de ses devancières sur le trône de France aurait dû lui apprendre à les supporter, mais elle n'était pas née reine : femme du monde qui, aux jeux du hasard et de la beauté, avait gagné un sceptre, vivant dans un temps où les dames honnêtes allaient en manière de passe-temps visiter les appartements des femmes galantes quand elles vendaient leurs meubles et leurs diamants, elle ne savait pas, dans certaines circonstances, s'imposer la réserve que commande la dignité royale.....

« L'impératrice était de son temps ; elle en aimait les modes, les mœurs et les arts; plus dévote que pieuse, elle avait plus de religiosité que de religion; la littérature à ses yeux se composait uniquement des chroniques, des romans et des pièces en vogue; elle ne se doutait pas qu'il pût y avoir un idéal dramatique supérieur à celui des vaudevilles des Variétés, et ce fut naïvement qu'elle envoya une loge pour la *Belle Hélène* au tzar à peine arrivé à Paris. Si le public fut surpris de l'y voir, le tzar lui-même ne le fut pas moins d'y être invité ; quant à l'impératrice, on l'aurait fort étonnée en lui faisant remarquer le côté peu convenable de cette invitation. Paris moderne, le Paris de la parodie, de la chronique, des petits théâtres, était son Paris ; et ce Paris lui en témoignait sa dangereuse reconnaissance : journaux, chroniques, revues de modes donnaient les détails les plus minutieux sur ses toilettes; la photographie, en l'exposant dans ses vitrines banales à côté de toutes sortes de femmes, imprimait à sa personne un cachet de vulgarité que le changement de costume et de pose (on a trouvé aux Tuileries, le 4 septembre, un album où elle était représentée sous une trentaine d'habits différents) ne parvenait pas à dissimuler. L'impératrice était usée par la réclame et la publicité avant de l'être par l'âge... La provision d'histoire et de littérature qu'elle avait pu faire au couvent ne s'était guère renouvelée depuis son entrée dans le monde. De la Révolution, elle ne connaissait que Marie-Antoinette vue dans le cadre de sensiblerie affectée et théâtrale où des peintres larmoyants ont placé cette grande victime. L'Empire, que son père avait servi, pouvait, grâce à la famille dans laquelle son mariage se fit, lui être plus familier. La Restauration et la monarchie de Juillet ne lui furent jamais connues que par le mal qu'elle entendait dire autour d'elle des hommes qui les avaient servies et par les craintes dynastiques que les princes d'Orléans lui inspiraient. La politique n'était pour elle que la chronique des événements du jour, une distraction romanesque... Dépourvue de sens politique, mais s'occupant de politique pour se donner de l'importance, elle se croyait à la tête d'un grand parti, parce que quelques députés accouraient pour déposer leur carte chez elle toutes les fois que le prince Napoléon manifestait par quelque discours, au Sénat ou ailleurs, ses velléités d'opposition dynastique. L'état maladif de l'empereur commençait cependant à faire songer à la possibilité d'un changement de gouvernement, mais le public insouciant n'y voyait qu'un changement de spectacle, et il s'apprêtait à assister à la régence de l'impératrice comme au cotillon de l'Empire. »

(TAXILE DELORD, *Histoire du second Empire*.)

V

UNE LETTRE DE L'EMPEREUR D'AUTRICHE
A NAPOLÉON III

« Monsieur mon frère,

« Ma femme écrit à l'impératrice Eugénie pour lui annoncer le motif qui l'empêchera, à son grand regret, de se rendre en France comme nous en étions convenus. Bien que ce motif soit pour nous une cause de joie, nous éprouvons un véritable désappointement de voir nos projets ainsi dérangés en partie. J'aurais été si charmé de faire partager à l'impératrice le plaisir d'un voyage que, pour ma part, je compte toujours entreprendre vers la fin du mois d'octobre, si cette époque convient à Votre Majesté.

« J'espère que Votre Majesté m'excusera si j'arrive seul et si l'impératrice est obligée de remettre à plus tard la visite qu'elle veut faire à l'impératrice Eugénie.

« En ce qui me concerne, je désire trop me rencontrer de nouveau avec Votre Majesté et recommencer promptement l'intimité de nos bonnes relations de Salzbourg pour attendre que l'impératrice soit en état de m'accompagner.

« Je pense donc avoir bien prochainement l'occasion de remercier encore Votre Majesté de la preuve d'intérêt et de sympathie qu'elle m'a donnée en se rendant dans mes États et qui m'a si profondément touché.

« Je serai réellement heureux de pouvoir ainsi renouveler à Votre Majesté, de vive voix, l'expression des sentiments de haute estime et de sincère amitié avec lesquels je suis

« De Votre Majesté le bon frère et ami,

« FRANÇOIS-JOSEPH. »

« Usch, le 29 septembre 1867.

UN TOAST DE L'EMPEREUR D'AUTRICHE

Au banquet de l'Hôtel de Ville, le 29 octobre 1867, Napoléon III porta un toast à François-Joseph qui lui répondit :

« Lorsque, il y a peu de jours, j'ai visité, à Nancy, le tombeau de mes ancêtres, je n'ai pu m'empêcher de former un vœu : Puissions-nous ensevelir dans cette tombe, confiée à la garde d'une généreuse nation, toutes les discordes qui ont séparé deux pays appelés à marcher ensemble dans la voie du progrès et de la civilisation! Puissions-nous par notre union offrir un nouveau gage de cette paix sans laquelle les nations ne sauraient prospérer! »

LES EMBARRAS DE LA SITUATION

Extrait d'un rapport adressé à l'empereur par M. de Saint-Paul, député, le 25 novembre 1867 [1] :

« Nous allons voter les lois sur la presse et le droit de réunion. La plupart d'entre nous se résignent à suivre sans conviction et sans confiance la voie dans laquelle entre le gouvernement. D'autres comptent faire de l'ordre par le désordre et arriver à leur but par l'agitation. Je parle de ceux qui désirent voir le gouvernement se solidariser avec le pays, voir les ministres pris parmi les élus du suffrage universel, les ministres s'appuyant les uns sur les autres et devant leur situation plus à leur position vis-à-vis du pays qu'à la spontanéité du prince, et ainsi moralement responsables.

« Ceux-là veulent l'Empire et la monarchie, mais ils savent bien que le gouvernement personnel ne résistera pas à un régime de discussion si la presse est libre et si le suffrage universel n'est plus soumis exclusivement à la pression administrative... Ces libertés, d'ailleurs, que nous allons voter, ne contenteront personne. On ne saura aucun gré à l'empereur de les avoir données, et l'on s'en servira pour l'amener, soit à un coup d'État, soit à résigner le pouvoir personnel. On montrera les ministres sans caractère, sans indépendance, attachés à leurs portefeuilles, à la curée des honneurs et des (*illisible*); le Sénat mis au régime de la reconnaissance ; le Corps législatif à l'objectif de la réélection, avec ou sans l'appui du gouvernement. . . . . On montrera l'empereur seul dans son omnipotence, affrontant la fortune, et ne préparant pas un gouvernement transmissible. La presse, rassurée sur son existence, réagira sur le passé et signalera *les faits graves* qui ont pu se commettre à l'abri de tout contrôle. En un mot, ce système que l'on vous conseille amènera un affaiblissement de l'autorité, augmentera l'incertitude qui règne dans les esprits ; la confiance sera en suspens, les affaires ne reprendront pas, et il sera difficile de gouverner un pays mécontent de lui-même et des autres.

« Le système, du reste, n'est qu'un *incident*. Loin de répondre aux préoccupations du moment, il les complique et les rend dangereuses.

« Quelles sont ces préoccupations?

« 1° Arrivés à la période révolutionnaire, comment la surmonterons-nous?

« 2° Comment ferons-nous cesser ces reproches qu'on adresse à la politique extérieure?

« Pourquoi avoir laissé faire l'unité italienne et facilité l'unité germanique?

« Pourquoi avoir fait la guerre du Mexique, avoir amoindri notre prestige et perdu le rôle dominant que nous avions sur le continent européen?

« 3° Comment se transformera le gouvernement personnel?

« 4° Comment renaîtra la confiance et reprendront les affaires? »

Et ce respectueux, fidèle et dévoué serviteur et sujet de Sa Majesté proposait de sortir de tous ces embarras par « *un coup d'éclat* ».

Maintenir le pouvoir personnel et le rendre transmissible, empêcher la presse d'agiter le pays, laisser en suspens les lois propo-

---

[1]. Papiers sauvés des Tuileries et publiés par Robert Halt.

sées, dissoudre la Chambre *immédiatement*, éteindre dans un vote populaire les reproches qu'on adresse à la politique extérieure, et « en l'absence de la presse opposante locale, de toute candidature posée à l'avance, » faire des élections « qui auraient l'air d'être abandonnées à toute liberté », c'est ainsi que M. Calley de Saint-Paul voulait « consacrer de nouveau et mettre à l'abri de toute attaque la dynastie et le pouvoir; créer, pour ainsi dire, un nouveau règne ».

On ne pouvait rendre plus manifestes l'ébranlement de l'édifice impérial et le désarroi des esprits.

CHAPITRE XII

1868

Session de 1868 : Discours du trône. — La seconde expédition de Rome. — Le fameux *jamais*. — Les deux précurseurs de Garibaldi — Réponse du Parlement italien à la fanfaronnade de M. Rouher. — Les affaires d'Allemagne. — L'incident Kervéguen. — Ajournement de la session. — Malaise et mécontentement. — Arrestations au Château-d'Eau. — Condamnations. — Exhumation des restes de Manin. — Campagne ultramontaine. — Reprise de la session. — La nouvelle loi militaire. — Discussion de la loi sur la presse; amendements repoussés; l'outrage à la morale religieuse. — Le contingent de 1868. — Vote des lois sur la presse et sur les réunions publiques. — Les lois de finances. — Le nouveau *Journal officiel*. — Nouvelles audaces de M. Rouher. — L'indemnité mexicaine. — Clôture de la session. — Un dîner gras le vendredi saint; le Sénat s'en mêle; les inquisiteurs de cuisine. — La loi sur la presse et les pétitions ultramontaines au Sénat; avanie faite à M. Sainte-Beuve. — Le Sénat jugé par un sénateur. — Dépravation des mœurs sous le second Empire; luxe et dévergondage; la prostitution insoumise; le *cherseigneur* et Marguerite Bellanger; l'art dramatique; les représentations théâtrales de Compiègne; la moralité de certains préfets; les *langoustes*; la chancellerie spéciale des Tuileries et l'intendance des plaisirs de Tibère.

La session de 1868 s'était ouverte le 19 novembre 1867. L'empereur expliqua cette convocation anticipée des deux Chambres par la nécessité de reprendre l'étude interrompue de lois importantes et par le désir de s'entourer des lumières et du concours des sénateurs et des députés, désir que de récents événements lui avaient fait éprouver. Il voulait dissiper les vagues inquiétudes qui, affectant l'esprit public, restreignaient partout le mouvement industriel et les transactions commerciales ; cet état d'incertitude devait cesser : « Il faut accepter franchement les changements survenus de l'autre côté du Rhin, proclamer que, tant que nos intérêts et notre dignité ne seront pas menacés, nous ne nous mêlerons pas des transformations qui s'opèrent par le vœu des populations. »

L'empereur s'étonnait de la manifestation de ces inquiétudes à une époque où « la France offrait au monde le spectacle le plus imposant de conciliation et de paix », où tous les souverains de l'Europe s'étaient donné rendez-vous à Paris et où l'Exposition universelle détruisait pour toujours un passé de préjugés et d'erreurs et rejetait derrière elle « entraves du travail et de l'intelligence, barrières entre les différents peuples comme entre les différentes classes, haines internationales ».

Les souverains faisaient peu de cas des « *gages les plus incontestables* » que, suivant l'empereur, la concorde jetait partout à pleines mains, car ils hâtaient de formidables armements.

Ces préparatifs de guerre généralisés contrastaient singulièrement avec les *gages* de paix les *plus incontestables*. Napoléon III n'y fit qu'une vague allusion en disant que « c'est un devoir impérieux pour les gouvernements de poursuivre, indépendamment des circonstances, le progrès dans tous les éléments qui sont la force d'un pays » ; c'est pourquoi il est nécessaire « de perfectionner notre organisation militaire, comme nos armes et notre marine ».

Ce langage tortueux était propre à augmenter les inquiétudes que Sa Majesté feignait de trouver inexplicables.

L'empereur qui, le premier, avait violé la

convention du 15 septembre, se plaignait qu'elle n'eût pas été exécutée par l'Italie : « J'ai dû, continua-t-il, envoyer de nouveau nos troupes à Rome et protéger le pouvoir du Saint-Siége. » Il prétendit que sa conduite « ne pouvait avoir rien d'hostile à l'unité et à l'indépendance de l'Italie », et que « cette nation, un instant surprise, » n'avait pas tardé à comprendre qu'il avait eu raison d'agir ainsi. La fausseté de cette allégation était criante. Il ajouta que, le calme étant presque entièrement rétabli dans les États du pape, on pouvait « calculer *l'époque prochaine* du rapatriement de nos troupes », et que, pour la France, « la convention du 15 septembre existe, tant qu'elle n'est pas remplacée par un nouvel acte international».

Le gouvernement impérial entama, en 1868, des négociations avec l'Autriche et l'Italie pour régler la question romaine ; nous reviendrons sur ce grave sujet; disons en passant que l'impératrice Eugénie et le parti clérical firent échouer les négociations de 1868 et toutes celles qui, plus tard, s'engagèrent sur la même question. Ce point d'histoire est capital; nous y insisterons.

Napoléon III affirmait ensuite que les puissances « étaient toutes d'accord sur le maintien de l'intégrité de l'empire ottoman »; il se réjouissait des témoignages de sympathie que l'impératrice et lui avaient recueillis dans l'est et le nord de la France, où il a pu constater une fois de plus l'inébranlable attachement du peuple à la dynastie napoléonienne ; il convenait d'ailleurs que la situation intérieure n'était pas exempte d'embarras créés par une mauvaise récolte, par le ralentissement du mouvement industriel et commercial et par un malaise général, « causes diverses qui empêchent les recettes d'atteindre les évaluations du budget »; il déclarait que ses convictions sur l'utilité des réformes dont il avait pris l'initiative au mois de janvier dernier n'avaient subi aucun changement : « Sans doute, l'exercice de ces libertés nouvelles expose les esprits à des excitations et à des entraînements dangereux », mais, pour les rendre impuissants, l'empereur comptait « sur le bon sens du pays, le progrès des mœurs publiques, la *fermeté de la répression, l'énergie et l'autorité du pouvoir* ».

De ce discours, mélange bizarre d'appréhensions et d'espérances, d'aveux inquiétants et d'heureux pronostics, de promesses libérales et de menaces autocratiques, ne se dégageait nettement que l'affirmation d'un pouvoir *sanctionné par le suffrage populaire*. « Soyez-en sûrs, disait l'empereur en terminant, je maintiendrai haut et ferme ce pouvoir qui m'a été confié, car les obstacles ou les résistances injustes n'ébranleront ni mon courage ni ma foi dans l'avenir. »

Quatre demandes d'interpellation relatives à l'application des lois concernant la liberté individuelle, à la politique intérieure et extérieure et à la seconde expédition de Rome, furent soumises à l'approbation des bureaux ; ils n'autorisèrent que la dernière.

Le 2 décembre, M. Jules Favre prit la parole sur cette question. « La seconde expédition, dit-il, est plus criminelle et plus impardonnable que la première ; le gouvernement impérial viole le droit, abuse de la force et ne satisfait personne. Si la convention du 15 septembre a été violée par le gouvernement italien, le gouvernement impérial avait donné l'exemple de cette violation. En réalité, les troupes françaises n'ont pas cessé d'occuper Rome »; et, faisant allusion à la légion d'Antibes, il ajoutait : « Seulement, en dernier lieu, elles y étaient sous la cocarde du pape. Il faut que la France laisse le Vatican et l'Italie s'arranger ensemble ou qu'elle s'établisse à Rome comme gendarme du *Syllabus*. »

Au problème immense que cette question posait, M. Jules Simon ne voit qu'une solution possible, la séparation de l'Église et de l'État : « Le système concordataire doit être aboli : il laisse subsister une certaine tolérance pour la liberté de penser chez les peuples où il est établi, mais la liberté elle-même n'y règne pas. » M. Guéroult fit cette déclaration : « J'avais cru que le gouvernement arriverait progressivement à l'application des idées libérales ; s'il persiste dans sa soumission à la politique cléricale, il n'aura pas d'adversaire plus résolu que moi. D'ailleurs le pouvoir temporel agonise. »

« Le pouvoir temporel vivra plus longtemps que vous ! cria M. Granier de Cassagnac à M. Guéroult ; il vous enterrera tous jusqu'au dernier ! »

M. de Moustier, ministre des affaires étrangères, répéta ce qu'avait dit l'empereur dans son discours au sujet de la conférence à laquelle le gouvernement impérial conviait les puissances européennes afin de régler la question romaine.

Parlant au nom de ses collègues ultramontains, M. Chesnelong demanda que, dans cette conférence, l'existence du pouvoir temporel fût mise hors de discussion, et que la France, même isolée, y prît l'engagement de se dévouer sans réserve à la défense de ce pouvoir passé en dogme.

On s'étonna que M. Thiers donnât dans le sens de M. Chesnelong ; il somma le gouvernement de lever toute équivoque en précisant ses intentions ; quoique se plaçant à un point de vue différent, il allait au même but que les ultramontains ; pour combattre l'unité italienne dont il était alors l'adversaire aveugle et passionné, il prenait la défense de la théocratie romaine. « On n'a pu faire cette unité, dit-il, qu'en diminuant l'Autriche, et la diminution de l'Autriche a grandi la Prusse. On commettrait une nouvelle faute en sacrifiant le pouvoir temporel à l'unité de l'Italie et Pie IX à Victor-Emmanuel. Je ne veux pas de la conférence européenne !... On dirait vraiment que l'Empire s'est abrité derrière l'Europe protestante pour consommer la ruine de l'unité catholique. »

La majorité cléricale prodigua ses applaudissements à l'homme d'État dont l'esprit s'était fourvoyé.

M. Rouher, agacé par ce triomphe, parut à la tribune : « Je vais, dit-il, donner à mes déclarations une telle netteté que tous les nuages seront dissipés. Les trois termes de la question sont : Rome, Florence, Paris. Un complot parti de *la cité des lacs* [1] menaçait tous les trônes ; les miasmes fétides de la démagogie ont rasé le sol de Paris ; la presse révolutionnaire s'est déchaînée contre l'intervention ; en volant au secours de la papauté, l'empereur a eu pour but de combattre une révolution n'ayant de limites ni dans ses espérances ni dans son audace. Il y a un dilemme : le Pape a besoin de Rome pour son indépendance ; l'Italie aspire à Rome qu'elle considère comme un besoin impérieux de son unité. Eh bien ! nous le déclarons *au nom du gouvernement français : l'Italie ne s'emparera pas de Rome.* — JAMAIS ! » — « *Jamais ! jamais*, » vociférait la majorité.

« NON, JAMAIS, reprit M. Rouher, la France ne supportera cette violence faite à son honneur et à la catholicité. Elle demande l'énergique application de la convention du 15 septembre, et, si cette convention ne rencontre pas dans l'avenir son efficacité, elle y suppléera elle-même. EST-CE CLAIR ? »

Assurément ; aussi clair que ceci : « *L'armée française ne reviendra du Mexique sur nos rivages que son œuvre accomplie et triomphante de toutes les résistances.* »

Les applaudissements donnés par la majorité à l'impolitique affirmation de M. Rouher retentirent agréablement dans le cabinet de Berlin. Des éclairs de joie durent sortir des « yeux sanguins » de M. de Bismarck penché sur les plans d'investissement de Paris, que, durant l'Exposition dont il se

---

[1] Il faisait allusion au *Congrès international de la paix*, qui, au mois de septembre 1867, s'était assemblé à Genève ; en appelant Genève la « *cité des lacs* », le ministre d'État ne se montrait pas très-fort sur la géographie.

M. Ernest Picard,
DÉPUTÉ DE PARIS.

souciait peu, M. de Moltke allait dresser à Saint-Germain et sur toutes les hauteurs qui dominent la capitale. En voyant le gouvernement impérial s'aliéner l'Italie, le roi Guillaume dut répéter l'une de ses phrases familières : « Dieu facilite notre tâche, et il nous assistera ! » et le chancelier riposter par celle-ci qu'on lui prête : « Très-bien ! mais laissons-lui le temps de la réflexion. »

M. Rouher ayant parlé « *des bandes révolutionnaires* qui ont envahi le territoire pontifical », M. Pelletan lui répondit : « C'est précisément l'expression dont se servait l'Autriche, en 1831, pour désigner les volontaires parmi lesquels figuraient *deux princes Bonaparte*. » Le compte rendu mutila cette phrase ainsi : « C'est ce que disait l'Autriche *du prince Charles Bonaparte*. » M. Pelletan monta, le lendemain, à la tribune et s'exprima en ces termes qui firent grimacer les mameluks : « Je proteste contre une suppression qui mutile ma pensée : j'ai parlé des *deux princes Bonaparte* parce qu'il y avait eu, en 1831, deux précurseurs de Garibaldi. L'un est mort, l'autre est sur le trône. »

Quelques jours plus tard, le Parlement italien se réunissait, et, du haut de la tribune, le général Menabrea, président du conseil, protestait, en ces termes, contre les insolentes paroles de M. Rouher : « Les droits de l'Italie sur Rome, sa capitale naturelle, ne sauraient être sérieusement contestés ; toute motion affirmant ces droits aura l'approbation du cabinet qui s'y ralliera. Dans le Parlement italien, il n'y a pas, j'ose l'affirmer, un seul membre qui ne réprouve énergiquement le *jamais* de M. Rouher. » Les membres du Parlement accueillirent cette déclaration patriotique avec un enthousiasme que la nation partagea. Le vice-empereur dévora le dépit que lui causait cette réponse à sa fanfaronnade.

L'interpellation relative aux affaires d'Allemagne se vidait au Corps législatif. Dans une exposition des faits nette et concise, M. Garnier-Pagès rappela que le gouvernement impérial se réjouissait, en 1866, « de voir l'Allemagne s'affaiblir en se divisant en trois tronçons ; forcé, continua l'orateur, à renoncer à ces tronçons, il réclama des compensations territoriales ; repoussé de ce côté, il s'est retourné du côté de l'Autriche ; Napoléon III est allé à Salzbourg et François-Joseph est venu à Paris. » Serrant de plus en plus son argumentation nerveuse, l'ancien membre du Gouvernement provisoire demanda : « Qu'est-il advenu de cette dernière tentative ? Où en est aujourd'hui la politique impériale ? »

Ces questions étaient embarrassantes et pressantes. M. Rouher, l'inventeur des trois tronçons, les éluda par des subterfuges.

Dans une vigoureuse réplique au ministre d'État, M. Émile Ollivier laissa échapper quelques erreurs de date sur lesquelles M. Rouher se rabattit et s'étendit afin de rompre le coup à des arguments qu'il ne pouvait réfuter.

Le 10 décembre, M. de Kervéguen, député clérical du Var, une nullité de grande stature, vint jeter au milieu de cette discussion une calomnie qu'un faiseur d'affaires, ancien rédacteur du journal ultramontain *le Monde*, avait forgée en Belgique où il publiait un journal financier [1].

M. de Kervéguen monta fièrement à la tribune, et, déployant la feuille belge, il se mit à lire un article dans lequel il était dit que M. de Bismarck avait alloué aux six grands journaux libéraux de Paris [1] une somme considérable pour soutenir la politique prussienne.

MM. Havin, Guéroult, Berryer, Pelletan, Jules Simon, Garnier-Pagès, tous les honnêtes gens de l'Assemblée se lèvent et protestent contre la lecture de ces infamies que la majorité savoure ; elle veut imposer silence à MM. Guéroult et Havin ; nominativement calomniés, ils interpellent avec indignation le député qui est l'écho du diffamateur. M. Pelletan lui crie : « Quand on porte à la tribune de pareilles calomnies, il faut avoir le courage de les soutenir personnellement. » M. Guéroult lui demande s'il les prend à son compte. Le président Schneider rappelle M. Guéroult à l'ordre. Avec une prudence qui ressemble à une lâcheté, M. de Kervéguen déclare « repousser toute solidarité avec la feuille belge », et il reprend sa lecture, encouragé par les applaudissements de la droite. Sa triste besogne achevée, ce personnage, plus sot que méchant, regagna sa place où il reçut, en se rengorgeant, les félicitations des mamelucks dont il avait servi bêtement les haines, que d'ailleurs il épousait, contre la presse libérale.

Pour n'avoir pas à revenir sur cette honteuse affaire, je vais dire quels en furent les suites, le résultat.

Un jury d'honneur, composé de MM. Jules Favre et Marie que MM. Guéroult et Havin désignèrent, et de MM. d'Andelarre et Martel que M. de Kervéguen choisit, se constitua sous la présidence de M. Berryer. Après de longues délibérations, il déclara que les faits de vénalité imputés au *Siècle* et à *l'Opinion nationale* étaient faux et calomnieux, que

---

[1]. Cet individu a été flétri, en 1873, par un jugement du tribunal de police correctionnelle de la Seine, pour abus de confiance et escroquerie.

[1]. Le *Journal des Débats*, le *Siècle*, l'*Opinion nationale*, l'*Avenir national*, la *Revue des Deux-Mondes* et la *Liberté*.

M. de Kervéguen, quoiqu'il eût décliné la responsabilité de l'article lu par lui à la tribune, ne s'en était pas moins rendu moralement responsable, car il avait aggravé des imputations dénuées de toutes preuves en leur prêtant l'autorité de sa position personnelle et en leur donnant la grande publicité de la lecture à la tribune du Corps législatif.

Le jour où M. Havin demanda que la sentence du jury fût lue à la tribune comme y avait été lu l'article diffamatoire, la majorité s'y opposa bruyamment, et M. Jérôme David, qui présidait, leva la séance pour empêcher M. Havin de se faire entendre. Les députés de l'opposition ne quittèrent pas leurs bancs et échangèrent des interpellations avec ceux de la droite jusqu'à ce que l'ordre, donné par le président, d'éteindre le gaz eût été exécuté.

Ce jury d'honneur n'ayant pas eu à examiner les imputations dirigées contre les journaux dont les rédacteurs en chef n'appartenaient pas au Corps législatif, il s'en constitua un autre : son verdict fut conforme à celui du jury présidé par M. Berryer.

Le *Pays, journal de l'Empire*, maintenant les calomnies qu'avait frappées une double flétrissure, MM. Peyrat, Bertin de Vaux, Émile de Girardin et Buloz imputèrent à M. de Kervéguen la scandaleuse persistance de M. Granier de Cassagnac dans ses allégations diffamatoires, et adressèrent au Corps législatif « une demande en autorisation de poursuites contre le député du Var ». Cette autorisation fut accordée.

La sixième Chambre jugea ce procès. Le fameux Delesvaux, qui avait pris à tâche de déshonorer la justice, renvoya M. de Kervéguen des fins de la plainte et condamna aux dépens les journalistes calomniés.

Vers la fin de 1868, j'eus l'occasion de voir M. de Kervéguen à Madrid où il séjourna plusieurs mois ; il y mourut. Il avait regret de la part qu'il avait prise dans cette affaire; il approuvait la sentence prononcée par les cinq membres du Corps législatif en faveur du *Siècle* et de l'*Opinion Nationale;* il se plaignait de ce que le rédacteur du *Pays* n'eût tenu aucun compte d'un exploit qu'il lui avait fait signifier et dont il conservait une copie ; dans cet exploit, il déclarait expressément que « toute mention qui serait faite des journaux *l'Avenir national, la Revue des Deux-Mondes, la Liberté* et *le Journal des Débats*, comme étant désignés dans une pièce quelconque des papiers Lavarenne, serait erronée et devait être tenue pour nulle. »

Les journaux calomniés n'avaient pas besoin, d'ailleurs, qu'on les justifiât d'une inculpation aussi odieuse : l'arrêt de l'opinion publique avait devancé la sentence des jurys d'honneur.

Le 24 décembre, le Corps législatif, qui avait commencé la discussion de la loi militaire, ajourna ses travaux à quinzaine.

Un rigoureux hiver aggravait les souffrances de la classe ouvrière que la cherté du pain et le manque de travail poussaient au murmure contre un gouvernement dont les bases s'ébranlaient. Le ministre des finances publia dans le *Moniteur* du 17 janvier 1868 un rapport qui n'était pas de nature à calmer les esprits. Il s'agissait du nouvel emprunt qui s'élèverait à sept cents millions : « Avec cette somme, disait M. Magne, *on fera l'essentiel;* le reste s'échelonnera dans la proportion des ressources annuelles. » La dette flottante atteint 936 millions, « dont une partie considérable est absorbée d'avance par les dépassements des budgets antérieurs ».

Tous les soirs, des jeunes gens allaient glisser au Château-d'Eau. Les spectateurs y affluaient. On s'entretenait du malaise dans lequel étaient les affaires, de l'encaisse de la Banque monté au chiffre de 1,042,678,637 francs, de la grève du milliard qui devenait de plus en plus alarmante. Un soir, on accueillit une patrouille aux cris de : « Vive la République ! » On chanta la *Marseillaise*. Les sergents de ville arrêtèrent plusieurs personnes qui furent condamnées à un mois de prison.

Trois semaines plus tard, le tribunal correctionnel frappait dix journaux d'une amende de 1,000 francs pour comptes rendus illicites. Il y eut aussi des condamnations prononcées contre des étudiants arrêtés à l'Odéon où ils réclamaient, à grands cris, *Ruy-Blas* interdit par la censure.

Le 22 mars, les dépouilles de Daniel Manin, de sa femme et de sa fille Émilia furent retirées, pendant la nuit, du tombeau d'Ary Scheffer et dirigées, par un train de grande vitesse, vers la frontière où avait été consignée par le gouvernement impérial la commission italienne chargée d'accompagner à Venise les trois cercueils; au milieu d'une pompe triomphale, l'Italie les déposa dans un monument élevé au sublime héros que pleurait la patrie vénitienne.

La secte ultramontaine avait entrepris une campagne de pétitionnement au Sénat en faveur de la liberté d'enseignement... clérical. Le journal *le Monde* disait : « La liberté d'enseigner consiste à enseigner le vrai, et c'est l'Église seule qui l'enseigne. » M. Dupanloup écrivait : « En matière d'enseignement, toutes les phrases sur la liberté sont des sophismes coupables. » Théisme et athéisme, panthéisme et positivisme, science et libre pensée, l'évêque batailleur attaquait tout avec sa violence accoutumée; à cette époque, il était ainsi jugé par un de ses amis [1] : « Il y a bien peu de Fénelon dans la prose de M. l'évêque d'Orléans ; il est tapageur à l'extrême; on lui a dit quelquefois qu'il était Bossuet, et il le croit trop :

Felix [2] *non potuit rerum cognoscere causas.*

Félix n'a jamais pu connaître les causes premières des choses.

1. M. Doudan.
2. M. Doudan a modifié ce vers de Virgile :

Félix *qui potuit rerum cognoscere causas*;

et il joue sur le mot *Félix* qui, en latin, signifie *heureux* et qui est le prénom de Mgr Dupanloup.

« Ce qui ne l'empêche pas d'expliquer le monde à livre ouvert et de se mêler toujours de tout et à tout. — Cela se peut tolérer aujourd'hui, parce qu'il n'y a que bons coups sur un mauvais gouvernement; mais dans un état régulier ces airs d'empire chez un évêque ne seraient pas de mon goût. »

C'est un portrait cruel, mais ressemblant; il a été fait en 1867 : onze années se sont écoulées depuis, et il n'y a rien à y changer.

Le Corps législatif avait repris ses séances. Le 14 janvier, la loi de réorganisation de l'armée fut votée par 199 voix contre 65. Dans le cours de la discussion qui occupa dix-huit séances, M. Maurice Richard s'était prophétiquement écrié : « Je vois avec terreur une guerre effroyable et prochaine si la Chambre adopte cette loi. » Ainsi le jugea le gouvernment prussien, car il activa ses armements.

La loi nouvelle justifiait l'opposition qu'elle avait rencontrée dans le Corps législatif. Elle portait la durée du service militaire à neuf années dont cinq à passer dans l'armée active et quatre dans la réserve qu'un décret de l'empereur pouvait, en temps de guerre, appeler à l'activité de service ; au lieu de rendre le service obligatoire, elle faisait payer l'impôt du sang au pauvre seul en maintenant le tirage et le remplacement. Les jeunes gens non incorporés dans l'armée pour toute autre cause que le défaut de taille ou les infirmités devaient, il est vrai, faire partie de la garde nationale mobile pendant cinq ans, mais tout le service de cette garde privilégiée se réduisait « à quinze réunions par an, ne donnant pas lieu à plus d'un jour de déplacement ». La garde nationale mobile pouvait être appelée à l'activité par une loi, mais pour ne servir qu'à l'intérieur. En réalité, la loi de 1868 aggravait celle de 1832 pour les conscrits pauvres en prolongeant de deux ans et demi la durée de leur service militaire [1].

1. La loi de 1832 fixait la durée de ce service à sept ans qui comptaient du 1er janvier de l'année du tirage

La discussion du projet de loi relatif à la presse s'ouvrit le 29 janvier. L'avocat Mathieu, député de la Corrèze et rapporteur de la commission, présenta un amendement que Paul-Louis Courier eût appelé « une bouffonnerie toute neuve » ; le voici : « Tout article de polémique sera déposé au ministère de l'intérieur à Paris, à la préfecture dans les chefs-lieux de département, à la sous-préfecture dans les chefs-lieux d'arrondissement, vingt-quatre heures avant sa publication, afin que le gouvernement puisse y répondre. La réponse paraîtra parallèlement à l'article du journal ou à la suite et sera imprimée dans les mêmes caractères, sous peine d'une amende de 500 francs à 5,000 francs, le tout sans préjudice du droit de *communiqué* et de la poursuite de tous délits que l'article pourra contenir. »

On connaissait l'esprit illibéral de l'ancien secrétaire de M. Delangle. On l'avait vu, depuis 1863, date de son entrée au Corps législatif, soutenir les mesures les plus réactionnaires, mais on s'étonnait qu'un homme versé dans la science du droit, ayant occupé au barreau de Paris une place éminente, eût pu concevoir cette injuridique monstruosité ; on apprit bientôt qu'elle s'était formée dans le boudoir de l'impératrice, et que, le courtisan l'emportant sur le juriste, **M. Mathieu** avait consenti à la présenter au Corps législatif pour complaire à sa souveraine.

Un amendement de M. de Kervéguen disputait d'extravagance et d'ineptie avec celui de l'impératrice ; qu'on en juge : « Le format des journaux est universel et immuable. — Tout Français majeur et électeur a le droit de faire insérer dans un journal un article, moyennant une redevance dont le tarif gradué est ci-joint. — Les dames et les demoiselles majeures jouissent du même privilége. — Pour éviter que la loi sur les signatures soit éludée, comme elle l'est tous les jours, le serment sera déféré à tout signataire d'un article dont il serait soupçonné de n'être pas l'auteur. — Tout journaliste doit être muni d'un certificat du maire de sa commune et de quatre témoins constatant qu'il est bien l'auteur des articles qu'il signe. »

Tel était le fruit des élucubrations de M. de Kervéguen ; comme celles de l'impératrice Eugénie, elles excitèrent une gaieté moqueuse. Jusqu'à la dernière heure, les rétrogrades que l'illibéralisme de l'impératrice groupait autour d'elle harcelèrent Napoléon III pour obtenir de lui qu'il retirât cette loi. L'indécision de l'empereur ne cessa qu'au moment où la séance du 29 janvier allait s'ouvrir ; avant de se rendre à la Chambre, M. Rouher attendait ses ordres. « Il faut, lui dit-il, soutenir la loi. »

La commission avait repoussé tous les amendements que les députés libéraux lui avaient soumis.

MM. Jules Favre, Eugène Pelletan, Thiers et Jules Simon prirent part à la discussion générale et plaidèrent chaleureusement la cause de la liberté de la presse.

M. Pinard répondit à M. Thiers ; le discours du nouveau ministre de l'intérieur trompa les espérances que la coterie de l'impératrice avait conçues de son talent.

La théorie de l'impunité de la presse, basée sur ce principe vrai « qu'il n'y a point de délit de la pensée », est une conception haute et juste de M. Émile de Girardin. M. Émile Ollivier exposa cette doctrine, mais avec beaucoup moins de netteté que le maître auquel il l'avait empruntée, et en exceptant de l'impunité : 1° la diffamation et l'injure ; 2° la provocation directe et suivie d'effet à la perpétration d'un fait qualifié crime ou délit par la loi.

La majorité goûta peu cette thèse libérale ; en revanche, elle couvrit de ses applaudisse-

---

au sort, soit à six ans et demi, — tandis que les neuf ans de service imposés aux conscrits par la loi de 1868 étaient pleins, car ils comptaient du 1ᵉʳ juillet, époque ordinaire du tirage au sort.

ments celle-ci qui fut soutenue par M. Granier de Cassagnac : « Il y a incompatibilité absolue entre la liberté de la presse et la stabilité des gouvernements... » Si M. de Cassagnac avait dit : « des gouvernements despotiques et personnels comme ceux du premier et du second Empire », à la bonne heure !

L'article 1er qui supprimait l'autorisation préalable fut voté par 276 voix contre 7. « Les sept sages de la Grèce [1] ! » s'écria M. de Cassagnac à qui son discours valut les félicitations de l'empereur.

L'article 2, amendé par M. Louvet, ajoutait à la peine corporelle de l'emprisonnement des amendes équivalant à une confiscation, car elles pouvaient s'élever à 25,000 fr. et même à 75,000 si le rédacteur, le gérant et l'imprimeur du journal incriminé étaient mis en cause. La privation des droits électoraux pendant cinq ans fut vainement combattue par MM. Jules Simon, Pelletan et Jules Favre qui fit cette juste remarque : « Le pouvoir retire d'une main ce qu'il donne de l'autre. »

Un amendement de MM. Creuzet, Camille Dolfus et de Guilloutet créa le délit nouveau « d'allégations *malveillantes* relatives à la vie privée » ; ce délit, que les magistrats du parquet avaient le droit « de poursuivre d'office moyennant le simple consentement de la partie intéressée, était puni d'une amende de 500 à 5,000 francs ». La morale a des lois que, dans leur affolement de haine contre la liberté de la presse, les mameluks du Corps législatif foulaient aux pieds.

MM. Jules Favre, Riondel et Picard firent des efforts superflus pour empêcher l'adoption de l'article 14 qui ne pouvait — dit le premier de ces orateurs — être défendu par des moyens honnêtes. En vertu de cet article, il était loisible aux magistrats d'ordonner « l'exécution provisoire du jugement ou de l'arrêt prononçant la suspension ou la suppression d'un journal ou écrit périodique ».

Dans la séance du 14 février, M. Berryer demanda que la composition des chambres correctionnelles, laissée jusqu'alors à la volonté arbitraire du président, du procureur général ou du ministre de la justice, se fît désormais en audience publique par la voie du tirage au sort. Il dénonça un scandale que je signalerai plus tard en parlant de la sixième Chambre dont les présidents étaient nommés conseillers après avoir, pendant un an, exercé ces fonctions au gré du pouvoir. C'était comme un marché à prix fait. La majorité fit clore une discussion qui gênait le garde des sceaux. Quarante voix seulement se prononcèrent en faveur de l'amendement qu'une pensée honnête avait inspiré ; il tendait à la répression d'un abus qui compromettait la dignité de la magistrature française.

Le lendemain, M. Berryer présenta deux autres amendements : l'un réclamait l'autorisation de faire, comme pour les fonctionnaires, la preuve des faits contre les directeurs des grandes compagnies et des grandes administrations financières attaqués par la voie des journaux ; l'autre retirait à l'administration, pour le donner au président du tribunal civil, le droit de désigner les journaux qui publieraient les annonces judiciaires. Ces deux amendements furent repoussés ; le second, pourtant, n'eut contre lui qu'une majorité de 23 voix ; 103 députés l'appuyèrent malgré l'acharnement avec lequel MM. Rouher et Pinard l'avaient combattu.

Ni la libre circulation des journaux étrangers en France, — circulation que l'article 2 du décret du 17 février 1852 soumettait au bon vouloir du gouvernement, — ni la suppression du délit de fausses nouvelles créé par l'article 15 du même décret et dont la dangereuse élasticité se prêtait à toutes les

---

[1]. Voici les noms de ces sept sages : MM. Creuzet, Delamarre, Édouard Fould, de Geiger, Granier de Cassagnac, Noualhier, de Saint-Paul.

complaisances de certains magistrats pour un pouvoir aussi ombrageux que vindicatif, ne purent être obtenues par M. Garnier-Pagès.

MM. Marie, Jules Favre et Jules Simon présentèrent et soutinrent un amendement ayant pour objet l'abrogation de l'article 8 de la loi du 17 mai 1819, qui punit d'un emprisonnement d'un mois à un an et d'une amende de 16 francs à 500 « tout outrage à la morale publique et religieuse ou aux bonnes mœurs ». M. Jules Simon rappela que « le duc de Broglie, rapporteur de cette loi à la Chambre des pairs, reconnut lui-même le caractère confus et vague de cet article, inutile, d'ailleurs, ajouta M. Jules Simon, en présence de la loi de 1822 qui protège toutes les religions.

Que de crimes et d'iniquités a fait commettre, dans tous les temps et dans tous les pays, cette vague accusation d'*outrage à la morale religieuse !* A Memphis, Nicias fut livré à des oiseaux de proie pour avoir outragé cette morale en raillant le bœuf Apis ; à Athènes, Socrate fut condamné à boire la ciguë et Anaxagore au bannissement pour avoir fait outrage à cette morale, l'un en se montrant irrespectueux envers les dieux vermoulus de la Grèce, et l'autre en définissant le soleil une masse ardente. Dans Rome païenne, on condamnait les chrétiens pour venger la morale religieuse qu'ils outrageaient en décriant le culte de Jupiter roi et de Junon reine du ciel, de Vénus déesse de l'amour et des autres grands dieux, dieux choisis, dieux innombrables de l'ordre inférieur, tous si inviolablement sacrés qu'une irrévérence envers eux était un sacrilège puni de mort ; — dans Rome chrétienne, on condamna Galilée en le déclarant coupable du même outrage à la morale religieuse parce qu'il soutenait que la terre tourne.

L'article 8 de la loi du 17 mai 1819 permit aux magistrats de la Restauration de condamner « à trois mois de prison et 500 francs d'amende » Béranger reconnu coupable d'avoir outragé la morale religieuse en chansonnant les missionnaires jésuites et les capucins [1], — et aux magistrats du second Empire de frapper MM. Erdan, Patrice Laroque, Vacherot, Proudhon et d'autres écrivains déclarés coupables d'outrage à la morale religieuse pour avoir combattu, avec l'arme du raisonnement, des dogmes contredisant la raison et une doctrine contredite par la science.

La majorité du Corps législatif se garda bien d'abroger cet article jésuitique et commode, en vertu duquel un gouvernement oppresseur peut se débarrasser des écrivains qui le gênent, si, au nom de la philosophie et de la libre pensée, ils s'attaquent trop hardiment aux apologistes d'une théologie farouche, d'une casuistique immorale, d'une dévotion superstitieuse, d'une piété sensuelle.

MM. Jules Favre, Picard et Ollivier tentèrent sans succès de faire restituer aux journaux le droit de rendre compte des procès de presse; ils proposaient aussi de retirer aux juges la faculté d'interdire la publicité dans toute affaire civile ou criminelle. La majorité

---

1. Dans sa plaidoirie pour Béranger, M. Dupin aîné disait : « Ce que voulaient autrefois et ce que veulent encore aujourd'hui les missionnaires, ces prêtres nomades, ces prédicateurs ambulants, c'est d'introduire chez nous l'esprit d'ultramontanisme dont ils sont possédés, cet esprit destructeur de l'Église gallicane... Ces faux prêtres n'argumentent de Dieu que pour lancer la foudre en son nom... En défendant d'outrager la morale religieuse, le texte de la loi n'a pas défendu d'attaquer l'intolérance... — Railler des hommes (habillés en capucins, est-ce outrager la morale religieuse? Non, encore une fois non. »

Dans un deuxième procès intenté à Béranger pour outrage à la morale religieuse, M. Barthe, qui le défendait, s'exprima ainsi : « Le respect des deux vérités essentielles, bases de toutes les religions, l'existence de Dieu et l'immortalité de l'âme, voilà ce qui caractérise la morale religieuse ; mais le monde entier est en possession de discuter librement les croyances moins essentielles qui environnent les bases sacrées que je viens de vous signaler. »

maintint l'article 17 de la loi du 17 février 1852, qui avait retiré ce droit et concédé cette faculté.

Après une discussion commencée le 29 janvier, interrompue le 2 mars afin que la Chambre votât sans plus de retard la loi élevant à 100,000 hommes le chiffre du contingent habituellement fixé à 70,000, — et reprise le 6, la nouvelle loi sur la presse fut adoptée, le 9, par 242 voix ; M. Berryer lui refusa, seul, sa sanction ; MM. Jules Favre, Marie, Picard, et, par des motifs différents, MM. Creuzet, de Geiger, Granier de Cassagnac, Noualhier, de Saint-Paul s'abstinrent. L'autorisation préalable était supprimée. C'était là le seul avantage réel que la presse retirait de cette loi. A l'arbitraire administratif se substituait la juridiction des tribunaux correctionnels dont les présidents et assesseurs étaient, souvent, triés parmi la fine fleur de ces magistrats ambitieux qui, suivant un mot prêté à Napoléon III, « rendent des services et en demandent ». Aussi les énormes pénalités édictées par la loi du 9 mars seront-elles appliquées par certains tribunaux avec une rigueur brutale.

Combattue par MM. Garnier-Pagès, Jules Simon et Ollivier, la loi sur les réunions publiques fut votée le 25 mars ; elle créait des délits qu'il était impossible de ne pas commettre involontairement et elle mettait tant d'entraves au droit de réunion qu'il était fort difficile de l'exercer.

Tel était « *le couronnement de l'édifice* ».

La discussion des lois de finances fournit à MM. Magnin, Thiers et Garnier-Pagès une nouvelle occasion de prouver leur compétence dans ces questions ardues. L'ancien membre du Gouvernement provisoire de 1848 ne laissa aucun doute sur ces deux points que l'emprunt ne liquiderait pas la situation et que la dette flottante s'élevait à 1,356 millions. M. Thiers démontra que, pour dissimuler le découvert dont le chiffre annuel, depuis la fondation de l'Empire, était de 270 millions, on avait dû se procurer quatre milliards. La dette flottante ne sera pas réduite par le nouvel emprunt. Ce déplorable état de choses a été créé par la fausse politique du gouvernement et par l'impuissance de la Chambre à lui faire entendre la vérité.

Se refusant à l'évidence, M. Rouher répète que le « *gouvernement n'a commis aucune faute politique* » ; il assure que « le déficit signalé dans les finances est une calomnie, que nos dépenses sont, il est vrai, accrues par nos *victoires diplomatiques*, mais que l'opinion publique est satisfaite ».

M. Jules Favre avait terminé un discours très-applaudi par la gauche en disant : « Si la France est assez riche pour payer sa gloire, elle ne l'est pas assez pour payer l'Empire. »

Redoutant une réplique de cet orateur, auquel il répondait, le ministre d'État fit clore la discussion. M. Haentjens, tout dévoué à l'Empire, ne put retenir ces mots : « Nous voterons silencieusement, mais les budgets actuels sont des budgets insensés. »

Il faut rappeler, ici, une scène qui s'était produite, quelques jours auparavant, à propos de la vérification des pouvoirs d'un député récemment élu dans le Tarn ; dévoué à l'Empire, mais ayant refusé le titre de candidat officiel, il avait été combattu fort vivement par l'administration. Accusant le gouvernement d'avoir, en cette circonstance, violé sa promesse de ne point intervenir entre deux candidats également dévoués, M. Émile Ollivier avait attribué l'ingérence de l'administration dans cette lutte électorale à M. de Saint-Paul, âme damnée de M. Rouher et auquel il faisait allusion en ces termes : « Un gros personnage du ministère de l'intérieur où il n'y a qu'un ministre de parade gardé par un ministre d'action déguisé en inspecteur général. » Touché au vif, M. Rouher s'était écrié : « C'est de la discussion de parade. » Et M. Ollivier de répliquer : » C'est vous qui auriez été mon maître dans cet art-là. » Le ministre ayant

M. Eugène Pelletan,
DÉPUTÉ DE PARIS.

demandé la parole pour repousser « de telles agressions », son adversaire l'avait interrompu : « Dites des justices et non des agressions. » — « Si vous voulez que je vous en rende, avait riposté M. Rouher, je vais le faire immédiatement. »

La pensée rancuneuse que le transfuge de la République nourrissait contre le vice-empereur se manifesta pendant la discussion des lois de finances. La déplorable situation financière que M. Rouher venait d'exalter avec un hyperbolisme irritant fut ainsi résumée par M. Ollivier : « C'est la liquidation intermittente. »

Le *Moniteur* avait, on ne sait pourquoi, encouru la disgrâce de M. Rouher qui fit avec l'imprimeur Wittersheim un traité pour la publication d'un nouveau *Journal officiel*. Des députés de l'opposition interpellèrent à ce sujet le ministre d'État et censurèrent l'appui que l'organe du gouvernement prêtait à des spéculateurs en publiant des nouvelles qui étaient de nature « à influencer les cours des fonds publics ».

M. Rouher ayant repoussé arrogamment cette accusation, M. Eugène Pelletan lui dit : « Monsieur le ministre le prend de bien haut; le *Moniteur* n'a-t-il pas constamment trompé le public, depuis quatre ans, sur la situation financière du Mexique? »

Quel front d'airain ne faut-il pas avoir pour oser, comme le fit M. Rouher, dire, en pleine tribune, « qu'il avait toujours dit la vérité sur la situation financière du Mexique »? — « Témoin, lui dit M. Picard, le jour où, proclamant qu'on ne devait pas ajouter foi à mes assertions sans autorité sur les finances mexicaines, vous trompiez des milliers de familles aujourd'hui ruinées pour avoir cru à votre parole. »

Dans la séance où il s'agissait d'accorder une indemnité aux souscripteurs des obligations mexicaines, M. Rouher fut tenu sur la sellette. MM. Jules Favre et Berryer le mirent face à face avec ses assertions trompeuses. Il se débattait éperdument contre des démonstrations inéluctables. D'ailleurs, ses victimes ne criaient-elles pas après lui du fond de leur misère qui était son œuvre? Il accusait la fatalité; il parlait de déceptions douloureuses, de revers imprévus, d'illusions fatales. C'est ainsi qu'il essayait d'échapper à une responsabilité qui l'écrasait. Il fallait, maintenant, que les contribuables français payassent les fautes du gouvernement impérial, les tromperies de ses banquistes, Rouher, Corta et Cie, qui avaient entraîné d'innombrables familles dans une ruine complète. La Chambre vota donc une indemnité à ces malheureuses dupes du gouvernement impérial : quatre millions de rente inscrits sur le Grand-Livre de la dette publique.

Voici comment s'exprimait alors, au sujet de l'aventure mexicaine et de cette indemnité, l'homme néfaste qui, en 1873 et en 1877, implora l'aide des impérialistes pour se hisser au pouvoir et mettre la France à deux doigts de sa perte. Après avoir dit que « la fatale expédition du Mexique était la principale cause du déficit financier que l'élévation exorbitante de nos budgets ne suffisait plus à couvrir », le duc Albert de Broglie ajoutait : « On ne nous dit pas, et nous ne saurons probablement jamais, combien aura coûté en somme et tous frais payés le désastre de l'expédition du Mexique. Mais, sans recourir à un calcul bien compliqué, on se fait aisément une idée de ce qu'il a dû sortir d'écus du Trésor pour transporter, entretenir, renouveler, quatre années durant, trente à quarante mille hommes à 3,000 lieues au delà des mers, dans un pays dénué de tout, sous le feu d'une guerre continue. Vivres, fourrages, munitions, ambulances, transport d'hommes, de bêtes et de trains, routes et ponts à ouvrir et à construire, on sait tout ce que cela vaut, même à la porte de France, et l'imagination s'effraye quand on songe qu'il a fallu, pendant quatre mortelles années, multiplier tous ces chiffres par une quantité croissante en raison directe de la distance. Tout cela pour rien, pour revenir (ceux du moins qui sont revenus) comme on était parti, sans avoir rien gagné ni rien sauvé de ce qu'on allait là-bas chercher, fonder ou défendre. Je me trompe, on en a rapporté quelque chose, c'est une créance de quatre-vingts millions à payer pour indemniser les prêteurs simples ou cupides qui avaient cru pouvoir placer leur argent à gros intérêts et avec prime sur la tête d'un empire installé, puis déserté par nos armes. Ces quatre-vingts millions à payer aux porteurs d'obligations mexicaines complètent et couronnent le total inconnu des frais de cette triste et sotte aventure. Avec cet appendice, on ne risque pas d'exagérer en imputant au seul chapitre de l'expédition du Mexique les deux tiers pour le moins de l'emprunt qui va ajouter un nouveau feuillet au livre déjà trop volumineux de la dette publique [1]. »

L'emprunt auquel faisait allusion le duc Albert de Broglie était de 440 millions; il fut voté, le 28 juillet, par 213 voix contre 15. Quand il eut proclamé ce vote, M. Schneider

---

[1]. Le *Corps législatif, le Mexique et la presse*, par Albert de Broglie, de l'Académie française. 1868.

prononça la clôture de la session. Les membres de la droite crièrent, suivant leur coutume : *Vive l'empereur !* — Pour la première fois, les députés de la gauche répondirent à ce cri par ceux de : *Vive la nation ! Vive la liberté !*

Le Sénat avait entendu, le 28 mars, la lecture du rapport de M. Chaix-d'Est-Ange sur les pétitions relatives à la liberté d'enseignement, et fixé au 13 mai la discussion de ce rapport, « sur la demande de nosseigneurs les cardinaux qu'allaient retenir dans leurs diocèses les fêtes de Pâques. »

M. Sainte-Beuve avait offert un dîner à quelques amis la veille du départ de l'un d'eux ; le hasard fit que c'était le jour du vendredi saint. Il y eut aussitôt un déchaînement général des colères dévotes contre « l'impie qui, en un pareil jour que d'Holbach lui-même n'aurait jamais choisi pour *faire ripaille*, avait donné un dîner gras chez le restaurateur Magny ». Ainsi s'exprimaient les feuilles cléricales. Pendant plus d'un mois, cette ridicule manifestation fut entretenue par M. Louis Veuillot qui, dans vingt articles plus gras que le fameux dîner, donnait carrière à sa mauvaise foi passée en proverbe. Les sénateurs prirent part à cette incroyable campagne contre « un menu de restaurant ». M. Troplong, leur président, fit avertir M. Sainte-Beuve « qu'il ne pouvait reparaître au Sénat avant d'avoir fourni des explications sur le menu de son dîner ». M. Sainte-Beuve lui répondit : « Je vous avoue que je ne m'étais pas figuré qu'il fût besoin d'entrer dans des explications sur un fait en soi des plus innocents et de la plus stricte intimité. »

L'auteur des *Causeries du lundi* a finement caractérisé ces « inquisiteurs de cuisine [1] », et indiqué le décroissement de leur religion intolérante : « Il faut avouer que nos Welches, comme dit Voltaire, ont bien peu de chose dans l'esprit et sous la dent, pour s'occuper de ces niaiseries. Un peu d'odieux s'y est mêlé. L'infamie ecclésiastique a fait son métier comme toujours... En définitive, il faut se féliciter, se demander ce qui serait arrivé, il y a deux siècles, aux six malheureux amis qui ont eu l'idée de causer un jour à dîner, tel vendredi plutôt que tel autre. Il y a l'histoire d'un certain vendredi dans Bussy-Rabutin : on appela cela la débauche de Roissy. Tous ceux qui y furent ou qui furent censés y avoir été en pâtirent. Ici, de notre temps, il n'y a pas eu du tout débauche, mais simplement conversations d'honnêtes gens. On n'en est pas moins dénoncé, mais on s'en moque. Il n'est pas mal qu'il y ait des jalons pour marquer, de temps en temps, le retrait des religions en décours. Notre innocent vendredi sera un de ces petits jalons. »

Les pères conscrits avaient la tête pleine de ce dîner et le cœur gonflé d'un saint courroux le jour où M. Sainte-Beuve prit la parole, après MM. Bonjean et Boinvilliers, pour combattre, comme eux, les sénateurs qui repoussaient la loi sur la presse, votée par le Corps législatif, et qui réclamaient le maintien de la législation de 1852. Dès qu'il paraît à la tribune, des murmures s'élèvent, se propagent et redoublent quand l'orateur démontre que cette loi ne donne pas aux journaux le minimum des garanties qui leur sont nécessaires. Des sénateurs tournent indécemment le dos à M. Sainte-Beuve ; d'autres l'assaillent d'interruptions grossières au milieu desquelles on distingue cette impertinence de M. de Heeckeren : « Je demande si on laissera mettre au *Moniteur* un discours que personne n'entend. » M. Sainte-Beuve dit, sans s'émouvoir : « Laissez-moi achever, ce sera de meilleur goût ; je tiens à avoir mon affront jusqu'au bout. J'ai mon public ; si on me retire, ici, la parole, on m'entendra ailleurs. »

---

[1]. C'est ainsi que, dans le *Figaro*, Villemot qualifiait les ultramontains qui firent cette « campagne du saucisson », menée par M. Veuillot.

Vingt-trois sénateurs, parmi lesquels se trouvaient les cardinaux, votèrent contre la loi.

Dans la discussion qui, le 19 mai, s'engagea sur les pétitions ultramontaines, les cléricaux du Sénat déclarèrent la guerre à la science. M. Sainte-Beuve, qui mettait sous le pied les avanies auxquelles il était en butte depuis le jour où il avait tenu tête aux insulteurs de M. Renan et de la libre pensée, leur répondit : « N'est-ce pas une chose triste et comique à la fois que de voir des hommes éminents obligés de s'expliquer sur une foule d'accusations saugrenues ? Tel professeur a, dit-on, irrévérencieusement parlé d'un scapulaire mis au cou d'un malade ; tel autre a appliqué les lois de la physiologie à la définition de la fièvre. Le Sénat aurait-il la prétention de décider si telle thèse soutenue en Sorbonne contient une négation du libre arbitre ? La science, sachez-le bien, veut être et sera libre ; elle a sa méthode à laquelle on ne peut imposer de règle au nom d'une croyance ; devant la science, le surnaturel s'efface chaque jour. L'opposition désespérée du parti clérical à la pensée moderne se brisera contre la raison. »

Un M. Robert, conseiller d'État et orateur du gouvernement, contesta aux professeurs le droit d'émettre aucune hypothèse sur la production de la pensée, sur les phénomènes intellectuels et moraux. C'était stupéfiant. L'archevêque de Rouen prétendit que la physiologie devait se conformer à la théologie ; il lut des articles de MM. Littré et Robin et s'indigna de la définition que la science donne à l'homme. Le renvoi des pétitions au ministre de l'instruction publique ne fut, pourtant, appuyé que par 14 voix.

Les étudiants en médecine firent à leurs professeurs attaqués par l'Internationale noire des ovations enthousiastes. Les agents de police brutalisèrent ces jeunes gens.

Ce Sénat du second Empire a été bien jugé par l'un de ses membres. « Je suis, écrivait M. Mérimée, dans un complet ahurissement. D'abord, notre représentation au Sénat où, comme dit M. Jourdain, je puis dire que je n'ai jamais été si soûl de sottises... j'ai débité mon speech comme une personne naturelle ; j'avais une peur atroce ; mais je l'ai très-bien surmontée *en me disant que j'étais en présence de deux cents imbéciles*, et qu'il n'y avait pas de quoi s'émouvoir [1]. »

Le même sénateur, qui était l'un des amis les plus intimes de la famille de l'impératrice, va nous conduire dans la société licencieuse dont les mauvais exemples corrompaient les mœurs de la nation qui se cotonisait et s'abêtissait de jour en jour : « Nous avons joué une pièce immorale... Nous avons ici [2] mademoiselle X... qui est un beau brin de fille de cinq pieds quatre pouces. On paraissait craindre que la seconde partie d'une charade ne répondît pas au commencement. « Cela ira bien, dit-elle ; nous montrerons nos jambes dans le ballet et ils seront contents. » Au sujet d'un bal donné par le beau-frère de l'impératrice, notre sénateur raconte qu'« on y était décolleté d'une manière outrageuse par en haut et par en bas aussi ; une demoiselle était en nymphe dryade avec une robe qui aurait laissé toute la gorge à découvert si on n'y eût remédié par un maillot, ce qui semblait presque aussi vif que le décolletage de la maman dont on pénétrait tout l'estomac d'un coup d'œil. » Puis il dépeint le *ballet des éléments* composé de seize femmes en courts jupons et couvertes de diamants, — des groupes de naïades poudrées avec de l'argent et de salamandres poudrées d'or, — la salle à manger ressemblant, avec la galerie autour, les domestiques en costumes de pages du XVIᵉ siècle et la lumière électrique, au festin de Balthazar dans le tableau de Wrowthon. Au milieu du bal, un domino s'émancipant de toute con-

---

[1]. Prosper Mérimée, *Lettres à une inconnue*.
[2]. Au château de Compiègne.

venance embrasse Mme de S... qui pousse les hauts cris : c'est l'empereur qui *s'amuse*.

Qui de nous n'a pas vu exposés aux vitrines de nos magasins, entre les portraits des filles les plus célèbres du demi-monde et les actrices les plus dévergondées, ceux des *grandes dames* de la cour impériale? Dans leur mise, leurs manières, leur langage et leur conduite, ces très-*grandes dames* outrageaient effrénément la décence et la pudeur; plusieurs d'entre elles se donnaient des allures d'*insoumises* et poussaient leur imitation jusqu'au bout; toutes se complaisaient à figurer dans des *tableaux vivants* dont les nudités étaient décrites par certains journaux et reproduites par des photographes. Après avoir parlé de ces réunions privées de l'impératrice « où étaient invitées des chanteuses populacières et dévergondées, des filles de théâtre d'une notoriété déplorable », un diplomate qui a vu ces choses-là de près ajoute : « Les familiers les moins scrupuleux de l'intimité déploraient de voir Sa Majesté Eugénie poser et faire poser ses dames pour des tableaux aussi ridicules qu'inconvenants; et ces cadres scabreux, après avoir figuré aux expositions publiques, étaient appendus dans les appartements privés de l'impératrice. Pour ne citer que deux de ces toiles, on se rappelle cette corbeille de jeunes femmes vêtues de gazes légères, assises dans l'herbe et sous bois autour de l'impératrice. La malignité publique avait baptisé cette toile : *Le Rendez-Vous des grisettes*, et le populaire d'une appellation atroce. Un autre de ces tableaux est indescriptible ici; cela pourrait s'appeler : *La Chasse au nénuphar* [1]. »

On se plongeait dans une licence de mœurs *« qui semblait avoir fait effort pour égaler celle que l'on a reprochée à la Régence et au Directoire* [2]. » Celui qui a écrit ces mots soulignés par moi fut nommé sénateur le 15 août 1870; de tous les témoignages qu'on a donnés des mœurs du second Empire, le sien est donc le moins suspect d'exagération. Le cadre étroit dans lequel mon récit doit se renfermer m'oblige à ne montrer que de raccourci le tableau que cet écrivain a fait des progrès de la prostitution clandestine sous le règne de Napoléon III : « S'amuser est devenu la plus importante sinon l'unique préoccupation du plus grand nombre. Un vent d'abrutissement a soufflé qui a balayé toute retenue, desséché les instincts les plus précieux. Nous sommes aujourd'hui [1] en présence d'écuries d'Augias où les gens de toute catégorie et de toute condition se sont empressés de jeter leur fumier. Jamais la gangrène n'a été si profonde. Les arts les plus élevés ont été travestis en bouffonneries ignobles. Depuis la Madeleine jusqu'à la Bastille, ce n'est qu'un café où l'absinthe ramollissant les cerveaux verse la fureur maniaque. La prostitution insoumise encombre les boulevards, les Champs-Élysées, le bois de Boulogne; elle remplit nos théâtres, non-seulement dans les loges, mais sur les planches où elle paie pour se montrer, comme sur une table de vente, au plus offrant et dernier enchérisseur; elle force des caissiers à dévaliser leur caisse; elle est dans des voitures à quatre chevaux; elle porte des diamants historiques. » M. Maxime du Camp a constaté que l'Exposition universelle attira des quatre coins du monde toutes les filles perdues ou qui ne demandaient qu'à se perdre, et il montre ces *mangeardes* arrivées à donner le ton à la mode : « On ne sait plus si ce sont les honnêtes femmes qui s'habillent comme des filles ou les filles qui sont habillées comme les honnêtes femmes. » Dans ce travail panoramique, on voit les fils de famille « obéissant à des habitudes de race vivre dans la compagnie de ces filles sans

---

1. *Le Dernier des Napoléon*.
2. Maxime du Camp, *Paris; ses organes et sa vie dans la seconde moitié du* XIXe *siècle*.

1. L'auteur écrivait ceci en 1869-70.

instruction, sans intelligence, sans ressources dans l'esprit, se ruiner dans ces désordres de bas étage, — et les fils de la bourgeoisie les prendre pour modèles, imiter leurs sottises et même parvenir à les dépasser. Répudiant toute moralité, tout courage, toute ambition généreuse, ils ont formé cette génération que le bon sens populaire appelle vertement *les petits crevés*. Aussi, lorsque la France a cherché au dedans d'elle-même les hommes dont elle avait besoin, elle a vu le vide et n'a trouvé personne... Ces minotaures femelles qui ont dévoré les jeunes gens avec une persistance malfaisante ont été des instruments de premier choix dans cette œuvre de décomposition sociale et d'abâtardissement.»

Sait-on de quoi se composait, à Paris, en 1870, cette « armée de dépravation, de débauche et de ruine » ? *De cent vingt mille femmes*[1], « si on veut compter toutes celles qui ne vivaient que de galanterie, depuis la grisette *mise dans ses meubles* jusqu'à la grande dame qui, avant de se rendre, exige et reçoit un million en pièces d'or nouvellement frappées ».

Voilà ce qu'avait produit ce luxe effréné qui, « inauguré, encouragé, propagé en France par l'impératrice, gagna, comme une fièvre pernicieuse, toutes les classes sociales et infiltra dans la société française dont l'histoire, sous le second Empire, est devenue la chronique scandaleuse de l'Europe, toutes les excitations au mal, toutes les tentations immorales et toutes les dépravations[2] ». — « Il y aurait, ajoute un autre écrivain royaliste, tout un volume à écrire sur les intrigues et les galanteries plus ou moins mystérieuses du second Empire. On y verrait se succéder, comme favorites, les femmes et les filles de fonctionnaires ambitieux et quelquefois complices, les élégantes besoigneuses, les grandes dames étrangères et espionnes politiques, de pauvres filles très-subalternes, enfin la trop fameuse Marguerite Bellanger qui écrivait à l'empereur : « *Mon cher seigneur, je vous ai trompé*[1]... » Elle écrivait encore : « La seule chose dont, à tout prix, je ne veux pas que vous doutiez, c'est de la sincérité et de la profondeur de mon amour pour vous. »

Tous les échos redisaient les orgies intimes du *cher seigneur* qui avait donné une maison de campagne, située dans le voisinage du château de Saint-Cloud, à sa charmeresse, afin de l'avoir plus près de lui; elle le rejoignait dans les villes d'eaux où il allait réparer les brèches que ses incontinences faisaient à sa santé. Nous avons lu les lettres de Marguerite Bellanger à Napoléon III qui les conservait précieusement sous une enveloppe cachetée au chiffre N couronné, — et on sait à quel rôle, dans cette intrigue obscène, se prêta le magistrat qui, alors, était premier président de la cour impériale de Paris.

On avait les oreilles rebattues du récit de ces turpitudes qui soulevaient le cœur de dégoût aux honnêtes gens de tous les partis. — « Il y avait à la surface de l'océan parisien un vent de débauche imbécile et effréné. Dans l'art dramatique, cela se traduisait par des excès de bêtise tellement prodigieux que la postérité refusera d'y croire... Cela s'appelait tantôt des féeries, tantôt des opérettes. On en sortait navré, navré surtout du plaisir maladif que la foule éprouvait à boire cette écœurante ivresse. Et la salle hurlait ; petits crevés, coquines endiamantées, Robert-Macaires ayant fini leur journée, escargots sympathiques commençant la leur, poches à guinées et mains à poches, la salle entière rugissait d'allégresse sur le cadavre d'Homère assassiné[2]. »

---

[1]. Les *filles soumises*, celles sur lesquelles la police étend son action, étaient, en janvier 1870, au nombre de 3,636, dont 1,066 en maisons de tolérance et 2,590 isolées.
[2]. Le *Dernier des Napoléon*.

[1]. *Chroniques du* XIXe *siècle*.
[2]. Paul Féval.

Un maître du beau style, un critique dont l'esprit et le goût ont une supériorité rare [1], s'indignait éloquemment de ces rapsodies hébétées et dépravantes. « Cela fait songer, disait-il, aux camisoles de force et aux douches et à ces rires imbéciles qu'on entend glousser dans les préaux des maisons de fous. Ce qu'il y a de particulier dans ce genre de farces sans nom, c'est leur lugubre froideur. N'y cherchez même pas cette verve grossière qui allume les *boniments* des pîtres forains, pareille aux feux follets qui s'exhalent des fumiers en fermentation. Ce sont des étoupes gelées que leurs paillasses avalent et rendent au nez du public. Pas une lueur d'esprit, pas un trait comique ou simplement drôle ; la turpitude y fait la roue sur la platitude. Ce répertoire n'a qu'un procédé unique et immuable, lequel consiste à faire battre et hurler une kyrielle de coq-à-l'âne et d'anachronismes renfermés dans une même phrase... Et que de peine pour cette vile besogne !... De tels spectacles ne sont pas seulement une ignominie, mais une corruption. Ils tiennent école de dérision et d'abrutissement. Leurs grimaces défigurent toutes les grandeurs et toutes les vertus. »

Les représentations théâtrales, au palais de Compiègne, donnaient la mesure de l'esprit et des goûts de la cour impériale. Aux tableaux vivants succédaient des pantomimes, des vaudevilles, des charades et des revues. Le marquis de Massa était l'auteur en renom. Dans une de ses pièces le plus chaudement applaudie, il raillait, sur un air d'Offenbach, l'un des chefs gaulois les plus vaillants, Vercingétorix qui combattit héroïquement pour l'indépendance des Gaules contre les armées de César, et que son vainqueur fit étrangler dans un cachot où durant six ans il l'avait tenu.

Au milieu des mêmes applaudissements dont Leurs Majestés donnaient souvent le signal à des spectateurs frappés, comme elles, d'insanité, le Clairville du palais de Compiègne tournait aussi en raillerie, dans des couplets idiots, les annexions prussiennes et le canon Krupp. En revanche, il encensait à tour de bras l'impératrice et l'empereur ; le succès de ses flatteries était d'autant plus vif que leur exagération était plus brutale.

Les principales actrices étaient les princesses de Metternich [1] et Czartoriska, les comtesses de Pourtalès et de Clermont-Tonnerre, les baronnes de Bourgoing et de Poilly, Mmes Magnan et Conneau. Parmi les *fleurs animées*, on remarquait les comtesses de Labédoyère et de La Poëse, la marquise de Cadore et madame de Saulcy. Les gaillardises que le marquis de Massa mettait dans la bouche de ses personnages n'effarouchaient aucune oreille. Dans une *revue, en deux tableaux*, de l'année 1867, la comtesse de Pourtalès représentait la Seine ; le baron Lambert jouant le rôle de M. Prud'homme s'écriait : « Quel superbe costume vous avez, belle dame ! » — Et la belle dame répliquait égrillardement : « Oh ! j'en ai un beaucoup plus beau par dessous ! »

C'est ainsi que, sous le second Empire, tout tombait en ruines dans les mœurs publiques.

Les hauts fonctionnaires recevaient les influences démoralisantes de la cour impériale. Certains préfets avaient perdu, les uns toute dignité, les autres toute pudeur. Celui des Basses-Pyrénées, M. G. d'Auribeau, était d'humeur joviale ; en mai 1868, il écrivait au préfet de police :

---

1. Paul de Saint-Victor.

1. C'est de cette princesse que, dans une lettre adressée de Constantinople, le 17 octobre 1869, à l'empereur, l'impératrice disait : « Pauvre Metternich ! je crois qu'elle a affaire à un fou, à moins qu'elle ne soit pire qu'une fille, ce que je ne puis croire. Dans tous les cas, on ne jette pas de la boue à pleines mains sur la mère de ses enfants sans avoir la tête malade. »

« Vous vous plaignez de la chaleur, mon cher Piétri ; vous soupirez après les ombrages. Sybarite, va ! Que diriez-vous, bon Dieu ! si, comme nous, vous étiez obligé de partir en tournée pour six semaines, avec la perspective de séances de six heures, 36 degrés de chaleur à l'ombre, le tout au milieu d'une atmosphère d'extraits de conscrit qui a des émotions !

« Non, vrai ! la révision aux mois de juin et de juillet dans le Midi devrait être défendue. Ma seule consolation, c'est l'espoir que pas mal de nos grands collègues de première deviendront enragés. Ça fera de l'avancement dans le corps. Et notre ministre qui nous recommande d'être aimables tout plein, de manger beaucoup, de boire davantage, d'embrasser les filles, de courtiser les femmes, de frapper sur le ventre des maris, et de faire la bouche en cœur à tout le monde ! il croit, à ce qu'il paraît, que les préfets ne sont pas de la chair, mais du marbre. Et pas même quelques éponges de gratification !

« Allez-vous-en récuber *sub tegmine fagi*.

« Moi, je me livre aux gendarmes et à leurs bottes d'ordonnances. *Ora pro nobis*[1]. »

Ce bon vivant passait l'hiver aussi gaiement que l'été. « Le carnaval est terrible, disait-il à M. Piétri dans une lettre datée du 24 janvier suivant ; — on danse tous les soirs et on dîne deux fois par jour. Je m'en tire assez bien et je commence à perdre ma mine de vieux crevé.

« Notre monde n'est pas trop brillant : quelques princes de troisième catégorie qui viennent faire des économies chez nous ; peu d'Anglais bien, mais énormément de marchands de petits couteaux très-riches ; pas de Russes ; quelques légitimistes français qui boudent pendant quinze jours, en arrivant, et qui finissent par arriver au buffet comme les autres[2]... »

Le baron de Lassus Saint-Géniès, préfet de Seine-et-Marne, « habituellement à ses plaisirs ou à Paris, et négligeant toutes les affaires, » despotisait avec une insolence graveleuse. « Votre génération est trop laide, — disait-il à une commune dont les recrues ne lui plaisaient pas ; — je vous enverrai un régiment de cuirassiers pour améliorer votre race. » Cette plaisanterie de mauvais goût a révolté les habitants.

Une autre fois, sa fille et sa femme étaient au bain. Un côté est réservé aux dames. Le préfet se présente. « On ne peut aller plus loin, lui dit l'employé. — Cette défense n'est pas pour moi », répond le préfet ; et il passe outre, ce qui cause un grand scandale.

On ne finirait pas si l'on voulait tout dire[1].

S'il faut en croire un rapport adressé au directeur de la sûreté publique par M. Gahier, commissaire divisionnaire de la police des chemins de fer, la vie licencieuse que menait M. de X*** scandalisait le département dont l'administration lui était confiée : tenue et goûts vulgaires, aventures galantes, délaissement de la femme légitime, dettes s'accumulant tous les jours, billets protestés, — réunions scandaleuses et auxquelles assistait le préfet chez la prétendue nièce d'un proxénète qui, en échange de ses complaisances honteuses, était admis à prendre part à la gestion des affaires départementales, — enlèvement de la femme d'un officier d'état-major par le frère de M. de X*** qui lui avait donné un emploi dans son cabinet préfectoral, tel est le tableau raccourci des immoralités qu'impute à ce haut fonctionnaire du second Empire le rapport dont voici la conclusion : « C'est à tel point que, parmi les personnes mêmes qui protestent contre ces accusations, il y en a qui ont manifesté leur hésitation à conduire désormais leurs femmes

---

1. *Papiers et Correspondance de la famille impériale*, t. I, p. 240.
2. *Id.*, t. III, p. 403.

1. Lettre de M. La Rochefoucauld, duc de Doudeauville, à l'empereur. (*Papiers et Correspondance de la famille impériale*, t. II, p. 81.)

M. Dupanloup.

aux soirées de la préfecture. On dit qu'un certain nombre de membres du tribunal et de la cour resteront également éloignés de ces soirées ; on prononce encore le nom du général D..., qui serait très-irrité de la mésaventure arrivée à son officier d'état-major ; il aurait dit à plusieurs de ses officiers, en parlant des réceptions du préfet : *Je pense bien, messieurs, que vous ne mettrez pas les pieds dans ce b..... [1].* »

M. Eugène Janvier de La Motte, dont il a été déjà question dans ce livre, fut l'un des préfets les plus chers à Napoléon III et à l'impératrice Eugénie, « qui riaient beaucoup de ses excentricités ». Une instruction judiciaire nous a fait connaître la moralité du favori de Leurs Majestés impériales et la nature des singularités qui les égayaient ; cette page d'histoire a sa place ici :

« Le 19 février 1856, l'accusé Janvier de

[1]. *Papiers et Correspondance de la famille impériale*, t. III, p. 392 à 397. — Dans ce long rapport, les noms du préfet, du complaisant, du général, de la ville et du département sont écrits en toutes lettres.

La Motte fut appelé de la préfecture de la Lozère à la préfecture de l'Eure. Il appartenait depuis plusieurs années à l'administration et avait déjà occupé divers emplois, laissant partout la réputation d'un homme sans moralité, sans scrupules, qui cherchait les plaisirs faciles et n'avait nul souci ni de ses devoirs ni de sa dignité. Quoique sa femme eût de la fortune et qu'il se réservât exclusivement la jouissance de ses revenus, il était obéré. L'instruction constate qu'avant d'arriver à Évreux sa position était déjà embarrassée, et qu'à Mende il avait recours, pour se procurer de l'argent, aux expédients les plus compromettants.

« Son séjour dans l'Eure ne fit qu'aggraver sa situation. Son passif s'accrut rapidement, moins par les charges de sa maison que par les dépenses auxquelles ses désordres l'entraînaient. Grâce à la facilité des communications, il passait à Paris une partie de son temps, délaissant sa femme et ses enfants pour se livrer à de folles prodigalités avec des filles entretenues, et recourant à des proxénètes pour satisfaire ses goûts de débauche.

« A la suite de ces déportements, » la dame Janvier, en 1861, provoqua et obtint la séparation « dans l'intérêt de sa dignité et pour sauvegarder l'avenir de ses enfants ». Les dettes du sieur Janvier s'élevaient à 420,000 francs; « ses fournisseurs n'étaient plus payés; il empruntait à ses domestiques et il fallut, pour désintéresser ses créanciers, que les parents de sa femme s'associassent aux sacrifices que s'imposait sa propre famille ».

Au lieu de s'amender, il se livra plus librement à ses passions. « Ne connaissant plus aucun frein, il afficha ses désordres, installa ses maîtresses à la préfecture, et donna à la population d'Évreux le scandale du plus honteux libertinage. »

Bientôt de nouvelles dettes sont contractées. « Du 21 décembre 1865 au 13 mars 1868, les huissiers d'Évreux ne firent pas contre lui moins de 140 protêts, pour des effets d'une valeur de 296,532 francs. » Une nouvelle liquidation constata un passif de près de 700,000 francs créé en moins de sept ans.

« En résumé, l'instruction criminelle, qui n'a porté que sur quelques points d'une administration de douze années, montre l'accusé Janvier exerçant sur le département de l'Eure la plus funeste influence. Partout il a semé la démoralisation. Comme homme, il a donné l'exemple de la débauche la plus scandaleuse; comme administrateur, il s'est fait un jeu des règles protectrices des intérêts publics. Il a falsifié les écritures, corrompu ses subordonnés, dilapidé les deniers publics et employé à payer ses désordres des fonds que leur destination devait rendre sacrés [1]. »

Le magistrat qui exerçait les fonctions du ministère public acheva ainsi le portrait de l'ancien préfet d'Évreux : « Pendant qu'il se livrait à toutes ses passions, qu'il sacrifiait à leur satisfaction et la fortune de sa femme et l'argent de sa famille, et — je crois que je vous le démontrerai — la fortune publique elle-même, il refusait à sa femme les sommes indispensables pour ses frais de toilette et l'entretien de ses enfants. Il n'achetait pas seulement les filles d'Évreux qui traversaient tour à tour la préfecture, mais il lui fallait satisfaire aux exigences des proxénètes de Paris, de la femme Prat, par exemple, avec laquelle il correspondait. Nous avons ici la copie des dépêches qu'il lui adressait : « *Envoyez-moi deux langoustes n° 1 et n° 2.* » Il lui fallait combler le déficit existant dans la caisse d'une femme à la mode, appartenant à un de nos petits théâtres de Paris, et pour laquelle il a dépensé en peu de temps trois cent cinquante ou quatre cent mille francs. Le chiffre est exagéré, dira-t-on; l'accusé n'en sait rien, quant à lui, et la femme dont il est question n'en sait pas davantage : d'autres

---

[1]. Extrait de l'acte d'accusation. Procès de M. Janvier de La Motte devant la cour d'assises de la Seine-Inférieure. Février-mars 1872.

hommes s'occupaient d'elle dans le même moment, et la confusion qui en résultait ne lui permet pas de distinguer ce qui lui venait de l'un ou de l'autre. »

Voilà ce qui divertissait « beaucoup » Napoléon III et son entourage ! De cet euphémisme qui déguisait si pittoresquement le nom de *fille perdue* sous celui de *langouste*, « LA GRANDE BOHÈME [1] » riait à se pâmer ; ce vocable usité chez la femme Prat s'introduisait sans doute dans la langue verte que parlaient les initiés aux mystères des Tuileries « où il y avait une chancellerie spéciale pour un service intime et occulte de l'empereur ; à la tête de ce ministère régnait un personnage décoré d'un titre officiel et des plus hauts insignes de la Légion *d'honneur*, lequel exerçait une autorité considérable. C'était sûrement une des plus puissantes protections pour parvenir [2]. »

1. Sous ce titre caractérisant si bien ce monde officiel du second Empire, M. Henri Rochefort venait de réunir des chroniques publiées par le *Figaro*, et dans lesquelles ce jeune écrivain étrillait, avec le fouet de Juvénal, les hauts personnages du régime impérial.
2. *Le Dernier des Napoléon*, p. 168.

M. Beulé visait, sans doute, ce *personnage puissant* lorsque, retraçant les portraits des Césars, il disait, en 1868, à ses auditeurs de la Bibliothèque nationale : « Je ne nommerai qu'à regret un de ces individus qui sont le produit le plus abject des temps abjects, marchands de chair humaine, entremetteurs éhontés, opprobre du souverain qui les emploie, de la cour qui les envie et du pays qui les tolère. Cet intendant des voluptés s'appelait Césonius Priscus ; il était chevalier romain ; le misérable portait avec orgueil le titre officiel de préfet des plaisirs de Tibère (*a voluptatibus*), et de quels plaisirs [1] ! »

Sous le règne du fils de l'impératrice Livie, on imaginait, d'ailleurs, comme sous celui du fils de la reine Hortense, des mots pour exprimer des idées obscènes. M. Beulé en rappelle plusieurs et notamment celui qu'on inventa pour désigner les victimes des débauches de l'empereur [2].

1. *Tibère et l'héritage d'Auguste*, par M. Beulé, de l'Institut. Pages 319 et 323. — 1868.
2. *Spintriæ*. Ce mot latin est intraduisible en français.

DOCUMENTS COMPLÉMENTAIRES DU CHAPITRE XII

I

LA SECONDE EXPÉDITION DE ROME

Le *Moniteur* avait annoncé que la mission du général Dumont se bornerait à l'inspection de la légion d'Antibes ; la lettre suivante dément l'assertion du *Moniteur* :

LETTRE DU GÉNÉRAL DUMONT AU GÉNÉRAL FROSSARD

« Civita-Vecchia, le 25 juin 1868.

« Mon cher Frossard,

« Voilà les journaux italiens qui me *tombent* dessus à cause du toast que j'ai porté au pape le jour de l'anniversaire de son couronnement. Je m'en moque, parce que je crois avoir bien fait et que je suis sûr que l'empereur ne me blâmera pas, si le peu de mots que j'ai dits arrivent jusqu'à Sa Majesté. Pouvais-je moins faire dans une circonstance pareille ? J'ai envoyé au ministre, comme je le fais pour vous, un extrait de journal rendant compte de la manière dont la fête s'est passée. J'espère que le maréchal m'approuvera.

« Une certaine agitation garibaldienne

règne en ce moment en Italie. On provoque des enrôlements de tous côtés. Ces jours derniers, quinze à vingt jeunes gens sont partis subitement de Viterbe pour aller s'enrôler à Gênes ou Milan. J'ai rendu compte de ce fait au maréchal, en l'assurant que je serais toujours assez fort, avec les 4,000 hommes que j'ai, pour faire face aux premières éventualités. Il faudrait bien des garibaldiens pour me déloger de Viterbe, et de Civita surtout, que nous avons mis dans un état très-respectable de défense. Seulement je vois avec peine le déplorable état de l'armement de l'armée pontificale. Si elle était abandonnée à elle-même aujourd'hui avec ses mauvais et vieux fusils, elle serait enlevée immédiatement. Je n'ai cessé de dire au ministre des armes de hâter la livraison des 10,000 fusils Remington pour lesquels depuis longtemps des marchés sont passés, et rien n'arrive, bien que l'on promette toujours. J'ai signalé au cardinal Antonelli ces déplorables retards.

. . . .

« *Signé* : Général DUMONT. »

EXTRAIT DU JOURNAL

« ... Dans la salle ornée de festons, dans le milieu du jardin, il y avait abondance de rafraîchissements. Quand tous les invités s'y trouvèrent réunis, S. Exc. le général Dumont porta en ces termes un toast au souverain pontife : « A Pie IX ! à ce vénérable pontife « que l'empereur et la France n'abandonne« ront jamais ! Vive Pie IX ! » A quoi S. Ém. R. Mgr Scapitta, délégué apostolique, répondit : « Messieurs, je vous propose de boire « à la santé et à la prospérité de S. M. l'em« pereur Napoléon III ; au puissant souverain « de la noble et généreuse nation française, « qui, en protégeant le trône pontifical par « le prestige de sa puissance et la valeur de « ses braves troupes, a rendu et rend inces« samment le plus grand service, non-seule« ment à la cause de la religion, mais encore « à celle de l'ordre, du bien-être, du vrai « progrès de la société tout entière. Vive « l'empereur ! »

(*Papiers et Correspondance de la famille impériale.*)

II

LA COUR ET LA FRANCE IMPÉRIALES DEVANT L'HISTOIRE

« La cour était un véritable lieu de débordements et de dissolution. L'empereur, dont la vie privée avait toujours été fort relâchée, y étalait effrontément ses adultères. Femmes du monde et femmes du demi-monde, courtisanes de haut et de bas étage, tout lui était bon. Et il rencontrait peu de cruelles. Non qu'il eût en lui quelque chose de séduisant, mais il était l'empereur. Il pouvait dire : Je suis l'empereur des Français, comme François Ier disait : Je suis le roi de France. La préférée du jour ou de la nuit était, d'ordinaire, menée aux Tuileries, par les appartements de la galerie du Louvre, le long du bord de l'eau. Les feuilles légères ne se gênaient point pour divulguer, à mots plus ou moins couverts, les noms des favorites. Tantôt, par exemple, on apprenait qu'une comtesse de Castiglione, réputée pour sa grande beauté, avait paru déguisée en dame de cœur à un bal de la cour ; tantôt qu'une personne du nom de Marguerite Bellanger, fort connue dans le monde des amours faciles, se trouvait à Vichy en même temps que l'empereur. L'intimité du chef de l'État avec cette dame ne fut bientôt plus un mystère pour personne. Les libéralités de Louis XIV avaient permis à la veuve Scarron d'acheter Maintenon ; la fille Bellanger put acquérir un château et un hôtel des deniers de Napoléon III, ou plutôt des nôtres. Voilà à quoi servaient les millions de la liste civile.

« Cette liaison paraît avoir été sérieuse.

Cependant elle fut traversée par un gros nuage. La dame, qui n'était pas un parangon de vertu, avait trompé l'empereur comme un simple mortel, et, en lui disant qu'elle était accouchée à sept mois, elle lui avait fait accroire qu'il était le père d'un enfant survenu dans le cours de leur liaison. Ce qu'il y eut de plus triste en cette affaire, c'est qu'un magistrat haut placé, le premier président de la cour impériale de Paris, oublia la dignité de sa profession au point de s'interposer entre la maîtresse et l'amant, et ne craignit point de salir sa robe de magistrat en allant demander compte à la courtisane de ses relations avec l'empereur.

« Rien de contagieux comme l'exemple des mauvaises mœurs. Il y avait, dans l'entourage impérial, un débraillé inouï. Les femmes étaient d'un sans-gêne, d'un laisser-aller de nature à prêter à toutes les suppositions. « Ah! ma chère, disait une dame du « plus grand nom à sa belle-sœur qui lui « reprochait la légèreté de sa conduite, que « voulez-vous? on est déshonorée à la cour « quand on n'a pas au moins deux amants. » J'aime à croire que, dans sa pensée, il s'agissait d'amants tout platoniques, mais le mot n'en peint pas moins admirablement l'état moral de la cour.

« L'impératrice, elle, ne prêtait pas à la médisance, non, certes; sa conduite, comme épouse, paraissait irréprochable; mais elle avait gardé, de la mauvaise éducation de sa jeunesse, un amour immodéré de plaisirs. J'ai dit déjà combien fatale avait été son influence sur les mœurs. C'était elle, en partie, qui avait déchaîné sur la société française ces habitudes de luxe effréné, cause de tant de perturbations et de désordres domestiques. Il lui fallait des divertissements sans cesse renouvelés, peut-être pour se consoler des infidélités de son volage mari, lesquelles ne furent pas sans froisser cruellement son amour-propre de femme. Elle aimait à la folie les petits jeux, les petits bals, les petits théâtres. La chasse, les tableaux vivants, la comédie de salon avaient été longtemps ses distractions favorites. Elle visait au rôle de Marie-Antoinette, dont elle regardait les moindres bibelots comme autant de reliques précieuses. En fait de littérature, elle n'aimait guère que les choses frivoles, le roman, et même les récits quelque peu risqués, comme la *Chambre bleue*, composée tout exprès pour elle par Mérimée. Ainsi l'érotique roman de Faublas figurait parmi les livres du boudoir de Marie-Antoinette. A côté de cela, l'impératrice se montrait fort dévote, subissant les influences cléricales, et soutenant elle-même les prétentions exorbitantes du clergé de toute l'influence qu'elle avait conservée sur son mari. Vieillie à présent, elle ne songeait plus qu'à faire passer sûrement sur la tête de son fils la couronne ramassée par l'empereur dans le sang de Décembre. »

(ERNEST HAMEL, *Histoire du second Empire.*)

« Dans cette cour étrange, tout le monde était armé ou cherchait à s'armer d'une pièce compromettante. Quand on parlait des faveurs si constantes et si scandaleuses des Saint-Arnaud, des Magnan et de vingt autres, on vous répondait imperturbablement : « Ils ont des papiers. »

« Aussi n'y eut-il plus d'ingérence du cabinet des Tuileries dans une affaire grande ou petite, publique ou privée, qui ne fût aussitôt attribuée à la corruption, même quand elle était désintéressée. Or, tout est perdu chez un peuple où la corruption devient un moyen de gouvernement.

« Comment dans un pareil milieu eût-il pu germer, arriver ou prospérer, un honnête homme ou un homme de valeur? Dès qu'on signalait un pareil phénomène, soit dans les Chambres, soit dans l'administration, il se faisait spontanément, sur toute la ligne, une Sainte-Ligue, mettant tout en œuvre pour neutraliser cet ennemi de la paix publique et décourager ou chasser l'intrus.

« La France avait brillé dans l'histoire par cette légion de fiers caractères et de grands hommes qui surgissaient du sol aux heures solennelles de sa vie nationale, étonnant le monde par leur audace et leur génie.

« Le jour où Napoléon et sa fortune allèrent à la dérive, pas un homme ne se trouva, pas un seul dans aucune sphère, ni diplomate, ni administrateur, ni général, qui pût lui tendre la main et retarder d'une heure l'effondrement de cet Empire aux pieds d'argile.

« La France devait étonner le monde par sa décrépitude et sa stérilité, comme elle l'avait étonné par ses vices et sa corruption...

« Les favoris influents étaient cotés un prix officiel.

« C'est après l'entrée solennelle de l'armée d'Italie à Paris qu'il nous a été donné de voir pour la première fois l'intérieur des Tuileries. Nous avions à peine jeté un coup d'œil dans les coulisses de cette société française façonnée par le régime impérial que notre désillusion descendit jusqu'à la stupéfaction.

« La France, vue à distance avec les illusions de notre vieille sympathie, nous apparaissait grande, progressive et formidable.

« Vue de près, c'était un ossuaire, et, chose étrange ! l'observateur et surtout l'étranger le devinaient au premier abord. L'effet était saisissant. Cette nation aveuglée, corrompue, dévoyée, entraînée par une fièvre chaude à tous les excès d'un matérialisme grossier : luxe scandaleux, mœurs éhontées, soif de toutes les jouissances bestiales... d'autre part, oblitération de tout sentiment du devoir, de la justice, de l'honnêteté... tout cela nous fit l'effet de la danse macabre d'Holbein autour de l'autel du veau d'or.

« Au haut de l'échelle, la famille impériale donnant le signal et l'exemple des écarts et des faiblesses. La chronique frivole des Tuileries, des ambassades et des ministères ne roulait que sur les équipées équivoques de la veille, de l'empereur et des principaux personnages de son entourage.

« L'immoralité débordait tellement de toutes parts ; tout le monde vivait, se mouvait, se plaisait tellement dans cette atmosphère malsaine ; les journaux, les pièces de théâtre, préconisaient, étalaient des scandales et des tableaux tellement effarouchants, qu'un étranger avait quelque peine à se familiariser avec les us et coutumes de ce lazaret. . . . .

« Au-dessous de ce trône, d'où descendaient de si funestes rayonnements, voilà comment nous apparut alors la société française. . . »

(*Le Dernier des Napoléon.*)

« La société française, telle que l'a faite le second Empire, nous l'avons vue, et, malheureusement, le monde entier l'a vue comme nous dans l'apogée de ses magnificences factices, dans l'étourdissement de ses plaisirs et de ses corruptions, à cette fête que devaient bientôt suivre des deuils si navrants, à l'Exposition universelle de 1867.

« Tous les peuples nous ont alors volontiers accordé une suprématie que nul d'entre eux n'eût pu nous disputer : ils nous ont souri comme aux premiers *amuseurs* de l'univers... Oui, quand les étrangers se précipitaient sur nos boulevards, dans nos théâtres et dans leurs coulisses, ils pouvaient se laisser séduire à l'ivresse d'un jour et d'une heure, subir l'éblouissement d'un mirage féerique ; mais, rentrés chez eux, revenus de ces engouements fébriles, en vain ils se sont demandé : Où est le génie de la France ? Où est le génie de ce peuple qui a donné au monde Descartes, Pascal et Voltaire ; Corneille, Molière et Racine ; Montesquieu, Mirabeau et Lamennais ; La Fontaine, Diderot et Courrier ; où est la séve morale qui enfante les grandes œuvres de la poésie et de la raison ; où bat encore le cœur de la nation qui a donné aux lettres le siècle de Louis XIV et le xviiie siècle, de la nation qui, sur les ruines de la Bastille, a jeté à tous les vents du ciel le cri de délivrance du monde moderne?

« Alors ils ont souri d'un sourire amer et dédaigneux, car ils ont compris que si la grande France vivait encore, quelqu'un l'avait étrangement liée sous des chaînes dorées et fleuries, l'avait si bien affadie qu'elle n'avait plus même conscience de sa honte, pareille à ces belles esclaves antiques qui oubliaient et leurs dieux et leur patrie après avoir subi l'outrage des caresses d'un maître.

« Partout ils avaient vu les charmes, les séductions de la France ; mais vainement ils avaient cherché la mâle noblesse de son âme d'autrefois.

« Il semble que l'Empire ait eu souci de cet abaissement dont il était l'auteur ; il lui en a coûté de ne pouvoir montrer de la nation souillée par lui que les beautés extérieures ou les joyeux caprices. »

(Élie Sorin, *la France impériale*.)

III

LA FRANCE IMPÉRIALE DEVANT LE SÉNAT

Le 23 mai 1865, M. Dupin aîné flétrit en ces termes l'agiotage, le luxe et le dévergondage qui, sous le second Empire, dépravaient la nation :

« Les pères de famille s'inquiètent. L'exagération factice de la fortune mobilière a entraîné le renchérissement de toutes choses, et l'équilibre du budget domestique devient de plus en plus difficile. D'un autre côté, au fur et à mesure que les dépenses s'accroissent, les gros revenus tant prônés par certaines entreprises s'évanouissent, et le capital même, le patrimoine des familles, s'évanouit avec les dividendes faussement annoncés.

« Le monde moral lui-même est atteint. Le vertige des millions que procure un agiotage effronté, l'ingratitude du travail qui refuse le luxe et mène lentement à l'aisance, pervertissent les idées du juste et de l'honnête. Le puissant financier fait taire ou parler la presse, suivant les intérêts de ses spéculations. Grâce à de grands mots invoqués en d'autres temps, tels que la raison d'État, le crédit public, le développement du travail, les traitants d'aujourd'hui, funestes imitateurs du financier Law, troublent les consciences, faussent l'esprit public, surprennent la religion des âmes honnêtes, et obtiennent que la théorie du fait accompli serve d'excuse à la fraude. . . . .

« Une autre cause de prostitution, et *ici je m'adresse encore plus aux hautes qu'aux basses classes, parce que l'exemple descend de haut en bas* bien plus qu'il ne remonte de bas en haut, n'est-ce pas évidemment l'exagération du luxe, l'excès des toilettes qui jettent tout le monde hors de ses voies? Les plus grandes situations s'en effrayent, et, à chaque hiver, à chaque saison, la révélation éclate sur des mémoires de modes que les fortunes les plus considérables suffisent à peine à atteindre, et qui tombent quelquefois en atermoiements et en liquidation. Cela descend dans les classes inférieures par imitation, par esprit d'égalité. Chacune veut avoir la même toilette que les autres. La Fontaine, dans une de ses fables, se moque de la grenouille qui veut se faire aussi grosse qu'un bœuf ; mais avec les modes d'aujourd'hui la grenouille y parviendrait. Il suffirait à cette pécore d'ajouter autour de sa taille ces dimensions élastiques qui la feraient aussi grosse que le modèle qu'elle veut atteindre.

« Quand on va ou qu'on doit aller à une fête, qu'on veut y faire quelque figure et qu'on n'a pas de quoi, l'amour-propre l'emporte, on répugne à le dire au mari, la caisse conjugale est vide ; on s'habille à crédit, on signe des billets, des lettres de change *pour les-*

IV

LETTRES DE Mlle MARGUERITE BELLANGER

Ces deux lettres ont été découvertes dans les papiers particuliers de Napoléon. Elles étaient mises ensemble dans une enveloppe cachetée au chiffre N couronné, et avec cette suscription de la main de Napoléon : *Lettres à garder.*

Monsieur,

« Vous m'avez demandé compte de mes relations avec l'empereur, et, quoi qu'il m'en coûte, je veux vous dire toute la vérité. Il est terrible d'avouer que je l'ai trompé, moi qui lui dois tout ; mais il a tant fait pour moi que je veux tout vous dire : je ne suis pas accouchée à sept mois, mais bien à neuf. Dites-lui bien que je lui en demande pardon.

« J'ai, monsieur, votre parole d'honneur que vous garderez cette lettre.

« Recevez, monsieur, l'assurance de ma considération distinguée.

« M. BELLANGER. »

« Cher seigneur,

« Je ne vous ai pas écrit depuis mon départ, craignant de vous contrarier ; mais après la visite de M. Devienne, je crois devoir le faire, d'abord pour vous prier de ne pas me mépriser, car sans votre estime je ne sais pas ce que je deviendrais ; ensuite pour vous demander pardon. J'ai été coupable, c'est vrai, mais je vous assure que j'étais dans le doute. Dites-moi, cher seigneur, s'il est un moyen de racheter ma faute, et je ne reculerai devant rien ; si toute une vie de dévouement peut me rendre votre estime, la mienne vous appartient, et il n'est pas un sacrifice que vous me demandiez que je ne sois prête à accomplir. S'il faut, pour votre repos, que je m'exile et passe à l'étranger, dites un seul mot et je pars. Mon cœur est si pénétré de reconnaissance pour tout le bien que vous m'avez fait, que souffrir pour vous serait encore du bonheur. Aussi la seule chose dont à tout prix je ne veux pas que vous doutiez, c'est de la sincérité et de la profondeur de mon amour pour vous. Aussi, je vous en supplie, répondez-moi quelques lignes pour me dire que vous me pardonnez. Mon adresse est : Madame Bellanger, rue de Launay, commune de Vilbernier, près Saumur. En attendant votre réponse, cher seigneur, recevez les adieux de votre toute dévouée, mais bien malheureuse

« MARGUERITE. »

La lettre suivante de M Devienne à M. Conti a-t-elle rapport à cette affaire ?

Cour impériale de Paris. Cabinet du premier président.

« Paris, 19 février 1868.

« Monsieur le conseiller d'État,

« Je vous serai très-reconnaissant si vous voulez bien remettre ma lettre ci-jointe à Sa Majesté.

« Veuillez agréer, avec mes excuses, l'expression de mes sentiments de haute considération.

« *Le premier président,*

« DEVIENNE. »

(*Papiers et Correspondance de la famille impériale.*)

V

RAPPORT SUR UN PRÉFET DU SECOND EMPIRE

MINISTÈRE
de
l'intérieur.

« Paris, le 4 décembre 1864.

« Monsieur le directeur général de la sûreté publique,

« Je viens de passer plusieurs jours à B....., où, conformément à vos instruc-

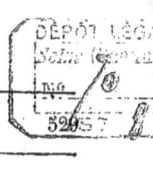

MM. Erckmann et Chatrian,
AUTEURS DES *Romans nationaux*.

tions, j'ai recueilli, autant que je l'ai pu, tous les renseignements qui m'ont paru de nature à fixer votre opinion sur le compte de M. de X.X.X.; j'ajoute qu'il me serait difficile d'en garantir l'exactitude. Cependant ces bruits sont tellement répandus, tellement accrédités, qu'il me paraît impossible d'en méconnaître la gravité et de ne pas y voir la manifestation d'une opinion fausse peut-être, mais partagée presque généralement par toutes les classes de la population. . . .

. . . .

« A un point de vue plus personnel, la situation de M. de X.X.X. est l'objet des critiques les plus vives. Son prédécesseur, M. de M...., en dehors des sympathies ou des antipathies politiques qui ne s'attachent qu'au personnage officiel, avait laissé, comme homme privé, d'excellents souvenirs à B.....; il vivait et recevait honorablement; pendant dix ans, il avait donné à la population l'exemple d'une de ces existences honnêtes et dignes qui commandent l'estime et la considération, et, à défaut d'une influence marquée sur la direction des esprits, assurent du moins le respect dû aux dépositaires de l'autorité. La comparaison n'en a été que plus fâcheuse pour son successeur.

« M. de X.X.X. avait à peine quitté L... que déjà des bruits de toute nature circulaient sur son compte. On lui attribuait une tenue et des goûts vulgaires; on parlait de dettes, d'aventures galantes. Peu de temps après son arrivée à B..., le bruit se répandit qu'un banquier de la ville avait refusé de l'un de ses confrères de L... plusieurs traites sur M. de X.X.X. pour une valeur de 30 à 40,000 francs. L'attention publique fut frappée par certains détails de sa vie privée qui circulèrent; on remarqua dans son entourage un certain marquis de C..... inconnu à tout le monde, affichant des allures de grand seigneur, vivant avec lui dans l'intimité la plus étroite, et prenant une part directe à la gestion des affaires du département. Le bruit courut que le marquis de C..... avait fait venir de L... une femme qu'il avait logée dans la maison d'un notaire, en la présentant comme sa nièce. M. de X.X.X. aurait assisté aux soirées de cette dame; on va même jusqu'à dire qu'il aurait pris part à ses faveurs; on ajoute que ces réunions ont donné lieu à des faits regrettables provenant de l'intempérance des convives. La vérité est que le propriétaire de la maison lui donna promptement congé; on prétend encore qu'il aurait eu préalablement recours à l'intervention du commissaire central, et que cela aurait motivé la mise à la retraite de ce fonctionnaire. On disait en même temps que Mme de X.X.X., sous prétexte de mauvaise santé, vivait complétement à l'écart et n'assistait ni aux repas ni aux réunions de famille . . . . .

« On parle de nouvelles aventures avec d'autres femmes, des danseuses du grand théâtre, de nouvelles dettes qui s'accumulent tous les jours, de billets en souffrance et même protestés. On dit que M. le marquis de C..., dont la femme légitime exercerait en Italie une profession peu honorable, a quitté la préfecture *par ordre de M. le ministre*, qu'il a laissé de nombreuses dettes à B....., et qu'il n'avait pris tant d'influence sur l'esprit de M. de X.X.X. que parce qu'il était son complaisant. On dit encore que le frère du préfet, qui avait aussi une position dans son cabinet, a disparu depuis quelque temps avec la femme d'un officier d'état-major de la division. On tient encore bien d'autres propos indignes d'occuper l'attention; malheureusement ils se trouvent dans toutes les bouches, et beaucoup de gens y croient; c'est à tel point que parmi les personnes mêmes qui protestent contre ces accusations, il y en a qui ont manifesté leur hésitation à conduire, désormais, leurs femmes aux soirées de la préfecture. On dit qu'un certain nombre de membres du tribunal et de la cour resteront également éloignés de ces soirées; on prononce encore le nom du général D....., qui serait très-irrité de la mésaventure arrivée à son officier d'état-major; il aurait dit à plusieurs de ses officiers en parlant des réceptions du préfet : « *Je pense bien, messieurs*, que vous ne mettrez pas les pieds dans ce b..... »

« En résumé, la situation de M. de X.X.X. à B..., et on assure qu'il le sent lui-même, est aussi mauvaise que possible. Que la faute en soit à lui ou à ses ennemis personnels qui le poursuivent de leurs calomnies, le résultat est là, patent, incontestable; sa déconsidération devant l'opinion publique est complète . . . .

« Je suis avec respect, monsieur le directeur général, etc., etc.

« *Le commissaire divisionnaire de la police des chemins de fer,*

« J. GAHIER. »

(*Papiers et Correspondance* T. III, p. 395 à 397.)

CHAPITRE XIII

1868

L'intolérantisme. — La délation et les délateurs. — La *Lanterne*. — La *Cloche*. — Le livre d'Eugène Ténot. — Malaise général. — Troubles dans les départements. — Violation du droit de réunion. — Élection de M. Grévy. — La Révolution espagnole; les derniers jours de la royauté d'Isabelle II. — Manifestations au cimetière Montmartre. — Souscription et procès Baudin. — Plaidoiries; le 2 Décembre sur la sellette; triomphe éclatant de Léon Gambetta. — Deuxième procès pour manœuvres à l'intérieur. — Mort de Berryer. — La sixième chambre et les juges qui la présidaient; M. Delesvaux; son œuvre en 1868. — Rigueurs contre la presse. — Affaire André et Ulysse Parent. — La grande bataille imaginaire gagnée par M. Pinard. — L'empereur reprend le portefeuille de l'intérieur au protégé de l'impératrice. — Modifications dans le cabinet.

Au milieu de cette corruption profonde, hardi comme un coq sur son fumier, l'intolérantisme parlait en maître et le ministre des cultes lui obéissait. M. Grenier, étudiant en médecine, avait soutenu des doctrines matérialistes dans une thèse intitulée : *Étude médico-philosophique du libre arbitre humain*; M. Duruy ordonna qu'on lui refusât le diplôme de docteur. — Une suspension de trois mois frappa un autre étudiant en médecine, M. Oudinau, interne de l'hôpital d'Angers, parce qu'il n'avait pas assisté à la procession de la Fête-Dieu.

La délation, érigée en moyen de gouvernement, conduisait aux honneurs et attirait les faveurs du prince; elle était devenue un métier fort couru. — « Pour peu que cela continue, a écrit le diplomate B... dans son livre [1], la moitié de la nation surveillera l'autre moitié; on ne peut plus fréquenter un salon sans qu'on vous dise : *Attention ! cette grande dame, ce fonctionnaire, etc., etc., sont de la police.* — C'est de l'épidémie. »

Un conseiller d'État conquit un siège au Sénat en faisant de la police pour le compte de l'empereur. Dans un de ses rapports, ce mouchard de la première volée dénonce la versatilité d'esprit de Mgr Sibour, la fièvre d'ambition qui dévore ce prélat, dont les défaillances mentales sont nombreuses et passent la croyance : « Ainsi, au premier jour de l'an et en présence de tout son clergé, il a persiflé le grand acte du 2 Décembre... On s'accoutume — ajoutait le dénonciateur en terminant son rapport — à ne plus voir dans Mgr Sibour l'archevêque vénéré de Paris, mais seulement l'homme aux représentations théâtrales. En effet, le prélat pleure quand il veut, il rit de même, s'émeut de même et possède en outre le tragique secret de répandre son cœur à flots, sans le tarir jamais [1]. »

Un jour, ce policier de Napoléon III fut rencontré dans la rue Bellechasse par M. Piétri, « qui lui fit une violente scène de jalousie en le menaçant de le faire arrêter ». Sur quoi son noble rival adressa à l'empereur un nouveau rapport, accompagné de la lettre suivante à M. Mocquard :

« Vous jugerez, par ce qui m'est arrivé avec le préfet de police, combien il est délicat de fournir à l'empereur les preuves qu'il

---

1. *Le Dernier des Napoléon.*

1. *Papiers sauvés des Tuileries* et publiés par Robert Halt, page 72. Cette note de police portait la signature de son auteur.

désire, et ce qu'il faudrait de dévouement aux fonctionnaires pour qu'ils se missent en avant comme je l'ai fait pour dévoiler tout ce qui se passe de contraire au service de l'empereur....

« Ah! j'étais bien irrité contre M. Piétri, et bien résolu à lui trouer la poitrine ou à lui casser la tête! Ma proposition n'a pas été de son goût. Aujourd'hui je ne lui en veux plus.... Ne devais-je pas espérer, après avoir joué ma tête à Lyon, au 2 Décembre, que je serais nommé sénateur avant mes successeurs[1]? »

Des abbés se faisaient aussi délateurs. L'un d'eux, aumônier d'un lycée de Paris, ayant appris qu'un de ses collègues, M. l'abbé B..., sollicitait la croix d'honneur, écrivit à Napoléon III pour lui dénoncer le solliciteur comme un ennemi « de la personne, de la dynastie et du gouvernement de Sa Majesté, et professant un sentiment assez connu pour l'opposition ».

Ce prêtre charitable ajoutait : « Il n'y a même pas bien longtemps, j'ai dû, *dans une réunion d'amis*, prendre hautement la parole pour réprouver les sentiments erronés et désapprobateurs de M. l'abbé B... relativement au coup d'État de 1851. D'après lui aussi, vos ennemis d'alors n'étaient que des hommes inoffensifs ayant de *bonnes intentions*, et les défenseurs de la société sous Votre Majesté, à savoir tel ou tel de vos héroïques préfets et sous-préfets, *des don Quichotte ridicules*. »

Si le digne aumônier a écrit sa lettre délatrice, c'est, dit-il, « non-seulement pour prévenir une surprise qui aurait pu être facile, *vu une certaine prudence* de M. l'abbé B... *actuellement calculée et bien ménagée*, mais encore et surtout pour céder une fois de plus aux sentiments dévoués et respectueux qui l'attache à la personne auguste de Sa Majesté et aux intérêts qu'elle représente et administre si bien[1]. »

L'espionnage se glissait partout, dans les salons et dans les ateliers, dans les soirées du grand monde et dans les bals de guinguette, dans les cafés et dans les cabarets ; on contraignait les marchands de vin à l'exercer ; la moindre infraction aux règlements de police attirait sur les récalcitrants des peines sévères.

Pour obtenir la plaque numérotée, les commissionnaires de place, les marchandes des quatre saisons, les colporteurs devaient prendre l'engagement de rapporter au commissaire de leur quartier ce qu'ils entendraient dire contre l'empereur, sa famille ou son gouvernement. Moyennant un salaire leur permettant de vivre avec moins de gêne, de petits rentiers habitant les faubourgs ou la banlieue de Paris s'associaient à ce vaste espionnage qui se ramifiait au dehors.

Comme Mme de Noeerbeck en Belgique, une femme mouchardait en Italie pour le compte du gouvernement impérial. Cette espionne exerçait son métier de concert avec son mari, « homme de lettres distingué, mécanicien de génie, » disait-elle dans sa correspondance, et d'accord avec son père, un noble, un colonel de l'armée française !

Devenue veuve, cette femme se servait de ses filles, « bien nées, bien élevées et agréables », pour continuer « à suivre les faits et gestes des sociétés secrètes italiennes » ; des avocats, membres de ces sociétés, l'assistaient gratuitement de leurs conseils dans les actes de sa tutelle et le règlement de ses affaires de famille ; elle reconnaissait leurs bons offices en dénonçant leurs projets politiques au gouvernement impérial ; elle adressait ses dénonciations à son digne père, qui les communiquait au docteur Conneau[2].

---

[1]. *Papiers sauvés des Tuileries* par Robert Halt, p. 141.

[1]. *Papiers sauvés des Tuileries* et publiés par Robert Halt, p. 76.

[2]. Voir aux documents complémentaires de ce chapitre.

Les espions résidant à Londres avaient pour mission de surveiller activement les proscrits républicains, les sociétés ouvrières et les orléanistes. Les princes d'Orléans, et notamment le duc d'Aumale, étaient l'objet d'un espionnage « particulier et régulier ». Le mouchard en chef condensait dans des rapports adressés au préfet de police les renseignements recueillis par lui-même et par les agents qui lui étaient subordonnés [1].

Napoléon III lisait tous ces rapports ; le résultat des investigations de sa police relativement « aux faits et gestes » des orléanistes et de leurs princes fixait l'attention de Sa Majesté.

Le 1er mai, la *Lanterne* parut ; elle fit événement et inspira de l'étonnement. Jusqu'alors la pensée des honnêtes gens et des bons citoyens ne s'était exprimée librement qu'à l'étranger ; les journalistes français ne pouvaient la laisser entrevoir que sous les voiles d'une allégorie timide ou en l'enveloppant de circonlocutions qui l'affaiblissaient. M. Henri Rochefort prit cette pensée hardiment, et « la vêtit de force, l'arma de traits et de feu et la lança dans le combat » qu'il osait livrer à l'empereur lui-même. Levant la visière de son armet, le pamphlétaire s'attaqua aux plus hauts personnages de l'État ; rien de ce qui touchait, de près ou de loin, au monde impérial, ne fut épargné. La satire dont M. Rochefort se servait pour charger de mépris et ridiculiser ces gens-là dardait un aiguillon qui restait dans la piqûre ; les griffes de son sarcasme arrachaient les masques, déchiraient les habits brodés et mettaient à nu les hontes et les méfaits qui se cachaient sous tous les faux dehors. Revenus de la stupeur où les avait plongés cette audace que d'innombrables sympathies encourageaient, les ministres de Napoléon III mirent en délibération et ordonnèrent la saisie du troisième numéro de la *Lanterne* dont le succès était devenu prodigieux. Les numéros suivants eurent le même sort. Condamné par la police correctionnelle à treize mois de prison et à dix mille francs d'amende, M. Henri Rochefort alla continuer, à Bruxelles, la publication de son belliqueux pamphlet qui, trompant la vigilance de la police, franchissait les frontières, pénétrait dans nos villes, dans nos campagnes, et même dans le cabinet de l'empereur. M. Henri Rochefort eut le grand mérite d'avoir, le premier en France, colleté publiquement Napoléon III et montré que ce prétendu colosse avait des pieds d'argile ; — d'avoir aussi découvert les sépulcres blanchis sur lesquels s'appuyait le fameux « édifice », et éclairé avec sa *Lanterne* les impuretés qu'ils renfermaient.

La *Cloche* avait suivi de près l'apparition de la *Lanterne*. Le pamphlet de M. Louis Ulbach voulait vivre ; aussi n'eut-il aucune des dangereuses hardiesses qui distinguèrent celui de M. Rochefort. Modérés par la prudence, les tintements agressifs de la *Cloche* n'éveillèrent pas la rigueur des tribunaux.

Le livre de M. Eugène Ténot vint porter un terrible coup à l'Empire harcelé par les pamphlets. S'appuyant sur des documents officiels et sur des récits inspirés par l'Élysée, hasardant, çà et là, des réflexions présentées sous une forme inoffensive, au moins en apparence, et parfois interrogative, qui relevait leur sens intentionnel, — enchaînant avec ces réflexions, ces récits et ces documents des faits trop en évidence pour qu'on eût osé les nier, le jeune rédacteur du *Siècle* était parvenu à dresser contre le gouvernement issu des crimes de Décembre un acte d'accusation habile, écrasant et inattaquable. Ce livre eut le grand succès qu'il méritait.

Le prix des grains haussait, le pain renchérissait, une crise industrielle multipliait les jours de chômage ; le mécontentement était général. L'exécution de la nouvelle loi

---
[1]. Voir aux documents complémentaires de ce chapitre.

militaire augmenta l'irritation des esprits contre la politique du gouvernement. A Toulouse, à Nantes, à Montauban, à Albi, cette irritation engendra des troubles. La foule parcourait la ville en chantant la *Marseillaise*, en criant : *Vive la ligne! A bas la loi militaire!*

A Bordeaux, des jeunes gens, après s'être promenés dans les rues, allèrent déposer aux pieds de la statue de Napoléon III la carotte dont chacun d'eux avait décoré sa boutonnière ; sur la place de la Comédie, des gendarmes et des sergents de ville engagèrent avec eux une lutte qui fit couler du sang.

Le 29 mai, à propos d'une élection législative, une réunion privée se tenait à Nîmes. Le commissaire et des agents de police envahirent la salle. Sommés de se disperser, les assistants demeurèrent calmes et ne bougèrent pas. M. Cazot, l'un des candidats, proteste contre cette sommation. Des soldats arrivent; le lieutenant Payan, l'épée en main, leur donne des ordres. Des citoyens sont blessés; un jeune homme nommé Sagnier reçoit au côté gauche un coup de sabre; d'odieuses violences sont commises par les soldats contre les personnes qu'ils ont arrêtées. Pendant que le blessé agonisait et qu'on faisait de brillantes funérailles à son vieux père tué par l'émotion et par la douleur, le lieutenant Payan était nommé capitaine, au choix.

A Alais, M. de Larcy avait, par lettres closes et individuelles, convoqué dans son domicile quelques centaines d'électeurs. Un commissaire se présente et veut dissoudre la réunion. M. de Larcy lui dit : « J'exerce un droit dont j'ai usé, depuis trente ans, sous tous les gouvernements; la liberté de réunion ne périra pas dans mes mains. » Le commissaire dressa procès-verbal et s'en tint là. Les tribunaux condamnèrent MM. Lacy-Guillon et Ribot, qui avaient signé les lettres de convocation pour la réunion de Nîmes, à 500 francs d'amende chacun, sous prétexte que « cette réunion n'avait pas eu lieu *chez ceux qui l'avaient organisée* ». M. de Larcy, qui *avait organisé et tenu chez lui* celle d'Alais, n'en fut pas moins condamné à une amende. Quelle magistrature! L'ambition de la plupart de ses membres était insatiable; ils étayaient du souvenir de leurs complaisances pour le violateur des lois, après le coup d'État, leurs demandes incessantes d'avancement. J'en citerai un, M. R......, pourvoyeur des commissions de transportation et juge suppléant au tribunal de la Seine en 1851; il était devenu avocat général à la cour de Paris ; en 1865, il voulait une présidence de chambre, et, pour l'obtenir, il écrivait à M. Conti, chef du cabinet de l'empereur : « *Vous m'avez vu à l'œuvre dans les commissions militaires et vous connaissez mon dévouement pour Sa Majesté.* » C'est à ce juge interrogateur que, dans une salle du fort de Bicêtre où nous étions appelés un à un, M. Vasbenter dit : « Je ne vous répondrai pas avant que vous ayez écrit ma protestation contre l'attentat du 2 Décembre, et aussi contre votre complicité dans la violation des lois que votre devoir était de défendre. »

L'élection de M. Jules Grévy dans le Jura causa au gouvernement un dépit d'autant plus vif que le candidat républicain avait réuni vingt-deux mille voix, et le candidat napoléonien onze mille seulement.

M. Walewski mourut subitement à Strasbourg, le 20 septembre; il était fils de Napoléon Ier et d'une Polonaise.

L'empereur et l'impératrice étaient à Biarritz ; pour se rapprocher d'eux, la reine d'Espagne se rendit à Saint-Sébastien ; elle projetait avec son ancienne sujette l'occupation de Rome par des troupes espagnoles qui iraient y remplacer nos soldats. Une entrevue se préparait dans ce but, lorsqu'une insurrection éclata en Andalousie et rapidement se propagea dans tout le royaume.

J'étais à Saint-Sébastien ; je fis assister,

heure par heure, les lecteurs d'un journal français[1] aux scènes du drame qui se déroulait sous mes yeux. Trois fois, le 20, le 21 et le 22 septembre, ordre fut donné à l'administration des chemins de fer du nord de l'Espagne de préparer le train royal qui devait ramener Isabelle II dans la capitale de son royaume. Trois fois les hallebardiers, sac de voyage sur le dos, les soldats du génie, en grande tenue, formèrent la haie, — le directeur et les inspecteurs du chemin de fer, en habits noirs et ornés de leurs décorations espagnoles, attendirent Sa Majesté, qu'ils devaient accompagner et dont les équipages remplissaient plusieurs wagons, — la fanfare de la ville se rendit à la gare en jouant ses plus beaux morceaux, — les fonctionnaires et les officiers de tout grade revêtirent leurs habits de gala pour former l'escorte, la reine monta dans le wagon royal, — et, trois fois, un contre-ordre ajourna le départ, les wagons se vidèrent, Isabelle II, à laquelle les dignitaires formaient un cortége silencieux, regagna sa voiture, — les hallebardiers, les soldats du génie, le directeur et les inspecteurs du chemin de fer, la fanfare, la domesticité que deux chapelains précédaient, reprirent le chemin de la ville.

Le motif de ces ajournements était honteux. Le ministre de la guerre avait télégraphié à la reine qu'elle pouvait venir à Madrid, *mais sans son intendant*. Et la reine, au dernier moment, refusait de se séparer de M. Marfori ! Ce fut en vain que ses amis les plus dévoués — et ils étaient peu nombreux — la supplièrent de consentir à cette séparation. « Mais vous risquez votre couronne ! lui disaient-ils. — Que m'importe ! — Mais songez à vos enfants ! — Advienne que pourra. »

Confinée dans son habitation, où naguère accouraient des visiteurs sans nombre, chamarrés de galons, de plaques et de rubans,

et où, depuis ce dernier scandale, on ne voyait entrer personne, la reine parlait, avec des railleries amères, de son isolement et de son abandon. L'intendant Marfori était l'unique confident de sa royale maîtresse. Les bons et naïfs Guipuzcoans, qui regardaient autrefois comme de noires calomnies les scandaleuses chroniques du palais, se détournaient avec mépris du triste spectacle dont ils étaient les témoins et auquel le P. Claret, confesseur de la reine, donnait la consécration de sa présence. Si, dans les premiers jours où l'insurrection éclata, on voyait sans émotion et sans regrets la reine se débattre au milieu de périls que son aveugle entêtement avait fait naître, du moins on éprouvait un sentiment de pitié pour la femme, pour la mère de famille. Mais, dès que le motif des ajournements de son départ pour Madrid et de ses résistances aux sages conseils de ses rares et derniers amis fut connu, on confondit la reine, la femme et la mère dans une méprisante indifférence.

Le 29 septembre, Pie IX envoya sa bénédiction à Isabelle II, « fille bien-aimée de l'Église », par l'intermédiaire du P. Claret qui lui dit en la lui transmettant : « Cette bénédiction que le Saint-Père a daigné étendre à vos vaillantes légions qui défendent l'autel et le trône leur assure le triomphe, car votre cause est celle de Dieu. »

Deux heures plus tard, on apprenait que la cause de Dieu était perdue, que la couronne d'Isabelle II était brisée. La Révolution jetait aux quatre vents les débris d'un trône qui s'enfonçait dans une mare de sang, d'eau bénite et de boue. Cette reine qui devenait justiciable de l'histoire avait foulé sous ses pieds la justice et la pudeur ; le paisible assouvissement de ses passions était l'unique but de sa vie : son règne fut un long déshonneur.

Le 30, à neuf heures et demie du matin, le train royal était prêt pour la quatrième fois, mais la locomotive n'était plus tournée du côté de Madrid. Deux compagnies de génie

---

[1]. La *Gironde*.

formaient la haie, des curieux se pressaient des deux côtés de la porte encore ornée des guirlandes qu'on avait tressées pour les trois faux départs dont j'ai parlé ; elles étaient flétries. Plus de directeur, plus d'inspecteurs en grande tenue, plus de courtisans chamarrés de broderies et de croix ! Aucun détail de cette scène émouvante ne s'est effacé de mon souvenir.

Dix heures sonnent ; au dehors, le roulement d'un tambour ; un officier donne aux soldats un ordre ; ils présentent les armes, tous les cous se tendent : « La voilà ! »

En effet, le P. Claret ouvre la marche et monte le premier dans le wagon-terrasse ; la reine le suit ; ses yeux sont rouges et sans regards ; le roi, l'infant don Sébastien et sa femme montent, à leur tour, l'escalier du supplice ; le jeune prince des Asturies vient après eux : cet enfant est profondément triste, il comprend sa position ; mais les trois petites infantes rient et s'amusent ; elles paraissent charmées de faire un voyage ; le médecin de la cour et trois dignitaires vont se ranger derrière Isabelle de Bourbon détrônée par son peuple et par son armée.

La reine et le roi sont debout, résignés, mais comme hébétés ; leurs yeux interrogent la foule muette et qui les regarde, comme s'ils en attendaient un mouvement en faveur de la famille royale d'Espagne. Quelques visages s'attendrissent. Tout à coup on voit M. Marfori monter arrogamment dans le wagon-royal et s'y installer. Un murmure de dégoût s'élève et circule ; ceux qui s'attendrissaient s'indignent ; ce dernier défi à l'opinion publique et à la pudeur glace les sentiments de pitié qui se manifestaient ; le roi se détourne et semble essuyer une larme ; la reine se trouble et se rapproche du P. Claret assis près de la balustrade ; il prend la main de la reine en disant : « *Animo, hija mia, animo!* Courage, ma fille, courage ! » Le chef du mouvement donne le signal du départ, et, au milieu d'un silence sépulcral, la locomotive s'élance, emportant vers la frontière de France la reine découronnée qui s'en allait à Pau entre le père Claret et M. Marfori [1], ces deux conseillers funestes auxquels le fanatisme et la sensualité d'Isabelle II livraient les destinées de la malheureuse Espagne.

Maîtresse de ses destinées, mais ne sachant pas les régir elle-même, l'Espagne chercha bientôt un roi, et dans cette recherche l'empereur trouva un prétexte à faire sa dernière folie. La chute d'Isabelle II a indirectement causé celle de Napoléon III ; c'est pourquoi je devais un souvenir à la Révolution espagnole du 30 septembre 1868.

Des républicains avaient décidé que, le 2 novembre, ils iraient rendre honneur à la mémoire de Baudin enterré dans le cimetière Montmartre. A trois heures de l'après-midi, sur la tombe que recouvrait une pierre, M. Charles Quentin, rédacteur du *Réveil*, prononça quelques paroles auxquelles répondirent des cris de : « Vive la liberté ! vive la République ! » — « Nous sommes venus ici, dit un jeune étudiant, pour honorer la mémoire de Baudin, assassiné, le 3 décembre 1851, par un pouvoir qui est encore debout. Si la vengeance à laquelle il a droit n'est pas encore satisfaite, je la promets éclatante, et je jure qu'elle sera prochaine. Si quelque mouchard veut savoir mon nom, le voici : PEUPLE et JEUNESSE. »

---

1. Le 4 octobre, M. G. d'Auribeau écrivait, de Pau, à M. Piétri : « Le départ de la reine d'Espagne a eu lieu ce matin à sept heures... Marfori est parti hier de Pau pour Paris ; il a coupé ses favoris, sans doute pour éviter que les Parisiennes ne le reconnaissent et ne se l'arrachent. Le comte de Ezpeletta le remplace auprès de la reine ; c'est un excellent homme qui n'est pas Marfori du tout. »
Le 27 novembre suivant, M. G. d'Auribeau écrivait encore au préfet de police : « Il n'y a personne ici, et, si cela continue, nous aurons une triste saison. On ne manque pas de dire que c'est la faute de Marfor et qu'il nous a porté malheur. »

(*Papiers et Correspondance de la famill impériale*, t. II et III.)

Havin.

M. Gaillard fils récita des vers et s'écria : « Nous reviendrons ici le 3 décembre, anniversaire de la mort de Baudin. — Nous y serons, répondirent mille voix. — Qu'au jour du combat, ajouta M. Abel Peyrouton, le patriotisme de Baudin nous serve d'exemple et de stimulant! »

L'*Avenir national*, le *Réveil*, le *Rappel* et le *Revue politique* ouvrirent une souscription « pour élever un monument au glorieux martyr du 3 décembre 1851 ». Le gouvernement somma l'*Avenir national* de clore cette souscription. M. Peyrat s'y refusa ; son journal fut saisi trois fois. Le *Siècle*, le *Temps*, l'*Électeur libre*, le *Journal de Paris* et la *Tribune* ouvrirent leurs colonnes à la souscription. Les adhésions se multiplièrent. M. Berryer écrivit à l'*Électeur :* « Le 2 décembre 1851, j'ai provoqué et obtenu de l'Assemblée nationale, réunie dans la mairie du Xe arrondissement, un décret de déchéance et de mise hors la loi du président de la

République, convoquant les citoyens à la résistance contre la violation des lois dont le président se rendait coupable. Ce décret a été rendu public autant qu'il a été possible. Mon collègue, M. Baudin, a énergiquement obéi aux ordres de l'Assemblée; il en a été victime, et je me sens obligé de prendre part à la souscription ouverte pour l'érection d'un monument expiatoire sur sa tombe. Veuillez agréer mon offrande. »

MM. Peyrat, Delescluze, Charles Quentin, Challemel-Lacour, Gaillard père et fils et Albert Peyrouton comparurent, le 13 novembre, devant la sixième chambre, sous prévention de manœuvres exercées à l'intérieur et par application de la loi de sûreté générale. Le substitut Aulois tenta, dans un pitoyable réquisitoire, la justification du coup d'État.

Me Crémieux, défenseur de M. Charles Quentin, lui répondit : « C'est vous qui avez conduit le 2 Décembre en police correctionnelle ; eh bien! jugeons-le! Depuis 1789, il y a eu quatre rois d'expulsés et deux coups d'État : le 18 Brumaire et le 2 Décembre. Entre les auteurs des deux coups d'État, il n'y a pas de comparaison possible; le premier était le général de l'armée d'Italie et de l'expédition d'Égypte. Il a fait le consulat, époque de gloire extérieure; puis cette épopée, le premier Empire, où l'homme sorti du néant a appelé dans sa couche nuptiale une archiduchesse d'Autriche. Le 18 Brumaire a-t-il été absous par tant de grandeur? Non. Le crime ne peut s'absoudre, et le plus grand de tous les crimes, c'est la main du soldat portée sur la représentation nationale. Vous parlez d'absolution pour le 2 Décembre? Écoutez : le général du 18 Brumaire avait chassé les représentants de 1799; seize ans plus tard, les représentants chassaient le général du 18 Brumaire devenu empereur! Et il allait mourir à Sainte-Hélène. Il n'y a pas d'absolution pour le crime d'usurpation se traduisant en un coup d'État contre la représentation nationale.

« Le 2 Décembre nous a surpris les uns dans le lit, les autres à la mairie du X° arrondissement, pour nous envoyer à Mazas, ou à Vincennes, ou à Lambessa, ou à Cayenne : moi, on m'a enfermé cour du Harlay, dans le Palais de Justice, mon palais à moi, avocat. Un décret avait dissous la Chambre; quelques députés parviennent à se réunir, et en vertu de la Constitution ils déclarent la déchéance du président et sa mise en jugement. Ils proclament que la résistance au coup d'État est non-seulement un droit, mais un devoir. Baudin était au nombre de ceux qui donnèrent l'exemple de cette résistance, et le nom de Baudin restera impérissable. Qu'on remarque bien ceci : c'est le 3 décembre que Baudin a été tué.

« Or le ministère public dit : Le vote du 20 absout le coup d'État du 2. N'est-ce pas avouer que, tout au moins, le président Louis-Napoléon fut criminel jusqu'au 20? Mais quoi! le 20, on faisait miroiter encore l'image de la République devant le peuple. L'absolution du 20 était au moins donnée sous la promesse de conserver la République. Qu'est devenue la promesse? La proclamation de l'Empire a-t-elle été une seconde absolution du 2 Décembre? Non, pas plus que la proclamation de l'Empire n'a été l'absolution de l'attentat du 18 Brumaire, absous aussi deux fois, d'après votre système, avec plus de raison que le 2 Décembre, car il n'y eut pas, au lendemain du 18 Brumaire, les affreuses scènes qui ont suivi le 2 Décembre. La terreur ne dominait ni la situation ni les scrutins...

« Messieurs, notre peuple fait comme Neptune : en trois pas, il franchit le monde ; et puis, en voyant l'immense chemin qu'il a fait, il semble avoir peur de lui-même, et le voilà qui revient en arrière, se laissant guider par un maître au lieu de se diriger par son intelligence. Mais avec lui il faut toujours compter ; en trois jours, il répare toutes ses pertes et remonte au sommet. L'avenir est toujours à lui. »

Cette plaidoirie fut un long réquisitoire contre le 2 Décembre que, pendant toute la première audience, Mᵉ Crémieux tint sur la sellette où il l'avait mis en commençant.

Le lendemain, Mᵉ Emmanuel Arago plaida pour M. Peyrat; son exorde fut saisissant : « Je ne connais rien de plus beau, de plus grand que la mort du républicain Baudin, mon cher ancien collègue. Il est tombé, le 3 décembre, victime volontaire de son dévouement à la loi, à la Constitution votée, promulguée, imposant au président des devoirs qu'il avait juré de remplir. Si dix-sept ans ont passé sans que le tombeau d'un martyr ait reçu des hommages, c'est que les morts du 3 et du 4 décembre n'avaient pas eu des funérailles; c'est que, jusqu'ici, on ne savait où déposer des couronnes. Mais voilà qu'enfin on retrouve sur une sépulture le nom que nous enseignerons à nos fils, le nom de celui qui représentait la loi et que les soldats *qui étaient les insurgés* ont tué. La nouvelle circule, et chacun prend la résolution de se rendre auprès de cette tombe, et c'est cela qu'on n'hésite pas à appeler manœuvres! »

L'éloquent avocat examine les faits, et touche au point vif du procès : « Ce qu'on a voulu, dit-il, c'est étouffer la souscription Baudin, parce que ce nom signifie la loi tuée, violée. » Puis il rappelle, avec un heureux à-propos, le panégyrique prononcé, en 1866, par M. Rouher sur la tombe de M. de Morny, à qui l'on dresse des statues, tandis que l'on traduit en police correctionnelle ceux qui songent à élever un monument à Baudin, et il s'écrie d'une voix tonnante :

« Morny et Baudin, rappelez-vous les deux hommes et frémissez du contraste! Que le second Empire dresse des statues à ses complices, mais qu'il nous laisse une tombe pour Baudin, c'est-à-dire pour la vertu, la fermeté, pour tout ce qui fait les bons citoyens! »

Au milieu de la sensation produite par cette belle plaidoirie, un jeune avocat, presque inconnu au palais, Mᵉ Léon Gambetta, se lève et prend la parole pour Delescluze. Sa phrase sonore comme sa voix s'empare, tout d'abord, de l'attention de son auditoire. Une nature ardente et puissante se révélait. Après avoir dit que le réquisitoire du ministère public est le véritable terrain du débat, le défenseur pose « aux hommes chargés de faire respecter la justice » cette question : « Peut-on, jamais, sous prétexte de salut public, renverser la loi et traiter de criminels ceux qui la défendent? » Haussant graduellement le ton, Mᵉ Gambetta continue ainsi : « L'acte du 2 Décembre a porté le trouble dans les consciences; à cette date, se sont groupés autour d'un prétendant des hommes sans talent, sans honneur, perdus de dettes et de crimes, de ces gens complices, à toutes les époques, des coups de la force, de ces gens dont on peut répéter ce que Salluste a dit de la tourbe qui entourait Catilina, ce que César a dit lui-même de ceux qui conspiraient avec lui : *Éternels rebuts des sociétés régulières...* » Le substitut Aulois veut interrompre l'orateur en le menaçant de réquisitions que celui-ci dédaigne : « ... Avec ce personnel, poursuit Mᵉ Gambetta en donnant à sa diction plus de véhémence, on sabre, depuis des siècles, les institutions et les lois, et malgré ce défilé sublime des Socrate, des Thraséas, des Caton, on écrase le droit sous la botte d'un soldat. Mais devant la justice, devant les magistrats, il ne saurait en être ainsi. On a prétendu que l'on sauvait la France par le coup d'État. Mais, pour témoins de la vérité, n'avons-nous pas Michel (de Bourges), Charras, et tant d'autres morts loin de leur pays; Ledru-Rollin, exilé, — et Berryer, ce mourant illustre qui a prouvé par une lettre que tous les partis se tiennent pour la conservation de la morale? Où étaient, le 2 Décembre, M. Thiers, M. de Rémusat, M. Dupont (de l'Eure), tous les honnêtes gens? A Mazas! à

Vincennes! — et en route pour Cayenne, pour Lambessa, les victimes spoliées d'une frénésie ambitieuse! Il est donc clair qu'on n'a pas sauvé la société en mettant la main sur le pays. Le pays a approuvé, dit-on, le coup d'État. Oui, grâce à la vapeur et au télégraphe, on a trompé la province avec Paris et Paris avec la province. Paris est soumis, affichait-on, quand Paris était assassiné, mitraillé!

« Que parle-t-on de plébiscite, de ratification par la volonté nationale? La volonté d'un peuple ne saurait changer la force en droit, pour détruire ce peuple lui-même. Après dix-sept ans, on cherche à interdire la discussion de ces faits. Mais on n'y réussira pas. Ce procès a été jugé hier, il le sera demain, toujours, jusqu'à ce que la conscience universelle ait reçu sa suprême satisfaction. »

Un geste impétueux donnait aux accents d'une indignation sincère, aux mouvements oratoires dont cette plaidoirie abondait une force qui remuait les esprits et les cœurs : « Écoutez! s'écria le défenseur de Delescluze; voilà dix-sept ans que vous êtes les maîtres absolus, *discrétionnaires*, de la France. — C'est votre mot. — Eh bien! vous n'avez jamais osé dire : Nous célébrons, nous mettons au rang des solennités de la France le 2 décembre comme un anniversaire national! Et cependant tous les régimes qui se sont succédé dans le pays se sont honorés du jour qui les a vus naître; et il n'y a que deux anniversaires, LE 18 BRUMAIRE ET LE 2 DÉCEMBRE, qui n'ont jamais été mis au rang des solennités d'origine, parce que vous savez que, si vous osiez les y mettre, la conscience universelle les repousserait. » Nouvelle protestation du substitut dont la voix est étouffée par celle de Mᵉ Gambetta qui, en terminant sa foudroyante harangue, lui jette fièrement ces mots : « Vous avez dit : Nous aviserons! Nous ne redoutons ni vos menaces ni vos dédains; vous pouvez frapper, vous ne pouvez ni nous déshonorer ni nous abattre. »

Quand Léon Gambetta eut cessé de parler, les prévenus l'embrassèrent; ses confrères le félicitaient et lui serraient les mains au milieu de vifs applaudissements que le président Vivien, un orléaniste, subjugué comme l'auditoire, fit à peine semblant de réprimer. Un tribun du peuple venait de se produire; son éloquence était bien celle dont parlait Timon, « cette éloquence sortant de l'âme comme une source, roulant ses flots avec une abondance qui pousse devant soi, qui accable de sa propre masse, qui renverse et qui engloutit ses adversaires. » M. Léon Gambetta avait raison de dire aux amis qui lui parlaient de sa lutte avec le ministère public : « Il a voulu me fermer la bouche, mais je l'ai submergé. » Le 13 novembre 1868, Gambetta conquit une popularité qui, de jour en jour, a grandi.

Mᵉ Clément Laurier, défenseur de M. Challemel-Lacour, fit entendre aussi d'énergiques paroles : « Nous sommes coupables, pourquoi? Pour avoir voulu élever un monument à la loi. Car c'est la loi, c'est la République auguste qu'on a assassinée dans la personne de Baudin. Rappelez-vous la scène sublime du grand tragique anglais, lady Macbeth s'écriant : « Cette main, l'eau de la mer y passerait sans en effacer le sang. » Eh bien! le 2 Décembre, l'eau de la mer non plus ne l'effacerait pas! Le 2 Décembre sera châtié. »

Mᵉ Leblond flétrit éloquemment le coup d'État : « L'autorité, ajouta-t-il, est pleine d'indulgence pour les spéculations les plus honteuses, pour des dépravations de toutes sortes; mais elle arrête, elle entrave les aspirations nobles, enthousiastes. »

Mᵉ Hubbard, plaidant la question de droit, démontra que son client Peyrouton n'était point sorti des bornes de la légalité.

Le tribunal condamna Delescluze à six mois d'emprisonnement, à l'interdiction de ses droits civiques pendant le même temps et à 2,000 francs d'amende ; — Peyrat, Challemel-Lacour et Quentin, chacun à 2,500 fr. d'amende ; Gaillard père à 500 francs d'amende ; Gaillard fils et Peyrouton à 150 francs d'amende et à un mois de prison.

Les retentissements de ces débats se prolongèrent dans tout l'Empire et à l'étranger : ils y produisirent une sensation immense. Le second Empire auquel le ministère public avait rattaché le 2 Décembre était, disait-on partout, le véritable condamné. Il intenta un deuxième procès, pour manœuvres à l'intérieur, à MM. Peyrat, Delescluze, Hébrard du *Temps*, Duret de la *Tribune*, et Weiss du *Journal de Paris*. Chacun d'eux fut condamné, le 29 novembre, à 1,000 francs d'amende.

Le lendemain, M. Berryer termina sa longue et brillante carrière. La France n'eut jamais un orateur plus grand, plus admiré, plus aimé. « Il était éloquent dans toute sa personne, » disait avec raison l'un de ses portraitistes. La nature avait prodigué à M. Berryer tous les dons enviables. C'était un de ces hommes d'élite qui font honneur à leur pays et qui sont la gloire de leur parti. On eût dit que, se sentant entraîné par ses aspirations libérales dans les voies de la démocratie, il s'efforçait de résister à cet entraînement pour rester fidèle aux doctrines de la légitimité. Ses adversaires politiques se laissaient charmer par son caractère aimable et chevaleresque, par sa parole magnifique et loyale ; ils rendaient hommage à l'honnêteté de ses convictions, et leurs regrets se mêlèrent à ceux des partisans de la cause vaincue au service de laquelle il consacra sa vie. Sa mémoire entourée de tous les respects fut insultée par un journaliste. Est-il besoin de nommer cet insulteur ? Il ne pouvait s'en trouver qu'un pour baver sur cette tombe, un seul, ce *zoïle cagot* que l'auteur des *Châtiments* a marqué au front d'une flétrissure éternelle.

Dans la séance législative du 14 février, M. Berryer avait signalé, en ces termes, le rapide avancement des présidents de la *sixième chambre* : « Six juges du tribunal civil ont présidé la *sixième chambre* depuis 1859 ; tous les six, au bout d'un an, étaient parvenus au grade supérieur ; le président de cette chambre en 1859 a été nommé conseiller en 1860 ; le président de 1861, conseiller en 1862 ; le président de 1862, conseiller en 1863 ; le président de 1864, conseiller en 1865 ; le président de 1865, conseiller en 1866 ; le juge qui présidait en 1866 a été nommé président en 1867. *Nous attendons le sort de celui qui préside la sixième chambre en ce moment.* »

Dans cette chambre où pas un seul acquittement de journaliste poursuivi ne fut prononcé, les condamnations à l'amende et à la prison pleuvaient sur la presse indépendante dru comme mouches. Pour y être conduit et condamné, il ne fallait pas avoir commis un gros délit. Nous entendrons un ministre de l'empire libéral dire crûment : « *Avec un peu de bonne volonté, on peut trouver dans les feuilles radicales de quoi motiver une poursuite.* » Voici l'opinion de M. le duc Albert de Broglie sur l'impartialité des juges en matière de délits de presse : « On a pu quelquefois, j'en conviens, *suspecter l'impartialité de la magistrature dans le jugement des délits de presse,* parce que, par son origine, elle tient de trop près au pouvoir exécutif et que, par là même, *ses sentences ont peu de valeur morale, lorsqu'elles s'appliquent à des matières politiques.* »

La célébrité que, sous le second Empire, a conquis cette *sixième chambre* à laquelle les délits de presse étaient déférés, est européenne. Au haut de la porte donnant accès à ce prétoire sombre d'où sortaient condamnés tous les journalistes qui y pénétraient comme accusés, on aurait dû placer cette inscription que le Dante lut sur la porte par où l'on va dans la cité dolente, dans les cercles infernaux : « LAISSEZ TOUTE ESPÉRANCE, ô VOUS QUI ENTREZ ! » Le gouvernement impérial choisissait les membres de cet implacable tribunal. M. Delesvaux qui, depuis 1867, le présidait, gagna, mieux qu'aucun autre, son siége de conseiller; redoutant, sans doute, le châtiment de ses complaisances mercenaires, que Napoléon III avait récompensées, il se suicida le jour même où l'Empire tomba. Je vais dire les derniers exploits de la présidence de M. Delesvaux, en 1868.

Il condamna :

M. Vermorel, rédacteur du *Courrier français*, à un mois de prison et à 1,500 francs d'amende ; — M. Lepage, gérant, à 500 fr. d'amende ; — M. Dubuisson, imprimeur, à 300 francs d'amende, « pour délit de fausses nouvelles et diffamation d'un agent de l'autorité publique » ;

Dix journaux : le *Temps*, le *Journal des Débats*, l'*Opinion nationale*, la *France*, l'*Avenir national*, le *Siècle*, le *Journal de Paris*, l'*Union*, l'*Intérêt public* et le *Constitutionnel* lui-même, chacun à 1,000 francs d'amende, « pour avoir publié des comptes rendus des débats législatifs, comptes rendus *parasites, parallèles ou autres* [1] » ;

M. Gilbert, rédacteur du *Philosophe*, à

---

1. Dans la séance législative du 29 janvier, M. Picard interpella vainement M. Rouher au sujet de ces poursuites étranges : — « Si une pareille doctrine triomphait, — disaient dans une consultation juridique toutes les notabilités du barreau de Paris, — les études les plus légitimes, l'histoire contemporaine elle-même seraient proscrites; le pays serait tenu d'assister muet et impassible aux débats les plus émouvants, à la discussion de ses intérêts les plus chers. »
Dans la séance du 24 février, M. Thiers protesta aussi contre « ces délits vraiment risibles, contre ces embûches de l'équivoque tendues aux journaux de l'opposition. — Vous voulez, dit-il en terminant, empêcher qu'on mêle la narration à l'appréciation. J'ai écrit des volumes et je ne me chargerais pas d'appliquer rigoureusement cette séparation. A quoi bon, d'ailleurs, puisque aux yeux de la loi il n'y a de punissable qu'un faux compte rendu ? Ne faisons pas du législateur un sphinx et sortons de l'équivoque. »
Au lieu d'en sortir, MM. Baroche et Rouher s'y cantonnèrent en l'obscurcissant.

deux mois de prison et à 2,000 francs d'amende, « pour publication de dessins sans autorisation préalable » ;

Le gérant et l'imprimeur du *Satan*, chacun à quatre mois de prison et à 2,000 francs, « pour continuation de la publication du *Corsaire*, sous un nom déguisé » ;

Le même gérant et le même imprimeur, chacun à un mois de prison et 100 francs d'amende, « pour avoir traité de matières politiques » ;

M. Vermorel, rédacteur du *Courrier français*, à deux mois de prison et 1,000 francs d'amende, « pour excitation des militaires à la haine et au mépris du gouvernement » ;

Le gérant du *Globe*, à 1,000 francs d'amende, « pour injure aux agents de l'autorité » ;

M. Jules Richard, rédacteur du *Figaro*, à 5,000 francs d'amende, et M. Grenier, rédacteur de la *Situation*, à 1,000 francs, « pour offenses graves envers les membres de la Chambre » ;

M. Schryver, nouveau gérant du *Courrier français*, et M. Deberle, rédacteur de ce journal, à un mois de prison et 500 francs d'amende chacun, « pour excitation à commettre un crime » ; et en outre M. Schryver à quinze jours de prison et à 500 francs d'amende, « pour excitation à la haine et au mépris du gouvernement » ;

M. Cimetière, gérant du journal l'*Art*, à un mois de prison et à 1,000 francs d'amende ; — M. Cluseret, rédacteur, à deux mois de prison et 1,000 francs d'amende ; — M. Kugelmann, imprimeur, à quinze jours de prison et 1,000 francs d'amende. M. Baroche, ministre de la justice, avait rappelé aux magistrats, dans une circulaire du 4 juin, que la nouvelle loi sur la presse leur donnait la faculté « d'ordonner l'exécution provisoire, non-seulement en ce qui concernait la suspension du journal, mais encore relativement à l'amende ». M. Delesvaux usa aussitôt de ce droit facultatif en ordonnant la suppression du journal l'*Art* et l'exécution provisoire du jugement.

Infatigable à frapper les journaux indépendants, M. Delesvaux condamna aussi :

M. Ferry, rédacteur, et M. André Pasquet, gérant de l'*Électeur*, à 5,000 francs d'amende chacun ;

M. Charles Delescluze, rédacteur en chef du *Réveil*, à trois mois de prison et 5,000 fr. d'amende, et l'imprimeur à quinze jours de prison et à 500 francs d'amende, « pour excitation à la haine et au mépris du gouvernement » ;

M. Henri Rochefort, rédacteur de la *Lanterne*, le 14 août, à un an de prison et 10,000 francs d'amende, « pour excitation à la haine et au mépris du gouvernement » ; et, le 28, à treize mois de prison et à 10,000 francs d'amende, « pour offense envers la personne de l'empereur et outrage à une religion reconnue en France » ;

M. Hippolyte de Villemessant, directeur du *Figaro*, et M. Jules Claretie, auteur d'un article publié dans ce journal et intitulé *Candide*, chacun à 1,000 francs d'amende ; M. Claretie avait raconté, d'après M. Eugène Ténot, l'aventure de Martin Bidauré, fusillé deux fois, en imputant à M. Pastoureau, préfet du Var à cette époque, ce fait monstrueux.

La septième chambre du tribunal correctionnel de Paris condamna MM. Henri Brisson et Challemel-Lacour, rédacteurs de la *Revue politique*, à 1,000 francs d'amende chacun, « pour excitation à la haine et au mépris du gouvernement ».

La presse départementale ne fut pas traitée avec moins de rigueur que celle de Paris. Les tribunaux condamnèrent : à Marseille, M. Royannez, gérant de la *Voix du Peuple*, à trois mois de prison et à 500 francs d'amende, « pour excitation à la haine et au mépris du gouvernement » ; — M. Gustave Naquet, rédacteur en chef du *Peuple*, et l'imprimeur de ce journal, l'un à 1,000 et l'autre à 500 francs d'amende ;

A Lille, M. Mazure, rédacteur en chef du *Progrès du Nord*, à deux mois de prison et à 500 francs d'amende ;

A Nantes, M. Laurent-Pichat à un mois de prison pour avoir, dans un article publié par le *Phare de la Loire*, « cherché à troubler la paix publique » ; et M. Évariste Mangin, gérant, à quinze jours de prison et 500 francs d'amende ;

A Agen, les rédacteurs du *Sud-Ouest*, chacun à 500 francs d'amende, et le gérant à 1,000 francs ;

A Arras, M. Vrignault, rédacteur de l'*Ordre*, à deux mois de prison et à 500 francs d'amende.

La rigueur des tribunaux ne désarmait pas celle de l'administration. On interdit la voie publique au *Globe*, au *Nain Jaune*, à la *Gironde*, à l'*Union libérale* de Tours ; on supprima le *Courrier français* et le *Hanneton*.

N'oublions pas un fait qui ajouta un nouveau lustre à *la gloire* de M. Delesvaux. M. Ulysse Parent cita devant la sixième chambre du tribunal de police correctionnelle l'agent de police André qui l'avait injurié, maltraité et illégalement arrêté, prétendant que l'article 75 de la Constitution de l'an VIII « met les agents de police à l'abri des poursuites des particuliers ». M. Delesvaux s'empressa d'annuler la citation. Contrairement au réquisitoire de M. l'avocat général Genreau, concluant « à l'infirmation du jugement de la sixième chambre et à la recevabilité de l'action », la cour d'appel se déclara incompétente. M. Ulysse Parent recourut à la Cour de cassation qui cassa l'arrêt de la cour d'appel, « rendu en violation de l'article 182 du Code d'instruction criminelle ».

La cour d'Orléans jugea l'affaire et condamna l'agent de police André.

Le 2 décembre, vers huit heures du matin, la garde de Paris se massait dans l'ancienne prison pour dettes de la rue de Clichy que six escadrons de cavalerie et un bataillon d'infanterie occupaient déjà. Des troupes avaient pris possession des hauteurs de Montmartre. Là, comme dans l'ancienne prison pour dettes, on avait établi des ambulances et rassemblé des approvisionnements de vivres pour cinq jours. Aux abords et autour de la tombe de Baudin, les agents de police fourmillaient; il y en avait quinze cents sur les boulevards extérieurs, qu'ils parcouraient avec des commissaires et des officiers de paix. Toutes les troupes de Paris, de Versailles, de Compiègne et de Saint-Germain étaient consignées. A midi, le cimetière Montmartre fut fermé; on y arrêta une douzaine de jeunes gens qui portaient sur la tombe de Baudin des bouquets d'immortelles; les portes de la nécropole ne s'ouvraient pas aux convois qui venaient, et les familles en deuil s'en retournaient tristement chez elles avec leurs morts. Des curieux qu'attirait ce spectacle étrange furent arrêtés. La journée s'écoula dans le plus grand calme. Un rire universel éclata. M. Pinard, l'ordonnateur de ces mesures inspirées par la peur, le vainqueur de chimériques émeutiers, fut ridiculisé par l'opinion publique et invité par Napoléon III à quitter le ministère de l'intérieur; le 17 décembre, M. Forcade de La Roquette y remplaça le protégé de l'impératrice Eugénie.

Le même décret nommait M. Gressier ministre de l'agriculture et du commerce en remplacement du successeur de M. Pinard, et M. de La Valette ministre des affaires étrangères à la place de M. de Moustier qui mourut peu de temps après.

DOCUMENTS COMPLÉMENTAIRES DU CHAPITRE XIII

I

ESPIONNAGE

A M. le colonel de P...., 77, rue Notre-Dame-des-Champs, Paris. — France.

« Turin, 18 janvier 61.

« Mon cher père, il me tarde de recevoir de tes nouvelles, et ta lettre m'a été doublement agréable par les détails intéressants qu'elle contient. Je regrette de ne m'être pas, dans le temps, étendue plus longuement, lorsque je parlais du nid où reposent les *bombes*, les *poignards* et le *poison;* tu aurais pu démontrer au docteur Conneau que ce foyer de scélérats est d'autant plus dangereux qu'il est alimenté par des gens d'action habiles, et ambitieux au point de saisir le pouvoir. S'il y a dans leurs criminels desseins des temps d'arrêt, c'est lorsque la France leur sert à poursuivre leur politique, mais toujours ils se disposent à venger sur le chef de l'État leurs espérances déjouées. Ils en parlent avec un tel cynisme que mon mari, déjà malade à l'époque où M. Piétri vint à Turin, m'envoya à la recherche pour lui signaler les dangers que pouvait courir l'empereur. M. Piétri connaissait un peu mon oncle de Nettencourt, *et mon mari ne lui étant pas étranger*, il eût écouté avec confiance la communication qui paraissait à M. Jouffroy aussi grave dans l'avenir que dans le présent; malheureusement M. Piétri avait quitté Turin le jour même, 16 ou 17 juillet.

HISTOIRE DU SECOND EMPIRE (1848-70)

Cellules du dépôt de la Préfecture de police.

« La première occasion qui nous fit découvrir que Brofferio avait été membre actif de la conspiration Orsini, c'est lorsqu'il alla chercher à Lugano, dans une villa qui lui appartient, qui lui sert de point de ralliement, et où il a installé sa maîtresse, M⁽ᵐᵉ⁾ Ricci, ancienne chanteuse très-agréable, notoirement adroite et intrigante, les 3,000 fusils Orsini qui y avaient été déposés et cachés. Cet épisode me fut raconté par M⁽ᵐᵉ⁾ Serra, sœur de Brofferio, dans un mouvement de fureur contre Cavour qui avait eu l'habileté d'éloigner Brofferio, pour se débarrasser de sa présence à la Chambre, lorsque le Parlement vota des pouvoirs au roi, au moment de la guerre, en 59.

« Comme nous logions dans la maison de Serra, nous pouvions suivre, jour par jour, les phases amenées par les incidents politiques parmi cette horde de conspirateurs; aussi, lorsque l'empereur, qui avait annoncé rejoindre en Piémont son armée en marche, retarda de quelques jours son départ, ils crièrent à la trahison, et l'assassinat fut remis en question; ce fut bien pis à la paix de Villafranca : *Faire sauter un théâtre avec des milliers de personnes* n'était qu'une bagatelle pour se délivrer d'un monarque qui manquait à son programme. *Le poison était analysé dans ses moyens les plus subtils.*

« Beaucoup plus tard, nous eûmes l'occasion de connaître le député Sinéo, homme doucereux, distingué dans ses manières, très au-dessous, comme capacité, de Brofferio, mais non moins dangereux; il travaille énormément en dessous et a pour aide un secrétaire savoisien affilié aux sociétés secrètes de France. Ce secrétaire nommé Vialet, de Chambéry, à la suite d'un entretien que j'avais avec lui, cet été, et sur mon interpellation s'il se faisait naturaliser Sarde, me répondit : « Pas si bête ! je n'au« rais plus la même action dans mon pays « pour appuyer le mouvement. »

« Sinéo, avocat, est toujours sur la route de Milan ou de Gênes, à présider des comices révolutionnaires; il a été à Naples prendre les ordres de Garibaldi; pendant ses perpétuelles absences, son cabinet est occupé par un confrère remplaçant ; quant à Brofferio, il a des filières en Angleterre.

« Tu me demandes qui me parlait des 500 poignards prêts à se lever sur l'empereur ? Villa, avocat, gendre de Brofferio ; et ce qu'il y a de curieux, c'est qu'un propos identique me fut répété, il n'y a pas longtemps, par le jeune Carpi, fils du député, qui ajouta : « L'Italie, si nous sommes joués, ne manquera pas d'Orsinis. » Tu sais combien de fois je t'ai dit : « Si l'empereur savait quelle « ingratitude règne ici pour ce qu'il fait, et « quelle atroce vengeance pour ce qu'il ne « ferait pas ! »

« Tu comprends, cher père, que, depuis la mort de mon mari, je n'ai plus suivi les faits et gestes de ces sociétés, bien que mes relations avec elles ne soient pas rompues, *d'abord parce que mes filles rencontrent les leurs*, et que, tous étant avocats, leurs avis m'ont été nécessaires pour régler nos affaires, former un conseil de famille et ma tutelle ; je me suis tenue en arrière, parce que, d'une part, ces gens ne m'inspiraient aucun attrait ; que, d'une autre, *l'intérêt que mon mari avait à connaître leurs mouvements n'existait plus*. D'ailleurs ma position pécuniaire m'a obligée à dépenser mon temps pour mes besoins personnels et ceux de mes enfants, et je me suis constamment appliquée à garder ma dignité, en cachant ma pénible situation, si gênée que sans tes secours, dus aux privations imposées à ton vieil âge, ta pauvre fille eût touché la misère. Mon deuil me retenait tout naturellement dans une retraite absolue, *dont tout naturellement aussi je peux maintenant m'affranchir, si je parviens à en avoir les moyens*.

« Tous les dimanches, ont lieu chez Serra, au milieu de la famille Brofferio, les petites soirées où nous allions ; Marthe y faisait fureur, parce qu'elle tenait le piano pour les faire sauter, et depuis on lui a souvent demandé si elle aurait la *gentilezza* de faire leurs portraits, *dus à l'amitié*. La chère fille ne se doutait guère, lorsqu'elle griffonnait à la plume *les charges remises au docteur*, qu'elles tomberaient aux mains *d'une personne dévouée au Maître*. Presque tous les mois, il en paraît sur ce sujet de plus ou moins viles.

« Ce pays est sillonné par une multitude de républicains dans le genre des réfugiés romains Fano et Bellanti qui trempaient, *je crois te l'avoir écrit*, dans le complot Orsini, et qui cachaient leurs menées à Paris sous le manteau d'un cabinet d'affaires dont nous avons fini par comprendre le but (8, rue Neuve-Saint-Augustin)[1].

« Je vais rédiger, au nom de mes enfants, la supplique que tu avais adressée à l'empereur, grâce à l'explication que t'a donnée M. Conneau ; celle-ci ne faisant pas fausse route, il est permis d'espérer qu'elle ne restera pas sans réponse, et que l'inventeur de la pyroscaphie appellera l'attention réclamée par ses petits-enfants ; que *la veuve d'un homme de lettres distingué*, mécanicien comme son père, sera écoutée. La navigation à vapeur a dormi trente ans ; c'est le sort des grandes découvertes, et je ne doute pas que le chemin de fer de mon mari sillonne un jour nos contrées montueuses.

« Si je parvenais à arriver à l'empereur, son coup d'œil rapide comme celui de son oncle jugerait des avantages décrits dans le rapport de l'Académie des sciences. Puisque M. Conneau t'a engagé, en renouvelant la pétition, *à y joindre une lettre explicite*, il faut, cher père, que cette dernière pièce émane de toi ; elle m'appuiera auprès de l'empereur dont tu as servi *si particulièrement* la famille.

« Je termine en t'embrassant pour mes enfants, pour moi, en te recommandant de la prudence dans ces jours si froids ; reprends

---

1. Les mots entre parenthèses sont d'une autre écriture.

courage; il ne m'a jamais abandonnée; j'ai connu le confortable dans tous ses agréments, le souvenir du bon sert à supporter les tribulations; la Providence n'abandonnera pas la veuve *avec des filles bien nées, bien élevées et agréables*. Que Dieu te conserve à notre tendresse, et puissions-nous nous revoir dans notre France, toujours regrettée quand on l'a quittée. La pauvre Eugénie Radiguet est-elle mieux? Tout à toi, fille et petites-filles.

(*Il n'y a pas de signature*.)

(*Papiers sauvés des Tuileries*, suite à la *Correspondance de la famille impériale*, publiés par Robert Halt.)

II

UN RAPPORT DU CHEF DES ESPIONS BONAPARTISTES ENTRETENUS A LONDRES PAR LE GOUVERNEMENT IMPÉRIAL

« Les éléments hostiles à l'Empire sont aujourd'hui de trois sortes à Londres :

« Les républicains ;

« Les sociétés politiques ouvrières ;

« Les orléanistes.

« Au premier aspect, ces trois catégories ont l'air parfaitement distinctes, et leurs programmes paraissent très-différents ; cependant le but principal est semblable, et toutes se rencontrent sur le même terrain, toutes veulent naturellement le renversement de Louis-Napoléon.

« Les républicains, tout-puissants d'abord sous la présidence et au commencement de l'Empire, ont vu peu à peu leurs rangs s'éclaircir et leurs forces s'amoindrir, par l'amnistie, par la mort de plusieurs notabilités du parti, par quelques défections et par plusieurs tentatives avortées.

« L'amnistie a principalement porté un coup fâcheux à leur influence en leur enlevant le prestige de la souffrance, l'auréole du martyre et le prétexte des souscriptions ; levier puissant à l'aide duquel le banquier Goudchaux a pu, pendant dix ans, envoyer ici des sommes relativement considérables qui, quoique en partie gaspillées, n'en ont pas moins servi à faire de la propagande et à préparer les éléments de complots et d'attentats.

« Les préséances et les rivalités entre les divers chefs, la différence d'origine et de date de proscription, ont amené des répulsions et des luttes incessantes.

« Ainsi les hommes du 15 mai, *Blanqui* en tête, ne pardonnent pas à Ledru-Rollin et à Louis Blanc, membres du Gouvernement provisoire, la proscription dont ils ont été victimes, et quoique ce dernier ait souvent protesté il n'en est pas moins resté parmi les réprouvés.

« Les proscrits du 24 juin ne pardonnent pas également aux partisans de Cavaignac la terrible répression que le gouvernement d'alors a déployée contre eux.

« En bonne logique, tous les proscrits de ces deux catégories n'ont loyalement rien à reprocher à Louis-Napoléon ; ceux du 2 Décembre pourraient seuls avoir le droit de maudire l'Empire et de conspirer contre lui ; mais ce qui paraîtra plus tard incroyable, c'est la haine acharnée et la persistance que les réfugiés italiens, sans motifs réels, mettent dans leurs criminelles tentatives, et si je ne les ai point classés les premiers dans une catégorie spéciale, c'est que nous les voyons presque toujours en communauté d'idée et d'association avec nos révolutionnaires français, et qu'il y a entre eux alliance et solidarité.

« Dans l'attentat Orsini, nous retrouvons Simon Bernard.

« Dans presque tous les complots organisés par Mazzini, ce sont Ledru-Rollin, Deron, Igglesia et Besson qui en dirigent tous les détails.

« Aujourd'hui encore, Mazzini, le colonel

Wolff, Félix Pyat et Gagneux se réunissent pour former une mise de fonds destinée à mettre *Pacaut* à même de transformer son fusil à écartement (dit éventail) en pistolet de poche, arme qui, selon Félix Pyat, doit faire le *bonheur de la France*.

« Maintenant, en dehors de ces tentatives qui doivent avoir pour résultat un renversement brusque et immédiat, ces divers partis n'ont jamais cessé de poursuivre pacifiquement le but qu'ils veulent atteindre, et si pendant quelques années il y a eu parfois un moment d'arrêt et de découragement, ils ont su depuis peu regagner le temps perdu en tirant parti d'une force comparable à la vapeur, *la force ouvrière;* le germe de ce projet et le commencement de sa mise en pratique datent de la dernière exhibition de Londres, 1862.

« La présence forcée d'un grand nombre d'ouvriers français et étrangers permit l'ouverture de différents clubs, et donna les moyens de s'occuper avec succès de l'instruction politique des travailleurs ; la base de l'Association internationale date de cette époque ; cependant, pendant quelques années, les progrès furent lents et difficiles ; mais aujourd'hui, grâce au mouvement industriel qui a eu lieu l'année dernière en Europe, grâce à cette fusion ouvrière que l'Exposition de Paris a fait éclore, l'Association a pris à Londres (qui en est le centre) une très-grande extension, et en ce moment le chiffre des souscriptions payant *six pence* par semaine dépasse *cinq cent mille*, en y comprenant, bien entendu, les cotisations étrangères, et celles des grands centres manufacturiers.

« C'est à l'aide de ces grandes ressources que la grève de Genève a pu se soutenir aussi longtemps.

« Le cercle dans lequel je suis obligé de me renfermer ne me permet pas d'entrer ici dans tous les détails de cette association européenne.

« Ce qu'il importe de faire ressortir, c'est le parti politique que les instigateurs ont su tirer d'une société ostensiblement et légalement organisée pour secours mutuels, et qui, dans un avenir prochain, est destinée, je crois, à opérer une grande et dangereuse transformation.

« Dans chaque branche, il y a une section politique qui se compose d'un quart environ du chiffre total.

« Les candidats présentés par deux parrains sont soumis à diverses épreuves, et l'admission n'a lieu qu'à l'unanimité.

« Il faut dire que presque tous les récipiendaires sont déjà membres ou des *Indépendants*, ou des *Francs-Juges*, ou des *Philadelphes*, ou de la *France libre* ou de la *Marianne*, ce qui milite en leur faveur. Le résumé du serment qu'ils prêtent est qu'ils s'engagent à aider et à soutenir toute insurrection ayant pour but le renversement d'une monarchie quelconque.

« Les hommes qui ont ici le plus contribué à cette organisation ouvrière sont *Crespelle, Le Lubey, Dupont, Mennel, Besson, Chatelain, Nidda-Genthe* et *Englaender*, et ce même comité vient encore, comme corollaire et comme supplément d'influence, de joindre dernièrement à la société ouvrière une société coopérative qui permet à tous les prolétaires d'obtenir les objets de première nécessité à des prix de *revient*.

« Si je n'ai pas encore parlé du parti orléaniste, ce n'est pas que ses intrigues et ses moyens d'action soient à dédaigner, bien loin de là !

« Les divers membres de cette famille, profitant d'anciennes liaisons et de quelques souvenirs d'amitié et de camaraderie, ont constamment entretenu des relations en France, et, grâce à la fortune du duc d'Aumale, les émissaires n'ont jamais manqué ; leur tactique à Londres a été d'attirer à eux, sous différents prétextes, toute la colonie française.

« Pour arriver à la présidence de la

Société de bienfaisance, ils ont compris qu'ils devaient d'abord absorber celle qui fonctionnait depuis vingt ans, sous le patronage de l'ambassadeur; une fois ce résultat obtenu, grâce à l'indolence de ce haut personnage, ils ont rêvé, comme complément, d'abord une église, puis un hôpital français, enfin une école gratuite. L'argent, nerf de la lutte, n'a jamais fait défaut; fêtes, bals, loteries, concerts, tout a été mis en œuvre pour faire triompher cette politique, et, contrairement aux habitudes par trop dignes et réservées d'Albert Gate, ils n'ont jamais hésité à payer de leurs personnes et à honorer de leur présence les réunions philanthropiques, et à ouvrir, même au besoin, leur parc et leur résidence au public.

« Aussi sont-ils largement récompensés de cette conduite empreinte de bon sens et de logique par la reconnaissance et le respect qu'on leur témoigne et par l'influence qu'ils exercent, et c'est grâce à cette influence que le clergé romain à Londres affecte trop souvent d'ignorer qu'il y a à Paris un Bonaparte qui règne sur la France; pour lui, le *Te Deum* n'est l'apanage que d'une seule famille, celle d'*Orléans*.

« Cette politique envahissante et ce besoin de popularité se font sentir partout où apparaît le nom français; ainsi, l'an dernier et hier encore, les artistes de Paris, représentés par *Raphaël Félix* et par *Ravel*, ne pouvant obtenir ni aide ni patronage de notre ambassadeur, ont accepté avec gratitude le concours du duc d'Aumale, concours qui se traduit par des représentations données à Twickenham, par des locations de loges, non-seulement pour la famille, mais encore pour leurs amis et leurs relations; et c'est aux abords du théâtre Saint-James, situé presque en face de la maison occupée autrefois par le prince Louis-Napoléon, que la famille d'Orléans reçoit tous les soirs une petite ovation.

« Tous ces succès ont été grandement facilités par la fusion qui, depuis six ans, est en voie d'enfantement.

« Les partisans et les conseils de la famille avaient compris depuis longtemps qu'il leur manquait la force matérielle et celle du nombre; aussi l'idée d'une alliance avec la démocratie fut-elle arrêtée en principe; dire de quel côté sont venues les premières avances serait assez difficile; je pense cependant que *Schœlcher* à Twickenham où il habite, que *Chatelain* et *Provot* à Londres, ont semé les premiers germes de cette fusion. Une fois le pas franchi, une fois la première poignée de main donnée, le temps et les besoins réciproques, et je ne crois pas me tromper en disant que presque toutes les notabilités démocratiques françaises à Londres se sont trouvées plus ou moins souvent en rapport avec les princes d'Orléans [1].

« Cependant il faut bien se garder de tirer de ces faits la conclusion que le parti révolutionnaire avancé ait abdiqué en faveur de cette famille; certainement non; en Suisse, en Belgique, en France surtout, cette fusion est repoussée par une immense majorité, et nous avons pu constater même à Londres, le 24 février dernier, que plus de 300 réfugiés célébraient avec enthousiasme la chute de Louis-Philippe; aussi le comité orléaniste, spécialement chargé des intérêts de cette alliance, n'est en réalité composé que de négociants sans antécédents politiques et plus désireux de voir triompher une monarchie qu'une république, et si plusieurs sont membres de diverses sociétés, ce n'est chez eux qu'un calcul et un moyen de rapprochement, et à titre d'intermédiaires.

---

1. Cette note de police — du moins en ce qui concerne les proscrits républicains — est une de ces méprisables calomnies que mettent en usage les espions bonapartistes. Quant à M. Schœlcher particulièrement, il est vrai qu'il a habité assez souvent Twickenham pendant l'été, mais il est à notre connaissance qu'il n'a jamais mis les pieds chez le duc d'Aumale et que le duc n'a jamais mis les pieds chez lui. H. M.

Ce sont des hommes vaniteux et intéressés, qui, sans conviction, servent cette famille par deux motifs.

« Avoir librement leurs entrées à Twickenham ; y être l'objet de prévenances, d'égards et de bienveillance ; obtenir le patronage et la clientèle d'une famille riche, nombreuse et bien *relationnée* : voilà quel a été le véritable stimulant de presque tous ces messieurs.

« En lisant les noms suivants, on pourra se former une opinion à cet égard :

Comité orléaniste.

« Rimmel, parfumeur de la famille ; Grillon, propriétaire de Clarendon Hôtel ; Givry, fournisseur de chaussures pour dames ; Grossetête, fournisseur de literies ; Berlureau, fournisseur d'ustensiles de ménage ; Lemahout, pharmacien ; Silvy, photographe ; Gagnière, marchand de draps ; Lazare, banquier ; Leroy, horloger ; Chauffournier, marchand de comestibles ; Duclos, confiseur ; Collin, négociant ; Guenaud de Mussy, médecin ; Bourguignon, médecin ; Fechter, artiste dramatique.

« J'en passe plusieurs autres qui sont membres *in partibus*.

« Pour clore les appréciations relatives à cette famille, nous devrions noter ici les diverses tentatives qu'elle a faites et qu'elle fait encore auprès de l'armée ; mais les investigations et les affirmations à ce sujet sont difficiles à établir et elles échappent à notre contrôle habituel.

« Le duc d'Aumale, qui a cependant une grande confiance en *Laugel*, son secrétaire, correspond personnellement et directement avec plusieurs officiers supérieurs ; ses lettres, toujours adressées à une tierce personne, sont très-souvent portées à Boulogne par les capitaines *Maurin* et *Darboy* et remises à un émissaire venu exprès de Paris ; ces deux officiers habitent presque toute l'année à Twickenham.

« En dehors de ces deux messieurs, plusieurs membres du comité sont en outre chargés, à tour de rôle, du transport de lettres et documents.

« Je ne crois pas, comme je l'ai écrit plusieurs fois, que les princes s'abusent au sujet de l'armée, et si les républicains ont la conviction qu'elle leur est très-hostile, les orléanistes savent également que les souvenirs de premier Empire et le nom de Bonaparte l'emporteront toujours sur les titres d'un petit-fils de Louis-Philippe : l'un représente pour eux guerre, gloire, avancement ; l'autre *statu quo*, humiliation et paix à tout prix.

« Pour eux, la bourgeoisie est leur principal appui ; c'est sur l'égoïsme et l'ingratitude de cette caste qu'ils comptent le plus.

« La conclusion de cet exposé est que les membres de ces trois catégories applaudiront tous à un succès, mais il est juste de dire que, par divers motifs, très-peu consentiraient à aider à la perpétration d'un crime ; ils désirent bien le résultat, mais ils ne veulent ni prévoir ni connaître les moyens.

« Les orléanistes savent surtout que leur participation directe rendrait presque impossible leur avénement au trône ; aussi les princes paraissent-ils résignés à attendre patiemment la mort naturelle de l'empereur, certains, disent-ils, qu'alors toutes les chances sont pour eux.

« Nous devons dire aussi que, depuis dix ans, les temps sont bien changés.

« Ces projets de complots, qui poussaient comme des champignons, et cette fièvre de machines et d'engins se sont calmés peu à peu, et aujourd'hui le nombre des hommes capables d'*exécution* est fort limité.

« Il serait cependant très-imprudent de s'endormir et de supprimer ou même de diminuer outre mesure les moyens d'investigation, et l'expérience que j'ai pu acquérir, pendant dix-neuf ans, dans ce genre d'affaires, m'autorise à dire qu'il y a aujourd'hui à Londres insuffisance de surveillance régulière et surtout insuffisance pour les cas exceptionnels, et qu'en admettant même (ce qui est le grand argument) qu'on obtienne un résultat négatif, les renseignements recueillis constatent, au moins, ou l'avortement d'un projet ou l'absence de tout danger.

« A ce sujet, permettez-moi de relater ici un exemple de fraîche date :

« Il y a six semaines, Riccotti Garibaldi arrive à Londres; le gouvernement italien, averti par diverses confidences, se préoccupe de cette visite et des intrigues que ce jeune homme peut ourdir au nom de son père : il était question d'achat et d'expédition d'armes et de munitions. Le chargé d'affaires à Londres reçoit l'ordre de se tenir au courant. Ce dernier nous prie de lui prêter un de nos meilleurs agents anglais; le lendemain, cet homme s'établit à Putney près de la maison du major *Chambers*, où loge Riccotti; tous les jours, il le suit pas à pas, soit en chemin de fer, soit à pied, soit en voiture, et, le soir, il le *couche* ou à Putney ou à Baths hôtel (Piccadilly), si l'heure avancée ne lui permet plus de prendre le chemin de fer.

« Trois semaines après, Riccotti part pour la province; toujours accompagné de son surveillant, il visite successivement Édimbourg, Aberdeen, Glasgow et autres villes, et aujourd'hui il se trouve dans les montagnes d'Écosse, chez un des amis de son père.

« Depuis un mois et demi, on a donc, tous les matins, à la légation italienne, un résumé des faits et gestes et des visites de Riccotti.

« Le résultat de cette surveillance ne sera sans doute pas en rapport avec les frais qu'elle occasionne, car, excepté trois ou quatres visites faites à Londres à *Negretti*, à *Wolff* et autres notabilités, excepté une souscription ouverte à Glasgow au profit du général, il a été impossible de rien constater d'important dans la conduite de ce jeune homme; mais le chargé d'affaires, qui ne pouvait pas deviner ce qu'il sait aujourd'hui, est en mesure de répondre à son gouvernement que, malgré toutes les histoires et les inventions faites à propos de ce voyage, il n'y a rien de vrai, et surtout rien de dangereux dans ces pérégrinations.

« Voilà ce que l'on peut appeler une surveillance réelle et régulière, dont on ne doit certainement pas abuser, mais qu'il faut pouvoir employer dans certains cas.

« Je terminerai ces notes en témoignant respectueusement le désir que notre ambassadeur veuille bien se montrer plus *libéral*, plus *populaire* et plus *abordable;* et qu'à son défaut le consul général, moins haut placé et vivant dans le centre du commerce, puisse être à même de servir d'intermédiaire et de grouper autour de lui les principaux membres du clergé et de la colonie, et se mettre à la tête de toutes les sociétés charitables et philanthropiques.

« Votre très-respectueux,

« N. »

(*Complément de toutes les éditions françaises et belges des Papiers et Correspondances de la famille impériale.*)

III

LA LANTERNE

TRAITÉ POUR L'EXPLOITATION DE LA LANTERNE

« Entre les soussignés :

« M. Henri Rochefort, homme de lettres, demeurant à Paris, rue Montmartre, 103, d'une part ;

« M. Auguste Dumont, propriétaire, demeurant à Paris, rue Coq-Héron, 5, d'autre part ;

« M. Hippolyte de Villemessant, homme de lettres, demeurant à Paris, rue Rossini, 3, encore d'autre part.

« Il a été, préalablement à l'acte de société, exposé ce qui suit : M. Rochefort a conçu le projet de fonder un journal politique hebdomadaire rappelant celui fondé autrefois par M. Alphonse Karr, sous le titre : *les Guêpes*. Il a communiqué ce projet à MM. de Villemessant et Dumont et leur a demandé leur concours pour la fondation de son journal, par suite de bonnes relations existant depuis plusieurs années entre tous les susnommés. MM. de Villemessant et Dumont ont consenti à coopérer à la fondation du journal de M. Rochefort.

« En conséquence, MM. Rochefort, de Villemessant et Dumont ont arrêté entre eux les bases de leur Société de la manière et ainsi qu'il suit :

Art. 1er. — *Constitution de la Société.*

« Il est formé par les présentes une société commerciale entre MM. Rochefort, Dumont, Villemessant.

« Cette Société sera en nom collectif à l'égard de MM. Rochefort et Dumont, et en commandite seulement à l'égard de M. de Villemessant.

Art. 2. — *Objet de la Société.*

« La Société a pour objet la création et l'exploitation du journal *la Lanterne*, journal hebdomadaire et politique.

Art. 3. — *Durée de la Société.*

« La Société est créée pour une durée de dix ans qui commenceront à courir le 1er mai 1868 pour finir le 1er mai 1878.

Art. 4. — *Siége social.*

« Le siége social sera à Paris, rue Rossini, 3, et pourra être transféré dans tout autre lieu de Paris que besoin sera.

Art. 5. — *Raison et signature sociale.*

« La raison et signature sociale seront : Henri Rochefort et Compagnie.

Art. 6. — *Gérance.*

« MM. Rochefort et Dumont seront gérants de la Société; ils auront seuls conjointement ou séparément la signature sociale; ils ne pourront, bien entendu, en faire usage que pour les affaires de la Société.

« Tout engagement étranger aux affaires de la Société, souscrit avec la signature sociale, n'engagera pas la Société, et dans ce cas l'autre gérant aura le droit de demander la dissolution de la Société sans préjudice de tous dommages-intérêts.

« M. Rochefort sera le rédacteur du journal. Il le rédigera seul; il sera entièrement maître de la direction politique à donner au journal.

« Dans le cas où l'imprimeur refuserait d'imprimer à cause de la crainte que lui donnerait un article du journal, M. Rochefort pourrait faire imprimer le journal ailleurs, si bon lui semblait.

« M. Dumont sera l'administrateur du journal; il sera seul chargé de toute la partie commerciale et de la caisse.

« M. de Villemessant, sans s'immiscer en rien dans l'administration, n'étant que commanditaire, sera chargé de lancer et de développer l'entreprise.

Art. 7. — *Apport des associés.*

« M. Rochefort apporte à la Société l'obligation de rédiger seul le journal hebdomadaire *la Lanterne*. Il s'engage à fournir la copie nécessaire à la composition du journal et à la déposer au siége de la Société. Il s'interdit expressément, et ce à peine de dommages-intérêts et de dissolution de Société, d'écrire, soit sous son nom, soit sous un pseudonyme, dans tout autre journal que celui de la Société, à l'exception toutefois du *Figaro*. Il s'engage en un mot à consacrer toute son intelligence à la réussite du journal.

M. Thiers votant place Saint-Georges.

« M. Dumont apporte à la Société son travail et ses connaissances administratives et commerciales.

« M. de Villemessant apporte à la Société toute la publicité dont il dispose pour lancer et développer le journal.

« MM. de Villemessant et Dumont verseront à titre d'avances sociales chacun la somme de dix mille francs, et ce au fur et à mesure des besoins de la Société.

« Les sommes versées produiront 6 p. % d'intérêts par an, et ce jusqu'à leur remboursement, qui sera effectué sur les premiers bénéfices réalisés par la Société H. Rochefort et Compagnie.

Art. 8. — *Livres de la Société.*

« Les opérations de la Société seront constatées par des registres tenus dans les formes légales et selon l'usage du commerce.

Art. 9. — *Inventaire.*

« Tous les ans, il sera fait un inventaire général et détaillé de la situation active et passive de la Société pour déterminer le résultat des affaires.

« Dans les cinq jours de la clôture de chaque inventaire, copie de la balance sera remise aux associés, lesquels auront quinze jours pour la vérifier et pour faire connaître leurs observations.

« A l'expiration de ce délai, sans réclamations ou après qu'il aura été statué sur les redressements proposés en temps usités, l'inventaire sera réputé définitif. Si deux inventaires successifs ne donnent pas de bénéfices, chaque associé pourra demander la dissolution de la Société, mais il ne pourra user de cette faculté que dans le mois qui suivra la clôture de l'inventaire qui aura donné ouverture à l'exercice de cette faculté. Ce délai passé, les associés seront déchus de ce droit.

Art. 10. — *Partage des bénéfices.*

« Le bénéfice net constaté par chaque inventaire appartiendra, savoir :

« 50 p. % à M. Rochefort ;
« 25 p. % à M. Dumont ;
« 25 p. % à M. de Villemessant.

Art. 11. — *Partage des pertes.*

« La perte, si elle dépasse les vingt mille francs que MM. de Villemessant et Dumont s'engagent à verser et pour le surplus seulement, sera supportée dans les proportions ci-dessus indiquées pour le partage des bénéfices.

Art. 12. — *Interdiction de vente.*

« Chacun des associés s'interdit de vendre tout ou partie de ses droits sans le consentement de tous ses coassociés. En cas de vente par suite du consentement des coassociés, ils devront toujours avoir la préférence.

« M. Rochefort, en aucun cas, ne pourra vendre plus de la moitié de ses droits. Il devra pendant toute la durée de la Société rédiger lui-même le journal.

« Les cessionnaires de parties de parts, sauf le cas où la cession serait faite à un coassocié, ne pourront en aucun cas s'immiscer dans la Société ; ils seront de simples croupiers et règleront leurs droits seulement avec leur vendeur.

Art. 13. — *Décès des associés.*

« Le décès de l'un des associés avant l'expiration de la présente Société, ne pourra jamais motiver aucune apposition de scellés au siège social. En cas de décès de l'un des associés en nom collectif, la Société sera dissoute, et il sera procédé immédiatement à la liquidation par l'associé survivant.

« En cas de décès de M. de Villemessant, la Société continuera comme par le passé avec ses héritiers ou ayants droit, mais ils devront s'entendre pour nommer l'un d'entre eux pour les représenter auprès de la Société, et ce aussitôt que les délais pour faire inventaire et délibérer seront expirés.

ART. 14. — *Maladie des associés.*

« La survenance en la personne de l'un des gérants d'un état de maladie qui le rende impropre aux affaires pendant six mois pour M. Rochefort et pendant une année entière pour M. Dumont sera assimilée à son décès et produira les mêmes effets. Ces deux associés seront tenus de désintéresser les personnes qui les suppléeraient.

ART. 15. — *Liquidation.*

« A l'expiration de la Société par la révolution du temps pour lequel elle est constituée, la liquidation sera faite par M. Dumont sous la surveillance des autres associés.

ART. 16. — *Publication.*

« Pour faire publier et déposer le présent acte partout où besoin sera, tous pouvoirs sont donnés au porteur d'un double signé des associés.

ART. 17. — *Frais.*

« Les frais des présents seront payés en frais généraux de la Société.

« Fait en triple entre les parties, un original pour chaque partie, un pour déposer au greffe du tribunal de commerce et un pour exposer au greffe de la justice de paix à Paris. »

A la suite de ce traité, qu'il reproduit dans son *Histoire du second Empire*, M. Taxile Delord a mis cette note :

« Le commanditaire de cette entreprise de démolition révolutionnaire, l'homme chargé de « *la lancer et de la développer* », figure aujourd'hui à la tête du parti qui s'intitule parti de l'ordre. L'auteur de la *Lanterne*, déporté à la Nouvelle-Calédonie, a trouvé et trouve encore tous les jours un persécuteur acharné dans celui qui a été le complice de son pamphlet et qui en a partagé les bénéfices. Le troisième associé, M. Dumont, avait toujours fait partie de la presse de l'opposition. Il ne s'en est point séparé. »

Au moment où paraissait le V° volume de l'*Histoire du second Empire*, dans lequel cette note se trouve, — c'était vers la fin de mars 1874, — on apprenait que Henri Rochefort avait pu s'évader de la presqu'île Ducos, en compagnie de cinq autres condamnés à la déportation.

L'*ordre moral*, avec son cortège d'illégalités et de violences, s'épanouissait alors dans toute son horreur. Quand on annonça à M. le duc de Broglie, vice-président du conseil, cette évasion, il haussa les épaules et dit avec sa fatuité hautaine : « Allons donc ! sous la présidence de M. Thiers, cela eût été possible ; mais maintenant c'est impossible ; je n'en crois rien. »

La confirmation de ce fait « impossible » mais réel mit en furie toutes les cohortes réactionnaires ; elles avaient espéré que les souffrances causées par une longue et pénible navigation auraient raison de la santé chancelante du pamphlétaire déporté, et qu'en tous cas le climat de la Nouvelle-Calédonie les débarrasserait de lui promptement. Et il leur échappait ! Les organes du parti de l'*ordre* eurent des accès de rage blanche, et l'un d'eux s'écria : « *L'évasion de Rochefort est la justification tacite des exécutions sommaires dont Paris a été le théâtre au moment de la rentrée des troupes de l'ordre :* IL N'Y A QUE LES MORTS QUI NE REVIENNENT PAS ! »

Ainsi, trois ans après l'achèvement de ces hécatombes dont l'histoire, un jour, fera connaître avec épouvante l'immensité, les partisans de l'*ordre moral* regrettaient qu'on ne les eût point grossies encore en égorgeant sommairement des hommes que les conseils de guerre eux-mêmes, les conseils de guerre de 1871, ne trouvèrent pas assez coupables pour les condamner à la mort !

CHAPITRE XIV

1869

Le *Journal officiel* et le *Moniteur universel*. — Un scandale et une restitution. — La session législative de 1869 : discours de l'empereur. — Les événements de l'île de la Réunion ; interpellation de M. Jules Simon. — M. de Benoist et les réunions publiques. — Les deux lois libérales jugées par un ami de l'Empire. — Discussion d'un emprunt municipal ; M. Haussmann, les finances de la ville de Paris et le Crédit foncier ; emprunts illégaux et commissions usuraires ; discours de MM. Garnier-Pagès, Ernest Picard et Thiers ; aveux de MM. Rouher et Frémy ; amendements ; un mot qui résume cette discussion. — La question des cimetières ; la place du Trocadéro ; le jardin du Luxembourg ; fortunes subites ; discours de MM. Maurice Richard, Pelletan, Picard et Jules Grévy ; protestations de M. Segris. — M. Jérôme David et la corruption électorale ; interpellation de M. Ernest Picard. — Le budget de 1870 : discussion générale ; discours de MM. Thiers, Jules Favre, Picard, Talhouët, Buffet, Rouher, Louvet, Magnin, Garnier-Pagès, Hénon ; les amendements de la gauche. — Le livret d'ouvrier et le carnet ; artifice dévoilé. — Vote du budget. — Le centenaire de Napoléon Ier ; vote d'une pension aux anciens militaires et à la veuve de M. Troplong ; rejet d'un amendement en faveur des vieux instituteurs. — Clôture de la session de 1869 et fin de la législature de 1863. — Le Corps législatif jugé par le duc de Broglie ; contraste affligeant. — Mort de M. de Lamartine. — La question des chemins belges. — Le vendredi saint et un banquet à Saint-Mandé. — Le Gouvernement prépare sa campagne électorale. — Discours de l'empereur au maire de Chartres. — Mesures intimidatrices et premières tentatives de corruption.

Le premier numéro du *Journal officiel* de l'Empire, dont M. Rouher avait concédé l'entreprise à M. Wittersheim, parut le 1er janvier 1869.

Le même jour, le *Moniteur universel* reprenait son sous-titre du temps jadis : « *Gazette nationale* », et publiait un article dans lequel MM. Dalloz et Pointel, propriétaires de ce journal, vieux représentant de la politique de tous les gouvernements qui s'étaient succédé en France depuis sa création, déclaraient « n'avoir plus rien de commun avec la politique du gouvernement impérial », et ils ajoutaient « qu'ils n'en auront plus d'autre que celle de l'honnêteté ; conséquemment, ils s'attacheront à faire, en tout et pour tout, connaître la vérité ». Que d'aveux éloquents dans cette déclaration dont l'Empire fut frappé comme d'un coup de massue !

Les favoris de la cour impériale se croyaient tout permis. Un scandale sur lequel la presse avait donné l'éveil faisait grand bruit depuis un mois. Disposant sans façon des richesses de nos musées, le surintendant des beaux-arts avait tapissé de nos plus beaux tableaux de l'école flamande les murs des vastes salons du Cercle impérial. On se rappelait la découverte faite par M. Gustave Planche à l'époque où M. de Morny fut envoyé en ambassade en Russie : le frère utérin de Napoléon III avait pris à la galerie du Louvre et emporté à Saint-Pétersbourg, afin d'en décorer ses salons, nos meilleurs tableaux de l'école italienne ; on se demandait anxieusement si les complaisances d'une administration soustraite à tout contrôle s'étaient bornées là ; on réclamait une enquête à laquelle une haute protection féminine déroba le délinquant ; plus on lui adressait de questions et plus il s'obstinait dans son silence. « M. le comte de Nieuverkerque — disait un journal — est dans un état bien alarmant. Il a été frappé d'hémiplégie. Le côté droit du corps est complètement paralysé, la langue et le pharynx sont pris au point que le surintendant des beaux-arts ne peut ni articuler un mot ni même écrire. »

L'explosion de ce sarcasme ébranla enfin l'attitude impassible de l'administrateur des beaux-arts. Au nom de ce fonctionnaire, le *Journal officiel* se plaignit « d'un procédé de discussion qu'il laissait aux honnêtes gens le soin de qualifier », et, plaidant les circonstances atténuantes, il allégua que « l'immeuble où était établi le Cercle impérial appartenait à l'État ». On ne pouvait couvrir d'une plus mauvaise excuse le sans-gêne incroyable avec lequel certains personnages du second Empire disposaient des propriétés de la nation.

Le musée du Louvre fut rétabli, le 5 janvier, dans la possession des précieuses toiles dont on l'avait dépouillé.

Le 18, dans le discours d'ouverture de la session, l'empereur dit que les paroles adressées tous les ans par lui aux deux grands Corps de l'État « sont l'expression sincère de la pensée qui dirige sa conduite », et qu' « exposer franchement à la nation la marche du Gouvernement, c'est le devoir du chef responsable d'un pays libre ».

Il reconnut l'arduité de la tâche qu'il avait entreprise, les difficultés qu'on rencontre en fondant, « sur un sol remué par tant de révolutions, un gouvernement assez pénétré des besoins de son époque pour adopter tous les bienfaits de la liberté, assez fort pour en supporter même les excès ».

Il constata que si, d'un côté, les deux nouvelles lois sur la presse et sur les réunions avaient fait reparaître « des idées et des passions qu'on croyait éteintes », — d'un autre côté, la nation n'avait pas, « insensible aux excitations les plus violentes, senti s'ébranler sa foi dans l'avenir ».

Après avoir « exalté sa fermeté pour maintenir l'ordre », l'empereur parla « des esprits aventureux et subversifs qui cherchaient à troubler la tranquillité publique ».

Ces paroles rappelaient trop celles que Louis-Philippe adressait aux pairs et aux députés, le 23 décembre 1847 [1], pour ne point frapper certains esprits aimant à raisonner par analogie et à faire des rapprochements fatidiques; ce discours de 1847 fut le dernier que le roi des Français prononça ; alors, comme en janvier 1869, apparaissaient autour du trône des présages menaçants. Napoléon III ne prononçait-il pas aussi son dernier discours aux deux Chambres [2] ?

L'empereur, cependant, voyait tout en beau : « les transactions commerciales reprenant une activité féconde, les revenus publics augmentent considérablement, les intérêts se rassurant, et la plupart des élections partielles venant donner un nouvel appui à son gouvernement ».

Cet optimisme était contredit par un malaise général, par le bilan de la Banque, et par le continuel accroissement de l'anxiété publique. L'empereur donna un nouvel aliment à cette anxiété en s'appesantissant sur la forte constitution des armées de terre et de mer, sur le perfectionnement de notre armement, sur les richesses de nos magasins et de nos arsenaux, sur la transformation de notre flotte, sur le bon état de nos places fortes. « Le but constant de mes efforts, continua-t-il, est atteint: *les ressources militaires de la France sont désormais à la hauteur de ses destinées dans le monde.* »

Dans l'espoir d'atténuer les alarmes que devait produire son insistance sur ce point capital du discours, l'empereur ajouta : « Dans cette situation, nous pouvons proclamer hautement notre désir de maintenir la paix; il n'y a point de faiblesse à le dire, *lorsqu'on est prêt pour la défense de l'honneur et de l'indépendance du pays.* »

---

1. « Au milieu des agitations que fomentent des passions ennemies ou aveugles, une conviction m'anime et me soutient, c'est que nous possédons les moyens assurés de surmonter tous ces obstacles, etc., etc. »

2. C'était l'avant-dernier.

La France, hélas! devait bientôt reconnaître la fausseté de ces allégations, l'inanité de ces vanteries.

Se repaissant d'illusions entretenues dans son esprit rêveur et paresseux par des conseillers ineptes ou trompeurs, par son ignorance de l'état réel du pays, de notre armement, de nos magasins et de nos arsenaux, Napoléon III s'admirait dans son œuvre fantastique. « On reconnaît, s'écria-t-il, la bonté de l'arbre aux fruits qu'il porte, a dit l'Évangile; eh bien! si l'on fait un retour vers le passé, quel est le régime qui a donné à la France dix-sept années de quiétude et de prospérité toujours croissantes?... Ce qui fait ma force, c'est que la nation n'ignore pas que, depuis vingt ans, je n'ai pas eu une seule pensée, je n'ai pas fait un seul acte qui n'ait eu pour mobile les intérêts et la grandeur de la France. »

Tenir un pareil langage quand les hontes et les humiliations dont l'avait chargé la criminelle expédition du Mexique étaient présentes à toutes les mémoires, quel excès d'audace, quel mépris de la nation qui lui avait livré ses destinées, et quelle justification de ce jugement porté par un diplomate sur cet homme « qui est un des plus grands coupables des temps modernes : Le règne de Napoléon III a été une gageure de vingt ans contre la logique, la conscience et le bon sens! »

Tout, d'après l'empereur, était pour le mieux dans le meilleur des gouvernements, et l'avenir ne promettait que des jours sereins : « Nos relations avec les puissances étrangères sont des plus amicales. Les travaux publics sont convenablement dotés ; les chemins vicinaux se construisent; l'instruction publique à tous les degrés continue à recevoir d'heureux développements... Les masses populaires sont persévérantes dans leur foi comme dans leurs affections, et si de nobles passions sont capables de les soulever, le sophisme et la calomnie en agitent à peine la surface. »

Quels plus beaux souhaits pouvait-on former? Aussi Napoléon III, en terminant, affirma-t-il ceci : « Bientôt la nation, convoquée dans ses comices, *sanctionnera* la politique suivie ; elle *proclamera* ; une fois de plus, *par ses choix*, qu'elle ne veut pas de révolutions, mais qu'elle veut asseoir les destinées de la France sur l'intime alliance du pouvoir et de la liberté. »

Il était facile à Napoléon III de prévoir et d'annoncer le résultat des élections prochaines, car, sous le second Empire, les choix du suffrage universel attaqué par la corruption, intimidé par la menace, violé par la fraude étaient forcément conformes aux indications de l'*affiche blanche* et au désir de Sa Majesté.

Le Corps législatif repoussa deux demandes d'interpellation déposées, l'une par M. Bethmont « sur la situation intérieure du pays », — l'autre par M. Buffet et dix autres membres du tiers parti « sur la direction que le Gouvernement comptait imprimer à la politique générale du pays ».

Deux demandes d'interpellation furent autorisées ; la première, relative « à l'application de la loi sur les réunions publiques », était faite par M. de Benoist et plusieurs de ses collègues de la droite ; la seconde, émanant de la gauche, se rapportait aux événements dont l'île de la Réunion avait été récemment le théâtre.

Résumons ces événements dont la France s'était émue : un ancien rédacteur de l'*Univers* dirigeait depuis six mois, à Saint-Denis, un journal clérical, *la Malle*. Digne élève de M. Louis Veuillot, M. Charles Buet se livrait sans cesse contre le parti libéral à des agressions dont la violence égalait la déloyauté. Se lassant enfin de tant de provocations outrageantes, une partie de la population de l'île alla crier sous les fenêtres de l'insulteur ultramontain : « A bas *la Malle! * A bas les jésuites ! ».

Au milieu des manifestations qui, devant

l'insolence persistante du journaliste dévot, se renouvelèrent plusieurs fois, des nègres saccagèrent l'établissement des jésuites.

Les rédacteurs du *Journal du Commerce* et les délégués de la Société ouvrière invitèrent les habitants de la colonie à rester calmes et à signer une adresse au gouverneur dans laquelle ils réclameraient l'expulsion des jésuites, — la révocation du directeur de l'intérieur, M. Gaudin de Lagrange, qui couvrait de sa protection tous leurs méfaits, — la sécularisation des biens ecclésiastiques, — la nomination des conseillers municipaux et généraux de l'île par le suffrage universel.

La foule, qui se pressait aux abords de la maison où cette adresse se couvrait de signatures, apprenant qu'on avait convoqué la milice à l'hôtel de ville pour la désarmer, s'y rendit. Sur la place que des troupes occupaient, des canons étaient braqués. Cette foule désarmée réclama le gouverneur à grands cris ; quelques pierres, dit-on, furent lancées. Sur l'ordre du maire, on fit les trois sommations que le bruit empêcha d'entendre. Aussitôt les troupes, balayant la place, poursuivirent les citoyens qui fuyaient dans les rues où les balles des soldats tuèrent huit personnes inoffensives et en blessèrent beaucoup d'autres mortellement.

C'est par ce massacre que des soldats de Napoléon III avaient célébré, à l'île de la Réunion, le dix-septième anniversaire du 2 décembre 1851.

Dans la soirée même de ce jour néfaste, le gouverneur, déplorant cette catastrophe, reconnut « qu'il avait été induit en erreur sur les intentions de la population » ; il ordonna aux soldats de regagner leurs casernes, confia tous les postes aux miliciens et se servit d'eux pour pacifier les esprits si légitimement exaspérés.

Dans la séance du 26 janvier, M. Jules Simon interpella le Gouvernement sur ces faits dont il fit le récit avec une précision éloquente et sobre. Modérant son blâme, gardant vis-à-vis des personnes compromises une grande réserve, l'orateur républicain se contenta de réclamer une enquête qui jetterait sur ces événements douloureux une lumière désirable pour tous, pour les colons dont elle permettrait d'examiner les griefs et pour ceux que le bruit public chargeait d'une responsabilité lourde.

Le Gouvernement qu'effrayait la vérité entrevue se hâta de l'obscurcir dans des explications embrouillées. La majorité comprit ce qu'on exigeait d'elle, et vingt-deux députés seulement donnèrent leur assentiment à la proposition d'enquête.

Le 1er février, M. de Benoist fit son interpellation au garde des sceaux. Cet arcadien se déclara partisan de la liberté ; il ne demandait donc pas que la loi sur le droit de réunion fût rapportée, mais il réclamait une application plus fréquente et plus vigoureuse de l'article 13 qui permet à l'autorité d'interdire les réunions publiques. Partageant les appréhensions de ses collègues, il signalait au Gouvernement le péril que faisaient courir à la société des discours où il était question de Dieu et de la propriété, du capital et de la famille, des associations et de tant d'autres choses dont la discussion ne devrait pas être tolérée.

Outrant le rôle qu'il avait pris dans cette comédie, M. Baroche courut à sa réplique et s'indigna du reproche de tolérance que son compère venait d'adresser au Gouvernement, reproche immérité, comme le démontraient les poursuites dirigées par les parquets et les condamnations prononcées par les tribunaux contre les orateurs des réunions publiques. Le ministre de la justice promit néanmoins de redoubler sa vigilance et sa vigueur. M. de Benoist se déclara satisfait.

M. Émile Ollivier demanda la parole. Après avoir dit qu'il était loin d'approuver certains principes exposés dans quelques réunions et dont le bon sens populaire faisait justice promptement, il ajouta qu'on devait « laisser chacun parler à sa guise de la famille et de Dieu ».

Le vrai, c'est que les deux fameuses lois récemment octroyées par l'*Empire libéral* étaient appliquées avec une rigueur poussée à l'extrême. Voici ce qu'écrivait, en 1869, un journaliste très-attaché par les liens de l'affection et de l'intérêt au régime impérial [1] : « Le Gouvernement a étranglé les deux libertés promises au moyen de lois tellement restrictives dans leurs dispositions et tellement draconiennes dans leurs pénalités qu'il est demeuré à peine un débris des promesses impériales. Encore a-t-on pris peur de ces deux fantômes, et par des ruses administratives, par des interprétations judaïques de textes oubliés, on a encore restreint dans la pratique les libertés qu'on avait feint de concéder. L'empereur avait voulu donner la liberté de la presse, on a tenté d'interdire aux journaux l'appréciation des débats législatifs ; l'empereur avait voulu donner la liberté des réunions publiques, et l'on nous a presque retiré la liberté des réunions privées. »

La discussion d'un emprunt de quatre cent soixante-trois millions fut ouverte, le 22 février, par M. Garnier-Pagès qui, dévoilant la situation financière et le déficit de la ville de Paris, représenta les suites funestes de l'administration de M. Haussmann et détruisit les fallacieuses allégations de ce fonctionnaire. « A quoi, je le demande, — dit-il en terminant, — à quoi peuvent servir de pareils mensonges ? »

M. Picard montra l'autocratique préfet rusant avec la loi, luttant contre la Cour des comptes, contractant en moins de six années 465 millions de dettes, distribuant sans contrôle huit millions de francs à titre d'indemnités, réglant sous le manteau de la cheminée des opérations qui roulaient sur des milliards, agissant, enfin, comme s'il n'était responsable de ses actes ni devant les ministres ni devant la Chambre qu'il bravait jusqu'à contracter avec un entrepreneur et à déguiser en cautionnement un emprunt de 40 millions. Tenant dans sa main le texte de ce traité passé, le 15 février, entre la ville et cet entrepreneur et approuvé par la commission municipale, M. Picard s'écria : « Qui doit céder, la loi et la Chambre ou les violateurs de la loi ?... La dictature du préfet de la Seine a fini par rencontrer trois adversaires : les jurys d'expropriation, c'est-à-dire la propriété, — la Cour de cassation et le Conseil d'État, c'est-à-dire la loi, — et la Cour des comptes, c'est-à-dire les finances. En présence des énormités de l'administration préfectorale, devant sa comptabilité insolente, le Corps législatif n'a, sous peine d'abdiquer, qu'une chose à faire : c'est de réclamer énergiquement, pour la ville de Paris, un conseil municipal élu. »

Faisant, à son tour, bonne justice des budgets fantaisistes que M. Haussmann présentait à la Chambre, M. Thiers établit que la dette allait grossissant d'année en année, tant en intérêts qu'en amortissement, et que les ressources de la ville étaient épuisées. Examinant l'œuvre de transformation, il démontra l'inutilité de plusieurs parties du deuxième réseau et de la totalité du troisième. Méconnaissance de toutes les règles et de toutes les lois ; emprunts non autorisés ou dissimulés sous les bons de délégation et comprenant des sommes plus fortes que le budget total de certains pays ; augmentations de taxe, remaniements continuels des tarifs ; ce que jamais ministre n'aurait osé faire, même au temps de l'effacement complet du Corps législatif, M. Haussmann l'a tenté et il a réussi. « Cette comédie, s'écria M. Thiers, a trop duré ! » Il faut mettre un terme à tant de folies et d'abus ; si on ne remet pas à un corps élu le contrôle des finances de la ville, il faut du moins que ce contrôle soit exercé

---

1. M. Cucheval-Clarigny.

Gambetta.

par le Corps législatif ; c'est lui qui doit voter désormais le budget de Paris. Tel est le résumé des conclusions de M. Thiers.

M. Forcade de La Roquette tenta, sans aucun succès, d'atténuer l'effet de ce terrible discours.

Le lendemain 26, M. Rouher prit la parole. Il dit, d'abord, « qu'il allait étonner la Chambre par sa sincérité ». Aveu naïf d'une insincérité habituelle ! Le ministre d'État reconnut qu'on avait contracté 465 millions d'emprunts illégaux et déguisés, violé un dépôt, dépassé de 152 millions le chiffre accordé à la dette flottante, que le Crédit foncier avait violé ses statuts pour aider la ville à s'endetter et à violer la loi ; il promit que de pareils faits ne se reproduiraient pas. « Désormais, annonça-t-il, le gouvernement ne se solidifiera plus avec ce grand établissement de crédit. Plus de traités de concessions à l'avenir; plus d'opérations d'escompte, plus de bons de délégation ; le projet de loi donne une garantie formelle, celle qui résulte pour vous du vote du budget extraordinaire qui vous est déféré. Toutes ces questions vous seront soumises, vous les examinerez préalablement; vous les résoudrez dans votre conscience ; mais nous voulons qu'aucun doute ne reste sur la conduite que nous avons à tenir, et nous n'acceptons pas de divergence avec vous sur une pareille interprétation. »

En faisant ces aveux et ces promesses, M. Rouher espérait détourner l'orage qui se formait au-dessus de MM. Haussmann et Frémy.

MM. Peyrusse, Roulleaux-Dugage et Pagézy, députés de la droite, avaient déposé un amendement qui infligeait un blâme très-vif aux irrégularités dont s'étaient rendues coupables l'administration préfectorale et celle du Crédit foncier.

M. Frémy, gouverneur de cet établissement, confessa ses fautes et offrit la restitution de dix-sept millions illégalement perçus.

Retiré par ses auteurs et repris par MM. Haentjens, de Tillancourt et Pouyer-Quertier, l'amendement, que MM. Rouher et Magne combattirent avec une grande énergie, réunit 97 suffrages.

Interprètes des sentiments d'un très-grand nombre de leurs collègues, MM. Jules Simon et Bethmont obligèrent M. Magne à déclarer que le gouvernement userait de tout son pouvoir non-seulement pour faire restituer sans délai par le Crédit foncier les 17 millions en question, mais encore pour obtenir de cet établissement *satisfaction complète* ; qu'en outre il rendrait prochainement compte du résultat de ses réclamations.

M. Pouyer-Quertier ne se contentait pas de si peu ; il prouva, d'abord, que M. Haussmann ne s'était pas borné à endetter secrètement et illégalement la ville de Paris, mais qu'il avait accordé à son prêteur un taux d'intérêts supérieur à celui que paient toutes les villes de France et, de plus, une commission de 70 centimes p. % au-dessus de la commission légale ; et cette commission usuraire n'était pas seulement soldée une fois, elle se payait autant de fois qu'il y avait d'années à courir jusqu'à l'échéance des valeurs escomptées. La ville avait été rendue par M. Haussmann victime de telles usures que le Crédit foncier dissimulait dans le chapitre « *Divers* » les profits qu'il en retirait. En conséquence, M. Pouyer-Quertier sollicitait la Chambre de déclarer nul tout emprunt illégal, d'annuler les titres émis par l'Hôtel de Ville à taux usuraires et de faire à des conditions honnêtes un emprunt direct.

Toutes ces démonstrations, les plus complètes que l'on pût faire contre la coupable administration des finances de la ville de Paris, avaient ébranlé la majorité. M. Rouher fit insinuer dans les groupes hésitants qu'il donnerait sa démission si l'article 1er du projet en discussion n'était pas voté, et deux cents députés le votèrent. L'article 2 soumettait désormais à l'approbation législative le vote et le règlement définitif du budget extraordinaire de la ville de Paris, dont les finances, depuis seize ans, se gaspillaient sans contrôle. La gauche profita de ces révélations pour demander qu'un conseil municipal élu remplaçât une commission municipale dont les votes complaisants avaient couvert les actes de M. Haussmann. Soutenu par MM. Jules Simon et Picard, cet amendement à l'art. 2 fut repoussé, — de même qu'un amendement de M. Martel tendant à soumettre aussi à l'approbation de la Chambre le budget ordinaire de la ville. 44 voix protestèrent contre une loi qui dérobait l'un des budgets municipaux à l'examen de l'Assemblée.

Cette discussion avait rempli quinze séances; M. Jules Favre dit un mot qui la résumait: « *La grande œuvre* est jugée; ses auteurs se sont levés de la sellette acquittés, mais déconsidérés. »

M. Haussmann, pour lequel la loi n'existait pas, avait, de sa propre autorité, acheté des terrains considérables à Méry-sur-Oise, où il projetait la création d'une immense nécropole qui remplacerait tous les cimetières de Paris. Il voulait aussi, méconnaissant le caractère sacré des sépultures, prendre pour le passage d'un boulevard une partie du cimetière Montmartre.

Le 10 mars, MM. Maurice Richard et Lambrecht interpellèrent le Gouvernement sur ces nouveaux actes arbitraires du préfet de la Seine. Le boulevard, disaient-ils, pourrait être facilement contourné. La Chambre décida que cette question serait soumise à un examen et renvoya au gouvernement celle du cimetière de Méry.

Dans les séances du 12 et du 13, l'autocratique préfet fut encore tenu sur la sellette. Il s'agissait, d'abord, de la place du Trocadéro où M. Haussmann s'était passé la fantaisie d'un amphithéâtre et d'un escalier monumental coûtant dix-neuf millions. MM. Grévy, Thiers, Picard et Eugène Pelletan s'indignèrent du sans-façon avec lequel on gaspillait, au mépris de toute règle et de toute loi, l'argent des contribuables.

L'aliénation d'une partie des jardins du Luxembourg amena entre MM. Pelletan et Rouher une discussion fort aigre et dans laquelle M. Picard intervint pour s'étonner des grosses fortunes qui s'étaient subitement produites après la vente de certains terrains domaniaux; il y avait eu du tripotage dans ces affaires, et même un peu de scandale. M. Picard y fit allusion avec une prudente retenue qui, on ne sait pourquoi, irrita M. Rouher à l'excès.

Avec son esprit lucide, son éloquence simple et sa logique nerveuse, M. Jules Grévy rappela aux ministres de Napoléon III que, avant eux, dans tous les temps, on avait respecté, comme étant chose sacrée, inviolable, le domaine de l'État, — qu'il n'était point permis d'y toucher sans le consentement de la nation; et l'orateur républicain démontra le violement audacieux que le Gouvernement avait fait de la loi en détachant des jardins du Luxembourg plusieurs lots pour les vendre.

MM. Pouyer-Quertier, Buffet et Segris prirent part à cette discussion. M. Segris protesta contre « le droit que s'arrogeait le Gouvernement de changer, par un simple décret, la destination du domaine public, » et dit ce mot qui était une censure : « Il faut garder la règle pour que la règle nous garde. »

Dans cette Assemblée soumise, il se trouva seulement cinquante-cinq députés assez indépendants pour déclarer blâmables les illégalités et les folies d'une administration qui n'obéissait qu'à son bon plaisir.

Le Corps législatif vota successivement deux lois, l'une qui modifiait celle du 18 avril 1831 sur les pensions de l'armée, et l'autre qui autorisait un appel de cent mille hommes sur la classe de 1869.

M. le baron Jérôme David était un député dont le dévouement coûtait cher à la cassette impériale. Napoléon III lui avait alloué 30,000 francs pour son ameublement et une subvention mensuelle de 3,000 francs; on lit, en outre, sur une note écrite de la main de Sa Majesté : « Ajoutez 100,000 francs au ministère de l'intérieur et 150,000 à David [1]. »

A ce député de la Gironde il vint une étrange idée, celle d'interpeller le gouvernement sur l'application du *premier paragraphe* de l'article 38 du décret organique du 2 février 1852 prévoyant le cas où l'élection d'un député aurait été cassée pour cause de distribution ou de promesse d'argent et frappant de certaines peines ce fait délictueux.

Quelle imprudence! N'était-ce pas aux manœuvres corruptives employées par le Gouvernement que M. Jérôme David et ses collègues de la droite devaient le succès de leur candidature officielle?

---

1. *Papiers et Correspondance de la famille impériale.*

Les députés de la gauche saisirent l'occasion, que ce maladroit ami de l'Empire leur offrait, d'attirer de nouveau l'attention du pays sur cette corruption électorale si manifestement pratiquée par tous les fonctionnaires du gouvernement impérial. M. Ernest Picard déposa une demande d'interpellation sur le *deuxième paragraphe* que M. Jérôme David avait eu grand soin de ne ne pas viser dans la sienne et qui disait : « Seront punis des mêmes peines ceux qui, sous les mêmes conditions, auront fait ou accepté l'offre ou la promesse d'emplois publics ou privés. *Si le coupable est un fonctionnaire public, la peine sera double* [1]. » M. Jérôme David prit une thèse non moins étrange que son idée. La captation des suffrages, ou plutôt « leur achat collectif » moyennant des secours d'argent accordés aux communes et aux églises, « *sur la demande des candidats officiels*, » à la veille des élections, ne constituait pas, aux yeux de ce personnage, un fait de corruption électorale : ce qui constituait ce fait, c'était l'engagement pris par les candidats indépendants de réclamer la réduction des dépenses publiques et une répartition plus équitable des impôts, — comme venait de le faire M. Philis dans une circulaire adressée aux électeurs du Var, et citée par l'interpellateur bonapartiste ; c'était aussi la publication de ces professions de foi dans lesquelles on ne craignait pas de signaler au pays « le danger des expéditions lointaines », l'énormité d'une dette chaque jour grossissante, la multiplicité si coûteuse des fonctions inutiles. — Voilà ce qui était de nature à corrompre les électeurs et à compromettre « l'honneur électoral » du Corps législatif.

En conséquence, M. Jérôme David invitait le Gouvernement à réprimer ces manœuvres coupables en faisant à leurs auteurs la rigoureuse application du *paragraphe* qu'il avait rappelé.

M. Rouher se tira du mauvais pas où l'avait mis cet excès de zèle en disant qu'il n'était pas nécessaire de stimuler sa vigilance et qu'il ne s'était produit aucun fait constituant l'abus visé par *l'article* 13 du décret de 1852.

M. Jérôme David retira son interpellation, et M. Picard développa la sienne. Dans ce langage incisif et qui savait éviter l'acerbité, avec cet esprit de harcèlement si alerte et si terrible à ses adversaires, l'infatigable tirailleur dont tous les coups portaient attaqua les pratiques faites par le gouvernement pour fausser la sincérité du suffrage universel. M. Picard appuyait chacune de ses accusations sur des preuves qui mirent M. Forcade de La Roquette dans un grand embarras.

M. Émile Ollivier prit la parole après le ministre, dans l'unique but d'ouvrir à son impatiente ambition l'accès du pouvoir ; il flatta le ministre, caressa l'Empire, proclama que « les révolutions sont toujours funestes », et provoqua M. Rouher qui lui opposa un silence dédaigneux.

L'ordre du jour écartant l'interpellation de M. Picard fut demandé par la droite et adopté par 157 voix contre 47.

Le 2 avril, M. Busson-Billault, rapporteur du budget de 1870 [1], cacha sous des fictions

---

[1]. Emprisonnement de six mois à quatre ans et amende de 1,000 à 10,000 francs.

[1]. Ce budget énorme des dépenses était ainsi dressé :

Maison de l'empereur.	35,227,759
Instruction publique.	36,675,516
Justice et cultes.	93,280,106
Ministère d'État.	3,242,400
Travaux publics.	156,623,903
Affaires étrangères.	14,961,200
Intérieur	232,201,345
Finances	997,348,608
Guerre et marine.	652,770,934
	2,222,331,771

Les budgets de l'amortissement et des services spéciaux élevaient ce total à deux milliards trois cent millions environ.

On remarquera que la *Maison de l'empereur* coûtait à la France presque autant que l'*Instruction publique*.

optimistes la réalité de notre situation financière qu'il fallait, à la veille des élections générales, dissimuler au pays.

Cependant le passif exigible de la dette flottante atteignait un chiffre trop élevé pour qu'on pût établir un équilibre, malgré la belle opération à l'aide de laquelle on avait arrangé une balance fictive [1]. M. Busson-Billault avoua la nécessité d'un nouvel emprunt présenté sous ce déguisement : « Il sera fait une vente de rentes de la dotation de l'armée, qui seront remplacées par une inscription de rentes nouvelles au budget des pensions. »

On voit que les capacités financières du second Empire étaient fertiles en expédients pour équilibrer les budgets.

La discussion générale permit à la gauche de renouveler, sous forme d'amendements, les réclamations que, depuis la formation du groupe des Cinq, elle n'avait cessé de faire ; c'était aussi, pour elle, une occasion d'attaquer les abus de pouvoir et les illégalités dont le gouvernement impérial était coutumier. « Il tue la presse, dit M. Thiers, il supprime les réunions publiques, bouleverse les circonscriptions, impose des candidats aux électeurs ; voilà comment il entend la liberté électorale. Il refuse au Parlement le droit de nommer son haut bureau, d'amender les lois ; il lui interdit toute interpellation directe, toute initiative parlementaire ; il n'y a de liberté véritable que là où existe la responsabilité ministérielle. » M. Rouher cria au président : « M. Thiers viole la Constitution depuis une heure. » M. Baroche ajouta : « Ce n'est pas tolérable, c'est un appel à la Révolution. » — « Si, reprit le ministre d'État, nous en sommes à discuter la Constitution tous les jours, autant vaut déclarer la Révolution en permanence. » — « Je ne veux pas la Révolution, répliqua M. Thiers ; c'est vous qui la préparez. »

M. Alfred Leroux, qui occupait le fauteuil, dit assez mollement à l'orateur : « Si vous continuez ainsi, je vous retirerai la parole. » Les mameluks se mirent à crier comme leurs ministres. M. Thiers put leur faire entendre ces derniers mots : « Je m'attriste en pensant que la France, un beau matin, peut s'éveiller surprise par l'ordre donné à ses enfants de courir à la frontière pour y verser tout leur sang. Dans les gouvernements libres, il n'appartient qu'au pays de se prononcer sur la paix ou la guerre ; c'est là son intérêt le plus cher, celui de son existence. »

Au discours de M. Thiers, M. Rouher ne put faire que cette réponse effrontée : « Aucun gouvernement n'a donné à la France plus de sécurité, plus de liberté que celui de Napoléon III. »

M. Jules Favre n'eut pas de peine à établir que la loi de sûreté générale suspendait une perpétuelle menace sur tous les actes des citoyens ; il attaqua l'art. 75 de la Constitution de l'an VIII, « garantissant l'impunité des fonctionnaires d'autant plus sûrement que l'action publique ne peut être remplacée par la presse qui, dans les huit derniers mois, a subi *cent dix-huit* PROCÈS ». Après avoir dit qu'une volonté unique, non contente de nommer les ministres, le Sénat, le Conseil d'État, tous les fonctionnaires, veut, en outre, nommer les députés, M. Jules Favre termina son discours par cette interrogation : « Que reste-t-il à la nation pour se protéger contre un absolutisme déguisé en régime représentatif, en présence de l'Europe en armes, du peuple écrasé d'impôts et de l'avenir menacé par la dette ? »

Dans cette discussion, MM. Jules Favre et Picard signalèrent la contrainte exercée par le pouvoir sur les magistrats dont la conscience se refusait à prononcer des condam-

---

[1]. On faisait subir aux budgets de certains ministères des réductions dérisoires : on fixait à *trois millions* seulement le budget extraordinaire de la guerre ! On détruisait à l'avance, pour 1871, l'équilibre que, par des opérations du même genre, on maintenait fictivement pour 1870 !

nations politiques injustifiables. Un journal qui avait ouvert une souscription pour élever un monument à Baudin fut traduit devant le tribunal de Clermont qui le renvoya des fins de la plainte. Un magistrat, en pleine audience, taxa « d'imprudence et d'imprévoyance » l'impartialité des juges. M. Baroche, ministre de la justice, soutenait que ce propos n'avait pas été tenu et M. Girot-Pouzol affirma l'avoir entendu. « Taisez-vous ! » lui cria brutalement le vice-empereur qui dut faire amende honorable de cette impertinence.

M. de Talhouët raconta, dans tous ses détails, l'affaire Séguier. Conformément aux ordres du procureur général qui, lui-même, obéissait aux prescriptions d'une circulaire envoyée par M. Baroche à tous les parquets, M. Séguier, procureur impérial à Toulouse, avait fait saisir les journaux dont les colonnes s'étaient ouvertes à la souscription Baudin ; il se déclara prêt à requérir contre eux, « mais à la condition de faire remarquer au tribunal qu'il ne saurait voir dans ce fait *une manœuvre à l'intérieur;* » et il ajoutait : « Dans le cas où mon attitude ne serait pas approuvée, je donnerais ma démission. Parler à l'audience sous la surveillance d'une police occulte, donner des conclusions imposées d'avance par le garde des sceaux est indigne d'un magistrat qui se respecte. » Quelques semaines après, M. Baroche révoquait M. Séguier et écrivait au procureur général de Toulouse : « Les nombreux acquittements de l'*Émancipation* sont UNE CHOSE HONTEUSE POUR LA JUSTICE ! »

Déjà M. Turquet, procureur impérial à Vervins, avait dû renoncer à la magistrature pour conserver son indépendance.

Au nom du tiers parti, M. Buffet réclama la sincérité du gouvernement représentatif et réprouva le système des candidatures officielles.

M. Rouher lui répondit que ce système serait soutenu avec un redoublement de vigueur, et il appuya cette déclaration sur la nécessité de combattre le péril que faisaient courir à la société alarmée les maximes anarchiques prêchées dans les réunions publiques.

M. Buffet se récria contre ce prétexte qui l'indignait : « Eh quoi ! — dit-il, — c'est parce que, dans quelques bouges de Paris, des énergumènes peu nombreux se livrent à des prédications subversives que vous jugez nécessaire d'intervenir plus que jamais dans les élections ! Mais c'est vous-même qui propagez ces élucubrations ; sans vous, elles ne trouveraient pas d'éditeurs. Pouvez-vous invoquer la nécessité de préserver les électeurs de la contagion socialiste et révolutionnaire, quand c'est vous-mêmes qui êtes les plus actifs propagateurs de cette contagion ? »

Ainsi parlait alors cet homme que nous avons vu soutenant, plus vigoureusement que ne le faisait M. Rouher, la candidature officielle, — se livrant aux manœuvres électorales les plus éhontées, — faussant l'interprétation des lois, — jetant aux députés indépendants les plus hautaines provocations, — évoquant avec une audace brutale « *le péril social* » qu'il créait lui-même, — atteignant aux degrés les plus hauts d'une impopularité sans exemple, — tombant, enfin, comme jamais un ministre ne tomba, sous le poids écrasant d'un vote national, aux applaudissements de la France libérale et après avoir été repoussé deux fois par son pays natal.

M. Louvet, le député bonapartiste et clérical qui avait proposé à l'empereur de mettre l'impératrice « sous la protection d'une ceinture de la Vierge tissée par Marie elle-même », ne put dissimuler l'effroi que lui causait le gouffre creusé par des dépenses excessives ; il supplia le Gouvernement de les réduire. Entre autres économies qu'il était urgent de faire, M. Louvet indiquait la diminution de l'effectif de la garde impériale et la suppression des grands commandements militaires dont — je l'ai déjà dit — le Gouvernement, en 1867, avait, lui-même, reconnu l'inutilité coûteuse.

Le député de Saumur ajouta que, pour rétablir notre situation financière, il fallait prendre sans retard ces mesures économiques, donner aux Corps électifs une participation réelle au contrôle des actes du gouvernement, et maintenir la paix.

Dans une exposition claire et vigoureuse du mauvais état de nos finances, M. Magnin insista sur la nécessité de réformes plus radicales que celles indiquées par M. Louvet.

Entre M. Garnier-Pagès qui demanda la substitution à une paix armée, entraînant autant de frais que la guerre, « d'une véritable paix laissant les hommes aux champs ou aux ateliers, l'argent dans la bourse des contribuables, » — et M. Magne qui affirma la nécessité présente des gros budgets et l'impossibilité de leur réduction future, un débat très-vif s'engagea. Le discours peu rassurant du ministre des finances mit fin à la discussion générale du budget.

Dans la séance du 9 avril, M. Jules Favre censura la politique étrangère du Gouvernement, et aux appréhensions qu'elle donnait à l'orateur républicain M. de Lavalette opposa des protestations pacifiques auxquelles personne n'ajouta foi.

M. Jules Simon blâma l'intolérante application de la loi sur les réunions publiques ; M. Hénon revendiqua pour la ville de Lyon les libertés municipales ; M. Ernest Picard réclama l'abrogation de la loi de sûreté générale et la restitution du jugement des délits de presse au jury.

Dans une série d'amendements qui furent repoussés comme ceux de MM. Hénon et Picard, la gauche demanda l'abolition du timbre, la suppression des brevets d'imprimeur et de libraire, celle de la commission de colportage, l'achat d'urnes et d'enveloppes uniformes pour assurer partout le secret des votes et garantir contre la fraude le suffrage universel ; — au point de vue économique,

elle demanda que les traitements des fonctionnaires fussent révisés, que le ministère d'État grevant de 3,242,400 francs le budget et créé dans l'unique but de doter le vice-empereur d'une sinécure à la hauteur de son ambition fût supprimé ainsi que le ministère des beaux-arts et le conseil privé. La majorité refusa la prise en considération à toutes ces propositions d'économie.

M. Haentjens en proposa une qui eut le même sort ; il voulait qu'on remplaçât le *Moniteur des Communes* par le nouveau *Journal officiel* dont M. Wittersheim, l'entrepreneur, s'était engagé à fournir cent mille exemplaires gratuitement.

Le budget du commerce donna lieu à une discussion au milieu de laquelle M. Thiers ne put retenir cette vérité : « Votre liberté commerciale n'est qu'une comédie comme votre liberté politique ! » Applaudi par la gauche, il fut rappelé à l'ordre par le président.

Le parti démocratique avait toujours protesté contre le livret qui tenait les ouvriers en sujétion ; le premier Empire créa cette servitude et celle des brevets pour remplacer les institutions oppressives que la Révolution avait abolies : jurandes, maîtrises, etc., uniquement inventées par l'ancien régime « pour tirer, comme l'a dit excellemment Voltaire, de l'argent aux pauvres ouvriers, pour enrichir des traitants et pour écraser la nation ».

Dès qu'il eut commis son grand crime, Louis-Napoléon renchérit sur l'odieux de cette législation des brevets conçue et mise en vigueur par son oncle. En 1869, l'heure des élections générales s'approchant et les classes ouvrières se montrant de plus en plus hostiles à l'Empire, Napoléon III crut qu'il désarmerait cette hostilité en proposant aux Chambres d'abolir le livret. Mais sa proposition ne fut qu'un leurre : elle substituait au *livret*, sur lequel les ouvriers faisaient obligatoirement inscrire les époques de leurs entrées chez leurs patrons et de leurs sorties, un *carnet* où devaient être inscrits les contrats et les certificats établissant les rapports entre les ouvriers et les patrons.

MM. Carnot et Jules Simon dévoilèrent l'artifice de cette manœuvre jésuitique en présentant cet amendement : « La loi du 22 juin 1854 et toutes les dispositions relatives aux livrets d'ouvriers sont et demeurent abrogées. » Cet amendement franc et net ne fut pas pris en considération.

En conséquence, le livret ne fit que changer de nom. Cette supercherie ne trouva point de dupes.

Quand la Chambre eut approuvé les dépenses énormes du nouvel Opéra et voté le budget à la majorité de 223 voix contre 14, le Gouvernement lui soumit un projet de loi qui ressemblait fort à une autre réclame électorale.

Napoléon III adressa au ministre d'État la lettre suivante qui portait la date du 12 avril 1869, et que le *Journal officiel* publia :

« Le 15 août prochain, il y aura cent ans que l'empereur Napoléon est né. Pendant cette longue période, bien des ruines se sont accumulées ; mais la grande figure de Napoléon est restée debout. C'est elle qui nous guide et nous protège ; c'est elle qui de rien m'a fait ce que je suis.

« Célébrer la date séculaire de la naissance de l'homme qui appelait la France la grande nation, parce qu'il avait développé en elle les mâles vertus qui fondent les empires, est pour moi un devoir sacré auquel le pays tout entier voudra s'associer. A mes yeux, la meilleure manière d'honorer ce jubilé national est de répandre un peu de bien-être sur les anciens compagnons d'armes de l'empereur...

« Je vous charge de préparer et de présenter au Corps législatif un projet de loi en vertu duquel, à partir du 15 août prochain, tout militaire de la République et du premier Empire recevra une pension annuelle de 250 francs.

« Le Corps législatif accueillera, je n'en doute pas, cette proposition avec le sentiment national qui l'anime à un si haut degré. Il pensera, comme moi, qu'à une époque où l'on se plaint des progrès du scepticisme il est bon de récompenser les dévouements patriotiques et de les rappeler aux générations nouvelles. »

M. Rouher présenta ce projet de loi au Corps législatif. La majorité, en l'adoptant, vota une dépense qui n'avait pas été prévue. Les députés dont la réélection dépendait du Gouvernement pouvaient-ils hésiter à satisfaire un désir de l'empereur ?

Il leur avait demandé aussi une pension de 20,000 francs pour la veuve de M. Troplong qui était « allé souper chez les morts » le 28 février, et qui, dans une espace de dix-sept années, avait retiré près de cinq millions du cumul des traitements attachés aux fonctions de sénateur, de membre du conseil privé, de président du Sénat et de la cour de cassation. Le 20 janvier, en inaugurant la session du Sénat, il annonçait l'ouverture d'une période « qui, par la majorité du prince impérial, » sera, disait-il, le moment d'un nouvel épanouissement de l'Empire. On sait comment, dix-sept mois plus tard, s'accomplissait la prophétie de ce courtisan, « le plus valet de tous les hommes », — comme eût dit Saint-Simon. Ce jurisconsulte, que la République de 1848 avait fait premier président de la cour de Paris et qui s'était livré au violateur des lois, n'emporta pas les regrets des honnêtes gens.

Le Corps législatif — est-il besoin de le dire ? — accorda la pension demandée pour la riche veuve de ce mésestimable personnage dont les funérailles avaient été mises par un décret impérial à la charge du Trésor public.

Quelques jours avant le double vote de cette pension et de la dépense non prévue par le budget, mais que l'empereur imposa « pour honorer le jubilé national », MM. Édouard Dalloz et Clary avaient

M. Jules Ferry,
DÉPUTÉ DE PARIS (1869).

demandé, par voie d'amendement, qu'un crédit de 250,000 francs fût ouvert au ministère des finances « pour élever au minimum de 500 francs les pensions de retraite des instituteurs publics ». Quelques-uns de ces malheureux, si opprimés et si mal rétribués, touchaient une pension de moins de cent francs après cinquante ans de service! Allait-on faire cesser enfin cette dérision cruelle?

Non. M. Vuitry, président du Conseil d'État, dit à MM. Dalloz et Clary : « Vous voulez donc détruire l'économie de la loi sur les retraites? » Et M. Magne, ministre des finances, ajouta : « Pour Dieu, ne détruisez pas l'équilibre de mon budget! »

Pour favoriser une manœuvre électorale dont l'empereur avait eu l'idée, MM. Magne et Vuitry, dans la dernière séance de la session, laissèrent complaisamment détruire cet équilibre et cette économie dont ils se montraient si jaloux quand il s'agissait d'arracher à la misère la vieillesse de ces pauvres instituteurs dont le dévouement à leur tâche ingrate est si méritoire.

L'amendement de MM. Dalloz et Clary réunit en sa faveur quatre-vingt-dix voix, — quatre-vingt-dix le repoussèrent. D'après le règlement, le nombre des voix pour et contre étant égal, cet amendement qui tendait à faire disparaître une injustice criante ne fut point adopté.

Dès qu'il eut proclamé le vote sur les pensions accordées aux anciens militaires, le président, M. Schneider, félicita l'Assemblée de l'intelligence et du patriotisme dont elle avait donné tant de preuves; il exprima l'espoir que « le même sentiment du devoir envers le pays et de reconnaissance envers l'empereur » animerait la Chambre nouvelle; puis il déclara la session close.

Aussitôt le marquis de Piré qui, pendant la discussion générale du budget, avait demandé la parole pour reprocher à l'Empire d'aimer trop passionnément la liberté, se mit à crier de toute sa force : « *Vive l'empereur ! Vive indéfiniment la dynastie impériale !* » Il s'enrouait à répéter ces cris auxquels M. Eugène Pelletan répondait par celui-ci : « *Vive la souveraineté nationale !* »

Les pouvoirs du Corps législatif issu des élections de 1863 étaient expirés. Ce qui se disait au Sénat n'offrant aucun intérêt et n'ayant aucune portée, je ne reparlerai qu'une fois encore de ce Corps inutile, avant de dire sa fin piteuse.

Voici le jugement que le duc Albert de Broglie porta sur le compte de l'Assemblée dont le mandat venait de finir :

« Le Corps législatif qui a vu le jour en 1863, et dont 1869 amène le terme légal, a été le produit éclatant et avoué du système électoral encore en vigueur sous le nom de candidatures officielles. Parmi les deux cent quatre-vingts membres qui l'ont composé, on n'en compterait pas cinquante dont le nom n'ait pas eu l'honneur d'être imprimé en gros caractères sur l'affiche blanche, puis répété en chœur aux échos des campagnes par le concert unanime des préfets, des sous-préfets, des commissaires de police, des agents-voyers, des gardes-champêtres et des instituteurs. On en compterait moins encore dont l'élection n'ait pas été célébrée dans tous les journaux de préfecture, comme le triomphe propre et personnel du Gouvernement, comme la preuve irrécusable soit de la popularité de sa politique, soit de l'habileté de ses agents.

« Ainsi conçue et née dans le secret des régions administratives, cette Chambre ne pouvait manquer de garder l'empreinte d'une si haute origine. Son dévouement au pouvoir qui a présidé à son berceau n'a pas cessé de présenter le caractère confiant, mélange de respect et de tendresse, qui convient à la piété filiale. Aucun dissentiment n'est venu troubler l'harmonie des premiers jours. Dans le cours de ses cinq années d'existence, combien nommerait-on soit de propositions écartées, soit d'amendements adoptés contre le vœu formel d'un ministre? L'énumération serait bientôt faite, car vraiment je ne crois pas qu'il y en ait *jusqu'à trois* qu'on *pourrait citer.*

« Voilà quelle fut sa vie, parfaitement conforme à sa naissance; voici maintenant comment elle meurt : son testament, qu'elle a pris soin de rédiger elle-même en pleine connaissance, ne consiste qu'en deux articles : une loi sur le recrutement de l'armée, qui accroît de deux ans pour l'avenir la durée du service militaire, le fait remonter, sous une forme nouvelle, de deux autres années en arrière, et l'étend, ainsi transformé, à la génération tout entière; un budget de deux milliards deux cents millions qui appelle à son aide, pour suppléer à son insuffisance, un emprunt de quatre cent vingt-neuf millions. En sorte qu'on pourrait graver sur sa tombe cette épitaphe : « De l'élection la plus conforme et de la majorité la plus sympathique aux vœux de l'administration, sont sortis le budget le plus élevé et le service militaire le plus pesant que nous ayons mémoire d'avoir supportés [1]. »

M. le duc Albert de Broglie relevait ensuite les conséquences funestes de l'élection officielle qui produit « *les élus complaisants, les concessions impolitiques faites par les obligés à leur bienfaiteur*, et dont les frais retombent sur l'électeur trop docile qui a prêté la main à cet échange de politesses ». A cette complaisance féconde en événements désastreux, « en fautes à jamais déplorables, » il opposait, en la glorifiant, l'indépendance patriotique d'une minorité élue en dépit du Gouvernement et dont les sages avertissements étaient accueillis « par les dénégations d'une majorité impatiente » ; il démontrait que les députés officiels « font tort en croyant rendre service », et que ce sont les députés indépendants, « les prétendus ennemis », qui donnent le bon conseil : « On n'est point membre d'une Assemblée politique pour acquitter des dettes de reconnaissance privée ; l'office d'un Corps législatif est de contrôler et de contenir, non de contenter ou de consoler le pouvoir. Le régime des candidatures officielles rend ce contrôle difficile, surtout aux plus honnêtes; *c'est un système qui crie vengeance* et dont il faut faire sans pitié et promptement justice. »

Certes, on ne peut mieux dire. M. Albert de Broglie, que nous retrouverons bientôt faisant assaut d'ardeur avec un autre duc de son école pour flétrir la candidature électorale, adjurait la France de ne plus livrer ses destinées à *des mains liées ou défaillantes*.

« Tout cela est la réalité pure, ajoutait-il après avoir énuméré les actes qu'il blâmait ; c'est l'histoire, simplement l'histoire, qui atteste ces faits de sa voix éloquente et sévère. »

Eh bien ! l'histoire attestera sévèrement que la vie politique de cet homme d'État offre des contrastes affligeants ; elle attachera le nom de ce personnage néfaste à l'une des dates qui furent les plus fatales à la France [1] ; elle dira que, pour assouvir son ambition du pouvoir, il viola les usages parlementaires, il suspendit les lois, il arrêta l'essor du commerce et de l'industrie, il persécuta la presse libérale avec une violence farouche ; l'histoire dira que ce profanateur de tout ce qu'il avait adoré ne se contenta point de remettre en vigueur le système électoral dont il signalait, en 1869, « *les effets à jamais déplorables.* » ; que, « pour faire élire une Chambre complaisante, » il excéda toute borne dans l'abus des coups d'autorité, des actes et des coupables manœuvres qui sont le cortége de la candidature officielle, il bouleversa tout dans les services publics, il se forcena contre la légalité, il compromit l'irresponsabilité du chef de l'État, il se servit d'un journal officiel pour diffamer les candidats indépendants, et fit du déni de justice un de ses moyens d'oppression.

« Tout cela est la réalité pure ; c'est l'histoire, simplement l'histoire, qui atteste ces faits de sa voix éloquente et sévère. »

M. de Lamartine mourut le même jour que M. Troplong auquel succéda, comme président de la Cour de cassation, M. Devienne, le messager qu'envoyait Napoléon III à M{le} Marguerite Bellanger.

Lamartine était « un catholique amateur » ; sa femme qui appartenait à la religion protestante n'embrassa le catholicisme qu'afin « de mettre — selon l'heureuse expression de M. Eugène Pelletan — la religion sous le régime de la communauté ». Averti que les jours de l'illustre poëte touchaient à sa fin, l'évêque de Troyes essaya de s'introduire auprès de lui. M. Pelletan qui, avec deux autres amis et le docteur Cabarrus, veillait le malade, nous a raconté l'insuccès de cette tentative. « Tout à coup la porte s'ouvre, Mme de Lamartine entre, suivie d'un inconnu,

---

[1]. *Le Corps législatif, le Mexique et la Presse.*

[1]. Le 16 mai 1877.

vêtu de violet et ayant sur la poitrine une croix d'or.

« — C'est Mgr de Troyes qui désire te voir et te parler, » dit Mme de Lamartine à son mari.

« A ces mots, Lamartine, qui souffrait jusqu'à demander la mort, bondit sur son séant et, d'une voix solennelle, répondit :

« — Dis à Mgr de Troyes que je suis trop malade pour recevoir d'autres personnes que mes amis. »

L'évêque se le tint pour dit.

Comme poëte et comme orateur, ce grand inspiré des muses de l'harmonie et de l'éloquence captivait les foules sous un charme souverain. La liberté vers laquelle sont attirées les grandes âmes le conduisit sous le drapeau de la République, et il salua la souveraineté du peuple.

Que de fois il a dû regretter son discours imprudent dont les premiers mots : *Alea jacta est!* — (le sort en est jeté!) — retentissent encore à mon oreille, et qui entraîna si malheureusement l'Assemblée constituante à repousser l'élection du premier président de la République par les représentants de la nation !

Se ressouvenant du service involontaire que Lamartine lui avait rendu ce jour-là, Napoléon III décréta que les obsèques de l'harmonieux écrivain seraient faites, comme celles de M. Troplong, aux dépens du Trésor public. Quel rapprochement regrettable pour la mémoire de Lamartine auquel les journaux officieux proposèrent, en outre, d'élever une statue ! Ils ouvrirent une souscription dans ce but; le parti démocratique n'y prit aucune part, et M. Alphonse Peyrat expliqua ainsi, dans l'*Avenir national*, les motifs de cette abstention :

« Que les amis de M. de Lamartine honorent sa mémoire, rien de plus légitime. Ce qui n'est pas légitime, ce qui ne peut se tolérer, c'est qu'on appelle le nom du poëte en faux témoignage contre ceux de ses collègues qui, en 1848, ont eu, plus que lui, l'esprit politique et la clairvoyance de l'avenir. »

« Lamartine s'est survécu à lui-même », disait M. Émile de Girardin dans la *Liberté*. Cela est vrai et atténue des faiblesses et des fautes que déplorent les admirateurs de son génie. Écrasé sous le poids des dettes qu'avaient accumulées son imprévoyante générosité, ses prodigalités aveugles, son insouciance du lendemain, Lamartine ne pouvait tenir tête aux harcèlements de ses créanciers. Pour eux, il se condamna — sacrifice douloureux ! — à faire « d'un art divin un métier mercenaire ». Le chantre d'Elvire se mit à écrire, à course de plume, sans relâche, nuit et jour, des ouvrages attendus par des éditeurs aux gages desquels il était. Efforts inutiles! Ses amis invoquèrent en sa faveur la générosité publique. Il tendit la main, lui dont le cœur était si haut, et il se vit contraint d'accepter une aumône de Napoléon III. Humiliation cruelle !

En 1862, un pétitionnaire ayant réclamé l'intervention du Sénat « pour qu'une munificence nationale mît fin à la détresse du poète », le rapporteur de cette pétition voulut prendre l'avis de M. de Lamartine qui lui répondit : « Je n'ai point hésité à faire appel au concours volontaire et amical de mes concitoyens, mais je ne puis accepter du gouvernement impérial une munificence qui blesserait les convenances, eu égard à ma situation politique. Je ne suis, vous le savez, l'adversaire d'aucun gouvernement accepté par mon pays; je n'ai jamais cherché à me faire aucun drapeau politique de mes misères, mais je ne puis consentir à être l'obligé d'un gouvernement que je ne sers pas, sans manquer à mon passé. Ce n'est pas à l'Empire de récompenser ce passé, et ce n'est pas à l'homme qui a proclamé la République à dénaturer ainsi les situations dans sa personne. »

Cependant, en 1867, il avait consenti à ce que le gouvernement impérial proposât

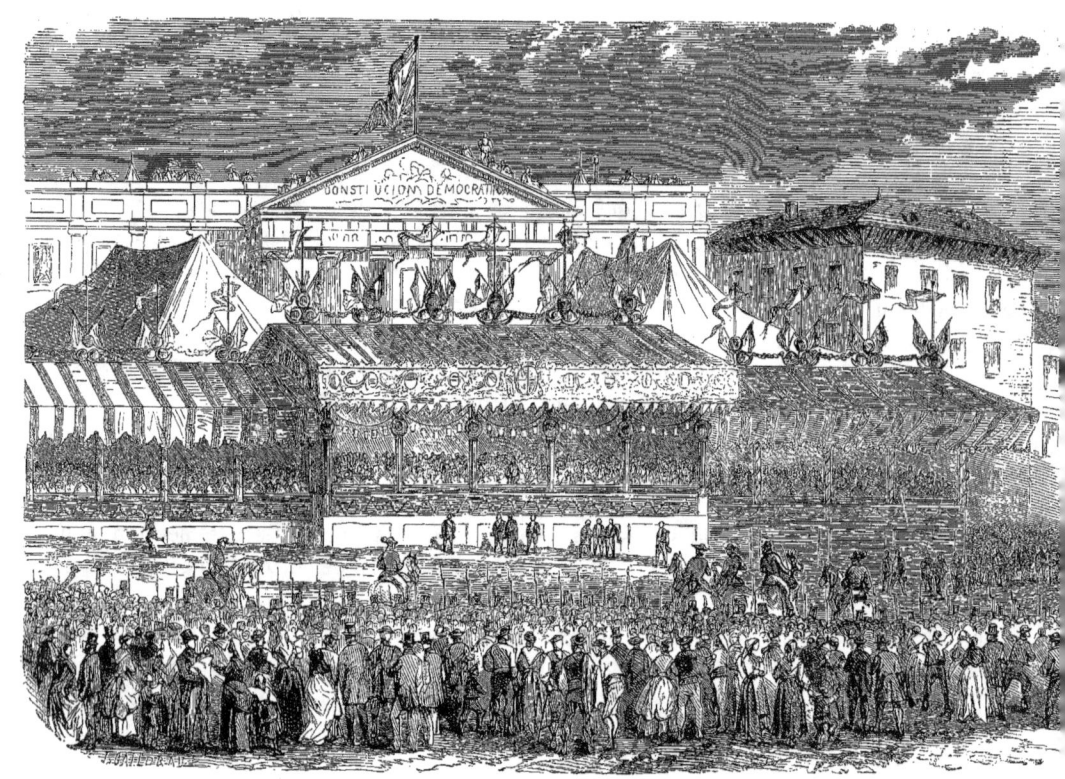

Révolution espagnole. — Promulgation de la Constitution à Madrid.

un projet de loi qui, amendé par la commission, d'accord avec les ministres de Napoléon III, était ainsi conçu :

« Il est accordé, à titre de récompense nationale, à M. Alphonse de Lamartine une somme de cinq cent mille francs, exigible à son décès et dont les intérêts lui seront servis pendant sa vie. Cette somme, en principal et intérêts, sera incessible et insaisissable jusqu'au décès de M. de Lamartine. »

Ce projet de loi, dont M. Émile Ollivier était le rapporteur, fut adopté dans la séance du 15 avril 1867, sans discussion et à l'unanimité moins vingt-quatre voix.

Dans quelle amertume Lamartine dut mourir ! De l'histoire de sa vie, que ne peut-on arracher quelques pages parmi les dernières ! Il y en a de si belles, après tout, que sa mémoire vivra glorieusement dans les annales du monde.

Le gouvernement belge avait mis à l'étude un projet de loi sur les chemins de fer. L'*Étendard*, la *France*, la *Patrie* et les autres journaux officieux prétendirent que ce projet était inspiré par un sentiment de défiance contre l'Empire, et ils l'attaquaient d'un ton menaçant; ils *voulaient* que le chemin de fer de Luxembourg dont les actions appartenaient dans une proportion des deux tiers à des financiers anglais fût cédé à la Compagnie de l'Est.

Le cabinet de Londres se déclarant désintéressé dans cette affaire, celui de Bruxelles laissa dédaigneusement les journaux bonapartistes réclamer une cession à laquelle il était opposé.

On craignait que cette dissidence ne fît naître *une question belge*.

Le 23 mars, une note conçue dans les mêmes termes parut simultanément dans le *Journal officiel* et dans le *Moniteur belge;* elle disait que, « voulant se donner un mutuel témoignage de leur confiance et de leur désir de concilier les intérêts des deux pays, le Gouvernement français et le Gouvernement belge instituaient une commission mixte chargée de résoudre les questions économiques que suscitent soit les rapports existants, soit de récents projets de cession ».

On n'a pas oublié le grand bruit dont nous assourdirent les criailleries du parti clérical à l'occasion d'un dîner gras fait, en 1868, le jour du vendredi saint; leur ridicule prétention de contraindre tout le monde à manger gras ou à manger maigre tel jour plutôt que tel autre produisit son effet : en 1869, le jour du vendredi saint, plus de six cents personnes se rendirent à Saint-Mandé pour y faire un dîner gras. La libre pensée répondait par cette manifestation au défi que lui avait jeté l'intolérance ultramontaine. Les hiboux cléricaux recommencèrent à crier comme des aigles; le pitre dévot qui, l'année précédente, avait mené la campagne des « inquisiteurs de cuisine », se mit de plus belle à charlataner bruyamment.

On laissa tomber tout cela de soi-même.

En vue des élections prochaines, le Gouvernement, dès la fin de mars, organisait une presse officieuse dans les départements; il passait des traités avec des journaux de Paris[1] qui ne tardèrent pas à inonder gratuitement de leur prose subventionnée les villes et les campagnes dans lesquelles il répandait aussi une brochure évoquant le spectre rouge de 1851, dont Napoléon III, pendant toute la durée de son règne, a si bien joué. Les circonscriptions électorales furent soumises à un remaniement scandaleux; les électeurs des villes tronçonnées allaient être absorbés par la masse des électeurs ruraux sur lesquels s'exercent mieux l'intimidation et la violence.

Ainsi, dans la Gironde, où le gouvernement voulait à tout prix empêcher l'élection de MM. Jules Simon, André Lavertujon et Amédée Larrieu, on déchiqueta la carte

---

1. Voir aux documents complémentaires de ce chapitre.

de Bordeaux, puis à chaque lambeau de ses cantons dépecés on adjoignit des communes rurales en assez grand nombre pour que les électeurs des campagnes dépassassent en nombre ceux de la ville.

Par un tronçonnement pareil de Marseille, on modifia toutes les circonscriptions des Bouches-du-Rhône.

A Lyon, on rendit impossible l'élection prévue de M. Frédéric Morin en transposant divers cantons.

Dans l'Isère, on coupa la circonscription de Saint-Marcellin, qui avait élu M. Riondel, et on en fit deux colléges complétés par des communes éloignées; — Vizille, qui aurait donné la majorité à M. Casimir Périer, fut englobée dans une vaste circonscription rurale.

Aux trois cantons de Mulhouse, dans lesquels M. Tachard jouissait d'une grande influence, on fit subir une transformation telle qu'ils devinrent trois cantons nouveaux où il était peu connu.

Les dépècements des villes changeaient en entier la topographie électorale, partout où le gouvernement impérial appréhendait un insuccès.

Dans les premiers jours de mai, l'empereur se rendit à Chartres où s'ouvrait un concours agricole entre les sept départements qui forment la région. A une harangue du maire de Chartres, Napoléon III répondit par un manifeste électoral. Il rappela d'abord qu'après son élévation à la présidence de la République — il y avait vingt ans de cela — il était venu à Chartres « engager tous les bons citoyens à sacrifier au bien public leurs regrets et leurs rancunes »; il ajouta qu'il venait « leur tenir le même langage, mais avec plus d'autorité, après dix-sept ans de calme et de prospérité ». Faisant au dévouement des électeurs un appel indirect en faveur des candidats « décidés à le suivre dans la voie libérale où il était entré », l'empereur combattait sournoisement les candidatures indépendantes. « Soyons en garde, dit-il, contre les passions subversives qui attaquent l'œuvre inébranlable du suffrage universel. »

Les actes de pression administrative, les mesures intimidatrices, les tentatives de corruption devancèrent l'ouverture de la période électorale.

Injonction fut faite par le ministre des finances à tous ses subordonnés, par le ministre des travaux publics à tous les employés des ponts et chaussées, de se mettre à la disposition et de se conformer aux ordres de leurs préfets respectifs.

Craignant que le rejet de l'amendement de MM. Dalloz et Clary n'eût aliéné des candidats officiels qui l'avaient repoussé les votes des anciens instituteurs, M. Duruy fit savoir, par *le Journal officiel*, à ces retraités si intéressants qu'il leur destinait une somme de trois cent mille francs économisée sur le budget du ministère de l'instruction publique.

M. Magne tenta aussi de corrompre une classe de contribuables parisiens; il chargea M. V. Delaunay, directeur des contributions directes, d'adresser aux électeurs qui payaient moins de quatre cents francs de loyer la circulaire suivante :

« Monsieur, j'ai l'honneur de vous donner connaissance qu'en vertu d'un décret de l'empereur, en date du 29 décembre 1868, approuvant une délibération du conseil municipal de Paris du 7 du même mois, l'exemption de la contribution mobilière a été étendue aux loyers de 250 francs à 400 francs, et que la taxe qu'ils supportaient a été mise à la charge de la caisse municipale. Vous êtes prévenu que, par suite de cette disposition, vous êtes dispensé du payement de la contribution mobilière à laquelle vous auriez été assujetti à raison de la valeur locative de votre habitation et que, par conséquent, vous ne recevrez pas d'avertissement. »

On annonçait à beaucoup de communes le prochain envoi de dons qui leur étaient accordés grâce au candidat officiel de la circonscription dont elles faisaient partie. Afin de mieux assurer la réélection de M. Granier de Cassagnac, on avait récemment préludé, dans le Gers, aux libéralités que le gouvernement impérial répandait sur les municipalités, quand revenait l'époque des élections générales. Une somme de sept mille francs avait été envoyée à la commune de Plaisance pour la reconstruction du clocher de son église. M. Granier de Cassagnac donna une grande publicité à ces lignes que l'adjoint de cette petite ville lui écrivit :
« Reconnaissance éternelle à notre honorable député qui, par sa haute influence, nous a fait accorder une si belle subvention ! »

Ce genre de réclame électorale, fort goûté dans les campagnes, constituait bel et bien le délit de captation de suffrages; mais la loi, sous l'application de laquelle le délit tombait, se taisait devant ceux qui la violaient officiellement.

DOCUMENTS COMPLÉMENTAIRES DU CHAPITRE XIV

I

LES DÉPUTÉS OFFICIELS JUGÉS PAR LE *Moniteur universel*, EN 1869

« Qu'y a t-il d'étonnant à ce que le Gouvernement se croie chez lui au Palais-Bourbon, quand un trop grand nombre de ceux qui y siègent n'y sont venus que par son autorisation et sa volonté ?

« Qu'y a-t-il d'étonnant à ce que le Gouvernement se donne des airs de commandement avec des hommes qui lui doivent leur existence politique, et dont il est en quelque sorte le créateur ?

« Qu'y a-t-il d'étonnant enfin à ce qu'un ministre traite comme un subordonné, auquel il peut, quand il lui plaît, se substituer, un président qu'il a nommé et qu'il destituerait s'il voulait ? »

I

NOTE SUR L'ORGANISATION DE LA PRESSE EN VUE DES ÉLECTIONS DE 1869

La pièce qu'on va lire a été rédigée par un des chefs de bureau du ministère de l'intérieur, division de la presse; elle donne une idée exacte de la façon dont le gouvernement impérial maniait le suffrage universel et préparait l'opinion à l'aide des journaux subventionnés :

« L'organisation de la presse en vue des élections générales n'a pu être commencée véritablement qu'il y a un peu plus de deux mois. Le temps était court et la tâche urgente. Le ministre pourra s'en convaincre par les chiffres et les faits qui vont être placés sous ses yeux.

« La tâche était urgente, surtout dans les départements; on n'avait, sauf dans un nombre restreint de cas, rien préparé en vue de la publicité électorale, ni dans les préfectures, ni dans le bureau spécial du ministère, tandis que l'opposition, par un jeu contraire, poursuivait des efforts vraiment extraordinaires pour la meilleure organisation ou la création de journaux hostiles. Il fallait avant tout réorganiser le bureau de la presse départementale lui-même. Le rapport ci-joint de M. le chef du bureau de la presse départementale explique le détail des progrès accomplis. Ils se résument ainsi :

Inauguration de l'Isthme de Suez.

« 1° Transformation de la section de lecture et d'examen des journaux ; introduction d'un système de lecture comparatif des journaux de l'opposition et du gouvernement par un seul et même lecteur, de façon à pouvoir suivre exactement les phases de la lutte politique par département ; relevé quotidien de tous les faits électoraux, professions de foi, etc., qui peuvent intéresser le bureau spécialement chargé des élections.

« Ce travail est communiqué chaque jour à M. Fleury après avoir passé sous les yeux de M. le directeur général, et on y joint toutes les pièces nécessaires ; il donne lieu en même temps à une correspondance active avec les préfets au point de vue des rectifications et des communiqués.

« 2° Création de toutes pièces d'une section de publicité départementale.

« Un certain nombre de rédacteurs y préparent, chaque jour, une série de correspondances, des cadres d'articles, d'inspirations diverses, de renseignements, etc. On peut dire que, dans cette section, les résultats ont presque dépassé les espérances. Un fait obtenu récemment en donnera la portée. L'insertion et le commentaire de la *Lettre à un électeur*, dans plus de quatre-vingts journaux, ont été réalisés en moins de trois jours. Le ministre est, dès à présent, en mesure de provoquer telle publication ou telle polémique qui lui conviendra et partout où il lui conviendra, dans un délai très-court et selon un ensemble déterminé de cent cinquante journaux au moins.

« La réorganisation accomplie au ministère de l'intérieur ne pouvait avoir d'efficacité que si elle était accompagnée d'une transformation correspondante dans les journaux mêmes des départements, que si on lui assurait un point de jonction et d'impulsion en même temps que des conditions de propagande suffisantes.

« Cette transformation devait s'opérer par le concours des préfets. Chacun de ces fonctionnaires ayant dans son département la direction et la responsabilité des élections, le rôle du service de la presse était nettement tracé : provoquer l'attention de chaque préfet avec insistance sur la situation relative des organes du Gouvernement et de l'opposition ; lui signaler les points faibles et lui demander quelles mesures lui semblaient propres à pourvoir aux lacunes ; mettre à sa disposition et les hommes et les ressources nécessaires, cela dans les limites du budget.

« C'est ce plan même qui est en cours d'exécution et dont on soumet en ce moment les résultats au ministre.

« Un chiffre préalablement exposé commentera avec force l'absolue nécessité d'agir rapidement et vigoureusement qui s'impose à l'administration.

« Depuis le 1ᵉʳ janvier 1869, c'est-à-dire depuis le jour où l'approche des élections a fait sentir à l'opposition la nécessité de contre-balancer l'influence des journaux attachés aux préfectures, elle a fondé dans les départements, sans compter les imprimeries spéciales, au nombre de quatorze, quarante-six journaux nouveaux, tous créés en vue de la polémique, véritables armes de guerre maniées avec une grande résolution et souvent une extrême violence. En outre, elle a réorganisé la plupart de ceux qui existaient déjà.

« Il est vrai que, malgré ces chiffres considérables, la supériorité numérique des feuilles dévouées n'en reste pas moins écrasante (cent quatre-vingts journaux au plus) ; mais c'est une supériorité de nombre plutôt que de force.

« La presse gouvernementale en province compte une foule de journaux d'annonces, d'agriculture, de faits locaux, excellents en temps ordinaire dans leur rôle d'utilité négative, suffisant en somme aux besoins des populations et fermant l'accès aux journaux de parti. Mais ce ne sont pas là des auxiliaires électoraux. Les feuilles mêmes qui s'occupent de politique sont rarement militantes. Leur caractère officieux, leurs relations plus ou moins avouées avec la préfecture leur ont imposé et appris la réserve. La rédaction en est très-souvent incomplète, quelquefois même tout à fait nulle, et cette insuffisance s'accroît encore en présence de l'attitude agressive et de l'activité électorale que les candidats et les comités de l'opposition impriment à leurs feuilles soit anciennes, soit de récente formation.

« Pour combler ces lacunes, on a procédé méthodiquement. Un dossier a été fait pour chaque département. Le préfet a été consulté sur toutes les questions d'ensemble et de détail; on a contrôlé ses réponses avec les renseignements fournis par les informations du bureau, les déclarations des députés et la lecture quotidienne de la presse locale.

« Tous ces dossiers sont en ordre et complets, et le service est en mesure de présenter au ministre, à toute réquisition, la situation de la presse dans chaque département.

« A la suite de ces correspondances, il a été adopté quatre ordres de mesures variant d'après les circonscriptions :

« 1° Subventions destinées à assurer soit l'existence, soit le dévouement des journaux ;

« 2° Subventions destinées à accroître leur publicité, c'est-à-dire à envoyer des numéros gratuits pendant la période électorale, pour contre-balancer le même système que l'opposition a adopté dans une large proportion ;

« 3° Subventions destinées à renforcer la rédaction au moyen de l'adjonction de rédacteurs nouveaux ;

« 4° Choix et envoi de rédacteurs, soit aux frais des candidats, soit à ceux des propriétaires des journaux.

« Ce système, qui répond aux exigences de la situation signalée par les préfets, a immédiatement reçu un commencement d'application proportionnel aux ressources dont disposait le service.

« Pour ménager le plus possible ces ressources, une entente a été établie avec les préfets, les propriétaires de journaux, les députés et les candidats. Grâce aux sacrifices qu'on a obtenus d'eux et à quelques légères subventions prélevées sur la réserve de 50,000 francs, on a pu assurer dans les départements la réorganisation de vingt-sept journaux et renforcer leur rédaction avec trente-trois écrivains envoyés de Paris. Un tableau ci-annexé donne le détail de ces résultats. Ce tableau a ceci de remarquable que le Bas-Rhin (9,000 francs), la Côte-d'Or (6,000 francs) et les Bouches-du-Rhône) (5,000 francs) ont absorbé à eux trois 20,000 francs sur les 34,000 francs dépensés.

« Les vingt-quatre autres journaux ont donc été pourvus avec 14,000 francs seulement, plus le concours des députés et des candidats.

« Mais sur d'autres points, où les exigences à satisfaire étaient plus grandes et où elles rendaient inévitable la participation de l'administration, il reste un grand nombre de besoins en souffrance auxquels il est urgent de pourvoir. Tel est le but de la présente note. Avant d'engager les dernières réserves, on a cru devoir laisser en suspens les demandes qui arrivaient de toutes parts, pour les réunir toutes, après un examen minutieux, dans un état collectif que l'on a l'honneur de placer sous les yeux du ministre. Cet état présente à la fois un exposé complet de la situation de la presse départementale et, en résumant les résultats constatés, signale les besoins à satisfaire.

« L'examen de ce tableau indique donc une dépense de 94,100 francs, à laquelle il faut ajouter une somme éventuelle pour les réserves faites par certains départements et les imprévus inévitables.

« Il reste donc disponible sur le premier crédit de 50,000 francs une somme de 15,920 francs. En accordant un crédit nouveau de 100,000 francs au budget de la presse départementale, il restera, pour faire face aux besoins qui se révèleront, un excédant de

21,820 francs, chiffre qui n'offre évidemment rien d'exagéré.

« Il n'existe pas, dès lors, un seul département dont la situation n'ait été l'objet d'un examen minutieux, où les propositions du préfet n'aient été provoquées, et où tout, ou du moins la portion acceptable de ces propositions, n'ait reçu satisfaction. »

CORRESPONDANCES

« On ne pouvait se borner cependant à limiter l'action de l'administration uniquement aux journaux dévoués. Il était essentiel de s'assurer une influence indirecte sur les feuilles d'opposition.

« Les moyens de les atteindre se réduisent à deux : s'assurer, dans une proportion pratique, du concours de quelques correspondants départementaux ; user de l'espèce de monopole acquis à la maison Havas pour la dépêche télégraphique, dont elle fait le service dans tous les départements et également pour les journaux de toutes les opinions.

« Sur le premier point, en dehors de la correspondance Pharaon, une sorte de compromis a été conclu avec la correspondance Cahot, qui sert vingt-sept journaux, en général de la nuance du tiers parti. M. Cahot viendra chaque jour, pendant la période électorale, prendre les indications du ministère. Il s'est engagé à introduire dans ses envois aux journaux tout ce qui sera compatible avec leur ligne politique, sans découvrir ses relations gouvernementales.

« La correspondance Havas est de tout temps en relations quotidiennes avec le ministère. Chaque fois qu'un démenti ou une rectification, ou une nouvelle utile, doit être mise en circulation à bref délai, elle la condense sous la forme télégraphique, et la répand dans toute la France. On s'est entendu avec elle pour que ce service atteigne un plus haut degré d'intensité et remplace toutes les communications qu'on ne jugera pas convenable de faire directement. On peut juger de l'importance capitale de ce moyen de publicité rapide par ce fait que M. Havas sert trois cent sept journaux.

« Enfin, toutes les fois que cela est jugé nécessaire, notes ou correspondances trouvent place dans le journal belge le *Nord*. Le service néglige de mentionner les autres relations établies avec les feuilles allemandes et anglaises, leur intérêt étant pécuniaire pendant la période à traverser. Ces relations s'étendent à près de vingt journaux, *dont plusieurs* de premier ordre. »

PRESSE PARISIENNE

« L'action de la presse locale assurée, il y avait lieu de se préoccuper sérieusement du rôle que la presse de Paris s'efforce de jouer dans les départements.

« Pour bien constater les faits matériels, on a eu recours à la statistique ; on a demandé aux préfets un état de tous les journaux de Paris qui pénètrent dans chaque arrondissement. Cet état, qui n'avait jamais été dressé, a révélé que, déduction faite du *Journal officiel*, le chiffre des abonnés aux journaux de l'opposition dépasse de beaucoup celui des abonnés aux journaux du gouvernement.

« L'opposition ne recule pas, en effet, devant des sacrifices importants pour répandre dans les cercles, dans les petits centres et surtout dans les cabarets, des feuilles démocratiques, particulièrement le *Siècle*, et le *National* à 5 centimes. Cette propagande redoublera certainement au moment des élections. Nous savons déjà que la *Tribune* et l'*Électeur* se sont entendus avec certains comités dans ce but. Il a paru important de rétablir l'équilibre d'influence et tout au moins de ne pas laisser la place libre à l'action des adversaires

« Le tableau dressé, en révélant le chiffre considérable d'exemplaires du *Petit Journal officiel* qui pénètrent dans les départements, démontre en même temps l'extrême impor-

Le P. Hyacinthe.

tance qu'il y aurait à se servir de ce puissant instrument de publicité. Il a été déjà convenu avec le ministère d'État qu'une place serait réservée dans le *Petit Officiel* à une sorte de compte rendu des faits électoraux. On en usera, il est vrai, avec toute la discrétion qu'exige le caractère de ce journal, mais c'est un auxiliaire qu'il n'est pas permis de négliger. On avait pensé qu'il serait possible d'y joindre, dans une certaine mesure, le *Moniteur des Communes*. L'avantage qu'il a d'être placardé peut le rendre utile, et une note à ce sujet a déjà été remise au ministre.

« A côté de la publicité officielle, le plan d'action devait naturellement embrasser tous les moyens d'action sur l'opinion publique. Le *Petit Journal*, qui tire à 250,000 exemplaires, n'est pas politique, il est vrai, mais il pénètre dans les classes populaires. M. Millaud, son directeur, d'accord avec le service de la presse, a commencé à publier un certain nombre de portraits personnels des ministres, des membres principaux de la majorité, etc. Ces portraits, très-habilement faits, côtoient la politique sans l'aborder. Ce journal prépare, en outre, la publication d'un roman militaire du premier Empire, conçu dans un sens opposé aux déclamations et aux romans politiques de l'opposition dirigés contre l'armée. Ce roman doit nous être donné par le cabinet de l'empereur. Enfin M. Millaud étudie les moyens de donner les lithographies des divers candidats à un prix des plus minimes. Nous les ferons répandre par le moyen du colportage qui est également organisé et qui vend en ce moment, sans débours pour le ministère, la lettre de l'empereur au ministre d'État, avec un tirage de 100,000 exemplaires.

« Aucun de ces moyens de propagande populaire, non plus que toutes les publications qui pourront paraître utiles, celles sur les réunions publiques, par exemple, ne sera donc négligé ; mais à ces auxiliaires il convient d'ajouter les feuilles de polémique pour soutenir la discussion quotidienne, et le choix s'est porté sur le *Peuple* et la *Patrie*.

« Ces deux journaux se sont engagés à réserver, chaque jour, une place importante à la chronique électorale des départements. Cette chronique sera alimentée par les soins du ministère, qui fournira les renseignements et les articles; un groupe de rédacteurs, composé dès à présent de MM. Behaghel et Vitu, sera chargé de mettre en œuvre les éléments qui lui seront confiés. Une circulaire a été adressée à cet égard aux préfets pour réclamer d'eux l'envoi régulier de ces informations. La rédaction se trouve ainsi constituée à Paris.

« Restaient les voies et les moyens de publicité.

« Une autre circulaire a été également adressée aux préfets pour préparer l'envoi des exemplaires gratuits des journaux de Paris; sur la demande qui leur a été faite, ils ont dressé pour chaque arrondissement la liste des personnes ou des établissements auxquels ces distributions leur ont paru pouvoir être utilement envoyées. Par ce système, les exemplaires partiront directement des bureaux de chaque journal, et le ministère ni la préfecture n'apparaîtront auprès du public. C'est là exactement le procédé de l'opposition, et il a l'avantage de dégager le gouvernement.

« La plupart de ces listes sont déjà parvenues, et l'on a commencé à en faire dans les départements de Seine-et-Oise et Seine-et-Marne.

« Quel est maintenant le chiffre des journaux qui devront être expédiés par cette voie? Le journal le *Peuple*, dont le bon marché facilite l'achat, offre d'envoyer, du 1er mai au 1er juin, 18,000 exemplaires par jour, aux adresses indiquées, moyennant 60,000 francs.

« La *Patrie*, avec laquelle il n'est pas nécessaire de faire un autre accord qu'un accord politique, enverra le nombre d'exemplaires qu'on lui demandera, sous une forme intermittente et suivant les besoins de la polémique, moyennant 125 francs le mille. La différence de prix avec le *Peuple* est considérable, et c'est pour cette raison qu'on a principalement traité avec le premier journal.

« Il est difficile de chiffrer cette seconde dépense.

« Il est plus difficile encore de prévoir le détail de celles qui seront imposées pour la presse parisienne au fur et à mesure que la lutte électorale va se développer. Mais l'ensemble de toutes les dépenses qui comporteront les indemnités aux rédacteurs indiqués plus haut, outre les frais, l'utilité de certaines publications ou même certaines réimpressions, comme il s'en présente tous les jours, ne nécessitera pas une dépense de moins de 40,000 francs.

« C'est donc une seconde somme de 100,000 francs qui, avec la plus triste modération dans les évaluations, paraît indispensable pour le concours à donner par la presse parisienne dans la lutte électorale sous toutes ses formes.

« Ce chiffre total de 200,000 francs pourra paraître considérable; mais il est bien inférieur, en réalité, aux sacrifices que la passion politique et les ambitions personnelles déterminent en ce moment de la part des candidatures et des comités hostiles. La publicité joue dès à présent et jouera un rôle si important dans les prochaines élections générales, que déjà les imprimeries de Paris peuvent à peine suffire aux travaux qui leur sont commandés. Le parti conservateur montre en face de cette activité hostile son indolence ordinaire. Il s'en remet au Gouvernement du soin de le défendre. L'action toujours si difficile sur la presse parisienne, action qui s'appuie avant tout sur les bons rapports, a besoin d'une sanction, et cette sanction, c'est la certitude que le gouvernement est disposé à faire des sacrifices en faveur de ceux qui le servent. L'idée d'un concours matériel ajoute beaucoup, par le temps qui court, à l'influence morale, et bien des défections et des désertions peuvent être évitées en donnant satisfaction à quelques intérêts ou à quelques besoins personnels.

« Si cette dernière assertion avait besoin de confirmation, on en trouverait la preuve dans l'accord même qui a été conclu avec le *Figaro*. Cet accord, dont le ministre lui-même a suivi et dirigé toutes les phases, promet de donner des résultats utiles. Il a été, comme le sait Son Excellence, une des préoccupations importantes du service, et l'attitude des écrivains qui dirigent ce journal est telle qu'il était à peine permis de l'espérer.

« Avec la *France*, le *Peuple*, la *Patrie*, le *Messager de Paris*, le *Constitutionnel*, le *Public*, le *Pays* et le *Dix-Décembre*, le gouvernement se présente aux élections à la tête d'un grand nombre d'organes, divers par l'esprit qui les anime et par l'influence qu'ils exercent, mais tous attachés fermement aux principes dynastiques. Des relations quotidiennes sont entretenues avec eux; chaque jour, huit ou dix rédacteurs viennent prendre des instructions au ministère, et pendant la période électorale le service se déclare en mesure de faire publier chaque jour à Paris, aussi bien que dans les départements, tout ce qui pourra convenir au ministre. Les instruments sont prêts; ils obéiront sans peine à une impulsion supérieure. »

CHAPITRE XV

1869.

La presse indépendante et la presse stipendiée. — Le *Peuple français* et M. Clément Duvernois. — Le nouveau favori. — L'*Union libérale*. — Ouverture de la période électorale. — Réunions publiques. — Les candidats. — M. Émile Ollivier au Châtelet. — Brutalité de la police. — Les deux ducs et la candidature officielle. — Résultat des élections. — Deuxième tour de scrutin. — Les *blouses blanches*. — Troubles et arrestations. — Réponse de M. Persigny à une question de M. Ollivier. — Incertitudes. — Lettre de l'empereur à M. de Mackau. — Événements de la Ricamarie; souscription en faveur des victimes; inhumanité du général Cousin-Montauban. — Démission donnée et retirée. — Session extraordinaire du Corps législatif. — Vérification des pouvoirs. — Encore les *rastels*. — Incident parlementaire au sujet du 2 Décembre. — Interpellation du tiers-parti. — Message impérial. — Prorogation du Corps législatif. — Protestation de M. Jules Favre. — Le nouveau ministère; effet qu'il produit. — Convocation du Sénat. — Mort du maréchal Niel; le général Lebœuf le remplace. — L'amnistie. — Panique à la Bourse. — Discussion et vote du sénatus-consulte; discours du prince Napoléon. — Les congrès de Bâle et de Lausanne. — Le P. Hyacinthe et son excommunication. — Le crime de Pantin. — Retard apporté à la convocation des Chambres. — Lettres de M. de Kératry et de M. Gambetta; adhésions; projet de manifestation. — Décret de convocation des Chambres au 29 novembre. — Lettre de M. Jules Ferry. — Résolution de la gauche. — Réponse de Victor Hugo à M. Louis Jourdan. — Les massacres d'Aubin. — Lettres-patentes nommant le Conseil de régence. — L'impératrice au Caire. — Élections partielles. — Les assermentés et les insermentés. — Manifeste de la gauche. — Réunions électorales. — Les candidats. — Popularité de M. Henri Rochefort. — Résultat des élections partielles. — Inauguration de la reprise de la session extraordinaire. — Oraison funèbre de M. Sainte-Beuve au Sénat. — Demandes d'interpellation et dépôt d'un projet de loi. — Le 2 Décembre et l'*Avenir national*. — Reprise de la vérification des pouvoirs. — Scandales dévoilés. — L'élection de M. Clément Duvernois. — Une mesure brutale. — Fin de la session extraordinaire. — Démission des ministres. — M. Émile Ollivier est chargé de la formation du nouveau ministère. — Intrigues et négociations. — Correspondance entre MM. Émile Ollivier, Clément Duvernois et Napoléon III. — Un coup de griffe.

Secondant les efforts des députés de l'opposition, la presse démocratique avait courageusement réveillé l'esprit public; elle se préparait à la lutte qui était près de s'engager entre le césarisme et la liberté.

Le *Siècle*, l'*Avenir national*, le *Temps*, l'*Opinion nationale*, l'*Électeur*, la *Presse libre*, la *Tribune*, le *National* et le *Réveil* trouvèrent dans un journal nouveau un auxiliaire puissant. Fondé sous les auspices de Victor Hugo, rédigé avec un grand talent par les deux fils et par les deux plus intimes amis du maître, — MM. Auguste Vacquerie et Paul Meurice, — le *Rappel* allait rapidement conquérir une immense popularité.

Les feuilles départementales qui avaient toujours été, — comme les plus vaillantes de Paris, — à la hauteur des situations les plus difficiles, — la *Gironde*, le *Phare de la Loire*, le *Progrès de Lyon*, le *Mémorial des Deux-Sèvres*, le *Journal de Rouen*, le *Journal du Havre*, le *Progrès du Nord*, la *Constitution d'Auxerre*, la *Voix du Peuple*, de Marseille, l'*Émancipation de Toulouse*, etc., etc., ne se souvenaient des blessures dont on les avait criblées que pour livrer aux candidatures officielles de plus rudes assauts. D'autres journaux, récemment créés, entraient en ligne pour soutenir, à l'exemple de leurs aînés, contre les stipendiaires de la presse napoléonienne, la cause de la justice, du droit et de la probité.

Pour servir de renfort à la rédaction des

M. Bourbeau, ministre de l'instruction publique.

feuilles subventionnées, trente-trois de ces écrivains dont la plume est vénale furent envoyés par le ministre de l'intérieur dans les départements de l'Ain, des Alpes-Maritimes, des Bouches-du-Rhône, de la Charente-Inférieure, de la Côte-d'Or, des Côtes-du-Nord, de la Drôme, de l'Eure, d'Eure-et-Loir, du Gard, du Gers, de l'Hérault, de l'Isère, du Jura, de la Haute-Loire, de Lot-et-Garonne, de la Marne, de la Meurthe, de la Nièvre, du Nord, du Pas-de-Calais, du Puy-de-Dôme, de Saône-et-Loire, de la Sarthe, de la Vendée et de la Haute-Vienne.

74.

Les préfets de l'Ardèche, de l'Ariége, de Tarn-et-Garonne, et M. Mathieu, candidat officiel dans la Corrèze, réclamèrent un envoi pareil qui dut leur être fait.

On fournit aux journaux du Doubs et de Seine-et-Marne des correspondants gratuits.

Des subventions extraordinaires variant de cinq cents francs à trente mille francs furent, sur la demande des préfets, données aux journalistes de trente-cinq départements. Le *Journal de Bordeaux* reçut quatre mille francs, et, dans le Bas-Rhin, cette subvention s'éleva à trente mille francs.

Il y eut marchandage dans la Mayenne; le rédacteur du journal de la localité, qui gardait, pour se vendre plus cher, « une attitude incertaine, » demandait six mille francs, et le préfet ne voulait lui en donner que quatre mille.

A Nice, à Dijon, à Besançon, à Valence, à Saint-Étienne, à Nevers et ailleurs, les candidats officiels prêtèrent au gouvernement leur concours financier soit pour la création d'un nouveau journal, soit pour des distributions de journaux parisiens dont les directeurs avaient passé des marchés avec le ministre, soit, enfin, pour « fortifier la presse locale ».

Et l'organisateur de ce « plan d'action qui, disait-il dans sa note qu'on a lue, doit naturellement embrasser tous les moyens d'action sur l'opinion publique », ajoutait triomphalement : « Les instruments sont prêts; ils obéiront sans peine à une impulsion supérieure ».

L'empereur contribua de ses deniers à cet achat de plumes et de consciences : il ajouta cinq cent mille francs pris sur sa cassette aux deux millions de fonds secrets dont M. Forcade de La Roquette, ministre de l'intérieur, disposait.

Parmi les journaux parisiens que le gouvernement avait choisis pour les répandre à profusion dans les villes et dans les campagnes, le *Peuple français* était en première ligne. Ce journal appartenait à l'empereur; dans un espace de dix-sept mois [1], il lui coûta près de quinze cent mille francs; le journaliste de talent auquel il en confia la direction était naguère, comme M. Émile Ollivier, « un spectre du 2 Décembre ». Ce futur vengeur des martyrs du devoir et du droit cachait, lui aussi, sous des apparences spectrales, une dévorante ambition; il se nommait Clément Duvernois; les deux renégats se valaient; nous les verrons bientôt spéculer ensemble sur leur lucrative apostasie. Peignons à grands traits M. Clément Duvernois avant sa honteuse métamorphose.

En 1860, à Alger, il affectait un radicalisme outré; rédacteur de l'*Algérie nouvelle*, il combattait à toute outrance le gouvernement impérial. — Si bien que, après avoir frappé de deux avertissements ce journal fougueux et rétif, M. Chasseloup-Laubat en demanda la suppression à l'empereur dans un rapport qui mérite d'être lu [1].

De retour en France, M. Clément Duvernois publia quelques articles justement remarqués dans le *Courrier de Paris*, et M. Nefftzer l'admit dans la rédaction du *Temps*, où, plus d'une fois, on eut à dompter la fougue impétueuse de cet écrivain qui, nous l'allons voir, aspirait à imiter l'exemple donné par le second Brutus aux ennemis de César.

C'était, si je ne me trompe, en 1867. Il fit un voyage à Londres en compagnie de M. Hébrard, administrateur du *Temps*. Dès son arrivée, il sollicita l'honneur d'être présenté à Louis Blanc, qui l'invita courtoisement à dîner. M. Clément Duvernois étonna fort l'hôte et les convives par ses emportements de colère contre l'empereur; pour se débarrasser de ce tyran chargé de parjures et de meurtres, il trouvait bons tous les moyens: plomb, fer et poison. « Oh! s'écria-t-il en agitant dans sa main crispée un couteau qu'il avait pris sur la table, oh! quel plaisir j'aurais à le lui plonger dans le cœur! » Quelques mois plus tard, il devint le collaborateur de M. Émile de Girardin à la *Liberté*, et lia avec M. Émile Ollivier une amitié que rompit bientôt une rivalité d'amour-propre et d'ambition.

M. Clément Duvernois prit ensuite la rédaction en chef de l'*Époque*, journal dont M. Dusautoy, le tailleur de Napoléon III, venait d'acquérir la propriété. Il ne tarda pas à lâcher la bride à ses appétits de jouissance et de fortune, et à se faire payer bien cher le

---

[1]. Du 1er mars 1869 au 30 juin 1870.

[1]. Voir aux documents complémentaires de ce chapitre.

crédit qu'il prenait déjà auprès de l'empereur auquel M. Dusautoy l'avait présenté. Voici l'engagement que M. Castets-Hennebert contracta envers lui : « Je soussigné, fondateur de la Compagnie maritime égyptienne, déclare qu'en vertu des droits que me confère l'engagement ci-dessus des cinq cofondateurs, je m'oblige envers M. Clément Duvernois à lui payer cinq millions sur les dix millions dont je suis autorisé à disposer, pour rémunérer ses services et les concours étrangers dont il croit pouvoir user à l'effet de l'obtention de ladite concession[1]. »

L'engouement de Napoléon III pour ce transfuge de la démocratie fut prompt et excessif; l'homme de Décembre en fit son conseiller le plus intime, et lui marqua sa prédilection en le choisissant pour son journaliste attitré; il voulut aussi en faire un député. Pour satisfaire ce désir impérial, le ministre de l'intérieur se mit en quête d'un bourg-pourri; il le trouva dans les Basses-Alpes; mais le tenancier était un des plus fidèles serviteurs de l'Empire, M. Maurice Garnier; on entra en composition avec lui; on le nomma conseiller-maître à la Cour des comptes, et il prit l'engagement de faire élire, à sa place, député de Gap, M. Clément Duvernois.

Quel trafic!

C'est ainsi que Napoléon III affermissait « l'œuvre du suffrage universel », au moment même où il engageait les membres du concours régional de Chartres à repousser les candidats libéraux dont « les passions subversives attaquaient cette œuvre inébranlable ».

Comme en 1863, une tentative d'*Union libérale* échoua. Le *Journal des Débats* et la *Gazette de France* imputèrent cet inévitable échec au parti démocratique. Si, dans une commune horreur de l'attentat du 2 Décembre, les républicains, les légitimistes et les orléanistes s'unissaient, l'alliance entre eux rêvée par l'orléanisme était irréalisable.

Les feuilles religieuses exigeaient des candidats, en échange de l'appui qu'elles prêteraient, « la ratification du mot *jamais* de M. Rouher, la reconnaissance formelle des droits du pape et l'engagement de soutenir ces droits indépendamment de la politique ».

D'un autre côté, les purs du parti légitimiste déclarèrent, par la voix de M. de Dreux-Brézé, « qu'il fallait repousser les candidatures révolutionnaires autant que les candidatures officielles », et qu'en somme l'Union libérale était « une rêverie, une *supercherie* ou une duperie ».

M. de Dreux-Brézé avait raison; il connaissait les *libéraux* de l'orléanisme, et, sans doute, il pensait à eux lorsque dans sa définition de l'alliance proposée il mettait ce mot : *supercherie*. Nous entendrons bientôt leurs protestations de dévouement à la liberté et de respect pour les arrêts de la souveraineté nationale, leurs cris d'indignation contre la candidature officielle et de dégoût pour « ces prétendus vœux populaires, tantôt suggérés, tantôt imposés, tantôt supposés[1] » ; — *supercheries* désormais irrenouvelables après les excès de pouvoir, d'illibéralité, de compression administrative auxquels ces mêmes hommes se sont portés à leur tour[2], allant jusqu'à méconnaître les vœux de la nation interrogée par eux, aimant assez peu leur patrie pour n'avoir pas craint d'attirer sur elle les maux de la guerre civile qui eût servi, croyaient-ils, aux desseins de leur détestable ambition.

La période électorale s'ouvrit le 3 mai ; les réunions se multiplièrent; celles qui se tenaient aux Folies-Belleville passionnaient Paris et surtout les électeurs de la première circonscription. Un grand nombre d'entre eux avaient offert la candidature à M. Gambetta ; d'autres appuyaient celle de M. Carnot,

---

1. *Papiers des Tuileries.*

1. Le duc Albert de Broglie, *Revue des Deux-Mondes.*
2. Depuis le 17 mai jusqu'au 14 décembre 1877.

leur ancien député, qui avait dignement rempli son mandat. « Pourquoi ne pas lui rendre — disait M. Peyrat dans l'*Avenir national* — ce mandat dont il est toujours digne? Peut-on lui reprocher un mot, un vote, la plus légère défaillance? Non. Est-ce ainsi qu'un parti moral comme le parti démocratique et surtout un parti vaincu doit honorer le dévouement et reconnaître les bons et loyaux services? »

Après avoir exprimé le regret que M. Gambetta ne se fût pas présenté dans la 7e circonscription « où le succès était certain et qui était vide », M. Peyrat ajoutait sagement : « Si l'on repousse Carnot et Favre, pourquoi ne repousserait-on pas Picard, Pelletau, Simon ? Avec de telles excommunications, de telles épurations, où irons-nous et qui serait sans tache ? Ah! de telles allures ne sont pas bonnes ! L'injustice décourage à la fin les plus forts, les mieux intentionnés ; l'ingratitude est le fléau des partis. »

M. Gambetta, candidat aussi à Marseille, ne s'était pas rendu sans de longues hésitations aux instances des électeurs de Belleville, dont, mieux que M. Carnot, il représentait les opinions ardentes :

« Quand on m'offrit la candidature, j'eus, écrivit-il aux électeurs de la 1re circonscription, des réserves et des scrupules commandés par la présence sur le même terrain du citoyen Carnot, dont personne plus que moi n'honore la vie et ne respecte le caractère; mais, après une consciencieuse enquête et de nombreuses réunions, je mets la volonté du peuple au-dessus de mes sentiments personnels. Je ne ferai ni programme ni profession de foi ; les comités doivent m'adresser leur programme, et j'y répondrai. Le mandataire et les mandants contracteront ainsi sous l'œil de tous. »

M. Gambetta déclarait ensuite que la souveraineté du peuple, organisée d'une manière intégrale et complète, était le principe directeur de ses opinions politiques. « Démocrate radical, disait-il en terminant sa lettre, dévoué avec passion aux principes de liberté et de fraternité, j'aurai pour méthode politique, dans toutes les discussions, de relever et d'établir en face de la démocratie césarienne la doctrine, les droits, les griefs et aussi les incompatibilités de la démocratie loyale. Pour mener à bien une telle entreprise, j'ai besoin de tenir de vos libres volontés une commission nette et précise; je l'ai dit à vos délégués, et je vous le répète, je ne comprends, je ne sollicite, je n'accepte d'autre mandat que le mandat d'une opposition irréconciliable. »

La vigoureuse éloquence de M. Gambetta électrisait les électeurs de Belleville; ils couvraient d'applaudissements enthousiastes les discours du jeune tribun; entre eux et lui deux contrats s'échangèrent; un cahier lui fut remis, — il l'accepta et il y répondit[1].

A MM. Gambetta et Carnot l'administration opposait M. Frédéric Terme; les frais de cette candidature, qui ne réunit pas deux mille voix, coûtèrent à la cassette impériale 14,721 francs 75 centimes.

Dans la 2e circonscription, le gouvernement combattait, avec la même violence qu'en 1863, la candidature de M. Thiers; les journaux officieux attaquaient sans mesure cet homme d'État qui, disaient-ils, était « le termite fatal de la politique, le Démosthène de la discorde ».

La fraction avancée du parti républicain avait choisi M. d'Althon-Shée pour son candidat; mais, un ballottage étant prévu, un accord se fit : les voix recueillies, au premier tour de scrutin, par l'ancien pair de France rallié sincèrement à la démocratie, devaient se reporter sur M. Thiers, dans le cas où celui-ci obtiendrait la majorité relative.

---

1. Voir aux documents complémentaires du chapitre XV.

M. Léon Chevreau, préfet de la Seine.

Le candidat du gouvernement, M. Devinck, se présentait de nouveau aux électeurs qui, en 1863, l'avaient repoussé.

« Considérant qu'il importe à la démocratie non-seulement de reconquérir pour la France son imprescriptible souveraineté, mais encore de l'opérer au nom des principes et non de transactions et de compromis incompatibles avec la dignité du peuple, M. Émile Ollivier, par sa conduite et par ses votes, par ses discours et par ses écrits, par les démarches auxquelles il s'est livré en dehors de ses électeurs, sans leur avis et sans leur aveu, par les relations qu'il a nouées avec ceux-là même qu'il avait reçu et accepté mission de combattre, ne peut plus être l'organe de la revendication de nos principes et de nos droits. Considérant que M. Émile Ollivier s'est rendu indigne de la confiance de la démocratie, les soussignés offrent la candidature de la 3ᵉ circonscription de la Seine à M. Bancel. »

Stigmatisé, comme il méritait de l'être, dans cette déclaration que les journaux démocratiques publièrent, rejeté par des électeurs qu'il représentait depuis douze ans, pour cause d'indignité politique, M. Émile Ollivier, au lieu de répondre à ses accusateurs, adressa, par la voie des journaux, à M. Bancel, la lettre suivante :

« Monsieur, 1,073 électeurs de la 3ᵉ circonscription, dont j'ignore les noms, vous ont offert une candidature contre moi parce que je me suis rendu indigne de la confiance de la démocratie. Vous avez accepté cette offre; par là, vous vous êtes engagé à reproduire, en ma présence, et à justifier l'accusation d'indignité qui est la raison de votre candidature. Je vous engage publiquement à tenir cet engagement. »

A la personne que M. Ollivier lui envoya pour s'entendre sur le choix du local, sur la fixation du jour et de l'heure où ce tournoi de paroles aurait lieu, M. Bancel fit cette réponse digne et sensée : « C'est entre M. Ollivier et ses électeurs, mais non entre lui et moi, que cette affaire doit être débattue. Je l'engage à suivre mon exemple, à se présenter dans les réunions publiques, où les explications du mandataire seront facilitées par les interpellations de ses mandants. »

M. Émile Ollivier jugea plus prudent de n'expliquer sa conduite qu'à ses amis; en conséquence, il loua la salle de théâtre du Châtelet et il prépara *une réunion publique* où il devait parler *seul* devant les auditeurs qu'il avait choisis et munis de cartes personnelles.

Quand vint l'heure du rendez-vous, mille ou douze cents électeurs sans carte pénétrèrent, en forçant les grilles, dans la salle du Châtelet. Apprenant que cette salle ne serait pas entièrement composée d'un public ami, M. Émile Ollivier hésitait entre le désir de se retirer et la honte d'une pareille retraite.

Vers dix heures du soir, il se décide enfin à se présenter; il prend la parole au milieu d'un silence profond. Dès qu'il aborde sa thèse de l'*Empire libéral*, des murmures se produisent. Un commissaire de police déclare que, au moindre bruit, il dissoudra la réunion. L'orateur continue; son langage soulève des protestations et la salle est évacuée.

Une foule énorme remplit la place et les rues avoisinantes; elle crie : « Vive Bancel! Vive la République! » On chante la *Marseillaise* et le *Chant des Girondins*. Cinq ou six cents agents se ruent sur les chanteurs, le casse-tête au poing; ils dégaînent et blessent des citoyens. Aux alentours de l'Hôtel de Ville, les groupes dispersés se reforment et se dirigent vers l'endroit du faubourg Saint-Antoine où Baudin fut assassiné. Là aussi les cris de : « Vive la République! » se mêlent aux strophes de la *Marseillaise*.

Repoussé par le parti démocratique, M. Ollivier, tout en maintenant sa candidature à Paris, la pose dans le Var. Devant lui se retirent MM. Louvet et Lescuyer d'Attainville, candidats officiels dans les deux circonscriptions où M. Émile Ollivier les remplace.

Tandis que le maire de Draguignan adressait à ses administrés une circulaire pour les engager à voter et à faire voter pour M. Ollivier, les journaux officieux de Paris soutenaient la candidature officielle de ce déserteur de la République dans la 3ᵉ circonscription et l'excitaient à la poser dans les neuf circonscriptions de la Seine. Ils voulaient donc que « la verge de la censure publique » battit neuf fois au lieu d'une leur nouvel ami?

Il lança deux manifestes; l'un, destiné aux électeurs du Var, ressemblait à une idylle :

« La nature a revêtu notre pays d'une parure incomparable; au midi, la mer bleue caresse ses rivages; au nord, la neige l'orne d'une couronne blanche; les plaines fécondes se déroulent au pied des collines embaumées; les vignes amies du soleil s'étalent à côté des bois remplis d'ombre, etc., etc.. »

Ne trouvant sur sa palette que des teintes fausses pour représenter dans ce poétique tableau sa métamorphose politique sous des couleurs favorables, M. Ollivier prend tout simplement le parti de la nier. « Je n'ai point changé, moi, — disait-il; — il n'y a de changés que ceux qui se présentent aux élections après avoir prêché l'abstention et qui se disent républicains après avoir prêté serment à l'Empire. »

Dans son manifeste aux électeurs de la Seine, il s'en tient à cette négation hardie; il répète qu'il n'a pas été infidèle à son mandat : « Mon mandat était de servir la liberté et non de poursuivre la vengeance; contrôler, critiquer, contenir, améliorer, voilà ce que j'ai promis; je ne me suis point engagé à renverser. »

M. Émile Ollivier défigurait la vérité. Ses électeurs, en 1853 et 1863, « sinon tous, du moins en grande majorité, ne voulaient ni contenir ni améliorer l'Empire, mais se venger de lui et le détruire. S'il leur avait dit nettement, en 1853 et en 1867, ce qu'il leur disait en 1869, il est certain qu'ils ne l'auraient pas nommé, et ils le prouvaient en lui opposant un candidat irréconciliable [1] ».

Le candidat des impérialistes de la 4e circonscription, M. Dénière, allait complaisamment se faire battre par M. Ernest Picard, candidat unique des électeurs républicains.

Dans la 5e circonscription, des fractions du parti démocratique suscitèrent à M. Garnier-Pagès plusieurs compétiteurs : le frère de Baudin, Raspail, et M. Briosne, un ouvrier, dont la candidature fut posée, le 15 mai, par un comité qui publia la déclaration suivante :

« Citoyens, en minorité dans le pays, les démocrates socialistes, par l'organisation du suffrage universel, se trouvent réduits soit à l'abstention par le bulletin blanc, — protestation abstraite qui semble incompatible avec le sentiment populaire, — soit à des coalitions sans principes communs et, par conséquent, sans résultats.

« Dans cette situation, un comité vient de se former pour soutenir la candidature du citoyen Briosne, en lui donnant pour caractère d'affirmer deux principes jusqu'ici méconnus : dans l'ordre politique, droit des minorités ; — dans l'ordre économique, souveraineté du travail [1]. »

M. Jules Ferry, qui se distinguait au barreau et dans le journalisme [2], se présentait aux électeurs de la 6e circonscription concurremment avec MM. Adolphe Guéroult et Cochin, deux utopistes sincères : l'un, indifférent à la forme gouvernementale, croyait l'Empire susceptible de devenir un instrument de progrès politique et social; l'autre, défenseur du pouvoir temporel, croyait à l'adoption des principes de 1789 par la papauté. Le *Syllabus* n'avait pas dessillé les yeux de ce croyant aveugle.

Les électeurs de la 7e circonscription se divisèrent; les uns offrirent la candidature à M. Jules Favre, et les autres à M. Henri Rochefort; tous les deux l'acceptèrent. Dans une circulaire électorale datée de Bruxelles, l'auteur de la *Lanterne* disait :

« La France a besoin d'hommes nouveaux qui exigent ce qu'on ose refuser. On avait promis la liberté de la presse, on ne la donnait pas, je l'ai prise. Je n'ai pu, il est vrai, m'en servir longtemps, mais, pour continuer mon œuvre, j'ai cherché un refuge hors de France. Ce que j'ai écrit à Paris, je le dirai à la tribune sans ménagement et sans faiblesse... Démocrate et socialiste, j'appuierai de toute mon énergie ceux dont les efforts généreux tendent à augmenter le bien-être du travailleur, tout en diminuant la durée parfois douloureuse de son continuel labeur. »

M. Jules Simon, dans la 8e circonscription, et M. Eugène Pelletan, dans la 9e, n'avaient pour compétiteurs que deux candidats agréables à l'Empire :

---

1. Taxile Delord, *Histoire du second Empire*, t. V.

1. Cette déclaration était signée par MM. Tolain, Demay, Perrachon, Guiard, Bony, Saint-Simon et Brébant.
2. M. Jules Ferry publiait alors dans le *Temps* des articles fort remarqués.

M. Lachaud, avocat, et M. Bouley, directeur de l'École vétérinaire d'Alfort.

La police dissolvait sur le moindre prétexte les réunions électorales; le *Moniteur universel* se plaignait de la multiplicité *regrettable* de ces dissolutions. Les candidatures officielles, si rudement attaquées au sein de l'Assemblée par les députés de la gauche, trouvèrent en M. Albert de Broglie, très-libéral à cette époque, un adversaire bouillonnant d'ardeur :

« Le droit de contrôle — écrivait-il aux électeurs de l'Eure, dont il sollicitait les suffrages — peut-il être sérieusement appliqué si celui qui doit le subir désigne lui-même celui qui doit l'exercer, *si c'est le gouvernement qui propose et impose même à votre choix, sous le nom de candidats officiels, des approbateurs obligés de tous ses actes? Ce système condamné d'avance par le bon sens* est jugé par l'expérience des dernières Assemblées. Choisies presque en entier parmi les candidatures officielles, que de fautes n'ont-elles pas laissé commettre, quels dangers n'ont-elles pas, par là même, fait courir au gouvernement qu'elles devaient éclairer? *L'indépendance de l'électeur peut seule assurer celle du député.* » Et M. Albert de Broglie se déclarait résolu à combattre une politique « laissant planer sur toutes les têtes la crainte d'une crise inattendue *et à réclamer le développement de toutes les libertés publiques* ».

L'année précédente, il avait écrit ceci : « Toutes les fois que deux candidats sont en présence dans une élection, l'un officiel, l'autre indépendant, ce n'est point entre les deux personnes qu'il convient d'établir une comparaison : *le concurrent officiel, par lui-même, ne représente rien*. Engagé par la reconnaissance autant que par la sympathie à suivre toutes les directions d'un pouvoir qui met à son service les forces dont il est armé, habituellement fidèle à cet engagement, menacé d'ailleurs d'un prompt abandon dès qu'il s'en écarte, *ses opinions*, *ses intentions*, *ses professions de foi n'ont aucune valeur qui leur soit inhérente.*

« Électeurs, voulez-vous savoir quel usage il ferait de votre mandat, quelle résolution il prendrait en matière soit de diplomatie, soit de commerce, soit de marine, soit d'armée, soit d'instruction publique, en fait de développements ou de restrictions de nos libertés politiques, économiques ou religieuses? Ne l'interrogez pas lui-même, *il n'a pas l'esprit assez libre pour vous répondre.* C'est au Gouvernement qu'il faudrait poser la question. Mais comme il est probable que le Gouvernement ne nous répondra pas à volonté, prenez ses actes au défaut de ses paroles, demandez-vous ce qui a été fait sur le point qui vous tient au cœur, et, si vous le pouvez, tâchez de deviner ce qui se fera... Prenez vos précautions vous-mêmes par le choix d'un mandataire *qui puisse* disposer de ses actes [1]. »

M. le duc Decazes, l'un de ces ministres de l'*ordre* moral, qui, en 1877, soumirent le corps électoral à la pression la plus effrénée de la candidature officielle, adressait, le 9 mai 1867, aux électeurs de la 5ᵉ circonscription de la Gironde, cette profession de foi politique : « Messieurs et chers compatriotes, je viens, pour la seconde fois, solliciter vos suffrages. Veuillez donc m'entendre. A l'heure présente, la France est maîtresse de ses destinées. Ce qu'elle voudra sera. Si, satisfaite et confiante, elle persiste dans sa longue abdication, elle votera pour les candidats officiels, *pour les contrôleurs que le gouvernement se choisit.* Elle acceptera, une fois de plus, avec eux et par eux, le gouvernement personnel. Ne l'oubliez pas, si vous confiez encore au parti qui représente ce gouvernement votre mandat et votre représentation, vous aurez les lourds contingents qui épuisent l'agriculture, vous aurez des budgets en déficit, *des maires transformés*

---

[1]. Albert de Broglie, *les Candidatures officielles.* (*Correspondant* du 10 avril 1868, p. 126.)

Mort de Victor Noir.

en *agents de la préfecture,* les aventures mexicaines et autres, *des candidatures officielles, des élections sans liberté!* En présence du scrutin qui va s'ouvrir, songez à ce qui s'agite au fond des urnes, et, sans vous laisser troubler par d'impuissantes menaces ou de vaines terreurs, prononcez entre l'homme du pays et le candidat officiel qui vous apporte, une fois de plus, ce que vous devez condamner et ce que vous repousserez. »

Aux journaux officieux qui attaquaient sa candidature et qui soutenaient celle de M. Chaix-d'Est-Ange, candidat officiel, M. le duc Decazes écrivait : « Vous êtes les amis des réactions aveugles et des mauvaises aventures. Nous, au contraire, nous voulons l'ordre partout, la paix partout, parce que *nous voulons la liberté partout;* aussi réclamons-nous la *sincérité, l'intégrité du suffrage universel.* »

C'est ainsi que sous un masque de libéralisme et de loyauté politique se déguisaient alors des hommes qui devaient distancer l'Empire dans ses pratiques les plus mauvaises.

Le 13 mai, à la suite de réunions paisiblement tenues à Belleville, une bande d'individus apparut. Ces inconnus, que les gardes municipaux dispersèrent sans leur faire aucun mal, hurlaient : « Mort aux propriétaires! Vive l'anarchie! » Le préfet de police prit le prétexte de cette équipée dont mieux que personne il connaissait les auteurs pour interdire tout stationnement aux abords des lieux où les réunions se tenaient. Exploitant ce coup monté, les journaux officieux essayèrent d'alarmer les esprits en disant qu'une vaste conspiration se tramait contre l'ordre, la famille et la propriété; — toujours l'évocation du spectre!

Deux fois le *Rappel* fut saisi coup sur coup.

Le 24 mai, deuxième jour des élections, la foule inondait les rues et les boulevards; elle saluait par d'immenses acclamations le triomphe de MM. Bancel [1], Gambetta, Picard, Jules Simon et Pelletan. Dans quatre circonscriptions, il y avait ballottage.

« Il ne faut pas se le dissimuler, — dit M. Émile de Girardin dans la *Presse*, — c'est l'opposition anti-napoléonienne, c'est l'opposition au coup d'État du 2 Décembre, c'est enfin l'opposition irréconciliable qui triomphe pleinement. »

Et, dans le *Moniteur universel*, M. Jules Amigues entre autres extravagances écrivit celle-ci : « Il faut décapitaliser Paris. »

Dans les départements, la gauche avait fait plusieurs recrues et deux pertes seulement, celles de M. Glais-Bizoin dans les Côtes-du-Nord et de M. Girot-Pouzol dans le Puy-de-Dôme.

Le tiers parti s'était renforcé; partout l'opposition gagnait du terrain. M. Émile Ollivier, patronné par le Gouvernement, fut élu dans le Var.

Cinquante-huit ballottages semblaient promettre à l'opposition de nouveaux succès.

Au deuxième tour de scrutin, MM. Thiers, Jules Favre, Garnier-Pagès et Jules Ferry triomphèrent des candidats impériaux avec des majorités considérables. La candidature de M. Rochefort opposée à celle de M. Jules Favre dans la 7ᵉ circonscription avait échoué. Des groupes s'étaient formés devant les bureaux du *Rappel*. Quelques cris de : « Vive Rochefort! » se firent entendre. Aussitôt des nuées de sergents de ville s'abattent sur une foule d'où aucune provocation n'est partie ; ils frappent avec des casse-tête des promeneurs inoffensifs, envahissent les cafés et obligent les consommateurs à déguerpir. L'alarme se répand, les cafés se ferment, le public évacue le théâtre des Variétés; on s'enfuit précipitamment; les sergents de ville poursuivent les fugitifs, blessent des hommes et des femmes; un octogénaire est mortellement frappé. Cet attentat de la police était prémédité, car il se commettait, à la même heure, sur le boulevard Montmartre et sur le boulevard Saint-Michel.

Le lendemain, des rassemblements plus nombreux se formèrent. Le gouvernement cherchait un motif à agiter le spectre rouge aux yeux du pays que l'opposition conquérait pacifiquement ; la brutale agression de la veille n'ayant pu amener les excès voulus, on chargea quelques policiers de les commettre; vêtus de blouses blanches, ils se réunirent à Belleville par bandes en criant: « *Vive la Lanterne* et vive l'anarchie! » Sur leur passage, ces faux émeutiers cassaient vitres et réverbères. Du 7 au 12 juin, ils allèrent s'enhardissant; ils parcouraient les boulevards. Renversant les kiosques, brisant les réverbères et les bancs, se dispersant aux premières sommations, reformant leurs bandes sur d'autres points, ils étaient naturellement respectés par les agents de police qui, en revanche, *empoignaient* et emprisonnaient des curieux et des passants.

Le 11, à Belleville, les *blouses blanches* mirent à sac une maison de tolérance, se firent un drapeau du jupon rouge d'une prostituée et le promenèrent dans plusieurs quartiers en vociférant des menaces et des provocations.

Indignés de voir ces perturbateurs parcourir librement les rues, les boulevards et les faubourgs, les boutiquiers du quartier du Temple s'étaient armés de bâtons pour leur donner la chasse, et les gardes nationaux du quartier Montmartre s'apprêtaient à rétablir eux-mêmes l'ordre que la police permettait à ces provocateurs de troubler.

Cette attitude de la population mit un terme à ces infamies dont on profita pour emprisonner douze ou quinze cents curieux, maltraiter des citoyens paisibles, faire des perquisitions dans les bureaux du *Rappel* et du *Réveil*, — pour saisir cinq fois ces deux

---

[1]. M. Bancel avait obtenu 22,090 voix, et M. Émile Ollivier, son compétiteur officiel, 10,000 seulement, celles de tous les réactionnaires de la 3ᵉ circonscription. L'opposition gagnait 80,000 voix à Paris.

journaux, traduire devant un juge d'instruction MM. Louis Jourdan et Charles Limousin, rédacteurs du *Siècle* dont les bureaux furent visités aussi par la police, — pour opérer la saisie de ce journal, de la *Correspondance de Paris*, de l'*Électeur libre*, de l'*Opinion* et de quarante journaux de province, — enfin pour inculper de *complot contre la sûreté de l'État* un grand nombre de journalistes et de républicains.

Parmi les personnes arrêtées se trouvaient les rédacteurs du *Rappel* et ceux du *Réveil*, MM. Camille Bocquet, avocat, Briosne, Ulysse Parent et Victor Noir. Le général Cluseret fut expulsé comme étranger.

Cette mise en scène et le tapage fait autour d'elle ne donnèrent le change à personne. L'opinion publique était convaincue qu'il n'existait d'autre complot que celui qu'on avait tramé dans la rue de Jérusalem et dont l'avortement fut complet. On élargit les citoyens arrêtés ; aucune inculpation ne fut maintenue.

Les journaux indépendants publièrent, pendant plus d'un mois, des protestations contre les brutalités de la police ; ils réclamaient énergiquement une enquête sur la cause des troubles qui, pendant cinq jours, avaient tant ému la population, et ils demandaient ironiquement ce qu'étaient devenues les *blouses blanches*.

L'enquête n'eut pas lieu ; les *blouses blanches* s'emmagasinèrent à côté des *engins infernaux* découverts à Marseille en 1852 ; les « monstres » qui, avec ces engins, préparèrent « la *terrible scène de sang et de mort* » avaient sans doute figuré parmi les drôles mystérieux qu'on avait revêtus de ces blouses fameuses.

M. Raspail, élu dans le Rhône, avait adressé au peuple de Paris cette proclamation : « Citoyens, respect au suffrage universel ! même quand il est forcé de se tromper, il n'en reste pas moins l'expression de la volonté nationale. Gardez-vous bien de remplacer une marche sage et réfléchie par les moyens de la force brutale ; le jésuitisme cherchera à vous y appeler, lui qui s'organise, chaque jour, d'une manière occulte, depuis 1851, pour amener une troisième coupe réglée d'hommes ; ce serait un nouveau désastre pour la France. »

Dans vingt-quatre collèges départementaux, les ballottages avaient été favorables à l'opposition : MM. Esquiros et Gambetta l'avaient emporté dans les Bouches-du-Rhône, — MM. Lecesne et Dessaux dans la Seine Inférieure, — MM. de Choiseul-Praslin et Paul de Jouvencel dans Seine-et-Marne, — M. Girault dans le Cher, — le docteur Ordinaire dans le Doubs, — M. Amédée Larrieu dans la Gironde, — M. Ernest Picard dans l'Hérault, — M. Guyot-Montpayroux dans la Haute-Loire, — M. Cochery dans le Loiret, — M. Barthélemy Saint-Hilaire dans Seine-et-Oise, — M. Rampont dans l'Yonne, etc., etc.

Des bruits « de transformation du régime impérial en une sorte de monarchie parlementaire » prenaient de la consistance ; une lettre de M. Persigny en était l'origine.

M. Émile Ollivier avait demandé au complice de tous les attentats commis par Louis-Napoléon s'il était vrai qu'il eût récemment conseillé à l'empereur une politique de réaction.

Dans une lettre que le *Constitutionnel* publia, M. Persigny répondit à son interrogateur : « Au temps où nous vivons, après un siècle de luttes pour la même cause, et quand les idées de la Révolution ont fini par pénétrer tous les esprits et façonner toutes les consciences, il n'y a plus d'idées en présence. L'empereur n'a donc qu'à persévérer résolûment dans les voies libérales qu'il a ouvertes, mais en appelant à lui toute une nouvelle génération, forte, intelligente et surtout convaincue. »

Un pareil langage tenu par celui qui, en 1861, enjoignait aux préfets de dresser et de réviser, tous les mois, des listes de proscription, et qui, naguère, engageait l'empereur à revenir au régime dictatorial de 1851, causait un étonnement bien naturel. Lui était-il inspiré par l'inimitié qu'il nourrissait contre M. Rouher? Le ministre d'État avait, assurait-on, rendu suspect à l'empereur cet ancien favori qui était surveillé, paraît-il, — car M. Piétri, dans un de ses rapports de police [1], disait à Napoléon III : « Il y a quelques jours à peine, dans un restaurant de Paris, M. de Persigny (je crois pouvoir garantir le fait) mettait sa main dans celle de M. Glais-Bizoin : l'un contre l'Empire, l'autre contre M. Rouher, je le veux bien ; mais M. de Persigny s'exprimait sur la situation dans les termes les plus alarmants. N'est-ce point un signe du temps ? »

La lettre de M. Persigny irritait le vice-empereur; elle était commentée diversement. Tandis que la presse la signalait comme le présage d'une nouvelle évolution très-libérale de l'Empire et annonçait la prochaine formation d'un nouveau cabinet dont MM. Rouher et Baroche seraient exclus, et dans lequel entreraient MM. Persigny, Ollivier et Buffet inscrivant sur leur programme la responsabilité ministérielle, le rétablissement du conseil municipal de Paris, le jugement des délits de presse par le jury, la suppression du ministère d'État et de celui de la maison de l'empereur, l'élection du Sénat par le suffrage universel à deux degrés, et d'autres réformes non moins chimériques, — M. Clément Duvernois publiait dans le *Peuple français* des articles où on entrevoyait la revendication probable du pouvoir personnel.

Lequel des deux, se demandait-on, de l'ancien ou du nouveau favori, traduit le mieux la pensée du maître?

On ne tarda pas à le savoir.

La lettre suivante, adressée par l'empereur à un député officiel et obscur, M. de Mackau, parut dans le *Peuple français* :

« Vous exprimez le vœu que mon gouvernement soit assez fort pour repousser les attaques des partis et pour donner à la liberté des garanties en l'appuyant sur un pouvoir vigilant et résolu.

« Vous ajoutez avec raison que des concessions de principes ou des sacrifices de personnes sont toujours inefficaces en présence des mouvements populaires, et qu'un gouvernement qui se respecte ne doit céder ni à la passion, ni à l'entraînement, ni à l'émeute. Cette manière de voir est la mienne. Je suis bien aise qu'elle soit partagée par vos commettants, comme elle l'est aussi, j'en suis convaincu, par la grande majorité du pays. »

« — Je suis battu, il n'y a rien à faire pour le moment, » dit à M. de Girardin le prince Napoléon qui s'efforçait en vain de libéraliser l'Empire.

Dans le bassin de la Loire, des mineurs s'étaient mis en grève. Trois compagnies du 4ᵉ de ligne envoyées à la Ricamarie arrêtèrent, le 16 juin, une quarantaine de grévistes qui engageaient des ouvriers à quitter les puits où le travail continuait. Cinq ou six cents mineurs rencontrèrent le détachement en marche vers Saint-Étienne ; ils réclamèrent la mise en liberté des prisonniers. Se croyant protégés par la loi, les grévistes disaient aux soldats qui les sommaient de se disperser : « Nous ne partirons pas. Nous réclamons notre droit. Nous ne voulons vous faire aucun mal; mais pas un de nous ne travaillera avant qu'on ait fait droit à nos réclamations. » M. de Gausserand, capitaine du 4ᵉ de ligne, cite dans son rapport ces paroles que les ouvriers adressaient aux soldats avec une résolution inhostile, et il ajoute : « Quelques cris de : *Vive la ligne! à bas les chefs!* ont été poussés; mais la masse plus digne paraissait avoir une foi entière dans la légitimité de ses réclamations. »

---

[1]. Daté du 28 novembre 1869.

Procès Troppmann. — Le corps de Kinck père retrouvé et transporté à Paris.

Huit ou dix prisonniers s'échappèrent; les soldats se mirent à leur poursuite; une pierre atteignit l'un d'eux et ils firent une décharge sur la masse compacte des ouvriers. Huit hommes, deux femmes et un enfant tombèrent morts. On releva un grand nombre de blessés; plusieurs d'entre eux succombèrent. Ces meurtres excitèrent une indignation générale contre le gouvernement impérial. Afin d'en atténuer l'horreur, le général comte de Palikao, commandant du 4º corps, dit dans son rapport officiel que « des soldats exaspérés abaissèrent leurs armes, et, sans en avoir reçu l'ordre, firent feu sur les agresseurs ».

Le *Moniteur universel* ouvrit une souscription en faveur des victimes qui inspiraient à tous les gens de cœur, sans acception de parti, un vif intérêt; le *Pays, journal de l'Empire*, protesta seul contre cet acte d'humanité et injuria ceux qui en avaient pris l'initiative; je me trompe : il trouva dans le général Cousin-Montauban un émule digne de lui.

M. Mure, maire de la Ricamarie, s'exprimait ainsi dans une note adressée à l'impératrice : « Aujourd'hui que l'émotion populaire est en partie calmée dans le bassin houiller de Saint-Étienne, une œuvre de charitable pitié ferait une excellente impression sur l'esprit de ces gens ignorants plutôt que coupables. Parmi les victimes de la catastrophe, la plus intéressante, sans contredit, est la jeune Jenny Petit, qui a été sauvée par miracle. Ne pourrait-on, dans une certaine mesure, atténuer la portée du malheur qui a frappé cette enfant? Ce serait, dans toute l'acception du mot, une bonne œuvre bien placée. Et, dans ce cas, le devoir de l'écrivain qui a cherché à attirer la commisération publique sur cette innocente victime de nos discordes sociales serait de célébrer à haute voix tout ce qui serait fait pour soulager un malheur immérité. »

Au lieu d'obéir à un élan du cœur, l'impératrice consulta le général comte de Palikao qui demanda au maire de la Ricamarie des renseignements sur la pauvre enfant blessée.

M. Mure lui répondit : « La jeune Jenny s'est trouvée sur les lieux, attirée par la curiosité; elle y est allée seule, en suivant la foule qui s'y portait; ses père et mère ni aucun de ses parents n'étaient avec elle; son état de santé laisse beaucoup à désirer; ses blessures ne sont pas cicatrisées; elle ne se sert pas de son bras qu'elle porte en écharpe. La position de sa famille est malheureuse; elle n'a joué aucun rôle dans ces événements; son père est un simple ouvrier aux mines, père de quatre enfants dont Jenny est la plus âgée; il n'a d'autres moyens d'existence que le produit de son travail. »

En renvoyant à l'impératrice la note qu'elle lui avait communiquée et les renseignements donnés par le maire de la Ricamarie, le soldat brutal qui, en Chine, livra au pillage le palais d'été, écrivit ces lignes qui font voir son cœur dur et sec : « Quelque (*sic*) soit l'opinion de ce fonctionnaire et celle des journalistes, je pense, madame, que venir en aide à des familles qui n'ont pas craint d'employer l'outrage et la calomnie contre de braves soldats qui ont fait leur devoir serait du plus fâcheux exemple aux yeux de cette mauvaise population de Saint-Étienne; ce serait un blâme jeté sur l'armée et ce serait dangereux pour l'avenir, etc., etc. »

La cruauté qui s'exerce contre un enfant, contre des innocents, n'est-elle pas bien lâche? Ainsi, venir en aide à une petite fille pauvre, involontairement blessée par des soldats, ce serait un acte dangereux, un blâme jeté sur l'armée tout entière!

A quelles aberrations morales ne se laisse-t-on pas entraîner par la haine du bien!

Les députés qui venaient d'être élus furent convoqués en session extraordinaire pour la vérification de leurs pouvoirs. Cette session devait s'ouvrir le 28 juin. La veille de cette ouverture, M. Schneider pria l'empereur d'accepter sa démission de président du Corps législatif; il pensait que le [grade de grand officier de la Légion d'honneur conféré à un vice-président, M. Jérôme David, affaiblirait l'autorité morale dont le président avait besoin pour exercer utilement ses hautes fonctions. A la faveur accordée à M. David, si connu par son illibéralisme, M. Schneider attribuait une signification politique qui lui semblait motiver suffisamment sa retraite.

L'empereur lui répondit, du camp de Châlons : « La promotion de M. David est la réalisation d'une promesse faite il y a un an. La politique de mon gouvernement se manifeste assez clairement pour défier toute équivoque. Après comme avant les élections, il continuera son œuvre : la conciliation d'un pouvoir fort avec des institutions sincèrement libérales. Je compte sur votre dévouement pour m'aider dans l'accomplissement de cette tâche. »

M. Schneider retira sa démission.

Dans sa première séance, le Corps législatif repoussa une demande de M. Ernest Picard tendant à ce que le ministre de l'intérieur mît à la disposition des membres de l'Assemblée la liste des dons et promesses de dons faits aux communes avant les élections. On avait employé en faveur des candidatures officielles les plus révoltantes manœuvres.

Dans les Pyrénées-Orientales, ce n'étaient que « menaces insolentes, séductions basses, ivresse versée à pleines mains dans les *rastels* [1], agents de police et gardes-champêtres montrant dans le lointain la déportation à ceux que ne tentaient pas ces dégoûtantes orgies ». Après avoir fait un émouvant tableau de ces scandales, M. Jules Simon éleva contre eux une protestation indignée. Cette élection qu'une Assemblée honnête eût cassée avec mépris fut renvoyée, pour la forme, à l'examen du 7° bureau.

MM. Picard, Bethmont, Pelletan, Estancelin parlèrent de curés prêchant en chaire les gloires des candidats officiels, de maires rudoyant leurs administrés et emportant les urnes dans leur chambre à coucher, d'agents de toutes les administrations calomniant par paroles et par affiches les candidats indépendants, de préfets subventionnant les communes qui voteraient *bien*. Les mameluks n'y trouvaient rien à redire, car le succès de leur candidature était dû aux mêmes moyens. « Toutes les élections officielles, s'écria M. Jules Ferry, sont entachées de tant d'illégalités et d'irrégularités qu'il n'y en a pas une qui ne méritât d'être recommencée. » Les députés bonapartistes se prêtaient mutuellement le secours de leur vote, et les validations ne faisaient pas le moindre pli.

L'élection de M. Henri Noubel dans la 1re circonscription de Lot-et-Garonne donna lieu à de vifs débats. Les amis du candidat bonapartiste avaient, à la dernière heure, lancé contre M. Baze, son compétiteur, une calomnie qu'une lettre de M. Granier de Cassagnac appuya et que le calomnié déféra aux tribunaux. On imputait à l'honorable questeur dont on n'a pas oublié l'énergique résistance au coup d'État d'avoir sollicité, en 1850, la place de procureur général à Paris. Le rapporteur concluait naturellement à la validation de cette élection viciée par une manœuvre frauduleuse.

A M. Picard, qui attaquait cette conclusion vigoureusement, M. Henri Noubel répondit : « Mes adversaires ayant voulu poser la question du 2 Décembre devant les électeurs, ceux-ci viennent de prononcer une fois de plus. »

« Le 2 Décembre est un crime ! » s'écria M. Eugène Pelletan qu'un rappel à l'ordre frappa.

La Chambre ne pouvait examiner aucune

---

[1]. « Le *rastel*, dit M. Taxile Delord, c'est la table ouverte, les tonneaux défoncés, la kermesse électorale, la goinfrerie soutenue par l'intimidation... »

demande d'interpellation avant d'avoir constitué son bureau; la majorité retardait de son mieux cette constitution. Voici pourquoi : cent seize députés appartenant au tiers parti et à une fraction de la majorité qui lui confinait avaient signé une demande d'interpellation ainsi conçue : « Nous demandons à interpeller le gouvernement sur la nécessité de donner satisfaction au sentiment du pays en l'associant d'une manière plus efficace et plus complète à la direction de ses affaires. »

Les premiers signataires étaient MM. Buffet, Émile Ollivier, Estancelin, Maurice Richard, de Talhouët, Lefèvre-Pontalis, de Barante, Chevandier de Valdrôme, Brame, Segris, de Planat, d'Andelarre, de Chambrun, d'Hézecques et Keller.

Le Gouvernement prenait souci de cette interpellation, au-devant de laquelle l'empereur, à la suite d'un entretien avec quelques membres du tiers parti et d'un grand conseil tenu à Saint-Cloud, résolut d'aller.

Le 12 juillet, M. Rouher lut à l'Assemblée un message impérial.

« Je viens, disait Napoléon III, au-devant des aspirations du Corps législatif en l'investissant du droit de faire son règlement intérieur, d'élire son bureau, de voter les modifications de tarifs internationaux et le budget par chapitres. » En outre, le mode de présentation et d'examen des amendements sera simplifié, le droit d'interpellation étendu et l'incompatibilité entre le mandat de député et certaines fonctions publiques supprimée. La dernière phrase du Message était peu rassurante : « Ces modifications doivent, d'ailleurs, laisser intactes les prérogatives que le peuple m'a plus explicitement confiées et qui sont les conditions spéciales d'un pouvoir sauvegarde de l'ordre et de la société, » c'est-à-dire du *pouvoir personnel* qui, deux fois dans le même siècle et sous le même nom, s'est brisé contre une invasion victorieuse en livrant la France humiliée aux tortures du démembrement.

Après la lecture du Message, l'Assemblée nomma ses secrétaires et s'ajourna au lendemain pour continuer le vérification des pouvoirs; il restait cinquante-cinq élections à valider.

Mais, le lendemain, le *Journal officiel* publia un décret prorogeant la session extraordinaire du Corps législatif à une date que l'empereur se réservait de fixer.

L'empereur avait accepté la démission de tous ses ministres; leur banc était vide quand la séance du 13 juillet s'ouvrit. Une grande agitation régnait dans l'Assemblée; ceux de ses membres que n'indignait pas le décret impérial étaient choqués qu'on les congédiât si cavalièrement.

M. Jules Favre demanda la parole sur le procès-verbal. « Je proteste, dit-il, au nom de notre dignité méconnue, contre la prorogation. La mesure qu'on a prise est inconvenante et en contradiction formelle avec le Message; elle contient à la fois un outrage pour la Chambre et une marque de l'impuissance du pouvoir personnel. »

Rappelé deux fois à l'ordre, l'orateur de la gauche n'en poursuivit pas moins jusqu'au bout sa protestation qu'applaudissaient les députés indépendants.

A trois heures, la séance fut levée.

Des députés questionnaient M. Schneider; il leur donna à entendre que la prorogation serait de courte durée. Il se trompait.

Les trente députés de la gauche pure se réunirent et résolurent de ne point quitter Paris.

Le 18 juillet, les décrets constituant le nouveau cabinet parurent. MM. Duvergier, Bourbeau, de La Tour-d'Auvergne et Alfred Leroux remplaçaient MM. Baroche, Duruy, de La Valette et de Chasseloup-Laubat à la justice, à l'instruction publique, aux affaires étrangères, au commerce et à l'agriculture; M. de Chasseloup-Laubat prenait la place de M. Vuitry au Conseil d'État; les portefeuilles de la guerre, de la marine, des finances, de

Arrestation de Mégy.

l'intérieur et des travaux publics restaient entre les mains du maréchal Niel, de l'amiral Rigault de Genouilly, de MM. Magne, Forcade de La Roquette et Gressier.

MM. Duruy et Vuitry furent nommés sénateurs; — faisant un chassé-croisé avec le prince de La Tour-d'Auvergne, M. de La Valette alla représenter le gouvernement impériale auprès de la cour d'Angleterre.

Un décret supprima le ministère d'État; la présidence du Sénat, vacante depuis cinq mois, dédommagea M. Rouher de cette suppression.

Le nouveau cabinet ne pouvait satisfaire que la droite pure à laquelle tous les ministres appartenaient; le tiers parti était déçu dans son attente; les cent seize signataires de l'interpellation abandonnée après la lecture du Message se réunirent, et, sans reprendre cette interpellation comme le proposaient quelques-uns d'entre eux, ils adoptèrent la déclaration suivante : « Les signataires, persistant dans les idées et dans les principes que formulait leur demande d'interpellation, s'ajournent à la prochaine convocation du Corps législatif. »

Dans son Message du 12 juillet, l'empereur avait dit que, au lieu de demander à un plébiscite la sanction des projets annoncés, il demanderait au Sénat de les transformer en sénatus-consulte.

Convoquée à cet effet, la Chambre haute se réunit le 2 août. Dans son allocution aux sénateurs, M. Rouher s'adressa, tour à tour, à ceux « qui jettent sur le chemin parcouru un regard inquiet et attristé », et à ceux « qui accusent la lenteur de la marche du Gouvernement vers le progrès ». Les craintes des uns étaient, suivant lui, purement imaginaires, et les impatiences des autres fort injustes. « Il était impossible, dit-il, de vouloir que la France restât stationnaire, et aussi de la laisser glisser avec insouciance sur une pente conduisant à un abîme connu. »

La haute Assemblée chargea une commission d'examiner le sénatus-consulte et s'ajourna jusqu'à ce que le rapport de cette commission fût prêt; elle se composait de MM. Béhic, Boudet, de Casabianca, Delangle, Devienne, de La Guéronnière, Lacaze, de Maupas, Quentin-Bauchart et Suin; ils nommèrent M. Devienne rapporteur.

Quelques jours après que le Sénat se fut ajourné, le maréchal Niel mourut; un décret impérial appela au ministère de la guerre le général Le Bœuf, commandant du 6e corps d'armée. Napoléon III ne pouvait faire un choix plus malheureux.

Le 15 août, afin de consacrer par un acte qui répondît à ses sentiments le centenaire de la naissance de Napoléon Ier, l'empereur décréta une amnistie pleine et entière « à raison des crimes et délits politiques, des délits et contraventions en matière de presse, de réunions publiques et de coalitions ».

Cette amnistie, qui rendait à la liberté les mineurs de la Ricamarie condamnés à plusieurs mois de prison par le tribunal correctionnel de Saint-Étienne, ne fut blâmée que par le journal *le Pays*. « Elle achève, dit-il, la déroute de l'Empire. »

Dans les premiers jours de septembre, la panique se mit parmi les joueurs à la hausse. La Bourse était pleine de bruits alarmants sur la santé de l'empereur que de violentes douleurs retenaient à Saint-Cloud. On attribuait hautement à ses excès la maladie dont il souffrait. Le 10, il put se rendre en voiture aux Tuileries et une dépêche officielle annonça aux préfets ce mémorable événement.

Le 25 août, le Sénat reprit ses séances et M. Devienne lut son rapport. La discussion s'engagea; elle se traînait dans des redites banales; un discours du prince Napoléon la releva. L'orateur se place, d'abord, sous l'égide de cette déclaration : « Mes affections et mes intérêts sont indissolublement liés à l'Empire. » Puis il se met à critiquer hardiment la conduite des hommes qui, depuis dix-huit ans, ont tenu les rênes du Gouvernement; — il se réjouit de ce qu'il ne reste à peu près rien « d'une Constitution créée au profit d'une dictature républicaine qu'on avait dû plier aux nécessités d'un Empire autoritaire »; il regrette que le sénatus-consulte ne donne pas une définition nette de la responsabilité du chef de l'État, « responsabilité superbe, mais impalpable et se perdant dans les nuages où elle doit planer abstraite pour ne descendre dans la réalité que dans les cas rares qui exigent un plébiscite. » La responsabilité des ministres n'est pas mieux définie : « Comment peut-elle s'exercer devant les Chambres, s'ils sont sous la dépendance de l'empereur ? » Le prince, d'ailleurs, pense que « tout ce qui est dans le sénatus-consulte est bon, mais que tout ce qui est bon ne s'y trouve pas ». Il voudrait qu'on changeât le rôle du Sénat « sorti du sable brillant de la faveur impériale » et auquel on devrait donner le pouvoir législatif en échange d'un pouvoir constituant illusoire. « Dieu garde la France, s'écrie l'orateur, si la haute Assemblée se servait, un jour, de ce pouvoir qui est dans la Constitution comme l'article 14 était dans la Charte de 1814! Le pouvoir constituant doit résider à la fois dans l'empereur, dans le Sénat et dans le Corps législatif. Le Sénat ne peut l'exercer que dans des conditions fausses... La discussion de la Constitution doit être tolérée; il faut remplacer la circonscription électorale par l'arrondissement, augmenter le nombre des députés, laisser aux conseils municipaux le choix des maires, livrer à la publicité les délibérations des conseils généraux, et n'avoir du spectre rouge aucun souci. »

Cette péroraison mit sens dessus dessous les momies sénatoriales; elles applaudirent à tout rompre ces paroles de M. Forcade de La Roquette qui répondit prolixement au prince Napoléon : « Jamais, non, jamais je ne consentirai à servir une pareille politique ! »

M. Ségur-d'Aguesseau trouva le discours du prince Napoléon « affligeant et scandaleux »; M. Devienne persifla « le programme de la branche cadette », et rassura un peu les sénateurs effarés en leur disant : « L'Empire n'a, croyez-le bien, aucune envie de suivre les conseils de *ses ennemis*. »

On prononça d'autres discours, on rejeta deux amendements de MM. Bonjean et Hubert Delisle, on vota le sénatus-consulte, et on se sépara en criant : « Vive l'empereur ! »

Pendant que « tombait pièce à pièce, suivant l'expression du *Réveil*, ce fameux édifice qu'on se vantait d'avoir emprunté aux préceptes du génie », le quatrième congrès de l'*Association internationale des travailleurs* s'ouvrait à Bâle. Le 8 septembre, dès que le rapport du conseil de Londres, et ceux d'Allemagne, d'Espagne, etc., etc., furent lus, M. Murat demanda la parole et dit : « L'organisation par sections étant interdite en France, je ne puis faire un rapport sur la section française ; mais je déclare que les ouvriers, traqués par la police et mis dans l'impossibilité de prendre part collectivement à l'œuvre, s'y associent individuellement avec ardeur. »

Le 12, quand fut épuisée la discussion des question, de principe inscrites sur l'ordre du jour : propriété foncière, collectivité du sol, héritage, *Tradee's Unions*, et que le congrès allait être clos, les douze membres français qui en faisaient partie, « ne voulant pas être accusés de manquer d'ardeur au profit de l'Association, » démontrèrent que « la surveillance de la police leur imposait la prudence ». — « Nous le savons bien, répondit M. Liebknecht, député allemand; les ouvriers de Paris ont été, sont et resteront l'avant-garde de l'armée révolutionnaire, et l'Europe sait qu'ils se montreront dignes de ce poste d'honneur. »

D'enthousiastes applaudissements éclatèrent. Il fallait, avant de se séparer, choisir la ville où se tiendrait le congrès en 1870. Sera-ce à Barcelone ou à Verviers? « Dans *Paris libre!* » s'écria M. Pindy.

Cette proposition fut applaudie et acceptée.

Deux jours après, Victor Hugo ouvrit, à Lausanne, le Congrès de la Ligue internationale des amis de la paix. « Citoyens, dit-il, vous avez eu raison de choisir pour lieu de réunion ce noble pays des Alpes. D'abord il est libre; ensuite il est sublime. Oui, c'est en présence de cette nature magnifique qu'il sied de faire les grandes déclarations d'humanité, entre autres celle-ci : Plus de guerre !... Nous tous qui sommes ici, nous voulons la paix. Nous la voulons entre l'homme et l'homme, entre la race et la race, entre le frère et le frère, entre Caïn et Abel. Nous voulons l'immense apaisement des haines. Mais nous ne voulons pas de la paix le dos courbé et le front baissé; nous ne voulons pas de la paix sous le despotisme, sous le bâton, sous le sceptre.

« La première condition de la paix, c'est la délivrance. Pour cette délivrance, il faudra, à coup sûr, une révolution qui sera la suprême, et peut-être, hélas! une guerre qui sera la dernière. Alors tout sera accompli. La paix, étant inviolable, sera éternelle. Alors, plus d'armées, plus de rois. Évanouissement du passé. Voilà ce que nous voulons. Nous voulons que le peuple vive, laboure, achète, vende, travaille, parle, aime et pense librement, et qu'il y ait des écoles faisant des citoyens, et qu'il n'y ait plus de princes faisant des mitrailleuses. Nous voulons la grande République continentale, nous voulons les États-Unis d'Europe, et je termine par ce mot : La liberté, c'est le but; la paix, c'est le résultat. »

L'une des questions qui furent discutées avec le plus d'éclat fut celle de la centralisation ; sa complexité l'empêche d'être bien comprise par tout le monde; les orateurs du Congrès l'élucidèrent; ils établirent la différence qui existe entre la centralisation administrative et la centralisation politique. La première, créée par l'ancien régime et que la Révolution se hâta d'abolir, étouffe la liberté; aussi le premier Bonaparte, après son attentat de Brumaire, fit-il revivre une institution si chère aux régimes despotiques; la seconde, au contraire, dont le caractère serait mieux indiqué par la dénomination d'*unité politique*, fait la grandeur et porte au plus haut degré la puissance d'une nation, en favorisant l'exercice et le développement des institutions libres, et en réunissant toutes les forces de l'État dans les mains du chef que le peuple a choisi.

Les amis de la paix terminèrent leurs délibérations le 18; — leur président fit la clôture du Congrès en des termes dignes d'être applaudis et acclamés comme ils le furent [1].

C'est dans une des conférences ouvertes à Paris, vers le milieu de juin 1869, par la *Ligue internationale des amis de la paix*, qu'un des plus célèbres prédicateurs d'alors, le P. Hyacinthe, définiteur provincial et supérieur des Carmes déchaussés de la maison de Paris, se sépara bruyamment de l'Église romaine. Ce religieux, dont la conscience droite se révoltait contre les doctrines du *Syllabus* que les jésuites voulaient transformer en dogme, comme ils l'avaient fait de l'Immaculée-Conception et comme ils allaient le faire de l'Infaillibilité du pape, dit, en parlant des religions judaïque, catholique et protestante : « Ce sont les trois grandes religions des peuples civilisés. »

Les feuilles ultramontaines répétèrent à l'envi que ces paroles étaient des blasphèmes, et le préposé général des Carmes à Rome, frère Dominique de Saint-Joseph, somma le P. Hyacinthe, son subordonné, de les rétracter solennellement; celui-ci répondit, le 20 septembre, à son supérieur :

---

1. Voir aux documents complémentaires.

« Je gémis de la perversion sacrilége de l'Évangile. Si les races latines sont livrées à l'anarchie sociale, la cause principale en est, non pas au catholicisme, mais à la manière dont le catholicisme est depuis longtemps compris et interprété. Je proteste contre ces doctrines et ces pratiques qui se nomment romaines, mais qui ne sont pas chrétiennes, et qui, dans leurs envahissements toujours plus audacieux et plus funestes, tendent à changer la constitution de l'Église, le fond comme la forme de son enseignement, et jusqu'à l'esprit de sa piété; je proteste contre le divorce impie autant qu'insensé qu'on s'efforce d'accomplir entre l'Église qui est notre mère selon l'éternité, et la société du XIX° siècle, dont nous sommes les fils selon le temps et envers qui nous avons aussi des devoirs et des tendresses. »

Parlant ensuite du prochain concile, il disait : « Si l'auguste assemblée n'avait pas plus de liberté dans ses délibérations qu'elle n'en a dans sa préparation ; si, en un mot, elle était privée des caractères essentiels à un concile œcuménique [1], il pourrait bien se faire que, dans un délai plus ou moins bref, on vît se réunir un autre concile représentant réellement l'Église universelle, non pas le silence des uns et l'oppression des autres. »

Le P. Hyacinthe se refusa dignement à la rétractation qui lui était demandée; on ne se rétracte que d'une erreur ; or il avait dit la vérité. M. Dupanloup lui écrivit : « Vous pouvez mesurer à la douleur de tous les amis de l'Église le mal que vous avez fait ; je sais que vous avez souffert ; mais *le P. Lacordaire et le P. Ravignan ont souffert plus que vous*, et ils se sont élevés plus haut dans la patience et dans la force par l'amour de Jésus-Christ... Je prierai pour vous; ce ne sera, je l'espère, qu'un égarement passager. »

« Je suis très-touché, répondit le carme à l'évêque, du sentiment qui a dicté votre lettre ; je vous remercie des prières que vous faites pour moi, mais je ne puis accepter ni vos conseils ni vos reproches. Ce que vous appelez une grande faute commise, je l'appelle un grand devoir accompli. »

Le supérieur de l'ordre des Carmes déchaussés déclara le P. Hyacinthe coupable d'apostasie et « sous le coup de l'excommunication majeure ainsi que de toutes les autres censures et peines ecclésiastiques édictées par le droit commun et par les constitutions de l'ordre contre les apostats ».

Depuis longtemps les foudres de l'Église s'en vont en fumée; autant en emporte le vent.

Vers la fin de septembre, un de ces crimes dont l'atrocité ne se peut concevoir glaça d'horreur la France et le monde. Un jeune homme de vingt ans avait résolu d'exterminer une famille alsacienne composée de sept personnes, afin de s'approprier la petite fortune qu'elle possédait. Après avoir, dans une excursion à travers bois, empoisonné le père et enterré sous d'épais taillis le cadavre de sa première victime, le scélérat nommé Troppmann se rendit à Paris. Il y attira la mère et les cinq enfants en leur écrivant au nom du malheureux qu'il venait d'assassiner; il s'arrangea de façon à ce que les voyageurs arrivassent le soir; il alla au-devant d'eux, les dirigea vers Pantin, et fit arrêter dans un endroit isolé la voiture qui les portait à la mort. Prétextant que le père avait dû, pour un motif très-sérieux, se choisir une retraite ignorée et qu'il ne fallait pas, en allant l'y rejoindre, attirer l'attention du voisinage, le misérable jugeait prudent, disait-il, de ne s'acheminer que deux à deux vers la maison où la mère et les enfants étaient attendus.

Ce monstre à face humaine prit ainsi et

---

[1]. Concile où tous les évêques de la catholicité sont convoqués par le pape, et qui est regardé comme infaillible par l'Église romaine.

frappa, l'une après l'autre, les six nouvelles victimes de sa férocité; il fit disparaître les cadavres dans des fosses qu'il avait préparées

Quand ces cadavres mal enterrés furent découverts, la foule se porta, frissonnante et terrifiée, vers le champ où ce forfait inouï s'était consommé.

Partout on ne parlait que du crime de Pantin. Certains journaux entretenaient l'excitation populaire par des récits que la police encourageait et par des dessins reproduisant tous les détails de ces meurtres horribles. « On eût dit que le Gouvernement, voyant dans le crime de Troppmann un dérivatif excellent à la politique, craignait de n'en pas tirer tout le profit possible [1]. »

Mais, en prolongeant cette diversion aux agitations politiques du moment, on faisait naître dans beaucoup d'esprits des rapprochements — que la presse démocratique indiquait, d'ailleurs, avec une grande réserve — entre le crime de Pantin et ceux de l'hôtel Praslin et du couvent des Frères ignorantins de Toulouse. Avec une intention facile à saisir, mais trop habilement exprimée pour qu'on pût l'inculper même devant la sixième chambre, les journaux indépendants rappelaient que les deux épouvantables crimes du duc de Choiseul-Praslin et du frère Léotade, dont le retentissement fut presque égal à celui du crime de Troppmann, précédèrent de quelques mois seulement la chute de Louis-Philippe.

Cependant le retard que le Gouvernement impérial mettait à convoquer le Corps législatif causait, même dans les groupes les plus modérés de la Chambre, une irritation vive. La Constitution ne permettait pas que ce retard se prolongeât au delà du 25 octobre; aux journaux du parti libéral qui rappelaient cette prescription constitutionnelle, le *Peuple français*, organe personnel de Napoléon III, jetait comme un défi cette annonce hautaine :

« Le Corps législatif ne sera pas convoqué avant la fin de novembre. »

Dans une lettre que tous les journaux publièrent, M. de Kératry, député du Finistère, disait : « La Constitution, à laquelle doivent respect les grands et les petits, serait violée si la Chambre n'était pas convoquée pour le 25 octobre. Que devrait-on faire si cette violation avait lieu ? A un ministère de mauvaise foi ou incapable d'affronter les débats publics, à un sénatus-consulte accepté avec confiance et qui ne serait plus qu'un leurre si l'action parlementaire, qui seule peut le vivifier, est étouffée, à un gouvernement épuisé par lui-même, incapable d'une résolution ferme, on devra répondre, le 26 au matin, par une mise en demeure au pouvoir exécutif méconnaissant sa propre Constitution, et faire appel à une nouvelle Constituante : donc, au 26 ! »

Et M. de Kératry invitait ses collègues à se réunir, ce jour-là, sur la place de la Concorde, d'où ils iraient reprendre leurs siéges au Palais-Bourbon.

M. Léon Gambetta écrivit de Genève qu'il se trouverait au rendez-vous, et il ajouta :

« Le suffrage universel, ce maître des maîtres, est depuis trop longtemps tenu en échec par le pouvoir exécutif qui n'est, après tout, que sa périssable créature. Il faut en finir. Il faut que l'ordre véritable issu de la souveraineté du peuple s'impose à tous; il faut que les députés du peuple mettent, eux-mêmes, un terme à cette scandaleuse prorogation. — Empereur, ministres, sénateurs n'ont ni le droit ni la faculté de jouer indéfiniment le suffrage universel. Nous avons, dans tous les cas, mission de déjouer toutes ces misérables temporisations d'une dictature qui se meurt d'impuissance. »

MM. Bancel et Raspail adhérèrent à la proposition de M. de Kératry.

Le 3 octobre, un décret impérial, daté de

---

[1]. Taxile Delord, *Histoire du second Empire*.

la veille et convoquant les Chambres pour le 29 novembre, parut dans le *Journal officiel*; il fut accueilli par un blâme sévère de la presse libérale. « C'est une nouvelle faute, — dit M. Émile de Girardin; — elle peut être féconde en conséquences funestes. »

Le 5 octobre, M. Jules Ferry adressa aux journaux de l'opposition une lettre dont voici un extrait : « L'opinion publique s'est soulevée contre l'insolent décret du 3 octobre. Le gouvernement personnel a de nouveau parlé en maître. Une entente commune entre les membres de la gauche est urgente. J'adjure mes collègues absents de revenir à Paris sans délai. »

Les électeurs de la cinquième circonscription écrivirent à M. Garnier-Pagès, leur mandataire : « Nous pensons que vous saurez prendre une résolution virile. »

Les journaux démocratiques étaient divisés en deux camps; le *Réveil* et le *Rappel* conseillaient une manifestation pacifique et sans armes; le *Siècle* et l'*Avenir national* pensaient que cette manifestation était inutile, inopportune et pouvant être fatale, et ils engageaient le peuple « à ne pas se mêler à la manifestation pacifique des députés. » Vingt-trois membres de la gauche se réunirent chez M. Jules Simon et opinèrent qu'il fallait refuser au gouvernement le prétexte qu'il cherchait de se retremper dans une émeute; ils prirent acte de la violation par le gouvernement de la Constitution qu'ils subissaient. « C'est devant l'Assemblée, disaient-ils dans leur manifeste, que nous demanderons compte au pouvoir de la nouvelle injure faite à la nation. »

M. de Kératry déclara que, « en présence de la proposition de M. Jules Ferry de remettre à la gauche tout entière la décision de la mesure à prendre, il ne se rendrait pas, le 26 octobre, au Palais-Bourbon ».

Raspail avait recommandé « à la partie saine de la population de rester calme dans ses foyers ».

L'effervescence populaire semblait présager une émeute. Le 12 octobre, M. Louis Jourdan publia dans le *Siècle* un article fort remarquable et dont les premières lignes mettaient Victor Hugo en demeure de s'expliquer au sujet des excitations du *Rappel* à une manifestation redoutable. « En ce moment, disait le journaliste républicain, deux hommes placés aux pôles extrêmes du monde politique encourent la plus lourde responsabilité que puisse porter une conscience humaine. L'un d'eux est assis sur le trône, c'est Napoléon III; l'autre, c'est Victor Hugo. »

Le même jour, Victor Hugo répondait à M. Louis Jourdan : « Mon cher et ancien ami, on m'apporte le *Siècle*. Je lis votre article qui me touche, m'honore et m'étonne. Puisque vous me donnez la parole, je la prends. Je vous remercie de me fournir le moyen de faire cesser une équivoque.

« Premièrement, je suis un simple lecteur du *Rappel*. Je croyais l'avoir assez nettement dit pour n'être pas contraint de le redire.

« Deuxièmement, je n'ai conseillé et je ne conseille aucune manifestation populaire le 26 octobre.

« J'ai pleinement approuvé le *Rappel* demandant aux représentants de la gauche un acte auquel Paris eût pu s'associer. Une démonstration expressément *pacifique et sans armes*, comme les démonstrations du peuple de Londres en pareil cas, comme la démonstration des cent vingt mille fénians à Dublin il y a trois jours. C'est là ce que demandait le *Rappel*.

« Mais, la gauche s'abstenant, le peuple doit s'abstenir. Le point d'appui manque au peuple. Donc, pas de manifestation. Le droit est du côté du peuple, la violence est du côté du pouvoir. Ne donnons au pouvoir aucun prétexte d'employer la violence contre le droit. Personne, le 26 octobre, ne doit descendre dans la rue.

« Ce qui sort virtuellement de la situation,

c'est l'abolition du serment. Une déclaration solennelle des représentants de la gauche se déliant du serment en face de la nation, voilà la vraie issue de la crise. Issue morale et révolutionnaire. J'associe à dessein ces deux mots.

« Que le peuple s'abstienne, et le chassepot est paralysé ; que les représentants parlent, et le serment est aboli. Tels sont mes deux conseils, et, puisque vous voulez bien me demander ma pensée, la voilà tout entière. Un dernier mot : le jour où je conseillerai une insurrection, j'y serai. Mais, cette fois, je ne la conseille pas. »

Quatre jours après la publication du décret impérial qui avait excité cet orage contre le Gouvernement, les scènes sanglantes de la Ricamarie s'étaient reproduites à Aubin, dans l'Aveyron. Les ouvriers des mines de Crol appartenant à la compagnie d'Orléans s'étaient mis en grève. Le 8 octobre, 160 soldats tuèrent 14 grévistes et en blessèrent une cinquantaine. Plusieurs de ces blessés moururent. De temps en temps, il fallait quelques cadavres à l'Empire.

L'émotion causée par ce nouveau massacre fut telle que l'empereur essaya de la calmer en envoyant des secours pécuniaires aux blessés et des ordres à l'administration « pour qu'il fût veillé au sort des veuves et des orphelins ». Mais, comme l'a fait justement observer un historien [1] « cela ne rendait pas la vie aux morts ».

Dans les premiers jours d'octobre, la santé de Napoléon III donna de nouvelles inquiétudes à ses amis. Les docteurs Ricord, Nélaton et Fauvel se rendaient fréquemment à Saint-Cloud où, le 7, l'empereur remit au président du Sénat la pièce suivante, sous une enveloppe portant cette suscription : *Lettres patentes nommant le Conseil de régence* [2] :

LETTRES PATENTES

« Voulant user du droit qui nous est conféré par le sénatus-consulte du 17 juillet 1856 concernant la régence de l'Empire, nous nommons par ces présentes les membres du Conseil de régence.

« 1° Pour le cas où l'impératrice serait appelée à exercer la régence ;

« 2° Pour le cas où, à défaut de l'impératrice, la régence serait dévolue au prince Napoléon (Jérôme).

« Dans le premier cas, c'est-à-dire celui où l'impératrice serait régente, le Conseil de régence sera composé de huit membres, et nous nommons pour en faire partie :

« 1° S. A. I. le prince Napoléon ; 2° M. Rouher, président du Sénat ; 3° le premier président de la Cour de cassation qui sera en fonctions au moment de la régence ; 4° Le ministre de la guerre en fonctions à cette époque ; 5° l'amiral Rigault de Genouilly ; 6° le duc de Persigny ; 7° l'archevêque de Paris ; 8° le marquis de Lavalette.

« Dans le second cas, celui où le prince Napoléon (Jérôme) serait régent, le Conseil de régence sera composé de dix membres ; et nous nommons pour en faire partie :

« 1° M. Rouher, président du Sénat ; 2° le premier président de la Cour de cassation en exercice ; 3° M. le duc de Persigny ; 4° l'archevêque de Paris ; 5° le marquis de Lavalette ; 6° le ministre de la guerre en fonctions à cette époque ; 7° l'amiral Rigault de Genouilly ; 8° M. Jérôme David ; 9° M. Laity ; 10° le commandant de l'armée de Paris en exercice.

« Les membres du Conseil privé qui existe aujourd'hui et dont les noms sont omis dans le présent acte ne font pas partie du Conseil de régence.

« A défaut de la régence de l'impératrice,

---

1. Ernest Hamel.
2. Cette suscription était de la main de l'empereur ; l'écriture en était pénible et peu lisible. Ce document, enfermé dans un second pli plus grand que le premier et soigneusement cacheté, a été saisi chez M. Rouher.

Le procès Pierre Bonaparte. — Le palais de justice de Tours.

la garde du prince impérial, *ou, pour mieux dire, de l'empereur mineur*, est confiée à M. le général Frossard.

« Fait au palais de Saint-Cloud, le 7 octobre 1869.

« NAPOLÉON. »

Trois semaines plus tard, l'empereur écrivit, data et signa son testament.

La journée du 26 octobre, en vue de laquelle des précautions militaires et policières avaient été prises, se passa dans le plus grand calme.

L'impératrice était, alors, au Caire où elle assistait aux fêtes données à l'occasion de l'inauguration du canal de Suez. Le 23 octobre, elle écrivait à l'empereur : « Le roi a été d'*un galant à te faire dresser les cheveux*. Je ne sais si la présence d'un tiers le gêne pour me faire des confidences politiques, mais, dans tous les cas, *pas les autres*... Les danses dans le harem sont celles des bohémiennes en Espagne, *plus indécentes peut-être* [1]. »

Ses allures étaient peu majestueuses. A Matarieh, elle organisa une partie d'ânes : « La souveraine, sur un baudet, entourée et suivie par une caravane de fonctionnaires et d'invités tous juchés sur des ânes, trottant, galopant, se bousculant comme une bande de grisettes et de commis de magasin en vacances à Montmorency, formait un tableau indescriptible. Nous nous rappellerons éternellement la figure du vice-roi ébahi, consterné, faisant contre mauvaise fortune bonne mine, et tout confus devant les spectateurs de cette échappée de carnaval [2]. »

Le diplomate témoin de ces folies dit que, après l'âne, l'impératrice avait la passion du dromadaire et qu'elle se faisait photographier au haut de ce ruminant. « Un soir, ajoute-t-il, à Ismaïla, au milieu de tous les princes et souverains, à l'ébahissement de dix mille étrangers, elle nous arriva montée sur son inséparable dromadaire. »

Quelques phrases de cette correspondance témoignent que l'homme de Décembre méditait un nouvel attentat ; nous en trouverons ailleurs la preuve : « Je n'aime pas les *acoups*, écrivait encore l'impératrice, et je suis persuadée qu'on ne fait pas deux fois dans le même règne des coups d'État... Je me préoccupe beaucoup de la tournure de l'esprit chez nous. Dieu veuille que l'ordre soit maintenu sans user de la force, car le lendemain de la victoire est souvent difficile, plus difficile que la veille [1] ! » L'impératrice tira de son cœur naturellement bon ces réflexions sensées. Les historiens sont tenus de considérer par tous ses côtés la souveraine qui, en cas de décès de Napoléon III, devait, pendant la minorité de son fils, être impératrice-régente et dont l'ingérence dans les affaires de l'État fit tant de mal à la France. Le moment approche où sa volonté prédominante et obstinée précipitera son époux dans cette affreuse guerre dont elle a dit : *C'est ma guerre à moi*, » et qui, en anéantissant la dynastie napoléonienne, atteindra si terriblement la nation.

Dans sa lettre du 12 octobre, Victor Hugo disait : « Ce qui sort virtuellement de la situation, c'est l'abolition du serment. »

On agita cette question à propos des quatre élections rendues nécessaires par l'option de MM. Bancel, Gambetta, Ernest Picard et Jules Simon pour les départements du Rhône, des Bouches-du-Rhône, de l'Hérault et de la Gironde, où ils avaient été élus en même temps qu'à Paris. Les électeurs des 1°, 3°, 4° et 8° circonscriptions de la Seine furent convoqués pour le 21 et le 22 novembre. Les républicains se divisèrent sur la question du serment. Les uns voulaient choisir des candidats *assermentés* et pouvant

---

1. *Papiers et Correspondance de la famille impériale.*
2. *Le Dernier des Napoléon.*

1. *Papiers et Correspondance de la famille impériale.*

remplir leur mandat, — les autres ne donner leurs suffrages qu'à des candidats refusant le serment préalable et prenant l'engagement de se mettre à la disposition des citoyens qui les auraient élus. Dans ce cas, il eût fallu aller jusqu'au bout, c'est-à-dire forcer les portes de l'Assemblée afin d'y introduire les quatre *inassermentés* et livrer une bataille ingagnable à un pouvoir qui la désirait pour noyer dans le sang la liberté renaissante.

Les partisans de l'*inassermentation* proposèrent la candidature à MM. Ledru-Rollin, Barbès, Louis Blanc et Félix Pyat. Ledru-Rollin prêta, d'abord, l'appui de son nom à cette manifestation; mais il la voulait pacifique. « Pas d'illusion, écrivait-il; ce que veut l'Empire, c'est une journée. N'entendez-vous pas déjà les cris de la presse impérialiste demandant une nouvelle hécatombe de dix mille républicains? Ignorez-vous que les casernes sont pleines à déborder et que de nouvelles troupes convergent de toutes parts vers Paris? » Bientôt notre illustre ami reconnut qu'il était mieux de diriger contre l'ennemi commun toutes les forces de la démocratie, et il retira sa candidature [1].

Louis Blanc répondit sagement qu'il ne pouvait se poser en adversaire de candidatures acceptées déjà par le public. « Est-il nécessaire d'ailleurs, ajoutait-il, que les candidats inassermentés, s'ils sont élus, aillent forcer le seuil de la Chambre sauf à être repoussés, empoignés, emprisonnés?... Une manifestation populaire, sans ensemble, partielle, conduirait à un combat horriblement inégal, et le combat horriblement inégal à une défaite certaine nous donnant, une seconde fois, un maître déguisé en sauveur. »

Barbès, qui agonisait à la Haye, dicta ces paroles à M. Gambon : « Redis bien à tous de ne pas se laisser prendre à quelque piège de l'ennemi; il doit vouloir l'émeute, il en a besoin... Si, un jour, la bataille est nécessaire, ce qui reste à voir, ne la livrons qu'à bon escient, le jour et l'heure fixés par les événements et par la volonté du peuple. Ce jour-là, ou bien mon cœur se rompra en chemin, ou bien je serai avec vous pour recevoir une dernière balle. »

Félix Pyat, qui était à Paris, engagea les électeurs de la 8ᵉ circonscription à reporter sur un ouvrier la candidature qu'ils lui offraient.

On renonça, très-heureusement, à cette manifestation comme à l'autre.

Le 15 novembre, vingt-huit députés de la gauche signèrent chez M. Jules Favre un manifeste dans lequel ils précisaient la ligne de conduite qu'ils entendaient suivre « pour atteindre le but qu'ils se sont toujours proposé : le gouvernement du pays par lui-même, pour et par la liberté [1] ».

Ce manifeste auquel tous les députés de la gauche, moins M. Raspail, avaient donné leur adhésion, démontrait la fausseté des bruits répandus par les journaux officieux au sujet d'une prétendue scission entre les mandataires du parti démocratique.

Mais, si le manifeste des vingt-huit fut bien accueilli par les fractions modérées du parti démocratique, il trouva dans le camp des ultra-irréconciliables et dans celui des partisans de l'inassermentation un accueil bien différent. « Si le manifeste de la gauche, disait un des journaux qui représentaient l'opinion de ces derniers, est la synthèse du mouvement électoral de 1869, ce n'est pas la France seule, c'est l'Europe entière qui éprouvera la plus cruelle déception... Hors des principes, on doit logiquement faire de la mauvaise politique, et l'assermentation oblige tôt ou tard tout mandataire du peuple qui la subit à devenir un rouage de l'Empire

---

1. Voir aux documents complémentaires de ce chapitre.

1. Voir aux documents complémentaires de ce chapitre.

libéral. La gauche n'est plus que le serre-frein de la locomotive bonapartiste; son opposition empêchera désormais le train de dérailler. MM. les élus ont oublié les engagements qu'ils ont pris, les ordres qu'ils ont sollicités, les cahiers qu'ils ont contre-signés en jurant obéissance et fidélité au peuple souverain. Depuis que, verbalement, leurs pouvoirs vérifiés, ils ont juré obéissance et fidélité à l'empereur, ils ne relèvent plus, disent-ils, que de leur conscience. La logique est terrible... en s'isolant du peuple, on n'est plus révolutionnaire, préparateur de République. On devient réformateur et conservateur d'Empire. »

Ces reproches étaient aussi injustes que peu fondés. En élisant ses nouveaux mandataires, le parti républicain n'ignorait pas qu'ils se soumettraient à un serment sans la prestation duquel ils n'auraient pu exercer leur mandat ni, conséquemment, tenir les engagements pris et poursuivre la revendication des droits que les électeurs avaient donné commission aux contre-signataires des cahiers « de réclamer à la tribune ».

Les réunions publiques étaient fort agitées; les candidatures s'y discutaient passionnément; celle de M. Henri Rochefort avait été posée dès l'ouverture de la période électorale, dans la première circonscription. L'acceptation du cahier Gambetta par l'auteur de la *Lanterne* était datée de Londres et se terminait ainsi : « Votre programme, citoyens électeurs, est le mien du premier au dernier mot. Vous m'offrez l'honneur d'en revendiquer la réalisation. J'accepte avec joie cette gloire, et je crois pouvoir dire ce danger. »

Le 5 novembre, M. Rochefort était attendu, à la Chapelle, dans une réunion où les candidats républicains avaient été convoqués; vers dix heures, on y apprit qu'un commissaire de police lui avait interdit le passage de la frontière; cette nouvelle fit monter la colère dans tous les cerveaux; on

rappelait que, dans l'un des procès intentés à M. Rochefort, l'avocat impérial Angot des Rotours avait terminé son réquisitoire ainsi : « Je requiers surtout contre le prévenu l'interdiction des droits civiques; il ne faut pas qu'il puisse se présenter aux suffrages des électeurs. »

Entre les paroles de l'avocat impérial des Rotours et l'acte du commissaire de police de Faignies, les rapprochements étaient faciles; ils portèrent au comble la popularité de M. Rochefort. Deux de ses compétiteurs se présentaient, comme lui, sous le drapeau de l'irréconciliabilité; l'un d'eux, M. Cantagrel, demanda la parole : « En présence de cette persécution, dit-il, l'élection de Rochefort est une question de vie ou de mort pour le parti démocratique; je retire ma candidature. »

L'autre, M. Clément Laurier, retira aussi la sienne après en avoir référé à ses comités.

Le déplorable effet produit par l'incident de Faignies poussa le gouvernement à autoriser l'entrée en France de M. Rochefort; un sauf-conduit lui fut donné.

Dans toutes les réunions publiques où il se rendit, il reçut des ovations. Il s'expliqua en ces termes sur la question du serment : « Je l'ai prêté ! Ne faut-il pas qu'un gouvernement soit faible pour l'exiger ? Je l'ai prêté, car le gouvernement impérial compte sur les refus pour éloigner de la Chambre ceux qu'il redoute. J'ai prêté serment dans l'intérêt de la démocratie. »

Au nom du parti républicain modéré, M. Carnot engageait contre M. Rochefort la lutte qu'il avait soutenue contre M. Gambetta.

M. Frédéric Terme allait essuyer une défaite non moins honteuse que les précédentes, et ce malheureux candidat officiel se berçait de l'espoir d'un succès !

M. Clément Duvernois écrivait, le 14 novembre, à l'empereur : « L'heure approche, sire, où Votre Majesté va recueillir le fruit de son admirable patience. Le mouvement de réaction contre les irréconciliables commence à Paris, et il se dessine chaque jour davantage. Terme maintient sa candidature *et il est plein d'espérance*. Il est convaincu qu'il aura plus de voix que M. Carnot, à la condition que M. Carnot ne soit pas recommandé par l'administration, comme cela est arrivé aux dernières élections [1]. »

Les courtisans se ressemblent tous : ils repaissent leur maître d'illusions flatteuses, de promesses décevantes!

Dans la troisième circonscription, M. Crémieux n'avait aucun compétiteur sérieux, MM. Laferrière et Émile Durier s'étant retirés devant lui. M. Pouyer-Quertier, candidat impérialiste, entrait en lice sous le patronage de M. Émile Ollivier qui écrivit aux électeurs : « J'engage mes amis à donner leurs suffrages à M. Pouyer-Quertier, à le préférer à tous les *tribuns poussifs* qui, de Londres ou d'ailleurs, nous fatiguent de leurs pauvres déclamations. »

C'est à Ledru-Rollin et à Louis Blanc que le fils de Démosthène Ollivier s'attaquait avec cette grossièreté imbécile. Le serpent essaiera-t-il donc toujours de mordre sur la lime d'acier?

MM. Glais-Bizoin, Henri Brisson et Allou sollicitaient les suffrages des électeurs républicains de la quatrième circonscription.

Dans la huitième, la succession de M. Jules Simon était ambitionnée par quatre candidats également dignes de la recueillir : MM. Alphonse Gent, Emmanuel Arago, Ferdinand Hérold et André Lavertujon. Celui-ci se désista; entre les deux premiers, les chances semblaient s'égaliser.

Le scrutin s'ouvrit. MM. Rochefort, Crémieux et Emmanuel Arago furent élus. L'appui du *Siècle* assura le triomphe d'Emmanuel Arago sur le transporté de Nouka-Hiva : « Le *Siècle*, bien que l'influence de la presse dans les élections eût quelque peu baissé, entraînait encore quatre ou cinq mille voix dans chaque circonscription; M. Arago comptait dans sa rédaction beaucoup de vieux amis; M. A. Gent, d'un autre côté, fixé pour le moment à Madrid, lui adressait de cette ville une correspondance politique sur les affaires d'Espagne. Le *Siècle* préférant l'ami au collaborateur mit le nom de M. Arago sur sa liste. Il fut nommé [1]. »

M. Crémieux l'emportait sur M. Pouyer-Quertier à une majorité énorme. La recommandation de M. Émile Ollivier contribua beaucoup à cet insuccès humiliant.

Dans la huitième circonscription, M. Glais-Bizoin, qui avait obtenu seulement la majorité relative, fut élu au deuxième tour de scrutin.

Dans le discours prononcé par l'empereur, le 29 novembre, au Louvre, où s'inaugura la reprise de la session extraordinaire, cette phrase fut beaucoup remarquée : « *Aidez-moi à sauver la liberté!* » Il fallait qu'il pressentît l'écroulement prochain de sa fortune pour demander qu'on l'aidât, afin de s'en faire un appui, à sauver cette liberté qu'il avait bâillonnée, enchaînée, piétinée, meurtrie. Privé des conseillers hardis et dévoués qui guidaient, autrefois, son esprit indécis et que la mort lui avait successivement enlevés, mis par les infirmités que l'abus des plaisirs cause dans cet état de langueur qui angoisse l'âme et le corps, troublé par les échecs nombreux de sa politique, sans boussole au milieu des ténèbres où tâtonnait sa volonté flottante, Napoléon III prêtait l'oreille à des intrigants qui lui promettaient de raffermir sa couronne en associant la liberté à l'Empire; il leur eût été moins difficile de prendre la lune aux dents que de réaliser une pareille alliance. Y a-t-il deux choses,

---

[1]. Il va sans dire que cette manœuvre électorale de l'administration, tendant à empêcher l'élection de M. Gambetta, était ignorée de M. Carnot.

[1]. Taxile Delord, *Histoire du second Empire*.

en ce monde, qui de leur nature soient plus antagoniques et plus irréconciliables que l'Empire et la liberté?

Ce projet était une ineptie. M. Émile Ollivier qui l'avait conçu fut nommé président dans le deuxième bureau. L'ancien commissaire de Ledru-Rollin prit la parole à cette occasion. « Nous sommes débordés, dit-il, par les passions populaires; il faut que nous nous groupions autour de la dynastie. Je me sépare avec le *centre gauche*, parce qu'il marche directement à la révolution. »

Ainsi parla cet homme qui, en 1848, était un républicain ardent et dont, en 1857, la candidature fut présentée comme « une consolation à l'exil ». — « On veut, écrivait-il alors, honorer en moi la vie de dévouement de mon père [1], la mémoire de mon frère [2]. » Dans une réunion de délégués du parti démocratique, il s'écriait : « Moi, je serai le spectre du 2 Décembre ! »

En ouvrant la session du Sénat, M. Rouher fit brièvement l'oraison funèbre du maréchal Niel, du contre-amiral Grivel et de M. Sainte-Beuve. Celui-ci était mort, le 13 octobre, en exprimant la volonté formelle d'être enterré civilement. M. Rouher déplora « cette suprême témérité du libre-penseur » qu'il blâmait sottement d'avoir repoussé la liberté de l'enseignement supérieur « parce que cette prétendue liberté ne serait qu'un privilége engendrant une foule d'abus ». « Quant à l'écrivain, ajoutait-il, je n'ai dans l'esprit ni dans la parole assez de finesse et de goût pour le louer. »

Ami d'Armand Carrel, dont il partageait les idées républicaines, M. Sainte-Beuve avait abjuré sa foi politique. Après le coup d'État de Décembre, Louis-Napoléon lui donna une chaire de poésie latine au Collége de France. Le jour où il y parut, les étudiants accueillirent l'ancien rédacteur du *National* par des protestations contre sa palinodie, et ils le sifflèrent. L'auteur de *Volupté* renonça au professorat. Le *Moniteur universel* l'attacha aussitôt à sa rédaction. Les articles de critique littéraire qu'il publia dans ce journal resteront comme un modèle de finesse, d'esprit, de pureté de style et de goût. S'il déserta le drapeau de la République sous lequel il avait abrité ses débuts dans la carrière des lettres, du moins il garda sa fidélité à celui de la libre-pensée dont il fut, jusqu'à sa dernière heure, le défenseur inébranlable et actif.

La réouverture du Corps législatif s'était faite sous la présidence du colonel Réguis, doyen d'âge. M. Jules Favre avait immédiatement demandé à interpeller le gouvernement : « 1° sur la conduite des différentes autorités chargées de veiller à la tranquillité publique et à l'exécution des lois au mois de juin dernier ; — 2° sur le maintien des candidatures officielles ; — 3° sur la répression sanglante des troubles du bassin de la Loire et du bassin de l'Aveyron ; — 4° sur la convocation tardive du Corps législatif, au mépris de ses droits et au risque des graves événements que pouvaient faire naître l'inquiétude et le malaise, résultat inévitable de cet ajournement. »

En même temps que ces quatre demandes d'interpellation, M. Jules Favre déposa le projet de loi suivant :

« Le pouvoir constituant appartiendra désormais exclusivement au Corps législatif. »

Ce projet de loi fut renvoyé à l'examen des bureaux.

M. Raspail monta aussi à la tribune pour réclamer la mise en accusation du ministère. Cette demande verbale ne pouvait avoir et n'eut aucune suite ; pour qu'elle fût soumise à une discussion quelconque, il eût fallu la

---

1. Démosthène Ollivier, qui siégeait sur les bancs de la Montagne après la Révolution de Février, et qui fut, après le coup d'État, mon compagnon de casemate et d'exil.
2. Aristide Ollivier, tué en duel à Montpellier, par un ennemi de la République dont il défendait la cause vaillamment.

formuler par écrit et la déposer sur le bureau.

Le 1ᵉʳ décembre, la Chambre, usant de son droit nouveau, nomma son président et ses quatre vice-présidents : M. Schneider, et MM. de Talhouët, du Miral, Chevandier de Valdrôme et Jérôme David.

Le lendemain jeudi, 2 décembre, l'Assemblée ne siégea pas. « Le Corps législatif — disait M. Peyrat dans l'*Avenir national* — ne tient pas de séance aujourd'hui ; il rend ainsi hommage, bon gré mal gré, à un sentiment qui durera en France aussi longtemps que le sentiment de la justice et du droit. Il n'est plus possible désormais qu'une assemblée française et libre laisse passer, sans montrer qu'elle en conserve le souvenir, l'anniversaire du jour où Louis-Napoléon Bonaparte, oubliant le serment qu'il avait prêté à la République, fit jeter en prison les mandataires du peuple et changea en corps de garde le palais de la représentation nationale. »

Cet article fit une sensation profonde.

Les mameluks voulaient que son auteur comparût à la barre de l'Assemblée. « Ce serait, disaient-ils imprudemment, une occasion de nous associer une fois de plus à l'acte du 2 Décembre. »

Mais le gouvernement, depuis le procès Baudin, redoutait cette évocation dangereuse, et Napoléon III écartait les souvenirs du crime qui l'avait fait empereur : était-ce par un pressentiment que l'heure où il devait l'expier n'était pas loin ?

Le 3 décembre, ce souvenir fut indirectement évoqué, à la tribune, par M. Henri Rochefort : « Je demande, dit-il, que, désormais, le service des postes chargés de veiller à la sûreté de l'Assemblée soit confié à la garde nationale. » A droite, quelques rires éclatèrent. — « Il viendra peut-être un jour, s'écria M. Gambetta, où vous regretterez de n'avoir pas pris la mesure qui vous est proposée, et vos rires ne vous sauveront pas de votre naïveté. »

La vérification des pouvoirs fut reprise. M. Guyot-Montpayroux démontra que l'élection de M. du Miral, dans la quatrième circonscription du Puy-de-Dôme, était due à des actes sans nombre de pression administrative et à la distribution de sommes considérables ; la part des églises avait été de quatre-vingt-quinze mille francs. M. Desseilligny, rapporteur, n'en proposa pas moins de valider cette élection, « attendu que si ces faits étaient regrettables, ils étaient compensés par des excès de polémique ».

M. Jules Simon flétrit de nouveau les fraudes, les corruptions, les violences intimidatrices dont l'administration et son candidat, M. Justin Durand, s'étaient rendus coupables dans les Pyrénées-Orientales. L'un des agents de ce banquier surnommé le *héros des rastels* disait avec un cynisme qui faisait sourire les autorités locales : « Une pièce de cent sous, voilà l'emblème de la conscience humaine. Votons pour qui nous paye. » Pendant que M. Jules Simon dévoilait ces turpitudes, les gens de la majorité s'efforçaient d'étouffer sa voix sous le bruit qu'ils faisaient avec leurs couteaux de bois ; ils avaient hâte de valider cette élection scandaleuse.

Ils validèrent ainsi l'élection de M. de Soubeyran dans la Vienne et celle de M. Dréolle dans la Gironde ; leurs vociférations couvraient la voix de M. Jules Ferry afin que ses révélations ne fussent pas entendues.

Par une manœuvre déloyale, ils essayèrent d'invalider l'élection de M. Girault, député républicain du Cher.

Le rapporteur concluait à la validation, et la majorité repoussa ces conclusions sans les combattre. Jamais une pareille monstruosité parlementaire ne s'était produite. De tous les bancs de la gauche s'élèvent des cris indignés : « C'est une surprise inouïe. » — « Un coup de force ! » — « Un acte honteux ! » — « Un crime ! » A ces exclamations de MM. Garnier-Pagès, Gambetta, Jules Favre et Crémieux,

M. Ernest Picard ajouta ces mots : « Vous dissolvez la Chambre, vous vous suicidez. »

Après une longue discussion à laquelle prirent part MM. Buffet, Estancelin, Mathieu, Pinard, Quesné, Morin, Mony et d'autres orateurs, l'élection de M. Girault fut validée.

MM. Raspail et Henri Rochefort soumirent au Corps législatif un projet de loi dont voici les articles principaux :

« Le conseil municipal, élu pour trois ans, nommera le maire pour un an. — Le Corps législatif, librement élu par le suffrage universel, règle en dernier ressort tout ce qui concerne les intérêts généraux de la nation. — L'impôt progressif remplace tous les autres impôts ; le Corps législatif fixe annuellement le chiffre de l'impôt qui est réparti par la commune. — Tout Français est soldat de vingt à cinquante ans ; il réside dans ses foyers et n'est astreint aux exercices militaires que tous les huit jours pendant trois heures, et tous les trois mois sur un certificat de ses chefs que son éducation est terminée. — Chaque légion nomme, tous les ans, ses chefs. — Le Corps législatif nomme les généraux. »

M. Forcade de la Roquette prit la parole et dit qu'un pareil programme était à la fois ridicule et naïf. Ni M. Raspail ni M. Rochefort n'entendirent ces paroles. Le jour de l'ouverture de la session, quand le ministre de la justice faisait l'appel des députés pour la prestation du serment, le nom de M. Rochefort avait provoqué les ricanements de l'empereur et ceux du prince impérial. Voul ant se venger de cette manifestation inconvenante, M. Rochefort, dans la séance qui suivit celle où le ministre de l'intérieur avait traité de ridicule son projet de loi, demanda la parole sur le procès-verbal.

« Je n'ai point entendu hier — dit-il, — les paroles de M. Forcade de La Roquette ; je me contenterai de lui faire cette courte réponse : Si ridicule que je sois, je ne me suis jamais promené sur une plage avec un aigle sur l'épaule et du lard dans mon chapeau. »

De rares cris à l'ordre se firent entendre, mais la majorité feignit de n'avoir pas compris cette allusion à l'aigle savant que Louis-Bonaparte avait apporté de Londres à Boulogne et qui « devait être lâché au moment où la population eût acclamé le prince, au-dessus de la tête duquel il fût venu planer ».

Le rapport sur l'élection de M. Campaigno, maire de Toulouse, fut vivement discuté ; MM. Jules Favre et Jules Ferry dénoncèrent les manœuvres exceptionnellement odieuses que le gouvernement avait employées pour combattre la candidature de M. de Rémusat. « J'ai vu beaucoup d'élections, dit M. Thiers ; il y en a qui m'ont révolté, celle-ci me paraît intolérable. » Elle n'en fut pas moins validée.

Le rapport de M. Choiseul-Praslin concluait à l'invalidation de M. Clément Duvernois. Achat de votes, faveurs accordées et faveurs promises, rien n'avait été négligé pour faire élire le favori de l'empereur. M. Clément Duvernois fut pitoyable en essayant de se défendre. M. Bancel lui répondit sévèrement ; il se posa cette question : « Le candidat était-il connu dans le département des Basses-Alpes ? »

M. Émile Ollivier l'interrompant : « C'est la question d'indignité que vous posez ; je me suis élevé contre elle, avec vous, lorsqu'il s'agissait de M. Girault, l'un *des vôtres*. » — « Je voudrais bien, s'écria Emmanuel Arago, que M. Émile Ollivier nous dît, une bonne fois, quels sont maintenant les siens. » — « Nous, nous, » répétèrent de nombreux députés de la droite. Et M. Émile Ollivier ajouta : « Heureusement que ce n'est pas vous. » — « On ne m'a jamais mieux rendu justice, » répliqua le député de Paris.

Ces paroles méprisantes cinglèrent, comme un fouet, le renégat qui ne souffla mot.

Cette élection que le *Moniteur universel* déclarait être « le type achevé de la candida-

Le plébiscite. — Les abords d'une des sections de vote.

ture officielle » fut validée par 135 voix seulement contre 112.

Le gouvernement impérial ayant expulsé de France M. Paul y Angulo, républicain espagnol et député aux Cortès, M. Rochefort reprocha au ministre de l'intérieur cette mesure brutale. M. Forcade de La Roquette, dont les préfets laissaient les carlistes tramer librement des complots à Bayonne, à Perpignan et ailleurs, répondit que « M. Paul y Angulo se mêlait, en France, à des intrigues républicaines ». — « Vous avez raison, lui dit M. Rochefort, de craindre la République, car, dans ma conviction, elle est proche, et c'est elle qui nous vengera tous, Français et Espagnols. »

Le Corps législatif cassa l'élection de M. Sainte-Hermine, que M. Clément Duvernois proposait de valider, celle de M. Gourgaud qui n'avait obtenu qu'une voix de majorité, et celles de MM. Rouxin et Isaac Péreire. Ce dernier n'avait pourtant fait qu'imiter M. Justin Durand en ouvrant des castels dans l'Aude, — mais, comme le banquier des Pyrénées-Orientales, il n'était plus dans les bonnes grâces du gouvernement.

Le 27 décembre, la session extraordinaire fut close, et, le lendemain, la session ordinaire s'ouvrit. Ce jour-là, le *Journal officiel* annonça que l'empereur avait reçu les démissions de ses ministres et chargé M. Émile Ollivier de la formation du nouveau cabinet. Les négociations entamées depuis si longtemps dans ce but et reprises avec plus d'activité vers la fin de septembre aboutissaient enfin.

L'empereur avait chargé M. Clément Duvernois de négocier cette affaire.

Un commerce épistolaire entre les deux renégats noua l'intrigue fortement.

M. Émile Ollivier data sa première lettre de la Moutte, près Saint-Tropez, le 2 octobre 1869. « Vous connaissez, écrivait-il à *son cher ami*, ma vive sympathie pour la personne de l'empereur; elle s'est accrue, dans ces derniers temps, par l'attitude *noble, grande, digne d'admiration,* qu'il oppose à tant d'injures, d'injustices et de basses indignités. »

Après avoir soufflé à l'homme du 2 Décembre cette bouffée d'adulation, le frère d'Aristide Ollivier déclara qu'il se mettrait entièrement à la discrétion de l'empereur si, dans l'intérêt de son nouveau maître, il n'avait pas à se préoccuper des exigences de l'opinion. Comme elle, il croit que le ministère actuel doit à son origine extra-parlementaire son incurable faiblesse; il conseille à Napoléon III de relire « l'admirable chapitre IX de la *Décade* de Machiavel, qui reconnaît la nécessité d'adopter *des ministres nouveaux* à chaque situation nouvelle ».

Ayant ainsi laissé passer le bout de l'oreille, l'aspirant-ministre rédige son programme politique : il croit que la guerre embrouillerait et compromettrait tout, et que, le moment d'arrêter la Prusse étant passé, l'Empire trouvera sa grandeur et son salut uniquement dans le respect du principe des nationalités; « l'empereur l'a inauguré; s'il le combat, il sera vaincu par lui. »

M. Émile Ollivier regarde comme impossible le maintien de la loi de sûreté générale, de l'article 75 et des candidatures officielles, *en principe du moins;* il n'irait pas jusqu'à accorder aux conseils municipaux la nomination des maires, mais il estime que les libertés municipales doivent être étendues. Il trouve excellente la législation qui régit la liberté de la presse et le droit de réunion; il assure que, dans quelques mois, « les irréconciliables se seront mangés entre eux »; d'ailleurs, si l'empereur accepte les conditions posées, M. Émile Ollivier est prêt « *à prendre la Révolution corps à corps,* comme ministre ».

Cette risible outrecuidance ne ressemble-t-elle pas à la prétention qu'aurait un pygmée de se mesurer avec Atlas ?

« Si l'empereur croit devoir m'employer, ajoute ce fier lutteur, qu'il le fasse en tirant de moi le plus de parti possible; qu'il me charge par une note au *Moniteur* de former un ministère. *Voilà qui frappera les esprits et sera efficace.* »

A ce coup, la Révolution, craignant d'être prise à bras-le-corps et terrassée par M. Émile Ollivier, se déclarerait vaincue.

Mais l'ancien commissaire de Ledru-Rollin déclare que, s'il n'est pas ministre, il la combattra seulement comme *tirailleur.* « Vous savez, dit-il à M. Clément Duvernois, que c'est le rôle de ma prédilection. »

Ce rôle est, en effet, moins dangereux que l'autre.

Dans un post-scriptum, M. Émile Ollivier donne à son cher ami l'assurance qu'il trouverait indigne de profiter des embarras de la situation pour s'imposer, et qu'il n'y pense pas.

Répondant, le 5, à une seconde lettre de M. Clément Duvernois, M. Émile Ollivier dit que ses longues réflexions ne lui permettent pas de concevoir qu'il puisse entrer utilement aux affaires si ses conditions ne sont pas agréées. S'unir à M. Rouher dans un même ministère est chose impossible; plus tard, ce sera désirable; — aujourd'hui, ce serait un désastre pour tous les deux. Il prendra quelques-uns des ministres actuels, Magne surtout, Chasseloup, les ministres de la guerre et de la marine, Forcade aussi peut-être, mais pas à l'intérieur. Il voudrait être autorisé à dissoudre la Chambre dans le cas où elle ne le suivrait pas. Entre une cour dans laquelle il est un étranger et un ennemi, et une Chambre composée en partie des créatures de Rouher, il serait impuissant et ridicule s'il ne prenait pas de sûretés.

Il est sûr du succès de ses combinaisons, il n'y a de doute dans son esprit que sur l'époque où le nouveau ministère doit être créé. Mieux vaut, lui semble-t-il, attendre la session; quand la Chambre et lui se seront tâtés et mis d'accord, « ayant toute sa jeunesse, il aura toute sa force ».

Pendant tout le mois, on échangea des lettres. M. Duvernois fit venir à Paris son ami Ollivier et obtint pour lui une audience de l'empereur qui résidait à Compiègne; le 30, M. F. Piétri, chef du cabinet de Napoléon III, écrivit à M. Duvernois : « Sa Majesté me charge de vous dire qu'elle verrait avec plaisir M. Émile Ollivier; mais, pour éviter les indiscrétions des journaux et de tous les petits journalistes qui encombrent Compiègne, il faudrait prendre certaines précautions pour leur échapper. Voici, par conséquent, ce qu'il faudra faire : M. Émile Ollivier partirait demain soir, lundi, par le train de *huit heures*. Il arriverait à dix heures une minute à Compiègne. Je l'attendrai à la gare. Il pourrait repartir à deux heures trente minutes du matin, pour arriver à Paris à quatre heures quarante-cinq minutes du matin. Si M. Émile Ollivier a soin, en arrivant à la gare de Paris, de s'entourer la tête d'un cache-nez, il pourra passer inaperçu. Prévenez-moi, afin que je puisse aller le recevoir. »

M. Émile Ollivier entoura sa tête d'un cache-nez, ôta ses lunettes pour se rendre méconnaissable et se rendit à Compiègne. M. Piétri l'introduisit dans le cabinet de Napoléon III. Là se discutèrent les conditions du marché en suite duquel le fils du proscrit allait devenir le ministre et le courtisan du proscripteur.

On ne se mit pas tout à fait d'accord cette fois-là. L'empereur voulait tout simplement annexer M. Émile Ollivier aux ministres actuels.

« *Non possumus!* » écrivit à M. Clément Duvernois « le solitaire de la Moutte ».

Une correspondance, dont M. Duvernois fut l'intermédiaire, s'engagea entre l'empereur et M. Ollivier. Le 11 novembre, une lettre de ce dernier à son confident se terminait ainsi : « Je partirai d'ici dimanche; j'arriverai d'un trait. La lettre de l'empereur est si confiante, si noble, qu'elle triomphe de tous mes scrupules. Je suis décidé et je marche au combat. Que Dieu bénisse nos armes ! »

Le 27 décembre, toutes les difficultés étaient aplanies; le *Journal officiel* du lendemain publiait la lettre suivante, adressée à M. Émile Ollivier :

« Palais des Tuileries, le 27 décembre 1869.

« Monsieur le député, les ministres m'ayant donné leur démission, je m'adresse avec confiance à votre patriotisme pour vous prier de me désigner les personnes qui peuvent former avec vous un cabinet homogène, représentant fidèlement la majorité du Corps législatif et résolues à appliquer, dans sa lettre comme dans son esprit, le sénatus-consulte du 8 septembre.

« Je compte sur le dévouement du Corps législatif aux grands intérêts du pays, comme sur le vôtre, pour m'aider dans la tâche que j'ai entreprise de faire fonctionner régulièrement le régime constitutionnel.

« Croyez à mes sentiments.

« NAPOLÉON. »

Le 31, M. Émile Ollivier, qui, la veille, avait offert le portefeuille du commerce à M. Duvernois, retira son offre en ces termes : « Mon cher ami, je ne demanderais pas mieux que de vous avoir, vous le savez. L'empereur le désire; mais il croit que, dans votre intérêt, il vaudrait mieux différer, de façon que votre avénement fût plus efficace. Je vous souhaite de n'être jamais chargé de former un ministère et de ne jamais vous trouver aux prises avec la férocité des amours-propres. »

Ces lignes froissèrent cruellement l'amour-propre de M. Duvernois qui, dans cette affaire, venait de jouer le rôle du Raton de la fable. Sa mauvaise humeur perçait dans la réponse qu'il fit à son compère Bertrand : « Je viens vous rendre toute liberté en déclarant que je refuse d'entrer désormais dans une combinaison où Magne aurait le portefeuille des finances... D'une façon générale, je crois qu'il n'est pas pratique de vouloir coudre ensemble du drap neuf et du drap vieux, et qu'il faut choisir entre un cabinet d'action et un cabinet d'inaction. A vrai dire, j'ai cru que le choix de l'empereur était fait quand je l'ai vu prendre un premier ministre de quarante ans. J'ai pensé qu'après avoir donné au pays toutes les libertés de discussion, il désirait donner à ces libertés un aliment et un emploi en entrant résolûment dans la voie des réformes civiles, judiciaires, financières, commerciales, industrielles. En un mot, je croyais à un 52 libéral. Pour accomplir cette œuvre, je croyais que vous alliez faire appel à tous ces hommes jeunes que des ministres imprévoyants ont tenus à l'écart de l'administration et de la Chambre.

« Je vous voyais déjà faire appel à tout ce qu'il y a de capable dans la Chambre, dans la presse, dans le barreau. Il me semblait qu'à la tête de ces troupes fraîches, un général de quarante ans pouvait livrer avec succès, ou du moins avec honneur, une bataille décisive à ceux qui veulent renverser l'Empire et à ceux qui veulent en faire un tout petit jouet. Dans cette hypothèse, j'arrivais tout naturellement; je n'étais ni un favori ni un accident ; j'étais un rouage de la grande machine que vous allez mettre en marche, et, si haut que m'ait placé votre confiance, je me perdais dans la foule des nouveaux venus. Mais, franchement, que voulez-vous qu'aille faire ma jeunesse au milieu d'un personnel gouvernemental hésitant, timide, et qui croit que l'art de bien gouverner est l'art de bien dire sans rien faire?

« Je vous demanderai aussi ce que vous allez faire dans cette galère, si le devoir ne vous y enchaîne. Entourez-vous donc d'hommes sages et prudents qui vous modéreront, et laissez-nous attendre. Seulement, n'oubliez pas, mon cher ami, que la France est énervée comme l'homme qui ne boirait que du café et des liqueurs sans rien manger. Si vous lui donnez la liberté politique sans lui donner une occupation par les réformes indispensables, par la décentralisation, par le remaniement des impôts, par les travaux féconds, elle deviendra épileptique, et le gouvernement parlementaire périra encore une fois par les mêmes raisons qui l'ont tué.

« Voilà donc qui est entendu; quand vous voudrez faire un gouvernement d'action, je serai votre homme sans condition et sans délai; mais je suis trop résolu pour être le membre d'un comité mixte, et trop clairvoyant pour être le membre d'un cabinet d'inaction.

« Croyez à ma vraie amitié et à un dévouement qui ne se démentira pas. »

Ces conseils sont bons, ces protestations de dévouement et d'amitié sont charmantes, mais, comme dit Molière, « la griffe est là-dessous ».

DOCUMENTS COMPLÉMENTAIRES DU CHAPITRE XV

I

RAPPORT ADRESSÉ A L'EMPEREUR SUR LE JOURNAL GÉRÉ PAR M. CLÉMENT DUVERNOIS

« Sire, je viens demander à Votre Majesté de vouloir bien, par application de l'article 32 du décret organique du 17 février 1852, ordonner la suppression du journal publié à Alger sous le titre de l'*Algérie nouvelle*.

« Méconnaître tous les services rendus ; répandre contre l'armée des attaques aussi injustes que violentes ; chercher à jeter entre elle et les fonctionnaires de l'ordre civil les excitations d'une rivalité qu'heureusement le bon sens et le dévouement surent toujours repousser ; faire naître dans l'esprit des colons la méfiance qui produit le découragement ; représenter l'état de la colonie sous un aspect qui devait en éloigner ceux qui pourraient y porter leur industrie, leurs capitaux ; exposer le pays à d'incessantes agitations par une polémique menaçante pour bien des intérêts, et peut-être paralyser aussi les efforts du gouvernement, telle semble être la tâche que l'*Algérie nouvelle* s'est imposée. Et je pourrais pourtant ajouter encore que ce journal ne suffisait pas aux passions des hommes qui le dirigeaient, car ils voulurent recourir à d'autres modes de publicité pour outrager, sans exception, tous les fonctionnaires les plus élevés, et descendre dans une autre publication aux plus grossières et aux plus mensongères allusions contre les dépositaires du pouvoir dans la colonie.

« Ni la longanimité de l'administration, qui entendait laisser à la discussion de ses actes la plus entière liberté, ni ses avis officieux n'avaient pu prémunir ces excès ; ses avertissements, ainsi que ceux de la justice, n'ont pu les faire cesser.

« Ces excès, sire, qui déjà avaient amené de déplorables scènes dans la ville d'Alger, ont de nouveau menacé d'avoir des conséquences qu'il a fallu toute la fermeté de l'autorité pour empêcher de dégénérer en véritable trouble apporté à l'ordre public.

« En France, de semblables écarts ne sauraient être tolérés ; encore moins le peuvent-ils être dans cette colonie nouvelle qui, pour grandir et profiter des bienfaits que votre sollicitude ne cesse de répandre sur elle, a besoin de travail, qui ne peut exister sans la confiance et le calme.

« J'ai donc la conviction, sire, de donner satisfaction à tous les hommes sincèrement attachés à la prospérité de l'Algérie, à tous ceux qui veulent réellement le progrès de ses institutions civiles, et qui ont accueilli avec tant de gratitude tout ce que l'empereur a fait dans cet intérêt, lorsque je viens demander à Votre Majesté d'approuver le décret qui prononce la suppression de l'*Algérie nouvelle*.

« *Le ministre de l'Algérie et des colonies*,

« COMTE DE CHASSELOUP-LAUBAT. »

II

CONTRATS ÉCHANGÉS ENTRE M. GAMBETTA ET SES ÉLECTEURS

CAHIER DE MES ÉLECTEURS

« Au nom du suffrage, base de toute organisation politique et sociale, donnons mandat à notre député d'affirmer les principes de la démocratie et de les revendiquer énergiquement :

« L'application la plus radicale du suffrage universel, tant pour l'élection des maires et conseillers municipaux sans distinction de localité que pour l'élection des députés ;

« La répartition des circonscriptions effectuée sur le nombre réel des électeurs de droit et non sur le nombre des électeurs inscrits ;

« La liberté individuelle, désormais placée sous l'égide des lois et non soumise au bon plaisir et à l'arbitraire administratif ;

« L'abrogation de la loi de sûreté générale, la suppression de l'article 75 de l'an VIII et la responsabilité directe de tous les fonctionnaires ; les délits politiques de tout ordre déférés au jury ; la liberté de la presse dans toute sa plénitude, débarrassée du timbre et du cautionnement ; suppression des brevets d'imprimerie et de librairie ; liberté de réunion sans entrave et *sans piége* avec la faculté de discuter toute question religieuse, philosophique, politique et sociale ; l'abrogation de l'article 9 du Code pénal [1] ; liberté d'association pleine et entière ; suppression du budget des cultes et séparation de l'Église et de l'État ; l'instruction primaire laïque, gratuite et obligatoire, avec concours entre les intelligences d'élite pour l'admission aux cours supérieurs également gratuits ;

« La suppression des octrois, des gros traitements et des cumuls et la modification de notre système d'impôts ;

« La nomination de tous les fonctionnaires publics par l'élection ;

« La suppression des armées permanentes, cause de ruine pour les finances et les affaires de la nation, source de haine entre les peuples et de défiances à l'intérieur ;

« L'abolition des priviléges et monopoles que nous définissons par ces mot : *Primes à l'oisiveté* ;

« Les réformes économiques qui touchent au problème social dont la solution, quoique subordonnée à la transformation politique, doit être constamment étudiée et recherchée au nom du principe de justice et d'égalité sociale. Ce principe, généralisé et appliqué, peut seul, en effet, faire disparaître l'antagonisme social et réaliser complétement notre formule : *Liberté, égalité, fraternité.* »

RÉPONSE AU CAHIER DE MES ÉLECTEURS

« Citoyens électeurs,

« Ce mandat, je l'accepte.

« A ces conditions, je serai particulièrement fier de vous représenter, parce que cette élection se sera faite conformément aux véritables principes du suffrage universel.

« Les électeurs auront choisi librement leur candidat.

« Les électeurs auront déterminé le programme politique de leur mandataire.

« Cette méthode me paraît à la fois conforme au droit et à la tradition des premiers jours de la Révolution.

« Donc j'adhère pleinement à la déclaration de principes et à la revendication des droits dont vous me donnez commission de poursuivre la réclamation à la tribune.

« Comme vous, je pense qu'il n'y a d'autre souverain que le peuple, et que le suffrage universel, instrument de cette souveraineté, n'a de valeur, n'oblige et ne fonde qu'à la condition d'être radicalement libre.

« La plus urgente des réformes doit donc être de l'affranchir de toute tutelle, de toute entrave, de toute pression, de toute corruption.

« Comme vous, je pense que le suffrage universel, une fois maître, suffirait à opérer toutes les destructions que réclame votre programme, et à fonder toutes les libertés, toutes les institutions dont nous poursuivons ensemble l'avènement.

---

1. Cet article est ainsi conçu :

« Les peines en matière correctionnelle sont : 1° l'emprisonnement à temps dans un lieu de correction. P. 40, s. ; — 2° l'interdiction à temps de certains droits civiques, civils ou de famille. P. 42, s. ; — 3° l'amende. P. 11, 52, s. »

«Comme vous, je pense que la France, siège d'une démocratie indestructible, ne rencontrera la liberté, l'ordre, la justice, la prospérité matérielle et la grandeur morale que dans le triomphe des principes de la Révolution française.

« Comme vous, je pense qu'une démocratie régulière et loyale est, par excellence, le système politique qui réalise le plus promptement et le plus sûrement l'émancipation morale et matérielle du plus grand nombre et assure le mieux l'égalité sociale dans les lois, dans les faits et dans les mœurs.

« Mais, comme vous aussi, j'estime que la série progressive de ces réformes sociales dépend absolument du régime et de la réforme politiques, et c'est, pour moi, un axiome en ces matières que la forme emporte et résout le fond.

« C'est, d'ailleurs, cet enchaînement et cette gradation que nos pères avaient marqués dans la profonde et complète devise en dehors de laquelle il n'y a pas de salut : *Liberté, égalité, fraternité.*

« Nous voilà donc réciproquement d'accord. Notre contrat est complet. Je suis à la fois votre mandataire et votre dépositaire. Je fais plus que consentir, voici mon serment : Je jure obéissance au présent contrat et fidélité au peuple souverain !

« Léon Gambetta. »

III

LE CONGRÈS DE LAUSANNE

DISCOURS DE VICTOR HUGO, PRÉSIDENT

« Citoyens, mon devoir est de clore ce Congrès par une parole finale. Je tâcherai qu'elle soit cordiale.

« Vous êtes le Congrès de la paix, c'est-à-dire de la conciliation. A ce sujet, permettez-moi un souvenir.

« Il y a vingt ans, en 1849, il y avait à Paris, ce qu'il y a aujourd'hui à Lausanne, un Congrès de la paix. C'était le 24 août, date sanglante, anniversaire de la Saint-Barthélemy. Deux prêtres représentant les deux formes du christianisme étaient là : le pasteur Coquerel et l'abbé Deguerry. Le président du Congrès, celui qui a l'honneur de vous parler en ce moment, évoqua le souvenir néfaste de 1572, et, s'adressant aux deux prêtres, il leur dit : « Embrassez-vous. » En présence de cette date sinistre, aux acclamations de l'assemblée, le catholicisme et le protestantisme s'embrassèrent. (*Applaudissements.*)

« Aujourd'hui, quelques jours à peine nous séparent d'une autre date, aussi illustre que la première est infâme : nous touchons au 21 septembre. Ce jour-là, la République française a été fondée, et de même que, le 24 août 1572, le despotisme et le fanatisme avaient dit leur dernier mot : *Extermination*, — le 21 septembre 1792, la démocratie a jeté son premier cri : *Liberté, égalité, fraternité !* (*Bravo ! bravo !*)

« Eh bien ! en présence de cette date sublime, je me rappelle ces deux religions représentées par deux prêtres, qui se sont embrassées, et je demande un autre embrassement. Celui-là est facile et n'a rien à faire oublier. Je demande l'embrassement de la République et du Socialisme. (*Longs applaudissements.*)

« Nos ennemis disent : Le Socialisme, au besoin, accepterait l'Empire. Cela n'est pas. Nos ennemis disent : La République ignore le Socialisme. Cela n'est pas.

« La haute formule définitive que je rappelais tout à l'heure, en même temps qu'elle exprime toute la République, exprime aussi tout le Socialisme.

« A côté de la liberté qui implique la propriété, il y a l'égalité qui implique le droit au travail, formule superbe de 1848, et il y a la fraternité qui implique la solidarité. Donc, République et Socialisme, c'est un. (*Bravos répétés.*)

« Moi qui vous parle, citoyens, je ne suis pas ce que l'on appelait autrefois un républicain de la veille, mais je suis un socialiste de l'avant-veille. Mon socialisme date de 1828. J'ai donc le droit d'en parler.

« Le Socialisme est vaste et non étroit. Il s'adresse à tout le problème humain. Il embrasse la conception sociale tout entière. En même temps qu'il pose l'importante question du travail et du salaire, il proclame l'inviolabilité de la vie humaine, l'abolition du meurtre sous toutes ses formes, la résorption de la pénalité par l'éducation, merveilleux problème résolu. Il proclame l'enseignement gratuit et obligatoire. Il proclame le droit de la femme, cette égale de l'homme. Il proclame le droit de l'enfant, cette responsabilité de l'homme. Il proclame enfin la souveraineté de l'individu, qui est identique à la liberté. Qu'est-ce que tout cela? C'est le Socialisme. Oui. C'est aussi la République! (*Longs applaudissements.*)

« Citoyens, le Socialisme affirme la vie, la République affirme le droit. L'un élève l'individu à la dignité d'homme, l'autre élève l'homme à la dignité de citoyen. Est-il un plus profond accord? Oui, nous sommes tous d'accord, nous ne voulons pas de César, et je défends le Socialisme calomnié.

« Le jour où la question se poserait entre l'esclavage avec le bien-être, *panem et circenses*, d'un côté, et, de l'autre, la liberté avec la pauvreté, — pas un, ni dans les rangs républicains, ni dans les rangs socialistes, pas un n'hésiterait! et tous, je le déclare, je l'affirme, j'en réponds, tous préféreraient au pain blanc de la servitude le pain noir de la liberté! (*Bravos prolongés.*)

« Donc, ne laissons pas poindre et germer l'antagonisme. Serrons-nous donc, mes frères socialistes, mes frères républicains, serrons-nous étroitement autour de la justice et de la vérité, et faisons front à l'ennemi. (*Oui! oui, bravo!*)

« Qu'est l'ennemi?

« L'ennemi, c'est plus et moins qu'un homme. C'est un ensemble de faits hideux qui pèse sur le monde et qui le dévore. C'est un monstre aux mille griffes, quoique cela n'ait qu'une tête. L'ennemi, c'est cette incarnation sinistre du vieux crime militaire et monarchique, qui nous bâillonne et nous spolie, qui met la main sur nos bouches et dans nos poches, qui a les millions, qui a les budgets, les juges, les prêtres, les valets, les palais, les listes civiles, toutes les armées, — et pas un seul peuple. L'ennemi, c'est ce qui gouverne et agonise en ce moment. (*Sensation profonde.*)

« Citoyens, soyons les ennemis de l'ennemi, et soyons nos amis! Soyons une seule âme pour le combattre et un seul cœur pour nous aimer. Ah! citoyens, fraternité! (*Acclamation.*)

« Encore un mot et j'ai fini.

« Tournons-nous vers l'avenir. Songeons au jour certain, au jour inévitable, au jour prochain peut-être, où toute l'Europe sera constituée comme ce noble peuple suisse qui nous accueille à cette heure. Il a ses grandeurs, ce petit peuple, il a une patrie qui s'appelle la République, et il a une montagne qui s'appelle la Vierge.

« Ayons comme lui la République pour citadelle et que notre liberté, immaculée et inviolée, soit, comme le Junfrau, une cime vierge en pleine lumière. (*Acclamation prolongée.*)

« Je salue la Révolution future. »

IV

DÉCLARATION DE LEDRU-ROLLIN

« Prêter serment aujourd'hui, c'est pousser au parlementarisme. Qu'on ne s'y trompe pas : à l'Empire qui s'éteint c'est le parlementarisme qui tend à succéder. J'entends par là ce parti de caste, d'aristocratie, sous lequel ce pays s'est pétrifié pendant dix-huit

Le PLÉBISCITE. — Les soldats de la caserne Napoléon faisant connaître à la foule le résultat de leur vote.

ans, entre ces deux jongleries : *Secret sur les questions pendantes, silence sur les faits accomplis;* le parti bâtard d'abaissement au dehors, de corruption au dedans, qui n'a pas de nom à proprement parler, mais encore moins d'entrailles pour le peuple ; qui, après s'être engraissé sous Louis-Philippe, s'est prêté au général Cavaignac comme il se prête à Louis-Napoléon, comme il se prêterait demain à une régence fantaisiste, ou à tout autre soliveau d'ordre, pourvu qu'il dominât en maître et barrât le passage à la démocratie. Nombreuse est son armée de privilégiés opulents; roués sont ses chefs.

« N'était la toute-puissance intervention du peuple, là est le véritable péril de la situation. Comment en sortir?

« Est-ce en adjoignant quatre députés *constitutionnels* de plus à la gauche, où les plus grands talents sont venus échouer et échoueront sans cesse contre une majorité compacte, qui peut se diviser demain à propos de l'Empire sans se diviser jamais contre elle-même, serrée qu'elle sera par la cupidité et par la peur? Je l'ai connue, moi qui, pendant huit ans, ai roulé contre elle mon rocher de Sisyphe.

« Aussi est-ce alors que j'ai compris qu'il n'y avait rien à faire pour le peuple, à moins de sortir de ce constitutionnalisme énervant et d'entrer dans l'absolu des principes; est-ce alors qu'à ce fameux banquet de Lille, refusant le *toast au roi,* comme je refuse aujourd'hui le serment, je mettais en déroute le pompeux chef de la gauche parlementaire et les quarante députés qui l'accompagnaient par ces simples paroles : « A la souveraineté « du peuple, à l'indépendance, à l'amélio- « ration du sort physique et moral des tra- « vailleurs ! »

« Il est vrai qu'alors j'entendais les mêmes clameurs qu'aujourd'hui. « Vous divisez, « vous perdez le parti ! » me criait-on de toutes parts avec une telle fureur que, par suite de mon refus de toast au roi, *seul* de tous les députés je n'étais pas invité au mémorable banquet de Paris. Et cependant cette colère était insensée, puisque, quelques jours après, j'avais la fortune insigne de proclamer la République du haut de l'Hôtel-de-Ville, aux acclamations de deux cent mille sujets métamorphosés, par leur courage, en citoyens. Croyez-en ma vieille expérience : l'ennemi n'est achevé que par une manœuvre inattendue, et c'est dans les circonstances suprêmes qu'il faut des mesures extraordinaires.

« Comment! ce serait de l'abstention que d'amener cent mille électeurs de Paris à se prononcer pour l'abolition du serment? Est-ce qu'ils s'abstenaient en Angleterre quand, pour faire entrer au Parlement les Irlandais, les Juifs, ils se comptaient sur des candidats inconstitutionnels ? Pas de doute que pour réussir il ne faille à une telle candidature le souffle révolutionnaire ; mais, si elle réussit, le suffrage universel aura fait son 10 août pacifique.

« Où découvrir là le conflit à jour fixe, tant redouté des amis attardés du serment? S'est-on battu après les banquets de Lille, de Dijon, de Châlons ? Personne n'y a songé; seulement Louis-Philippe en reçut une blessure mortelle, et le constitutionnalisme, de plus en plus déraciné, a été enlevé par le premier coup de vent.

« Gens trop prudents, seriez-vous moins clairvoyants que le gouvernement lui-même? Si l'échec est certain, pourquoi celui-ci ne laisse-t-il pas même prononcer le nom des insermentés? Ah! c'est qu'il sait bien, lui, que dussent quatre intrus se glisser honteusement dans la Chambre, sa défaite morale n'en serait pas moins irréparable et que ses jours seraient comptés!

« Mais, pour qu'ils le soient, faut-il, avant tout, que le suffrage universel cesse de passer, par ses élus, sous les fourches caudines. S'il est prêt, il n'a plus à saluer le bonnet de Gessler.

« Ce doit être le premier pas vers la Révolution. La Révolution, cette symbolisation, autrefois grosse de tempêtes, n'a désormais plus d'inconnu. Les folies et les ruines de l'Empire se sont chargées d'en imprimer la formule dans les cœurs : « Conciliation par « la science et la justice de tous les droits et « de tous les intérêts. ».

« Comme moyen, le 89 de la bourgeoisie étendu au peuple, pour que ce mot hideux : « prolétariat » couvrant tant de misères, disparaisse des faits comme de la langue et qu'il n'y ait plus que des frères.

« Nos pères avaient trouvé cette magnifique synthèse dans une ébauche immortelle : perfectibilité indéfinie de la race humaine par la culture égale de l'intelligence et la progression du bonheur physique, sous la féconde influence de la liberté et de la paix.

« Ce qui n'était qu'une intuition du génie, les découvertes de l'anthropologie l'ont élevé à la hauteur d'une loi inéluctable.

« Oui, d'où qu'il vienne, où qu'il aille, ce monde a sa loi positive de transformation et de développement incessant du cerveau et des facultés par la liberté et le bien-être. Donc toute institution qui y converge est bonne, toute institution qui résiste est mauvaise.

« Si la Révolution n'a plus d'inconnu, elle n'inspire pas davantage d'effroi pour cette courte échéance : demain. La période incandescente des révolutions a été mesurée comme celle des volcans. Une révolution n'est qu'un tressaillement qui passe pour se communiquer au corps social, avec plus de pureté, plus d'énergie. Nous en avons pour garant cette année 1849 qui, sous la forme républicaine, donna à notre prospérité, à notre industrie, à notre commerce, un essor jusque-là inconnu.

« Eh bien ! avec cette foi dans l'âme et ce phare éclatant sous les yeux, marchons sans dévier, d'un pas résolu, au nom de toutes les consciences qui ont soif de liberté, et au nom de toutes les misères qui ne peuvent pas attendre plus longtemps.

« Salut et fraternité.

« LEDRU-ROLLIN.

« Londres, 7 novembre 1869. »

MANIFESTE DE LEDRU-ROLLIN AUX ÉLECTEURS DE LA TROISIÈME CIRCONSCRIPTION DE LA SEINE

« Non, malgré de vives instances, je ne me rendrai point à Paris pendant les élections.

« Quelle qu'en soit la forme, Paris a un verdict suprême à rendre, qui frappera d'autant plus la France et l'Europe qu'il aura été plus paisible. Ce verdict, l'Empire ne peut le conjurer que par la force.

« N'entendez-vous pas déjà les cris sauvages de la presse impérialiste demandant une nouvelle hécatombe de dix mille républicains ? Ignorez-vous que les casernes sont pleines à déborder et que de nouvelles troupes convergent de toutes parts vers Paris ?

« Pas d'illusion : ce que veut l'Empire, c'est une journée. Or l'arrivée subite d'un homme doublement rebelle, tant que vos votes ne l'auront pas relevé de l'ostracisme dont il est frappé, peut devenir prétexte à conflit.

« Si, en 1849, en perspective de l'Empire naissant, j'ai dû tenter un 13 juin dont le triomphe eût épargné à la France tant de douleurs, de hontes, de ruines, et dont la défaite a été la décapitation du parti dans ses représentants et dans ses écrivains les plus dévoués, concourir, aujourd'hui que l'Empire est agonisant, à renouveler cet holocauste serait une folie et un crime.

« A ce refus de venir, je le sais, on me l'a dit, je perdrai la sympathie des ardents, comme j'ai perdu celle de quelques autres par mon refus de serment. Et que m'importe la popularité, en regard du salut de la démocratie ?

« Populaire ou non, je ne me sens pas moins au centre de la vérité.

« Ce que j'ai voulu, je croyais l'avoir exprimé clairement : comme principe, affranchir le suffrage universel de ses propres mains; comme tactique, dans cette guerre d'approche où l'assiégé possède encore un matériel écrasant, pousser la mine de plus en plus près, à l'abri et sous le couvert du scrutin.

« Pas de confusions! Il y a deux rôles : le vôtre, électeurs, qui précipiterait le mouvement, et celui des assermentés qui, dans la Chambre, auraient à le défendre.

« Maintenant, les électeurs de la troisième circonscription, qui ont donné une si grande preuve de patriotisme en chassant un apostat, veulent-ils en donner une plus grande encore en devenant les libérateurs du suffrage universel? Veulent-ils l'essayer au moins dans un premier tour de vote? S'ils y sont résolus, qu'ils le disent; mon nom leur appartient.

« N'entendent-ils, au contraire, que marquer le pas au lieu d'avancer? Qu'ils le disent encore, mais promptement; mon nom disparaîtra de la lutte.

« Ce n'est pas à moi, en effet, qui me suis fait, depuis trente ans, l'apôtre du suffrage universel; qui, dès 1841, me suis vu condamner à six mois de prison pour l'avoir proclamé devant un collège de privilégiés; à moi qui ai eu le bonheur inexprimable de l'inaugurer; ce n'est point à moi qu'il peut convenir de lui être un sujet de discorde et d'entraver sa libre manifestation.

« Seulement, que les électeurs de la troisième circonscription le comprennent bien : en votant pour un insermenté, ils peuvent *pacifiquement, sans violence*, porter à l'Empire le coup définitif et faire de leur vote *une date* dans les fastes glorieux de la démocratie.

« Salut et fraternité.

« Ledru-Rollin. »

DÉSISTEMENT DE LEDRU-ROLLIN

« Citoyens,

« Si je n'avais été mû que par un sentiment personnel et par le désir immense de revoir la patrie, je pouvais être satisfait. En passant sous le serment, je devenais votre représentant, personne n'en doute.

« Si donc j'ai refusé de m'y soumettre, c'est que j'ai préféré l'affranchissement du suffrage universel à mon propre intérêt.

« Cette question d'abolition du serment, qui en finissait directement avec l'Empire, a rencontré assez d'adhérents aujourd'hui pour faire son chemin.

« Mais du moment qu'un groupe notable d'entre vous redoute qu'elle ne rompe votre majorité et ne procure au gouvernement, qui n'y est pas habitué, un dernier succès, mon devoir est tracé : je renonce à toute candidature.

« Où le temps manque, c'est au plus pressant danger qu'il faut courir.

« Puissent les patriotes si nombreux de la troisième circonscription qui tenaient, comme moi, à restituer au suffrage universel sa liberté, comprendre que, le principe réservé, il est mieux de diriger aujourd'hui toutes ses forces contre l'ennemi commun !

« Salut et fraternité.

« Ledru-Rollin. »

Cette lettre du grand patriote fut publiée par le *Réveil* du 17 novembre.

V

MANIFESTE DES MEMBRES DE LA GAUCHE

« Les députés de la gauche, soussignés, ont cru, au mois de juillet dernier, qu'il était de leur devoir de rester dans la réserve, pour ne pas contrarier les effets de l'interpellation déposée par 116 de leurs collègues.

« Aujourd'hui qu'après avoir subi un abusif et long interrègne la Chambre va reprendre ses travaux, il leur importe de préciser la ligne de conduite qu'ils entendent suivre pour atteindre le but qu'ils se sont toujours proposé : le gouvernement du pays par lui-même, pour et par la liberté.

« Ces simples mots indiquent la transformation inévitable qui seule peut assurer le repos, la prospérité, la grandeur de la France.

« La nécessité de cette transformation s'impose chaque jour davantage à la conscience publique par l'autorité des faits, la liberté de la discussion, la puissance de la vérité.

« C'est à ces armes que les soussignés entendent recourir ; ils n'en saisiraient d'autres que si la force essayait d'étouffer leur voix; mais ils ont le ferme espoir que, soutenus par l'assentiment de leurs concitoyens, ils pourront pacifiquement réaliser les changements que réclame impérieusement l'opinion.

« Les dernières élections ont prouvé qu'elle veut en finir sans retour avec le pouvoir personnel. A cette volonté, le pouvoir personnel oppose des résistances dont il faut à tout prix avoir raison.

« Le premier soin des soussignés sera donc de déposer une interpellation, avec ordre du jour motivé, sur l'injustifiable retard apporté à la convocation du Corps législatif. Grâce à la clairvoyance du peuple de Paris, ce retard n'a point amené un mouvement dans la rue.

« Le pouvoir qui a volontairement bravé cette chance terrible a commis un acte dont les soussignés sont résolus à demander un compte sévère et, comme corollaire, ils réclameront une loi rendant la Chambre maîtresse absolue du droit de prorogation.

« Ils doivent aussi déposer une interpellation sur les désordres dont certains quartiers de Paris ont été le théâtre au mois de juin dernier.

« L'amnistie a coupé court à l'examen du complot prétendu qu'on dénonçait bruyamment, mais elle ne peut empêcher la lumière d'éclairer ces scènes déplorables, dans lesquelles le rôle de l'autorité est encore environné de nuages.

« Il en est de même des drames sanglants qui ont jeté l'épouvante et le deuil dans deux centres industriels.

« Outre les interpellations qui leur permettent d'interroger le pouvoir et de soumettre ses actes au jugement de la Chambre, les députés peuvent user de leur droit d'initiative et formuler, par des projets de lois, les réformes qui leur paraissent immédiatement nécessaires.

« La première touche à l'élection même du Corps législatif. Aucun progrès régulier n'est à espérer sans une modification profonde de la législation sur ce point décisif.

« L'administration ne peut conserver la faculté, dont elle a fait un usage scandaleux, de former et de remanier les circonscriptions électorales; ce droit n'appartient qu'au législateur.

« Le vote doit être affranchi de l'entrave d'un serment préalable et de toute intervention de l'autorité. Sa sincérité doit être garantie par l'indépendance municipale.

« A cet égard, tous les esprits impartiaux sont d'accord. Les soussignés ne feront qu'obéir au vœu public en demandant par un projet de loi l'élection des maires et en exigeant que Paris et Lyon soient replacés sous l'empire du droit commun.

« Ils devront en même temps assurer la liberté d'action des municipalités et les délivrer d'une tutelle qui les paralyse.

« La liberté électorale, la liberté municipale seraient inefficaces si les priviléges intolérables qui couvrent les fonctionnaires publics étaient maintenus.

« Ici encore l'opinion est certaine, et le projet de loi qui abrogera l'article 75 de la Constitution de l'an VIII ne sera pour elle qu'une légitime et tardive satisfaction.

« Il en est de même de l'abrogation de la

loi militaire. Cette loi qui renferme une double menace contre la paix et contre la liberté épuise le pays en le privant de ses plus fécondes ressources. Elle doit disparaître et faire place à un système armant la nation pour la défense de la nation et de ses libres institutions.

« Comme sanction de ce système, c'est à la volonté nationale que doit être remis le droit de déclarer la guerre.

« Aux yeux des soussignés, ces réformes sont la condition vitale de l'ordre et du progrès.

« Pour le préparer, la presse doit être dégagée de ses entraves. Supprimer le timbre et le cautionnement; rétablir la juridiction du jury; décréter la liberté de l'imprimerie et de la librairie, voilà ce que demande l'opposition et ce que les soussignés formuleront en vertu de leur droit d'initiative.

« Ils réclameront l'abrogation de l'article 231 du Code pénal et la liberté d'association; la révision de la loi sur les réunions, pour faire disparaître les dispositions arbitraires qui, en humiliant et en limitant l'exercice d'un droit essentiel, irritent les esprits et font naître des causes de conflit toujours regrettables.

« En indiquant ainsi les principaux sujets de leurs préoccupations actuelles, les députés soussignés n'ont pas la prétention de tracer un programme complet et d'épuiser la nomenclature des changements dont ils poursuivront la réalisation.

« Ils ont voulu simplement signaler ce qui leur semble urgent, indispensable, hors de contestation pour tous les esprits éclairés.

« Dans l'accomplissement de cette tâche, ils déclarent ne relever que de leur conscience.

« On a essayé de réhabiliter la théorie du mandat impératif; on a répété que le député, mandataire de ses électeurs, leur restait incessamment subordonné et qu'il devait les consulter sur ses desseins et sur ses votes.

On a même ajouté qu'il était leur justiciable; que, cité devant eux, il pouvait y être jugé et condamné.

« Les députés soussignés repoussent cette prétention comme fausse et dangereuse et ne pouvant conduire, si jamais elle s'accréditait, qu'à la tyrannie des minorités. Ils sont décidés à la combattre résolûment.

« Sans doute ils seront toujours heureux de multiplier avec leurs électeurs les communications amicales et les rapports confiants. Ils se considèrent comme engagés d'honneur à défendre les principes qui les unissent à eux par les liens d'une étroite solidarité.

« Si leur conscience les en éloignait, elle leur imposerait l'obligation de faire apprécier leur conduite en déposant leur mandat; mais c'est elle seule qu'ils consulteraient. Ils n'ont ni injonctions ni ordres à recevoir.

« Le mandat impératif fausserait radicalement le suffrage universel en livrant l'élu, c'est-à-dire la majorité des électeurs, à la merci d'une minorité usurpatrice.

« Le principe électif reste seul debout au milieu des révolutions qui se succèdent; il est désormais la seule garantie de l'ordre; il est appelé à transformer, de la base au sommet, toutes les institutions du pays. Pour le conserver intact, il faut le dégager tout à la fois des compromis monarchiques qui le corrompent.

« *Ont signé* : Bancel, Barthélemy-Saint-Hilaire, Bethmont, Desseaux, Dorian, Esquiros, Jules Favre, Jules Ferry, Gagneur, Gambetta, Garnier-Pagès, Grévy, Guyot-Montpayroux, Léopold Javal, Kératry, Larrieu, Le Cesne, Lefèvre-Pontalis, Malézieux, Magnin, Marion, Ordinaire, Pelletan, Ernest Picard, Rampont-Lechin, Jules Simon, Tachard.

Ont adhéré depuis : Steenakers, Emmanuel Arago, Crémieux, Glais-Bizoin.

« *N'ont point adhéré* : F.-V. Raspail, Henri Rochefort. »

CHAPITRE XVI

1870

Le premier cabinet de l'Empire libéral; comment il est accueilli; fusion immorale; les nouveaux convertis. — Révocation de M. Haussmann. — Assassinat de Victor Noir par le prince Pierre Bonaparte. — Reprise de la session. — Déclaration ministérielle. — Dépôt de quatre projets de loi. — Questions de MM. Gambetta et Jules Simon aux ministres de la guerre et de l'intérieur. — Un article de M. Rochefort. — Agitation populaire. — Dérivatifs impuissants. — Deux princes de la famille impériale et le comte de Charolais. — Proposition relative à la famille impériale; les hautes-cours de justice; MM. Rochefort, Raspail et Émile Ollivier. — La journée et la nuit du 11 janvier. — Funérailles de Victor Noir. — Autorisation de poursuites contre M. Rochefort. — Flagellation sanglante du garde des sceaux. — Condamnation de M. Rochefort, de la *Marseillaise* et de la *Réforme*. — Mort du duc Victor de Broglie. — La proposition des questeurs reproduite par M. Jules Grévy. — Un document de 1789. — Interpellation et discussion au sujet de l'inviolabilité parlementaire. — Arrestation de M. Rochefort. — Tentative d'insurrection. — La Conciergerie en 1870 et en 1851. — Manifeste de l'*Association des travailleurs*. — M. Jules Ferry, M. Émile Ollivier et la bénédiction de son père; un souvenir du 4 janvier 1852. — L'affaire du mécanicien Mégy; arrestation de son avocat. — La besogne des juges instructeurs. — Incivilité brutale du garde des sceaux. — Interpellation de M. Jules Favre sur la politique intérieure. — La question des candidatures officielles. — Les préfets à poigne. — Procès et acquittement de Pierre Bonaparte. — Une lettre du procureur général. — M. Tardieu à l'École de médecine. — La grève du Creusot. — Projet de loi sur l'abolition de la peine de mort. — Le système plébiscitaire. — Discours de M. Gambetta. — Démission de MM. Buffet et Daru. — Les mandats d'amener décernés en blanc; un silence habile. — Proclamation de l'empereur. — Circulaire ministérielle. — L'activité dévorante. — Dépêches des procureurs généraux sur l'intervention des juges de paix, de la magistrature assise et debout, des évêques et des curés dans la lutte plébiscitaire. — Les comités et les journaux impérialistes. — Les comités et les journaux démocratiques. — Mort de M. Marie. — Expulsion de M. Cernuschi. — Un complot venu à point. — Le spectre rouge mis en avant par le garde des sceaux. — Reprise de la correspondance fébrile de M. Ollivier avec les chefs des parquets. — Une lettre du ministre de l'intérieur. — Violation du secret des lettres. — Dépêches sur l'effet produit par la nouvelle du complot; profit que le gouvernement impérial tire de cette machination policière. — Une lettre de Victor Hugo; emportements du garde des sceaux; dépêches des procureurs généraux au sujet de cette lettre. — Une manœuvre de la dernière heure. — Les paysans trompés. — Les bonapartistes autoritaires; l'impératrice et son fils.

Après de longues résistances, M. Émile Ollivier s'était résigné à offrir deux portefeuilles au centre gauche; il trouvait MM. Buffet et Daru trop révolutionnaires!

Le *Moniteur* du 3 janvier 1870 annonça que le premier cabinet de l'Empire libéral était ainsi composé : M. Émile Ollivier, garde des sceaux, ministre de la justice et des cultes; M. Chevandier de Valdrôme, ministre de l'intérieur; M. Napoléon Daru, des affaires étrangères; M. Buffet, des finances; le général Lebœuf, de la guerre; l'amiral Rigault de Genouilly, de la marine; M. Segris, de l'instruction publique; M. Louvet, du commerce et de l'agriculture; M. de Talhouët, des travaux publics.

M. de Parieu remplaça M. de Chasseloup-Laubat à la présidence du Conseil d'État.

Le ministère de la maison de l'empereur ne changeait pas de main; de la direction des beaux-arts qu'il en détacha, M. Émile Ollivier fit un ministère spécial; en créant pour un de ses amis les plus dévoués, M. Maurice Richard, ce ministère nouveau et absolument inutile, il grevait de cent mille francs de plus le budget des dépenses.

Depuis 1863, époque où l'empereur enleva les beaux-arts au ministère de l'instruction publique pour les annexer à celui de sa maison, ils avaient eu en M. le maréchal Vaillant un administrateur bien étrange. S'entretenant, un jour, avec M. Paul Lacroix, de nos bibliothèques publiques, il lui dit : « Je répète sans cesse au Conseil des ministres que les bibliothèques ne servent qu'à nourrir les vers et les souris en coûtant beaucoup d'argent à l'État et en occupant de vastes bâtiments qu'on pourrait mieux employer. — Oui, répliqua le bibliophile en souriant; si on les transformait en casernes? — Pourquoi pas? repartit le maréchal que la moindre contradiction piquait au vif; au reste, j'attends qu'un bon incendie nous en débarrasse un jour ou l'autre. »

Il serait injuste, sans doute, de juger le maréchal Vaillant sur une de ces boutades que ruait fréquemment son humeur brusque et hautaine; mais il faut convenir que l'empereur, en livrant l'administration des beaux-arts à ce vieux soldat, avait eu un caprice bien singulier.

Le parti libéral constitutionnel accueillit avec enthousiasme le ministère du 2 janvier : « Il répond aux vœux de l'opinion publique, » disaient tous les organes de ce parti satisfait.

L'un de ces journaux s'exprimait ainsi : « On peut voir aujourd'hui ce qui eût paru impossible il y a quelques mois, c'est-à-dire l'un des représentants assemblés, le 2 décembre 1851, à la mairie du X° arrondissement, et d'anciens candidats officiels du gouvernement impérial réunis dans le même ministère où ils sont appelés par le fils de l'un des proscrits de Décembre, et cette fusion s'opère aux applaudissements unanimes du pays. »

Non, non, le pays n'applaudit pas unanimement à cette fusion immorale; elle fut alors et sera éternellement flétrie par tous ceux qui, ne se lassant pas de la persévérance dans l'honnêteté, de la fidélité au devoir, ne laissent point vaincre leur conscience par leur ambition. Aucun des hommes qui se rallièrent au parjure et qui amnistièrent son viol de la loi à main armée n'appartenait au parti républicain; seuls, des transfuges de l'orléanisme se rangèrent, en 1870, sous le drapeau du spoliateur de leurs princes et lui vendirent leurs services après l'avoir si longtemps combattu.

L'un d'eux, M. J.-J. Weiss, naguère rédacteur du *Courrier du Dimanche*, puis fondateur du *Journal de Paris*, et, en 1869, impliqué dans le procès Baudin, condamné à 1,000 fr. d'amende pour manœuvres à l'intérieur en même temps que Delescluze et Peyrat, brisa sa plume guerroyante pour devenir secrétaire général du ministère des beaux-arts. Un autre, M. Saint-René Taillandier, abjurant les convictions orléanistes qu'il affichait dans la *Revue des Deux-Mondes*, fut investi des mêmes fonctions au ministère de l'instruction publique; nous l'avons vu préluder à sa conversion intéressée par les adulations qu'il prodiguait à l'auteur de la *Vie de César*. — Un troisième, plus ardent encore que le condamné du procès Baudin dans ses attaques incessantes contre l'Empire et contre *ce parti de César, rougi du sang de Caton*, M. Prévost-Paradol, qui, on ne l'a point oublié, avait fait supprimer le *Courrier du Dimanche* pour avoir qualifié Napoléon III de palefrenier dépouillant, battant et abêtissant la France livrée à cet indigne amant, et qui écrivait en 1869 : « Baudin a droit à la même épitaphe que les combattants de Juillet morts pour la défense des lois. Et comme le sacrifice de sa vie, fait volontairement et sans espoir, a été accompagné d'une parole admirable, j'ai toujours pensé que la mémoire de Baudin doit être aussi chère que celle du chevalier d'Assas [1] à tous ceux que

---

[1]. Dans la nuit du 15 au 16 octobre 1760, sur la rive gauche du Rhin, à Clostercamp, près de Rhimberg, où l'armée française commandée par le maréchal de Broglie s'était établie, le chevalier d'Assas,

Les blouses blanches.

touche encore l'honneur du nom français ; » cet ancien rédacteur du *Journal des Débats*, dont la verve spirituelle et la patriotique colère faisaient à l'homme de Décembre une guerre sans merci, — ce candidat ultra-libéral qui tenait, en juin 1869, aux électeurs de Nantes un langage qu'un républicain n'eût point désavoué, — cet académicien applaudi pour la finesse de ses épigrammes qui exaspéraient la cour des Tuileries, allait, déshonorant son passé glorieux, prendre la livrée impériale et consentir à être l'ambassadeur du « palefrenier » aux États-Unis. Ce transfuge, du moins, ne pourra survivre longtemps à son déshonneur et se punira terriblement de sa défection en se tirant un coup de pistolet au cœur deux mois après l'avoir commise.

L'approbation que donna M. Guizot, ancien ministre de Louis-Philippe, à l'Empire

---

capitaine au régiment d'Auvergne, fut envoyé en reconnaissance dans un bois. Il marchait à vingt pas au devant de sa troupe. Il tombe sur une colonne de grenadiers hanovriens qui allaient surprendre le camp français. D'Assas est saisi par des grenadiers ennemis. « Vous êtes mort, lui dit-on, si vous faites un pas, si vous jetez un cri. » D'Assas se recueille un moment pour renforcer sa voix, puis il s'écrie : « A moi, Auvergne ! voilà les ennemis ! » Aussitôt il tomba percé de coups, mais le camp français ne fut pas surpris.

libéral, valut à son fils, M. Guillaume Guizot, la direction des cultes au ministère de la justice.

Odilon Barrot, qui, le 2 Décembre, faisait signer chez lui la protestation qu'on a lue, sortit de sa retraite, se fit présenter par M. Émile Ollivier à l'homme qu'il avait déclaré traître à son serment et déchu de ses fonctions; puis il se laissa nommer, par le renégat qu'il complimentait « président d'une commission chargée de préparer un travail parlementaire sur la décentralisation administrative. »

De Saint-Pétersbourg où il représentait Napoléon III, le général Fleury écrivit à M. Clément Duvernois : « Le concours de tous ces hommes, plus ou moins orléanistes, est précieux en ce sens qu'il rend au service de l'Empire les coryphées mêmes du duc d'Aumale. » Du ministère Ollivier, il disait : « Le bénéfice que l'on doit tirer du ministère actuel c'est que, ne pouvant pas être accusé de trop d'attachement personnel au souverain, *il faut s'en servir pour la répression la plus énergique.* »

Cette répression, nous le verrons bientôt, répondra au désir des plus fermes champions de l'Empire autoritaire. Ils avaient pris de telles alarmes que l'empereur, aux réceptions du jour de l'an, leur dit, pour les rassurer :

« Si les prérogatives de l'Assemblée ont été augmentées, l'autorité que je tiens de la nation n'a pas été diminuée. »

Aux membres du corps diplomatique, il avait parlé ainsi de l'année qui commençait : « Elle ne pourra, je l'espère, que consolider l'entente commune dans un but de concorde et de conciliation. »

Exaltant, comme le *Journal des Débats*, la *Liberté*, le *Monde*, le *Constitutionnel* et le *Temps*, l'avènement de l'Empire libéral, le *Moniteur universel* s'était écrié : « Jamais année politique ne s'ouvrit sous de meilleurs auspices. »

C'est ainsi que par des présages heureux et avec une satisfaction triomphante les partisans du ministère Ollivier saluèrent l'année terrible.

M. Haussmann, « relevé de ses fonctions » après avoir été vainement invité à s'en démettre, fut remplacé à la préfecture de la Seine par M. Chevreau, préfet du Rhône.

Le prince Pierre-Napoléon Bonaparte, fils de Lucien, et dont les antécédents laissaient beaucoup à désirer, avait, à la fois, provoqué M. Rochefort et injurié les rédacteurs d'un journal de Bastia. M. Paschal Grousset était le correspondant de cette feuille corse. Le 10 janvier, MM. Ulric de Fonvielle et Victor Noir, amis de M. Grousset, devançant les témoins de M. Rochefort, allèrent demander au prince Pierre, qui habitait Auteuil, raison de ses injures. Après leur avoir dit qu'il avait provoqué M. Rochefort, « porte-drapeau de la crapule, » et qu'il n'avait rien à répondre à la lettre de M. Grousset, le cousin de l'empereur demanda à MM. de Fonvielle et Victor Noir s'ils étaient solidaires « de ces charognes ». — « Nous sommes, répondit Victor, solidaires de nos amis. » Aussitôt Pierre Bonaparte le soufflette et le tue d'un coup de revolver. Une deuxième balle traversa le paletot de M. de Fonvielle qui, en criant à l'assassin, put gagner la rue.

Pendant que ce double crime soulevait tout Paris, le Corps législatif reprenait ses séances. Son Excellence M. Émile Ollivier, ministre de la justice et des cultes, prit la parole au nom du nouveau cabinet, dont personne ici, dit-il, n'ignore les doctrines, les principes, les opinions, les aspirations, les volontés; il débattra loyalement avec les membres du Corps législatif toutes les questions qui s'imposent à l'attention commune; il n'appliquera pas des pratiques différentes de celles qu'il a conseillées aux autres; il travaillera persévéramment et résolûment jusqu'à la réalisation totale du programme commun qui a réuni les nouveaux ministres et qui est leur raison d'être. Pour cette œuvre, le souverain leur a accordé sa confiance « avec une magnanimité d'âme qui le placera haut dans la mémoire des hommes ». Ils ont besoin aussi de la confiance de l'Assemblée et ils la demandent à tous ses membres. « Nous serons reconnaissants, ajoute-t-il, envers la majorité qui nous suivra, de son appui, sans lequel nous ne pouvons rien ; nous serons reconnaissants envers l'opposition de ses critiques qui nous redresseront et nous contiendront, et nous obligeront à redoubler d'efforts. Nous faisons donc appel à la bonne volonté de tous. »

M. Émile Ollivier terminait sa déclaration en affirmant que, à tous les moments de leur existence ministérielle, ses collègues et lui s'efforceront, par leurs actes et par leur conduite, « d'établir un courant commun de liberté, de bonne foi, de loyauté qui emporte les récriminations, les souvenirs amers, les haines, les passions mauvaises ; » c'est ainsi que pourra se réaliser le rêve déçu de tous les grands esprits : l'établissement durable d'un gouvernement national s'adaptant, avec fermeté et aussi avec souplesse, aux nécessités changeantes des choses, aux transformations incessantes des idées ; qui, favorisant l'ascension des générations nouvelles et accueillant leurs espérances, leurs désirs, leurs lumières, assurera les destinées de notre grande démocratie française et fera triompher le progrès sans la violence, et la liberté sans la Révolution ».

Quatre projets de loi furent déposés par MM. de Kératry, Picard et Raspail. Le premier privait du droit de suffrage, à partir du 1ᵉʳ janvier 1875, tout nouvel électeur qui, à cette époque, ne saurait ni lire ni écrire.

Le second restituait au jury la connaissance de tous les délits de presse et de tous les délits politiques. Les deux autres, émanant de l'initiative individuelle de M. Raspail, réclamaient l'abolition du serment devant la justice et devant tous les corps de l'État, — la nomination d'une commission législative chargée d'apurer les comptes de la ville de Paris et l'ouverture d'une enquête ayant pour but l'établissement d'une balance comparative entre la fortune qu'avait M. Haussmann avant son entrée à la préfecture de la Seine et sa fortune actuelle.

M. Gambetta questionna le ministre de la guerre sur la mesure prise contre deux soldats du 71ᵉ de ligne ; on venait de les envoyer en Afrique parce qu'ils avaient assisté à une réunion publique de la première circonscription. Le général Le Bœuf attribua cette punition aux exigences de la discipline militaire, et la majorité approuva le ministre.

M. Jules Simon demanda au ministre de l'intérieur : 1° si les ministres députés se soumettraient à la réélection conformément à l'ancien usage constitutionnel ; — 2° ce qu'allait devenir le Conseil privé. « Le régime parlementaire, dit l'orateur républicain, exige la solidarité du cabinet et l'intervention du Corps législatif dans sa formation. Or, à côté des ministres, existe ce Conseil privé dont les membres sont nommés par le souverain ; pourront-ils, comme cela s'est fait jusqu'à présent, être introduits par la volonté de l'empereur dans le cabinet, et concourir avec les ministres à prendre des résolutions ? »

Sur la première question, M. Chevandier de Valdrôme répondit : « Le sénatus-consulte étant muet sur la réélection, les ministres-députés ne s'y soumettront pas. »

A la deuxième : « Le cabinet n'a point délibéré sur le Conseil privé ; il en délibérera. »

M. Jules Favre déposa une demande d'interpellation sur la politique intérieure du gouvernement, et la séance fut levée.

Le lendemain, dans son journal [1] encadré de noir, M. Rochefort disait : « J'ai eu la faiblesse de croire qu'un Bonaparte pouvait être

---

1. La *Marseillaise*.

LETTRES PATENTES DE NAPOLÉON III INSTITUANT LA RÉGENCE DE L'IMPÉRATRICE

(Fac-similé.)

[Manuscrit autographe, largement illisible]

Prince Napoléon (Jérôme) serait régent. Le conseil de régence, ma composé de dix membres et nous nommons pour en faire partie : 1. M. [Rouher] président du Sénat 2. Le Président du [Corps] législatif 3. M. le Duc de [...] 4. L'archevêque de Paris 5. Le M[aréchal] de [...] 6. Le ministre de la guerre 7. L'amiral [Rigault] de Genouilly 8. M. [...] 9. M. [...] 10. Le commandant de l'armée de Paris en ...

Les membres du conseil privé qui existe aujourd'hui et dans les termes de [...] compris dans le présent acte ne font pas partie du conseil de régence. La défense de la régence et de l'Impératrice. La garde du Prince Impérial et particulièrement [...] pour [...] est confiée à M. le Général Frossard.

Fait au palais de St Cloud le 7 octobre 1869

Napoléon

autre chose qu'un assassin. J'ai osé m'imaginer qu'un duel loyal était possible dans cette famille où le meurtre et le guet-apens sont de tradition et d'usage. Notre collaborateur Paschal Grousset a partagé mon erreur, et aujourd'hui nous pleurons notre pauvre et cher ami Victor Noir assassiné par le bandit Pierre-Napoléon Bonaparte. Voilà dix-huit ans que la France est entre les mains ensanglantées de ces coupe-jarrets qui, non contents de mitrailler les républicains dans les rues, les attirent dans des piéges immondes pour les égorger à domicile. »

Un grand nombre d'exemplaires de la *Marseillaise* échappèrent à la saisie dont elle fut l'objet. L'irritation populaire était à son comble ; pour l'apaiser, M. Émile Ollivier fit savoir à tous les journaux qu'il avait ordonné l'arrestation de Pierre Bonaparte, que l'empereur approuvait cette mesure, et que l'instruction était déjà commencée.

Un autre membre de la famille impériale, le prince Murat, s'était, quelques mois auparavant, mis sur le pied d'un grand seigneur du bon vieux temps ; il avait eu la fantaisie de « battre le manant ». Un entrepreneur, M. Comté, réclamait, depuis longtemps, à Son Altesse le paiement des travaux qu'il avait exécutés pour Elle. Un jour, fatiguée des réclamations de ce « rustre », Elle se dit, sans doute, en employant l'expression dont se servait le comte de Charolais, prince de la maison de Condé, quand il lui plaisait d'abattre à coups de fusil ou de pistolet un couvreur sur un toit ou un bourgeois sur sa porte : « Voyons si j'abattrais bien *ce corps-là !* » Qui sait combien de ces Bonaparte en seraient venus, comme le prince Pierre, cousin de Napoléon III, à imiter tout à fait le comte de Charolais, cousin de Louis XV, si l'Empire eût duré ? Le prince Murat n'en était pas encore au pistolet ; il désigna son créancier à ses *gens* qui, par son ordre, donnèrent une volée de coups de bâton « *à ce corps-là* ». M. Comté avait inutilement porté contre le prince Murat une double plainte : la justice s'obstinait à faire la sourde oreille, et le malheureux entrepreneur ne pouvait obtenir ni une réparation pour les coups de bâton qu'il avait reçus ni le paiement des sommes qui lui étaient dues.

L'assassinat de Victor Noir par le prince Pierre raviva l'indignation que causait la scandaleuse impunité de l'acte criminel du prince Murat, — et le ministère déféra en même temps ces deux princes de la famille impériale à la chambre des mises en accusation de la Haute-Cour [1].

Le même jour, il donnait une autre satisfaction à l'opinion publique en « étendant à Ledru-Rollin l'amnistie » dont le grand tribun avait, seul, été exclu.

« Dérivatifs impuissants ! » disaient le *Rappel* et le *Réveil* auxquels on venait d'accorder l'autorisation de se vendre sur la voie publique.

En effet, l'attention générale ne se laissait pas détourner du grave événement qui l'absorbait.

La journée du 11 fut extrêmement agitée. Au Corps législatif, l'émotion n'était pas moins vive qu'au dehors. M. Guyot-Montpayroux réclama l'abrogation des articles du sénatus-consulte soumettant à une juridiction spéciale les membres de la famille impériale.

M. Henri Rochefort appuya la proposition que M. Guyot-Montpayroux venait de déposer sur le bureau. « Un assassinat, dit-il, a été commis hier sur un jeune homme couvert par un mandat sacré, celui de témoin, c'est-à-dire de parlementaire. L'assassin est un mem-

---

[1]. Il eût été impossible aux juges les plus complaisants d'absoudre le prince Murat dont le crime ou délit était indéniable et tombait, tout au moins, sous l'application de l'article 311 du Code pénal. L'empereur, en outre, redoutait le scandale qu'eût soulevé un pareil procès ; aussi des personnages influents s'agitèrent-ils pour obtenir de M. Comté qu'il se désistât de sa plainte ; il y consentit moyennant une grosse indemnité, et on étouffa cette affaire.

bre de la famille impériale. Je demande à M. le ministre de la justice s'il a l'intention d'opposer au jugement, à la condamnation probable, des fins de non-recevoir comme celles qu'on oppose aux citoyens qui ont été frustrés ou même bâtonnés par de hauts dignitaires de l'Empire. La situation est grave, l'agitation est énorme. L'assassiné est un enfant du peuple, et le peuple demande à juger lui-même l'assassin ; je veux dire par là qu'il demande le jury. »

Le président Schneider interrompit l'orateur : « Nous sommes tous ici des enfants du peuple; il ne vous appartient pas d'établir des distinctions. »

« Alors, répliqua M. Rochefort, pourquoi donner des juges dévoués à la famille ? On se demande, en présence d'un fait comme celui d'hier, en présence des faits qui se passent depuis longtemps, si on est sous les Bonaparte ou sous les Borgia. J'invite tous les citoyens à s'armer et à se faire justice eux-mêmes. »

Rappelé à l'ordre par M. Schneider, M. Rochefort quitte la tribune où M. Ollivier paraît : « Messieurs, dit-il, nous sommes la justice et le droit ; veuillez être le calme et la modération. Un événement douloureux... »

« Mais c'est un assassinat ! » s'écrie M. Rochefort.

« Peut-être, reprend M. Ollivier, conviendrait-il d'abroger la juridiction exceptionnelle de la Haute-Cour. Mais je n'admets pas que les juges devant lesquels va être renvoyé le prince Pierre Bonaparte soient mis en suspicion. Je ne tolère pas, monsieur, que vous disiez qu'aucun membre de la magistrature française manque de dignité et d'indépendance. »

« Elle n'a pas d'indépendance du tout », dit M. Raspail répondant à M. Ollivier. Aussitôt des interruptions l'arrêtent. — « J'ai demandé la parole, ajoute M. Raspail, vous me la refusez ; je me retire, le public jugera. »

« Il serait trop commode, lui répliqua le président, de se taire et de dire : Le public jugera! Il y aurait quelque chose de plus simple, ce serait de se renfermer dans les conditions où la parole vous a été donnée. »

« Eh bien ! reprend M. Raspail, je vais m'y renfermer. Je dis que vous donnez à l'assassin de Victor Noir la Haute-Cour de justice. Elle sera composée de juges que vous aurez nommés vous-mêmes. Nous les connaissons, ces Hautes-Cours de justice ; nous les avons vues à l'œuvre ; elles sont dévouées à ceux qui les ont choisies, comme les tribunaux. N'en avons-nous pas la preuve tous les jours ? »

Au milieu de nouvelles interruptions, M. Schneider s'écrie : « Je ne puis permettre qu'on fasse ainsi des procès de tendance à la Haute-Cour et à la magistrature, qu'on frappe de suspicion leur indépendance et leur loyauté. »

« Ce qu'il faut, continua M. Raspail, c'est un jury qui ne soit pas choisi par les ennemis de la cause du peuple. Nous connaissons, je le répète, vos Hautes-Cours de justice ; dans l'une d'elles, on a trouvé jusqu'à un homme condamné aux galères. »

M. Émile Ollivier termina ainsi une courte réplique : « Nous sommes le droit, nous sommes la modération, nous sommes la liberté, et, si vous nous y contraignez, nous serons la force. ».

La droite applaudissait bruyamment ces paroles aussi ridicules que menaçantes. « Messieurs, s'écria M. Raspail d'une voix grave, vous applaudissez à une bien triste chose ! »

Avant de clore la séance, M. Schneider lut à l'Assemblée une lettre du procureur général Grandperret, demandant l'autorisation de poursuivre M. Rochefort pour l'article que ce député avait publié, le matin, dans la *Marseillaise*. L'examen de cette demande fut renvoyé au lendemain.

Le soir, dans les salles où se tenaient les réunions publiques, de longs crêpes noirs couvraient le bureau; on y flétrissait « l'assassin d'Auteuil ». — « Le sang de Victor Noir, disait-on, crie vengeance devant la nation ! » On se donnait rendez-vous aux funérailles « de l'enfant du peuple assassiné par un prince de la famille Bonaparte ».

Le bruit s'étant répandu que la police devait enlever nuitamment le cadavre de la victime, plusieurs centaines d'ouvriers se rendirent à Neuilly et se groupèrent autour de la maison mortuaire. De nombreux amis du mort si justement regretté remplissaient la chambre funéraire et la cour. On veilla ensuite toute la nuit pour s'opposer à l'enlèvement qu'on appréhendait.

Le 12, à midi, une foule compacte se pressait dans l'avenue de Neuilly ; les ouvriers, les bourgeois, les étudiants et les femmes qui la composaient demandaient que l'enterrement se fît au Père-Lachaise. Louis Noir les supplia, d'une voix que les larmes étouffaient, de conduire au cimetière de Neuilly le corps de son malheureux frère. « C'est, disait-il, le vœu de ma famille. »

La foule hésitait. Delescluze lui adressa cette sage harangue : « Citoyens, la circonstance qui nous réunit est des plus graves et des plus solennelles ; un de nos amis a été assassiné par un des membres de la famille Bonaparte. Il nous faut une vengeance. Nous l'aurons. Mais le guet-apens est dressé. L'ennemi veille aux grilles. Il ne faut pas lui donner prise. Notre désir était de porter le corps au Père-Lachaise, mais nous ne l'y porterons pas. Pour la première fois depuis dix-huit ans, le vent souffle dans nos voiles ; ne compromettons pas notre cause, la cause de tous les peuples, la cause de la justice. Il faut laisser le convoi se diriger vers le cimetière de Neuilly. »

« Oui, oui ! — Non, non ! » criaient des milliers de voix.

M. Rochefort prit la parole plusieurs fois : « Nul n'a le droit de violer les droits de la famille ; c'est pacifiquement qu'il faut conduire notre mort au cimetière de Neuilly.

« Bientôt nous l'exhumerons et nous le conduirons, à travers la ville, au champ du repos que vous aurez choisi. »

Louis Noir conjura de nouveau les amis de son frère d'éviter de nouveaux malheurs, de ne point donner à la force le droit de sévir ; et il redisait quel était le vœu de sa famille désolée. MM. Delescluze et Rochefort obtinrent enfin qu'on s'y conformât.

Non loin du cimetière de Neuilly, une partie de ceux qui formaient l'immense cortége essayèrent de faire rebrousser chemin au corbillard pour le diriger sur Paris. C'eût été compromettre dans un conflit sanglant la cause démocratique dont tout présageait le prochain triomphe ; des troupes étaient massées sur plusieurs points de Paris. La raison l'emporta. Des ouvriers et des étudiants s'attelèrent au corbillard qui pénétra dans le cimetière de Neuilly.

Près de la fosse où le cercueil allait être descendu, M. Ulric de Fonvielle s'écria : « Je jure sur cette tombe et devant le peuple souverain que Victor Noir a été lâchement assassiné par Pierre Bonaparte. Si nous n'obtenons rien de la justice impériale, nous aurons recours à la justice du peuple. Elle ne nous manquera pas, celle-là. Victor Noir, mon ami, mon frère, toi qui as arrosé de ton sang la demeure d'un prince pour la liberté, je te vengerai ! Le peuple aussi te vengera ! » — Oui, vengeance ! répètent des milliers de voix ; mort aux Bonaparte et vive la République ! »

La foule se retire et suit la voiture de M. Rochefort en chantant la *Marseillaise*. La barrière et ses abords sont occupés par des agents de police qui coupent la formidable colonne dès que la voiture et une partie des citoyens qui l'entourent sont passés. Ces citoyens, dont à chaque instant le nombre grossit, trouvent, au rond-point des Champs-Élysées, le chemin barré par un escadron de chasseurs devant lesquels se tiennent un commissaire de police et un tambour. Ro-

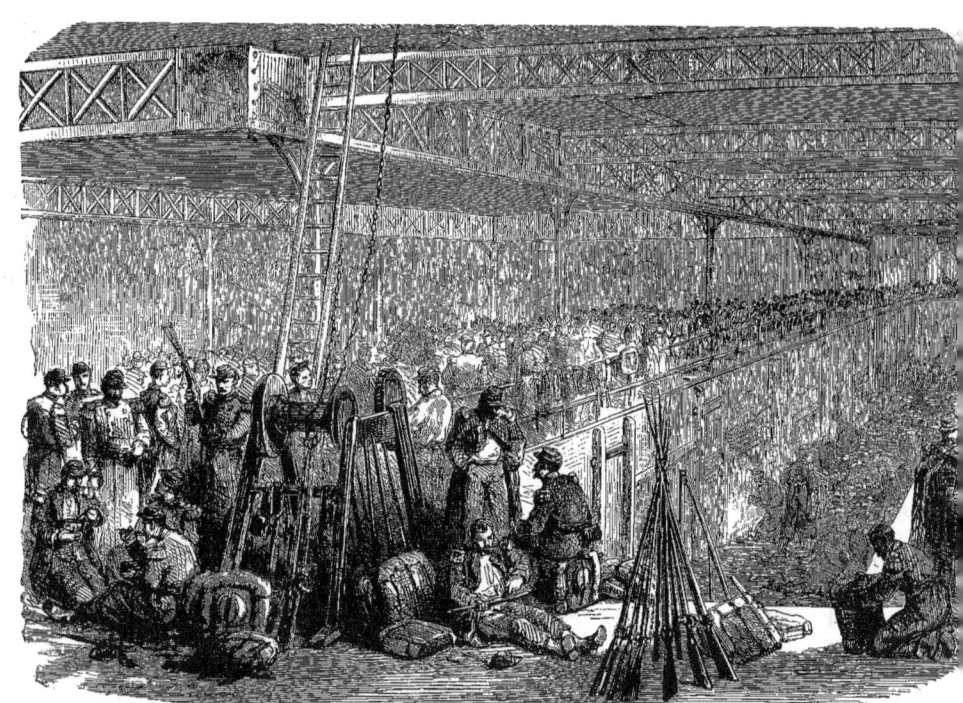

Grève du Creusot.

chefort descend de voiture et dit au commissaire : « Je vous somme d'ouvrir le passage au député inviolable et aux amis du mort d'Auteuil. » Sur un ordre du commissaire, les rangs de la troupe s'ouvrent, M. Rochefort passe, et ils se referment. Aussitôt le tambour bat pour les sommations ; la foule crie : « Vive la République ! Vive l'armée ! » Elle se disperse après le deuxième roulement.

La discussion du rapport de M. Nogent Saint-Laurent concluant à l'autorisation de poursuites contre M. Henri Rochefort avait été fixée au mercredi 17 janvier. Ce jour-là, vers six heures du matin, se détachant de ces foules malsaines qu'attire le hideux spectacle du supplice capital et qui, depuis une semaine, passaient les nuits sur la place de la Roquette, dans l'attente de l'exécution de Troppmann, une bande de douze à quinze cents individus descendit vers la porte Saint-Denis et parcourut, en chantant la *Marseillaise*, les rues avoisinant les halles. La police arrêta quelques-uns de ces émeutiers étranges et les autres se dispersèrent.

A midi, des groupes nombreux se formaient autour du Palais-Bourbon ; les tribunes s'emplissaient de personnages officiels, de journalistes et de curieux qui avaient acheté fort cher des cartes d'entrée.

Dès que la séance fut ouverte, M. Estancelin, au nom du centre gauche, proposa l'ordre du jour suivant : « La Chambre, confiante dans la fermeté du cabinet et rendant justice aux mesures qu'il a prises pour maintenir la paix publique, est d'avis qu'il convient aujourd'hui de retirer la demande en autorisation de poursuites. »

Aussitôt M. Émile Ollivier, qui s'était promis « d'avoir raison de M. Rochefort », repousse péremptoirement cet ordre du jour ; et, posant la question de cabinet, il réclame l'autorisation de poursuites.

M. Henri Rochefort, d'un ton dédaigneux, répond au garde des sceaux : « Je me bornerai à dire ceci : Les masses, qui s'inquiètent peu des questions de cabinet, ne verront dans cette demande de poursuites qu'un moyen d'écarter à tout prix de la Chambre un député désagréable. On veut m'emprisonner aujourd'hui parce qu'on n'a pu se défaire de moi autrement. Je dois aux persécutions maladroites du Gouvernement mon entrée au Corps législatif. Je n'aurai pas la naïveté d'empêcher l'Empire de commettre de nouvelles fautes, car les fautes qu'il commet profitent à la République. »

Laissant de côté la question de personne et insistant peu sur la question juridique, M. Ernest Picard prit, avec une grande force d'argumentation, la défense du pouvoir représentatif « si menacé dans son principe sous les empires » ; or le salut de ce principe dépend absolument de l'inviolabilité de ce pouvoir « dans son ensemble et dans les individualités qui le composent ».

L'inviolabilité parlementaire trouva aussi en M. Emmanuel Arago un défenseur éloquent : « En permettant au Gouvernement de faire le procès à M. Rochefort, ne craint-on pas de donner à tous les ennemis de l'Empire une occasion de plus d'éclairer le pays sur la valeur des hommes et sur *leur conduite passée*, et de résumer toute l'histoire du régime impérial dans deux dates principales : celle du dix-huit Brumaire, néfaste aux libertés françaises, — et celle du Deux Décembre, horriblement sanglante ? »

Se sentant personnellement atteint par ces derniers mots du discours de M. Arago, le chef du cabinet *libéral* s'engagea dans une dissertation confuse sur la loi. « M. Rochefort, dit-il, l'a violée ; or elle est inviolable même pour le représentant qui l'a faite ; l'inviolabilité de la loi doit primer celle du député ! » Au milieu de ses ergoteries, M. Émile Ollivier s'adressait, d'un ton goguenard, à M. Rochefort qui fit cesser cette inconvenance en apostrophant ainsi le renégat : « M. le garde des sceaux a une très-mauvaise habitude, c'est de s'adresser toujours personnellement à moi. Je lui défends cette familiarité. »

M. Émile Ollivier se le tint pour dit, et il termina son discours par ces mots : « Le Gouvernement ne veut pas de *journées* ; il doit donc poursuivre ceux qui les provoquent. Quant à moi, je demande à Dieu, comme unique faveur, de m'accorder de quitter le pouvoir sans avoir répandu une goutte de sang. »

« Il ne vous faut pour cela qu'un éclair de bon sens, » lui cria M. Gambetta.

« Il vous faudrait à vous, monsieur Gambetta, répliqua M. Émile Ollivier, un éclair de patriotisme et un éclair de conscience. »

M. Gambetta n'entendit pas cette réplique impudente.

Le marquis de Piré, au nom des principes, défendit M. Rochefort avec énergie. « Le toucher inconsidérément, dit-il, c'est nous atteindre tous : *hodie mihi, cras tibi*. »

Mais l'honnêteté, la raison ne pouvaient rien contre un parti pris : l'autorisation fut votée par deux cent vingt-deux voix contre trente-quatre.

Le lendemain, M. Gambetta lut dans le *Journal officiel* ce membre de phrase qu'il n'avait pas entendu la veille : « *Il vous faudrait un éclair de conscience.* »

A l'ouverture de la séance du 18, il demanda la parole, et croyant que les mots soulignés avaient été ajoutés après coup il s'en plaignit. « D'ailleurs, déclara-t-il, je n'accepte la juridiction de personne quant à la conscience et au for intérieur, et si M. Émile Ollivier était là je lui expliquerais pour quel motif je l'accepterais de lui moins que de personne. »

Bientôt le garde des sceaux arriva et demanda la parole pour un fait personnel ; il exprima le regret de n'avoir pu assister au commencement de la séance, « car, dit-il, je viens d'apprendre que M. Gambetta s'était plaint de ce que j'aurais ajouté un mot au discours que j'ai prononcé hier ».

M. Gambetta lui répondit : « J'ai protesté contre des mots que je n'ai pas entendus et que je trouve au *Journal officiel*. Je ne voulais pas en votre absence qualifier avec énergie votre réponse, mais, puisque vous êtes présent, je dis que je ne reconnais à personne le droit d'exprimer une appréciation sur ma conscience, et j'ajoute que je vous accorde moins qu'à tout autre ce droit, votre conscience étant trop mobile et trop variable pour vous l'obtenir. »

M. Émile Ollivier cherche à expliquer les paroles de la veille ; il déplace la question si loyalement posée par M. Gambetta auquel il veut prêter le rôle d'agresseur en se prétendant injurié par lui.

M. Gambetta proteste contre une pareille prétention. « Je vais, dit-il au ministre, vous faire une réponse décisive ; je ne vous ai pas adressé une injure, je vous ai seulement rappelé qu'il ne vous appartenait pas à vous d'attaquer ma conscience. Il est bien des souvenirs amers que je pourrais rappeler dans cette enceinte. J'ai dit et je répète qu'à une conscience mobile comme la vôtre je ne reconnais pas de juridiction sur la mienne. Je ne vous conteste pas le droit de changer d'opinion, mais il y a une chose que vous n'expliquerez jamais, c'est que votre changement a coïncidé avec votre fortune. »

Le croira-t-on, les paroles suivantes sortirent de la bouche de M. Émile Ollivier : « Je ne crois pas qu'il soit nécessaire de justifier la certitude inébranlable de ma conduite. »

« Vous vous disiez républicain, » lui cria M. Gambetta.

« Dès 1857, continua le garde des sceaux, j'ai travaillé pour éviter une nouvelle révolution. »

« Alors vous nous trompiez, » lui dit M. Jules Ferry.

La majorité demande la clôture à grands cris. M. Gambetta prononce quelques paroles au milieu d'un bruit confus. La droite crie :

« A l'ordre! à l'ordre! » — Le président Schneider n'a point entendu les paroles qui excitent la fureur des nouveaux amis de M. Ollivier, mais il rappelle à l'ordre M. Gambetta « à raison des troubles que sa véhémence jette dans l'Assemblée. »

« C'est la véhémence d'une conscience honnête, » fait observer M. Jules Ferry. La gauche applaudit. La clôture est mise aux voix et prononcée.

« La clôture! C'est toujours votre réponse. C'est une réponse misérable. »

Cette exclamation irrite les mameluks maintenant au service de M. Émile Ollivier, comme ils l'étaient naguère à celui de M. Rouher, et M. Schneider rappelle M. Gambetta « au calme qui est nécessaire dans cette enceinte ».

« L'indignation exclut le calme. »

Ce dernier mot de M. Gambetta mit fin à cet incident qu'un historien du second Empire a très-sainement jugé : « Cette flagellation sanglante était pour M. Émile Ollivier le commencement du châtiment. Quelle autorité morale pouvait avoir ce ministre souffleté en plein Parlement, à la face du monde entier? Les vrais amis de l'Empire et les libéraux sincères étaient étonnés et affligés de ce que le chef de l'État eût été assez mal inspiré pour placer à la tête d'un ministère de rénovation un homme réprouvé par la conscience publique[1]. »

Le 22, après le réquisitoire de M. Aulois, substitut du procureur impérial, la sixième chambre, présidée par M. Cressent, condamna le député du premier arrondissement de Paris, dépouillé de son inviolabilité parlementaire, à six mois de prison et à trois mille francs d'amende, — M. Paschal Grousset, auteur d'un article publié dans la *Marseillaise* du 13 janvier, sous ce titre : les *Témoignages*, à six mois de prison et à deux mille francs d'amende. Les accusés n'avaient pas comparu. Le matin, M. Henri Rochefort disait dans la *Marseillaise* : « Il y a tout à penser que la magistrature française va user aujourd'hui de la dernière rigueur, afin de donner à l'autorité le loisir de me mettre de côté pour des années interminables. »

Aucun des trois condamnés n'appela de ce jugement qui eût été plus sévère si M. Delesvaux eût présidé le tribunal.

Comme dans l'article de M. Paschal Grousset, la sixième chambre vit dans deux articles publiés par la *Réforme* à propos du meurtre d'Auteuil le délit d'offense envers la personne de l'empereur et les membres de la famille impériale; elle condamna MM. Vermorel et Clément à six mois de prison et à mille francs d'amende. M. Félix Pyat était l'auteur du deuxième article incriminé.

Le 27, le duc Victor de Broglie mourut fidèle à l'orléanisme, à son attachement au régime parlementaire et à cette vigoureuse haine que les honnêtes gens nourrissaient pour le second Empire. Pair de France, il eut le courage de ne pas voter la mort du maréchal Ney et de combattre ceux qui s'opposaient au développement des idées libérales. « Quoi! — disait-il, le 2 mars 1819, aux ministres d'alors, — vous vous effarouchez du moindre mouvement civique et vous croyez vouloir la liberté! Laissez le développement d'un peuple libre s'opérer sans contrainte pour qu'il subsiste, pour qu'il grandisse et se fortifie; ne prétendez pas lui inspirer tous ses mouvements. S'il nous faut renoncer à la liberté de la presse chaque fois qu'un écervelé aura mis au jour un pamphlet téméraire, s'il nous faut changer la loi des élections chaque fois que les électeurs auront fait choix d'hommes d'un caractère prononcé dans une opinion qui n'est pas la nôtre, c'en est fait du gouvernement constitutionnel. Qu'on nous ramène aux carrières! » Cet adversaire du gouvernement personnel, ce vieillard aux mains duquel la police de Napoléon III alla, comme je l'ai raconté, arra-

---

[1]. Ernest Hamel.

cher, en 1861, les pages d'un livre qu'il écrivait, aurait ressenti une cruelle douleur s'il eût vu son fils Albert, héritier de son titre ducal, renier les traditions paternelles et devenir « *le protégé de l'Empire* ».

Le Corps législatif discutait son règlement. On n'a pas oublié la proposition des trois questeurs de l'Assemblée législative, MM. Baze, de Panat et Leflô. Un amendement de M. Jules Grévy à l'article du règlement qui touchait à la police de l'Assemblée reproduisait, à peu près, cette proposition fameuse. L'amendement du député du Jura était ainsi conçu : « La police du Corps législatif et de l'enceinte du palais appartient au président. Le Corps législatif fixe l'importance des forces militaires pour sa sûreté, et il en dispose. Les autorités civiles et les commandants militaires sont tenus de déférer à sa réquisition. »

En développant sa proposition, M. Jules Grévy démontrait par d'irréfutables arguments qu'une Assemblée n'est jamais sûre de son lendemain si elle ne peut, à l'occasion, se saisir du pouvoir militaire et se défendre elle-même, si, pour sa protection, elle a besoin d'un autre pouvoir, si elle est obligée de remettre le soin de sa sécurité au gouvernement.

M. Segris, ministre de l'instruction publique, combattit cet amendement ; on croyait entendre M. Leroy-Saint-Arnaud combattant la proposition des questeurs ; comme ce préparateur criminel du coup d'État de 1851, le ministre *libéral* de 1870 reprochait à cette proposition sage « d'accuser une méfiance injuste envers le chef du pouvoir exécutif ».

Et le chef de ce pouvoir était Louis-Napoléon Bonaparte, l'auteur du guet-apens de 1851 !

« Que personne n'oublie le 2 Décembre ! » s'écria M. Emmanuel Arago.

Quarante et un députés seulement ne l'avaient pas oublié ; tous les autres, excités par l'ancien *spectre du 2 Décembre*, rejetèrent l'amendement de M. Grévy.

Les deux soldats du 71° de ligne récemment envoyés en Afrique pour avoir assisté à une réunion publique avaient reçu la somme nécessaire pour se libérer ; cette somme était le produit d'une souscription. Le ministre de la guerre s'était opposé à leur libération du service militaire. M. Rochefort l'ayant interrogé à ce sujet dans la séance du 5 février, le général répondit : « Le conseil d'administration du régiment a seul le droit d'autoriser, sous l'approbation du ministre de la guerre, le remplacement d'un soldat sous les drapeaux. L'autorité a donc le droit de refuser la permission de remplacement à un soldat incorporé. »

« Je reconnais, lui répliqua M. Rochefort, la légalité de votre refus, mais, dans la circonstance présente, ce refus est une cruauté. » Le député de la première circonscription de la Seine donna lecture d'une déclaration solennellement faite par l'Assemblée constituante de 1789, et dont voici les termes : « Les officiers, sous-officiers et soldats de toutes armes, hors le temps de leur service militaire, des appels, des exercices et de toutes les fonctions de leur état, peuvent, jusqu'à l'heure de la retraite, assister comme tous les autres citoyens aux séances des sociétés qui s'assemblent paisiblement et sans armes dans les lieux où ils se trouvent en garnison. »

Après avoir terminé sa lecture, M. Rochefort dit : « Cette déclaration est due au général Alexandre de Beauharnais, grand-père de l'empereur Napoléon III ; je m'étonne que la famille, comme libéralisme, ait autant baissé depuis 1789. »

L'évocation de ce document irrita, sans doute, les ministres et l'empereur, car, dans la matinée du 7, un conseil fut tenu, sous la présidence de Sa Majesté, et on y décida l'arrestation immédiate de M. Rochefort. A une sommation du parquet « d'avoir à se constituer prisonnier », le député de Paris avait répondu, dans la *Marseillaise* : « Je ne déférerai pas bénévolement à cette invitation; j'attendrai qu'on vienne m'arrêter chez moi. »

Le bruit s'étant répandu que M. Rochefort serait arrêté à l'issue de la séance du Corps législatif, M. Crémieux, dès qu'elle fut ouverte, interpella le garde des sceaux en ces termes : « Est-il vrai que M. Rochefort doive être arrêté aujourd'hui? Ce serait le mettre dans l'impossibilité de remplir son mandat pendant six mois, et conséquemment priver de représentant la circonscription qui l'a nommé. C'est chose bien grave que d'enlever un député à son siège pour un délit de presse, pour un délit d'intention. D'ailleurs je crois que l'arrestation de M. Rochefort doit être autorisée par la Chambre, et je demande qu'il ne soit point permis au parquet d'y procéder sans une autorisation de l'Assemblée. »

M. Emmanuel Arago appuya très-énergiquement la demande de M. Crémieux, et M. Émile Ollivier la combattit avec une vivacité haineuse.

Transportant le débat sur un terrain nouveau, M. Gambetta proposa un ordre du jour invitant le ministre de la justice « à surseoir à l'exécution du jugement jusqu'après la session législative, en raison du caractère politique de la condamnation ». Avec une logique saisissante, M. Gambetta disait à ses collègues : « Le fait est politique, votre adversaire est un homme politique et vous êtes un Corps politique rendant une décision politique. Ce n'est donc pas une mesure d'administration, et vous pouvez agir dans toute la plénitude d'une Assemblée qui, voulant se protéger, commence par protéger ses adversaires. »

M. Émile Ollivier repoussa tout sursis à l'exécution du jugement; il invoqua son droit d'agir ainsi, et cent quatre-vingt-neuf voix contre quarante-six l'approuvèrent.

On croyait que M. Rochefort serait arrêté sur la porte du Corps législatif. On se trompait. Le soir, à huit heures, M. Rochefort devait faire, dans la rue de Flandre, une conférence sur Voltaire, au profit d'un détenu politique; M. Émile Ollivier le savait; pour montrer « qu'il était la force », et braver la démocratie parisienne qui l'avait déclaré indigne, ce triste ministre de la justice voulait enlever le député de Belleville au milieu de ses électeurs.

Vers huit heures et demie, M. Rochefort descendait d'une voiture à la porte de la salle de la Marseillaise, rue de Flandres, 51. Des mouchards déguisés en ouvriers l'entourent en l'acclamant et l'entraînent vers une cour dont la grille se referme. Là un commissaire de police lui lit un mandat d'amener. On le fait monter dans un fiacre; quelques instants après, on l'écrouait à Sainte-Pélagie.

La nouvelle de cette arrestation se répand dans la salle où il était attendu. M. Flourens, qui présidait la réunion, fait un appel aux armes, prend au collet le commissaire de police Barlet qui était de service là, et lui ordonne de marcher à ses côtés en lui disant : « Il ne vous sera fait aucun mal à condition que vous ne chercherez ni à m'échapper ni à faire frapper mes amis par vos agents. »

Suivi d'une centaine d'hommes, Flourens se dirige vers Belleville, n'y trouve pas les auxiliaires sur lesquels ils comptait, met le commissaire de police en liberté, et, après quelques tentatives d'insurrection dans le faubourg du Temple, se réfugie chez un ouvrier. Il put bientôt gagner Londres.

Le lendemain, on lisait dans la *Marseillaise* :

« Hier au soir, à huit heures et demie, Henri Rochefort, député de la première circonscription de la Seine, a été arrêté par la police sur les ordres de M. Émile Ollivier ; il a été arrêté au milieu de ses électeurs. Jamais affront plus sanglant n'est tombé sur la joue d'un peuple. C'est le 2 Décembre recommencé, mais, cette fois, en compte à demi avec les hommes de la rue de Poitiers... C'est plus qu'une insulte, c'est une provocation. Collaborateurs, amis, coreligionnaires politiques de Rochefort, nous continuerons de tenir haut et ferme le drapeau qu'il tenait avec nous, et qu'il retrouvera, le jour venu, à moins qu'on ne l'arrache de nos mains. Ce drapeau, c'est le drapeau de la démocratie sociale, de la révolution implacable[1]... »

Dans la soirée, tous les rédacteurs de la *Marseillaise* furent arrêtés. Quelques barricades s'ébauchèrent ; une seule, rue Saint-Maur, fut un peu défendue par une quarantaine d'ouvriers. Sur les boulevards où la foule était compacte, les sergents de ville frappaient avec des casse-tête des gens inoffensifs. Il y eut un grand nombre de blessés. Des réunions privées furent interdites. On arrêta plus de quatre cents personnes, on les conduisit à la Conciergerie et on les entassa dans la même galerie voûtée où, en décembre 1851, Démosthène Olivier avait été jeté par les mêmes agents, peut-être, qui, en 1870, sur les ordres de son fils, se livraient aux mêmes brutalités.

L'agitation croissait et faisait craindre une collision qu'il était dans les intérêts de la démocratie d'éviter à tout prix. Des membres de l'*Association des travailleurs* publièrent, le 9, dans les journaux démocratiques, ce manifeste qui invitait leurs amis au calme et à la patience, mais qui déclarait la guerre au gouvernement impérial :

« La souveraineté populaire est foulée aux pieds. L'indignation est à son comble ; de courageuses énergies n'ont pas craint de se signaler. Pour la première fois depuis dix-neuf ans, des barricades se sont élevées ; le sang de citoyens désarmés, quelquefois d'enfants inoffensifs, a coulé sous les charges de policiers féroces. La révolution morale est faite. A toutes opinions honnêtes nous dirons : l'abaissement, la honte vont finir. La révolution, on peut le dire, est à son prologue. Dans des circonstances aussi solennelles, il est du devoir de tout bon citoyen d'exprimer hautement sa pensée sur la ligne de conduite à suivre ; c'est ce que, pour notre compte, nous faisons. Décidés que nous sommes à payer de nos personnes le succès de la révolution, nous le disons sincèrement, le moment ne nous semble pas encore venu pour une action décisive et immédiate. La Révolution marche à grands pas ; n'obstruons pas la route par une impatience bien légitime, mais qui pourrait devenir désastreuse.

« Au nom de cette République sociale que nous voulons tous, au nom du salut de la démocratie, nous invitons nos amis à ne pas compromettre une telle situation. Chaque heure nous donne des chances nouvelles, car chaque heure diminue les forces du despotisme et augmente les nôtres. Nous touchons au but. Ne restons pas inactifs. Entre le bonapartisme et la France, la scission est dénoncée. Agissons par la propagande, et surtout par l'organisation ; en un mot, hâtons le triomphe définitif, mais ne le compromettons pas par une action trop précipitée[1]. »

Les esprits étaient trop agités pour que la séance du Corps législatif fût calme. M. Jules Ferry adressa une interpellation au ministre de l'intérieur au sujet des événements de la veille. « De quel droit, lui demanda-t-il, la police a-t-elle dissous, dans la sixième et

---

[1]. Les signataires de cette déclaration étaient MM. Arthur Arnould, Ed. Bazire, Germain Casse, Collot, S. Dereure, A. Dubuc, Francis Enne, Arthur de Fonvielle, Ulric de Fonvielle, Paschal Grousset, Ch. Habeneck, Alp. Humbert, J. Millière, G. Puissant, A. Franc, Raoul Rigault, E. Varlin, A. Verdure.

[1]. Ce manifeste portait les signatures de MM. Camille Adam, gainier, — Louis Chalain, tourneur en bronze, — Amédée Combault, bijoutier, — Gabriel Davoust, tailleur de pierre, — Jules Johannaud, feuillagiste, — Léon Landrin, bronzier, — Benoist Malon, nacrier, — Édouard Martin, mécanicien, — Jean-Baptiste Périer, sculpteur, — Louis Pindy, menuisier.

dans la neuvième circonscription, deux réunions ayant un caractère absolument privé ? »

Les rires de la droite interrompirent l'orateur.

« Vous riez ! s'écria M. Ferry ; vous eussiez préféré sans doute que les citoyens paisiblement réunis rue Vavin suscitassent dans la sixième circonscription quelques-uns de ces faits regrettables et douloureux que les provocations et les maladresses ministérielles sèment dans tout Paris ? »

Prenant pour lui cette accusation de maladresse, M. Émile Ollivier proféra cette insolence : « Ce n'est pas à l'école de M. Jules Ferry que nous irions apprendre l'habileté politique ; de sa part, une seule chose nous troublerait et nous inquiéterait, c'est l'approbation. »

« Mon approbation, répliqua M. Jules Ferry, vous ne l'aurez jamais et je m'en fais gloire. »

« Vous l'avez souvent quêtée, mendiée, notre approbation, » ajouta M. Gambetta.

« Vous préférez maintenant l'approbation des proscripteurs de votre père ! » s'écria M. Eugène Pelletan.

Pâlissant et balbutiant, M. Émile Ollivier répondit à M. Pelletan : « Vous n'avez pas le droit de prononcer le nom de mon père, car son approbation... sa bénédiction sont mes principales forces dans la tâche que j'entreprends. »

D'une voix sévère, M. Garnier-Pagès dit au fils de Démosthène Ollivier : « Cela n'est pas un éloge. »

Est-il vrai, est-il possible que ce vieux républicain ait approuvé, ait béni la trahison de son fils ?

En regard de cette « bénédiction » qui me semble prodigieuse, je dois mettre un fait dont elle évoque le souvenir : c'était le 4 janvier 1852. Vers midi, soixante défenseurs de la loi détenus dans les casemates de Bicêtre reçurent l'ordre de faire leurs paquets et de se ranger, deux à deux, dans l'une des cours. Ils furent placés entre une haie de gendarmes et de soldats qui chargèrent leurs armes. La colonne se mit en marche. Le temps était pluvieux et froid. Le camarade sur le bras duquel je m'appuyais se nommait Démosthène Ollivier. A la porte du fort, au milieu de la foule anxieuse des parents qui venaient chercher des nouvelles d'un fils, d'un père, d'un mari, d'un frère arrachés à leur tendresse par Louis-Napoléon Bonaparte, mon compagnon de chaîne aperçut l'un de ses fils. Ce jeune homme voulut échanger avec son père un mot d'adieu ; les gendarmes et les soldats le repoussèrent. Il nous suivit longtemps à travers des chemins boueux. Après avoir inutilement renouvelé sa pieuse tentative, il leva les bras au ciel, murmura quelques mots, — une imprécation sans doute contre ceux qui torturaient son père, — et, quand il se fut assuré qu'on nous menait au fort d'Ivry, il s'éloigna en essuyant une larme. Ce jeune homme était M. Émile Ollivier. — « *Pauvre enfant*, me disait le père en s'attendrissant, *comme il doit souffrir !* »

Quand M. Émile Ollivier, dont les maladresses ne se comptaient plus, eut, comme on le disait tout haut, « niaisement appelé sur son père les sévérités de l'opinion publique, » il parla des désordres qu'il avait provoqués. « Nous apportons, dit-il, un sentiment d'humanité dans la répression. Si nous voulions agir avec brutalité, toute cette agitation ne durerait pas cinq minutes. »

« Est-il vrai, lui demanda M. Jules Ferry, que tous les rédacteurs et employés de la *Marseillaise* aient été arrêtés ? Cela équivaudrait à la suppression administrative du journal. »

« C'est l'affaire de la justice », répondit le garde des sceaux.

« En pareille matière, la justice m'est souverainement suspecte. »

Malgré le rappel à l'ordre que ces paroles lui valurent, M. Jules Ferry reprit : « En

M. Buffet,
MINISTRE DE L'EMPIRE EN 1870.

matière politique, dans ce pays, il n'y a pas de justice. »

M. Schneider l'interrompant : « Je ne rappelle pas, une deuxième fois, l'orateur à l'ordre, en raison de l'état d'exaltation où il se trouve. »

« Vous avez tort, monsieur le président, — s'écria M. Émile Ollivier; — comme chef de la magistrature, je demande le rappel à l'ordre. »

M. Schneider laissa dédaigneusement tomber la ridicule admonestation de ce fat qui se permettait de lui faire la leçon, et qui, en 1859, avait été interdit de sa profession d'avocat pour avoir manqué de respect à cette magistrature dont il se disait emphatiquement le chef; il la traitait de « pourriture » après qu'elle l'eut frappé [1].

[1]. « M. Émile Ollivier oubliait le temps où il traitait de pourriture cette magistrature française qui l'avait frappé lui-même, un jour, pour l'avoir outragée. » — Ernest Hamel, *Histoire du second Empire*.

Les arrestations continuaient. Un mandat d'arrêt avait été lancé contre M. Mégy, ouvrier mécanicien, instruit, habile et laborieux; il avait une conduite irréprochable, l'affection de ses camarades et l'estime de ses patrons; mais il était républicain.

Le 11, avant six heures du matin, M. Dorville, commissaire de police, et cinq agents, s'introduisirent dans la maison que Mégy habitait, rue des Moines, aux Batignolles; ils frappèrent à la porte de sa chambre. — « Qui est là? » dit Mégy que ce bruit avait réveillé. — « Ouvrez, au nom de la loi! » s'écria le commissaire. En même temps, un agent qui avait allumé une bougie vit la clef sur la porte; le commissaire et les policiers se précipitèrent dans la chambre; Mégy, qui avait sauté du lit, pris et armé un pistolet de poche, fit feu. Une balle effleura la tempe du commissaire et frappa mortellement l'agent Mourot.

Mégy allégua qu'il avait agi dans un cas de légitime défense, sa porte ayant été forcée par les agents de l'autorité avant l'heure où la loi les autorise à violer le domicile d'un citoyen. Les journaux démocratiques défendaient cette opinion contre les feuilles bonapartistes qui la combattaient. « Dans la saison d'hiver, disaient-ils, six heures du matin, c'est encore la nuit. »

Le concierge de la maison déclara « qu'il était cinq heures et demie du matin quand le commissaire et ses agents se présentèrent. » La police impériale avait donc violé le domicile de Mégy au mépris de la loi[1].

Discutant dans le *Réveil*, au point de vue du droit strict, l'acte du jeune mécanicien,

Charles Delescluze imputait à l'administration la mort regrettable de l'inspecteur Morlot. « Mégy, ajoutait-il, a combattu et s'est en quelque sorte sacrifié pour la défense de la liberté individuelle. »

Le garde des sceaux n'attendit pas que la justice se fût prononcée sur la culpabilité de Mégy; il fit poursuivre et condamner le rédacteur du *Réveil* à une forte amende et à treize mois de prison.

M. Protot s'était chargé de la défense de Mégy. M. Clément, commissaire de police, laissa deux agents sous la porte cochère de la maison habitée par cet avocat, rue de Braque; il monta seul et pénétra dans l'appartement de M. Protot. Apercevant sur le bureau un portefeuille plein de papiers, il le prend et l'ouvre; M. Protot l'arrache à M. Clément qu'il renverse, sort, ferme la porte et descend rapidement l'escalier.

Le commissaire, qui s'était relevé, ouvre la porte et, sur le palier, tire en l'air un coup de pistolet. C'était un signal donné à ses deux agents qui saisirent M. Protot dans la cour, le bâillonnèrent et le traînèrent dans un fiacre stationnant au coin de la rue de Braque.

Les juges instructeurs ne pouvaient suffire à leur besogne, tant était considérable le nombre des personnes arrêtées. Dans la séance du 14 février, MM. Jules Favre et Crémieux invitèrent le garde des sceaux à « prendre les mesures nécessaires pour abréger le temps de la prévention ».

« La justice connaît ses devoirs et elle les remplit, » leur répondit M. Émile Ollivier avec une incivilité brutale; cet homme avait perdu tout sens moral.

« Nous sommes en pleine réaction, » disait le *Siècle;* cela était vrai. Pendant que les prisons se remplissaient de citoyens dénoncés comme ayant participé aux troubles qui suivirent l'arrestation de M. Rochefort, la sixième chambre condamnait sans relâche et durement les journaux démocratiques.

M. Émile Ollivier avait, pourtant, soumis

---

[1]. L'article 1037 du Code de procédure est formel : « Aucune signification ni exécution ne pourra être faite, depuis le 1er octobre jusqu'au 31 mars, avant six heures du matin et après six heures du soir; et depuis le 1er avril jusqu'au 30 septembre, avant quatre heures du matin et après neuf heures du soir, non plus que les jours de fête légale, si ce n'est en vertu de permission du juge, dans le cas où il y aurait péril en la demeure. »

à l'empereur deux projets de loi portant abrogation de la loi de sûreté générale et du décret odieux qui, rendu le 6 décembre 1851, donnait à l'administration la faculté de déporter à Cayenne et en Algérie les individus ayant fait partie d'une société secrète.

Le 21, M. Jules Simon déposa un projet de loi sur l'instruction gratuite et obligatoire, — et M. Jules Favre interpella les ministres sur la politique qu'ils entendaient suivre dans l'administration des affaires intérieures. L'orateur de la gauche termina un long discours fort écouté en disant aux ministres du 2 janvier : « La dissolution du Corps législatif actuel est une nécessité que vous auriez dû reconnaître.

« Si, en présence d'une Chambre retrempée dans l'élection, vous êtes résolus à établir la liberté, les mesures que vous prendrez dans ce but trouveront notre concours ; si, au contraire, vous persistez à être les ministres du gouvernement personnel, vous aurez en nous d'inexorables adversaires. »

M. Chevandier de Valdrôme répondit que le ministère ne repoussait pas d'une manière absolue l'idée de la dissolution, mais qu'il aurait recours à cette mesure dans un seul cas, — celui d'un dissentiment entre l'Assemblée actuelle et lui.

Contre le vote de confiance qui fut donné au cabinet, dix-huit députés seulement protestèrent[1]. A droite et à gauche, il y eut des abstentions.

La question des candidatures officielles fut nettement posée, dans la séance du 23, par MM. Picard et Jules Grévy.

« Maintiendrez-vous, oui ou non, le système des candidatures officielles? » C'est ainsi que les deux orateurs resserrèrent la discussion.

M. Chevandier de Valdrôme répondit en ces termes évasifs : « Le gouvernement a toujours le droit de désigner ses candidats, mais il ne doit pas les soutenir par des moyens illégaux. »

M. Émile Ollivier qui, le 2 octobre, écrivant à M. Clément Duvernois, faisait de l'abandon des candidatures officielles l'une des conditions de son entrée au pouvoir, se réfugia dans des subtilités cauteleuses : « Le parti ministériel, autant que le parti de l'opposition, a le droit de désigner ses candidats par l'intermédiaire de ses chefs. »

Mais les élus de la corruption et de la fraude ne se contentaient pas de si peu; s'ils n'étaient que désignés par le gouvernement, leur réélection devenait douteuse; il leur fallait, comme par le passé, l'emploi des honteux moyens qui assuraient leur fortune électorale. Ils proposèrent cet ordre du jour : « La Chambre, considérant que l'intervention sage et mesurée du gouvernement dans les élections est, dans certains cas, une nécessité, passe à l'ordre du jour. »

MM. Clément Duvernois et Granier de Cassagnac appuyèrent cet ordre du jour que les ministres n'acceptèrent pas; ils réclamèrent l'ordre du jour pur et simple, qui fut adopté par 185 voix contre 56. Avant l'ouverture du scrutin, les membres de la gauche avaient déclaré qu'ils se ralliaient à la proposition du cabinet, mais qu'ils votaient « pour la liberté électorale, rien que pour la liberté électorale ».

M. Clément Duvernois accusa M. Émile Ollivier de trahir la majorité, — et les cinquante-six mécontents de la droite formèrent une opposition qu'on appela « l'opposition des candidatures officielles ».

M. Ollivier ne tardera pas à les rassurer de leur crainte. Ils auront en gré la façon dont le cabinet du 2 janvier traitera la liberté électorale ; d'ailleurs les préfets à poigne ne sont-ils pas à peu près tous à leur poste et

---

[1] MM. Arago, Crémieux, Desseaux, Esquiros, Jules Favre, Jules Ferry, Gagneur, Gambetta, Garnier-Pagès, Girault, Glais-Bizoin, Jules Grévy, Amédée Larrieu, Ordinaire, Eugène Pelletan, Ernest Picard, Rampont et Tachard.

prêts à recommencer leurs prouesses? Quatre d'entre eux seulement ont été disgraciés: MM. de Bouville, d'Arnoux, Menche de Loisnes et Janvier de La Motte. On a bien rappelé aussi M. de Saint-Paul de la préfecture du Nord et M. Géry de celle de la Corse, mais ils ont reçu des compensations : le premier est devenu sénateur et le second conseiller d'État.

La Haute-Cour, réunie à Blois pour juger le prince Pierre Bonaparte, tint sa première audience le 21 mars.

M. Glandaz présidait. L'accusé prétendait n'avoir fait feu sur Victor Noir qu'après avoir été souffleté par lui. Ce système de défense avait été imaginé tardivement. Il fut acquis aux débats que les gants de la victime étaient intacts et boutonnés, — que, dans la pharmacie où le cadavre fut porté, M. de Fonvielle « avait fait plusieurs fois, sans varier, le même récit que devant la justice ». Les docteurs Bergeron et Samazeuilh expliquèrent scientifiquement « que la trace du soufflet reçu par Victor Noir avait fort bien pu disparaître après sa mort ». Plusieurs heures seulement après le crime, le prince fit constater « une espèce d'ecchymose sur sa figure », et il l'attribua au prétendu soufflet que Victor Noir lui aurait donné. Le professeur Tardieu déclara que, « à son avis, un coup direct avait produit cette ecchymose ». Pendant tout le cours des débats, l'accusé manifesta la violence de son caractère. Il insulta MM. Floquet et Laurier, avocats de la partie civile; il était sûr de son acquittement. Si le verdict négatif du haut-jury n'excita aucun étonnement, il produisit une effervescence populaire qui se traduisait par des murmures contagieux. M. Grandperret, procureur général, avait, dans son réquisitoire, adopté le récit du prince et conclu à l'innocence du cousin de l'empereur[1].

Le lendemain, ce magistrat adressait à M. Conti, secrétaire particulier de Napoléon III, les lignes suivantes : « Je reçois avec une joie profonde, monsieur le sénateur, la lettre par laquelle vous me faites savoir que Sa Majesté a daigné m'accorder son approbation. Ce témoignage d'une auguste bonté sera l'honneur de ma vie et l'objet d'une éternelle reconnaissance. Toute mon âme et toutes mes forces sont vouées au service de l'empereur. »

Le 30, quand M. Tardieu monta dans sa chaire, à l'École de médecine, les étudiants lui crièrent : « A la porte, le Corse ! A la porte, le défenseur des assassins ! » Le professeur que, à tort ou à raison, on accusait de s'être partialisé dans sa déposition favorable au prince Pierre Bonaparte, essaya de parler; on le hua plus fort et il se retira. Deux jours plus tard, il reparut; on lui jeta des gros sous et ces paroles : « Donnez votre démission et allez au Sénat; votre place est au Sénat. » Un arrêté ministériel suspendit les examens et les cours pendant un mois.

Au moyen de retenues faites hebdomadairement sur leur paye, les ouvriers du Creuzot entretenaient une caisse de prévoyance et de secours ; elle était gérée par M. Schneider, propriétaire de cette vaste usine. Une commission chargée de surveiller les intérêts des ouvriers réclama la gestion de cette caisse. M. Schneider s'y refusa, mais il proposa de se référer à l'avis que feraient connaître par un vote tous les ouvriers du Creuzot. Les quatre cinquièmes des votants donnèrent raison à la commission que présidait un mécanicien nommé Assy.

---

1. Le 23 mars, après avoir prononcé l'acquittement du prince Pierre-Napoléon Bonaparte, la Haute-Cour, statuant sur la demande en dommages-intérêts formulée par la famille de Victor Noir, « attendu que, s'il résulte de la déclaration du jury que le prince n'est pas coupable des crimes de meurtre et de tentative de meurtre, cette déclaration n'implique pas la négation du fait matériel, » condamna le cousin de l'empereur à payer au père et à la mère de sa victime la somme de vingt-cinq mille francs et de plus à tous les frais du procès.

Le prince de Hohenzollern.

Dès que cette décision fut prise, le directeur de l'usine s'y conforma en renvoyant des ateliers Assy et plusieurs de ses camarades, et en maintenant le *statu quo*. Les ouvriers déclarèrent qu'ils cessaient tout travail jusqu'au jour où la gestion de la caisse de secours leur serait remise et où leurs camarades injustement expulsés de l'usine y rentreraient. M. Schneider répondit à cette déclaration en faisant envoyer au Creuzot 3,000 soldats sous le commandement de deux généraux.

MM. Esquiros et Gambetta interpellèrent le gouvernement à ce sujet : ils s'indignèrent, avec raison mais sans succès, de cette intervention armée que rien ne justifiait. L'*Association internationale des travailleurs* publia un manifeste. « Veut-on, demandait-elle, une nouvelle hécatombe de prolétaires ? L'Association proteste contre ces gens qui, non contents de détenir toutes les forces économiques, disposent de toutes les forces sociales pour le maintien de leurs iniques priviléges. »

Le 6 avril, vingt-six grévistes du Creuzot furent condamnés par le tribunal d'Autun à plusieurs mois de prison ; l'*Internationale* invita « tous les citoyens pénétrés du sentiment de la solidarité républicaine socialiste à prélever un pour cent sur le prix de leur travail au profit des condamnés et de leurs familles. » Elle ajoutait : « Quand la justice succombe sous l'arbitraire, quand on acquitte les princes qui tuent et que l'on condamne des ouvriers qui ne demandent qu'à vivre de leur travail, quand les condamnations frappent surtout les femmes et les enfants en les privant du labeur des chefs de famille, il nous appartient d'infirmer cette nouvelle iniquité par l'adoption des veuves et des orphelins. »

Le *Rappel*, la *Marseillaise* et la *Démocratie* annoncèrent que dans leurs bureaux seraient reçues les offrandes en faveur des condamnés d'Autun.

M. Jules Simon avait proposé au Corps législatif un projet de loi ainsi conçu : « La peine de mort est abolie. » La Commission chargée de l'examen de ce projet concluait à ce qu'il ne fût pas pris en considération ; mais la Chambre le renvoya à l'étude des bureaux, après avoir entendu un discours fort éloquent de M. Jules Simon qui demandait ce renvoi.

Dans la séance du 24 mars, le projet de loi abrogeant toutes les dispositions encore en vigueur de la loi de sûreté générale fut adopté à l'unanimité.

L'empereur avait conçu le projet de faire ratifier par un plébiscite les dernières réformes et l'espoir de retremper dans cette ratification son pouvoir de plus en plus faiblissant. Un sénatus-consulte rédigé par M. Émile Ollivier portait ceci : « Le pouvoir constituant appartient à la nation, mais elle ne peut l'exercer que sur l'initiative de l'empereur. »

Le système plébiscitaire consistant à poser insidieusement des questions auxquelles on ne peut répondre que par *oui* ou par *non* et mis en jeu par l'empereur seul qui pourrait en user à son gré était, selon l'expression des députés de la gauche, *la menace permanente d'un coup d'État*. « Par ce moyen, disait excellemment M. Jules Grévy dans la séance du 4 avril, l'empereur accapare le pouvoir constituant qu'il partageait autrefois avec le Sénat, et le projet de sénatus-consulte, loin de restituer à la nation le pouvoir dont elle a été dépouillée, n'est qu'un ordre dicté au peuple par le pouvoir exécutif. »

MM. Picard, Jules Favre, Léon Gambetta et Jules Simon firent toucher au doigt et à l'œil le danger du régime plébiscitaire dont M. Émile Ollivier célébra les beautés.

M. Ernest Picard adressa cet avertissement à ses collègues : « Prenez-y-garde ! en accordant au ministère un vote de confiance sur cette question, vous donnez, en quelque sorte, votre démission de représentants du pays. »

« Non-seulement, ajouta M. Jules Favre, le sénatus-consulte détruit le pouvoir parlementaire, mais encore il est absolument inconciliable avec le gouvernement du pays par lui-même. »

Dans le discours qu'il prononça le 5 avril, M. Gambetta fit admirer le langage d'un grand politique : que signifie d'après son origine latine le mot de PLÉBISCITE ? Une sanction donnée par le peuple à un fait politique dont il a connaissance. Pour n'être pas un attentat contre la souveraineté nationale, il faut donc qu'un plébiscite soit précédé d'une libre discussion dans tous les comices ; les questions posées dans un plébiscite doivent être formulées nettement ; et, par conséquent, le plébiscite actuel doit, embrassant toutes les institutions impériales, demander au peuple s'il les approuve et s'il consent à se démettre de tel ou tel de ses droits, à être dépouillé de son pouvoir constituant.

De la solide argumentation que je viens de résumer M. Léon Gambetta va tirer fort habilement des conséquences hardies. Il reconnut d'abord que la situation présente nécessitait du gouvernement impérial un plébiscite, car l'absence de sanction populaire serait une objection que les défenseurs de l'œuvre de 1852 feraient contre une transformation constitutionnelle « ressemblant beaucoup, mais seulement en apparence, à un essai de gouvernement pondéré, de monarchie constitutionnelle anglaise. Depuis le pas qu'il a fait pour se dérober à son passé autoritaire, le gouvernement a rallié autour de lui les partisans de la monarchie constitutionnelle. » L'orateur ne dit pas cela pour éveiller la moindre susceptibilité; il comprend que les partisans de cette monarchie, en face du suffrage universel et de la démocratie qui monte, aient pensé qu'à tout prendre il n'y avait pas d'autre monarchie possible que l'Empire; « ils ont pu réfléchir longuement, continue M. Gambetta; il y en a qui ont mis dix-huit ans pour aller d'une *certaine mairie* à un certain palais, mais enfin le temps ne fait rien à l'affaire. Il fallait bien que l'Empire fît quelque chose dans le sens des idées qui se sont ralliées à lui; il a donc fait ce qu'il pouvait supporter de parlementarisme. Mon avis est qu'il ne peut même pas supporter cette dose-là. »

Entre la monarchie parlementaire et le suffrage universel, il y a une incompatibilité d'essence que l'orateur républicain démontre sans exciter les murmures des mameluks, tant il met de finesse d'esprit dans l'expression de sa pensée. Recherchant les formes de gouvernement sous lesquelles on peut pratiquer une certaine liberté, il arrive à cette conclusion : « Coûte que coûte, peut-être, au prix de bien des larmes et de bien du sang, il faut trouver le moyen d'associer l'ordre avec la liberté pleine et entière. La forme à laquelle on veut se rattacher ayant été, deux fois en France, reconnue fragile, caduque, impuissante, il faut essayer du nouveau. La forme républicaine, introduite par la Révolution française, n'a pas réussi, dit-on, à assurer l'ordre et la liberté; mais, malgré tous leurs efforts, rois ou empereurs ont-ils réussi davantage? Sous la forme républicaine, au moins, la puissance du suffrage universel n'est pas mensongère, elle est réelle, et si on me dit qu'on n'en a pas encore sérieusement essayé, je répondrai que c'est une raison de plus pour le faire. »

A l'Assemblée que cette péroraison avait émue M. Jules Simon essaya vainement de démontrer qu'il serait toujours loisible à l'empereur d'anéantir, à l'aide d'un plébiscite, les décisions du Corps législatif.

La droite, ne pouvant opposer aucun argument sérieux à ceux des orateurs de la gauche, demanda la clôture d'une discussion qui gênait le ministère. A la majorité de deux cent vingt-cinq voix contre quarante-trois, l'ordre du jour suivant fut adopté : « Le Corps législatif, après avoir entendu les déclarations du ministère, confiant dans son dévouement impérial et parlementaire, passe à l'ordre du jour. »

MM. Buffet et Daru, partisans des institutions parlementaires, ne pouvaient admettre un régime qui en était la négation; le 10 avril, ils déposèrent leurs portefeuilles. M. Segris remplaça M. Buffet; l'intérim du ministère de l'instruction publique fut confié à M. Maurice Richard et celui du ministère des affaires étrangères à M. Émile Ollivier.

Dans la séance du 12, M. Jules Ferry se plaignit de l'abus qui avait été fait de mandats d'amener décernés *en blanc* par le préfet de police : « Quatre cent cinquante personnes ont été arrêtées, dit-il, et l'inculpation n'a été maintenue que pour soixante et onze. Trois cent dix-neuf citoyens avaient donc été saisis et emprisonnés arbitrairement, avec une légèreté coupable. N'est-il pas vrai que notre pays est le dernier qui soit sous le soleil en ce qui concerne les garanties de la liberté individuelle ? »

M. Émile Ollivier répondit que, si tant

d'arrestations avaient été opérées, c'était à la suite d'actes séditieux ; il ajouta d'un ton acerbe : « Des barricades ont été construites ; ces barricades, ce n'est pas moi sans doute qui les ai élevées ? »

« Mais, s'écria M. Emmanuel Arago, vous tâchez d'en profiter ! »

La séance du lendemain fut ouverte par cette interpellation de M. de Kératry : « Comment le ministre de l'intérieur a-t-il pu annoncer aux préfets que les maires continueraient à être nommés par le pouvoir exécutif, quand la fraction de la Chambre d'où le ministère actuel est sorti a écrit sur son programme, comme une réforme nécessaire, la nomination des maires soit par les conseils municipaux, soit par un suffrage plus direct encore? Les ministres répondront-ils à cette question? ou bien, comme à toutes les questions qui les embarrassent, opposeront-ils un silence *habile*? Ils prennent en face du Parlement des allures un peu trop régence. »

« Vous avec prononcé là de mauvaises paroles ! » s'écria M. Émile Ollivier.

« J'ai prononcé le mot « régence », répliqua M. de Kératry ; je le retire et je le remplace par le mot *impérialistes*. »

M. de Kératry n'obtient qu'une réponse ambiguë.

Sur la proposition de M. Émile Ollivier, la Chambre se prorogea au jeudi qui suivrait le plébiscite dont la date n'était pas encore fixée.

Le 20, les sénateurs octroyèrent au pouvoir exécutif le droit césarien d'appel au peuple. Le 23, l'empereur décréta que le peuple français se réunirait, le 8 mai, dans ses comices pour accepter ou rejeter le plébiscite suivant : « Le peuple approuve les réformes libérales opérées dans la Constitution depuis 1860 et ratifie le sénatus-consulte du 20 avril 1870. »

Tout ce qu'il y a d'insidieux dans la rédaction de ce plébiscite saute aux yeux. Le même jour, Napoléon III adressait aux Français une proclamation les invitant à « lui donner une nouvelle preuve de leur affection en apportant au scrutin un vote affirmatif.

— Vous conjurerez ainsi, ajoutait-il, les menaces de la Révolution, vous assoirez sur une base solide l'ordre et la liberté, et vous rendrez plus facile, dans l'avenir, la transmission de la couronne à mon fils. Vous avez été presque unanimes, il y a dix-huit ans, pour me conférer les pouvoirs les plus étendus ; soyez aussi nombreux aujourd'hui pour adhérer à la transmission du régime impérial... Quant à moi, fidèle à mon origine, je me pénétrerai de votre pensée, je me fortifierai de votre volonté, et, confiant dans la Providence, je ne cesserai de travailler sans relâche à la grandeur et à la prospérité de la France. »

Le lendemain, les ministres envoyaient aux fonctionnaires une circulaire qui débutait par cette hardiesse : « En 1852, l'Empire a demandé à la nation *la force pour assurer l'ordre* ; l'ordre assuré, il lui demande, en 1870, la force pour fonder la liberté ! « C'était dire que le 2 Décembre avait été fait pour assurer l'ordre.

Après cette déclaration qu'il a signée le premier, M. Émile Ollivier recommande aux magistrats « une activité dévorante ». Il télégraphie et il écrit aux procureurs généraux : « Dites à tous les juges de paix et à tous les magistrats que je les verrais avec plaisir dans les comités plébiscitaires. — Donnez-moi des renseignements exacts sur l'attitude du clergé dans votre ressort. » Il demande au procureur général de Bourges « s'il est vrai que le président du tribunal donne l'exemple d'une tiédeur voisine de l'hostilité ».

Se conformant aux ordres du « chef de la magistrature », les chefs des parquets transforment les juges de paix en courtiers électoraux ; ils ne cessent d'envoyer des télégrammes au garde des sceaux : — « Les juges de paix, les curés, les maires, sont dé-

M. Benedetti,
AMBASSADEUR A BERLIN.

cidés à seconder l'action du gouvernement[1]. » — « J'ai fait avertir les députés de mon ressort que Votre Excellence les verra avec plaisir entrer dans les comités plébiscitaires; Votre Excellence, tous les substituts me l'ont attesté, peut compter sur leur concours empressé et sans réserve; ils ne feront pas des tournées avec escorte et en apparat, mais ils useront *largement, hautement*, de leur autorité morale... Ils entreront dans les comités plébiscitaires partout où il s'en formera. Ils s'efforceront de susciter des initiatives individuelles [1]. »

« Le langage qui sera tenu à chaque juge de paix sera mesuré au caractère de chacun d'eux, car, s'il faut encourager les uns, il est sage de contenir les autres [2]. » — « J'ai vu tous les procureurs impériaux de

1. M. Ch. Petit, procureur général. Ressort de Caen.

1. M. Thiriot, procureur général. Ressort de Colmar. 24 avril.
2. M. Émile Raybaud, procureur général. Ressort d'Aix. 27 avril.

mon ressort; je les ai trouvés tous animés du meilleur esprit, prêts à faire acte de dévouement actif et entier; ils se sont mis en rapport avec les juges de paix et comptent sur leur concours sincère et très-utile [1]. » — A Périgueux, mon substitut a vu déjà plusieurs des juges de paix de son arrondissement; tous ont promis un concours énergique et dévoué [2]. » — Je n'ai pas besoin de dire à Votre Excellence que j'ai trouvé dans mes parquets les meilleures dispositions à seconder les vues du gouvernement. Ces sentiments animent aussi la généralité des juges de paix. Leur propagande ne *pourra guère être ici* que celle de la parole et du bon sens; mais ils entretiendront l'activité des maires dont l'influence sur la population rurale peut être plus directe. Il est toutefois important de rassurer les juges de paix sur leurs intérêts personnels, c'est-à-dire sur les conséquences que leur immixtion dans la lutte peut avoir. Je n'ai point hésité à prendre à cet égard, au nom de Votre Excellence, les engagements les plus formels. Votre Excellence peut compter sur mon activité [3]. » — « Ce sont les juges de paix qui, avec les maires, peuvent avoir le plus d'action, et ils sont très-bien disposés. Pour ne parler que des juges de paix, on peut entièrement compter sur leur concours, et il est nécessaire dans les départements qui, comme ceux de la Haute-Vienne, de la Creuze et de la Corrèze, ne se distinguent pas par l'initiative des caractères; aussi l'élan qui a été donné par Votre Excellence portera ses fruits. On n'attendait qu'un signal [4]. »

« Des comités dont plusieurs juges de paix feront utilement partie s'organisent sur tous les points du département. MM. les juges de paix montrent un réel dévouement et tous déploient une louable activité [1]. » — « J'ai l'honneur de vous informer que j'ai vu tous les procureurs impériaux de mon ressort, et que, me pénétrant de l'esprit des instructions verbales de Votre Excellence, j'ai appelé et reçu moi-même, pour leur faire part de vos instructions et de vos désirs, tous les juges de paix de la ville et de l'arrondissement de Metz. Les juges de paix, par des communications verbales avec les maires et une partie des conseillers municipaux de leur canton, s'attacheront à poser et à faire résoudre nettement la question. Ils entreront dans les comités plébiscitaires. Les juges de paix de l'arrondissement de Sedan pensent qu'il serait utile, dans les communes rurales principalement, de faire battre le tambour deux heures avant la fermeture du scrutin pour rappeler la prochaine clôture des opérations plébiscitaires. Mon substitut connaît assez les campagnards pour pouvoir affirmer que rien ne remplace pour eux l'appel énergique du tambour [2]. » — « Les juges de paix parcourent, depuis plusieurs jours, les communes de leur cantons et prient tous ceux sur lesquels ils peuvent avoir quelque action de les aider, de s'organiser en comités, en un mot de faire tous leurs efforts pour augmenter le nombre des suffrages exprimés. Les procureurs impériaux ont vu tous les juges de paix, les suppléants, les notaires, tous les officiers ministériels, et les ont priés instamment de former des comités. Pendant la période plébiscitaire, les juges de paix doivent visiter deux fois les communes de leur canton et porter plus spécialement leurs efforts sur les points où des maires peu intelligents n'auraient point sur leurs admi-

---

1. M. Talandier, procureur général. Ressort d'Amiens. 28 avril.
2. M. de Beux, procureur général. Ressort de Bordeaux. 28 avril.
3. M. Gabrielli, procureur général. Ressort de Grenoble. 23 avril.
4. M. Decoux de Lapeyrière, procureur général. Ressort de Limoges. 23 avril.

1. M. Massin, procureur général. Ressort de Lyon. 29 avril.
2. M. de Gérando, procureur général. Ressort de Metz. 26 avril.

nistrés *toute l'influence désirable*. La magistrature assise nous aidera aussi de son influence; les conseillers, présidents et juges, qui possèdent des propriétés dans les communes rurales, doivent les visiter sous peu et s'y rendre le jour du vote [1]. »

M. Léo Dupré, procureur général à Toulouse, et le préfet de la Haute-Garonne se disputaient les juges de paix. « Je me suis mis, écrivait ce procureur général au garde des sceaux, à la disposition de M. le préfet; à mes offres de concours il a répondu : *Rendez-moi mes juges de paix*. Je crains de n'être pas parvenu à lui faire admettre que le meilleur moyen de les utiliser pour la chose publique c'était que je les gardasse. J'ai fait comprendre à nos substituts qu'il était de notre honneur de prouver que les juges de paix serviront plus utilement s'ils ne reçoivent d'impulsion que de leurs supérieurs hiérarchiques. Mon substitut de Saint-Girons s'est préoccupé de faire voter les pâtres qui ont déjà quitté les villages pour les pâturages élevés. On s'est entendu avec les gardes forestiers. »

M. Leviel de La Marsonnière, procureur général à Dijon, décrit son itinéraire dans tous les arrondissements de son ressort. Il a reçu tous les juges de paix et les suppléants un à un, mesurant le langage adressé à chacun sur son caractère, son degré d'intelligence, sa situation dans son canton, et *selon le degré plus ou moins élevé de sa température politique*. Ce personnel est bon, intelligent, dévoué. Il a vu aussi les membres des tribunaux, les avoués, les huissiers, les notaires. Il donne, en passant, à M. Émile Ollivier un coup d'encensoir : « Votre Excellence est bien appréciée dans ce pays où M. de Lamartine a donné aux populations le goût des lettres et de l'éloquence. » Il se plaint du *Progrès de la Côte-d'Or*, « l'un des plus détestables journaux de province, » et il ajoute que, sous ce titre : *Activité dévorante de la magistrature dans la Côte-d'Or*, ce journal a publié un article où il a lu ceci : « Nous apprenons, en outre, que M. le procureur général n'a pas craint de dire aux juges de paix qu'ils devaient user de toute leur influence et *que leurs places étaient en jeu*. Si le Gouvernement ne craint pas de recourir à la menace de la révocation, si l'on trouve en France des magistrats pour courber la tête sous cette honte, il ne faut plus rien attendre ni de la magistrature ni d'un gouvernement qui n'hésite pas à lui infliger cette dégradation. »

M. Sigaudy, premier président de la cour de Montpellier, écrit au garde des sceaux qu'il a offert son concours au préfet. Il a vu individuellement tous les procureurs impériaux du ressort, et il s'est étudié à leur bien faire comprendre l'esprit et la portée du plébiscite, afin que, de leur côté, ils éclairent MM. les juges de paix dont l'action et l'influence sont et seront toujours les plus grandes sur les populations des campagnes. MM. les procureurs impériaux transmettent ses instructions à MM. les présidents et à MM. les juges de paix de leurs arrondissements. M. le premier président Sigaudy fait, ensuite, un exposé du rayonnement des comités plébiscitaires, et un éloge à outrance « de l'éminente éloquence, de la haute sagesse » de M. Émile Ollivier.

M. le procureur général Tenaille d'Estais « s'est empressé de transmettre les communications qui lui ont été envoyées au sujet de la présence, dans les comités plébiscitaires, *tant des juges de paix que des autres magistrats* ». Ses substituts ont vu, dans toute l'étendue du ressort d'Orléans, tous les juges de paix, et n'ont rencontré de la part des magistrats cantonaux que la ferme volonté d'agir le plus activement et le plus efficacement qu'ils le pourront. A Orléans, un comité

---

1. M. Fabre, procureur général. Ressort de Pau. 26 avril.

plébiscitaire s'est formé. De ce comité font partie MM. Renard et Porcher, celui-là président, celui-ci président honoraire à la cour impériale ; MM. de Loture et Lecoq, conseillers à cette cour ; MM. Boussion, président du tribunal civil d'Orléans, et du Bodan, procureur impérial. « L'on est fondé à attendre de très-bons résultats de cette organisation du comité. »

M. Aucher, premier président de la cour impériale de Rennes, écrit au garde des sceaux : « Tous les magistrats de mon ressort répondront avec empressement à notre appel et seconderont par leur loyal concours et avec le plus énergique dévouement la grande manifestation de la volonté nationale en faveur du gouvernement impérial. »

M. Gouazé, premier président de la cour impériale de Nîmes, « se jette personnellement dans la lutte et adresse à Son Excellence (le garde des sceaux) un exemplaire de la lettre qu'il a envoyée à tous les magistrats de son ressort [1]. »

Les rapports des procureurs généraux nous apprennent que, partout, le concours des maires individuellement sermonnés par les préfets et sous-préfets était combiné avec celui des juges de paix et de la magistrature assise et debout, « pour exercer leur influence sur les populations rurales ». Le concours du clergé était réclamé aussi par M. Émile Ollivier avec une vive insistance. Je résume quelques-unes des dépêches sans nombre que les procureurs généraux adressaient au « chef de la magistrature » sur l'attitude des évêques et des prêtres.

Le diocèse d'Agen est privé d'évêque depuis trois ans, le clergé manque de direction, mais tout porte à croire qu'à très-peu d'exceptions près il votera pour le plébiscite. Dans le Lot, Mgr Grimadias est, au point de vue politique, animé des meilleurs sentiments, et le clergé suivra l'exemple de son chef. Dans le Gers, les prêtres sont très-nettement dévoués au gouvernement et voteront avec ensemble pour le plébiscite. L'archevêque a écrit de Rome aux doyens : « Je considère *comme un devoir pour nous tous* d'aller déposer notre vote dans l'urne du 8 mai prochain. Pas d'abstention. Mon désir est que ma pensée soit communiquée aux fidèles et aux prêtres de votre doyenné, en réponse aux doutes et aux difficultés que quelques-uns ont exprimés, et que d'autres peuvent avoir encore au sujet de la conduite à tenir dans ces graves circonstances. » D'ailleurs l'archevêque engage à voter *oui* [1].

L'archevêque d'Aix, Mgr Chalendon, est atteint d'une affection des centres nerveux qui affaiblit son énergie, sa volonté et même son intelligence. M. le procureur général d'Aix a passé toute une matinée avec M. le grand vicaire Conil, chargé de l'administration diocésaine ; il lui a fait connaître *la dépêche chiffrée* du garde des sceaux relative à l'heureuse intervention d'un grand nombre d'évêques dans l'affaire du plébiscite, et, après de longs pourparlers, le grand vicaire a affirmé et promis « qu'il allait donner aux prêtres relevant de l'archevêché d'Aix les instructions les plus pressantes pour qu'ils votent et fassent *voter* dans le sens du plébiscite ». Dans le diocèse de Fréjus, les prêtres sont bien disposés. De la Seyne, les nouvelles sont satisfaisantes ; il y a là un juge de paix intelligent et actif ; le clergé ordinaire et les maristes, qui ont à la Seyne une maison d'éducation, se sont déjà prononcés pour le plébiscite. L'évêché de Digne a invité les curés à prêter leur concours au gouvernement en engageant leurs paroissiens à aller voter en faveur du plébiscite.

Dans le ressort entier d'Amiens, le clergé votera bien. L'évêque de Soissons est absent,

---

[1]. Dépêche de M. Villedieu, procureur général à Nîmes.

[1]. Dépêche de M. de Vaulx, procureur général à Agen.

Le maréchal Le Bœuf,
MINISTRE DE LA GUERRE.

mais son frère, M. le vicaire général Dours, ne cache pas que son vote sera affirmatif. L'évêché de Beauvais se prononce de la même façon.

Les prêtres du diocèse d'Angers se montrent favorables ; beaucoup d'entre eux parcourent leurs communes et quelques-uns ont adressé, du haut de la chaire, des conseils à leurs paroissiens.

L'abbé Besson, supérieur du collége catholique de Besançon, a promis son concours à M. le préfet. Celui-ci a reçu l'assurance que les ecclésiastiques du Jura appuieraient le gouvernement.

« L'influence dont le clergé dispose dans la Gironde ne sera pas détournée au profit des mauvaises passions. Il n'entrera pas dans la voie ouverte par le journal légitimiste la *Guienne*, qui conseille l'abstention à ses rares adhérents. Je sais qu'à Angoulême il en sera de même ; le vicaire général qui remplace l'évêque en ce moment au Concile ne laissera pas s'égarer les voix de ses confrères [1]. »

M. Caley, vicaire général de Bourges, adressa, le 27 avril, à M. Émile Ollivier la lettre suivante : « Excellence, j'ai toujours eu une confiance, j'ose dire illimitée, dans l'Empire, car, à mes yeux, l'Empire c'est la paix, c'est l'ordre, c'est le plus ferme appui de la société et de la religion... il est du devoir de tout homme sensé, de tout citoyen reconnaissant *pour le bien qu'a fait à la France l'homme que la Providence lui a donné pour réparer ses malheurs*, d'apporter, le 8 mai, un *oui* solennel, témoignage authentique de la confiance et de la fidélité de la nation à l'empereur. En l'absence de Mgr l'archevêque de Bourges, je n'ai pas le droit de faire aucun acte public qui ait un caractère officiel, mais je puis prêter mon concours au gouvernement en engageant MM. les curés et autres ecclésiastiques du diocèse, non-seulement à ne pas s'abstenir, mais à se rallier franchement à l'Empire par un *oui*. »

L'évêque de Séez encourage par une circulaire « les bonnes dispositions de son clergé ». L'attitude de l'évêque de Coutances est suffisamment indiquée par cette note insérée dans la *Revue catholique*, journal de l'évêché : « Le dimanche 8 mai, pour faciliter à tous les fidèles les moyens de remplir le grand devoir auquel ils sont conviés, MM. les curés pourront avancer ou différer les offices du matin et du soir, selon qu'il leur paraîtra le plus expédient. »

M. le curé de Saint-Pierre, « l'un des prêtres les plus distingués du diocèse de Caen, a engagé, du haut de la chaire, les électeurs à déposer des bulletins affirmatifs. Un semblable langage a été tenu, le même jour, dans diverses églises du ressort [2] ».

« Tout le clergé de Savoie votera et *fera voter* oui. Le cardinal Billiet a promis d'adresser à tous les curés une circulaire qui *sera lue en chaire* pour inviter les paysans à voter. L'évêque d'Annecy a envoyé à ses diocésains une circulaire les invitant à voter, et les vicaires généraux ont promis d'adresser aux curés des instructions plus explicites pour les déterminer à voter *oui*. Le vicaire général Deschamps a écrit, le 25 avril, à tous les archiprêtres du diocèse de Maurienne : « Monseigneur vous prie de dire à MM. les curés de votre archiprêtré que, si la votation du plébiscite a lieu dimanche 8 mai, comme cela est probable, ils aient soin de faire les offices du matin de manière que leurs paroissiens puissent voter avec toute facilité. » L'évêque de Moutiers recommande aussi à ses curés de se concerter et, au besoin, de changer les heures des offices pour faciliter la votation [1].

« J'ai annoncé aux douze parquets de mon ressort la bonne nouvelle apportée par votre télégramme chiffré. Le concours des évêques est très-heureux. Le vicaire général m'a affirmé qu'on pouvait compter non-seulement sur le vote, mais encore sur le concours du clergé du diocèse de Dijon. Le vicaire général du diocèse de Langres a affirmé à mon substitut que le clergé de la ville et celui des campagnes étaient disposés à voter et *à faire voter pour le plébiscite*. — Le vicaire général de Dijon m'annonce, avec une satisfaction qui témoigne de son dévouement à la cause plébiscitaire, *l'entrain avec lequel son clergé agit* sur les populations [2]. »

« On m'a donné l'assurance que l'archevêché de Cambrai et l'évêché d'Arras portaient les invitations les plus nettes de se prononcer en faveur du plébiscite. Ces invitations sont bien accueillies par les ecclé-

---

1. Dépêche de M. de Beux, procureur général à Bordeaux.
2. Dépêche de M. Ch. Petit, procureur général à Caen.

1. Dépêche de M. Mourier, procureur général à Chambéry.
2. Dépêche de M. Leviel de la Marsonnière, procureur général à Dijon.

siastiques. Le clergé est incontestablement favorable au plébiscite dans les départements du Nord et du Pas-de-Calais. Ses membres invitent à voter et *n'hésitent pas à user de leur influence pour que le vote ait lieu dans le sens du gouvernement* [1]. »

Après avoir dit au garde des sceaux que le clergé de l'Isère, animé du meilleur esprit, use de l'influence qu'il a sur les habitants, et que celui des Basses-Alpes prête aussi au gouvernement *un concours actif*, M. le procureur général Gabrielli communique à son chef cette circulaire signée par MM. Ange Vigne et Bégou, vicaires généraux du diocèse de Valence : « M. le curé, le dimanche 8 mai, le peuple est convoqué pour se prononcer par *oui* ou par *non* sur les questions posées dans le plébiscite dont les journaux vous ont donné le texte. *Oui*, c'est l'ordre et tous les biens qu'il permet d'espérer; *non*, c'est l'anarchie avec toutes ses conséquences. Les intérêts de la France, ceux de l'Église, nous disent quel est le choix que nous devons faire et *dans quel sens doit s'exercer, avec prudence et discrétion, notre légitime influence*, etc., etc. »

« Le clergé ardennais, sous la sage et patriotique impulsion de l'archevêque de Reims, votera pour le plébiscite et donnera ce conseil à ceux qui lui en demanderont un. J'ai su par un des membres les plus vénérés de la cathédrale de Metz que ses collègues se prononcent, comme lui, pour un vote affirmatif. Un haut fonctionnaire qui a vu le Provincial des révérends Pères Jésuites dépendant de la province d'Amiens — et Metz en fait partie — a su et m'a dit que les Pères Jésuites étaient disposés à voter *oui* [2]. »

« L'évêque de Verdun a adressé aux curés de son diocèse une lettre où, plaçant la question sur son véritable terrain, il les engage à voter *oui*. Dans la Meurthe, les dispositions du clergé semblent bonnes; les vicaires généraux engagent les ecclésiastiques à répondre *oui* [1]. »

L'évêque de Nîmes faisait recommander à ses prêtres de déposer un vote affirmatif, « le seul qui soit sage et rationnel »; et Mgr de Rouen, cardinal, écrivait, de Rome, à ses vicaires généraux pour leur manifester son adhésion au plébiscite et les engager à pousser son clergé dans la même voie.

Tandis que, suivant les dépêches des procureurs généraux, « *les juges de paix tiraient bon parti de leur autorité morale*, et que « les instituteurs manifestaient le meilleur esprit »; tandis que la magistrature, à tous ses degrés, « se jetait personnellement dans la lutte, » que les syndics des huissiers garantissaient « le concours de tous leurs collègues », et que les maires, les évêques, les curés, les révérends Pères Jésuites, excitaient les habitants des campagnes à voter en faveur du plébiscite, « c'est-à-dire, leur affirmaient-ils, pour la paix, » les partisans du gouvernement impérial créaient à Paris *un comité de fondation, un comité de direction et un comité d'exécution*.

Dans le premier figuraient MM. Laity, Chesnelong, Pinard, Jérôme David, Bonjean, Arthur de La Guéronnière, Busson-Billault, Hubert Delisle, Dupuy de Lôme, Mége, de Soubeyran, Duruy, Talabot, Mérimée, Quentin-Bauchard, Reille, de Saint-Paul, le maréchal de Mac-Mahon, l'amiral Bouët-Willaumez, le général Vinoy et un grand nombre d'autres députés et sénateurs, — MM. Gibiat, Émile de Girardin, Clément Duvernois, Jenty, Ernest Dréolle, Grégory Ganesco, Francis Aubert, Cucheval-Clarigny et de Saint-Valry, rédacteurs en chef du *Constitutionnel*, de la *Liberté*, du *Peuple français*, de la

---

1. Dépêche de M. Morcrette, procureur général à Douai.
2. Dépêche de M. de Gérando, procureur général à Metz.

1. Dépêche de M. Izoard, procureur général à Nancy.

France, du *Public*, du *Parlement*, du *Messager de Paris*, de la *Presse* et de la *Patrie*.

Ce comité central, présidé par le duc d'Albuféra qui avait pour secrétaire M. Janvier de La Motte, répartit une partie de ses membres entre les deux autres comités, nomma une commission exécutive composée de MM. Bouët-Willaumez, de La Guéronnière, de La Grange, Clément Duvernois et Émile de Girardin; il se fit, ensuite, ouvrir au Crédit foncier un crédit d'un million, et adressa un pressant appel à la bourse de « ceux qui pensent que de toutes les économies qu'un pays puisse faire, la plus considérable est l'économie d'une révolution ».

Détournant le sens et l'esprit de la nouvelle constitution que M. de Persigny admirait en ces termes : « *L'empereur garde tous les pouvoirs de l'Empire autoritaire, en créant l'Empire libéral* », — ne montrant aux électeurs que l'un des côtés de la question posée dans le plébiscite si jésuitiquement rédigé par M. Émile Ollivier, le comité de la rue de Rivoli disait dans les circulaires et dans les affiches dont il inondait le pays : « Il s'agit de prononcer entre deux constitutions, l'une qui vous a privés précédemment de vos libertés, l'autre qui vous les rend définitivement. Raisonnablement, l'hésitation n'est pas possible. Allez donc, tous, voter OUI. »

Ce comité institua des sous-comités dans toutes les circonscriptions électorales et soixante à Paris.

Douze jours avant l'ouverture de la période plébiscitaire, M. Chevandier de Valdrôme, ministre de l'intérieur, avait adressé aux préfets ces recommandations confidentielles : « Il faut que, dans chaque canton, les maires réunis sous la présidence de leur collègue du chef-lieu ou du conseiller général forment des comités cantonaux où figureront les notables de chaque commune. Dans la commune elle-même aura lieu la création d'un comité local qui correspondra avec le comité cantonal. Le préfet et les sous-préfets seront en relations constantes avec ces diverses associations. »

L'enlacement du corps électoral était complet.

Aux journaux plébiscitaires dont les rédacteurs en chef appartenaient au comité central, il faut ajouter le *Pays*, le *Moniteur universel*, le *Figaro*, *Paris-Journal*, le *Gaulois*, l'*Opinion nationale* et le *Journal des Débats*.

Les députés de la gauche et les rédacteurs des journaux démocratiques de Paris et des départements se réunirent, de leur côté, pour créer des comités anti-plébiscitaires. Dans une réunion générale tenue chez M. Crémieux, il avait été décidé qu'un manifeste serait adressé au pays par des représentants du peuple et par des délégués de la presse. Au moment où le procès-verbal de la séance allait être signé, MM. Ernest Picard, Barthélemy Saint-Hilaire, Bethmont, de Kératry, de Choiseul, Larrieu, Rampont, Steenackers, Lecesne et Malézieux désapprouvèrent une action commune des députés et des journalistes.

L'insistance de M. Picard sur ce point était vive. « Monsieur, lui dit Peyrat, vous êtes des nouveaux dans le parti, sans cela vous n'ignoreriez pas qu'au temps où les hommes politiques s'appelaient Manuel ou Foy, ils ne dédaignaient pas d'apposer leurs signatures à côté de celles d'écrivains qui ne s'appelaient pas tous Benjamin Constant. »

M. Picard, dont l'opinion n'avait pas prévalu, se retira et la réunion, après s'être prononcée pour le vote négatif, « sans exclusion d'aucun autre moyen de protestation, y compris l'abstention, » chargea de la rédaction d'un manifeste MM. Jules Simon, Eugène Pelletan, Alphonse Esquiros, députés; MM. Alphonse Peyrat, de l'*Avenir national*, — Louis Jourdan, du *Siècle*, — Charles Delescluze, du *Réveil*, — Louis Ulbach, de la *Cloche*, — André Lavertujon, de

M. de Gramont.

la *Gironde*, — Duportal, de l'*Émancipation de Toulouse*, — et Véron, du *Progrès* de Lyon.

L'organisation d'un comité plébiscitaire dans chaque circonscription fut aussi décidée.

Le comité central démocratique, composé de dix-huit députés de la gauche et de huit délégués de la presse républicaine, s'établit dans la rue de la Sourdière.

Le 19 avril, il adressa aux électeurs un manifeste [1] que M. Picard et les neuf députés de l'opposition qui s'étaient groupés autour de lui refusèrent de signer; cependant il conseilla le vote négatif dans son journal l'*Électeur libre*.

Le *Rappel* et la *Marseillaise* déclarèrent « ne pouvoir s'associer au manifeste du comité de la rue de la Sourdière parce que le nom de la République ne s'y trouvait pas. »

[1]. Voir aux documents complémentaires de ce chapitre.

Le *National*, le *Citoyen* et le *Charivari* prirent énergiquement position dans les rangs de la presse anti-plébiscitaire.

Le *Temps*, l'*Histoire*, le *Français*, le *Centre gauche*, le *Journal de Paris* et le *Soir* demeurèrent neutres.

M. Edmond About ne partagea pas la neutralité de ses collaborateurs du *Soir*; il combattit le plébiscite et attaqua le ministère du 2 janvier très-rudement.

M. Marie, ancien membre du gouvernement provisoire, mourut, le 29 avril, en recommandant à ses amis le vote négatif. MM. Dufaure et Allou donnaient hautement le même conseil à leurs concitoyens.

M. Émile Ollivier ne craignit pas d'expulser de France un ancien membre de la Constituante romaine, M. Henri Cernuschi, établi depuis dix-huit ans à Paris et qui venait d'envoyer cent mille francs à la souscription ouverte par les journaux démocratiques pour couvrir les frais de la propagande antiplébiscitaire. Le comité de la rue de la Sourdière protesta contre cette expulsion brutale. A l'acte arbitraire et injuste du gouvernement impérial, M. Cernuschi répondit par un nouvel acte de générosité : il fit verser une deuxième somme de 100,000 francs dans la caisse du comité. Chaque soir, dans les réunions antiplébiscitaires, il était élu, par acclamation, président d'honneur.

Depuis plus d'un mois, la police nourrissait et surveillait un complot que M. Flourens avait formé. On se réservait de le *découvrir* à la veille du plébiscite; c'est ainsi qu'on avait *découvert* celui de Marseille avant la proclamation de l'Empire. Le 30 avril, l'un des conspirateurs nommé Verdier prévint M. Lagrange, le policier, que le moment de faire sortir de sa boîte le spectre rouge était venu. Le lendemain, on arrêtait un nommé Beaury arrivé de Londres avec des instructions de M. Flourens et qui dépensait dans une maison de tolérance l'argent que le dénonciateur lui avait remis pour agir. Le *Journal officiel* annonça que ce Beaury « avouait son projet de tuer l'empereur ». On trouva, *sans peine*, des bombes et du fulminate chez l'ébéniste Roussel *qui ne fut pas arrêté*. En revanche, il se fit de nombreuses arrestations à Paris et dans nos villes manufacturières. On saisit plusieurs journaux.

Aussitôt le spectre rouge est mis en mouvement. Ne faut-il pas effrayer les électeurs qui hésitent, détruire par la peur l'effet produit sur beaucoup d'esprits par les manifestes que les députés de la gauche, les délégués de la presse démocratique, les membres des sociétés coopératives et les étudiants ont adressés au peuple et à l'armée, par la déclaration des délégués de l'*Union* et de la *Gazette de France* invitant leurs coreligionnaires politiques à répudier le plébiscite, enfin par les exhortations que Victor Hugo faisait au nom des exilés qui avaient refusé l'amnistie?

A Guernesey, sur la tombe de Hennet de Kesler, qui « avait affirmé sa foi jusqu'à la mort, » l'auteur des *Châtiments* venait[1] d'expliquer l'attitude de ceux qui voulurent protester jusqu'au bout. « Adieu, mon vieux compagnon! disait-il; tu vas aller où sont les esprits lumineux qui ont éclairé et qui ont vécu, où sont les penseurs, les martyrs, les apôtres, les prophètes, les précurseurs, les libérateurs. Tu vas voir tous ces grands cœurs flamboyants dans la forme radieuse que leur a donnée la mort. Écoute : tu diras à Jean-Jacques que la raison humaine est battue de verges; tu diras à Beccaria que la loi en est venue à ce degré de honte qu'elle se cache pour tuer; tu diras à Mirabeau que Quatre-Vingt-Neuf est lié au pilori; tu diras à Danton que le territoire est envahi par une bande pire que l'étranger; tu diras à Saint-Just que le peuple n'a pas le droit de

---

1. Le 7 avril 1870.

parler; tu diras à Marceau que l'armée n'a pas le droit de penser; tu diras à Robespierre que la République est poignardée; tu diras à Camille Desmoulins que la justice est morte, et tu leur diras à tous que tout est bien, et qu'en France une intrépide légion combat plus ardemment que jamais, et que, hors de France, nous, les sacrifiés volontaires, nous, la poignée des proscrits survivants, nous tenons toujours et que nous sommes là, résolus à ne jamais nous rendre, debout sur cette grande brèche qu'on appelle l'exil, avec nos convictions et avec leurs fantômes. »

Pour mieux terroriser le pays, il fallait donner au complot si opportunément *découvert* des proportions vastes. M. Émile Ollivier s'en est chargé; il reprend sa correspondance fébrile avec les procureurs généraux : « J'ai ordonné l'arrestation d'individus qui constituent l'Internationale. Arrêtez les affiliés. N'hésitez pas non plus à poursuivre les journaux qui contiendraient des outrages à l'empereur. Voyez vos substituts; qu'ils voient leurs juges de paix. Activez leur zèle. — Arrêtez les meneurs de l'Internationale sous qualification de *société secrète*. — Surtout, frappez à la tête; *prenez-vous-en aux avocats, aux messieurs.* » Le préfet du Doubs et le procureur de Besançon hésitent à poursuivre les organisateurs d'une réunion antiplébiscitaire; ils redoutent le mauvais effet de cette poursuite et la trouvent inopportune. Le fanatisme néophyte de M. Ollivier ne s'accommode pas de ces tiédeurs. « Peu importe l'effet, répond le fils du proscrit de Décembre; il est temps qu'on sente la main du gouvernement. » Le même procureur général lui annonce qu'un journal doit publier un article qui peut nuire beaucoup. « *Saisissez!* » télégraphie M. Ollivier. Que cet article soit délictueux ou non, le ministre n'en a cure. Son collègue de l'intérieur, M. Chevandier de Valdrôme, lui écrivait, le 5 mai : « *La Marseillaise* et le *Rappel* n'ont pas été saisis ce matin; il me semble pourtant qu'avec *un peu de bonne volonté* on pourrait trouver dans les feuilles radicales *de quoi* motiver une poursuite, et je persiste à penser qu'il y a *grand intérêt* à les empêcher, tous ces jours-ci, d'aller empoisonner nos campagnes. »

Cela n'est-il pas effrayant de cynisme ?

Et que dirait-on si on avait lu, comme moi, certains rapports adressés, pendant la période plébiscitaire, au garde des sceaux par des membres de la haute magistrature? J'espère que ces rapports seront publiés un jour. En voici un avant-goût. Le procureur général de Riom[1] écrivait à M. Émile Ollivier : « A raison des opinions avancées de quelques personnes, *le substitut du procureur impérial s'est concerté avec M. le directeur des postes qui doit* TRÈS-SECRÈTEMENT *lui montrer toutes les lettres adressées de la Belgique et de l'Angleterre. Si parmi ces dépêches il en est qui paraissent présenter un caractère politique, ce qu'il sera facile de savoir par le nom du destinataire, M. le procureur impérial procèdera officiellement. — Après s'être concerté avec l'autorité administrative, M. le procureur impérial de Montluçon a cru devoir se transporter à la poste pour saisir des lettres suspectes; mais ces lettres étaient étrangères à l'objet de ses recherches.* »

Comment qualifier une pareille conduite ? Jusqu'au 8 mai, M. Ollivier aiguillonne, sans relâche, l'activité de ses subordonnés qui, pour lui prouver leur zèle, demandent s'ils ne doivent pas accuser *d'affiliation au complot* les personnes qu'ils arrêtent. « Arrêtez toujours, répond le garde des sceaux, mais seulement sous l'inculpation d'association non autorisée; puis nous verrons s'il convient d'ajouter d'autres qualifications. » Il se plaint qu'on n'ait point saisi l'Internationale à Toulouse, à Marseille, etc., etc. On lui télégraphie que l'existence de cette asso-

---

1. M. Souëf.

ciation n'y a jamais été signalée. Qu'importe! Il veut qu'on la saisisse, il affirme qu'elle y existe.

On faisait voter par les corps constitués des adresses à l'empereur au sujet du complot auquel les gens éclairés ne croyaient pas. Mais on effrayait les simples et les peureux. Les dépêches suivantes nous édifient sur la manière dont le gouvernement exploitait ce prétendu complot : « L'annonce du complot découvert paraît avoir ému les populations [1]. » — « Je viens de prescrire à mon substitut de Saint-Étienne d'exercer des poursuites contre le journal socialiste l'*Éclaireur*, qui, dans son numéro d'hier, 3 mai, a publié un article sous le titre de : *Bombes plébiscitaires*, article dans lequel le rédacteur-gérant, le sieur Durand, considère *comme une œuvre de police et comme un formidable canard* le complot qui vient d'être découvert à Paris. Il a été constaté que la nouvelle du complot avait excité parmi les honnêtes populations du département, une indignation générale, et que cette infamie inattendue *vaudrait certainement à l'empereur bon nombre de voix que paralysaient l'indifférence et l'hésitation*... L'annonce de cette découverte a été accueillie d'abord avec une certaine incrédulité; mais les détails qui sont maintenant donnés sont avidement recherchés. L'impression qui en résulte est, à tous égards, *très-profitable au succès du plébiscite*. Il serait utile, toutefois, que le Gouvernement donnât la plus grande publicité possible, et dans un bref délai, à tous les faits que révèlera l'information, afin de convaincre les sceptiques et les plus obstinés [2]. »

« Dans le numéro du 8 mai, le correspondant de l'*Avenir d'Auch*, après avoir allégué que le complot formé contre la vie de l'empereur est une invention du préfet de police pour capter les suffrages, va jusqu'à dire *qu'à Paris on a flétri comme il convient ces suprêmes expédients auxquels le proscripteur de Décembre n'a pas honte de recourir pour opprimer le peuple* [1]. » — « La nouvelle du complot produit partout une vive sensation. Tous ces excès, *toutes ces extravagances* feront cesser, je l'espère, les hésitations de ceux qui pouvaient s'abstenir de bonne foi [2]. » — « Le complot si heureusement découvert devra produire une profonde impression et faire éclater dans la plus vive lumière la nécessité du vote affirmatif. Tous les détails du complot et des *aveux des accusés* qui pourront être publiés paralyseront la plupart des efforts auxquels va se livrer l'esprit de parti pour insinuer que le projet d'attentat contre Sa Majesté n'est qu'une manœuvre destinée à capter les suffrages des électeurs [3]. » — « La nouvelle du complot *contribuera sans doute* à restreindre l'effet des efforts tentés par les adversaires du plébiscite [4]. » — « La *Gazette du Languedoc* a publié, ce matin, un article dans lequel, si le complot et l'attentat ne sont pas expressément dénoncés comme l'œuvre de la police, les insinuations ne manquent pas... Je n'ai pas cru devoir poursuivre ce journal; le jugement ne pouvait pas intervenir avant le plébiscite, et la nouvelle de la poursuite, commentée avec la perfidie dont ce journal vient de fournir un remarquable modèle, aurait pu troubler quelques légitimistes et altérer leurs dispositions. L'ensemble de ce parti en déroute et sans ordre dans ses rangs est à ménager. S'il compte des fanatiques et des brouillons comme l'auteur de l'article, il ne faut pas oublier que, sur quelques points, il a fourni un utile contin-

---

1. M. Chevalier, procureur général à Angers. 4 mai.
2. Dépêches de M. Massin, procureur général à Lyon. 4 et 5 mai.

1. Dépêche de M. Vaulx, procureur général à Agen. 6 mai.
2. Dépêche de M. Fabre, procureur général à Pau. 3 mai.
3. Dépêche de M. Bardon, procureur général à Rennes. 3 mai.
4. Dépêche de M. Souëf, procureur général à Riom. 4 mai.

L'empereur Guillaume.

gent aux comités plébiscitaires. Une poursuite mal interprétée pourrait décourager ces adhésions et déterminer quelques abstentions de plus [1]. » — « Les renseignements sur le complot publiés dans le *Moniteur* d'hier et que reproduisent aujourd'hui des journaux de Lyon ne manqueront pas d'exercer sur l'esprit public une juste et salutaire influence [2]. »

On voit quel profit le Gouvernement impérial s'efforçait de tirer de ce complot dirigé par quatre ou cinq agents provocateurs dont les dépositions formeront l'unique base sur laquelle s'échafaudera l'accusation; en même temps qu'eux *travaillaient* d'autres individus qui ne tardèrent pas à réclamer le prix de leur zèle policier, comme l'indique cette « *note pour l'empereur* [1] » :

« M. Fayolle, qui a rendu d'importants services dans la découverte du complot en signalant divers individus à la justice, de-

---

1. Dépêche de M. Léo Dupré, procureur général à Toulouse. 5 mai.
2. Dépêche de M. Massin, procureur général à Lyon. 6 mai.

1. Au bas de cette note, on lit : « *Envoyer cinq cents francs et recommander au préfet de la Seine.* » *Papiers et correspondance*, t. III.

mande comme récompense que l'emploi qu'il occupait, il y a quelques années, à la préfecture de la Seine, lui soit rendu. Le préfet de police donne des renseignements favorables. »

Attaquer, à la même heure et avec des bombes pesant quatre kilogrammes, la préfecture de police, l'État-major de la place de Paris et le palais des Tuileries, assassiner l'empereur dans ses appartements où les poignardeurs de Sa Majesté seraient introduits par un cocher de la cour, voilà ce que proposaient à une poignée de niais des misérables qui tenaient au courant de leurs machinations, si justement qualifiées d'*extravagances* par le procureur général de Pau la police à laquelle ils étaient vendus [1].

« Cette grossière invention policière, dit un historien, cette immense baliverne fut aussitôt recueillie, commentée, colportée par toutes les feuilles plébiscitaires, par tous les journaux plus ou moins dévoués à l'Empire, depuis le *Pays* jusqu'au *Moniteur universel* [2]. »

On avait écrit de France à Victor Hugo : « Louis Bonaparte, sentant peut-être on ne sait quel ébranlement mystérieux, éprouve le besoin de se faire étayer par le peuple ; il demande à la nation de confirmer l'Empire par un vote. Dites quel doit être ce vote. » — « Non, répondit l'auteur des *Châtiments* ; en trois lettres, ce mot dit tout. Ce qu'il contient remplirait un volume. » Et trois pages lui suffirent — trois pages saisissantes — pour exposer et pour juger les actes et les rêves de Napoléon III [3].

Le 6 mai, M. Emile Ollivier tourna ses emportements réactionnaires contre ce qu'il appelait « la lettre de Victor Hugo », et à ses procureurs généraux qu'il mettait sur les dents il ordonna de la rechercher et de la saisir, « en feuilles volantes et dans les journaux où elle serait reproduite ». Ces magistrats s'empressèrent d'obéir aux ordres de leur chef ; je résume quelques-unes de leurs correspondances : « La dépêche ordonnant de saisir la lettre de Victor Hugo sur le plébiscite ne m'est parvenue qu'à deux heures ; car elle paraissait, ce matin à sept heures, dans le journal *le Peuple*. Ni l'administration ni moi n'avons songé à faire saisir le journal contenant ce document. Cette saisie doit-elle être maintenant opérée, d'après les ordres reçus ? Nous aurions les dommages de la mesure sans aucun profit. Nous ne gagnerions pas une voix et nous pourrions en perdre ; nous en avons trop peu avec nous pour les aventurer. Toutefois, si la lettre d'Hugo était tirée et distribuée à part, mon intention est de la faire saisir [1]. » — « La *Gironde* d'hier avait publié un extrait de la lettre de Victor Hugo, mais cet extrait avait été fait avec assez d'intelligence pour supprimer les passages les plus violents. Entre l'article de la *Gironde* et la lettre *in-extenso* il y a une différence assez notable [2]. » — « J'ai l'honneur d'informer Votre Excellence que, conformément à sa dépêche, j'ai transmis à mes auxiliaires l'ordre de saisir la lettre de Victor Hugo [3]. » — « J'ai l'honneur d'accuser réception à Votre Excellence de son télégramme de ce jour prescrivant la saisie de la lettre de Victor Hugo. J'ai donné aussitôt des instructions pour son exécution immédiate [4]. » — « Au moment où j'allais fermer ma dépêche, j'apprends que, par suite de mes instructions, le

---

1. Le principal d'entre eux était Guérin, modeleur ; il attirait les ouvriers de l'usine où il travaillait dans un établissement de marchand de vin, tenu par sa femme ; il signait du nom de *Belgique* les rapports qu'il adressait au sieur Lagrange, chef de la police politique.
2. Ernest Hamel.
3. Voir aux documents complémentaires de ce chapitre.

1. Dépêche de M. Crépon, procureur impérial à Marseille. 6 mai.
2. Dépêche de M. de Beux, procureur général à Bordeaux, 6 mai.
3. Dépêche de M. Morcrette, procureur général à Douai. 6 mai.
4. Dépêche de M. Thiriot, procureur général à Colmar. 6 mai.

commissaire de police de Charleville a saisi à la poste mille exemplaires du *Rappel*, contenant la lettre de Victor Hugo [1]. »

M. Mazel, procureur général à Montpellier, télégraphiait, le 7 mai, au garde des sceaux que, d'accord avec le préfet, il avait fait saisir la *Liberté* de l'Hérault, reproduisant la lettre de Victor Hugo, prescrit des poursuites sous une double inculpation d'outrages à l'empereur et d'excitation au mépris du gouvernement. En même temps, M. Mazel avisait, télégraphiquement, de cette mesure à prendre, partout où on pourrait paralyser la distribution du journal, ses substituts de Béziers, de Saint-Pons, de Lodève, et les juges de paix des principaux cantons.

Les procureurs généraux de Bourges, de Nancy, de Rennes, de Riom, etc., annonçaient à M. Émile Ollivier que, conformément « à ses deux télégrammes prescrivant la saisie de la lettre de Victor Hugo, du *Rappel* et de la *Marseillaise*, ils avaient, sans délai, transmis à leurs substituts les instructions de Son Excellence. »

Enfin, le 8 mai, M. Tenaille d'Estais, procureur général à Orléans, informait Son Excellence que « ses diverses dépêches relatives à la saisie de la lettre de Victor Hugo et des journaux qui la reproduisaient avaient été immédiatement exécutées ».

Le 7, tous les chefs de parquet reçurent l'ordre de saisir le *Siècle*, le *Rappel*, la *Marseillaise*, l'*Avenir national* et le *Réveil* poursuivis à Paris; ils avaient reproduit une profession de foi datée de 1848, et dans laquelle Louis Bonaparte disait : « La République démocratique sera l'objet de mon culte; j'en serai le prêtre. Jamais je n'essaie-rai de m'envelopper dans la pourpre impériale... que je sois condamné aux gémonies le jour où, coupable et traître, j'essaierais de porter une main sacrilége sur les droits du peuple, soit de son aveu en le trompant, soit contre son aveu par la force et par la violence [1]. »

Le gouvernement arguait de faux cette profession de foi souvent reproduite en 1848 et en 1849 sans être démentie par Louis-Bonaparte qui, d'ailleurs, on ne l'a point oublié, avait solennellement juré ou promis, VINGT-DEUX FOIS, « de rester fidèle à la République une et indivisible ».

La saisie de presque tous les journaux antiplébiscitaires, la veille du vote, était donc une manœuvre de la dernière heure; M. Émile Ollivier, qui ne reculait devant aucun acte arbitraire, voulait qu'au moment de l'ouverture du scrutin les électeurs des campagnes n'entendissent d'autres exhortations que celles des journaux plébiscitaires, des magistrats de tout rang, des juges de paix, des maires et des curés. Tous ces auxiliaires de l'Empire ne cessaient de dire aux paysans : « *Voter* oui, *c'est voter pour la paix;* » les paysans le crurent, et pendant qu'ils déposaient dans l'urne des bulletins affirmatifs, des bonapartistes autoritaires disaient à l'impératrice qui partageait toutes leurs idées : « Madame, le scrutin d'aujourd'hui assurera la transmission de la couronne à votre fils. »

L'impératrice leur répondit en embrassant le prince impérial : « Cet enfant ne règnera pas si on ne fait rien pour effacer Sadowa. »

Elle répétait souvent ces paroles; des idées de guerre germaient dans son esprit.

---

[1]. Dépêche de M. de Gérando, procureur général à Metz. 7 mai.

[1]. Profession de foi adressée aux électeurs du Pas-de-Calais.

DOCUMENTS COMPLÉMENTAIRES DU CHAPITRE XVI

I

CIRCULAIRE ADRESSÉE PAR LES MINISTRES AUX FONCTIONNAIRES DE L'EMPIRE

Paris, 24 avril 1876.

« Messieurs,

« L'Empire adresse un appel solennel à la nation. En 1852, il lui a demandé la force pour assurer l'ordre ; l'ordre assuré, il lui demande, en 1870, la force pour fonder la liberté.

« Confiant dans le droit qu'il tient de huit millions de suffrages, il ne remet pas l'Empire en discussion, il ne soumet au vote que sa transformation libérale.

« Voter oui, c'est voter pour la liberté.

« Le parti révolutionnaire qualifie d'attentat contre la souveraineté nationale l'hommage que l'empereur rend à la souveraineté nationale en consultant le peuple, et il conseille de voter *non*.

« Les vrais amis de la liberté, malgré les dissentiments de détail, marcheront avec nous. Peuvent-ils ignorer que s'abstenir ou voter *non* ce serait fortifier ceux qui ne combattent la transformation de l'Empire que pour détruire avec lui l'organisation politique et sociale à laquelle la France doit sa grandeur ?

« Au nom de la paix publique et de la liberté, au nom de l'empereur, nous vous demandons à vous tous, nos collaborateurs dévoués, d'unir vos efforts aux nôtres.

« C'est aux citoyens que nous nous adressons ; nous vous transmettons non pas un ordre, mais un conseil patriotique ; il s'agit d'assurer à notre pays un tranquille avenir, afin que, sur le trône comme dans la plus humble demeure, le fils succède à son père.

« Recevez, Messieurs, l'assurance de notre haute considération.

« ÉMILE OLLIVIER, *garde des sceaux, ministre de la justice et des cultes et ministre des affaires étrangères par intérim ;* CHEVANDIER DE VALDRÔME, *ministre de l'intérieur ;* ÉMILE SEGRIS, *ministre des finances ;* LE BŒUF, *maréchal, ministre de la guerre ;* A. RIGAULT DE GENOUILLY, *amiral, ministre de la marine et des colonies ;* LOUVET, *ministre de l'agriculture et du commerce ;* marquis de TALHOUET, *ministre des travaux publics ;* MAURICE RICHARD, *ministre des beaux-arts et ministre de l'instruction publique par intérim ;* E. DE PARIEU, *ministre président du Conseil d'État.*

II

MANIFESTE DE LA GAUCHE ET DES DÉLÉGUÉS DE LA PRESSE

A nos concitoyens.

« Le 2 Décembre a courbé la France sous le pouvoir d'un homme.

« Aujourd'hui, le gouvernement personnel est connu par ses fruits. L'expérience le condamne, la nation le répudie.

« Aux élections dernières, le peuple français a manifesté hautement sa volonté souveraine : au gouvernement personnel, il entend substituer le gouvernement du pays par le pays.

« La Constitution nouvelle sur laquelle le pouvoir vous appelle à vous prononcer réalise-t-elle le vœu national ? Non.

« La nouvelle Constitution n'établit pas le gouvernement du pays par le pays ; elle n'en est que le simulacre.

Bataille de Sarrebrück.

« Le gouvernement personnel n'est point détruit, il conserve intactes ses plus redoutables prérogatives ; il continue d'exister, à l'extérieur, par le droit personnel de faire les traités et de déclarer la guerre, droit dont il a été fait, depuis quinze ans, un usage si funeste à la patrie ; — à l'intérieur, par le gouvernement personnel du chef de l'État, à l'aide de ministres qu'il nomme, d'un Conseil d'État qu'il nomme, d'un Sénat qu'il nomme, d'un Corps législatif qu'il fait nommer par la candidature officielle et la pression administrative, du commandement de la force armée, de la nomination à tous les emplois, d'une centralisation excessive qui met dans sa main toutes les forces organisées du pays, qui confisque l'autonomie des communes, et qui ne laisse pas même aux populations le droit d'élire leurs magistrats municipaux.

« Enfin, et pour couronner cet édifice de l'omnipotence impériale, la Constitution nouvelle livre à l'initiative exclusive du chef de l'État le droit qui appartient exclusivement à tout peuple libre de réformer, quand il le juge nécessaire, ses institutions fondamentales, en même temps qu'elle remet au pouvoir exécutif le droit césarien d'appel au peuple, qui n'est autre chose que la menace permanente d'un coup d'État.

« Telle est la nouvelle Constitution qu'on vous propose. C'est votre abdication qu'on vous demande. Voulez-vous y souscrire ? Voulez-vous renouveler les pleins pouvoirs de l'Empire ? Voulez-vous, sous les apparences du système parlementaire, consolider le pouvoir personnel ?

« Si vous le voulez, votez *oui*.

Mais si vous avez retenu la leçon des événements, si vous n'avez oublié ni les dix-huit années d'oppression, d'outrage à la liberté, ni le Mexique, ni Sadowa, ni la dette accrue de cinq milliards, ni les budgets dépassant deux milliards, ni la conscription, ni les lourds impôts, ni les gros contingents, vous ne pouvez pas voter *oui*.

« Car tous ces maux, dont la France n'effacera pas de longtemps la trace, sont sortis, il y a dix-huit ans, de deux plébiscites semblables à celui qu'on vous soumet.

« Car, aujourd'hui comme alors, c'est un blanc-seing qu'on vous demande, l'aliénation de votre souveraineté, l'inféodation du droit populaire aux mains d'un homme et d'une famille, la confiscation du droit imprescriptible des générations futures.

« Au nom de la souveraineté du peuple et de la dignité nationale, au nom de l'ordre et de la paix sociale, qui ne peuvent se réaliser, par la conciliation des intérêts et des classes, qu'au sein d'une libre démocratie, repoussez par votre vote la Constitution nouvelle.

« Protestez par le vote négatif, par le vote à bulletin blanc, ou même par l'abstention : tous les modes de protestation apporteront leur part à l'actif de la liberté.

« Quant à nous, nous voterons résolûment *non*, et nous conseillons de voter *non*.

« Ont signé :

« EMMANUEL ARAGO, DÉSIRÉ BANCEL, ADOLPHE CRÉMIEUX, DESSEAUX, DORIAN, ESQUIROS, JULES FERRY, GAGNEUR, LÉON GAMBETTA, GARNIER-PAGÈS, GIRAULT, GLAIS-BIZOIN, JULES GRÉVY, J. MAGNIN, ORDINAIRE, EUGÈNE PELLETAN, JULES SIMON, députés [1].

« CHARLES DELESCLUZE, ANDRÉ LAVERTUJON, LOUIS JOURDAN, ARMAND DUPORTAL, PIERRE LEFRANC, ALPHONSE PEYRAT, LOUIS ULBACH, EUGÈNE VÉRON, *délégués de la presse démocratique de Paris et des départements.* »

« Paris, 19 avril 1870. »

III

MANIFESTE DU MÊME COMITÉ A L'ARMÉE

« Vous êtes citoyens avant d'être soldats. Votre cœur bat comme le nôtre aux idées de

---

[1]. M. Jules Favre était à Constantine où, devant un conseil de guerre, il défendait un chef de bataillon.

patrie et de liberté. Écoutez donc notre voix fraternelle. Nous avons à vous parler de vos intérêts les plus chers, que nous ne séparons pas des nôtres.

« Demain, on va vous réunir dans vos casernes et vous demander un vote en faveur d'un régime qui pèse encore plus lourdement sur vous que sur les autres citoyens. Électeurs, vous faites partie du peuple souverain, et puisque l'Empire pose de nouveau sa candidature, ne consultez que votre raison et votre bon sens. Ministres, généraux, colonels, n'ont rien à voir dans le domaine de votre conscience.

« Si vous croyez qu'un gouvernement qui vous enlève pendant vos plus belles années à vos affections, à vos devoirs civiques, à vos espérances de travail, qui fait de vous presque des étrangers dans votre pays, ne blesse ni la justice ni votre liberté, votez *oui* sous l'œil de vos supérieurs.

« Si, au contraire, vous voulez reconquérir votre place au foyer, vos droits à la vie sociale, tout en restant à la disposition de la patrie dans le cas où sa sécurité ou son honneur seraient menacés, et alors toute la démocratie serait à vos côtés, — si vous croyez que la liberté est le premier des biens, si vous êtes las de servir de rempart et d'instrument à une politique que vous combattrez vous-mêmes dès que vous ne ferez plus de ces guerres impies ou stériles qui vous coûtent le plus pur de votre sang, si vous voulez vivre enfin en hommes libres dans une patrie libre, votez hardiment *non*.

« Et ne craignez pas que cet acte de virilité vous expose aux rancunes et aux persécutions; l'esprit de la France vous protégera.

« Sachez-le bien, d'ailleurs, vos chefs n'ignorent pas plus que vous que l'armée en France est une institution nationale et non pas dynastique. S'ils ne laissent point éclater leurs sentiments, pas plus que vous ils n'ont à se féliciter du césarisme.

« L'avancement n'est-il que le prix du mérite et des services ? Eux comme vous peuvent répondre. Et, parmi ceux qui vous commandent, les meilleurs ne gémissent-ils pas souvent de vous trouver plus empressés qu'ils ne voudraient à exécuter certains ordres qu'ils sont forcés de vous transmettre ? Ayez donc confiance les uns dans les autres.

« On vous fait voter dans vos casernes ; on vous empêche de mêler vos suffrages, dans les mairies, à ceux de vos concitoyens. On vous retire donc le secret du vote, sans lequel, sous un gouvernement autoritaire, il n'y a ni sécurité, ni indépendance, ni dignité pour l'électeur. Et pourquoi vous contester ce droit, qu'on ne refuse à personne, si ce n'est pour faire violence à votre volonté dont on redoute la libre manifestation ?

« Vous ferez justice de ces manœuvres, et vous voterez *non*.

« Ce vote sera le pacte d'alliance entre citoyens et soldats.

« La France compte sur l'armée, l'armée peut compter sur la France. »

IV

DÉCLARATION DE LA PRESSE LÉGITIMISTE

« Parce que le sénatus-consulte fixant la Constitution amendée de 1870 confirma le chef de l'État dans le droit qu'il s'était attribué de renouveler ces plébiscites, arbitrairement, sans condition aucune, sans délibération préalable des mandataires du pays, ce qui constitue au plus haut degré la négation du principe représentatif revendiqué avec une si incontestable évidence dans les élections de 1869;

« Parce qu'enfin ces futurs plébiscites, n'étant point limités dans leur objet, pouvant porter sur toutes les questions de l'ordre politique et social, ouvriraient ainsi un champ indéfini à toutes les surprises et à tous les périls :

« Les deux réunions invitent en conséquence tous ceux qui partagent leurs convictions *à répudier* le plébiscite. Seulement la réunion de la *Gazette de France*, tout en admettant l'abstention, a pensé que le vote négatif était préférable. Celle de l'*Union* s'est prononcée en faveur de l'abstention.

« En protestant ainsi contre ce plébiscite, les Français fidèles à la tradition nationale et aux grands principes de liberté dont l'alliance fut consacré, en 1789, par les votes unanimes de six millions d'électeurs et de l'Assemblée qu'ils avaient nommée, restent conséquents avec eux-mêmes.

« Ils ont toujours rempli leurs devoirs de bons citoyens, donnant l'exemple du plus loyal dévouement à l'ordre social et à la paix publique.

« Les mêmes sentiments de patriotisme leur commandent aujourd'hui de repousser la responsabilité d'une manifestation illusoire et dangereuse, qui ne garantirait aucunement ces institutions stables et libres dont la France éprouve l'impérieux besoin, et qu'elle ne cessera de réclamer en dépit de toutes les vicissitudes du présent et de l'avenir.

« Pour la réunion de l'*Union* :

« De Neuville, *ancien représentant, président;* de Dreux-Brézé, *secrétaire;* de Barberay, *secrétaire.*

« Pour la réunion de la *Gazette de France* :

« R. de Larcy, *ancien représentant, président;* H. de Tréveneuc, *ancien représentant, secrétaire;* Paul Andral, *secrétaire.*

V

LA LETTRE DE VICTOR HUGO

« Non. En trois lettres ce mot dit tout. Ce qu'il contient remplirait un volume.

« Depuis dix-neuf ans bientôt, cette réponse se dresse devant l'Empire. Ce sphinx obscur sent que c'est là le mot de son énigme.

« A tout ce que l'Empire est, veut, rêve, croit, peut et fait, non suffit.

« Que pensez-vous de l'Empire? Je le nie. Non est un verdict.

« Un des proscrits de Décembre, dans un livre publié hors de France en 1853, s'est qualifié « la bouche qui dit Non ».

« Non a été la réplique à ce qu'on appelle l'amnistie.

« Non sera la réponse à ce qu'on appelle le plébiscite.

« Le plébiiscite essaye d'opérer un miracle : faire accepter l'Empire à la conscience humaine.

« Rendre l'arsenic mangeable, telle est la question.

« L'Empire a commencé par ce mot : Proscription. Il voudrait bien finir par celui-ci : Prescription. Ce n'est qu'une petite lettre à changer. Rien de plus difficile.

« S'improviser César, transformer le serment en Rubicon et l'enjamber, faire tomber au piége en une nuit tout le progrès humain, empoigner brusquement le peuple sous sa grande forme République et le mettre à Mazas, prendre un lion dans une souricière, casser par guet-apens le mandat des représentants et l'épée des généraux, exiler la vérité, expulser l'honneur, bannir 89 et 92, chasser la France de France, sacrifier sept cent mille hommes pour démolir la bicoque de Sébastopol, s'associer à l'Angleterre pour donner à la Chine le spectacle de l'Europe vandale, stupéfier de notre barbarie les Barbares, détruire le palais d'été de compte à demi avec le fils de lord Elgin qui a mutilé le Parthénon, grandir l'Allemagne et diminuer la France par Sadowa, prendre et lâcher le Luxembourg, promettre Mexico à un archiduc et lui donner Queretaro, apporter à l'Italie une délivrance qui aboutit au concile, faire fusiller Garibaldi par des fusils italiens à Aspromonte et par des fusils français à Mentana, endetter le budget de huit milliards, tenir en échec l'Espagne républicaine, avoir une

Le prince impérial de Prusse.

Haute-Cour sourde aux coups de pistolet, tuer le respect des juges par le respect des princes, faire aller et venir les armées, écraser les démocrates, creuser des abîmes, remuer des montagnes, cela est aisé. Mais mettre un *e* à la place d'un *o*, c'est impossible.

« Le droit peut-il être proscrit? Oui. Il l'est. Prescrit? Non.

« Un succès comme le 2 Décembre ressemble à un mort en ceci qu'il tombe tout de suite en pourriture et en diffère en cela qu'il ne tombe jamais en oubli. La revendication contre de tels actes est de droit éternel.

« Ni limite légale, ni limite morale. Aucune déchéance ne peut être opposée à l'honneur, à la justice et à la vérité; le temps ne peut rien sur ces choses. Un malfaiteur qui dure ne fait qu'ajouter au crime de son origine le crime de sa durée.

« Pour l'histoire pas plus que pour la conscience humaine, Tibère ne passe jamais à l'état de « fait accompli ».

« Newton a calculé qu'une comète met cent mille ans à se refroidir; de certains crimes énormes mettent plus de temps encore.

« La voix de fait aujourd'hui régnante

perd sa peine. Les plébiscites n'y peuvent rien. Elle croit avoir le droit de régner ; elle n'a pas le droit.

« C'est étrange, un plébiscite. C'est le coup d'État qui se fait morceau de papier. Après la mitraille, le scrutin.

« Au canon rayé succède l'urne fêlée. Peuple, vote que tu n'existes pas. Et le peuple vote. Et le maître compte les voix. Il en a tout ce qu'il a voulu avoir ; et il met le peuple dans sa poche. Seulement il ne s'est pas aperçu que ce qu'il croit avoir saisi est insaisissable. Une nation, cela n'abdique pas. Pourquoi ? Parce que cela se renouvelle. Le vote est toujours à recommencer. Lui faire une aliénation quelconque de souveraineté, extraire de la minute l'hérédité, donner au suffrage universel borné à exprimer le présent l'ordre d'exprimer l'avenir, est-ce que ce n'est pas nul de soi ? C'est comme si l'on commandait à Demain de s'appeler Aujourd'hui.

« N'importe, on a voté. Et le maître prend cela pour un consentement. Il n'y a plus de peuple. Ces pratiques font rire les Anglais. Subir le coup d'État ! Subir le plébiscite ! Comment une nation peut-elle accepter de pareilles humiliations ? L'Angleterre a en ce moment-ci le bonheur de mépriser un peu la France. Alors méprisez l'Océan. Xerxès lui a donné le fouet.

« On nous invite à voter sur ceci : le perfectionnement d'un crime.

« L'Empire, après dix-neuf ans d'exercice, se croit tentant. Il nous offre ses progrès. Il nous offre le coup d'État accommodé au point de vue démocratique, la nuit de Décembre ajustée à l'inviolabilité parlementaire, la tribune libre emboîtée dans Cayenne, Mazas modifié dans le sens de l'affranchissement, la violation de tous les droits arrangée en gouvernement libéral.

« Eh bien ! non. Nous sommes ingrats. Nous, les citoyens de la république assassinée, nous, les justiciers pensifs, nous regardons, avec l'intention d'en user, l'affaiblissement d'autorité propre à la vieillesse d'une trahison. Nous attendons. Et, en attendant, devant le mécanisme dit Plébiscite, nous haussons les épaules.

« A l'Europe sans désarmement, à la France sans influence, à la Prusse sans contre-poids, à la Russie sans frein, à l'Espagne sans point d'appui, à la Grèce sans la Crète, à l'Italie sans Rome, à Rome sans les Romains, à la démocratie sans le peuple, nous disons Non.

« A la liberté poinçonnée par le despotisme, à la prospérité dérivant d'une catastrophe, à la justice rendue au nom d'un accusé, à la magistrature marquée des lettres L. N. B., à 89 visé par l'Empire, au 14 juillet complété par le 2 Décembre, à la loyauté jurée par le faux serment, au progrès décrété par la rétrogradation, à la solidité promise par la ruine, à la lumière octroyée par les ténèbres, à l'escopette qui est derrière le mendiant, au visage qui est derrière le masque, au spectre qui est derrière le sourire, nous disons Non.

« Du reste, si l'auteur du coup d'État tient absolument à nous adresser une question à nous, peuple, nous ne lui reconnaissons que le droit de nous faire celle-ci :

« — Dois-je quitter les Tuileries pour la Conciergerie et me mettre à la disposition de la justice ?

« Napoléon. »

« — Oui.

« Victor Hugo. »

« Hauteville-House, 27 avril 1870. »

CHAPITRE XVII

1870

Attitude provocatrice du ministère libéral. — La journée du 8 mai. — Rassemblements tumultueux. — Dernières dépêches des procureurs généraux. — Le vote de l'armée. — Réouverture de la session. — Résultat du vote. — Le discours de l'empereur. — Mort de la duchesse de Berry. — Mort de M. de Montalembert. — Les fils naturels de Napoléon III. — Averse de procès et de condamnations. — Reconstitution du ministère. — Mort de Barbès. — La gauche fermée et la gauche ouverte. — Travaux législatifs. — Interpellation de M. Bethmont; premières hostilités des bonapartistes purs contre M. Émile Ollivier. — Interpellation de M. Raspail. — Projets de loi. — Discussion et vote de la loi sur les maires. — La question du contingent. — Pétition des princes d'Orléans. — Une adulation outrée et son contraste. — Gustave Courbet et la décoration de la Légion d'honneur. — Candidature allemande au trône d'Espagne. — Interpellation et déclaration. — Désistement du prince de Hohenzollern. — Nouvelles exigences du gouvernement impérial. — L'impératrice et le parti de la guerre; leurs manœuvres. — La note de M. de Bismarck. — Déclaration du gouvernement. — Séance du 15 juillet au Corps législatif. — Rapport de M. de Talhouët. — Escobarderie. — Derniers efforts de la gauche pour empêcher la guerre. — Le dogme de l'infaillibilité. — Le procès de Blois. — Manifestations belliqueuses. — La *Marseillaise*. — « A Berlin ! » — Les adversaires de la guerre injuriés par les journaux bonapartistes. — « *L'armée prussienne n'existe pas.* » — Informations dont on ne tenait aucun compte. — Le Sénat à Saint-Cloud ; harangue de M. Rouher et réponse de l'empereur. — « La France est prête. » — La déclaration de guerre. — M. de Bismarck au Reichstag. — Le Corps législatif à Saint-Cloud ; paroles mensongères. — État physique de Napoléon III. — La responsabilité de la guerre. — Clôture de la session législative.

Le ministère libéral gardait son attitude provocatrice ; il avait fait arrêter plusieurs signataires du manifeste de l'*Association internationale des travailleurs et de la chambre fédérale des Sociétés ouvrières* [1]. Le 8 mai, dès l'aube, on voyait des bataillons d'infanterie et des escadrons de cavalerie légère campés dans le jardin du Luxembourg, des batteries dressées dans la cour du Conservatoire des arts et métiers, et des sergents de ville partout. Un journal bonapartiste rassurait « *les honnêtes gens* » en leur rappelant que le maréchal Canrobert commandait la place de Paris.

Une foule effervescente remplissait les rues et les boulevards. Les premiers votes connus furent ceux du 7º et du 29º de ligne ; des soldats de ces régiments jetèrent, par les fenêtres de la caserne du Prince-Eugène, aux citoyens groupés sur la place du Château-d'Eau, des bulletins portant ces mots : « Résultat du scrutin : *Oui*, 1,422, — *Non*, 1,323. »

Vers huit heures du soir, on apprenait que, sur les 1,092 soldats casernés au fort d'Ivry, quatre cent soixante-seize avaient voté *Non*.

On s'arrachait les journaux qui donnaient successivement les résultats du scrutin ouvert dans les nombreuses sections de Paris et de la banlieue. Il était près de minuit quand le résultat général de la votation dans le département de la Seine fut connu [1].

A Belleville et dans le faubourg du Tem-

---

[1]. MM. Germain Casse, Jules Johannard, Pindy, et comme organisateurs de l'*Internationale*, MM. Murat, Malon, Greffier, Héligon, Landeck, etc., etc.

[1]. Les bulletins affirmatifs étaient au nombre de 138,406, — et les négatifs, de 184,345 ; — 9,592 étaient nuls ; il y eut 83,872 abstentions.

ple, il y eut de tumultueux rassemblements qui se renouvelèrent, chaque soir, jusqu'au 11 ; la cavalerie les chargeait, et à des coups de pierre les sergents de ville répondaient par des coups d'épée.

Les journaux démocratiques blâmaient énergiquement ces manifestations « auxquelles, disait le *Réveil*, nos amis politiques sont complétement étrangers ; nous ne connaissons point les auteurs de ces misérables tentatives qui ne seraient que ridicules si, trop souvent, elles ne faisaient des victimes ».

M. Émile Ollivier recueillait le fruit de ses manœuvres dont l'exécution n'avait rien laissé à désirer, suivant les derniers télégrammes des procureurs généraux : « Les magistrats du ressort, les juges de paix, ont rempli leur devoir. Je dois signaler à Votre Excellence, d'une façon spéciale, MM. Fornier de Violet, président du tribunal de Tarascon, et Alphandéry, procureur impérial à Sisteron. Je n'ai, d'ailleurs, que des éloges à adresser à tous mes auxiliaires [1]. » — « Il est juste de reconnaître que le concours de l'administration, de la magistrature et du clergé a diminué *dans une proportion notable* le nombre des abstentions et des votes hostiles [2]. » Ces deux dépêches les résument toutes.

Les votes des soldats étaient moins satisfaisants que ceux des paysans : « Si le régiment des dragons a marché au vote avec un calme admirable, il n'en a pas été de même du régiment de ligne qui, *par le nombre de ses votes négatifs, a donné une triste idée de sa discipline*. En somme, nous avons à côté d'un général de division *qui répond de tout* un général de brigade *animé d'une vigueur martiale que tout le monde connaît* [3]. »

Ainsi, pour un soldat, voter selon sa conscience, c'est agir contre la discipline militaire ! Nous verrons, bientôt, le ministère Ollivier frapper cruellement des soldats coupables d'avoir ajouté foi à ses déclarations qui garantissaient la liberté du vote.

Voici un ordre du jour honteux : « Le colonel est loin de faire des compliments au régiment sur son vote d'hier. Il n'aurait pu croire qu'il y eût tant *de mauvais soldats* dans le 61ᵉ. Le rouge de la honte lui monte au visage quand il compare les 297 votes négatifs du régiment aux 41 votes du même genre du 86ᵉ, son camarade de brigade. Il aime à croire que beaucoup, surtout parmi les jeunes soldats, n'ont agi *aussi stupidement* que par une faiblesse et une crédulité bien naïves. »

Le général Lorencez écrivait, le 9 mai, de Toulouse, à l'empereur : « C'est le cœur navré, sire, que j'exprime aujourd'hui à Votre Majesté mes douloureuses déceptions au sujet du vote de la garnison de Toulouse. J'en suis atterré, et personne n'aurait eu la pensée d'un résultat déplorable dans son ensemble, et que je qualifie de monstrueux en ce qui concerne un des bataillons de chasseurs à pied. Ce bataillon était cependant considéré comme excellent et il est très-bien commandé. On explique en partie son vote d'hier par la présence dans ses rangs d'un grand nombre de jeunes gens des faubourgs de Paris.

« J'ignore encore le vote général de l'armée, mais je n'attendrai pas de le connaître pour protester contre l'insuffisance de celui de Toulouse et pour dire à Votre Majesté combien il est loin d'être selon mon cœur. »

En résumé, *cinquante deux mille quatre-vingt-quatre* soldats avaient, par leurs bulletins négatifs, répudié l'Empire, et le résultat général du vote de l'armée apprenait à M. de Bismarck que nous avions seulement 364,500 hommes sous les drapeaux.

Le 18, le Corps législatif reprit ses séances. Après avoir proclamé le résultat du

---

1. Dépêche du procureur général d'Aix.
2. Dépêche du procureur général de Pau.
3. Dépêche de M. Descous de Lapeyrière, procureur général à Limoges. 9 mai.

Le combat de Wissembourg.

vote [1], le président déclara que le peuple français avait adopté le plébiscite.

Les députés bonapartistes crièrent : « *Vive l'empereur!* » M. Jules Simon demanda la parole pour présenter quelques observations sur le rapport général qui venait d'être lu. Les cris de la majorité redoublèrent; il déclara, au milieu du bruit, qu'il interpellerait le Gouvernement sur la manière abusive dont les opérations plébiscitaires avaient été préparées et dirigées.

Le 21, dans la grande salle du Louvre, l'empereur, assis entre l'impératrice et son fils, reçut des mains du président du Corps législatif le recensement des votes émis le 8 mai. En le lui remettant, M. Schneider avait dit : « Sire, la France remet à votre dynastie une force et une autorité nouvelles. La noble entreprise que vous avez tentée assure à notre patrie un des premiers rangs parmi les peuples libres. Sire, la France est avec vous. »

L'empereur répondit que la France, en lui donnant, pour la quatrième fois depuis vingt-deux ans, un témoignage de sa confiance, le pénétrait de gratitude ; — que si les adversaires du régime impérial ont, à l'occasion du plébiscite et dans l'entraînement de la lutte,

---

[1]. Le nombre des votants inscrits dans les 89 départements était de 10,437,835. — 7,016,227 bulletins portaient le mot *oui*, et 1,495,144 le mot *non*; 112,975 étaient nuls. Il y avait eu 1,813,489 abstentions. Le vote de la population civile en Algérie fut le suivant: 10,618 *oui* et 13,491 *non*.

Le recensement des votes de l'armée de l'intérieur produisit 249,492 *oui* et 40,181 *non*; — celui des votes de l'armée de l'Algérie : 35,165 *oui* et 6,029 *non*; — enfin celui de la marine : 23,759 *oui* et 5,874 *non*.

Le total général des votes affirmatifs était donc de 7,336,434 et celui des votes négatifs, de 1,560,709. Le plébiscite du 21 novembre 1852 sur le rétablissement de l'empire n'avait été repoussé que par 253,115 citoyens. Le nombre des ennemis irréconciliables du régime impérial s'était donc accru de 1,307,504. Les grandes villes s'étaient proclamées républicaines. Le *Moniteur universel* avoua que « le gouvernement ne triomphait que dans les petites localités et dans les campagnes. » On a vu à quels procédés avait recouru M. Émile Ollivier pour obtenir ce triomphe violenté.

posé la question entre la Révolution et l'Empire, il ne faut pas le regretter, car le pays l'a tranchée en faveur du système qui garantit l'ordre et la liberté. « Aujourd'hui, continuat-il, l'Empire se trouve affermi sur sa base. Il montrera sa force par sa modération. Mon gouvernement, déférent pour tous les droits, protégera tous les intérêts sans se souvenir des votes dissidents et des manœuvres hostiles. Mais aussi il saura faire respecter la volonté nationale et la maintenir au-dessus de toute controverse. »

Il parla ensuite des passions à apaiser, des intérêts sociaux à préserver des fausses doctrines, du ralliement désirable des honnêtes gens de tous les partis autour de la Constitution que le pays venait de sanctionner, de l'instruction qu'il faut répandre, de l'agriculture et des travaux publics dont le développement doit être favorisé, de la recherche d'une meilleure répartition des charges qui pèsent sur les contribuables, des améliorations à introduire dans nos codes, des agents généraux de la production et de la richesse à multiplier, de toutes ces réformes dont chacun de ses discours reproduisait les vagues indications. Il terminait sa réponse en remerciant les députés du concours qu'ils venaient de lui prêter dans cette circonstance solennelle, et en les rassurant sur la durée de leurs pouvoirs raffermis, comme le sien, par le plébiscite. « Nous devons, s'écria-t-il, aujourd'hui plus que jamais, envisager l'avenir sans crainte. Qui pourrait, en effet, s'opposer à la marche progressive d'un régime qu'un grand peuple a fondé au milieu des tourmentes politiques et qu'il fortifie au sein de la paix et de la liberté ? »

« Vive l'empereur! vive l'impératrice! vive le prince impérial! vive *à jamais* la dynastie napoléonienne! »

Ces cris poussés par les ministres, par les sénateurs, par les députés, par les conseillers d'État revêtus de leurs habits de gala se mêlaient aux salves du canon saluant le retour de Leurs Majestés dans le palais où devait se perpétuer leur dynastie, et que, moins de trois mois plus tard, le peuple souverain occupera en criant : « Vive la République ! »

Marie-Caroline-Ferdinande de Bourbon, duchesse de Berry, mère du comte de Chambord, était morte, le 16 avril, dans son château de la Haute-Styrie. On sait qu'elle avait échangé son titre de duchesse de Berry contre celui de comtesse de Lucchesi-Palli. Le 22 février, dans la citadelle de Blaye, où Louis-Philippe la retenait prisonnière, elle remit au général Bugeaud, son gardien, la déclaration suivante : « Pressée par les circonstances et par les mesures ordonnées par le Gouvernement, quoique j'eusse les motifs les plus graves pour tenir mon mariage secret, je crois devoir à moi-même et à mes enfants de déclarer m'être mariée secrètement pendant mon séjour en Italie. »

Quelques jours plus tard, elle écrivait à M. de Mesnard : « Je crois que je vais mourir en vous disant ce qui suit, mais il le faut : Des vexations, l'ordre de me laisser seule avec des espions, la certitude de ne sortir qu'au mois de septembre [1], ont pu seuls me décider à la déclaration de mon mariage secret. »

Louis-Philippe fit publier dans le *Moniteur* du 26 avril 1833 la déclaration arrachée à sa nièce. « Ainsi, dit M. Louis Blanc dans sa belle *Histoire de dix ans*, Marie-Caroline voyait sa vie intime livrée, sous le gouvernement de ceux de ses proches qu'elle avait le plus aimés [2], aux commentaires insultants de la multitude. Ainsi elle avait compté en vain sur cette solidarité d'honneur qui règne entre parents, même dans les conditions obscures, et qui, protégeant les familles, les sauve du scandale par le secret. »

Mise en liberté après son accouchement, Marie-Caroline se dirigea vers Prague où Charles X s'était retiré ; il fit enjoindre à sa bru de s'arrêter à Léoben ; elle sollicitait de l'ex-roi son consentement à une déclaration de majorité du duc de Bordeaux ; M. de Chateaubriand remit une lettre de la duchesse à Charles X qui, après l'avoir lue, s'écria : « De quel droit la duchesse de Berry prétend-elle me dicter ce que j'ai à faire ? Quelle autorité a-t-elle pour parler ? Elle n'est plus rien, elle n'est plus que Mme Lucchesi-Palli. Le Code la dépouille de la tutelle comme mariée en secondes noces. »

A Léoben, où Charles X consentit à voir, un instant, la duchesse de Berry, il fut décidé que l'éducation du duc de Bordeaux serait confiée au général Latour-Maubourg. La séparation fut aussi froide que l'entrevue.

Dès ce moment, pour le parti légitimiste qui l'avait tant aimée et honorée, la duchesse de Berry « ne fut plus rien, elle ne fut que Mme Lucchesi-Palli ».

En même temps que la mère du comte de Chambord, mourait un partisan de la légitimité, un ardent champion du catholicisme, un des hommes qui, de 1848 à 1852, firent le plus de mal à la liberté, M. de Montalembert. J'ai dit comment il avait rompu avec l'Empire dont il avait facilité l'avénement ; dans les derniers jours de sa vie, il se révolta « contre l'autocratie pontificale érigée en système, imposée comme un joug à l'Église de Dieu, au grand déshonneur de la France catholique, et, ce qui est mille fois pire, au grand péril des âmes, » contre cette autocratie que Lacordaire ne craignait pas d'appeler « la plus grande insolence qui se soit encore autorisée du nom de Jésus-Christ [1] » ; il combattit, dans les rangs où se trouvaient alors l'évêque Dupanloup et le P. Gratry, « l'école d'invective et d'oppression qui, disait-il, pèse

---

1. Elle était enceinte et le gouvernement de Louis-Philippe voulait qu'elle atteignît le terme de sa grossesse avant d'être rendue à la liberté.

2. Ce mot de la duchesse de Berry est bien connu : « J'ai toujours aimé ces bons d'Orléans. »

---

1. Préface aux dernières pages dictées par le P. Lacordaire.

depuis trop longtemps sur le clergé de France et ailleurs »; il avait adhéré aux protestations du P. Gratry contre les ultramontains « qui immolent la justice et la vérité, la raison et l'histoire à *l'idole qu'ils ont érigée au Vatican »;* il renouvela cette adhésion dans une lettre qu'il écrivait quatorze jours avant sa mort; il s'y accuse d'imprévoyance, et il s'en excuse en disant que rien ne pouvait faire soupçonner la transformation du règne de Pie IX si libéral à son début, ni l'incroyable volte-face du clergé français en 1852, ni l'enthousiasme des évêques ultramontains pour la renaissance du césarisme, ni le triomphe « des détestables aberrations politiques et religieuses qui se résumaient dans l'ultramontanisme contemporain ».

Au moment où Napoléon III demandait aux Français « une nouvelle preuve de leur affection, un vote qui rendrait plus facile la transmission de la couronne à son fils » légitime, l'un de ses fils naturels, portant le nom de Louis-Napoléon, lui annonçait son arrivée au Havre. « Cher père, disait-il, je reviens avec la ferme intention de faire oublier le passé par mon aptitude et mon activité au travail... Il ne m'appartient pas de contrôler ni encore moins de blâmer votre conduite à mon égard en me faisant disparaître dans une position obscure dès ma plus tendre enfance. » Il veut être un autre homme, « se mettre à la hauteur du rang et de la position qu'il doit occuper dans le monde et surtout au sein de l'armée. « Maintenant, ajoute-t-il, j'ai vengé notre famille de la mort d'un de nos parents, le duc de Reichstadt, en la personne de Maximilien, archiduc d'Autriche. Il ne nous reste plus que la mort de notre oncle Napoléon Ier à venger. » Louis-Napoléon supplie son cher père d'oublier le passé : « Je désire qu'on dise de votre Louis : Il fait l'honneur de son père et soutient dignement son nom. » Après avoir parlé des dangers qu'il a courus, des larmes qu'il a dévorées, Il termine sa lettre ainsi : « J'ai dû vous faire bien pleurer. Pardonnez-moi, recevez-moi dans vos bras; puisque Dieu m'a rendu mon père, que j'aie au moins la consolation et le bonheur de le voir, de lui parler et de rester à ses côtés. »

Un autre frère naturel du prince impérial avait déjà écrit plusieurs lettres à l'empereur pour se plaindre de la vie que lui fait mener l'homme « *qui a été contraint de lui donner son nom.* Et d'ailleurs, continue-t-il, qu'a-t-il jamais fait pour moi? Rien; je le mets au défi de me prouver un seul acte de paternité même amicale. Des domestiques sont encore mieux traités que moi. » Ce jeune homme, qui porte le nom de Eugène B..., fut nommé, en 1868, consul de France à Zanzibar.

Napoléon III ne sentait-il pas son cœur s'attendrir en lisant les lettres [1] de ses enfants? Et quand il refusait de recevoir, ne fût-ce qu'un instant, ces pauvres abandonnés, sa conscience ne lui reprochait-elle rien?

M. Émile Ollivier avait, dans le cours de la période plébiscitaire, taillé de la besogne à la sixième chambre qui, pendant six semaines, eut à juger, successivement, sous diverses préventions, et condamna très-durement le *Rappel,* le *Siècle,* l'*Avenir national* et le *Réveil,* puis de nombreux orateurs des réunions publiques et trente-huit membres de l'*Association internationale des travailleurs;* elle supprima la *Marseillaise* condamnée sept fois consécutivement.

Trente-deux feuilles départementales étaient, en même temps, poursuivies et condamnées. C'est avec cette rudesse que, sous l'impulsion du transfuge de la République, « la main du gouvernement se faisait sentir ».

M. de Talhouët ayant, comme MM. Buffet et Daru, déposé son portefeuille, M. Segris remplacé au ministère de l'instruction publique par M. Mège passa aux finances, — le duc de Gramont fut nommé ministre des

---

1. Voir aux documents complémentaires de ce chapitre.

affaires étrangères, — et M. Plichon, ministre des travaux publics.

Dans les premiers jours de juin, Armand Barbès qui, depuis longtemps, se débattait contre une maladie de langueur, télégraphiait à M. Quinot : « Viens avec Martin Bernard ; je me meurs. » Aussitôt les deux vieux amis du « Bayard de la démocratie » se rendirent à la Haye où ils le trouvèrent calme et souriant devant la mort qui s'approchait. Sa dernière parole fut celle-ci : « FRANCE...! » — Comme il eût été heureux de la revoir, cette France qu'il aimait tant, et d'acclamer, avec elle, cette République au triomphe de laquelle il avait tout sacrifié : jeunesse, fortune, liberté! Et comme il eût intrépidement combattu les envahisseurs de la patrie adorée! Ce que fut, pendant quarante années, ce héros de la sainte cause des peuples, ce martyr de notre foi républicaine, nul ne l'ignore. Quelle vaillance dans les luttes qu'il soutint pour la démocratie et quelle stoïque sérénité dans les cachots où se passa la plus grande partie de son existence! Quels grands exemples de constance, d'abnégation et de désintéressement nous a donnés ce chevaleresque lutteur qui apportait dans le commerce de la vie une douceur et une simplicité si charmantes ! Louis Blanc, Étienne Arago et Martin Bernard adressèrent au vertueux patriote que nous pleurâmes des paroles d'adieu. Sur la pierre de la tombe où repose Armand Barbès, dont le haut caractère était honoré de ses adversaires eux-mêmes, on devrait graver cette épitaphe qui fut décrétée en l'honneur d'un bon citoyen de la République athénienne : « Par l'exemple de sa vie, il a excité tout le monde à aimer la patrie et la liberté. »

Des bruits de rapprochement entre le ministère Ollivier et des membres de la fraction Picard circulaient ; les formes de l'opposition que le député de l'Hérault faisait au gouvernement évoluaient, il faut bien le dire, d'une façon surprenante. Dans l'*Électeur libre*, il avait célébré les résultats de la campagne plébiscitaire en ces termes singuliers : « Ainsi tombe cette illusion qui présentait à beaucoup de nos amis la France comme retenue de force dans des liens qu'elle était impuissante à briser. » Et, à son avis, « pour devenir les ministres de la nation, » les ministres du 2 janvier avaient trois satisfactions à lui donner : « une tente pour la liberté électorale, l'abolition de la candidature officielle et la dissolution de la Chambre. »

En présence de cette évolution à laquelle avait applaudi le *Moniteur universel*, le *Siècle* disait : « Quant à nous, invariablement attachés à nos principes et non à des hommes quels qu'ils soient, nous saluons le navire qui emporte M. Picard et ses amis, en leur souhaitant bonne chance ; que le pouvoir leur soit léger ! »

Les amis de M. Picard déclarèrent dans l'*Électeur libre* que, « tout en regrettant, comme leurs collègues de la gauche, l'atteinte portée par le plébiscite à la représentation nationale, ils n'acceptaient pas d'autre tâche que celle de hâter, par leurs efforts dans l'Assemblée, le retour prochain de l'opinion publique en faveur de la liberté ; que s'ils désirent voir l'opposition grandir en nombre et en influence, ils ne croient ce résultat possible que si les rangs de la gauche restent ouverts. » Les dissidents protestaient donc « contre tout système d'exclusion ; *ils ne veulent faire aucune révolution* ».

La gauche pure ne convoquait plus à ses réunions de la rue de la Sourdière, tenues sous la présidence de M. Jules Grévy, les membres de la fraction Picard. Le chef de *la gauche ouverte* écrivit au président de *la gauche fermée* : « Mon cher collègue, je suis chargé par plusieurs de nos collègues de la gauche de vous demander de nous convoquer rue de la Sourdière. Je n'ai pas besoin de vous rappeler les raisons qui, dans l'intérêt de tous, rendent nécessaire une solution. »

Le 3 juin, M. Grévy répondit à M. Picard :

« Mon cher collègue, j'ai communiqué aux députés de la gauche auxquels elle était destinée la lettre que vous m'avez fait l'honneur de m'adresser au nom de plusieurs de nos collègues. Voici la réponse que je suis chargé de vous transmettre :

« La réunion de la gauche a vu avec regret un certain nombre de ses membres, après s'être séparés de la majorité dans une circonstance grave, se réunir à part et laisser publier, dans les comptes rendus de leurs séances, qu'ils formaient une réunion nouvelle et qu'ils adoptaient une politique ouverte aux compromis monarchiques répudiés par votre manifeste du 14 novembre 1869.

« Sans paraître tenir compte de ces faits qui ont ému l'opinion publique et qui nous ont vivement émus, vous nous demandez aujourd'hui en leur nom, vous nous requérez presque de les convoquer à la réunion de la gauche. Nous ne pouvons le faire, quel qu'en soit notre désir, que s'ils croient devoir désavouer la formation d'une seconde réunion et la ligne politique qu'ils se sont laissé attribuer publiquement. Il est de leur intérêt, comme du nôtre, qu'il ne se glisse entre eux et nous aucune équivoque ; que nous restions unis, si nous devons marcher ensemble, ou que, si nous voulons suivre des voies différentes, nous soyons distincts, tout en conservant nos bons rapports et nos bons sentiments. »

M. Picard et ses amis répliquèrent à la lettre que M. Grévy avait été chargé de leur transmettre :

« Sans le vouloir, sans doute, vous avez posé à des collègues des conditions blessantes sur lesquelles leur dignité ne leur permet pas de délibérer. Involontairement, vous donnez crédit à des calomnies dont mieux que personne vous connaissez le néant. Nous ne transigerons jamais avec le pouvoir personnel, et nous répudions tous les compromis. La différence entre vous et nous est celle-ci : vous voulez une gauche fermée, nous la voulons ouverte à quiconque revendiquera les libertés publiques sur le terrain où la gauche s'est placée de 1857 à 1869. Nous restons donc toujours membres de la gauche ; mais, fidèles à ses traditions, nous ne pouvons plus faire partie de vos réunions [1]. »

Beaucoup de gens pensaient que, si l'Empire ne se fût pas sitôt écroulé, M. Émile Ollivier aurait trouvé des imitateurs parmi les députés de cette opposition transigeante. L'un d'eux écrivait, le 2 avril 1870, à « son cher monsieur Conti : J'ai l'honneur de vous adresser sous ce pli une note très-brève, écrite fort à la hâte, mais contenant exactement mon sentiment sur la situation présente. Cela me semble tellement clair et évident que je ne puis même comprendre qu'on hésite. J'ai écrit la proclamation, ou plutôt j'en ai tiré les idées principales, comme je la voudrais, *pour jeter un grand ébranlement au cœur des masses.* Je tiens à votre disposition cette étude, si elle peut vous être *bon* à quelque chose.

« Veuillez agréer, mon cher monsieur Conti, l'assurance de ma haute considération et de mes sentiments bien dévoués [2]. »

Ce député ne préparait-il pas déjà sa défection ?

Après une discussion qui occupa six séances, la loi qui attribuait au jury la connaissance des délits de presse fut adoptée par le Corps législatif à la presque unanimité.

Une proposition de M. Jules Favre, tendant à placer notre colonie algérienne sous

---

1. Voici les noms des signataires : Barthélemy Saint-Hilaire, Bethmont, de Choiseul, Javal, Lecesne, Lefèvre-Pontalis, Malézieux, duc de Marmier, Ernest Picard, Rampont, Riondel, Steenackers, Wilson. »

2. Papiers sauvés des Tuileries et publiés par Robert Halt qui a supprimé le nom du signataire, sur le désir de l'éditeur.

le régime civil, fut appuyée par M. Lehon et renvoyée à la commission d'initiative contrairement à l'avis du ministre de la guerre.

Au milieu de la discussion d'une loi nouvelle sur les Conseils généraux dont le renouvellement était prochain, M. Bethmont demanda au garde des sceaux si, pendant cette période électorale, les réunions publiques seraient autorisées. M. Émile Ollivier répondit négativement, et, comme la discussion s'échauffait, il déclara que le ministère se retirerait si le Corps législatif ne votait pas l'ordre du jour pur et simple.

« Nous voterons, dans cette circonstance, pour le ministère, dit M. Jérôme David, quoique nous n'ayons pas confiance en lui. »

« Nous attendrons notre heure, » ajouta M. Clément Duvernois.

La gauche s'abstint et cent quatre-vingt neuf votants adoptèrent l'ordre du jour imposé par le garde des sceaux.

Une interpellation de M. Raspail, énergiquement soutenue par MM. Jules Ferry et Gambetta, attira l'attention de la France sur les mesures rigoureuses qu'à l'occasion du vote plébiscitaire on avait appliquées « à des citoyens appartenant à l'armée ». MM. Lauziès, Nicomède et Victor Dupuy, élèves de l'École de santé de Strasbourg, venaient d'être licenciés « pour avoir organisé des réunions incompatibles avec la discipline militaire ». Le maréchal des logis Chalon, du 5° d'artillerie, — le soldat Chaffet, le caporal Dereure et le sergent Fortune, du 96° de ligne, avaient été envoyés, en Afrique, dans des compagnies de discipline, pour avoir délibéré paisiblement au milieu de soldats que le général Ducrot chargea, le sabre au poing, sur le vote qu'ils devaient émettre.

« Ne faites pas voter le soldat, disaient les orateurs de la gauche, ou permettez-lui de s'éclairer par la discussion comme le dernier des citoyens. » Ils blâmèrent, comme il méritait d'être blâmé, l'ordre du jour scandaleux que j'ai reproduit et dans lequel le colonel du 61° traitait de stupides et mauvais soldats ceux qui avaient déposé des bulletins négatifs dans l'urne.

Le ministère *libéral* et la majorité de l'Assemblée approuvèrent tous ces méfaits.

Cependant M. Segris, ministre de l'intérieur, promit à M. Barthélemy Saint-Hilaire qu'il déposerait un projet de loi « pour prévenir l'intolérance religieuse en matière d'inhumation » et à M. Picard que l'administration n'interviendrait pas dans les élections des Conseils généraux et des Conseils d'arrondissement.

Après avoir ajourné à l'année 1872 le projet de loi exonérant les journaux de l'impôt du timbre et augmentant les droits de poste, l'Assemblée réduisit le timbre à quatre centimes pour le département de la Seine et à un centime pour le reste de la France ; en même temps, elle élevait d'un centime à deux centimes le port des prospectus et autres imprimés du même genre. Ces diverses mesures n'étaient exécutoires qu'à partir du 1er janvier 1871.

La loi relative à la nomination des maires fut passionnément discutée. MM. Lefèvre-Pontalis et de Choiseul-Praslin, défenseurs ardents de la liberté municipale, voulaient que tous les maires fussent élus par le suffrage universel. D'autres appuyaient un système moins radical : la nomination des maires par les conseils municipaux, sauf dans les chefs-lieux de département et dans les villes au-dessus de six mille âmes, où le choix des maires appartiendrait au gouvernement. Ce choix, disait le ministère Ollivier, doit être laissé partout au gouvernement à la condition pourtant que les maires soient pris dans les conseils municipaux. — Mais, lui disait M. Jules Grévy, « le maire nommé par le gouvernement, c'est l'instrument de la candidature officielle maintenu, c'est le gouvernement personnel et l'ajournement indéfini du régime parlementaire ». Cela était clair, indiscutable, et M. Émile Ollivier le déniait pitoyablement ; M. Rouher n'eût point parlé autrement que lui. MM. Jules Favre et Picard défendirent vainement la cause des franchises municipales contre leur ancien ami qui l'avait désertée.

« Contrairement à ses déclarations, s'écria M. Picard, le ministère n'a brûlé qu'en effigie la candidature officielle. »

Les trente-six membres de la gauche fermée et de la gauche ouverte votèrent seuls contre cette loi qui donnait au pouvoir personnel une consécration nouvelle et au pays la mesure du libéralisme des ministres du 2 janvier.

Dans la séance du 30 juin, l'Assemblée agita la question du contingent. M. Garnier-Pagès s'étonna que la France n'obtînt pas, avec les 600 millions annuels du budget de la guerre, les résultats obtenus par certaines puissances qui s'imposaient de moindres sacrifices. Puis il exprima, en ces termes, les idées que professait la gauche républicaine au sujet de l'armée : « Ce que nous voulons, c'est la France plus forte, mieux armée, mieux disciplinée, — tous les citoyens ayant passé par l'armée, tous éduqués complétement, voilà ce que nous demandons. Nous demandons pour la France l'organisation militaire actuellement adoptée par l'Allemagne, par l'Autriche et par la Bavière. » Les applaudissements de la gauche répondirent à cette déclaration.

Le 2 juillet, il y eut grande affluence au Corps législatif où se discutait une pétition des princes d'Orléans ; ils demandaient l'autorisation de rentrer en France. M. Dréolle, rapporteur, leur opposa une fin de non-recevoir à laquelle des motifs d'ordre public servaient de prétexte. Après M. Estancelin qui, resté fidèle à la cause des princes, revendiqua pour eux les droits de citoyens, MM. Esquiros, Jules Favre, Picard, de Piré et Lebreton appuyèrent le vœu des pétitionnaires ; M. Émile Ollivier le combattit. Cent soixante-treize députés repoussèrent la pétition ; trente et un seulement votèrent pour son renvoi au gouvernement. Parmi ces derniers, vingt-trois appartenaient à la gauche ; les neuf autres membres de ce groupe favorables, d'ailleurs, comme leurs collègues, à l'abrogation des lois d'exil, motivèrent leur abstention sur la crainte que leur association à cet acte ne fût interprétée comme une sorte d'adhésion à une des formes du passé monarchique. Louis-Napoléon Bonaparte, qui avait voué à la famille d'Orléans une haine farouche, n'aurait jamais rendu la patrie à ceux dont, suivant l'expression d'un diplomate, « il vendit les propriétés par miettes, à l'encan, pour extirper jusqu'à leur souvenir de la terre de France ».

Dans cette séance du 2 juillet, M. Émile Ollivier, parlant de l'homme du 2 Décembre, tint ce langage courtisanesque : « Il n'y a pas un seul des ministres de l'empereur qui n'ait compris que la nation a raison de se confier A CE GRAND CŒUR, A CETTE HAUTE INTELLIGENCE, et qui n'ait conçu pour lui UNE RESPECTUEUSE ADMIRATION. »

Dix ans auparavant, M. Émile Ollivier disait de ce même Napoléon III qu'en 1870 il adulait si outrément : « Vis-à-vis d'un pareil scélérat, il n'y a qu'une chose à faire : l'*assassiner.* » Le républicain auquel il avait tenu ce langage sanglant vit sortir des Tuileries M. Émile Ollivier devenu le premier ministre du « scélérat ». Ils s'abordèrent.

« Comment va l'empereur ? » demanda malicieusement le républicain resté fidèle à sa cause.

« Pas bien, répondit le garde des sceaux ; l'intelligence baisse, l'énergie tombe, il s'effraie de tout... *Mais je lui ferai une vieillesse heureuse* [1]. »

---

[1]. Cette anecdote que j'appris par Charles Delescluze, vers la fin de septembre 1870, est confirmée par M. B..., le diplomate, dans son livre : le *Dernier des Napoléon*, et par M. Ernest Hamel.

La place de la Bourse le jour de la bataille de Reichshoffen.

M. Émile Ollivier s'est dépeint en cette phrase présomptueuse et qui est le comble de l'infatuation.

Le *Journal officiel* du 21 juin contenait un décret qui nommait chevalier de la Légion d'honneur le grand artiste Gustave Courbet. C'était un hommage que M. Maurice Richard voulait rendre au chef de l'école réaliste, à l'auteur de tant de chefs-d'œuvre où, comme dans ceux des meilleurs peintres, la pensée et l'exécution étroitement liées créent une unité puissante, au paysagiste vigoureux et souple qui n'étudiait qu'un maître, la nature, et dont les tableaux les plus exquis avaient été systématiquement exclus des Salons, jusqu'en 1861, par des jurys routiniers et hostiles à cette manifestation d'une étonnante originalité.

Courbet était républicain; conformant sa conduite à ses principes, il adressa au ministre des beaux-arts cette lettre à laquelle, dans l'histoire du second Empire, une place est due :

« Monsieur le ministre,

« C'est chez mon ami Jules Dupré, à l'Isle-Adam, que j'ai appris l'insertion au *Journal officiel* d'un décret qui me nomme chevalier de la Légion d'honneur.

« Ce décret, que mes opinions bien connues sur les récompenses artistiques et sur les titres nobiliaires auraient dû m'épargner, a été rendu sans mon consentement, et c'est vous, monsieur le ministre, qui avez cru devoir en prendre l'initiative.

« Ne craignez pas que je méconnaisse les sentiments qui vous ont guidé.

« Arrivant au ministère des beaux-arts après une administration funeste, qui semblait s'être donné à tâche de tuer l'art dans notre pays, et qui y serait parvenue par corruption ou par violence, s'il ne s'était trouvé çà et là quelques hommes de cœur pour lui faire échec, vous avez tenu à signaler votre avènement par une mesure qui fît contraste avec la manière de votre prédécesseur.

« Ces procédés vous honorent, monsieur le ministre; mais permettez-moi de vous dire qu'ils ne sauraient rien changer ni à mon attitude ni à mes déterminations.

« Mes opinions de citoyen s'opposent à ce que j'accepte une distinction qui relève essentiellement de l'ordre monarchique. Cette décoration de la Légion d'honneur que vous avez stipulée en mon absence et pour moi, mes principes la repoussent. En aucun temps, en aucun cas, pour aucune raison, je ne l'eusse acceptée. Bien moins le ferais-je aujourd'hui que les trahisons se multiplient de toutes parts, et que la conscience humaine s'attriste de tant de palinodies intéressées. L'honneur n'est ni dans un titre ni dans un ruban; il est dans les actes et dans le mobile des actes. Le respect de soi-même et de ses idées en constitue la majeure part. Je m'honore en restant fidèle aux principes de toute ma vie ; si je les désertais, je quitterais l'honneur pour en prendre le signe.

« Mon sentiment d'artiste ne s'oppose pas moins à ce que j'accepte une récompense qui m'est octroyée par la main de l'État. L'État est incompétent en matière d'art. Quand il entreprend de récompenser, il usurpe sur le goût public. Son intervention est toute démoralisante, funeste à l'artiste qu'elle abuse sur sa propre valeur, funeste à l'art qu'elle enferme dans des convenances officielles et qu'elle condamne à la plus stérile médiocrité. La sagesse pour lui est de s'abstenir. Le jour où il nous aura laissés libres, il aura rempli vis-à-vis de nous tous ses devoirs.

« Souffrez donc, monsieur le ministre, que je décline l'honneur que vous avez cru me faire. J'ai cinquante ans, et j'ai toujours vécu libre. Laissez-moi terminer mon existence libre; quand je serai mort, il faudra qu'on dise de moi : Celui-là n'a jamais appartenu à aucune école, à aucune Église, à aucune institution, à aucune académie, surtout à aucun régime, si ce n'est le régime de la liberté.

« Veuillez agréer, monsieur le ministre, avec l'expression des sentiments que je viens de vous faire connaître, ma considération la plus distinguée.

« Gustave Courbet. »

« Paris, le 23 juin 1870. »

Le peintre d'Ornans est mort, le 31 décembre 1877, en Suisse, près de Vevey, où il avait trouvé un refuge après les douloureux événements de mars, d'avril et de mai 1871, auxquels il prit part. Ses peintures, qui semblent sculptées, auront toujours des admirateurs; son œuvre est un des plus remarquables monuments de l'art français.

« *Voter oui*, disait le gouvernement impérial avant le 8 mai, *c'est voter pour la paix.* » Il fallait donc s'attendre à la guerre. On cherchait un prétexte pour s'en couvrir; l'Espagne le fournit en offrant la couronne au prince Léopold de Hohenzollern, parent du roi de Prusse.

Le 5 juillet, dès que la séance du Corps législatif fut ouverte, M. Cochery, député du Loiret, déposa une demande d'interpellation ainsi conçue : « Nous demandons à interpeller le Gouvernement sur la candidature éventuelle d'un prince de la famille royale de Prusse au trône d'Espagne [1]. »

Le lendemain, M. le duc de Gramont, ministre des affaires étrangères, répondit à la demande d'interpellation de M. Cochery et de ses neuf collègues par la lecture de cette déclaration :

« Il est vrai que le maréchal Prim a offert au prince de Hohenzollern la couronne d'Espagne et que celui-ci l'a acceptée. Mais le peuple espagnol ne s'est point encore prononcé et nous ne connaissons point encore les détails vrais de cette négociation qui nous a été cachée.

« Nous n'avons cessé de témoigner nos sympathies à la nation espagnole et d'éviter tout ce qui aurait pu avoir les apparences d'une immixtion quelconque dans les affaires intérieures d'une grande et noble nation en plein exercice de sa souveraineté ; nous ne sommes pas sortis, à l'égard des divers prétendants au trône, de la plus stricte neutralité, et nous n'avons jamais témoigné pour aucun d'eux ni préférence ni éloignement.

« Mais nous ne croyons pas que le respect des droits d'un peuple voisin nous oblige à souffrir qu'une puissance étrangère, en plaçant un de ses princes sur le trône de Charles-Quint, puisse déranger à notre détriment l'équilibre actuel des forces en Europe et mettre en péril les intérêts et l'honneur de la France.

« Cette éventualité, nous en avons le ferme espoir, ne se réalisera pas. Pour l'empêcher, nous comptons à la fois sur la sagesse du peuple allemand et sur l'amitié du peuple espagnol. S'il en était autrement, forts de votre appui, messieurs, et de celui de la nation, nous saurions remplir notre devoir sans hésitation et sans faiblesse. »

Au milieu des applaudissements de la droite, M. Garnier-Pagès s'écria : « Ce sont des questions dynastiques qui troublent la paix de l'Europe. Les peuples n'ont que des raisons de s'aimer et de s'entr'aider. »

Ces paroles si vraies excitèrent les murmures de la droite dont la joie contrastait avec la consternation de la gauche.

Le ton comminatoire de la déclaration lue par M. de Gramont dénonçait des projets belliqueux. On avait Sadowa sur le cœur. Sans avouer l'énorme faute qu'on avait commise en 1866, on brûlait de la réparer. On voulait que le prestige d'une victoire effaçât le souvenir des humiliations subies, raffermît la dynastie napoléonienne ébranlée et permît le rétablissement de l'Empire auto-

---

[1]. Les signataires de cette demande d'interpellation étaient : MM. Riondel et Lecesne, de la gauche ouverte, — Cochery, Tassin, Carré-Kérisouët, d'Ivoire, Baboin et d'Hésecques, du centre gauche, — Genton et Planat, du centre droit.

ritaire. L'impératrice soufflait sans cesse aux oreilles de l'empereur. « Notre fils, disait-elle, ne régnera pas si on n'efface pas Sadowa. »

En Espagne, un parti, à la tête duquel était l'amiral Topete, préférait le duc de Montpensier, époux de la sœur d'Isabelle II; mais, contrairement à l'assertion du duc de Gramont dont, plus d'une fois, la véracité sera prise en défaut, Napoléon III avait donné l'exclusion à cette candidature. Après avoir dit, dans une note sur les affaires d'Espagne, que, à Madrid, « il y a un parti qui, ayant reçu de fortes sommes du duc de Montpensier, travaille à le faire arriver au trône, » Napoléon III ajoute qu'il se taira si le duc de Montpensier est régulièrement élu par la nation espagnole. « Mais, continue-t-il, avant que cet événement se produise, si toutefois il doit avoir lieu, nous tenons à dire notre opinion. Si la nation espagnole ne veut plus de Bourbon, tant mieux ; mais si elle revient sur sa première impression, il me semble qu'elle ne pourrait pas faire un plus mauvais choix que d'élever sur le trône un d'Orléans, répétant en Espagne l'usurpation de 1830, et donnant à l'Europe le funeste exemple d'une sœur détrônant sa sœur. D'ailleurs la situation de l'Espagne, dans ce moment, ne nous semble pas faite pour admettre le choix d'un prince ayant déjà des antécédents accentués et des opinions faites [1]. »

Il est hors de doute que le gouvernement impérial intervint diplomatiquement pour empêcher l'élection du duc de Montpensier, et que cette intervention blessante pour le gouvernement espagnol décida le général Prim à patronner une candidature désagréable à Napoléon III.

Quand le duc de Gramont descendit de la tribune, MM. Picard et Jules Favre demandèrent inutilement la communication des dépêches diplomatiques relatives à la candidature du prince de Hohenzollern. Les ministres Ollivier et Segris prétendirent que le gouvernement n'avait reçu aucune communication de la Prusse.

Au Sénat, M. Brenier et presque tous ses collègues réclamaient une guerre immédiate avec la Prusse ; ils voulaient que l'empereur la déclarât sans l'intervention d'aucun autre pouvoir.

Jusqu'alors, que pouvait-on reprocher à la Prusse ? Le gouvernement espagnol ayant offert le trône vacant à un prince allemand qui l'avait accepté, n'était-ce pas du régent Serrano et de ses ministres qu'il fallait obtenir le retrait d'une offre dont l'acceptation « mettait en péril les intérêts et l'honneur de la France » ? Mais le gouvernement impérial exige le concours du roi de Prusse au désistement du prince Léopold. Eh bien ! non-seulement, le 12 juillet, M. Olozaga, ambassadeur d'Espagne à Paris, annonça la renonciation du prétendant, mais encore, le 13, M. Benedetti, notre ambassadeur à Berlin, télégraphia que « le roi de Prusse consentait à donner son approbation entière et sans réserve au désistement du prince de Hohenzollern ». Guillaume avait hésité, pendant plusieurs jours, à donner au gouvernement impérial cette satisfaction, la seule d'ailleurs que M. Benedetti lui demandât. L'incident était vidé. Napoléon III le jugeait ainsi. « C'est la paix, dit-il ; je le regrette, car l'occasion était bonne. » Ces paroles de regret ne prouvent-elles pas que de ces négociations pacifiquement terminées on avait eu l'espoir de faire sortir la guerre ? Si une démonstration nouvelle de ces espérances déçues était nécessaire, on la trouverait dans ce mot qui, le 9, échappait à M. Émile Ollivier : « Nous n'attendions qu'un prétexte ou une occasion : l'affaire Hohenzollern vient à point. »

Le parti de la guerre ne se tint pas pour battu. A l'heure où notre ambassadeur en Prusse expédiait son télégramme pacificateur, M. Clément Duvernois, favori de Napoléon III

---

[1]. *Papiers et Correspondance de la famille impériale*, t. II.

montait à la tribune et annonçait une interpellation au cabinet « sur les garanties qu'il comptait stipuler *pour l'avenir* ». Puis M. Jérôme David, l'un des plus fougueux partisans de l'Empire autoritaire, déposait une autre interpellation « sur la lenteur dérisoire des négociations avec la Prusse », lenteur qui, à l'avis de ce pensionné de l'empereur, « risque de porter atteinte à la dignité nationale ». Et le soir, après la séance, M. de Gramont, d'accord avec l'impératrice, adressait à M. Benedetti une dépêche exigeant du roi de Prusse « l'assurance qu'il n'autorisera pas *de nouveau* cette candidature ». Une telle exigence se comprenait d'autant moins que M. Olozaga venait d'obtenir du gouvernement espagnol cette déclaration péremptoire : « L'Espagne prend acte de la renonciation du prince Léopold et déclare *qu'à l'avenir le prince de Hohenzollern ne sera plus jamais son candidat au trône.* »

M. Benedetti exposa au roi de Prusse, qui allait partir d'Ems pour Coblentz et qui le reçut, à la gare, dans son salon réservé, la mission imprévue dont il venait d'être chargé. « Je n'ai plus rien à vous communiquer, lui dit Guillaume; mon gouvernement continuera les négociations qui pourraient être poursuivies. »

La camarilla de l'impératrice imagina de voir une insulte dans ce fait que le roi aurait refusé, la veille, une deuxième audience à notre ambassadeur; ils feignaient d'oublier que Guillaume l'avait reçu à la gare, le lendemain de ce prétendu refus dans lequel M. Benedetti ne vit pas même un simple manque d'égards, le roi lui ayant envoyé un message très-courtois. « *Il n'y a eu à Ems*, dit notre ambassadeur, *ni insulteur ni insulté* [1]. »

Comme il était difficile de soutenir sérieusement qu'il y avait eu insulte, on se rabattit sur une circulaire envoyée par M. de Bismarck à ses agents diplomatiques. Ce qui s'était passé entre le roi et l'ambassadeur prenait dans cette note une tournure perfide, inconvenante, je n'en disconviens pas ; — mais, après tout, ce n'était là « *qu'une dépêche d'information exclusivement destinée aux agents prussiens* », et qu'une indiscrétion révéla. D'ailleurs cette note ne se fût pas produite si le gouvernement impérial n'eût pas ravivé, le 12 au soir, une crise éteinte. Que M. de Bismarck, renseigné par le vote plébiscitaire de notre armée sur le nombre relativement petit de soldats rangés sous nos drapeaux, se réjouît de voir le gouvernement impérial provoquer maladroitement une guerre tôt ou tard inévitable et à laquelle la Prusse s'était préparée, nul n'en doute ; mais, pour faire un coup de partie comme celui que Napoléon III méditait, il faut s'assurer qu'on est de force égale avec son adversaire. Or l'empereur et ses conseillers s'obstinèrent follement à engager une lutte pour laquelle ils n'étaient pas du tout prêts. Comme l'a dit je ne sais plus quel écrivain, cette guerre était déclarée dans les arrière-salons et dans les boudoirs avant de l'être à la tribune. L'impératrice ne cessait de répéter : « *Cette guerre, c'est ma guerre à moi; il me la faut.* »

Le *Pays* exprima, dans cette phrase belliqueuse, l'immuable volonté de la souveraine et de ses partisans : « Pour nous, la guerre est impérieusement réclamée par les intérêts de la France et PAR LES BESOINS DE SA DYNASTIE. Que les Prussiens prennent tout leur temps ! LA FRANCE EST PRÊTE. » Trois jours plus tard [1], M. Paul de Cassagnac ajoutait : « Personne n'ignore qu'en ce moment nous avons vingt jours d'avance sur la Prusse. NOUS SOMMES PRÊTS, ILS NE LE SONT PAS. »

Les conseils les plus patriotiques furent méconnus, et les hommes sages qui les donnaient, hués, injuriés, réduits brutalement au silence par une cohue d'énergumènes que

---

[1]. *Ma Mission en Prusse.*

[1]. Le *Pays*, n° du 12 juillet 1870.

la sagesse et le patriotisme tentèrent en vain d'exorciser.

Le 15 juillet, M. de Gramont lut aux sénateurs cette déclaration qui altérait insidieusement la vérité :

« La manière dont le pays a accueilli notre déclaration du 6 juillet nous ayant donné la certitude que vous approuviez notre politique et que nous pouvions compter sur votre appui, nous avons aussitôt commencé des négociations avec les puissances étrangères, afin d'obtenir leurs bons offices auprès de la Prusse pour qu'elle reconnût la légitimité de nos griefs.

« Dans ces négociations, nous n'avons rien demandé à l'Espagne, dont nous ne voulions ni éveiller les susceptibilités ni froisser l'indépendance; nous n'avons pas agi auprès du prince de Hohenzollern, que nous considérions comme couvert par le roi; nous avons également refusé de mêler à notre discussion aucune récrimination, ou de la faire sortir de l'objet même dans lequel nous l'avions renfermée dès le début.

« La plupart des puissances ont été pleines d'empressement à nous répondre, et elles ont, avec plus ou moins de chaleur, admis la justice de nos réclamations.

« Le ministère des affaires étrangères prussien nous a opposé une fin de non-recevoir en prétendant qu'il ignorait l'affaire et que le cabinet de Berlin y était resté étranger.

« Nous avons dû alors nous adresser au roi lui-même, et nous avons donné à notre ambassadeur l'ordre de se rendre à Ems auprès de Sa Majesté. Tout en reconnaissant qu'il avait autorisé le prince de Hohenzollern à accepter la candidature qui lui avait été offerte, le roi de Prusse a soutenu qu'il était resté étranger aux négociations poursuivies entre le gouvernement espagnol et le prince de Hohenzollern, qu'il n'y était intervenu que comme chef de famille et nullement comme souverain, et qu'il n'avait ni réuni ni consulté le conseil de ses ministres. Sa Majesté a reconnu cependant qu'elle avait informé le comte de Bismarck de ces divers incidents.

« Nous ne pouvions considérer ces réponses comme satisfaisantes; nous n'avons pu admettre cette distinction subtile entre le souverain et le chef de famille, et nous avons insisté pour que le roi conseillât et imposât au besoin au prince Léopold une renonciation à sa candidature.

« Pendant que nous discutions avec la Prusse, le désistement du prince Léopold nous vint du côté d'où nous ne l'attendions pas, et nous fut remis, le 12 juillet, par l'ambassadeur d'Espagne.

« Le roi ayant voulu y rester étranger, nous lui demandâmes de s'y associer et de déclarer que si, par un de ces revirements toujours possibles dans un pays sortant d'une révolution, la couronne était de nouveau offerte par l'Espagne au prince Léopold, il ne l'autoriserait plus à accepter, afin que le débat pût être considéré comme définitivement clos.

« Notre demande était modérée; les termes dans lesquels nous l'exprimions ne l'étaient pas moins : « Dites bien au roi, écrivions-nous au comte Benedetti le 12 juillet à minuit, « dites bien au roi que nous n'avons aucune « arrière-pensée; que nous ne cherchons pas un « prétexte de guerre, et que nous ne demandons « qu'à résoudre honorablement une difficulté « que nous n'avons pas créée nous-mêmes. »

« Le roi consentit à approuver la renonciation du prince Léopold, mais il refusa de déclarer qu'il n'autoriserait plus à l'avenir le renouvellement de cette candidature.

« J'ai demandé au roi, nous écrivait M. Be-« nedetti le 13 juillet à minuit, de vouloir bien « me permettre de vous annoncer en son nom « que, si le prince de Hohenzollern revenait à « son projet, Sa Majesté interposerait son au-« torité et y mettrait obstacle. Le roi a abso-« lument refusé de m'autoriser à vous trans-« mettre une semblable déclaration.

« Le roi a terminé notre entretien en me « disant qu'il ne pouvait ni ne voulait prendre « un pareil engagement, et qu'il devait pour « cette éventualité comme pour toute autre « se réserver la faculté de consulter les circon- « stances. »

« Quoique ce refus nous parût injustifiable, notre désir de conserver à l'Europe les bienfaits de la paix était tel que nous ne rompîmes pas les négociations, et que, malgré votre impatience légitime, craignant qu'une discussion ne les entravât, nous avons demandé à ajourner nos explications jusqu'à aujourd'hui.

« Aussi notre surprise a-t-elle été profonde lorsque hier nous avons appris que le roi de Prusse avait notifié à notre ambassadeur, par un aide de camp, qu'il ne le recevrait plus, et que, pour donner à ce refus un caractère non équivoque, *son gouvernement l'avait communiqué officiellement aux cabinets de l'Europe.*

« Nous apprenions en même temps que M. le baron de Werther avait reçu l'ordre de prendre un congé, et que des armements s'opéraient en Prusse.

« Dans ces circonstances, tenter davantage pour la conciliation eût été un oubli de dignité et une imprudence. Nous n'avons rien négligé pour éviter une guerre; nous allons nous préparer à soutenir celle qu'on nous offre. Dès hier nous avons rappelé nos réserves, et, avec votre concours, nous allons prendre immédiatement les mesures nécessaires pour sauvegarder les intérêts, la sécurité et l'honneur de la France. »

Le duc de Gramont, « superbe de tenue, accentua ces derniers mots par un geste plein d'enthousiasme [1] ».

Sur tous les bancs, on qualifia d'impertinente et d'insolente la conduite du roi de Prusse. — « La parole est au canon ! » s'écria M. Ferdinand Barrot. — « Messieurs, dit M. Rouher, président du Sénat, attendons de Dieu et de notre courage le triomphe de l'épée de la France. » Et il proposa de lever la séance « comme un témoignage de sympathie pour les résolutions de Napoléon III ». Et les pères conscrits s'égosillaient à force de crier : « Vive la France ! Vive l'empereur ! »

A la même heure, M. Émile Ollivier lisait la même déclaration au Corps législatif. Après cette lecture, il demanda un crédit de cinquante millions pour faire face à toute éventualité. L'urgence sur cette proposition est réclamée par le garde des sceaux et mise immédiatement aux voix par M. Schneider.

Presque tous les députés se lèvent. Quelques membres restent assis. « Levez-vous donc ! » leur crie-t-on de la droite et du centre. — « Nous serions les premiers à nous lever, leur répond M. Girault, pour une guerre nationale ; mais nous ne voulons pas nous lever pour une guerre dynastique. »

Seize députés seulement se lèvent à la contre-épreuve.

M. Thiers prend la parole ; il insiste, avec énergie mais sans succès, pour obtenir des ministres la communication des dépêches de M. de Gramont et les réponses du roi de Prusse. La lecture de ces dépêches eût démontré combien était injustifiable cette guerre « *qu'il fallait à l'impératrice* ».

M. Jules Favre rappelle un triste souvenir : « C'est comme pour le Mexique ; on nous tenait le même langage et on nous a indignement trompés. » — « Nous n'avons, affirme M. Ollivier, que des dépêches confidentielles, que les usages diplomatiques ne nous permettent pas de communiquer. » — « C'est le gouvernement de Louis XIV, réplique M. Jules Favre ; il n'y a plus de gouvernement parlementaire. »

Par d'irréfutables arguments, M. Gambetta établit que la conduite du gouvernement impérial « est, à la fois, un manque de véracité politique et une atteinte aux droits de l'Assemblée. » M. Ollivier se décide à lire

---

[1]. C'est le *Moniteur universel* qui disait cela.

les télégrammes de M. Benedetti. M. Horace de Choiseul dit qu' « on ne peut pas faire la guerre là-dessus ». M. Emmanuel Arago s'écrie : « Ceci connu, si vous faites la guerre, c'est que vous la voulez à tout prix. » — « Cela est vrai malheureusement, » ajoute M. Jules Favre. M. Émile Ollivier répète qu'on a voulu nous infliger une humiliation, et M. Jules Grévy lui en demande la preuve.

M. Thiers monte à la tribune et s'exprime ainsi : « L'histoire, la France, le monde vous regardent. De la décision que vous allez prendre dépendent la vie de milliers d'hommes et, peut-être, les destinées de notre pays. » MM. Jérôme David, Granier de Cassagnac, Belmontet, etc., veulent étouffer sa voix ; il rappelle aux interrupteurs que, le 6 mars 1866, ils voulurent aussi lui ôter la parole. Ce souvenir devrait leur inspirer le désir de l'écouter. Il bravera leurs murmures. Au milieu de vociférations incessantes, il démontre que la demande principale du gouvernement a été accueillie, qu'on veut rompre sur une question de susceptibilité, que pour une question de forme on est décidé à verser des torrents de sang. Il regarde cette guerre comme souverainement imprudente ; — il désire la réparation des événements de 1866, mais il trouve l'occasion détestablement choisie. « Je vous plains, dit l'éminent orateur, si vous ne comprenez pas que je remplis un devoir et le plus pénible de ma vie. Je suis tranquille pour ma mémoire ; je suis sûr de ce qui lui est réservé pour l'acte auquel je me livre en ce moment. Quant à vous, je suis certain qu'il y aura des jours où vous regretterez votre précipitation. Cédant à vos passions, vous ne voulez pas demander la connaissance des dépêches sur lesquelles votre jugement pourrait s'appuyer. Je suis prêt à voter au gouvernement tous les moyens nécessaires quand la guerre sera définitivement déclarée ; mais je désire connaître les dépêches sur lesquelles on fonde cette déclaration. La Chambre fera ce qu'elle voudra, je m'attends à ce qu'elle va faire, mais je décline, quant à moi, la responsabilité d'une guerre aussi peu justifiée. »

De bruyantes clameurs accompagnées de gestes furibonds coupèrent cent fois ce discours inspiré par la sagesse et par la raison. Aux insensés qui lui jetaient les épithètes de *traître*, de *Prussien*, de *trompette anti-patriotique du désastre*, le trop clairvoyant patriote disait avec une émotion touchante : « Offensez-moi, insultez-moi. Je suis prêt à tout subir pour défendre le sang de mes concitoyens que vous êtes prêts à verser si imprudemment. »

Persistant à dénaturer les faits, M. de Gramont s'étonne, d'un air indigné, qu'on délibère « quand la Prusse refuse de recevoir notre ambassadeur et inflige un pareil affront à l'empereur et à la France ».

« Mais, objecte M. Jules Favre, où est la preuve que notre honneur soit engagé ? Où est la dépêche officielle ? Où est le compte rendu de la conférence dans laquelle notre ambassadeur a vu méconnaître sa dignité nationale ? Voilà ce que nous avons intérêt et devoir d'examiner. » Et M. Jules Favre provoque le vote de la Chambre sur une résolution ainsi formulée : « Nous demandons communication des dépêches et notamment de celles par lesquelles le gouvernement prussien a notifié sa résolution aux gouvernements étrangers. »

M. Buffet prend la parole. A son avis, la Chambre, représentation du pays, doit, avant d'engager sa responsabilité avec le gouvernement, connaître tout ce que le gouvernement a connu ; « au moment où le pays va être engagé dans une guerre dont il sortira victorieux, — l'orateur en est convaincu, — c'est un droit et un devoir absolu pour la Chambre de demander qu'il lui soit donné communication de toutes les pièces, et c'est le devoir impérieux du gouvernement de lui faire cette communication. » M. Buffet ajoute à sa demande que, « avant d'avoir entendu

Charge des cuirassiers à Reichshoffen.

les explications du garde des sceaux, il croyait la communication éminemment utile, mais qu'après les avoir entendues il la considère comme indispensable ». 159 voix contre 84 repoussèrent la proposition de M. Buffet.

En demandant un crédit de 50 millions, M. Émile Ollivier avait prononcé cette phrase malheureuse : « De ce jour commence pour mes collègues et pour moi une grande responsabilité ; *nous l'acceptons d'un cœur léger.* » — « Eh quoi ! lui dit M. Esquiros, vous avez *le cœur léger* quand le sang va couler à flots ! » — « Oui, répondit le garde des sceaux, *oui, d'un cœur léger* ; je veux dire d'un cœur que le remords n'alourdit pas. » Tiendrait-il aujourd'hui le même langage ? Si sa conscience n'est pas muette, que de reproches elle doit lui faire !

Suspendue à cinq heures et demie, la séance

fut reprise à neuf heures. La commission nommée pour interroger les ministres et préparer son rapport sur les crédits demandés par le gouvernement avait entendu le duc de Gramont, M. Émile Ollivier et le maréchal Le Bœuf. Donnant à entendre qu'il comptait sur des alliances, le ministre des affaires étrangères s'était excusé en ces termes d'avoir fait attendre la commission : « J'avais chez moi l'ambassadeur d'Autriche et le ministre d'Italie. *J'espère que la commission ne m'en demandera pas davantage.* » Fidèle à son système d'invéracité, M. de Gramont donna la date du 7 à sa dépêche du 12 au soir dans laquelle apparaissait, pour la première fois, l'exigence qui motiva la réponse du roi Guillaume à M. Benedetti le 14, dans le salon de la gare d'Ems. — « Ainsi, demanda M. d'Albuféra, président de la commission, vous avez, comme cela résulte de la lecture que vous venez de nous faire, *réclamé toujours la même chose?* Nous considérons ce point comme très-important. » Le duc de Gramont répondit à cette question par un signe de tête affirmatif. Les commissaires l'auraient pris en flagrant délit de mensonge s'ils avaient lu eux-mêmes les pièces qu'il se hâta d'emporter. A cette question : « Sommes-nous prêts? » le maréchal Le Bœuf fit cette réponse mémorable : « *Jusqu'au dernier bouton de guêtre*, et nous avons huit jours d'avance sur la Prusse. » La veille, il avait dit au conseil des ministres : « Nous sommes prêts, nous ne l'avons jamais été davantage. D'ailleurs nous serons infailliblement vainqueurs le premier jour et nous n'avons pas à nous préoccuper du second. »

M. Émile Ollivier affirma, de son côté, aux membres de la commission « *que nous étions prêts pour soutenir la lutte, que nous n'avions rien à craindre*, que nous avions huit ou dix jours d'avance sur l'ennemi ; enfin, qu'au point de vue militaire NOUS ÉTIONS ABSOLUMENT PRÊTS. »

M. de Talhouët lut son rapport dans lequel, conformément à la trompeuse affirmation du ministre des affaires étrangères, il déclarait que, dès le 7, on avait demandé au roi de Prusse la garantie réclamée le 12 seulement; M. de Gramont, au lieu de rectifier cette erreur qu'il aurait pu commettre involontairement au sein de la commission, l'accrédita par son silence, et tous les ministres, en se taisant comme lui, s'associèrent à son escobarderie. M. de Talhouët termina son rapport en disant : « Nous avons entendu successivement *M. le garde des sceaux*, **M.** *le maréchal ministre de la guerre et M. le ministre des affaires étrangères.*

« M. le ministre de la guerre nous a justifié en peu de mots l'urgence des crédits demandés, *et ses explications catégoriques,* en même temps qu'elles nous conduisaient à l'approbation des projets de loi, nous montraient qu'inspirées par une sage prévoyance les deux administrations de la guerre et de la marine se trouvaient en état de faire face *avec une promptitude remarquable aux nécessités de la situation.* »

M. Gambetta fit d'énergiques efforts pour arrêter l'Assemblée sur la pente fatale où elle se laissait entraîner.

« Par son attitude, dit-il, la Chambre témoigne d'un grand changement dans sa manière de juger la politique de l'Empire ; je ne me permettrai pas de blâmer ce changement, mais je regrette qu'il ne se soit pas produit le lendemain de Sadowa ! Enfin, puisque ce changement existe, il faut le justifier devant l'Europe, et pour cela il est indispensable qu'on communique à la Chambre tous les documents relatifs aux récentes négociations, et surtout le texte de la dépêche de M. de Bismarck à tous les cabinets de l'Europe. »

Plusieurs fois, les patriotiques paroles de M. Gambetta firent éclater des applaudissements qui mettaient dans une grande agitation le garde des sceaux et ses collègues. En voyant le malaise des ministres, les bonapartistes purs se mirent à interrompre l'orateur et à trépigner d'impatience et de colère.

En dépit des interruptions qui devenaient de plus en plus bruyantes, M. Gambetta posa catégoriquement au ministère ces questions : « Existe-t-il une notification de la Prusse? Est-elle adressée aux cours de l'Europe ou seulement aux États de l'Allemagne du Sud? Pourquoi ne la communique-t-on pas à la Chambre ? »

C'est donc la communication de la dépêche de M. de Bismarck que demandait très-clairement M. Gambetta et non pas la dépêche de M. Benedetti ou celle de nos agents diplomatiques.

Eh bien ! M. de Gramont, dissimulant sous une équivoque volontaire un nouveau mensonge, éluda la question si nettement posée. « La pièce, dit-il, a été communiquée à la commission. »

S'associant à l'intention escobartine du ministre des affaires étrangères, le duc d'Albuféra prit la parole pour déclarer que « cette dépêche avait été, en effet, lue par la commission ».

Et pas un des commissaires ne protesta contre cette jésuitique affirmation !

Éludant, à son tour, les questions posées par l'orateur de la gauche, M. Émile Ollivier, à défaut de bonnes raisons, recourut à de si blâmables emportements et à de telles divagations que la majorité dut y mettre un terme en demandant la clôture.

MM. Girault, Picard, Magnin, Pelletan, Glais-Bizoin, Jules Grévy tentèrent vainement de parler.

« Ou la Chambre, dit M. de Talhouët, nous accorde sa confiance, *et alors notre parole lui suffit*, ou elle nous la refuse, et alors nous nous retirons. »

La clôture fut votée par acclamation. M. Jules Grévy s'écria : « C'est un digne spectacle que vous donnez à la France ! »

Plusieurs membres de la gauche voulurent expliquer leur vote ; la droite les en empêcha ; MM. Grévy et Pelletan protestèrent contre cette violence.

Dix députés seulement [1] refusèrent les crédits qui allaient aider le Gouvernement à mener la France aux abîmes.

L'impératrice était à Saint-Cloud où, d'heure en heure, des aides de camp lui apportaient des nouvelles de l'Assemblée ; en apprenant le résultat de ses manœuvres, elle ne put contenir sa joie ; elle allait avoir « sa guerre ».

La veille, à Rome, l'une des plus déraisonnables conceptions du jésuitisme, l'infaillibilité du pape [2], avait été convertie en dogme par 533 pères réunis en concile depuis le 9 décembre 1869. Deux évêques seulement protestèrent contre cet acte de papolâtrie [3]. Les jésuites empaganisaient le catholicisme de plus en plus, et son chef se laissait docilement surnaturaliser par eux.

Le même jour, 54 citoyens accusés de complot contre la sûreté de l'État et contre la vie de l'empereur comparaissaient devant la Haute-Cour de justice réunie à Blois et présidée par M. Zangiacomi. L'attention publique se détournait de ce procès pour se porter du côté des frontières vers lesquelles s'acheminaient nos soldats. Les nommés Verdier, Guérin et Beaury jouèrent un triste rôle dans ces débats qu'aucun incident digne d'être rapporté ne signala. Mégy fut con-

---

1. MM. Emmanuel Arago, Desseaux, Esquiros, Jules Favre, Gagneur, Garnier-Pagès, Jules Grévy, Glais-Bizoin, Ordinaire et Eugène Pelletan.

MM. Crémieux, Raspail et Girault s'abstinrent ; ce dernier, avant qu'on ne passât à la discussion des articles, s'était écrié : « Je m'en vais ! je ne voterai pas ! » MM. Reguis et Verlé s'abstinrent aussi.

2. « Trois choses incroyables parmi les choses incroyables, disait Montesquieu : le pur mécanisme des bêtes, l'obéissance passive et l'infaillibilité du pape. »

3. Le 13 juillet, un premier scrutin avait donné le résultat suivant : 601 Pères étaient présents ; 451 émirent un vote favorable, 88 un vote contraire et 62 un vote conditionnel.

damné à vingt ans de travaux forcés ; on prononça 16 autres condamnations variant de vingt à quinze ans de détention et de cinq à trois ans de prison. Il y eut 37 acquittements.

A Paris, depuis le 14 juillet, des bandes guidées par les *blouses blanches* parcouraient les rues et les boulevards en chantant la *Marseillaise* et en criant, après chaque strophe : « A Berlin ! à Berlin ! Vive la guerre ! » La police laissait le champ libre à ces hurleurs ivres qui allaient vomir, devant la maison de M. Thiers, des injures grossières ; en revanche, elle dispersa, dans la soirée du 20, une colonne de sept à huit mille citoyens descendant de la Bastille vers la Madeleine aux cris de : « Vive la paix ! » Les sergents de ville arrêtèrent un grand nombre de ces pacifiques promeneurs.

L'empereur qui, si longtemps, proscrivit l'hymne patriotique de Rouget de Lisle, fit télégraphier, le 15, de Saint-Cloud, au ministre des Beaux-Arts : « Autorisez la chanson ; prévenez le préfet de police. » Le 17, un télégramme du ministre de l'intérieur disait aux préfets : « Laissez chanter la *Marseillaise* dans les cafés-concerts. » Et on la chantait partout, dans nos rues, dans nos théâtres, à l'Opéra ; elle alternait avec le *Rhin allemand*.

Ainsi, à la *Marseillaise*, dont le simple fredonnement était, naguère, puni comme un crime par les magistrats impériaux, son proscripteur demandait cet enthousiasme qui enflamme les cœurs du saint amour de la patrie et qui entraîne nos soldats aux actions glorieuses. Edgar Quinet a merveilleusement dépeint l'œuvre immortelle de Rouget de Lisle. « Un chant, dit-il, sortit de toutes les bouches ; on eût pu croire que la nation entière l'avait composé, car, au même moment, il éclata en Alsace, en Provence, dans les villes et dans la plus misérable chaumière. C'était d'abord un élan de confiance magnanime, un mouvement serein, la tranquille assurance du héros qui prend les armes et s'avance ; l'horizon lumineux de gloire s'ouvre devant lui. Soudainement le cœur se gonfle de colère à la pensée de la tyrannie. Un premier cri d'alarme, répété deux fois, signale de loin l'ennemi. Tout se tait ; on écoute, et au loin on croit entendre, on entend sur un ton brisé les pas des envahisseurs dans l'ombre ; ils viennent par des chemins cachés, sourds ; le cliquetis des armes les annonce en pleine nuit ; et, par-dessus ce bruit souterrain, vous discernez la plainte, le gémissement des villes prisonnières. L'incendie rougit les ténèbres. Un grand silence succède, pendant lequel résonne le pas confus d'un peuple qui se lève ; puis ce cri imprévu, gigantesque, qui perce les nues : Aux armes ! Ce cri de la France, prolongé d'échos en échos, immense, surhumain, remplit la terre !... Et, encore une fois, le vaste silence de la terre et du ciel ! et comme un commandement militaire à un peuple de soldats ! Alors, la marche cadencée, la danse guerrière d'une nation dont tous les pas sont comptés. A la fin, comme un coup de tonnerre, tout se précipite. La victoire a éclaté en même temps que la bataille. »

Les tentatives que ne cessent jamais de faire les partis monarchistes pour proscrire notre chant national seront toujours impuissantes, car, ainsi que la commission de censure elle-même le constatait dans un rapport daté du 13 avril 1870, « la *Marseillaise* est le chant français par excellence. C'est son rhythme entraînant qui, aujourd'hui encore, pousse les soldats à la victoire, comme en 92 il faisait voler les enrôlés à la frontière. Ce caractère héroïque et grandiose de l'œuvre est indiscutable. »

Les journaux bonapartistes injuriaient grossièrement les députés qui avaient fait de patriotiques efforts pour empêcher cette guerre que rien ne justifiait. « La couardise, — disait le *Pays*, — la mauvaise foi, la platitude, tout a été mis en usage par MM. Thiers, Gambetta, Emmanuel Arago, Jules Favre,

Esquiros, Garnier-Pagès, Glais-Bizoin; » et, après les avoir appelés « nos bons amis les ennemis, émigrés du dedans, Prussiens de Paris, » il ajoutait : « Nous vous mettrons le bâillon à la bouche, les menottes au poignet, et nous vous imprimerons sur l'épaule les stigmate des travaux forcés patriotiques. »

On lisait dans le *Figaro* : « M. Thiers vient de recevoir une lettre de félicitations du prince royal de Prusse à cause de ses patriotiques efforts pour empêcher la guerre d'éclater. »

Les impérialistes affirmaient que, le 15 août, la France fêterait l'entrée de Napoléon III dans la capitale de la Prusse. Le maréchal Le Bœuf n'avait-il pas dit : « *L'armée prussienne n'existe pas; je la nie?* » Et M. Émile Ollivier parlant de cette armée qui allait nous infliger de si effroyables défaites n'avait-il pas, avec son irritante fatuité, proféré ce mot épique : « *Nous soufflerons dessus?* »

Si une armée n'existait pas, c'était la nôtre. Dans la séance du 13 juin, M. Thiers avait contraint le maréchal Le Bœuf d'avouer que les effectifs des régiments d'infanterie étaient de 1,200 hommes seulement quand ils devaient être de 2,400. Quant à l'armée prussienne, c'était bien autre chose; les informations sur la puissante organisation de cette armée et sur les *énormes* préparatifs que faisait la Prusse affluaient, depuis longtemps, autour du gouvernement impérial qui n'en tenait aucun compte.

Dès le mois de décembre 1866, le général Ducrot écrivait de Strasbourg : « La Prusse sera en mesure de mettre en ligne 600,000 hommes et 1,200 bouches à feu avant que nous ayons songé à organiser les cadres indispensables pour mettre au feu 300,000 hommes et 600 bouches à feu. Je commence à croire que notre gouvernement est frappé de démence. Mais si Jupiter a décidé de le perdre, n'oublions pas les destinées de notre patrie et que notre sort à tous est lié à ses destinées. Faisons tous nos efforts pour arrêter cette pente fatale qui conduit à tous les précipices. » Deux ans plus tard, il mandait au général Frossard, gouverneur du prince impérial, ce que venait de lui apprendre Mme Pourtalès, — Prussienne par son mari et *revenant de Berlin la mort dans l'âme :* « Les Prussiens sont si bien préparés, si habilement dirigés, qu'ils se croient assurés du succès. Ah! si vous saviez quels *énormes préparatifs* se font de tous côtés, avec quelle ardeur ils travaillent pour fusionner les habitants des États récemment annexés dans tous les rangs de la société et de l'armée! » Le 31 janvier 1869, le même général avertissait le gouverneur du jeune prince que les Prussiens abattaient les arbres sur les glacis de Mayence et de Radstadt; — que, dans le grand-duché de Bade, on répartissait comme auxiliaires, entre les différents corps de troupes, les médecins et les vétérinaires en état de marcher, avec injonction de se tenir prêts à rejoindre au premier ordre. Mais, suivant l'expression du général Ducrot, « Jupiter avait résolu de perdre le gouvernement impérial, » dont la démence était montée jusqu'au dernier comble.

Le 16 juillet, M. Rouher, à la tête des sénateurs, se rendit à Saint-Cloud; il adressa à l'empereur assis entre l'impératrice et le prince impérial cette harangue mémorable :

« Sire, le Sénat remercie l'empereur de lui avoir permis de porter aux pieds du trône l'expression des sentiments patriotiques avec lesquels il a accueilli les communications qui lui ont été faites à la séance d'hier.

« Une combinaison nuisible au prestige et à la sécurité de la France avait été mystérieusement favorisée par le roi de Prusse.

« Sans doute, sur notre protestation, le prince Léopold a retiré son acceptation; l'Espagne, cette nation qui connaît et nous rend les sentiments d'amitié que nous avons our elle, a renoncé à une candidature qui ous blessait.

« Sans doute, le péril immédiat était carté ; mais notre légitime réclamation ne ubsistait-elle pas tout entière? N'était-il as évident qu'une puissance étrangère, au rofit de son influence et de sa domination, u préjudice de notre honneur et de nos ntérêts, avait voulu troubler une fois de plus équilibre de l'Europe ?

« N'avions-nous pas le droit de demander cette puissance des garanties contre le etour possible de pareilles tentatives?

« Ces garanties sont refusées : la dignité de la France est méconnue. Votre Majesté ire l'épée : la patrie est avec vous, frémissante d'indignation et de fierté.

« Les écarts d'une ambition surexcitée par un jour de grande fortune devaient tôt ou tard se produire.

« Se refusant à des impatiences hâtives, animé de cette calme persévérance qui est la vraie force, l'empereur a su attendre ; mais, *depuis quatre années, il a porté à sa plus haute perfection l'armement de nos soldats, élevé à sa toute-puissance l'organisation de nos forces militaires.*

« *Grâce à vos soins*, LA FRANCE EST PRÊTE, sire, et, par son enthousiasme, elle prouve que, comme vous, elle était résolue à ne tolérer aucune entreprise téméraire.

« Que notre auguste souveraine redevienne dépositaire du pouvoir impérial ; les grands Corps de l'État l'entoureront de leur respectueuse affection, de leur absolu dévouement. La nation connaît l'élévation de son cœur et la fermeté de son âme ; *elle a foi dans sa sagesse* et dans son énergie.

« Que l'empereur reprenne avec un juste orgueil et une noble confiance le commandement de ses légions *agrandies* de Magenta et de Solférino ; qu'il conduise sur les champs de bataille l'élite de cette grande nation. Si l'heure des périls est venue, L'HEURE DE LA VICTOIRE EST PROCHE.

« Bientôt la patrie reconnaissante décernera à ses enfants *les honneurs du triomphe ;* bientôt l'Allemagne affranchie de la domination qui l'opprime, la paix rendue à l'Europe par la gloire de nos armes, Votre Majesté qui, il y a deux mois, recevait pour elle et pour sa dynastie une nouvelle force de la volonté nationale, Votre Majesté se dévouera de nouveau à cette grande œuvre d'améliorations et de réformes dont la réalisation — la France le sait et *le génie de l'empereur* le lui garantit — ne subira d'autre retard *que le temps que vous emploierez* à vaincre. »

L'empereur répondit :

« Messieurs les sénateurs, j'ai été heureux d'apprendre avec quel vif enthousiasme le Sénat a reçu la déclaration que le ministre des affaires étrangères a été chargé de lui faire. Dans toutes les circonstances où il s'agit des grands intérêts et de l'honneur de la France, je suis sûr de trouver dans le Sénat un appui énergique. La France a besoin du concours de tous ses enfants. Je suis bien aise que le premier cri patriotique soit parti du Sénat ; il aura dans le pays un grand retentissement. »

Ainsi M. Rouher, comme le maréchal Le Bœuf, comme tous les conseillers et tous les courtisans de l'Empire, affirmait que *la France était prête*, que nos forces militaires étaient puissamment organisées. Le ministre Le Bœuf attestait, le 16 avril, devant la commission du budget, que « sous le rapport de l'armement notre supériorité sur la Prusse était grande, que nos arsenaux regorgeaient de toutes choses ». On a retenu sa réponse du 15 : « *Nous sommes prêts jusqu'à un bouton de guêtre.* » Eh bien ! nos arsenaux étaient presque vides ; les magasins de l'État manquaient de tout. Les armes, les chaussures, les objets d'équipement dont on faisait la complaisante énumération n'existaient que sur des registres pleins de fictions et d'irrégularités. Où donc étaient allées se perdre les sommes énormes que le budget mettait annuellement à la disposition des ministres de la guerre pour l'approvisionnement des arsenaux et des magasins de l'État? Mystère insondable! Méditons cette constatation accablante du rapport que M. Riant, député de la droite, présenta, en 1871, à l'Assemblée nationale : « Pour le département de la guerre, il n'a existé, en réalité, pendant près de vingt ans, ni contrôle législatif ni contrôle administratif d'aucune sorte, *et quelques hommes pouvaient disposer à leur gré des ressources de la France.* »

Le 19 juillet, l'empereur des Français faisait signifier au roi Guillaume « qu'il se considérait, dès à présent, comme en état de guerre avec la Prusse ». Le même jour, la Chambre autorisait le Trésor à se procurer les fonds nécessités par la guerre, au moyen d'une émission de bons « pouvant être portés de 150 à 500 millions ». Malgré l'insistance de MM. Picard et Latour du Moulin à réclamer la réorganisation de la garde nationale, le maréchal Le Bœuf et M. Ollivier s'y opposèrent, et le garde des sceaux fit voter une loi imposant à la presse un silence absolu sur tout ce qui, de près ou de loin, touchait à la guerre.

Le lendemain, à l'heure où M. Ollivier lisait au Corps législatif la déclaration de guerre à la Prusse, M. de Bismarck disait au Reichstag : « Les ministres français se sont bien gardés de céder aux instances des rares membres de l'opposition de Paris qui ont conservé leur lucidité d'esprit et de produire le document en question. La base de la déclaration de guerre se serait écroulée si la représentation nationale avait eu connaissance de ce prétendu document et notamment de sa forme. Ce n'était pas un document, c'était un télégramme d'information. »

178 députés contre 57 autorisèrent, dans la séance du 21, le Gouvernement à proroger ou à clore, au gré de l'empereur, cette session néfaste.

Le même jour, les membres du Corps législatif allèrent adresser leurs adieux à l'empereur qui répondit aux félicitations de M. Schneider : « Le Gouvernement a fait tout ce qui a dépendu de lui pour éviter la guerre. Je puis dire que c'est la nation tout entière qui, dans son irrésistible élan, a dicté nos résolutions. »

Tous les faits démentaient ces paroles, mais la politique de Napoléon III s'appuyait continuellement sur le mensonge. D'ailleurs M. Émile Ollivier avait dit vrai : l'intelligence de l'empereur baissait, ses forces diminuaient, et sa volonté faiblissante était dominée par celle de l'impératrice. Au commencement de juillet, un de ses médecins constata, dans un rapport, le déplorable état de sa santé [1].

Le 6, Napoléon III fit consulter ses quatre-vingt-neuf préfets sur l'esprit des populations. Soixante-quatorze de ces fonctionnaires répondirent que leurs populations n'aspiraient qu'à la paix. Les uns disaient, comme celui de la Gironde : « On redoute la guerre; » ou bien, comme celui de la Haute-Garonne : « Mon département sera reconnaissant du maintien de la paix. » Le préfet d'Indre-et-Loire écrivait : « La guerre est considérée comme un tel fléau qu'on ne veut pas y croire. »

Le 8 mai, les populations ne croyaient-elles pas, comme on le leur affirmait, qu'en votant *oui* elles votaient pour la paix ?

Ce n'est pas la nation, c'est l'impératrice « qui a dicté les résolutions du Gouvernement », et, loin de « tout faire pour éviter la guerre », il a tout fait pour la rendre inévitable.

---

1. Rapport du docteur Sée : « Nous considérons comme nécessaire le cathétérisme de la vessie à titre d'exploration, et nous pensons que le moment est opportun, par cela même qu'il n'y a actuellement aucun phénomène aigu.
« Si en effet la dysurie, ou la purulence, ou les douleurs augmentaient ou reparaissaient, on aurait à craindre de provoquer par l'exploration une inflammation aiguë. »

« Une seule chose est vraie, — dit M. Jules Simon, et tous les historiens sont d'accord avec lui, — c'est qu'il y avait autour de l'empereur un parti qui ne rêvait que la guerre, qui la voulait immédiatement et qui en définitive l'a emporté... Aux ministres hésitants, les bonapartistes purs répétaient sans cesse : « Vous êtes le ministère de la lâcheté « et de la peur... » L'impératrice, ne doutant pas du succès, était ardemment avec eux [1]. »

Avant d'être déclarée à la Prusse, la guerre avait été résolue dans le cabinet de l'impératrice.

Un décret impérial du 23 juillet déclarait « closes la session du Corps législatif et celle du Sénat. »

[1]. Jules Simon, *Souvenirs du 4 Septembre*. T. I.

DOCUMENTS COMPLÉMENTAIRES DU CHAPITRE XVII

I

LETTRE D'UN FILS DE L'EMPEREUR, PORTANT LE NOM DE LOUIS-NAPOLÉON

Cabinet de l'empereur.
Arrivée le 2 mai 1870.

« Paris, 30 avril 1870.

« Cher père,

« Je suis arrivé dans cette ville le 29 au matin à quatre heures, par le chemin de fer du Havre; je n'ose me présenter devant vous à cause de la pauvreté de mes effets.

« Nous aurons beaucoup à causer. Tous mes souvenirs d'enfance, je les ai encore bien présents à ma mémoire, rien ne m'a échappé; je reviens avec la ferme intention de travailler activement et de faire oublier le passé par mon aptitude et mon activité au travail. Quelles que soient les intentions que vous ayez eues à mon égard en me laissant ignorer mon nom et ma naissance, il ne m'appartient pas de contrôler ni encore moins de blâmer votre conduite à mon égard en me faisant disparaître dans une position obscure dès ma tendre enfance.

« Il n'y a pas à désespérer, rien n'est encore perdu; je veux dès à présent être un autre homme, me mettre en un mot à la hauteur du rang et de la position que je dois occuper dans le monde et surtout au sein de l'armée. — Maintenant j'ai vengé notre famille de la mort d'un de nos parents, le duc de Reichstadt, en la personne de Maximilien, archiduc d'Autriche. Il ne nous reste plus que la mort de notre oncle Napoléon Ier à venger.

« J'ai bien souffert, je ne me plains pas. J'ai échappé à la mort au Mexique et autre part; ce n'est que par mon travail que j'ai pu arriver dans cette chère patrie; je ne suis pas bien portant, car je soupçonne qu'à Puebla la famille où j'étais marié, la mère de ma femme a dû me donner quelque poison, je suppose, pour avoir été aussi malade que je l'ai été.

« Maintenant m'aurez-vous pardonné? je crois que la voix du sang parle toujours; un père ne peut abandonner son enfant. Je ne suis ni ingrat ni vil; on m'a imputé bien des défauts que je n'ai pas; j'aurais dû être un autre homme si dès mon enfance on avait cultivé mes dispositions, mais j'avais une mission à remplir.

« Cher père, je vous en supplie, rendez-moi à moi-même, recevez-moi dans vos bras paternels : que j'aie au moins le bonheur de vous voir, de vivre à vos côtés comme un

Le général Steinmetz.

homme honorable. Si vous m'aimez comme je vous aime, toute froideur sera rompue ; je désire vous faire oublier le passé et qu'on dise de votre Louis : Il fait l'honneur de son père et soutient dignement son nom.

« Ma seule ambition est de vous rendre heureux, vous consoler, avoir un entourage de ces hommes vertueux et droits, me consacrer en dehors des obligations que j'aurai à remplir dans mon commandement à l'étude, passer les nuits au travail, car je ne suis ni fainéant ni lâche, je le prouverai.

« Je me suis dirigé hier à la maison du notaire Bournet de Venon, rue Saint-Honoré, n° 83 ; j'ai vu affichée la vente d'une maison à Rueil au prix de 140,000 francs ; je puis y vivre jusqu'à ce que je vous aie prouvé mon aptitude et mon sincère repentir ; je crois que vous m'accorderez bien ceci. Je serais si content de me voir enfin rentré en grâce !

« Vous ne devez pas douter que je suis sans ressources, en un mot sans argent, sans effets. Quelle position n'est pas la mienne ! Triste et bien triste.

« Je vais aujourd'hui me retirer à Rueil,

voir Édouard Bossu, mari d'Alexandrine, ma sœur adoptive, à moins que vous ne disposiez autrement. Cependant j'ai à remercier Dieu et à faire une prière sur les tombeaux de mes aïeux. Puisque je suis arrivé, c'est le moins que je puisse faire, et c'est mon devoir comme chrétien et comme fils respectueux.

« Plût à Dieu, père chéri, que votre cœur me prenne en considération! J'ai pleuré bien des fois en secret, je dévorais mes larmes ; j'ai dû vous faire bien pleurer, pardonnez-moi, daignez oubliez tout, recevez-moi dans vos bras ; puisque Dieu m'a rendu mon père, que j'aie au moins la consolation et le bonheur de le voir, de lui parler et de rester à ses côtés.

« Veuillez agréer, mon père, l'expression de mes sentiments les plus respectueux et les plus dévoués.

« Je suis avec le plus profond respect votre tout dévoué et reconnaissant fils,

« Louis-Napoléon. »

II

LETTRES D'EUGÈNE BU..

(Se disant fils naturel de l'empereur)

« 21 décembre 1864.

« Sire,

« Mille fois pardon, sire, de troubler ainsi Votre Majesté, mais, j'en suis sûr, votre cœur si bon, si généreux, excusera facilement mon insistance.

« Puisque le bonheur d'être reçu, ne fût-ce que quelques minutes, auprès de Votre Majesté, est une illusion que je dois à jamais bannir de mes rêves, je vous en supplie à genoux, laissez-moi vous écrire, croyez à la sincérité de ce que j'écris. Et pourtant il est bien difficile d'exposer toutes ses pensées sur le papier. Du reste, ne voit-on pas la vérité dans le geste, le maintien, l'accent d'une personne? ne la lit-on pas dans ses yeux beaucoup mieux que dans aucun écrit? Mais, puisqu'il ne peut m'être donné de réfuter verbalement toutes les préventions avec soin accumulées contre moi, pardonnez-moi, sire, de chercher à écrire ma justification. Aujourd'hui, cependant, je viens plutôt exposer devant Votre Majesté mon existence présente, ses indécisions, ses tourments, vous prier en grâce de vouloir bien y mettre fin.

« Il y a trois mois à peine, M. Mocquard écrivit à M. Bu.. une lettre lui annonçant ma nomination comme attaché avec appointements à la direction des consulats et affaires commerciales au ministère des affaires étrangères. On m'a simplement fait lire cette lettre qui contenait entre autres cette phrase : « à condition qu'il perdra ces illusions et ces idées imaginaires qui ne peuvent que lui nuire, etc. »

« M. Bu.., ne voulant plus s'occuper de moi en aucune façon, m'a fait remettre une lettre d'introduction ne faisant nullement mention de ce qui avait été annoncé par M. Mocquard (depuis ce temps, cette lettre qui pouvait m'être utile m'a été refusée). Je me suis donc présenté seul chez M. Drouyn de Lhuys, et j'ai obtenu quoi? une place de second surnuméraire à la direction des fonds. Or cette direction n'offre aucun avenir, aucune chance probable. Et pourtant on s'est amusé à m'envoyer promener deux ans et plus en Amérique avec de fausses promesses ; on m'a fait perdre ensuite plus d'une année encore à Paris.

« On ne tient nullement compte de tout ce temps, sous prétexte que j'ai interrompu mes études : à qui donc la faute? Cependant, sire, j'ai cru prouver que je n'étais ni ignorant ni paresseux. Cette petite brochure que l'on m'a assuré avoir remise à Votre Majesté prouve assez que je puis étudier, observer autant que qui que ce soit. D'autres jeunes gens encore moins avancés que moi arrivent pourtant de suite à des positions sérieuses ; il est vrai qu'ils ont une famille qui s'occupe d'eux ; on ne les met pas à la barre de la société.

« En ce moment, sire, je vis à peu près uniquement avec les six mille francs que Votre Majesté dans sa munificence a bien voulu m'allouer par année. Je les reçois par intermédiaire et M. B..e ne me donne absolument rien, pas un sou. J'ai été obligé de faire de nouvelles dettes pour m'habiller et me loger avant d'entrer au ministère. Et comment pourrais-je payer quoi que ce soit avec 500 francs par mois ? Je suis seul, obligé de me loger, nourrir, entretenir, etc., et pourtant, je sais pertinemment, puisque c'est M. B..e lui-même qui l'a dit, que Votre Majesté lui a confié une somme de 400,000 francs *pour nous* [1].

« Est-ce une raison, parce que l'on a été *contraint de donner son nom à un individu* (ce sont les propres paroles de M. Bu.. à moi-même, je le jure), pour l'abandonner aussi déloyalement et sous d'aussi faux prétextes ?

« Et d'ailleurs qu'a-t-il jamais fait pour moi ? Rien ; je le mets au défi de me prouver un seul acte de paternité même amicale. Aujourd'hui je suis sans famille ; la vie pour moi est devenue trop pénible à Paris ; une existence aussi indécise est un véritable supplice. J'ai un véritable dégoût de la vie qu'on me fait mener : être toujours à mendier mon pain, mon éducation, etc., et forcé d'avoir recours à des moyens qui me répugnent, non, c'en est trop.

« Des domestiques sont encore mieux traités que moi. Sire, j'ai vingt-deux ans [2], je viens vous demander de me faire partir pour l'étranger ; il est facile de me trouver une position : élève-consul, agent consulaire, quelque chose enfin ; je ne puis plus vivre à Paris, en France. Quand on ose écrire de moi : « Il n'est bon qu'à faire un second comte L..., », c'est une infamie qui me révolte.

« Ce n'est pas l'ambition qui me pousse, sire, croyez-le bien. Je ne veux qu'une chose : être assuré de moyens d'existence et trouver au loin une position honorable.

« Si vous me refusiez, sire, alors je vous demanderais un secours de charité dont j'ai le plus grand besoin, de me garder votre pension quelques jours encore jusqu'à ce que j'aie trouvé une place quelque part ; alors, sire, je quitterais à jamais cette ville où le cœur n'est plus rien, où la bassesse, la flatterie, la cupidité sont les seules vertus. Jugé, condamné sans avoir été entendu, j'irais porter mon désespoir ailleurs.

« Je ne crois pas, sire, que votre famille trouve jamais un cœur plus dévoué. Peut-être un jour Votre Majesté le reconnaîtra-t-elle ; alors un mot, et je suis prêt à donner jusqu'à la dernière goutte de mon sang. Ce sera le premier moment de bonheur que j'aurai jamais éprouvé.

« Je mets, sire, toute ma confiance en vous. Votre Majesté tient entre ses mains la vie ou la mort d'une âme et d'un cœur à vous dévoués.

« Eugène Bu...

« 67, *rue du Cherche-Midi.* »

« Paris, le 25 avril 1868.

« Sire,

« Je croirais manquer à un devoir si, au moment de mon départ, je ne remerciais de tout mon cœur Votre Majesté de la faveur qu'elle a daigné me faire en mettant à une épreuve honorable mon zèle et mon dévouement.

« J'emporte le regret de n'avoir pas été admis à prendre congé de Votre Majesté ; cependant, sire, permettez-moi de vous le dire, l'amertume de ce regret est tempérée

---

[1]. Ils étaient deux frères ; ceux, probablement, qui étaient nés à Ham et que miss Howard avait contribué à élever.

[2]. Ce jeune homme était donc né pendant la détention de son père dans le fort de Ham.

par la reconnaissance que mon cœur éprouve pour l'extrême bonté de M. Bu... C'est lui, en effet, qui a sollicité de Votre Majesté et mon avancement et le don généreux que vous avez bien voulu me faire ; c'est à lui surtout que ces nouvelles marques de votre bienveillance ont été accordées ; je m'en souviendrai toute ma vie et je supplie Votre Majesté de me pardonner toutes les injustes préventions que je nourrissais contre mon père, qui, lui, m'a déjà pardonné tout le mal que je lui ai fait.

« Je prie Votre Majesté de croire à mon absolu dévouement, en tout temps, en tout lieu.

« Dieu veuille avoir en sa sainte garde, pour le bonheur de la France et du monde, Votre Majesté, l'impératrice et le prince impérial.

« J'ose me dire, avec le plus profond respect, sire, de Votre Majesté, le plus humble, le plus obéissant, le plus fidèle sujet.

« Eugène Bu..,

« *consul de France à Zanzibar.* »

Ces trois lettres se trouvent dans le troisième volume in-8°, très-rare, des *Papiers et Correspondance de la famille impériale*, p.145 à 154.

III

LA DÉCLARATION DE GUERRE
PRÉTENDUE INSULTE FAITE A NOTRE AMBASSADEUR

COMMISSION D'ENQUÊTE PARLEMENTAIRE
DÉPOSITION DE M. BENEDETTI

« M. le président. — Avez-vous reçu offense à Ems, et est-ce là ce qui a pu amener une déclaration de guerre ?

« M. le comte Benedetti. — Je n'ai reçu aucune offense à Ems, et ma correspondance établira que je ne me suis jamais plaint d'aucun mauvais procédé. Je n'en ai, moi-même, jamais pris l'initiative, et, quoi qu'en aient dit les journaux, je n'ai pas été l'objet d'une accusation de ce genre en Allemagne. Dans aucun des documents qui ont été publiés par le gouvernement prussien, il n'est trace d'une attitude plus ou moins inconvenante que j'aurais prise vis-à-vis du roi ou de toute autre personne ; ce n'est pas dans mes habitudes, et je ne l'aurais pas fait, surtout dans une circonstance aussi solennelle.

« M. le président. — Ainsi il n'y a pas eu un seul mauvais procédé de votre part vis-à-vis de la Prusse, ni de la part de la Prusse vis-à-vis de vous ; vous n'avez reçu d'autre offense que le refus d'une audience de congé que vous aviez sollicitée ?

« M. le comte Benedetti. — Je vous demande pardon : le roi n'a pas refusé de me recevoir. »

DÉPOSITION DE M. THIERS

« Tant que je vivrai, je me rappellerai cette terrible journée. Le Corps législatif était réuni dès le matin, et on vint nous lire la déclaration de guerre fondée sur les motifs que je viens d'exposer. Je fus saisi, la Chambre le fut comme moi. On se regardait les uns les autres avec une sorte de stupeur. Les principaux membres de la gauche, se groupant autour de moi, me demandèrent ce qu'il fallait faire. Craignant les mauvaises dispositions de la majorité à l'égard de la gauche, je dis à mes collègues : « Ne vous « en mêlez pas et laissez-moi faire. » — Je voyais un orage prêt à fondre sur nos têtes. Mais j'aurais bravé la foudre, avec la certitude d'être écrasé, plutôt que d'assister impassible à la faute qui allait se commettre. Je me levai brusquement, je jaillis, si je puis dire, et de ma place je pris la parole. Des cris furieux retentirent aussitôt. Cinquante énergumènes me montraient le poing, m'injuriaient, disaient que je me déshonorais, que je souillais mes cheveux blancs. Je ne cédai pas. De ma place, je courus à la tribune où je ne pus faire entendre que quelques paroles entrecoupées. Convaincu qu'on nous trompait, qu'il n'était pas possible que le roi de Prusse, sentant la gravité de la position, puisqu'il avait cédé sur le fond, eût voulu nous faire un outrage, je demandai la production des pièces sur lesquelles on se fondait pour se dire outragé. J'étais sûr que, si nous gagnions vingt-quatre heures, tout serait expliqué et la paix sauvée.

« On ne voulut rien entendre, rien accorder, sauf toutefois la réunion d'une commission, réunion de quelques instants où rien ne fut éclairci. La séance recommença ; avec la séance, le tumulte. Je fus insulté de toutes parts, et les députés des centres, si pacifiques les jours précédents, intimidés, entraînés dans le moment, s'excusant de leur faiblesse de la veille par leur violence d'aujourd'hui, votèrent cette guerre qui est la plus malheureuse certainement que la France ait entreprise dans sa longue et orageuse carrière. »

IV

LE CLÉRICALISME ET LA GUERRE DE 1870

On sait avec quelle ardeur, obéissant aux ordres que ses évêques lui envoyaient de Rome où ils étaient réunis en concile, le clergé français poussait les populations inconscientes de nos campagnes aux urnes plébiscitaires.

C'est que Rome désirait aussi la guerre ; et l'impératrice, en la voulant, croyait agir à la fois dans l'intérêt de son fils et dans celui du pape.

Au Reichstag, dans la séance du 5 décembre 1874, M. de Bismarck attribua au cléricalisme une part considérable dans la déclaration de guerre de 1870 :

« *J'ai*, dit-il, *des preuves positives* que la guerre de 1870 a été inspirée par Rome; que c'est la guerre qui a fait clore précipitamment le concile. *Je sais, de source sûre*, que Louis-Napoléon a été entraîné *par les influences jésuitiques* qui enveloppaient sa cour ; qu'il a lutté, autant qu'il a pu, contre ces influences ; qu'à la onzième heure il s'était décidé pour la paix ; qu'il maintint sa décision pendant une demi-heure, et qu'à la fin *sa volonté fut dominée par les personnes qui représentaient l'influence de Rome.* »

A la tête de ces personnes était, nul ne l'ignore, l'impératrice Eugénie, instrument aveugle du jésuitisme qui l'avait fanatisée.

On verra bientôt que, sous l'influence du parti clérical, elle empêcha « la signature d'un traité qui était fait et consenti entre la France, l'Autriche et l'Italie ».

V

L'OPINION DE L'EUROPE

Quel effet produisit en Europe cette déclaration de guerre? C'est ce qu'il est facile d'apprécier par les dépêches suivantes.

Grâce à la légèreté du gouvernement, la cause de la France était à l'avance perdue auprès des cabinets européens.

M. de Beust exprima sa désapprobation et son regret « de la façon précipitée avec laquelle le gouvernement français a parlé aux Chambres, ce qui tendait gravement à augmenter les difficultés et les dangers ».

(Dépêche de lord Bloomfield, ambassadeur d'Angleterre à Vienne, 9 juillet 1870.)

DÉPÊCHE DE LORD GRANVILLE A L'AMBASSADEUR BRITANNIQUE A PARIS

« 9 juillet 1870.

« Le gouvernement de Sa Majesté n'a pas cessé de regretter la teneur des déclarations excessives faites dans les Chambres françaises et dans la presse, déclarations qui tendent à exciter, plutôt qu'à calmer, les sentiments d'irritation qui se sont manifestés en France et ne sont que trop de nature à en provoquer de semblables en Espagne et en Allemagne. Les regrets du gouvernement de la reine ont encore été augmentés par suite de la déclaration que vous a faite le duc de Gramont au sujet des préparatifs militaires qui vont être poussés. Une telle attitude est calculée, nous le craignons, pour faire avorter les efforts du gouvernement de Sa Majesté en vue d'un règlement amical de la question. Elle est calculée de façon à nous faire douter sérieusement s'il convient de poursuivre ces efforts en ce moment, alors que la précipitation de la France ne peut guère manquer de les rendre vains et illusoires. Peut-être serait-il mieux de réserver notre action pour l'avenir, alors que les deux parties seront disposées à la seconder par leur modération.

« Je suis, etc.

« Granville. »

―――

« 10 juillet 1870.

« Le gouvernement de la reine agira avec calme et modération dans la direction future de la discussion. Il ne peut que regretter le langage altier (*strong language*) dont ont usé le gouvernement et la presse française. Il est plus inquiet encore des préparatifs militaires qui sont en voie d'exécution, et doit se demander si, dans cet état de choses, il serait judicieux de persévérer dans ses efforts pour amener une solution amiable. Le gouvernement de Sa Majesté a, M. de Gramont le sait, usé de tous ses efforts pour arriver à une semblable solution, mais il ne peut s'empêcher de craindre que la précipitation du gouvernement français ne rende tous ses efforts négatifs.

« Lord Lyons. »

―――

DÉPÊCHE ADRESSÉE DE VIENNE AU PRINCE DE METTERNICH

« 11 juillet 1870.

« Il y avait en ceci l'occasion d'engager une campagne diplomatique, où la France avait la partie fort belle, où la Prusse et l'Espagne étaient évidemment dans leur tort, et où l'Europe aurait été toute disposée à se mettre du côté de la France et à exercer sur les deux autres puissances une pression qui aurait eu pour résultat, soit de donner pacifiquement une ample satisfaction aux intérêts français, soit d'assurer au gouvernement français un grand ascendant moral si, cette satisfaction lui étant refusée, il était contraint à prendre les armes...

« Le gouvernement français ne s'est pas conformé, dès le début, au plan que je viens d'esquisser. Les premières manifestations ne portent pas le caractère d'une action diplomatique; elles sont bien plutôt une véritable déclaration de guerre adressée à la Prusse, en des termes qui jettent l'émoi dans toute l'Europe et lui font croire aisément au dessein prémédité d'amener la guerre à tout prix. Le langage public des ministres français, suivi de préparatifs de guerre immédiats, rend la retraite difficile aux Prussiens aussi bien qu'aux Espagnols, et ne facilite pas aux cabinets la tâche de s'interposer en faveur des intérêts français. Nous aimons encore à espérer que l'affaire pourra rentrer dans une voie plus conforme au point de vue diplomatique, et que la France n'en obtiendra pas moins un succès éclatant. »

―――

DÉPÊCHE AU PRINCE DE METTERNICH

« 11 juillet 1870.

« Je vais, d'ailleurs, plus loin, et je dirai que, même si nous avions promis un concours matériel en cas de guerre entre la France et la Prusse, ce n'aurait jamais été que comme le corollaire d'une politique suivie d'un commun accord.

« Jamais nous n'aurions songé, et aucun État ne songerait jamais, à se mettre vis-à-vis d'un autre dans une situation de dépendance telle qu'il dût prendre les armes suivant le bon plaisir de l'autre. L'empereur Napoléon nous a promis de venir à notre secours si nous étions attaqués par la Prusse, mais sans doute il ne se croit pas obligé d'emboîter le pas derrière nous s'il nous prend fantaisie de déclarer la guerre à la Prusse sans son assentiment.

« Mais la France, allèguera-t-on, n'est pas, dans la circonstance actuelle, l'agresseur. C'est la Prusse qui provoque la guerre si elle ne retire pas la candidature du prince de Hohenzollern.

« Ceci est un point qu'il est indispensable d'examiner. Je veux m'expliquer à cet égard avec une entière sincérité et en véritable ami de la France.

« Dans tous nos pourparlers confidentiels avec le gouvernement français, nous avons toujours pris pour point de départ que nous n'aurions recours à la guerre que si elle était nécessaire.

« L'est-elle dans le cas présent ? Elle le deviendra peut-être, mais, assurément, ce sera dû, en grande partie, à l'attitude prise, dès le début, par la France, car la candidature du prince de Hohenzollern n'était pas un fait de nature à mener par lui-même à cette conséquence. »

DÉPÊCHE DE LORD LYONS

« 12 juillet 1870.

« Je ne dissimulai à M. de Gramont ni ma surprise ni mon regret de voir le gouvernement français hésiter un instant à considérer la renonciation du prince comme une solution de l'affaire. Je lui rappelai en détail les assurances qu'il m'avait formellement autorisé à donner au gouvernement de la reine, à savoir que, si le prince retirait sa candidature, tout serait fini. Je fis observer, en outre, à M. de Gramont que la renonciation du prince avait totalement modifié la position de la France. Si la guerre survenait à présent, toute l'Europe dirait que c'est la faute de la France ; que la France s'est jetée dans une querelle sans cause sérieuse, simplement par orgueil et par ressentiment. Un des avantages de la première position de la France, c'était que la querelle avait pour objet un incident qui touchait très-peu aux passions de l'Allemagne, et pas du tout à ses intérêts. A présent, la Prusse peut espérer rallier l'Allemagne pour résister à une attaque qui ne pourrait être attribuée qu'au mauvais vouloir, à la jalousie de la France et à un désir passionné d'humilier ses voisins. — En fait, dis-je, la France aura contre elle l'opinion du monde entier, et sa rivale aura tout l'avantage d'être manifestement contrainte à la guerre pour sa défense et pour repousser une agression. »

DÉPÊCHES DE LORD GRANVILLE

« Foreign-Office, le 13 juillet 1870.

« Mylord, le gouvernement a éprouvé un grand désappointement, en apprenant, par votre télégramme, le langage dont M. de Gramont s'est servi aujourd'hui au Corps législatif.

« Nous espérions qu'après la renonciation du prince Léopold le gouvernement impérial reconnaîtrait que son honneur et sa dignité étaient sauvegardés, et aurait volontiers accepté la solution qui, d'après ce qu'avait dit M. de Gramont à Votre Excellence, devait terminer le débat, et qui peut être acceptée comme preuve du désir du roi de Prusse de conserver des rapports d'amitié avec la France.

« Je suis, etc.

« GRANVILLE. »

« Foreign-Office, le 14 juillet 1870.

« L'affirmation faite par le duc de Gramont au Corps législatif que les cabinets auxquels le gouvernement s'était adressé paraissaient admettre la légitimité de ses griefs n'est pas, en fait, applicable au gouvernement britannique. »

« 15 juillet 1870.

« La Prusse avait fait preuve, en présence d'une menace publique de la part de la France, d'un calme et d'une modération qui feraient de toute concession ultérieure de sa part l'équivalent d'une soumission à la volonté arbitraire de la France, et qui serait considérée comme une humiliation que le sentiment national de toute l'Allemagne répudierait certainement comme une nouvelle insulte.

« L'opinion publique en Allemage prouve que, sous l'influence des menaces de la France, toute l'Allemagne était arrivée à la conclusion que la guerre, même dans les circonstances les plus difficiles, serait préférable à la soumission du roi à l'*injustifiable demande* de la France.

« Granville. »

CHAPITRE XVIII

1870

Désordre et imprévoyance. — L'Empire n'a pas un seul allié. — « *Un document épouvantable.* » — « *Si l'Italie ne veut pas marcher, qu'elle reste!* » — « *Le pape avant tout, même avant la patrie!* » — Les services de bouche de Sa Majesté. — L'impératrice à Cherbourg; Proclamation de l'empereur aux marins. — La régence est conférée à l'impératrice. — Lettre au général Mellinet. — Proclamation aux Français. — La régente aux Invalides. — Les bagages impériaux. — Départ furtif de Napoléon III. — Les journalistes officieux et un curé lorrain. — Comment l'empereur inaugure son commandement; — Sa proclamation à l'armée. — Proclamations du roi Guillaume. — Affaire de Sarrebrück; le baptême de feu; insanités de la presse bonapartiste. — La surprise et le combat de Wissembourg. — Attitude du ministère et anxiété de la population. — Fausse victoire, enthousiasme et colère. — Dépêches lugubres; l'invasion du territoire. — Proclamations et décrets. — Les désastres : Forbach; Frœschwiller ou Reichshoffen. — L'espion prussien de M. Ollivier. — Corps législatif; la séance du 9; renversement du ministère Ollivier. — Le cabinet Palikao. — Le maréchal Le Bœuf et l'empereur jugés par l'Assemblée. — Les Prussiens à Nancy. — Échauffourée de la Villette. — Le silence du gouvernement et l'inquiétude publique. — Les dépêches du 15 août. — Combat de Borny. — Bataille de Rézonville. — Retraite injustifiable. — Bataille de Gravelotte ou de Saint-Privat. — Mensonges du comte de Palikao; les carrières de Jaumont. — L'empereur au camp de Châlons. — Retraite désastreuse du 1ᵉʳ et du 5ᵉ corps.

Voyons à l'œuvre cette administration de l'intendance militaire sur laquelle pèsent de si lourdes responsabilités. L'imprévoyance et le désordre dans les approvisionnements et dans l'armement qui, tant en Crimée qu'au Mexique et en Italie, firent si cruellement souffrir nos soldats, vont passer les limites du possible.

Le 15, nos troupes s'étaient mises en mouvement. Dès le 17, les réclamations se produisent; elles se succéderont jusqu'à la catastrophe finale. Le général de Failly télégraphie de Bitche « qu'il est sans argent pour faire vivre ses dix-sept bataillons d'infanterie. Point d'argent dans les caisses publiques; point d'argent dans les caisses des corps. » L'intendant général de Metz « n'a ni sucre, ni café, ni riz, ni eau-de-vie, ni sel, peu de lard et de biscuit; » et il réclame l'envoi d'au moins un million de rations sur Thionville. Le général Ducrot mande de Strasbourg que, « en conséquence des ordres qu'il exécute, il y aura *à peine cinquante hommes* pour garder la place de Neuf-Brisach et que quatre autres places sont également dégarnies ». Le général Frossard, commandant le 2ᵉ corps, fait savoir « qu'il n'a pas une seule carte de la frontière de France [1] ». Le général Michel, arrivé à Belfort, « ne trouve ni sa brigade ni son général de division, » et, dans son télégramme, il pose cette question au ministre de la guerre : « *Que dois-je faire? Sais pas où sont mes régiments.* » Une dépêche de Paris répond, le 21, au général de Failly : « Pas de revolvers dans les arsenaux; *on a donné 60 francs aux officiers pour en faire venir par le commerce.* »

Le 24, le général de Ladmirault envoie, de Thionville, au major général cette dépêche : « Le 4ᵉ corps n'a encore ni cantines, ni ambulances, ni voitures d'équipages pour les corps

---

[1]. Le jour où la guerre fut résolue, un député demanda au maréchal Le Bœuf s'il avait muni l'armée de bonnes cartes pour la campagne. — « Certainement, répondit ce ministre imbécile et criminel, tous nos officiers ont les meilleures qui existent; tenez, j'ai la mienne sur moi; » et, dégaînant son épée, il ajouta : « La voilà. »

et les états-majors. Toul est complétement dégarni. » L'intendant du corps d'armée commandé par le maréchal Bazaine adresse, de Metz, le même jour, cet avis au ministre de la guerre : « Le 3ᵉ corps quitte Metz demain; je n'ai ni infirmiers, ni ouvriers d'administration, ni caissons d'ambulance, ni fours de campagne, ni instruments de pesage; à la 4ᵉ division et à la division de cavalerie, je n'ai pas même un fonctionnaire. » Le 25, le bureau des subsistances reçoit, de Mézières, cette plainte : « Il n'existe dans les places de Mézières et de Sedan ni biscuits ni salaison.» Le 26, à Metz, « faute de boulangers, les nombreuses troupes en dehors de la ville sont obligées, pour vivre, de consommer le biscuit de réserve ; » et, le 27, autre dépêche de Metz annonçant que « les balles de canons à balles n'arrivent pas, qu'il n'y a encore ni sous-intendant, ni soldats du train, ni ouvriers d'administration ; que, faute de personnel, on ne peut atteler aucun caisson ni rien constituer ; que les détachements qui rejoignent l'armée continuent à arriver sans cartouches et sans campement ».

A la même date, la marine joint ses plaintes à celles des chefs de l'armée de terre : « La majorité de Brest est dépourvue de cartes mer du Nord et Baltique. »

Le 1ᵉʳ corps, sous les ordres du maréchal Mac-Mahon, qui doit se porter en avant, n'a encore reçu, le 28, « ni un soldat du train ni un ouvrier d'administration». A Saint-Omer, sur huit cents colliers que le colonel du 1ᵉʳ du train trouve à la direction, cinq cents sont trop étroits; à Douai, sur dix-sept cents, le tiers est dans le même cas. Le 29, à Metz, « on manque de biscuit pour marcher en avant; les tentes-abris, les couvertures, les bidons, les gamelles sont en nombre insuffisant ». A la date du 4 août, le 7ᵉ corps « n'a pas d'infirmiers, pas d'ouvriers, pas de train »; et « dans les vingt batteries du 6ᵉ il n'y a qu'un seul vétérinaire ». A Verdun, le 7, « il manque vin, eau-de-vie, sucre et café, lard, légumes secs et viande fraîche ».

A Lyon, « la garde mobile n'a pas de fusils ; 500 soldats du 84ᵉ prêts à partir manquent de bidons et de campement ». Le 8, au camp de Châlons, l'intendant du 6ᵉ corps « n'a pas une ration de biscuits, ni de vivres de campagne, à l'exception du sucre et du café, et l'intendant en chef de l'armée du Rhin lui demande 400,000 rations de vivres de campagne et de biscuits, » tandis que le préfet de Perpignan télégraphie au ministre de l'intérieur : « Presque toutes les villes et positions frontières du département sont dépourvues de garnison [1]. »

Voilà comment se vérifiaient les paroles du rapporteur de la commission du 15 juillet : « *Inspirée par une sage prévoyance*, l'administration de la guerre est en état de faire face *avec une promptitude remarquable* aux nécessités de la situation. »

Ce fut bien pis quand il fallut équiper et armer les gardes mobiles : on ne trouva ni souliers ni fusils. Or, six semaines avant la déclaration de guerre, le maréchal Le Bœuf déclarait « 1,349,115 fusils se chargeant par la culasse et 1,336,000 fusils se chargeant par la bouche »; plus tard, il affirmait aussi l'existence en magasin, au début de la guerre, de 2,246,417 paires de souliers, « toute la troupe et les mobiles étant d'ailleurs équipés ». Il est vrai que ces affirmations reposaient « *sur la foi des écritures* ».

Quelle était la situation du matériel de guerre au 1ᵉʳ juillet 1870 ?

D'après l'état fourni, alors, par le général Susanne, directeur de l'artillerie au ministère de la guerre, les canons rayés de campagne et de montagne s'élevaient au chiffre de 4,062, et les canons ou obusiers non rayés étaient au nombre de 6,049.

« Voici, disait M. Rouher au Sénat, des documents que je tiens pour officiels et que je place *sous ma responsabilité* devant l'As-

---

[1]. *Papiers des Tuileries*.

semblée : Bouches à feu de campagne : 3,216 canons rayés de 12, de 8, de 4 ; 190 mitrailleuses ; 581 canons rayés de montagne ; 5,379 canons et obusiers lisses ».

Or, au 16 juillet 1870, le matériel disponible pour les opérations de campagne ne pouvait former que 350 batteries représentant 2,100 bouches à feu.

Mais, pour conduire ces canons devant l'ennemi, il eût fallu 51,548 chevaux, — et, soit dans les régiments, soit chez les cultivateurs, il n'existait que 31,904 chevaux d'artillerie !

« En définitive, on ne put atteler que 154 batteries, chiffre qui figure dans les états de l'armée du Rhin ; quatorze d'entre elles ne purent rejoindre le corps du maréchal Canrobert ; *d'où la conséquence qu'il n'a existé en réalité à l'armée du Rhin que* 696 *pièces ou* 116 batteries de canons, plus 19 batteries de mitrailleuses, au total 135 batteries. Le surplus des chevaux et du matériel utilisable en campagne, environ 80 batteries, a servi à former l'armée de Sedan. Tel est l'effet utile auquel se réduisaient pour le pays, au commencement de la guerre, les 10,111 tubes, dits canons de campagne, figurant sur les contrôles [1], » les 9,366 bouches à feu disponibles, dont M. Rouher avait affirmé l'existence sous sa responsabilité !

Le général Susanne a déclaré qu'on possédait 11,000 bouches à feu de côte, de siège et de place au 1er juillet 1870.

Or M. Riant a constaté que les forteresses visitées par les membres de la commission parlementaire n'avaient qu'un nombre de bouches à feu de beaucoup inférieur au chiffre fixé pour l'armement de la défense. Certaines places fortes possédaient à peine leur armement de sûreté réglementaire ; d'autres n'avaient, en réalité, sur vingt-sept canons,

qu'une seule pièce pouvant lutter avec efficacité contre l'artillerie ennemie ; en outre, la vétusté des affûts ne leur eût pas permis de supporter le tir.

« Au défaut des bouches à feu, ajoute M. Riant, s'ajoutait la pénurie des munitions. L'approvisionnement des poudres était de moitié du chiffre réglementaire. — Nos côtes étaient à peu près dégarnies ; les pièces espacées sur le littoral de la Manche, de l'Océan, de la Méditerranée ne constituent guère qu'un approvisionnement de fonte qui pourrait être utilisé à ce titre par l'administration ou vendu à l'industrie [1]. »

« Lorsqu'on eut déclaré la guerre à la Prusse, aucune des villes voisines de la frontière allemande ne possédait l'armement convenable, surtout en fait d'affûts. Les pièces rayées et les canons nouveaux y étaient rares ; il en était de même pour les munitions et les vivres, les médicaments et les approvisionnements de toute sorte [2]. » J'arrête là mes citations.

Et ces alliances que le duc de Gramont et les partisans de la guerre laissaient entrevoir comme étant assurées, que sont-elles devenues ? La vérité est que pas une seule promesse d'alliance n'avait été faite au gouvernement impérial. La politique de Napoléon III, en froissant toutes les puissances, nous les avait aliénées. Les cabinets européens blâ-

---

[1]. Rapport fait au nom de la commission chargée d'examiner le projet de loi portant règlement définitif du budget de l'exercice de 1870, — ministère de la guerre, — par M. E. Deusy, député. 16 juin 1877.

1. « Sous ce régime, dit M. Léon Riant dans son rapport du 14 septembre 1871, le Parlement ne pouvait remplir sa mission de contrôle, car on lui refusait les états de situation des arsenaux et les moyens de discuter le compte réel de l'emploi des 430 millions votés pour l'armement national. »

A cette question de M. le comte Rampont : « Comment les arsenaux étaient-ils contrôlés ? » M. l'intendant Dennecy de Cevilly répondit : « Par aucun fonctionnaire de l'intendance ; nous n'avons pas le droit de contrôler les arsenaux, *et cependant le ministre nous force à mettre notre signature au bas de l'inventaire,* parce que sans cela la Cour des comptes ne l'accepterait pas. » (*Enquête parlementaire sur le matériel de guerre.*)

2. Le lieutenant du génie Provost, *les Forteresses françaises pendant la guerre de 1870-71.*

maient unanimement la dernière prétention de l'empereur; elle n'était, à leurs yeux, qu'un moyen de rendre la guerre inévitable. Quelques sympathies platoniques se produisaient timidement; un document que, dans son numéro du 25 juillet, le *Times* publia les détruisit : c'était un projet de traité aux termes duquel « Napoléon III offrait de reconnaître toutes les conquêtes de la Prusse, de favoriser l'absorption des États du Sud, à condition que le roi Guillaume l'aiderait à acquérir le Luxembourg et à s'annexer la Belgique ». Le roi aurait refusé son approbation à ce traité dont M. Benedetti reconnaît avoir écrit le projet sous la dictée de M. de Bismarck, « afin de se rendre un compte exact des combinaisons du chancelier ». Le 29, une circulaire de M. de Bismarck communiquait à l'Europe « toutes les propositions que l'ambition insatiable de Napoléon III avait faites à la Prusse depuis 1862 »; l'Angleterre s'en émut particulièrement et, à la Chambre des lords, le comte de Malmesbury s'écria : « *C'est un document épouvantable!* » Les États de l'Allemagne du Sud, qui avaient compté sur la protection de Napoléon III, s'indignèrent en apprenant qu'il négociait avec Guillaume leur absorption par la Prusse au moment même où il promettait de protéger leur indépendance.

L'impératrice et le parti clérical privèrent la France du seul allié qu'elle eût pu avoir. En 1869, un traité d'alliance offensive et défensive entre la France et l'Italie était projeté. Une clause portait que, trois mois après l'échange des signatures, les troupes françaises évacueraient Rome qui serait rendue à elle-même. Sous la double pression de Sa Majesté Eugénie et de la secte ultramontaine, Napoléon III objecta « *qu'il ne pouvait abandonner le pape* ». Avant de déclarer la guerre à la Prusse, il reprit les négociations avec Victor-Emmanuel. Les uns prétendent que, le roi d'Italie maintenant sa condition de 1869, l'empereur dit et l'impératrice répéta : « *Plutôt une défaite sur le Rhin que l'abandon du Saint-Père.* » D'autres assurent que les négociations furent, en effet, renouées par Napoléon III, à la veille de la guerre, mais que M. de Bismarck, « connaissant la réponse déclinatoire du cabinet des Tuileries en 1869, avait mis l'Italie à même d'obtenir, sans aucun sacrifice, ce que l'empereur, mal conseillé, lui avait offert au prix d'une alliance ». Quoi qu'il en soit, Napoléon III — cela est avéré — sacrifia les intérêts de la France à ceux du parti clérical en repoussant, afin de plaire à sa femme et au pape, un traité d'alliance qui eût fait prendre aux événements un tout autre cours.

Une publication récente a levé tous les doutes en révélant des faits et des documents dont le duc de Gramont a établi l'exactitude en essayant de les discuter. Le prince Jérôme-Napoléon Bonaparte confirme les négociations de 1869 relatives à la triple alliance projetée et nous apprend qu'elles furent reprises par Napoléon III dans la seconde semaine de juillet 1870. « La négociation de 1868-1869 — dit le prince Jérôme-Napoléon — a échoué par le refus formel de la France de s'entendre avec l'Italie sur le règlement de la question romaine. C'est l'influence du parti clérical qui a empêché à cette date la signature d'un traité qui était fait et consenti entre la France, l'Autriche et l'Italie. »

En 1870, l'empereur fit envoyer à Florence et à Vienne un traité en trois articles, et il proposa la signature de ce traité qui stipulait l'action armée des trois puissances : « L'Italie, toujours encouragée par l'Autriche dans ses exigences anti-papales, y ajouta un quatrième article portant que la France s'engageait à faire accepter par le pape un *modus vivendi* avec elle. Cet article additionnel, qu'elle proposait de laisser secret, fut soutenu avec vivacité par l'Autriche. L'Italie déclarait qu'elle ne pouvait prendre part à une guerre en faveur de la France sans un grand intérêt italien, c'est-à-dire sans donner à l'opinion

Poste prussien sous les murs de Metz.

publique une satisfaction au sujet de Rome. Des avis de toute nature, officieux et officiels, ne manquèrent pas au gouvernement français. »

Le général Türr, Hongrois au service de l'Italie, adressa au duc de Gramont cette lettre datée de Florence le 27 juillet : « J'ai dû me convaincre et je dois dire à Votre Excellence que, si on désire entraîner promptement l'Italie dans une action, il faut faire quelque chose de plus quant à la question de Rome, car la convention de septembre expliquée par M. Drouyn de Lhuys, au lieu d'un bien, est une complication pour le gouvernement italien. On comprend parfaitement que la France ne puisse pas livrer le pape pieds et poings liés, mais le gouvernement de l'empereur ne pourrait-il pas donner de secrètes promesses à l'Italie, afin que celle-ci soit à même de dire au pays que la question nationale italienne aura sa parfaite solution avec la guerre? *Le gouvernement, rassurant la nation, pourrait l'entraîner tout entière avec promptitude...* Le ministre de la guerre a beaucoup goûté mes paroles et me dit que cela serait superbe si on pouvait mettre d'accord tous ces mouvements; une prompte décision prise par le gouvernement fera évanouir toutes les difficultés. Sachant que Votre Excellence est très-occupée, je passe sous silence les mille intrigues suscitées par les Prussiens. Je pars ce soir pour Vienne. »

Mme Türr apporta et remit elle-même, le 29 juillet, cette lettre au duc de Gramont. Le lendemain, M. de Latour-d'Auvergne, notre ambassadeur à Vienne, communiqua au général Türr la dépêche suivante, que, sans doute, l'impératrice avait dictée :

« Duc de Gramont au prince de Latour-d'Auvergne. — Dites au général Türr : Reçu sa lettre. *Il nous est impossible de faire la moindre chose pour Rome;* SI L'ITALIE NE VEUT PAS MARCHER, QU'ELLE RESTE. »

« Le pape avant tout, même avant la patrie ! »

Voulant rejeter la responsabilité d'une telle dépêche, le duc de Gramont en a contesté l'authenticité. Mais le général Türr s'est empressé de répondre : « J'arrivai à Vienne le 29 juillet. Le matin du 30, je me suis rendu chez l'ambassadeur de France, qui me fit connaître la malheureuse dépêche qu'il avait reçue dans la journée du 29 ; » et après l'avoir textuellement reproduite ¹ il ajoute : « J'exprimai mon grand étonnement au prince de Latour-d'Auvergne : « Comment voulez-vous alors réussir ici ? » Et je lui donnai lecture de ma lettre adressée au duc de Gramont le 27.

« L'ambassadeur me dit : « Je ne suis ici « que depuis quelques jours ; je vois que l'on « favorise l'Italie dans la question romaine, « et je vois aussi que toute la presse nous est « hostile. *Le meilleur parti sera de ne rien dire* « *de cette dépêche et de voir si peut-être dans* « *quelques jours* on arrivera à une conclusion. »

On sait ce que vaut un témoignage du duc de Gramont.

L'empereur reçut à Metz le traité qu'un envoyé italien lui apporta ; il refusa son adhésion « à l'article 4 ajouté à Florence et à Vienne, et portant règlement implicite de la question romaine ». Après la signature de ce traité, l'Autriche et l'Italie devaient se mettre sur le pied de guerre dans le plus bref délai possible. Le prince Jérôme Bonaparte suppliait son cousin de signer le projet qui lui était soumis, et d'engager ses alliés en leur télégraphiant son acceptation. Tout fut inutile. Napoléon III écrivit, le 3 août, au ministre des affaires étrangères : « Malgré ce que propose Vimercati, malgré les efforts de Napoléon, *je ne cède pas pour Rome.* »

De son récit qui n'est que trop vrai, le prince Jérôme Napoléon a tiré cette conclusion juste : « Une grande leçon ressort de ces faits, c'est que le parti clérical a été assez fort pour dominer Napoléon III, pour dominer ses ministres, dont les personnalités les plus marquantes en 1870, quand la guerre a éclaté, étaient loin d'appartenir au parti clérical, sauf quelques ministres secondaires. Malgré l'empereur, malgré ses principaux conseillers, ce parti est parvenu à diriger la politique de la France... Que le parti clérical ait au moins le courage de ses opinions. Au lieu de se sentir blessé par le reproche d'avoir placé le pouvoir temporel au-dessus des alliés que la France pouvait avoir, il devrait s'en glorifier, et, pour être conséquent, dire : Le pape avant tout, même avant la patrie ! Cette politique, imposée à Napoléon III, est la cause principale de nos désastres, et l'histoire impartiale dira que le pouvoir temporel des papes a coûté à la France l'Alsace et une partie de la Lorraine ¹. »

Pendant que nos corps d'armée manquaient de tout, de cantines, de fours de campagne et d'ambulances, de lard, de riz et de pain, de tentes-abris, de couvertures et de bidons, d'ouvriers d'administration, de boulangers et d'infirmiers, Napoléon III réglait minutieusement, à Saint-Cloud, les services de sa table et de sa maison ; il décrétait qu'il y aurait toujours, soit au bivouac, soit pendant les séjours, deux tables, l'une présidée par Sa Majesté, l'autre par l'adjudant général ; — que les cantines à bouche, formant un total de vingt à vingt-quatre, seraient divisées en deux services chacun avec maîtres d'hôtel, cuisiniers et aides embrigadés ; — que les valets de chambre de l'empereur, les maîtres d'hôtel et le piqueur seront nourris par la bouche de Sa Majesté ; — que les valets de chambre de MM. les aides de camp et officiers d'ordonnance s'installeront une cuisine indé-

---

1. La *République française* affirme que « cette dépêche est entre les mains d'un personnage qu'elle pourrait nommer ».

1. L'article du prince Jérôme Napoléon Bonaparte a paru dans la *Revue des Deux-Mondes*. N° du 1ᵉʳ avril 1878.

pendante du service de la bouche; — que les bagages et fourgons de l'empereur seront escortés par un brigadier et six gendarmes de l'escadron de la garde, sous le commandement d'un de ses courriers [1].

Quand les services de bouche furent organisés, l'empereur chargea l'impératrice d'aller à Cherbourg pour lire, à bord de la frégate-amirale *la Surveillante*, une proclamation qu'il adressait aux officiers et marins de l'escadre du Nord.

L'amiral Bouët-Willaumez lui dit : « Madame, au moment où nous allons lever l'ancre, Votre Majesté veut bien nous faire un dernier adieu sur le pont même de nos vaisseaux. Merci! Nous sommes habitués à voir notre impératrice partout où il y a un danger à braver, et nous n'avons qu'à nous inspirer de son noble exemple dans la lutte qui se prépare. Notre rôle s'annonce comme devant être plus modeste que celui de nos frères de l'armée; mais, quoi qu'il arrive, nous n'oublierons pas que nous avons la dignité offensée de la France à venger, en nous groupant autour de la famille impériale. Vive l'empereur! Vive l'impératrice! Vive le prince impérial! »

L'impératrice remercia l'amiral et lut cette proclamation :

« Officiers et marins, quoique je ne sois pas au milieu de vous, ma pensée vous suivra sur ces mers où votre valeur va se déployer.

« La marine française a de glorieux souvenirs, elle se montrera digne de son passé.

« Lorsque, loin du sol de la patrie, vous vous trouverez en face de l'ennemi, songez que la France est avec vous, que son cœur bat avec le vôtre, et qu'elle appelle sur vos armes la protection du ciel.

« Pendant que vous combattrez sur mer, vos frères de l'armée de terre lutteront avec la même ardeur pour la même cause que vous. Secondez réciproquement vos efforts que couronnera le même succès.

« Allez, montrez avec orgueil nos couleurs nationales. En voyant le drapeau tricolore flotter sur nos vaisseaux, l'ennemi saura que partout il porte dans ses plis l'honneur et le génie de la France.

« Napoléon. »

Après avoir fait cette lecture, Sa Majesté Eugénie offrit, à bord de la *Savoie*, un grand dîner au commandant en chef de l'escadre, à l'état-major de l'amiral Bouët-Willaumez et aux autorités de Cherbourg; puis elle regagna Paris où l'empereur lui conféra le titre de régente par ce décret :

« Napoléon, par la grâce de Dieu et la volonté nationale, empereur des Français;

« A tous présents et à venir, salut;

« Voulant donner à notre bien-aimée épouse l'impératrice des marques de la confiance que nous avons en elle;

« Et attendu que nous sommes dans l'intention de nous mettre à la tête de l'armée;

« Nous avons résolu de conférer, comme nous conférons par ces présentes, à notre bien-aimée épouse l'impératrice le titre de régente, pour en exercer les fonctions dès que nous aurons quitté notre capitale, en conformité de nos instructions et de nos ordres, tels que nous les aurons fait connaître dans l'ordre général du service que nous aurons établi et qui sera transcrit sur le livre d'État.

« Entendons qu'il soit donné connaissance à nos ministres desdits ordres et instructions, et qu'en aucun cas l'impératrice ne puisse s'écarter de leur teneur dans l'exercice de ses fonctions de régente.

« Voulons que l'impératrice préside en notre nom le conseil des ministres. Toutefois notre intention n'est pas que l'impératrice régente puisse autoriser par sa signature la promulgation d'aucune loi autre que celles qui sont actuellement pendantes devant le

---

[1]. *Papiers des Tuileries.*

Sénat, le Corps législatif et le Conseil d'État, nous référant à cet égard au contenu des ordres et instructions mentionnés ci-dessus.

« Mandons à notre garde des sceaux, ministre de la justice et des cultes, de donner communication des présentes lettres patentes au Sénat qui les fera transcrire sur ses registres, et de les faire publier au *Bulletin des lois.*

« Napoléon. »

« Vu et scellé du grand sceau :
« *Le garde des sceaux, ministre de la justice et des cultes,*
« Émile Ollivier.

« Par l'empereur :
« *Le garde des sceaux, ministre de la justice et des cultes,*
« Émile Ollivier. »

L'empereur écrivit au général Mellinet, commandant en chef de la garde nationale de Paris, la lettre suivante :

« Palais de Saint-Cloud, 26 juillet 1870.

« Mon cher général,

« Je vous prie d'exprimer de ma part à la garde nationale de Paris combien je compte sur son patriotisme et son dévouement.

« Au moment de partir pour l'armée, je tiens à lui témoigner la confiance que j'ai en elle pour maintenir l'ordre dans Paris et pour veiller à la sûreté de l'impératrice.

« Il faut aujourd'hui que chacun, dans la mesure de ses forces, veille au salut de la patrie.

« Croyez, mon cher général, à mes sentiments d'amitié.

« Napoléon. »

Enfin il adressa aux Français cette proclamation :

« Il y a dans la vie des peuples des moments solennels où l'honneur national, violemment excité, s'impose comme une force irrésistible, domine tous les intérêts et prend seul en main la direction des destinées de la patrie. Une de ces heures décisives vient de sonner pour la France.

« La Prusse, à qui nous avons témoigné pendant et depuis la guerre de 1866 les dispositions les plus conciliantes, n'a tenu aucun compte de notre bon vouloir et de notre longanimité. Lancée dans une voie d'envahissement, elle a éveillé toutes les défiances, nécessité partout des armements exagérés, et fait de l'Europe un camp où règnent l'incertitude et la crainte du lendemain.

« Un dernier incident est venu révéler l'instabilité des rapports internationaux et montrer toute la gravité de la situation. En présence des nouvelles prétentions de la Prusse, nos réclamations se sont fait entendre. Elles ont été éludées et suivies de procédés dédaigneux. Notre pays en a ressenti une profonde irritation, et aussitôt un cri de guerre a retenti d'un bout de la France à l'autre. Il ne nous reste plus qu'à confier nos destinées au sort des armes.

« Nous ne faisons pas la guerre à l'Allemagne, dont nous respectons l'indépendance. Nous faisons des vœux pour que les peuples qui composent la grande nationalité germanique disposent librement de leurs destinées.

« Quant à nous, nous réclamons l'établissement d'un état de choses qui garantisse notre sécurité et assure l'avenir. Nous voulons conquérir une paix durable, basée sur les vrais intérêts des peuples, et faire cesser cet état précaire où toutes les nations emploient leurs ressources à s'armer les unes contre les autres.

« Le glorieux drapeau que nous déployons encore une fois devant ceux qui nous provoquent est le même qui porta à travers l'Europe les idées civilisatrices de notre grande Révolution. Il représente les mêmes principes ; il inspirera les mêmes dévouements.

« Français,

« Je vais me mettre à la tête de cette vaillante armée qu'animent l'amour du devoir et

Le maréchal de Moltke.

celui de la patrie. Elle sait ce qu'elle vaut, car elle a vu dans les quatre parties du monde la victoire s'attacher à ses pas.

« J'amène mon fils avec moi malgré son jeune âge. Il sait quels sont les devoirs que son nom lui impose, et il est fier de prendre sa part dans les dangers de ceux qui combattent pour la patrie.

« Dieu bénisse nos efforts ! Un grand peuple qui défend une cause juste est invincible !

« NAPOLÉON. »

Dans la journée du 26, l'impératrice-régente se rendit aux Invalides avec le prince impérial ; la mère et le fils s'agenouillèrent et prièrent devant le tombeau de Napoléon Ier.

Ce jour-là, le garde des sceaux invitait les archevêques et les évêques à ordonner des prières publiques, « à mettre la France, et son noble chef, et *l'enfant qui va combattre avant l'âge*, sous la protection de Celui qui tient dans ses mains le sort des batailles et les destinées des peuples ».

Dans la soirée du lendemain, trois longs

trains quittèrent Paris; ils transportaient au quartier général les chevaux, les voitures et le personnel des écuries de Sa Majesté, les immenses bagages impériaux, le nombreux personnel composant le service de bouche et huit agents du service de sûreté des résidences impériales.

Le 28 juillet, à huit heures du matin, l'empereur, en tenue de général de division, montait en wagon *à la gare des fêtes*, située dans le parc réservé de Saint-Cloud; son fils, qu'il emmenait avec lui, portait l'uniforme de sous-lieutenant; sa maison militaire prit le même train qui, par le chemin de ceinture, rejoignit celui de l'Est. Redoutant, sans doute, un froid accueil et peut-être des manifestations hostiles, l'empereur n'osa pas traverser Paris qui brisait, un à un, les anneaux de la sanglante chaîne dont il l'avait si traîtreusement chargé. A six heures et demie du soir, Napoléon III arrivait à Metz où la garde impériale et les cent-gardes étaient depuis la veille.

Le général Dejean fit l'intérim du ministère de la guerre en l'absence du maréchal Le Bœuf nommé major général de l'armée du Rhin, dont l'empereur allait prendre le commandement en chef.

« Il y a trop longtemps que l'empereur est à genoux, il faut qu'il se lève, » disait M. Émile Ollivier le 12 juillet. Eh bien! le voilà levé, ce grand capitaine auquel il suffit « de tirer l'épée pour que la victoire soit proche »! Les journaux officiels commentaient ces paroles de M. Rouher et annonçaient les défaites certaines des Prussiens en répétant cette phrase célèbre : « Si la Prusse refuse de se battre, nous la contraindrons, à coups de crosse dans le dos, de passer le Rhin et de vider la rive gauche[1]. » Un journal napoléonien manifestait ainsi son impatience belliqueuse : « Qu'attend-on? Que fait-on? Nous ne serons jamais à Berlin pour le 15 août. »

Un curé lorrain écrivait, le 28 juillet, à l'empereur : « Sire, je suis si certain que le prince impérial, notre espoir, fera, dans cette campagne et sous vos ordres, l'apprentissage de la victoire que j'ose vous demander d'avance pour ma pauvre paroisse de Lorry-devant-le-Pont le nombre de canons prussiens suffisant pour lui faire une sonnerie de trois cloches, dont la distance entre le village et l'église lui fait un si grand besoin[1]. »

Napoléon III avait inauguré son commandement suprême par une double « ânerie militaire » dont les conséquences devaient être nécessairement fatales : il divisa les 200,000 hommes *formant tout notre effectif disponible* en sept corps d'armée et, pour couvrir toute la frontière de l'Est, il les éparpilla sur une ligne qui avait près de quatre-vingt-dix lieues d'étendue.

« L'effectif total atteignait à peine, au commencement, 200.000 hommes. Plus tard, après l'arrivée des contingents divers, il put s'élever à 250,000 hommes, mais il ne dépassa jamais ce chiffre. L'organisation matérielle était incomplète. Les commandants des corps d'armée n'avaient connaissance d'aucun plan de campagne. Nous savions seulement que nous allions nous trouver en présence de forces allemandes d'environ 550,000 hommes, pouvant en très-peu de temps être portées au double de ce nombre. Les détachements qui nous arrivaient manquaient d'ustensiles et d'effets de campement[2]. » — « Il est impossible, disait le général de Ladmirault, d'entreprendre une affaire de longue haleine, car à la première on serait usé faute de munitions. »

---

1. Si M. É. de Girardin écrivit cette phrase, c'est que son patriotisme avait été — comme il l'a dit avec raison — égaré par les déclarations mensongères des maréchaux Niel et Le Bœuf, de Napoléon III et de M. Rouher.

1. Lettre du curé Girard à Napoléon III. *Papiers sauvés des Tuileries* et publiés par Robert Halt.
2. Rapport du général Frossard.

Dès son arrivée à Metz, il adressa cette proclamation à l'armée :

« Soldats, je viens me mettre à votre tête pour défendre l'honneur et le sol de la patrie.

« Vous allez combattre une des meilleures armées de l'Europe ; mais d'autres, qui valaient autant qu'elle, n'ont pu résister à votre bravoure. Il en sera de même aujourd'hui.

« La guerre qui commence *sera longue* et pénible, car elle aura pour théâtre des lieux hérissés d'obstacles et de forteresses ; mais rien n'est au-dessus des efforts persévérants des soldats d'Afrique, de Crimée, de *Chine*, d'Italie et du *Mexique*. Vous prouverez, une fois de plus, ce que peut une armée française animée du sentiment du devoir, maintenue par la discipline, enflammée par l'amour de la patrie.

« Quel que soit le chemin que nous prenions *hors de nos frontières*, nous y trouverons les traces glorieuses de nos pères. Nous nous montrerons dignes d'eux. La France entière vous suit de ses vœux ardents, et l'univers a les yeux sur vous. De nos succès dépend le sort de la liberté et de la civilisation.

« Soldats, que chacun fasse son devoir, et le *Dieu des armées sera avec nous.*

« NAPOLÉON. »

De son côté, le roi Guillaume adressait cette proclamation « à son peuple » :

« En me rendant aujourd'hui à l'armée, afin de combattre pour l'honneur de l'Allemagne et la conservation d'un de nos plus grands biens, je veux, devant l'élan unanime de mon peuple, accorder une amnistie pour les crimes et délits politiques. Le ministère d'État me présentera un décret à ce sujet.

« Mon peuple sait comme moi que ni la rupture de la paix ni aucune haine ne sont venues de ma part, mais, provoqués, nous sommes décidés, comme nos pères et en mettant *notre ferme confiance en Dieu*, à accepter la lutte pour le salut de la patrie. »

Le 2 août, le roi, accompagné de M. de Bismarck, établissait à Mayence son quartier général et faisait publier la proclamation suivante :

« Soldats, toute l'Allemagne animée par le même sentiment se trouve sous les armes contre un État voisin qui nous a déclaré la guerre. Il s'agit de défendre notre patrie et nos foyers menacés.

« Je prends le commandement des armées réunies, et je vais marcher contre un adversaire qu'un jour nos pères ont combattu glorieusement dans la même situation.

« L'attention pleine de confiance de toute la patrie et la mienne sont fixées sur vous. »

Le même jour, l'empereur télégraphiait à la régente que « Louis a reçu le *baptême du feu*, a été admirable de sang-froid, a conservé une balle tombée tout près de lui, et que *des soldats pleuraient* en le voyant si calme ». Il s'agissait de la prise des hauteurs qui dominent Sarrebrück et d'où trois divisions françaises avaient bombardé cette ville ouverte qu'un détachement prussien occupait.

Quand la réalité se fut dégagée des exagérations de la dépêche paternelle et des complaisances du *Bulletin officiel* dans lequel le général Frossard, parlant de son jeune élève, disait : « Sa présence d'esprit, son sang-froid au milieu du danger sont dignes du nom qu'il porte ; » quand on eut appris que la médaille militaire venait d'être décernée à cet enfant et que nos pertes se réduisaient à un officier tué et à dix soldats blessés, on goguenarda au sujet « du baptême et de la balle » ; nul ne douta que cet engagement stérile et bruyamment exploité par les journaux bonapartistes n'eût, au début d'une guerre entreprise dans l'unique intérêt de la dynastie, visé qu'à une réclame dynastique. Jusqu'à la fin de la campagne, cet intérêt dominera celui de la France.

La presse officielle célébra comme un fait éclatant, et le gouvernement honora d'un bulletin pompeux cette escarmouche à laquelle on donnait les proportions d'une bataille. Le *Peuple français*, de M. Clément Duvernois, raillait les soldats allemands, leur effroi causé par nos mitrailleuses, leur air gauche, leurs baïonnettes embarrassantes. La *Patrie* s'écriait : « Pour la France, la prise de Sarrebrück a un intérêt industriel des plus considérables. Semée de nombreux jardins, ayant un aspect pittoresque et riant, cette ville de huit mille âmes et bien bâtie nous donne ces mines de houille où s'alimentaient toutes nos manufactures, toutes nos usines répandues le long de nos frontières.

« Sarrebrück entre nos mains, c'est donc la vie rendue à nos fabriques, l'existence assurée à nos ouvriers. Vainement assure-t-on que les Prussiens ont noyé leurs charbons; en ce cas, nous saurons bien les retrouver. L'empereur et nos généraux, *doublement prévoyants* et doublement récompensés, viennent à la fois d'ajouter un nouvel éclat à notre drapeau et de ranimer l'industrie éteinte des frontières françaises. »

Tous les organes du bonapartisme appelaient cette terrible guerre « une *petite fête de famille* » ; ils s'exprimaient en ces termes : « Enfin nous pouvons dire que cette petite fête de famille, *que l'empereur nous a ménagée* comme le glorieux couronnement de son règne, vient d'avoir un joli début. Ainsi s'accomplissent et s'accompliront jusqu'au bout ces paroles du maréchal Le Bœuf : *Nous serons infailliblement vainqueurs le premier jour, et nous n'avons pas besoin de nous préoccuper du second.* »

Les insensés! Le voici, ce second jour « dont ils n'avaient pas besoin de se préoccuper » :

Le 4 août, la division du général Abel Douay, forte de neuf mille hommes et appartenant au premier corps (maréchal Mac-Mahon), occupait Wissembourg. La cavalerie négligea de reconnaître certaines hauteurs et de sonder les bois qui bordent la Lauter. Funeste imprévoyance qui souvent se renouvellera! Au moment où les soldats apprêtaient leur soupe, le canon tonna sur ces hauteurs qu'on n'avait pas reconnues; il foudroyait nos troupes surprises. A la hâte elles prennent les armes, se rangent en bataille et passent la Lauter. Arrivés au pied des hauteurs que l'artillerie allemande couronne, nos soldats sont accueillis par une fusillade éclatant de tous côtés. L'ennemi, que dérobent à la vue les plis du terrain et le feuillage des vignes, décime nos régiments. Les Prussiens sortent des profondeurs du bois; ils sont quatre-vingt mille; la moitié de ces forces est engagée; les Français combattent un contre cinq. L'explosion d'une batterie de mitrailleuses tue le général Abel Douay que le général Pellé remplace. La lutte inégale se soutient encore, mais une plus longue résistance devient impossible. Éclaircis par la mort, les rangs de la division écrasée se resserrent; la retraite est ordonnée; elle s'opère en bon ordre. Wissembourg est au pouvoir des Allemands ; l'entrée de l'Alsace leur est ouverte. L'invasion a fait sa première étape.

Les journaux étrangers nous apportèrent la nouvelle de cette défaite; le ministère Ollivier l'avait apprise dans la journée du 4; il la communiqua seulement dans l'après-midi du 5, en l'atténuant et sans indiquer ni le jour où nous l'avions subie, ni les pertes que nous avions éprouvées. Cette communication inexacte et sommaire se terminait par l'avis que « le maréchal de Mac-Mahon concentrait sur les lieux les forces placées sous son commandement ». Dans la soirée, on laissait se répandre le bruit qu'une revanche venait d'être prise par le héros de Magenta.

Le 6, à la première heure, on courut aux nouvelles : pas de dépêches affichées, et dans le *Journal officiel* cette simple ligne : « Le maréchal occupe, avec son corps d'armée, une forte position. »

Une foule anxieuse et houleuse remplit les

rues et les boulevards; elle croit que, d'un moment à l'autre, arrivera la dépêche victorieuse si impatiemment attendue. — « Elle est arrivée, crie-t-on; elle vient d'être affichée à la Bourse : l'armée de Mac-Mahon a écrasé celle du prince Charles; on a fait prisonniers ce prince, son état-major et vingt-cinq mille Allemands; Landau est pris. »

Aussitôt éclate une joie délirante; aux fenêtres, des drapeaux se déploient; des chanteurs de l'Opéra sont reconnus dans la foule, entourés et invités à chanter la *Marseillaise* dont le refrain est accompagné par des milliers de voix; de toutes parts retentissent les cris de : « Vive la France! Vive l'armée! » Les tribunaux interrompent leurs audiences; un enthousiasme irréfléchi et le soleil capiteux d'août enfièvrent les cerveaux à ce point que personne, depuis midi jusqu'à deux heures, ne s'étonne que la dépêche officielle ne soit affichée nulle part. Des citoyens qui mettent en doute l'authenticité de cette victoire sont injuriés et font naître autour d'eux une exaspération menaçante.

Cependant un éclair de raison traverse quelques esprits; on va aux informations, et bientôt, sur les boulevards et dans les rues, on entend des voix crier : « Retirez les drapeaux! La nouvelle est fausse. »

On comprend vite que la dépêche est l'œuvre d'un spéculateur. La colère succède à la joie. Des groupes furieux se portent, d'abord, vers la Bourse où ils brisent l'entourage de la corbeille dans laquelle agiotent les agents de change, — puis vers le ministère de la justice où ils somment le chef du cabinet de se montrer. Les clameurs vont en redoublant. M. Ollivier paraît au balcon et annonce que l'auteur de l'odieuse manœuvre vient d'être arrêté. On se calme. Le soir, une proclamation des ministres aux Parisiens confirmait l'arrestation et promettait le châtiment du coupable. Le préfet de police publiait, de son côté, un avis portant que « l'auteur de la fausse nouvelle est sous la main de la justice ». Comment se nommait-il? Qu'en a fait la justice? On ne l'a jamais su. Tenait-il de trop près au gouvernement pour qu'on n'osât le nommer et le châtier? Ce fut en vain qu'on demanda l'annulation de toutes les opérations faites à la Bourse de ce jour-là. Le faussaire et ses complices jouirent impunément des sommes qu'ils avaient escroquées à la crédulité publique[1].

Des foules compactes stationnaient devant les ministères de la guerre, de la justice et de l'intérieur; elles étaient résolues à y passer la nuit pour attendre les nouvelles. A une heure du matin, M. Chevandier de Valdrôme parut et lut cette dépêche : « Le corps du général Frossard est en retraite. *Pas d'autres détails.* » On se retira en proie à de funestes pressentiments qui ne tardèrent pas à se réaliser.

Le lendemain 7, on afficha sur les murs de Paris une proclamation ministérielle suivie de deux dépêches signées : Napoléon, et d'une troisième adressée par le major général au ministère de l'intérieur; ces dépêches étaient lugubres : « Le maréchal de Mac-Mahon a perdu une bataille; le général Frossard, après une lutte de deux heures, a abandonné ses positions; ces deux chefs de corps opèrent leur retraite en bon ordre. Les détails sur nos pertes manquent. *L'ennemi est sur notre territoire.* » La proclamation annonçait la convocation des Chambres, la mise de Paris en état de défense, et la déclaration de l'état de siège pour faciliter l'exécution des préparatifs militaires.

Napoléon III s'imaginait rassurer la France en disant, dans l'une de ses dépêches : « *Je vais me mettre au centre de la position.* » Et, dans une proclamation affichée vers une

---

1. Les fluctuations du 3 0/0 donneront une idée du chiffre énorme que ces sommes purent atteindre. La veille, qui était un vendredi, ce fonds d'État clôturait au cours de 66 fr. 70; le samedi, jour du mauvais coup, la fausse nouvelle le fit monter jusqu'à 69 fr. 15; à la Bourse suivante, celle du lundi 8, il descendit à 64 fr. 50.

heure, l'impératrice disait : « *Vous me verrez la première au danger pour défendre le drapeau de la France.* »

On haussait les épaules, et on lisait avec une dédaigneuse froideur la proclamation de cette femme adjurant les Français « d'être fermes » en présence des revers qu'attirait sur nous *cette guerre qu'il lui fallait afin que son fils pût régner*. Au même temps qu'elle s'offrait pour « *défendre le drapeau de la France* », l'impératrice télégraphiait à son époux : « Je suis persuadée que *nous mènerons* les Prussiens l'épée dans les reins jusqu'à la frontière. — *Je réponds de Paris.* »

Huit jours auparavant, la régente avait envoyé à son fils ce télégramme d'importance : « La petite Malakoff a encore trouvé deux trèfles à quatre feuilles. Je te les enverrai. »

Le *Journal officiel* du 7 publia trois décrets convoquant les Chambres pour le 11 [1], — mettant Paris en état de siége et appelant le maréchal Baraguay-d'Hilliers au commandement des forces militaires réunies dans Paris.

Dans la soirée, M. Émile Ollivier adressait à Napoléon III ce télégramme trompeur et louangeur :

« Tuileries, le 7 août 1870, 9 h. 45 m. soir.

« L'état de l'opinion publique est excellent. A la stupéfaction, à une immense douleur ont succédé la confiance et l'élan. Le parti révolutionnaire lui-même est entraîné dans le mouvement général. Un ou deux misérables ayant crié : « Vive la République ! » ont été saisis par la population elle-même. Chaque fois que la garde nationale sort, elle est acclamée. Ainsi, n'ayez aucune inquiétude sur nous, et ne soyez qu'à la revanche qu'il nous faut. Nous désirons faire tous les sacrifices.

« Nous sommes tous unis; nous délibé-

rons avec le conseil privé dans le plus parfait accord.

« L'impératrice est très-bien de santé; elle nous donne à tous l'exemple du courage, de la fermeté et de la hauteur d'âme. Nous sommes plus que jamais de cœur avec vous. »

La dépêche annonçant la retraite en *bon ordre* du général Frossard après une simple lutte de *deux heures* était mensongère. C'était une vraie bataille que ce général avait perdue. Ses soldats se battirent héroïquement pendant plus de cinq heures. En accourant de Saint-Avold où il se tenait avec le troisième corps, Bazaine aurait pu secourir le chef du deuxième. Il disait, en entendant le bruit du canon : « Qu'il gagne son bâton de maréchal tout seul! » Cette bataille de Forbach nous coûta plus de six mille hommes tués, blessés ou pris. Les Allemands y perdirent trois mille officiers ou soldats.

Le général Frossard quitta le champ de bataille avant la fin du combat; ce fut le général Bataille commandant la deuxième division qui dirigea la retraite sur Saint-Avold. Les soldats, maugréant contre le chef qui venait de s'éloigner d'eux et dont l'impéritie les avait fait écraser, jonchaient d'armes et d'équipements la route de Forbach sur laquelle des voitures, des tentes, des fourgons et un équipage de pont furent abandonnés. A Forbach où s'arrêta leur poursuite, les Prussiens, devenus maîtres de la Moselle, trouvèrent une grande quantité d'approvisionnements qui avaient été rassemblés là.

Pendant que le général Frossard était battu sur la Moselle, le maréchal de Mac-Mahon éprouvait le même sort sur la Sauer. Engagée à sept heures du matin, la bataille de Frœschwiller ou Reichshoffen se termina vers cinq heures du soir par la défaite de notre armée. A midi, le maréchal, qui aurait pu et dû se replier sur les Vosges après avoir reconnu l'énorme supériorité numérique de l'ennemi, sacrifia, comme l'a dit un historien, « la pré-

---

1. L'impératrice et M. Ollivier s'opposaient à cette convocation. Le garde des sceaux n'y consentit que devant l'énergique insistance de plusieurs de ses collègues menaçant de déposer leur portefeuille.

voyance du général au point d'honneur du soldat ». L'empereur « voulait une victoire », et Mac-Mahon la lui donner. Ce que, à l'exemple de leur chef, nos généraux divisionnaires, nos officiers et nos soldats déployèrent d'héroïsme dans cette journée est inénarrable.

En voyant tant de braves expirés ou expirant et la stérilité de ces hécatombes, le maréchal eut, dit-on, un accès de désespoir. Son chef d'état-major, le général Colson, fut tué à ses côtés. Pour couvrir la retraite de l'armée vaincue, le huitième et le neuvième de cuirassiers, formant la brigade du général Michel, se firent, sur l'ordre du maréchal, hacher par la mitraille à peu près jusqu'au dernier homme. Sur le champ de bataille restèrent six mille Français; parmi les morts était le général Raoult.

Les Allemands nous prirent huit mille hommes, trente canons, deux drapeaux, la caisse de l'armée, les équipages du maréchal et plusieurs convois d'approvisionnements. Cette victoire leur livrait l'Alsace. Ils évaluent à dix mille cent cinquante-trois le nombre de leurs officiers et soldats tués, blessés ou disparus. Le général de Failly, auquel Mac-Mahon n'avait mandé, il est vrai, que des ordres indécis et tardifs, ne lui envoya aucun renfort; il entendait le bruit du canon, et ce général de salon, dépourvu de tout instinct militaire, demeurait tranquillement à Bitche.

Le 8 août, un décret convoqua le Corps législatif pour le lendemain et dix-sept membres de la gauche apportèrent au ministre de l'intérieur une note exposant la nécessité d'armer immédiatement tous les citoyens de Paris. Déjà le *Rappel*, l'*Avenir national*, la *Cloche*, le *Siècle*, la *Gironde*, le *Phare de la Loire* avaient réclamé l'armement immédiat de tous les citoyens français et l'institution d'un Comité de défense.

Dans une proclamation, le ministère Ollivier prétendait qu'on avait saisi sur un espion amené au quartier général ces lignes :

« Courage! Paris se soulève; *l'armée française sera prise entre deux feux.* »

La *Cloche* se fit l'interprète de l'indignation publique en combattant une insinuation qui outrageait la population parisienne; M. Louis Ulbach demandait le nom du misérable qui promettait au roi de Prusse l'aide de Paris contre notre vaillante armée : « Il faut qu'avant d'être fusillé cet espion se confesse et soit connu, sinon, nous croirons que *c'est un personnage de comédie, inventé à plaisir.* » Cet espion n'était pas autre chose; on l'inventait pour soulever d'aveugles colères contre les partisans de la liberté. Les journaux bonapartistes faisaient, depuis quelque temps, cette besogne; nous verrons à quels excès elle mena.

Le 9, M. Ollivier fit siffler sa calomnie aux oreilles de l'Assemblée. Dès que la séance fut ouverte, il parut à la tribune. « Notre armée, commença-t-il, a déployé dans le combat un héroïsme sublime. » D'unanimes acclamations s'élevèrent en l'honneur de nos soldats. « Ce sont des lions conduits par des ânes ! » s'écria M. Guyot-Montpayroux. — « Oui, dit M. Jules Ferry, l'armée a été héroïque, mais elle a été compromise… » — « Par l'impéritie de son chef, » ajouta M. Jules Favre. La voix tonnante de M. Emmanuel Arago jette au ministre ces mots qui le font pâlir : « Pour le salut de la patrie. que le ministère disparaisse ! »

M. Ollivier, reprenant son discours, parle d'une revanche prochaine, et, se tournant vers la gauche, il scande haineusement cette phrase : « Aux ressources dont ils disposent, les Prussiens espèrent ajouter celles qui naîtraient de troubles dans Paris. »

De tous les bancs de la gauche, des cris partent : « A l'ordre! c'est une basse et lâche calomnie! Voilà l'invention de l'espion prussien! A l'ordre, le calomniateur! »

Cherchant à dissimuler son trouble sous un mauvais sourire, le garde des sceaux continue ainsi : « Nous ne sommes pas vaincus, grâce au ciel, mais nous paraissons l'être... *et si la Chambre ne se place pas derrière nous...* »

Pour le coup, le fatuisme de cet homme qui, *d'un cœur léger*, a poussé la France vers la ruine, soulève une tempête d'interpellations irritées : « Si la Chambre, balbutie-t-il, n'a pas de confiance dans le cabinet, qu'elle le signifie par un vote ! »

Aussitôt M. Latour du Moulin dépose sur le bureau cette proposition que treize députés du tiers-parti ont signée avec lui : « Les soussignés demandent que la présidence du conseil des ministres soit confiée au général Trochu, qu'il soit chargé de composer un cabinet. »

Une grande agitation règne dans l'Assemblée. Le ministère de la guerre demande l'urgence pour un projet de loi appelant sous les drapeaux tous les militaires célibataires n'ayant pas atteint l'âge de trente ans ; elle est votée. M. Jules Favre propose d'armer immédiatement toutes les gardes nationales de France ; cette proposition obtient un vote d'urgence ; il en présente une deuxième signée par trente-trois de ses collègues ; elle a pour but la nomination par la Chambre d'un comité exécutif de quinze membres choisis dans son sein, comité qui sera investi des pleins pouvoirs du gouvernement pour repousser l'invasion étrangère. « Cette invasion, dit M. Jules Favre, ne serait pas convenablement repoussée par des ministres qui ont déjà perdu deux provinces et qui, grâce à leur ineptie, perdraient le reste. » En développant sa proposition qui rallia cinquante-trois voix contre cent quatre-vingt-dix, l'orateur s'était exprimé en ces termes : « La patrie est compromise ; c'est là le résultat des fautes de ceux qui dirigent les opérations militaires et de l'insuffisance absolue du commandant en chef. Il est indispensable que les forces militaires soient concentrées entre les mains d'un seul homme, mais que cet homme ne soit pas l'empereur. Il faut que l'empereur abandonne le quartier général ; ce n'est pas tout : il faut, si la Chambre veut sauver le pays, qu'elle prenne en main le pouvoir. »

M. Granier de Cassagnac répondit à cette proposition par ces paroles odieuses : « Cet acte est un commencement de révolution tendant la main à un commencement d'invasion... Les Prussiens vous attendaient... Si j'avais l'honneur de siéger au banc du Gouvernement, vous tous, signataires, vous seriez, ce soir, devant un conseil de guerre. » « Fusillez-nous donc, si vous l'osez ! » s'écria M. Jules Simon. Le président est ainsi interpellé : « Laisserez-vous injurier et menacer des représentants inviolables ? »

L'homme qui avait trompé la Chambre sur les faits et qu'écrasait la responsabilité de nos désastres, le duc de Gramont, se mit à rire ! Plus de vingt députés se précipitent vers lui. La main de M. Estancelin s'approche du visage de ce duc vaniteux et bête [1] ; on le croit soufflété ; des députés de la droite se placent entre leurs collègues de la gauche et le ministre des affaires étrangères.

Quand le violent orage parlementaire s'est un peu calmé, M. Jérôme David, arrivant de Forbach, avoue « l'infériorité incroyable de nos soldats vis-à-vis de l'ennemi » ; et il ajoute : « *La Prusse était prête et nous ne l'étions pas.* » Terrible aveu, qui est l'involontaire condamnation du gouvernement impérial !

« Le ministère nous avait dit que nous étions prêts, s'écrient des députés de la gauche ; il nous a donc trompés ! Il a trahi la France ! »

---

1. Quand le duc de Gramont était ambassadeur à Vienne, M. de Bismarck le dépeignit en ce peu de mots : « *C'est l'homme le plus bête de l'Europe.* » Quand l'empereur allait l'appeler au ministère des affaires étrangères, un personnage influent ayant demandé s'il ne semblait pas à Sa Majesté qu'il serait dangereux de confier les rênes de la diplomatie française à un homme d'une incapacité aussi absolue, Napoléon répondit : « *Je le choisis à cause de cela.* »

Un combat sous Metz.

M. Jules Favre : « Il nous a jetés dans la ruine et dans la misère. »

M. Jules Ferry : « Les ministres ont trompé le pays ! »

M. Emmanuel Arago : « Le ministère nous a affirmé qu'il était prêt, il a trompé la France. »

M. de Kératry : « Quand M. le ministre de la guerre est venu dans la commission, il nous a donné sa parole d'honneur que nous étions prêts, absolument prêts, et s'il nous avait dit qu'il n'était pas prêt, nous n'aurions pas voulu voter. »

M. Clément Duvernois, le créateur du cabinet Ollivier, propose cet ordre du jour qui obtient la priorité sur la proposition de M. Latour du Moulin : « La Chambre, décidée à soutenir un cabinet capable d'organiser la défense du pays, passe à l'ordre du jour. » Cet ordre du jour que M. Émile Ollivier regarde, avec raison, « comme étant pour

lui une sanglante injure, » et qu'il repousse énergiquement, est voté à la presque unanimité.

Après une suspension d'une heure, la séance est reprise. M. Émile Ollivier, qui était allé aux Tuileries, annonce que le général de Palikao est chargé de former un cabinet. « Mon appui lui est assuré, » dit-il. Ces mots excitèrent des sourires et des risées.

Le passage sur le pont de la Concorde était interdit même aux députés. M. Jules Simon dut gagner, par le pont de Solférino, la place de la Madeleine. Plusieurs fois reconnu par quelques personnes mêlées à une grande foule, il était entouré, questionné : « Citoyens, répondit-il, je n'ai qu'une bonne nouvelle à vous annoncer : le ministère Ollivier n'existe plus. » Des applaudissements prolongés accueillaient partout cette bonne nouvelle.

Le parti clérical demandait, à grands cris,

92.

que la guerre fût poussée à toute outrance. « *Nous proposons* — disait M. Veuillot — *qu'il soit déclaré solennellement* QUE LA FRANCE NE TRAITERA JAMAIS SUR SON SOL, QUELLE QUE SOIT LA FORTUNE DES ARMES. *Et si l'épreuve peut aller jusqu'à lui interdire la guerre régulière*, ALORS AUSSITOT ELLE COMMENCERA LA GUERRE DES HAIES, DES RAVINS ET DES BOIS, LA GUERRE DES MACCHABÉES ET DES FILS DE PÉLAGE[1]. »

A leur honte, l'histoire dira que ces prêcheurs forcenés d'une guerre de désespoir furent bientôt les plus ardents à incriminer le courage des patriotes qui, ne désespérant pas du salut de la patrie, voulaient, jusqu'aux derniers efforts, disputer à l'envahisseur le sol de la France.

Le lendemain, la Chambre déclara que l'armée avait bien mérité du pays, et vota une loi appelant sous les drapeaux tous les hommes valides de vingt à trente-cinq ans; puis le comte de Palikao dit que, se réservant le portefeuille de la guerre, il avait confié ceux de l'intérieur, des finances, de la justice et des cultes, de l'agriculture et du commerce, de la marine, des travaux publics et des affaires étrangères à MM. Henri Chevreau, Magne, Grandperret, Clément Duvernois, Rigault de Genouilly, Jérôme David et de La Tour-d'Auvergne[2].

Tous ces ministres étaient résolûment du parti de la cour et disposés à ne reculer devant rien pour sauver l'Empire. Le chef de ce cabinet choisi par l'impératrice et peu rassurant pour les libertés publiques était ce général Cousin-Montauban dont l'expédition en Chine se termina par le pillage du palais d'été et auquel l'Assemblée si impérialiste de 1862 refusa une dotation que l'empereur lui-même proposait. Aussi les bruits de coup d'État recommencèrent-ils à circuler; je démontrerai qu'ils n'étaient pas sans fondement.

[1]. *L'Univers*. N° du 9 août 1870.
[2]. Le ministère des beaux-arts, que M. Émile Ollivier avait érigé pour son ami M. Maurice Richard, était supprimé.

Le 11, M. de Kératry demanda la comparution immédiate du maréchal Le Bœuf devant une commission d'enquête. M. Thiers jugea inopportune cette enquête, mais en disant : « Si je la repousse, on ne doit pas conclure de cela que nous soyons indulgents pour l'immense aveuglement qui nous a donné la guerre. Oui, la préparation a été insuffisante et la direction profondément incapable. »

Ces paroles qui flagellaient si manifestement l'empereur ne soulevèrent à droite aucune protestation. Au contraire, beaucoup de ceux par qui, naguère, Napoléon III était apothéosé, le traitaient de « général de hasard »; se désengouant de lui, ils taxaient de pure fanfaronnerie ses prétentions à la tactique et à la stratégie; ils l'accusaient amèrement de s'être jeté, « sans préparatifs et sans plan », dans une guerre aussi formidable et d'en avoir confié la direction « à d'ineptes favoris ». On savait que, malgré les instances de ses serviteurs les plus dévoués et celles de l'impératrice qui le pressaient de donner un remplaçant à son stupide major général, il s'aheurtait à le maintenir dans ses fonctions; la régente supplia directement le maréchal Le Bœuf de s'en démettre, et il y consentit.

Lorsque, dans la séance du 11, le ministre de la guerre annonça que le major général s'était démis de sa charge, que l'empereur avait renoncé à toute fonction militaire et que le commandement en chef de l'armée appartiendrait, désormais, au maréchal Bazaine, une satisfaction générale accueillit ces communications. Le comte de Palikao dut répéter, le 12, qu'il n'existait « aucun commandement ni au-dessus ni à côté de Bazaine »; et M. Barthélemy Saint-Hilaire de s'écrier : « Cette affirmation rassurera le pays. »

Le 14, — c'était un dimanche, — bien des fronts naguère hautains s'humilièrent, et une patriotique douleur pénétra toutes les âmes, lorsque M. Gambetta lut cet extrait de l'*Espé-*

rance de *Nancy* : « Hier vendredi, 12 août 1870, à trois heures de l'après-midi, date douloureuse pour nous et pour nos descendants, quatre soldats prussiens ont pris possession de la ville de Nancy, ancienne capitale de la Lorraine, chef-lieu du département de la Meurthe. »

Oh! quel bourrèlement certaines consciences durent éprouver!

L'invasion s'avançait à pas de géant. Les incapables, par qui, selon l'expression de Gambetta, nous étions gardés, avaient laissé la Lorraine sans protection. *Quatre-vingt-six pompiers*, n'ayant d'autres armes que *quatre-vingt-six fusils à silex transformés*, tels étaient les uniques défenseurs du chef-lieu de la Meurthe dépourvu d'armes et de munitions. Quatre jours avant l'arrivée des Prussiens, les autorités militaires, les troupes et les gendarmes eux-mêmes avaient abandonné la ville. Le préfet Podevin déserta son poste et compléta sa lâcheté par une infamie : il fit afficher sur les murs de Nancy une proclamation dans laquelle *il conjurait les habitants de faire un bon accueil aux Prussiens!*

Au moment où se passait, au Corps législatif, la navrante scène que je viens de raconter, une centaine d'hommes guidés par Blanqui, Eudes, Granger et Brideau attaquaient la caserne de pompiers située sur le boulevard de la Villette. « Notre projet, écrivit Blanqui un mois plus tard, était de se saisir des armes par surprise et sans faire aucun mal aux pompiers, corps aimé et justement estimé des Parisiens. » Un coup de revolver n'en blessa pas moins la sentinelle de garde; les émeutiers envahirent la caserne; ils cherchèrent à s'emparer des armes; le lieutenant et ses braves pompiers s'y opposèrent énergiquement. Des sergents de ville accoururent; entre eux et les blanquistes, une lutte s'engagea; quelques agents furent blessés et l'un d'eux mortellement. Les insurgés se retirèrent; dans leur fuite, ils essayaient de soulever la foule en criant : « Vive la République! Mort aux Prussiens! Aux armes! » La foule stupéfaite ne bougea pas. On arrêta deux des chefs de cette tentative avortée, Eudes et Brideau. Soixante-dix-huit autres arrestations furent opérées le lendemain.

Un blâme général s'éleva contre cette coupable entreprise qui fournit aux journaux impérialistes l'occasion de dire que les Prussiens en étaient les instigateurs. Gambetta adressa une interpellation au ministère sur cette échauffourée que réprouvait le parti républicain et déposa sur le bureau une pétition réclamant l'application de la loi sur les étrangers.

Le Gouvernement ne disait rien de la situation de nos armées. L'impératrice recevait, seule, des dépêches chiffrées. On se plaignait que « cette étrangère, » ayant exclusivement en vue les intérêts dynastiques, laissât « les mères françaises » dans une poignante incertitude sur le sort de leurs fils.

Le 15 août, on communiqua aux Parisiens cette dépêche datée de la veille et adressée par *l'empereur à l'impératrice* : « L'armée a commencé à passer la Moselle; ce matin, *nos reconnaissances n'avaient signalé la présence d'aucun corps;* mais lorsque la moitié a eu passé, les Prussiens ont attaqué en grande force. Après une lutte de quatre heures, ils ont été repoussés avec de grandes pertes. » Et, le lendemain, le prince impérial télégraphiait à sa mère : « *Tout va de mieux en mieux.* » Cet enfant écrivait ce que lui dictait son père.

On s'étonnait de cette attaque des Prussiens « *en grande force* » lorsque « *les reconnaissances n'avaient signalé la présence d'aucun corps* ». Cette incurie qui avait causé nos défaites de Wissembourg et de Forbach alarmait tous les esprits. C'est encore d'un bois que les Prussiens sortirent quand notre armée eut passé la Moselle. Ce combat de Borny ou Longeville commença vers quatre heures et dura jusqu'à la nuit. L'ennemi, qui s'était emparé du petit bois de Mey défendu par un bataillon de ligne, en fut délogé, puis repoussé des villages de Mey et de Servigny qu'il brûla en se retirant. Ses pertes dépassèrent de plus du double les nôtres qui consistaient en 3,408 hommes tués, blessés ou disparus. Les Prussiens s'attribuèrent le succès de la journée en disant qu'ils avaient retardé notre marche et gardé une partie du champ de bataille.

Le 15, notre armée se repliait sur Verdun. Le 16, à neuf heures du matin, les Prussiens attaquèrent nos avant-postes. Bientôt la bataille s'engage sur deux points. Les efforts de l'ennemi se portent, d'abord, du côté de Rézonville. Mais les deux armées se développent; au milieu des feux qui se croisent sur une vaste étendue, elles déploient une égale bravoure et, jusqu'à la nuit close, se combattent avec un acharnement égal.

Le maréchal Bazaine dirigeait les mouvements de nos divisions qui les exécutaient avec intrépidité sous l'active impulsion des commandants en chef et des généraux divisionnaires des 2°, 3°, 4° et 6° corps et du général Bourbaki ayant sous ses ordres les grenadiers de la garde.

La bataille de Rézonville eut de nombreuses oscillations et fut très-meurtrière. Nous y perdîmes 17,000 hommes dont 5,000 disparus. Les pertes des Allemands, commandés par le prince Frédéric-Charles, s'élevèrent à plus de 20,000 hommes; ils prétendirent que l'avantage leur était resté. Le maréchal Bazaine, au contraire, dit, dans son rapport, que, battue sur tous les points, l'armée allemande se retira en nous laissant maîtres du champ de bataille.

A une marche habile et heureusement effectuée par le général de Ladmirault est dû ce succès de nos armes à Rézonville, le seul que, dans cette affreuse campagne de 1870, nous ayons obtenu.

Mettant à profit cet avantage, le maréchal livrera-t-il, le lendemain, une nouvelle bataille à l'armée allemande avant qu'elle reçoive des renforts? Ou bien cherchera-t-il à opérer sa jonction avec Mac-Mahon? Hélas! non. Il s'éloigne du terrain sur lequel on venait de combattre et recule vers Metz jusqu'à Gravelotte où il perd la journée du 17 que l'armée ennemie emploie à se grossir au moyen de renforts incessants.

Nos soldats, ne comprenant rien à cette retraite, murmurent; Bazaine essaye de la justifier en disant que le défaut de vivres et de munitions l'avait mis dans l'impossibilité de marcher en avant et d'attaquer l'ennemi le 17. Le général Soleille qu'il a envoyé à Metz ne peut, ajoute-t-il, donner que 800,000 cartouches, tant la place est mal approvisionnée en munitions; or, cinq jours plus tard, *on découvrait* dans la gare de Metz *quatre millions de cartouches!*

Oh! que cette malheureuse et vaillante armée de la Moselle avait raison de se plaindre et de murmurer! Le 17, à 7 kilomètres de Metz, le 2° corps n'a que du riz à manger, et le 6° du biscuit pour un jour à peine. « L'intendant n'avait ni viande, ni café, ni sucre, ni sel, ni riz[1]! » Quant au commandement supérieur, recueillons cet aveu du général Deligny sous les ordres duquel était la 1re division de la garde impériale : « *De direction générale aucune;* de mouvements coordonnés aucun; de but précis aucun! »

Le 18, du sommet des hauteurs que, sur une ligne beaucoup trop étendue, notre armée occupe, on voit de nombreuses colonnes prussiennes traverser la route de Verdun et gagner les bois; l'état-major ne s'en inquiète pas; des officiers en avisent leurs généraux qui font ouvrir des tranchées-abris, dresser et couvrir par des épaulements nos batteries.

L'armée de Bazaine comptait 160,000 hommes avec 400 canons et 100 mitrailleu-

---

1. Charles Fay, *Journal d'un officier de l'armée du Rhin.*

ses. Les Allemands, au nombre de 230,000, commencèrent l'attaque vers midi ; la bataille dura jusqu'à la nuit. A six heures, la victoire penchait de notre côté, mais, par un mouvement tournant, l'ennemi déborda et écrasa notre aile droite que formaient le 4° et le 6° corps. Le maréchal Canrobert combattait l'épée à la main et au premier rang ; il fit, plusieurs fois et inutilement, demander à Bazaine des renforts et les réserves de l'artillerie ; avec les 20,000 hommes de son 6° corps, il tenait tête à 80,000 Allemands ; il n'évacua Saint-Privat dont les maisons flambaient et ne se mit en retraite sur les bois de Saulny qu'après l'épuisement de ses munitions. La droite du 4° corps se trouvait ainsi découverte et les Prussiens l'écharpaient. Le général de Ladmirault essaya de lutter encore ; il dut se replier sur Pappleville. Le 2° et le 3° corps se maintinrent dans leurs positions. Nous perdions 500 officiers et 11,000 soldats. L'ennemi avoua une perte de 13,000 soldats et de 520 officiers.

Pendant cette sanglante bataille de Saint-Privat ou Gravelotte dont les Prussiens retirèrent ce grand avantage de couper à l'armée de la Moselle toute communication avec Paris, le commandant en chef de cette héroïque armée ne monta pas un seul instant à cheval ; il déjeuna chez le curé de Pappleville et passa tranquillement la journée à cinq kilomètres du lieu où tant de soldats français tombèrent. « Somnolence égoïste, indifférence pour les intérêts généraux, petit esprit et petits moyens[1], » voilà ce que le maréchal Bazaine mit au service de la France avant de la trahir. Et les Parisiens oublieux de la conduite que cet homme avait tenue au Mexique s'aveuglaient au point de mettre en lui seul l'espoir de leur salut !

Dans la séance du 19, le comte de Palikao, qui ne cessa pas de tromper la France, avait dit aux membres du Corps législatif : « Voici un' fait que je vous donne comme *certain* : le corps de cuirassiers blancs commandé par M. de Bismarck a été anéanti ; il n'en reste pas un seul. » Ce *fait* était absolument *faux*.

Le lendemain, à propos de la bataille de Gravelotte, il s'exprima ainsi : « Je ne puis entrer dans les détails ; *vous comprenez ma réserve*. J'ai fait voir à plusieurs membres de la Chambre les dépêches qui constatent qu'au lieu d'avoir obtenu un avantage, le 18, les trois corps d'armée qui s'étaient avancés contre le maréchal Bazaine ont été, *d'après des renseignements dignes de foi, rejetés dans les carrières de Jaumont.* » Les « très-bien ! très-bien ! » accueillirent cette fable que les bonapartistes propagèrent en la développant. A les entendre, plus de 30,000 Prussiens gisaient ensevelis au fond de ces *carrières de Jaumont* situées fort en arrière de nos positions ; or, de ce côté, aucun engagement n'avait eu lieu. On avait dû, ajoutaient-ils, couvrir de chaux vive cette masse énorme de cadavres prussiens, et le désespoir du prince Frédéric s'était changé en folie furieuse... Des journaux illustrés publiaient des gravures reproduisant cette scène imaginaire de carnage et représentant un zouave qui fait à un groupe de Parisiens ébahis « *le récit de l'affaire de Jaumont* ». Aucun rapport officiel, — est-il besoin de le dire ? — ne fit la moindre allusion à ce qui n'était qu'un mensonge imaginé dans le double but d'occuper momentanément les esprits et de détourner du théâtre de la guerre, où tout allait de mal en pis, les impatiences et l'attention du pays.

L'empereur, accompagné de son fils, avait quitté Metz le 16 août de grand matin. La cavalerie de ligne de la garde, un bataillon de grenadiers, un escadron de guides, la brigade Margueritte composée des 1ᵉʳ et 3° chasseurs d'Afrique l'escortaient. A Étain, la cavalerie de ligne de la garde s'arrêta et regagna son corps, le reste de l'escorte poussa jusqu'à Verdun, et, trouvant

---
1. *Armée de Metz*, par le général Deligny.

ensuite la route de Metz coupée, alla grossir l'armée de Châlons.

Sur tout le parcours, l'empereur faisait envoyer des dépêches indiquant le nombre de couverts qui devaient se trouver mis dans les endroits fixés pour ses haltes. Il télégraphia à l'impératrice son arrivée à Étain et gagna rapidement Verdun d'où un wagon de 3° classe le porta au camp de Châlons. Sombre, accablé, démoralisé, il data, le 17, du quartier général, ce télégramme monumental : « Au maire d'Étain : *Avez-vous des nouvelles de l'armée?* »

Ce jour-là, le maréchal Canrobert télégraphiait de Verneuilles : « Je n'ai plus de cartouches, de munitions d'artillerie ».

Dans la nuit du 16 au 17, le maréchal de Mac-Mahon arrivait au camp. Après avoir réuni à Saverne les débris de ses régiments, il commença, le 7, sa retraite sur Châlons, retraite si précipitée qu'il oublia de faire sauter les tunnels de Saverne et de Phalsbourg dont la destruction eût arrêté, pendant plusieurs jours, la marche des Prussiens ; il leur abandonnait définitivement cette ligne défensive des Vosges vers laquelle il aurait dû se replier le 6, à midi, au lieu de continuer une lutte héroïque mais imprudente contre des armées huit fois supérieures en nombre à la sienne. Quelle retraite lamentable et désordonnée que celle du 1ᵉʳ corps ! Un officier qui en faisait partie l'a décrite :

pluies diluviennes, vivres incomplets, pas d'effets, pas de tentes, pas de marmites. Nos soldats couverts de boue, s'affublant de costumes grotesques, maraudant, effrayaient les populations. « On serait tenté de se demander : Mais qui donc commande ici? Le lieutenant Marescaldi, officier d'ordonnance du maréchal, est accosté sur la route par deux zouaves de son régiment qui lui demandent la bourse ou la vie. Il leur répond en les menaçant de son revolver [1]. » A Blesnes, les vaincus de Reichshoffen épuisés, affamés, montèrent en wagon. Leur train dut stationner sept heures en gare afin de laisser passer avant lui l'immense train impérial qui portait les voitures, les chevaux et le personnel des écuries, l'attirail de toilette et le personnel de la cuisine, la vaisselle plate et le personnel de bouche ; tout cela précédait le train de sa Majesté. « Sept heures d'attente pour nos pauvres derniers vingt-cinq kilomètres ; mais devant nous marchait la maison ou plutôt la boutique impériale [2]. »

Le 5ᵉ corps (de Failly) s'était aussi rabattu sur Châlons où il arriva, le 20, dans le plus déplorable état. Les régiments décimés du 2ᵉ (Frossard) s'étaient repliés sur Metz en abandonnant sur les routes armes, bagages et approvisionnements.

1. *De Fræschviller à Sedan*, par un officier du 1ᵉʳ corps.
2. *De Fræschviller à Sedan*.

DOCUMENTS COMPLÉMENTAIRES DU CHAPITRE XVIII

1
NOUS SOMMES PRÊTS

« A aucune époque l'armée n'a reçu une éducation plus complète au point de vue de la guerre.

« Notre situation est telle qu'en maintenant notre armée sur son pied normal de paix, avec l'organisation si profondément préméditée par l'empereur, et dont, par son initiative, notre système militaire est aujourd'hui doté, nous ne pouvons jamais être surpris, grâce aussi à nos approvisionnements, que je considère comme un dépôt sacré auquel il ne faut jamais toucher qu'en temps de guerre, grâce enfin à nos armements de réserve, qui sont sur un pied des plus respectables.

« Le nombre de nos nouveaux fusils dépasse à présent un million.

« On en fabrique encore 1,200 par jour, et on en pourrait faire le double.

« Sous le rapport de l'armement, nous sommes donc tranquilles, et nos magasins sont en bon état. Au point de vue de l'attelage, nous sommes en bonne position. S'il était nécessaire d'appeler les réserves qui font monter notre armée à 660,000 hommes, dans la situation actuelle, il ne faudrait pas longtemps pour les mettre en route…

« Si j'ajoute que, dans toute cette réserve, il n'y a pas un homme, sauf quelques soutiens de famille, qui n'ait été exercé plus ou moins, cinq mois au minimum, j'espère que le Sénat partagera mon avis, à savoir que cette armée, organisée sur le pied de paix le plus faible de tous ceux que nous avons eus depuis quinze ans, répond, quand on la considère au point de vue des nécessités de la guerre, à tous les besoins; qu'elle peut être facilement mise debout très-promptement, *et qu'il ne lui manque rien.* » (*Enthousiasme du Sénat.*)

(Discours du maréchal Niel, 9 avril 1869.)

« Nous avons une armée excellente, instruite, pleine d'ardeur, parfaitement organisée, et pourvue de tout.

« Le jour où le pays serait menacé, vous la trouveriez pleine d'enthousiasme : et elle est, de plus, aujourd'hui, instruite plus que jamais.

« Notre peuple est extrêmement sensible à l'injure ; il ne sait pas supporter l'outrage ; le plus grand malheur qui pourrait lui arriver, ce serait de recevoir un outrage, s'il était désarmé. Il renverserait tout autour de lui. (*Très-bien! très-bien!*) Il s'en prendrait au gouvernement, et il aurait raison. Il faut toujours une force qui assure la sécurité du pays.

« Je ne sais pas ce qu'on pense généralement en France, mais, pour mon compte, je vois avec beaucoup de philosophie les questions de paix ou de guerre qui s'agitent autour de nous à l'étranger, parce que, *si la guerre devenait nécessaire, nous sommes parfaitement en mesure de la supporter.* » (*Bravos et applaudissements.*)

(Discours du maréchal Niel, 20 mars 1869.)

« Aujourd'hui, que nous soyons à la paix ou à la guerre, cela ne fait absolument rien au ministre de la guerre. Il est toujours prêt.

« Je ne veux pas répéter ce que j'ai dit plusieurs fois, comment l'armée peut entrer en huit jours sur le pied de guerre et avoir 600,000 hommes bien armés et aguerris. Il n'y a qu'un ordre à donner.

« N'est-ce pas une force énorme, pour un pays comme la France, de savoir que, si les circonstances changeaient, toutes les forces militaires sont prêtes, qu'il peut être parfaitement tranquille, qu'il peut se livrer à son commerce, à son industrie en toute sécurité, et laisser ses voisins faire de la politique, au point de vue de la guerre ; car il sait qu'il ne sera pas pris au dépourvu, et que, *si le moment de combattre venait, tout le monde serait prêt.* Cette nouvelle sera une bonne nouvelle pour le pays. »

(Discours du maréchal Niel, 12 avril 1869.)

« Ma seule politique, la voici : c'est d'être toujours prêt : quant à me mêler de la paix ou de la guerre, cela ne me regarde pas. Si la guerre arrive, je dois être prêt ; tel est mon devoir et je le remplirai. « (*Très-bien! très-bien! Applaudissements.*)

(Discours du maréchal Le Bœuf, 30 mars 1870.)

« La loi militaire et les SUBSIDES ACCORDÉS PAR VOTRE PATRIOTISME ont contribué à affermir la confiance du pays, et, dans le juste sentiment de sa fierté, il a éprouvé une réelle satisfaction, le jour où il A SU QU'IL ÉTAIT EN MESURE DE FAIRE FACE A TOUTES LES ÉVENTUALITÉS.

« LES ARMÉES DE TERRE ET DE MER, FORTEMENT CONSTITUÉES, sont sur le pied de paix; l'effectif maintenu sous les drapeaux n'excède pas celui des régimes antérieurs, mais *notre armement* PERFECTIONNÉ, *nos arsenaux et nos magasins* REMPLIS, *nos réserves* EXERCÉES, *la garde nationale en voie d'organisation, notre flotte transformée*, NOS PLACES FORTES EN BON ÉTAT, donnent à notre puissance un développement indispensable.

« *Le but constant de mes efforts est ATTEINT; les ressources militaires de la France sont désormais à la hauteur de ses destinées dans le monde.* »

(Discours de l'empereur, 18 janvier 1869.)

« Rappelons ici CE QUI A ÉTÉ FAIT ; le tableau est assez grand pour se passer de commentaires :

« *Une armée de ligne de* 750,000 *hommes disponibles pour la guerre; près de* 600,000 *hommes de garde nationale mobile; l'instruction dans toutes les branches poussée à un degré inconnu jusqu'ici; nos règlements militaires remaniés et mis en rapport avec les exigences nouvelles;* les conditions de l'existence du soldat et de l'officier largement améliorées; l'avenir des sous-officiers qui ne veulent pas poursuivre leur carrière militaire assuré par leur admission aux emplois civils ; 1,200,000 *fusils fabriqués en moins de dix-huit mois, les places mises en état et armées, les arsenaux remplis, un matériel immense prêt à suffire à toutes les éventualités, quelles qu'elles soient, et, en face d'une telle situation, la France confiante dans sa force, garantie solide de la paix.*

« *Tous ces* GRANDS RÉSULTATS *obtenus en* DEUX ANNÉES ! »

(Journal officiel, 16-17 août 1869.)

« Se refusant à des impatiences hâtives, animé de cette calme persévérance qui est la vraie force, l'empereur a su attendre ; MAIS DEPUIS QUATRE ANNÉES IL A PORTÉ A SA PLUS HAUTE PERFECTION L'ARMEMENT DE NOS SOLDATS, ÉLEVÉ A TOUTE SA PUISSANCE L'ORGANISATION DE NOS FORCES MILITAIRES.

« GRACE A VOS SOINS, *la France est* PRÊTE, sire, et par son enthousiasme elle prouve que, comme vous, elle était résolue à ne tolérer aucune entreprise téméraire. »

(Discours de M. Rouher, 16 juillet 1870.)

« La France peut ainsi ARMER DEUX MILLIONS DE DÉFENSEURS; *leurs fusils sont prêts*, et il *en restera encore* UN MILLION en réserve. »

(Déclaration de M. le général Dejean, ministre de la guerre par intérim.)

« Du côté de la France, les préparatifs nécessaires sont terminés.

« L'empereur, admirablement secondé par les généraux Niel et Le Bœuf, ainsi que par l'amiral Rigault de Genouilly, a porté la force militaire du pays, *comme personnel et matériel, comme armement et approvisionnement*, A UN DEGRÉ D'INTENSITÉ FORMIDABLE.

« On est en état de mettre en ligne autant de soldats que la Prusse, ET AUSSI VITE, avec l'avantage d'un armement supérieur...

« A. GRANIER DE CASSAGNAC. »

(Le *Pays* du 18 juillet 1870.)

« Quand je voulus poser deux ou trois questions à M. le maréchal Le Bœuf, lui demander ce qu'il allait faire de ces soldats, autorisés par lui-même à se marier, et s'il comptait sur des hommes qui étaient dans leurs foyers depuis longtemps, le maréchal Le Bœuf me répondit : *Nous sommes prêts! nous sommes prêts!* Mes collègues le répétaient. J'ai suivi le courant avec regret, mais je l'ai suivi...

« Je dois insister aussi sur une question que nous posâmes dans la commission aux trois

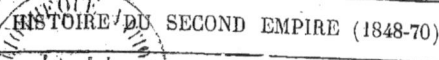

Le général von der Thann.

ministres : « Mais, enfin, sommes-nous « prêts ? » — *Et alors nous entendîmes les trois ministres, et particulièrement M. Ollivier et le maréchal Le Bœuf dire que* NOUS ÉTIONS PRÊTS *pour soutenir la lutte, que nous n'avions rien à craindre, que nous avions huit ou dix jours d'avance sur l'ennemi ; enfin, qu'au point de vue militaire,* NOUS ÉTIONS ABSOLUMENT PRÊTS.

. . . .

« ... Nous avons été trompés. »
(Déposition de M. Dréolle devant la Commission d'enquête.)

« Savez-vous pourquoi je n'ai pas été au nombre des douze députés qui ont voté contre la guerre de 1870 ?

« *Nous avons été indignement trompés!*

« Oui, l'on est venu dire à une Chambre française que la France était outragée, mais que notre armée était là, nombreuse, préparée, et, par conséquent, invincible, que le temps marchait, qu'il fallait se hâter si l'on ne voulait être surpris, et frapper un de ces coups foudroyants dont notre génie semblait jusqu'ici avoir seul le secret.

. . . .

« *On nous trompait!* l'histoire sévère et

93.

inexorable dira sur qui doit peser cette effroyable responsabilité ! »

(Profession de foi de M. Lafond de Saint-Mur en 1876.)

II

NI OUTRAGÉE NI PRÊTE

« Pour que la France fût arrachée à ses habitudes de paix de plus en plus invétérées et prît feu contre le prince de Bismarck, il a fallu ces deux choses :

« La première, qu'elle se crût outragée ;

« La seconde, qu'elle se crût prête.

« *Outragée !* Elle ne l'avait pas été. Coupable imposture !

« *Prête !* Elle ne l'était pas. Criminel mensonge !

« C'est ce mensonge que ce livre met à nu.

« Il atteste, il prouve qu'à aucune époque, sous l'empereur, heureusement dernier, les déclarations de ses ministres de la guerre les plus solennelles, celles certifiées par son premier ministre, par M. Rouher, n'ont été vraies.

« S'il est un crime d'État qui doit être irrémissiblement puni et cruellement expié, n'est-ce pas celui qui trompe une nation sur sa puissance militaire, en lui faisant croire qu'elle a des forces qu'en réalité elle n'a pas ? N'est-ce pas celui qui fait couler des flots du sang le plus pur et plonge dans la douleur et le deuil des familles sans nombre ? »

(ÉMILE DE GIRARDIN, *Préface au Dossier de la guerre.*)

III

LE DOCUMENT RÉVÉLÉ PAR M. DE BISMARCK

Le projet de traité suivant est écrit tout entier de la main de M. Benedetti.

« S. M. le roi de Prusse et S. M. l'empereur des Français, jugeant utile de resserrer les liens d'amitié qui les unissent et de consolider les rapports de bon voisinage heureusement existant entre les deux pays, convaincus, d'autre part, que pour atteindre ce résultat, propre d'ailleurs à assurer le maintien de la paix générale, il importe de s'entendre sur des questions qui intéressent leurs relations futures, ont résolu de conclure un traité à cet effet, et nommé en conséquence pour leurs plénipotentiaires ;

Savoir :

« S. M., etc.

« S. M., etc.

« Lesquels sont convenus des articles suivants :

« ART. 1er. — S. M. l'empereur des Français admet et reconnaît les acquisitions que la Prusse a faites à la suite de la dernière guerre qu'elle a soutenue contre l'Autriche et contre ses alliés.

« ART. 2. — S. M. le roi de Prusse promet de faciliter à la France l'acquisition du Luxembourg ; à cet effet, ladite Majesté entrera en négociations avec S. M. le roi des Pays-Bas pour le déterminer à faire à l'empereur des Français la cession de ses droits souverains sur ce duché, moyennant telle compensation qui sera jugée suffisante ou autrement. De son côté, l'empereur des Français s'engage à assumer les charges pécuniaires que cette transaction peut comporter.

« ART. 3. — S. M. l'empereur des Français ne s'opposera pas à une union fédérale de la Confédération du Nord avec les États du midi de l'Allemagne, à l'exception de l'Autriche, laquelle union pourra être basée sur un Parlement commun, tout en respectant, dans une juste mesure, la souveraineté desdits États.

« ART. 4. — De son côté, S. M. le roi de Prusse, au cas où S. M. l'empereur des Français serait amené par les circonstances à faire entrer ses troupes en Belgique ou à la conquérir, accordera le secours de toutes ses armes à la France, et il la soutiendra avec toutes ses forces de terre et de mer, envers et contre toute puissance qui, dans cette éventualité, lui déclarerait la guerre.

« ART. 5. — Pour assurer l'entière exécution des dispositions qui précèdent, S. M. le roi de Prusse et S. M. l'empereur des Français contractent, par le présent traité, une alliance offensive et défensive, qu'ils s'engagent solennellement à maintenir. Leurs Majestés s'obligent en outre à l'observer, et notamment dans tous les cas où leurs États respectifs, dont elles se garantissent mutuellement l'intégrité, seraient menacés d'une digression, se tenant pour liées, en pareille conjoncture, de prendre sans retard et de ne décliner sous aucun prétexte les arrangements militaires qui seraient commandés par leur intérêt commun, conformément aux clauses et prévisions ci-dessus énoncées. »

CHAPITRE XIX

1870

Une conférence au camp de Châlons; le retour de l'armée à Paris est décidé; décret nommant gouverneur de Paris le général Trochu. — La régente s'oppose aux résolutions de l'empereur. — Hésitations du duc de Magenta; son départ pour Reims. — Nouvelle conférence; M. Rouher approuve le retour à Paris. — Nouvelle opposition de la régente. — Entretien du comte de Palikao et du général de Wimpffen. — Décision funeste. — C'est la faute de l'impératrice. — Corps législatif. — Séances des 22, 23, 24 et 25 août : communications du comte de Palikao; les bouches inutiles; proposition de M. de Kératry; les institutions impériales; les Prussiens à Châlons; proposition de M. Jules Ferry. — La jacquerie napoléonienne; le crime d'Hautefaye. — La séance du 27; déclaration de M. Chevreau. — Le gouvernement impérial méditait un nouveau coup d'État; preuves de cela. — Refus d'armement. — Exécution d'un espion prussien. — Procès des émeutiers de la Villette. — Séance du 27 : M. Thiers est nommé membre du comité de défense. — Protestations des municipalités de Nancy et de Châlons. — Séance du 31 ; la vérité sur le bombardement de Strasbourg; proposition de M. Keller; insolente déclaration du comte de Palikao; ses calculs et ses déductions; baladinages. — L'armée de la Moselle; le siége de Metz; les préludes de la trahison; comment un crime inouï se consomma.

Le 17, après l'arrivée de l'empereur au camp de Châlons, une conférence fut tenue. Le prince Jérôme Napoléon, le duc de Magenta, les généraux Trochu, Schmitz et Berthaut y assistaient.

« Sire, disait le prince Napoléon, il faut vous servir des hommes qui sont dans le courant général de l'opinion publique ».

« Oui, sire, ajouta le général Schmitz, le prince a raison; la vérité, toute la vérité doit être connue de Votre Majesté. Nous sommes dans une situation déplorable. » Après avoir retracé la situation morale et matérielle de l'armée de Châlons, et constaté l'ignorance où l'on était du sort de l'armée de Metz, « qui pourra toujours opérer sa retraite par le Nord, » l'ancien officier d'ordonnance de l'empereur concluait ainsi : « Les moments sont précieux; il s'agit de prendre une résolution à la hauteur des circonstances; il faut rentrer dans Paris que je viens de traverser. On prétend que vous n'avez pas employé le général Trochu parce qu'on lui attribue des sentiments d'opposition. Eh bien! sire, nommez-le gouverneur de la capitale et revenez-y avec lui. La situation que vous vous faites ne peut pas durer. Vous n'êtes pas sur votre trône »...

« En effet, dit mélancoliquement l'empereur, j'ai l'air d'avoir abdiqué. »

« Pour cette guerre, reprit le prince Jérôme-Napoléon, vous avez abdiqué à Paris le gouvernement et à Metz le commandement. A moins de passer en Belgique, il faut que vous repreniez l'un ou l'autre. Pour le commandement, c'est impossible; pour le gouvernement, c'est périlleux, car il faut rentrer à Paris. Mais, que diable ! si nous devons tomber, tombons du moins en hommes. Voilà le général Trochu, dont vous connaissez les vues de concentration et de reconstitution des forces militaires sous Paris défendu à outrance et servant de point d'appui à de nouvelles opérations. Il était opposé à cette guerre. Seul entre tous les généraux, il a naguère montré à quel point on s'illusionnait sur le mérite des institutions militaires dont il demandait la refonte, et de l'armée dont il a demandé la réorganisation. Cela l'a compromis. A présent il a une autorité et une popularité particulières. Qu'il les mette à votre disposition comme un brave homme qu'il est et que vous avez mal jugé. Nommez-le gouverneur de Paris, chargé de la défense de la place ; qu'il vous y précède de quelques heures et vous annonce à la population dans une proclamation qu'il saura faire. Espérons qu'ainsi tout ira bien. »

L'empereur prit à part le duc de Magenta : « Connaissez-vous bien le général Trochu ? demanda-t-il ; puis-je avoir en lui une confiance entière ? »

La réponse du maréchal fut rassurante, car, se rapprochant du général Trochu, Napoléon III lui dit :

« Vous avez entendu Napoléon. Acceptez-vous cette mission ? »

Le général l'accepta, et l'empereur lui remit le décret suivant :

« Napoléon, etc.

« Art. 1ᵉʳ. — Le général Trochu est nommé gouverneur de Paris et commandant en chef de toutes les forces chargées de pourvoir à la défense de la capitale.

« Art. 2. — Notre ministre de la guerre est chargé de l'exécution du présent décret.

« Fait à Châlons, le 17 août 1870.

« Napoléon. »

Il fut décidé que, muni de ses pouvoirs, le général Trochu partirait le soir même, que la garde mobile et l'armée de Mac-Mahon le suivraient de près à Paris où le maréchal reconstituerait cette armée et concentrerait sous ses ordres toutes les forces disponibles.

Le lendemain, à l'heure où le général Trochu adressait aux Parisiens une première proclamation de laquelle avait été effacé, par l'ordre de la régente, le nom de l'empereur, celui-ci disait au duc de Magenta : « Je partirai, le 19, pour Paris ; prenez vos mesures pour m'y suivre avec vos troupes. »

Mais la régente avait déclaré que « *l'empereur ne reviendrait pas à Paris*, ses ennemis seuls ayant pu lui conseiller ce retour. » Elle était soutenue dans son opposition à ce retour par sa camarilla d'ultra-bonapartistes et par le comte de Palikao qui télégraphia immédiatement à l'empereur : « Je supplie Sa Majesté de renoncer à l'idée de ramener l'armée de Châlons sur Paris ; l'impératrice partage cette opinion ».

Napoléon III, sur qui sa femme prenait de plus en plus ascendant, retombe dans son indécision habituelle. Le duc de Magenta ne sait que résoudre. Le 19, il télégraphie à Bazaine : « A la distance où je suis de vous, comment vous venir en aide sans découvrir Paris ? Si vous en jugez autrement, faites-le-moi savoir ». En même temps, il envoie ce télégramme au ministre de la guerre : « Veuillez dire au conseil qu'il peut compter sur moi, et que je ferai tout pour rejoindre Bazaine. » Le même jour, il recevait ce télégramme du comte de Palikao : « J'apprends que les corps ne se gardent pas, qu'il n'y a pas de reconnaissance sérieusement organisée jusqu'ici. A Chaumont, à Blennes, le corps de Failly n'était ni éclairé ni gardé ».

Le 20, Mac-Mahon a pris une demi-décision dont il avise le ministre en ces termes : « *Bien que je sois, dès demain*, prêt à marcher, je *pense* que je resterai en position jusqu'à connaissance de la direction prise par Bazaine soit au nord, soit au sud ; je partirai demain pour Reims. » Il fit évacuer et détruire le camp de Châlons ; la garde mobile fut dirigée sur Paris ; — on établit son campement à Saint-Maur.

Le 21, Mac-Mahon prit position près de Reims. L'empereur le manda auprès de lui, à Courcelles où il s'était installé. Le maréchal trouva là M. Rouher qui, entrant dans les vues de l'impératrice et du comte de Palikao, combattit le projet de retour à Paris.

Le duc de Magenta lui répondit que des renseignements de la veille autorisaient cette supposition : 200,000 hommes entourent Bazaine à Metz ; l'armée du prince royal de

Saxe marche sur Verdun; le prince royal de Prusse se rapproche de Vitry-le-Français avec 150,000 hommes. « Or, continua-t-il, se porter vers l'Est avec une armée comme la mienne, n'est-ce pas s'exposer à une défaite qui serait la perte de la France ? »

Cela était bien raisonné; le président du Sénat ne put qu'objecter ceci : « L'abandon de Bazaine produira un fâcheux effet. » Mais le raisonnement si juste du maréchal avait frappé M. Rouher qui ajouta : « Cette décision doit être expliquée par un manifeste de l'empereur à la nation et par une proclamation du maréchal à l'armée. » Le président du Sénat rédigea la proclamation et le manifeste qu'il se chargea de publier dans le *Journal officiel* le jour où l'armée se mettrait en marche sur Paris.

Avec ces documents, M. Rouher emporta un décret ainsi conçu : « Napoléon, par la grâce de Dieu, etc. Le maréchal de Mac-Mahon, duc de Magenta, est nommé général en chef de toutes les forces militaires composant l'armée de Châlons et de toutes celles qui sont ou seront réunies sous les murs de Paris ou dans la capitale. Notre ministre de la guerre est chargé de l'exécution du présent décret. »

Le manifeste et la proclamation disaient que le retour sous Paris était motivé par l'impossibilité de dégager, désormais, le maréchal Bazaine.

Dès que M. Rouher eut communiqué à l'impératrice et au conseil des ministres la résolution « *définitive* » de Napoléon III, le comte de Palikao se hâta de télégraphier à l'empereur : « Le sentiment du conseil est plus énergique que jamais. Ne pas secourir Bazaine aurait les plus déplorables conséquences à Paris. En présence de ce désastre, il serait à craindre que la capitale ne se défendît pas ».

Avant d'envoyer ce télégramme, le ministre s'était rendu chez l'impératrice-régente pour lui signifier — raconte M. de Wimpffen — « que si l'ordre donné au maréchal de se porter sur Metz n'était pas exécuté immédiatement, il afficherait dans toute la France que l'empereur était la cause des désastres qu'il prévoyait devoir résulter forcément des retards apportés à la réunion des deux armées ».

Quelques jours plus tard, le comte de Palikao disait au général de Wimpffen, dont il allait si tardivement utiliser les services : « Le plus grand embarras est aujourd'hui causé par l'empereur dont la position est des plus fausses. Il a quitté l'armée de Bazaine pour rejoindre celle de Mac-Mahon; mais à quel titre s'y trouve-t-il ? Ne pouvant pas revenir à Paris, où l'impératrice exerce la régence *et ne veut pas qu'il rentre*, peut-il, comme il s'y est engagé, se borner à rester l'hôte incommode du maréchal de Mac-Mahon sans faire sentir son influence, ne fût-ce que dans les conseils ? Ce rôle impossible à un souverain et qu'il s'est donné, il ne peut le conserver. »

Abandonnant une résolution dont il avait si bien démontré la sagesse, le duc de Magenta condescendit aux volontés de l'impératrice.

C'en est fait, Paris sera découvert. Les intérêts de la dynastie napoléonienne ont prévalu contre ceux de la patrie française.

Un officier écrivit au *Gaulois* : « N'ayant pas quitté Mac-Mahon pendant ces tristes journées, je sais l'opinion qu'il avait sur la malheureuse campagne qu'il allait entreprendre malgré lui. Il voulait se replier sur Paris, mais l'empereur s'y opposa, et dans un conseil de guerre tenu à cet effet il fit prévaloir la résolution de marcher sur Metz au secours du maréchal Bazaine. Le soir de ce conseil, j'ai entendu le maréchal dire textuellement : « *Nous n'avons plus qu'une chose à faire*, MARCHER ET NOUS FAIRE TUER GAIEMENT [1]. »

Chargé d'une mission en Italie, le prince

---

[1]. Cette lettre fut publiée dans le n° du 11 septembre 1870.

Napoléon prit congé de l'empereur en lui disant : « Adieu, sire, nous ne nous reverrons plus en France. » — « Dans une gare de la frontière, il rencontra un personnage du gouvernement impérial qui lui demanda des nouvelles : « La France, répondit le prince, « est perdue et nous le sommes tous ; C'EST LA « FAUTE DE L'IMPÉRATRICE [1]. »

Le 22 août, le comte de Palikao dit aux députés avides de nouvelles et en grande anxiété comme la France entière : « J'ai reçu des nouvelles du maréchal Bazaine ; *elles sont bonnes ; je ne puis vous les dire et vous comprendrez pourquoi ;* elles sont du 19 ; elles prouvent de la part du maréchal une confiance que je partage, connaissant sa valeur et son énergie. La défense de Paris marche avec activité. Bientôt nous serons prêts à recevoir quiconque se présentera devant nos murs. » Et la droite de crier : Bravo !

La gauche ayant demandé à quelle distance de Paris les Prussiens se trouvaient, et s'il était vrai que leurs éclaireurs eussent paru dans l'Aube, le ministre répondit à la première de ces questions « qu'il ferait fusiller l'officier capable de commettre l'indiscrétion de le dire », et à la seconde « qu'il ne savait rien ». La droite applaudit à cet incroyable langage.

Le lendemain, M. Jules Simon proposa de débarrasser Paris de ses bouches inutiles en prévision d'un siége. La droite se récria vivement contre une pareille supposition.

Voulant sortir de la ténébreuse incertitude dans laquelle on tient le pays, les membres de la gauche rédigent cette proposition que M. de Kératry présente : « Neuf députés élus par le Corps législatif seront adjoints au comité de défense de Paris. » Le comte de Palikao repousse, au nom du cabinet, cette proposition dont la Chambre a pourtant voté l'urgence. La commission parlemente avec le ministre qui se refuse même à l'adjonction de trois députés seulement au comité de défense. Il est évident que les ministres subordonnent tout à la question dynastique et ne veulent être gênés par rien dans leurs manœuvres.

Le 24, M. Picard le dit nettement : « C'est la volonté de maintenir, avant tout, les institutions actuelles qui règle l'attitude du cabinet. »

Le général Cousin-Montauban ne trouva que ceci à répliquer : « Le gouvernement ne fait pas de la politique ; je ne redoute pas les ennemis intérieurs ; j'ai en mains tous les pouvoirs nécessaires pour cela, et je réponds de la tranquillité de Paris. »

« Il est difficile, répondit M. Jules Favre, de s'isoler de la politique quand c'est à elle qu'on attribue les périls de la situation ; nos malheurs ne sont-ils pas dus à une direction fatale, dont personne n'oserait prendre la défense et qui peut, sans exagération, se traduire par l'un ou l'autre de ces mots : *ineptie ou trahison ?* La France ne veut pas mourir pour des institutions qu'elle considère comme la cause de sa perte. »

« Il ne s'agit pas d'institutions, dit le président Schneider, mais de chasser l'étranger. »

M. Busson-Billault, président du conseil d'État, s'écrie burlesquement : « Je jure que je suis prêt à mourir pour mon pays, et je somme M. Jules Favre de venir se faire tuer avec moi. »

M. Clément Duvernois, répondant à M. Jules Favre, avait invoqué et défendu la Constitution.

« M. le ministre du commerce invoque les institutions,—dit M. Thiers tristement ;— je fais un sacrifice au pays et à la Chambre en ne portant pas la discussion sur ce sujet ; mais je supplie qu'on ne porte pas ici un intérêt de ce genre. Nous savons tous aujourd'hui pourquoi la France combat ; elle combat pour son indépendance ; elle combat

---

[1]. *Le Dernier des Napoléon.*

pour sa grandeur, pour sa gloire, pour l'inviolabilité de son sol. Tous nous le savons, à gauche, au centre, à droite ; c'est éclatant comme la lumière, et tous nos cœurs battent à l'unisson quand vous parlez de ces grands, de ces sublimes intérêts de la patrie. Mais, de grâce, ne nous parlez pas des institutions ; vous ne nous refroidirez pas, vous ne diminuerez pas notre zèle pour la défense du pays ; mais, sans nous refroidir, vous nous frapperez au cœur en nous rappelant ces institutions qui, dans ma conviction à moi, sont la cause, plus que les hommes eux-mêmes, des malheurs de la France. »

Dès l'ouverture de la séance, le président du Conseil d'État avait fait connaître à la Chambre la résolution prise par le gouvernement d'appeler sous les drapeaux tous les hommes mariés ou non, âgés de vingt-cinq à trente-cinq ans, tous les anciens officiers au-dessous de soixante ans et tous les généraux en retraite au-dessous de soixante-dix ans. Ce jour-là, M. Gambetta lut à l'Assemblée un article du *Progrès de la Marne* annonçant la prise de possession de Châlons par cinq dragons prussiens ayant le pistolet au poing. Une heure avant leur arrivée, une brigade de cavalerie française sous les ordres du général Brahaut s'était éloignée de la ville.

Mais l'article du *Progrès de la Marne* doit être reproduit en entier. Puisse-t-il se graver dans toutes les mémoires ! Le voici :

« *Quatre heures et demie.* — Cinq cavaliers prussiens, le pistolet au poing, entrent à Châlons par la porte Saint-Jean et prennent possession de la ville. Parmi les cinq cavaliers, revêtus de la capote grise et coiffés d'un casque, se trouve un officier ; un des soldats fume gravement sa pipe, sans se soucier autrement des curieux réunis sur le passage du détachement. Quelques heures avant l'entrée des Prussiens, plusieurs habitants avaient prévenu la division Brahaut, campée au quartier de cavalerie, de l'approche de l'ennemi *Le général, pour toute réponse, a levé immédiatement le camp.*

« Un incident s'est produit au moment où les Prussiens quittaient l'Hôtel de Ville. La foule réunie sur la place était fort nombreuse et faisait entendre des cris de colère et d'indignation contre ceux qui la livraient à la merci de l'ennemi. Cette attitude a déplu à un soldat prussien, car, sans attendre le commandement de l'officier, il a mis la foule en joue et l'a menacée de son arme.

« En présence du malheur qui nous frappe, on nous permettra de nous renfermer dans notre douleur. Nous nous tairons donc jusqu'au jour où l'heure de la justice sonnera. »

Pendant que les Prussiens arboraient leur drapeau blanc et noir sur nos villes laissées sans armes devant l'invasion, et que, aux poteaux indiquant les limites du territoire, ils arrachaient la plaque sur laquelle on lisait le mot FRANCE, — aux Tuileries, dans son boudoir, l'étrangère, qui était l une des principales causes de tant d'humiliations et de hontes essuyées par notre chère patrie, dictait encore à l'empereur, aux ministres, au Sénat et à la majorité du Corps législatif ses volontés funestes !

Le 28, la Chambre rejetait une proposition de M. Jules Ferry tendant à autoriser, en face de l'ennemi, la détention, la fabrication et l'importation des armes de guerre. Et on venait d'apprendre qu'une armée prussienne poursuivait sa marche sur Paris !

Le lendemain, dans le comité secret, on se plaignit des calomnies qui s'attaquaient aux citoyens les plus honorables et des menaces dont ils étaient l'objet dans plusieurs départements. Des journaux bonapartistes ne cessaient d'exciter les populations rurales contre les libéraux, les républicains et les nobles. Des émissaires napoléoniens insinuaient aux paysans que Napoléon n'était pas vaincu, mais trahi, que la cause de nos défaites était imputable aux membres de l'opposition, que les républicains avaient

Poste de francs-tireurs.

caché des armes et que les nobles envoyaient de l'argent aux Prussiens. Ces choses absurdes trouvaient croyance dans les campagnes. Il est certain qu'une jacquerie napoléonienne se préparait. Un ancien ministre de 1848, propriétaire dans les Basses-Pyrénées et fort aimé de tous les habitants de sa commune, ne se croyait plus en sûreté chez lui, tant devenait menaçante pour les propriétaires antinapoléoniens l'exaltation qui entraînait la masse ignorante et crédule des paysans de certains cantons.

Déjà MM. d'Hésecques et d'Estourmel, membres du centre gauche, avaient couru de grands périls dans la Somme dont ils étaient les représentants. Une foule exaspérée poussa contre M. d'Estourmel des cris de mort et voulait brûler la maison dans laquelle il s'était réfugié. La police l'arracha très-difficilement à ces furieux. M. d'Hésecques ne pouvait faire un pas dans son arrondissement sans être assailli d'insultes et de menaces. M. Jacquot dans la Vienne et M. Tachard dans le Haut-Rhin avaient été en butte aux mêmes violences.

Le 16 août, dans une commune de la Dordogne, à Hautefaye, on avait commis au cri de : *Vive l'empereur!* un assassinat horrible. C'était jour de foire. Des paysans se ruèrent sur un légitimiste, M. Alain de Monéys, en lui reprochant de ne pas aimer l'empereur et d'appartenir à cette classe « de nobles et de riches qui envoient les autres se battre à leur place ». — « On l'assommait à coups de bâton : *Vive l'empereur!* On lui arrachait les cheveux : *Vive l'empereur!* On le traînait par les jambes à travers les ruelles du bourg; sa tête sanglante sonnait sur les cailloux; son corps déchiré sautait de droite et de gauche : *Vive l'empereur! Vive l'empereur!* Et lorsque, demi-mort, respirant à peine, ces sauvages l'arrêtèrent dans une mare desséchée pour le flamber avec des bottes de paille généreusement offertes, c'est au cri de : *Vive Napoléon!* que cette multitude insensée dansa autour du jeune martyr qui se débattait encore, qui se retournait sur le bûcher, et que la graisse de son corps coula sur deux pierres plates que j'ai vues toutes tachées de cette graisse humaine au greffe du parquet de la ville... Le crime de Hautefaye fut la dernière manifestation en faveur de la dynastie[1]. » L'un des assassins de M. de Monéys disait à ses complices : « Voyez comme il grille bien! » — « Et comme sa graisse flambe! » ajoutait un autre nommé Besse; quel dommage que tant de graisse soit perdue! »

Dans la séance du 27, M. Chevreau, ministre de l'intérieur, lut à l'Assemblée une circulaire destinée à empêcher le retour de ces excès effroyables, et déclara qu'il les réprimerait énergiquement. Un membre de la gauche demanda que cette circulaire et cette déclaration fussent affichées dans toutes les communes de France. Chose qui semblera incroyable, à droite, on murmura contre cette demande! Voulaient-ils donc, ces murmurateurs, que le crime d'Hautefaye se renouvelât?

Des pasteurs protestants avaient été aussi injuriés, maltraités, accusés de trahison envers l'empereur. Trois membres de la majorité — MM. André (du Gard), Johnston et Charles Leroux — prirent la défense de ces victimes de l'idolâtrie napoléonienne qu'un abîme de honte allait engloutir. Le ministre de l'intérieur répéta sa déclaration et ajouta « qu'il ferait son devoir, que les crimes commis dans certaines localités seraient punis ».

Cependant le peu de confiance que, sous certains rapports, méritaient quelques membres du cabinet ultra-bonapartiste dont M. Cousin-Montauban était le chef, entretenait la crainte d'un nouveau coup d'État; il est hors de doute que le gouvernement impérial le méditait afin de se débarrasser de ses adversaires et de rétablir l'Empire autoritaire avec toutes ses rigueurs. Une victoire décisive sur la Prusse eût été le signal de ce nouvel attentat. Le préfet du Bas-Rhin — d'irrécusables témoignages en font foi — attendait la nouvelle de cette victoire pour ordonner l'arrestation des antiplébiscitaires dont la liste était dressée. En attendant, il proclama, le 15 août, qu'il était prêt à réprimer toute manifestation hostile à l'Empire. Les préfets avaient, tous, préparé leurs listes. Le 4 septembre, à Lyon, dans la cheminée du cabinet préfectoral, on trouva brûlées à moitié celles qui concernaient les suspects du Rhône; le préfet de Dijon oublia sur sa table celles où figuraient les noms des futurs proscrits de la Côte-d'Or.

M. Jérôme David a fait l'aveu que des arrestations furent projetées et des *mesures de force* proposées, « et qu'il y aurait prêté la main *sans hésitation aucune* ». M. Clément Duvernois a déclaré qu'il désapprouvait ces mesures[1]; il avait dit plusieurs fois à M. Thiers : « Quant à moi, je ne consentirai jamais à un coup d'État, et vous pouvez compter sur ma parole. »

La préparation d'un coup d'État est donc indéniable; la police, dans les grands centres, se donnait bien des mouvements pour y prendre part. N'est-ce pas dans le but de le rendre plus facile que les ministres se refusaient à armer les citoyens? Les principaux membres du cabinet ont avoué « qu'ils avaient tout fait pour retarder le vote de la loi ordonnant l'armement et l'organisation de toutes les gardes nationales ». — « J'ai résisté tant que j'ai pu, a formellement dit le comte de Palikao, pour exécuter cette loi. » Votée le 11 août, elle demeurait lettre morte, malgré l'insistance incessante des députés indé-

---

[1]. *Ce que j'ai vu*, par Alcide Dusolier. Ernest Leroux, édit.

[1]. Déposition devant la commission d'enquête.

pendants à en réclamer l'exécution. Dans la séance du 29, le général Lebreton, lui-même, prit la parole à ce sujet : « Au moment où l'on annonce la marche de l'ennemi sur Paris, les départements qui environnent la capitale s'étonnent et s'inquiètent de rester complétement désarmés. » Le vrai mot de cette résistance au vœu de la nation qu'on privait des moyens de se défendre fut dit par M. Raspail : « *Ils ont plus peur de la garde nationale que des Prussiens.* » — « Des armes ! C'était le cri des foules sur les boulevards et autour de la Chambre... De quel droit l'Empire nous laisse-t-il sans armes devant l'invasion, sacrifiant le pays à la dynastie ?... Les précautions prises contre la Révolution la précipitaient[1]. »

Charles de Hart, espion prussien, arrêté à Gien et condamné à mort par le 2ᵉ conseil de guerre de la Seine, subit courageusement sa peine le 27. Il avait avoué son titre d'officier et l'envoi fait par lui à son gouvernement de plans et de rapports. C'est le 42ᵉ de ligne qui fournit le peloton d'exécution.

Le procès des émeutiers de la Villette occupa les audiences des 20, 23 et 27 août. Le conseil de guerre condamna Eudes, Brideau, Gresset, Zimmermann à la peine de mort, trois autres accusés à dix ans de travaux forcés et deux à cinq ans de détention ; il prononça cinq acquittements. Blanqui n'avait pu être arrêté. Michelet et Georges Sand écrivirent « aux chefs de la défense » pour demander un sursis aux exécutions. Le grand historien terminait ainsi sa lettre datée du 30 : « Toute justice humaine, à l'heure qu'il est, doit s'ajourner, attendre, respecter Dieu qui va juger la nation. » Cinq jours plus tard, l'Empire tombait et les condamnés étaient rendus à la liberté.

Le *Journal officiel* du 27 apprit à M. Thiers qu'il était nommé membre du comité de défense. A l'ouverture de la séance, l'homme d'État qui devait être « le libérateur du territoire » refusa d'entrer dans le comité. « Je ne puis, dit-il, tenir cette délégation que de l'Assemblée. » Il fut unanimement acclamé, et il accepta.

Un membre de la droite, le baron Buquet, demanda la parole. « La lettre que je tiens à la main, dit-il, et dont je vais donner lecture, est signée par tous les membres du conseil municipal de Nancy :

« Monsieur le député, est-il vrai qu'on ait « accusé de lâcheté les habitants de Nancy et « du département de la Meurthe ? Vous savez « dans quel abandon notre contrée a été lais- « sée, que, dès le 8 août, toutes les autorités « militaires l'avaient quittée précipitamment, « qu'il n'y restait même plus un gendarme, « et que Nancy, dépourvue de munitions et « d'armes, n'avait, pour le maintien de « l'ordre, que quatre-vingt-six fusils à silex « transformés, mis entre les mains de ses « pompiers. Vous savez que le gouverne- « ment annonçait que les passages des « Vosges étaient défendus, et que la popula- « tion devait être sans crainte. Vous savez que « les dernières communications que nous « avons reçues du ministre actuel de l'inté- « rieur nous invitaient, à l'approche de l'en- « nemi, à faire replier sur Châlons tous les « hommes en état de porter les armes, et « à abandonner ainsi, sans secours et sans « protection, nos femmes, nos enfants, nos « vieillards. Et c'est nous qu'on accuse ! » —

« Voilà, s'écria M. Glais-Bizoin, voilà le gouvernement que vous serviez ! »

Le baron Buquet lut encore cette lettre du maire de Châlons : « La vérité, la voici. Que les plus sévères l'apprécient et nous jugent !

« Nous avions, en vue d'une invasion, demandé à grands cris des armes. Nous ne les avons pas obtenues. Nous n'avions ni un fusil ni une cartouche. La veille du jour où l'ennemi envahissait Châlons, toute force et toute autorité militaire, depuis le général de

---

[1]. Jules Simon, *Origine et Chute du second Empire*.

division jusqu'au dernier gendarme, avaient évacué la ville. Une heure avant l'arrivée des dragons prussiens, une brigade tout entière de cavalerie française sortait de la ville, nous laissant sans défense possible. »

Les membres de la majorité courbaient la tête sous ces paroles que M. Glais-Bizoin répéta :

« Voilà le gouvernement que vous serviez ! »

On lisait dans l'*Officiel* du 31 : « Une personne sortie de Strasbourg dit que la ville a beaucoup souffert, que les munitions et les vivres sont suffisants et que le désir de résistance est général. » L'horrible vérité que le gouvernement cachait fut révélée à la Chambre par M. Keller, député du Haut-Rhin : « Strasbourg, dit-il, ne sera bientôt qu'un monceau de ruines ; le quart de la ville est brûlé ; les faubourgs sont détruits ; la bibliothèque, la cathédrale, le temple neuf, l'hôpital sont réduits en cendres ; les femmes et les enfants n'ont d'autre abri contre les bombes que les égouts. C'est en tuant les femmes et les enfants, en détruisant les maisons et les monuments, que l'ennemi veut forcer Strasbourg à capituler. Il oblige nos paysans à construire les batteries et les tranchées, de telle sorte que les assiégés sont dans l'obligation de laisser les travaux s'accomplir ou de diriger leurs balles contre des poitrines françaises. Nos villages mis à contribution ne peuvent se défendre. Depuis longtemps, les paysans alsaciens demandaient des armes ; *on les leur a toujours refusées.* » M. Keller proposa « la nomination d'une commission qui désignerait au gouvernement un commissaire extraordinaire chargé d'aller encourager la résistance patriotique de l'Alsace. » Dans cette proposition, la droite ne voit qu'un empiétement sur les droits du pouvoir exécutif. Ne faut-il pas conserver, coûte que coûte, l'intégrité de cette Constitution impériale *dont l'origine est si pure* ? Lorsqu'il s'agit de la conservation d'une loi *aussi librement consentie* par le pays en 1852, la destruction de nos villes, quelques hécatombes de femmes et d'enfants, le saccagement de nos villages indéfendus entrent-ils en balance ? Le peu que tout cela est ne vaut pas en parler.

Le comte de Palikao est mandé par l'Assemblée ; il daigne se rendre à cet appel qui lui a donné de l'humeur. A la proposition de M. Keller il oppose la question de confiance et il la pose roguement : « Que la Chambre se prononce une fois pour toutes ! *C'est la dernière fois que je me dérange pour de pareilles questions.* » Quelle outrecuidance et quelle insolence !

M. Keller répond : « Une chose me surprend : toutes les fois que la Chambre a voulu, sous une forme ou sous une autre, prendre une part effective à la défense du pays, le ministère s'y est opposé ! »

Pour rassurer la Chambre, le comte de Palikao osa lui dire ceci, la veille de la catastrophe de Sedan : « Les Allemands ont, depuis leur entrée en France, perdu 200,000 hommes ; et de mes calculs il résulte *qu'ils ne pourront plus guère longtemps* supporter les frais de la guerre. »

Les députés de la droite se déclarèrent très-satisfaits des conséquences que le général Cousin-Montauban déduisait de ses calculs savants. Prenant pour bases de leurs supputations le nombre des jours écoulés depuis l'entrée en campagne et le « *plus guère longtemps* » du comte de Palikao, des journalistes démontrèrent, le lendemain, que les Allemands seraient à bout de ressources, le 12 ou le 15 septembre *au plus tard.* C'est alors que, selon l'expression de l'impératrice-régente, « nous les mènerons, l'épée dans les reins, jusqu'à la frontière » et au delà. Paris se laissait duper naïvement par de tels baladinages.

Mais cessons de bâiller aux chimères et allons nous mettre face à face avec la réalité.

Le 19 août, l'armée de la Moselle s'était retirée dans le camp retranché de Metz; la dernière communication avec la France fut coupée dès le lendemain; 200,000 Allemands bloquaient les 180,000 hommes qui composaient cette armée et la garnison de Metz. Le même jour, 220,000 ennemis sous les ordres du prince royal de Prusse et du roi de Saxe prenaient la direction de Paris. Jusqu'au 26, le maréchal Bazaine est demeuré inactif; ce jour-là, il se décide à tenter une sortie. A quatre heures du matin, sous une pluie torrentielle, l'armée se met en mouvement. Elle est heureuse d'aller enfin attaquer les Prussiens. Quand elle est près de franchir la Moselle, on s'aperçoit que l'un des deux ponts sur lesquels doit s'effectuer le passage est impraticable. Au bout de huit heures, presque tous nos régiments sont passés sur l'autre rive; Bazaine, alors, donne un contre-ordre. Le mécontentement des soldats est extrême.

Il est midi, Bazaine tient un conseil de guerre au château de Grémont; il y avait là les maréchaux Canrobert et Le Bœuf, les généraux Bourbaki, de Ladmirault, Soleille et Coffinières commandant de la place de Metz. Bazaine ne souffle mot des dépêches qu'il a reçues du maréchal de Mac-Mahon. Le 23, il lui en était arrivé une dernière qui l'avisait de la marche sur Montmédy. Bazaine a soutenu, plus tard, qu'elle ne lui était point parvenue, mais un colonel d'état-major affirma, sur l'honneur, « non-seulement l'avoir vue entre les mains du maréchal, mais encore en avoir reçu directement communication du maréchal lui-même ».

Les chefs de corps ignoraient donc la marche du maréchal de Mac-Mahon; s'ils l'eussent connue, il est hors de doute qu'ils se fussent prononcés pour une sortie malgré l'ardente opposition du général Coffinières qui les suppliait de ne pas dégarnir la place de Metz. De son côté, le général Soleille, autre âme damnée de Bazaine, déclara qu'on n'avait de munitions que pour un jour. Le maréchal Le Bœuf, qui connaissait la fausseté de cette affirmation et qui n'osa pas la démentir, conseilla, seul, une trouée immédiate; on ne l'essaya pas. Le général Changarnier, qui suivait l'armée, a dit : « Si nous avions percé le rideau peu épais que nous avions alors devant nous, dès le lendemain nous aurions eu des nouvelles précises de l'armée de Mac-Mahon, et, conformant notre marche à la sienne, nous l'aurions ralliée deux jours avant qu'elle vînt se jeter dans le gouffre. »

Le 31, en vertu d'ordres donnés la veille, les 3ᵉ, 4ᵉ, 6ᵉ et 8ᵉ corps (garde impériale) commencèrent, vers six heures du matin, à gagner la rive gauche de la Moselle. A deux heures de l'après-midi, des combats se livrèrent sur trois points; ils se terminèrent, à neuf heures du soir, par l'enlèvement de trois positions ennemies sur lesquelles nos soldats bivouaquèrent. Au lieu de passer la nuit au milieu de son armée, Bazaine était allé dormir à Saint-Julien. Le 1ᵉʳ septembre, à quatre heures de l'après-midi seulement, nos canons tonnèrent. Le reste de la journée s'écoula en attaques de villages et de retranchements que le 4ᵉ et le 6ᵉ corps enlevèrent. La nuit vint, et, comme la veille, le commandant en chef s'éloigna du champ de bataille.

La garde impériale n'ayant pas été engagée, et nos quatre corps d'armée n'ayant devant eux que 70,000 hommes environ, on eût pu, à la faveur de la nuit et du brouillard qui enveloppait les vallées, forcer le passage; mais Bazaine ne le voulait pas; j'en trouve la preuve dans cet ordre qu'il donna pour le lendemain : « Si l'ennemi s'est accru, on se bornera à se maintenir jusqu'au soir dans les positions du 31, *afin de revenir ensuite* sous les canons des forts et de la place de Metz. »

Le 2, à cinq heures du matin, les Allemands ouvrirent le feu et attaquèrent le 3ᵉ corps.

Bientôt la division Fauvart-Bastoul se replie et découvre la division Montaudon qui se retire aussi. Peu à peu s'opère sans désordre une retraite générale que l'ennemi ne comprenait pas; nos généraux et nos officiers ne se l'expliquaient pas eux-mêmes; interrogés à ce sujet, ils firent, tous, cette étonnante réponse : « Nous nous sommes retirés parce que tout le monde se retirait[1]. »

Nous avions perdu 152 officiers et 3,617 soldats. Le général Manèque avait été tué. Les généraux Montaudon et Osmont étaient blessés. Le maréchal Bazaine attribue à la retraite du général Fauvart-Bastoul « l'échec complet de l'opération qu'il avait tentée ». Un officier rapporte que, dans tous les rangs, on murmurait et que, pour tout le monde, il était clair qu'une armée comme la nôtre attaquant un point quelconque de la circonférence ennemie devait la traverser *dès qu'elle en aurait la volonté*. « Aussi, ajoute-t-il, ne put-on s'expliquer notre insuccès qu'en se disant : Avait-on bien l'intention de réussir[2] ? »

Non, assurément non, ce maréchal de France qui allait se couvrir d'ignominies n'avait pas l'intention de réussir. Par une suite interrompue de lenteurs préméditées, de mensonges odieux, de manœuvres criminelles et de calculs infâmes, ce traître abhorrable parvint à livrer aux ennemis de la France Metz l'inviolée, deux maréchaux, 6,000 officiers, 173,000 soldats, 1,143 canons, 150,000 fusils, 13,000 chevaux, et — ô honte qui n'eut jamais d'égale ! — les drapeaux glorieux de nos régiments désarmés.

L'un des historiens les plus impartiaux de cette guerre indique judicieusement le mobile de la conduite tenue par Bazaine : « Il voulait devenir l'arbitre des destinées de la France[1]. »

Rien n'est plus vrai. Dès le 14 septembre, le maréchal félon hâta l'accomplissement de ses noirs desseins ; il entre en relations avec les Prussiens ; il déclare à ses généraux « qu'il ne tentera plus rien de sérieux » ; il charge les colonels de prévenir les officiers « que l'anarchie la plus complète règne à Paris, que Rouen et le Havre ont demandé des garnisons prussiennes, que la Prusse ne veut traiter qu'avec la dynastie déchue et que la régence sera représentée par lui » ; il envoie des émissaires à celle qu'il nomme encore « l'impératrice-régente » ; pendant qu'il ne cesse de répéter : « Je ferai fusiller quiconque parlera de capitulation, » il munit des pouvoirs nécessaires à la reddition de Metz son premier aide de camp, le général Boyer, qui part secrètement pour Versailles ; il nourrit les chevaux avec du blé et affaiblit par les privations ses soldats dont il a paralysé l'aguerrissement. C'est ainsi qu'il acheminait sa trahison abominable.

---

1. *L'Armée de Metz et la Capitulation*, par le général Deligny.
2. *Journal d'un officier de l'armée du Rhin*, par Ch. Fay.

1. Jules Claretie, *Histoire de la Révolution de 1870-71*.

DOCUMENTS COMPLÉMENTAIRES DU CHAPITRE XIX

I

PROCLAMATION DU GÉNÉRAL TROCHU AUX HABITANTS DE PARIS

« Habitants de Paris,

« Dans le péril où est le pays, je suis nommé gouverneur de Paris et commandant en chef des forces chargées de défendre la capitale en état de siége. Paris se saisit du rôle qui lui appartient, et il veut être le centre des grands efforts, des grands sacrifices et des grands exemples. Je viens m'y associer avec tout mon cœur ; ce sera l'honneur de ma vie et l'éclatant couronnement d'une carrière restée jusqu'à ce jour inconnue de la plupart d'entre vous.

« J'ai la foi la plus entière dans le succès de notre glorieuse entreprise : mais c'est à une condition dont le caractère est impérieux, absolu, et sans laquelle nos communs efforts seraient frappés d'impuissance. Je veux parler du bon ordre, et j'entends par là non-seulement le calme de la rue, mais le calme de vos foyers, le calme de vos esprits, la déférence pour les ordres de l'autorité responsable, la résignation devant les épreuves inséparables de la situation, et enfin la sérénité grave et recueillie d'une grande nation militaire qui prend en main avec une ferme résolution, dans des circonstances solennelles, la conduite de ses destinées.

« Et je ne m'en référerai pas, pour assurer à la situation cet équilibre si désirable, aux pouvoirs que je tiens de l'état de siége et de la loi. Je le demanderai à votre patriotisme, je l'obtiendrai de votre confiance, en montrant moi-même à la population de Paris une confiance sans limites. Je fais appel à tous les hommes de tous les partis, n'appartenant moi-même, on le sait dans l'armée, à aucun autre parti qu'à celui du pays. Je fais appel à leur dévouement. Je leur demande de contenir par l'autorité morale les ardents qui ne sauraient pas se contenir eux-mêmes, et de faire justice par leurs propres mains de ces hommes qui ne sont d'aucun parti et qui n'aperçoivent dans les malheurs publics que l'occasion de satisfaire des appétits détestables.

« Et pour accomplir mon œuvre, après laquelle, je l'affirme, je rentrerai dans l'obscurité d'où je sors, j'adopte l'une des vieilles devises de la province de Bretagne, où je suis né :

« Avec l'aide de Dieu, pour la patrie. »

« Général TROCHU. »

Paris, 18 août 1870.

II

PROCLAMATION DU GÉNÉRAL TROCHU

« A la garde nationale de Paris,

« A la garde nationale mobile,

« Aux troupes de terre et de mer de l'armée de Paris,

« A tous les défenseurs de la capitale en état de siége.

« Au milieu d'événements de la plus haute gravité, j'ai été nommé gouverneur de Paris et commandant en chef des forces réunies pour sa défense.

« L'honneur est grand ; le péril pour moi l'est aussi ; mais je me fie à vous du soin de relever par d'énergiques efforts de patriotisme la fortune de nos armées, si Paris venait à subir les épreuves d'un siége.

« Jamais plus magnifique occasion ne s'offrit à vous de montrer au monde qu'une longue suite de prospérités et de jouissances n'a pu amollir les mœurs publiques et la virilité du pays.

« Vous avez sous les yeux le glorieux exemple de l'armée du Rhin. Ils ont combattu un contre trois dans des luttes héroïques qui font l'admiration du pays et le pénètrent de gratitude. Elle porte devant vous le deuil de ceux qui sont morts.

« Soldats de l'armée de Paris,

« Ma vie entière s'est écoulée au milieu de vous dans une étroite solidarité où je puise aujourd'hui mon espoir et ma force. Je n'en appelle pas à votre courage et à votre constance qui me sont bien connus. Mais montrez, par l'obéissance, par une vigoureuse discipline, par la dignité de votre conduite et de votre attitude devant la population, que vous avez le sentiment profond des responsabilités qui pèsent sur vous.

« Soyez l'exemple et soyez l'encouragement de tous.

« La présente proclamation sera mise à l'ordre du jour par les chefs de corps. Cet ordre sera lu, à deux appels consécutifs, à la troupe assemblée sous les armes.

« Au quartier général, à Paris, le 19 août 1870.

« Le gouverneur de Paris,

« Général TROCHU. »

III

LETTRE ET PROCLAMATION RÉDIGÉES
PAR M. ROUHER, A REIMS, LE 21 AOUT 1870

PROJET D'UNE LETTRE DE NAPOLÉON
AU MARÉCHAL DE MAC-MAHON

(De la main de M. Rouher.)

« Maréchal,

« Nos communications avec le maréchal Bazaine sont interrompues. Les circonstances deviennent difficiles et graves. Je fais appel à votre patriotisme et à votre dévouement, et je vous confère le commandement général de l'armée de Châlons et des troupes qui se réuniront autour de la capitale et dans Paris.

« Vous aurez, maréchal, la plus grande gloire, celle de combattre et de repousser l'invasion étrangère.

« Pour moi, qu'aucune préoccupation politique ne domine autre que celle du salut de la patrie, je veux *être votre premier soldat*[1], combattre et vaincre ou mourir *à côté de vous*[2] au milieu de mes soldats. »

PROJET D'UNE PROCLAMATION DU MARÉCHAL
DE MAC-MAHON

(Ce projet est écrit de la main de M. Rouher.)

Napoléon se proposait d'expédier à la fois au maréchal et sa lettre personnelle et la proclamation que le maréchal devait adresser à ses soldats.

« Soldats,

« L'empereur me confie les fonctions de général en chef de toutes les forces militaires qui, avec l'armée de Châlons, se réuniront autour de Paris et dans la capitale. *Mon vif désir et ma première pensée*[3] Mon désir le plus ardent était de me porter au secours du maréchal Bazaine ; mais cette entreprise était impossible. Nous ne pouvions nous rapprocher de Metz avant plusieurs jours ; d'ici à cette époque, le maréchal Bazaine aura sans doute brisé les obstacles qui l'arrêtent ; d'ailleurs, pendant notre marche directe sur Metz, Paris restait découvert et une armée prussienne nombreuse pouvait arriver sous ses murs.

« Le système des Prussiens consiste à concentrer leurs forces et à agir par grandes masses.

---

1. Les mots en italique sont rayés sur la pièce originale.
2. Rayé.
3. Rayé.

Le général de Wimpffen.

« Nous devons imiter leur tactique; je vais vous conduire sous les murs de Paris, qui forment le boulevard de la France contre l'ennemi.

« Sous peu de jours, l'armée de Châlons sera doublée. Les anciens soldats de vingt-cinq à trente-cinq ans rejoignent de toutes parts. L'ardeur nationale est immense; toutes les forces de la patrie sont debout.

« J'accepte avec confiance le commandement que l'empereur me confère.

« Soldats, je compte sur votre patriotisme, sur votre valeur; *j'ai l'espoir de vaincre* [1], et j'ai la conviction qu'avec de la persévérance et du temps nous vaincrons l'ennemi et le chasserons de notre territoire. »

IV

LE COMMANDEMENT

Sous ce titre, M. Amédée Le Faure, dont la compétence dans les questions militaires

[1]. Rayé sur l'original.

est reconnue, nous a dit avec une précision saisissante des vérités douloureuses mais profitables :

« En quelques lignes, il est aisé de faire l'histoire de la première partie de la guerre de 1870 ; la conclusion viendra d'elle-même :

« *4 août. Combat de Wissembourg.* — Le 29 juillet, le général Ducrot écrivait : « Il n'y « a aucun inconvénient à placer des troupes « à Wissembourg. Je surveille la position, du « Pigeonnier. » Le 4 août, la division Douay est écrasée à Wissembourg ; la division Ducrot est au Pigeonnier. Elle demeure immobile. *Point d'ordres.*

« *6 août. Wœrth.* — Le général von Kirchbach tâte les positions françaises ; il estime que le moment est venu d'attaquer à fond ; tout retard pourrait être fatal. Il engage l'action, sans même prévenir le prince royal.

« Du côté des Français, le général de Failly est à Bitche avec deux divisions. Il pourrait arriver à temps, au moins pour couvrir la retraite. Des employés du chemin de fer prennent sur eux de former des trains. Le général demeure immobile. *Pas d'ordres.*

« *6 août. Forbach.* — Le général von Kamecke, avec 10,000 Prussiens, attaque 26,000 Français retranchés dans une position formidable. 25,000 Prussiens entendent le canon dans un rayon de 40 kilomètres : ils accourent tous.

« 40,000 Français sont à moins de 16 kilomètres : pas un n'arrive. *Point d'ordres.*

« *14 août. Borny.* — Le général von Goltz s'aperçoit que les Français quittent Metz : sans ordre, il se jette sur eux, les force à livrer bataille et leur fait perdre vingt-quatre heures.

« *16 août. Rézonville.* — Sans ordres, le général Alvensleben attaque l'armée française, en retraite sur Verdun. Toutes les troupes allemandes qui entendent le canon accourent (10ᵉ corps, partie du 9ᵉ). L'armée française perd quarante-huit heures : le prince Charles pourra dès lors arriver.

« Du côté des Français, le général de Ladmirault tient la victoire, il n'a qu'un pas à faire : les Prussiens, exténués, ont la Moselle à dos. Le général de Ladmirault s'arrête à quatre heures, après la charge de la ferme de Greyère. *Pas d'ordres.*

« *18 août. Saint-Privat.* — La bataille engagée, tous les Prussiens accourent ; le 2ᵉ corps (Poméraniens) n'a pas d'ordres, il vient de faire une marche de 30 kilomètres ; il s'avance au canon, et arrive à temps pour sauver Steinmetz.

« Du côté des Français, le 2ᵉ, le 3ᵉ, le 4ᵉ corps repoussent les Prussiens ; le 6ᵉ fléchit. Le général Bourbaki est sur le lieu même du combat ; il a dans la main deux divisions, 20,000 hommes, nous ne disons pas l'élite, — car dans cette admirable armée à laquelle on n'a jamais rendu justice tout était élite, — mais les grenadiers, les voltigeurs, les zouaves, la garde enfin. Il peut soutenir le 6ᵉ corps, et la bataille est gagnée.

« Il peut combiner un mouvement avec les 3ᵉ et 2ᵉ corps victorieux, et couper les Prussiens. Suivant l'expression de Scharnhorst, « la stratégie est inutile. Il s'agit « d'adopter promptement une combinaison « et d'agir vigoureusement. » Le général Bourbaki demeure immobile. *Pas d'ordres.*

« C'est de l'histoire, de l'histoire d'hier, vraie, indiscutable.

« 6 batailles livrées en 14 jours, toutes engagées par l'initiative d'un général prussien, 4 gagnées, 2 indécises donnent cependant le résultat voulu : elles arrêtent le mouvement des Français, et concourent puissamment au succès final.

« De notre côté, à Forbach, à Borny, à Rézonville, à Saint-Privat, 4 fois sur 6, la victoire était à nous complète, absolue, décisive, sans cette cause si souvent alléguée à Trianon : *Pas d'ordres.*

« Nous venons de rappeler le souvenir de Trianon.

« A-t-on oublié ce lugubre défilé de chefs d'état-major qui ne faisaient pas reconnaître les routes par lesquelles devait passer l'armée, de généraux qui n'avaient pas marché au canon, de commandants de corps qui, ouvertement, en plein conseil de guerre, demandaient la capitulation, — un crime ! — d'intendants qui ne nourrissaient pas l'armée, de colonels qui livraient leurs aigles ?

« Il faut lire, relire sans cesse cet effroyable dossier ; il faut que tous ceux qui aiment l'armée, qui la veulent forte et respectée, se souviennent.

« Alors on comprendra qu'un système qui place la responsabilité seulement à la tête autorise toutes les négligences, toutes les fautes, amène la défaite et le démembrement.

« Alors, voyant que les témoins de Trianon sont encore les chefs d'aujourd'hui, on comprendra que ce n'est pas sur le commandement suprême qu'il faut compter pour gagner des batailles. »

CHAPITRE XX

1870.

L'armée de Châlons. — Une exclamation du duc de Magenta, et une déclaration de Napoléon Ier. — Marche de l'armée vers l'Est; une surprise et une attaque. — Nouvelles perplexités du maréchal de Mac-Mahon; une heureuse inspiration et un bon conseil; le maréchal n'y cède pas; la marche fatale se continue : comment elle a été jugée par Napoléon III; ce qu'en disait M. Thiers au comité de défense. — Complaisance funeste. — Une grosse question. — L'armée de Châlons en marche; nouvelles lenteurs dont l'ennemi profite. — La surprise et le combat de Beaumont; M. de Failly à table. — Détermination fatale. — Deux dépêches de l'empereur. — L'armée arrive à Sedan. — Le général de Wimpffen vient remplacer M. de Failly. — La journée du 31. — La bataille de Sedan; Mac-Mahon, blessé, remet le commandement au général Ducrot; l'empereur va déjeuner; de Wimpffen prend le commandement en chef; sa lettre à l'empereur; ses ordres de retraite; la déroute; l'empereur a fait hisser le drapeau blanc; protestation et tentative désespérée du général de Wimpffen; il donne sa démission que l'empereur refuse; négociations au quartier général prussien; la capitulation; Napoléon III se constitue prisonnier du roi de Prusse; sa lettre à Guillaume; entrevue des deux souverains; un mensonge et une lâcheté; départ de l'empereur pour Wilhemshœhe. — Proclamation du général en chef aux soldats. — L'armée prisonnière; un cri d'indignation. — Nos pertes. — Une immolation prévue. — Un hommage à l'héroïsme de nos soldats. — Un opuscule de Napoléon III.

Allons, maintenant, retrouver l'armée de Châlons que nous avons laissée à Reims. Le 23 août, elle se dirigea vers l'Est, traînant à sa suite l'empereur et les services de bouche ; elle se composait de 120,000 hommes appuyés par 400 canons et divisés en 4 corps : le 1er et le 5e complétés par vingt-six bataillons de marche, le 7e et le 12e. Ce dernier, sous les ordres du général Lebrun, était intact et formé de quatre divisions d'infanterie dont une d'infanterie de marine commandée par le général de Vassoignes.

On raconte que, en sortant du cabinet de l'empereur, où il venait de signer l'ordre de marche sur la Suippe, le maréchal de Mac-Mahon rencontra le général Forgeot, serra la main de son vieux compagnon d'armes, et s'écria : « J'aurais mieux aimé me voir couper le bras droit que d'être forcé de signer un ordre pareil, qui est la perte de notre dernière armée. »

Le duc de Magenta n'eût point signé cet ordre fatal s'il se fût souvenu que Napoléon Ier a écrit ceci : « Tout général en chef qui se charge d'exécuter un plan qu'il trouve mauvais est coupable; il doit représenter ses motifs, insister pour que le plan soit changé, enfin, donner sa démission plutôt que d'être l'instrument de la perte de son armée. »

Va-t-on, par une marche rapide, rattraper le temps qu'on a perdu en hésitations regrettables? Non, on perd deux jours encore en pivotant sur la droite et sur la gauche. On ne fait que 12 kilomètres par jour, et l'armée du prince royal en fait plus de 30. L'avance que nous avions sur lui va s'amoindrissant. Le 5e et le 7e corps sous les ordres des généraux de Failly et Félix Douay rencontrent, le 27, à Buzency, une armée prussienne qui les attaque; ils rétrogradent et se replient sur Châtillon.

Le maréchal de Mac-Mahon qui est arrivé au Chêne-Populeux apprend cette attaque imprévue. Ses angoissantes perplexités renaissent. Sa volonté se dégage, un instant, des obsessions qui l'ont maîtrisée. Il est ressaisi par cette crainte salutaire qui, le 21, en présence de l'empereur et de M. Rouher, l'amenait à cette opinion : « Se porter vers l'Est avec une armée comme la mienne, n'est-ce pas s'exposer à une défaite qui serait la perte de la France ? » Le danger qui le presse de toutes parts est si évident que, pour en préserver son armée, il se décide à se porter sur Mézières. « Faites-le sans prévenir le gouvernement », lui conseille prudemment son chef d'état-major. Hélas ! le maréchal laisse échapper l'occasion qui, une fois encore, s'offre à lui, de sauver la patrie. Au lieu d'obéir à son heureuse inspiration et au bon conseil de son chef d'état-major, il avise le comte de Palikao du mouvement qu'il projette et lui expose les puissants motifs qui le déterminent à se rapprocher, le lendemain, de Mézières d'où il continuera sa retraite, selon les événements, vers l'ouest. Voici sa dépêche :

« *Maréchal Mac-Mahon à Guerre. — Paris.*

« Le Chesne, 27 août 1860, 8 h. 30 m. soir.

« Les 1re et 2e armées, plus de 200,000 hommes, bloquent Metz, principalement sur la rive gauche ; une force évaluée 50,000 hommes serait établie sur la rive droite de Meuse pour gêner ma marche sur Metz. Des renseignements annoncent que l'armée du prince royal de Prusse se dirige aujourd'hui sur les Ardennes avec 50,000 hommes ; elle serait déjà à Ardeuil. Je suis au Chêsne avec un peu plus de 100,000 hommes. Depuis le 9, je n'ai aucune nouvelle de Bazaine ; si je me porte à sa rencontre, je serai attaqué de front par une partie des 1re et 2e armées, qui, à la faveur des bois, peuvent dérober une force supérieure à la mienne ; en même temps, attaqué par l'armée du prince royal de Prusse me coupant toute ligne de retraite. Je me rapproche demain de Mézières, d'où je continuerai ma retraite, selon les événements, vers l'ouest. »

A onze heures, le ministre de la guerre adressait à l'empereur le télégramme suivant :

« Si vous abandonnez Bazaine, la Révolution est dans Paris et vous serez attaqué vous-même par toutes les forces de l'ennemi. Contre le dehors, Paris se gardera. Les fortifications sont terminées. Il me paraît urgent que vous puissiez parvenir rapidement jusqu'à Bazaine. Ce n'est pas le prince royal de Prusse qui est à Châlons, mais un des princes, frère du roi de Prusse, avec une avant-garde et des forces considérables de cavalerie. Je vous ai télégraphié ce matin deux renseignements qui indiquent que le prince royal de Prusse, sentant le danger auquel votre marche tournante expose et son armée et l'armée qui bloque Bazaine, aurait changé de direction et marcherait vers le nord. Vous avez au moins trente-six heures d'avance sur lui, peut-être quarante-huit heures. Vous n'avez devant vous qu'une partie des forces qui bloquent Metz et qui, vous voyant vous retirer de Châlons à Reims, s'étaient étendues vers l'Argonne. Votre mouvement sur Reims les avait trompées. Comme le prince royal de Prusse, ici tout le monde a senti la nécessité de dégager Bazaine, et l'anxiété avec laquelle on vous suit est extrême. »

Le lendemain, le maréchal de Mac-Mahon recevait cette dépêche impérative du comte de Palikao :

« Au nom du conseil des ministres et du conseil privé, je vous demande de porter secours à Bazaine en profitant des trente heures d'avance que vous avez sur le prince royal de Prusse. Je fais porter corps Vinoy sur Reims. »

Aussitôt, renonçant à son mouvement sur Mézières, Mac-Mahon reprit cette marche que l'empereur a condamnée en ces termes : « Les Prussiens ont été plus tôt prêts que nous ;

ils *nous ont surpris en flagrant délit de formation.* L'offensive m'étant devenue impossible, je me suis résolu à la défensive. Mais, empêchée par des *considérations politiques*, la marche en arrière *a été retardée*, puis devenue impossible. Revenu à Châlons, j'ai voulu conduire à Paris la dernière armée qui nous restait. Mais *là encore des considérations politiques nous ont forcés à faire la* MARCHE LA PLUS IMPRUDENTE ET LA MOINS STRATÉGIQUE, qui a fini par le désastre de Sedan. Voici, en peu de mots, ce qu'a été la malheureuse campagne de 1870 [1]. »

A Paris, dans le comité de défense, cette marche « *la plus imprudente et la moins stratégique* » était blâmée sévèrement. « Ce qui me révoltait dans cette expédition, a dit M. Thiers, c'était de penser qu'on allait prendre notre dernière armée pour l'envoyer périr dans les Ardennes. » Il répétait sans cesse aux membres du comité que, entre l'armée de Metz et Paris, il y avait un mur d'airain de 300,000 hommes et impossible à percer ; que le seul résultat qu'on pût obtenir, c'était de perdre inutilement nos dernières forces organisées, de se priver inévitablement et fatalement du seul moyen de rendre efficace la résistance de Paris dont la défense n'était concevable qu'avec une armée de secours campant et manœuvrant autour de ses murs ; que si l'armée conduite par Mac-Mahon vers le nord-est ne périssait pas, le moins qui pût lui arriver était d'être bloquée comme celle de Metz. Et il ajoutait : « Vous avez un maréchal bloqué, vous en aurez deux. »

Mac-Mahon sait et a télégraphié au ministre de la guerre que, s'il se porte à la rencontre de Bazaine, il peut être attaqué de front par deux armées, et, en même temps, par celle du prince royal de Prusse lui coupant toute ligne de retraite. L'abîme est là.

[1]. Lettre de l'empereur au général anglais Burgoyne. Wilhemshœhe, 29 octobre 1870.

Le duc de Magenta le voit, il peut l'éviter ; mais — docilité ou complaisance également funestes — il ne résiste pas à ceux qui l'y poussent.

Ici se pose une grosse question. Dans son télégramme du 27, le maréchal disait : « Depuis le 19, je n'ai aucune nouvelle de Bazaine. « Or, dans la soirée du 22 août, les messagers Miès et Rabasse, ayant pu tromper la vigilance de l'ennemi, arrivaient au quartier général de Reims, porteurs d'une dépêche adressée par Bazaine au maréchal de Mac-Mahon sous le couvert du colonel Stoffel ; elle était datée du 20 et ainsi conçue : « L'ennemi grossit toujours auprès de moi. Je suivrai très-probablement pour vous rejoindre la ligne des places du Nord ; *je vous préviendrai de ma marche, si je puis toutefois l'entreprendre sans compromettre l'armée.* »

Cette dépêche rendait obligatoire la suspension du mouvement projeté sur Montmédy, car l'avis annoncé par Bazaine au sujet de sa marche pourra modifier celle de Mac-Mahon. Cependant on ne tint nul compte de cette dépêche qui contrariait les désirs pressants de l'impératrice et du comte de Palikao. Le duc de Magenta déclare qu'il ne l'a point reçue, et nous devons le croire ; mais le colonel Stoffel affirme qu'il l'a remise au premier aide de camp du maréchal, et des témoins appuient cette affirmation [1]. La disparition de cette dépêche qui imposait au commandant en chef *de nos dernières forces organisées* le devoir de retarder une marche conseillée dans un intérêt purement dynastique est un fait singulièrement étrange.

Le 5ᵉ corps avait repris, le 28, sa marche

[1]. Le colonel Stoffel ayant été soupçonné d'avoir soustrait cette dépêche, une instruction judiciaire fut faite. Divers témoignages prouvèrent que le colonel avait remis la dépêche au principal aide de camp du maréchal de Mac-Mahon, et une ordonnance de non-lieu fut rendue en faveur du prévenu. — *La Dépêche du 20 août*, par le colonel Stoffel.

sur Buzancy; il parcourait de nouveau les chemins sur lesquels l'attaque imprévue de la veille l'avait obligé à rétrograder. Le soir, nos soldats n'avaient fourni qu'une courte étape. On continuait à gaspiller un temps de plus en plus précieux. Le nombre des traînards s'accroît d'heure en heure; le désordre se met partout. La cavalerie qui devait éclairer l'armée reste en arrière pour protéger l'empereur. L'ennemi gagne du terrain. Déjà le passage de la Meuse entre Dun et Stenay n'est plus possible; il est effectuable encore entre Mouzon et Sedan, mais il faut que les excitations du commandant en chef donnent, pour ainsi dire, des ailes aux soldats. S'abîmant dans une silence morne, le maréchal de Mac-Mahon ne leur adresse aucune parole d'encouragement; on dirait que, se sentant perdu, il suit docilement le cours de la destinée à laquelle il s'est soumis.

Le 29, l'ennemi, dont le nombre va, de toutes parts, grossissant, signale son approche par l'enlèvement du village de Voncq et par la puissance de son artillerie qui, à Nouart, fait subir des pertes au 5ᵉ corps; pendant la nuit, M. de Failly arrive à Beaumont.

Le 30, à sept heures du matin, le maréchal, en se rendant à Mouzon, ordonne à ce général de prendre, sans le moindre retard, la même direction, et de passer la Meuse. N'obéissant pas à cet ordre, le chef du 5ᵉ corps autorise une halte de quatre heures pour la tête de colonne et de cinq pour l'armée : avant le départ, on passera l'inspection des armes; les fusils devront donc être nettoyés. Au lieu d'établir le campement sur des hauteurs voisines, on avait choisi un bas-fond que rien n'abritait. C'est là que, tout à coup, une grêle d'obus et de mitraille tomba au milieu de nos soldats; la plupart dormaient tandis que d'autres lavaient leur linge ou nettoyaient leurs fusils.

« Les généraux et le général en chef du 5ᵉ corps achevaient paisiblement de déjeuner chez le maire de Beaumont[1]. » M. l'abbé Emmanuel Domenech assure « qu'il n'enregistra qu'après quinze jours d'enquêtes et de contre-enquêtes ce fait monstrueux : le général de Failly déjeunait. On vient l'avertir que les Prussiens approchent. « *Ah bah!* » répondit-il, nous leur avons tué, hier, assez « de monde; ils peuvent bien, aujourd'hui, « nous mettre quelques hommes hors de com- « bat. Allons! débouchons une bouteille[2]! »

Pendant que nos soldats écrasés par le feu de cinq batteries prennent les armes, vont chercher les chevaux encore à la corde pour les harnacher et les atteler aux pièces, des bataillons allemands sortent des bois voisins que, suivant la coutume, on n'a pas fouillés et font éclater une vive fusillade sur nos bataillons qui se sont élancés la baïonnette en avant. Pendant sept heures, on se bat. Nos rangs, qui s'étaient formés et reformés plusieurs fois, se rompent. La cavalerie essaye de protéger notre retraite qu'une terreur affolante désordonne et précipite. Le 5ᵉ corps, dont tous les régiments sont débandés, n'est plus qu'un amas de fuyards désespérés; les boulets ennemis poursuivent sur le pont et sur le gué de Mouzon nos malheureux soldats qui s'y pressent afin de gagner l'autre bord de la Meuse teinte de leur sang. « Les monceaux de morts augmentaient l'encombrement inextricable de ces deux débouchés si étroits[3]. » A Beaumont comme à Reichshoffen, nos cuirassiers ineffrayables se jetèrent au-devant de la mort et s'offrirent en holocauste pour le salut d'un corps d'armée en pleine déroute.

Puisqu'il s'était décidé à porter secours au maréchal Bazaine, que devait faire le maréchal de Mac-Mahon ? Détruire les ponts sur la Meuse, se diriger vers Metz par Montmédy, mettre l'armée du prince Frédéric-Charles

---

1. Le général de Wimpffen, *Sedan*.
2. *Histoire de la campagne de 1870-71*.
3. *Histoire de l'armée de Châlons*, par un volontaire de l'armée du Rhin.

entre deux feux et rendre ainsi obligatoire une sortie de l'armée bloquée. Mais, en cédant à des injonctions qu'il croyait funestes, le duc de Magenta ne retrouvait plus ses qualités militaires. Sa volonté, qui avait eu deux éclairs heureux à Reims et au Chêne-Populeux, s'étant anéantie, un déconcertement périlleux se remarquait, non dans ses yeux sombres ni sur sa physionomie inexpressive, mais dans l'hésitation de ses marches, dans l'incertitude de sa direction. Le désastre de Beaumont ajoute encore à la confusion de ses idées et lui suggère la plus fatale détermination qu'on pût prendre : il donne l'ordre à l'armée de se replier sur Sedan par les deux routes de Carignan et de Mairy.

Dans cette soirée du 30, l'empereur qui, pendant la bataille, était resté assis, au milieu de son état-major, sur les hauteurs de Mouzon, télégraphiait à l'impératrice : « Il y a eu encore, aujourd'hui, *un engagement sans importance, et je suis resté à cheval assez longtemps.* » Et pendant que nos soldats étaient foudroyés sur le pont et sur le gué de Mouzon, il adressait à son trésorier Bure ce télégramme inqualifiable : « *J'approuve la distribution des fonds que tu me proposes. Tu remettras le reste à Charles Thélin.* »

Dans la nuit du 30 et dans la matinée du 31, l'armée débandée arrivait à Sedan par toutes les routes aboutissantes au gouffre où ses chefs la poussaient. C'était un désordre inexprimable, une tumultueuse cohue d'hommes fatigués, affamés et arrêtés dans leur course haletante par la file interminable des équipages de Sa Majesté. La ville s'encombre d'officiers cherchant leurs régiments et de soldats cherchant du pain.

Pour remplacer à la tête des débris du 5ᵉ corps ce général de Failly dont la criminelle imprévoyance compromit tant de fois le sort de nos armes, le comte de Palikao avait tardivement désigné le général de Wimpffen. Par sa bravoure et par ses talents militaires, ce général s'était brillamment distingué en Italie et en Afrique; il commandait la province d'Alger quand la guerre fut déclarée à la Prusse; il sollicita un commandement; à ce vieux soldat qui avait conquis tous ses grades sur les champs de bataille on préféra le danseur émerveillable dans l'art de mener la danse du cotillon, le divertisseur de l'impératrice! M. de Wimpffen était le plus ancien général de l'armée; à ce titre, il avait reçu du ministre de la guerre l'ordre écrit de prendre le commandement en chef si le maréchal de Mac-Mahon était frappé dans un combat.

Le 31, dès le grand matin, le général de Wimpffen pénétra, non sans peine, dans le cabinet de l'empereur qui habitait l'hôtel de la sous-préfecture. Napoléon prit la main du général, et, les yeux pleins de larmes, lui dit : « Expliquez-moi donc pourquoi nous sommes toujours battus et ce qui a pu amener la *désastreuse affaire* de Beaumont[1]? » — « Sire, répondit le glorieux blessé de Buffalora[2], je présume que les corps d'armée en présence de l'ennemi étaient trop éloignés les uns des autres pour se prêter un mutuel appui, que les ordres ont été mal donnés et mal exécutés. » — « Hélas! fit l'empereur, nous sommes bien malheureux! »

Au lieu de perdre une journée à Sedan, ville sans défense, dépourvue de vivres et de munitions, formant le fond d'un vaste entonnoir dont une chaîne circulaire de vallons et de bois couronne l'évasement, « terrain qui ne pouvait être plus propice au génie de l'ennemi et à sa manière de combattre[3], » pourquoi, dès les premières heures du 31, le

---

1. Que, dans son télégramme à l'impératrice, il qualifiait *d'engagement sans importance*.

2. Dans la journée de Magenta, le général de Wimpffen fut blessé en attaquant, l'épée à la main et à la tête des grenadiers de la garde, le village de Buffalora.

3. *Histoire de l'armée de Châlons*, par un volontaire de l'armée du Rhin.

Le bombardement de Strasbourg.

maréchal de Mac-Mahon ne donna-t-il pas à l'armée l'ordre d'exécuter rapidement une retraite sur Mézières, place forte, bien pourvue de tout et sous laquelle une bataille eût pu être livrée dans les plus favorables conditions? Je posai, un jour, cette question à un chef de bataillon qui prit part à cette guerre; il me répondit à peu près en ces termes : « Quand on fait une chose à contre-cœur, ça va mal; on se désoriente et ça va pis ; on croit de moins en moins à la réussite et on néglige de plus en plus les détails dont elle dépend. C'était le cas du maréchal. Ajoutez à cela une armée comme la sienne, toujours vaillante au combat, mais démoralisée par le désarroi perdurable des services de l'intendance et par d'incessantes surprises qu'elle imputait à la trahison, par des chefs comme ce de Failly dont l'incurie et l'insouciance coupables autorisaient tous les soupçons, et dites s'il n'y a pas de quoi perdre la tramontane : le maréchal la perdit. »

Pendant que le duc de Magenta employait la journée du 31 à inspecter les fortifications de Sedan et à se demander laquelle des trois routes allant, l'une, à l'ouest, sur Mézières, — l'autre, à l'est, sur Carignan, — la troisième, au nord, sur la Belgique, il devrait choisir pour effectuer une retraite, les deux armées allemandes sous les ordres du prince de Saxe exécutaient un plan d'attaque aussi rapidement qu'il avait été conçu. A onze heures, un corps de Bavarois simulait une attaque sur Bazeilles afin de donner à tous les corps prussiens le temps d'opérer leurs mouvements autour de notre armée. Jusqu'à sept heures du soir, la division d'infanterie de marine appartenant à notre 12ᵉ corps et les Bavarois se disputèrent le village qui demeura en notre pouvoir.

Cependant l'armée du prince de Saxe repassait la Meuse sur le pont de Mouzon, que le maréchal de Mac-Mahon n'avait pas songé à détruire, et s'établissait sur les hauteurs de Francheval, tandis que celle du prince royal arrivait à Donchéry dont le pont était encore debout malgré l'ordre donné par Mac-Mahon de le faire sauter. L'ennemi pourra traverser la Meuse sur ce pont et nous couper la retraite sur Mézières.

Quand le maréchal regagna son quartier général, il n'avait donné aucun ordre ni rien résolu pour le lendemain.

Le 1ᵉʳ septembre, la lumière aurorale pénétrait à peine un brouillard épais, et nos soldats entourant les feux préparaient leur café, lorsque des coups de fusil retentirent du côté de Bazeilles et s'étendirent de ce bourg à Balan. Les Bavarois franchissaient le pont de Bazeilles. Leur attaque était soutenue par plusieurs batteries prussiennes dressées, pendant la nuit, sur les hauteurs de Marfé. Le général Martin des Pallières défend Bazeilles avec sa division d'infanterie de marine.

Bientôt la bataille s'étend à la Moncelle, à Daigny, à Givonne, à Bois-Chevalier. Mac-Mahon était accouru, des premiers, au feu. Il a établi, du côté de Moncelles, près d'un peuplier, son poste d'observation. Cherchant à se rendre compte des positions de l'ennemi, il décide, à cinq heures et demie, que la retraite sur Mézières ou sur Carignan commencera vers six heures. Quelques minutes s'écoulent et le cheval du duc de Magenta s'abat frappé par « l'enveloppe de plomb d'un projectile ennemi »; en même temps, le maréchal est blessé à la cuisse. « Ce fut, à coup sûr, la plus heureuse blessure que le maréchal de Mac-Mahon ait eu à inscrire sur ses brillants états de service, que celle qu'il reçut au début de la bataille, le dégageant ainsi de la responsabilité de l'issue et de la catastrophe finale[1]. » L'historien auquel j'emprunte cette réflexion ajoute que, « si cette heureuse blessure a soustrait le maréchal à l'horrible nécessité de signer la capitulation de Sedan, c'est le commandant en chef de l'armée de Châlons

---

[1]. *Histoire de l'armée de Châlons*, campagne de Sedan, par un volontaire de l'armée du Rhin.

qui nous amena à cette déplorable extrémité ». En énumérant les fautes commises depuis le départ de Reims jusqu'au 31 août, journée qui s'écoula « sans qu'on fixât un plan de bataille, un objectif, une ligne de retraite, » en résumant la part que l'histoire doit attribuer au maréchal dans nos désastres, ce narrateur de la *campagne de Sedan* « croit parler, dit-il, au nom de la justice et de la vérité, tout en conservant entières la sympathie respectueuse et l'admiration que lui a toujours inpirées cette bravoure imperturbable et sereine qui, avec l'honnêteté et l'élévation des sentiments, fut toujours le caractère propre du duc de Magenta ».

Le maréchal remit le commandement au général Ducrot. L'empereur se croisa avec le blessé qu'on transportait à Sedan; il échangea quelques mots avec lui, puis, entouré de son état-major, il longea une partie extérieure du champ de bataille. Vers dix heures, le général de Wimpffen rencontra ce triste souverain à pied, abattu, découragé, et il essaya de le relever un peu de cet abattement. Vains efforts! Au lieu de partager le péril de ses troupes et de chercher à leur tête une mort dont la gloire eût pu sauver sa dynastie, Napoléon III, qui avait faim, regagna Sedan où il se mit à table avec les gens de sa maison militaire et déjeuna; il ne sortit plus de Sedan que le lendemain pour aller au quartier général prussien se constituer prisonnier du roi Guillaume; l'avant-veille, il avait envoyé son fils à Mézières.

Un peu après huit heures, le général de Wimpffen, désapprouvant un mouvement de retraite sur Mézières ordonné par le général Ducrot, avait réclamé et pris le commandement en chef en vertu de la lettre ministérielle qui le lui conférait. Son objectif était Carignan : lutter jusqu'au soir et tenter, alors, une trouée sur ce point, tel était son plan; des hommes compétents pensent qu'on ne pouvait en adopter un meilleur. Le fait est que les généraux prussiens virent avec regret la retraite sur Mézières abandonnée; si elle eût été continuée, ils espéraient faire notre armée prisonnière avant dix heures du matin.

Vers sept heures et demie, au moment où cette retraite commençait, le prince royal de Prusse, à la tête des 5° et 11° corps allemands, débouchait à l'extrémité de la boucle de la Meuse; il avait passé cette rivière sur le pont de Donchéry. A onze heures, il déployait son armée au nord-ouest de Sedan, entre Saint-Menges et Fleigneux, vis-à-vis le plateau de Floing où notre 7° corps se rangea en bataille et dressa ses batteries; entre lui et les Prussiens du prince royal, un combat d'artillerie s'engage. L'avantage des Allemands est dans le nombre et la portée de leurs canons qui brisent nos affûts et démontent nos batteries.

A midi, le général Félix Douay, commandant du 7° corps, déclare à de Wimpffen « qu'il ne se bat plus que pour l'honneur des armes ». Le nouveau général en chef se multiplie; pour transmettre ses ordres, il n'a que deux capitaines de l'état-major général de l'armée; le chef et les autres officiers qui le composent ont accompagné le maréchal de Mac-Mahon à Sedan et y sont restés.

S'apercevant que la prolongation de la lutte jusqu'au soir devient impossible, de Wimpffen a résolu de s'ouvrir immédiatement un passage sur Carignan, par Bazeilles qui est le point le plus faible de l'ennemi; les deux corps bavarois qui s'y défendaient, depuis cinq heures du matin, étaient décimés par notre division d'infanterie de marine et épuisés par leur lutte contre notre 12° corps dont l'avantage s'accentuait. Le commandant en chef envoya des ordres en conséquence aux généraux Douay, Ducrot et Lespart qui s'était mis à la tête du 5° corps. En même temps, il écrivit à l'empereur : « Sire, je me décide à forcer la ligne qui se trouve devant le général Lebrun et le général Ducrot plutôt que d'être prisonnier dans la place de Sedan.

Que Votre Majesté vienne se mettre au milieu de ses troupes ; elles tiendront à honneur de lui ouvrir un passage. — 1 heure 1/4, 1ᵉʳ septembre. DE WIMPFFEN. »

Mais les ordres qu'il a donnés aux chefs de corps ne peuvent être suivis. Écrasé par le feu de l'artillerie prussienne, le 7ᵉ corps plie sous les masses de l'infanterie allemande qui s'est mise en mouvement pour enfoncer notre aile gauche. A l'appel du général Ducrot, le général de Margueritte lance au galop ses escadrons contre les fantassins ennemis qui les accueillent par une fusillade meurtrière ; nos cuirassiers sont foudroyés dès qu'ils arrivent à une distance de 150 mètres ; ils reculent pour serrer leurs rangs et renouvellent, sans broncher, leurs charges prodigieuses ; le général de Margueritte est mortellement blessé ; le général de Galliffet le remplace et, sous son commandement, les débris de notre division de cavalerie ne se lassent pas de faire des prodiges de valeur. Mais les cadavres de nos braves cavaliers s'amoncellent ; il faut céder au nombre et battre en retraite. Sous une pluie de projectiles percutants dont le ravage est affreux, le général Ducrot, épée en main, tente inutilement de prolonger une lutte impossible. Le désordre se met dans les rangs éclaircis de nos bataillons qui se débandent ; on ne voit plus que des fuyards terrifiés se précipitant vers Sedan et se culbutant pour y entrer.

Le général Ducrot, en débouchant dans la cour de la citadelle, aperçut le général Dejean et alla à lui. Ils firent ensemble le tour des remparts pour voir s'il était possible de tenter un semblant de résistance : « Cette place de Sedan, qui avait bien son importance stratégique, puisque, se reliant à Paris par Mézières et par l'embranchement d'Hirson, elle était l'unique moyen de ravitaillement d'une armée opérant par le Nord sur Metz, *était à peine à l'abri d'un coup de main : ni vivres, ni munitions, ni approvisionnements d'aucune sorte. Quelques pièces avaient trente coups à tirer, d'autres six ; mais la plupart manquaient d'écouvillons*[1]. »

En attendant la réponse de l'empereur, le général de Wimpffen s'était placé à la tête de fantassins de la marine et du 47ᵉ de ligne et de quelques bataillons de zouaves ; combattant à travers bois et jardins, il cherchait dans les environs de Givonne le reste du 12ᵉ corps et une division du 5ᵉ qu'il espérait trouver là ; il poursuivit sa recherche jusqu'à la porte de Sedan où un officier d'ordonnance lui apprit que Sa Majesté avait fait arborer le drapeau blanc de la capitulation, et lui remit une lettre de l'empereur « ordonnant au commandant en chef de cesser le feu et de capituler ». Le général de Wimpffen s'indigne et s'emporte ; il déclare qu'il ne reconnaît pas à l'empereur le droit de hisser le drapeau parlementaire, qu'il n'ouvrira pas la lettre et qu'il refuse de négocier. Cette lettre à la main, il entre dans la ville, court jusqu'à la place de Turenne, et s'adressant aux soldats : « Mes amis, crie-t-il, suivez-moi si vous ne voulez pas être réduits à mettre bas les armes et à vous rendre prisonniers. » Deux ou trois mille soldats répondent à son appel ; il les conduit vers Balan ; le général Lebrun se joint à eux ; les paysans et leur curé combattent à côté de ces désespérés sublimes. Les Bavarois qui occupent Balan sont refoulés au delà de l'église. Un corps d'armée résolu, comme l'était cette poignée de braves, à préférer la mort à la honte eût culbuté ces divisions bavaroises dont une défense molle trahissait le harassement.

Craignant de voir sa vaillante cohorte que la mort éclaircissait à chaque instant cernée par un trop grand nombre d'ennemis, de Wimpffen donna l'ordre à ses compagnons survivants de se replier sur Sedan où le général Lebrun et lui entrèrent les derniers. Il envoya sa démission de commandant en chef à l'empereur qui lui répondit : « Général,

---

1. Le général Ducrot, *la Journée de Sedan*.

vous ne pouvez songer à donner votre démission quand il s'agit de sauver l'armée par une honorable capitulation. Je n'accepte donc pas votre démission. Vous avez fait votre devoir toute la journée, faites-le encore. C'est un service que vous rendrez au pays. Le roi de Prusse a accepté l'armistice et j'attends ses propositions. Croyez à mon amitié. »

Le vieux général, qui était si malheureusement venu d'Afrique pour assumer la responsabilité de toutes les fautes commises par d'autres, se soumit, « puisqu'*il s'agissait de sauver l'armée,* » à la douloureuse tâche que les circonstances lui imposaient. A neuf heures du soir, il arrivait au quartier général prussien et parlementait avec MM. de Moltke et de Bismarck. Digne et ferme en son langage, le général de Wimpffen plaida la cause de la France. Les derniers mots des représentants du roi Guillaume furent ceux-ci : Capitulation de l'armée qui sera prisonnière de guerre; remise des armes; les officiers conserveront leurs épées et leurs propriétés personnelles. — Quant à la paix dont il fut question, M. de Bismarck déclara que la Prusse avait l'intention bien arrêtée d'exiger une indemnité de quatre milliards et *la cession de l'Alsace et de la Lorraine.* Tel était le prix qu'elle mettait *immuablement* à la paix. Un armistice était accordé jusqu'à neuf heures du lendemain matin. Si les termes de la capitulation n'étaient point acceptés à cette heure-là, le bombardement commencerait. « Or, dit M. de Moltke, vous n'avez ni vivres ni munitions; deux cents batteries forment un cercle resserré autour de la ville et peuvent anéantir vos troupes avant qu'elles aient eu le temps d'opérer un mouvement. »

Le 2 septembre, à six heures du matin, le général de Wimpffen exposa aux généraux réunis en conseil de guerre les tristes résultats de ses pourparlers avec MM. de Moltke et de Bismarck. Nos officiers supérieurs reconnurent l'impossibilité d'une lutte et la nécessité de subir les conditions que le vainqueur imposait. MM. de Wimpffen, Ducrot, Lebrun, Félix Douay, Forgeot et Dejean signèrent une déclaration dans ce sens; les généraux Pellé et de Bellemare refusèrent de capituler et de la signer.

A neuf heures, une calèche attelée à la Daumont, précédée par un piqueur à la livrée impériale, escortée par de brillants officiers de cour, suivie par des écuyers chamarrés d'or et faraudant, sortait de la sous-préfecture de Sedan; elle traversa, au pas, les rues où s'entassaient nos pauvres soldats harassés, couverts de boue, irrités. Dans cette calèche était assis Napoléon III accompagné des généraux Douay, Lebrun et Reille; impassible et froid, il roulait une cigarette entre ses doigts; il allait se constituer prisonnier du roi de Prusse. A Donchéry, où le général de Wimpffen le rejoignit, il s'arrêta, eut un entretien avec M. de Bismarck, et le traité de capitulation fut signé.

Le château de Bellevue, à Fresnoy, fut choisi pour l'entrevue que l'empereur désirait avoir avec le roi. Napoléon III lui avait écrit, la veille : « Monsieur mon frère, *n'ayant pu mourir à la tête de mes troupes,* il ne me reste plus qu'à remettre mon épée entre les mains de Sa Majesté. » Le roi de Prusse, assure-t-on, avait répondu au messager qui lui apporta cette lettre mensongère : « Qu'il vienne lui-même, ou bien il sera traité en soldat, quoiqu'il ne le mérite guère. » Ce lâche souverain ne s'était pas même exposé, nul ne l'ignorait, à cette mort qu'il aurait dû braver à la tête de ses troupes; il n'avait pas tiré, un seul instant, du fourreau cette épée qu'il remettait vierge à son vainqueur.

Vers midi, Guillaume Ier et M. de Bismarck suivis d'un nombreux état-major arrivèrent à Bellevue. Napoléon III alla au-devant du roi, le salua chapeau en main, et lui dit en allemand : « Sire, je viens redire, de vive voix, à Votre Majesté ce que j'ai eu l'honneur de lui faire transmettre par écrit hier au soir. » Guillaume lui fît une réponse brève et froide.

Napoléon III répéta au roi cette déclaration que, trois heures auparavant, il avait faite à M. de Bismarck : « Ce n'est pas moi qui ai voulu cette guerre ; j'ai été forcé par la pression de l'opinion publique en France [1]. »

Mensonge odieux et lâcheté sans pareille qui soulevèrent dans tous les cœurs un dégoût profond. « Voilà, disait un écrivain interprète éloquent de l'indignation publique, voilà dans quelles mains nous étions tombés ! Si la chute avait été honorable, nous l'aurions respectée ; mais que celui qui nous a plongés, par un criminel caprice et un monstrueux égoïsme, dans l'abîme où nous nous débattons, vienne nous en rendre responsables et en rejeter sur nous non-seulement le châtiment, mais la faute, c'est la plus terrible expiation que Némésis puisse infliger à notre trop longue patience et à notre coupable complicité. Que la France lise et qu'elle juge ! Si jamais on venait à nous parler du retour de pareilles cendres, nous sommes sans inquiétude [2]. »

Le 3, à sept heures du matin, Napoléon III monta dans une chaise de poste qu'une escorte prussienne accompagna jusqu'à la frontière de Belgique ; ses bagages, ses fourgons, et une suite de cinquante-deux personnes, prirent, comme lui, la route d'Allemagne qui mène au château de Wilhemshœhe relié par une allée de tilleuls à la ville de Cassel dont il est le Versailles ; le prisonnier du roi de Prusse verra couler doucement les jours de sa luxueuse captivité dans cette résidence aux somptuosités de laquelle il fit ajouter une vaste galerie qui transformait en serre une partie des magnifiques jardins.

Voici la proclamation qui, dans l'après-midi du 2, fit connaître la capitulation à l'armée :

---

1. On n'a pas oublié que, le 21 juillet, l'empereur glissa ce mensonge dans sa réponse aux félicitations de M. Schneider.
2. John Lemoinne, *Journal des Débats*.

« Soldats,

« Hier, vous avez combattu contre des forces très-supérieures. Depuis le point du jour jusqu'à la nuit, vous avez résisté à l'ennemi avec la plus grande valeur et brûlé jusqu'à la dernière cartouche. Épuisés par cette lutte, vous n'avez pu répondre à l'appel qui vous a été fait par vos généraux et par vos officiers pour tenter de gagner la route de Montmédy et rejoindre le maréchal Bazaine.

« 2,000 hommes seulement ont pu se rallier pour tenter un suprême effort. Ils ont dû s'arrêter au village de Balan et rentrer à Sedan, où votre général a constaté avec douleur qu'il n'existait ni vivres ni munitions de guerre.

« On ne pouvait songer à défendre la place que sa situation rend incapable de résister à la nombreuse et puissante artillerie de l'ennemi. L'armée réunie dans les murs de la ville ne pouvait ni en sortir ni la défendre ; les moyens de subsistance manquaient pour la population et pour les troupes ; j'ai dû prendre la triste détermination de traiter avec l'ennemi.

« Envoyé, hier, au quartier général prussien avec les pleins pouvoirs de l'empereur, je ne pus d'abord me résigner à accepter les clauses qui m'étaient imposées.

« Ce matin seulement, menacé d'un bombardement auquel nous n'aurions pu répondre, je me suis décidé à de nouvelles démarches, et j'ai obtenu les conditions dans lesquelles vous sont évitées, autant qu'il a été possible, les formalités blessantes que les usages de la guerre entraînent le plus souvent en pareille circonstance.

« Il ne nous reste plus, officiers et soldats, qu'à accepter avec résignation les conséquences des nécessités contre lesquelles une armée ne peut lutter : manque de vivres et manque de munitions pour combattre.

« J'ai du moins la consolation d'éviter un massacre inutile, et de conserver à la patrie des soldats susceptibles de rendre encore dans l'avenir de bons et brillants services.

« *Le général commandant en chef,*

« De Wimpffen. »

Les officiers de chaque régiment brûlèrent leur drapeau, tandis que des soldats enclouaient des canons, inutilisaient des mitrailleuses, jetaient leurs sabres dans les égouts et leurs fusils dévissés, dans la Meuse. On apercevait les dernières flammes qui dévoraient Bazeilles incendié par les Bavarois.

Une clause de la capitulation permettait aux officiers d'opter des deux, rester libres en engageant leur parole d'honneur, par écrit, de ne pas porter les armes contre l'Allemagne pendant la guerre actuelle, ou se rendre prisonniers en Prusse. Presque tous, ayant d'ailleurs l'espoir de s'évader, voulurent partager le sort de leurs soldats. Pendant plusieurs jours, on les tint parqués dans les îles de la Meuse, sous la pluie, sans tentes ni couvertures ; on ne leur distribua que du biscuit et très-insuffisamment. Le correspondant d'un journal anglais [1] a vu ces malheureux « ayant l'air d'être restés trempés dans l'eau pendant plusieurs heures » ; les uns étaient violacés de fièvre, d'autres souffraient de maladies d'entrailles ; des centaines pouvaient à peine se tenir debout, tant ils étaient torturés par des douleurs rhumatismales. Quand on les dirigea, par sections, sur le chemin de fer qui devait les transporter en Allemagne, des musiques militaires jouant des airs de victoire les précédaient ; ceux qui, officiers ou soldats, « faibles, malades, affamés, souffrant de la dyssenterie, des rhumatismes et de la fièvre, les habits trempés, restaient un peu en arrière, étaient poussés à coup de crosse, et on leur criait : « *En avant ! En avant !* »

Certes, on ne peut qu'applaudir à ce cri arraché au général Ducrot par une légitime indignation : « On se sent pris d'un véritable désespoir, lorsqu'on pense que nos affreuses humiliations sont le résultat d'une imprévoyance sans nom, d'une incapacité absolue, d'un fol entêtement. Vainement, pendant cinq ans, nous avons sonné la cloche d'alarme ; on n'a pas voulu l'entendre, et, par cet aveuglement fatal, on est arrivé à nous infliger toutes les hontes de la défaite, toutes les humiliations, toutes les douleurs de la captivité ! Vous ne savez pas ce que nous avons souffert ; non, vous ne le saurez jamais [1]. »

La victoire de Sedan ne coûta à la Prusse que 8,960 hommes tués ou blessés. Nous eûmes 3,000 morts et 14,000 blessés ; 11,000 de nos soldats furent faits prisonniers pendant la bataille. La capitulation fit tomber au pouvoir des Prussiens un empereur, un maréchal de France, 39 généraux, 2,095 officiers et 84,433 sous-officiers et soldats enfermés dans cette place que les Allemands appelaient un « *fond de marmite* », un aigle, deux drapeaux, 400 pièces de campagne et 180 de position, 70 mitrailleuses, 66,000 fusils, 30,000 quintaux de poudre, 1,072 équipages de tout genre et 10,000 chevaux. 3,000 soldats s'étaient réfugiés en Belgique où on les désarma. Quelques régiments envoyés le matin en reconnaissance dans les bois avaient pu gagner Mézières en longeant la frontière belge.

Pauvre armée, dont l'immolation prévue par le duc de Magenta fut surtout l'œuvre de l'impératrice, les ennemis qui t'écrasèrent sous la supériorité de leur nombre et de leurs canons ont, du moins, rendu à ton héroïsme un hommage éclatant ! Un historien allemand, qui fait autorité, exalte, d'abord, la conception savante et l'irréprochable exécution des manœuvres stratégiques allemandes au moyen desquelles « fut rejeté dans un cul-de-sac le maréchal de Mac-Mahon courant au piège comme s'il eût été frappé d'é-

---

1. Le *Daily Telegraph.*

1. Déposition devant la Commission d'enquête. Rapport du duc d'Audiffret-Pasquier.

blouissement »; il constate que, « deux jours avant la bataille de Sedan, si le quartier général français n'eût pas été en proie à un aveuglement sans pareil, il aurait pu se dérober par une marche en arrière »; puis il dit : « L'armée française s'est, jusqu'à Sedan, bien et héroïquement battue; en particulier, la vieille infanterie française s'est montrée admirablement à la hauteur de la meilleure infanterie allemande en courage, en ténacité, en habileté surtout pour utiliser le terrain. Des régiments de cavalerie se sont littéralement jetés à la mort. Mais le commandement, dans son ensemble, a été aussi misérable que si c'eût été quelque groupe de chefs kabyles qui eussent commandé les armées de la France, et non une demi-douzaine d'illustres maréchaux avec des centaines de brillants officiers d'état-major de tous grades [1]. »

Napoléon III, il ne faut pas se lasser de le dire, conduisit sciemment, en 1870, nos armées à la boucherie; non-seulement il n'était pas prêt et n'avait aucun allié, mais il connaissait l'énorme supériorité numérique de l'armée allemande sur l'armée française : deux mois avant de déclarer à la Prusse une guerre dans laquelle il allait, pour servir les intérêts de sa dynastie, jouer sur un coup de hasard le salut de la patrie, ce grand criminel avait écrit et fait imprimer à très-peu d'exemplaires un opuscule contenant un état comparatif des forces militaires des deux nations. « L'armée de l'Allemagne du Nord, concluait-il, dispose donc de douze contingents, dont l'effectif total s'élève à près de NEUF CENT MILLE HOMMES. Que l'on compare l'état militaire de l'Allemagne du Nord au nôtre, et qu'on juge si ceux qui veulent encore réduire nos forces nationales sont bien éclairés sur les véritables intérêts du pays [1] ! »

Et il disait aux grands Corps de l'État : « Le but constant de mes efforts est atteint. LES RESSOURCES MILITAIRES DE LA FRANCE SONT DÉSORMAIS A LA HAUTEUR DE SES DESTINÉES DANS LE MONDE ! »

[1]. J. de Wickède, *Gazette de Cologne*.

[1]. Voir aux documents complémentaires de ce chapitre.

DOCUMENTS COMPLÉMENTAIRES DU CHAPITRE XX

I

EXTRAIT D'UN RAPPORT
DU COMTE DE BISMARCK AU ROI SUR LES INCIDENTS
DE LA REDDITION DE NAPOLÉON III

Après avoir raconté toutes les phases des négociations relatives à la capitulation, le chancelier fédéral termine ainsi son rapport daté de Donchéry, le 2 septembre 1870 :

« L'attitude du général de Wimpffen, comme celle des autres généraux français, a été des plus dignes; ce brave officier ne pouvait s'empêcher vis-à-vis de moi d'exprimer son chagrin profond de ce que, quarante-huit heures après son arrivée d'Afrique, et une demi-journée après avoir pris le commandement, il lui fallût mettre son nom au bas d'une capitulation si fatale pour les armées françaises; néanmoins le manque d'approvisionnements et de munitions et l'impossibilité absolue de prolonger la défense imposaient au général le devoir d'étouffer ses sentiments personnels, car une plus grande effusion de sang n'aurait rien changé à la situation. »

HISTOIRE DU SECOND EMPIRE (1848-70) 769

La foule devant la Chambre des députés le 4 Septembre.

II

TEXTE DE LA CAPITULATION

« Entre les soussignés, le chef d'état-major du roi Guillaume, commandant en chef des armées d'Allemagne, et le général commandant de l'armée française, tous deux munis des pleins pouvoirs de Leurs Majestés le roi Guillaume et l'empereur Napoléon, la convention suivante a été conclue :

« ART. 1er. — L'armée française placée sous les ordres du général de Wimpffen, se trouvant actuellement cernée par des forces supérieures autour de Sedan, est prisonnière de guerre.

« ART. 2. — Vu la défense valeureuse de cette armée française, exemption pour tous les généraux et officiers, ainsi que pour les employés supérieurs ayant rang d'officiers, qui engagent leur parole *par écrit* de ne pas porter les armes contre l'Allemagne et de n'agir d'aucune manière contre ses intérêts

97.

jusqu'à la fin de la guerre actuelle. Les officiers et employés qui acceptent ces conditions conserveront leurs armes et les effets qui leur appartiennent personnellement.

« Art. 3. — Toutes les armes, ainsi que le matériel de l'armée, consistant en drapeaux, aigles, canons, munitions, etc., seront livrés à Sedan à une commission militaire instituée par le général en chef, pour être remis immédiatement aux commissaires allemands.

« Art. 4. — La place de Sedan sera livrée dans son état actuel et mise, au plus tard dans la soirée du 2, à la disposition de S. M. le roi Guillaume.

« Art. 5. — Les officiers qui n'auront pas pris l'engagement mentionné à l'art. 3, ainsi que les troupes désarmées, seront rangés d'après leur régiment ou corps en ordre militaire.

« Cette mesure commencera le 2 septembre et sera terminée le 3. Ces détachements seront conduits sur le terrain bordé par la Meuse, près Iges, pour être remis aux commissaires allemands par leurs officiers qui céderont alors leurs commandements à leurs sous-officiers. Les médecins-majors, sans exemption, resteront en arrière pour soigner les blessés.

« A Frénois, le 2 septembre 1870.

« *Signé* :

« De Moltke.   Wimpffen. »

III

PROCÈS-VERBAL AUTHENTIQUE
DU CONSEIL DE GUERRE A LA SUITE DUQUEL
A ÉTÉ RÉSOLUE LA CAPITULATION DE SEDAN

« Au quartier général, à Sedan, le 2 septembre 1870.

« Aujourd'hui, 2 septembre, à six heures du matin, sur la convocation du général en chef, un conseil de guerre, auquel ont été appelés les généraux commandant les divisions et les généraux commandant en chef l'artillerie et le génie de l'armée, a été réuni :

« Le général commandant a exposé ce qui suit :

« D'après les ordres de l'empereur, et « comme conséquence de l'armistice inter- « venu entre les deux armées, j'ai dû me « rendre auprès du général comte de Moltke, « chargé des pleins pouvoirs du roi de Prusse, « dans le but d'obtenir les meilleures condi- « tions possibles pour l'armée refoulée dans « la place après une bataille malheureuse. Dès « les premiers mots de notre entretien, je « reconnus que le comte de Moltke avait « malheureusement une connaissance par- « faite de notre situation, et qu'il savait très- « bien que l'armée manquait absolument de « vivres et de munitions. M. de Moltke m'a « fait connaître, dans la journée d'hier, que « nous avions combattu une armée de « 220,000 hommes qui nous entourait de « toutes parts. — « Général, m'a-t-il dit, nous « sommes disposés à faire à votre armée, qui « s'est si vaillamment battue aujourd'hui, les « conditions les plus honorables. Toutefois « il faut que ces conditions soient compatibles « avec les exigences de notre politique. Nous « demandons que l'armée française capitule. « Elle sera prisonnière de guerre : les officiers « conserveront leurs épées et leurs propriétés « personnelles. Les armes de la troupe seront « déposées dans un magasin de la ville pour « nous être livrées. »

« Le général a demandé aux officiers généraux qui faisaient partie du conseil de guerre si, dans leur pensée, la lutte était encore possible. Deux généraux seuls ont exprimé l'opinion que l'on devait se défendre dans la place, ou chercher à sortir de vive force. On leur a fait observer que la défense de la place était impossible, parce que les vivres et munitions manquaient absolument ; que l'entassement des hommes et des voitures dans les rues rendait toute circulation impossible ; que, dans ces conditions, les feux de l'artillerie ennemie, déjà en position sur toutes les hauteurs environnantes, produiraient un affreux carnage sans aucun résultat utile ; que le débouché était impossible, puisque l'ennemi occupait déjà les barrières de la place, et que ses canons étaient braqués sur les avenues étroites qui y conduisent. Ces officiers généraux se sont rendus à l'avis de la majorité.

« En conséquence, le conseil a déclaré au général en chef que, en présence de l'impuissance matérielle de prolonger la lutte, nous étions forcés d'accepter les conditions qui nous étaient imposées, tout sursis pouvant nous exposer à subir des conséquences plus douloureuses encore.

« *Signé* : Wimpffen, Ducrot, Forgeot, Lebrun, Douay, Dejean. »

IV

LES GÉNÉRAUX PELLÉ ET CARRÉ DE BELLEMARE

Le général Pellé écrivit à sa femme la lettre suivante :

« Sedan, 3 septembre.

« Je suis prisonnier de guerre avec toute l'armée.

« Jamais aucun peuple n'a subi un tel affront.

« Dis à ton frère que, s'il lit la convocation de la réunion du conseil de guerre tenu pour la reddition de l'armée, il verra que deux généraux n'ont pas partagé l'avis de se rendre. On ne les a pas nommés. Dis-lui qu'il écrive et qu'on sache bien que les deux généraux qui n'ont pas adhéré sont le général Pellé et le général Carré de Bellemare.

« *Le général de division,*

« Pellé. »

V

CE QU'ON A VU A SEDAN, LE 1ᵉʳ SEPTEMBRE 1870

« Quand, le soir, en parcourant les rues de Sedan, j'ai vu des régiments entiers qui n'avaient pas tiré une seule cartouche, j'ai eu le cœur serré en voyant tant de braves, qui ne demandaient qu'à se battre, enfermés dans un entonnoir.

« J'ai vu, chose indigne, des généraux venir déjeuner pendant qu'on se battait ! Où étiez-vous donc, messieurs les généraux, quand tous les corps vous réclamaient dans cette triste bagarre et qu'on ne vous voyait nulle part ? Et vous, général, qui avez été tué par un obus dans Sedan même, je ne veux pas dire votre nom, car le respect des morts est sacré en France, que faisiez-vous dans Sedan pendant que l'armée avait besoin de vous ? Les Sedanais ont été admirables ; ils n'ont pas bronché pendant l'effroyable bombardement du 1ᵉʳ ; ils ont secouru tous ceux qui souffraient, et l'armée est là pour dire qu'ils ont bien mérité de la patrie. Ce n'est point de leur faute s'ils ont subi une capitulation honteuse. Les Sedanais ont tout donné ; ils ont été deux jours sans manger pour pouvoir fournir à nos malheureux soldats ce dont ils avaient besoin.

« Les artilleurs volontaires de Sedan ont usé toutes leurs munitions. A midi, ils abandonnèrent leurs pièces, mais parce qu'ils n'avaient plus un coup à tirer. Un exemple de l'ineptie qui a présidé à l'armement : une pièce servie par de braves jeunes gens a sauté au premier coup au bas des remparts. Qui l'avait placée là ? Des gens qui, pendant plusieurs années, ont été payés pour veiller à l'armement de la place...

« X... »

(Lettre publiée par le *Gaulois*, numéro du 11 septembre 1870.)

VI

UNE MAUVAISE ÉCONOMIE

Sous ce titre parut un opuscule de dix pages, au bas duquel on lit : « Imprimerie

impériale. — Mai 1870. » Les exemplaires en sont rares; celui que j'ai sous les yeux fut trouvé dans le cabinet de l'empereur.

Dans cet opuscule, Napoléon III énumère les réformes, les suppressions et les réductions opérées, en 1865, dans la garde impériale, dans l'infanterie, dans la cavalerie, dans l'artillerie et dans le génie. « *Ces réductions*, dit-il, *désorganisèrent nos forces sans produire d'économies notables. Elles nous obligèrent, en face de l'Europe armée, à prendre une autre attitude que celle qui aurait peut-être convenu à la France.* »

L'empereur établit ensuite, d'une manière très-détaillée, une « comparaison entre l'armée française et l'armée de la Confédération de l'Allemagne du Nord », et il ajoute :

« Ainsi, en ne comptant que l'armée confédérée du Nord proprement dite, celle-ci a de plus que l'armée française : dans la garde royale : 2 régiments d'infanterie; 1 bataillon de tirailleurs; 2 régiments de cavalerie. — Dans la ligne : 2 régiments d'infanterie; 13 régiments de cavalerie; 6 régiments d'artillerie. — Total : 4 régiments d'infanterie; 15 régiments de cavalerie; 6 régiments d'artillerie.

« Si à l'armée de la Confédération du Nord on ajoute les corps d'armée de l'Allemagne du Sud, dont les États sont obligés par des traités à faire cause commune avec la Prusse, on doit ajouter aux forces de l'Allemagne du Nord 6 divisions d'infanterie, 2 divisions de cavalerie, 3 brigades et demie d'artillerie. Mais, indépendamment de l'armée active, la Confédération du nord de l'Allemagne possède autant de régiments de landwehr qu'il y a de régiments de ligne. En effet, à chaque régiment d'infanterie de ligne (ils ont 3 bataillons) correspond *un régiment de landwehr de 2 bataillons*, qui porte le même numéro et le même nom provincial que ledit régiment de ligne, et à chaque régiment de fusiliers (il y en a 12, à 3 bataillons) correspond *un bataillon de landwehr de réserve*, portant le même numéro. Ainsi l'infanterie de la landwehr de la Confédération de l'Allemagne du Nord compte :

93 régiments de landwehr à 2 bataillons ou.	186 bataillons.
12 bataillons de landwehr de réserve.	12
Total. . . .	198 bataillons.

« Ne sont pas compris dans ce nombre les 4 régiments de landwehr de la garde, c'est-à-dire 12 bataillons, ni la landwehr du grand-duché de Hesse, non encore organisée.

« On sait que la landwehr est composée presque entièrement d'anciens soldats qui ont passé trois ans sous les drapeaux et quatre ans dans la réserve.

« L'armée de l'Allemagne du Nord dispose donc de 12 contingents dont l'effectif total s'élève à près de 900,000 hommes, savoir :

Armée active.	3 contingents sous les drapeaux. . . . 315,000 h. 4 contingents en réserve . . . . 280,000 h.	595,000 h.
Landwehr, 8 contingents		300,000
		895,000

« Que l'on compare l'Annuaire militaire de l'Allemagne du Nord au nôtre, et qu'on juge si ceux qui veulent encore réduire nos forces nationales sont bien éclairés sur les véritables intérêts du pays. »

N'était-ce pas un crime que d'engager avec moins de 300,000 hommes mal approvisionnés, insuffisamment armés, formant des régiments complétés à la hâte, manquant d'unité et de cohésion, une lutte aussi inégale contre l'Allemagne tout entière qui, depuis soixante ans, — comme l'a rappelé M. Jules Simon dans son livre sur l'*Origine et la Chute du second Empire* — « avait mis toute son activité à perfectionner ses lois militaires, son armement, à remplir ses magasins et ses arsenaux, à préparer ses plans jusque dans les détails les plus minutieux? »

Les forces allemandes s'élevaient, en 1870, à 1,208,089 hommes, 250,373 chevaux et 2,022 canons. Pendant la dernière guerre, il est entré en France 900,000 Allemands, dont 200,000 environ ont été tués, blessés ou sont morts de maladie [1].

N'ai-je pas eu raison de dire que Napoléon III, connaissant les forces redoutables de la Prusse, conduisit nos soldats à la boucherie?

« Si le gouvernement de l'empereur nourrissait l'arrière-pensée d'une guerre contre la Prusse, quelle prévoyance a-t-il déployée? A-t-il consulté les cabinets amis? A-t-il préparé de longue main les alliances nécessaires à une si terrible épreuve? Est-ce qu'on descend sur le champ de bataille, et contre un puissant adversaire, COMME ON DÉCIDE UNE PARTIE DE PLAISIR [2]? »

M. Guizot, dans une lettre adressée au *Times*, démontrait que, par l'antagonisme dynastique opiniâtrément opposé à la candidature du duc de Montpensier au trône d'Espagne, et par une insistance aussi indiscrète que blessante pour la Prusse, l'empereur avait rendu inévitable une déclaration de guerre; il ajoutait que Napoléon III était, en même temps, sous le coup d'une menace plus redoutable encore pour lui que celle d'un voisin offensé : la menace d'une invasion du régime parlementaire qui voulait engloutir à jamais le pouvoir personnel, abandonné à regret. « C'est alors, dit M. Guizot, que le gouvernement impérial a conçu l'idée de la guerre, et c'est lui qui, d'accord avec les traditions du premier Empire et pour sauver les intérêts dynastiques du second, a considéré la guerre comme une nécessité. »

1. Ces chiffres sont extraits du livre de M. de Moltke sur la guerre de 1870.
2. Lettre du baron Ricasoli, président du conseil des ministres d'Italie en 1870, au prince Wiszniewski. 24 mars 1871.

VII

NAPOLÉON III A WILHELMSHŒHE

« L'empereur se plaît à merveille ici. Vraiment, à voir l'étalage de sa suite brillante, l'on se croirait revenu aux beaux jours du roi Jérôme! Il fait un temps si favorable que l'empereur se promène, dès sept heures du matin, dans les allées du parc dont la beauté et les sites pittoresques sont incomparables. Il aime aussi à faire des promenades en voiture, où il se fait accompagner par les généraux qui l'ont suivi. La table de l'empereur ne laisse rien à désirer; la reine de Prusse lui a envoyé son premier chef de cuisine qui est aidé par deux autres chefs de la maison du roi. Le vin a été tiré de la cave royale, et il vient d'en arriver de Berlin pour remplir les caves de Wilhelmshœhe [1]. »

« Presque toutes les après-midi, on peut voir l'empereur Napoléon se promener à pied ou en voiture dans les jardins. Il a l'air malade, mais calme. Outre les princes Ney et Murat, les généraux Castelnau, Pajol, Vaubert et Reille, qui entourent l'ex-empereur, la princesse Anna Murat est également arrivée à Cassel. La princesse jusqu'ici est la seule dame qui fasse partie de l'ex-cour, *dont les proportions vraiment royales* se sont beaucoup accrues ces jours derniers; les domestiques sont maintenant au nombre de *cent trente*.

« Tandis que la France se débat et lutte contre l'invasion et les horreurs que son infâme politique a déchaînées, Napoléon vit en sybarite, goûte les plaisirs de la villégiature et fait bonne chère! C'est écrit : dans sa fortune comme dans sa chute, il ne sera qu'une triste contre-façon de son oncle qui savait au moins sauver les apparences, ainsi que l'atteste le *Mémorial de Sainte-Hélène* [2]. »

1. Lettre adressée de Cassel au journal de Liége, le 13 septembre 1870.
2. Lettre adressée de Wilhelmshœhe au *Times*, le 15 septembre 1870.

CHAPITRE XXI

1870

Nouveaux mensonges officiels. — La journée du 3 septembre; la séance de l'Assemblée; la soirée; la séance de nuit. — Le 4 Septembre; proclamation jésuitique; agitation populaire; la séance; la Commission de déchéance; envahissement de la Chambre; marche vers l'Hôtel de Ville; aspect des rues et des boulevards; destruction des emblèmes de l'Empire; envahissement des Tuileries; le peuple et la troupe fraternisent; isolement et départ de l'impératrice; les appartements de la souveraine déchue; le Sénat et sa fin; proclamation de la République à l'Hôtel de Ville; réunion des députés à l'hôtel de la présidence; constitution du gouvernement de la Défense nationale. — Comment fut accueillie et jugée la Révolution du 4 Septembre.

Pendant que le désastre de Sedan s'accomplissait, la France continuait à être trompée comme jamais nation ne le fut. Le *Journal officiel* présentait notre défaite de Beaumont comme un succès, et la retraite malheureuse du maréchal de Mac-Mahon sur Sedan comme une feinte habile « pour attirer les Prussiens dans un angle formé par les remparts de la ville et les hauteurs de la rive gauche du fleuve où, le 31 août, ayant subi des pertes sérieuses, ils battaient en retraite vers Villemontry après plusieurs tentatives inutiles pour repasser la Meuse. » Le 2 septembre, des journaux bonapartistes disaient : « La faute commise par l'armée prussienne sous Metz est commise, une seconde fois, à Sedan. L'ennemi est attiré sous le feu des remparts, et des trouées énormes se font dans ses rangs. A midi (le 31), sa déroute commence, une vraie déroute. Notre armée poursuit vigoureusement les corps du prince Frédéric-Charles et du prince royal. » Or le prince Frédéric-Charles était devant Metz avec sept corps d'armée. Les narrateurs officieux continuaient ainsi : « Pendant que les Prussiens reculent vers le sud, le corps d'armée commandé par le général Vinoy les prend en écharpe et achève de mettre le désordre dans les rangs ennemis. Il est évident que la canonnade entendue, à quatre heures et demie, de la frontière belge, provenait de *la dernière défense de l'armée prussienne couvrant sa retraite*[1]. »

Le 2 au soir, après la séance du Corps législatif, le gendre du comte de Palikao, officier d'ordonnance du ministre de la guerre, remettait ostensiblement, devant plusieurs députés, à M. Busson-Billault une prétendue dépêche annonçant la défaite des Prussiens dans la journée du 31 août et leur retraite jusqu'à Villemontry.

Or, ce soir-là, l'impératrice avait reçu la nouvelle que tout était perdu et son mari prisonnier.

Dans la séance tenue, vers dix heures, par le comité de défense, M. Thiers ayant insisté sur la nécessité du retour de l'armée de Châlons à Paris, M. Jérôme David lui dit à l'oreille : « N'insistez pas ; je vous parlerai tout à l'heure. » Après la séance, M. Jérôme David lui confia que « le maréchal de Mac-Mahon était blessé et l'empereur prisonnier. »

Le 3, l'impératrice faisait prier, par MM. Mérimée et de Metternich, M. Thiers de l'aider de ses conseils.

Les journaux officieux poursuivaient encore leurs récits mensongers ; l'un d'eux[2]

---

1. Le *Gaulois*.
2. Le *Figaro*, numéro portant la date du 4 septembre.

disait : « D'après des renseignements qui nous sont venus d'une source *en laquelle nous avons une extrême confiance*, de graves événements se seraient accomplis le 1ᵉʳ septembre. Le maréchal Mac-Mahon, après avoir été renforcé par le corps du général Vinoy, a livré un combat dans lequel nos armes auraient remporté un succès éclatant. Les Prussiens seraient vaincus, culbutés, et trente canons leur auraient été enlevés. D'un autre côté, Bazaine est sorti de son quartier-général et, après un rude combat, marche vers... Enfin, si le document que nous recevons est exact, le mot « massacre », appliqué à l'armée allemande, ne serait pas une expression exagérée. »

Voici le couronnement de toutes ces victoires inventées pour égarer le public en flattant ses patriotiques désirs. Sous ce titre : *Varennes*, on lisait dans le *Gaulois* : « Le bruit s'est répandu que le roi de Prusse serait devenu fou. Le roi aurait été dirigé, hier, de Varennes sur Berlin... Il est un fait qu'il est impossible de ne pas remarquer : c'est le choix de la ville où le roi Guillaume a établi son quartier général. *Varennes !* terrible augure ! C'est là qu'on arrête les rois ! »

A trois heures, le comte de Palikao monta, dès l'ouverture de la séance du Corps législatif, à la tribune et dénatura la vérité en ces termes : « La bataille de Sedan a été pour nous l'occasion de succès et de revers. *Nous avons, d'abord, culbuté une partie de l'armée prussienne dans la Meuse* (c'était le pendant de la culbute dans les carrières de Jaumont). Mais nous avons dû, accablés par le nombre, nous retirer *soit sur Mézières*, soit dans Sedan, soit même, je dois vous le dire, sur le territoire belge, mais en petit nombre. Il en résulte qu'il n'y a pas lieu d'espérer, *d'ici à quelque temps, une jonction entre les forces du maréchal de Mac-Mahon et celles de Bazaine*. Il y a, *peut-être*, des nouvelles un peu plus graves, telles que celle de la blessure du maréchal de Mac-Mahon *qu'on fait circuler et d'autres encore;* mais *je déclare* qu'aucune ayant le caractère officiel n'a été reçue par le gouvernement. A cet égard, nous n'avons que des nouvelles officieuses. Mais la situation est grave, il ne faut pas se le dissimuler ; aussi nous sommes décidés à faire appel aux forces vives de la nation... Oui, aujourd'hui, je le répète, nous appelons toutes les forces vives de la nation à défendre le territoire ; nous y mettrons toute l'énergie possible, *et nous ne cesserons nos efforts que quand nous aurons expulsé les Prussiens*. »

M. Jules Favre demanda : « Où est l'empereur ? Communique-t-il avec ses ministres ? Donne-t-il des ordres ? » Éludant la première de ces questions, M. Cousin-Montauban se contenta de répondre aux deux dernières : « Non. » — « Cette réponse me suffit, continua M. Jules Favre ; elle désintéresse le débat de cette grande question. Le gouvernement ayant cessé d'exister... » Les murmures de la droite et du centre interrompent l'orateur. Le président dit que, « en toute occasion, il doit protester contre de telles paroles... » — « Protestez tant que vous voudrez, s'écrie l'orateur républicain ; protestez contre la défaite, protestez contre la fortune qui nous trahit ; niez les événements ; dites que nous sommes victorieux, à la bonne heure ! Il faut que le temps des complaisances cesse. Ce qu'il faut maintenant, c'est que tous les partis s'effacent devant un nom représentant la France et Paris, un nom militaire, le nom d'un homme qui vienne prendre en main la défense de la patrie. Ce nom est connu. Devant lui doivent s'évanouir tous les fantômes de gouvernement. Voilà le remède. Voilà mon vœu ; je l'exprime en face de mon pays ; que mon pays l'entende ! »

Ce n'était point un dictateur que voulait la gauche, mais la nomination par la Chambre d'une commission de gouvernement. « Nous aurions voulu, a écrit M. Jules Simon, que

M. Thiers en fût la tête et que M. Trochu en fût le bras[1]. »

Au milieu d'une grande agitation, la Chambre s'ajourna au lendemain.

Mais la vérité obscurcie par les dissimulations de M. Cousin-Montauban se faisait jour. Tout Paris la connaissait, le soir. Les instances de nombreux députés arrachèrent à M. Schneider son consentement à une séance de nuit. Vers dix heures, des lettres de convocation furent envoyées à tous les membres de la Chambre. Une foule immense parcourait les boulevards. Une colonne d'ouvriers sans armes et criant : « La déchéance ! la déchéance ! » fut violemment assaillie par les sergents de ville du poste de la Galiote, vis-à-vis du Gymnase. Ces agents de police avec leurs revolvers, leurs épées et leurs casse-tête, firent plusieurs victimes. « L'Empire, a dit un historien, devait finir comme il avait commencé[2]. »

A une heure du matin, M. Schneider prit place au fauteuil de la présidence ; M. de Palikao s'était rendu à la Chambre en bourrasquant et en se plaignant qu'on l'eût contraint à quitter son lit. Ne pouvant plus nier ce que tout le monde savait, il dit que « *l'armée a capitulé et que l'empereur a été fait prisonnier* ». Encore un mensonge que nous retrouverons, aggravé, dans une proclamation. C'était l'empereur et non l'armée qui avait capitulé ; il n'avait pas été fait prisonnier, il s'était rendu.

M. de Palikao invite aussitôt la Chambre à s'ajourner au lendemain. La droite est de cet avis. M. Jules Favre prend la parole et dit que si la Chambre, dans la douloureuse situation où on se trouve, est d'avis qu'il est sage de remettre toute délibération à une heure de l'après-midi, il ne s'y opposera pas. « Mais, ajoute-t-il, nous prions l'Assemblée de vouloir bien prendre en considération la motion suivante : Louis-Napoléon Bonaparte et sa dynastie sont déclarés déchus du pouvoir que leur a conféré la Constitution.
— Il sera nommé par le Corps législatif une commission de..... (vous fixerez, messieurs, le nombre des membres que vous jugerez convenable)..., qui sera investie de tous les pouvoirs du gouvernement et qui aura pour mission expresse de résister à outrance à l'invasion et de chasser l'ennemi du territoire. — M. le général Trochu est maintenu dans les fonctions de gouverneur général de la ville de Paris. »

Cette motion signée par vingt-huit députés[1] ne souleva qu'une seule protestation, celle de M. Pinard (du Nord) : « Nous pouvons, dit-il, prendre des mesures provisoires ; nous ne pouvons décréter la déchéance. » La majorité demeura dans le silence profond au milieu duquel avait été écoutée la lecture de la proposition des députés de la gauche.

Cette séance, qui dura vingt minutes à peine, était ignorée de la population ; aussi peu de curieux stationnaient-ils autour du Palais-Bourbon. Quelques groupes s'étaient formés sur la place de la Concorde, non loin du pont dont une brigade de sergents de ville interdisait l'accès. Une voiture dans laquelle étaient MM. Thiers et Jules Favre traversa la place ; des ouvriers s'en approchèrent, l'arrêtèrent et en ouvrirent la portière. Ils reconnurent les deux députés et s'écrièrent : « Sauvez-nous ! sauvez-nous ! La déchéance ! » — « La déchéance est certaine, leur répondit M. Thiers ; mais soyez calmes si vous voulez l'obtenir. » Ces paroles furent approuvées ; la voiture s'éloigna et les groupes se dispersèrent.

---

1. *Souvenirs du 4 Septembre.*
2. Jules Claretie, *Histoire de la Révolution de* 1870-71.

1. Voici les noms : Jules Favre, Crémieux, Barthélemy Saint-Hilaire, Desseaux, Garnier-Pagès, Larrieu, Gagneur, Steenackers, Magnin, Dorian, Ordinaire, Emmanuel Arago, Jules Simon, Eugène Pelletan, Wilson, Ernest Picard, Léon Gambetta, de Kératry, Guyot-Montpayroux, Tachard, Lecesne, Rampont, Girault, Marion, Javal, Jules Ferry et Bethmont.

Envahissement de la Chambre des députés le 4 Septembre.

Le 4 septembre, à leur lever, les Parisiens trouvaient sur les murs une proclamation du Conseil des ministres au peuple français; c'était de l'histoire à la façon du P. Loriquet; il y était dit : « Après trois jours de luttes héroïques soutenues par l'armée du maréchal de Mac-Mahon contre 300,000 ennemis, *quarante mille hommes ont été faits prisonniers. Le général de Wimpffen, qui avait pris le commandement de l'armée en remplacement du maréchal de Mac-Mahon, a signé une capitulation.* » Et, à la suite de l'*affirmation que Paris est en état de défense et* *que nous aurons, avant peu de jours, deux nouvelles armées*, venait ce dernier mensonge, plus gros encore que tous les autres : « *L'empereur a été fait prisonnier* PENDANT LA LUTTE. »

De cet amas d'impostures, il ressort que 40,000 hommes seulement *ont été faits prisonniers*, tandis que l'armée tout entière *avait été livrée* par ordre de l'empereur; — que le général de Wimpffen a signé la capitulation, de son propre mouvement, après la lutte *dans laquelle l'empereur avait été pris en combattant*, tandis que ce triste sire, après déjeuner, du fond de son cabinet, fit hisser

98.

le drapeau blanc, imposa au général de Wimpffen l'ordre de capituler, et, après dîner, envoya son épée vierge au roi Guillaume. Quant au reste, nous savons trop que Paris était loin d'être en état de défense et que la promesse des deux armées dont on annonçait la venue prochaine était un leurre de dupe.

Pendant que dans les rues et sur les boulevards la population se répandait, les députés arrivaient dans la salle des conférences. A onze heures et demie, la foule se porte vers la place de la Concorde; la terrasse des Tuileries et la rue Royale sont encombrées; c'est, partout, un mélange de bourgeois, d'ouvriers, de gardes nationaux et de gardes mobiles venus du camp de Saint-Maur. Des spectateurs prudents s'étagent sur les marches et remplissent le perron de la Madeleine. — Sur le pont de la Concorde et autour du palais Bourbon, toutes les forces de la Préfecture de police sont massées : sergents de ville, gardes de Paris à pied et à cheval, avec 4 commissaires et 200 inspecteurs. La place de Bourgogne est occupée militairement par la gendarmerie départementale et par 1,200 soldats de la ligne mis sous les ordres du général Caussade.

Autour de la caserne Napoléon, des ouvriers ont crié : « Vive la République ! » Et les soldats, se mettant aux fenêtres, ont répété ce cri.

Il est midi et demi. Une légion de la garde nationale en armes prend position devant la tête du pont de la Concorde. Dans la foule, il y a deux courants où se croisent ces cris : « La déchéance ! Vive la République ! »

Les tribunes de la Chambre regorgent d'orléanistes, de légitimistes et de républicains entassés et mêlés. A une heure un quart, la séance est ouverte. M. de Kératry dit que le ministre de la guerre a manqué à son devoir en confiant à des troupes de ligne, à des gendarmes et à des sergents de ville la garde de l'Assemblée; conformément aux ordres du général Trochu, elle aurait dû être remise à des gardes nationaux. Le comte de Palikao, sur un ton à la fois goguenard et bravadant, répond : « Vous vous plaignez que je vous fasse la mariée trop belle. » Il arrête les murmures que cette inconvenante réponse provoque en ajoutant qu'il vient soumettre à la Chambre certaines modifications aux conditions actuelles du gouvernement, et il propose un projet de loi instituant un Conseil de gouvernement et de défense nationale, composé de cinq membres nommés à la majorité absolue par le Corps législatif et qui nommerait les ministres. L'article 3 était ainsi conçu : « Le général comte de Palikao est nommé lieutenant général de ce conseil. »

Cet article fort peu rassurant, car il absorbe tous les autres, soulève des mécontentements et des colères qui, un instant, font perdre à M. de Palikao son assurance effrontée; il la retrouve bientôt et regagne sa place en promenant autour de lui son regard faux et provocant.

M. Jules Favre demande l'urgence pour sa motion de la nuit, et M. Thiers la réclame aussi pour ce projet qu'il a formulé et que quarante-sept députés ont signé : « Vu les circonstances, la Chambre nomme une commission de gouvernement et de défense nationale. Une Constituante sera nommée dès que les circonstances le permettront. » L'urgence sur les trois propositions étant prononcée, les députés se retirent dans leurs bureaux pour nommer une commission qui fera immédiatement son rapport.

Il est deux heures. La délibération traîne en longueur; les députés de la droite bobillonnent, se divisent, ne savent que résoudre. Et le temps marche, et la foule au dehors grossit toujours; elle s'indigne de la proposition Palikao, signée *Eugénie;* elle craint que la Chambre n'adopte cette combinaison d'une politique astucieuse, visant à sauver et à perpétuer l'Empire par l'introduction d'une régence déguisée sous le nom de lieutenance générale qu'exercerait un de ces hommes peu scrupuleux aux yeux desquels la fin justifie les moyens. Cette crainte, que semble confirmer la lenteur des délibérations dans les bureaux, accroît l'impatience et l'agitation d'une multitude exaltée. Un questeur a donné l'ordre de ne laisser pénétrer dans le palais que les gardes nationaux en armes; il en arrive de tous les côtés. Un bataillon se présente tambours en tête, et quelques-uns de ses officiers demandent le passage du pont. A ce moment, le général Caussade ordonne à ses troupes de se retirer : la nouvelle que Lyon avait proclamé la République rendait imminente la défection des soldats, sympathiques aux démonstrations dont ils étaient les témoins. Devant le 6° bataillon de la garde nationale, bientôt suivi du 8°, les municipaux à cheval placés à l'entrée du pont dégaînent le sabre. Aux cris de : « Vive la République ! » les deux bataillons, à la tête desquels M. Edmond Adam s'est placé, pénètrent dans les rangs des municipaux qui n'essayent pas de résister à des masses irrésistibles; elles se précipitent vers le palais; un bataillon d'infanterie de la garde de Paris longeant les jardins de la Présidence prend les fusils réunis en faisceaux; les gardes nationaux crient : « Vive la ligne ! » et les fantassins mettent la crosse en l'air. La grille s'ouvre; toutes les parties du palais sont envahies. Les tribunes de la salle des séances craquent sous le poids des envahisseurs. Des députés rentrent en séance; deux cris les accueillent : « La déchéance ! Vive la République ! » Le comte de Palikao est à son banc, les autres ministres l'y rejoignent. Pâle, ému, M. Schneider se tient debout devant le fauteuil présidentiel. M. Gambetta paraît à la tribune où M. Crémieux n'a pu se faire écouter; les cris de : « Vive la République ! La déchéance ! » qui ont étouffé sa voix, dominent, un instant, celle de M. Gambetta. Au nom de la patrie et de la liberté, et comme représentant de la Révolution française qui saura se faire respecter au dehors et au dedans, il adjure tous les citoyens d'assurer l'ordre pendant les délibérations de l'Assemblée. M. Schneider joint ses exhortations « à celles que M. Gambetta, qu'il tient pour un des hommes les plus patriotes de notre pays, vient d'adresser au public des tribunes au nom des intérêts sacrés de la patrie ». Écouté jusque-là, le président entame une phraséologie qui se perd dans le bruit des exclamations; il se couvre et suspend la séance. A trois heures, elle est reprise. M. Gambetta parle; la porte du fond de la salle vole en éclats; l'hémicycle est envahi; dans l'enceinte parlementaire et autour de la tribune se presse une foule compacte : « La déchéance ! Vive la République ! » M. Schneider lève la séance, quitte son fauteuil et se retire lentement, accompagné de M. Magnin; le comte de Palikao sort en même temps.

Les députés de l'opposition n'avaient négligé aucun effort pour dissuader le peuple d'envahir la salle des séances, et ils luttèrent à peu près seuls contre les envahisseurs; ils voulaient donner un caractère légal à cette Révolution que légitimait surtout son inévitabilité et qui s'opéra, d'ailleurs, sans aucune difficulté, sans aucune violence.

Après le départ de M. Schneider, le tumulte a grandi, la tribune a été escaladée; quelques citoyens y prononcent des paroles inentendues; l'hémicycle est plein d'étudiants, de bourgeois et de gardes nationaux sans armes; d'autres armés et qui ont arraché les aigles de leurs shakos entrent par les portes latérales et vont dégager la tribune où M. Gambetta monte; il réclame le silence, l'obtient et s'exprime ainsi :

« Attendu que la patrie est en danger, que tout le temps nécessaire a été donné à la représentation nationale pour prononcer la déchéance, que nous sommes et que nous constituons le pouvoir régulier issu du suffrage universel, nous déclarons que Louis-

Napoléon et sa dynastie ont à jamais cessé de régner sur la France. »

Des bravos éclatent, les acclamations se prolongent, les tambours battent aux champs. M. Jules Favre, qui sortait de son bureau où on délibérait encore, essaye de pénétrer dans l'enceinte; Gambetta va vers lui; le peuple leur ouvre un passage, et les deux orateurs de la gauche montent à la tribune.

— Pas de guerre civile, s'écrie Jules Favre, pas de guerre civile !

— Non, non, pas de guerre civile, répètent des milliers de voix; guerre aux Prussiens seulement !

— Il nous faut, reprend Jules Favre, constituer un gouvernement provisoire qui prendra en mains les destinées de la France; il combattra résolûment avec vous. Mais, je vous en conjure, pas de journée sanglante. Ne forcez pas de braves soldats français, qui pourraient être égarés par leurs chefs, à tourner leurs armes contre vous. Ils ne sont armés que contre l'étranger. Soyons tous unis dans un même sentiment de patriotisme et de démocratie.

— Oui, oui, vive la République !

— La République, ce n'est pas ici que nous devons la proclamer.

Quelques voix se font entendre :

— Si, si; la République ici, tout de suite.

— Citoyens, dit Gambetta, allons la proclamer à l'Hôtel de Ville.

Au milieu de clameurs confuses, MM. Jules Favre et Gambetta descendent de la tribune et entraînent à leur suite la plus grande partie des envahisseurs; les autres s'obstinent à occuper la salle, « afin, disent-ils, d'empêcher les députés de la droite de rétablir l'Empire ».

Tandis qu'après avoir proclamé cette déchéance qui, six mois plus tard, devait être confirmée à Bordeaux par l'Assemblée nationale, MM. Gambetta, Jules Favre et d'autres députés de la gauche, suivis de gardes nationaux dont les fusils portent des bouquets de fleurs, et d'une foule qui grossit à chaque pas, se dirigent vers l'Hôtel de Ville, et que deux cents membres environ du Corps législatif se réunissent dans la salle à manger de leur président, Paris offre un spectacle inoubliable. Partout des soldats, des ouvriers, des gardes nationaux et des bourgeois fraternisent avec une joie expansive; des zouaves, des boutiquiers, des marins grimpent sur des échelles, abattent et broient à coups de marteaux les N et les E, les aigles qui figurent les emblèmes de l'Empire sur les enseignes des fournisseurs officiels et les plaques des rues portant des dénominations qui rappellent le régime impérial. « La foule, dit M. Francisque Sarcey, s'amassait autour du grand justicier-démolisseur. Elle lui adressait ses exhortations qu'il renvoyait sous forme de quolibets. Et c'étaient, de part et d'autre, de longs éclats de rire. »

Sur la place de la Concorde, où des groupes chantent la *Marseillaise* et le *Chant du départ* autour de la statue de Strasbourg, les sergents de ville du poste de la rue de Rivoli essayent de s'opposer à cette manifestation patriotique; on les désarme sans leur faire aucun mal, et, pendant qu'ils s'enfuient du côté des Champs-Élysées, on dépose aux pieds de la statue leurs épées tordues. A trois heures, ces groupes étaient devenus considérables; ils se portent vers la grille du jardin des Tuileries et cherchent à l'ébranler. Il y avait là un poste de zouaves; l'officier les appelle aux armes; des gardes nationaux s'avancent la crosse en l'air; on acclame les zouaves qui cèdent le poste aux gardes nationaux et s'éloignent. La grille est ouverte; des milliers d'hommes s'élancent dans le jardin des Tuileries et marchent vers le palais en chantant. Derrière la grille du jardin réservé se tient un bataillon de gardes nationaux; il ne peut contenir cette foule que plus de cinquante mille citoyens composent. A la porte du palais, des grenadiers de la garde, sur l'ordre du général Mellinet qui a mis le sabre au poing, croisent la baïonnette. Un garde national attache un mouchoir au bout de son fusil, s'avance vers le général et parlemente avec lui. Les grenadiers lèvent la crosse en l'air, le peuple crie : « Vive la République ! » en marchant en avant ; la garde nationale remplace la troupe et, bientôt, le vestibule du palais est envahi.

Des cuirassiers, des zouaves, des grenadiers, des voltigeurs de la garde et des chasseurs occupent la cour du côté de la place du Carrousel ; le peuple va au-devant d'eux en criant : « Vive la nation ! » Les mains se serrent. Pendant que les soldats retirent les cartouches de leurs fusils, une autre foule massée sur la place du Carrousel force les grilles ; les troupes reçoivent et exécutent l'ordre d'évacuer les Tuileries. Le drapeau qui flottait au faîte du palais venait d'être amené.

Après avoir conseillé à l'impératrice de fuir, le préfet de police avait pris la route de Belgique. Cette souveraine, autour de laquelle se pressaient, naguère, tant de flatteurs qui en mendiant un de ses regards lui protestaient un dévouement sans bornes, est presque seule. « Ah ! disait-elle dans son éplorement, il ne faut jamais, en France, être malheureux ! » Quelle ignorance du monde réel dans cette exclamation dolente ! En France comme ailleurs, l'égalité de tous les hommes, souverains ou sujets, devant l'infortune qui met rapidement en fuite les amis des jours prospères est une vérité dont l'âge est celui du monde. Dans l'étourdissement qu'elle éprouvait sur le faîte d'une prospérité aveuglante, l'impératrice avait écouté distraitement, ou en se croyant hors d'une pareille atteinte, cette belle métaphore que, sous le règne de Napoléon III, la plainte célèbre d'Ovide exilé fournit à un prédicateur en renom [1] : « Au premier coup de hache que le bûcheron porte à un arbre dont le feuillage épais a longtemps servi d'asile à des milliers d'oiseaux, tout s'enfuit, l'arbre reste seul : *solus eris.* »

Au moment où MM. Jules Favre, Gambetta et leur long cortége populaire défilaient sur le quai des Tuileries, l'impératrice demandait, tant elle était troublée, au général Mellinet « s'il pouvait défendre le Château *sans faire usage des armes* ». — « Je ne crois pas, madame, » répondit le général. — « Dès lors, reprit-elle, tout est fini ; il ne faut pas ajouter à nos désastres l'horreur de la guerre civile. » Dans ces paroles se manifestait la bonté de son cœur ; on ne peut lui nier cette qualité native. L'impératrice croyait, sans doute, qu'elle trouverait des soldats pour la défendre ; elle se trompait. Mais, comme l'a reconnu loyalement un historien impartial [1], « elle n'essaya pas d'en chercher ». Quelques-unes de ses dames d'honneur balbutièrent des consolations banales et se retirèrent ; d'autres restèrent auprès d'elle jusqu'au dernier moment. Deux hommes seulement lui témoignèrent un intérêt affectueux. C'étaient deux étrangers : le chevalier Nigra et le prince de Metternich. Accompagnée de Mme Lebreton, sa lectrice, elle pénétra dans le Louvre par la galerie du bord de l'eau, et sortit par la petite porte qui s'ouvre sur la place Saint-Germain-l'Auxerrois ; elle trouva là un fiacre que lui avaient amené le prince de Metternich et le chevalier Nigra ; elle y monta avec Mme Lebreton et alla demander un asile à son dentiste qui lui procura une chaise de poste ; elle gagna la côte de Normandie et s'embarqua pour l'Angleterre en compagnie de Mme Lebreton et du dentiste. O vanité des grandeurs humaines !

Maître du palais, le peuple n'y commit aucun dégât ; il brisa seulement les insignes impériaux. Sur les murs du vestibule étaient écrits avec de la craie ces deux mots : « *Mort aux voleurs !* » Les appartements ne subirent aucune atteinte. « Ceux de la souveraine déchue, dit un historien qui, comme moi, les

---

[1] Le P. Félix.

[1] Jules Simon.

visita, livrèrent les secrets des extravagances et des contradictions de son intelligence. Tout était à la fois ultra-mondain et ultra-clérical autour d'elle. » Dans la bibliothèque, les œuvres de Proud'hon entre des romans badins et des livres mystiques ; sur les murailles, des reliques, des bustes de femmes dans le goût mignardement sensuel de Boucher et des ossements de saints. La peinture des plafonds n'offrait à l'œil qu'amoureaux folâtres ; ils planaient sur un confessionnal blanc relevé d'or ; ce réduit pieux se composait de parties mobiles se pliant et se dépliant comme les châssis d'un paravent. « Ce mélange singulier de poudre de riz et d'encens caractérisait tout à fait cette piété à l'espagnole [1]. »

Le Sénat, dont nul n'avait souci, s'était réuni, vers une heure, sous la présidence de M. Rouher. Les sénateurs « envoyèrent d'abord à l'empereur un dernier vœu et un dernier hommage » en donnant des vivats aux trois membres de la famille impériale. M. Rouher s'écria : « *Nous saurons avoir le cœur ferme, la volonté résolue.* » Puis il proposa au Sénat de se déclarer en permanence. Ces braves sénateurs acclamèrent le président qui venait d'exalter la fermeté de leur cœur et la haute résolution de leur volonté. Ils allèrent se promener belliqueusement dans les jardins. A trois heures, on les rappela. M. Rouher leur annonça l'envahissement du Corps législatif et leur demanda s'ils voulaient demeurer en permanence ou s'ajourner à heure fixe. M. Baroche dit : « Si on pouvait espérer que les forces révolutionnaires se dirigeront sur le Sénat, il faudrait les attendre, car je voudrais mourir ici, dans mon fauteuil. Mais cet espoir ne nous est pas permis. La Révolution éclatera dans Paris et ne viendra pas dans cette enceinte ». Ses collègues partagent son opinion ; il leur offre un expédient pour déguerpir. « Chacun de

[1]. Jules Claretie, *Histoire de la Révolution de* 1870-71.

nous, dit-il, *par ses moyens personnels, pourra mieux défendre, au dehors, l'ordre et la dynastie impériale.* » Après un débat confus et pendant lequel M. Rouher disparut prudemment, les sénateurs se retirèrent pour aller avec « *leurs moyens personnels* » défendre la dynastie et pourfendre la Révolution. Avant de se séparer, ils avaient, sans rire, adopté cette motion du vice-président Boudet : « Le Sénat se réunira demain, à son heure ordinaire, sans tenir compte des événements extérieurs. » Est-il besoin de dire qu'aucun de ces héros ne se montra nulle part? Dans la soirée, M. Edmond Valentin alla au palais du Luxembourg avec deux amis ; le nouveau gouvernement l'avait chargé de mettre les scellés sur la porte de la salle des séances. M. Barrot, grand référendaire, et le général de Montfort, gouverneur du palais, se rendirent dans la cour où deux escadrons de gendarmerie s'alignaient ; M. Valentin remit l'ordre dont il était porteur au grand référendaire qui lui répondit très-sérieusement : « *Je cède à la force.* » Et M. Valentin accomplit sa mission. M. Rouher avait déjà quitté Paris sous un déguisement ; dans la précipitation de sa fuite vers la frontière, il oublia son château de Cercey, où il laissait des papiers d'Etat que les Prussiens trouvèrent et prirent. Ainsi finit le Sénat du second Empire.

Prévoyant, comme tout le monde, la chute du gouvernement impérial, Ledru-Rollin avait, peu de jours avant le 4 Septembre, conseillé de n'appeler au gouvernement nouveau que les députés élus à Paris ; on empêcherait ainsi, disait ce patriote éminent, les compétitions rivales de se produire et de ralentir un mouvement dont la rapidité assure le succès. Il y avait, dans ce conseil qu'on adopta, autant d'abnégation que de sagesse, car Ledru-Rollin était naturellement désigné par l'unanimité du parti démocratique pour la présidence du gouvernement provisoire qui remplacerait celui de Napoléon III.

Vers cinq heures, Gambetta fut acclamé

par le peuple quand, du haut du balcon de l'Hôtel de Ville, il lui annonça qu'un gouvernement de la Défense nationale était constitué et composé de tous les députés de Paris, « déjà investis du mandat populaire, et que la démocratie avait, pour ainsi dire, choisis d'avance. » On leur adjoignit, toujours d'après l'avis de Ledru-Rollin, en les considérant comme députés de Paris, MM. Gambetta, Ernest Picard et Jules Simon qui, dans l'intérêt de leur parti, optèrent pour les trois départements qui les avaient élus aussi. M. Henri Rochefort, triomphalement amené de Sainte-Pélagie, prit place au milieu de ses collègues. Seul, Bancel n'était pas là. Au moment où triomphait la cause glorieuse pour laquelle il avait tant combattu, il agonisait; ses luttes vaillantes et les souffrances d'un long exil avaient prématurément usé sa vie.

Au milieu des acclamations populaires, Étienne Arago fut nommé maire de Paris ; il avait pour adjoints MM. Floquet et J.-J. Clamageran, et pour secrétaire général M. Jules Mahias ; il choisit les maires provisoires des vingt arrondissements parmi les hommes les plus influents et les plus estimés du parti républicain.

On confia la préfecture de police à M. de Kératry, les directions des postes, des télégraphes et de l'Imprimerie nationale à MM. Rampont, Steenackers et Hauréau.

A huit heures du soir, les cent cinquante ou deux cents députés qui, après une suspension de séance, s'étaient réunis de nouveau dans la salle à manger du président de la Chambre, envoyèrent sept délégués à l'Hôtel de Ville afin de se concerter avec le nouveau gouvernement, après lui avoir annoncé que la réunion, à une grande majorité, venait de voter la proposition de M. Thiers en substituant aux mots : « *Vu les circonstances,* » ceux-ci : « *Vu la vacance du pouvoir,* » ce qui équivalait à une proclamation de déchéance.

M. Jules Favre alla remercier les membres de cette réunion, que M. Thiers présidait, de la démarche qui venait d'être faite, en leur nom, auprès du gouvernement « issu de circonstances aussi impérieuses qu'imprévues, et auquel, dit M. Favre, nous avons été enchaînés par un mouvement supérieur qui a, je l'avoue, répondu au sentiment intime de notre âme ». Il parle ensuite du devoir qui s'impose à tous : défendre Paris et la France. On ne peut rien changer à ce qui vient d'être fait; il engage les députés à le ratifier; s'ils s'y refusent, « le gouvernement de la République, dont il regrette que M. Thiers n'ait pas cru devoir faire partie, accomplira sa patriotique mission ». M. Thiers prend la parole; il reconnaît que ce gouvernement s'est chargé d'une immense responsabilité; « le devoir de tous est de faire des vœux ardents pour un succès qui serait celui de notre patrie. Combattre, aujourd'hui, ce gouvernement serait une œuvre anti-patriotique ».

MM. Buffet et Pinard (du Nord) ayant demandé si une protestation ne devait pas être rédigée, M. Thiers leur fit comprendre qu'il ne convenait pas d'affaiblir par une protestation vaine « la seule autorité qui fût debout en ce moment pour lutter contre les ennemis de la société et de la patrie ».

Ceux des envahisseurs qui avaient refusé de quitter la salle des séances fumaient; les huissiers redoutant un incendie, M. Glais-Bizoin était monté à la tribune et avait dit : « Citoyens, restez là si bon vous semble; mais je dois prévenir que les scellés vont être mis aux portes. » Aussitôt les citoyens sortirent, et les portes furent scellées. M. Daru s'en plaignit. — « Y a-t-il, lui répondit M. Thiers, quelque chose de plus grave que les scellés sur les personnes? N'ai-je pas été à Mazas? Ne rentrons pas dans la voie des récriminations; cela nous mènerait trop loin. En présence de l'ennemi qui sera bientôt sous Paris, je crois que nous n'avons qu'une chose à faire : nous retirer avec dignité. » Ce conseil sage fut suivi.

A minuit, le gouvernement de la Défense nationale tenait sa première séance; il était ainsi composé : le général Trochu, président; M. Jules Favre, vice-président; MM. Emmanuel Arago, Crémieux, Jules Ferry, Gambetta, Garnier-Pagès, Glais-Bizoin, Pelletan, E. Picard, H. Rochefort et Jules Simon. Il s'adjoignit trois secrétaires : MM. Dréo, André Lavertujon nommé, en outre, directeur du *Journal officiel*, et Hérold qui devait remplir les fonctions de secrétaire de la justice.

Le ministère fut constitué comme il suit : ministre des affaires étrangères, Jules Favre ; de l'intérieur, Gambetta; de la guerre, le général Leflô; de la marine, amiral Fourichon ; de la justice, Crémieux; des finances, E. Picard; de l'instruction publique et des cultes, J. Simon; des travaux publics, Dorian; de l'agriculture et du commerce, Magnin. On nomma M. Clément Laurier directeur du personnel et du cabinet au ministère de l'intérieur; on mit deux anciens magistrats, MM. Leblond et Didier, à la tête du parquet de Paris; l'ancien officier d'artillerie Tamisier fut nommé général de la garde nationale.

Le gouvernement était organisé.

La France entière accueillit avec le même enthousiasme que Paris la Révolution du 4 Septembre. Les légitimistes, les républicains, les orléanistes et tous les bons citoyens s'allégraient, s'unissaient dans un même sentiment de réprobation contre l'Empire et applaudissaient avec une égale satisfaction à son effondrement. « L'Empire avait tellement révolté les esprits par les malheurs qu'il avait attirés sur le pays que personne n'avait pitié de sa chute et que personne n'avait la pensée d'y résister. Ses partisans eux-mêmes assistaient à ce singulier spectacle sans essayer d'y porter remède [1]. »

Je termine mon récit par ce témoignage que l'organe le plus grave et le plus autorisé de l'orléanisme rendit à l'inévitable et pacifique Révolution du 4 Septembre : « La France est rentrée en possession d'elle-même, sans lutte, sans déchirement, par une sorte de soubresaut de patriotisme et de désespoir devant l'ennemi... Un retour de fortune aurait pu, peut-être, tout au plus, suspendre LA GRANDE ET INÉLUCTABLE EXPIATION [2]. »

1. A Thiers, *Déposition devant la Commission d'enquête*.
2. La *Revue des Deux-Mondes*, n° du 15 septembre 1870.

CONCLUSION

On a vu ce que devient une nation qui met ses destinées à la discrétion d'un seul homme. O l'effroyable leçon que la France a reçue! Voyons ce que Napoléon III lui a coûté.

Pour sa part, il toucha 519 millions[1]; ses parents collatéraux absorbèrent 70,187,769 fr., dont 27 millions furent budgétés[2].

Les budgets du second Empire dépassaient de *neuf cents millions* le dernier budget de la République voté en 1850 pour 1851, et ils se soldaient en déficit. Le budget de la police était monté de 1,900,000 francs à 9,000,000, et celui de l'état-major de dix-sept à *cinquante millions*. On sait quelles furent, pendant la guerre de 1870, les prouesses de cet état-major si grassement payé. Le second Empire accrut de huit milliards sept cent cinquante millions la dette publique française et il lui léguait une indemnité de guerre de cinq milliards. L'intérêt de l'argent qu'a coûté la guerre de 1870 figure au budget pour une somme de 600 millions de francs représentant une dette effective de 12 milliards. Le service de cet intérêt a nécessité l'établissement de nouveaux impôts sur les objets de consommation, et, de ce chef, chaque famille, en moyenne, paye annuellement 66 fr. 66 centimes dont 35 francs sont appliqués au service du tribut payé à la Prusse[3].

---

1. Provenant des 12 millions votés par le Sénat en 1852, des dix-huit annuités de 25 millions chacune, et des revenus des forêts de l'État, que j'évalue seulement à 3 millions par an.
2. Le sénatus-consulte de décembre 1852 attribuait, comme je l'ai dit, 1,500,000 fr. à l'empereur qui devait les répartir entre les princes impériaux.
3. La *France*, journal de M. Émile de Girardin, a récemment publié un remarquable travail sous ce titre : *le Bilan des deux Empires et le bilan des deux Républiques*. Je lui ai emprunté quelques chiffres.

Sous le second Empire, la part contributive annuelle de chaque famille était, en moyenne, de 242 fr. 10 centimes par an, - - et, sous la seconde République, de 147 fr. 36 centimes seulement.

Les guerres de Crimée et d'Italie, les expéditions au Mexique, en Chine et en Cochinchine ont anéanti *huit cent soixante mille hommes* morts sur les champs de bataille ou des suites de leurs blessures et des maladies contractées en campagne ; elles dévorèrent *onze milliards*.

La dernière guerre, celle de l'impératrice, a causé la mort de 60,000 Allemands et de 155,000 Français, y compris les prisonniers dont les ossements blanchissent en Allemagne ; elle a coûté aux deux pays douze milliards cinq cents millions.

C'est donc un total de UN MILLION SOIXANTE-QUINZE MILLE HOMMES que le second Empire a forcés à s'entre-tuer. Et qui pourrait dire le nombre des soldats survivant à leurs blessures et à l'amputation mais inutilisés pour l'agriculture et pour l'industrie? Les dépenses occasionnées par ces mêmes guerres forment un total de VINGT-TROIS MILLIARDS CINQ CENTS MILLIONS. — « Supposez, dit un écrivain du *National* qui reproduit ces chiffres empruntés à une statistique faite par un journal anglais[1], supposez cette somme dépensée en travaux publics, en œuvres de bienfaisance, et estimez par le bien qu'elle a empêché le mal qu'elle a produit. »

Résumons-nous. Si, au lieu de livrer sa fortune, ses droits et ses libertés à Napoléon III, la France fût demeurée républi-

---

1. L'*Économist*.

caine, elle eût économisé la somme énorme de *trente et un milliards six cent quarante-six millions*, se décomposant ainsi :

Dotations impériales et princières.	546,000,000 [1]
Différence entre le budget du second Empire et celui de la seconde République pendant dix-neuf ans.	17,100,000,000
Quote-part de la France dans les frais de guerre.	14,000,000,000 [2]
Total.	31,646,000,000

A ce bilan du second Empire il faut ajouter les préjudices causés par la dévastation de nos villes et de nos campagnes, par le pillage de nos maisons, par l'incendie de nos villages, et la perte de l'Alsace et de la Lorraine, ces deux belles provinces arrachées à la patrie qui leur est toujours chère.

Je crois utile de rappeler, en terminant, trois pages d'histoire.

I

Le 4 décembre 1867, M. Rouher, ministre d'État, s'écriait, au milieu des applaudissements de la majorité du Corps législatif : « L'Italie aspire à Rome qu'elle considère comme un besoin impérieux de son unité. Eh bien ! nous le déclarons au nom du gouvernement, L'ITALIE NE S'EMPARERA JAMAIS DE ROME. JAMAIS, NON, JAMAIS ! EST-CE CLAIR ? »

Le 22 avril 1869, le maréchal Niel, ministre de la guerre, après avoir dit, un mois auparavant, que « si la guerre devenait nécessaire nous étions parfaitement en mesure de la supporter, que la France ne serait pas prise au dépourvu et que, si le moment de combattre venait, tout le monde serait prêt, » s'écriait, au milieu des mêmes applaudissements : « Quelle est l'armée ennemie, quelque forte qu'elle soit, qui oserait, au cœur de la France, se placer sur un cercle de vingt lieues ? Ah ! ce cercle serait bientôt forcé. NON, IL N'EST PAS POSSIBLE D'INVESTIR PARIS ; il faut qu'on l'attaque par quelque côté isolément, *mais alors ce ne sera pas Paris qui sera assiégé, c'est l'assiégeant qui sera enveloppé, qui sera pris de tous les côtés*. Les fortifications de Paris en rendent le siège tellement incertain qu'il est évident que PARIS NE SERA PAS ASSIÉGÉ. »

Le 20 septembre 1870, L'Italie s'était emparée de Rome devenue sa capitale ; Paris était investi et assiégé.

II

Le 10 octobre 1852, à Bordeaux, Louis-Napoléon Bonaparte prononça ces paroles qui eurent un grand retentissement : « *Par esprit de défiance*, certaines personnes se disent : l'Empire, c'est la guerre ; moi, je dis : L'EMPIRE, C'EST LA PAIX. »

Le 1er mars 1871, à Bordeaux, l'Assemblée nationale tint la plus douloureuse de ses séances : M. Thiers, chef du pouvoir exécutif de la République française, proposa le projet de loi dont la teneur suit : « L'Assemblée nationale, *subissant les conséquences des faits dont elle n'est pas l'auteur*, ratifie les préliminaires de paix dont le texte est ci-annexé [1] et qui ont été signés à Versailles, le 26 février 1871, et autorise le chef du pouvoir exécutif et le ministre des affaires étrangères à échanger les ratifications. »

---

1. Si le calcul du journal la *France*, qui porte à 38 millions au lieu de 28 le chiffre annuel des *dotations impériales*, est exact, il faut augmenter de 190 millions ce total, qui s'élèverait à 740 millions.

2. Dont 10 milliards applicables à la guerre de 1870.

1. Voici le résumé des principales clauses de ce traité, le plus affreux de notre histoire : « La France payera à S. M. l'empereur d'Allemagne la somme de cinq milliards de francs. — L'évacuation des territoires français occupés par les troupes allemandes commencera après la ratification du traité de paix par l'Assemblée nationale siégeant à Bordeaux, et continuera successivement après la signature du traité de paix définitif, au fur et à mesure que les versements seront effectués. » Les territoires de l'Alsace et de la Lorraine *cédés par la France* forment un total de 1,487,374 hectares, et les habitants de ces territoires sont au nombre de 1,628,132.

Ce jour-là, Paris subissait une humiliation contre laquelle il fut bien près de protester avec les armes. Trente mille Allemands vinrent, conformément à l'une des conditions de l'armistice, occuper « la partie de la ville à l'intérieur de l'enceinte comprise entre la Seine et la rue du Faubourg-Saint-Honoré et l'avenue des Ternes. » Les mairies arborent des drapeaux noirs ; on en voit à beaucoup de fenêtres ; des crêpes funèbres voilent les statues de la place de la Concorde et les drapeaux tricolores qui flottent sur nos édifices publics. La Bourse n'ouvre pas ses portes. Sur des écriteaux mis à celles des magasins, des cafés, des restaurants, on lit : *Fermé pour cause de deuil national*. La grande cité est plongée dans une douleur morne, menaçante, mais contenue. Les directeurs de *tous* les journaux, « confondus dans un même sentiment de patriotisme, » avaient adjuré la population parisienne « de conserver, en face de la situation cruelle qui lui était faite, le calme et la dignité impérieusement commandés par les circonstances. » Ils annonçaient que, pendant l'occupation prussienne, leurs feuilles ne paraîtraient pas. Les envahisseurs, attirés *pour la troisième fois* à Paris par les Bonapartes, devaient y rester jusqu'à ce que l'Assemblée nationale eût ratifié les préliminaires de paix. Le soir, Paris offrait l'aspect désolé d'une ville morte : pas une lumière dans les appartements qui donnent sur les rues, sur les places et sur les boulevards où ne circulaient ni voitures, ni omnibus, ni promeneurs. Les patrouilles ne rencontraient, çà et là, que de rares citoyens regagnant leur demeure d'un pas hâtif.

La discussion du traité qui démembrait la patrie fut ardente et poignante. Les députés de l'Alsace et de la Lorraine faisaient entendre des supplications qui angoissaient tous les cœurs. L'un de ces députés, M. Bamberger, s'écria : « Un seul homme est capable de signer un pareil traité, c'est Napoléon III dont le nom sera éternellement cloué au pilori de l'histoire. » Au milieu des bravos qui accueillent ces paroles, un homme se lève et s'élance vers la tribune : c'est M. Conti, le secrétaire particulier, le confident de l'ex-empereur. Les cris de : « Déchéance ! Déchéance ! » étouffent sa voix ; il se plaint « d'allusions blessantes à un passé auquel se rattache un certain nombre de ses collègues qui ont, comme lui, prêté serment à l'Empire. » — On crie de toutes parts : « Hors la loi le 2 Décembre ! Plus de lâches ! A bas les Bonapartes ! » M. Conti ose parler « d'*années glorieuses* ». Ce fut alors un déchaînement de colère inénarrable. — « Dites honteuses ! s'écrie M. Vitet ; honteuses ! honteuses ! oui, honteuses pour nous qui les avons subies ! » Le marquis de Franclieu somme M. Conti de descendre de la tribune. « Les bourreaux, lui dit-il, n'ont pas le droit d'offenser leurs victimes. » — « La déchéance ! La déchéance ! » Ce cri retentit dans la salle, dans les tribunes, dans les galeries, et trouve au dehors un écho formidable. Tout à coup, à côté de M. Conti, Victor Hugo paraît. L'émotion de l'Assemblée éclate dans cette exclamation subite, unanime : « *Voilà le châtiment !* »

Victor Hugo cède la parole à M. Thiers : « Je vous ai proposé, dit le chef du pouvoir exécutif, une politique de paix ; mais, lorsque le passé se dresse devant le pays, lorsqu'il semble se jouer de nos malheurs dont il est l'unique cause, au moment même où nous courbons la tête sous ses fautes, *sous ses crimes...* » Des acclamations prolongées interrompent, un instant, l'orateur qui, s'adressant au confident de l'ex-empereur, continue en ces termes : « Savez-vous ce que disent, en Europe, les princes que vous représentez ? Je l'ai entendu de la bouche des souverains. Ils disent que ce n'est pas eux qui sont coupables de la guerre, que c'est la France. Eh bien ! je leur donne un démenti à la face de l'Europe. (*Applaudissements.*) Non, la France n'a pas voulu la guerre. (*Non ! non !*) C'est vous qui l'avez voulue ! » (*Oui ! oui !*)

M. Paul Bethmont propose de clore l'incident par un vote de déchéance. La séance est suspendue. A la reprise, M. Target lit cette proposition : « L'Assemblée nationale clôt l'incident, et dans les circonstances douloureuses que traverse la patrie, en face de protestations et de réserves inattendues, *confirme la déchéance de Napoléon III et de sa dynastie, déjà prononcée par le suffrage universel*, et LE DÉCLARE RESPONSABLE DE LA RUINE, DE L'INVASION ET DU DÉMEMBREMENT DE LA PATRIE. » Cette proposition signé par MM. Target, Paul Bethmont, Jules Buisson, René Brice, Ch. Rolland, Tallon, le duc de Marmier, Pradier, Ricard, Girerd, Lambert de Sainte-Croix, Wilson, Ch. Alexandre, Numa Baragnon, Léon Say, Victor de Laprade, Farcy, Marcel Barthe, comte d'Osmoy, Wallon, Rivet, comte de Brette-Thurin, Villain, et qui aurait réuni les signatures d'à peu près tous les membres de l'Assemblée, est mise aux voix. M. Cochery constate que cinq députés seulement se sont levés à la contre-épreuve. — « Il y en a six, pas un de plus, dit M. Wilson ; je demande que cela soit constaté au *Moniteur*. »

Le moment fatal approchait. Victor Hugo, Edgar Quinet, Louis Blanc ont engagé l'Assemblée à repousser un traité de paix « qui détruit, à la fois, le présent et l'avenir de la France ». Les députés de l'Alsace et de la Lorraine ont offert à la patrie le sang de tous leurs compatriotes. M. Keller, au nom de l'Alsace, s'est écrié : « Si l'Assemblée devait ratifier un traité qui est une injustice, un mensonge et un déshonneur, d'avance j'en appelle à la postérité qui nous jugera les uns et les autres ; j'en appelle à tous les peuples qui ne peuvent pas indéfiniment se laisser vendre comme un vil bétail ; j'en appelle, enfin, à l'épée de tous les gens de cœur qui, le plus tôt possible, déchireront ce traité détestable. »

D'une voix émue, M. Thiers déclare que l'organisation militaire de la France est détruite ; que, depuis SEDAN et METZ, la France est absolument privée de cadres d'officiers ; que, sur *cent vingt régiments* qu'elle possédait au début de la guerre, CENT SEIZE *sont dans les mains de l'ennemi*.

Il faut, enfin, prendre un parti : acheter la paix aux dures conditions qu'y met le vainqueur, ou faire un suprême appel à la nation et l'engager dans une de ces guerres que les désespoirs d'un peuple rendent funestes aux envahisseurs. — Le scrutin est ouvert. Oh ! que de bulletins blancs sont jetés, d'une main tremblante, dans l'urne à laquelle tous les regards s'attachent !

546 députés votèrent la paix ; CENT SEPT la repoussèrent. Voici les noms de ceux qui croyaient possible le salut de la France par la guerre : Edmond Adam, Albrecht, Amat, Ancelon, docteur André, Andrieu, Emmanuel Arago, Arnaud (de l'Ariége), Bamberger, docteur Barbaroux, Bardon, Berlet, Martin Bernard, général Billot, Billy, Louis Blanc, Bœll, Barsch, Brice, Brisson, Ch. Brun, Brunet, Carion, Carnot fils, Chaix, général Chanzy, Chauffour, Claude (Meurthe), Claude (Vosges), Clémenceau, Colas, Cournet, Delescluze, Deschange, Dorian, Léon Dornès, Dubois, Eugène Duclerc, Ducoux, Durieu, Esquiros, Farcy, lieutenant de vaisseau, Charles Floquet, Léon Gambetta, Gambon, Alphonse Gent, George, Cyprien Girerd, Grandpierre, Greppo, Grosjean, Guiter, Hartmann, Humbert (Haute-Garonne), Louis Amédée Humbert, comte Jaubert, Joigneaux, baron de Jouvenel, Kable, Keller, Laflize, Lamy, Langlois, Laserve, Laurier, Pierre Lefranc, Lepère, Lockroy, général Loysel, Lucet, de Mahy, Malens, Malon, Marc Dufraisse, général Mazure, Melsheim, Millière, Monteil, Moreau, Noblet, Ostermann, Peyrat, Félix Pyat, Edgard Quinet, Ranc, Rathier, Razoua, Rencker, H. Rochefort, Saglio, Hervé de Saisy, Scheurer-Kestner, Schnéégans, Schœlcher, Taberlet, Tachard, Teutsch, Tirard, Titot,

Tolain, Tridon, Varroy, Victor Hugo, Villain, Viox.

Quand le résultat du scrutin fut proclamé, M. Grosjean lut, puis déposa sur le bureau une déclaration signée par les vingt-huit députés de l'Alsace et de la Lorraine et « affirmant, de la manière la plus formelle, au nom de ces provinces, leur volonté et leur droit de rester françaises ». Les signataires ajoutaient : « Livrés, au mépris de toute justice et par un odieux abus de la force, à la domination étrangère, nous déclarons nul et non avenu un pacte qui dispose de nous sans notre consentement. La revendication de nos droits reste à jamais ouverte à tous et à chacun dans la forme et dans la mesure que notre conscience nous dictera. Au moment de quitter cette enceinte où notre dignité ne nous permet plus de siéger, et malgré l'amertume de notre douleur, la pensée suprême que nous trouvons au fond de nos cœurs est une pensée de reconnaissance pour ceux qui, pendant six mois, n'ont pas cessé de nous défendre, et d'inaltérable attachement à la patrie dont nous sommes violemment arrachés… Vos frères de l'Alsace et de la Lorraine, séparés, en ce moment, de la patrie commune, conserveront à la France absente de ses foyers une affection filiale jusqu'au jour où elle viendra y reprendre sa place. » D'unanimes applaudissements avaient, plusieurs fois, interrompu cette lecture. Au milieu d'une émotion générale et profonde, les députés de l'Alsace et de la Lorraine quittèrent l'Assemblée.

Dans une dépêche officielle, M. Jules Simon disait : « La tristesse de ceux qui subissent est égale à la tristesse de ceux qui protestent. » Cela était vrai.

III

Le maréchal Bazaine, auteur de la désastreuse capitulation de Metz, fut traduit devant le Conseil de guerre de la première division militaire.

Le 10 décembre 1873, à 8 heures 35 minutes du soir, ce Conseil, par l'organe de son président le général de division duc d'Aumale, déclarait, au nom du peuple français, le maréchal Bazaine, mis en jugement après avis d'un Conseil d'enquête, coupable :

« 1° D'avoir, le 28 octobre 1870, comme commandant en chef de l'armée du Rhin, capitulé en rase campagne ;

« 2° D'avoir, par cette capitulation, fait poser les armes aux troupes dont il avait le commandement en chef ;

« 3° D'avoir traité, verbalement ou par écrit, avec l'ennemi *sans avoir fait préalablement tout ce que lui prescrivaient le devoir et l'honneur* ;

« 4° D'avoir, le 28 octobre 1870, capitulé avec l'ennemi, et rendu la place de Metz dont il avait le commandement supérieur, *sans avoir épuisé tous les moyens de défense dont il disposait et sans avoir fait tout ce que lui prescrivaient le devoir et l'honneur*.

« En conséquence, vu les articles 210 et 208 du Code de justice militaire, le conseil condamne, *à l'unanimité des voix*, FRANÇOIS-ACHILLE BAZAINE, maréchal de France, A LA PEINE DE MORT AVEC DÉGRADATION MILITAIRE.

« Et, vu l'article 138 du Code de justice militaire, le 1er conseil de guerre déclare que le maréchal Bazaine cesse de faire partie de la Légion d'honneur et d'être décoré de la médaille militaire ; condamne, en outre, le maréchal Bazaine aux frais de procédure envers l'État, par application de l'article 139 du code de justice militaire. »

Le Conseil de guerre était ainsi composé : président, duc d'Aumale, général de division ; juges : généraux de La Motterouge, de Chabaud-Latour, Tripier, Princeteau, Ressayre, de Malroy ; commissaire spécial du gouvernement, général Pourcet ; rapporteur, général de Rivière.

Le maréchal de Mac-Mahon qui, le 24 mai 1873, avait été élevé à la présidence de la République française par 391 membres de l'Assemblée nationale[1], commua la peine de mort prononcée contre l'ex-maréchal Bazaine en vingt années de détention avec dispense des formalités de la dégradation militaire, mais sous réserve de tous ses effets.

On donna pour prison à l'ex-commandant en chef de l'armée du Rhin reconnu coupable d'avoir causé la perte de 150,000 hommes et de la place de Metz, d'avoir trahi le devoir et l'honneur, le fort de l'île Sainte-Marguerite, un petit paradis ; cette île est formée par des jardins et par un bois charmants où se mêlent les myrtes, les orangers et les chênes verts.

Le 10 août 1874, Bazaine s'évada ; son évasion n'étonna personne. Il alla, d'abord, présenter ses hommages à l'ex-impératrice Eugénie et à son fils qui se trouvaient alors au château d'Arenemberg. L'ex-empereur était mort à Chislehurst, en Angleterre, le 9 janvier 1873. D'Arenemberg, Bazaine se rendit à Cologne où il échangea des visites cordiales avec le général prussien von Kummer, celui-là même qui fut nommé commandant de place à Metz au moment où le traître livra cette ville forte à l'ennemi, et qui, au nom de la Prusse, prit possession de nos arsenaux, de nos canons, de nos fusils et de nos drapeaux.

J'ai resserré ce que l'histoire raconte longuement du premier et du second Empire. Puissent mes deux véridiques récits contribuer à l'anéantissement de cette légende napoléonienne que le mensonge créa et que, pour notre malheur, l'ignorante crédulité du peuple a laissé subsister trop longtemps ! Manquant de prévoyance, les écrivains libéraux couvraient d'une ombre complaisante des faits qu'un publiciste éminent[1] met, aujourd'hui, en pleine lumière ; il est regrettable qu'ils n'aient pas rappelé souvent l'aveu qui dut tant coûter à l'orgueil de Napoléon Ier ; à Fontainebleau, au moment du départ pour l'île d'Elbe, il s'écria : « *La France sans frontières quand elle en avait de si belles !* C'est ce qu'il y a de plus poignant dans les humiliations qui s'accumulent sur ma tête. LA LAISSER SI PETITE APRÈS L'AVOIR REÇUE SI GRANDE[2] ! » La République avait, en effet, donné à la France vingt-six nouveaux départements avec une population de 8,657,000 habitants que le premier Empire lui fit perdre après avoir causé la mort de cinq millions d'hommes. Et, à la suite des deux invasions de 1814 et de 1815, la France perdit non-seulement ces conquêtes de la République, mais encore Landau, Philippeville et Mariembourg qui lui appartenaient avant 1789. En donnant à ces souvenirs douloureux une publicité fréquente, on eût détruit la légende maudite, et, conséquemment, la possibilité des crimes et de la tyrannie qui aboutirent à la troisième invasion et au troisième démembrement de la France.

---

1. Il y eut 309 abstentions. Le même jour, au sein de l'Assemblée nationale, des légitimistes, des bonapartistes et des orléanistes coalisés avaient, grâce au renfort d'un groupe de quinze défectionnaires dont l'histoire a retenu les noms, formé contre M. Thiers une majorité de quatorze voix. « *Obéissant à sa propre maxime, que la majorité du Parlement doit avoir le dernier mot,* » comme l'a si justement dit M. Jules Simon, l'illustre homme d'État qui venait de relever la France, de restaurer le crédit national et de libérer le territoire, se démit avec dignité d'un pouvoir dont, en vertu d'une loi, la durée était égale à celle de cette Assemblée, « *élue en un jour de malheur* ».

Voici les noms des quinze défectionnaires qui faisaient partie du groupe auquel M. Target avait donné son nom : MM. Target, Paul Cottin, Prétavoine, Balsan, Mathieu Bodet, Lefébure, Caillaux, Eugène Tallon, Louis Passy, Albert Delacour, Léon Vingtain, Deseilligny, Dufournel, Daguillon, E. Martel.

1. Émile de Girardin.
2. Th. Lavallée, *les Frontières de la France*.

FIN DE L'HISTOIRE DU SECOND EMPIRE.

TABLE DES GRAVURES

PORTRAITS.

	Pag.
Louis Bonaparte	4
La reine Hortense	5
MM. Flocon, Marie, Garnier-Pagès, Dupont (de l'Eure)	25
M. Odilon Barrot	32
Le général Cavaignac	36
Louis-Napoléon Bonaparte	37
M. de Persigny	45
M. de Montalembert	57
M. Léon Faucher	61
M. Mocquard	69
M. Thiers	161
Le prince Napoléon	177
M. Fortoul	197
M. Rouher	209
M. de Morny	225
Ledru-Rollin	233
Mlle Eugénie de Montijo	241
M. Jules Favre	313
M. Émile Ollivier	321
M. le maréchal de Mac-Mahon	337
Garibaldi	353
Bazaine	369
Le général Cousin-Montauban	389
M. Jules Simon	401
Napoléon III en 1866	409
M. de Bismarck	417
Victor Hugo	425
Le général Frossard	433
Sainte-Beuve	465
Maximilien, empereur du Mexique	473
M. Ernest Picard	505
M. Eugène Pelletan	513
M. Dupanloup	521
MM. Erckmann et Chatrian	529
M. Havin	537
Gambetta	561
M. Jules Ferry	569
Le P. Hyacinthe	581
M. Bourbeau	585
M. Léon Chevreau	589
M. Buffet	649
Le prince de Hohenzollern	653
M. Benedetti	657
Le maréchal Le Bœuf	661
M. de Gramont	665
L'empereur Guillaume	669
Le prince impérial de Prusse	667
Le général Steinmetz	705
Le général de Moltke	722
Le général von der Thann	737
Le général de Wimpffen	753

SCÈNES, VUES, COMBATS, BATAILLES, ETC.

	Pag.
Mort du duc de Reichstadt	8
Affaire de Strasbourg	9
La reine Hortense obtient la grâce de son fils	13
Affaire de Boulogne	16
L'abdication de Louis-Philippe	17
L'attaque du Château-d'Eau	20
Louis-Philippe fuyant	21
Proclamation officielle de la République	24
La tribune des journalistes à l'Assemblée	28
Un club en 1848	29
François Arago haranguant les insurgés de Juin	33
Attaque de la barricade Saint-Maur	40
L'Hôtel de Ville en 1848	41
Le général Cavaignac à la tribune	49
Conférence du général Magnan avec les généraux de l'armée de Paris	65
Lecture des proclamations dans la cour de l'Imprimerie nationale	73
Prison Mazas	77
Matinée du 2 Décembre. — Proclamations	81
Les représentants devant le Corps législatif	89
Le prince Louis-Napoléon sortant de l'Élysée	97
M. Berryer à la fenêtre de la mairie du Xe arrondissement	105
La mairie du Xe arrondissement	109
Les représentants conduits à la caserne du quai d'Orsay	113
Aspect des boulevards le 2 Décembre	121
Troupes éclairant les rues	129
Mort du représentant Baudin	137
La maison Sallandrouze après l'affaire du 4 décembre	145
Vue de Clamecy	153
Démolition de la salle de l'Assemblée législative	169
Bénédiction des drapeaux	185
Mort du maréchal Excelmans	201
Le président rentrant à Paris	217
Expédition française dans la Dobrutja	249
Vue de Sébastopol	257
Charge des chasseurs d'Afrique à Balaclava	265
Costumes de l'armée de Crimée pendant l'hiver	273
Publication de la paix à Paris	281
Débarquement à Toulon des congédiés de l'armée de Crimée	289
Attentat du 14 janvier 1858	297
Le port de Cherbourg	305
Bataille de Palestro	329
Le port de Nice	345
Le pont des Anges à Nice	348
Vue générale de Nice	349
Vue de Naples	357
Carte d'Italie	361

TABLE DES GRAVURES

	Pag.
La Vera-Cruz	377
Mexico	381
Porte de l'Orient à Pékin	388
Types d'habitants de Pékin	393
La tribune du Corps législatif	441
Le fumoir du Corps législatif	444
La buvette du Corps législatif	445
Les volontaires garibaldiens à Côme	449
Le prince Humbert au milieu de ses troupes formées en carré à Custozza	457
Mort de Maximilien à Queretaro	481
L'artillerie de la garde	489
Le champ de bataille de Mentana	497
Cellules du dépôt de la préfecture de police	545
M. Thiers votant place Saint-Georges	553
Promulgation de la Constitution à Madrid	573
Inauguration du canal de Suez	577
Mort de Victor Noir	593
Le corps de Kinck père retrouvé et transporté à Paris. Affaire Troppmann	597
Arrestation de Mégy	601

	Pag.
Le procès Pierre Bonaparte. — Le palais de justice de Tours	609
Le plébiscite. Les abords d'une section	617
Les soldats de la caserne du Prince-Eugène faisant connaître à la foule le résultat de leur vote	625
Les blouses blanches	633
Fac-similé	636
Grève du Creusot	641
Bataille de Saarbruck	673
Le combat de Wissembourg	681
La place de la Bourse le jour de la bataille de Reichshoffen	689
Charge des cuirassiers à Reichshoffen	697
Poste prussien sous les murs de Metz	717
Un combat sous Metz	729
Poste de francs-tireurs	743
Le bombardement de Strasbourg	761
La foule devant la Chambre des députés le 4 Septembre	769
L'envahissement de la Chambre des députés le 4 Septembre	777

www.ingramcontent.com/pod-product-compliance
Lightning Source LLC
Chambersburg PA
CBHW061731300426
44115CB00009B/1173